# 抗阻训练
# 方案设计指南
## 第4版

[英] 史蒂文·J. 弗莱克（Steven J. Fleck） 著
威廉·J. 克雷默（William J. Kraemer）

杨东汉 译

人民邮电出版社
北京

图书在版编目（CIP）数据

抗阻训练方案设计指南：第4版 / （英）史蒂文·J.
弗莱克（Steven J. Fleck），（英）威廉·J. 克雷默
（William J. Kraemer）著；杨东汉译. — 北京：人民
邮电出版社，2022.5
ISBN 978-7-115-55206-8

Ⅰ. ①抗… Ⅱ. ①史… ②威… ③杨… Ⅲ. ①体能—
身体训练—指南 Ⅳ. ①G808.14-62

中国版本图书馆CIP数据核字(2020)第217092号

**版权声明**

**免责声明**

本书内容旨在为大众提供有用的信息。所有材料（包括文本、图形和图像）仅供参考，不能替代医疗诊断、建议、治疗或来自专业人士的意见。所有读者在需要医疗或其他专业协助时，均应向专业的医疗保健机构或医生进行咨询。作者和出版商都已尽可能确保本书技术上的准确性以及合理性，并特别声明，不会承担由于使用本出版物中的材料而遭受的任何损伤所直接或间接产生的与个人或团体相关的一切责任、损失或风险。

## 内 容 提 要

对于大众健身和专业体能训练来说，抗阻训练都是不可或缺的。本书作者基于自身多年的研究、实践经验，以及世界各地的运动科学家关于抗阻训练的重要研究进展，探讨了抗阻训练方案的关键变量及设计方法。书中具体介绍了抗阻训练方案的设计原则和不同类型的抗阻训练，详细阐释了抗阻训练的生理适应及其与心肺训练、柔韧性训练等的关系，全面讲解了抗阻训练方案的设计方法、可使用的技术和策略及停训的影响和安排，仔细讨论了女性、儿童和青少年及老年人的抗阻训练。本书提供的针对不同训练个体、需求和环境的内容将帮助读者设计出高度个性化的高效抗阻训练方案。无论是希望深入了解抗阻训练基础知识的运动科学家、相关专业教师和学生，还是在实践中应用抗阻训练的体能教练、力量教练、私人教练、运动员及运动爱好者、健身爱好者等，均能从本书的内容中获益。

◆ 著　　　　[英] 史蒂文·J. 弗莱克（Steven J. Fleck）
　　　　　　[英] 威廉·J. 克雷默（William J. Kraemer）
　　译　　　　杨东汉
　　责任编辑　王若璇
　　责任印制　马振武
◆ 人民邮电出版社出版发行　　北京市丰台区成寿寺路 11 号
　　邮编　100164　电子邮件　315@ptpress.com.cn
　　网址　https://www.ptpress.com.cn
　　北京隆昌伟业印刷有限公司印刷
◆ 开本：700×1000　1/16
　　印张：34.5　　　　　　　　2022 年 5 月第 1 版
　　字数：695 千字　　　　　　2022 年 5 月北京第 1 次印刷
　　著作权合同登记号　图字：01-2016-10049 号

定价：298.00 元

读者服务热线：(010)81055296　印装质量热线：(010)81055316
反盗版热线：(010)81055315
广告经营许可证：京东市监广登字 20170147 号

致我的哥哥格伦（Glenn）、我的侄子布赖恩（Brian）和我的侄女杰茜卡（Jessica），他们都过早地离开了我，他们的逝世让我明白过好每一天的重要性，同时也让我懂得每天都要为社会做贡献。

——史蒂文·J. 弗莱克（Steven J. Fleck）

致我的妻子琼（Joan）及我的孩子丹尼尔·路易斯（Daniel Louis）、安娜·梅（Anna Mae）和玛丽亚·蕾（Maria Rae）——你们的爱是我生活的根基。

——威廉·J. 克雷默（William J. Kraemer）

# 目录

欢迎您阅读《抗阻训练方案设计指南》的第4版。这些年来，本书前3版一直是训练和运动科学领域的必备资料，其中的许多观点已经被对抗阻训练感兴趣的读者广泛采纳，包括参加抗阻训练理论课程的学生、力量教练、私人教练，以及希望进一步了解抗阻训练基础科学知识的运动科学家。因为个性化在抗阻训练方案设计中非常重要，所以本书提供了许多针对不同训练个体、需求和环境的高度个性化的内容。本书几乎能够为针对任何训练个体、需求或环境的抗阻训练方案的设计提供帮助，而且有助于相关人员深入地理解训练方案。本书还从科学和实践的角度为抗阻训练方案的设计提供了综合的背景信息。我们希望您不仅能够了解训练方案的设计过程在本质上是动态的，而且能获取更多将抗阻训练科学应用到实践中的知识。

## 第4版的新颖之处

鉴于来自世界各地的训练和运动科学家在抗阻训练领域中的研究取得了重大的、快速的进展，第4版对所有章节都进行了更新。这个新版本将过去的知识和最近几年产生的大量新信息结合起来。因此，前3版的读者会发现，第4版进行了非常重要的更新，填补了旧版本的空白，这将让读者对抗阻训练和训练方案设计的发展有更深入的认识。

从20世纪80年代初开始，我们致力于介绍设计抗阻训练方案的重要性。我们试图建立起一个科学的理论范式，以帮助人们了解如何设计训练方案。这让我们了解了开发训练方案时涉及的关键变量，以及要随着时间的推移处理好这些关键变量的关系，以便获得所需的、长久的训练适应。这个范式为抗阻训练的实际应用和科学研究提供了理论框架。我们在训练运动员方面和在实验室中的工作都已经从这种更为量化的抗阻训练方案中受益。多年以来，这种方案得到了众多教练、运动员和运动科学家的认可和使用。

第4版不仅探讨了设计训练方案的关键变量，还探索了如何使用新的可用信息来处理这些关键变量。因为我们都知道训练方案的设计过程与运用科学知识的艺术紧密相关，所以之前的版本试图利用抗阻训练的科学知识来介绍和进一步改善抗阻训练方案的设计方法。第4版秉承了这一主旨，同时加入了新信息。多年以来，学生、指导员、力量教练、私人教练，甚至健身房中对此感兴趣的训练者，都已发现本书是一本非常有价值的参考书，也是一本易于理解的好书。我们相信这一版同样不会让您失望。

本书加入了两种信息栏。

- "实际问题"信息栏列出了抗阻训练相关专业人员可能会问的问题，并用最新的研究成果回答了这些问题。

- "研究成果"信息栏介绍了一些新发现的具体内容,并展示了这些新发现在抗阻训练方案设计中的应用。

自本书上一版出版以来,与抗阻训练相关的科学研究数量几乎呈指数级增长,第4版无法将如此海量的新信息全部囊括。但是,我们利用大量的数据完善了在先前版本中提出的概念。这个领域显然在以火箭般的速度发展,人们对抗阻训练的兴趣也达到了历史峰值,抗阻训练的普及程度在全球范围内不断提高。本书将为您提供信息和工具,不仅能帮助您评估抗阻训练方案,还能帮助您更好地理解从互联网、杂志、电视、广播、视频和广告中获得的关于抗阻训练的信息的背景和有效性。我们比以往任何时候都需要一个科学的范式来理解这个领域中不断出现的新信息。

## 本书的编排

我们不仅在第4版中加入了新的信息,还重新编排了所有章节。第1章阐述了抗阻训练的基本原则和练习计划。这一章为后续各章奠定了基础。例如,抗阻训练的标志性特征之一是训练特定性概念,它影响着抗阻训练的各个方面,包括肌肉细胞的变化和运动技术的发挥。第2章详细介绍了抗阻训练的类型(从等长训练到离心训练),并对不同类型的抗阻训练进行了比较,以帮助您了解肌肉动作类型如何影响训练适应和促进运动能力的变化。

对基础生理学知识和抗阻训练适应有所了解至关重要,这有助于您在将来使用

这些新信息,并结合训练环境设定抗阻训练的预期结果。您需要了解在训练的前几周及训练后的几个月或几年,是什么导致了力的增长,以及在训练的前6周,肌肉预计会增大多少。如果您对基础生理学知识有基本的了解,那么您将能更精准地评估抗阻训练过程中身体发生的变化。第3章从生理学的角度提供了关于抗阻训练的重要观点。遍览相关文献资料,这一章是为数不多的、为一些生理学基本概念提供了新视角的资料。这一章还为学习人体运动学、运动科学和体育教育学的学生提供了基于他们从解剖学、生理学和运动生理学课程中学到的知识来理解抗阻训练所产生的急性反应和慢性适应的机会。

抗阻训练只是全面体能训练方案的一个组成部分,因此我们认为极有必要为您介绍抗阻训练与体能训练的其他组成部分的相互作用,如有氧训练、间歇训练和柔韧性训练。第4章概述了体能训练的其他组成部分的重要性,并解释了它们如何与抗阻训练产生相互作用,以及它们是否与抗阻训练兼容。

第5章介绍了单堂训练课的设计方法。正确设计每堂训练课很重要,因为单堂训练课是长期训练方案的基石。这一章详细讨论了关键变量,同时我们继续使用特定范式来帮助您理解在健身房应让训练者做什么及为什么要这样做。讨论从需求分析开始,以帮助您找到使用关键变量的合理依据,并制定合理的训练目标。

第6章从科学的角度介绍了一些很受欢迎的抗阻训练体系和技术,您可以基于从第5章学到的关键变量来理解它们,并

将其应用到各种训练体系中。对所使用的关键变量进行分析的训练方案评估技术将帮助您评估自己每年所接触的新的训练方案和训练体系的价值。这个流程有助于您预测那些可能没有被科学验证过的训练方案的潜在生理压力，并推断其是否符合实际的训练适应。

第 7 章探讨了高级训练策略，并解释了应如何随着训练者的进步来调节长期抗阻训练方案中的关键变量。遵循一些原则，如周期化，对完善这个流程很重要。世界各地的实验室的研究（包括我们自己的研究）表明，如果训练没有变化，那么个人在远未达到能力峰值之前就会遇到适应和收益平台期。第 7 章还讨论了爆发力训练和快速伸缩复合训练这两个热门主题，它们是当今许多训练方案的重要组成部分。

在执行任何抗阻训练方案的过程中，在某个时间点休息是至关重要的。但是，休息可能导致停训或训练适应和能力收益减少，特别是在训练停止或训练量显著减少时。休息是如何影响一般人、健身爱好者或运动员的？休息对赛季中训练的影响又是什么样的？如果要避免能力收益减少，那么可以接受的停止训练或减少训练量的最长时间是多少呢？这些是第 8 章将要探讨的问题，这一章将帮助您为长期训练安排合理的休息时间，而不会造成健身水平的大幅降低或能力收益的大量减少。

在最后 3 章中，我们仔细研究了针对特定群体的抗阻训练方案。第 9 章探讨了女性与抗阻训练。虽然女性参加抗阻训练时在许多方面都与男性相似，但其中仍存在一些性别差异。设计训练方案时必须考虑这些因素，以获得最优的收益。第 10 章对儿童和青少年与抗阻训练进行探讨。抗阻训练对儿童和青少年的好处是得到充分验证的，但是为这个独特群体设计训练方案时必须仔细考虑，既要确保安全，又要取得良好的效果。鉴于当下儿童和青少年肥胖和不爱活动的情况非常普遍，抗阻训练是吸引更多儿童和青少年积极参与体育活动的有趣方法。这一章有助于帮助服务儿童和青少年的从业者建立正确的理念，以确保儿童和青少年不被看作缩小版的成年人，因为这样做可能导致训练方案无效或不安全。

我们以探讨老年人与抗阻训练的第 11 章结束本书。这个研究领域很重要，因为人们的寿命越来越长，而且事实清楚地表明，即使是年纪比较大的人，也可以安全地进行抗阻训练并从中获益。为这个群体设计训练方案时需要考虑一些特别事项，以获得最佳的健康和能力收益。例如，对于老年群体而言，关节压迫和疼痛是必须解决的问题，这样才能确保其成功地执行抗阻训练方案。

本书基于文献写成，可以作为您理解抗阻训练的关键资料。我们明白抗阻训练的理念和方法是随着时间而发展变化的。只有基于以科学为基础的知识，才能确保针对各个年龄的不同群体的抗阻训练方案的有效性，包括儿童和运动员。基于广泛的文献引用和精选读物，我们为您提供了我们正在探索的内容的大背景及该领域的发展情况。本书将成为您在设计抗阻训练方案过程中的重要工具。祝您阅读开心，训练愉快！

# 致谢

我要感谢许多朋友、同事、教练和运动员，他们与我分享了关于抗阻训练的知识和经验。他们共同的知识和经验帮助我坚定了这样的信念：设计抗阻训练方案需要科学知识和实践经验的结合。我还要感谢我的妻子梅卢（Maelu）、我的母亲埃尔达（Elda）、我的父亲马弗（Marv）及我的兄弟姐妹，他们一直为我提供追求事业所需的空间。

史蒂文·J. 弗莱克（Steven J. Fleck）

研究抗阻训练对我而言是贯穿整个职业生涯的追求。我有幸拥有中学和大学执教经验，这帮助我奠定了将科学知识融入抗阻训练方案设计的基础。我很幸运地先后以教练和科学家的身份，见证了抗阻训练领域在缩小研究成果和实际应用之间的差距方面的进步。实际上，在我的职业生涯中，许多人都对我产生了非常重要的影响，这些影响将我塑造成一个人、一个教练和一个科学家，在此我无法逐一感谢他们。感谢我的朋友和科研合作者，你们的支持、帮助和深刻见解使我在这个领域的成功成为可能。感谢来自 3 所大学的研究生，特别是我现在和以前的博士研究生，以及克雷默实验室的成员，你们给了我莫大的满足感和自豪感。最后，感谢我的朋友史蒂文·J. 弗莱克，他也是我大学时美式橄榄球队的队友。我们合作完成这本书并有机会看到抗阻训练在我们的专业领域和世界范围内被接受，这是非常棒的经历。最后，我想对本书的读者说：好好享受这本书，祝你们顺利！

威廉·J. 克雷默（William J. Kraemer）

# 抗阻训练的基本原则和练习计划

**学习完本章后，你应该能够完成以下内容。**

1. 定义抗阻训练方案设计中常用的基本术语。
2. 演示 3 种类型的肌肉动作。
3. 解释随意肌肉动作的用处以及它们在促进力量增长和肌肥大中所起的作用。
4. 讨论训练方案的设计原则，包括强度、训练量、休息时间、特定性、周期化和渐进式超负荷。
5. 讨论安全的重要性，包括正确的保护措施、呼吸、运动技术、活动范围和器材。

抗阻训练也称为力量或重量训练，已经成为目前最受欢迎的运动形式之一，常用于增强身体素质和训练运动员。力量训练、重量训练和抗阻训练这三个术语都被用来描述一种需要身体肌肉对抗（或试图对抗）阻力的练习，这种阻力通常是某种类型的器械提供的。抗阻训练和力量训练包括多种训练方式，如自重练习、弹力带练习、快速伸缩复合练习和斜坡跑。重量训练通常仅指使用自由重量或某种类型的重量训练器械来进行的抗阻训练。

健身俱乐部、高中和大学的抗阻训练场所数量的增加表明了这种形式的体能训练的普及。那些参加抗阻训练的人希望能够收获特定的健康和健身益处，如增强力量、增加去脂体重、减少体内脂肪及改善在体育运动或日常生活中的身体表现。此外，他们还可能得到其他健康益处，如静息血压、血脂特征和胰岛素敏感度变化。一个精心设计和持续执行的抗阻训练方案可以带来所有这些益处，尤其是其中一个或几个益处。

健身爱好者、业余抗阻训练者和运动员都希望从抗阻训练中获得力量的增长或肌肉尺寸的增大（肌肥大）。有许多类型的抗阻训练（如等速、变阻、等长和快速伸缩复合）可用于实现这些目标。此外，只要能够给神经肌肉系统提供有效的训练刺激，各种各样的训练系统或方案（如将不同的组数、重复次数和阻力组合起来）

都可以增强力量或增大肌肉。特定类型的抗阻训练方案或系统的有效性取决于其整体练习方案的效能和这些练习是否能被正确使用。只要训练刺激有效，收益就会持续增加，这就要求以某种方式增加训练难度（如渐进式超负荷）并使用周期化训练方案。

大多数运动员和健身爱好者都希望通过抗阻训练来提升力和爆发力，从而改善运动表现或日常活动的质量。抗阻训练可以改善运动能力（如冲刺、投掷或爬楼梯的能力），让训练者在各种游戏、运动和日常生活中获得更好的表现。抗阻训练方案的效果向特定的体力任务转化的程度取决于该方案的特定性水平。例如，多关节练习（如膝上窄拉）对垂直纵跳能力的影响要大于孤立的单关节练习（如膝伸和卷腿）。多关节和单关节练习都能增加股四头肌和腘绳肌的力量。然而，多关节练习与大多数体育运动或日常活动之间的生物力学机制和肌纤维募集模式存在更大的相似性，这使得它具有更高的特定性水平和更好的转化效果。通常，多关节练习比单关节练习有更高的特定性水平和更好的对运动表现任务的转化效果。

实现身体成分的变化也是许多健身爱好者和运动员参加抗阻训练的目的。通常，人们所期望的身体成分变化是身体脂肪量的减少和去脂体重的增加。当然，也有人希望通过抗阻训练来增加或减轻体重。身体成分的变化不仅与增强身体表现有关，而且与健康有关。对健身爱好者以及在一定程度上对运动员而言，抗阻训练带来的健康益处也可能更为重要，例如，通过训练适应降低患病风险，如降低静息血压与

降低患心血管疾病的风险。训练方案是否能够成功地带来特定的适应取决于该方案产生的训练刺激的有效性。前述的所有身体成分变化都可以通过正确地设计和执行抗阻训练方案来实现。

抗阻训练不仅可以实现许多人所期望的身体成分变化、肌肥大以及力、爆发力和运动能力的提升，还可以带来其他健康益处。无论采用什么样的抗阻训练方式、系统或方案，人们要想在这些方面获得最佳变化，就必须遵守一些普遍适用的基本原则。

不同的人希望通过抗阻训练方案获得不同的变化。健美运动员最希望增加去脂肌肉质量和降低身体脂肪百分比，其他运动员可能希望提升爆发力或改善运动表现，而健身爱好者除了希望获得上述变化之外，通常还想获得健康益处，如降低血压和改善血脂特征。

## 基本定义

在讨论抗阻训练原则之前，我们将定义一些经常用于描述抗阻训练计划和原则的基本术语。同一术语具有多重含义将导致误解，这就是为什么在与其他对抗阻和健身训练感兴趣的人沟通时，术语如此重要。

- 在举起重物的过程中，所涉及的主要肌肉会缩短，产生向心肌肉动作（见图1.1a）。在向心肌肉动作中，肌肉缩短的同时会产生力。因此，术语收缩也可用于描述这种类型的肌肉动作。

- 当有控制地降低重物时，所涉及的

主要肌肉将在控制下伸长并产生力，这被称为离心肌肉动作（见图 1.1b）。肌肉只能在控制下缩短或伸长，它们不能挤压所附着的骨骼。在大多数练习中，重力会将重物拉回起始位置。要想有控制地将重物放回起始位置，必须在控制下伸长肌肉；否则，重物会突然落下。

- 当肌肉被激活并产生力但是关节未发生明显的动作时，肌肉发生等长肌肉动作（见图 1.1c）。当保持重物静止不动或者重物太重不能继续将其抬起，就会发生等长肌肉动作。在任何运动速度下，最大等长力都大于最大向心力，但是都小于最大离心力。

- 一次重复是一个练习的完整动作。它通常由两个阶段组成：向心肌肉动作或举起重物，以及离心肌肉动作或降低重物。然而，在某些练习中，一次完整的重复可能涉及几个动作，因此包括几个肌肉动作。例如，完整重复高翻一次，要求先通过向心肌肉动作来使重物加速，以便在肩部高度接杠，之后通过离心肌肉动作屈膝和屈髋将自己置于重物下，最后通过向心

肌肉动作重新站立。

- 一组是连续执行的、没有停止或休息的一系列重复。尽管一组可以由任意次数的重复组成，但是重复次数通常为 1~15 次。

- 最大重复（repetition maximum，RM）是训练者在使用特定阻力时，利用正确的技术可连续执行的每组最大重复次数。因此，采用特定 RM 的组意味着要执行该组练习至暂时性主动疲劳，而且这通常发生在重复的向心阶段。在一项练习的一次完整的重复中所能使用的最大阻力称作 1RM。使用更小的阻力以正确的技术可以完成 10 次而无法完成 11 次重复时，这个阻力称作 10RM。

- 重复次数训练区间是一个通常包含 3 种重复次数的范围（如 3~5 或 8~10）。当在重复次数训练区间进行重复时，所使用的阻力可以让训练者相对轻松地完成所需重复次数，也可能导致瞬时的失败。如果所使用的阻力导致了瞬时的失败，则该重复次数训练区间会被称为最大重复训练区间（RM 训练区间）。不过，使用 RM 训练区间不一定

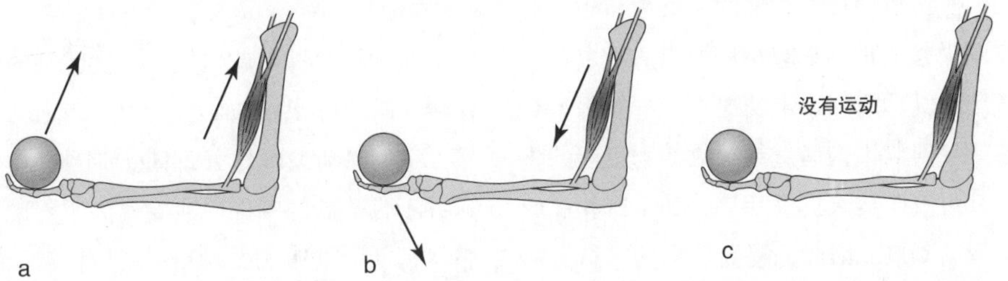

图 1.1 肌肉动作的主要类型：a. 在向心肌肉动作期间，肌肉收缩；b. 在离心肌肉动作期间，肌肉在控制下伸展；c. 在等长肌肉动作期间，关节不发生任何运动，并且所有肌肉都不会收缩或伸展

## ❓ 信息栏 1.1　实际问题

### 功和功率的区别是什么

功的定义是力乘以重量或重物移动的距离。功率是做功的速率，或者功除以时间的值。功可以通过增加重物移动的距离或增加所移动的重物的质量或阻力来提高。可以以相同的方式提高功率，或通过减少完成特定量的功的时间来提高功率。如果完成一定数量的功所用的时间减少一半，那么功率将增加一倍。抗阻训练动作的功和功率是可以计算的，而且通常计算的是向心阶段动作的功和功率。如果在卧推中，花费 2 秒将 100 千克的重物垂直举起 0.9 米，则所做的功为 90 千克·米（100 千克 × 0.9 米）或 882.9 焦耳（1 千克·米 ≈ 9.81 焦耳）。在向心阶段的平均功率为 45 千克·米/秒（100 千克 × 0.9 米 /2 秒）或 441.5 瓦特（1 千克·米/秒 ≈ 9.81 瓦特）。在抗阻训练期间，需要通过高速视频录制或其他方式来精准地确定重物移动的时间和距离，以准确地计算功和功率。在一些练习（如上面提到的卧推中），可忽略的身体部位的质量移动带来的功和功率的计算误差很小。但是，在身体部位移动的垂直距离较大的练习（如深蹲）中，忽略移动的身体部位的质量将导致功和功率的计算出现较大的误差。

会导致一组训练失败。例如，使用 8~10RM 训练区间进行 8 次重复不会导致训练失败；进行 10 次重复可能导致训练接近失败。

- 功率或爆发力是做功的速率（见信息栏 1.1）。在一次重复中，功率被定义为重物的重量乘以该重物被举起的垂直距离，再除以完成一次重复所需的时间。可以通过在更短的时间内将相同质量的重物举起相同的垂直距离来提高功率。此外，还可以通过在相同的时间内将更大质量的重物举起相同的垂直距离来提高功率。通常情况下，一些因素会限制人们通过将重物举起更大的垂直距离来提高功率，如手臂和腿的长度。因此，提高功率的可行办法是提高移动重物的速度，或者在增加重物质量的同时保持移动重物的速度不变甚至提高速度。

- 最大力量是肌肉或肌群以特定速度在特定运动模式中可产生的最大的力（Knuttgen and Kraemer, 1987）。例如在卧推练习中，1RM 衡量的是相对较慢的速度下的力。经典的力-速度曲线表明，最大力量会随向心速度的提高而降低（见第 3 章）。此外，最大力量会随离心速度的提高而提高，最终达到一个稳定值。

## 最大随意肌肉动作

最大随意肌肉动作或者执行组数直至无法继续似乎是增强肌肉力量的有效途径（见第 2 章的"动态恒定外部阻力训练"）。这并不意味着必须在一次完整的重复中克服尽可能大的阻力（1RM）。执行最大随意肌肉动作意味着肌肉会产生当前疲劳水平所允许的最大力量。部分疲劳的肌肉在一次最大随意肌肉动作期间能够产生的力没有不疲劳肌肉那么大。因此，在一组练习中，即使因肌肉部分疲劳而产生的力不是绝对的最大力量，出现暂时的向心力竭的最后一次重复也是最大随意肌肉动作。

许多抗阻训练系统用瞬时的向心或RM阻力来确保最大随意肌肉动作得到执行。这确实有助于力、爆发力或局部肌肉耐力的增强（见第2章）。由于各种因素（如其他类型的训练导致的疲劳和夜间睡眠不良）会导致每日的力变化，许多训练方案都使用重复次数训练区间或RM训练区间来确定每组练习所用的阻力。

重复次数训练区间包含数量很少的重复次数，如4~6RM区间或8~10RM区间，它们不一定会导致暂时的向心力竭。RM训练区间也包含数量很少的重复次数，但是会导致瞬时的向心力竭。使用重复次数训练区间而不是RM训练区间的理由之一，是在每组训练中经常不能完成任务可能就会导致爆发力的非最佳增长（见第6章）。重复次数训练区间和RM训练区间允许每日改变力的大小，而要想确定真正的最大重复值，如6RM，则要求训练者完成精确的6次重复。如果可能，可以指导训练者完成至少6次或更多的重复，或者使完成次数尽可能接近6次。以这种方式确定每组重复次数，进而确定导致暂时性主动疲劳的RM训练区间或组数。

力的最大增长并不需要在所有训练课中执行最大随意肌肉动作或导致力竭的组数，甚至不需要训练课。对老年人和健康的成年人（Izquierdo et al.，2006）而言尤其如此（Hunter et al.，2001）。对于老年人，在每周的3次训练课中，或者仅在每周的3次训练课之一中，执行最大随意肌肉动作，其就可以获得相同的力和去脂体重的增长。对于健康的成年人，在降负荷阶段之后，与进行每组力竭训练相比，非力竭训练可以带来相同的最大力量的增长，同时还能获得更大的爆发力增长（见第6章）。因此，训练至主动疲劳不是力的增长的前提条件。然而，距离力竭多久时结束训练（训练无法继续之前的重复次数）可以获得最佳的最大力量增长仍然是未知数。所以一般来说，建议在训练课中将组数执行到接近力竭时停止。

在一些练习中，进行最大随意肌肉动作并不意味着该组中的最后一次重复未完成。例如，在高翻中，当一些肌纤维变得疲劳时，即使训练者尽了最大的努力，杠铃的速度仍会降低，而且举起的高度也低于该组中的第一次重复。由于训练者在略感疲劳的状态下发出最大力量，根据定义，这就是最大随意肌肉动作。

人们专门设计了一些抗阻训练器械来强迫肌肉执行最大随意肌肉动作，方式是采用更大的活动范围或在一组中完成更多的重复次数。设备的发展，如可变抗阻、双可变抗阻和等速设备（见第2章）证明了在训练中使用接近最大随意肌肉动作的必要性。所有参赛的奥林匹克举重运动员、力量举运动员和健美运动员都会在他们的训练方案中使用最大随意肌肉动作。他们意识到，在训练过程中的某些时候需要通过执行这些动作来获得最大的力的增长或肌肥大效果。然而，即使训练组没有做到力竭，也一定会实现力的增长或肌肥大。

## 强度

抗阻训练的强度以练习的 1RM 或 RM 的任意百分比确定。年轻、健康的群体，要想增加力量，可以使用的能导致暂时性主动疲劳的最低强度是 1RM 的 60%~65%（McDonagh and Davies，1984；Rhea et al.，2003）。然而，对于某些群体（如儿童和老年妇女；见第 10 章和第 11 章）而言，在 1RM 的 50%~60% 的范围内逐渐增加阻力，可能会比使用更大的阻力获得更明显的效果和更大的 1RM 增长。另外，对抗阻训练人员而言，使用大约 1RM 的 80% 的阻力会产生最佳的力量增长（Rhea et al.，2003）。使用非常小的阻力完成大量的重复将导致力量增长很少甚至没有增长。然而，每组练习的最大重复次数所带来的力量增加因练习和肌群的不同而有所变化。例如，对于接受过训练的男性而言，在 1RM 的 60% 下，腿蹬举的最大重复次数是 45.5，臂弯举的最大重复次数是 21.3（见表 1.1）。

此外，训练水平也可能影响在器械训练中所进行的练习的重复次数。在 1RM 的特定百分比下，接受过训练的男性和女性通常比未经训练的男性和女性完成的重复次数要多（Hoeger et al.，1990）。接受过训练的定义比较宽泛，指的是拥有 2 个月至 4 年的训练经历。因此，在 1RM 的特定百分比下，在器械训练中，使用较大的肌群进行训练或有过训练经历的人似乎能完成更多的重复次数。然而，并不是所有研究都证实在 1RM 的特定百分比下，训练可以增加可能完成的重复次数。在 1RM 的特定百分比下执行 10RM 器械练习时，以前未受过训练的女性在参加为期 14 周的训练之后其重复次数并没有增加（Fleck et al.，2006）。

受过训练的男性在进行杠铃自由重量练习时，与小肌群练习（臂弯举）相比，在大肌群练习（深蹲和卧推）中每组可能完成更多的重复次数。然而，横向研究数据表明，在 1RM 的特定百分比下进行深蹲（而非其他练习）时，接受过训练的男性所完成的重复次数可能少于未接受过训练的男性（见表 1.1）。此外，参加过 12 周的抗阻训练的美式橄榄球运动员在 1RM 的特定百分比（60%、70%、80% 和 90%）下进行卧推

**表 1.1** 在不同的 1RM 百分比下练习时达到向心力竭的重复次数

| Hoeger et al.，1990 | 腿蹬举 1RM 的 60% | 腿蹬举 1RM 的 80% | 卧推 1RM 的 60% | 卧推 1RM 的 80% | 臂弯举 1RM 的 60% | 臂弯举 1RM 的 80% |
|---|---|---|---|---|---|---|
| 未受过训练者 | 33.9 | 15.2 | 19.7 | 9.8 | 15.3 | 7.6 |
| 受过训练者 | 45.5 | 19.4 | 22.6 | 12.2 | 21.3 | 11.4 |
| Shimano et al.，2006 | 深蹲 1RM 的 60% | 深蹲 1RM 的 80% | 卧推 1RM 的 60% | 卧推 1RM 的 80% | 臂弯举 1RM 的 60% | 臂弯举 1RM 的 80% |
| 未受过训练者 | 35.9 | 11.8 | 21.6 | 9.1 | 17.2 | 8.9 |
| 受过训练者 | 29.9 | 12.3 | 21.7 | 9.2 | 19.0 | 9.1 |

在器械练习和自由重量杠铃练习中，在 1RM 的特定百分比下练习时可能完成的平均重复次数。

时，可以完成的重复次数并未增加（Brechue and Mayhew，2009），但是在 1RM 的 70% 下进行深蹲时，可以完成的重复次数增加了（Brechue and Mayhew，2012）。一般而言，在相似的自由重量练习和器械练习中，如杠铃和器械臂弯举，训练者在 1RM 的特定百分比下会完成大致相同的重复次数，但是深蹲练习除外。与腿蹬举相比，不管是受过训练的男性还是未受过训练的男性，深蹲可能完成的重复次数都要更少，这可能是由于在腿蹬举中较少使用下背部。

因此，RM 或 RM 训练区间会因不同的练习、不同的性别、器械的细微差别甚至不同的训练状态而发生变化。另外需要明确的一个重要事实是，在 1RM 的特定百分比下进行所有练习时，所能完成的重复次数存在极大的个人差异（如上述研究中的巨大标准偏差所示）。使用 1RM 的百分比或 RM 训练区间来规定训练强度和训练量时，需要考虑这些因素。

在训练爆发力时，要使用较低强度，并快速移动重物（见第 7 章）。这在很大程度上是因为在许多练习中，低强度（阻力小）允许以更快的速度运动，与其他强度和速度的组合相比，其所产生的爆发力会更大。这对于多关节和单关节练习都是适用的（Komi，1979），但是一般而言，多关节练习常用于训练爆发力。

和耐力训练的强度不同，抗阻训练的强度在训练过程中不是以心率水平进行评估的。在抗阻训练期间，心率并不总是随着训练强度的变化而有规律地发生变化（见图 1.2）。在 1RM 的 50%~80% 下达到暂时性主动疲劳时测得的各组练习中，训

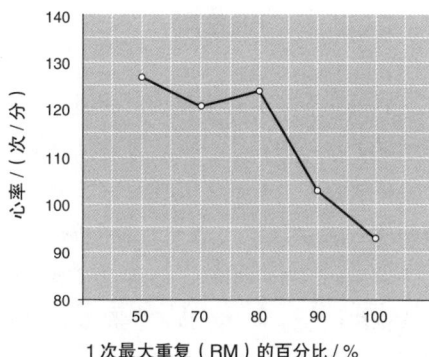

**图 1.2** 接受过适量训练的男性在 1RM 的不同百分比下进行膝伸训练达到暂时性主动疲劳时的最大心率。心率并不能反映一项练习的强度（1RM 的百分比）

（源自：Fleck and Dean，1957.）

练者的心率可能高于在 1RM 或大于 1RM 下达到暂时性主动疲劳时测得的各组练习中，训练者的心率（Fleck and Dean，1987）。在不同的抗阻训练方案中，训练期间训练者的心率是不同的（Deminice et al.，2011）。在采用 3 组重量（阻力）为 10RM，每组和每个练习之间休息 90 秒且先训练手臂再训练腿部的练习中，训练者的心率达到了最大值，测得的平均心率为 117 次 / 分（最大心率的 60%）。进行和上面一样的练习，组数和阻力相同，手臂和腿部练习交替进行，但是缩短练习之间的休息时间，期间测得的平均心率为 126 次 / 分（最大心率的 65%）。以上两个训练方案采用了相同的强度、组数和重复次数，说明心率差异是由练习顺序和休息时长的不同导致的，并不是由接下来将要讨论的训练强度或训练量的不同导致的。组间和练习间恢复到特定的心率所需时长已经被用于确定组间和练习间的休息时间长度（Piirainen et al.，2011）。

# 训练量

训练量是以焦耳为单位对在训练过程中所做的总功的衡量，训练时长可以是一次、一周、一个月或者其他时间长度。训练频率（每周、每月或每年的训练次数）、每次训练的时长、组数、每组重复次数和每次训练期间所包含的练习数量都对训练量有直接的影响。估测训练量最简单的方法是将在特定时间内完成的重复次数相加，如一周或一个月内的重复次数。训练量还可以通过举起的总质量来估计。例如，如果重复举起 45 千克的重物 10 次，那么训练为 450 千克（10×45 千克）。

计算所做的总功可以更精准地确定训练量。一次重复中所做的总功等于重物质量乘以重物被举起的垂直距离。因此，如果在一次重复中将 45 千克（或 445 牛）的重物垂直举起 0.9 米，那么训练量或总功约

为 400 焦耳（445 牛 × 0.9 米）。在这个例子中，由 10 次重复构成的一组练习的训练量为 4000 焦耳（10×400 焦耳）。计算训练量有助于确定训练的总体压力。

更大的训练量和训练效果之间存在关联，如肌肥大、减少体内脂肪、增加去脂体重甚至提升运动能力。更大的训练量也可能减缓停止训练后的力量增长衰减（Hather，Tesch et al.，1992）。因此，设计抗阻训练方案时训练量是一个重要的变量（见信息栏 1.2）。

# 休息时间

每组、每个练习和每次训练之间的休息时间让训练者可以得到恢复，而且对任何训练方案的成功都至关重要。每组和每个练习之间所允许的休息时间在很大程度上取决于训练的目标。休息时间的长短会影响恢复、血乳酸盐浓度（一种酸度测量

## 信息栏 1.2  研究成果

### 训练量对力量增长的影响

力量增长受到总训练量的影响。几项综合分析的结论表明，包含多组练习的训练计划能带来比仅有单组练习的训练计划更大的力量增长（Peterson et al.，2004；Rhea et al.，2003；Wolfe et al.，2004）。但是增加组数只是增加训练量的方法之一。训练量还受到其他训练变量的影响，如训练频率。在为期 6 周的训练中进行 9 个练习，一种方案是每周训练 3 天，每个练习进行 2 组，每组重复 10 次（10RM）；另一种方案是每周训练 2 天，每个练习进行 3 组，每组重复 10 次（10RM）。这 2 种训练方案的训练量是一样的（每周每个练习完成 6 组，每组重复 10 次），它们之间的唯一区别是训练频率。在这 2 个训练方案中，1RM 的卧推或深蹲无显著差异。作者的结论是，对获得最大力量增长而言，总训练量比其他训练变量（如训练的频率和组数）更重要（Candow and Burke，2007）。

参考文献：

Candow, D.G., and Burke, D.G. 2007. Effect of short-term equal-volume resistance training with different workout frequency on muscle mass and strength in untrained men and women. *Journal of Strength and Conditioning Research* 21: 204–207.

指标）以及训练诱发的激素反应（见第3章）。每组和每个练习之间的休息时间、所使用的阻力、每组中进行的重复次数都会影响训练方案的设计和目标（见第5章）。一般情况下，如果目标是提升产生最大力量的能力，那么应该设置相对较长的休息时间（几分钟）、较大的阻力并将每组的重复次数设置为1~6次。如果目标是提升在短期内执行高强度练习的能力，那么每组之间的休息时间不应超过1分钟，每组的重复次数可设置为10~25次，具

体取决于个人希望提升的高强度能力类型。如果目标是提升长期耐力（有氧爆发力），那么可行的方案之一是采用相对较短的休息时间（小于30秒）、相对较小的阻力以及每组的重复次数为10~15次的循环抗阻训练。

更短的休息时间会缩短整个训练的时长。如果在相同的训练中，将组间和练习间的休息时间设置为1分钟而不是2分钟，那么完成训练所需的时间会相应缩短。这可能对训练时间有限的训练者非常

## 信息栏 1.3　研究成果

### 较短的休息时间对训练量有显著影响

组间和练习间设置较短休息时间的优势是缩短训练时长。随着训练的进行，疲劳会导致训练量降低，这体现为训练强度一定时所完成的重复次数会减少。图1.3展示了在8RM下随着训练过程的推进训练者能够完成的重复次数。与1分钟的休息时间相比，3分钟的休息时间显著增加了训练者的每组重复次数。对同一个练习而言，在连续进行的训练组中，之后每组能够完成的重复次数大大减少，在连续进行2个用到相同的肌群的练习时尤其如此。休息时间和练习的顺序通过影响每组可完成的重复次数影响训练量。

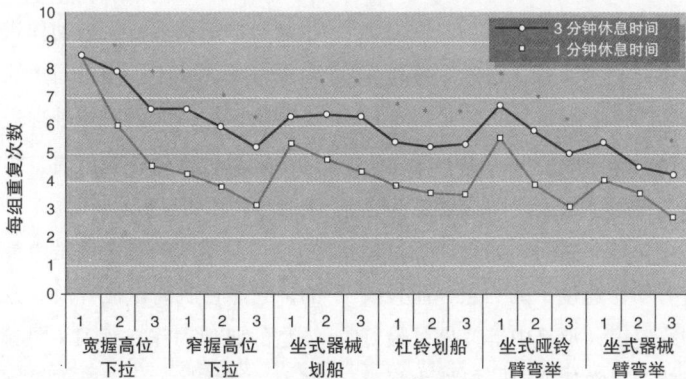

**图1.3** 在训练过程中组间和练习间采用1分钟和3分钟休息时间时分别对应的可完成的重复次数
* 表示在同一组练习中，采用1分钟和3分钟休息时间会对重复次数产生显著影响。
（经许可，源自：R. Miranda, S.J. Fleck, et al., 2007, "Effect of two different rest period lengths on the number of repetitions performed during resistance training," *Journal of Strength and Conditioning Research* 21:1032−1036.）

有用。不过，其他训练变量，如每组的重复次数，可能会受到影响（见信息栏1.3）。训练者还必须确保运动技术不因休息时间变短而变化，更高的疲劳程度可能导致运动技术执行不到位，而这又会增加受伤的风险。

很多健身爱好者和一些运动员会让特定的肌群在2次抗阻训练之间恢复1天时间。这是一个很好的一般性规则，尽管有一些证据表明，其他训练和恢复时间模式的效果与此相同甚至更好（见第5章关于组间和练习间休息时间和第7章关于一天两次训练的讨论）。两次训练之间需要设置更长休息时间的一个实际表现是肌肉酸痛。如果肌肉酸痛影响到后续训练的运动表现，那么两次训练之间的休息时间很可能不足。

## 速度特定性

许多教练和运动员坚持认为，应该以在真实比赛中所需的速度进行一些抗阻训练。对许多体育赛事而言，这意味着动作将以高速进行。速度特定性指的是对于抗阻训练来说，训练速度下的力量和爆发力增长最明显（见第7章关于动作速度和发展爆发力的讨论）。然而，如果训练目标是增加在所有动作速度下的力量，而且仅用到一种训练速度，那么中等速度是最好的选择。因此，通常建议对一般性力量感兴趣的人使用中等训练速度。以很快的速度配合较小的阻力进行训练，以及以很慢的速度配合较大的阻力进行训练，都会带来反映速度特定性的力量增长。因此，按

照比赛中所需的速度进行速度特定性训练以最大化力量和爆发力的增长，这在总训练计划的某些阶段是合适的。如果力量和爆发力需要在从慢到快的整个速度范围内得到最大限度的增长，那么应该以多种动作速度进行训练。

## 肌肉动作特定性

如果以等长肌肉动作进行训练，而且以静态肌肉动作来评估进步，那么可能会发现力量出现显著增长。然而，如果以向心或离心肌肉动作来评估进步，那么可能会发现力量没有增长或者增长不多。这称为肌肉动作特定性或测试特定性。肌肉动作特定性表明力量增长在一定程度上是特定于训练所用的肌肉动作类型的（如等长、可变抗阻和等速）。测试特定性是一个类似的术语，它表明使用训练期间所用的练习或肌肉动作进行测试时，力量增长会较大；当使用训练期间没有用到的、但涉及相同肌群的练习或肌肉动作进行测试时，力量增长会较小。使用同样的练习但不同类型的器械，如用器械卧推进行训练，用自由重量卧推进行测试时，测试特定性也会表现得很明显。

力量增长的特定性是由神经适应引起的，它能让肌肉以最有效的方式进行特定类型的肌肉动作或练习（见第3章的"神经系统适应"）。一般来说，人们都会使用训练期间的练习来评估健身收益，并且针对特定体育运动或活动的训练计划应该包含该体育运动或活动中所用到的肌肉动作类型。例如，因为在摔跤中会频繁用到

等长肌肉动作，所以在摔跤运动员的训练方案中加入一些等长训练是有益的。

## 肌群特定性

肌群特定性指的是每个需要获得力量增长或其他训练适应性的肌群都必须接受训练。换句话说，就是需要获得适应性的肌群必须在训练中通过练习得到激活或运用（见第 3 章）。比如想要增强肘部的屈肌（肱二头肌肌群）和伸肌（肱三头肌肌群），那么训练方案中必须加入针对这两个肌群的练习。训练方案中必须包含根据训练适应性为每个肌群选择的专项练习，训练适应包括肌肥大和增加力量、爆发力、耐力。

## 能量来源特定性

能量来源特定性指的是身体训练导致为肌肉进行某一特定身体活动提供所需能量的新陈代谢系统发生适应性改变。就肌肉动作而言，其能量有 2 个无氧来源和 1 个有氧来源。能量的无氧来源为大部分爆发力型的、短时间的活动提供主要能量，如 100 米短跑；而有氧来源为大部分缓和的、持续时间长的活动提供主要能量，如 5000 米长跑。如果想要提升肌肉的无氧运动的能力，那么应该进行高强度、持续时间短的练习。如果想要提升有氧能力，那么应该进行低强度、持续时间长的练习。抗阻训练是获得无氧能量来源适应性的常用方法，其可能导致有氧能力的提升，最大耗氧量的增加反映了这一点（见第 3

章）。组数和重复次数、组间和每个练习间的休息时间长度和其他训练变量必须与相应的能量来源想达到的训练适应相匹配（见第 5 章）。

## 周期化

周期化以及有计划地改变训练量和训练强度，对获得最佳力量增长和其他训练成果极为重要（见第 7 章）。此外，其他训练变量，比如练习的选择（如在训练方案的某个阶段以爆发力练习为主）以及组间和练习间的休息时间也可以定期进行周期化的调整。

脚、手和身体的其他部位的位置的变化在不影响训练者的安全的前提下，如果其影响到肌纤维的运用方式，就可以将它们当作训练变量。使用几个练习来为特定的肌群提供不同的调节刺激也是一种非常好的方法，它可以改变肌纤维的募集模式，从而不断增加力量并增大肌纤维（见第 3 章关于运动单位激活的讨论）。随着训练的进行，周期化对实现最佳力量和爆发力增长是很必要的（American College of Sports Medicine, 2009；Rhea and Alderman, 2004）。由于训练中可以调节的变量比较多，所以抗阻训练周期化存在无数种可能性。然而，根据研究成果，最常进行调节的变量是训练量和训练强度（见信息栏 1.4）。

## 渐进式超负荷

渐进式超负荷指的是随着训练的进行，相应地增加施加给身体的压力，从而使身

## ❓ 信息栏 1.4　实际问题

### 可以使用相同的训练量和训练强度来创建两个不同的周期化方案吗

　　在考察周期化抗阻训练效果的研究中，训练量和训练强度是最常调整的两个训练变量。力量训练专家在为运动员或客户设计训练方案时，通常也会调整这些变量。可以使用相同的平均训练强度和训练量来创建截然不同的训练计划。如果在为期 1 个月的连续训练中，每周训练 3 天，每天的训练分别使用 12~15RM，8~10RM 和 4~6RM 这 3 个重复次数训练区间（见第 7 章关于线性周期化的讨论），那么每个 RM 训练区间的执行总数为 12 次。如果使用相同的 RM 训练区间，每周训练 1 天，连续训练 3 个月（非线性周期化），那么每个 RM 训练区间的执行总数也是 12 次。虽然在这两个训练方案中，训练量和训练强度的差别很大，但是它们的总训练量和总训练强度是相等的。

---

体的力量、爆发力和耐力不断增加。渐进式抗阻是一个类似的术语，它特别适用于抗阻训练，指随着训练的进行，在体能逐渐提升的同时，抗阻训练的压力也逐渐增加。这个术语是由托马斯·德洛姆（Thomas Delorme）提出的。当时他通过一系列研究发现，对因战争而受伤的士兵而言，抗阻训练是有效的医学康复治疗手段。随着时间的推移，他小心地增加所使用的阻力，但他当时不知道如何称呼这种形式的抗阻训练。在一次晚餐中谈到这个话题时，他的妻子提议："你为什么不把它叫作渐进式抗阻训练？"这个术语从此就诞生了（源自与得克萨斯大学奥斯汀分校的特里·托德博士的口头交流）。例如，在训练方案的初始阶段，臂弯举的 5RM 可能是 23 千克，这个重量足以刺激力量增加。随着训练的进行，以 23 千克（译者注：为叙述方便且便于实际操作，为计入重力和进度因素）为阻力的 5 次重复已经不能产生足够的刺激来进一步增大力量，因为现在训练者在这个

阻力下可以轻松地完成 5 次重复。如果此时不以某种方式增加训练刺激，那么力量就不会有进一步的增长。

　　可以通过多种方法让肌肉产生渐进式超负荷（American College of Sports Medicine，2009），最常见的是增加阻力并进行一定次数的重复。使用 RM 或 RM 训练区间就会自动产生渐进式超负荷，因为随着肌肉力量的增加，使用的 RM 或者说保持在 RM 训练区间内所需的阻力也随之增加。例如，经过数周训练后，5RM 或 4~6RM 训练区间可能从 23 千克增至 27 千克。但是，如前所述，不需要执行组数至力竭来增加力量。只要所使用的阻力逐渐增加，就能产生渐进式超负荷。

　　其他让肌肉产生渐进式超负荷的方法包括通过增加每次训练的重复次数、组数或练习数来增加总训练量；在接近最大阻力的强度下提高完成的速度；改变练习间的休息时长（即缩短局部肌肉耐力训练的休息时长）；改变训练频率（如每天进行

多次短时间训练）。为了提供足够的时间进行适应和避免过度训练，应该逐步地将所有形式的渐进式超负荷引入训练方案，训练者需要足够的时间来习惯训练以及在生理上适应训练。

# 安全事项

成功的抗阻训练方案都有一个共同的特点——安全。就像其他所有身体活动一样，抗阻训练存在一些固有的风险。但只要使用适当的技术、得到适当的保护、采用合理的呼吸方式、保持设备处于良好的工作状态，以及穿着合适的衣服，受伤的概率可以大大降低或完全避免受伤。

在进行抗阻训练时，受伤的概率是很低的。在大学美式橄榄球运动员中（Zemper，1990），健身房里发生受伤事件的概率很低（平均每个赛季每 100 个球员中仅有 0.35 人受伤）。在美式橄榄球赛季，健身房里发生的受伤事件只占所报告的美式橄榄球赛季总伤停事件的 0.74%。通过使球员严格遵守健身房的规则（Zemper，1990），如运用适当的运动技术以及在杠铃上使用杠铃卡扣，受伤的概率可降至更低的水平。此外，在将抗阻训练作为总体训练方案的一部分的健康和健身场馆中，受伤的概率也是很低的（每训练 1000 小时仅有 0.048 个人受伤）（Morrey and Hensrud，1999）。美国消费品安全委员会国家电子伤害监测系统的一项报告表明，42% 的抗阻训练受伤事件发生在家里（Lombardi and Troxel，1999），分别有 29% 和 16% 的抗阻训练受伤事件发生在运动场所和学校。在抗阻训练期间，肌肉扭伤和拉伤在儿童和成年人中都很常见，但是在 8~13 岁和 23~30 岁这 2 个年龄段中发生的概率较高（Meyer et al.，2009）。意外受伤事件在儿童中的发生率最高，不过该发生率会随着年龄的增长而下降。

这些结果表明，缺乏监督会导致受伤事件发生。特别需要注意涉及肩关节肌群的训练，因为在已记录的抗阻训练受伤事件中，有 36% 的受伤事件与肩关节肌群有关（Kolber et al.，2010）。与其他体育运动相比，即便在比赛中，男女力量举运动员的受伤概率都是较低的。平均每年每位力量举运动员的受伤次数为 0.3 次（每训练 1000 小时的受伤次数均值为 1 次）（Siewe et al.，2011）。力量举运动员的受伤概率随着年龄的增长而增加，而且女性的受伤概率高于男性。值得注意的是，使用训练腰带实际上增加了腰椎受伤的概率，最有可能的原因是力量举运动员在举起最大的重量时，高估了训练腰带保护下背部的能力。所以，虽然抗阻训练是非常安全的活动，但训练时还是应该采取一切适当的安全保护措施，而且要时刻受到监护。

## 保护

适当的保护是必要的，这样才能确保抗阻训练计划参与者的安全。保护是指训练者之外的其他人提供的协助，目的是确保训练者的安全。保护者发挥 3 个主要职能：在需要时协助训练者完成动作，评判训练者的运动技术，在发生事故时提供帮助。简要地说，保护者在保护时应考虑以下因素。

- 保护者必须足够强壮以在必要时协助训练者。
- 在进行某些练习（如后深蹲）期间，可能需要多个保护者来确保训练者的安全。
- 保护者应该懂得适当的保护技术，以及自己所监护的每个练习的正确运动技术。
- 保护者应该知道训练者打算尝试完成多少次动作。
- 保护者应该时刻注意训练者及其运动技术。
- 保护者在发生意外或者受伤事件时要提供帮助。

遵循这些简单的指导原则有助于避免健身房中受伤事件的发生。关于保护技术的详细描述不在本书的讨论范围内，但是抗阻训练的保护技术的相关信息都可以通过不同的途径找到（Fleck，1998；Kraemer and Fleck，2005）。

## 呼吸

瓦氏动作是指在屏住呼吸的同时试图通过闭合的声门呼气。在抗阻训练的过程中不建议做这个动作，因为它会导致血压大幅度上升（见第 3 章关于强烈心血管适应的讨论）。图 1.4 展示了单腿膝伸中动脉内血压对最大等长肌肉动作的反应。在允许呼吸的等长肌肉动作中，训练者的血压低于同时进行瓦氏动作的等长肌肉动作，也低于进行没有等长肌肉动作的瓦氏动作。这表明在抗阻训练期间，与在肌肉

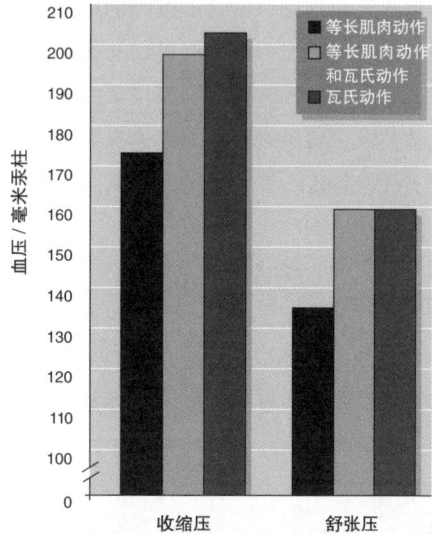

**图1.4** 3 种情况下的收缩压和舒张压：仅等长肌肉动作，等长肌肉动作和瓦氏动作同时进行，以及仅瓦氏动作

$n = 6$。

（源自：作者未发布的数据）

动作期间执行瓦氏动作相比，在肌肉动作期间呼吸会导致血压上升得更慢。血压升高会增加心脏的后负荷，因为这要求左心室产生更大的压力来喷射血液，从而使得左心室的负担更重。

虽然与在举起重物时吸气、在降低重物时呼气的操作带来的心率和血压变化差别不大，但通常建议在举起重物时呼气、在降低重物时吸气（Linsenbardt et al.，1992）。在使用 1RM 的练习中，或者在导致暂时性主动疲劳的最后几次重复中，瓦氏动作会出现。然而，还是不鼓励过度屏气。

## 适当的运动技术

抗阻训练练习的正确运动技术取决于解剖学结构和训练的特定肌群。改变练习

的形式将使其他肌群协助锻炼动作，这会导致该动作所锻炼的肌肉得到的训练刺激减少。几个高级的抗阻训练技术对正确的运动技术进行了调整（如强迫次数训练技术），但是这些技术不适合初级抗阻训练者（见第6章）。

适当的运动技术对于预防受伤也是必要的，特别是在使用不当的运动技术会给下背部带来额外压力的练习（如深蹲和硬拉）中，或者在重物可能从身体某部位弹起的练习（如自由重量卧推）中。当训练者在某项练习中完成特定的重复次数时，如果所使用的阻力超出其当前的力量水平，通常会导致训练姿势不当。如果运动技术开始变形，就应该终止当前的训练。各种练习的适当的运动技术的相关信息可以通过其他途径获得（Fleck，1998；Kraemer and Fleck，2005）。

## 全活动范围

全活动范围涉及以尽可能大的动作幅度进行练习。练习通常在身体姿势和涉及关节所允许的全活动范围内进行。虽然没有明确的研究证实这一点，但是我们认为，要想提升关节的全活动范围力量，训练就必须在该活动范围内执行。通过等长训练展示关节角度特定性的研究表明，当仅在特定的关节角度内进行训练时，力量只在该狭小的关节活动范围内得到增强，而不是在关节的全活动范围内都得到增强（见第2章）。在高级训练方案中，关节角度特定性会被用来增加某一活动范围内的力量和爆发力，从而增强运动能力（如用1/4蹲来提高跳跃能力）。一些高级训练技术

（如部分重复）会有意地限制活动范围（见第6章）。但是，一般来说，建议训练者以全活动范围进行练习，以确保力量在全活动范围内得到增强。

## 抗阻训练鞋

一双安全的抗阻训练鞋并不一定要和专门为奥林匹克举重或者力量举运动员设计的鞋一样，但是它应该具有良好的足弓支撑性、防滑鞋底、合脚性，而且鞋底不能具有减震功能。前3个因素是出于安全考虑。最后1个因素也非常重要，原因很简单：腿部肌肉产生的用于举起重物的力量不应该在挤压鞋底的过程中被浪费。此外，如果鞋子脚跟部位的可压缩性非常大，如跑步鞋，那么在一些练习中，如深蹲，在起立的过程中会由于脚跟受挤压而失去平衡。为交叉训练设计的鞋子具备以上4个特性，适用于大部分训练者，但以下这些运动员除外，包括高级健身爱好者、力量或爆发力型运动员、奥林匹克举重或力量举运动员。

## 抗阻训练手套

为抗阻训练设计的手套只覆盖手掌部位，可防止手掌与自由重量和器械训练设备的手柄发生刮擦，并且可以让手指很好地握住手柄或横杠。抗阻训练手套有助于防止手产生水泡和老茧被磨破，但其在安全抗阻训练中不是必需的。

## 训练腰带

训练腰带的后背部分比较宽大，一般认为，其可以帮助支撑腰椎和下背部。训

练腰带可以帮助支撑下背部，但这并不是因为它的后背部分比较宽大。相反，训练腰带为腹部肌肉提供了一个可以挤压的对象，这有助于增加腹内压，从前侧给腰椎提供支撑（Harman et al.，1989；Lander，Hundley and Simonton，1992；Lander et al.，1990）。腹内压的增加可以防止腰椎弯曲，这有助于训练者保持直立的姿势。强壮的腹部肌肉有助于维持腹内压。当腹内压增大时，虚弱的腹部肌肉组织就会向前突出，这会导致腹内压降低，为腰椎提供的支撑力也随之减小。训练腰带可用于会给腰椎带来巨大压力的练习，如深蹲和硬拉。然而，训练腰带对维持这些练习的安全进行并不是必要的，而且训练者不应该使用训练腰带来解决由腹部或下背部肌肉虚弱带来的技术问题。

很多抗阻训练者会在不当的场合（如举起较轻的重物或者执行不涉及下背部受压的练习）使用训练腰带（Finnie et al.，2003）。如前所述，目前的记录表明，训练腰带的使用会增加下部脊椎受伤的概率，因为举重运动员在准备比赛时会超负荷地使用最大或接近最大的重量而相信训练腰带会保护他们（Siewe et al.，2011）。此外，在以 1RM 的 60% 进行深蹲时，如果使用训练腰带，腰伸肌的肌电活动会比不使用训练腰带更强。这表明，在使用相对较小的阻力的情况下训练腰带并没有减轻下背部的压力，因此在这些情况下不应该使用训练腰带。如果将要进行的练习会给下背部带来巨大的压力，那么应该在训练方案中加入增强下背部和腹部肌肉的练习。

在活动期间使用箍得很紧的训练腰带会让血压升高（Hunter et al.，1989），这可能会导致心血管的压力增加。因此在一些强度不是很大的活动（如骑健身自行车）中和下背部受到的压力不是很大的练习中，不应该使用训练腰带，在执行不需要背部支撑或者轻度至中度阻力的练习（即阻力高于 6RM 或阻力为 1RM 的低百分比的练习）时也不需要使用训练腰带。

## 设备维护

维护设备从而使其处于良好的运行状态对抗阻训练方案的安全执行至关重要。应该经常检查滑轮、缆绳或腰带，并根据需要及时更换。应该按照生产商的说明对设备进行润滑。对于破裂或损坏的杠铃片、哑铃片或训练器械中的配重片，应该及时予以淘汰并更换。应该每天对垫套进行消毒。奥林匹克杆和其他自由重量杠铃的套筒应该能够自由转动，以避免划破训练者手上的皮肤。对于训练场所中不能正常运行的设备，需要清晰地标记出来。在运行良好的抗阻训练场所或训练方案中，不应该出现因设备维护不当而导致的受伤。

# 小结

容易理解并且定义清晰的术语对任何研究领域而言都非常重要。要想准确地进行交流以及让健身爱好者和力量训练专家彼此交换想法，对抗阻训练术语进行准确的定义非常必要。恰当的安全防护措施，如保护和恰当的运动技术，是所有正确设计和实施的训练方案的必要组成部分。理解抗阻训练的基本术语和安全事项对下一章的讨论——抗阻训练的类型非常重要。

## 选读材料

Deminice, R., Sicchieri, T., Mialich, M., Milani, F., Ovidio, P., and Jordao, A.A. 2011. Acute session of hypertrophy-resistance traditional interval training and circuit training. *Journal of Strength and Conditioning Research* 25: 798-804.

Fleck, S.J.1998.*Successful long-term weight training*. Chicago:NTP/Contemporary Publishing Group.

Fleck, S.J. 1999. Periodized strength training: A critical review. *Journal of Strength and Conditioning Research* 13: 82-89.

Kraemer, W.J., and Fleck, S.J.2005.*Strength training for young athletes*（2nd ed.）.Champaign, IL:Human Kinetics.

Meyer, G.D., Quatman, C.E., Khoury, J., Wall, E.J., and Hewitt, T.E. 2009. Youth versus adult "weightlifting" injuries presenting to United States emergency rooms: Accidental versus non-accidental injury mechanisms. *Journal of Strength and Conditioning Research* 23: 2064-2080.

# 抗阻训练的类型

**2**

---

**学习完本章后，你应该能够完成以下内容。**

1. 定义等长、动态恒定外部阻力、可变抗阻、双可变抗阻、等速和离心训练。

2. 根据现有的研究成果描述什么是最佳的训练频率、训练量和训练强度，通过各种类型的训练有效增强力量、增大肌肉、提升运动能力以及改变身体成分。

3. 描述每种类型的训练的特别注意事项。

4. 针对增强力量、肌肥大、提升运动能力以及改变身体成分等目的讨论并比较各种类型的训练。

5. 定义和讨论如关节角度特定性、速度特定性和测试特定性等的训练变量。

---

大部分运动员和健身爱好者会将抗阻训练作为总体训练方案的一部分。运动员感兴趣的不是他们能举起多大的重量，而是抗阻训练带来的力量和爆发力增长以及身体成分变化能否让他们在体育运动中获得更好的表现。健身爱好者可能对运动员所获得的某些训练适应性感兴趣，同时也希望获得一些健康益处，如降低血压和改变身体成分，以及通过抗阻训练让自己的体脂率降低以及变得更健壮。

在考察某种类型的抗阻训练时，有两个问题需要考虑。首先是这种类型的训练能否提升运动能力？垂直纵跳测试、40 码（1 码 ≈ 0.91 米，余同）冲刺、抛球或药球投掷都是常见的运动能力测试。其次是经过全活动范围和各种动作速度的训练后力量是否增强了？大多数体育运动和日常活动需要较大的关节活动范围来产生力量和爆发力。如果力量和爆发力没有在较大的关节活动范围内得到提升，那么运动能力可能没有提升到应有的水平。大多数体育赛事都需要在不同的移动速度下产生力量和爆发力，尤其是在快速移动的情况下。如果各种不同的移动速度下的力量和爆发力没有增加，同样地，运动能力可能没有提升到最佳水平。

在考察抗阻训练的类型时，还需要考虑以下几个问题：训练能够让身体成分，如体内脂肪或去脂体重的百分比发生多大

19

的改变？采用这种类型的训练在一定的训练期内，预期的力量和爆发力增长是多少？前面所述的那些因素在不同类型的训练之间又会有哪些差别呢？

目前已经存在大量关于抗阻训练类型的研究，但是这些研究的结论的产生受到几个因素的影响。这类研究大部分是短期的（8~12周），研究对象是不爱运动或只接受过少量训练的人。因此，直接将这些结果应用到长期（以年为单位）训练和受过高级训练的健身爱好者或运动员身上未必是准确的。

例如，在1年的训练之后，精英级奥林匹克举重运动员的1RM抓举能力提升了1.5%，1RM挺举能力提升了2%。此外，他们的去脂体重最高增加了1%，身体脂肪减少了1.7%以上（Häkkinen, Komi et al., 1987; Häkkinen, Pakarinen et al., 1987b）。在2年的训练之后，精英级奥林匹克举重运动员的总举重能力（总举重能力 = 1RM抓举 + 1RM挺举）提升了2.7%，去脂体重增加了1%，身体脂肪减少了1.7%以上（Häkkinen et al., 1988b）。与参加短期训练的不爱运动或只接受过少量训练的人相比（见第3章表3.3），参加长期训练的运动员在力量和身体成分上发生的变化要小得多。这表明对于非常健壮的人而言，如运动员和高级健身爱好者，通过训练改变力量和身体成分要比只接受过少量或中等训练的人难得多。受过高级训练的人通过训练增加力量更加困难这一观点得到了研究数据的元分析的支持（Rhea et al., 2003），图2.1也清晰地说明了这一点。

其他影响力量增长的因素是训练量（肌肉动作的数量或者组数和重复次数）

和训练强度（1RM的百分比）。这些因素在不同的研究中差异非常大，这使研究人员难以对结果进行解读。此外，带来最佳力量收益的训练量（未经训练的人每个肌群完成4组，而运动员每个肌群完成8组）和训练强度（未经训练的人采用1RM的60%，而运动员采用1RM的85%）不可能适用于所有人（Peterson et al., 2004）。使研究人员对研究结果的解读和比较变得困难的另一个因素是，在同一个训练方案中，不同肌群的力量增长不一定会以相同的速率进行或者达到相同的水平（Willoughby, 1993）。归根结底，任何抗阻训练类型的比较都取决于所使用的训练方案的有效性。

将最佳的动态恒定外部阻力训练方案与非常低效的等速训练方案相比，自然是前者胜出。相反，将最优秀的等速训练方案与非常低效的动态恒定外部阻力训练方案相比，等速训练方案胜出。在理想情况下，对任何抗阻训练类型进行比较时，都

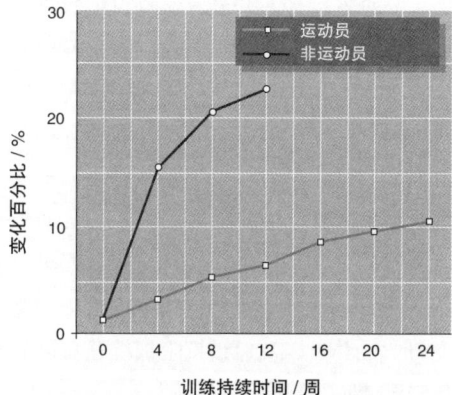

**图2.1** 与训练前相比最大深蹲能力的变化百分比取决于训练者训练前的状态和训练的持续时间

（经许可，源自：K. Häkkinen, 1985, "Factors influencing trainability of muscular strength during short-term and prolonged training," *National Strength and Conditioning Association Journal* 7:33.）

应该选择最佳的训练方案做长期的比较，而最佳的训练方案可能会随着时间的推移而发生变化。不幸的是，具备这些特点的比较并不存在。不过，到目前为止研究人员已经开展了足够多的关于抗阻训练类型的研究，也得到了一些如何在训练方案中应用它们的初步结论。本章主要探讨主流研究及其结论。

# 等长训练

等长训练或静态抗阻训练指的是涉及肌肉长度不变的肌肉动作的训练。这意味着看不到关节发生任何运动。在对抗不到100%的最大随意肌肉动作中，等长肌肉动作可能会主动发生，如握住一个轻量级哑铃使之保持在活动范围内的某个点上，或者对着不可移动的物体主动施加接近最大水平的力量。对抗不可以移动的物体时，还可以以最大随意肌肉动作（MVMA）的100%执行等长肌肉动作。

等长训练通常对着不可移动的物体进行，如墙壁或者超出训练者的最大向心力量的重量训练器械。此外，还可以通过让虚弱的肌群对抗强壮的肌群来进行等长训练，例如最大限度地激活左肘屈肌来尝试弯曲左肘，同时右手用足够大的力量来向下压左手，以阻止左肘发生任何移动。如果左肘屈肌弱于右肘伸肌，那么左肘屈肌将以最大随意肌肉动作进行等长肌肉动作。等长肌肉动作也可能发生在某些练习中以动态动作完成部分活动范围之后（见第6章的"功能性等长训练法"）。

等长训练在20世纪50年代早期进入公众的视野，原因是施坦因豪斯（Steinhaus, 1954）介绍了德国人黑廷格和穆勒的著作（Hettinger and Muller, 1953）。黑廷格和穆勒得出的结论是每周5%的等长力量增长是由每天执行6秒最大等长肌肉动作的66%产生的。这么短时间的训练就能够带来这么大的力量增长似乎令人难以置信。随后对之进行审查得到的结论是，等长训练可以带来静态力量增长，该增长可能发生在很短的训练时间内而且是可变化的（Fleck and Schutt, 1985；见表2.1）。

等长训练带来的力量增长可能与所执行的肌肉动作的数量、肌肉动作的持续时间、肌肉动作是否达到最大值以及训练频率有关。因为大多数涉及等长训练的研究都同时调控这几个变量，所以很难评估哪一个变量更重要。在等长训练方面，已经有充分的研究给我们提供建议和初步结论。

## 最大随意肌肉动作

等长力量的增长可以通过次最大等长肌肉动作来获得（Alway et al., 1990；Davies et al., 1988；Davies and Young, 1983；Folland et al., 2005；Hettinger and Mueller, 1953；Kanehisa et al., 2002；Kubo et al., 2001；Lyle and Rutherford, 1998；Macaluso et al., 2000）。然而，关于最大随意肌肉动作存在的必要性有争议，在一些研究中，它被证明在力量增长上优于次最大随意等长肌肉动作（Rasch and Morehouse, 1957；Ward and Fisk, 1964），但也有研究表明，最大和次最大随意等长肌肉动作对力量增长的影响没有任何差别（Kanehisa et al., 2002）。其中可能存在适应性差异，具体取决于最大随意等

**表 2.1** 100% 最大随意收缩对等长力量的影响

| 参考资料 | 收缩持续时间/秒 | 每天收缩次数 | 持续时间 x 每天收缩次数 | 训练天数 | MVIC 增加/% | MVIC 每天增加/% | 肌肉 |
|---|---|---|---|---|---|---|---|
| Bonde–Peterson, 1960 | 5 | 1 | 5 | 36 | 0 | 0 | 肘屈肌 |
| Ikai and Fukunaga, 1970 | 10 | 3 | 30 | 100 | 92 | 0.9 | 肘屈肌 |
| Komi and Karlsson, 1978 | 3~5 | 5 | 15~25 | 48 | 20 | 0.4 | 股四头肌 |
| Bonde–Peterson, 1960 | 5 | 10 | 50 | 36 | 15 | 0.4 | 肘屈肌 |
| Maffiuletti and Martin, 2001 | 4 | 12 | 48 | 21 | 16 | 0.8 | 股四头肌 |
| Always et al., 1989 | 10 | 5~15 | 50~150 | 48 | 44 | 0.9 | 小腿三头肌 |
| McDonagh et al., 1983 | 3 | 30 | 90 | 28 | 20 | 0.7 | 肘屈肌 |
| Grimby et al., 1973 | 3 | 30 | 90 | 30 | 32 | 1.1 | 肱三头肌 |
| Davies and Young, 1983 | 3 | 42 | 126 | 35 | 30 | 0.9 | 小腿三头肌 |
| Carolyn and Cafarelli, 1992 | 3~4 | 30 | 90~120 | 24 | 32 | 1.3 | 股四头肌 |
| Garfinkel and Cafarelli, 1992 | 3~5 | 30 | 90~150 | 24 | 28 | 1.2 | 股四头肌 |
| Kanehisa et al., 2002 | 6 | 12 | 72 | 30 | 60 | 2.0 | 肘伸肌 |

MVIC 表示最大随意等长收缩。

（经许可，源自：Springer Science+Business Media："Adaptive responses of mammalian skeletal muscle to exercise with high loads," *European Journal of Applied Physiology* 52: 140, M.J.N. McDonagh and C.T.M. Davies, table 1, copyright 1984; Additional data from Garfinkel and Cafarelli 1992; Carolyn and Cafarelli 1992; Alway et al. 1989; Kanehisa et al. 2002.）

长肌肉动作是如何进行的（Maffiuletti and Martin，2001）。

等长肌肉动作可以以两种方式进行：一是尽快产生最大力量；二是在一段时间内让力量逐步增加并最终产生最大力量，如在 4 秒内产生最大力量。这两种训练类型都会带来显著和类似的最大等速和等长力量的增长。然而，肌电图（Electromyography，EMG）和电诱发的颤搐收缩性能显示，在 4 秒内产生最大力量的训练会导致外围神经系统发生改变（即肌膜电活动），而尽快产生最大力量的训练会使肌肉收缩性能（即兴奋收缩耦联）发生适应。

和其他类型的抗阻训练一样，肌肉动作的"质量"的影响还有待进一步调查。一般来说，最大随意肌肉动作用于训练健康的人，而次最大等长肌肉动作出现在康复训练方案或禁止使用最大肌肉动作的治疗训练方案中。

## 肌肉动作的数量和持续时间

黑廷格和穆勒（Hettinger and Muller，

1953）提出，每天只需要 6 秒的肌肉动作就足以产生最大力量增长。如表 2.1 所示，最大随意肌肉动作的许多不同数量和持续时间的组合能够产生显著的力量增长。大多数最大随意肌肉动作的研究使用持续时间为 3~10 秒的等长动作，其中带来显著力量增长的最短肌肉动作时间是 3 秒。类似地，次最大等长肌肉动作的许多数量和持续时间组合也可以产生等长力量增长。例如，以 50% 的最大随意肌肉动作完成持续时间为 2 秒的 4 组 6 次重复（拇收肌）和以 70% 的最大随意肌肉动作在每 30 秒的持续时间内完成 4 个肌肉动作（股四头肌），这两种组合都会产生显著的等长力量增长（Lyle and Rutherford，1998；Schott et al.，1995）。重点是，一般来说，这些研究的对象是健康但未受过抗阻训练的人群。

单独来看，肌肉动作的持续时间和每天的肌肉动作的训练数量与力量增长的相关性要小一些；将它们合并来看，相关性要大一些（McDonagh and Davies，1984）。这意味着所进行的等长肌肉动作的总时间长度与所增加的力量直接相关。它还表明要想获得最佳的力量增长，要么采用肌肉动作持续时间长、数量少的训练方案，要么采用肌肉动作持续时间短、数量多的训练方案（Kanehisa et al.，2002）。例如，在 1 周内每天以 30% 的最大随意肌肉动作进行 1 分钟的肌肉动作训练，或者在 6 周内每天执行 42 个 3 秒的最大随意肌肉动作，这两种组合都会让最大随意等长肌肉动作所带来的力量增加约 30%。

然而，一些资料表明，在力量增长方面，持续时间长的等长肌肉动作可能优于持续时间短的等长肌肉动作（Schott et al.，

1995）。在训练股四头肌时，以 70% 的最大随意肌肉动作进行 4 个持续时间分别为 30 秒的肌肉动作，或者执行 4 组持续时间分别为 3 秒的 10 次重复，这两种训练方案都会带来显著的等长力量增长。尽管在两个训练方案中，等长肌肉动作的总持续时间是相等的（训练时长都为 120 秒），但是每次持续时间较长的等长肌肉动作所产生的等长力量增长要大得多（分别为 55% 与 32%）。执行持续时间长的等长肌肉动作在 2 周训练之后等长力量就有显著增长，而执行持续时间短的等长肌肉动作要在 8 周训练之后才能看到等长力量的显著增长。这表明如果想要快速增加力量，持续时间长的次最大等长肌肉动作可能更加合适。

在等长肌肉动作期间血流会被限制，这可能是使代谢物浓度和酸度上升的部分原因，也可能是持续时间长的等长肌肉动作比持续时间短的等长肌肉动作更能刺激力量增长的原因。血流限制是刺激力量增长的因素已经在高良田（Takarada）及其同事的研究中得到证实。他们发现，在 1RM 的 20%~50% 下进行训练，同时限制血流，代谢物浓度、酸度和血清生长激素浓度上升（Takarada et al.，2000a，2000b）。与在限制血流的情况下以 1RM 的 50%~80% 进行训练相比，在限制血流的情况下以 1RM 的 30%~50% 进行训练时，肌肉内代谢物的浓度更高（Takarada et al.，2000b）。在超过 16 周的训练之后，这两个训练方案带来了显著但不同的力量增长。这表明血流被限制及其所导致的肌肉内代谢物的浓度增加确实会影响力量的增加。

许多采用等长肌肉动作的研究让实验

对象在几秒内逐渐增加肌肉动作的力量，直到他们达到想要的最大随意肌肉动作的某个百分比。这样做部分是出于安全考虑。然而一些研究表明，快速增加等长力量会让所训练的关节角度的力量得到明显的、更大幅度的增长（Maffiuletti and Martin，2001）。在7个星期的膝伸肌等长肌肉动作训练中，一些实验对象以尽可能快的速度增加肌肉力量（动作持续大约1秒），而其他实验对象在4秒内逐渐将肌肉力量增加至最大值。他们的最大随意肌肉动作的力量分别得到了28%和16%的增长。以与训练角度不同的膝关节角度进行离心和向心等速测试时，也可以看到类似的力量增长。因此，在训练期间尽可能快地产生肌肉力量会让所训练的关节角度的肌肉力量得到显著增长。

总体而言，这些研究表明，许多最大和次最大等长肌肉动作的持续时间和数量的组合都可以带来等长力量增长。然而，在健康人群的典型训练环境中，最有效的使用等长训练时间的方法是执行至少15个最大随意肌肉动作，或者每周3次以接近最大随意肌肉动作力量的阻力执行3~5秒，具体内容将在下一小节讨论。

## 训练频率

每周使用最大和次最大等长肌肉动作训练3次将使最大随意等长肌肉动作的力量显著上升（Alway et al.，1989；Alway et al.，1990；Carolyn and Cafarelli，1992；Davies et al.，1988；Folland et al.，2005；Garfinkel and Cafarelli，1992；Lyle and Rutherford，1998；Macaluso et al.，2000；Maffiuletti and Martin，2001；Schott et al.，1995；Weir et al.，1994；

Weir et al.，1995）。根据研究，在训练6~16周之后，最大随意等长肌肉动作力量的增长幅度为8%~79%。然而，每周3次训练能否产生最大的力量增长还无法完全证实。黑廷格（Hettinger，1961）的计算表明，隔天等长训练一次带来的力量增长是每日训练的80%，每周训练一次是每日训练一次的40%。黑廷格还得出这样的结论，虽然这样做确实能够保持原有的力量水平，但每两周训练一次不会导致力量增长。虽然确切的力量增长的百分比还存在争论，而且可能会因肌群和其他训练变量（如肌肉动作持续时间和肌肉动作的数量）改变而改变，但使用等长动作进行日常训练要优于低频率训练（Atha，1981）。要想增加最大力量，每日做等长训练可能是最佳方案。不过，每周训练2~3次就可以让最大力量得到显著提升。研究中最常采用方法的是每周进行3次训练。

## 肌肥大

肢体围度的增加已被用来定义肌肥大，而且等长训练已被证明可以增大肌肉（Kanehisa and Miyashita，1983a；Kitai and Sale，1989；Meyers，1967；Rarick and Larson，1958）。最近，能够更准确地确定肌肉横截面积（计算机断层扫描，磁共振成像）和肌肉厚度（超声波）的技术已被用于测量等长训练带来的肌肉增大。

很明显，等长训练可以显著增大肌肉（Wernbom et al.，2007）。在8~14周的等长训练之后，股四头肌横截面积（Cross-sectional Area，CSA）平均增加8.9%（范围为4.8%~14.6%）（Wernbom et al.，2007）。同样地，在进行等长训练之后，肘屈肌横截面积的增幅高达23%。横截面积的增加通常伴随着最大力量的增强。例如，在12周的训练之后，膝伸肌横截面积显著增加了8%，等长力量增加了41%（Kubo et al.，2001）。与其他训练类型一样，力量的增加是神经适应和肌肥大共同作用的结果，这在显示力量和横截面积的显著（Garfinkel et al.，1992）和非显著（Davies et al.，1988）相关性的研究中得到了体现。

肌肉是否增大以及增大的幅度是多少，都可能因肌肉和肌纤维类型的不同而不同。在以最大随意肌肉动作进行等长训练之后，股外侧肌的Ⅰ型和Ⅱ型肌纤维的直径没有发生变化（Lewis et al.，1984）。在以最大随意肌肉动作或30%的最大随意肌肉动作力量进行等长训练之后，比目鱼肌的Ⅰ型和Ⅱ型肌纤维增加了约30%，而腓肠肌中只有Ⅱ型肌纤维增加了30%~40%。

持续时间长的肌肉动作可能比持续时间短的肌肉动作能让横截面积得到更大的增长（Schott et al.，1995）。训练前和训练后的肌肉横截面积可以通过计算机断层扫描确定。训练分两种方式进行，一种是做4个持续时间为30秒的动作，另一种是每个动作持续3秒，然后做4组10次重复。尽管在这两种训练中，等长肌肉动作的总持续时间是相同的（120秒），但是持续时间长的等长肌肉动作让股四头肌的横截面积显著增加了（10%~11%），而在持续时间短的等长肌肉动作中，股四头肌的横截面积增加不明显（4%~7%）。另外，与以60%的最大随意肌肉动作力量进行10周的训练相比，以100%的最大随意肌肉动作力量进行10周训练可能可以让肌肉更加显

著地增大（Kanehisa et al.，2002）。这里比较的两个对象，是以100%的最大随意肌肉动作力量做20个分别持续6秒的肌肉动作，和以60%的最大随意肌肉动作力量做4个分别持续30秒的肌肉动作。所以，在这两种训练方案中，每次训练的总等长肌肉动作持续时间是相同的（120秒）。不过，如果将训练量表示为每次训练的等长肌肉动作持续时间，或者表示为训练强度乘以总持续时间的值，那么训练量和肌肉横截面积增长率之间就没有明显的关联（Wernbom et al.，2007）。这表明训练强度和训练量的多种组合都可以让肌肉显著增大。

在以40%的最大随意肌肉动作力量执行等长肌肉动作直至疲劳（约27分钟）之后，比目鱼肌的肌蛋白合成速率增加了49%（Fowles et al.，2000）。这一发现证实了等长肌肉动作的功用，包括增大肌肉。总体来说，该信息表明在不同的持续时间下，最大和次最大等长肌肉动作训练都可以让Ⅰ型和Ⅱ型肌纤维增大。表2.2展示了通过各种等长训练增大肌肉的指导原则。

## 关节角度特定性

力量增强主要发生在等长训练所保持的关节角度或该角度附近，这被称为关节角度特定性。大多数研究表明，等长训练带来的静态力量的增加都表现出关节角度特定性（Bender and Kaplan，1963；Gardner，1963；Kitai and Sale，1989；Lindh，1979；Meyers，1967；Thepaut-Mathieu et al.，1988；Weir et al.，1994；Weir et al.，1995；Williams and Stutzman，1959），尽管也出现过未表现出关节角度特定性的力量增长的情况（Knapik

表 2.2　通过等长训练增大肌肉的指导原则

| 训练变量 | 低训练强度 | 高训练强度 | 最大训练强度 |
|---|---|---|---|
| 训练强度 | MVIA 的 30%~50% | MVIA 的 70%~80% | MVIA 的 100% |
| 重复次数 | 1 | 1 | 10 |
| 组数 | 每个练习 2~6 组<br>每个肌群从 2 组逐渐增加至 4~6 组 | 每个练习 2~6 组<br>每个肌群从 2 组逐渐增加至 4~6 组 | 每个练习 1~3 组<br>每个肌群从 1 组逐渐增加至 3 组 |
| 重复持续时间 | 40~60 秒，而且在最后 1~2 组执行至肌肉力竭 | 15~20 秒，而且在最后 1~2 组执行至肌肉力竭 | 3~5 秒 |
| 每组和每次重复之间的休息时间 | 30~60 秒 | 30~60 秒 | 25~30 秒和 60 秒 |
| 训练频率 | 每个肌群每周训练 3~4 次 | 每个肌群每周训练 3~4 次 | 每个肌群每周训练 3 次 |

MVIA 表示最大随意等长动作。

（源自：Wernbom et al.，2007.）

et al.，1983；Rasch and Pierson，1964；Rasch et al.，1961）。有几个因素可能会影响到关节角度特定性的表现程度，包括肌群训练、进行训练的关节角度以及等长肌肉动作的强度和持续时间。关节角度特定性通常源于神经适应，如在特定关节角度下增加肌纤维的运用，以及在训练角度内抑制拮抗肌。

等长力量的显著增长会在一定程度上转化到其他的关节角度上，即训练角度两侧 5~30 度的范围都会受到有益影响，具体的影响范围取决于受训练的肌群和角度（Kitai and Sale，1989；Knapik et al.，1983；Maffiuletti and Martin，2001；Thepaut-Mathieu et al.，1988）。当肌肉以收缩状态（25 度角）进行训练时，关节角度特定性（见图 2.2）可能表现得最明显，当肌肉以伸长状态（120 度角）进行训练时，关节角度特定性表现得不太明显（Gardner，1963；Thepaut-Mathieu et al.，1988）。当在关节活动范围的中点（80 度角）进行训练时，关节特定性可能发生在更大的活动范围内（Kitai and Sale 1989；

Knapik et al.，1983；Thepaut-Mathieu et al.，1988）。此外，就对非训练关节角度的肌肉力量增加影响而言，20 个持续 6 秒的肌肉动作要大于 6 个持续 6 秒的肌肉动作（Meyers，1967）。这表明在每次训练中，等长训练的持续时间（即肌肉动作的数量乘以每个肌肉动作的持续时间）越长，那么非训练关节角度的肌肉力量增加就越大。

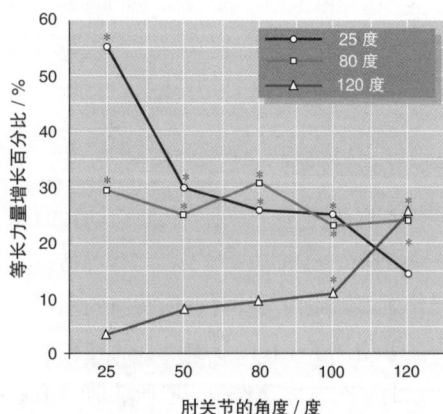

图 2.2　不同肘关节角度下的等长训练带来的肘屈肌等长力量增长百分比

* 表示显著增加（$p < 0.05$）。

（源自：Thépaut-Mathieu et al.，1988.）

在单一关节角度下进行的等长训练可能不会导致动态爆发力增长。在单一关节角度下进行的膝伸肌等长训练会导致在较大的动作速度范围内出现不一致且在大多数情况下不明显的等速力矩变化（Schott et al., 1995）。不过，也曾经有报告表明，单一关节角度下的等长训练让动态（等速）离心和向心肌肉动作的力量出现了大幅上升（Maffiuletti and Martin, 2001），而且让常规抗阻训练在 1RM 的 40%、60% 和 80% 下的峰值爆发力得到了提升（Ullrich et al., 2010）。因此，单一关节角度的等长训练不一定总是能够增加关节全活动范围的力量和爆发力。不过，在 4 个不同关节角度下对肘屈肌和膝伸肌进行等长训练时，4 个关节角度的静态力量都增加了，而且在全活动范围内在不同速度下的动态力量和爆发力（等速）也显著增加（45 度/秒、150 度/秒和 300 度/秒）（Folland et al., 2005；Kanehisa and Miyashita, 1983a）。因此，要想确保在关节全活动范围内增加动态爆发力和力量，训练者必须在关节全活动范围的多个点上执行等长训练。

这些关于关节角度特定性的信息为在全活动范围内增加力量和爆发力提供了一些实用的指导原则。首先，每隔 10~30 度的关节角度都应进行训练。其次，每次等长训练的总持续时间（肌肉动作的数量乘以每个肌肉动作的持续时间）应该长一些（每个动作持续 3~5 秒，15~20 个动作）。最后，如果不能在全活动范围内进行等长肌肉动作，最好让肌肉在伸长而不是收缩的状态下进行等长肌肉动作。也可以使用等长训练的关节角度特定性来提升动态举重能力，方法是在练习的关键点进行等长肌肉动作（见第 6 章的"功能性等长训练法"）。

## 运动能力

研究表明，最大等长力量与体育运动能力存在非常明显的关联，如篮球（Häkkinen, 1987）、划船（Secher, 1975）和短跑（Mero et al., 1981），同时也对反向和静态跳跃能力（Häkkinen, 1987；Kawamori et al., 2006；Khamoui et al., 2011；Ugarkovic et al., 2002）以及大腿中部的窄拉动态力量（Kawamori et al., 2006）有很大的影响。然而，研究也表明，最大等长力量与动态运动能力的关系不大。有一篇评论（Wilson and Murphy, 1996）的结论是，最大等长力量和动态运动能力之间的关系有待商榷，即使一些研究表明在等长测试中的力的产生速率与动态运动能力之间存在明显的关系。同样，等长测试对动态活动诱发的训练适应不敏感，而且也不能以统一标准区分相同运动项目或活动中的不同水平的运动员（Wilson and Murphy, 1996）。在窄高拉中等长力量的增长率（前 50 毫秒和 100 毫秒）确实与窄高拉的峰值速度相关，而且每千克体重的峰值等长力量与垂直纵跳高度和垂直纵跳峰值速度相关（Khamoui et al., 2011）。所有这些相关性虽然很重要，但是都处于中等水平（$r$ 为 0.49~0.62）。但是，它们确实表明在多关节运动中的等长力量的增长与垂直纵跳和窄拉能力有关。因此，尽管等长测试可能不是监测动态运动能力变化的最佳方式，但是如果确实要以这种方式测试，那么等长多关节动作似乎是最合适的。这一信息也可能表明，当使用等长训练来提升动态运动能力时，如短跑或垂直纵跳，训练应该涉及多关节。如果体育运动涉及大量的等长肌肉动作，如攀岩，那么等长训练和测试就有重大价值（见信息栏2.1）。

在学习仅使用跖屈的单腿跳跃的新动作时，单一关节角度的等长训练已被证明可以提升运动能力（Burgess et al.，2007）。然而，这种训练并不能持续提升动态运动能力（Clarke，1973；Fleck and Schutt，1985）。运动能力没有提升或没有持续提升的可能原因有两个，一是力量变化率不一致，如前所述；二是在单一关节角度下进行等长训练时，肢体在无阻力或小阻力情况下的最大运动速度没有增长（DeKoning et al.，1982）。其他可能抑制等长力量增长、影响动态运动能力的因素包括等长和动态动作募集肌纤维的方式不一样以及力学上的差异，如在等长肌肉动作期间拉长–缩短周期非常短甚至没有。

最大等长力量在全活动范围内是变化的。动态卧推能力和等长力量之间的相关性因进行等长测试的肘关节角度的不同而

存在巨大差别（Murphy et al.，1995）。因此，应该在活动范围内最大等长力量得到增长的关节角度下进行等长力量测试。然而，采用该关节角度可能反映不出等长力量和动态运动能力之间的最大相关性（Wilson and Murphy，1996）。因此，监测或使用等长训练来提升动态运动能力的确切的等长力量评估应以何种关节角度进行仍无定论。

如果使用等长肌肉动作来监测或提升动态运动能力，有必要考虑下面几条建议。首先，如前所述，如果在活动范围内的几个关节角度下进行等长肌肉动作，那么可以通过等长训练来增加动态爆发力。因此，在活动范围内每隔10~20度进行等长肌肉动作可能有助于将等长力量增长转化到动态动作中。其次，大多数运动能力任务本身就涉及多关节和多肌群，因此应该使用多关节、针对专项体育运动的动作，如腿蹬举或窄拉动作，以监测或改善动态运动能力。再次，如果先前的研究表明在活动范围内的一个关节角度上，等长力量和运动能力表现出极为明显的相关性，那么应该在这一角度评估等

## 信息栏2.1　研究成果

### 攀岩和等长力量

攀岩运动者会用到大量等长肌肉动作，尤其是在抓住抓握点时需要手指弯曲。手指的每千克重量最大等长力量与攀岩能力有明显的关系（Wall et al.，2004）。此外，攀岩能力更强的攀岩运动者在这一方面的表现也明显强于攀岩能力较弱的攀岩运动者。攀岩运动者在训练抓住抓握点（手指板）时手指会进行等长肌肉动作。此外，建议手指受伤的攀岩运动者在康复过程中做一些手指等长肌肉动作（Kubiac et al.，2006）。攀岩显然是一项等长肌肉动作非常重要的体育运动，等长肌肉动作对攀岩的成功和伤后康复效果有极大影响。

参考文献：

Kubiak, E.N., Klugman, J.A., and Bosco, J.A. 2006. Hand injuries in rock climbers. Bulletin of the NYU Hospital for Joint Diseases 64: 172–177.

Wall, C., Byrnes, W., Starek, J., and Fleck, S.J. 2004. Prediction of performance in female rock climbers. *Journal of Strength and Conditioning Research*18: 77–83.

长力量。如果先前的研究没有显示出这个关节角度，那么在活动范围内最强的关节角度可以用作等长力量测试的初始位置。最后，研究已经表明，单一关节角度最大力量的快速（1秒内）发出可以增加峰值爆发力（Ullrich et al.，2010）；50~100毫秒内发出等长力量与垂直纵跳能力存在明显的相关性（Khamoui et al.，2011）。而且，在等长训练之后，跖屈肌力量的快速发出与单腿跳跃能力的关系虽然不是很明显，但是有偏向明显的趋势（$p = 0.059$）（Burgess et al.，2007）。因此，等长力量的快速发出可能有助于提升运动能力，但是这种类型的训练存在受伤风险。

## 将等长训练与其他类型的训练相结合

目前关于将等长训练和其他类型的训练相结合的效果的资料极少。将以最大力量的30%和60%进行的肘屈肌等长训练与爆发力训练相结合（尽可能快地移动重物）会使峰值爆发力增长，但是该增长和单独使用爆发力训练产生的增长没有什么区别（Toji and Kaneko，2004）。将膝伸肌和膝屈肌等长训练与重量训练相结合，其中重量训练的向心阶段以最快的速度进行，而离心阶段在0.5秒内执行完成，这也使得峰值爆发力在1RM的40%、60%和80%下得到了增长。不过同样地，该增长和单独使用向心-离心或等长训练产生的增长没有什么区别（Ullrich et al.，2010）。因此，尽管现有的相关信息极少，而且都是关于单关节角度动作的，但将等长训练和爆发力训练相结合没有表现出任何优势。

## 其他注意事项

长期进行等长训练会使得静息血压降低（Taylor et al.，2003），然而和所有抗阻训练一样，身体可能会出现瓦氏动作，导致训练中出现夸张的血压反应。我们不鼓励做瓦氏动作，因为它会导致血压升高。在等长肌肉动作过程中，随着持续时间、强度（% MVMA）和肌肉质量的增加，血压也相应增加（Kjaer and Secher 1992；Seals，1993）。在高强度大肌群等长训练中，血压升高会削弱左心室功能（射血率）（Vitcenda，1990）。当心血管功能受到损害或者可能受到损害的人，如年长者执行等长肌肉动作时，就需要考虑到这些因素。

因为等长训练没有举起或移动物体，所以有些训练者可能会失去训练动力。此外，如果没有关于发力的反馈，也很难评估训练者是否以正确的强度进行了等长肌肉动作。特别是在不熟悉的动作中，力量引发的视觉反馈是积极的反馈，而且它能在等长肌肉动作期间促进训练者发出更大的力量（Graves and James，1990）。在等长训练期间，肌电图反馈对力量的增长有益，但是还有许多其他因素影响力量的增长（Lepley et al.，2011）。在许多训练场合中，使用反馈设备可能不现实。然而，要想让等长肌肉动作达到最佳效果，可能有必要使用反馈监测系统。

## 动态恒定外部阻力训练

等张是一个传统上用来描述肌肉施加恒定张力的动作术语。自由重量练习以及在各种抗阻训练器械上进行的练习通常都被认为是等张练习，但是根据这个定义，它们并不是等张的。在这些练习中，肌肉所施加的力并不是恒定的，而是会随着练习所涉及的关节的力学优势的改变而变化，还会随着重物的加速或减速而变化。动态恒定外部阻力（DCER）和等惯这两个术语能够更准确地描述外部阻力在举起（向心）或降低（离心）阶段不发生改变的抗阻训练练习。这些术语意味着被举起重物的质量或所克服的阻力是恒定的，而不是说在训练过程中肌肉所产生的力是恒定的。

许多抗阻训练器械的配重片或者杠铃片有恒定的值。然而，与可活动手柄相连的缆绳或带子，或者训练器械上的脚踏板，会在整个练习的活动范围内改变移动重物所需的肌肉力量。如果抗阻训练器械有圆形滑轮（而不是非圆形滑轮），即使在活动范围内举起重物所需的肌肉力量改变了，该器械仍然被称为动态恒定外部阻力或等惯器械。对于自由重量和抗阻训练器械，即使肌肉力量在整个训练过程中发生变化，外部阻力或所举起的重物质量也是恒定的。因此，动态恒定外部阻力和等惯能够比等张更加准确地描述这种类型的抗阻训练。

## 组数和重复次数

要想动态恒定外部阻力训练带来效果最好的力量和爆发力提升、身体成分变化，所需的组数和重复次数是多少呢？这个问题吸引了大量私人教练、体能教练和运动科学家关注。要找到最佳的组数和重复次数需要假设几个因素：最佳组数和重复次数是实际存在的；一旦发现，它将适用于所有人、练习或肌群；它在未经训练和受过训练的人中的应用效果一样；它将在不设限的时间内让力量、爆发力、局部肌耐力以及身体成分变化得到最大改进。接受其中一些假设可能意味着没有必要使训练周期化，也没有必要为年龄不同或者训练状态不同的群体设计不同的训练方案。此外，针对不同肌群的最佳训练组数可能不同。根据研究人员的报告，做1组训练和做3组训练的人在上半身的力量增长上没有区别。然而，之前没有接受过训练的人在经历3组训练之后，其下肢的力量有了显著的增长（Ronnestad et al., 2007）；在执行相同的训练方案8周之后，其卧推和腿蹬举力量分别增长了3%和9%（Kerrsick, 2009）；而且，在每天执行相同的非线性训练方案之后，其卧推和腿蹬举力量分别增长了17%和79%（Buford et al., 2007）。

关于动态恒定外部阻力的绝大多数研究都以大学年龄的无训练经验者作为研究对象，而且设置相对较短的训练持续时间（8~12周，少数为20~36周）。训练前的状态和训练持续时间会影响所有抗阻训练的效果。这些因素使得对研究进行解读和对长期训练的效果下结论非常困难。大多数关于动态恒定外部阻力的研究的共同之处是，使用让训练者出现或接近主动疲劳的组数，或者在训练计划的某一时间段使用RM抗阻（见第6章的"力竭训练法"）。

或许关于不同组数和重复次数的影响的最早的研究是伯杰（Berger）在20世纪60年代开始的。这些研究表明，当执行组数至力竭时，有许多组数和重复次数的组合都可以让卧推和后蹲的1RM获得最佳增长

（Berger 1962b，1962 c，1963a）。组数和重复次数的不同组合可以带来力量增长的观点得到了相关研究的证实。使用非周期化训练方案时，根据现有数据，组数为 1~6 组，重复次数为 1~20 次都带来了力量增长（见表 2.3 和表 2.4）（Bemben et al.，2000；Calder et al.，1994；Dudley et al.，1991；Graves et al.，1988；Häkkinen，1985；Hass et al.，2000；Humburg et al.，2007；Kraemer et al.，2000；Marx et al.，2001；Schlumberger et al.，2001；Staron et al.，1989，1994；Willoughby，1992，1993）。

直接比较证实了这一说法，对增加力量而言，不存在一个最佳的非周期化组数和重复次数的组合。以下列组合进行训练时 1RM 下的力量并没有得到明显的增长：以 3RM 为阻力的 5 组 3 次重复、以 5RM 为阻力的 4 组 5 次重复或以 7RM 为阻力的 3 组 7 次重复（Withers，1970）；分别以相同的 RM 为阻力时，3 组 2~3 次重复、5~6 次重复或 9~10 次重复（O'Shea，1966）；或者都以 7~12RM 为阻力的 1 组、2 组或 4 组（Ostrowski et al.，1997）。非周期化组数和每组重复次数的各种组合都会带来力量增长，然而多组确实会比单组带来更大的力量增长，而且最佳的训练组数会因训练状态的不同而发生变化（见本章的"所有训练类型的注意事项"）。

## 训练频率

训练频率、组数和重复次数以及每次训练包含的练习数量决定了总训练量。因此，最佳的训练频率可能部分取决于每次训练的总训练量。术语训练频率通常指特定的肌群在每周的训练次数。这个定义很重要，因为可能存在每天都训练，但是特定的肌群或身体部位得不到训练或者被训练了 7 次的情况。总之，每周的训练次数为 0~7 次。训练频率在这里被定义为每周特定肌群或特定练习得到执行的训练的次数。

通过将上半身和下半身局部训练（见第 6 章）与全身抗阻训练比较，训练频率这个定义的重要性就显而易见了（Calder et al.，1994）。在这两个训练方案中，训练者采用相同的练习、组数和重复次数。然而，采用全身训练方案的训练者每周分 2 次进行所有上半身和下半身练习，而采用局部训练方案的训练者每周进行所有上半身练习 2 次，然后在另外两天进行下半身练习 2 次，即每周训练 4 次。这两个训练方案的总训练量是一样的，但是训练频率不同（除非训练量被定义为每周执行的训练总次数）。这 2 个训练计划在 10 周之后没有显示出力量增长差异。此外，在研究训练频率时发现，总训练量的重要性开始凸显。有一个为期 6 周的以未受过训练的人为对象的比较研究：一组训练者每周训练 2 天，每天每个练习做 3 组；另一组训练者每周训练 3 天，每天每个练习做 2 组。他们的 1RM 卧推和深蹲能力或身体成分（Dual-Energy X-ray Absorptiometry，DEXA，双能 X 线吸收法）的变化并没有明显差异。在这个比较中，两组实验对象的训练量是相等的（每个练习每周 6 组）（Candow and Burke，2007）。

不同肌群的最佳训练频率可能不同。美国运动医学会（ACSM，2011）建议主要肌群的训练频率为每周 2~3 次。然而，将卧推和深蹲的训练频率相比较得出的结论

**表 2.3** 训练引起的卧推力量变化

| 参考资料 | 实验对象性别 | 训练类型 | 训练持续时间/周 | 每周训练天数 | 组数×重复次数 | 训练设备增幅百分比/% | 训练设备比较类型 | 比较测试增幅百分比/% |
|---|---|---|---|---|---|---|---|---|
| Boyer, 1990 | 女性 | DCER | 12 | 3 | 3周:<br>3×10RM<br>3周:<br>3×6RM<br>6周:<br>3×8RM | 24 | VR | 23 |
| Brazell-Roberts and Thomas, 1989 | 女性 | DCER | 12 | 2 | 3×10(1RM的75%) | 37 | — | — |
| Brazell-Roberts and Thomas, 1989 | 女性 | DCER | 12 | 3 | 3×10(1RM的75%) | 38 | — | — |
| Brown and Wilmore, 1974 | 女性 | DCER | 24 | 3 | 8周:1×(10,8,7,6,5,4)<br>16周:1×(10,6,5,4,3) | 38 | — | — |
| Calder et al., 1994 | 女性 | DCER | 20 | 2 | 5×(6~10)RM | 33 | — | — |
| Hostler, Crill et al. 2001 | 女性 | DCER | 16 | 2~3 | 4周:2×7RM<br>4周:3×7RM<br>(10天停训)<br>8周:3×7RM | 47 | — | — |
| Kraemer et al., 2000 | 女性(大学网球) | DCER | 36 | 3 | 1×(8~10)RM | 8 | — | — |
| Kraemer et al., 2003 | 女性(大学网球) | DCER | 36 | 2或3 | 3×(8~10)RM | 17 | — | — |
| Marx et al., 2001 | 女性 | DCER | 24 | 3 | 1×(8~10)RM | 12 | — | — |
| Kraemer et al., 2001e | 女性 | DCER | 24 | 3 | 周期化<br>3×(3~10)RM | 37 | — | — |
| Kraemer et al., 2001e | 女性 | DCER | 24 | 3 | 周期化<br>3×(8~12)RM | 23 | — | — |
| Mayhew and Gross, 1974 | 女性 | DCER | 9 | 3 | 2×20 | 26 | — | — |
| Wilmore, 1974 | 女性 | DCER | 10 | 2 | 2×(7~16) | 29 | — | — |
| Wilmore et al., 1978 | 女性 | DCER | 10 | 3 | 以1RM的40%~55%执行30秒 | 20 | — | — |

续表

| 参考资料 | 实验对象性别 | 训练类型 | 训练持续时间/周 | 每周训练天数 | 组数×重复次数 | 训练设备增幅百分比/% | 训练设备比较类型 | 比较测试增幅百分比/% |
|---|---|---|---|---|---|---|---|---|
| Allen et al., 1976 | 男性 | DCER | 12 | 3 | 2×8, 1×力竭 | 44 | — | — |
| Ariel, 1977 | 男性 | DCER | 20 | 5 | 4×（3~8） | 14 | — | — |
| Baker et al., 1994b | 男性 | DCER | 12 | 3 | 3×6 | 13 | — | — |
| Berger, 1962b | 男性 | DCER | 12 | 3 | 3×6 | 30 | — | — |
| Coleman, 1977 | 男性 | DCER | 10 | 3 | 2×（8~10）RM | 12 | — | — |
| Fahey and Brown, 1973 | 男性 | DCER | 9 | 3 | 5×5 | 12 | — | — |
| Gettman et al., 1978 | 男性 | DCER | 20 | 3 | 1RM的50%,6周: 2×（10~20）14周: 2×15 | 32 | IK（12度/秒） | 27 |
| Hoffman et al., 1990 | 男性（大学美式橄榄球） | DCER | 10 | 3 | 4周: 4×8RM 4周: 5×6RM 2周: 1×(10,8,6, 4, 2) RM | 2 | — | — |
| Hoffman et al., 1990 | 男性（大学美式橄榄球） | DCER | 10 | 4 | 和3次/周相同 | 4 | — | — |
| Hoffman et al., 1990 | 男性（大学美式橄榄球） | DCER | 10 | 5 | 和3次/周相同 | 3 | — | — |
| Hoffman et al., 1990 | 男性（大学美式橄榄球） | DCER | 10 | 6 | 和3次/周相同 | 4 | — | — |
| Hostler, Crill et al., 2001 | 男性 | DCER | 16 | 2或3 | 4周: 2×7RM 4周: 3×7RM（10天停训）8周: 3×7RM | 29 | — | — |
| Rhea et al., 2002 | 男性 | DCER | 12 | 3 | DNLP 1×(8~10) RM 1×(6~8) RM 每个: 1×(4~6) RM 1天/周 | 20 | — | — |
| Rhea et al., 2002 | 男性 | DCER | 12 | 3 | DNLP 1×(8~10) RM 3×(6~8) RM 每个: 3×(4~6) RM 3天/周 | 33 | — | — |
| Buford et al., 2007 | 男性和女性 | DCER | 9 | 3 | LP 3周: 3×8 3周: 3×6 3周: 3×4 | 24 | — | — |

续表

| 参考资料 | 实验对象性别 | 训练类型 | 训练持续时间/周 | 每周训练天数 | 组数 × 重复次数 | 训练设备增幅百分比 / % | 训练设备比较类型 | 比较测试增幅百分比 / % |
|---|---|---|---|---|---|---|---|---|
| Buford et al., 2007 | 男性和女性 | DCER | 9 | 3 | DNLP 3×8<br>3×6<br>每个：3×4，1天/周 | 17 | — | — |
| Kerksick et al., 2009 | 男性 | DCER | 8 | 4 | 4周：3×10<br>4周：3×8 | 3 | — | — |
| Marcinik et al., 1991 | 男性 | DCER | 12 | 3 | 1×（8~12）RM | 20 | — | — |
| Stone et al., 1983 | 男性 | DCER | 6 | 3 | 3×6RM | 7 | — | — |
| Wilmore, 1974 | 男性 | DCER | 10 | 2 | 2×（7~16） | 16 | — | — |
| Ariel, 1977 | 男性 | VR | 20 | 5 | 4×（3~8） | — | DCER | 29 |
| Boyer, 1990 | 女性 | VR | 12 | 3 | 3周：3×10RM<br>3周：3×6RM<br>6周：3×8RM | 47 | DCER | 15 |
| Coleman, 1977 | 男性 | VR | 10 | 3 | 1×（8~12）RM | — | DCER | 12 |
| Lee et al., 1990 | 男性 | VR | 10 | 3 | 3×10RM | 20 | — | — |
| Stanforth et al., 1992 | 男性和女性 | VR | 12 | 3 | 3×（8~12）RM | 11 | IK（1.5秒/收缩） | 17 |
| Fleck et al., 2006 | 女性 | VVR | 14 | 3 | 3×10RM | 28 | — | — |
| Gettman and Ayres, 1978 | 男性 | IK（60度/秒） | 10 | 3 | 3×（10~15） | — | DCER | 11 |
| Gettman and Ayres, 1978 | 男性 | IK（120度/秒） | 10 | 3 | 3×（10~15） | — | DCER | 9 |
| Gettman et al., 1979 | 男性 | IK | 8 | 3 | 4周：1×10，60度/秒<br>4周：1×15，90度/秒 | 22 | DCER | 11 |
| Stanforth et al., 1992 | 男性和女性 | IK（1.5秒/收缩） | 12 | 3 | 3×（8~12）RM | 20 | VR | 11 |

DCER 表示动态恒定外部阻力; VR 表示可变抗阻; VVR 表示双可变抗阻; IK 表示等速; DNLP 表示日常非线性周期化; LP 表示线性周期化; RM 表示最大重复值。

**表2.4** 训练引起的腿蹬举力量变化

| 参考资料 | 实验对象性别 | 训练类型 | 训练持续时间 / 周 | 每周训练天数 | 组数 × 重复次数 | 训练设备增幅百分比 / % | 训练设备比较类型 | 比较测试增幅百分比 / % |
|---|---|---|---|---|---|---|---|---|
| Brown and Wilmore, 1974 | 女性 | DCER | 24 | 3 | 8 周：<br>1×（10, 8, 7, 6, 5, 4）<br>16 周：<br>1×（10, 6, 5, 4, 3） | 29 | — | — |
| Calder et al., 1994 | 女性 | DCER | 20 | 2 | 5×（10~12）RM | 21 | — | — |
| Cordova et al., 1995 | 女性 | DCER | 5 | 3 | 1×10, 1×6, 2×尽可能多的重复次数，通常会达到11次 | 50 | — | — |
| Kraemer et al., 2000 | 女性（大学网球） | DCER | 36 | 3 | 1×（8~10）RM | 8 | — | — |
| Kraemer et al., 2003 | 女性（大学网球） | DCER | 36 | 2~3 | 3×（8~10）RM | 17 | — | — |
| Marx et al., 2001 | 女性 | DCER | 24 | 3 | 1×（8~10）RM | 11 | — | — |
| Mayhew and Gross, 1974 | 女性 | DCER | 9 | 3 | 2×10 | 48[a] | — | — |
| Staron et al., 1991 | 女性 | DCER（垂直腿蹬举） | 18 周：训练8周，停训1周，训练10周 | 2 | 3×（6~8）RM | 148 | — | — |
| Wilmore et al., 1978 | 女性 | DCER | 10 | 3 | 以 1RM 的40%~55%执行30秒 | 27 | — | — |
| Allen et al., 1976 | 男性 | DCER | 12 | 3 | 2×8<br>1×力竭 | 71[b] | — | — |
| Coleman, 1977 | 男性 | DCER | 10 | 3 | 2×（8~10）RM | 17 | — | — |
| Dudley et al., 1991 | 男性 | DCER | 19 | 2 | (4~5)×(6~12)RM | 26 | — | — |
| Gettman et al., 1978 | 男性 | DCER | 20 | 3 | 1RM 的50%, 6周：2×（10~20）14 周：2×15 | — | IK | 43 |
| Pipes, 1978 | 男性 | DCER | 10 | 3 | 3×8 | 29 | VR | 8 |
| Sale et al., 1990 | 男性和女性 | DCER | 22：训练11周，停训3周，再训练11周，共22周 | 3 | 6×（15~20）RM（单腿训练） | 30 | — | — |

| 参考资料 | 实验对象性别 | 训练类型 | 训练持续时间/周 | 每周训练天数 | 组数×重复次数 | 训练设备增幅百分比/% | 训练设备比较类型 | 比较测试增幅百分比/% |
|---|---|---|---|---|---|---|---|---|
| Tatro et al., 1992 | 男性 | DCER | 19 | 2 | 7周:<br>4×(10~12)RM<br>6周:<br>5×(8~10)RM<br>6周:<br>5×(6~8)RM | 25(3RM) | — | — |
| Wilmore et al., 1978 | 男性 | DCER | 10 | 3 | 以1RM的40%~55%执行30秒 | 7 | — | — |
| Rhea et al., 2002 | 男性 | DCER | 12 | 3 | DNLP<br>1×(8~10)RM<br>1×(6~8)RM<br>每个:<br>1×(4~6)RM<br>1天/周 | 26 | — | — |
| Rhea et al., 2002 | 男性 | DCER | 12 | 3 | DNLP<br>1×(8~10)RM<br>3×(6~8)RM<br>每个:<br>3×(4~6)RM<br>3天/周 | 56 | — | — |
| Buford et al., 2007 | 男性和女性 | DCER | 9 | 3 | LP<br>3周:3×8<br>3周:3×6<br>3周:3×4 | 85 | — | — |
| Buford et al., 2007 | 男性和女性 | DCER | 9 | 3 | DNIP<br>3×8 3×6<br>每个:3×4,<br>1天/周 | 79 | — | — |
| Kerksick et al., 2009 | 男性 | DCER | 8 | 4 | 4周:3×10<br>4周:3×8 | 9 | — | — |
| Coleman, 1977 | 男性 | VR | 10 | 3 | 1×(10~12)RM | — | DCER | 18 |
| Gettman et al., 1980 | 男性 | VR | 20 | 3 | 3×8 | 18[c] | IK | 17 |
| Lee et al., 1990 | 男性 | VR | 10 | 3 | 3×10RM | 6 | — | — |
| Pipes, 1978 | 男性 | VR | 10 | 3 | 3×8 | 27 | DCER | 8 |
| Smith and Melton, 1981 | 男性 | VR | 6 | 4 | 3×10 | — | VR[d] | 11 |
| Fleck et al., 2006 | 女性 | VVR | 14 | 3 | 3×10RM | 31 | — | — |
| Cordova et al., 1995 | 女性 | IK | 5 | 3 | 2×10,分别以60度/秒、180度/秒和240度/秒进行 | 64 | — | — |

续表

| 参考资料 | 实验对象性别 | 训练类型 | 训练持续时间 / 周 | 每周训练天数 | 组数 × 重复次数 | 训练设备增幅百分比 / % | 训练设备比较类型 | 比较测试增幅百分比 / % |
|---|---|---|---|---|---|---|---|---|
| Gettman et al.，1979 | 男性 | IK | 8 | 3 | 4 周：1×10，60 度 / 秒<br>4 周：1×15，90 度 / 秒 | 38 | DCER | 18 |
| Gettman et al.，1980 | 男性 | IK | 20 | 3 | 2×12，60 度 / 秒 | 42 | VR | 10 |
| Smith and Melton，1981 | 男性 | IK | 6 | 4 | 分别以 30 度 / 秒、60 度 / 秒和 90 度 / 秒执行组数至力竭的 50% | — | VR | 10 |
| Smith and Melton，1981 | 男性 | IK | 6 | 4 | 分别以 180 度 / 秒、240 度 / 秒和 300 度 / 秒执行组数至极度疲劳的 50% | | VR | 7 |

DCER 表示动态恒定外部阻力；IK 表示等速；DNLP 表示日常非线性周期化；LP 表示线性周期化；VR 表示可变抗阻；VVR 表示双可变抗阻；RM 表示最大重复；[a] 表示 10RM 的值；[b] 表示平均训练重量的值；[c] 表示配重片数量的值；[d] 表示不同类型的可变抗阻器械。

是，每周 3 次训练会比每周 1 次或 2 次训练产生更大的力量增长（Berger，1962a；Faigenbaum and Pollock，1997）。格拉夫等人（Graves et al.，1990）的结论是，对腰椎伸展力量进行孤立训练时，每周训练 1 次和每周训练 2 次或 3 次的效果是一样的。德米凯莱等人（DeMichele et al.，1997）研究发现，在躯干扭转训练中，每周训练 2 次和每周训练 3 次的效果是一样的，但是都比训练 1 次的效果更好。这些研究表明，在训练手臂和腿部肌肉时，每周训练 3 次的效果优于每周 2 次或 1 次；在训练腰椎伸展或躯干扭转时，每周训练 2 次和每周训练 3 次的效果是一样的。

研究人员进行了一项让大学美式橄榄球运动员在 10 周训练中，采用局部身体训练方案并自行选择各种训练频率的比较研究（见表 2.5），结果显示只有每周训练 5 次的群体的 1RM 卧推能力得到了显著提升（Hoffman et al.，1990），每周训练 4~6 次的群体的 1RM 深蹲能力得到了显著提升。所有训练频率确实都提升了卧推（2%~4%）和深蹲能力（5%~8%）。通过在训练前和训练后分别考察所有指标（垂直纵跳、皮褶厚度、3.2 千米跑步、40 码冲刺、大腿围和胸围），研究人员得出的结论是，每周训练 4 次或 5 次能够带来最大的总体健康收益。但是要注意，每个肌群每周只训练 2~4 次。

表 2.6 介绍了关于训练频率的两项研究。其中一项研究（Gillam，1981）对每周训练 1~5 次的实验群体进行比较。所有实验群体在每次训练中都执行大量的、高强度的训练组（1RM 18 组）。与其他训练频率相比，每周训练 5 次能够获得最大的 1RM 卧推能力增长。此外，每周训练 3 次或 5 次能够比每周训练 2 次或 1 次产生更加显著的效果。一项对比每周训练 2 次和

4 次的研究表明，更加频繁的训练能让男性和女性都获得更加显著的力量增长（Hunter，1985）。两个实验群体使用 7~10RM 的阻力进行所有练习，每周训练 3 次的群体在每次训练中执行每个练习 3 组，每周训练 4 次的群体每周有 3 天执行每个练习 2 组且每周有 1 天执行每个练习 3 组。因此，两个实验群体的总训练组数是相等的。有趣的是，每周训练 4 次的实验群体每周进行 2 次连续 2 天的训练（即星期一和星期二以及星期四和星期五），而每周训练 3 次的实验群体按照传统的隔日法进行训练（即星期一、星期三、星期五）。结果表明，传统的 2 次训练之间必须休息 1 天的规定可能并不适用于所有肌群。

实验对象使用动态恒定外部阻力进行训练的大多数元分析（见信息栏 2.2）表明，对未接受过训练的人而言，训练频率为每周每个肌群训练 3 天是最佳的；而对接受过健身训练的非运动员和接受过专门训练的运动员来说，频率为每周每个肌群训练 2 天是最佳的（Peterson et al.，2004，2005；Rhea，2003）。最佳训练频率的不同可能是研究中对受过训练的实验对象使用更大的训练量导致的（Rhea et al.，2003）。结果表明，最佳训练频率可能会随着训练状态和训练量的不同而发生变化。

上述许多研究都存在设计局限性：大多数研究以刚参加抗阻训练的新手为实验对象，而且考察的持续时间短（上限为 12 周），其中一些研究并没有让各个不同的

**表 2.5** 每周 3~6 次的抗阻训练方案

| 频率 | 训练日 | 所训练的身体部位 |
| --- | --- | --- |
| 3 | 星期一，星期三，星期五 | 全身 |
| 4 | 星期一，星期四，星期二，星期五 | 胸部，肩部，肱三头肌，颈部，腿部，背部，肱二头肌，前臂 |
| 5 | 星期一，星期三，星期五，星期二，星期四 | 胸部，肱三头肌，腿部，颈部，背部，肩部，肱二头肌，前臂 |
| 6 | 星期一，星期二，星期四，星期五，星期三，星期六 | 胸部，肱三头肌，腿部，肩部，颈部，背部，肱二头肌，前臂 |

（经许可，源自：J.R. Hoffman et al.，1990，"The effects of self-selection for frequency of training in a winter conditioning program for football," *Journal of Applied Sport Science Research* 4: 76–82.）

**表 2.6** 训练频率对 1RM 卧推能力的影响

| 参考资料 | 性别 | 每周训练天数和提升百分比 |
| --- | --- | --- |
| Gillam，1981 | 男性 | 天数：1，2，3，4，5<br>提升百分比：19%，24%，32[+]%，29%，41[*]% |
| Hunter，1985 | 男性 | 天数：3，4<br>提升百分比：12%，17%[^] |
| Hunter，1985 | 女性 | 天数：3，4<br>提升百分比：20%，33%[^] |

[*] 表示显著大于所有其他频率；[+] 表示显著大于频率 1 和 频率 2；[^] 表示显著大于频率 3。

训练实验群体使用相同的组数和重复次数。然而，基于现有的信息，要想通过动态恒定外部阻力训练来提升力量、增大肌肉或改善局部肌耐力，新手训练者应使用每周2次或3次的全身训练方案；中级训练者应该使用每周3天的全身训练方案或每周4天的局部训练方案；而高级训练者应该使用各种局部训练方案，每周训练4~6天，每次训练1~3个肌群（American College of Sports Medicine，2009）。

## 运动能力

人们早就知道动态恒定外部阻力训练可以提升运动能力。研究显示，在下面的运动表现测试中一些运动能力有一些小的增长，增幅不超过几个百分点。

- 垂直纵跳能力（Adams et al.，1992；Campbell，1962；Caruso et al.，2008；Channel and Barfield，2008；Dodd and Alvar，2007；Kraemer et al.，2000；Kraemer et al.，2001；Kraemer et al.，2003；Marx et al.，2001；Stone et al.，1979；Stone et al.，1981；Taube et al.，2007）。

- 立定跳远（Capen，1950；Chu，1950；Dodd and Alvar，2007；Taube et al.，2007）。

- 往返跑（Campbell，1962；Kusintz and Kenney，1958）。

- T-敏捷性测试（Cressey et al.，2007）。

- 短程冲刺（Capen，1950；Comfort et al.，2012；Deane et al.，2005；Dodd and Alvar，2007；Marx et al.，2001；Schultz，1967）。

- 棒球投掷速度（Thompson and Martin，1965）。

- 足球踢球速度（Young and Rath，2011）。

- 投掷铅球（Chu，1950；Schultz，1967；Terzis et al.，2008）。

---

? **信息栏2.2　实际问题**

### 元分析是什么

元分析是一种对相同的一般性问题的一组研究结果进行定量化分析的统计方法（Rhea，2004）。例如，每组的重复次数是否影响力量和身体成分变化，或者每周的训练频率是否影响力量增长。元分析使用的基本计算是效应量。效应量衡量的是两个时间点之间的数量级变化，如从测试前到测试后。计算研究效应量有多种方法。例如，用于衡量单个实验群体的变化的效应量可以用训练后均值减去训练前均值除以训练前标准偏差；用于衡量两个实验群体的比较的效应量可以用试验组的训练后均值减去对照组的训练后均值除以对照组的训练前标准偏差。在这两个计算中都用到了训练前标准偏差，因为它是无偏差的。

参考文献：

Rhea, M.R. 2004. Synthesizing strength and conditioning research: The meta-analysis. *Journal of Strength and Conditioning Research* 18: 921–923.

此外，该统计数据还表明，短跑冲刺时间（Chu，1950；Dodd and Alvar，2007；Hoffman et al.，1990；Jullian et al.，2008；Kraemer et al.，2003；Marx et al.，2001）、垂直纵跳能力（Hoffman et al.，1990；Marx et al.，2001；Newton et al.，1999；Stone et al.，1983）和立定跳远能力（Schultz，1967）的变化不明显。当在总体训练方案中加入抗阻训练（关于短跑、有氧运动、敏捷性训练和快速伸缩复合训练，见信息栏2.3）之后，从训练角度看，一些更重要的能力得到了显著提升，它们是垒球投掷速度（Prokopy et al.，2008）；团体手球投掷速度、垂直纵跳能力和短程冲刺能力（Marques and Gonzalez-Badillo，2006）；正手、反手网球发球速度（Kraemer et al.，2000; Kraemer and Häkkinen，2003）；垂直纵跳能力。对运动员（英式橄榄球、篮球）而言，在总体训练方案中加入抗阻训练并没有在以下方面带来明显改变：短射程（小于6.25米）和

远射程（超过6.25米）篮球投篮能力、垂直纵跳能力、短程冲刺能力（Gabbett et al.，2008；Kilinc，2008）。此外，与工作相关的运动能力得到了显著提升，如在1RM下举起物体和重复搬箱子（Kraemer et al.，2001）。

类似于力量的增长，运动能力测试的结果变化取决于训练者的初始身体条件。初始身体条件越好，那么运动能力的增长就越小。过去的训练经历、抗阻训练方案的类型和训练的持续时间也会影响运动能力是否发生改变。下面的例子展示了训练方案类型对运动能力的影响。与单组至暂时性疲劳的训练方案相比，在为期6个月的多组周期化训练方案中，未经训练的女性的垂直纵跳爆发力和50米冲刺能力得到了显著提升（Marx，2001）。在为期9个月的大学女子网球运动员训练中，出现了以下类似的结果：垂直纵跳高度和网球发球速度在多组周期化训练中得到显著提

🔍 **信息栏2.3　研究成果**

## 抗阻训练对运动能力的影响

抗阻训练对运动员的运动能力的影响程度是高度可变的。运动员在正常训练的基础上额外进行抗阻训练时，他们的各种运动能力都会表现出显著和非显著变化。如果有变化，那么变化取决于各种各样的因素，包括抗阻训练方案和具体运动任务。

在职业手球运动员中，为期12周的赛季中抗阻训练方案让他们的运动能力和力量都得到了提升（Marques and Gonzalez-Badillo，2006）。这个训练方案是多组周期化方案，在冲刺、快速伸缩复合训练、常规技术和技巧训练的基础上，每周执行2~3次。该训练方案让其投球速度提高了6%，30米冲刺能力提升了3%，而预蹲跳能力提升了13%。虽然这些变化是显著的，但是仍大大低于高达27%的1RM卧推能力的提升。这并不奇怪，因为进行抗阻训练时，力量的变化通常远远高于运动能力的变化。

参考文献：

Marques, M.C., and Gonzalez-Badillo, J.J. 2006. In-season resistance training and detraining in professional team handball players. *Journal of Strength and Conditioning Research* 20: 563-571.

升，而在单组至暂时性疲劳训练中没有提升（Kraemer et al., 2000）。在进行超过9个月的训练之后（Kraemer et al., 2003），大学女子网球运动员执行多组周期化训练方案和多组非周期化训练方案在最大力量的增加上的结果相似。然而，周期化训练方案使垂直纵跳、正手发球和反手发球速度上都获得了更加显著的增长。由此可见，训练方案的类型可能会影响运动能力能否获得显著的提升以及提升的幅度。

训练方案的其他变量也可能影响运动能力提升的结果。例如，在进行5周抗阻训练之后，组间（15~20RM）休息20秒的实验对象比组间休息80秒的实验对象在重复自行车冲刺能力上得到了更加显著的提升（12.5% 对比 5.4%）（Hill-Hass et al., 2007）。但是，组间休息80秒的实验对象比组间休息20秒的实验对象在力量上获得了更加显著的增长（3RM 45.9% 对比 19.6%）。尽管关于运动能力显著变化的相互矛盾的结果是存在的，但总体来说，各项研究都支持动态恒定外部阻力训练可以显著提高运动能力的观点。

训练较小的肌群也可能影响运动能力的提升。例如，在对指屈肌和趾屈肌进行12周以上的训练之后，大学年龄组的实验对象的垂直纵跳和投掷铅球的能力有了显著的提升（Kokkonen et al., 1988）。对指屈肌进行动态抗阻训练还能提升攀岩能力（Schweizer et al., 2007）。

许多人认为训练方案带来的力量和爆发力增长可以有效地应用到运动能力任务上。然而，要想做到这一点，训练者必须训练所有参与运动能力任务的肌肉，特别是最弱的肌肉，因为它们可能会限制更强的肌群的力量和爆发力的有效应用。此外，训练者必须使用适当的运动技术，因为技术也可能限制所增长的力量和爆发力的有效应用。最后这一点得到了相关研究的支持。数据表明，对未接受过训练的实验对象而言，单独进行或结合抗阻训练的直接训练比单独进行的抗阻训练更能提升立定跳远能力（Schultz, 1967）；结合冲刺训练的抗阻训练比单独进行这两种类型的训练更能提升冲刺速度（Delecluse et al., 1997）。

## 力量变化

有大量的文献表明，动态恒定外部阻力训练让男性和女性的许多肌群的力量都得到了增长。表2.3、表2.4和表2.6展示了在进行短期的动态恒定外部阻力训练之后男性和女性在1RM卧推和腿蹬举力量上的变化。女性的1RM卧推能力有了大幅增长，增长范围为从大学网球运动员训练36周之后的8%（Kraemer et al., 2000）到未接受过训练的女性训练16周之后的47%（Hostler, Crill et al., 2001）。类似地，男性的力量增长范围为从大学美式橄榄球运动员训练10周之后的3%（Hoffman et al., 1990）到未接受过训练的男性训练12周之后的44%（Allen et al., 1976）。使用1RM作为测试标准，女性的腿蹬举力量增长变化范围为从训练36周之后大学网球运动员的8%（Kraemer et al., 2000）到未接受过训练的女性训练18周之后的148%（Staron et al., 1991）。男性的腿蹬举力量增长变化范围为从大学美式橄榄球运动员训练10周之后的6%（Lee et al., 1990）到未接受过训练的男性训练12

周之后的 71%（Allen et al., 1976）。力量增长的范围很广，这可能与训练前的状态、对运动测试的熟悉程度、训练的持续时间和训练方案的类型有关。

## 身体成分变化

在短期动态恒定外部阻力训练之后，无论对女性还是男性而言，其身体成分的正常变化都是去脂体重小幅增长和身体脂肪百分比小幅下降（见表 3.3）。通常身体脂肪百分比的下降在很大程度上是由于去脂体重的增加而不是脂肪质量的大幅下降。很多时候，这两个变化同时发生，从而导致总体重变化很小或根本没有变化。

## 安全注意事项

如果使用自由重量来进行动态恒定外部阻力训练，应该有恰当的保护。而在训练器械上进行动态恒定外部阻力训练，通常不需要保护。因为与使用器械进行类似的练习相比，自由重量训练的动作必须控制在 3 个运动平面上，这通常需要更多的时间来学习适当的运动技术，特别是多关节或多肌群练习。

# 可变抗阻训练

可变抗阻设备有一个杠杆臂或滑轮装置，可在练习的全活动范围内改变阻力。可变抗阻设备的一个优点是它可以在全活动范围内匹配力量的增加和减小（力量曲线）。这可以让肌肉在全活动范围内以接近最大或最大的力量进行训练，从而产生最大的力量收益。

力量曲线的 3 种主要类型是递增、递减和钟形（见图 2.3）。尽管图 2.3 所示的递增和递减力量曲线是线性的，但实际上它们通常是曲线。在力量曲线为递增的练习中，如深蹲和卧推，如果仅执行重复的向心阶段的最后 1/2 或最后 1/4，可以举起更大的重量。在力量曲线为递减的练习中，只能在重复的向心阶段的前 1/2 或前 1/4 举起更大的重量。这种练习的一个例子是直立划船。可以在活动范围的中间部分举起更大重量的练习，则是力量曲线为钟形的练习。臂弯举，像许多单关节角度练习一样，力量曲线为钟形。要想匹配 3 个主要类型的力量曲线，可变抗阻设备必须能够以 3 种主要的模式改变阻力，这是大多数类型的器械不能完成的（见本章的"双可变抗阻"）。另外，由于肢体的长度、肌腱在骨头上的附着点、躯干的大小因人而异，就某个练习而言，很难设计出一个匹配所有人的力量曲线的机械装置。

生物力学研究表明，一种类型的凸轮可变抗阻设备不可能匹配肘弯举、肱二头肌弯举、胸部飞鸟、膝伸、膝屈和仰卧臂拉起练习的力量曲线（Cabell and Zebras, 1999; Harman, 1983; Pizzimenti, 1992）。在练习的极限活动范围内，训练设备匹配力量曲线的能力尤为低下（Cabell and Zebras, 1999）。根据报道，有另一种类型的凸轮可变抗阻设备能够相当好地匹配女性的力量曲线（Johnson et al., 1990）。然而，对女性而言，凸轮可变可阻设备会导致膝伸练习的结尾部分的阻力太大。此外，在肘关节屈曲和肘关节伸展练习中，凸轮可变抗阻设备在前半部分提供的阻力太小，而

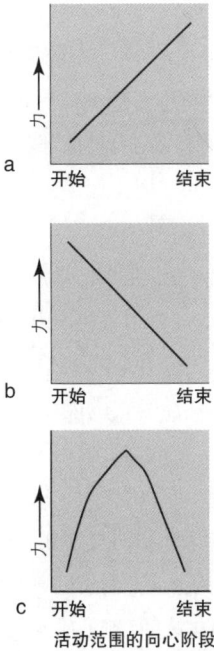

图 2.3 力量曲线的 3 个主要类型：a. 递增；b. 递减；c. 钟形

在后半部分提供的阻力又太大。膝屈训练器在全活动范围内能够很好地匹配女性的力量曲线。来自 6 家制造商的 8 款可变抗阻膝伸训练器的阻力曲线与年轻男子的力量曲线匹配也很不理想。力量曲线匹配度在不同训练器之间的差异可能非常大，而且曲线弧度明显小于实际的等长力量曲线（Folland and Morris，2008）。因此，一般情况下，凸轮可变抗阻设备不太可能匹配练习的力量曲线。

## 组数和重复次数

数据已经表明，短期（4~18 周）可变抗阻训练可以通过许多不同的组数和重复次数组合让各种肌群的力量得到显著增长。

数据表明以下方案能让力量得到显著增长（组数 × 重复次数）。

- 1 ×（6~10）RM（Jacobson，1986）。
- 1 ×（7~10）RM（Braith，1993；Graves et al.，1989）。
- 1 ×（8~12）RM（Coleman，1977；Hurley et al.，1984；Keeler et al.，2001；Manning et al.，1990；Pollock et al.，1993；Silvester et al.，1984；Starkey et al.，1996；Westcott et al.，2001）。
- 1 ×（10~12）RM（Peterson，1975）。
- 1 ×（12~15）RM（Stone et al.，1979）。
- 2 ×（10~12）RM（Coleman，1977）。
- 2 × 12，使用 1RM 的 50%（Gettman et al.，1980）。
- 2 或 3 ×（8~10）RM（LeMura et al.，2000）。
- 3 × 6RM（Jacobson，1986；Silvester et al.，1984）。
- 3 ×（8~12）RM（Starkey et al.，1996）。
- 3 × 15RM（Hunter and Culpepper，1995）。
- 6 ×（15~20）RM（Sale et al.，1990）。
- 3 × 10RM，3 周；3 × 8RM，3 周；以及 3 × 6RM，6 周（Boyer，1990）。
- 在半金字塔训练方案中，以递增的阻力执行 4 组，重复次数从 8 次减少至 3 次（Ariel，1977）。

数据表明，可变抗阻训练还可以增加练

习的全活动范围内的最大等长力量（Hunter and Culpepper，1995）。因此，各种组数和重复次数的组合都可以显著提升力量。

## 力量变化

数据表明，可变抗阻训练可以带来明显的力量增长。例如，在16周的训练之后，男性的上肢力量增加了50%，下肢力量增加了33%（Hurley et al.，1984），而女性的上肢力量增加了29%，下肢力量增加了38%（LeMura et al.，2000）。表2.3和表2.4分别展示了可变抗阻训练给卧推和腿蹬举带来的力量增长。采用可变抗阻设备和其他类型的肌肉动作的测试显示，使用可变抗阻设备的抗阻训练会带来大幅度的力量增长。

## 双可变抗阻

有一种可变抗阻设备允许调整练习的阻力曲线。双可变抗阻设备允许以递增、递减和钟形的力量曲线来进行练习（见图2.4）。这种设备的原理是通过使用不匹配练习的力量曲线，强迫肌肉在练习的活动范围内的不同点使用更多运动单位（如在拥有递增力量曲线的练习中使用钟形和递减力量曲线）。这种类型的设备能够减少在部分禁止输出大量力量的活动范围内进行练习所需的力量，如在某些类型的运动损伤之后。在执行为期14周、每周3次的全身训练方案之后，女性的1RM力量得到显著提升，瘦软组织也增加了（双能X线吸收法）（见表3.3），而且身体脂肪所占的百分比减少了（Fleck et al.，2006）。训练包括以每种力量曲线（钟形、递增和递减）进行1组10次重复，因此每个练习需

要执行3组。训练者在腿蹬举、卧推、高位下拉和过顶推举中的1RM力量得到了显著的增长（25%~30%）。因此，这种设备可以有效地增加力量和促进身体成分发生变化。

## 运动能力

目前关于可变抗阻训练导致运动能力变化的资料非常少。采用将赛季中美式橄榄球训练和全身可变抗阻训练结合在一起的训练方案之后，大学美式橄榄球运动员在50米冲刺和垂直纵跳能力上取得了小幅进步，不过他们的平均进步幅度大于仅采用赛季中美式橄榄球训练方案的对照组（Peterson，1975）。关于从统计学的角度看变化是否显著，或者实验群体之间存在的差异是否显著，该项研究均未提到。虽然这项研究显示，可变抗阻训练带来的运动能力的增长幅度稍微大一些，但是在与其他类型的训练所带来的运动能力变化的比较上，它几乎没能提供证明可变抗阻训练的有效性的具体证据。

凸轮可变抗阻训练器与递增杠杆臂训练器的比较展示了这两种类型的设备在提升运动能力上的情况（Silvester et al.，1984）。使用凸轮可变抗阻训练器的实验群体先训练6周，每周训练3次，然后训练5周，每周训练2天。训练者在膝伸训练之后紧接着做腿蹬举，每个练习做1组，每组12次重复，直至力竭。使用递增杠杆臂训练器的实验群体在整个11周训练期内每周训练3天，先做包含7~10次重复的腿蹬举1组，然后做1组直至向心力竭的腿蹬举。这两个实验群体的静态腿部力量增长并无差异。使用凸轮可变抗阻训练器和使用递增杠杆臂训练器的实验群体的垂直

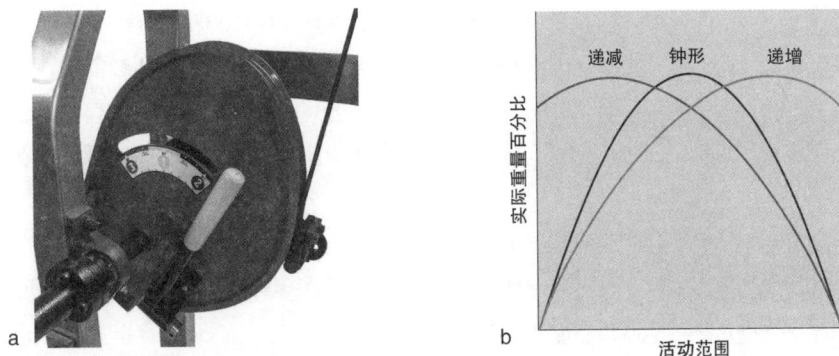

**图 2.4** 双可变抗阻设备可改变练习的力量曲线：a. 使用双可变抗阻设备上的手柄转动凸轮可变抗阻训练器，可在上述的 3 种主要的力量曲线类型之间切换；b. 通过转动手柄可以得到的 3 种主要的力量曲线类型：钟形、递增和递减

（源自：Strive Fitness Inc.，Cannonsburg, PA.）

纵跳高度均值分别增加了 0.76 厘米和 2.8 厘米。使用递增杠杆臂训练器的实验群体的垂直纵跳高度的增幅大于使用凸轮可变抗阻训练器的实验群体的增幅。由此可见，可变抗阻训练可以带来运动能力的增长，而增长的幅度或取决于训练方案和所使用的设备，或同时取决于这两者。

## 身体成分变化

根据报道，可变抗阻训练可以显著增加股四头肌和膝屈肌（腘绳肌）的肌肉厚度（Starkey et al.，1996）。双可变抗阻训练还可以使去脂体重增长、身体脂肪所占百分比下降（Fleck et al.，2006）。表 3.3 展示了这些身体成分的变化，其变化幅度与动态恒定外部阻力训练带来的变化幅度相同。

## 安全注意事项

如同所有类型的抗阻训练器械一样，使用可变抗阻或双可变抗阻训练器械时，安全性不是主要的考虑因素，通常不需要保护。类似地，和所有抗阻训练器械一样，必须确保可变抗阻训练器械适合训练者，而且训练者的姿势位置也恰当。如果器械和人不匹配或姿势位置不当，训练者就不可能执行适当的运动技术，受伤的风险也会增加。

# 等速训练

等速指的是肢体角速度保持不变的练习。与其他类型的抗阻训练不同，等速训练不需要满足指定的阻力条件，而需要控制运动的速度。在每个动作开始时，从 0 度/秒开始加速，直到达到设定的速度。达到设定的速度之后，进一步加速是不可能的，而且对训练设备施加任何力量都会产生相等的反作用力。在练习的整个动作幅度内，在活动范围的末端开始减速前，反作用力都等于施加给设备的力量。从理论上讲，除了在动作开始时的加速阶段和在结束时的减速阶段之外，肌肉在全活动范围内可以持续施加最大力量。

尽管使用一些等速训练设备可以进行向心–离心等速动作（即以先向心再离心的方式执行相同的练习），但抗阻训练场所中的大多数等速训练设备仅允许执行向心动作，因此这里讨论的重点是仅向心等速训练。等速训练的优点包括可以在练习的全活动范围的大部分中施加最大力量，可以在多种运动速度下进行训练，以及肌肉和关节酸痛的程度非常轻。许多类型的等速训练设备的另一个特点是仅允许单侧（一侧的腿或手臂）单关节运动（膝伸，肘关节弯曲），而不允许双侧（两侧的腿或手臂）运动。这种类型训练的一个主要缺陷是现实生活中并不存在等速肌肉动作，可能不利于将等速训练的益处应用到日常生活和体育运动中。

## 力量变化

绝大多数考察仅向心等速训练的研究的持续时间都比较短（3~16 周）。它们考察了单关节运动的力量变化，而且使用等长、动态恒定外部阻力、仅离心等速和仅向心等速训练测试来评估力量的增长。如表 2.7 所示，以各种运动速度以及不同的组数和重复次数执行 1~15 组的训练方案带来了力量的显著增长。

还可以通过在固定的时间内进行尽可能多的重复次数来获得力量的大幅增长，如下面的研究所示。

- 1 组 6 秒，速度为 180 度 / 秒（Lesmes et al.，1978）。
- 1 组 30 秒，速度为 180 度 / 秒（Lesmes et al.，1978）。
- 2 组 20 秒，速度为 180 度 / 秒（Bell

et al.，1992；Petersen et al.，1987）。
- 2 组 30 秒，速度为 60 度 / 秒（Bell et al.，1991a）。
- 2 组 30 秒，速度为 120 度 / 秒或 300 度 / 秒（Bell et al.，1989）。
- 1 组 60 秒，速度为 36 度或 180 度 / 秒（Seaborne and Taylor，1984）。

进行一组最大随意肌肉动作直至不能发出特定百分比的峰值力量，这样做也可以增加力量。分别以 30 度 / 秒、60 度 / 秒和 90 度 / 秒的速度继续执行一组最大随意肌肉动作，直至不能再产生峰值力量的至少的 60%、75% 或 90%（Fleck et al.，1982），以及直至在慢速训练（分别以 30 度 / 秒、60 度 / 秒和 90 度 / 秒的速度执行一组最大随意肌肉动作）或快速训练（分别以 180 度 / 秒、240 度 / 秒和 300 度 / 秒的速度进行一组最大随意肌肉动作）期间不能再产生峰值力量的 50%（Smith and Melton，1981）。所有这些训练都会让力量得到显著提升。

等速速度范围训练也能让力量得到明显的提升。这种类型的训练涉及以不同的运动速度连续进行几组最大随意肌肉动作。速度范围训练可以以较快的速度或较慢的速度开始。表 2.8 是一个典型的快速速度范围训练方案。一系列的关于剧烈且持续时间短（4 周）的训练的研究（Kovaleski and Heitman，1993a，1993b；Kovaleski et al.，1992）表明，先进行快速速度训练的训练方案能够产生更显著的爆发力增长，特别是在更快的运动速度下。但是与先以慢速运动速度进行的训练方案相比，在整个动作幅度内前者不一定能够产生更大的扭矩增长。

表 2.7　等速训练及其带来力量显著增长的组数和重复次数组合

| 参考资料 | 组数 x 重复次数 |
| --- | --- |
| Bond et al., 1996 | 1×12, 15 度/秒 |
| Gur et al., 2002 | 1×12, 30 度/秒、60 度/秒、90 度/秒、120 度/秒、150 度/秒、180 度/秒 |
| Jenkins et al., 1984 | 1×15, 60 度/秒<br>1×15, 240 度/秒 |
| Lacerte et al., 1992 | 1×20, 60 度/秒<br>1×20, 180 度/秒 |
| Moffroid et al., 1969 | 1×30, 22.5 度/秒 |
| Knapik et al., 1983 | 1×50, 30 度/秒 |
| Pearson and Costill, 1988 | 1×65, 120 度/秒 |
| Gettman et al., 1980 | 2×12, 60 度/秒 |
| Gettman et al., 1979 | 2×10, 60 度/秒, 然后是<br>2×15, 90 度/秒 |
| Farthing and Chilibeck, 2003 | （2~6）×8, 30 度/秒<br>（2~6）×8, 180 度/秒 |
| Kelly et al., 2007 | 3×8, 60 度/秒 |
| Higbie et al., 1996 | 3×10, 60 度/秒 |
| Ewing et al., 1990 | 3×8, 60 度/秒<br>3×20, 240 度/秒 |
| Tomberline et al., 1991 | 3×10, 100 度/秒 |
| Morris et al., 2001 | 3×10, 100 度/秒 |
| Gettman and Ayers, 1978 | 3×15, 90 度/秒<br>3×15, 60 度/秒 |
| Kanehisa and Miyashita, 1983b | 1×10, 60 度/秒<br>1×30, 179 度/秒<br>1×50, 300 度/秒 |
| Blazevich et al., 2007 | （4~6）×6, 30 度/秒 |
| Seger et al., 1998 | 4×10, 90 度/秒 |
| Colliander and Tesch, 1990a | 4 或 5×12, 60 度/秒 |
| Coyle et al., 1981 | 5×6, 60 度/秒<br>5×12, 300 度/秒 |
| Coyle et al., 1981 | （总共 6 组）3×6, 60 度/秒,<br>以及 3×12, 300 度/秒 |
| Cirello et al., 1983 | 5×5, 60 度/秒 |
| Petersen et al., 1990 | 5×10, 120 度/秒 |
| Mannion et al., 1992 | 6×25, 240 度/秒<br>5×15, 60 度/秒 |
| Housh et al., 1992 | 6×10, 120 度/秒 |
| Narici et al., 1989 | 6×10, 120 度/秒 |
| Akima et al., 1999 | 10×5, 120 度/秒 |
| Kovaleski et al., 1995 | 10×12, 120~210 度/秒 |
| Cirello et al., 1983 | 5×5, 60 度/秒<br>15×10, 60 度/秒 |

在 41~75 岁的人群中，速度范围训练（30~180 度/秒，间隔为 30 度/秒）在 120 度/秒和 180 度/秒下可以带来显著的向心峰值扭矩增长，但是在 60 度/秒下就不可以（Gur et al., 2002）。向心速度范围训练在 120 度/秒下还可以带来显著的离心峰值扭矩增长，但是在 60 度/秒、180 度/秒下就不可以。表 2.3 和表 2.4 分别展示了在等速训练之后卧推和腿蹬举力量的变化。很明显，许多组数和重复次数的组合以及仅向心速度等速训练都可以带来明显的力量增长。

仅向心等速训练可以提高离心等速力量（Blazevich et al., 2007；Seger et al., 1998；Tomberline et al., 1991）。虽然仅离心和仅向心等速训练效果的对比研究很少，但很明显，在相对慢的速度（30~90 度/秒）下，这两种类型的训练都可以增加向心和离心等速力量（Blazevich et al., 2007；Higbie et al., 1996；Miller et al., 2006；Seger et al., 1998）。这些研究大多都反映出肌肉收缩特定性。换句话说，向心训练会带来更大的向心力量增长，反之亦然。例如，数据表明，仅向心和仅离心训练（膝伸，90 度/秒）都能够显著增加该训练速度下的向心（14% 对比 2%）和离心（10% 对比 18%）力量（Seger et al., 1998）。然而，并不是所有研究都一致表明存在明显的肌肉收缩特定性（Blazevich et al., 2007）。

将离心和向心等速训练结合起来（在进行向心动作之后进行离心动作）也能够带来显著的离心和向心等速力量增长（Caruso et al., 1997；Gur et al., 2002）。综上所述，以前的研究表明仅离心、仅向心以及向心、离心结合的等速训练能够带来显著的离心和向心等速力量增长，而且仅离心和仅向心训练一般会表现出肌肉收缩特定性。

## 组数和重复次数

尽管有关仅向心等速训练效果的研究非常多，但几乎没有研究关注最佳的训练组数和重复次数。以 180 度/秒的速度进行训练时，一种方法是在 6 秒内完成尽可能多的重复次数（大约 3 次），一共做 10 组；另一种方法是在 30 秒内完成尽可能多的重复次数（大约 10 次），这两者所带来的峰值扭矩的增长没有什么差别（Lesmes et al., 1978）。在为期 9 周、每周 3 天的训练中，以 5 次、10 次和 15 次重复分别进行慢速、中速和快速训练，这些组合带来的力量增长没有显著差异（Davies, 1977）。以 60 度/秒的速度分别进行 5 组、每组 5 次重复和 15 组、每组 10 次重复的训练，比较发现它们带来的力量增长没有多大差别（Cirello et al., 1983）。两个实验群体在 0~300 度/秒的速度范围内都表现出明显的力量增长。两个实验群体只存在一个显著的差异：在 30 度/秒的速度下，执行 15 组的实验群体比执行 5 组的实验群体获得了更明显的力量增长。这 3 项研究至少都支持一个观点：不同的重复次数和组数组合可以在短期训练中让

**表 2.8** 典型的等速快速速度范围训练

| 组数 | 1 | 2 | 3 | 4 | 5 | 6 | 7 | 8 | 9 | 10 |
|---|---|---|---|---|---|---|---|---|---|---|
| 速度/（度/秒） | 180 | 210 | 240 | 270 | 300 | 300 | 270 | 240 | 210 | 180 |
| 重复次数 | 10 | 10 | 10 | 10 | 10 | 10 | 10 | 10 | 10 | 10 |

峰值扭矩得到大幅增长。此外，当在60度/秒的训练速度下测试峰值扭矩时，执行3组（60度/秒）比以同速度执行1组带来的力量增长明显要大（17%对比2%）（Kelly et al.，2007）。因此，类似于动态恒定外部阻力训练，通常多组比单组带来的力量增长更显著。

## 训练速度

上述引用的研究坚定支持以下观点，即在各种速度下执行的仅离心、仅向心以及离心、向心结合的等速训练可以带来力量增长。一些研究共同关注的一个问题是，以什么速度进行向心等速训练是最佳的，快速还是慢速？重要的是要注意到，答案可能取决于要达成的训练任务。如果慢速运动力量对任务的成功是必要的，那么该任务的最佳训练速度可能不同于需要快速运动力量才能取得成功的任务。

仅向心训练的最佳训练速度取决于速度特定性，即在特定的速度下训练所产生的力量增长在该速度下能够发挥最大的效能。大多数研究表明，等速训练确实存在速度特定性（Behm and Sale，1993），而且这种特定性甚至会发生在非常短的训练期（3次训练）之后（Coburn et al.，2006）。这意味着以该速度或接近该速度训练时能获得更大的力量增长。因此，如果快速运动的力量是必要的，训练应该以较快速度进行，反之亦然。神经机制，如选择性激活运动单位、选择性激活肌肉和使共同收缩失效的拮抗肌一般被认为是引起速度特定性的原因（Behm and Sale，1993）。

关于最佳训练速度的另外一个问题是速度特定性的表现程度以及以特定的速度训练能否让力量在一系列动作速度下获得增长。一项早期研究表明，其所研究的两种训练速度表现出一定程度的速度特定性（Moffroid and Whipple，1970）。然而，数据表明，更快的训练速度会产生更小程度的速度特定性，而且在测试力量的速度范围内会产生更大、更持久的力量增长（见图2.5）。重要的是要注意到，这项研究所考察的两个训练速度都相对较慢。另一项研究表明，慢速训练（4秒完成1次腿蹬举重复）比快速训练（2秒完成1次腿蹬举重复）带来的力量增长更大（Oteghen，1975）。然而，力量应该在哪个速度下进行测试没有定论。

有几项研究确实在关于快速和慢速最佳向心训练速度的问题上提供了更多的信息。分别使用10个、30个和50个最大随意肌肉动作，训练速度分别为60度/秒、180度/秒和300度/秒的训练结果表明中等速度存在一些优势（Kanehisa and Miyashita，1983b）。在训练开始之前和训练之后，以在60~300度/秒范围内的各种速度测试所有实验群体的峰值扭矩，不同训练速度下的不同重复次数影响了一般性结论。然而，结果表明，中等速度（180度/秒）可能是在整个速度范围内带来最大平均爆发力增长的速度。另一项研究（Kanehisa and Miyashita，1983a）表明，以73度/秒或157度/秒的速度训练可获得与速度相关的爆发力增长。

速度为60度/秒和240度/秒的训练（Jenkins et al.，1984）表明，以60度/秒进行训练的实验群体的峰值扭矩在除了最慢和最快速度之外的其他速度范围内都有所提升，而以240度/秒进行训练的实验群

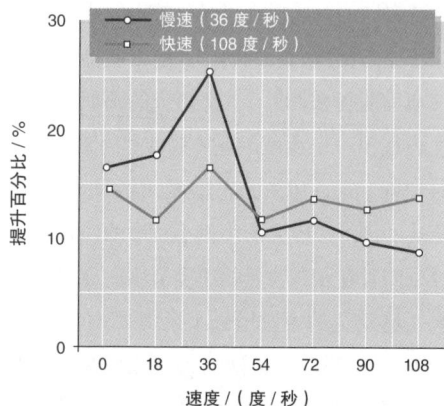

**图 2.5** 快速和慢速仅向心等速训练带来的峰值扭矩提升百分比

（源自：M.T. Moffroid and R.H. Whipple, 1970, "Specificity of speed of exercise," *Physical Therapy* 50: 1695. ©1970 American Physical Therapy association. Reprinted with permission.）

体的峰值扭矩在所有测试速度下都得到了显著提升（见图 2.6）。两个训练群体的提升之间并无显著差别。然而，由于以 60 度 / 秒进行训练的实验群体在 30 度 / 秒和 300 度 / 秒的测试速度下并没有显著的进步，可以得出这样的结论：240 度 / 秒的训练在整体力量提升上效果更好。

在 3 种速度下以不同组数和重复次数进行训练，对结果进行比较后观察到了速度特定性（Coyle et al., 1981）。慢速实验群体以 60 度 / 秒执行 5 组、每组 6 个最大肌肉动作。快速实验群体以 300 度 / 秒执行 5 组、每组 12 个最大肌肉动作。第 3 组实验群体使用快慢相结合的速度，先以 60 度 / 秒执行 2~3 组、每组 6 次重复的动作，再以 300 度 / 秒执行 2~3 组、每组 12 次重复的动作。峰值扭矩的测试结果如表 2.9 所示。每组实验群体都在其特定训练速度下取得了最大的力量增长，这表明训练的速度部分取决于想

要增加何种速度下的峰值扭矩。然而，数据表明，特定训练速度下取得的力量增长能够引起其他训练速度下的力量增长。这点在低于训练速度的速度上特别明显。

一些研究表明，在考虑力量增长时，没有理由只考虑一个特定的速度。以 60 度 / 秒或 180 度 / 秒进行训练时，在 60 度 / 秒、120 度 / 秒、180 度 / 秒、240 度 / 秒的测试速度下测出的峰值扭矩增长是一样 的（Bell et al., 1989；Lacerte et al., 1992）。另外，以 60 度 / 秒或 240 度 / 秒进行训练时，所有带来的等长力量的增长也是一样的（Mannion et al., 1992）。所有这些研究项目都采用不超过 16 周的短期训练。

总体来说，上述研究表明，对于仅向心训练而言，如果需要在很大的速度范围内获得向心力量增长，那么训练的速度应该为 180~240 度 / 秒。此外，如果训练目标是最大限度地增加在某一特定速度下

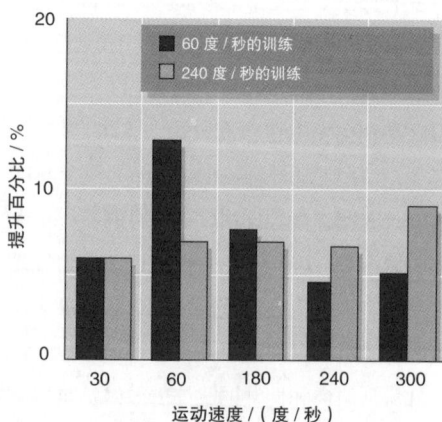

**图 2.6** 运动速度分别为 60 度 / 秒和 240 度 / 秒的训练产生的峰值扭矩的提升百分比

（源自：Jenkins, Thackaberry and Killian, 1984.）

**表 2.9** 在特定速度下进行的等速训练产生的峰值扭矩增长百分比

| 测试速度 | 峰值扭矩增长百分比 / % | | |
|---|---|---|---|
| PT/0 | （快速）23.6 | （慢速）20.3 | （混合速度）18.9 |
| PT/60 | （慢速）31.8 | （混合速度）23.6 | （快速）15.1 |
| PT/180 | （快速）16.8 | （慢速）9.2 | （混合速度）7.9 |
| PT/300 | （快速）18.5 | （混合速度）16.1 | 慢速 0.9 |

PT/0~PT/300 表示在 0~300 度 / 秒速度范围内的峰值扭矩；括号内的实验群体没有表现出具有明显统计学差异的峰值扭矩。

（源自：Coyle et al.，1981.）

的力量，那么应该以该速度进行训练。然而，因为总体而言大多数研究都使用相对较慢的训练速度，所以任何慢速和快速的比较实际上都是两个或两个以上相对较慢的向心速度之间的比较。而在许多身体活动中，大于 300 度 / 秒的肢体角速度很容易达到，这使得将上述研究的结论应用到实际身体活动中时变得不那么有效。

关于最佳离心等速训练的研究数量更加少。对以 20 度 / 秒或 210 度 / 秒的速度执行离心训练的两个实验群体的研究表明，以 210 度 / 秒进行训练的群体在 20 度 / 秒、60 度 / 秒、120 度 / 秒、180 度 / 秒和 210 度 / 秒的向心和离心速度下的力量都有更大的增长（Shepstone，2005）。类似地，与训练速度为 30 度 / 秒的训练群体相比，训练速度为 180 度 / 秒的训练群体在 30 度 / 秒和 180 度 / 秒的向心和离心速度下表现出更大的总体力量增长（Farthing and Chilibeck，2003）。这两项研究表明，仅离心快速训练产生的力量增长大于仅离心慢速训练的力量增长。

## 速度特定性和力量转化效果

与速度特定性这个概念密切相关的问题是，所增加的力量中有多少能够转化到训练速度之外的其他速度上？前面讨论过的一项研究（Moffroid and Whipple，1970）对 36 度 / 秒和 108 度 / 秒的向心训练进行了比较，结果表明，只有在低于训练速度的动作中峰值扭矩才有显著的效益转化（见图 2.5）。类似地，以 90 度 / 秒进行训练的实验群体在 90 度 / 秒和 30 度 / 秒的速度下峰值扭矩显著增加，但是在 270 度 / 秒的速度下峰值扭矩没有显著增加（Seger et al.，1998）。图 2.6 所示的研究说明了慢速训练（60 度 / 秒）的速度特定性以及低于和高于训练速度范围内的力量增长转化效果，而且实际速度偏离训练速度越远，力量增长的转化效果就越差。中等速度（240 度 / 秒）训练能够带来低于和高于训练速度范围内的力量增长转化。另一项测试 60~240 度 / 秒下的向心力量增长的研究表明（Ewing，1990），峰值扭矩的增长可以发生在低于和高于训练速度的速度范围内，甚至在低于训练速度 210 度 / 秒和高于训练速度 180 度 / 秒的速度范围内都能够看到转化效果。使用 60 度 / 秒、120 度 / 秒和 180 度 / 秒训练速度的研究表明，从等长到 240 度 / 秒的速度范围内的峰值扭矩都可以获得显著增长，但 300 度 / 秒的速度下的峰值扭矩不一定能获得增长（Akima et al.，1999；Bell et al.，1989；Lacerte et al.，1992）。

总体而言，上述研究表明，除了非常慢的训练速度（30 度 / 秒）之外，向心峰值扭矩增长能够发生在低于和高于训练速度的速度范围内，而且最大的峰值扭矩增长发生在训练速度上。所有这些研究都是在未考虑峰值扭矩所发生的关节角度的情况下确定峰值扭矩的。有人可能会质疑在特定的关节角度或特定的肌肉长度上是否会真的出现峰值扭矩，意指特定肌肉长度下控制肌肉张力的机制已经改变。

不考虑关节角度的、在30~300度/秒的速度下进行测试的膝伸肌的峰值扭矩略高于关节角度固定的、在30度/秒的速度下执行的完全伸展的峰值扭矩（Yates and Kamon，1983）。当根据实验对象是否拥有多于或少于50%的Ⅱ型肌纤维进行分组时，这两个实验群体之间的峰值扭矩速度曲线没有显著差异。然而对于特定关节角度的扭矩，这两个实验群体之间的扭矩速度曲线则存在显著的差异（Yates and Kamon，1983）。这表明，特定关节角度的扭矩相比峰值扭矩受肌纤维类型的影响更大。因此，必须谨慎看待峰值扭矩和特定关节角度扭矩的比较。

对比以96度/秒和240度/秒进行的训练确定特定关节角度下的扭矩（Caiozzo et al.，1981），图2.7描绘了在测试速度下产生的提升百分比。结果表明，当测试标准为特定关节角度扭矩时，慢速（96度/秒）训练同时让低于和高于训练速度的扭矩得到显著增长，而快速（240度/秒）训练只能让接近且低于训练速度的速度的扭矩得到显著增长。

分别使用峰值扭矩和特定关节角度扭矩作为标准指标的向心速度特定性研究得到的结果不一定彼此矛盾（见图2.5、图2.6和图2.7）。所有研究表明，快速（108~240度/秒）训练能够让低于训练速度的速度获

得显著的扭矩增长，而且在某些情况下还可以让高于训练速度的速度获得扭矩增长。从训练速度转化到其他速度的过程中扭矩增长的程度（显著或不显著）可能部分取决于所定义的快速（108~240度/秒）。前述研究也表明慢速（36~90度/秒）训练会让低于和高于训练速度的速度下的扭矩获得显著的提升。通常，不管进行的是快速还是慢速训练，在比训练速度高很多的速度下，转化效果是最不明显的。

先前所提到的比较（Kanehisa and Miyashita，1983b）表明，与慢速（60度/秒）或快速（300度/秒）训练速度相比，中等训练速度（180度/秒）能够在更大的速度范围内带来更大的平均爆发力转化。先前分析讨论的峰值扭矩变化表明，在180~240度/秒的速度范围内的训练速度能够给低于和高于训练速度的速度带来转化效果，但是随着训练和测试速度的差异增大，转化效果可能会变差。这个结果间接支持这一观点，即中等训练速度能够给训练速度之

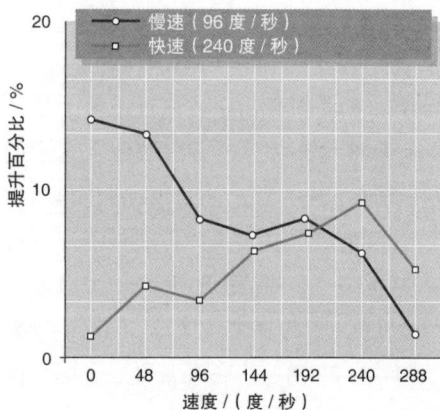

**图2.7** 特定关节角度的峰值扭矩在快速和慢速仅向心等速训练中的提升百分比

（源自：Jenkins, Thackaberry and Killian, 1984.）

外的其他速度提供最佳的转化效果。

目前，关于离心等速训练的力量增长转化到训练速度之外的其他速度的研究还是相当有限的。先前描述的两项研究（Farthing and Chilibeck，2003；Shepstone et al.，2005）表明，快速离心速度（180度/秒和210度/秒）会比慢速离心速度（20度/秒和30度/秒）给低于训练速度的速度带来更大的力量增长和转化。这些研究并没有测试高于快速训练速度的速度下的峰值扭矩。由此可见，和向心等速训练一样，离心等速训练也能够将力量增长转化到低于训练速度的速度上。

## 身体成分变化

根据相关报告，仅向心等速训练能够显著增大肌纤维的横截面积（Coyle et al.，1981；Ewing et al.，1990；Wernbom et al.，2007）和总体肌肉的横截面积（Bell et al.，1992；Housh et al.，1992；Narici et al.，1989）。然而，也有报告显示，肌纤维横截面积（Akima，1999；Colliander and Tesch，1990a；Costill et al.，1979；Cote et al.，1988；Seger et al.，1998）和总体肌肉的横截面积没有显著变化（Akima et al.，1999；Seger et al.，1998）。还有报告显示，在相同的仅向心等速训练之后，存在一个肌群（股四头肌）的横截面积增大而另一个肌群（腘绳肌）的横截面积没有增大的情况（Petersen et al.，1990）。此外，仅向心等速训练确实导致会肌束角度增加，这表明肌肉增大了（Blazevich et al.，2007）。

仅离心等速训练也能增大肌纤维的横截面积和总体肌肉的横截面积（Seger

et al.，1998；Wernbom，Augustsson and Thomee，2007）。此外，快速离心等速训练（180度/秒和210度/秒）相比慢速离心等速训练（20~30度/秒）以及快速、慢速向心等长训练，能让肌纤维横截面积得到更大的增长（Farthing and Chilibeck，2003；Shepstone et al.，2005）。仅向心和仅离心等速训练不仅可以带来肌纤维和肌肉横截面积的增长，还可以增加去脂体重。然而，并不是所有等速训练方案都能够产生这些效果。

表3.3展示了仅向心等速训练带来的身体成分变化。这些变化包括去脂体重的增加和体脂率的下降，其效果和其他类型的训练是相当的。

## 运动能力

根据相关报告，运动能力，尤其是垂直纵跳能力（Augustsson et al.，1998；Blattner and Noble，1979；Oteghen，1975；Smith and Melton，1981）、立定跳远能力（Smith and Melton，1981），40码（冲刺能力（Smith and Melton，1981）、足球踢球距离（Young and Rath，2011）以及网球发球速度（Ellenbecker et al.，1988）可因仅向心等速训练而得到提升。此外，向心等速训练还能够提升6秒和30秒自行车最大冲刺的功率输出（Bell et al.，1989；Mannion et al.，1992）。仅向心和向心、离心结合的等速训练都能够提升41~75岁人群的功能性能力（爬楼梯、竞走、从椅子起身的能力），但是向心、离心结合等速训练的效果更好（Gur et al.，2002）。然而，在对髋关节肌肉系统（屈肌和伸肌以及外展肌和内收肌）进行为期 4 周的、训练速度每周递增（60 度 / 秒、180 度 / 秒、300 度 / 秒和 400 度 / 秒）的仅向心训练，该组人群在快速踏步测试中功能性能力没有产生重大变化（Bera et al.，2007）。这表明等速训练设备具有通常只允许执行单关节练习的潜在缺点，这在一些任务中可能不会提升运动能力。不过，等速训练可以提升运动能力。

与慢速向心等速训练相比，快速向心等速训练可能带来更大的运动能力提升（Smith and Melton，1981）。在史密斯（Smith）和梅尔顿（Melton）的训练研究中，快速实验群体在峰值扭矩下以 180 度 / 秒、240 度 / 秒和 300 度 / 秒的速度进行 1 组至 50% 疲劳，而慢速实验群体在峰值扭矩下以 30 度 / 秒、60 度 / 秒和 90 度 / 秒的速度进行 1 组至 50% 疲劳。快速和慢速实验群体的垂直纵跳能力分别提升了 5.4% 和 3.9%，立定跳远能力分别提升了 9.1% 和 0.4%，而 40 米冲刺能力分别提升了 -10.1% 和 +4.1%。然而，当以 60 度 / 秒、180 度 / 秒或 240 度 / 秒进行等速训练时，两组实验群体的自行车冲刺功率输出并没有显著差异（Bell et al.，1989；Mannion et al.，1992）。因此，对于某些运动能力（不是全部）的提升来说，快速等速训练可能比慢速训练更有效。

### 安全注意事项

报告显示，仅向心等速训练在训练之后产生的肌肉酸痛非常轻微（Atha，1981），而且与向心、离心结合的等速训练相比，实验对象在日常任务中的主观酸痛评价等级大幅下降（Gur et al.，2002）。

向心等速训练仅进行 3 天就可能带来显著的力量增长（股四头肌）（Coburn et al.，2006；Cramer et al.，2007），但是这种快速增长可能不会出现在所有肌群中（如肘屈肌和肘伸肌；Beck et al.，2007）。这种快速的力量增长可能有助于康复训练。

因为在这种训练中既不需要举起自由重量也不需要举起配重片，所以受伤的可能性很小，而且不需要任何保护。但是除非训练器械有准确的反馈系统让训练者可以看到所产生的力和所做的功，否则其很难判断力度。此外，缺乏训练动力可能是一些训练者面临的问题，因为等速设备缺乏使用重物或配重片时所产生的看得见的动作。

## 离心训练

离心训练（也称为负抗阻训练）是指仅执行重复的离心或肌肉伸长阶段的动作或以大于正常的 1RM 的力量执行离心阶段动作的训练。离心肌肉动作发生在许多日常活动中，如下楼梯就要求大腿肌肉进行离心肌肉动作。在正常的动态恒定外部阻力训练中，当重物被举起时，肌肉会收缩或执行向心动作。当重物被降低时，举起重物的相同肌肉处于活跃状态且在控制下伸长或执行离心动作。如果在降低重物的过程中肌肉没有执行离心动作，那么重物会在重力的作用下跌落。

离心训练可以在许多抗阻训练器械上进行，用双手或双腿举起大于单臂或单腿的 1RM 的重物，然后用单臂或单腿降低重物。在一些抗阻训练器械上，训练者也可以在每次重复的离心阶段使用比向心阶段更大的阻力，但不一定要大于1RM。这种类型的训练称为强化离心训练（有时也称为负向强化训练）。一些等速训练器械也有离心模式（前面讨论过等速离心训练）。训练者也可以使用自由重量来获得大于1RM的阻力，方法有两个：一是在举起重物之后让保护者添加额外的重量，让保护者在离心阶段施加阻力；二是让保护者帮助举起阻力大于1RM的重物，然后在没有帮助的情况下进行离心阶段的训练。训练者也可用重量释放钩（见图2.8）获得比自由重量的1RM大的阻力（Doan et al., 2002; Moore et al., 2007）。

不管什么时候进行离心训练，训练者应始终采用适当的安全保护措施，特别是使用自由重量或非等速训练器械时。这是为了避免1次在重复的离心阶段禁不住使用大于可安全控制的重量。使用某些自由重量练习可以增加离心训练的安全性，如卧推和深蹲，因为可以设置抗阻训练架的安全杆，以便在必要的时候在动作的最低位置托住重物。

## 力量变化

在对双腿进行训练时，与进行仅向心抗阻训练相比，正常的动态恒定外部阻力训练在相同的重复次数下能够带来更大的向心和离心力量增长（Dudley，1991）。在深蹲中，50%或75%的重复中使用离心能够比以仅向心的方式执行相同的训练方案带来更大的力量增长，但是这种方式不能在卧推中带来一样的增长。这表明，动态恒定外部阻力训练中的离心阶段很重要，对腿部肌肉系统尤其如此。

仅离心动态恒定外部阻力训练已被证明可以增强最大力量。例如，以离心1RM

的80%进行3~5组、每组6次重复的训练之后，最大离心1RM显著增加（29%）（Housh et al., 1998）。先前未接受过训

在举起动作的向心阶段，垂挂于横杠的重量释放钩允许训练者举起更大的重量。

随着设备的底部接触地面，重量释放钩会向前摆动，当杠铃横杠接触训练者的胸部时，钩子会从杠铃横杠中释放出来（释放高度是可调节的）。

现在，重量释放钩已经脱离了杠铃横杠，因此训练者在向心阶段举起的重量小于在离心阶段降低的重量。

**图2.8** 重量释放钩可以用于增加重复的离心阶段的阻力

（经许可，源自：b.K. Doan et al., 2002. "The effects of increased eccentric loading on bench press." *Journal of Strength and Conditioning Research* 16:11.）

练的女性以离心1RM的75%~125%进行由6个练习组成的仅离心全身动态恒定外部阻力训练计划时，能够产生类似的、显著的1RM增长（20%~40%），但是在不同的实验群体之间力量增长没有显著的差异（Schroeder et al., 2004）。年长者（74岁）以5RM的动态恒定外部阻力的80%执行仅离心动态恒定外部阻力训练时，等速离心和等长力量增长，但是等速向心力

量没有增长（Reeves et al., 2009）。进行最大等长力量在120%~180%之间以线性周期化的方式变化的3组仅离心训练，3周之后最大等长力量得到显著增长（Colduck and Abernathy, 1997）。以1RM的100%进行6组、每组5次重复的仅离心动态恒定外部阻力训练，然后在60~360度/秒的速度范围内进行测试，发现等长力量和等速力量在该速度范围内都得到了显著增长（Martin et al., 1995）。

仅向心动态恒定外部阻力训练和仅离心动态恒定外部阻力训练的比较表明，训练模式之间的差别不大。以常规1RM的80%进行2组、每组10次的仅向心重复，或者以常规1RM的120%进行2组、每组6次的仅离心重复，这两者在等长或仅向心1RM的增长上没有差异（Johnson et al., 1976）。以特定收缩模式的10RM进行仅向心和仅离心的4组、每组10次重复、为期20周的训练，最后的结果表明这两种类型的训练都没有特别大的优势（Smith and Rutherford, 1995）。在间隔为10度的膝伸练习中，不同训练模式带来的力量增长没有显著的差异。然而，仅向心模式确实在更大的关节角度范围中显示出了显著的力量增长。同样地，在30~300度/秒的速度范围内，向心等速力量没有明显的增长。然而，仅离心模式在更多的速度中都带来了明显的力量增长。重要的是要注意，在上述两个比较中，都没有进行离心最大力量测试。然而，结果表明仅离心的动态恒定外部阻力训练确实会带来显著的等长和向心力量增长。

仅向心和仅离心等速训练的比较得出了相冲突的结果。以60度/秒的速度进行的训练表明，仅离心训练比仅向心训练能够带来更加显著的等速（60度/秒）离心力量的增长，而在这两个训练模式之间，等长和向心等速力量的增长没有显著差别（Hortobagyi et al., 1996）。以60度/秒的速度执行向心或离心训练时，等速（60度/秒）向心或离心力量的增长没有显著差别（Hawkins et al., 1999）。以90度/秒的速度进行仅向心训练比仅以30度/秒、90度/秒和270度/秒的速度进行的离心训练带来的向心和离心等速力量增长更加显著（Seger et al., 1998）。

上述研究表明，让肌肉力量得到最佳的增长需要离心肌肉动作，特别是在以离心的方式测量力量时。虽然研究表明仅离心训练会比动态恒定外部阻力训练（Reeves et al., 2009）、仅离心动态恒定外部阻力训练会比仅向心训练（Vikne et al., 2006）带来更大的离心力量增长，但是大多数证据表明，仅离心训练并没有比常规的动态恒定外部阻力训练带来更大的等长、离心和向心力量的增长（Atha, 1981; Clarke, 1973; Fleck and Schutt, 1985）。

最近一些研究表明，强化离心训练在重复的离心阶段比向心阶段会使用更大的阻力，但不一定大于常规的1RM。这种类型的训练可以在一些器械和专业设备上进行，能够在重复的向心阶段的开始将额外重量从杠铃上分离出来。从训练的角度来看，一个实际问题是，强化离心训练能比常规的动态恒定外部阻力训练带来更大的力量增长吗？

数据表明，强化离心动态恒定外部阻力训练会对接受过适度训练的男性产生极大的影响（Doan et al.，2002）。在尝试执行 1RM 卧推之前，若以常规 1RM 的 105% 执行强化离心动态恒定外部阻力训练，1RM 的平均值就会从 97 千克大幅度上升到 100.2 千克。然而，在使用 1RM 的 30% 执行重复之后，在向心阶段以深蹲 1RM 的 30% 执行下蹲跳，或在离心重复阶段以 1RM 的 20%、50% 或 80% 执行下蹲跳，这两种方式都不会对爆发力产生较大的影响（Moore et al.，2007）。注意，只有 1RM 离心阻力的 50% 和 80% 可以被称为强化离心阻力。与前面两个研究相冲突的是，在卧推中进行强化离心动态恒定外部阻力（1RM 的 105%、110% 和 120%）重复时，其对最大向心力量没有剧烈影响，但是对向心爆发力有较大影响（Ojastro and Hakkinen，2009）。

连续 7 天的训练表明，强化离心动态恒定外部阻力训练能比常规动态恒定外部阻力训练带来更大的力量增长（Hortobagyi et al.，2001）。常规训练包含以 1RM 的大约 60% 进行 5~6 组、每组 10~12 次重复。强化离心训练使用相同的重复次数和组数。然而，在每次重复的离心阶段，阻力增加了 40%~50%。这两种类型的训练带来的向心 3RM 和等速（90 度 / 秒）向心力量增长没有明显差异。然而，强化离心训练比常规训练在离心 3RM（27% 对比 11%）、等速离心（90 度 / 秒）和等长力量上带来的增长更加显著。肌电活动数据的变化与力量的增长相对应，这表明大部分的力量增长与神经适应有关。在如此短的训练期内，这应该是符合预期的。

为期 10 周的强化离心等速训练表明，它带来的仅向心等速（30 度 / 秒）力量的增长与包含向心和离心阶段的等速训练带来的增长并无太大差异（Godard et al.，1998）。这两个实验群体的训练由速度为 30 度 / 秒的 1 组 8~12 次重复构成，包含向心和离心阶段的等速训练的阻力最初设置在最大向心等速扭矩的 80%。强化离心等速训练采用几乎相同的训练方案，唯一的区别是在每次重复的离心阶段阻力增加了 40%。可惜的是，该研究没有测定任何其他力量指标。

对年长者进行的为期 12 周的研究显示，强化离心动态恒定外部阻力训练能够安全地与 6 个不同的器械练习一起执行（Nichols et al.，1995）。在下面这些训练中，重复的离心阶段比向心阶段以更大的 1RM 百分比进行。两者所用阻力占 1RM 的百分比如下所示：腿蹬举为 57.5% 和 50%；胸推为 70% 和 50%；高位下拉为 70% 和 50%；坐姿划船为 70% 和 50%；飞鸟练习为 70% 和 60%；肩推为 56.25% 和 45%。所有练习都进行 3 组、每组 10 次重复，但腿蹬举除外，它执行 4 组、每组 10 次重复。注意，这个强化离心系统在离心重复阶段没有使用超过常规 1RM 的阻力。另一个实验群体在整个重复中使用相同阻力，并且所有练习进行 3 组、每组 12 次重复，但腿蹬举除外，它进行 4 组、每组 12 次重复。与前一个实验群体相比，1RM 预测的唯一显著差别出现在肩推中。对这个练习而言，强化离心训练带来了更加显著的增长（43.7% 对比 19.1%）。与对照组的肩推、高位下拉和飞鸟练习相比，两个实验群体的力量都得到了显著增长，而只有强化离心系统在坐姿划船中带来了显著的力量增长。结果表明，这个强化离心系统可以安全地用于年长者，但是在 12 周的训练之后，没有发现明显的力量增长优势。

有几项关于强化离心训练的研究在重复的离心阶段使用等于或大于常规 1RM 的阻力。有抗阻训练经验的年轻男性在采用传统训练方案（以 1RM 的 75% 进行 4 组、每组 10 次重复）或动态恒定外部阻力训练方案（以向心 1RM 的 75% 和离心 1RM 的 110%~120% 进行 3 组、每组 10 次重复）之后，1RM 力量增长不一致（Brandenburg and Docherty）。在传统训练和强化离心训练中，肘屈肌（斜托弯举）的 1RM 力量增长是相近的。然而，肘伸肌（仰卧肘关节伸展）在强化离心训练中会获得更大的 1RM 增长（24% 对比 15%）。未接受过训练的男性采用传统训练方案（以 1RM 的 52.5% 进行 4 组、每组 6 次重复）或强化离心训练方案（以向心 1RM 的 40% 和离心 1RM 的 100% 进行 3 组、每组 6 次重复）之后，在卧推和深蹲中获得了相近的力量增长，分别大约为 10% 和 22%（Yarrow et al., 2008）。使用这些训练阻力使总训练量大致相同。此外，两个实验群体之间的急性血清激素（生长激素和睾酮）反应是相似的。

前面的讨论表明，当在强化离心训练中使用小于常规 1RM 的阻力时，与传统训练相比，其在力量的增长上没有优势。然而，如果在强化离心训练中使用大于常规 1RM 的阻力，那么一个肌群（肘伸肌）将明显获得更大的 1RM 增长，但是另一个肌群（肘屈肌）没有变化。总体来说，前面的研究可能表明，要想让强化离心训练比传统训练带来更大的力量增长，那么在重复的离心阶段应该使用大于常规 1RM 的阻力。这个假设得到了一

些支持（Schroeder et al., 2004）。年轻女性在 16 周里使用 6 个练习进行训练，包括重量级仅负抗阻（以 1RM 的 125% 执行 3 组、每组 6 次重复）或轻量级仅负抗阻（以 1RM 的 75% 执行 3 组、每组 10 次重复）训练。两个实验群体在所有 6 练习中的 1RM 都得到了明显的提升（20%~40%）。重量级仅负抗阻群体在 6 个练习中的 5 个获得了更大的增长百分比，尽管这些增长在统计学意义上并不显著。然而，其中 1 个练习，即胸推，在重量级仅负抗阻训练中表现出明显更大的 1RM 增长（65% 对比 40%），这表明重量级仅负抗阻在最大力量增长中具有优势。此外，两个实验群体的肌肉组织含量都有显著增长（双能 X 线吸收法）。然而，重量级仅负抗阻训练带来的增长更显著（0.9 千克对比 0.7 千克）。

总而言之，尽管大部分证据表明仅离心训练和常规训练之间没有明显的差别，但仅离心训练确实会带来力量增长，而且增长的幅度可能大于常规训练。对于接受过训练或接受过适度训练的人而言，强化离心训练确实带来了显著的力量增长，尤其是在以离心方式衡量力量时，而且在重复的离心阶段使用大于常规 1RM 的阻力时，它可能优于常规的抗阻训练。不过，并非所有肌群都对强化离心动态恒定外部阻力训练有相同的反应。

## 最佳离心训练

已经有数据表明，按照下面的方式进行仅离心动态恒定外部阻力训练，可以获得力量增长。

- 最大等长力的 120%~180%（Colduck

and Abernathy，1997）。

- 离心 1RM 的 80%（Housh et al.，1998）。
- 向心 1RM 的 75%（Schroeder et al.，2004）。
- 常规 1RM 的 100%（Martin et al.，1995）。
- 常规 1RM 的 120%（Johnson et al.，1976）。
- 向心 1RM 的 125%（Schroeder et al.，2004）。
- 10RM 的 100%（Smith and Ruth-erford，1995）。
- 5RM 的 80%（Reeves et al.，2009）。
- 4~8RM 的 85%~90%（Vikne et al.，2006）。

此外，也有数据表明，使用最大等速仅离心肌肉动作可以带来力量增长（Hawkins et al.，1999；Hortobagyi et al.，1996；Seger et al.，1998）。另外，使用比重复的向心阶段多 40%~50% 的阻力的强化离心动态恒定外部阻力训练（Hortobagyi，2001），在向心阶段使用 1RM 的 75% 且在离心阶段使用 1RM 的 110%~120%（Brandenburg and Docherty，2002）的训练，以及使用比重复的向心阶段多 40% 的阻力的强化离心等速训练（Godard，1998）时，都出现了显著的力量增长。然而，所有这些研究都没有解决离心训练中最佳离心阻力的构成是什么的问题。琼斯（Jones，1973）指出，最佳的阻力应该是能够让训练者慢慢下降且可以随时停止的阻力。根据这个定义，约翰逊等人（Johnson et al.，1976）表示，动态

恒定外部阻力 1RM 的 120% 是最佳的离心抗阻。

先前的研究已经表明，使用大于和小于动态恒定外部阻力 1RM 的 120% 的阻力都可以获得显著的力量增长。例如，依赖运动速度的离心力量大于或至少等于最大等长力量，而且高达最大等长力量的 180%（Colduck and Abernathy，1997）。然而，在离心训练中这可能已接近最大阻力。如果快速或逐步施加张力，让青蛙的肌肉发生强直性痉挛，那么完全机械放松将分别发生在最大随意收缩的约 180% 和 210%（Katz，1939）。在离心收缩训练中使用的最佳阻力尚未有人阐明。

有关离心训练的另一个实际问题是，在重量级离心训练或强化离心训练中，需要进行多少次重复？一项研究（见第 6 章关于离心训练的讨论）指出，只需要用动态恒定外部阻力重复总次数中低至 25% 的次数以强化离心的方式执行，就可以带来比常规 动态恒定外部阻力训练更大的力量增长（Häkkinen and Komi，1981）。重要的是要注意，这个项目仅在训练有素的奥林匹克举重运动员中开展。因此，这些研究的结果仅适用于受过高级训练的力量型运动员。

## 运动能力和身体成分变化

离心训练和强化离心训练可以提升等长、向心和离心力量。因此，这种类型的训练可能能够提升运动能力。然而，研究证明在仅离心训练之后，垂直纵跳能力既可能增加（Bonde-Peterson and Knuttgen，1971），也可能保持不变（Stone et al.，1979）。一项研究表明，在对肩部和手

臂肌肉进行等速离心训练之后，网球发球速度并没有变化（Ellenbecker et al.，1988），而在另一项研究中，网球发球速度在等速离心训练之后得到显著提升，但是其提升的幅度与等速向心训练带来的提升幅度差别不明显（Mont et al.，1994）。在卧推的离心阶段使用高达 1RM 的 120% 的快速强化离心训练确实增加了卧推的向心阶段的爆发力（Ojastro and Häkkinen，2009），这表明离心训练能够提升运动能力。然而，到目前为止，离心训练对运动能力的潜在影响尚不清楚。

净肌肉蛋白质合成是蛋白质合成和蛋白质分解的平衡。仅离心和仅向心肌肉动作都已经被证明能够促进肌蛋白合成和肌蛋白分解，从而导致未接受过训练的实验对象的净肌肉蛋白质合成增长且不受肌肉动作类型的影响（Phillips，1997）。在离心练习中以动态恒定外部阻力 1RM 的 120% 执行 8 组、每组 10 次重复之后，未接受过训练和未受过抗阻训练的人的净肌肉蛋白质合成速率也被证明得到了显著提升（Phillips et al.，1999）。这些结果表明，随着时间的推移，离心训练能够增加去脂体重。

肢体围度和肌肉横截面积的增加通常伴随着肌肉的增大。仅离心训练（Komi and Buskirk，1972）和强化离心等速训练（Godard et al.，1998）都能让肢体围度得到增长，但是增长的幅度与向心或向心、离心相结合的训练带来的增长相比无明显差别。在一项研究中，仅离心动态恒定外部阻力训练没有使肌肉横截面积发生明显的变化（Housh，1998）。在另两项研究中，这种训练方法分别使肌肉横截面积增加（Vikne

et al.，2006），使肌肉厚度显著增加（Reeves et al.，2009）。虽然等速仅离心训练已被证明能够显著增大肌肉的横截面积，但是其提升幅度与仅向心训练没有明显差别（Hawkins et al.，1999；Seger et al.，1998）。仅向心训练同样会带来肌肉的横截面积显著的增大（Higbie et al.，1996），或者说其带来的横截面积的增大，与仅离心训练带来的增大并无显著差别（Blazevich et al.，2007；Jones and Rutherford，1987）。

动态恒定外部阻力仅离心训练使Ⅰ型和Ⅱ型肌纤维的横截面积增大，但是仅向心训练在这方面没有带来任何变化（Vikne et al.，2006）。在一项研究中，等速仅离心训练没有给Ⅰ型和Ⅱ型肌纤维的横截面积带来显著的变化（Seger et al.，1998）。另一项研究显示，等速仅离心训练虽然没有给Ⅰ型肌纤维的横截面积带来显著变化，但是它给Ⅱ型肌纤维的横截面积带来了显著增大（Hortobagyi et al.，1996）。在其他研究中，等速仅离心训练还给肌肉厚度（Farthing and Chilibeck，2003）和Ⅰ型、Ⅱ型肌纤维的横截面积带来了显著增大（Shepstone et al.，2005）。与慢速仅离心等速训练相比，快速仅离心等速训练让肌肉尺寸和Ⅱ型肌纤维的横截面积都得到了更大的增长（210 度/秒对比 20 度/秒，180 度/秒对比 30 度/秒）。总而言之，该信息表明，离心训练可以增加去脂体重，但是这种增长与其他类型的肌肉动作或训练带来的增长相比可能无明显差别。

## 运动后酸痛

离心训练，特别是使用大于 1RM 的向心力量或最大离心肌肉动作时，有一个潜在缺点就是训练后会产生酸痛，这种酸痛也被称为延迟性肌肉酸痛（Delayed Onset of Muscle Soremess，DOMS），它比等长、动态恒定外部阻力或仅向心等速训练带来的酸痛更严重（Fleck and Schutt，1985；Hamlin and Quigley，2001；Kellis and Baltzopoulos，1995）。此外，女性可能会（Sewright et al.，2008）也可能不会（Hubal et al.，2008）更加容易遭受肌肉损伤和延迟性肌肉酸痛。延迟性肌肉酸痛一般在离心练习结束之后约 8 个小时出现，在练习结束后的 2~3 天达到顶峰，一般持续 8~10 天（Byrne et al.，2004；Cheung et al.，2003；Hamlin and Quigley，2001；Hubal et al.，2007；Leiger and Milner，2001）。同样，在一次离心练习之后力量的减弱会持续长达 10 天（Cheung et al.，2003；Leiger and Milner，2001）。然而，前一次离心练习似乎能够防止下一次的离心练习产生过度酸痛，对未接受过训练的人或重量训练新手而言，这个保护期可达 7 周（Black and McCully，2008；Ebbeling and Clarkson，1990；Clarkson et al.，1992；Golden and Dudley，1992；Hyatt and Clarkson，1998；Nosaka et al.，1991），甚至可能长达 6 个月（Brughelli and Cronin，2007）。防止离心练习产生过度酸痛的作用可能最早开始于上一次离心练习结束后的第 13 天（Mair，1995），而且似乎少量的离心练习（1 组 6 个最大离心肌肉动作，做 2 次）（Paddon-Jones and Abernathy，2001）和每 2 周重复的低强度离心训练（最大等长力量的 40%）也能引发酸痛防御机制（Chen，2010）。此外，以某种速度（30 度 / 秒）执行离心训练能够减轻 14 天之后以另一种速度（210 度 / 秒）执行

离心训练引起的肌肉酸痛（Chapman et al.，2011）。

一些资料表明，出现过度肌肉酸痛的前提条件是必须以大于向心 1RM 的阻力进行离心肌肉动作（Donnelly et al.，1992），这可以通过最大离心肌肉动作来实现，因为离心肌肉动作比向心肌肉动作更容易产生更大的力量。然而，数据表明，以最大等长力量的 50% 分别进行最大离心肌肉动作和离心肌肉动作时，训练之后两者的即时肌肉损伤没有明显差别（Nosaka and Newton，2002）。肌肉损伤的标志（即肌酸激酶和力量恢复）表明，最大离心肌肉动作比以最大等长力量的 50% 执行的离心肌肉动作在训练后 2~3 天内造成的肌肉损伤更大。此外，在完全从离心练习中恢复之前，执行离心肌肉动作不会帮助也不会阻碍训练者从最初的离心肌肉动作中恢复（Donnelly et al.，1992；Nosaka and Clarkson，1995）。

在离心训练几天之后进行轻度的锻炼可能可以稍微减轻肌肉酸痛，但这种效果是暂时的（Cheung et al.，2003），而且不会影响力量的恢复（Saxton and Donnelly，1995）。此外，在离心练习之前或之后立即做拉伸不会影响肌肉酸痛或力量恢复（Cheung et al.，2003；Lund et al.，1998）。在第 1 次训练 3 天之后进行另一次离心训练不会加剧酸痛或减慢力量恢复的速度，而且似乎也不会影响肌肉损伤的缓解（Chen and Nosaka，2006）。所以，在第 1 次训练不久之后进行另一次离心训练，对恢复既没有积极的影响也没有消极的影响。在 1~2 周的离心训练之后，酸痛的程度似乎不会比等长训练（Komi and Buskirk，1972）或动态恒定

外部阻力训练带来的酸痛更严重（Colduck and Abernathy，1997）。

有些人似乎更容易因离心肌肉动作而发生肌肉酸痛和肌纤维坏死。45% 的人在离心练习刚结束时力量损失达 49%，而且在 24 小时之后仍然处于 33% 的力量损失状态（Hubal et al.，2007）。有多达 21% 的人在进行剧烈的离心练习（50 个最大离心动作）26 天之后可能仍然不能完全恢复，有些人甚至需要 89 天才能完全恢复（Sayers and Clarkson，2001）。3% 的人可能在剧烈的离心练习之后患上横纹肌溶解综合征（Sayers et al.，1999）。横纹肌溶解综合征表现为肌痛、肌肉压痛、肌无力、肿胀和肌红蛋白尿（深色尿）等肌细胞变性症状。这种症状会导致肌肉失去产生力量的能力，而且可能持续长达 7 周。

离心训练会引发比常规动态恒定外部阻力或向心训练更加严重的酸痛的原因仍然不明确。离心肌肉动作期间的肌电活动可能弱于向心肌肉动作期间（Komi et al.，1987；Komi et al.，2000；Tesch et al.，1990），而且离心肌肉动作比向心肌肉动作更加依赖Ⅱ型肌纤维（Cheung, Hume and Maxwell，2003；McHugh et al.，2002）。这可能导致肌纤维损伤，因为只有较少的肌纤维处于活跃状态，这会让每根肌纤维承受更大的力量，而且Ⅱ型肌纤维比Ⅰ型肌纤维更容易损伤（Cheung et al.，2003）。

有几个因素可能导致离心练习后出现疼痛和力量损失（Byrne et al.，2004；Cheung et al.，2003；Hamlin and Quigley，2001），水肿、肿胀和炎症等因素都是对训练后几天发生的酸痛比较合理的解释

（Clarkson et al.，1992；Stauber et al.，1990）。肌肉由于酸痛、肿胀和僵硬，主动激活受损，从而降低了其产生力量的能力。如前所述，Ⅱ型肌纤维的选择性损伤会导致其产生力量的能力下降。此外，离心练习会导致肌质网扩张，同时伴随钙的释放和吸收减缓（Byrd，1992；Hamlin and Quigley，2001）。这些变化是暂时的，但是它们与力量输出减弱相关。

肌质网的损伤还会导致更多的钙流入肌纤维。钙激活蛋白水解酶，蛋白水解酶会降解肌纤维（肌间盘、肌钙蛋白和原肌球蛋白），而且通过溶蛋白酶降解肌纤维蛋白质，而这会加剧损伤、水肿、炎症和肌肉酸痛。离心练习也可能导致肌节长度分布不均匀：一些肌节迅速伸展而且变得过长。这导致肌丝重叠不足以及在放松时不能重新融合，从而导致功能仍然正常的肌节去适应较短的长度，造成肌肉的长度-张力曲线倾向于较长的肌肉长度。最终的结果就是当肌肉处于短长度时无法产生力量。

此外，在离心练习之后肌糖原合成也会受到明显损害，尤其是Ⅱ型肌纤维的糖原合成，这意味着在离心练习之后恢复会变慢。其他因素，如肌肉痉挛和肌肉细胞膜损伤导致肌纤维中的酶外溢，也可能与离心练习之后的力量损失有关。

上述因素中没有一个能完全解释为什么在离心练习之后会出现酸痛和力量损伤。因此，可能是其中几个或所有这些因素共同产生了影响。

反复进行离心练习可能会减少细胞膜损伤以及多种导致肌肉酸痛的因素。然而，还有其他关于适应性调节的解释，这些适应

性调节可以减轻反复练习带来的肌肉损伤和酸痛。反复的离心动作可能会导致Ⅰ型肌纤维更加活跃，同时Ⅱ型肌纤维的活跃度降低，以保护Ⅱ型肌纤维免受损伤（Warren et al.，2000）。离心训练还可能导致肌节连续增加（Brockett et al.，2001；Brughelli and Cronin，2007）。这可以防止肌肉出现微损伤，因为它允许任何特定长度的肌纤维变得更短，从而避免肌肉长度-张力曲线呈下降状态或更长肌节力量输出能力的下降。在肌肉长度-张力曲线图中，下降部分最可能发生损伤。虽然有关能够防止反复练习后出现的肌肉酸痛的适应性调整尚无确切解释，但是防止连续练习之后肌肉出现酸痛的适应性调整是确实存在的。

## 动力注意事项

有些人在高负载抗阻训练中获得了极大的满足感，离心训练对他们来说是一个积极的激励因素。然而，酸痛可能会伴随离心训练出现，特别是在前面的第1周或第2周，这可能会削弱训练者的训练积极性。

## 其他注意事项

由于离心练习可能带来过度酸痛，所以不应该在重要的比赛开始之前启动包含离心练习的训练方案。同样，应该在几个星期内逐步引入一些离心练习，以帮助减轻酸痛和肌肉损伤（Cheung et al.，2003）。离心训练导致的酸痛和力量损失会削弱身体活动能力（Cheung et al.，2003），特别是在需要快速产生力量或爆发力的活动中。例如，在离心训练结束之后，单腿垂直纵跳的高度明显下降，而且在接下来的3~4天之内仍然达不

到正常高度（Mair et al.，1995）。在首次进行离心练习之后的第4天继续进行第2次离心练习后即时的垂直纵跳高度降幅和首次练习后的结果是一样的。虽然在第2次离心练习之后，弹跳高度恢复得更快，但是需要在离心练习结束后的3~4天才能达到基准值。然而，在首次离心练习之后的第13天再进行的离心练习不会导致垂直纵跳高度显著下降。这些结果表明，在比赛或需要身体发挥最佳性能的时间点之前，一定要慎重考虑开始离心训练。

当训练的目标是提升1RM以及卧推和深蹲能力时，加入离心训练是合适的。在卧推和深蹲中，优秀力量举运动员的表现之一是在举重过程中的离心阶段，能够举起更大重量的力量举运动员可以以更慢的速度放下重物（Madsen and McLaughlin，1984；McLaughlin et al.，1977）。这表明离心训练可以帮助力量举运动员以更慢的速度放下重物，而且在该过程中保持正确的姿势。

# 所有训练类型的注意事项

本章讨论的所有训练类型的信息表明，多组训练方案比单组训练方案带来的力量增长更大。然而，大多数人，无论是健身爱好者还是运动员，尽管也可能将等长、等速或离心训练纳入训练方案中，但他们主要进行的是动态恒定外部阻力和可变抗阻训练。训练指导原则已经制定出来，尽管它们可用于任何类型的训练，但是因为制定指导原则所参考的大多数研究都是基于动态恒定外部阻力和可变抗阻训练的，所以它们通常更适合这些类型的训练。

大多数健身爱好者和运动员使用的训练研究和训练方案都在某些时间点加入了最大随意肌肉动作。这并不意味着必须进行 1RM 训练，相反，它意味着进行 1 组至短暂向心动作力竭，或者在训练中的某些阶段使用 RM 或接近 RM 的阻力执行多组动作，而不一定要在训练全程都这样做（见第 6 章的"力竭训练法"）。

伯格和哈德格（Berger and Hardage，1967）早已阐明让最大随意肌肉动作带来最大力量增长的一个要求。与未导致力竭的组数的训练相比，执行至力竭的组数的训练会引起更加显著的急性激素（生长激素和睾酮）反应（Linnamo et al.，2005）。然而，在 16 周训练期间，与进行至力竭的组数的训练相比，未导致力竭的组数的训练会带来更低的静息血皮质醇浓度和更高的睾酮浓度。这表明未进行至力竭的训练提供了更加积极的合成代谢环境（Izquierdo，2006）。使用进行至力竭的组数的训练在提升 1RM 上没有表现出优势，而在提升局部肌肉耐力上有可能表现出优势（Izquierdo et al.，2006；Willardson et al.，2008）。使用进行至力竭的组数的训练还会随着每组重复次数的逐渐增加而导致运动技术发生变化（卧推）（Duffy and Challis，2007）。因此，使用进行至力竭的组数的训练没有表现出明显的优势。然而，设置进行至力竭的组数被推荐为受过高级训练的人突破训练停滞期可使用的一种方法（Willardson，2007a）。

因为单组训练方案确实能够提升力量，所以建议对提升总体健康水平感兴趣的健康成年人至少加入 1 组 8~12 次重复的练习，以改善肌肉力量和爆发力；中年人和老年人每组执行 10~15 次重复以改善力量，进行 15~20 次重复以改善肌肉耐力，在每次的重量训练中每个主要肌群都至少要使用一个练习进行锻炼（American College of Sports Medicine，2011）。这个建议是针对想要变得更健康和保持健壮的健康成年人的，而不是针对运动员或受过高级训练的健身爱好者的。针对渐进抗阻训练方案的指导原则（见表 7.2）建议通过每组使用不同的重复次数来获得不同的训练结果，但是对提升总体健康水平感兴趣的人或高级训练者可以升级为多组训练方案（American College of Sports Medicine，2009）。虽然对一些运动员而言，在短期的赛季中训练方案中，每次训练每个练习 1 组就可以了，但是不建议想要获得最佳健身益处的运动员将它作为长期训练方案。多组训练方案（American College of Sports Medicine，2009）和多组周期化训练方案比单组训练方案能带来更大的力量和健康益处（Kraemer et al.，2000；Marx et al.，2001；McGee et al.，1992）。在一年的训练或职业生涯中，以周期化的方式进行多组练习带来的即使是更小的力量、爆发力、局部肌耐力提升或身体成分变化，也比单组练习能让运动能力得到的提升更大。

元分析（Rhea et al.，2002；Rhea，2003；Peterson et al.，2004；Wolfe et al.，2004）表明，与单组训练方案相比，无论是针对接受过训练还是未接受过训练的人，多组训练都能带来更大的力量增长，尤其是在长期的训练（6~16 周对比 17~40 周）中。此外，就长期的力量增长而言，与未接受过训练的人相比，多组训练方案对接受过训练的人的影响更大（Wolfe et al.，2004）。从这些元分析中得出的结论是，每个肌群执行3组动作比1组动作带来的力量增长更大（Rhea et al.，2002），每个肌群执行4组动作能够给接受训练和未接受训练的人带来最佳的最大力量增长（Rhea et al.，2003），而每个肌群执行8组动作能够给运动员带来最佳的最大力量增长（Peterson et al.，2005）。元分析还得出了这样的结论：多组训练比单组训练带来的肌肉尺寸增幅更大（Krieger，2010）。因此，如果想要让身体成分发生更大的改变，多组训练方案比单组训练方案更合适。

此外，与无变化的训练方案相比，重量训练的周期化可能允许更加频繁的训练次数和使用更高的总训练量。在对每日非线性周期化训练方案（见第7章）和单组无变化训练方案进行超过6个月和9个月的对比后发现，每日非线性周期化训练方案比无变化训练方案带来了明显更大的力量、爆发力和运动能力的变化，以及更加正面的身体成分变化（Kraemer et al.，2000；Marx et al.，2001）。然而，与无变化训练方案的训练者相比，每日非线性周期化训练方案的训练者进行的总训练量要多得多（一组对比多组）（Kraemer et al.，2000；Marx et al.，2001），而且训练频率也更高（每周4次对比3次）（Marx et al.，2001）。因此，进行周期化训练可能会改变训练量、训练强度和训练频率。

美国运动医学会在题为"健康成年人的抗阻训练进阶模式"的文章中描述了多组训练的更显著效果、每组的不同重复次数的效果和训练方案周期化的效果。该组织建议拥有不同抗阻训练经验的人在提升最大力量、爆发力和局部肌耐力以及增大肌肉时，采用不同的训练频率以及不同的组数和重复次数（其他建议和针对受过高级训练的人的建议见表7.2）。

要想提升力量、增大肌肉或改善局部肌耐力，新手训练者应使用每周训练2次或3次的全身训练方案；中级训练者应该执行全身训练方案，每周训练3天，或者进行局部训练，每周训练4天；高级训练者应该每周训练4~6天，每个肌群每周训练2天。

- 增强力量。新手和中级训练者使用1RM的60%~70%，每组进行8~12次重复，每个练习进行1~3组；高级训练者循环使用1RM的80%~100%，每个练习进行多组。
- 增大肌肉。新手和中级训练者使用1RM的70%~85%，每组进行8~12次重复，每个练习进行1~3组；高级训练者循环使用1RM的70%~100%，每组执行1~12次重复，每个练习执行3~6组。训练的大多数练习都使用6~12RM的阻力。
- 增强爆发力。应该将爆发力型（奥林匹克举重）或者弹震式（仰卧平板推掷）的抗阻训练纳入典型的抗阻训练方案中，上半身每个练习使用1RM的30%~60%进行1~3组，下半身每个练习使用1RM的0~60%每组进行3~6次重复。对于高级训练者，还可以周期化的方式加入更大的阻力

（1RM 的 85%~100%），每个爆发力练习进行多组（3~6 组），每组执行 1~6 次重复。

- 肌肉耐力。新手和中级训练者应该使用轻量级阻力每组进行 10~15 次重复；高级训练者应该使用不同的阻力进行 10~25 次重复，或者以周期化的方式每组进行更多的重复。

以上建议中，有一部分还需要进一步研究以得到更加精确的阻力大小、每组重复次数和组数，以便根据想要达到的特定结果优化训练方案。

## 训练类型比较

关于比较各种类型的抗阻训练的研究非常缺乏，而且在确定产生特定生理适应的最佳训练类型方面尚存在问题。其中一个问题是训练特定性和力量增长，即当使用相同类型的抗阻设备进行训练和测试时，通常能测到更大的力量增长；如果使用一种类型的设备进行训练，使用另一种类型的设备进行测试，那么通常测到的力量增长不大或者根本没有增长。理想情况下，应使用几种类型的肌肉动作来测试力量，这样就可以同时考察训练特定性及训练收益转化到其他肌肉动作上的效果。

在对比的过程中也出现了问题，因为总训练量（即训练组数和重复次数）、总功（即总重复次数 × 阻力大小 × 重物移动的垂直距离）和每次训练的时间长度很难持平。这些差异使得难以进行公平的比较，所以很难证明一种抗阻训练类型优于另一种。其他的研究设计问题阻碍了人们将结果普遍应用到不同人群中，包括实验对象的训练状态以及事实上有些研究仅训练一个肌群等。将来自一个肌群或练习的训练结果应用到另一个肌群或练习中可能会非常困难，因为肌群的反应程度和适应时间是不一样的。此外，大多数研究比较是用较短的训练时间对新手实验对象进行训练（10~20 周）的，这使得其很难将结果普遍应用到高级训练者和长期训练（年）中。

有一项研究阐述了这些问题的其中几项（Leighton et al.，1967）。使用几种等长和动态恒定外部阻力方法对实验对象进行为期 8 周、每周 2 次的训练，有两种特别的训练方法，一是由一个 6 秒最大随意肌肉动作组成的等长训练方案，二是使用 3 组、每组 10 次重复的动态恒定外部阻力训练方案，其中阻力逐渐从 10RM 的 50% 递增至 75% 再到 100%。等长和动态恒定外部阻力训练方案分别让等长肘关节的屈曲力量增长了 0% 和 9%，分别让肘关节的伸展力量增长了 35% 和 16%。因此，取决于所测试的肌群，等长和动态恒定外部阻力训练在等长力量增长上都优于其他训练类型。这项研究还显示，存在代偿的动态恒定外部阻力方法比等长方法和动态恒定外部阻力方法在硬拉类型的动作中让肘关节屈曲、肘关节伸展以及背部和腿部的力量得到了更大的增长。因此，总体结果是不明确的：等长训练可能优于也可能劣于动态恒定外部阻力训练，具体取决于所比较的肌群和所采用的动态恒定外部阻力方法。在比较同一个大类的两个抗阻训练分类时，如动态恒定外部阻力训练，测试特定性可能也是一个需要考虑的因素（见信息栏2.4）。

在比较训练类型时，最重要的因素可能是效果和训练方案。每个训练方案都能带来最佳的生理适应吗？如果这个问题的答案是否定的，那么必须谨慎看待基于研究结果的任何结论。尽管存在解释困难，即便几乎所有训练类型的比较都需要继续做进一步研究，不过依然可以得出一些关于训练类型比较的结论。

## 等长训练对比动态恒定外部阻力训练

等长训练和动态恒定外部阻力训练之间的许多比较都遵循测试特定性模式。如果使用等长测试方法，等长训练的优势更大（Amusa and Obajuluwa，1986；Berger，1962a，1963b；Folland et al.，2005；Moffroid et al.，1969）；如果使用动态恒定外部阻力测试（1RM）方法，动态恒定外部阻力训练的优势更大（Berger，1962a，1963c）。不过，数据还显示，动态恒定外部阻力训练带来的等长力量增长比等长训练更大（Rasch and Morehouse，1957）。使用等速测试的方法测试力量增长的情况尚未有明确的结论。以 20.5 度 / 秒进行等速测试时，等长训练和动态恒定外部阻力训练都带来

---

**信息栏 2.4　研究成果**

### 动态恒定外部阻力的两种类型的测试特定性

有几种类型的训练器械都可以归类为动态恒定外部阻力训练器械，其中之一就是传统的动态恒定外部阻力训练器械，该器械只允许动作在 1 个平面内进行。缆绳类型的动态恒定外部阻力训练器械允许一些动作在所有 3 个平面内进行，因为它有通过缆绳与滑轮系统相连接的手柄。使用这种类型的训练设备卧推时，手柄不仅可以远离和朝向胸部移动，还可以向上和向下移动，而且在某种程度上可以向左和向右移动。在为期 8 周、每周 3 天的训练中，每天以特定于器械 1RM 的 60% 的阻力进行 3 组、每组 10 次重复（Cacchio et al.，2008），在传统器械上的训练显示，这两种类型的器械都带来了显著的力量增长。然而，使用缆绳类型的器械进行训练时，在两种类型的器械上的 1RM 力量都得到了显著增长（见表 2.10）。

表 2.10　在缆绳和传统训练器械上的力量增长

| 训练器械的类型 | 在缆绳器械上的 1RM% 增长 | 在传统器械上的 1RM% 增长 |
|---|---|---|
| 缆绳器械 | 144[*][#] | 72[#] |
| 传统器械 | 34[*] | 49[*] |

[*] 表示训练前后差异显著；[#] 表示两种训练类型之间差异显著。

（源自：Cucchio et al.，2008）

当在两种类型的器械上进行测试时，缆绳类型的器械比传统器械带来的力量增长更大，但是这两种类型的器械都表现出了测试特定性。

参考文献：

Cacchio, A., Don, R., Ranavolo, A., Guerra, E., McCaw, S.T., Procaccianti, R., Carnerota, F., Frascarell, M., and Santilli, V. 2008. Effects of 8-week strength training with two models of chest press machines on muscular activity pattern and strength. *Electromyography and Kinesiology*18: 618-627.

了 3% 的峰值扭矩增长（Moffroid et al.，1969）。在另一组比较中，等长训练带来了 13% 的峰值扭矩增长，而动态恒定外部阻力训练带来了 28% 的峰值扭矩增长（没有说明等速测试的速度）（Thistle et al.，1967）。与动态恒定外部阻力训练相比，以不同的速度（45 度／秒、150 度／秒和 300 度／秒）对 4 个不同的关节进行等长训练并没有带来显著的等速峰值扭矩增长（Folland et al.，2005）。

对所有文献进行概括之后得到的结论是，设计良好的动态恒定外部阻力训练方案比标准的等长训练方案能够更有效地增加力量（Atha，1981）。单一关节角度等长训练和限制关节活动范围（膝伸，80~115 度；膝屈，170~135 度）的动态恒定外部阻力训练都带来了爆发力增长，而且不同的训练方法带来的爆发力增幅没有显著差别（Ullrich et al.，2010）。这表明两种训练类型都可以提升运动能力。不过，单一关节角度等长训练不一定能提升动态运动能力（见本章的"等长训练"），而动态恒定外部阻力训练可以提升动态运动能力。

所以，动态恒定外部阻力训练比单一关节角度等长训练带来的运动能力提升更大，这并不令人感到奇怪（Brown et al.，1988；Campbell，1962；Chu，1950）。因此，如果想要提升运动能力，与单一关节角度等长训练相比，动态恒定外部阻力训练是更好的选择。两种类型的训练都可以增大肌肉，而且目前还没有任何资料显示其中一种类型的训练能更有效地增大肌肉（Wernbom et al.，2007）。

## 等长训练与可变抗阻训练

作者还没有发现任何直接比较等长训练和可变抗阻训练的研究。然而可以假设，力量增长可能遵循的测试特定性模式类似于等长训练和动态恒定外部阻力训练之间的比较。此外，还可以假设，因为尚未出现关于单一关节角度等长训练带来的运动能力增长的报告（Clarke，1973；Fleck and Schutt，1985），而且已经有报告显示可变抗阻训练带来了运动能力（Peterson，1975；Silvester et al.，1984），所以可变抗阻训练在这方面可能优于等长训练。因此，如果想要提升运动能力，与单一关节角度等长训练相比，可变抗阻训练是更好的选择。

## 等长训练与向心等速抗阻训练

等长和向心等速抗阻训练的比较大多遵循测试特定性。然而，直接比较只使用速度相对较慢（最高为 30 度／秒）的等速训练，就增加等长力量而言，速度为 22.5 度／秒时，等长训练优于等速训练（Moffroid et al.，1969）。使用等长训练时，膝关节角度为 90 度和 45 时，膝伸肌等长力量分别增加了 17% 和 14%，使用等速训练时分别增加了 14% 和 24%。类似地，膝关节角度为 90 度和 45 度时，若使用等长训练，膝屈肌等长力量分别增加了 26% 和 24%，使用等速训练时分别增加了 11% 和 19%。在这 4 个测试的其中 3 个测试中，等长训练在增加等长力量上要优于等速训练。然而，以 30 度／秒对肘伸肌进行等速训练产生的等长力量比进行等长训练更大（Knapik et al.，1983）。

等速训练在提升等速扭矩上优于等长训练（Moffroid et al.，1969；Thistle et al.，

1967）。例如，等速训练和等长训练分别给膝伸肌带来了47%和13%的力量增长（Thistle et al.，1967）。另一项比较得到的结果是，以22.5度/秒进行等速和等长训练的两个实验群体的膝伸峰值扭矩分别增加了11%和3%。以22.5度/秒进行等速和等长训练的实验群体的膝屈峰值扭矩分别增加了15%和3%（Moffroid et al.，1969）。因此，在等长和等速训练带来的力量增长上，测试特定性现象是表现得很明显的。

单一关节角度等长训练对运动能力的提升没有帮助（Clarke，1973；Fleck and Schutt，1985），而等速训练让运动能力得到了提升（Bell et al.，1989；Blattner and Noble，1979；Mannion et al.，1992）。因此，可以认为在提升运动能力方面，等速训练优于单一关节角度等长训练。两种类型的训练都会带来显著的肌肉增大，然而没有资料表明哪一种训练类型效果更好（Wernbom et al.，2007）。

## 等长训练与离心抗阻训练

本小节将比较使用自由重量或常规抗阻训练器械进行的等长训练和离心抗阻训练。采用等长的方式进行测试时，等长训练和离心抗阻训练在带来的力量增长上并无差异。对比使用仅等长或仅离心的方式进行肘屈肌和膝伸肌训练时发现，这两种训练类型产生的结果差别甚微（Bonde-Peterson，1960）。所有训练者每天进行10个最大阻力、持续5秒的动作。等长训练带来的等长力量增长如下：肘关节屈曲，男性为13.8%、女性为1%；膝伸，男性为10%、女性为8.3%。离心训练带来的等长

力量增长如下：肘关节屈曲，男性为8.5%、女性为5%；膝伸，男性为14.6%、女性为11.2%。因此，就等长力量增长而言，这两种类型的训练无明显差异。

让实验对象每周进行膝伸肌训练3次，6周之后仍然能得到同样的结果（Laycoe and Marteniuk，1971）。等长和离心训练分别让等长膝伸力量增加了17.4%和17%。其他研究也表明，这两种训练方法带来的力量增长并没有差异（Atha，1981）。

归纳现有资料得出的结论是，单一关节角度等长训练不能提升运动能力（Clarke，1973；Fleck and Schutt，1985），而离心训练对运动能力的影响尚不清楚，在一些研究中运动能力增长（Bonde-Peterson and Knuttgen，1971），而在另一些研究中运动能力没有增长（Ellenbecker et al.，1988；Stone et al.，1979）。因此，就提升运动能力而言，尚不清楚哪种训练类型更有效。

## 动态恒定外部阻力训练对比可变抗阻训练

关于动态恒定外部阻力训练和可变抗阻训练对力量增长的影响的比较，其结果是模棱两可的。在为期20周的训练后，可变抗阻训练在1RM自由重量卧推力量的增长上的表现明显优于动态恒定外部阻力训练（Ariel，1977）。动态恒定外部阻力训练和可变抗阻训练产生的力量增长分别为14%和29.5%。另一个卧推比较显示出了训练特定性（Boyer，1990）。当以训练所用的设备进行测试时，这两种训练类型在1RM增长上要明显优于其他类型的训练。关于这些研究的更多信息见表2.3。

腿蹬举力量展示了这两种训练类型的测试特定性。在为期 10 周的训练后，可变抗阻训练实验群体使用可变设备抗阻进行测试，发现力量增长了 27%，而使用动态恒定外部阻力设备进行测试，发现力量增长了 7.5%（Pipes，1978）。相反，动态恒定外部阻力实验群体使用可变抗阻设备进行测试，发现力量增长了 7.5%，而使用动态恒定外部阻力设备进行测试，发现力量增长了 28.9%。该研究进行训练和测试的其他 3 种练习均表现出类似的测试特定性模式。同样，在 12 周之后，动态恒定外部阻力训练让使用动态恒定外部阻力和可变抗阻设备测得的腿蹬举力量得到了显著增长，分别为 15.5% 和 17.1%（Boyer，1990），而可变抗阻训练让使用动态恒定外部阻力设备和可变抗阻设备测得的腿蹬举力量也得到了显著增长，分别为 11.2% 和 28.2%。当使用实验对象训练时所使用的设备进行测试时，两个实验群体都表现出明显更大的力量增长。关于这些研究的更多信息见表 2.4。

在为期 5 周的训练之后，使用动态恒定外部阻力设备进行测试时，发现动态恒定外部阻力训练在力量增长上优于可变抗阻训练（Stone et al.，1979）。在使用可变抗阻设备进行测试时，这两种类型的训练带来的力量增长没有差别。

在为期 10 周的训练之后，可变抗阻训练和动态恒定外部阻力训练带来的多个膝关节角度上的等长膝伸力量增长没有显著差别（Manning et al.，1990）。另一个比较研究（Silvester et al.，1984）支持这两种类型的训练对等长力量增长的影响的结论。总之，根据这些信息，这两种类型的训练在力量增长上都没有明显超越对方的优势。

西尔维斯特等人（Silvester et al.，1984）的研究表明，动态恒定外部阻力训练（自由重量）和增加杠杆臂的可变抗阻训练都比使用凸轮可变抗阻训练能够更加显著地提升垂直纵跳能力。因此，某一种训练类型要优于其他训练类型的部分原因是所使用的可变抗阻设备或训练方案的类型。

表 3.3 表明，这两种类型的训练带来的身体成分可变是相同的。时长分别为 10 周（Pipes，1978）和 12 周（Boyer，1990）的比较研究表明，动态恒定外部阻力训练和可变抗阻训练带来的脂肪所占百分比、去脂体重、总体重和肢体围度的变化没有显著差异。因此这两种类型的训练带来的身体成分变化是相似的。

## 向心与离心抗阻训练

向心和离心的训练都可以以等速的方式或使用动态恒定外部阻力设备进行。一项比较研究表明，当使用动态恒定外部阻力设备进行训练时，向心和离心训练带来的力量增长无显著差异（Atha，1981）。

例如，在为期 6 周的训练之后，以动态恒定外部阻力的方式进行测试发现，这两种训练类型带来的肘弯举、臂推举、膝屈和膝伸的力量增长并没有显著差异（Johnson et al.，1976）。向心训练包括阻力为 1RM 的 80% 的 2 组、每组 10 次重复的练习，而离心训练包括阻力为 1RM 的 120% 的 2 组、每组 6 次重复的练习。此外，在 20 周训练之后，不管是向心还是离心动态恒定外部阻力训练，带来的等长或等速力量增长都没有太大差异（Smith and Rutherford，1995）。

应该指出的是，上述研究没有确定最大离心力量。然而，仅离心动态恒定外部阻力训练也带来了类似的向心 1RM 力量增长（14% 对比 18%），但是与仅向心动态恒定外部阻力训练相比，前者带来的离心 1RM 力量增长更显著（26% 对比 9%）（Vikne et al.，2006）。

目前已经进行了 3 种动态恒定外部阻力深蹲训练类型的比较（Häkkinen and Komi，1981）：仅进行重复的向心阶段的仅向心训练，主要进行重复的向心阶段且伴随一些离心阶段的向心离心训练，主要进行重复的离心阶段且伴随一些向心阶段的离心向心训练。与仅包含向心动作的训练相比（约 23%），同时包含离心和向心动作的训练带来的 1RM 深蹲力量的增长明显更大（约 29%）。这表明，要想获得最大力量增长，训练可能需要同时包含离心和向心动作。这一结论得到了为期 20 周的训练比较的支持，该训练比较将常规动态恒定外部阻力训练与仅向心动态恒定外部阻力训练相比较（O'Hagan et al.，1995a）。注意，这些研究无法将仅向心训练和仅离心训练进行直接比较。

向心和离心抗阻训练还用等速肌肉动作进行了比较。采用短期训练时，仅向心等速训练和仅离心等速训练带来的最大向心、离心或等长力量的增长没有显著差异（Hawkins et al.，1999；Komi and Buskirk，1972）。

然而，使用等速仅向心和等速仅离心动作进行训练时，也出现了收缩模式特定性。在短期（6~20 周）训练之后，速度为 30~100 度 / 秒的仅离心等速训练和仅向心等速训练通常都能带来向心和离心力量增长（Blazevich et al.，2007；Farthing and Chilibeck，2003；Higbie et al.，1996；Hortobagyi et al.，1996；Miller et al.，2006；Seger，Arvidsson and Thorstensson，1998；Tomberline et al.，1991）。这些研究大部分都观察到了收缩模式特定性，虽然并不总是出现。以 30 度 / 秒的速度执行时，仅向心训练和仅离心训练分别使向心峰值扭矩增长 24% 和 16%，离心峰值扭矩增长 36% 和 39%（Blazevich，2007）。仅向心训练和仅离心训练带来的向心峰值扭矩增长的差别非常显著，离心峰值扭矩增长的差异则不明显。就力量增长而言，有些资料也显示仅离心快速训练带来的增幅更大。仅离心快速（180 度 / 秒和 210 度 / 秒）训练比仅离心慢速（20 度 / 秒和 30 度 / 秒）训练、快速和慢速（180 度 / 秒和 30 度 / 秒）仅向心等速训练（Farthing and Chilibeck，2003；Shepstone et al.，2005）带来的力量增长更大。

针对肩内旋肌和肩外旋肌的等速仅向心和仅离心训练对网球发球速度（运动能力）的影响尚无定论。在 6 周内以 60~210 度 / 秒的速度进行 6 组、每组 10 次重复的训练（速度范围训练）表明，向心而非离心训练可以大大提高发球速度（Ellenbecker et al.，1988）。在另一个为期 6 周的比较中，以仅向心和仅离心的方式、90~180 度 / 秒的速度执行 8 组、每组 10 次重复（速度范围训练），结果表明离心和向心训练都能够显著提高发球速度，但是这两个训练类型带来的增幅没有明显的差别（Mont，1994）。

就像在离心训练部分讨论的一样，虽然离心训练确实会带来运动能力的提升和身体成分的改变，但是这些变化似乎与其他类型的肌肉动作或训练带来的变化没有明显差别。运动后酸痛是仅离心训练的一个潜在缺点，特别是在前几周的训练中。因此，应该逐步地将仅离心训练引入训练中，以尽量减少肌肉酸痛。如在等速训练部分所讨论的那样，仅向心和仅离心等速训练都可以增大肌肉和肌纤维横截面积，这表明它们都可以通过增加去脂体重来改变身体成分。

## 动态恒定外部阻力训练对比等速抗阻训练

比较动态恒定外部阻力训练和仅向心等速训练的研究表明这两者无明显差别。在 8 周训练之后，等速训练使膝伸肌等速扭矩增加了 47.2%，而动态恒定外部阻力训练带来的增长是 28.6%（Thistle et al., 1967）。在 4 周内每天对膝伸肌和膝屈肌进行训练的结果表明，等速（22.5 度 / 秒）训练在等速和等长力量的增长上优于动态恒定外部阻力训练（Moffroid et al., 1969）。等速训练和动态恒定外部阻力训练分别带来了 24% 和 13% 的等长膝伸力量增长，以及 19% 和 1% 的等长膝屈力量增长。以 22.5 度 / 秒进行的等速训练和动态恒定外部阻力训练分别让膝伸的等速峰值扭矩增长了 11% 和 3%，并且分别让膝屈的等速峰值扭矩增长了 16% 和 1%。

与前面提到的研究形成对比的是，动态恒定外部阻力训练在力量和爆发力增长上优于等速训练（Kovaleski et al., 1995）。实验对象分别参加两种类型的膝伸肌训练，连续 6 周、每周 3 天进行 12 组、每组 10 次重复。等速训练由运动速度在 120~210 度 / 秒的属于速度范围训练的动作组成。动态恒定外部阻力训练在第 1 周内使用 25% 的峰值等长力量，然后每周逐渐增加阻力（5 牛·米）。动态恒定外部阻力训练能比等速训练带来更大的峰值 DCER 爆发力提升，而且在 120 度 / 秒、150 度 / 秒、180 度 / 秒和 210 度 / 秒的速度下比等速训练带来的峰值等速爆发力提升更大。动态恒定外部阻力训练和等速训练也表现出测试特定性（Pearson and Costill, 1988）。在 8 周之后，以动态恒定外部阻力的方式进行测试时，动态恒定外部阻力训练和等速训练分别使 1RM 力量增长了 32% 和 4%。等速和动态恒定外部阻力训练在测试速度为 60 度 / 秒时分别带来了 12% 和 8% 的力量增长，在测试速度为 240 度 / 秒时分别带来了 10% 和 1% 的力量增长，这表现出测试特定性。

使用液压等速设备或抗阻训练器械对肘屈肌进行 20 周训练，结果表明，以抗阻训练器械训练在肌肉横截面积增大和 1RM 力量增长上更有效（87% 对比 43%）（O'Hagan et al., 1995a）。但是，它们带来的Ⅰ型和Ⅱ型肌纤维的增幅无显著差异。液压等速训练设备确实支持运动速度的变化（35~51 度 / 秒）。

自由重量和等速卧推的生物力学比较体现出一些相似性（Lander et al., 1985）。实验对象以 1RM 的 90% 和 75% 进行自由重量卧推，并以与自由重量卧推 1RM 的 90% 和 75% 对应的运动速度进行最大等速卧推。等速卧推与以 1RM 的 90% 和 75% 执行的自由重量卧推在最大力量增长上没有显著差异。这表明在练习动作的主要部分，自由重量可能以类似于等速训练设备的方式影响肌肉，至少在练习动作的主要部分的力量产生上是这样的。

动态恒定外部阻力训练和等速训练带来了相似的运动能力提升。比较为期 5 周的双腿腿蹬举训练发现，单腿跳跃能力（地面反作用力）没有发生显著变化（Cordova et al.，1995）。

这两种训练模式都能使肌肉和肌纤维横截面积增加，而且动态恒定外部阻力训练和等速训练带来的身体成分改变也是相似的。查阅表 3.3 了解关于脂肪所占百分比、去脂体重和总体重相对变化的信息。

## 等速训练与可变抗阻训练

等速训练和可变抗阻训练的比较表现出测试特定性。使用可变抗阻训练对膝伸肌和膝屈肌进行慢速和快速仅向心等速训练，比较的结果体现了测试特定性（Smith and Melton，1981）。慢速仅向心等速训练由 1 组练习构成，训练速度为 30 度 / 秒、60 度 / 秒和 90 度 / 秒，直到峰值扭矩下降

到 50%。快速等速训练遵循慢速训练的形式，唯一不同的是训练速度为 180 度 / 秒、240 度 / 秒和 300 度 / 秒。可变抗阻训练刚开始包含阻力为 10RM 的 80% 的每组 10 次重复的 3 组动作，然后随着力量的增长增加阻力。图 2.9 和图 2.10 展示了这项研究的结果。就力量的增长而言，等速训练在测试速度特定性上表现出相对一致的模式。可变抗阻训练始终使膝屈力量增长，而且与测试标准无关，但是膝伸仅在等长力量上表现出较大的增长。可变抗阻和慢速等速训练带来的腿蹬举力量增长是相似的，而且它们比快速等速训练带来的力量增长更大。腿蹬举力量变化的另一个比较（见表 2.4）也清楚地展示了这两种类型的训练的测试特定性（Gettman et al.，1980）。

图 2.10 比较了等速训练和可变抗阻训练带来的运动能力提升。与其他两种类型的训练相比，快速等速训练在这 3 种运动能力测试中带来了更明显的运动能力增长，而可变抗阻和慢速等速训练在运动能力测

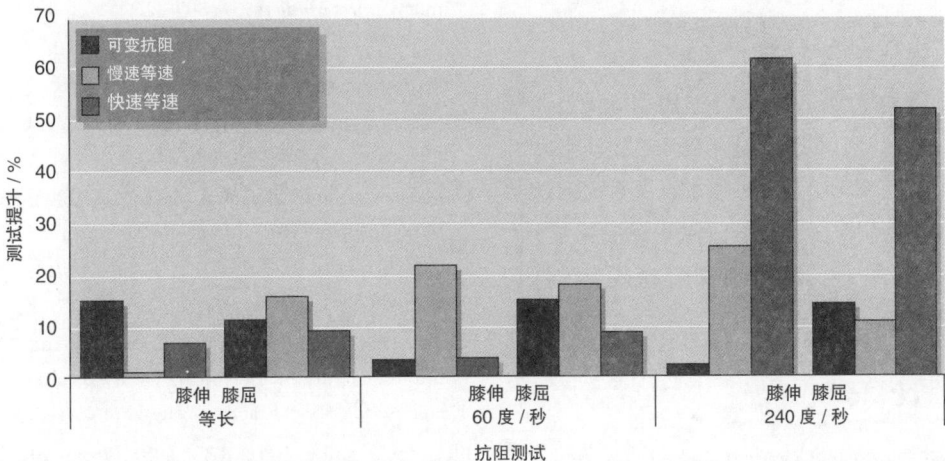

图 2.9　等速训练对比可变抗阻训练：力量变化

（源自：Smith and Melton，1981.）

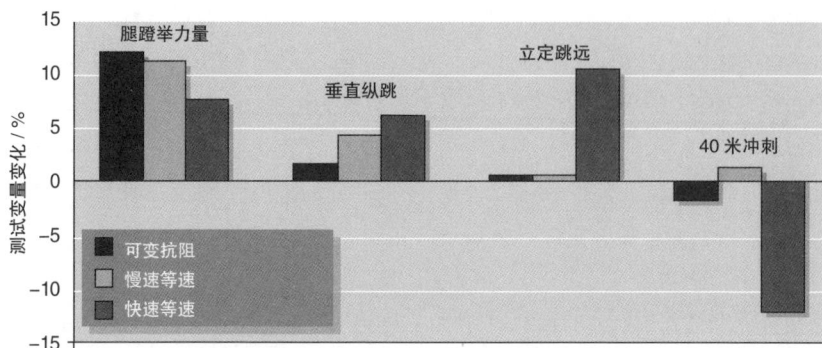

**图 2.10** 等速训练对比可变抗阻训练：运动能力变化

（源自：Smith and Melton，1981.）

试上带来了类似的变化。前面已经描述了这3个实验群体使用的训练方案（Smith and Melton，1981）。这些结果表明，快速等速训练在运动能力提升方面可能优于慢速等速和可变抗阻训练。

表3.3给出了等速和可变抗阻训练带来的身体成分变化。虽然目前获得的数据非常少，但是这两种训练类型带来的身体成分变化似乎是相似的。

# 小结

本章介绍的是关于抗阻训练类型、力量变化、肌肥大、身体成分、运动能力、训练频率、组数和每组重复次数的信息，而且说明了所有抗阻训练方案都应该考虑测试特定性。第3章将讨论抗阻训练的生理适应。

## 选读材料

Atha, J. 1981. Strengthening muscle. *Exercise and Sport Sciences Reviews* 9: 1-73.

Behm, D.G., and Sale, D.G. 1993. Velocity specificity of resistance training. *Sports Medicine* 15: 374-388.

Blazevich, A.J., Cannavan, D., Coleman, D.R., and Horne, S. 2007. Influence of concentric and eccentric resistance training on architectural adaptation in human quadriceps muscles. *Journal of Applied Physiology* 103: 1565-1575.

Brughelli, M., and Cronin, J. 2007. Altering the length-tension relationship with eccentric exercise implications for performance and injury. *Sports Medicine* 37: 807-826.

Byrne, C., Twist, C., and Eston, R. 2004. Neuromuscular function after exercise-induced muscle damage: Theoretical and practical implications. *Sports Medicine* 34: 149-69.

Cheung, K., Hume, P.A., and Maxwell, L. 2003. Delayed onset muscle soreness treatment strategies and performance factors. *Sports Medicine* 33: 145-164.

Clarke, D.H. 1973. Adaptations in strength and muscular endurance resulting from exercise. *Exercise and Sport Sciences Reviews* 1: 73-102.

Fleck, S.J., and Schutt, R.C. 1985. Types of strength training. *Clinics in Sports Medicine* 4:

150-169.

Hortobagyi, T., Devita, P., Money, J., and Barrier, J. 2001. Effects of standard and eccentric overload strength training in young women. *Medicine & Science in Sports & Exercise* 33: 1206-1212.

Kraemer, W.J., Mazzetti, S.A., Ratamess, N.A., and Fleck, S.J. 2000. Specificity of training modes. In *Isokinetics in the human performance*, edited by L.E. Brown. Champaign, IL: Human Kinetics.

McDonagh, M.J.N., and Davies, C.T.M. 1984. Adaptive response of mammalian skeletal muscle to exercise with high loads. *European Journal of Applied Physiology* 52: 139-155.

Wernbom, M., Augustsson, J., and Thomee, R. 2007. The influence of frequency, intensity, volume and mode of strength training on whole muscle cross-sectional area in humans. *Sports Medicine* 37: 225-264.

# 3

# 抗阻训练的生理适应

**学习完本章后，你应该能够完成以下内容。**

1. 了解训练新陈代谢的基本组成部分，以及它们是如何促进和适应不同的训练刺激的。
2. 描述骨骼肌的解剖学结构和生理机能，以及训练的适应特定性机制。
3. 解释神经系统在肌肉动作、控制和适应训练中的作用。
4. 描述大小原则，了解它是如何体现和从根本上决定训练的功能和新陈代谢以及训练适应性的。
5. 解释各种形式的训练带来的预期身体成分变化，以及这些变化发生的时间节点。
6. 讨论抗阻训练反应的复杂性和重要性、主要合成代谢和分解代谢激素的适应性以及这些因素与训练方案设计的关系。
7. 了解结缔组织对抗阻训练的适应。
8. 描述心血管系统在休息和训练过程中对抗阻训练的急性反应和慢性适应。

抗阻训练的适应与神经肌肉系统所受到的物理压力有关，也与执行训练相关的生理系统有关。其中，身体对训练做出反应的生理过程称为适应。有趣的是，每个生理变量的适应都有自己独特的时间线（如神经系统对比蛋白质在肌肉中积累），而且适应的方式与训练方案的特定练习类型相对应，这称为练习特定性。训练方案的每个关键因素的选择（见第 5 章）都给特定的训练带来了独特的生理需求。各种各样的运动单位是由运动神经元和相关的肌纤维构成的，它们被募集起来以产生举起重物或进行抗阻训练所需的力量。选择不同的关键变量会影响到肌纤维的募集方式以及需要什么样的生理系统来支持已激活的运动单位。因此，对已激活的运动单位的生理支持决定着身体对训练中所执行的练习的急性生理反应，而且在反复使用的过程中，身体将产生与训练相关联的特定适应。这就是为什么理解运动单位的运用和肌纤维的类型对于理解训练适应非常重要。

训练方案的关键变量的选择导致其他生理系统的参与，如心血管系统、免疫系统和内分泌系统，以满足训练的要求并促进训练后的恢复。每次训练之后的恢复对适应过程至关重要。肌肉和其他组织的重塑和修复过程有益于积累长期适应，如增大肌纤维和降低静息血压。

满足训练需求的快速变化，如心率加快，被称为急性生理反应。例如，在进行组间和练习间休息 60 秒的循环力量练习时，心率的反应模式与在休息时间为 5~7 分钟的高强度（1RM 的 95%）训练中的反应模式大不相同。支持循环抗阻练习所需的心率增长远大于支持高强度抗阻训练所需的心率增长。训练设计选择（如使用较短的休息时间）决定了所需要的急性生理支持（如休息时间短的循环训练需要更高的心率）。这些选择也决定了训练导致的力量、爆发力和肌肉增长的速率和结果。急性反应还包括训练之后即刻的生理恢复，如组织的修复和重塑。因此，任何训练方案的慢性适应都是随着时间的推移，每次训练的急性生理反应的累积性结果。

身体对长期训练刺激的反应会使其产生适应以更好地满足训练需求并减轻训练带来的压力。训练方案必须循序渐进，而且需要使用过荷阻力才能让生理系统产生持续的适应。在执行长期训练方案的过程中，适应发生的速率不同，而且可能产生停滞期（即某些生理功能没有或者只有很少的变化，如血压反应或肌纤维等解剖结构反应）。如果产生停滞期，就需要评估训练方案，确保提供足够的变化、休息和恢复，以优化训练方案。正如我们稍后将会看到的，训练中的失误导致非功能性过量训练，甚至导致过度训练，都可能引起积极适应停滞。适应（如肌球蛋白三磷酸腺苷酶异形体的变化）可能发生在训练开始后的几天之内（Staron et al., 1994）或在数年的训练之后继续出现一些小进步（如优秀举重运动员的肌肉增大（Häkkinen et al., 1988c）。然而，每个生理功能或结构最终都会达到对训练方案的最佳适应，具体取决于训练者的基因潜能。

最终，训练的适应决定着抗阻训练方案是否有效，以及训练者能否达到更高水平的生理功能和表现或两者兼有。对抗阻训练方案的适应程度取决于训练者的初始体能水平、其内在的遗传潜力和训练时长（见图 3.1）。本章将概述抗阻训练的生理适应。

## 生理适应

在我们讨论抗阻训练的适应之前，让我们先看看生理适应到底是什么。首先，如果一个人从来没有做过深蹲练习，那么在前几周内，其 1RM 力量将会极大地增长（如提升 50%）。然而，在循序渐进的长时间训练之后，在之后的每个月中，其通过训练获得的力量增长将会越来越小。这是因为在该训练中，潜在的适应或生理功能已经接近其遗传上限。换句话说，适应窗口或现在可能实现的适应程度，会因为前面的训练而变小（Newton and Kraemer, 1994）。训练有素的运动员在 6 个月训练之后所取得的力量增长还不到未接受过训练者在 12 周之内取得的力量增长的 1/3

**图 3.1** 优秀的奥林匹克举重运动员需要多年的训练才能充分发挥其遗传潜能

凯莉・克兰（Kelly Kline）/Icon SMI。

（Häkkinen，1985）。在训练经验丰富的运动员中，调控力量增长的生理机制已经得到高度发展（如神经系统和肌纤维的适应）。除非生理潜能有所增加，例如16~20 岁期间的自然生长和发育（即遗传潜力尚未完全开发），否则其即使有进步也会很缓慢。因此，在整个训练方案中，体能增长或适应并不是以相同的速率发生的（American College of Sports，2009）。对于一般人来说，在前 6 个月的训练中力量会得到最快速的增长。要想充分发挥个人的遗传潜能，需要采用更复杂的抗阻训练计划（American College of Sports，2009）。

# 生物能量学

生物能量学研究的是身体功能（包括肌肉活动）的能量来源。一些通用术语，如有氧（需要氧气参与来产生能量）和无氧（不需要氧气参与来产生能量）已在健身爱好者、教练和运动员中非常流行。无氧能量的两个主要来源是磷酸原系统和无氧糖酵解，有氧能量的来源是氧化磷酸化。要想设计出能够让特定体育运动或活动参与者得到最佳训练的抗阻训练方案，就必须掌握关于各种能量来源及其相互关系的知识。每项体育运动或活动都有其独特的能量来源要求和特点，而抗阻训练主要提升无氧能力，而且会在一定程度上促进有氧代谢。重要的是要了解，生物能量要求是对应神经肌肉的募集要求的，因为这些要求在整个活动过程中是变化的。因此，每项活动都要求 3 个能量系统以不同的百分比提供能量，具体取决于产生力量或爆发力的肌肉的特定生理需求。就练习选定和训练方案制定的需求分析（见第 5 章）而言，了解所有活动或体育运动的生物能量要求至关重要。

## 能量分子 ATP

三磷酸腺苷（ATP）是激活肌肉的能量来源。ATP 的主要功能成分是腺苷、核糖和 3 个磷酸分子。当 ATP 被分解为腺苷二磷酸（ADP，腺苷分子现在只有 2 个磷酸分子附着）和 1 个自由磷酸分子（Pi）时，就会释放出能量。ATP 被用于许多生理功能中，包括横桥移动，在该过程中 ATP 有助于协调肌球蛋白拉动肌动蛋白丝以缩短肌纤维。ATP 是肌肉动作的直接能量来源（见图 3.2），3 个主要的能量系统都以不同的方式提供 ATP。

三磷酸腺苷–磷酸肌酸（ATP–PC）能量系统（也称为磷酸原系统，见下一节）对肌肉动作（无论是向心收缩还是离心伸长或等长动作）非常重要。当三磷酸腺苷被水解为磷酸分子和二磷酸腺苷时，能量产生并用于肌肉运动。肌肉中将 1 个磷酸分子添加到 ADP 中的逆反应也非常重要。磷酸肌酸（PC）水解过程中产生的能量为肌酸（Cr）和磷酸分子提供能量，重新合成 ATP（将 1 个磷酸分子添加到 ADP 中），ATP 又为肌肉收缩供能。每个生物能量反应都需要酶（分别是腺苷三磷酸酶和肌酸磷酸激酶）的协调，如图 3.2 所示。

如图 3.2 中的双向箭头所示，这两种反应是可逆的。

## 三磷酸腺苷－磷酸肌酸能量系统

三磷酸腺苷和磷酸肌酸是两种储存在肌肉中的化合物，它们相互配合，可随时快速提供能量。PC 和 ATP 的相似之处是都有一个磷酸分子附着在一个高能键上。在 PC 中，磷酸分子附着在肌酸分子上。PC 提供了一个便利的机制来帮助维持 ATP 的浓度。当 ATP 分解为 ADP 和 Pi 时，就会释放能量。这种能量需要用来支持肌肉动作（见本章的"肌丝滑动学说"）。然而，当 PC 被分解为 Cr 和 Pi 时，其产生的能量被用来重构 ADP 和 Pi 以生成 ATP（见图 3.2）。然后，重构的 ATP 可以再分解为 ADP 和 Pi，释放的能量再被用于继续执行特定的肌肉动作。PC 分解释放的能量不能用于引起肌肉收缩，因为 PC 没有附着在肌球蛋白横桥上（见本章的"肌丝滑动学说"）。

ATP 和 PC 都存储在肌纤维的肌质中，肌质是肌纤维的液体腔室。然而，肌肉中

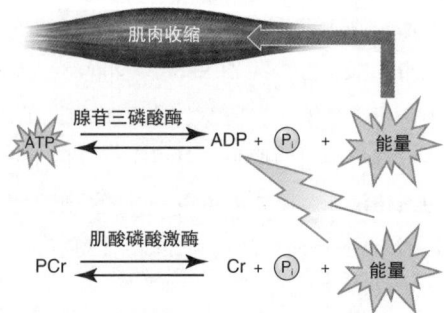

**图 3.2** 以腺苷三磷酸酶和肌酸磷酸激酶为介质的能量的产生

储存的 ATP 和 PC 是有限的，这就限制了 ATP-PC 能量系统能产生的能量。事实上，在全力以赴的练习中，ATP-PC 能量系统提供的能量（磷酸原能量）在 30 秒内就会耗尽（Meyer and Terjung，1979）。尽管我们容易认为肌肉中的 ATP 和 PC 耗尽是疲劳的单一原因，比如不能以真实的 1RM 重量进行两次重复，但是有几个因素否定了这一单一关联的假设（Fitts，1996）。ATP 与力量下降未被发现存在关联，而 PC 的下降与力量下降的时间不一致。这表明其他因素也是产生疲劳的原因，尽管供应给肌肉的 ATP 能量的耗尽确实将限制力量和爆发力的生产。

尽管没有出现在图 3.2 中，但当 ATP 被分解为 ADP 时，还会产生一个氢离子，这在一定程度上会增加肌肉的酸度，但是这只是训练压力下氢离子的其中一个来源。因此，三磷酸腺苷的分解和重新合成之间的不平衡可能导致酸度增加，这与疲劳相关。与疲劳相关的另一个因素是未与肌酸耦合的 Pi 的增加，这也会加剧三磷酸腺苷的分解和重新合成之间的不平衡。

虽然练习疲劳确实伴随着 ATP 浓度的降低，但是 ATP 浓度的降低可能并不是疲劳的唯一原因。ATP-PC 能量系统的优点之一是能量能够立即在肌肉中被使用。ATP-PC 能量系统的第二个优点是它拥有巨大的爆发力潜能，即它每秒可以给肌肉提供大量的 ATP 能量，以支持肌球蛋白与肌动蛋白丝之间的横桥相互作用，因为 ATP 能量出现在肌质中的横桥相互作用的位置。

根据 ATP-PC 能量系统的特点，它是持续时间短、高爆发力和高力量输出活动或抗阻训练的主要能量来源。在这些活动中，如最大力量动作、投掷铅球、跳高和 40 码冲刺，它为肌肉提供大部分的能量。在激烈的、持续时间短的练习或者比赛（如两轮短跑冲刺之间或两轮摔跤之间的时间）之后，人进行持续的沉重呼吸的原因之一是人体必须通过有氧方式来补充 ATP 和 PC 的肌内储备，以便 ATP-PC 为下一轮这样的训练或比赛做好准备。成功补充肌酸能够提升 PC 的储量（提供更多的可用能量，从而改善爆发性、重复性的高强度运动的表现，包括高爆发力和高力量输出的抗阻训练），这也强调了这个能量系统对这些类型的活动和体育运动的重要性（Rawson and Volek，2003；Volek et al.，1999）。

## 无氧糖酵解能量系统

糖酵解是一种新陈代谢途径，它通过一系列反应来产生 ATP，而且仅仅使用碳水化合物作为能量底物。以葡萄糖的形式存在的碳水化合物可以从血液或存储在肌肉中的糖原得到。糖原是由一长串葡萄糖分子组成的，它可以分解成葡萄糖，从而进入糖酵解反应。在需要的时候，储存在肝脏中的糖原将被分解，以帮助维持血糖浓度。在一系列的酶促反应中，葡萄糖被分解成 2 个丙酮酸分子，从而产生生成 ATP 所需的能量。如果葡萄糖来自血液，每个葡萄糖分子分解产生的能量能够产生 2 个 ATP 分子；如果葡萄糖来自肌肉中的糖原，则可以产生 3 个 ATP 分子。然后丙酮酸在酶的作用下被转换成乳酸。注意，这些反应不需要氧气。如果丙酮酸转化成乳酸，那么该过程被称为无氧糖酵解。因此，许多人将这个能量系统称为"乳酸系统"。

运动期间，无氧糖酵解及其在人体新陈代谢中的作用仍然是一个重要的研究领域（Brooks，2010）。一个主要的研究问题是，乳酸生成和乳酸中毒之间存在关联吗？研究的热门领域是提高酸度的 $H^+$ 是否来自 ATP 水解或乳酸生成过程。最近，科学家表示确实会发生乳酸中毒，而且与 $H^+$ 的产生和 pH 的下降有关（Marcinek，Kusmerick and Conley，2010）。然而，乳酸在直接导致疲劳中所起的作用还存在很多争议，因为它与 $H^+$ 产生和酸性增加只存在间接关联（Robergs，Ghiasvand and Parker，2004）。ATP 周转率的降低可能是最终导致疲劳的原因。此外，在剧烈运动中，肌肉乳酸浓度的增加和二氧化碳分压（$PCO_2$）的增加会导致 $H^+$ 增加，而这又会导致 pH 下降。然而，$H^+$ 的增加导致的 pH 下降确实减弱了酶的功能和其他与疲劳相关的因素的影响。这些效果会影响与各种抗阻训练计划相关的疲劳和训练适应。

进行几组 10RM 深蹲且组间仅休息 1 分钟，完成这一训练之后产生的极度疲劳和恶心的感觉与乳酸盐的聚积有关。肌肉中的乳酸分解成乳酸盐和相关联的氢离子，这会导致这些化合物在肌肉和血液中的浓度提高。虽然没有因果关系，但是乳酸盐与肌肉疲劳和肌肉力量减少有关联（Hogan et al.，1995）。在剧烈运动中，血液 pH 可能从静息水平的 7.4 下降至 6.6（Gordon et al.，1994；Sahlin and Ren，1989）。$H^+$ 浓度提高和 pH 下降被认为是疲劳的主要因素，因为它们减缓了肌质网释放 $Ca^{2+}$

的速度（见本章的"肌丝滑动学说"）。在剧烈运动下，肌肉乳酸盐浓度的下降和 $PCO_2$ 的增加将导致 $H^+$ 增加，这会导致 pH 降低。$H^+$ 浓度的上升和 pH 的下降会导致能量系统的新陈代谢周期中的化学反应出现问题，还会减缓 ATP 的生成速率。例如，糖酵解途径的关键酶受到抑制，如作为速率限制酶的磷酸果糖激酶，它可能会随着 pH 降低而减缓糖酵解速度（Gordon et al.，1991）。这可能会干扰肌肉细胞的化学过程，包括生产更多的 ATP（Trivedi and Dansforth，1966）和改变细胞膜的离子（钠和钾）渗透性。这反过来又造成超极化，通过变构调节酶功能与将 $Ca^{2+}$ 和肌钙蛋白结合来抑制糖酵解（Nakamaru and Schwartz，1972）。因此，产生高浓度血乳酸盐的训练方案（如休息时间短的循环抗阻训练方案）与高度疲劳和高酸度有关，但是疲劳的实际原因尚未确定，因为有很多因素可以导致力量的损失或爆发力的输出降低（如中枢抑制和肌肉组织受损）。

尽管存在乳酸盐聚积的副作用，但是无氧糖酵解能量系统（也称为糖酵解或乳酸能量系统）比 ATP-PC 系统产生的能量更多，而且其产生 ATP 能量的速度比有氧能量系统快 100 倍（接下来讨论）。然而，从该系统获得的能量会受到乳酸盐聚积这一副作用的限制。无氧糖酵解系统每秒给肌肉供应的能量总量比不上 ATP-PC 系统，因此它没有那么强大。所以，如果身体开始更多地依靠无氧糖酵解能量系统并更少地依赖 ATP-PC 能量系统，那么肌肉的爆发力就会下降。在持续 1~3 分钟的全力以赴的练习中，无氧能量系统是 ATP 的主要供应源（Kraemer et al., 1989）。这种练习可能包括阻力为 10~12RM、休息时间短（30~60 秒）的高强度练习或 400 米短跑。

无氧糖酵解能量系统的另一个副作用是当乳酸盐和 H+ 的浓度足够高，以致影响到神经末梢时，就会导致肌肉酸痛。此外，休息时间短、强度高的抗阻训练可能引发恶心和头晕（Kraemer et al., 1987）。在完成这些类型的训练之后，沉重的呼吸仍然会持续，这一定程度上是由于需要去除体内聚积的乳酸盐。研究表明，抗阻训练尤其能在不影响氧化新陈代谢的情况下改善无氧能力（LeBrasseur et al., 2011）。

## 有氧或氧化能量系统

有氧或氧化能量系统多年来得到了很多关注。慢跑、游泳、骑自行车和有氧舞蹈的主要目标是改善心肺适应性，这类似于改善氧化磷酸化。这个能量系统使用氧气生成 ATP，因此又被称为有氧能量系统。

有氧能量系统能够代谢碳水化合物、脂肪（脂肪酸）和蛋白质，但是一般不会代谢大量的蛋白质（见图 3.3）。然而，在长期饥饿和长时间的练习中，尤其是在运动的最后几分钟，其可能代谢大量蛋白质（总能量的 5%~15%）来产生能量（Abernathy, Thayer and Taylor, 1990；Dohm, 1982；Lemon and Mullin, 1980；Tarnopolsky,

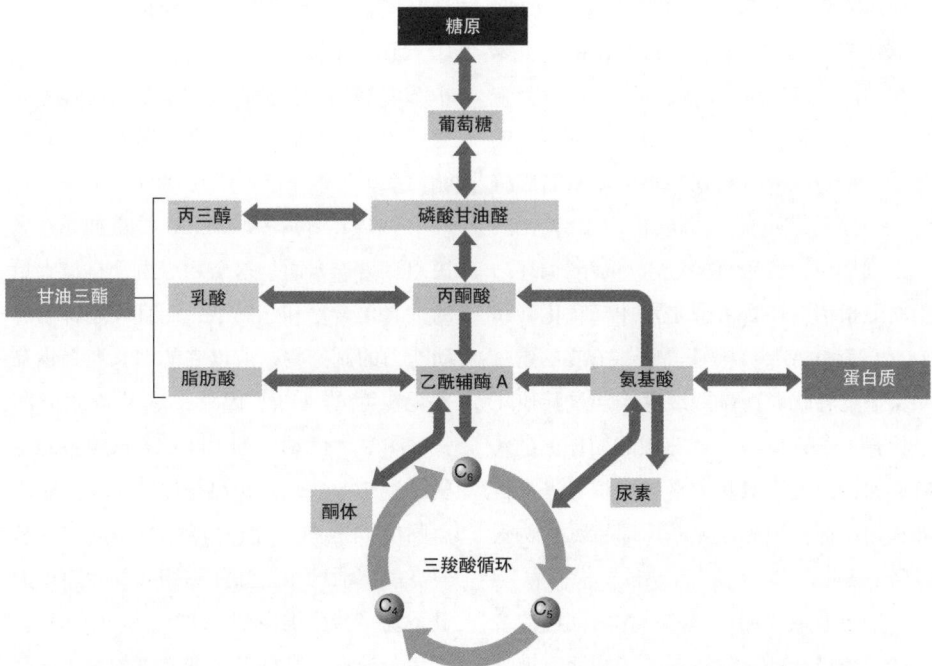

**图 3.3** 碳水化合物、脂肪酸和氨基酸都可以被有氧代谢，但进入有氧代谢的门槛根据这些底物的可用性和运动强度而变化

MacDougall and Atkinson，1988）。通常，静息时身体所需的ATP有1/3来自碳水化合物的代谢，2/3来自脂肪的代谢。随着运动强度的提高，身体会逐渐发生变化，会代谢越来越多的碳水化合物和越来越少的脂肪。在最大强度的身体训练中，如果碳水化合物储备充足，肌肉将代谢几乎100%的碳水化合物（Maresh et al.，1989，1992）。

肌糖原或血液中葡萄糖的有氧代谢的方式和无氧糖酵解一样。在这个系统中，由于存在足够的氧气，丙酮酸不会转化为乳酸，而是会进入两个很长的化学反应链条中，它们分别是三羧酸循环和电子传递链。这两个系列的反应产生的二氧化碳会通过肺部和水分排出。水是由氢分子与最初通过肺部进入体内的氧气相结合产生的。有氧代谢1个来自血液的葡萄糖分子可以产生38个ATP分子，而有氧代谢1个来自肌糖原的葡萄糖分子可以产生39个ATP分子。脂肪酸的有氧代谢不一定从糖酵解开始。脂肪酸可能经历被称为β氧化的一系列反应，然后直接进入三羧酸循环。脂肪酸代谢的产物大概是水、二氧化碳和ATP。有趣的是，以氨基酸形式存在的蛋白质会通过转化成丙酮酸或直接通过其他几个位置（乙酰辅酶A或三羧酸循环）进入有氧代谢。无论氨基酸从什么位置进入新陈代谢，都必须先脱氨基（即将氨基从氨基酸上去除）。

通过有氧代谢产生的单位时间内的最大能量低于ATP-PC能量系统和无氧糖酵解能量系统产生的能量，具体取决于身体可以获得和使用的氧气量。如果可以确定

氧气消耗的平台期，那么这个稳定水平就被称为最大耗氧量（$VO_2max$）。这通常是通过平板运动试验来确定的。然而，在耗氧量测试中如果平台期没有持续30~60秒，那么就使用最高值，而这个最高值通常被称为峰值耗氧量（$VO_2peak$）。自行车测功计和举重任务通常只产生单一的峰值测量数据。最大有氧能力（$VO_2peak$或$VO_2max$）是单位时间内身体可以获取和使用的最大氧气量，它通常用绝对值表示为升/分或用相对值表示为毫升/（千克体重·分）。当用绝对值表示时，没有考虑身体质量。由于身材的原因，体形较大的人每分钟的氧气使用量应该会更大。以体重为基础表示最大或次最大耗氧量是将每个人都置于相对于体重的比例中的，以这种方式可以比较身体质量不同的人。

有氧能量系统没有其他两个无氧能量系统（ATP-PC能量系统和无氧糖酵解能量系统/乳酸系统）那么有爆发力。有氧能量系统每秒不能产生足够的ATP来支持最大强度的练习，如1RM举重或400米短跑。另一方面，这个系统由于存在大量的碳水化合物和脂肪酸，而且缺乏抑制运动能力的副产物，所以它能够长期提供几乎无限量的ATP。因此，它是持续时间长、次最大活动（如10000米长跑）的主要能量来源。此外，在有休息时间间隔的高强度训练中，或在持续时间超过25秒的高强度活动中，如间歇跑和摔跤，该能量系统能够提供中至高水平的ATP。这些活动会导致血乳酸升至非常高的水平，范围为在15~22毫摩尔/升（Serresse et al.，1988）。在这些健身活动中，在活动的不

同时间段需要分别用到有氧和无氧能量系统，但是有氧能量系统在恢复期间或在两轮或间隔期间起主要作用，帮助恢复 ATP 能量分子水平。在许多活动中，大部分能量可能由一个系统提供（如在马拉松跑期间主要由有氧系统提供能量），但是在所有活动中，所有能量系统都会提供一部分能量。每个系统提供的能量百分比会随着活动的需求（如马拉松跑的上坡路段）或涉及的肌肉的变化而变化。

## 补充无氧能量系统

在剧烈训练之后，训练者必须补充无氧能量源，以便接下来可以再次使用。有趣的是，无氧能量源是通过有氧能量系统来补充的。在无氧活动停止之后，即使身体活动已经停下来了，沉重的呼吸还会持续一段时间。超出静息水平的氧气被摄入体内，用于补充两个无氧能量源。这些额外的氧气被称为氧债，现在通常被称为运动后过量氧耗（EPOC）。有氧能力确实会协助补充无氧能量源。如果想要更好地恢复 ATP-PC 和无氧糖酵解能量系统，那么在剧烈的训练之后需要补充它们，以供后续使用，如冲刺跑步训练之后的下一次训练，抗阻训练的下一组，或者摔跤比赛的下一轮。

## 补充 ATP-PC 能量系统

在剧烈运动结束之后，沉重、快速的呼吸会持续几分钟。超出正常静息水平的氧气被摄入体内，用于以有氧的方式产生比静息时需求更多的 ATP。这些过量的 ATP 有一部分立即分解为 ADP 和 Pi，其释放出的能量被用于将 Pi 和肌酸合成 PC，有一部分直接存储为肌肉中的 ATP。这样，ATP 和 PC 储备的恢复在几分钟内就完成了（Hultman, Bergstrom and Anderson, 1967; Karlsson, 1975; Lemon and Mullin, 1980）。这部分 EPOC 被称为非乳酸性氧债。

根据估算，非乳酸性氧债的半衰期大约是 20 秒（DiPrampero and Margaria, 1978; Meyer and Terjung, 1979），而且可能长达 36~48 秒（Laurent et al., 1992）。半衰期是指该时间段非乳酸性氧债的 50% 得到补充。所以，在 20~48 秒内，被消耗的 ATP 和 PC 的 50% 得到补充；在 40~96 秒内，有 70% 得到补充；在 60~144 秒内，有 87% 得到补充。

因此，大约在 2~4 分钟，大多数已消耗的肌肉储备的 ATP 和 PC 会得到补充。显然，休息时间只有 1 分钟或小于 1 分钟的抗阻训练方案会导致 ATP-PC 能量系统不能完全恢复，以致给无氧能量系统带来更大的压力，从而造成乳酸盐在血液中的浓度过高（例如，10~20 毫摩尔/升）。

如果在存在非乳酸性氧债的阶段进行活动，ATP 和 PC 的肌内储备的恢复将需要更长的时间。这是因为通过有氧系统生成的 ATP 的一部分要用来为活动进行提供能量。在设计持续时间短、高强度的练习的训练方案，如每组阻力很大的练习时，理解非乳酸性氧债和 ATP-PC 能量系统的重新补充非常重要。ATP-PC 能量系统是最有爆发力的，因此它是进行最大力量动作和重负荷组所需能量的主要来源。在最大力量动作和重负荷组之间必须休息几分钟，以补充 ATP 和 PC 的肌内储备。否则，在下一次的重负荷组中就没有这类能量可供使用。如果在最大力量动作和重负荷组之间没有足够的恢复时间，那么就不能完成所需的训练重复次数，或者不能以所需的速度或适当的技术完成它们。

## 能量债务系统的乳酸部分的恢复

有氧能量系统也负责清除部分体内聚积的乳酸盐。在体内聚积的乳酸中，大约有70%会在过量氧耗这个部分被有氧代谢，20%用于合成葡萄糖，而剩余的10%被用于合成氨基酸。乳酸代谢产生的能量会被身体组织利用。

人们对氧债的乳酸部分和乳酸盐清除之间的关系一直存在疑问（Roth, Stanley and Brooks, 1988）。身体的许多组织可以以有氧的方式代谢乳酸盐。在运动期间活跃的骨骼肌（Hatta, 1989；McLoughlin et al., 1991）、在运动期间不活跃的骨骼肌（Kowalchuk et al., 1988）、心肌（Hatta et al., 1989；Spitzer, 1974；Stanley, 1991）、肾脏（Hatta et al., 1989；Yudkin and Cohen, 1974）、肝脏（Rowell et al., 1966；Wasserman et al., 1991）和大脑（Nemoto et al., 1974）都可以代谢乳酸盐。氧债的乳酸部分的半衰期大约是25分钟（Hermansen et al., 1976）。因此，所聚积的乳酸的大约95%会在1小时15分钟内从血液中被清除。许多体育赛事都根据该信息来确定两场比赛之间所需的最短休息时间（如锦标赛中的田径比赛和摔跤比赛）。

在训练之后进行低强度活动（如步行和慢跑），比在训练之后完全休息能够更快地清除所聚积的乳酸盐（Hermansen et al., 1976；Hildebrandt et al., 1992；McLoughlin et al., 1991；Mero, 1988）。在运动之后进行低强度活动时，所聚积的乳酸盐的一部分以有氧的方式代谢，从而为低强度活动的进行提供所需的ADP。研究还显示，当使用训练中所用的活跃肌肉，而不是使用训练中不活跃的肌肉去执行低强度活动时，似乎能够更快地清除血液中所聚积的乳酸盐（Hildebrandt et al., 1992）。低强度活动必须低于训练者的乳酸阈值，或者说运动强度不能导致血乳酸盐浓度显著增加。对于未接受过有氧训练的人，其乳酸阈值大约是峰值耗氧量的50%~60%；对于受过高度耐力训练的运动员，其乳酸阈值大约是峰值耗氧量的80%~85%。所以，乳酸阈值随着有氧健身运动的增加而升高。

在抗阻训练中，组间进行的低强度活动也被证明是有益的。在6组（10RM的85%）深蹲中，组间的4分钟休息时间里，与以峰值耗氧量的50%骑自行车或安静休息相比，以峰值耗氧量的25%骑自行车这一方式能够更有效地降低血乳酸盐浓度（Corder et al., 2000）。此外，在训练的结束阶段，与其他形式的休息相比，以峰值耗氧量的25%骑自行车之后，能够进行更多重复次数才会达到主动疲劳（10RM的65%）。

更高的最大耗氧量有益于恢复；以1RM的60%进行4组、每组15次重复和以1RM的75%进行4组、每组10次重复后，相较于以1RM的90%执行4组、每组4次重复，心率和血乳酸浓度恢复得更快（Kang et al., 2005）。使用1RM的90%进行几组练习后，血液中的乳酸盐浓度比使用其他 1RM 百分比进行几组练习的浓度更低。这可能解释了为什么在以 1RM 的 90% 进行几组练习后，缺乏更高的最大耗氧量是影响恢复的一个因素。

上述资料表明，举重运动员和无氧运动员至少要保持平均的有氧能力水平，才能帮助身体在无氧运动间歇时恢复，如重量训练中的组间。然而，这并不意味着训练方案中需要设置高强度的长跑（即越野长跑训练）或长时间的间歇，因为它们可能对力量和爆发力的发展不利（见第 4 章）。强度高、训练量低的短跑冲刺可以提升所需的有氧能力。另外，如果举重练习的组间休息时间足够长，在休息时间进行低强度练习会有助于恢复。因此，对于会导致乳酸盐聚积的练习，如休息时间短的练习或循环抗阻练习，专家建议在组间进行低强度活动而不是完全休息。

## 能量系统之间的交互

虽然在特定的活动中，一个能量系统可能是主要的能量来源，如在最大力量动作中，ATP–PC 能量系统提供大部分能量，或者在马拉松跑步中，有氧能量系统提供大部分能量。如前所述，所有 3 个能量系统在任何时候都分别为身体提供所需的一部分 ATP。因此，即使身体在休息，ATP–PC 能量系统也在运行，并且在最大力量动作过程中，有氧能量系统也在运行，甚至在休息的时候，肌肉也会将一些乳酸释放到血液中（Brooks et al., 1991）。在马拉松跑期间，即使大部分能量是由有氧能量系统提供的，仍然有一小部分能量是由 ATP–PC 能量系统和无氧糖酵解能量系统提供的。

随着活动的持续时间和强度发生变化，主要的能量系统也发生了变化。对于持续时间短的活动，如最大力量动作、投掷铅球和 40 码冲刺（见信息栏 3.1），ATP–PC 能量系统提供大部分能量。对于持续时间中等的活动，如循环训练中组间或练习间没有休息的 20~25 次重复，组间有 1 分钟休息、阻力为 10RM 的 3 组，或者 200 米冲刺，无氧能量系统提供大部分能量。对

---

## 信息栏 3.1　研究成果

### 高强度、持续时间短的活动的能量来源

除了 ATP–PC 能量系统之外，其他两个能量系统也为高强度、持续时间短的活动提供能量。即使是在持续时间极短的高强度活动中，所有 3 个能量系统也都会提供所需能量的一部分（Spencer et al., 2005）。例如，在 3 秒的骑自行车冲刺期间，有氧代谢、无氧糖酵解和 ATP–PC 能量系统分别提供的能量约为 3%、10% 和 87%。尽管很明显是 ATP–PC 能量系统提供了该活动所需的绝大部分能量，但是其他两个系统也都提供了一部分能量。

参考文献：

Spencer, M., Bishop, D., Dawson, B., and Goodman, C. 2005. Physiological and metabolic responses of repeated–sprint activities specific to field–based team sports. *Sports Medicine* 35: 1025–1044.

于持续时间长的活动，如持续时间超过 3 分钟或耐力比赛（5000 米跑），有氧能量系统提供大部分能量。不过，所有这 3 个系统在任何时候都会产生一些能量，每个系统提供的能量占总能量的百分比是变化的。

至于在一项活动中，哪个能量系统提供大部分的 ATP 能量是不确定的。每个系统提供的能量占总能量的百分比取决于活动的强度和持续时间。此外，肌肉可能有不同的代谢需求，而且能量系统的差异化使用基于所激活的运动单位的类型和数量，以使活动达到要求的强度和持续时间。例如，当马拉松跑者爬上一个陡峭的山坡而且乳酸盐在体内聚积时，无氧糖酵解系统将在此刻提供更多的能量来支持活动的进行，因为与在平地上跑步相比，此时腿部和手臂的肌肉会有更大的能量需求。

## 生物能量适应

能量系统的酶的活性增强会导致该系统在单位时间内产生和使用更多 ATP，这会使运动能力得到提升。人体内 ATP-PC 能量系统的酶（如肌酸磷酸激酶和肌激酶）的活性已被证明在等速训练（Costill et al., 1979）和传统抗阻训练（Komi et al., 1982）之后会升高，而且在等长训练之后老鼠体内的酶的活性会升高（Exner, Staudte and Pette 1973）。在两种等速训练方法中，在 30 秒训练中双腿中与 ATP-PC 能量系统相关的酶的活性在 30 秒双腿训练之后上升了 12%，不过在 6 秒双腿训练后无明显变化（Costill et al., 1979）。根据这些发现，可知与 ATP-PC 能量系统相关

的酶的活性的变化与运动的持续时间有关，如果运动持续时间小于等于 6 秒，活性将不会发生变化。观察结果还表明，在抗阻训练之后，与 ATP-PC 能量系统相关的酶（肌酸磷酸激酶和肌激酶）发生的变化很小、没有发生变化或减少（Tesch, 1992; Tesch, Komi and Häkkinen, 1987）。

在前面讨论的 6 秒和 30 秒腿部训练中，也观察到磷酸果糖激酶（PFK）和与糖酵解相关的速率抑制酶分别显著增加了 7% 和 18%（Costill et al., 1979）。在两条腿中都没有观察到与无氧糖酵解能量系统相关联的第 2 种酶（乳酸脱氢酶）显著增加。在训练中，还观察到其他糖酵解酶有的增加了，有的减少了，还有的没有发生变化。磷酸化酶已被证明在 12 周耐力训练之后会上升（Green et al., 1999）。磷酸果糖激酶、乳酸脱氢酶和己糖激酶也被证明不受高强度抗阻训练的影响或不会因此而减少（Green et al., 1999; Houston et al., 1983; Komi et al., 1982; Tesch, 1987; Tesch et al., 1990; Thorstensson et al., 1976）。

上述结果表明，抗阻训练方案的类型会影响酶的适应性。此外，多数显示酶的活性没有变化或降低的研究，同时也显示了明显的肌肥大或单条肌纤维的增大。这表明抗阻训练可能会使酶的活性增强，但是如果后续训练让肌肉显著增大，酶的活性可能不会变化或降低，还可能会发生每单位肌肉质量的酶的浓度的降低或稀释。因此，举重训练方案的类型和肌肥大的程度会影响与 ATP-PC 能量系统和无氧糖酵解能量系统相关的酶的适应性。

根据研究报告，人的等速训练（Costill et al.，1979）、人的等长训练（Grimby et al.，1973）和老鼠的等长训练（Exner et al.，1973）会增强与有氧代谢相关的酶的活性。与有氧能量系统相关的酶的变化可能还取决于运动持续时间（Costill et al.，1979）。然而，与有氧代谢相关的酶存在以下3种情况：在受过重量训练的肌纤维的混合样本中未表现出活性增加（Tesch，1992），在抗阻训练中出现下降（Chilibeck et al.，1999），力量训练者体内的酶的活性低于未接受过训练者体内的酶的活性（Tesch et al.，1989）。与使用更高负荷和组间休息时间更长的举重者相比，使用大训练量、组间和练习间休息时间较短和中等训练度的训练方案的健美运动员的柠檬酸合酶（一种三羧酸循环酶）的活性更强，而且其在II型肌纤维（快缩肌纤维）中的活性更强（Tesch，1992）。这表明较短的休息时间会对氧化酶产生影响，组间的休息时间越短，对有氧系统的要求越高。因为健美运动员通常既做有氧运动又做抗阻训练，所以他们应谨慎对待该横向研究数据，理由是引起有氧酶变化的刺激可能来自多个训练。同样，训练方案设计的类型（如休息时间长度）可能会影响肌肉中的酶的变化程度。

肌球蛋白ATP酶与3个能量系统都相关联，而且能分解ATP为肌肉收缩提供能量。在混合型肌纤维中，它只发生了轻微的变化（Tesch，1992）。事实上，存在不同类型的肌球蛋白ATP酶，而且它随着抗阻训练而改变，这可能表明ATP酶的绝对浓度没有它的类型重要。

任何与3个能量系统相关的酶的变化都取决于训练方案的关键变量。常规高强度抗阻训练方案似乎对酶的活性的长期影响很小。最大限度地减少肌肥大和针对特定能量系统的训练方案最有可能导致酶的活性增强。

## 肌肉底物储备

能够提升身体运动能力的适应性之一是3个能量系统可用的底物的增加。在人类中，在5个月的抗阻训练之后，静息时肌内PC和ATP的浓度分别升高了28%和18%，（MacDougall et al.，1977），但这一发现尚未得到其他研究的支持（Tesch，1992）。在5周的抗阻训练之后，数据表明静息时PC和无机磷酸盐的比率上升了（Walker et al.，1998）。然而，横向研究数据显示，对于肌肉显著增大的运动员，他们肌内的PC和ATP的浓度没有增加（Tesch，1992）。

在5个月的抗阻训练之后，肌糖原储备增加了66%（MacDougall et al.，1977）。数据显示，与未接受过训练的人相比，健美运动员的糖原浓度大约高出50%（Tesch，1992）。然而，在抗阻训练中，肌糖原的含量也显示没有改变（Tesch，1992）。有几项研究也表明，在抗阻训练期间，血液中的葡萄糖水平没有明显变化（Keul et al.，1978；Kraemer et al.，1990）。抗阻训练是否使PC和ATP增加可能取决于训练前状态、所考察的肌群和训练方案的类型。然而，显而易见的是，抗阻训练可能使骨骼肌糖原含量上升，而且在抗阻训练期间血糖浓度不会降低。这表明，至少在一次训练中，无氧糖酵解能量系统的碳水化合物的可用性并未成为运动能力的限制因素。

有氧能量系统代谢葡萄糖、脂肪酸和一些蛋白质来产生ATP。肌糖原储备可以通过抗阻训练来增加。然而，在抗阻训练之后储存在肌肉中的甘油三酯的增长仍然存在不确定性，因为根据报告，受过训练的举重者肌肉中的甘油三酯含量同时存在下降和保持正常的情况（Tesch，1992）。在训练之后发现肱三头肌中的脂质含量增加了，但是股四头肌中的脂质含量没有增加（Tesch，1992）。这表明肌群可能会对如何储存和使用甘油三酯做出不同的反应，具体取决于肌群在练习或训练方案中的使用（即是否作为执行练习的运动单位的一部分被激活）。虽然饮食安排和训练方案的类型可能会影响甘油三酯的浓度，但是我们可以推测因为大多数抗阻训练项目是无氧运动，所以肌内甘油三酯的浓度很少受到抗阻训练的影响，除非训练伴随着明显的体重或脂肪质量降低。

# 骨骼肌纤维

骨骼肌纤维是独特的细胞，因为它们是多核的。因此，构成肌纤维的蛋白质处在不同的细胞核的控制下。在一个细胞核控制下的蛋白质被称为肌核域。肌纤维的不同部分被不同的单独细胞核控制（Hall and Ralston，1989；Hikida et al.，1997；Kadi et al.，2005；Pavlath et al.，1989）（见图3.4）。卫星细胞是没有细胞质的小细胞，它们位于骨骼肌中的基底膜与肌纤维膜或细胞膜之间（见本章的"卫星细胞

和肌核"）。更有趣的是，除非通过卫星细胞的有丝分裂来增加细胞核的数量，否则增大肌肉所需的肌蛋白可能无法添加到肌纤维上（Hawke and Garry，2001；Staron and Hikida，2001）。因此，肌纤维越大，其需要的卫星细胞分裂越多，从而提供肌细胞核来控制更多的肌核域（Hall and Ralston，1989）。可能早在肌纤维增大或发生显著的蛋白质积累之前，卫星细胞就已经发生分裂使肌核总量增加（Bruusgaard et al.，2010）。此外，在训练前有更多卫星细胞的人的肌肥大程度可能更高（Petrella，2008）。

骨骼肌由几种类型的肌纤维构成。各种肌纤维的生物化学和物理特性的量化导致发展出几种肌纤维组织化学分类系统（Pette and Staron，1990）。虽然这些分类系统看起来是相似的，但是它们是不同的。Ⅰ型（慢缩）和Ⅱ型（快缩）肌纤维如表3.1所示。目前最常用的分类系统是肌球蛋白腺苷三磷酸分类系统。

图3.5展示了如何使用组织化学肌球蛋白ATP酶染色法进行肌纤维分类。肌球

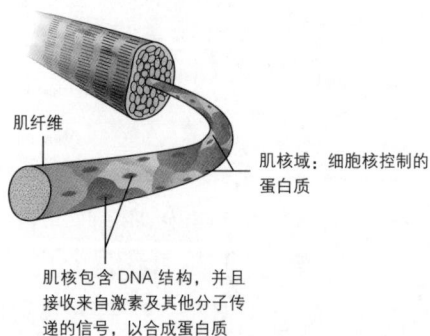

肌纤维

肌核域：细胞核控制的蛋白质

肌核包含DNA结构，并且接收来自激素及其他分子传递的信号，以合成蛋白质

**图3.4** 每个肌核控制特定数量的蛋白质，这称为肌核域。如果肌纤维的尺寸增加了，就需要更多的细胞核来维持肌核域的规模，以保持相似水平

蛋白 ATP 酶是一种密切参与将 ATP 分解成 ADP、Pi、H+ 和能量的酶，而且对横桥周期的速率有很大影响。它存在于肌球蛋白横桥的头部。这一分类系统是可能存在的，因为不同类型（亚型）的肌球蛋白 ATP 酶被发现存在于各种肌纤维类型中。不同的 pH 条件导致不同肌纤维的染色强度不同。肌球蛋白 ATP 酶与肌动蛋白丝活跃区域上的肌球蛋白头的循环速度之间存在特定的关系，因此，它能在没有实际测定"收缩速度"的情况下根据肌纤维的功能提供一个功能性分类系统。

获得人类肌肉样本的最常见方法是肌肉活检（见图 3.6），会使用空心不锈钢针采集 100~400 毫克的肌肉组织，通常是从大腿、小腿或手臂肌肉上采集。然

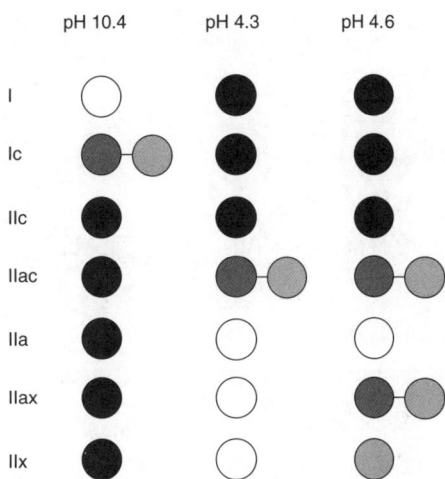

**图 3.5** 确定Ⅰ型和Ⅱ型肌纤维类型的肌球蛋白 ATP 酶染色法

后将样品从针上取下来，经过处理之后冷冻。接下来将肌肉样本切成连续的片（切片），并将其放置在盖玻片上进行组织化学检测，以确定各种肌纤维类型（Staron et al.，2000）。其他变量，如纤维的糖原含量、受体数量、线粒体、毛细血管和其他代谢酶，也可以通过活检样本连续切片进行分析。

对组织化学肌纤维分类流程最重要的是，在进行其余组织的化学检测之前，将来自相同肌肉的连续切片放入每个预培养皿中，其中一个预培养皿中的溶液是碱性的（pH 为 10.4），另外两个是酸性的（pH 分别为 4.6 和 4.3）。最终，在化验完成之后，通过比较肌纤维在每个 pH 条件下显示出的颜色来的确定其类型（见图 3.7）。

在图 3.5 所示的分类系统中，肌纤维被归类为Ⅰ型或Ⅱ型。此外，在两个一般Ⅰ型和Ⅱ型中，也可以区分出各种肌纤维的亚型（也称为混合型）。Ⅰ型肌纤维是

**表 3.1** 一些主要的肌纤维类型分类系统

| 分类系统 | 理论基础 |
|---|---|
| 红肌纤维和白肌纤维 | 基于肌纤维颜色视图。肌红蛋白越多（肌纤维中的氧载体），颜色越深或越红 |
| 快缩肌纤维和慢缩肌纤维 | 基于肌肉在刺激下收缩的速度和形状。快缩肌纤维比慢缩肌纤维的发力速度更快，而且疲劳程度更高 |
| 氧化型慢肌纤维、氧化糖酵解型快肌纤维和糖酵解型快肌纤维 | 基于代谢染色、氧化和糖酵解酶的特点 |
| Ⅰ型肌纤维和Ⅱ型肌纤维 | 基于不同 pH 条件下肌球蛋白 ATP 酶的稳定性。肌球蛋白 ATP 酶有不同的形式，其中一些形式在 ATP 分解中导致更快的酶促反应，从而导致该肌纤维的肌动蛋白丝－肌球蛋白相互作用的循环速率更高 |

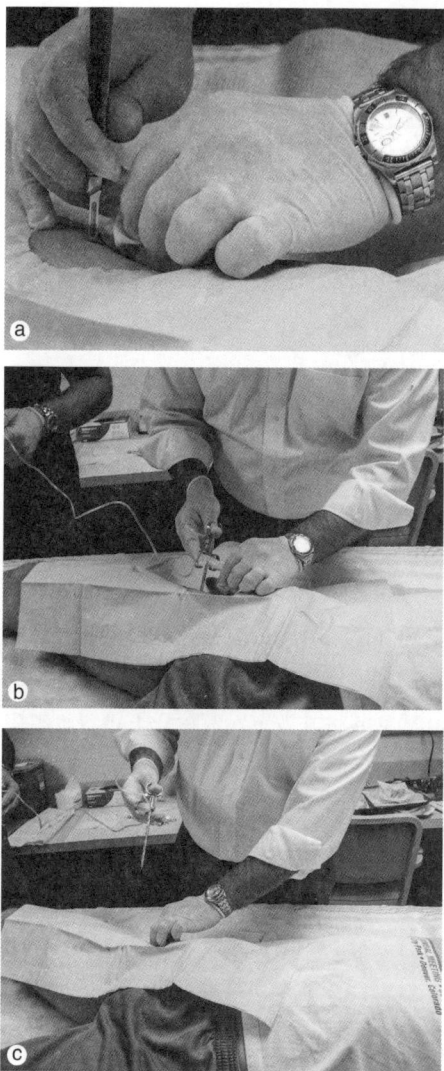

**图 3.6** 获得肌肉活体组织切片需要在麻醉表面部位后遵循以下步骤：a. 在皮肤和皮下脂肪组织开一个小切口；b. 将活检针插入切口，由通过与管道相连的注射器提供吸力，再用活检针获取一小部分肌肉（100~400 毫克）；c. 将针头取出，然后冰冻肌肉样本以供后续分析

图片由康涅狄格大学人体运动学系的威廉·J. 克雷默（William J. Kraemer）博士提供。

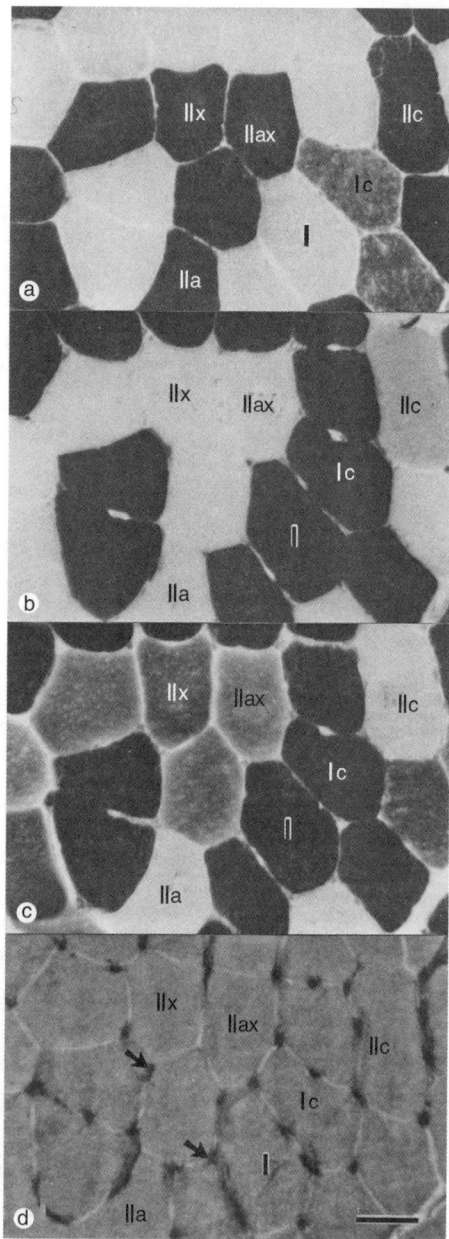

**图 3.7** 肌球蛋白 ATP 酶染色后的肌纤维显示出 I、IIa、IIax、IIx、Ic 和 IIc 几种类型：a. pH 为 4.3；b. pH 为 10；c. pH 为 4.6。这表明在相同的 pH 条件下不同的连续切片的染色稍微不同。图 3.7d 中，肌纤维周围的黑点是毛细血管

图片由俄亥俄州立大学的罗伯特·S. 司达隆（Robert S. Staron）博士提供。

最容易氧化的。在图 3.5 中，由上至下的肌纤维类型的氧化性逐渐减弱。在图 3.7 中，在对肌球蛋白 ATP 酶化学染色后，可以看到肌纤维中的纤维亚型。纤维亚型与肌肉结构中所包含的肌球蛋白重链（MHC）的类型高度相关（Fry et al., 1994；Staron et al., 1991）。这样，它们也与横桥循环的速率有关，因此也与收缩速度有关。

功能性能力一直与肌纤维类型的分类相关，因为Ⅱ型肌纤维（白肌纤维、快缩肌纤维，氧化糖酵解型快肌纤维和糖酵解型快肌纤维）和Ⅰ型肌纤维（红肌纤维，慢缩肌纤维和氧化型快肌纤维）有不同的新陈代谢和收缩特性。表 3.2 显示，Ⅱ型肌纤维更适合无氧运动，而Ⅰ型肌纤维则更适合有氧运动。

由Ⅱ型肌纤维的生物化学和物理特性可知，它们适合高强度、持续时间短的运动（见表 3.2）。这种运动包括 40 码冲刺、

1RM 举重和使用较大阻力（2~4RM）的训练组。这些纤维类型的肌原纤维 ATP 酶具有很高的活性，这种酶能分解 ATP 并释放能量，从而引起肌纤维缩短。Ⅱ型肌纤维能够以更快的收缩速度缩短肌肉，而且其放松肌肉的速度也很快。因此，它们可以在短时间内产生力量或进行大功率输出。Ⅱ型肌纤维主要依靠无氧能量系统来获得肌肉活化所需的能量。肌肉中的高水平 ATP 和 PC 储备和高糖酵解酶活性可证明这一点。Ⅱ型肌纤维的有氧能力较弱，表现为肌肉中的甘油三酯储备少、毛细血管密度低、线粒体密度低以及有氧酶活性低。事实上，Ⅱ型肌纤维主要依赖无氧能量系统来获得 ATP，而且其以有氧的方式获得 ATP 的能力很弱，所以它们极易疲劳。Ⅱ型肌纤维适合需要大功率输出、持续时间短的活动。

Ⅰ型肌纤维更加适合耐力（有氧）活

**表 3.2　Ⅰ型和Ⅱ型肌纤维特性对比**

| 特性 | Ⅰ型 | Ⅱ型 |
| --- | --- | --- |
| 每个剖面单位产生的力量 | 低 | 高 |
| 肌原纤维 ATP 酶活性（pH 为 9.4） | 低 | 高 |
| 肌内 ATP 储备 | 低 | 高 |
| 肌内 PC 储备 | 低 | 高 |
| 收缩速度 | 慢 | 快 |
| 放松时间 | 慢 | 快 |
| 糖酵解酶活性 | 低 | 高 |
| 耐力 | 高 | 低 |
| 肌内糖原储备 | 无区别 | 无区别 |
| 肌内甘油三酯储备 | 高 | 低 |
| 肌红蛋白含量 | 高 | 低 |
| 有氧酶活性 | 高 | 低 |
| 毛细血管密度 | 高 | 低 |
| 线粒体密度 | 高 | 低 |

动。这些肌纤维的有氧酶活性、毛细血管密度、线粒体密度、肌内甘油三酯储备高，疲劳性弱。Ⅰ型肌纤维非常适合低强度、持续时间长（耐力）的活动，如长跑、游泳和每组以较轻的阻力进行更多的重复次数的练习。

Ⅰ型和Ⅱ型肌纤维的几种亚型已经得到证明。Ⅱa型肌纤维具有良好的有氧和无氧特性，而Ⅱx型肌纤维（曾被命名为Ⅱb型，但是新的遗传学研究表明这种类型的肌纤维通常不出现在人类的肌肉中，所以这些肌纤维被重命名为Ⅱx型）具有良好的无氧特性，但是其有氧特性不佳（Essen et al.，1975；Staron et al.，2000；Staron et al.，1983）。现在看来，Ⅱx型肌纤维实际上可能只是未被使用的肌纤维储备（低氧化能力），在需要的时候它会转变成Ⅱa型肌纤维（Adams et al.，1993；Staron et al.，1991，1994）。在高强度抗阻训练中，Ⅱx型肌纤维会急剧减少，这支持了上述理论（Kraemer et al.，1995）。在人类中，Ⅱc型肌纤维出现的频率较低（小于所有肌纤维的3%），但是它们在几个生物化学特征上比Ⅱa型和Ⅱx型肌纤维的氧化性更强。Ⅱax型肌纤维是一个混合体（即Ⅱa型和Ⅱx型肌纤维的组合），而且处于一个过渡阶段，可能变成氧化性更强或更弱的肌纤维类型。

Ⅰ型肌纤维仅有一个Ic亚型。Ic型肌纤维数量很少，通常不到肌纤维总量的5%，它们是Ⅰ型肌纤维中氧化性（有氧能力）比较差的形式。随着抗阻训练或某些类型的无氧训练的进行，Ic型肌纤维的数量可能会小幅增加，因为这些类型的训练

没有增加氧化压力。

Ⅱ型肌纤维亚型包括从氧化性最弱的Ⅱx型肌纤维和氧化性更强的Ⅱc型肌纤维。身体训练可以让更多的Ⅱ型肌纤维亚型在彼此之间进行转化（Ingjer，1969；Staron et al.，1983；Staron et al.，1991，1994）。许多未使用全系列肌纤维进行的较早研究表明，训练能够让Ⅰ型和Ⅱ型肌纤维发生转化（Haggmark et al.，1982；Howald，1982）。然而，现在看来，这些转化只发生在Ⅰ型或Ⅱ型肌纤维的亚型内部，而且这些早期的研究很可能是由于缺乏所有肌纤维亚型的组织化学亚型分类系统才得出了这样的结论（Pette and Staron，1997）。因此，肌纤维的类型转化发生在主要的肌纤维类型，即Ⅰ型和Ⅱ型肌纤维的内部，而不发生在Ⅰ型和Ⅱ型肌纤维之间（见信息栏3.2）。

## 肌丝滑动学说

在20世纪中叶一个有趣的学说提出之前，肌肉是如何收缩的一直是个谜。在1954年，两篇论文同时发表在*Nature*上。这两篇论文的作者分别是A.F.赫胥黎（A.F. Huxley）和R.尼德格尔克（R. Niedergerke），以及H.E.赫胥黎（H.E. Huxley）和E.J.汉森（E.J.Hansen），他们首次在基本层面上为肌肉是如何收缩的提供了深入的见解。这些科学家解释说，肌肉的缩短与两根蛋白丝（即肌球蛋白丝和肌动蛋白丝）从彼此的上方滑过有关，而且这些细丝本身的长度没有显著变化。当肌节（能够产生力和使肌肉缩短的最小肌肉长度，见图3.8）缩短时，而肌球蛋白丝保持静止，而肌球蛋白头将肌动蛋白丝从肌

? 信息栏 3.2　　**实际问题**

## 高强度抗阻训练能否将 I 型肌纤维转换成 II 型肌纤维

答案是不能！使用不完整的组织化学剖面检测肌纤维类型的早期研究显示，在耐力训练或高强度抗阻训练之后，I 型肌纤维或 II 型肌纤维横截面积的百分比都略有增加，这很可能是肌纤维分类错误导致的。在正常的生理情况下，肌肉生理学专家认为 I 型肌纤维不可以转变成 II 型肌纤维，反之亦然，但是抗阻训练可以增加肌纤维的横截面积和力量。反之，耐力训练已被证明会减小 I 型肌纤维的横截面积，而且 II 型肌纤维变化很少或没有变化。因此，训练可能会改变某种类型的肌纤维的横截面积百分比（如 II 型肌纤维增大），这就增大了 II 型肌纤维的横截面积，但是 II 型肌纤维的数量没有改变。

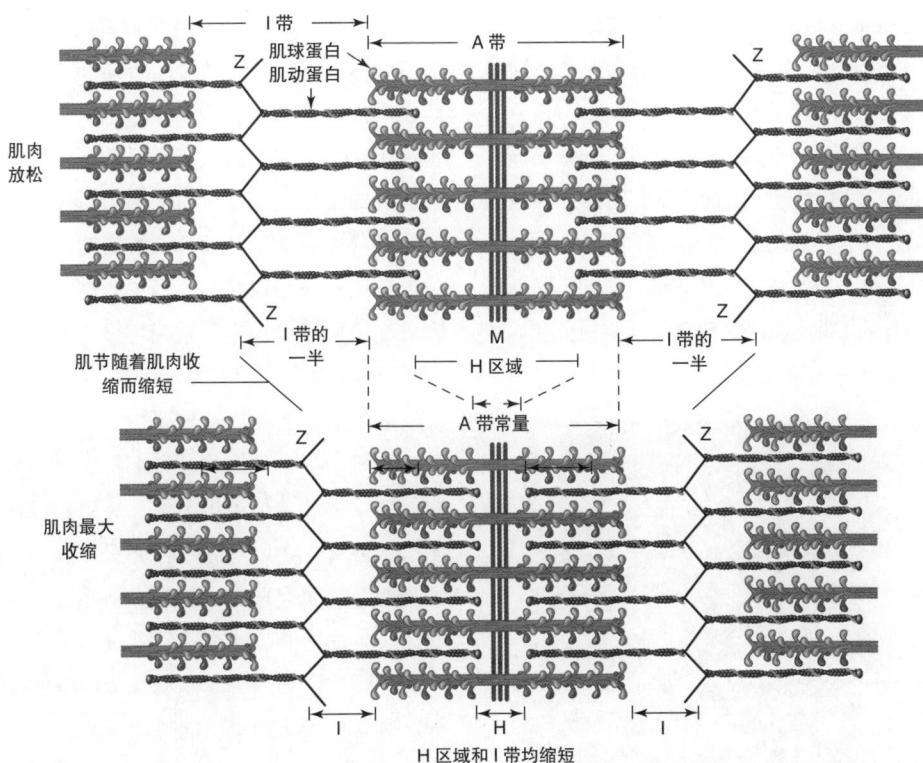

**图 3.8**　演示肌丝滑动学说的肌节：肌动蛋白丝和肌球蛋白丝从彼此上方滑过，整个肌节缩短，但是每条肌动蛋白丝和肌球蛋白丝的长度不变

球蛋白丝的上方拉过，使肌动蛋白丝从肌球蛋白丝上方滑过。到了 20 世纪与 21 世纪之交，许多关于肌肉收缩动力学的发现已经被证实，但有趣的是，基本理论仍然没有改变（A. F. Huxley，2000）。非收缩蛋白之间通过收缩蛋白保持非常紧密的关

系，形成广泛的编织结构，从而让肌节中的蛋白丝保持在恰当的位置。

要想理解肌肉激活的肌丝滑动学说，就必须先理解骨骼肌的结构。骨骼肌被称为横纹肌，因为肌肉中的蛋白质的排列在显微镜下呈条纹状（见图3.9）。肌纤维由末端相连的肌节构成。静息时，每个肌节中几个明显的浅色和深色区域构成条纹。这些浅色和深色区域由肌动蛋白丝和肌球蛋白丝排列形成，而这两种蛋白质是参与收缩过程的主要蛋白质。肌肉在收缩（完全缩短）状态下仍然存在条纹，但是表现为不同的花纹。条纹样式的改变是肌动蛋白丝从肌球蛋白丝上滑过导致的。

肌节从一条Z线移动到另一条Z线。在静息的时候，每个肌节出现两个淡色区域：不包含肌动蛋白丝但包含肌球蛋白丝的H区域，以及位于肌节末端且仅包含肌动蛋白丝的I带。与同时包含肌动蛋白丝和肌球蛋白丝的A带相比，这两个区域呈淡色。

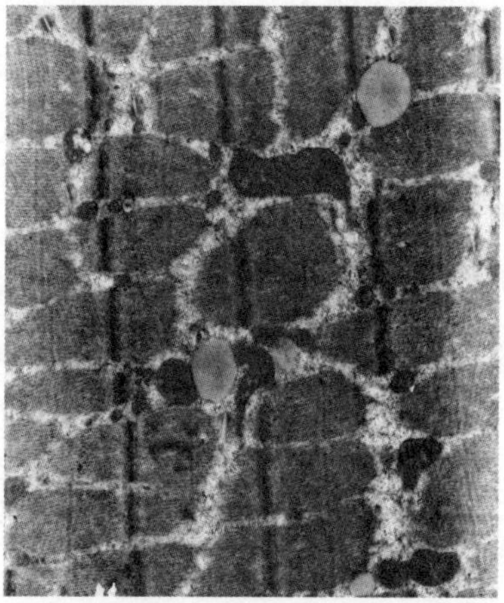

**图3.9** 从腓肠肌外侧头的骨骼肌电子显微图像中可以看到肌节与相关的带和细胞器

图片由康涅狄格大学人体运动学系的威廉·J. 克雷默（William J. Kraemer）博士提供。

随着肌节缩短，肌动蛋白丝从肌球蛋白丝上滑过。这导致当肌动蛋白丝滑入H区域并使它呈深色时，H区域似乎消失了。当Z线靠近肌球蛋白丝末端时，I带变得更短。当肌节放松并回到原来的长度时，H区域和I带也恢复为原来的尺寸和外观（见图3.8）。

## 肌肉动作的阶段

自从肌丝滑动学说在20世纪80年代首次被提出之后，许多研究陆续发现了肌肉的蛋白丝是如何相互作用的（文献综述见 A.F. Huxley，2000）。在静息时，肌球蛋白丝的凸点或横桥移动接触肌动蛋白丝，但不能发生相互作用来导致收缩。肌动蛋白丝上有活跃的部位，肌球蛋白的横桥可以与之互动并导致收缩。然而，在静息时，活跃位置被原肌球蛋白覆盖，其中肌钙蛋白也附着在原肌球蛋白上。这两种重要的调节性蛋白与肌动蛋白丝有关（见图3.10）。

在静息状态下，肌球蛋白头翘起，准备在与肌动蛋白丝上的活跃部位相互作用时旋转。运动单位被电激活，导致神经递质乙酰胆碱（ACh）释放到神经肌肉接头。乙酰胆碱与肌肉中的连接层受体结合，并使离子电流沿着横小管流动并进入整个肌质网。肌质网是包围每条肌纤维的膜状结构。这导致肌质网中的能量介导 $Ca^{2+}$ 泵停止，高浓度的 $Ca^{2+}$ 被释放到肌肉的肌质中。释放的 $Ca^{2+}$ 与肌钙蛋白分子结合，而后者附着在肌动蛋白丝的原肌球蛋白上。这会导致肌钙蛋白的结构改变，将原肌球蛋白从肌动蛋白丝内部的凹槽内拉出来。这就暴露了肌动蛋白丝上的活跃部位。原肌球

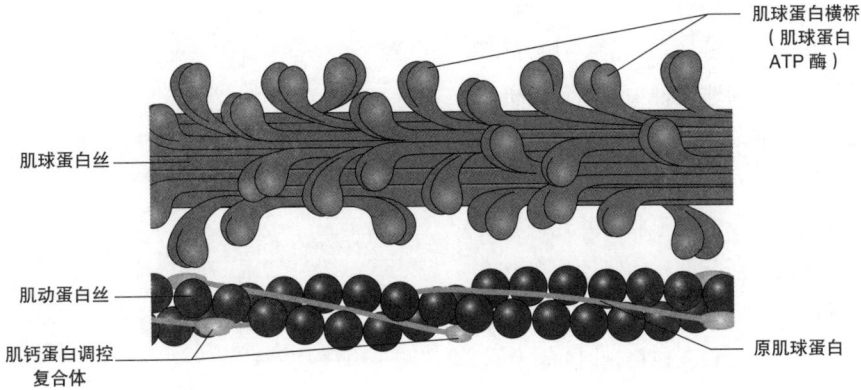

**图 3.10** 肌球蛋白丝和肌动蛋白丝示意图。活跃部位位于肌动蛋白丝上，而肌动蛋白丝位于原肌球蛋白和肌钙蛋白调控复合体下

蛋白阻塞活跃部位这一现象被称为空间阻塞模型。现在活跃部位已经暴露，肌球蛋白的横桥可以接触到肌动蛋白丝上的活跃部位，肌节可以收缩或缩短，肌球蛋白丝的横桥头部现在与肌动蛋白丝上的活跃部位相接触。附着的肌球蛋白丝的横桥头部向肌节的中心牵引并使肌动蛋白丝旋转一小段距离。此时，另一个接近肌球蛋白丝横桥头部的、来自能量系统的 ATP 分子与肌球蛋白头部结合，然后激活位于肌球蛋白横桥头部的肌球蛋白 ATP 酶。这将导致 ATP 分子分解、释放能量并帮助再次翘起肌球蛋白横桥，使它准备与一个新的、因肌丝向内移动而更靠近 Z 线的肌动蛋白活跃部位相互作用。断开与一个活跃部位的连接并与另一个活跃部位连接的过程称为复载。这个过程将肌动蛋白丝向肌球蛋白丝上方牵引，使肌节缩短。

横桥的倾斜产生肌肉中的所有力量这一观点已经被普遍接受，但是最近的研究表明，横桥移动涉及更复杂的一系列步骤，

而且还可能受到其他因素的影响，如非肌球蛋白和温度（详细综述见 A.F. Huxley，2000）。与一个新的活跃部位接触后，肌球蛋白头部再次旋转。这导致肌动蛋白在肌球蛋白上方向更远处滑动，导致肌节缩短。这个周期性过程不断重复，直到肌节已经缩短到极限或肌肉放松。在等长肌肉动作中，肌球蛋白横桥头部保持在同一个位置并与相同的活跃部位相互作用，同时在该活动范围内产生力，但是没有发生移动。在离心阶段，随着肌肉伸长，肌球蛋白横桥与每个活跃部位相互作用，并随着离心肌肉动作速度的提升而产生更多的力量（见关于力–速度曲线的讨论）。然而，有关这种肌肉动作的确切分子动力学机制仍然不清楚，而且这依旧属于肌肉生理学和分子生物学的科学研究领域。

ATP 酶分解新的 ATP，导致横桥头部翘起并准备与新的活跃部位相互作用。当来自大脑运动皮层的电脉冲停止向 α 运动神经元传递动作电位时，肌肉松弛。这导

致乙酰胆碱神经递质停止分泌。因为缺少电流的干扰，这将触发 $Ca^{2+}$ 的启动，而且 $Ca^{2+}$ 将再次被泵回肌质网中。这种泵机制还需要从 ATP 的分解过程中获得能量才能进行。由于没有 $Ca^{2+}$ 附着到肌钙蛋白上，肌钙蛋白将保持原来的形状，并允许原肌球蛋白落回覆盖活跃部位的肌动蛋白丝内部的凹槽内。肌球蛋白丝的横桥现在没有活跃部位可以与之相互作用，因此动作停止。随着运动单位及其 α 运动神经元的松弛，肌肉活动停止。当神经激活停止，肌肉将保持在当前所处的缩短位置上，除非在重力或外力的作用下被拉至伸长的位置，如被拮抗肌拉伸。

## 长度-张力（力）曲线

长度-张力（力）曲线（见图 3.11）表明，存在一个能使肌纤维产生最大力量的最佳肌节长度。产生的力量的大小取决于与肌动蛋白丝上的活跃部位相互作用的肌球蛋白横桥的数量。在不同的长度上，附着到肌动蛋白丝上的横桥的数量是不一样的。处于最佳长度时，横桥与活跃部位相互作用的程度可能达到最高水平，因此存在产生最大力量的潜力。

如果肌节短于这个最佳长度，那么在激活期间产生的张力就更小，因为缩短的肌动蛋白丝过多且发生重叠，这会干扰彼此接触肌球蛋白横桥的能力。与肌动蛋白丝上的活跃部位接触的横桥变少会导致产生张力的潜力变小。

如果肌节长于这个最佳长度，那么肌动蛋白丝和肌球蛋白丝的重叠就变少。这会导致横桥与肌动蛋白丝上的活跃部位接

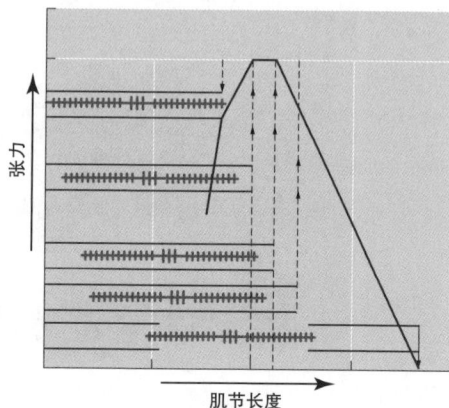

**图 3.11** 存在一个能够让肌纤维产生最大张力（力）的最佳肌节长度。如果肌节短于或长于这个最佳长度，产生的力都会变少

触的可能性变小。因此，如果肌节的长度大于最佳长度，那么可以产生的力量也会变小。

长度-张力曲线表明，在肌肉收缩之前预拉伸肌肉能够产生更大的力量。许多日常活动和体育运动都涉及预拉伸。例如，在行走时膝关节在伸展之前都会稍微屈曲，此时股四头肌得到预拉伸。一些力量举运动员在进行卧推之前会尝试通过向后收缩双肩（内收肩胛骨）和拉伸胸肌来进行预拉伸。

## 肌纤维适应

身体对抗阻训练方案的最突出的适应之一便是肌肥大。如今，运动科学家、运动员、私人教练和一般教练一致认为，合理设计和执行的抗阻训练方案会让肌肉增大。这种肌肉尺寸的增长一直被认为主要是肌纤维增大的结果，或者是每条肌纤维增大的结果（Kraemer et al., 1996；MacDougall, 1992；Schoenfeld, 2010）。

肌纤维增生或肌纤维数量增加，也被认为是肌肉增大的一个机制。对于人类，进行抗阻训练之后产生肌肉增生这一设想还没有得到直接证明，因为方法上存在困难（如不能取出人的整块肌肉进行检查），但是它在鸟类和哺乳动物对训练的反应中得到了明显体现（综述见 Antonio and Gonyea，1994；MacDougall，1992）。

## 肌肥大

在动物和人类中都观察到了肌肉增大的现象。在实验动物中，肌肉的增长仅仅是肌肥大导致的（Bass et al.，1973；Gollnick et al.，1981；Timson et al.，1985）。在接受过训练的运动员中，肌肉尺寸增长是现有的肌纤维增大导致的（Alway，1994；Alway et al.，1989；Haggmark et al.，1978）。现有肌纤维的横截面积的增大归因于现有肌纤维中的肌动蛋白丝、肌球蛋白丝及肌节的体积和数量的增加（Goldspink，1992；MacDougall et al.，1979），尽管有一些人认为非收缩蛋白质也会增加（Phillips et al.，1999）。在抗阻训练之后肌原纤维的体积变大证实了这一点（Luthi et al.，1986；MacDougall，1986）。有趣的是，极端肌肥大实际上可能会减小肌纤维的体积（MacDougall et al.，1982）。

并非所有肌纤维都有同样的增大幅度。增大的幅度取决于肌纤维的类型和募集模式（Kraemer et al.，1996）。抗阻训练之后的肌纤维增大在Ⅰ型和Ⅱ型肌纤维中均得到了体现（McCall et al.，1996）。然而，在常规的抗阻训练中（Gonyea and Sale，1982），人类和一般动物（Edgerton，1978）的Ⅱ型肌纤维的尺寸增长幅度似乎大于Ⅰ型肌纤维（Kraemer et al.，1995）。肌肥大是蛋白质降解与合成之间平衡的结果。当蛋白质降解减少或合成增加时，就会发生肌肥大现象。这两种肌纤维增幅的差异与蛋白质合成增加的幅度或蛋白质降解减少的幅度有关，而这两者是同时发生的。Ⅱ型肌纤维变得更大的原因可能是两种类型的肌纤维的蛋白质的聚积机制不同。在肌肥大方面，Ⅰ型肌纤维更多地依赖于蛋白质降解的减少，而Ⅱ型肌纤维更多地依赖于蛋白质合成的增加。

由此，或许可以根据训练方案有选择地增大Ⅱ型或Ⅰ型肌纤维。对于主要以高强度（即阻力极大）和低训练量（即组数和重复次数较少）进行训练的力量举运动员和举重运动员，数据表明他们的股外侧肌的Ⅱ型肌纤维的平均纤维面积为9300平方微米（Tesch et al.，1984）。反之，对于在比赛准备的特定阶段以稍低强度但稍高训练量训练的健美运动员，他们的股外侧肌的Ⅱ型肌纤维的平均纤维面积为 6200 平方微米（Tesch and Larson，1982）。此外，在股外侧肌上，健美运动员的Ⅱ型肌纤维所占面积的比例比举重运动员低（分别为50%与69%）（Tesch and Larson，1982）。

举起的重物比一般健美运动员重得多的力量举运动员和举重运动员的Ⅱ型肌纤维也更大，而健美运动员的两种肌纤维横截面积的增幅似乎是相同的（Fry，2004）。因此，与健美运动员的低强度、高训练量训练相比，力量举运动员和举重运动员的高强度、低训练量训练可以更加有选择性地增大Ⅱ型肌纤维，这是因为刺激了在Ⅱ型肌纤维中运行得更活跃的信号和神经机制。

使用肌球蛋白ATP酶染色法在pH为4.6的条件下对一组肌纤维进行染色，然后将它们放在显微镜下检查，可以看到肌纤维的横截面积增大了。图3.12展示了女性在训练前和8周高强度抗阻训练之后的股外侧肌样本在显微镜下的画面。肌纤维被横向切开，颜色最深的是Ⅰ型肌纤维，灰色的是Ⅱx型肌纤维，而白色的是Ⅱa型肌纤维。在抗阻训练之后，该名女性的所有肌纤维的横截面积都显著增大了，尤其是Ⅱ型肌纤维。肌肥大是高强度抗阻训练方案引起训练适应的标志之一。然而，单独的肌纤维必须得到锻炼，才能产生蛋白质的聚积和横截面积的增大。

在高强度抗阻训练中，必须从质量和数量（收缩蛋白）的角度（即肌动蛋白和肌球蛋白的角度）来观察肌纤维的适应。随着高强度抗阻训练的开展，几次训练之后肌蛋白的类型（如肌球蛋白重链）就开始发生改变（Staron et al., 1994）。随着训练的进行，肌纤维的横截面积也在增大，收缩蛋白的数量也开始增加。要想获得显著的肌纤维增大，必须采用较长的训练时间（超过8次训练）以增加所有肌纤维的收缩蛋白的含量。在训练的早期阶段，通常情况下，蛋白质的质量会发生变化（肌球蛋白ATP酶异形体发生变化，从Ⅱx型变成Ⅱax型或Ⅱa型），但是肌纤维的大小或整个肌肉不会发生很大的变化。

肌肥大给举重运动员带来的潜在优势是可以输出更大的力量，但是如果肌肉太大，则会影响收缩速度。然而，怎样才算肌肉过大尚不清楚，因为人与人之间存在

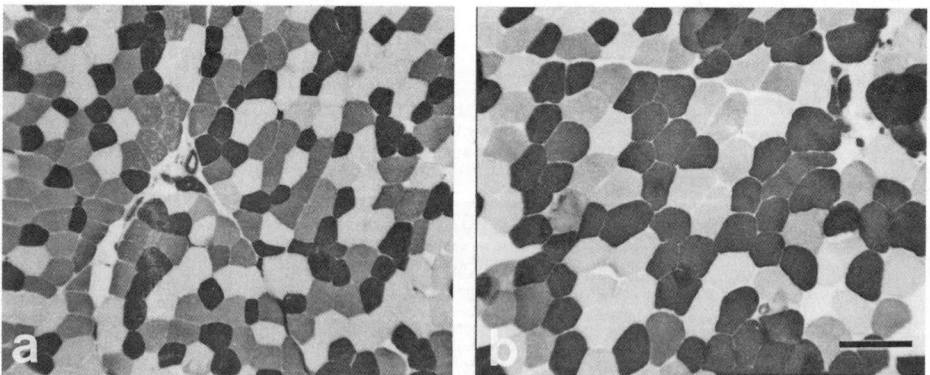

图3.12 不同时间的股外侧肌样本的分析：a. 训练前；b. 8周高强度抗阻训练后。将肌纤维以横断的方式切开，放在pH为4.6的环境进行预培养之后检测肌球蛋白ATP酶的活性。颜色最深的是Ⅰ型肌纤维，颜色最浅的是Ⅱa型肌纤维，而灰色的是Ⅱx型肌纤维。在图中可以看到，训练之后肌纤维的横截面积变大了（肌肥大），而且染色后呈灰色的肌纤维的数量减少了

标尺为200微米。

图片由俄亥俄州立大学的罗伯特·S. 司达隆（Robert S. Staron）博士提供。

许多解剖学差异（如肢体长度）。

肌纤维的羽状角被定义为相对于肌腱拉伸的方向，肌纤维附着在该肌腱上的角度（见图 3.13）。在羽状肌中，羽状角在抗阻训练下会有一定程度的增大，例如在 9 周的抗阻训练之后会增加 5%（Erskine et al.，2010）。羽状角增大太多可能不利于力量的产生。因为随着羽状角的增大，肌纤维的拉伸方向与肌腱的拉伸方向会不完全一致。健美运动员的肱三头肌的羽状角明显大于未接受过训练的男性（在肱三头肌长头中分别为 33 度和 15 度，在短头中分别为 19 度和 11 度），其直接原因是硕大的肌肉才能让健美运动员在比赛中取胜（Kawakami et al.，1993）。根据相关报告，与未接受过训练的人相比，相扑运动员的肱三头肌（21.4 度对比 16.5 度）的长头、腓肠肌的内侧（23.6 度对比 21.3 度）和腓肠肌的外侧（15.4 度对比 13.5 度）的羽状角更大（Kearns et al.，2000）。根据相关报告，在 16 周的抗阻训练之后，肱三头肌的羽状角从 16.5 增加到了 21.3 度（Kawakami et al.，1995）。在 14 周的抗阻训练之后，股外侧肌的羽状角从 8 度增加到了 10.7 度，而且 II 型肌纤维的横截面积增加了 18.4%（Aagaard et al.，2001）。此外，在研究中已经观察到肌肉羽状角与肌肉体积之间的相关性（$r = 0.622$）（Aagaard et al.，2002）。同样，在精英级力量举运动员中，有些肌肉（肱三头肌的长头和腓肠肌的内侧）的厚度和羽状角之间也存在明显的相关性，不过在另一些肌肉（股外侧肌）中则没有这种相关性（Brechue and Abe，2002）。

羽状角变大是肌肥大的结果。然而，随着羽状角的增大，肌肉的每单位横截面积产生的力量可能会减少。通过对比健美运动员和举重运动员的肘伸肌力量，可以看出羽状角对每单位横截面积肌肉产生的力量的影响。健美运动员的力量与肌肉横截面积的比率显著低于举重运动员，其羽状角也更大。这表明，更大的羽状角会使每单位肌肉横截面积产生的力量减少（Ikegawa et al.，2008）。因此，过度增大肌肉会使羽状角增大，而这很可能会影响力量的产生。

肌肉的羽状角的增加幅度似乎有一个限度。一些科学家认为，在过度增大的肌肉中，如健美运动员或其他一些运动员的肌肉中，可能存在一个羽状角增大瓶颈，超过这个水平之后肌纤维长度可能会限制每根肌纤

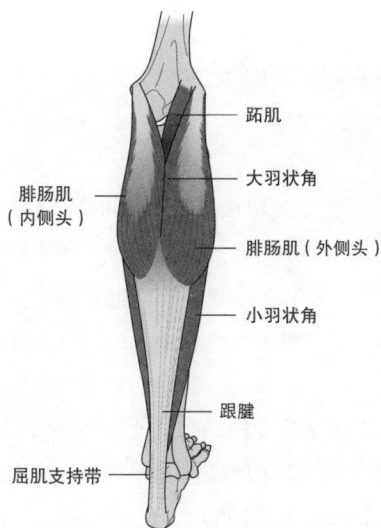

跖肌

大羽状角

腓肠肌
（内侧头）

腓肠肌（外侧头）

小羽状角

跟腱

屈肌支持带

**图 3.13** 羽状角由肌纤维附着在肌腱上的角度决定。羽状角随着肌肉的增大而增大，而且可能在此过程中减少每单位横截面积的肌肉产生的力量

维的羽状角的增大（Kearns et al.，2000）。肌节数量的大量增加也被认为会限制羽状角的变化（Kearns，Abe and Brechue，2000）。与未接受过训练的男性相比，大学美式橄榄球运动员（Abe et al.，1999）、相扑运动员（Kearns et al.，2000）和短跑运动员（Kumagai et al.，2000）的肱三头肌、股外侧肌和腓肠肌的肌纤维更长（相对于肢体的绝对长度和相对长度）。此外，肌纤维长度的增加与每单位横截面积产生的力量和收缩速度的提升有关联。与速度较慢的短跑运动员相比（100米成绩为11.0~11.7秒），速度较快的短跑运动员（100米成绩为10.0~10.9秒）拥有更大的肌纤维长度和更小的羽状角（Kumagai et al.，2000）。虽然不能排除遗传因素，但是当肌肥大达到某一阈值或羽状角大小达到某一临界水平时，似乎肌节的数量或长度会增加（Kearns et al.，2000）。一般来说，羽状角会随着肌肥大而变大，但是可能它到达某个最大值后肌节的数量就开始增加，这限制了羽状角的增大。

## 增生

增生最初被用作使实验动物增大肌肉的适应性策略（Gonyea，1980；Ho et al.，1980）。这些研究的批评者声称，评估方法、肌肉样本受损和肌纤维退化是观察到增生的原因。然而，后来的一些研究试图纠正这些问题，但是仍然得到了肌纤维数量增加的结果（Alway et al.，1989；Gonyea et al.，1986）。

比较有关健美运动员和力量举运动员的几项研究得出的结论是，健美运动员的单根肌纤维的横截面积与一般人相差不大，但是这些运动员的肌肉明显大于一般人（MacDougall et al.，1982；Tesch and Larsson，1982）。这表明这些运动员的肌纤维总数比一般人多，而增生可能是肌纤维数量增加的原因。然而，也有数据显示，健美运动员和未接受过训练的人拥有相同数量的肌纤维，不过前者拥有更大的肌肉（MacDougall et al.，1984）。这一结果表明，健美运动员的肌肉比较大是因为其现有的肌纤维变大了，而不是增生了。

在一个针对男性的、为期12周的训练研究中，使用磁共振成像（MRI）和活检技术检验了高强度抗阻训练之后的肌肥大和肌纤维可能增加的情况。结果得到了一些肱二头肌增生的证据，尽管肌肉增长大部分是因为肌肉变大了（McCall et al.，1996）。一项针对猫的肌肉增生的研究表明，要想让增生发生，运动强度必须达到引发快缩肌纤维（Ⅱ型肌纤维）参与的水平（Gonyea，1980）。一种可能的情况是，只有高强度抗阻训练可以导致增生，并且Ⅱ型肌纤维可能刚好匹配这种类型的适应。力量举运动员已被证明拥有更多作为肌生成标志的肌核、卫星细胞和小直径纤维，这也预示着肌纤维增生（Kadi et al.，1999）。这些效果似乎在使用合成代谢类固醇时得到增强（Kadi et al.，2000），这可能显示了另一个潜在的机制，因为在类固醇促进肌肉增长的情况下，更多的肌核意味着更多的雄性激素受体可用于相互作用。

虽然支持人类肌纤维增生的数据有限，但有迹象表明它可能由抗阻训练引发。由于存在这些互相矛盾的结果，这个课题仍然存在争议。进一步对精英级举重运动员进行研究可能有助于解决这一争议。虽然人体中的肌纤维可能发生增生，但是它不是大多数肌纤维面对增荷抗阻时的主要适应机制。它可能反映了某些肌纤维在横截面积达到理论上限之后对抗阻训练的适应。可以推测，在长期的高强度抗阻训练中，某些Ⅱ型肌纤维可能是这种适应的主要参与者。然而，如果肌纤维增生确实发生，它引起的肌肉增大可能只占总肌肉体积增大的很小部分（如3%~5%）。

## 蛋白质合成

肌肥大是蛋白质合成增加、蛋白质降解减少或两者兼有的结果。在高强度的抗阻训练之后蛋白质合成会增加。当蛋白质的合成量超过降解量之后，净蛋白质聚积就会呈正向发展，并发生肌肥大。Ⅱ型肌纤维增大似乎主要与蛋白质合成的速率增加相关，而Ⅰ型肌纤维增大似乎主要与蛋白质降解的速率下降相关（Goldspink，1992）（见关于蛋白质的分解和合成的讨论）。

塔尔诺波尔斯基等人（Tarno-polsky et al.，1991）检测了抗阻训练期间的全身蛋白质合成，没有观察到任何变化。然而，全身检查并不能反映单个肌肉或肌纤维的变化。在对肱二头肌和股外侧肌进行检测时，训练48小时之后，它们的蛋白质合成速率显著提升（Chesley et al.，1992；MacDougall et al.，1992，1995；Phillips et al.，1997）。在训练3小时、24小时和48小时之后，蛋白质合成速率分别提升112%、65%和34%（Phillips et al.，1997）。此外，在这些相同的时间点内，蛋白质的降解速率仅分别提升31%、18%和1%，这表明在运动后的48小时之内，肌肉蛋白质平衡提升23%~48%。

在进行高强度抗阻训练时，综合混合肌肉（即所有肌纤维）的部分合成速率在休息和高强度抗阻训练期间是相近的（以1RM的85%进行单侧腿蹬举和膝伸至力竭，另一侧肢体作为实验对象内部对照组），但是受抗阻训练的大腿的特定肌纤维合成速率比未接受训练的大腿更高（Gasier et al.，2012）。总体来说，上述研究表明，抗阻训练可以快速地增加蛋白质的合成，以呼应运动单位的激活，从而产生力量。

训练状态在抗阻训练后蛋白质合成速率的变化上起着重要的作用。菲利普斯等人（Phillips et al.，1999）在接受过（至少有5年经验）和未接受过抗阻训练的男性之间比较了蛋白质合成和降解的速率。有趣的是，这一比较表明，在训练4小时之后，未接受过训练的男性的蛋白质合成速率高于接受过训练的男性（分别为118%和48%）。然而，未接受过训练的男性的降解速率也更高，这就导致接受过训练和未接受过训练的男性之间的净蛋白质平衡分别为34%和37%。研究人员认为慢性抗阻训练可以减少肌肉损伤，从而降低蛋白质的降解速率，而这又会增加净蛋白质的合成。

氨基酸透过细胞膜被转运，然后被骨骼肌摄取，这对增加蛋白质合成非常重要。在抗阻训练结束3个小时之后，氨基酸转运的数量会增加60%~120%（取决于氨基酸的种类）（Biolo et al.，1995）。有趣的是，动脉氨基酸浓度没有改变，更确切地说，氨基酸转运量的增加主要是因为肌肉血流量增加了 90%。

越来越多的证据表明，血流在蛋白质合成和肌肥大中扮演着非常重要的角色。在抗阻训练期间限制血液流动并使用轻负荷的研究（从而增加代谢物的浓度和增强训练刺激的无氧特性）表明，这比采用更大阻力的训练更能增大肌肉。这表明在抗阻训练期间，血液流动或合成激素和 / 或代谢物聚积对训练适应的产生非常重要（Rooney et al.，1994；Shinohara et al.，1998；Smith and Rutherford，1995；Yasuda et al.，2010）。

加压训练（也称作血流限制训练）最近变得很流行（见第 6 章的"血流限制训练法"）。该训练限制流向目标肌肉的血流并使用轻阻力（如 1RM 的 20%），从而导致闭塞的发生，以此来提升力量、促进肌肥大（Yasuda et al.，2010）。尽管这是抗阻训练的一个可能的方式，但是由于它在长期研究中的使用有限，以及存在缺氧、氧化应激和水肿等潜在问题，所以其安全问题已经受到关注（Loenneke，2011）。这可能可以解释为什么增大肌肉的健美训练方案采用适度的阻力、较高的训练量和较短的休息时间，其目的是增加肌肉中的代谢物。

在抗阻训练之后，肌肉蛋白质合成在很大程度上取决于氨基酸的可用性、蛋白质摄入的时间和胰岛素的浓度，同时还受其他因素的影响，如激素（生长激素、睾酮、胰岛素样生长因子-I 和 MGF 等）、机械应力和细胞水合作用。蛋白质合成的快速增加似乎受到肌核内部发生的变化的影响。这包括与 RNA 信号无关的机

制，如增加核糖体生物合成、增加翻译起始因子的数量或两种变化同时发生（Baar and Esser，1999；Jefferson and Kimball，2001）。在抗阻训练之后，胰岛素浓度会升高（无论是通过摄入葡萄糖还是注射胰岛素），运动调控的蛋白质分解速率下降，而合成速率没有明显增加，从而导致净蛋白质聚积约为 36%（Biolo et al.，1999；Roy et al.，1997）。

有趣的是，胰岛素浓度的升高发生在抗阻训练结束补充碳水化合物之后（Williams et al.，2002）。在抗阻训练之后，在肌肉血流量增加的同时，在氨基酸摄入的刺激下蛋白质合成速率加倍（Biolo et al.，1997）。如果在训练之前摄入氨基酸，由于在训练期间血流量增大会让氨基酸得到更充分的输送，这种效应可能会更显著（Tipton et al.，2001）。这些结果表明，在抗阻训练之前或结束之后立即摄入葡萄糖和氨基酸可以使蛋白质合成和身体恢复效果最大化。大多数研究表明，在抗阻训练之前或之后摄入蛋白质（主要是必需氨基酸）和乳清蛋白能够促进肌肥大，而且训练和从训练中恢复可以促进肌肉蛋白质的合成（Hulmi et al.，2010）。

现在研究人员已经提出了一个抗阻训练期间蛋白质代谢的模型（Tipton and Wolfe，1998）：（1）抗阻训练刺激蛋白质的合成，（2）细胞内氨基酸浓度降低，（3）氨基酸浓度降低刺激蛋白质分解和将氨基酸转运到肌肉细胞中，（4）氨基酸可用性提升进一步刺激蛋白质的合成，（5）发生肌肉组织重塑。因此，蛋白质的适当摄入，特别是必需氨基酸的摄入，对

于身体的最佳恢复、运动能力的最大提升以及之后对抗阻训练的适应都是至关重要的（Volek，2004）。

## 肌肉结构变化

肌肉结构变化是指肌肉内部结构的大小、数量或相互之间距离的变化。结构变化可能会影响肌肉的功能。即使肌丝的数量随着抗阻训练而增加，但是在6周~6个月的抗阻训练之后，肌纤维的堆积间距（即肌球蛋白丝或其他蛋白丝之间的距离）与肌节的长度似乎仍保持不变（Claassen et al.，1989；Erskine et al.，2011；Luthi et al.，1986；MacDougall，1986）。然而，肌纤维长度可能会随着抗阻训练的进行而增加（见本章的"肌肥大"），并有数据表明它与精英级男子力量举运动员的去脂体重密切相关（Brechue and Abe，1986）。在6周的抗阻训练之后，肌动蛋白丝与肌球蛋白丝的比例没有改变（Claassen et al.，1989）。在抗阻训练之后，肌质、横小管和其他非收缩组织的相对体积没有明显改变（Alway et al.，1988，1989；Luthi et al.，1986；MacDougall et al.，1984；Sale et al.，1987）。因此，虽然抗阻训练后肌纤维的数量增加了，但是肌节的空间方向似乎保持不变。随着训练的进行，肌节不断平行增加，这让肌肉的横截面积和去脂体重增加，但是肌节的工作方式没有改变。

然而，抗阻训练确实会导致骨骼肌发生结构变化。钠-钾ATP酶的活性已被证明在11周的抗阻训练之后增加了16%，它的作用是保持钠离子和钾离子的梯度和膜

电位（Green et al.，1999）。在健康的年轻人中，骨骼肌很少发生结构变化，但是在老年人中，抗阻训练似乎可以延缓一些与年龄相关的肌肉形态的衰减。一些研究证明，抗阻训练可以延缓与年龄相关的原肌球蛋白减少（Klitgaard et al.，1990）、肌质网最大钙摄取率下降（Hunter et al.，1999）、肌质网钙ATP酶活性降低（Hunter et al.，1999；Klitgaard et al.，1989）以及肌钙蛋白的减少（Klitgaard et al.，1989）。在年轻的人群中没有观察到这些变化（Green，Goreham et al.，1998；Green，Grange et al.，1998；Hunter et al.，1999；McKenna et al.，1996）。这些数据表明了抗阻训练对延缓与年龄相关的肌肉结构和功能的衰减的重要性。

非收缩结构蛋白和支架蛋白［即与抗肌萎缩蛋白结合的蛋白复合物（DAPC）］将细胞内和细胞外的结构连接在一起，而且其对肌节和肌肉中的力量稳定性和力量传送非常重要。力量的传送对肌肉内信号的发送也很重要［如哺乳动物雷帕霉素靶蛋白（mTOR）的刺激，它是发送细胞生长和蛋白质合成信号的重要蛋白质］。在为期16周的渐进高强度抗阻训练之后，DAPC中的各种蛋白质都增加了，而且老年和年轻男性的增幅相近。然而，老年人体内的压力诱导的丝裂原活化蛋白激酶（MAPK）的增长可能只是在16周训练之后老年人的肌纤维增大显著小于年轻男性的一个原因（Kosek and Bamman，2008）。

## 肌纤维类型转化

蛋白质的质量与在收缩机制中发现的蛋白质类型有关，如 ATP 酶的类型。蛋白质的类型能够改变肌肉的功能（Pette and Staron，2001）。许多抗阻训练研究的重点是肌球蛋白分子和肌纤维类型的检测，该过程利用了肌球蛋白 ATP 酶在不同的 pH 下呈现的不同的组织化学染色活动，这已在前面进行了讨论。肌肉中的肌球蛋白 ATP 酶纤维类型的变化还反映出肌球蛋白重链含量发生的相关联的变化（Fry et al.，1994）。我们现在知道存在一个肌纤维类型的连续体，而且 II 型肌纤维内部的转化是常见的抗阻适应表现（如从 IIx 型转化为 IIa 型）（Adams et al.，1993；Kesidis et al.，2008；Kraemer et al.，1996；Kraemer，Patton et al.，1995；Staron et al.，1991，1994）。

当 IIx 型肌纤维由于运动单位激活受到刺激时，它们会启动向 IIa 型肌纤维转化的过程，期间蛋白质的类型会变化，并使用肌球蛋白 ATP 酶肌肉组织化学分析来表达不同的肌纤维类型数量或百分比。图 3.14 展示了在高强度抗阻训练中肌纤维向 IIa 型转化的过程。人类不可能通过训练将肌纤维从 II 型转变为 I 型，反之亦然。因此，肌纤维类型的改变似乎主要是关于 I 型或 II 型内部的肌纤维类型之间的变化（综述见 Kraemer et al.，1996；Staron and Johnson，1993）。

无论是男性还是女性，在 8 周的高强度抗阻训练之后，都出现了肌纤维类型的转化。该抗阻训练方案主要针对大腿肌组织，每周训练 2 天，其中一天使用 6~8RM 的大阻力多组训练，另一天使用 10~12RM 的训练，训练中使用多个练习（深蹲、腿蹬举和膝伸）。组间和练习间休息 2 分钟，充分的休息可以引起激素的变化（Staron et al.，1994）。在 8 周训练之后最大动态力量增加了，而且男性和女性肌纤维的横截面积或去脂体重都没有显著变化。这支持神经适应是早期训练阶段的主要机制这一理论。然而，它还表明在训练的早期阶段收缩蛋白的类型也发生了变化，因为女性在训练 2 周（即 4 次训练）、男性在训练 4 周（即 8 次训练）之后，就观察到其体内 IIx 型肌纤维的百分比显著下降。在 8 周的训练（16 次训练）之后，在男性和

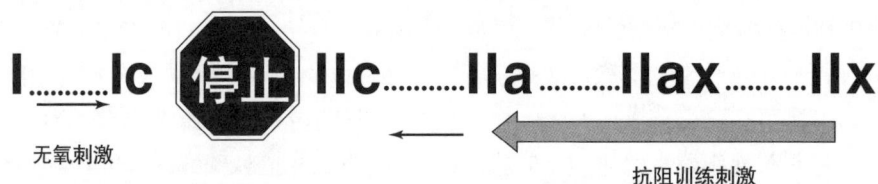

**图 3.14** 当 II 型肌纤维作为必要的运动单位被募集用于举起重物时，它们就会启动一个朝向 IIa 型肌纤维的转化过程。在无氧训练中有极少数 II 型肌纤维和 I 型肌纤维（<1%）分别转化成 IIc 型肌纤维和 Ic 型肌纤维。然而，II 型肌纤维不会转化成 I 型肌纤维。肌球蛋白 ATP 酶异形体和肌球蛋白重链蛋白质的变化是该过程的基础。最终，当所有运动单位都被募集用于训练时，训练者最后得到的是 I 型和 IIa 型肌纤维

女性中，Ⅱx 型肌纤维占总肌纤维的比例从 21% 下降到了大约 7%。肌纤维类型的改变在肌球蛋白重链分析中得到了印证。这项研究确定了男性和女性在抗阻训练方案早期肌球蛋白 ATP 酶的特定肌肉适应时间过程。在此期间肌纤维开始从Ⅱx 型转化为Ⅱa 型，而且可能在肌纤维增大或未增大的情况下发生力量增长。在训练的早期阶段，更大的负荷通常与肌纤维的增大有关（1~10RM），而较小的负荷（20RM 及以上）在成年男性和女性中没有带来肌纤维的变化，即使有也极少（Campos et al.，2002，Schuenke et al.，2012；Schuenke et al.，2013）。这些结果的关键影响因素是，与较小的重量相比，使用较大的重量来刺激运动单位会产生频率更高的去极化电荷。正是较高频率的电荷流经低阈值运动单位导致这些研究中所见的明星的肌肥大训练效果。

肌纤维重塑对肌肉力量的增长有多大促进作用目前尚不清楚，不过逐渐增加肌纤维的数量和横截面积，以及Ⅱx 型肌纤维转化为Ⅱa 型肌纤维可能都有助于增加力量。此外，激素（睾酮和皮质醇）的变化与肌纤维的变化（如Ⅱa 型肌纤维的转化百分比）相关，而且可能有助于协调这些适应。在抗阻训练早期，肌纤维重塑中发生的许多其他变化可能会影响肌肉开始变大的时间。因此，在肌肉重塑的过程中，蛋白质的类型可能是肌肉发展的一个重要方面，尤其是在抗阻训练的早期阶段。

更长时间的高强度抗阻训练也会导致蛋白质类型和肌肉横截面积的变化。研究对训练 20 周、停训 2 周，然后再训练 6 周的女性的骨骼肌进行了检查，结果发现训练使得肌纤维的横截面积增大了（Staron et al.，1991）。Ⅱx 型肌纤维的百分比从 16% 降至 0.9%。这项研究还表明，短暂的停训期会导致肌纤维（特别是Ⅱ型肌纤维）的横截面积开始向训练前水平恢复，而且开始从Ⅱa 型转化回Ⅱx 型。此外，该研究还表明，与从未接受过训练的人相比，恢复训练的人能够更快地改变肌肉的大小，以及使肌纤维更快地向Ⅱa 型肌纤维转化。因此，与未经训练相比，停训一段时间后恢复训练会让变化发生得更快。

一系列使用相同的实验对象的研究检验了抗阻训练对肌肉力量、形态、组织化学反应和肌球蛋白重链反应的影响（Adams et al.，1993；Dudley et al.，1991；Hather et al.，1991）。3 个男性实验群体进行 19 周的训练。第 1 个实验群体（向心 / 离心）在常规的抗阻训练方案中进行 4~5 组、每组 6~12 次重复的向心和离心肌肉动作。第 2 个实验群体（向心）进行 4~5 组、每组 6~12 次重复的仅向心肌肉动作。而第 3 个实验群体（向心 / 向心）进行 8~10 组、每组 6~12 次重复的仅向心肌肉动作。因此，第 3 个实验群体的训练量是第 2 个的 2 倍，因为他们做了更多的向心动作。所有实验群体的力量都有显著的提升，而且在Ⅱx 型肌纤维百分比下降的情况下Ⅱa 型肌纤维的百分比增加了。Ⅰ型肌纤维的增加仅发生在向心 / 离心实验群体中，而Ⅱ型肌纤维的增加发生在向心 / 离心和向心 / 向心这两个实验群体中。只有向心 / 向心和向心实验群体的每单位肌纤维面积的毛细血管数量增加了。Ⅱ型肌纤维肌球蛋白 ATP 酶亚型的变化与肌球蛋白重链Ⅱa 型的增加和肌球蛋白重链 IIx 型的减少同步进行。这些研究的综合结果表明，肌肥大、II 型肌纤维转化和每单位肌纤维面积的毛细血管数量都受到肌肉动作类型或重复方式以及训练量的影响。因此可知，随着抗阻训练的进行人体会发生肌纤维类型的转化，但似乎主要发生在 II 型肌纤维的亚型之间。

## 肌红蛋白含量

肌红蛋白的含量可能会在抗阻训练之后降低。肌红蛋白是一种将氧气从细胞壁输送到线粒体的分子（Tesch，1992）。这种减少会如何影响肌纤维在有氧运动中的新陈代谢能力尚不明确。训练的初始状态、训练方案的具体类型和肌肥大的程度都可能会影响抗阻训练对肌红蛋白含量的作用效果。研究发现，在男性参加的低强度、休息时间短或高强度、休息时间长的抗阻训练方案中，在两个月的训练之后，两个方案中的男性的肌红蛋白含量不变，肌肉大小和力量增加。即使扩散距离因肌肥大而增加，肌红蛋白从毛细血管到线粒体的携氧能力也不会受到不利影响（Masuda et al.，1999）。

## 毛细血管血流供应

肌肉中毛细血管数量的增加能够增大流向活跃肌肉的潜在血液供应和血液与肌纤维之间进行气体交换的表面积，从而有助于增强有氧代谢。在为期 8 周的训练中，进行 4 组高强度（3~5RM）抗阻训练，或者 4 组中等强度（9~11RM）抗阻训练，或者 4 组低强度（20~28RM）抗阻训练，每单位肌纤维毛细血管数量的增加仅发生在中等强度训练中的 IIa 型肌纤维上。这一变化将导致该肌纤维中的毛细血管数量和每单位横截面积毛细血管数量（密度）增加（Campos et al.，2002）。肌纤维增大了，但在中等强度和高强度抗阻训练中，虽然肌纤维增大，但毛细血管密度在总体上保持不变，这表明每单位肌纤维的毛细血管数量与肌纤维的大小存在对应关系。有趣的是，低强度抗阻训练没有使肌纤维增大或每单位肌纤维的毛细血管数量增加，即毛细血管密度没有发生显著变化。因此，训练强度、训练量或两者都可能影响毛细血管数量或密度的变化。

在为期 12 周的典型抗阻训练（3 组、每组 10 次重复）中，可以观察到 I 型和 II 型肌纤维的毛细血管数量显著增加（McCall et al.，1996）。然而，由于肌纤维肥大，没有观察到每单位肌纤维面积的毛细血管数量发生变化。在未接受过训练的实验对象中，可以观察到其毛细血管数量增加了（Frontera，1988；Hather et al.，1991；Staron et al.，1989；Tesch，1992）。此外，研究还表明，即使肌肥大导致肌纤维尺寸增加了，在不同类型（即向心和离心肌肉动作的组合）的训练中，高强度抗阻训练能够刺激每单位面积和每单位肌纤维的毛细血管显著增加。与某些研究显示的 II 型肌纤维呈选择性增大一样，毛细血管的数量或密度增加似乎都与抗阻训练的强度和训练量有关（Campos et al.，2002；Hather et al.，1991）。然而，毛细血管密度变化的过程似乎是缓慢的，因为研究表明，6~12 周可能还不能刺激毛细血管的生长速度超过正常未训练时的水平（Tesch，1992；Tesch，Hjort and Balldin，1983）。

力量举运动员和举重运动员在每单位肌纤维的毛细血管数量上与非运动员没有什么不同。然而，由于肌肥大，这些运动员的毛细血管密度比非运动员要低（Tesch，Thorsson and Kaiser，1984）。相反，在精英级力量举运动员的斜方肌中，发现 I 型肌纤维周围的毛细血管的数量高于正常水平（Kadi et al.，1999）。在对照实验对象的 IIa 型肌纤维周围，毛细血管的密度更高，这表明在某些 II 型肌纤维中，肌肥大增加了毛细血管扩散的距离。健美训练采用的高训练量（Schantz，1982）可能会增加毛细血管的数量，而采用较短的休息时间会增加新陈代谢的需求（Kraemer et al.，1987）。这表明，施加更大无氧刺激的健美训练可能会刺激毛细血管的生长。毛细血管密度的提高可以通过增加对活跃肌肉的血液供应来提升训练者在低强度抗阻训练中的表现。

因此，毛细血管数量会随着抗阻训练的进行而增加，但是任何毛细血管的变化都可能取决于训练方案的关键变量：训练强度、训练量和休息时长是引起变化的重要因素。不过，适应这种变化所需的时间可能长达 12 周或以上。毛细血管数量的增加可能被肌肉的增大所抵消，从而导致每单位面积肌纤维的毛细血管数量或毛细血管密度没有变化。使用中等强度（8~12RM）、高训练量的训练方案可能会使毛细血管数量增加，而使用高强度、低训练量的训练方案则不会。因此，在训练周期内不断变化阻力且使用中等阻力和大阻力的周期化训练方案包含了满足任何毛细血管增加的需求的练习。最后，非常重要的是要记住，只有在训练中得到刺激的运动单位的肌纤维才会发生适应性反应。

## 线粒体密度

与每单位肌纤维的毛细血管数量相似，线粒体密度在抗阻训练中肌纤维增大的稀释效应下，也表现出下降状态（Luthi et al.，1986；MacDougall et al.，1979）。在大多数抗阻训练方案中，线粒体密度下降与对肌肉组织最低限度的有氧代谢需求是一致的。12 周的抗阻训练使 I 型和 II 型肌纤维的横截面积分别增加了 26% 和 28%（Chilibeck et al.，1999）。对线粒体的分析表明，在肌纤维增大造成的稀释效应下，抗阻训练导致肌膜下和肌原纤维间的线粒体密度出现相似的下降。然而，有趣的是，研究显示抗阻训练并没有抑制最大耗氧量的发展，这表明抗阻训练导致的肌肉中的线粒体密度的变化不会对有氧能力产生负面影响。成年人进行 10 周的抗阻训练（以 1RM 的 80% 执行多组、每组 11 次重复）或耐力训练［在自行车测功仪上以最大心率（HRmax）的 75% 进行每周 2 次的连续训练，并以最大心率的 95% 进行 3 组间歇训练］。结果显示，关键的线粒体特征标志物是相似的，脂肪酸氧化相对提升了，而且组织特异呼吸能力也提升了（如组织特异酶谷氨酸、苹果酸、琥珀酸和辛酰肉碱增加了）。这表明两种类型的训练方案都能使线粒体展现良好的健康状态（Pesta et al.，2011）。虽然抗阻训练显示线粒体密度由于肌肥大导致的稀释（即特定面积单位的测量值）而下降，但是这种稀释效应取决于抗阻训练的类型，而且需要进一步的研究才能更好地了解其功能效果、绝对线粒体数量和细胞效应。

## 卫星细胞和肌核

卫星细胞是没有细胞质的小细胞，它们位于骨骼肌中的基底膜与肌膜或细胞膜之间。卫星细胞可以分化成肌细胞并融合到现有的肌纤维中，作为一种干细胞帮助完成肌肉的修复。重要的是，在训练期间随着蛋白质聚积引起肌肥大，它们还可以提供子细胞核来取代受损的细胞核或增加新的细胞核，以维持肌核域的规模。这些过程对于修复和重塑受损肌纤维或适应抗阻训练产生的肌肥大都非常重要。卫星细胞和肌核的数量的增加可能代表着细胞修复和新的肌肉细胞的形成。

在过去的 15 年中科学家们开展了大量关于肌核的作用和适应能力的研究，它们在肌纤维功能和修复中的重要作用受到越来越多的关注。最新的理论是，肌核在发生肌肥大之前增加，而且在停训期间能够继续维持。在老鼠实验中，停训 3 个月之后老鼠体内的肌核浓度仍然保持在高于正常浓度的水平，从而影响肌肉记忆（见信息栏 3.3）（Bruusgaard et al., 2010）。这可能有助于使之前受过正式训练的人的肌纤维和力量在重新训练中快速恢复到原来的水平（Staron et al., 1991）。这种快速进步可能是由于以前增加的卫星细胞在很长一段时间内仍然停留在停训的肌肉中（Bruusgaard et al., 2010）。

在对肌核的早期研究中，科学家们证明了力量举运动员的 II 型肌纤维中的肌核的数量要比对照实验对象多得多，这使

得肌核域的规模得到保持，且卫星细胞给肌纤维提供肌核，表明肌肉在合成的初期且可能有新的肌纤维形成（Kadi et al., 1999）。10 周的高强度抗阻训练可以引发女性的斜方肌中的肌核和卫星细胞的数量的变化（Kadi and Thornell, 2000）。肌纤维横截面积增大了 36%。肌纤维肥大的同时，肌核数量增加了约 70%，卫星细胞的数量增加了约 46%。肌核数量与卫星细胞数量呈正相关，这表明肌核浓度上升的肌肉中卫星细胞的数量也会相应地上升。作者认为，生成额外的肌核似乎是为了满足 10 周抗阻训练之后多核肌细胞的增大的需要。卫星细胞数量的增加表明，卫星细胞的有丝分裂产生的子细胞成了卫星细胞。肌肉的适度增大，似乎没有发生肌核的增加，而停训后，卫星细胞数量的增长只维持了 60 天（Kadi et al., 2004）。由于成熟肌纤维中的肌核不能分裂，作者认为，将卫星细胞核纳入肌纤维中可维持恒定的肌核–细胞质比率，或者说让肌核域的规模得到保持。据推测，在肌纤维增幅超过 25% 之前，卫星细胞可能不需要刺激就可以提供更多的子肌核。或者说，那些训练前肌核水平更高的人可能有更大的肌肥大的潜力。

运动单位的募集模式（接下来将讨论）和募集的肌肉组织量决定了是否会发生细胞层面和整个肌肉层面上的变化。当足量的肌肉受到影响时，接受抗阻训练的人的去脂体重就会增加。抗阻训练方案带来的肌肉质量的增加和随之发生的肌纤维转化还受到个人遗传因素的影响。在未来，还需要进行持续数年的长期抗阻训练研究

## 信息栏 3.3　研究成果

### 肌肉记忆

重新训练骨骼肌时其能够更快地适应的能力被称为肌肉记忆。早在 1991 年，俄亥俄州立大学的研究人员就研究了以前从未接受过训练的女性实验群体，她们在训练 20 周之后停训 30~32 周，然后重新训练 6 周（Staron et al., 1991）。另一组未接受过训练的女性实验群体只执行为期 6 周的训练方案，与前一组实验群体的重新训练方案完全相同。以前受过训练的实验群体在重新训练之后，其 IIx 型肌纤维能够更快地转化为 IIa 型肌纤维，而且与新参与抗阻训练方案的女性相比，她们的肌纤维横截面积也增长得更快。然而，出现这种情况的根本原因尚不清楚。

在 2010 年，奥斯陆大学的一个研究团队就为什么某些群体在重新训练期间能更快速地实现肌肥大提供了一些深入的见解（Bruusgaard et al., 2010）。他们发现，卫星细胞不仅为轻微撕裂修复提供了成肌细胞，还提供了子肌核，从而允许人体在维持每单位面积肌肉蛋白质数量或肌核域规模的同时增大肌纤维的横截面积。他们发现在老鼠体内，因训练而产生新的肌核时，旧的肌核在超负荷刺激消失之后的 3 月内不会消失。从生命周期的角度来看，这在人类中可以换算成几个月。这使得肌肉中的肌核储备增多，而且因为有更多的肌核可以承载肌肉蛋白质的增加或肌核域的面积和数量的增加，所以能够支持肌纤维快速增大。因此，肌肉记忆可能是这些旧的肌核在训练停止之后的很长一段时间内仍被保留的结果，这使得肌肉能够在恢复训练之后快速增大。

参考文献：

Bruusgaard, J.C., Johansen, I.B., Egner, I.M., Rana, Z.A., and Gundersen, K. 2010. Myonuclei acquired by overload exercise precede hypertrophy and are not lost on detraining. *Proceedings of the National Academy of Sciences* 107: 15111–15116.

Staron, R.S., Leonardi, M.J., Karapondo, D.L., Malicky, E.S., Falkel, J.E., Hagerman, F.C., and Hikida, R.S. 1991. Strength and skeletal muscle adaptations in heavy-resistance-trained women after detraining and retraining. *Journal of Applied Physiology* 70: 631–640.

和相关的肌肉活检，以了解在前 3~6 个月的训练期间，大部分肌肉形态变化完成之后所发生的细胞适应。

## 运动单位

适应抗阻训练方案的第 1 步是激活需要产生力量和举起重物的肌肉。要想激活肌肉，神经支配是必要的。运动单位由 α 运动神经元和它所支配的所有肌纤维组成（见图 3.15）。运动单位激活正是肌纤维收缩的原因。运动单位由神经系统控制，

它是身体提供适当的力量来执行所需动作的能力的基础。每条肌纤维都被至少一个 α 运动神经元支配。运动单位中的肌纤维数量越少，该运动单位在被激活时所能产生的力量就越小。运动单位中的肌纤维的数量是高度可变的，并且取决于肌肉的功能。例如，在伸展眼睛晶状体的肌肉中，每个运动单位通常包含 1 根或 2 根肌纤维，最多可达 10 根，而股外侧肌的每个运动单位包含的肌纤维数量则多得多（一些运动单位包含超过 1000 根肌纤维）。除了一些

非常小的、控制非常精细的运动的肌肉之外，如眼肌组织中的肌肉，一般每个运动单位都包含大约 100 根肌纤维。不同肌肉中的运动单位的数量也各不相同，大肌肉通常比小肌肉拥有更多的运动单位。然而，与控制大动作的肌肉相比，需要产生力量来控制精细动作的肌肉拥有的运动单位更多。一个人的特定肌肉中包含的肌纤维的数量决定了其肌肥大和力量增长的潜力。

正如前面所讨论的，肌肉功能是由神经系统控制的，当被称为动作电位的脉冲从中枢神经系统的更高级的大脑中枢发出时，肌肉功能开始启动。更具体地说，脉冲始于大脑的运动皮层，接着沿脊髓传递，

然后通过 α 运动神经元到达外围。了解运动单位的工作方式对理解抗阻练习和训练的特定性至关重要。

中枢神经系统由约 1000 亿个神经元组成。神经元除了刺激肌肉收缩之外，还参与完成许多生理功能（如痛觉、脑功能和排汗），因此神经元的形状和大小呈多样化，正是 α 运动神经元控制肌肉收缩并使人体产生运动。图 3.15 是一个运动单位的示意图，它由 α 运动神经元及其支配的肌纤维组成。所有的神经元都由 3 个基本部分组成：树突、细胞体和轴突。一般来说，树突接收信息，细胞体处理信息，而轴突将信息发送给其他神经元或靶细胞，如肌纤维。α 运动神经元具有相对较短的树突和较长的轴突，轴突将动作电位从中枢神经系统输送到肌肉。

某些轴突被白色的、脂质含量很高的物质覆盖，这种物质被称为髓鞘。髓鞘有时甚至比轴突本身更厚，而且轴突会被多层这种脂质物质包裹。拥有髓鞘的神经纤维被称为有髓神经纤维，而那些缺乏髓鞘的神经纤维则被称为无髓神经纤维。髓鞘是由施万细胞生成和维持的。在一根典型的神经中，无髓神经纤维的数量大约是有髓神经纤维的两倍。在有髓神经纤维之间通常存在更小的无髓神经纤维。髓鞘使沿轴突传输的动作电位绝缘，这有助于防止脉冲转移到相邻的神经纤维。髓鞘并非连续、均匀地包裹整条轴突，而是被长度为 2~3 微米的空白隔开，这些地方的轴突的膜是暴露的。沿着轴突每隔 1~3 毫米就有一个这样的空白，它们被称为郎飞结。

离子或带电分子的运动使得动作电位

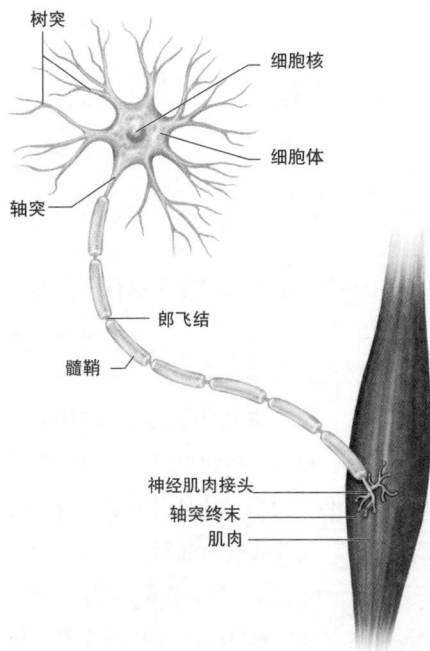

**图 3.15** α 运动神经元和它支配的肌纤维被称为运动单位

沿着轴突或树突的膜向下移动。轴突中的脉冲便被称为神经递质的化学物质释放到突触（神经元之间）或神经肌肉接头（神经元和肌纤维之间的突触）中。神经递质与另一个神经元或靶组织（如肌纤维）的树突上的受体相结合，如肌纤维，从而引发新的电脉冲。然后这种新的电脉冲沿着树突传递，如果是在肌纤维中，将引发肌肉动作。如果是在运动单位中，随意动作的电刺激起源于运动皮层，并沿着神经系统的神经元逐步传递，直到它们到达神经肌肉接头。

## 神经肌肉接头

神经肌肉接头是作为 α 运动神经元和肌纤维之间接口的形态结构。图 3.16 是神经肌肉接头的示意图。所有的神经肌肉接头都有 5 个共同的特点：（1）施万细胞在轴突上形成一个小帽；（2）有以突触小体结束的轴突终末，其中突触小体包含神经递质乙酰胆碱和其他支持代谢和功能所需的物质，如 ATP、线粒体、溶酶体和糖原分子；（3）存在接头间隙；（4）存在包含有乙酰胆碱受体的接头后膜；（5）存在提供代谢和结构支持的连接肌质和细胞骨架。

当脉冲到达神经肌肉接头的神经元侧末端时，就会引起乙酰胆碱释放。乙酰胆碱是运动神经元的主要刺激神经递质，它被储存在轴突末端的突触囊泡内。每平方微米神经末端存在 50~70 个包含乙酰胆碱的突触囊泡。当动作电位到达轴突末端时，突触小体的膜上的钙通道打开，从而摄取钙离子（$Ca^{2+}$）。$Ca^{2+}$ 浓度上升会导致突触囊泡释放出乙酰胆碱。乙酰胆碱从接头前膜渗透进来并跨越接头前膜和接头后膜之间的突触裂隙（约 50 微米宽），然后到达接头后膜。

在神经肌肉接头的接头后侧，乙酰胆碱与位于接头后膜上的受体结合。接头后膜是肌细胞膜的特殊部分，具有接头褶和乙酰胆碱受体。如果有足够的乙酰胆碱与接头后膜受体结合，那么膜的通透性将会

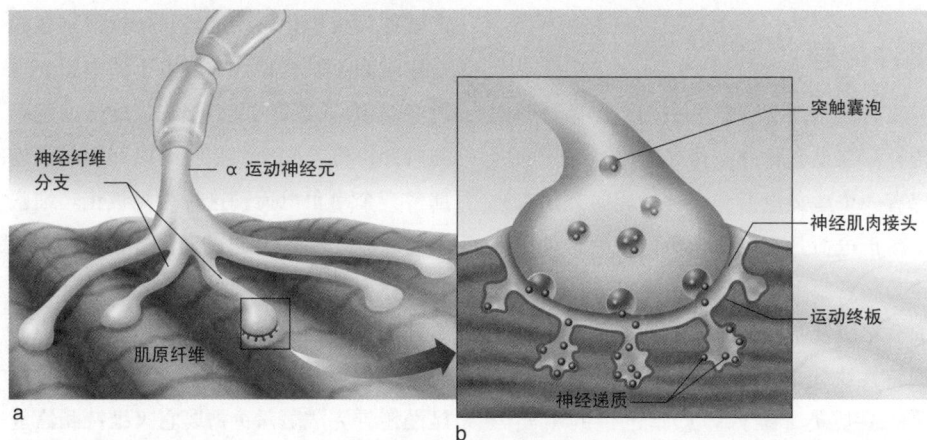

**图 3.16** α 运动神经元激活多条肌纤维的过程：a. 终止于神经肌肉接头；b. 神经递质乙酰胆碱分子被释放到神经肌肉接头中，并与连接后受体结合，完成肌纤维激活过程

增强，并产生以钙离子为主要参与离子的导电离子电流。正是这种后突触离子电流或电脉冲引发了肌肉动作。只要有足够数量的乙酰胆碱与突触后膜的受体相结合，肌纤维就会持续被激活。

乙酰胆碱最终被位于接头间隙的接头褶基部的乙酰胆碱酯酶分解。乙酰胆碱的分解让肌纤维激活所需的刺激停止。乙酰胆碱酯酶分解乙酰胆碱的大部分副产物被突触前膜吸收并用于产生新的乙酰胆碱。

为什么神经肌肉接头需要乙酰胆碱？为什么神经元的离子电流不能直接传导到肌纤维的细胞膜上，从而刺激肌肉动作呢？这是因为神经元与肌纤维相比是非常小的，所以它所传导的离子电流不足以直接输送到肌纤维的细胞膜上，也不能产生足够的刺激来引起肌肉动作。因此需要乙酰胆碱来引起强度足够（阈值）的离子电流，这种电流能够由肌纤维膜传导并引发肌肉动作。图3.17是运动终板的显微图像，它展示了神经肌肉接头的几个结构（Deschenes et al., 1993）。

## 脉冲传导

神经脉冲或动作电位以电能的形式传导。在没有脉冲被传导时，神经元的内部有一个净负电荷，而神经元的外部有一个净正电荷。正电荷和负电荷的这种排列称为静息膜电位。这是由带电分子或离子的分布以及这些离子不能通过休眠细胞膜的特性决定的。钠离子（$Na^+$）和钾离子（$K^+$）是负责维持静息膜电位的主要分子。$Na^+$主要位于神经元细胞膜外部，$K^+$主要位于神经元内部。然而，在神经元外

**图3.17** 神经肌肉接头，其中绿色的是突触前神经末梢分支，红色的是突触后乙酰胆碱受体群

图片由任职于美国弗吉尼亚州威廉斯堡市威廉与玛丽学院的运动机能学系的迈克尔·德舍纳（Michael Deschenes）博士提供。

部的$Na^+$比神经元内部的$K^+$多，这使得神经元内部的正电荷或净负电荷相对而言少于神经元外部。

当神经脉冲沿着树突或轴突向下传导时，神经元的细胞膜对$Na^+$和$K^+$变得具有通透性。如果细胞膜对离子具有通透性，那么离子就会从浓度较高的区域转移到浓度较低的区域。首先，$Na^+$进入神经元内部，使得神经元的内部比外部多一个电荷。这被称为去极化，该过程只持续很短暂的一段时间（以毫秒计）。由于细胞膜变得对$K^+$具有通透性了，导致$K^+$离开细胞膜的内部，再一次使细胞膜的内部相对于外部多一个净负电荷，这称为复极化。细胞膜允许$Na^+$和$K^+$通过的时间非常短暂，因此实际上只有相对较少的离子能从神经元的外部移动到内部，反之亦然。一个依赖能量的泵系统被称为$Na^+$-$K^+$泵。在脉冲已经传导完成之后，需要它来维持和恢复静息膜电位。这个泵主动移除神经元内部的$Na^+$，并将$K^+$从神经元的外部移动到内

部。这让 $K^+$ 和 $Na^+$ 以很快的速度分别回到细胞膜的内部和外部，而且让轴突或树突恢复至起始静息膜电位，此时膜内有一个净负电荷。这一系列的事件被称为动作电位，神经元每传导一次神经脉冲，动作电位就会重复一次。

神经传导的类型与神经纤维是有髓鞘还是无髓鞘有关。有髓神经纤维传导利用称为跳跃式传导的方式传导脉冲，而无髓神经纤维利用称为局部传导的方式传导脉冲。对这两种传导类型而言，产生动作电位的离子的运动保持不变（如前所述）。有髓神经纤维采用跳跃式传导方式，其中郎飞结允许动作电位从一个结跳到另一个结。大量的离子不能通过厚厚的髓鞘，但很容易通过郎飞结上的膜，因为那里对离子电流的阻碍较弱。跳跃式传导有两个优点。首先，它允许动作电位沿着轴突跳跃前进，从而使神经传输速度增加了5~50倍。跳跃式传导让动作电位以每秒60~100米的速度传递。其次，它节省能量，因为只有结点被去极化，这就减少了重新恢复静息膜电位所需的能量。

相反，无髓神经纤维利用离子电流的局部回路让动作电位沿着整条神经纤维传递。神经纤维膜的一小部分被去极化，局部离子电流回路的持续导致膜的去极化继续进行，动作电位沿着整条神经纤维向下传递。这种神经脉冲传导方式的传导速度比有髓神经纤维的传导速度慢得多，速度为0.5~10米/秒。

神经元的直径在一定程度上决定了脉冲的传导速度。一般而言，神经纤维的直径越大，传导速度就越快。在有髓神经纤维中，脉冲速度的增加大约与神经纤维的直径的增加成比例。在无髓神经纤维中，脉冲速度的增加大约与神经纤维直径的平方根成比例。因此，随着神经纤维直径的增加，有髓神经纤维的传导速度远高于无髓神经纤维。直径更大的有髓神经纤维的传导速度更快，如那些支配骨骼肌的神经纤维，它们会产生更快的肌肉动作刺激，但是其募集电阈值更高。通常，与 I 型肌纤维相比，支配 II 型骨骼肌纤维的轴突的直径更大。因此，由 I 型肌纤维构成的运动单位首先被激活，因为它们的神经元的募集电阈值较低。通常情况下，由 II 型肌纤维构成的运动单位在由 I 型肌纤维构成的运动单位之后被募集，因为前者的轴突更大，所以需要更大的刺激才能让它们带上动作电位。刺激运动单位使其得到募集所需的激活电量（募集电阈值的高低）是接下来将要讨论的大小原则的一个方面。

## 运动单位激活和大小原则

大小原则对于理解运动单位的募集非常重要（Duchateau and Enoka, 2011）。运动单位要么全由 I 型肌纤维构成，要么全由 II 型肌纤维构成。然而，正如前面所讨论的，每种类型的运动单位中的肌纤维数量可能会不同。在相当长的一段时间内，人们已经认识到，由于某些 I 型肌纤维比 II 型肌纤维粗，所以肌纤维的横截面积也会发生变化（Burke et al., 1974）。然而，就引导的募集模式的结果而言，力的产生需求才是关键因素。在肌肉动作中，支配 I 型肌纤维的神经元先被募集，而后才募集支配Ⅱ型肌纤维（从Ⅱa型转化为Ⅱx型）的神经元。因此，如果需要的力大于Ⅰ型肌纤维构成的运动单位所能产生的力，肌纤维的募集顺序通常为先Ⅰ型后Ⅱ型。然而，被募集的Ⅰ型肌纤维的最后部分和被募集的Ⅱ型肌纤维的开始部分存在融合或重叠的情况，而且Ⅱa型肌纤维（最不容易疲劳的Ⅱ型肌纤维）的最后部分和更容易疲劳的Ⅱ型（Ⅱax - Ⅱx）肌纤维也存在融合或重叠的情况。

运动单位中的肌纤维并非都彼此相邻，而是以3~15根肌纤维组成的微束的形式分布在肌肉中。因此，相邻肌纤维不一定来自同一个运动单位。由于同一个运动单位中的肌纤维是分散的，当运动单位被激活时，因为发生运动，所以整个肌肉看起来都被激活了。然而，如果产生的力不是最大的，则并非所有的肌肉运动单位都被激活。

在运动训练方面，需要牢记的一个重要概念就是，只有被募集而产生力的运动单位才会在训练中产生适应变化。此外，肌肉的募集与训练的外部要求是严格对应的。因此，在设计抗阻训练时，考虑运动单位的募集是至关重要的。

已激活的运动单位在使用后的短暂时间内仍然保持待命状态，随时供下一次肌肉收缩使用，这对于随后的肌肉收缩非常重要。这意味着，最大或次最大的肌肉收缩会诱发激活后增强，为接下来几秒至几分钟内的高强度肌肉收缩做好准备（Hamada et al., 2000）。这种增强在Ⅱ型肌纤维中更突出（Hamada et al., 2000），并且它被认为会使肌纤维对钙更敏感（由于肌球蛋白调节轻链的磷酸化）。激活后增强

对训练中肌肉的表现和肌纤维的募集有重要的影响，因为它可以使产生的力量略微增大（见第6章的"复合训练法或对比负重训练法"）。

另一个重要的概念是全或无定律。这个定律表明，当达到特定运动单位的电募集阈值之后，该运动单位的全部肌纤维都被募集。如果没有达到该阈值水平，则该运动单位的全部肌纤维都不会被募集。虽然这对单个运动单位来说是正确的，但是整个肌肉，如肱二头肌，并不受全或无定律的支配。募集的运动单位越多，肌肉产生的力量就越大，而且如果肌肉中的全部（或者尽可能多的）运动单位都被募集了，就会产生最大的力。募集单个运动单位的能力使得动作中或等长运动中的力的大小可以得到精准的控制。没有被募集的运动单位及其相关的肌纤维不会产生任何力，而已募集的运动单位会使得未被募集的运动单位被动地在活动范围内移动。如果没有循序渐进的力量产生，那么就很难控制整个肌肉可能产生的力，因此对身体动作的控制也会很差。

全或无定律提供了一种方法来改变肌肉产生的力的大小。肌肉中被募集的运动单位越多，所产生的力就越大。换言之，如果只募集一个运动单位，那么只会产生极小的力。如果募集几个运动单位，产生的力就会大一些。如果肌肉中的全部运动单位都被募集，就会产生最大的力。这种改变肌肉产生的力的方法称为运动单位数量总和。运动单位的募集基于活动对力的需求。例如，在使用4.5千克阻力进行15次重复的臂弯举中可能只募集少量运动

单位，因为阻力可能只占最大力量的约10%，因此少量的肌纤维就可以提供练习所需的力量。反之，在执行阻力为45.4千克，也就是1RM的臂弯举时，可能要募集全部可用的运动单位来产生最大力量。

也可以通过控制每个运动单位所产生的力来实现力的逐渐增加，这被称为收缩频率总和。单个运动单位通过产生收缩来响应神经脉冲。收缩（见图3.18）是产生力的短暂肌肉活动。紧接着是运动单位的放松。当由同一轴突传导的两个脉冲前后紧接着到达神经肌肉接头时，运动单位就会收缩两次作为反应。第2次收缩在第1次收缩放松之前开始。第2次收缩和第1次收缩产生的力相加，会产生更大的合力。这种收缩可以持续下去，直到脉冲发生的频率足够高，收缩产生的力可以完全累加，这被称为强直收缩，产生的合力是一个运动单位能够自然产生的最大力。

在大多数情况下，针对特定动作募集运动单位的顺序是相对固定的（Desmedt and Godaux，1977；HodsonTole and Wakeling，2009）。根据运动神经元募集的大小原则，较小的运动单位，或者说所谓的低阈值（即募集所需的电水平较低）运动单位，首先被募集。低阈值运动单位由Ⅰ型肌纤维构成。然后，根据活动不断增加的需求依次募集阈值更高的运动单位。高阈值运动单位由Ⅱ型肌纤维构成。大的阻力（如3~5RM）比小的阻力（如12~15RM）需要募集阈值更高的运动单位。然而，举起质量更大的重物时（根据大小原则）会先从低募集低阈值运动单位（Ⅰ型肌纤维）开始，然后逐渐募集更多的运动单位以产生

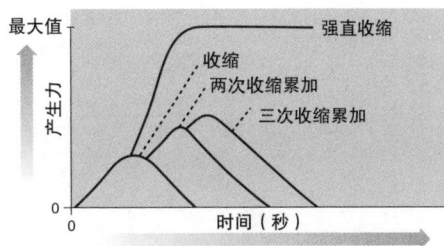

**图3.18** 收缩频率总和在一个运动单位中引起的力的逐渐增加

所需的力（见图3.19）。

不同的运动单位有不同数量的肌纤维，而且其肌纤维的横截面积也可能不同，从而导致产生力的能力呈现多样化。每块肌肉都有不同类型和数量的运动单位，而且不是所有人都拥有排列方式相同的运动单位。例如，精英级长跑运动员没有大量的由Ⅱ型肌纤维构成的运动单位。

长期以来，人们一直推测大小原则可能不适于非常高速、以受过高度训练的动作模式进行且以高功率输出的运动。换言之，在这些条件下，从低阈值到高阈值的运动单位正常募集模式将被抑制低阈值运动单位的模式所取代，从而使得高阈值运动单位先被募集。在动物中，这体现在逃生动作（如鱼摆动尾巴以改变方向）和捕捉动作（如猫用爪子击倒猎物）中。到目前为止，这个概念仍然处在理论阶段，因为根据观察，由低阈值Ⅰ型肌纤维构成的运动单位总是先于由高阈值Ⅱ型肌纤维构成的运动单位被募集，即使在高力量输出活动中也是如此（Chalmers，2008）。人类最有可能更快地募集高阈值运动单位的方式也许是降低由Ⅰ型肌纤维构成的运动单位的募集阈值，从而缩短募集阈值更

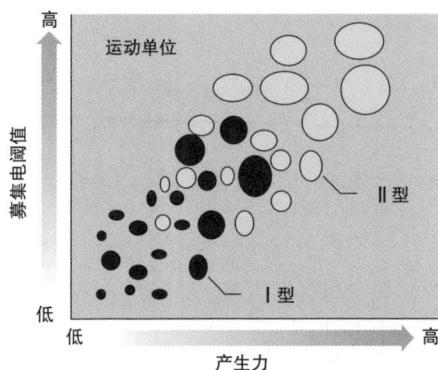

**图 3.19** 运动单位大小原则。在上面这张表示骨骼肌中的潜在运动单位的图中，每个圆圈代表一个运动单位及与之相关的一定数量的肌纤维。棕色圆圈表示Ⅰ型肌纤维构成的运动单位，灰白色圆圈代表Ⅱ型肌纤维构成的运动单位。圆圈越大，表示该运动单位内包含的肌纤维数量越多

高的由Ⅱ型肌纤维构成的运动单位的时间（Duchateau and Enoka，2011）。抗阻训练如何影响该机制仍不清楚。

募集高阈值还是低阈值运动单位的决定性因素是执行肌肉动作所需的全部力量或爆发力。如果需要较大的力或爆发力来缓慢移动重物或迅速移动轻物，身体将募集高阈值运动单位。高阈值运动单位由Ⅱ型肌纤维构成，通常比低阈值运动单位包含的肌纤维更多。因此，募集它们会产生更大的力或爆发力。

募集的大小原则确保了在执行低强度、持续时间长的活动（耐力）时，主要先募集低阈值运动单位。高阈值运动单位仅用于产生更大的力或爆发力。此外，更高阈值的运动单位的神经元恢复得更快（即复极化更快），因此它们在重复动作中比低阈值运动单位能更快地被募集。因此，虽然高阈值Ⅱ型运动单位疲劳得更快，但是

它们的神经元能够迅速恢复的能力使它们非常适合在持续时间较短的活动中反复输出较大的力。

募集的大小原则有助于在次最大肌肉动作中延缓疲劳，因为除非需要高水平的力或爆发力，否则不会募集高阈值、极易疲劳的由Ⅱ型肌纤维构成的运动单位。同样，动作的前期会募集没那么容易疲劳的低阈值由Ⅰ型肌纤维构成的运动单位，这也有助于延缓疲劳。当需要执行的总任务足够多，低阈值运动单位中的糖原储备急剧下降时，才可能在低力量需求下募集高阈值运动单位。在抗阻训练中通常不会观察到这种情况。当需要产生的力在中低水平时，可能会交替募集（不同步募集）运动单位以满足力量需求。这意味着，在使用较轻重量的第1次重复时，某个运动单位被募集，而在第2次重复中未被募集，但是在第3次重复中又被募集。交替募集运动单位的这种方式在需要次最大力量时也有助于延缓疲劳。

从实用的角度来看，募集顺序是很重要的，原因有以下几个。首先，如果想要募集由Ⅱ型肌纤维构成的运动单位并让它们达到训练效果，那么练习必须采用高负荷或以高功率输出，或者两者兼有。其次，募集顺序对许多动作而言是固定的，包括抗阻训练（Desmedt and Godaux，1977）。但是，如果身体的姿势改变了，募集顺序也可能发生改变，而且将募集不同的运动单位（Grimby and Hannerz，1977；Lusk et al.，2010；Matheson et al.，2001）。在多功能肌肉中，募集顺序也可能因动作或练习的不同而不同（Grimby and Hannerz，1977；

Harr Romeyet al.，1982；Nozaki，2009）。在进行腿蹬举和深蹲时，股四头肌的不同部位的募集程度是不一样的（Escamilla et al.，2001），而且不同类型的股四头肌练习中的募集顺序也不同（Matheson et al.，2001；Trebset al.，2010）。同样，在不同的腹部练习中，不同腹部肌肉的募集程度是有区别的（Willett et al.，2001）。这并不意味着由Ⅱ型肌纤维构成的运动单位先于由Ⅰ型肌纤维构成的运动单位被募集，而是说由Ⅰ型肌纤维构成的运动单位的募集顺序和由Ⅱ型肌纤维构成的运动单位的募集顺序会发生变化。不同肌肉和运动单位的募集顺序以及募集程度不同可能是力量增长在某种程度上特定于练习的原因之一。募集顺序的不同提供了一些证据来支持许多力量教练的猜想，即必须使用多个动作角度或多种练习才能全面发展特定的肌肉。

就像肌纤维的分类一样，运动单位也可能因人而异。此外，不同肌肉之间也存在差异。然而，一些肌肉，如腹部肌肉，在每个人身上都是相似的，都是低阈值运动单位占大多数。肌纤维的数量和类型的差异导致每个人的力量和爆发力都不同。随着年龄的增长，由于Ⅱ型肌纤维构成的运动单位的优势减弱，许多肌肉的运动单位主要由低阈值运动单位构成，而低阈值运动单位是由Ⅰ型肌纤维构成的。这就限制了力量和爆发力的产生，因此力量的损失是一个典型的老年化问题（见第11章）。然而，即使肌纤维减少，运动单位募集的大小原则在老年人中仍然是成立的（Flinget al.，2009）。运动单位的肌纤维的类型、数量和大小决定了每个运动单位的功能性能力，并进而决定了肌肉产生的力量和爆发力。

## 本体感受

肌肉和肌腱的长度和张力被位于肌肉和肌腱中的被称为本体感受器的特殊感受器持续监测着。关节处的作用肌肉的长度和张力决定关节的姿势。因此，如果知道关节的作用肌肉的长度，就能知道关节的姿势，同时也可能监测关节的姿势变化。本体感受器收集到的信息被不断传递到大脑的显意识和潜意识部分，这对运动学习非常重要（Hutton and Atwater，1992）。本体感受对维持静态和动态平衡也很重要。平衡训练已被用作抗阻训练的辅助训练，目的是提升体育专项技能或防止老年人跌倒（Hrysomallis，2011）。本体感受器使中枢神经系统不断获得关于单个运动或一系列运动的信息。

### 肌梭

肌梭的两个功能是监测其所在的肌肉的伸展和其所在的肌肉的长度，以此引起收缩来减少肌肉的伸展（见图3.20）。牵张反射就是肌梭的响应。

肌梭由肌纤维变体（被称为梭内肌纤维）组成，与常规的肌纤维平行。肌梭包含拉伸敏感中心区或感觉区，存在于可以收缩的肌纤维中。如果肌肉被拉伸，就像在轻敲髌腱让膝关节发生膝跳反射一样，肌梭也会被拉伸。肌梭的感觉神经向脊髓输送脉冲，脊髓中的感觉神经元和 α 运动神经元形成突触。α 运动神经元继续传递神经脉冲，这些脉冲会导致伸展的肌肉及其主动肌被募集。另外，其他神经元抑制伸展的肌肉的拮抗肌被激活。拉长的肌肉收缩，之后肌梭上的拉长被解除。在进行抗阻训练或快速伸缩复合训练之前先进行预拉伸能够利用这个牵张反射（即拉长-缩短周期）的优势。牵张反射是预拉伸肌肉之后会获得更大的力量输出的原因之一。

γ 运动神经元支配可以收缩的梭内肌纤维的末端。中枢神经系统通过刺激这些末端部位来控制肌梭的长度和肌梭对梭外肌纤维长度的敏感性。以这种方式调节肌梭能够使其更加准确地监测所在肌肉的长度。

## 高尔基腱器

高尔基腱器的主要功能是响应肌腱内的张力或力，如果张力或力变得过大，高尔基腱器就会释放张力，使肌腱放松（见图3.20）。因为这些本体感受器位于肌肉的肌腱内，所以它们能够很好地监测肌肉形成的张力。

高尔基腱器的感觉神经元延伸到了脊髓。在那里，它会与张力受到监测的肌肉及其拮抗肌的 α 运动神经元形成突触。随着被募集的肌肉产生张力，肌腱内的张力开始增加，并受到高尔基腱器的监测。如果张力变得过大而可能会损伤肌肉或肌腱，被募集的肌肉就会受到抑制，而且拮抗肌

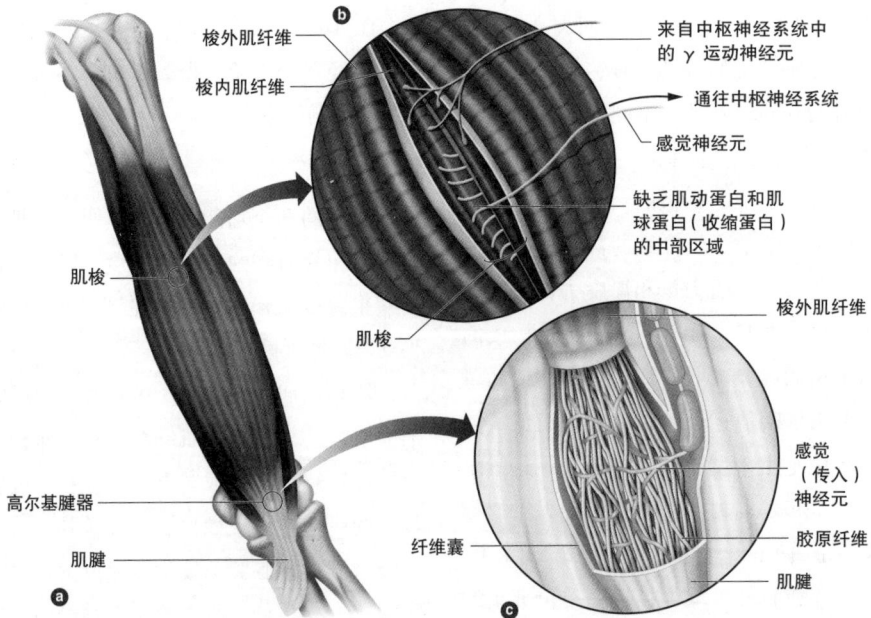

**图3.20** 肌梭由被称为梭内肌纤维的肌纤维变体组成，高尔基腱器位于肌腱内，这些本体感受器监测肌纤维的伸展和肌肉形成的张力

开始被募集。肌肉张力因此得到缓解，从而避免肌肉或肌腱受到伤害。

不过，这种保护功能并非万无一失。我们可以通过抗阻训练来学习如何解除高尔基腱器的抑制效果。解除该保护功能在某种程度上也解释了某些神经适应的原理以及为什么精英级运动员会在最大重量训练中受伤。

## 神经系统适应

神经系统是异常复杂的，而且随着新兴技术的出现，我们才刚刚开始理解它对抗阻训练的一些适应机制（Carroll et al., 2011）。考虑到神经系统和骨骼肌之间存在非常密切的相互作用，我们通常讨论的是神经肌肉系统，因为神经系统和肌肥大适应都是对应于抗阻训练的（Folland and Williams, 2007）。图3.21为神经肌肉系统的各个组成部分之间的基本相互作用和关系的理论概述。

当信息在更高一级的大脑中枢生成时，神经肌肉的募集过程就开始了。信息被传送到运动皮层，募集肌肉的刺激信息（即动作电位）在那里被传送到低一级的控制器（脊髓或脑干）中。从那里，信息被传递给肌肉的运动神经元，并产生一个特定的运动单位募集模式。信息再通过各种反馈回路被传送回大脑。该过程有助于改善力量的产生，并带来与其他生理系统，如内分泌、心血管和呼吸系统等的交互。运动单位的募集的外部需求决定了其他生理系统在支持运动单位募集上的参与程度。大脑指令的高低级别可以通过外围感觉神经元的反馈和高级大脑控制器来改变。

可以通过抗阻训练来观察神经肌肉系统各个部分之间的通信适应。不同的抗阻训练方案募集了不同的运动神经元，这会产生不同类型的适应，如在肌肉大小几乎不变的情况下增强力量（Campos et al., 2002; Ploutz et al., 1994）。

当肌肉试图产生最大的力量时，通常所有或尽可能多的可用运动单位会被募集。如前所述，运动单位的募集受到大小原则的影响（Duchateau and Enoka, 2011）。这一原则基于观察到的运动单位收缩力和募集电阈值之间的关系（Desmedt, 1981; Duchateau and Enoka, 2011; Hodson-Tole and Wakeling, 2009）。可以通过募集更多的运动单位来增强力量；运动单位激发率或者收缩频率的总和的上升也可以增强力量。这两个因素导致肌肉的自主性力量处于一个连续范围中（Henneman et al., 1985）。产生最大力量不仅需要募集所有运动单位，包括高阈值运动单位，而且要求对这些运动单位必须以高到足以产生最大力量的激发率进行募集（Sale, 1992）。有些人认为，未接受过训练的人可能无法自主募集高阈值运动单位或最大限度地募集他们的肌肉，但是这种能力也与动作的阻力和速度有关（Carroll et al., 2001; Dudley, 1990; Sale, 1992）。因此，训练适应的部分目的是发展在特定练习动作中募集所有运动单位的能力，而这在某种程度上可能与减少中央和外围神经系统对产生最大力量的神经抑制有关（Folland and Williams, 2007）。

此外，还会发生其他一些神经适应（Carroll et al., 2001; Folland and Williams, 2007）。在某些动作中拮抗肌的激活程度被

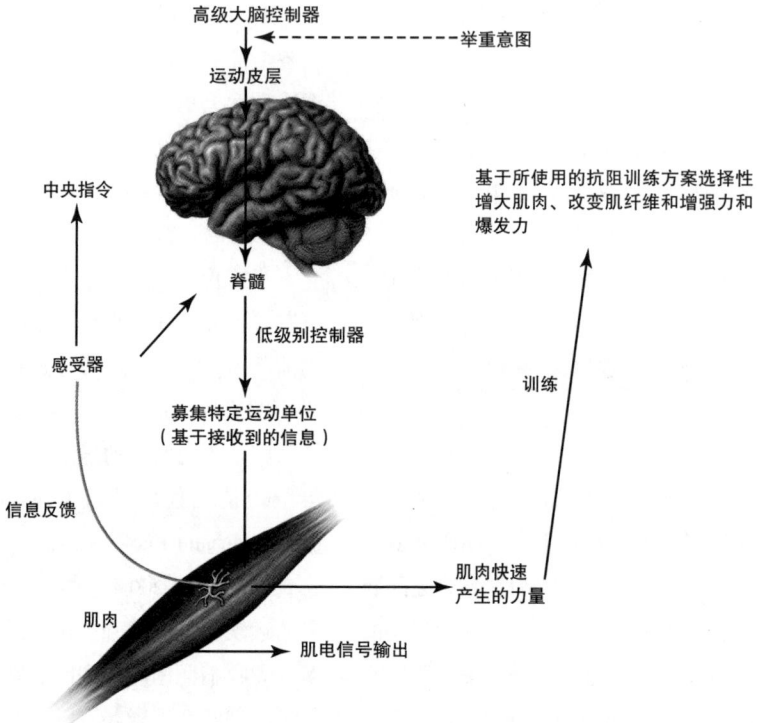

**图 3.21** 肌肉激活和感觉反馈涉及的神经通路的理论概述

减弱了，从而导致可测量的主动肌的力量增加了。所有参与运动的肌肉的所有运动单位的募集都是经过协调或优化的，以产生最大的力或爆发力。神经肌肉适应使人体在最大和次最大的力量下更协调。参与运动的运动单位和肌肉的协调受到肌肉动作的速度和类型的影响。中枢神经系统也可以通过抑制机制来限制力量，这可能具有保护作用。因此，训练可能会导致主动肌和拮抗肌的神经纤维募集顺序发生变化或减少抑制，这可能有助于提升某些类型的肌肉动作的表现。

## 肌肉组织募集

新技术的不断发展，能帮助我们进一步理解抗阻训练的形态和神经适应（Carroll，2011）。例如，磁共振成像（MRI）可以以视图的方式呈现整个肌群。人们通过运动前后图像的变化可以观察到被募集的肌肉。例如，MRI 图像显示，肌肉募集可能与自主和表面肌电刺激所引发的肌肉动作产生的力量直接相关（Ploutz et al.，1994）。图 3.22 是进行多组 1RM 的 80% 的膝伸训练之前和之后具有代表性的 MRI 图像。

尽管肌肉的尺寸变化很小，特别是在训练的前几个月，但是由于神经适应，力量会增加。MRI 技术已经证明了这种现象的存在（Conley et al.，1997；Ploutz et al.，1994）。在一项关于这种现象的代表性研究中，每周训练 2 天，仅用左大腿的肌肉组织进行单侧膝伸运动，共 3 ~ 6 组、每组 12 次重复（Ploutz et al.，1994）。在训练完成之后，受到训练的左大腿肌肉组织的力量增加超过了 14%，而未受训练的右大腿肌肉组织的力量增加了 7%。左股四头肌的横截面积增加了 5%，而右股四头肌无变化。这表明神经适应对 1RM 力量的提升有很大的影响，尤其是对未训练的大腿，因为其肌肥大非常有限。

先前的研究提到的另一个理论是，在训练之后举起和训练前相同质量的物体所需的运动单位减少了。因此，在训练的早期阶段看到的训练效果，是每单位横截面积的肌肉可以产生更大的力量。因此，如

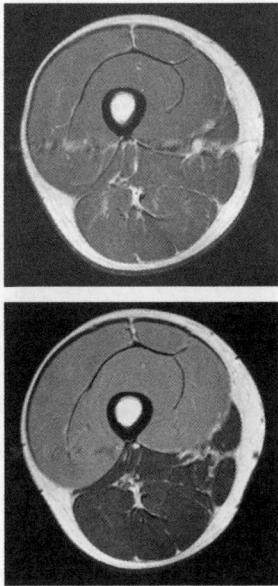

**图 3.22** 膝伸训练（以 1RM 的 80% 进行 5 组、每组 10 次重复）之前和之后的 T2-加权图像。训练后颜色较浅的区域反映出激活的肌肉数量以及激活程度最高的确切位置

图片由密歇根州立大学放射系的吉尔·斯莱德（Jill Slade）博士提供。

果在最初的训练适应之后不使用渐进式抗阻训练来募集更多的运动单位，就会出现力量提升停滞或进步有限的情况。换言之，通过渐进式抗阻训练和周期化训练逐渐增加对肌肉的要求对于产生适应非常重要。这可以通过使用更大的阻力并进行特定数量的重复或使用更大的阻力并进行更少的重复来实现，这两种方法都可以募集更多的运动单位。

目前的研究也深入考察了为什么对渐进式超负荷方案进行修改实际上可能让某些肌纤维得到恢复，特别是使用可变抗阻和训练量的周期化训练。随着肌肉力量在训练的进行中得到提升，使用中和轻阻力可以促进恢复，因为在进行中等和低强度训练时不会过度募集特定的肌纤维。然而，每单位横截面积的募集肌肉受到的增大的压力可能会诱发生理刺激，从而导致力量增长和肌肉组织生长（Ploutz et al.，1994）。高强度训练将最大限度地募集可用的肌肉组织，但是随着时间的推移，通过交替使用不同的训练强度，过度训练或缺乏恢复的情况会被控制在最低水平（Fry et al.，1994；Fryet et al.，1994；Kraemer and Fleck，2007）。这种周期化训练方法很重要，特别是当体能或训练水平增加的时候。

## 神经肌肉接头发生的变化

研究人类神经系统在高强度抗阻训练中的形态变化非常困难，因为肌肉活检不能获得所需的神经肌肉接头。目前科学家已经使用动物进行了研究，并初步观察到神经肌肉接头在不同强度的训练中的适应

性（Deschenes et al.，1993）。对大鼠进行的高强度和低强度训练都导致其比目鱼肌中的神经肌肉接头的面积增加了。虽然在两个实验群体中都观察到神经肌肉接头的增大，但是高强度实验群体的突触更分散、形状更不规则，而低强度实验群体的突触更紧凑、对称。与低强度和对照实验群体相比，高强度训练实验群体的神经肌肉接头分支总长度更大。因此，可能的原因是，高强度抗阻训练也会让神经肌肉接头发生形态变化。变化的幅度可能比耐力训练所带来的大得多，因为两者募集高阈值运动单位时所需的神经递质的数量不同。

使用模拟抗阻训练的爬梯子模型，大鼠或执行7周的抗阻训练方案，或作为未接受训练的对照实验群体。在训练之后，大鼠比目鱼肌的神经肌肉接头（在大鼠中主要由Ⅰ型肌纤维构成）可以通过荧光技术以视图的形式呈现出来（见图3.23），并且肌纤维被组织化学方法染了色。结果表明，抗阻训练显著增加了终板的周长（15%）和面积（16%），而且终板区域内的乙酰胆碱受体的分布也显著增加了。前后突触区域的改变与爬梯子练习是高度相关的，换言之，突触前膜和突触后膜的神经肌肉接头区域表现出了类似的变化（Deschenes et al.，2000）。未发现肌纤维大小或肌纤维类型有明显改变。这些数据表明，爬梯子练习的刺激已经足够强，可以重塑Ⅰ型肌纤维中的神经肌肉接头结构，而且这种效果不能归因于使用肌球蛋白ATP酶组织化学分析得到的肌纤维增大或肌纤维类型的任何改变。在耐力训练模型中，也可以观察到肌纤维变化和神经肌

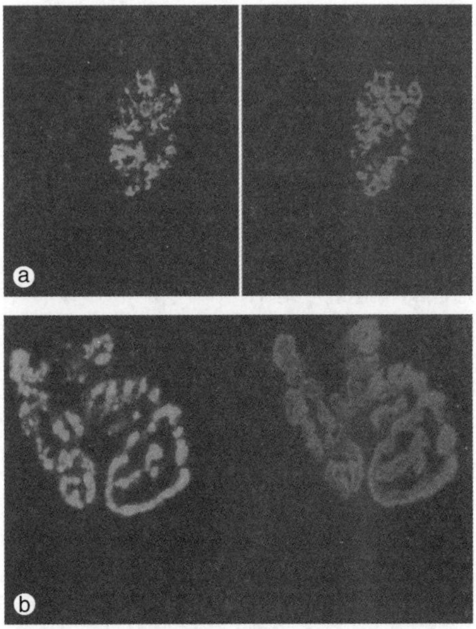

**图 3.23** 训练前后的神经肌肉接头的显微图像，可看出神经肌肉接头的面积增加了：a. 训练前；b. 训练后

图片由迈克尔·德舍纳博士提供，他任职于美国弗吉尼亚州威廉斯堡市威廉与玛丽学院的运动机能学系。

肉接头变化之间的不相关性。有趣的是，衰老会对耐力训练中的神经肌肉接头的重塑过程产生负面影响（Deschenes et al.，2011）。然而，在更高水平的超负荷大鼠模型中，使用单侧协同肌切除的办法来让跖肌和比目鱼肌超负荷工作，数据表明衰老并没有改变神经肌肉接头重塑的敏感性（Deschenes et al.，2007）。因此，神经肌肉接头的重构过程的复杂性似乎与练习的类型和强度有关，而且如果训练方式为耐力训练，还会受到衰老过程的影响。

## 神经变化的时间过程：初期的力量增长

在过去的几十年中，人们已经清楚地

发现，在抗阻训练最初的两三个月中，力量就开始快速增长。主要的理论是，这些力量的增长受到最初的神经适应的巨大影响（Moritani，1992；Moritani and DeVries，1979，1980；Sale，1992）。在抗阻训练方案结束之后，力量的增长和肌肉横截面积（Ploutz et al.，1994）、肢体围度（Moritani and DeVries，1979，1980）和肌纤维横截面积（Costill et al.，1979；Ploutz et al.，1994；Staron，1994）的变化之间可能存在微弱的联系。这表明其他因素会使力量增长。在一项研究中，等长训练让最大静态力量增加了92%，但是肌肉横截面积只增加了23%（Ikai and Fukunaga，1970）。根据这些证据，科学家推测，神经因素对肌肉力量的产生存在影响（Carroll et al.，2001）。这些神经因素与以下过程有关：肌肉的神经驱动（即肌肉的募集和激发率）增加、运动单位的同步增强、主动肌的激活程度增加、拮抗肌的募集程度降低、参与动作的所有运动单位和肌肉的协调，以及肌肉保护机制（即高尔基腱器）的抑制。然而，其他因素所起的作用可能比以前预想的更大。例如，肌肉中的初始蛋白质聚积和蛋白质的类型变化也可能导致初期的力量增长（Folland and Williams，2007）。

蛋白质的类型在训练的最初几周（2~8周）内会发生变化（如肌球蛋白重链的类型和肌球蛋白ATP酶的类型的改变），并可能影响初期的力量增长。数据显示，分别进行2周和4周抗阻训练的女性和男性，其Ⅱx型肌纤维中的肌球蛋白ATP酶被大量地转移到Ⅱa型肌纤维中。因此，在高强度抗阻训练的初始阶段，蛋白质的类型

开始迅速转变（Staron et al.，1994）。这段时间内的力量的增长要远远大于肌肉的增大，不论在肌纤维级别还是在整个肌肉级别都是这样。数据表明，显著的肌纤维增大需要超过16周的训练（Staron et al.，1994）。因此，除了神经因素之外，蛋白质的类型也可能影响初期的力量增长。

在前2个月内肌肉对训练的适应取决于训练方案中练习的强度和训练量。使用中度至重度的负荷进行训练时，只需要短短8周就可以观察到肌肉细胞变大（Campos et al.，2002）。在训练的早期阶段（1~8周），更大的训练量可能可以更快地增大肌肉，从而使得肌肥大对力量和爆发力的增长贡献更大（Campos et al.，2002；Cannon and Cafarelli，1987；Carolyn and Cafarelli，1992；Thorstensson，Karlsson et al.，1976）。然而，在执行抗阻训练方案的前几周，力量的增长似乎主要与神经和蛋白质类型的适应有关。蛋白质聚积和被募集的运动单位的肌肥大最终使力量和爆发力增加。

## 神经驱动

可以使用肌电图技术来研究肌肉的神经驱动（神经脉冲的数量和丰富度的度量指标）（Häkkinen and Komi，1983；Kamen et al.，1984；Moritani and DeVries，1980；Sale et al.，1983；Thorstensson et al.，1976）。肌电图技术可测量肌肉和神经内的电活动，并显示肌肉内的神经驱动的量。在其中一项研究中，8周的动态恒定外部阻力训练导致肌电活动-肌肉力量比率降低（Moritani and DeVries，1980）。由于肌肉在较低的

肌电活动量中产生了更多的力量，所以可知少量的神经驱动产生了更多的力量。据计算，训练诱发的肌肥大带来了 9% 的力量增长，然而实际上，力量增加了 30%。超出预期的肌肥大带来的那部分力量很可能是肌电活动-肌肉力量比率变化和最大肌电活动增加 12% 的共同作用的结果。这项研究和其他研究都支持的观点是，肌肉的最大神经驱动的增长会带来肌肉力量的增长。因此，在训练后只需要较少的神经驱动来产生次最大力量，即肌肉的募集得到了改善，或者说肌纤维的募集模式更加高效了。然而，一些研究表明，在训练之后，肌肉的募集并没有得到改善（McDonagh et al., 1983）。

在抗阻训练之后，可以募集的运动单位增加了（Sale et al., 1983）。作为增强力量产生的一个机制，这个过程假设一个人在训练之前不可能同时募集某块肌肉内的所有运动单位。然而，因为这可能只对某些肌肉而言是适用的，并不适用于另一些肌肉，所以可能不会在所有肌肉或抗阻训练中观察到该机制（Belanger and McComas, 1981）。

另一个可能导致力量产生增加的神经因素就是运动单位募集的同步性增强了，这在抗阻训练之后可以观察到（Felici et al., 2001; Milner-Brown et al., 1973）。运动单位的同步会使肌电活动增加（65%~130%），同时力的波动也会增加（Yao et al., 2000）。此外，在高强度收缩期间同步性更为普遍（Kamen and Roy, 2000）。然而，这个带来力量增加的机制受到了质疑（Duchateau et al., 2006）。在产生次最大力量期间，运动

单位同步性的增强实际上在产生力的方面不如运动单位的不同步募集那么有效（Lind and Petrofsky, 1978; Rack and Westbury, 1969）。在最大刺激下的 5%~100% 时同步募集所产生的平均力量和不同步募集所产生的力量没有区别。因此，目前尚不清楚运动单位更高的同步性是否会使产生的力量更大。然而，同步性的增强会导致在简单的等长任务中力的波动增大（Carroll et al., 2001）。这可能会降低肌肉动作的稳定性，进而可能降低某些在活动中的表现水平。

数据显示，训练可以将所有运动单位处于活跃状态的时间延长几秒至 30 秒（Grimby et al., 1981）。这种类型的适应可能不会引起最大力量的增长，但是有助于更长时间地维持力量。在最大随意肌肉动作期间，由高阈值 II 型肌纤维构成的运动单位通常不会达到发生强直收缩所需的激发率（DeLuca et al., 1982）。如果增加这些高阈值运动单位的激发率，实际产生的力量也会增加。虽然神经适应明显可以增加力量，但是还没有完全弄清楚所有神经适应是如何相互作用以带来力量增长的。此外，就力量的增加而言，神经适应在不同的人身上也存在巨大的差别（Folland and Williams, 2007; Timmons, 2011）。

## 抑制机制

通过反射保护机制，如高尔基腱器，来抑制肌肉动作被认为会限制肌肉产生力量（Caiozzo, Perrine and Edgerton, 1981; Wickiewicz et al., 1984）。这些抑制机制的效果可以通过催眠来部分消除。一项经

典的研究表明，在催眠状态下，未接受过训练的人进行前臂弯曲时产出的最大力量可以增加17%，这表明存在抑制最大力量产生的潜在因素（Ikai and Steinhaus，1961）。在同一项研究中，受过长期抗阻训练的人在催眠状态下所产生的力量与其在正常意识状态下产生的力量没有明显差异。研究人员认为抑制可能是一种保护性机制，而在抗阻训练中全力运动时抑制机制减弱。当产生大量力量时，这些抑制机制似乎特别活跃，如在低速下产生最大力量（Caiozzo et al.，1981；Dudley，1990；Wickiewicz et al.，1984）。

有关抑制机制的信息已经得到一些实际应用。许多抗阻训练涉及双肢的同一个肌肉群同时执行动作或双侧动作。在做双侧动作期间产生的力比单肢分别产生的力之和少3%~25%，尤其是在快速收缩期间（Jakobi and Chilibeck，2001；Ohtsuki，1981；Secher et al.，1978）。做双侧动作期间产生的力与单肢分别产生的力之和之间的差被称为两侧性缺失，它与大部分快速收缩运动单位的募集减少有关（Jakobi and Chilibeck，2001；Vandervoot et al.，1984）。运动单位募集减少可能是抑制机制和随后的力产生减少导致的。以双肢动作进行训练减少了两侧性缺失（Secher，1975），从而使得双肢产生的力接近或大于单肢产生的力之和。虽然双肢练习减少了两侧性缺失，但是单肢练习可能对平衡双肢的力量非常重要。可以使用哑铃、药球、缆绳和某些类型的器械来进行单肢练习。

在最大反向垂直纵跳的计算机模拟实验中，两侧腿的力量之差在10%以内都可以通过生物力学的方式来补偿，即在每条腿的力量产生之间转移负荷需求，从而使垂直纵跳高度基本上不受双肢力量差异的影响（Yoshioka et al.，2010）。在蹲跳中也观察到了同样的结果：在跳跃中表现得较强那条腿会补偿较弱的那条腿（Yoshioka et al.，2011）。然而，目前仍然不清楚这种肢体力量不对称是如何影响其他对运动技能非常重要的单关节动作和多方向动作的。双肢练习和单肢练习的急性激素反应也不同。双肢练习引起的急性生长激素和胰岛素的反应强于单肢练习，但是皮质醇反应没有强于单肢练习（Migiano et al.，2010）。急性血乳酸反应也更强，但是这些差异可能是双肢练习需要多做52%的功引起的。确保在需要时进行单肢和双肢练习是所有完善的抗阻训练方案设计的一部分。

了解神经保护机制的知识可能对最大力量的发挥非常有用。神经保护机制在慢速、大阻力动作中能发挥出最强的效果（Caiozzo et al.，1981；Dudley et al.，1990；Wickiewicz et al.，1984）。与没有进行拮抗肌预收缩的抗阻训练方案相比，在进行练习之前激活拮抗肌的抗阻训练方案对增加低速力量更加有效（Caiozzo et al.，1983）。预收缩在某种程度上可以部分抑制神经保护机制，从而允许执行更有力的动作。在最大力量动作中，拮抗肌的预收缩既可以用来提升训练效果，又可以用来抑制神经保护机制。例如，在进行最大卧推之前，让手臂屈肌和内收肩胛骨的肌肉执行强有力的动作（即将肩胛骨拉向脊柱），这能够比没有预收缩拮抗肌的动作完成阻力更大的最大卧推。

## 神经改变和长期训练

神经适应可能可以对协调高级举重运动员的力量增长起到重要作用。在超过两年的训练中，奥林匹克举重运动员的肌纤维大小没有发生明显的变化，但是其力量和爆发力都增加了（Häkkinen et al.，1988）。肌电图数据显示，在训练期间其肌肉的自主募集增强了。因此，即使在有经验的抗阻训练运动员中，力量和爆发力机制的改善也可能与神经因素相关，因为在受过高级训练的肌肉中，肌肉的增大会受到限制。然而，该研究的实验对象是奥林匹克举重运动员，他们是根据体重级别分类的，因此肌肉质量的增加不一定会提升他们的竞技优势。此外，奥林匹克举重运动员所使用的训练方案主要与提升肌纤维的力量和爆发力以及所训练的肌纤维的增大有关（Garhammer and Takano，1992；Kraemer and Koziris，1994）。健美运动员或其他运动员的其他训练方案的目标可能与提升爆发力有关，但是它们的设计必须满足肌肉质量需求、专项运动表现需求或两者同时满足。因此，对受过高级训练的运动员而言，训练目标和具体方案可能会在抗阻训练的神经适应中起到关键作用。

图 3.24 展示了神经与肌肥大因素之间的动态相互作用，这一作用导致了力量的增加（Sale，1992）。这些变化的时间进程是因人而异的，而且受许多因素的影响，如肌纤维的数量、神经适应、性别和训练方案等。在这个概念化的时间过程中，训练的早期阶段（如最初几周至几个月内）增长的大部分力量归因于神经因素。在训练早期，蛋白质类型也开始改变，但是在训练早期没有观察到蛋白质聚积引起的肌纤维横截面积的明显变化。在几周之后，肌纤维的横截面积开始增大，而且由于整块肌肉的横截面积增大，从理论上说这会让力量得到更大增长。当肌肥大达到上限时，神经机制可能使力量进一步增加。然而，适应的时间进程很大程度上取决于训练方案设计、初始训练水平和所达到的训练水平。因此，这样的理论时间过程只能作为了解预期适应的参考。

有趣的是，在大多数训练研究中，肌纤维横截面积的增加幅度为 20%~40%。大多数研究都没有采用足够长的训练时间让肌纤维的横截面积增幅超越这个水平。根据影像学分析（MRI 和 CAT 扫描），肌纤维横截面积的变化并不一定反映了整块肌肉的横截面积的变化幅度。这种对应关系缺失的原因可能是，需要多个练习或多个训练角度来让整块肌肉的整个横截面

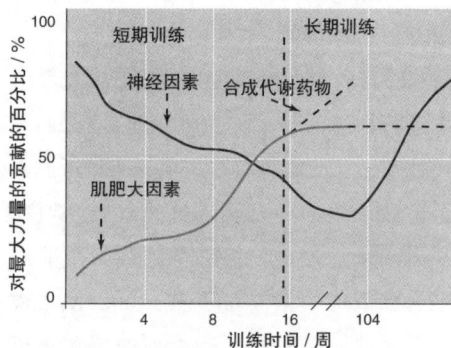

**图 3.24** 在短期和长期训练期间，神经和肌肥大因素之间的动态相互作用导致力量增加

积得到最佳刺激，然而可能只需要一个练习就可以让特定肌纤维的横截面积发生变化（Ploutz et al., 1994）。尽管如此，肌肉组织在循序渐进施加的、适当的阻力下获得的力量和爆发力最终似乎会受到神经肌肉适应的遗传上限的约束（Häkkinen, 1989）。

## 力-时间和力-速度曲线

在考察抗阻训练的形式，如爆发力训练、快速伸缩复合训练和等速训练时，力-时间和力-速度曲线非常重要。这些曲线的变化取决于神经、蛋白质类型和肌肉大小在训练中的变化。对于抗阻训练，理想情况下骨骼肌的力-时间曲线会向上和向左移动。力-时间曲线描述了力随着肌肉募集时间的增加而增加的情况（见图3.25）。需要设置最佳的训练类型（如周期化）来实现力-速度曲线的所有部分的变化。通常情况下，使用能够协调爆发力等式中的每个因素（力和速度）的周期化训练策略来引起力量和爆发力的增长，最终让力-时间曲线发生变化。

只有采用大阻力以相对较慢的速度进行最大力量训练时，最大力量才会增加，但是力-时间曲线的前段发生的变化很小。这意味着在前100~200毫秒内最大肌肉收缩产生的力的变化很小。如果进行力和爆发力训练，如快速伸缩复合训练、奥林匹克举重或蹲跳，那么力-时间曲线的前段的力就会随着最大力量的水平的增长而上升。力-时间曲线前段的上升对许多体育活动而言都很重要，因为产生力的时间是有限的。例如，短跑运动中足部接触地面期间，用

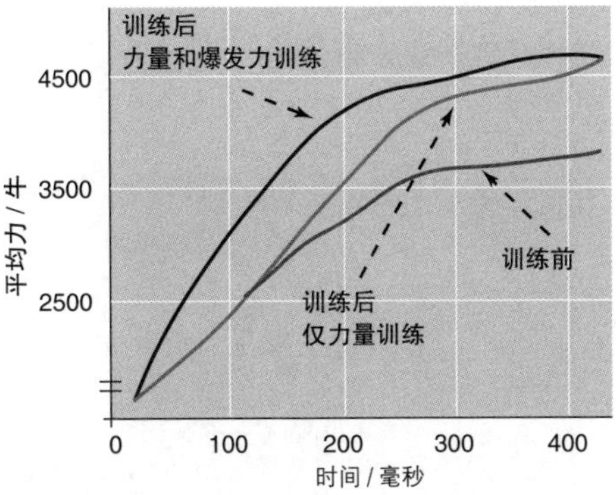

**图 3.25** 在各种类型的抗阻训练方案中深蹲动作的力-时间曲线

于产生力的时间是有限的。

力-速度曲线描述了产生最大力的能力随速度变化的情况（见图3.26）。随着运动速度的提升，肌肉以向心方式产生的最大力会下降，这从经验角度看是正确的。如果让运动员以较高的1RM百分比进行跳蹲，那么杠铃将以非常缓慢的速度移动。但是，如果让同一个运动员以1RM的30%进行跳蹲，那么杠铃会以更快的速度移动。如果没有移动或举起任何重物，那么向心最大速度是由肌动蛋白丝上的横桥与活跃部位结合和分离的最大速率决定的。因此，高比例的II型肌纤维会带来更快的收缩速度，并使得力-速度曲线向左和向上移动。

反之，随着运动速度的增加，肌肉能够以离心的方式产生的力实际上也会增加，这被认为是由肌肉的弹性成分引起的。不过，这种反应的真实原因仍不清楚。值得注意的是，即使在低速下，离心力也大于最大向心力或最大等长力。当使用最大离心肌肉动作时，产生这么大的力与无训练经验人群的肌肉损伤有关。然而，研究已经证明，反复进行离心动作的肌肉会产生

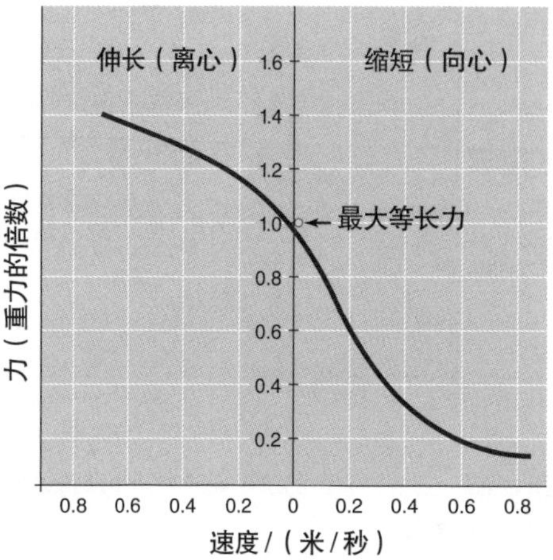

**图3.26** 力–速度曲线描述了随着向心和离心肌肉动作的速度变化而变化的最大力量。注意，离心动作的最大力量要大于任何等长或向心肌肉动作的力

适应性，而且在后续的训练中，每次训练中发生肌肉损伤的概率下降了（Clarkson and Tremblay，1988；Gibala，2000；Howatson and van Someren，2008；Mair et al.，1995）。有趣的是，在常用于抗阻训练的1RM百分比下，不能达到最大离心力量。虽然向心训练会导致力–速度曲线的离心部分发生变化，但是更大的力的增长发生在向心训练时该曲线的向心部分（见第2章关于等速训练的讨论）。相反，离心训练会导致力–速度曲线的离心部分发生更大的变化。因此，如果想要使力–速度曲线的向心和离心部分都发生变化，在正常的抗阻训练中，在一次重复中同时加入向心和离心肌肉动作对所有抗阻训练方案而言都是至关重要的。

由训练所达到的速度的信息可得出4个重要的结论（见2章关于等速训练的讨论）。第一，如果训练方案规定只使用一种运动速度，那么应该是中等速度。第二，任何训练速度都能够增加训练速度范围内的力量。第三，在某些体育运动中，可能需要通过特定于速度的训练来获得最佳运动能力。第四，在理想情况下，抗阻负荷可变的周期化训练方案将改善整个力–速度曲线。可见，我们还需要进行更多的研究来区分神经因素和肌纤维变化对力–速度曲线变化的影响。

# 身体成分变化

短期（6~24周）抗阻训练方案会使身体成分发生变化。表3.3描述了各种训练方案带来的身体成分变化。通常情况下，在检查身体成分时会将身体成分分为两个部分：瘦体重（LBM）和去脂体重（FFM）。二者通常可以交换使用，但是，这两个术语有不同的定义。瘦体重指的是必需脂肪加上所有非脂肪组织，而去脂体重只指所有非脂肪组织。必需脂肪是推荐正常身体机能所需的脂肪。脂肪含量为0是不可能的，人们需要脂肪来包裹以保护心脏、肾脏和其他重要器官，脂肪还是膜结构的组成部分和能量储备物质。使用常用的方法来确定身体成分（静压称重、皮褶厚度和双能X线吸收法）是无法区分必需脂肪和非必需脂肪的，所以通常所测量到的是去脂体重。脂肪重量是体内所含的脂肪的重量，总体重等于去脂体重加上脂肪重量。为了方便比较，脂肪重量通常被表示为总体重的百分比或身体脂肪百分比（脂肪%）。例如，如果一个体重为100千克的运动员的脂肪占总体重的15%，那么他

表 3.3　抗阻训练导致的身体成分变化

| 参考资料 | 性别 | 训练类型 | 训练长度/周 | 每周训练天数 | %1RM 强度/组数×重复次数或时间;如果没有%,则注明 RM 阻力和重复次数 | 练习数量 | 总体重变化/千克 | 瘦体重变化/千克 | 脂肪变化/% |
|---|---|---|---|---|---|---|---|---|---|
| Withers et al., 1970 | 女性 | DCER | 10 | 3 | 1RM 的 40%~55%/1 组 ×30 秒 | 10 | +0.1 | +1.3 | −1.8 |
| Withers et al., 1970 | 男性 | DCER | 20 | 3 | 1RM 的 40%~55%/1 组 ×30 秒 | 10 | +0.7 | +1.7 | −1.5 |
| Fahey and Brown, 1973 | 男性 | DCER | 9 | 3 | 2 个练习, 5 组 ×5 次<br>2 个练习, 3 组 ×5 次<br>1 个练习, 5 组 ×1 次或 2 次 | 5 | +0.5 | +1.4 | −1.0 |
| Brown and Wilmore, 1974 | 女性 | DCER | 24 | 3 | 8 周: 1 组 ×(10, 8, 7, 6, 5, 4)次<br>16 周: 1 组 ×(10, 6, 5, 4, 3)次 | 4 | −0.4 | +1.0 | −2.1 |
| Mayhew and Gross, 1974 | 女性 | DCER | 9 | 3 | 2 组 ×10 次 | 11 | +0.4 | +1.5 | −1.3 |
| Misner et al., 1974 | 男性 | DCER | 8 | 3 | 1 组 ×(3~8)次 | 10 | +1.0 | +3.1 | −2.9 |
| Peterson, 1975 | 男性 | VR | 6 | 3 | 1 组 ×(10~12)次 | 20 | — | −0.8 | +0.6 |
| Coleman, 1977 | 男性 | IT | 10 | 3 | 2 组 ×(8~10)RM | 11 | +1.7 | +2.4 | −9.1 |
| Coleman, 1977 | 男性 | VR | 10 | 3 | 1 组 ×(10~12)RM | 11 | +1.8 | +2.0 | −9.3 |
| Gettman and Ayres, 1978 | 男性 | IK(60 度/秒) | 10 | 3 | 3 组 ×(10~15)次 | 7 | −1.9 | +3.2 | −2.5 |
| Gettman and Ayres, 1978 | 男性 | IK(120 度/秒) | 10 | 3 | 3 组 ×(10~15)次 | 7 | +0.3 | +1.0 | −0.9 |
| Wilmore et al., 1978 | 女性 | DCER | 10 | 2 | 2 组 ×(7~16)次 | 8 | −0.1 | +1.1 | −1.9 |
| Wilmore et al., 1978 | 男性 | DCER | 10 | 2 | 2 组 ×(7~16)次 | 8 | +0.3 | +1.2 | −1.3 |
| Gettman et al., 1979 | 男性 | DCER | 20 | 3 | 1RM 的 50%, 6 周:<br>2×(10~20)次<br>14 周: 2 组 ×15 次 | 10 | +0.5 | +1.8 | −1.7 |
| Gettman et al., 1979 | 男性 | IK | 8 | 3 | 4 周: 1 组 ×10 次, 60 度/秒<br>4 周: 1 组 ×15 次, 90 度/秒 | 9 | +0.3 | +1.0 | −0.9 |

| 参考资料 | 性别 | 训练类型 | 训练长度/周 | 每周训练天数 | %1RM 强度/组数×重复次数或时间;如果没有%,则注明 RM 阻力和重复次数 | 练习数量 | 总体重变化/千克 | 瘦体重变化/千克 | 脂肪变化/% |
|---|---|---|---|---|---|---|---|---|---|
| Gettman et al., 1980 | 男性 | VR | 20 | 3 | 2组×12次 | 9 | −0.1 | +1.6 | −1.9 |
| Gettman et al., 1980 | 男性 | IK（60度/秒） | 20 | 3 | 2组×12次 | 10 | −0.6 | +2.1 | −2.8 |
| Hurley Seals, Ehsani et al., 1984a | 男性 | VR | 16 | 3 或 4 | 1组×（8~12）RM | 14 | +1.6 | +1.9 | −0.8 |
| Hunter, 1985 | 女性 | DCER | 7 | 3 | 3组×（7~10）次 | 7 | −0.9 | +0.3 | −1.5 |
| Hunter, 1985 | 女性 | DCER | 7 | 4 | 2组×（7~10）次 | 7 | +0.7 | +0.7 | −0.5 |
| Hunter, 1985 | 男性 | DCER | 7 | 3 | 3组×（7~10）次 | 7 | +0.6 | +0.5 | −0.2 |
| Hunter, 1985 | 男性 | DCER | 7 | 4 | 2组×（7~10）次 | 7 | 0 | +0.5 | −0.9 |
| Crist et al., 1988 | 男性和女性 | DCER | 6 | 5 | — | — | +1.0 | +2.0 | −3.0 |
| Bauer et al., 1990 | 男性和女性 | SSC | 10 | 3 | （4~7）组×持续20秒的连续重复 | — | 0 | +1.0 | −3.0 |
| Staron et al., 1991 | 女性 | DCER | 20 | 2 | 1天/周：3组×（6~8）RM 1天/周：3组×（10~12）RM | 3 | +2.0 | +6.0 | −4.0 |
| Staron et al., 1989 | 女性 | DCER | 18 | 2 | 3组×（6~8）次 | 4 | 0 | +1.0 | −1.0 |
| Pierce et al., 1993 | 男性 | DCER | 8 | 3 | 3周：3组×10RM 3周：3组×5RM 2周：2组×10RM | 10 | +1.0 | +1.0 | −4.0 |
| Butts and Price, 1994 | 女性 | DCER | 12 | 3 | 1组×（8~12）RM | 12 | −0.1 | +1.3 | −2.2 |
| Staron et al., 1994 | 男性 | DCER | 8 | 2 | 第1个4周：6~8RM 的热身运动 第2个4周：10~12RM 的热身运动 | 3 | +0.7 | +1.8 | −2.1 |
| Staron et al., 1994 | 女性 | DCER | 8 | 2 | 训练周期1：6~8RM 的热身运动 训练周期2：10~12RM 的热身运动 | 3 | +1.3 | +2.4 | −2.9 |

| 参考资料 | 性别 | 训练类型 | 训练长度/周 | 每周训练天数 | %1RM 强度/组数×重复次数或时间;如果没有%,则注明 RM 阻力和重复次数 | 练习数量 | 总体重变化/千克 | 瘦体重变化/千克 | 脂肪变化/% |
|---|---|---|---|---|---|---|---|---|---|
| Hennessy and Watson, 1994 | 男性 | DCER | 8 | 3 | (2~6)组×(1~10)次 | 7 | +2.9 | +3.7 | −1.4 |
| Kraemer, 1997 | 男性 | DCER | 14 | 3<br>3 | 1组×(8~10)次<br>(2~5)组×(8~10)RM | 10<br>9 | +1.4<br>+4.3 | +2.7<br>+8.2 | −1.5<br>−4.3 |
| Kramer, J.b. et al., 1997 | 男性 | DCER | 14 | 3 | 3组×10次<br>3组×(1~10)次<br>1组×(8~12)次 | 4<br>4<br>4 | +1.5<br>+0.3<br>+0.2 | +1.1<br>+0<br>+0.4 | +0.2<br>+0.2<br>−0.1 |
| Hoffman and Kalfeld, 1998 | 女性 | DCER | 13 | 4天/周,3周;1天/周 | 3周:(3~4)组×(8~12)RM | 4~6 | +2.6 | +3.1 | −2.1 |
| Mclester et al., 2000 | 男性和女性 | DCER | 12 | 1 | 3组×(3~10)次 | 9 | +0.4 | +1.0 | −0.6 |
| Mclester et al., 2000 | 男性和女性 | DCER | 12 | 3 | 1组×(3~10)次 | 9 | +3.5 | +4.6 | −1.2 |
| Mazzetti et al., 2000 | 男性 | DCER | 12 | 2~4 | 2~4组×(3~12)次 | 7 或 8 | +4.1 | +1.4 | +2.1 |
| Kraemer et al., 2001 | 女性 | DCER | 12 | 3 | 2 或 3组×10RM | 10 | −1.0 | +3.6 | −5.3 |
| Kraemer Mazzetti, 2001 | 女性 | DCER | 36 | 2 或 3 | 1组×(8~12)RM | 14 | — | +1.0 | −2.5 |
| Kraemer et al., 2001 | 女性 | DCER | 36 | 4 | (2~4)组×(3~5)RM<br>(2~4)组×(8~10)RM<br>(2~4)组×(12~15)RM | 12 | — | +3.3 | −4.0 |
| Lemmer et al., 2001 | 男性 | AR | 24 | 3 | 上半身:1组×15RM<br>下半身:2组×15RM | 8 | +0.2 | +2.0 | −1.9 |
| Lemmer et al.,2001 | 女性 | AR | 24 | 3 | 上半身:1组×15RM<br>下半身:2组×15RM | 8 | +2.5 | +1.9 | +0.4 |
| Marx et al., 2001 | 女性 | DCER | 24 | 3 | 1组×(8~12)RM | 10 | — | +1.0 | −2.5 |
| Marx et al.,2001 | 女性 | DCER | 24 | 3 | (2~4)组×(3~5)RM<br>(2~4)组×(8~10)RM<br>(2~4)组×(12~15)RM | 7~12 | — | +3.3 | −6.7 |

| 参考资料 | 性别 | 训练类型 | 训练长度/周 | 每周训练天数 | %1RM 强度/组数×重复次数或时间；如果没有 %，则注明 RM 阻力和重复次数 | 练习数量 | 总体重变化/千克 | 瘦体重变化/千克 | 脂肪变化/% |
|---|---|---|---|---|---|---|---|---|---|
| Campos et al., 2002 | 男性 | DCER | 8 | 第1个4周：2天 第2个4周：3天 | 4组×（3~5）RM | 3 | +2.3 | — | — |
| Campos et al., 2002 | 男性 | DCER | 8 | 第1个4周：2天 第2个4周：3天 | 3组×（9~11）RM | 3 | +1.7 | — | — |
| Campos et al., 2002 | 男性 | DCER | 8 | 第1个4周：2天 第2个4周：3天 | 2 组 ×（20~28）RM | 3 | +1.3 | — | — |
| Kemmler et al., 2004 | 女性 | DCER | 29 | 2 | 1组 ×1RM 的65%~90% | 11 | — | — | — |
| Kemmler et al., 2004 | 女性 | DCER | 29 | 2 | （2~4）组 ×1RM 的65%~90% | 11 | — | — | — |
| Galvao and Taaffe, 2005 | 男性和女性 | DCER | 20 | 2 天或更短 | 1组 ×8次 | 7个以上 | −0.1 | +0.5 | −0.6 |
| Galvao and Taaffe, 2005 | 男性和女性 | DCER | 20 | 2 | 3组 ×8次及更少 | 7个以上 | 0 | +0.7 | −1 |
| Ibañez et al., 2005 | 男性 | DCER | 16 | 在2天和4天的连续训练日之间最少要间隔2天 | 第1个8周：（2~4）组 ×（10~15）次（1RM的50%~70%）第2个8周：（3~5）组 ×（5~6）次（1RM的70%~80%）3 或 4 组 ×（6~8）次（1RM 的30%~50%） | 2 个腿部伸展 5 个主要肌群 | −0.5 | +1.8 | − 1.8% |
| Ades et al., 2005 | 女性 | DCER | 5 | 3 | 1组 ×10次 2组 ×10次 | 8 | 0 | −0.6 | — |
| Fleck et al., 2006 | 女性 | VVR | 14 | 3 | 3组 ×10次 | 11 | −0.4 | 2.0 | −1.2 |
| Brooks et al., 2006 | 性别（男性/女性）ST: 21/10 控制组: 19/12 | AR | 16 | 3 | 1~8周：3组 ×8次，1RM 的 60%~80% 10~14周：3组 ×8次，1RM 的 70%~80% | 5 | — | +1.1 | — |

| 参考资料 | 性别 | 训练类型 | 训练长度 / 周 | 每周训练天数 | %1RM 强度 / 组数 × 重复次数或时间; 如果没有 %, 则注明 RM 阻力和重复次数 | 练习数量 | 总体重变化 / 千克 | 瘦体重变化 / 千克 | 脂肪变化 /% |
|---|---|---|---|---|---|---|---|---|---|
| Ronnestad et al., 2007 | 男性 | DCER | 11 | 3 | 第 1 周和第 2 周: 上半身: 3 组 ×10 次 上半身: 1 组 ×10 次 第 3 周和第 4 周: 上半身: 3 组 ×8 次 下半身: 1 组 ×8 次 第 5~11 周: 上半身: 3 组 ×7 次 上半身: 1 组 ×7 次 | 8 | +1.8% | — | −7.5 |
| Ronnestad et al., 2007 | 男性 | DCER | 11 | 3 | 第 1 和第 2 周: 下半身: 3 组 ×10 次 上半身: 1 组 ×10 次 第 3 和第 4 周: 下半身: 3 组 ×8 次 上半身: 1 组 ×8 次 第 5~11 周: 下半身: 3 组 ×7 次 上半身: 1 组 ×7 次 | 8 | +3.6% | — | −12 |
| Henwood et al., 2008 | 男性和女性 | DCER | 24 | 2 | 3 组 ×8 次, 1RM 的 75% | 6 | +1.5 | −0.8 | — |
| Henwood et al., 2008 | 男性和女性 | DCER | 24 | 2 | 1 组 ×8 次, 1RM 的 45% 1 组 ×8 次, 1RM 的 50% 1 组 ×8 次及更多, 1RM 的 75% | 5 | +1.2 | −0.6 | — |
| Benson et al., 2008 | 男性和女性 | DCER | 8 | 2 | 2 组 ×8 次 | 11 | +1.5 | +1.4 | −0.3 |
| McGuigan et al., 2009 | 男性和女性 | DCER | 8 | 3 | 训练周期 1: 3 组 × 10 次 训练周期 2: 3 组 × (10~12) 次 周期: 3 组 × (3~5) 次 | 7 7 7 | +1.1 | +1.7 | −1.2 |
| Benton et al., 2011 | 女性 | DCER | 8 | 3 个非连续训练日 | 3 组 × (8~12) 次 | 8 | +1.4 | +1.3 | +0.2 |
| Benton et al., 2011 | 女性 | DCER | 8 | 4 个非连续训练日 | 3 组 × (8~12) 次 | 上半身 6 个或下半身 6 个 | +0.7 | +0.7 | +0.1 |

AR 表示空气阻力；DCER 表示动态恒定外部阻力；IK 表示等速；SSC 表示拉长 – 缩短周期；ST 表示抗阻训练；VR 表示可变抗阻；VVR 表示双可变抗阻。

的去脂体重、脂肪重量和总体重的关系如下：

$$脂肪重量 = 0.15 \times 100\ 千克 = 15\ 千克$$
$$去脂体重 = 总体重 - 脂肪重量$$
$$= 100\ 千克 - 15\ 千克 = 85\ 千克$$

通常情况下，抗阻训练方案的目标是增加去脂体重和减少脂肪重量和脂肪所占百分比。去脂体重的增加通常被视为肌肉组织重量增加的标志。抗阻训练会导致脂肪所占百分比减少和去脂体重增加（见表3.3）。总体来说，总体重反映出短期训练期间的小增长。这发生在使用动态恒定外部阻力（DCER）、可变抗阻（VR）训练和等速（IK）训练方案的各种练习、组数和重复次数的组合的男性和女性身上。由于组数、重复次数和练习变化多样以及身体成分变化相对较小，因此关于什么样的训练方案能够最大限度地降低身体脂肪所占百分比和增加去脂体重，还没有具体的结论。然而，几项研究报告显示，与低训练量、单组训练方案相比，高训练量、多组训练方案带来的身体成分变化明显大得多（Kraemer et al., 2000; Marx et al., 2001），而且与非周期化训练方案相比，周期化训练方案会引起更大的身体成分变化（Fleck, 1999）。

尽管一些研究结果显示去脂体重有更大的增长，但是持续的最大增长来自10周的无药物训练，仅增长3千克多一点，这可以转换成每周约增加去脂体重0.3千克。如果显示出去脂体重增加，那么可能是受一些因素的影响，如训练者处于自然成长

时期。在休赛期，一些教练希望运动员有很大的体重增幅，不过除非是处于生长期的年轻运动员，否则增加的不太可能是肌肉质量。

表3.4总结了健美运动员、奥林匹克举重和力量举运动员的身体脂肪所占百分比的调查结果。这些受过高级抗阻训练的男性的平均身体脂肪所占百分比为4.1%~15.6%，而女性健美运动员的平均身体脂肪所占百分比为6.4%~20.4%。对于健美运动员来说，其身体脂肪所占百分比随着比赛日的临近而显著减少。他们的数据都低于大学年龄的男性和女性的平均身体脂肪所占百分比，分别为14%~16%和20%~24%。因此，受过高级抗阻训练的运动员比同龄的普通人更苗条。

然而，应该指出的是，在以上实验群体中，大多数男性和女性运动员在休赛期的平均身体脂肪百分比分别比维持正常身体机能所需的高3%~5%和12%~14%（Frish and McArthur, 1974; Heyward and Wagner, 2004; Sinning, 1974）。然而，几个实验群体确实接近维持正常身体机能所需的最低脂肪水平，而且一些人正处于这个身体脂肪百分比水平。女性维持正常的身体机能的最低脂肪水平可能高于男性，这样才能确保生殖周期的功能正常（Frisch and McArthur, 1974; Heyward and Wagner, 2004）。此外，当人们接近或达到最低脂肪水平且总体重在下降时，他们失去的大部分重量是去脂体重。这同样适用于接受过高级训练的人，如健美运动员，他们在总体重和脂肪重量下降的同时进行抗阻训练（Too et al., 1998; Withers

**表 3.4　受过高级抗阻训练的运动员的身体脂肪百分比**

| 参考资料 | 运动员级别 | 脂肪所占百分比 / % |
|---|---|---|
| **男性** | | |
| Fahey et al., 1975 | OL–国家和国际 | 12.2 |
| Tanner, 1964 | OL–国家和国际 | 10.0 |
| Sprynarova and Parizkova, 1971 | OL–国家和国际 | 9.8 |
| Fry et al., 1994 | OL–国家和国际 | 8.9 |
| Katch et al., 1980 | OL 和 PL–国家和国际 | 9.7 |
| Mcbride et al., 1999 | OL–国家<br>PL–国家 | 10.4<br>8.7 |
| Fahey et al., 1975 | PL–国家和国际 | 15.6 |
| Dickerman et al., 2000 | PL–国家和国际（记录持有人案例研究） | 14.0 |
| Fry et al., 1994 | OL–国家青少年 | 5.0 |
| Katch et al., 1980 | BB–国家 | 9.3 |
| Zrubak, 1972 | BB–国家 | 6.6 |
| Fahey et al., 1975 | BB–国家和国际 | 8.4 |
| Pipes, 1979 | BB–国家和国际 | 8.3 |
| Bamman et al., 1993 | BB–地区（比赛前 12 周）<br>BB–地区（比赛） | 9.1<br>4.1 |
| Manore et al., 1993 | BB–国际 | 6.9 |
| Kleiner et al., 1994 | BB–国家 | 5.0 |
| Withers et al., 1997 | BB–国家（比赛前 10 周）<br>BB–国家（比赛） | 9.1<br>5.0 |
| Too et al., 1998 | BB–地区（比赛） | 4.1 |
| Maestu et al., 2010 | BB–国家和国际 | 9.6 和 6.5[*] |
| **女性** | | |
| Freedson et al., 1983 | BB–国家和国际 | 13.2 |
| Walberg–Rankin et al., 1993 | BB–地区 | 12.7 |
| Kleiner et al., 1994 | BB–国家 | 9.0 |
| Alway, 1994 | BB–国家和国际 | 13.8 |
| Alway, 1994 | BB–国家 | 18.7 |
| Van der Ploeg et al., 2001 | BB–地方（比赛前 12 周）<br>BB–地方（比赛） | 18.3<br>12.7 |
| Stoessel et al., 1991 | OL–国家和国际 | 20.4 |
| Fry et al., 2006 | OL–国家和国际 | 6.4 |

OL 表示奥林匹克举重运动员；PL 表示力量举运动员；BB 表示健美运动员。

[*] 9.6% 表示训练；6.5% 表示比赛前。

et al.，1997）。因此，最低脂肪水平不被视为运动员的理想或目标脂肪水平。

# 抗阻训练和训练中的激素系统

内分泌系统是复杂的、相互作用的信号系统的一部分，它协调一系列生理过程，包括静息时和身体在练习压力下运动单位的募集反应。许多激素作用是很小甚至难以察觉的，但是如果没有它们，就不可能维持正常的生理功能。激素的基本功能是通过靶组织的受体向靶组织发送信号。在抗阻训练中，所募集的运动单位决定肌肉活动的数量，这又反过来决定支持急性内平衡和训练损伤后期修复和恢复所需的各种激素，而正是这个过程使肌肉和其他组织产生长期适应。

在传统术语中，内分泌系统涉及分泌腺分泌激素分子到血液中，然后激素分子被输送到靶细胞，在那里与向细胞传递信号的受体结合（如肾上腺髓质释放的肾上腺素与肌肉中的 β-2 受体发生相互作用）。激素被细胞释放出来并与另一个细胞的受体结合的系统称为旁分泌系统（如脂肪细胞释放的瘦素与其他脂肪细胞发生相互作用），激素被细胞释放出来并与该细胞发生相互作用的系统称为自分泌系统（如肌纤维释放 IGF-I 的剪接变体或机械生长因子来与释放它的肌纤维发生相互作用）。因此，激素可以通过多种方式与身体细胞进行相互作用。激素与神经系统的紧密联系使得神经内分泌系统很可能是与抗阻训练适应相关的最重要的生理系统之一。

图 3.27 展示了激素与靶细胞（主要是肌肉细胞）的总体相互作用系统。

激素是通过与靶细胞的受体结合来向其发送信息的信号分子。根据受体的状态，信号可能被传送，也可能不被传送，因为激素可能与受体结合，也可能不与之结合。受体要么正调节，这意味着它们将接受激素信号且其最大结合能力提升；要么负调节，这意味着它们不会接受激素信号，因为其结合能力下降或者所接受的该种激素已经饱和。根据上述所有结合条件，激素信号要么增加、要么减少或不存在。此外，几乎所有的激素都有多个靶细胞，并涉及多个生理系统。激素的类型和它们与靶组织的相互作用方式使得激素的作用十分多样（Kraemer，1988，1992a，b，1994；Kraemer and Ratamess，2005；Norris，1980）。

有充分的证据表明，按照传统的术语体系，抗阻训练会导致身体内部以自分泌和旁分泌的机制释放激素。此外，这些释放机制对构成不同的抗阻训练方案的关键变量非常敏感。性别和训练水平也可能影响激素反应的程度。很明显，内分泌释放的激素对训练方案的各种关键变量构成的以下特征敏感。

- 募集的肌肉数量。
- 训练强度。
- 组间和练习间的休息时间。
- 总训练量。

除了关键变量，以下生理机制也可能在不同程度上影响周围血液中的激素浓度、抗阻训练的急性反应和慢性适应。

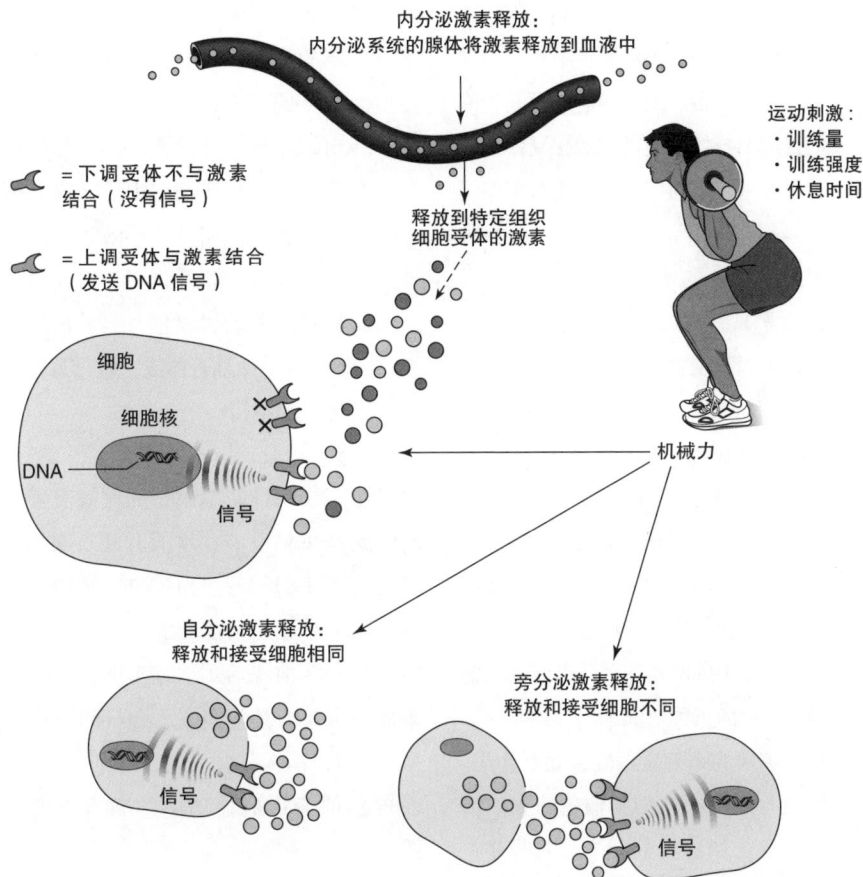

内分泌激素释放：
内分泌系统的腺体将激素释放到血液中

运动刺激：
·训练量
·训练强度
·休息时间

= 下调受体不与激素
结合（没有信号）

= 上调受体与激素结合
（发送 DNA 信号）

释放到特定组织
细胞受体的激素

细胞

细胞核

DNA

信号

机械力

自分泌激素释放：
释放和接受细胞相同

信号

旁分泌激素释放：
释放和接受细胞不同

信号

**图 3.27** 与细胞的内分泌系统相互作用，抗阻训练通过引起激素的释放来刺激身体发生内分泌反应。这些激素与各种细胞受体发生相互作用。激素信号来自内分泌、旁分泌和自分泌系统并与细胞的 DNA 发生相互作用，从而产生让蛋白质合成增加或减少的激素信号

- 体液体积转移。由于运动，体液趋向于从血液转移到细胞中。这种转变可以提高血液中的激素浓度，而且不会影响内分泌腺体的激素分泌。研究人员假设，不论增加机制如何，这种浓度的变化都增加了受体相互作用的可能性。

- 腺体的激素合成量和激素储存量。这两种因素会影响循环中激素的释放和浓度。

- 组织（特别是肝脏）对激素的清除率。激素会循环经过各种组织和器官（肝脏是人体的主要处理器官之一）。肝脏确实会分解或降解一些激

素。激素到达靶组织的时间延迟是因为它们进入了肝脏和其他组织（如肺部）的循环中。组织的清除时间会使激素远离身体其他部位的靶受体或使激素降解，从而使其无法正常工作。

- 激素降解（即激素分解）。每种激素都有特定的半衰期。换言之，每种激素只有在被降解前的特定时间内才可以与受体结合。

- 静脉血液储集。血液回流到心脏的速度因为血液储集在静脉中而减慢。剧烈的肌肉活动（即肌肉收缩大于最大值的 45%）将导致外围循环延迟。因此，当肌肉活动减少时，必须在休息期间使血流恢复。血液储集可以提高静脉血中的激素浓度，进而延长靶组织接触激素的时间。

- 与血液中的结合蛋白发生相互作用。激素与血液中协助其输送的专门蛋白质结合。游离激素（即那些存在于血液中的、不与结合蛋白结合的激素）和已结合激素与组织的相互作用方式不同。最终，游离激素通常与细胞膜或者其他细胞或细胞核受体相互作用，虽然最近的研究显示，激素聚集体以及与结合蛋白结合的激素或激素二聚体（即两个相同的激素结合在一起）也可以和一些受体发生相互作用。因此，激素结合这一概念的发展现已经开始超越"游离激素假说"，过去曾经认为只有未与结合蛋白结合的激素才能与受体结合，并向基因机制发出信号。

- 受体之间的相互作用。上述所有机制的相互作用会在血液中产生一定浓度的激素，这可能影响激素与靶组织中的受体的互动。受体的相互作用也受到靶细胞中的激素受体亲和力和受体密度的影响。所有这些因素都发生相互作用，并导致产生特定数量的激素信号，并由激素、激素–受体复合体或二级信息系统发送给细胞核。

另一个可能影响测定的血液激素浓度的因素是采集血液样本的时间。例如，在使用主要肌群练习（如硬拉）的训练之后马上采集样本，血清中的总睾酮浓度会明显上升。在训练后 4 小时或更长时间后采集血液样本，其他因素，如日间激素水平变化（日间激素水平的正常波动）或恢复现象都会影响血液中的激素浓度（见图 3.28）。

抗阻训练能够快速提高激素的循环浓度（Kraemer et al., 1990, 1991; Kraemer et al., 1993; Kraemer et al., 1993），但是激素对不同类型的训练方案的关键变量的敏感度是有差异的。内分泌系统对适应机制起着重要的支持作用，持续的训练将使肌肉力量增加（Kraemer, 1988, 1992a, 1992b; Kraemer et al., 1991, 1992a, 1992b）。然而，抗阻训练期间的激素变化与营养状况、短期营养摄入、训练状态和其他影响身体的重塑和修复过程的外在因素（如压力、睡眠和疾病）是密切相关的。在训练期间受到激素支配或调节的生理功能非常多，其中包括血糖浓度调节、体液调节、体温控制、血

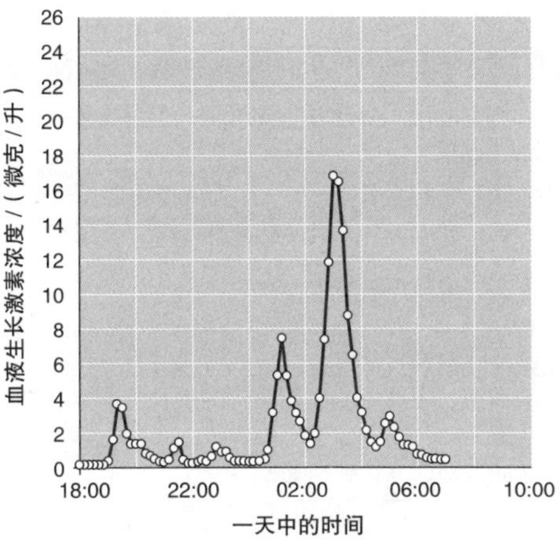

**图 3.28** 免疫反应（22 kD）生长激素的生理节奏模式示例

图片由康涅狄格大学人体运动学系的威廉·J.克雷默（William J. Kraemer）博士提供。

管直径控制、大脑功能和矿物质代谢。在一次抗阻训练刚结束的时候，身体的激素系统有助于调节受损或紊乱的组织的修复和重塑过程，这涉及对受训练影响的细胞和组织的合成代谢和分解代谢反应的调节。虽然有些人呼吁取消测量血液中的激素浓度，但是这种做法是不科学的，因为这些数据代表了靶细胞的信号分子的一个生物分类的步骤，而且通过它们我们能够清楚观察到机体的反应。我们需要的是正确理解测量环境，合理解释结果，以及了解靶细胞和组织的结合特征。

内分泌腺和组织都改善了其结构和功能，以适应抗阻训练的生理需求。表3.5概述了内分泌系统的部分激素及其功能。

## 激素反应和适应

同样，激素除了保持细胞和组织体内平衡的水平外，还作为信号分子响应并支持运动单位的募集需求。骨骼肌肉、骨骼和结缔组织等是大多数抗阻训练方案的最终靶细胞。然而，在抗阻训练的压力下，每个系统都被募集，以支持训练期间的体内平衡反应或者参与训练后的恢复。这些系统都会受到训练的影响，包括内分泌腺本身。例如，进行最大练习时，高级训练者的肾上腺髓质释放的肾上腺素要比未受过训练者多。这会使受过高级训练的运动员血液中的肾上腺素浓度更高，有助于其维持高水平的心血管功能（Kraemer et al.，1985）。

内分泌系统可以在急性抗阻训练压力下被激活，或者在长期的抗阻训练中改变。管理急性体内平衡变化的机制通常急剧增加或降低激素浓度来应对急性抗阻训练压力，从而达到调节生理功能的目的，如蛋白质代谢或免疫细胞募集。许多适应发生在内分泌、旁分泌和自分泌系统中，而且往往难以区分。这些变化在短时间内与靶器官内的变化和训练压力耐受能力有关。然而，除了训练压力之外，其他因素也会影响内分泌系统。例如，血清中的睾酮浓度的下降与摄取蛋白质或一顿饭有关，这表明雄激素受体的吸收上升。由于许多身体部位和机制都会受到影响，其适应的潜力很大。因此，对循环浓度的解释必须谨慎，并应考虑到休息期间或运动后血液浓度增加或减少的生理背景。例如，激素的增加可能是受体上调的重要信号，接下来将出现循环浓度下降。因此，对于血液浓度的理解必须考虑运动和其他外在因素（如营养、环境）的要求。身体压力可以提高血液中的激素浓度，但这并不意味着所有

**表 3.5　内分泌系统的部分激素及其功能**

| 内分泌腺 | 激素 | 一些重要功能 |
|---|---|---|
| 睾丸 | 睾酮 | 刺激男性性别特征的出现并使其得到维持；促进生长；与卫星细胞功能进行相互作用；促进合成代谢 |
| 垂体前叶 | 生长激素 | 刺激肝脏释放胰岛素样生长因子；与脂肪细胞相互作用；促进蛋白质合成；促进生长和机体的新陈代谢 |
| | 促肾上腺皮质激素（ACTH） | 刺激肾上腺皮质释放糖皮质激素 |
| | 促甲状腺激素（TSH） | 刺激甲状腺激素的合成和分泌 |
| | 卵泡刺激素（FSH） | 刺激卵巢中的卵泡、睾丸中的生精小管的生长；刺激卵细胞和精子的产生 |
| | 黄体生成素（LH） | 刺激排卵以及卵巢和睾丸分泌性激素 |
| | 催乳素（LTH） | 刺激乳腺分泌乳汁；维护黄体；刺激黄体酮分泌 |
| | 促黑素 | 刺激黑色素细胞的产生，黑色素细胞含有深色色素 |
| 垂体后叶 | 抗利尿激素（ADH） | 增强平滑肌的收缩和肾脏对水的再吸收 |
| | 催产素 | 刺激子宫收缩和乳腺分泌乳汁 |
| 肾上腺皮质 | 糖皮质激素 | 抑制或延缓氨基酸与蛋白质结合（皮质醇）；刺激蛋白质转化为碳水化合物；维持正常血糖水平；储存葡萄糖；促进脂肪代谢 |
| | 盐皮质激素 | 增加或减少钠－钾代谢；增加体液（醛固酮，去氧皮质酮） |
| 肾上腺髓质 | 肾上腺素 | 增加心输出量；促进血糖、糖原分解和脂肪动员；刺激肌肉产生力量 |
| | 去甲肾上腺素（10%） | 类似于肾上腺素，也控制血管的收缩，约90%的去甲肾上腺素以神经递质的形式来自交感神经系统 |
| | 脑啡肽原 | 镇痛，增强免疫功能 |
| 甲状腺 | 甲状腺素 | 刺激线粒体的氧化代谢和细胞生长 |
| | 降钙素 | 降低血液中磷酸钙的浓度 |
| 胰腺 | 胰岛素 | 引发糖原储存；协助吸收葡萄糖 |
| | 胰高血糖素 | 提高血糖浓度 |
| 卵巢 | 雌激素 | 刺激女性性征出现；发挥系统作用，如长骨的生长和成熟 |
| | 黄体酮 | 刺激女性性征出现；维持怀孕；使乳腺发育 |
| 甲状旁腺 | 甲状旁腺素 | 增加血钙；降低血液中磷酸盐的浓度 |

靶组织都会受到影响。由于充沛的循环量和特定运动单位的募集要求（如耐力练习需要更少的运动单位，而高强度抗阻训练需要更多的运动单位）存在许多差异，尽管血液中的浓度相似，但激素信号和受体的相互作用可能是相当不同的。简单地忽略或认为激素对压力的反应无意义，会阻碍反应积极且活跃的激素系统处理生理需求的复杂性和进化发展。神经内分泌系统的反应是抗阻训练适应的主要反应之一。

## 合成代谢和分解代谢激素

本小节所讨论的参与肌肉组织生长和重塑的主要合成激素是睾酮、生长激素和胰岛素样生长因子（胰岛素样生长因子）。胰岛素也起着关键作用，但是在正常的蛋白质代谢范围内它似乎没有发挥作用（Wolfe，2000）。皮质醇在分解代谢中也起着主要的作用，除此之外，它还是一种重要的激素。同样，甲状腺激素（没有它化学反应就不能正常发生）在其他激素调节的生物化学和代谢反应中至关重要（Greenspan，1994）。

## 睾酮

一直以来，睾酮作为主要的雄激素-合成代谢激素，被认为对人类身体的合成代谢功能有重要的影响，尤其是对男性而言（Bricourt et al.，1994；Kraemer，1988:Vingren et al.，2010）。在分泌之后，睾酮被转运到与转运蛋白相结合的靶组织，这种转运蛋白称为性激素结合球蛋白。接着，睾酮与膜结合蛋白或细胞溶质受体结合，被募集并转运到细胞核，在里面与细胞核受体发生相互作用，这会引起蛋白质合成。当正常的下丘脑激素被阻止产生黄体生成素时，黄体生成素不足会导致参与抗阻训练方案的年轻男性的睾酮缺乏或降低至可检测的最低浓度，所以尽管其他合成代谢信号系统保持正常，力量的发展仍然会受到阻碍（Kvorning et al.，2006，2007）。这一发现表明，正常的睾酮浓度在提升男性的肌肉力量产生的能力方面具有举足轻重的地位。

有几个因素会似乎影响男性的血清总睾酮（游离和与性激素结合球蛋白结合的）浓度。在抗阻训练中，其增加幅度已被证明受到涉及的肌肉质量和练习选择（Volek et al.，1997）、训练强度和训练量（Kraemer et al.，1990，1991；Raastad et al.，2000；Schwab et al.，1993）、以蛋白质和碳水化合物补充剂的方式摄入的营养（Kraemer，Volek，1998）以及训练经验（Kraemer et al.，1999）的影响。大肌群练习，如奥林匹克举重（Kraemer et al.，1992）、硬拉（Fahey et al.，1976）和预蹲跳（Volek et al.，1997）已被证明可以让睾酮浓度显著升高。此外，训练刺激的变化可能对血清睾酮浓度的提高有重要影响（Hickson，Hidaka，1994）。睾酮浓度在禁食条件下上升及外部负荷、运动单位激活产生的电荷都能作为信号。在饱腹状态下检查时，血液中的睾酮浓度会下降，原因是被募集组织与雄激素受体的结合增加，从而导致肌肉细胞的吸收增加。

并非所有的抗阻训练都会使睾酮浓度升高。这可能是由于在进食状态下取样（蛋白质和一些碳水化合物）、低训练量和低强度、更长的休息时间、缺乏足够的被募集肌肉组织来促进雄激素受体结合，或者缺乏必要的身体压力来刺激睾酮释放（如肾上腺素反应）。例如，膝伸可以发展股四头肌的力，但是如果这是唯一的练习，那么可能不会观察到血液循环中的睾酮增加，因为其分泌量少且又被大量血液稀释。许多研究受到仅在一个时间点测量睾酮浓度的限制。但是总体而言，研究表明以下练习变量可以显著提高男性在抗阻训练之后的血清睾酮浓度。

- 主要肌群练习（如硬拉、高翻、深蹲）。

- 高强度抗阻训练（1RM 的 85%~95%）
- 包含多组、多练习或两者兼有的中高训练量练习。
- 较短的休息时间（30 秒至 1 分钟）。

大多数研究表明，女性的血清睾酮浓度通常不会因为各种形式的高强度抗阻训练而升高（Bosco et al.，2000；Consitt et al.，2001；Häkkinen and Pakarinen，1995；Kraemer et al.，1993；Stoessel et al.，1991）。然而，研究也表明，在抗阻训练反应中女性的血清睾酮浓度也可能小幅急剧上升（Kraemer et al.，1991；Kraemer et al.，1993；Nindl et al.，2001）。睾酮反应可能因人而异，因为一些女性能够释放更多的肾上腺雄激素。数据表明，抗阻训练可导致静息时的血清睾酮浓度显著上升。在 6 个月的训练中，与单组训练方案相比，高训练量、周期化多组训练方案引发的睾酮反应更强烈（Marx et al.，2001）。抗阻训练方案的类型（即训练量、组数和训练强度）可能会影响运动后血清睾酮浓度的变化幅度。在一项因为采样数量大而具有较大统计学意义的研究中，在进行抗阻训练之后女性血清睾酮浓度的增幅更小（Nindl et al.，2001）。因此，女性血清睾酮浓度的增幅不一致可能是睾酮小幅度增加、研究样本数量少或抗阻训练压力无效导致的。

女性的雄激素浓度具有可遗传特性，因此一些女性比其他女性更容易发展瘦组织和力量。这可能是因为胚胎发育和细胞分化过程受睾酮的影响，使得一些女性的肌纤维数量更多。这些假说需要进一步的研究（Coviello et al.，2011），但是它们表

明睾酮对训练的反应可能取决于多种因素，并且有些女性的睾酮浓度对训练的反应要大于大多数女性。

除了睾酮外，肾上腺雄激素对女性的作用可能比对男性小，因为女性的睾酮浓度较低。在静息时，女性体内的雄烯二酮浓度通常比男性更高。在包括 4 个练习并以 1RM 的 80% 进行 3 组至力竭的训练方案中（组间休息 2 分钟），男性和女性血液中的雄烯二酮均急剧增加 8%~11%（Weiss，Cureton and Thompson，1983）。然而，雄烯二酮的作用比睾酮弱得多。很少有研究表明能在抗阻训练之前检测到睾酮的急性反应。到目前为止，关于雄烯二酮的急剧增加对肌力量增长和肌肥大的影响，我们仍然知之甚少。

在睾酮对抗阻训练的反应中，雄激素受体的变化也是重要的考虑因素。在大鼠的抗阻训练反应模型中，研究人员发现，在以 I 型肌纤维为主的比目鱼肌中雄激素受体数量下降，而在以 II 型肌纤维为主的趾长伸肌中，雄激素受体数量上升。这表明雄激素受体在抗阻训练中可能会对特定的肌纤维类型做出反应（Deschenes et al.，1994）。与未使用合成代谢类固醇药物的力量举运动员相比，使用了这种药物的力量举运动员的肌肉中的雄激素受体多得多（Kadi et al.，2000）。这很可能是由于外源性合成代谢药物对骨骼肌的药理作用。此外，颈部肌肉中雄激素受体数量高于大腿肌肉中的雄激素受体数量，这表明不同肌肉中的受体数量存在差异。离心负荷导致在运动结束 48 小时之后雄激素受体的mRNA 增加，这表明受体的急剧变化可能

与肌肉组织修复过程中的信号蛋白合成有关（Bamman et al.，2001）。因此，抗阻训练可能以特定于肌纤维或肌肉的方式上调或下调雄激素受体的数量，而且训练后的雄激素受体反应可能与修复过程有关。

训练量可能会对受体下调或上调产生影响。通过比较深蹲中的 1 组 10RM 和 6 组 10RM，研究人员观察到多组练习中的实验对象的血清睾酮浓度显著上升，但是单组练习中的实验对象则无此现象。在训练 1 小时之后，单组练习中的实验对象的腿部肌肉中的雄激素受体数量没有变化，但是在多组练习中的实验对象的大腿肌肉中观察到雄激素受体数量下降，这表明运动量会影响雄激素受体的反应（Ratamess et al.，2005）。在多组练习中雄激素受体的减少还需要进一步的解释。据推测，在训练之后雄激素受体最初是稳定或没有变化的，接着会出现雄激素受体数量下降，并导致雄激素受体反弹或上调，这又导致最大结合能力上升（Kraemer and Ratamess，2005；Ratamess et al.，2005；Vingren et al.，2010）。因此，雄激素受体的反应取决于雄激素受体数量是何时测定的，而受体的反应可能取决于睾酮的反应，并决定了血液中的生物成分的变化规律。

为了确定更高浓度的睾酮能否在抗阻训练中增强雄激素受体的反应，让实验对象进行上半身抗阻训练，这会提高血液中睾酮的浓度。作为对比，一组实验对象在进行大重量膝伸练习之前先进行上半身抗阻训练，另一组是在正常的静息睾酮浓度下进行大重量膝伸练习。在先进行上半身抗阻训练的实验对象中，雄激素受体的数量上升了，这表明睾酮的循环浓度上升刺激了雄激素受体的上调（Spiering et al.，2009）。在一项类似的研究中，在手臂训练之前使用腿部训练来增加睾酮（及生长激素）浓度。结果表明，与在训练之前未提升合成代谢激素水平的手臂训练相比，预先提升合成代谢激素水平的手臂训练能够有效促进手臂肌肉和力量的提升（Rønnestad et al.，2011）。这表明，睾酮浓度和受体对抗阻训练的反应这二者之间可能产生相互作用，从而导致对训练产生合成代谢反应。

训练状态也可能影响男性和女性的睾酮浓度和受体反应。在受过许多力量训练的男性和女性中，他们对抗阻训练的反应是总睾酮和游离睾酮增加，而男性的增值比女性高 20~30 倍。然而，在女性中，雄激素受体在稳定阶段增加更快，而且在雄激素上调的 1 小时内会发生下调。如前所述，男性在运动结束后的 1 小时内仍然处于下调阶段（Vingren et al.，2009）。这表明，男性和女性雄激素受体的上调和下调的时间进程不一样。此外，男性和女性的糖皮质激素的受体数量没有发生变化。不过，由于女性在运动后表现出更高的皮质醇浓度，所以女性的糖皮质激素受体可能已经饱和。由于皮质醇在肌肉中起到分解代谢作用，而且它会干预雄激素受体在基因层面上的结合，所以还不清楚出现这些结果的原因。

营养状况可能会影响睾酮浓度和受体对训练的反应。大多数研究都是在禁食状态下测量睾酮的浓度。与不消耗热量相比，摄入蛋白质和碳水化合物会导致血液中的睾酮浓度下降。推测其原因是骨骼肌中的雄激素受体吸收了睾酮（Chandler et al.，1994；Kraemer et al.，1998）。为了验证这个假设，科学家让实验对象进行 2 次抗阻训练（4 组 10RM 深蹲、卧推、俯身划船和推举），2 次训练相隔 1 周。在每次实验训练结束之后，实验对象摄入水或复合饮料，饮料中含有 56% 碳水化合物、16% 蛋白质和 28% 脂肪，摄入量为每千克体重 8 千卡（约 33.49 千焦）（Kraemer et al.，2006）。在恢复期间睾酮浓度的静息值下降，而在饮用复合饮料之后，雄激素受体数量增加了。与摄入水的实验对象相比，摄入复合饮料的实验对象的雄激素受体的反应更强烈。由此看来，蛋白质和碳水化合物的摄入会增强雄激素受体的上调反应。这可能是在抗阻训练之前和之后使用蛋白质和碳水化合物补充剂的原因之一。

以上信息主要是关于未接受过训练或者接受过适度训练的人的急性反应或对短期抗阻训练的反应。在 2 年的训练过程中，优秀的举重运动员的血清睾酮浓度提升（Häkkinen et al.，1988c）。这伴随着卵泡刺激素和黄体生成素的增加，它们是控制睾酮的产生和释放的大脑分泌的更高级的调节因子。这种变化可能有助于增强受过高级训练的力量举运动员在力量增长中的神经适应。睾酮的变化与力量变化模式表现出极强的相似性。然而，性激素结合球蛋白与睾酮的比值能够更确切地反映出力量变化。一个有趣的假设是，如果运动员对肌肥大变化的适应潜能非常低（即受过高级训练的运动员），那么对于通过神经因素增加肌肉的力量能力而言，睾酮控

制论的改变可能是更高级的适应策略的一部分。这可能反映了随着训练的持续开展，参与协调力和爆发力变化的各种神经和肌肥大因素之间的相互作用。

## 生长激素

生长激素（GH）似乎关系到骨骼肌和许多其他人体组织的生长（Kraemer et al.，2010）。此外，它在新陈代谢方面的作用似乎也很大。另外，生长激素对生长有积极的影响，这对儿童的正常发育是很重要的。不过，它似乎在身体适应抗阻训练压力的过程中也起到了重要作用。生长激素的主要生理作用如下。

- 减少葡萄糖在新陈代谢中的使用。
- 减少糖原的合成。
- 增强细胞膜对氨基酸的转运。
- 增加蛋白质合成。
- 增加脂肪酸在新陈代谢中的利用。
- 增加脂肪分解（脂肪降解）。
- 增强葡萄糖和氨基酸的可用性。
- 增加胶原蛋白合成。
- 刺激软骨生长。
- 提高肾脏对氮、钠、钾和磷的截留率。
- 增加肾血浆流量和肾小球过滤。
- 促进肾代偿性肥大。

一个由 191 个氨基酸组成的多肽链怎么会具有这么多功能？答案是生长激素不是一种激素，而是生长激素变异体、聚合体和结合蛋白的复杂超家族的一员（更多细节见 Kraemer et al.，2010）。这个讨论的目的是考察生长激素对抗阻训练的反应。

生长激素由垂体前叶分泌。然而，因为它不是一种激素，而是分子的异构生长激素超家族的一员，所以我们更加难以理解它对抗阻训练的反应和适应。

生长激素超家族包括由 191 个氨基酸构成的生长激素的许多不同的亚型、变异体或聚合体，生长激素通常由垂体前叶分泌。许多例子表明，对原始生长激素有超过 100 种不同的修改方式。例如，有一个称为 20 kD mRNA 的剪接变体，它由 22 kD 多肽链失去氨基酸变化而来；与二硫化物结合的同二聚体（即 2 个 22 kD 生长激素结合在一起）和异二聚体（即 2 个生长激素亚型结合在一起，22 kD 和 20 kD，或 22 kD 和生长激素结合蛋白）；糖基化生长激素；高分子量寡聚体（即多个生长激素和结合蛋白形成高分子量蛋白质）；与受体结合的生长激素；蛋白酶分解产生的激素片段（Baumann, 1991a）。还有两种生长激素结合蛋白，一种亲和力强，一种亲和力弱，它们是多肽复合受体的外部受体。多肽复合受体与生长激素或其他生长激素亚型结合，帮助形成分子量更大的聚合体，同时让生长激素亚型相互结合。高亲和力生长激素结合蛋白确实随着抗阻训练的进行而增加，但是它似乎不受抗阻训练的影响（Rubin et al., 2005）。可见，由垂体前叶分泌的生长激素极为复杂（Kraemer et al., 2010）。

目前生长激素超家族的许多成员的作用尚处于未知状态。然而，考虑到它们的复杂性和生理作用的多样性，它们对抗阻训练的反应应该是不同的。此外，生长激素对脂肪、碳水化合物和蛋白质的新陈代谢，长骨生长，以及骨骼肌蛋白质的转换的作用可能由不同的生长激素亚型控制（Hymer et al., 2001；Rowlinson et al., 1996）。

下面的例子表明，生长激素超家族的不同成员会对抗阻训练产生不同的反应，而且其非常复杂。采用免疫测定法（22 kD）和生物测定法（>22 kD）进行测定时，急性高强度抗阻训练对年轻女性的具有重物活性的循环生长激素的影响不一样（Hymer et al., 2001）。例如，使用免疫测定法时，抗阻训练的急性效果是显著增加低分子量生长激素亚型的数量（30~60 kD 和 <30 kD）（Strasburger et al., 1996），但是在典型的大鼠胫骨线生物测定中没有得到这样的结果。显然，这两种测定法没有测定生长激素超家族的相同成员，或者它们在测量生长激素时的灵敏度不同。与此同时，使用胫骨线生物测定法测量男性的具有生物活性的生长激素（>22 kD）时，观察到循环中的生长激素急剧增长（McCall et al., 2000）。这表明生长激素的反应可能因为所采用的测定方法不同而不同。因此，如果不是所有测定方法都测量相同的生长激素分子，那么对结果的解释就必须考虑到所用的测定方法。以往，大多数研究仅使用免疫测定法来测量生长激素，而该方法仅确定 22 kD 生长激素多肽的反应和适应。最近的研究表明，这可能并不能反映人体内的最具生物活性的生长激素形式。因此，还需要进一步研究脑垂体对生长激素及其超家族成员的生理反应和适应进行的复杂控制。

下面的例子展示了生长激素对训练的

反应和适应的复杂性。在 10 多年以前研究员就发现，人类的血浆和死后的垂体组织中存在一种称为胫骨线肽的小肽（约 5 kD）（Hymer et al., 2000）。它不是 GH 或 IGF 多肽超家族的成员，但是它确实控制着骨头的生长板的生长。由于它可能与其他组织发生相互作用，所以它在对抗阻训练的反应和适应中可能起到重要作用。

生长激素在循环中的主要亚型是 22 kD 多肽激素。这种激素也是最常被测定的激素。不过，其他剪接片段，包括 22 kD 缺失残基 32~46 或者缺失残基 1~43 和 44~191（构成 5 和 17 kD）都分别被发现了。22 kD 生长激素和非-22 kD 亚型在人类血液中的分布不同，推测是新陈代谢清除率、循环结合蛋白和外周组织中的生长激素片段形成不同所致（Baumann, 1991b）。有趣的是，具有生物活性的生长激素聚合物的静息浓度显著高于 22 kD 亚型（如 22 kD 亚型的静息浓度为 5~10 微克/升，而具有生物活性的生长激素聚合物的浓度为 1900~2100 微克/升），这表明聚合的具有生物性的生长激素亚型的组织相互作用潜能大得多。多肽生长激素超家族的这些亚型和聚合体在脂肪代谢和促进生长的控制中的存在和可能起到的生物学作用使得初级 22 kD 单体的作用更加不明确（Kraemer et al., 2010）。

血液循环随着运动而改变，人们研究了重组生长激素给药的影响，试图了解生长激素的影响（Hymer et al., 2000, 2001; McCall et al., 2000; Wallace, 2001）。从以往来看，这些生长激素的影响已通过分析 22 kD 免疫反应性多肽或重组形式进行了

研究（Nindl et al., 2003）。虽然尚未完全了解，但生长激素的一些作用被认为是通过旁分泌、自分泌和/或内分泌机制刺激细胞释放的胰岛素样生长因子（见本章的"胰岛素样生长因子"）完成的（Florini et al., 1996; Florini et al., 1996）。虽然尚不知道生长激素是如何与骨骼肌结合的，但是有信息表明，在猪身上生长激素确实会与骨骼肌的受体结合（Schnoebelen Combes et al., 1996）。此外，让缺乏生长激素的儿童和成年人服用外源性生长激素已被证明可以增加肌肉质量和减少体脂（Cuneo et al., 1991; Rooyackers and Nair, 1997）。这一信息表明，生长激素在骨骼肌的生长中起着重要的合成代谢作用，并且生长激素对骨骼肌似乎有直接或间接的影响。

训练适应很可能由生长激素增加肌肉蛋白质合成和减少肌肉蛋白质分解的能力控制（Fryburg and Barrett, 1995）。此外，目前已经知道生长激素会刺激可用氨基酸的释放以在体内合成蛋白质，以及刺激肌肉细胞释放其他生长因子（如 IGF-I），这说明生长激素参与恢复和组织修复过程（Florini et al., 1996）。此外，研究还表明，在高强度抗阻训练期间或之后（或两者），男性（Kraemer et al., 1990）、女性（Kraemer et al., 1993）和老人（Kraemer et al., 1998）体内的生长激素浓度上升。这表明，生长激素分泌增加和受体结合潜能增大有助于在高强度抗阻训练中增加肌肉的尺寸、力量和爆发力。生长激素分泌的增加还可能与抗阻训练之后肌肉组织的修复和重塑有关。

研究表明，在抗阻训练期间和训练结

束 30 分钟之后人体血清中的 22 kD 生长激素会增加，更重要的是参与训练的肌肉增加了（Kraemer et al., 1992）、训练强度增加了（Pyka et al., 1992；Vanhelder et al., 1984）、训练量增加了（Häkkinen and Pakarinen, 1993；Kraemer et al., 1993），以及组间的休息时间变短了（Kraemer et al., 1990, 1991；Kraemer et al., 1995）。然而，由于并非所有的抗阻训练方案都能够使血清中的 22 kD 生长激素浓度显著升高，因此训练量和训练强度可能需要达到一个阈值才能引发浓度上升（Vanhelder et al., 1984）。训练诱发的 22 kD 生长激素浓度增加与抗阻训练后Ⅰ型和Ⅱ型肌纤维的增大显著相关（$r$ 为 0.62~0.74）（McCall et al., 1999）。这表明，22 kD 生长激素在某种程度上会影响肌纤维的增大。

增加抗阻训练量一般会增加急性生长激素反应。与让男性进行高负荷、低重复次数和长休息时间的常规力量或爆发力训练相比，总训练量大、休息时间短、强度中至高的训练方案似乎能够最有效地引起急性 22 kD 生长激素反应（Kraemer et al., 1990, 1991），尽管女性的静息生长激素浓度明显更高（Kraemer et al., 1993）。训练量对生长激素反应是有影响的，例如在深蹲中以 1RM 进行 20 次重复只会引起生长激素小幅增长，而以 1RM 的 70% 进行 10 组、每组 10 次重复会使生长激素大幅增长（Häkkinen and Pakarinen, 1993）。无论是对男性还是女性，多组训练比单组训练引起的生长激素反应都更强烈（Craig and Kang, 1994；Gotshalk et al., 1997；Mulligan et al., 1996）。前面的描述表明，强度中等但是

总训练量大或者休息时间短的训练方案可能引起最大的 22 kD 生长激素浓度急性增长，其原因很可能是新陈代谢的需求高。

高新陈代谢需求对 22 kD 生长激素释放的影响受到血乳酸与血清生长激素浓度之间高相关性的支持（Häkkinen and Pakarinen, 1993），而且与乳酸中毒相关的 $H^+$ 聚积被认为可能是影响 22 kD 生长激素释放的主要因素之一（Gordon et al., 1994）。这一发现的支持证据是，在高强度的自行车运动引发碱毒症之后，生长激素反应减弱（Gordon et al., 1994）。缺氧、屏气、酸度增加和蛋白质分解代谢增加都被证明能够增加 22 kD 生长激素的释放，而且可能影响高分子量生长激素聚合物的释放。因此，抗阻训练的新陈代谢需求对血液中生长激素的浓度有重要影响。

除了训练量和训练强度之外，其他变量也可能影响生长激素对训练的反应。与仅向心重复相比，采用常规的向心-离心重复的抗阻训练会引起更强烈的生长激素急性反应（Kraemer, Dudley et al., 2001）。这表明，22 kD 生长激素对抗阻训练期间所使用的特定类型的肌肉动作敏感。与睾酮一样，摄取碳水化合物和蛋白质会影响生长激素的反应。例如，运动前及运动后两个小时补充碳水化合物和蛋白质会导致血液中的生长激素浓度下降（Chandler et al., 1994）。

训练经验也可能影响生长激素的反应。男性的训练经验的增长也会使抗阻训练期间和之后 22 kD 生长激素反应增强（Kraemer et al., 1992）。此外，还观察到，在执行相同的练习时，受过抗阻训练

的女性比未受过训练的女性的生长激素增幅更大（Taylor et al., 2000）。然而，训练能够增加举起更大重量的能力，这可能影响到用力大小并因此影响到生长激素反应。因此，训练经验的增长可能会增强22 kD生长激素对抗阻训练的急性反应。

虽然生长激素对抗阻训练的急性反应增强了，但是静息浓度似乎对训练的敏感度不高。在优秀的奥林匹克举重运动员中，22kD生长激素的静息浓度在多年的训练中变化不大（Häkkinen et al., 1988 c）。此外，在几项训练研究中也没有观察到22 kD生长激素的浓度发生变化（Kraemer et al., 1999；Marx et al., 2001；McCall et al., 1999）。在训练后的静息状态下，改变的可能是具有生物活性的生长激素的总量（Kraemer et al., 2006）。这可能是各种不同的生长激素分子、聚合体和变异体与训练发生相互作用的结果。静息生长激素浓度的变化很小这一结果表明，生长激素对抗阻训练的急性反应可能是与靶组织受体相互作用并引发适应的最显著机制，因为受体的训练压力越大，激素的信号就越强。

生长激素变异体的急性和慢性反应可能不同。在为期6个月的线性周期化训练方案中，采用生长激素生物测定法进行测定时，女性的高分子量生长激素变异体的静息浓度上升了。然而，采用免疫测定法测定时，分子量更小的22 kD生长激素亚型的静息浓度没有明显的变化。在急性抗阻训练压力下（6组10RM），分子量大于60 kD的生长激素聚合体在训练前没有明显变化，但是在为期6个月的全身高强度抗阻训练之后，训练引发了显著的变化。

这与22 kD生长激素亚型的免疫测定结果形成对照，22 kD生长激素亚型抗阻训练前和抗阻训练后的压力反应都增强了。在6个月的抗阻训练之后，这一反应显著增强（Kraemer et al., 2006）。因此，似乎慢性训练会影响分子量大的生长激素聚合体的静息浓度，它比分子量较小的22kD生长激素亚型的浓度高得多。同时，未受过训练的人的急性训练反应只带来分子量较小的生长激素亚型浓度提高。然而，在训练之后，大和小分子量的生长激素对抗阻训练的反应都急剧增加（Kraemer, 2010）。

有趣的是，对于未接受过训练的女性而言，更强壮的女性的生长激素聚合体的静息浓度更高（通过生物测定法测定）（Kraemer et al., 2003）。高浓度乳酸说明血液的pH低，这在训练期间和之后可能会限制更大聚生长激素合体的生成。根据相关理论，这是低pH条件导致的。低pH条件扰乱了对pH敏感的热休克蛋白的功能，而热休克蛋白是合成伴侣蛋白的必需物质，而伴侣蛋白又是在脑垂体的嗜铬分泌颗粒内将分子量更小的生长激素亚型组织成分子量更大的生长激素聚合体的必需物质（Kraemer et al., 2010）。这表明确实有一个复杂机制在休息和对训练压力做出急性反应时调节各种生长激素亚型浓度。

生长激素对昼夜节律也很敏感。在下午3点和在夜晚进行抗阻训练（高训练量、50组、全身训练）一小时后分别测量典型的22 kD生长激素，发现浓度有一些变化。在训练后30分钟，22 kD生长激素的浓度显著升高。22 kD生长激素在一天内的分泌是脉冲式的，从而导致浓度时高时低。这些脉冲的时间曲线下方的区域表明分泌量是否发生了变化。在高训练量、高强度抗阻训练之后的夜晚，总浓度与未训练时相似，最大生长激素浓度和脉冲振幅下降，在夜晚的前段到中段这一点体现得尤为明显（即下午 6 点至凌晨 3 点）。然而，在抗阻训练环境下，从凌晨 3 点到早上 6 点的平均生长激素浓度更高（Nindl et al.，2001）。这表明高强度抗阻训练改变了生长激素在夜间的分泌脉冲模式，但这种变化对训练适应的影响尚不清楚。

总体来说，前面的研究表明，生长激素确实会对抗阻训练做出反应，而且可能影响对抗阻训练的适应，如肌纤维增大。然而，各种急性反应和生长激素超家族的众多成员对于长期训练的多样化反应使得理解生长激素在适应抗阻训练中的作用变得非常困难。

## 胰岛素样生长因子

在过去 10 年中，研究人员开展了大量研究来了解胰岛素样生长因子（IGF-I 和 IGF-II）及其 6 种结合蛋白。它们似乎是反映健康和训练状况的重要生物标志，而且能反映营养状况（Nindl and Pierce，2010；Nindl et al.，2001）。它们现在被称为多肽超家族，具有许多生理功能。胰岛素样生长因子和胰岛素样生长因子结合蛋白（IGFBP）（-1、-2、-3、-4、-5 和 -6）由肝脏产生和分泌（Florini et al.，1996；Frost and Lang，1999）。胰岛素样生长因子也可以由其他细胞产生，包括骨骼肌细胞；IGF-I 的剪接变体，也称为机械生长因子（MGF），在伸展或收缩的刺激下从骨

骼肌细胞中释放。这个 IGF-I 变异体以自分泌的方式作用于释放它的相同肌肉细胞（Matheny et al.，2010）。

胰岛素样生长因子是小分子量多肽激素（分别是 IGF-I 和 IGF-II 的 70 和 67 氨基酸残基），是在它们产生时分泌的，而且不会在任何器官或组织中大量储存。类似于胰岛素和其他肽类激素，胰岛素样生长因子被合成为一个更大的前体肽，然后被转译处理成最后的 IGF-I 或 IGF-II 分子。由于结构相似，胰岛素样生长因子可以与胰岛素受体结合，反之亦然。目前已经确定了两种胰岛素样生长因子：类型 1 和类型 2。在这些分子及其受体之间的结合亲和力或结合强度如下所示：IGF-I 结合类型 1 > 类型 2 > 胰岛素受体（IR）；IGF-II 结合类型 2 > 类型 1 > IR；胰岛素结合 IR > 类型 1（Thissen et al.，1994）。IGF-I 与这些受体在骨骼肌中的相互作用会刺激 mTOR 信号级联反应，该反应调节蛋白质合成的增加。

IGF-I 直接与骨骼肌相互作用，并影响抗阻训练适应。它的释放受肌肉收缩和组织损伤的刺激。肌肉中的 IGF-I 和 MGF 是在肌肉收缩时释放的，而肝脏合成的胰岛素样生长因子也被认为是在训练的刺激下脑垂体释放生长激素，生长激素与肝细胞的相互作用的结果。人们在过去的很长一段时间内都认为，生长激素的作用是通过胰岛素样生长因子来调节的，但是现在我们知道，根据前面的讨论，生长激素也直接与靶组织相互作用。胰岛素样生长因子与生长激素和骨骼肌之间的相互作用是目前的热门研究课题。其他因素，如营养状况和胰岛素水平，也被证明是胰岛素样

生长因子释放的重要信号。虽然大多数处于循环中的胰岛素样生长因子被认为是肝脏产生的，但是胰岛素样生长因子是同时由许多组织和细胞产生的，包括肌细胞（Goldspink, 1999; Goldspink and Yang, 2001）。有几项研究的结果证实了胰岛素样生长因子在肌肉适应过程中的自分泌和旁分泌作用。根据这些研究，在大鼠的肌肉（Adams 和 McCue, 1998）和人类骨骼肌（Fryburg, 1994, 1996; Fryburg et al., 1995; Russell-Jones et al., 1994）局部直接注入 IGF 会产生明显的肌肥大效果。因此，局部胰岛素样生长因子对骨骼肌的主要作用似乎不受生长激素的影响，其他因素（如机械负荷和伸展）可能对局部胰岛素样生长因子的产生和释放影响更大（Adams, 1998）。

胰岛素样生长因子被发现出现在不同的生物分类中，而且在浸润骨骼肌的透皮体液中浓度最高（Scofield, 2011）。因此，将 IGF-I 转运到肌肉中的各种受体需要先将其从血液转运到浸润肌细胞的透皮体液中，以实现信号交互。几乎所有循环中的胰岛素样生长因子（IGF-I 和 IGF-Ⅱ）和组织中（肌肉）的部分胰岛素样生长因子都与 IGF 结合蛋白（IGFBP）结合。IGFBP 有助于转运血流中的胰岛素样生长因子，通过延长其在血液中的半衰期（12~15 小时）来调节类胰岛素样生长因子的可用性，控制它们退出循环，以及将胰岛素样生长因子分配到局部组织中（Collett-Solberg and Cohen, 1996）。同时 IGFBP 通过限制循环中的游离胰岛素样生长因子的浓度来降低胰岛素样生长因

子的降血糖能力（DeMeyts et al., 1994; Zapf, 1997）。

胰岛素样生长因子结合蛋白在高强度抗阻训练刚结束时先增加，训练结束几个小时之后开始减少。在高强度抗阻训练 2 个小时之后酸不稳定亚基的循环浓度开始下降，而且在训练结束 13 个小时之后仍然低于对照实验群体的浓度（Nindl et al., 2001）。长期抗阻训练使男性的 IGF-I 的静息浓度提高（Borst, 2001; Kraemer et al., 1995）。针对女性的长期研究也表明，其 IGF-I 静息浓度上升了，特别在高训练量训练中（Koziris et al., 1999; Marx et al., 2001）。此外，与单组训练相比，高训练量的多组训练带来的 IGF-I 静息浓度的增长量明显更大（Marx et al., 2001）。

因此，训练强度和训练量似乎对慢性 IGF-I 适应的影响非常大，而且胰岛素样生长因子系统在训练下经历适应，这反过来又会改善胰岛素样生长因子的循环能力，并促进骨骼肌的细胞生长和修复。胰岛素样生长因子的内分泌作用在骨骼肌中的适应在理论上可以由胰岛素样生长因子的自分泌和旁分泌作用来调节或补充。

骨骼肌在对伸展、负荷或同时对两者做出反应时，会产生 IGF-I 亚型的特殊剪接变体（也称为机械生长因子）（Bamman et al., 2001; Goldspink, 1998; Goldspink and Yang, 2001; Perrone et al., 1995）。一直以来的研究认为，它可能在肌肥大中发挥重要作用（Goldspink et al., 2008）。巴曼等人（Bamman, 2001）的研究表明，人类肌肉的机械负荷（即抗阻训练）会导致肌肉中而不是血清中的 IGF-I 增加。是

否能进一步巩固体内激素平衡很大程度上取决于胰岛素样生长因子的静息浓度（Nindl et al., 2010）。

抗阻训练的离心部分似乎是对骨骼肌中的局部胰岛素样生长因子的产生和释放的强大刺激（Kraemer et al., 2001）。这项研究的结果也表明，人类骨骼肌中的 IGF-I mRNA 的表达在大重量深蹲训练的向心阶段比离心阶段更显著。所有这些数据似乎都在强调机械负荷诱发的胰岛素样生长因子亚型对调节肌肉在抗阻训练中的适应的重要性。也许这种离心负载诱发的胰岛素样生长因子在爆发力或最大向心力和爆发力增长中所起的作用没有那么大。这也许可以解释为什么许多健美类型的抗阻训练方案强调通过高训练量（组数和重复次数）、更可控的慢速动作（特别是离心）来增大肌肉，但是这种方案不一定适用于增大力量和爆发力。

## 胰岛素

胰岛素刺激多种与代谢底物的使用相关的信号通路，而且能影响蛋白质的合成（Ho et al., 2005）。在 20 世纪 40 年代，研究人员就发现了胰岛素能够刺激骨骼肌蛋白质的增加。当时 I 型糖尿病患者（即胰岛素依赖型）开始使用胰岛素疗法来帮助调节血糖。然而，尚不清楚人类骨骼肌蛋白的增加是因为蛋白质合成的增加还是蛋白质分解的减少，或者两者兼有（Rooyackers and Nair, 1997；Wolfe, 2000）。急性训练引发的一个典型的变化是胰岛素减少。然而，与禁食状态相比，营养的摄入（低碳水化合物对比高碳水化合物和蛋白质）也

会影响训练后刺激胰岛素释放的水平（Baty et al., 2007；Kraemer et al., 1998）。在低碳水化合物饮料中添加蛋白质可以改善肌肉组织的修复情况和减轻酸痛，这表明尽管碳水化合物对胰岛素释放很重要，但是蛋白质的摄入也会为肌肉修复和重塑提供所需的氨基酸（Baty et al., 2007）。胰岛素在什么时间对蛋白质的合成影响最大仍不清楚，推测可能是在蛋白质合成水平非常低或非常高的时候（Farrell et al., 2000；Szanberg et al., 1997）。

在日常生活中，静息胰岛素浓度会通过降低 ATP 依赖性的泛素蛋白水解来诱发低水平的对蛋白质降解的抑制作用。然而，禁食状态下的急性训练通常会导致胰岛素的循环浓度降低；胰岛素对溶蛋白酶降解的抑制作用降低，蛋白质降解迅速上升。胰岛素的基础浓度不受正常基础血糖浓度（如 80~100 毫克/分升）的调节，而且研究显示它在常规抗阻训练（Miller et al., 1984）、超负荷训练（来自克莱默博士的实验室的未公布数据）和拥有大量肌肉的健美运动员中会下降（Szczypaczewska et al., 1989）。由此，胰岛素在人类的抗阻训练适应和蛋白质聚积中导致肌肥大的作用仍然处于理论推测阶段。

## 皮质醇是主要分解代谢激素

皮质醇像所有其他激素一样，是一种化学信号，它有一个临时的时间框架向可以与激素相互作用的、拥有合适的上调受体的靶细胞发送信息。皮质醇被认为是一种主要的分解代谢激素，参与运动炎症反应和蛋白质降解。皮质醇的增加不应该被

判定好坏，它只是对所受到压力做出反应。如果皮质醇浓度上升后没有恢复到正常值（即 100~450 纳摩尔 / 升），则表明体内压力平衡出现了问题。皮质醇在急性和慢性训练反应中都很重要，因为它不仅影响骨骼肌，还影响结缔组织。

肾上腺皮质类固醇激素，如皮质醇，因为它们对中间代谢的影响，所以最初被命名为糖皮质激素。这是因为在禁食状态下，皮质醇通过刺激利用氨基酸产生糖异生的过程来帮助维持血糖，并帮助向外围释放代谢底物，这两者都是分解过程。在脂肪细胞中皮质醇刺激脂肪分解，在肌肉细胞中它增加蛋白质降解和减少蛋白质合成，从而使更多的脂质和氨基酸被释放并进入循环中（Hickson and Marone，1993）。糖皮质激素的另一个重要作用是在局部和全身炎症机制中，它通过下丘脑–垂体–肾上腺轴参与由细胞因子调节的皮质醇的分泌（Smith，2000）。不过，也许糖皮质激素最突出的功能是在机体对压力刺激（如损伤、手术和体力活动）做出反应时所起的各种不同作用。虽然支持其他相关概念的证据正在增加，但汉斯·薛利最初提出的一般适应综合征（即压力诱发的糖皮质激素的分泌增强和压力调节反应）仍然是一个重要的研究课题（Pacak et al.，1998；Sapolsky，Romero and Munck，2000；Selye，1936）。总体来说，糖皮质激素对力和爆发力适应的重要性与它们对骨骼肌的分解代谢作用有关。这些分解代谢作用在 II 型肌纤维中比在 I 型肌纤维中更突出（Kraemer et al.，1998）。

分解代谢作用由许多不同的细胞信号机制调节，并由允许、抑制、刺激和准备动作的复杂整合来控制，以帮助维持（或重建）体内平衡细胞环境，并最终防止急性压力对身体产生持久的有害影响（Sapolsky et al.，2000）。抗阻训练可以被看作一种微型创伤，它可导致局部急性炎症、慢性炎症、系统炎症并募集下丘脑–垂体–肾上腺轴，并使循环中的皮质醇浓度快速上升，帮助组织修复和重塑（Fragala et al.，2011a；Smith，2000；Spiering et al.，2008b）。重要的是，抗阻训练适应涉及肌肉组织的微型创伤或分解，然后进行修复和重塑并形成更强大和更大的肌纤维和完好的肌肉。

糖皮质激素是在对训练做出反应时从肾上腺皮质中释放出来的。在所有的糖皮质激素活动中，皮质醇大约占 95%（Guyton，1991）。在剧烈的抗阻训练中，皮质醇和促肾上腺皮质激素明显增加（Guezennec et al.，1986；Häkkinen et al.，1988a，1988b；Kraemer et al.，1992；Kraemer et al.，1993；Kraemer et al.，1999；Kraemer et al.，1996；Kraemer et al.，1987）。这种反应在采用同样的抗阻训练方案的男性和女性中是相似的（Häkkinen and Pakarinen，1995）。皮质醇的分泌对各种压力（如运动、低血糖和手术）的反应是非常迅速的，通常发生在几分钟内。在抗阻训练中皮质醇的最大急性增加（即超过 1000 纳摩尔 / 升）由高强度、休息时间短的训练方案诱发，而且可能反映出对抗阻训练的急性代谢反应。这种增加会导致肌肉分解。虽然糖皮质激素对大多数炎症和血糖的调节作用可能与这些快速反应直接相关，但是肌肉蛋白质更替率的变化主要是由经典的类固醇激素结合机制控制的。与睾酮一样，皮质醇与细胞质受体结合，并募集受体复合体，使其能够进入细胞核，将特定的激素应答元件与DNA结合，直接在基因级别上发生作用。这样，皮质醇改变了特定蛋白质的转录和随后的翻译，但是这些过程需要数小时至数天才能完成。皮质醇还能阻断睾酮的调控元件，因此其能在一定程度上阻断睾酮的合成代谢信号，这也是皮质醇作为代谢激素的另一种作用。

与其他激素一样，糖皮质激素的生物活性由游离循环激素的比例调节。大约10%的循环皮质醇是游离的，而大约有15%与白蛋白结合，大约75%与皮质类固醇结合球蛋白结合。皮质醇分泌的主要途径始于中枢神经系统对下丘脑的刺激，这可能是低血糖、逃跑或搏斗反应、运动诱发的。

由细胞因子调节的皮质醇释放与高训练量和高强度的训练（尤其是离心肌肉动作）有关，而且发生于肌肉组织受到微创伤时，这导致白细胞，如中性粒细胞和单核细胞渗透到组织中（Fragala et al.，2011a；Smith，2000）。单核细胞可以在循环或组织中被募集，它们在那里变成巨噬细胞并维持这种细胞的数量水平。循环单核和组织巨噬细胞都是能够吞噬数百种不同细胞因子的免疫细胞，它们可以调节局部和全身的炎症。白细胞介素-1和白细胞介素-6（IL-1和IL-6）是被募集的单核细胞（或巨噬细胞）分泌的促炎性细胞因子。已知这些促炎性细胞因子能够募集下丘脑-垂体-肾上腺轴（Kalra et al.，1990；

Path et al.，1997）。这些细胞因子与下丘脑的受体相互作用，导致下丘脑、前脑垂体和肾上腺皮质分别分泌促肾上腺皮质激素释放激素、促肾上腺皮质激素和皮质醇（Kraemer and Ratamess，2005；Smith，2000）。

在每个相互作用级别上（如从中性白细胞到单核细胞到细胞因子再到下丘脑），所有这些反应都可以被放大，但是其幅度最终取决于微创伤的严重性。微创伤的严重性是指强度。严重的炎症反应仅发生在严重的损伤、创伤、感染、高强度抗阻训练或高训练量的耐力训练之后，因此其与过度训练综合征有关（Fry and Kraemer，1997；Smith，2000；Stone et al.，1991）。然而，每日训练也与局部和系统细胞因子在不同级别上的反应有关，具体取决于训练的强度（Moldoveanu et al.，2001）。

最近的研究已经表明，对受过高级抗阻训练的男性和女性，其骨骼肌糖皮质激素受体在训练之前和之后已饱和，免疫细胞受体的增加发生在急性训练之后。因此，干预睾酮结合以及抑制对组织在训练后进行重塑和适应起到非常重要的作用的免疫细胞的活性是两种可以促进分解作用的机制（Fragala et al.，2011a，2011b，2011c；Spiering et al.，2008a；b；Vingren et al.，2010）。除睾酮效应外，还观察到肌肉中存在蛋白质合成阻碍细胞信号（mTOR系统）。因此，皮质醇参与的一系列机制会导致肌蛋白聚积，特别是当其浓度上升显著超过血液中的正常浓度时（如 >700 纳摩尔/升）（Spiering et al.，2008a）。

有趣的是，引起最大皮质醇反应的训练方案也会引起最大的急性生长激素和乳酸反应。根据报告，血乳酸浓度与血清皮质醇浓度之间存在显著的相关性（$r = 64$）（Kraemer et al.，1989）。此外，血清皮质醇浓度的急性上升与训练后 24 小时的肌肉损伤标志物（即血清肌酸激酶浓度）密切相关（$r = 0.84$）（Kraemer et al.，1993）。

对新陈代谢要求较高的抗阻训练方案（即高训练量、中高级强度和短休息时间）显示出最大的急性皮质醇反应（Häkkinen and Pakarinen，1993；Kraemer et al.，1987，Kraemer and Dziados，1993），而在常规的力量和爆发力训练中几乎没有变化。例如，进行 8 组 10RM 腿蹬举训练，组间休息 1 分钟的训练方案所引发的急性皮质醇反应明显大于组间休息 3 分钟的相同的训练方案（Kraemer et al.，1996）。这些急性增长可能是肌肉组织重塑过程的一部分。然而，成功的训练方案的一个表现可能是在训练后 24 小时内皮质醇浓度可以恢复到正常的静息水平。

静息皮质醇浓度一般反映出长期的训练压力。慢性抗阻训练似乎不能让静息皮质醇浓度产生一致的变化，原因是在常规的力和爆发力训练中以及男性和女性的过量训练中静息皮质醇浓度没有变化（Fry et al.，1994；Häkkinen et al.，1990；Häkkinen et al.，1987；Häkkinen et al.，1988c；Häkkinen et al.，1992；Kraemer et al.，2002）、降低（Alen et al.，1988；Häkkinen et al.，1985c；Kraemer et al.，1998；Marx et al.，2001；McCall et al.，1999）和增加（Häkkinen and Pakarinen，1991；Kraemer et al.，1995）。然而，与爆发力训练相比，在为期 24 周的抗阻训练之后，静息血清皮质醇浓度的减少量有所增加（Häkkinen et al.，1985c）。

对比分别参加为期 6 个月的多组周期化抗阻训练和单组训练的女性发现，只有训练量更大的训练能够使静息血清皮质醇显著减少（Marx et al.，2001）。老年人在为期 10 周的周期化抗阻训练方案的第 3 周（每两次训练之间有足够长的休息时间），静息血清皮质醇浓度下降（Kraemer et al.，1999）。动物的静息皮质醇浓度可以解释大部分肌肉质量的变化（约 60%）（Crowley and Matt，1996）。任何静息皮质醇浓度的慢性适应或改变都涉及组织体内平衡和蛋白质代谢，而急性皮质醇反应似乎反映的是新陈代谢压力（Florini，1987）。

睾酮-皮质醇（T/C）比值已被视为整体肌肉蛋白质聚集的指标。这一比值的价值有可能被高估，它实际上是这些激素分泌的一个非常普遍的标志，而不是肌肉组织反应以及与睾酮和皮质醇相互作用的受体的标志（见信息栏 3.4）。这一比值的使用来自早期的研究：在长期抗阻训练或过度训练中，人们利用血液中睾酮-皮质醇浓度的不同比值来估算身体的合成代谢状态（Fry and Kraemer，1997；Häkkinen，1989；Häkkinen and Komi，1985c；Stone et al.，1991）。较早的研究显示，在力量和爆发力训练期间，T/C 比值会发生变化，并且该比值一直与身体的运动能力成正相关（Alen et al.，1988；Häkkinen and Komi，1985c）。在奥林匹克举重运动员中，大压力的训练（过量训练）已被证明会降低 T/C 比值（Häkkinen et al.，1987）。研究表明，

信息栏 3.4　研究成果

## 激素对肌肥大和力量增长的影响

关于激素对肌肥大和力量增长的影响的重要性是有争议的。为了调查争议点，一个来自挪威的研究小组使用了独特的研究设计来观察循环中的激素的浓度是否会影响肌肥大和力量增长（Rønnestad et al.，2011）。实验对象每周执行 4 次单臂肘屈肌抗阻训练，一共执行 11 周。在第 1 种训练方案中，每周训练 2 次，先进行腿蹬举练习，再进行单臂肘屈肌练习。在第 2 种训练方案中，同样是每周训练 2 次，在执行单臂肘屈肌练习之前不进行腿蹬举练习。在先进行腿蹬举练习再进行单臂肘屈肌练习的训练方案中，实验对象血清中的睾酮和生长激素浓度明显上升。因此，单臂肘屈肌受到循环中的激素浓度上升的影响，得到了训练。对于双臂来说，肱二头肌弯举的 1RM 及在 1RM 的 30% 和 60% 强度下的功率均有所提升。然而，在先进行腿蹬举练习再进行单臂肘屈肌训练的方案中，这些指标上升的幅度更大。此外，只有先进行腿蹬举练习再进行单臂肘屈肌训练的方案中的合成代谢激素上升了，实验对象的肱二头肌的各个级别的肌肉横截面积都有所增长。因此，似乎来自循环中的激素信号能够促进肌肉组织的生长和修复，而且练习的先后顺序可能起到了重要作用。与次要肌群练习相比，使用主要肌群练习的抗阻训练方案会首先刺激血液中的合成激素的增加。在接下来的次要肌群练习中，这可能有助于增强关于生长的生理信号。

参考文献：

Rønnestad, B.R., Nygaard, H., and Raastad, T. 2011. Physiological elevation of endogenous hormones results in superior strength training adaptation. *European Journal of Applied Physiology* 111: 2249–2259.

与低训练量的单组训练方案相比，周期化、高训练量的训练方案能够显著提高 T/C 比值（Marx et al.，2001）。然而，一项利用 T/C 比值来调查肌肥大的动物研究显示，T/C 比值并不是分析组织合成代谢的有用指标（Crowley and Matt，1996）。

T/C 比值和 / 或游离睾酮–皮质醇比值是用来反映抗阻训练期间的合成 / 分解代谢状态的常见比值。因此，睾酮的增加、皮质醇的减少或两者同时发生都可能代表着组织的合成代谢增加。不过，这只是一个过于简化，充其量只能间接反映骨骼肌的合成 / 分解代谢性质的粗略指标，如果要使用它必须非常谨慎（Fry and Kraemer，1997；Vingren et al.，2010）。在某个时间点的血液变量不应该与任何长期积累性的变量相关联，如力量或肌肉大小，因为与受体的复杂的相互作用和血液中的激素的变化不能充分反映激素信号的复合效应。例如，如果雄激素受体结合增加使睾酮摄取量增加、血液睾酮浓度下降，但是皮质醇保持不变，那么我们可能将该现象理解为分解代谢占据主导地位，而实际上合成代谢在急剧上升（Kraemer et al.，2006；Vingren et al.，2009）。虽然皮质醇代表了主要分解代谢对肌肉的影响，但是 T/C 比值对于反映分解 / 合成代谢状态的作用大小仍然不明确。

# 结缔组织

在不久之前，研究已经发现身体活动能够增加韧带、肌腱和骨骼的大小和提高强度（Fahey, Akka and Rolph, 1975；Stone, 1992；Zernicke and Loitz, 1992）。最近的研究明显表明，为肌肉骨骼系统带来适当负荷的抗阻训练可以增强骨骼和肌腱。

目前还没有确定改变骨骼和肌腱特征的训练方案的关键变量。然而，似乎高负荷训练对结缔组织的变化有重要影响，特别是对骨骼的变化。训练方案的这些基本特征的发现已经有一段时间了（Conroy et al., 1992）。骨骼对机械力，如压力、应力和应变率非常敏感（Chow, 2000）。这些力在抗阻训练中是很常见的（特别是多关节练习），并受练习类型、阻力强度、组数、负荷速率、力的方向和训练频率的影响。大多数关于抗阻训练的研究确实表明它对骨密度（BMD）有积极的影响（Layne and Nelson, 1999）。然而，骨骼的适应过程一般比肌肉更长（如需要6~12个月才能看到骨密度变化）（Conroy et al., 1992）。元分析证实，改善骨密度的最有效的干预措施是高强度训练（Howe et al., 2011）。

随着骨骼肌变得更强壮、可以举起更重的重物，韧带、肌腱和骨骼也在逐渐适应以支持更大的力量和质量。这一点在奥林匹克举重运动员身上得到了体现。就平均拥有5年训练经验的运动员而言，其肌肉横截面积和骨骼横截面积存在显著的相关性（Kanehisa et al., 1998）。这表明长期参与抗阻训练会使骨骼和肌肉横截面积增大。

只要强度和训练量足够，抗阻训练就能让骨密度提高（Kelley et al., 2001）（见表3.6）。在一项横剖面研究中，14~17岁的优秀少年举重运动员的髋关节和股骨的骨密度明显高于同龄对照组（Conroy et al., 1993）。更令人印象深刻的是，这些年轻的举重运动员的骨密度甚至高于成年男性。此外，在下一年的训练中，其骨密度会继续提高（来自未公布的数据）。在其他年轻运动员中，已经观察到高频率这一变量和高强度抗阻训练对引起骨骼变化的重要性（Emeterio et al., 2011）。

一位深蹲前世界纪录（1RM>469千克）保持者的腰椎平均骨密度达到1.86克/平方厘米。这是迄今报告的最高骨密度（Dickerman et al., 2000）。此外，数据表明，年轻男性力量举运动员的腰椎和全身骨密度明显高于对照组（Tsuzuku et al., 1998）。此外，腰椎骨密度与力量举的能力之间存在显著的相关性。高强度抗阻训练会使青少年男性的骨密度提高。不过，除了粗隆部位之外，参与低强度训练的青少年的其他部位的骨密度与对照组并无显著差异（Tsuzuku et al., 2001）。似乎需要进行高强度抗阻训练才能让骨密度提高。元分析表明，抗阻训练可以提高训练受力骨骼部位的骨密度（约2.6%）（Kelley et al., 2000）。然而，其影响可能与年龄相关：在年龄大于31岁的人中其效果明显，对于小于31岁的、骨密度在正常范围的人，则效果不明显（Kelley and Tran, 2000）。

抗阻训练能够有效提高所有年龄段的女性的骨密度。与前述男性力量举运动员

**表3.6　脊柱和股骨近端的骨密度**

| 部位 | 骨密度 /（克 / 厘米$^2$） | | [ 与成年人参考数据比较的 %]（与对应对照组比较的 %） |
|---|---|---|---|
| | 青少年举重运动员 | 对照组 | |
| 脊柱 | 1.41 ± 0.20*# | 1.06 ± 0.21 | [113%]（133%） |
| 股骨颈 | 1.30 ± 0.15*# | 1.05 ± 0.12 | [131%]（124%） |
| 粗隆 | 1.05 ± 0.13* | 0.89 ± 0.12 | ND（118%） |
| 华氏三角 | 1.26 ± 0.20* | 0.99 ± 0.16 | ND（127%） |

数据为均值 ± 1 个标准差。* 表示 $p \leq 05$ ，来自相应的对照组数据；# 表示 $p \leq 05$ ，来自相应的成年人参考数据。ND 表示没有可用的参考数据。

（经许可，源自：B.P. Conroy et al., 1993, "Bone mineral density in elite junior weightlifters," *Medicine and Science in Sports and Exercise*, 25(10): 1105. ）

相似，两位美国年龄组冠军都有非常高的骨密度（Walters et al., 2012）。这两位女性的年龄分别是 49 岁和 54 岁，她们的腰椎、股骨和全身的骨密度都远远高于同龄对照组。54 岁的举重运动员的平均腰椎（1~3）、股骨和全身的骨密度分别是 1.44 克 / 平方厘米、1.19 克 / 平方厘米和 1.34 克 / 平方厘米。青春期（14~17 岁）女孩在参加抗阻训练 15 个月之后腿部力量增加了 40%，而且股骨颈的骨密度也显著增加（1.035~1.073 克 / 平方厘米）（Nichols et al., 2001）。元分析显示，抗阻训练对所有女性的腰椎的骨密度和绝经后的女性的股骨和桡骨的骨密度都有积极的影响（Kelley, 2001），而且包括抗阻训练在内的高冲击力运动能够提高绝经前女性的腰椎和股骨颈的骨密度（MartynSt. James and Carrol, 2010）。研究显示，年纪较大的女性每周进行 3 次多组抗阻训练能够显著提高股骨粗隆间的骨密度（Kerr et al., 2001）。这项研究表明，循序渐进的抗阻训练方案对于提高在临床上重要的髋关节部位和易患骨质疏松症的老年女性的骨密度是有效的。

虽然抗阻训练可以积极影响骨密度的证据是确凿的，但是并非所有抗阻训练方案都可以带来显著的骨密度变化。这可能是由于训练方案的关键变量的差异对骨密度有不同的影响。由于需要对骨骼施加机械应力才能让适应发生，所以对于最佳的骨骼负荷，建议采用 3~6 组、1~10RM 的多关节练习，组间休息 1~4 分钟，使用更大的阻力时应该延长组间休息时间。

在训练之后韧带和肌腱会发生生理适应，这有助于预防受伤。身体活动会使韧带的新陈代谢、厚度、重量和强度增加（Staff, 1982; Tipton et al., 1975）。在受伤之后进行身体活动会让受伤的韧带恢复得更快（Staff, 1982; Tipton, 1975）。韧带或肌腱在骨骼上的附着部位和肌肉肌腱连接处是容易受伤的部位。在耐力训练中，根据实验室动物的研究结果，需要更大的力量才能使这些部位分离（Tipton et al., 1975）。人类的肌腱成纤维细胞受到体外机械拉伸时，生长因子的分泌将增加（Skutek et al.，2001），这表明伸展动作可能对肌腱和韧带的组织细胞增生、分化和底物形成有正面影响。

增加韧带和肌腱的强度有助于防止这些结构受伤，因为肌肉有能力举起更重的物体并产生更大的力量。这些结构的增大速度似乎也比肌肉慢一些。在对跖屈肌和膝伸肌进行 8 周和 12 周的抗阻训练之后，肌肉及其力量显著增大，但是肌腱的横截面积没有发生变化（Kubo et al.，2001；Kubo，Kanehisa and Fukunaga，2002）。抗阻训练会使肌腱的刚度显著提高。作者认为，训练引起的肌腱内部结构（如胶原蛋白的力学质量）的改变是导致刚度变化的原因，而肌腱横截面积的增大可能需要超过 12 周的时间。这可能是合成代谢类固醇引发肌腱损伤的原因之一，因为根据目前的假设，肌肉横截面积和力量（以及随之而来的训练负荷）的增加可能发生得太快，这会导致结缔组织的适应跟不上。有趣的是，高强度抗阻训练可以让肌腱的横截面积和力量在较短的时间（如几个月）内得到增长，而且肌腱的长轴会发生差异性变化。这可能体现了练习选择和动作范围的重要性（Kongsgaard et al.，2007；Magnusson et al.，2007）。例如，在 12 周的抗阻训练之后，髌骨肌腱的横截面积增大了 7%（Ronnestadet al.，2012a）。在女性中，肌腱的横截面积的变化没有那么显著，这可能与性别之间的激素差异以及这些差异对肌腱适应的影响有关（Magnusson et al.，2007）。

环绕整个肌肉（肌外膜）、肌纤维束（肌束膜）和每根肌纤维（肌内膜）的结缔组织鞘可能也会适应抗阻训练。这些结缔组织鞘在提升肌肉的拉伸力量和弹性方面起到重要的作用，而且有助于形成支撑肌肉增荷的结构。在实验室动物的肌肉中，诱发的代偿性肌肥大也会导致这些结缔组织鞘的胶原蛋白含量增加（Laurent et al.，1978；Turto et al.，1974）。健美运动员的肱二头肌中的结缔组织的相对数量与同龄对照组没有什么不同（MacDougall et al.，1985；Sale et al.，1987），而且男性和女性健美运动员拥有的结缔组织的相对数量均与对照组相似（Alway et al.，1988）。可见，肌肉的结缔组织鞘似乎会随着训练而增加，从而使结缔组织和肌肉组织之间的比率保持不变。

已发现抗阻训练能够增加骨关节表面透明软骨的厚度（Holmdahl and Ingelmark，1948；Ingelmark and Elsholm，1948）。透明软骨的主要作用之一是充当关节面之间的减震器。这种软骨的厚度增加可以增强其减震功能。总而言之，骨骼、肌腱和其他类型的结缔组织似乎都会在抗阻训练中发生适应，但是适应的水平和速度低于肌肉组织。

## 心血管适应

和骨骼肌相似，心脏肌肉也会在抗阻训练下发生适应。同样，心血管系统的其他方面，如血脂情况，也表现出适应性。如果是特殊人群进行抗阻训练，如老年人和心脏康复者，心血管系统对抗阻训练的适应和急性反应是特别重要的。与抗阻训练的所有适应一样，其所呈现的反应部分取决于训练量和训练强度。

　　抗阻训练及其他形式的身体训练引发的血管系统的一些适应类似于高血压适应，如心室壁的厚度增加和心房的尺寸增大。然而，仔细分析会发现，高血压适应和抗阻训练适应是不同的。在高血压适应中，心室壁的厚度会增加至超过正常范围。而在抗阻训练中这很少发生，并且相对于去脂体重并不明显，但是高血压引发的心室壁的厚度增加是很明显的，即使相对于去脂体重也是如此。因为心脏适应不同，所以使用术语病态增大来指高血压和其他病理情况下发生的变化，用生理增大来指训练引起的身体变化。

　　心血管适应是心血管系统在训练的刺激下发生的。耐力训练带来的心血管适应和抗阻训练带来的不一样。总体来说，出现这些差异的原因是心脏在耐力训练期间在升高的血压下会泵出大量血液，而在抗阻训练期间，心脏在升高的血压下泵出的血液相对较少。耐力训练和抗阻训练的这一差异会引发不同的心血管适应。

## 休息时的训练适应

　　抗阻训练几乎可以影响心血管功能的所有主要方面（见表3.7和表3.8）。心脏形态、收缩功能、舒张功能、心率、血压、血脂以及其他疾病风险指标的改善能够降低患病的整体风险。例如，每周至少进行30分钟抗阻训练的男性与久坐的男性相比，前者患冠心病的总风险低23%（Tanasescu et al., 2002）。抗阻训练带来的其他适应也减少了疾病的风险。也许令人惊讶的是，最大力量（卧推和腿蹬举）水平位于后面1/3的男性比最大力量水平位于前1/3的男性的死亡的风险要高得多，无论是死于癌症还是其他原因（Ruiz et al., 2008）。在正常体重和超重男性中，最大力量与各种原因导致的死亡是成反比的，而且在超重男性中，最大力量与癌症死亡率成反比。一个与年龄相关的明显趋势反映出年龄分别为33岁、26岁和21岁的正常体重男性和年龄分别为42岁、26岁和34岁的超重男性在最大力量的前、中、后1/3中的每万人死亡率。这些观察结果可能与最大力量本身无关，但是与保持最大力量的其他相关因素有关。

　　初级和高级竞技健美运动员、力量举运动员和奥林匹克举重运动员的静息心率为60~78次/分（Adler et al., 2008; Colan et al., 1985; D'Andrea et al., 2010; Fleck and Dean, 1987; George et al., 1995; Haykowsky et al., 2000; Smith and Raven, 1986）。绝大多数横向研究数据表明，受过高级训练的运动员的静息心率与久坐者没有明显的不同（Fleck, 1988, 2002）。然而，根据报告，奥林匹克举重男性运动员的静息心率比久坐者低（60次/分对比69次/分）（Adler et al., 2008），而精英级力量举运动员的静息心率是87次/分，显著高于同龄对照组（Haykowsky et al., 2000）。抗阻训练运动员（健美、举重、武术和帆板运动员）的静息心率明显高于有氧训练运动员（中长距离游泳、赛跑、足球和篮球运动员），前者为69次/分，后者为52次/分，这并不奇怪（D'Andrea et al., 2010）。

　　根据大多数短期（最多20周）纵向研究的报告，训练后静息心率会显著下降4%~13%或者略微下降（Fleck, 2002; Karavirta

表 3.7  抗阻训练适应引发的慢性静息心血管适应

| 心血管指标 | 适应 |
|---|---|
| 心率 | 没有变化或略微下降 |
| **血压** | |
| 收缩压 | 没有变化或略微下降 |
| 舒张压 | 没有变化或略微下降 |
| **每搏输出量** | |
| 绝对 | 没有变化或略微增加 |
| 相对于 BSA | 无变化 |
| 相对于 LBM | 无变化 |
| **心脏功能** | |
| 收缩压 | 无变化 |
| 舒张压 | 无变化 |
| **血脂情况** | |
| 总胆固醇 | 没有变化或略微下降 |
| HDL–C | 没有变化或略微增加 |
| LDL–C | 没有变化或略微下降 |
| 总胆固醇 /HDL–C | 没有变化或略微下降 |

BSA 表示体表面积（平方米）；LBM 表示瘦体重（千克）；HDL–C 表示高密度脂蛋白胆固醇；LDL–C 表示低密度脂蛋白胆固醇。

表 3.8  抗阻训练休息期间的心脏形态适应

| 心脏部位 | 相对于 | | |
| | 绝对 | BSA | FFM |
|---|---|---|---|
| | **心壁厚度** | | |
| 左心室 | 增加或无变化 | 无变化 | 无变化 |
| 房间隔 | 增加或无变化 | 无变化 | 无变化 |
| 右心室 | 增加或无变化 | 无变化 | 无变化 |
| 心脏部位 | **室腔容积** | | |
| 左心室 | 无变化或轻微增加 | 无变化或略微增加 | 无变化或略微增加 |
| 右心室 | 无变化或略微增加（？） | 无变化或略微增加（？） | 无变化或略微增加（？） |
| 心房 | 无变化或略微增加（？） | 无变化或略微增加（？） | 无变化或略微增加（？） |
| 心脏部位 | **质量** | | |
| 左心室 | 增加或无变化 | 无变化 | 无变化 |

BSA 表示体表面积（平方米）；FFM 表示去脂体重（千克）；？ 表示最小值。

et al.，2009）。在抗阻训练之后控制静息心率下降的机制尚不明确。然而，心率降低通常与副交感神经紧张增加和心交感神经紧张减少有关。心血管对等长肌肉动作的反应类似于其对典型的抗阻训练的反应。在低级别（最大随意收缩的 30%）的等长肌肉动作中，两个自主性运动分支神经的活动性都增强了（Gonzalez-Camarena et al.，2000）。因此，如果抗阻训练确实导致了静息心率下降，其原因可能不是副交感神经紧张的增加和心交感神经紧张的减少，而是两个自主性运动分支神经的活动性增强。

## 血压

大多数横向研究数据都清楚地表明，受过高级训练的运动员的静息收缩压和舒张压和平均水平无异（Byrne and Wilmore，2000；Fleck，2002）。然而，也存在举重运动员的静息收缩压和舒张压明显高于平均水平（Snoecky et al.，1982）和低于平均水平（Adler et al.，2008；Smith and Raven，1986）的报告。抗阻训练运动员（健美、举重、武术和帆板运动员）的静息血压高于有氧训练运动员（中长距离游泳、长跑、足球和篮球运动员），这并不奇怪（D'Andrea et al.，2010）。

短期训练研究显示，静息收缩压和舒张压都可能出现明显下降和不明显变化。元分析得出的结论是，抗阻训练可以使收缩压（3~4.55 毫米汞柱）和舒张压（3~3.79 毫米汞柱）显著降低（Cornelissen and Fagard，2005；Fargard，2006；Kelley，1997；Kelley，2000）或使收缩压（3.2 毫米汞柱）无明显变化（Fagard，2006）。这导致收缩压和舒张压下降 2%~4%。对于高血压患者，血压下降的幅度可能更大，但是对高血压患者的研究还需要继续完善。虽然这个减少幅度可能看起来微不足道，但是它已经能够降低中风和患冠心病的风险了（Kelley，

2000）。综上所述，抗阻训练可导致静息血压显著下降。

## 每搏输出量

每搏输出量是每次心跳泵出的血液量。静息每搏输出量的增加被看作对训练的积极适应，而且通常伴有静息心率下降。目前尚未发现接受过高级训练的男性和普通人的绝对每搏输出量之间的差别（Brown et al.，1983；Dickhuth et al.，1979），也没有观察到受过高级训练的人（Fleck et al.，1989；Pearson et al.，1986）和举重运动员的绝对每搏输出量比普通人更大（Adler，2008）。所有抗阻训练运动员的绝对每搏输出量都低于有氧训练运动员（D'Andrea et al.，2010）。绝对每搏输出量如果增加，似乎是因为末端舒张压的左心室内部空间明显增大且射血分数保持正常（Adler et al.，2008；Fleck，1988）。元分析表明，运动员的级别可能与绝对每搏输出量有关：国家和国际级别的运动员比级别稍低的运动员的绝对每搏输出量更大（Fleck，1988）。虽然有一些关于受过高级抗阻训练的人和普通人的比较表明，受过抗阻训练的人相对于体表面积的每搏输出量更大，但是这两个群体的大多数比较表明，两者相对于体表面积的每搏输出量无明显差异（Fleck，2002）。当相对于体表面积的每搏输出量出现明显差别时，相对于去脂体重进行计算，这一差别将变得不再明显（Fleck，2002；Fleck et al.，1989）。元分析表明，运动员的级别与相对于体表面积的每搏输出量无关（Fleck，1988）。因此，在一些国家和国际级别的受过高级训练的

运动员中，他们的绝对每搏输出量更大，这在一定程度上受体形大小的影响。主要横向研究数据表明，抗阻训练对绝对每搏输出量或相对于体表面积或去脂体重的每搏输出量没有影响或影响很小。这一结论已经得到了一些研究的支持。根据这些研究报告，在采用短期抗阻训练方案之后，绝对每搏输出量没有发生变化（Camargo et al., 2008; Lusiani et al., 1986）。

## 血脂情况

文献资料表明，接受过抗阻训练的男性拥有正常、高于正常或低于正常的高密度脂蛋白胆固醇（HDL-C）、低密度脂蛋白胆固醇（LDL-C）、总胆固醇（TC）和TC-HDL-C比率（Hurley, 1989; Kraemer et al., 1988; Stone, 1991）。同时，关于训练研究的文献资料表明，抗阻训练对成年人的血脂水平影响不大或没有影响（Braith and Stewart, 2006; Williams et al., 2007）。另一方面，元分析表明，抗阻训练对成年男性和女性的血脂情况有很小但重要的影响（Kelley, 2009a）。该元分析表明，抗阻训练显著降低了成年男性和女性的TC（2.7%）、LDL-C（4.6%）、总甘油三酯（TG 6.4%）和TC-HDL-C（11.6%）。然而，HDL-C没有受到明显的影响（+1.4%）。

血脂对不同的抗阻训练的反应有很大的不同，这种变化是抗阻训练方案不同的强度和训练量引起的。元分析所表明的关联和前面的调查研究都支持这一观点。元分析表明，TC的下降、TC和TC-HDL-C比值及更大的退出率之间存在反比关系，这可能预示着更难完成的抗阻训练方案。

这得到元分析的另一个方面及以前的一些研究的支持。元分析表明，训练强度的增加和LDL-C的更显著的下降之间存在关联。而先前的研究显示，抗阻训练量可能对血脂产生影响。根据报告，健美运动员的血脂情况与跑步运动员相似。另一方面，在考虑身体脂肪、年龄和雄激素的使用（已被证明能降低HDL-C的浓度）之后，与跑步运动员相比，力量举运动员的HDL-C浓度更低、LDL-C浓度更高（Hurley, 1987; Hurley et al., 1984）。在超过12周的训练中，中年男性在训练方案的最大训练量阶段，血脂的积极变化最大（Blessing et al., 1987; Johnson, 1982）。因此，抗阻训练的训练量和训练强度都可能影响血脂情况。

大多数关于抗阻训练对血脂的影响的研究都存在缺陷。这些研究的缺陷包括对年龄、饮食和训练方案的控制不足，在确定血脂情况时仅使用一个血液样本，缺乏对照组，没有控制身体成分的变化，持续时间短等。HDL-C的急剧增加和TC的下降发生在时长为90分钟的抗阻训练结束后的24小时内，而且血脂在训练后48小时之内不会回到基准值（Wallace et al., 1991）。研究中需要考虑这一效应。以上缺陷和其他一些缺陷表明，需要谨慎看待以前的研究结果以及前面讨论的元分析，而且如果要将改善血脂情况作为主要的训练目标，应该进行有氧训练（Kelley, 2009a, 2009b）。同样重要的是，合理的营养摄入（咨询专家）和抗阻训练的配合能够进一步改善血脂情况（Sallinen et al., 2005）。

现在尚未完全确定抗阻训练是如何对血脂情况产生积极影响的。根据相关报告，身体脂肪的百分比降低对血脂情况有良好影响（Twisk et al.，2000；Williams，1994），而抗阻训练能降低身体脂肪所占百分比。此外，元分析表明，身体质量指数的下降与TC、HDL-C和TC/HDL-C比率的显著改善有关，而去脂体重的更明显的增加与HDL-C有关。因此，抗阻训练导致的体重的变化或身体成分变化可能影响血脂情况。抗阻训练可以提高骨骼肌的氧化能力，因为特定的氧化酶的活性增加了（Wang et al.，1993），而这可能会对血脂情况产生积极的影响。这种变化的原因可能是肌纤维类型从Ⅱx型转化为Ⅱa型（Staron et al.，1994）以及每根肌纤维中的毛细血管数量增加了（McCall et al.，1996）。抗阻训练也可能对血脂情况有负面影响。Ⅰ型肌纤维比例较高的人的HDL-C浓度较高（Tikkanen et al.，1996）。一些抗阻训练方案对Ⅱ型肌纤维的增大有较明显的效果（见本章的"肌肥大"）。由此导致的Ⅰ型肌纤维的横截面积百分比下降可能会对血脂情况产生负面影响。

元分析还反映出其他一些有趣的关联。初始HDL-C浓度低的人在训练之后HDL-C会增加得更快。训练方案的依从性越高，LDL-C的下降幅度就越大，因此越是严格遵照训练方案训练，得到的好处就越大。尽管原因尚不清楚，但是抗阻训练引发的TC变化与上半身力量变化之间存在关联。

关于抗阻训练对血脂情况有什么影响以及什么类型的抗阻训练才能对血脂情况产生最佳的影响，还需要进一步研究才能得出结论。然而，在包括举重比赛在内的爆发力或速度比赛上具有天赋，并不能消除退役运动员患心血管疾病的风险。另一方面，在耐力比赛方面具有天赋而且从竞技体育退役之后继续参加身体活动确实能够为心血管提供保护（Kujala et al.，2000）。因此，一个谨慎的结论可能是，鼓励力量和爆发力运动员进行一些有氧训练，并适当饮食，以使血脂情况产生积极变化。这对职业运动员退役之后的长期健康可能尤其重要。

## 心壁厚度

在抗阻训练期间，心壁增厚是对血压间歇性升高的适应（Naylor et al.，2008；Rowland and Fernhall，2007）。超声心动图和磁共振成像技术（见图3.29）已被用来研究抗阻训练引起的心脏形态变化。一些文献综述得出的结论是，受过高级抗阻训练的人的绝对舒张期左心室后壁厚度（PWTd）（Fleck，1988，2002；Naylor et al.，1992）和舒张期室间隔厚度（IVSd）（Fleck，1988，2002；Naylor et al.，2008；Perrault and Turcotte，1994；Urhausen and Kindermann，1992；Wolfe et al.，1986）大于平均值。同样，元分析表明，参加抗阻训练的运动员的IVSd明显大于正常值（普通人为10.5毫米，抗阻训练者为11.8毫米），而且参加抗阻训练的运动员的PWTd更大（普通人为10.3毫米，抗阻训练者为11毫米），但是差别没有那么显著（Pluim et al.，1999）。一般来说，受过高级抗阻训练的人的绝对心壁厚度很少超过正常值的上限（Urhausen and Kindermann，1992；Wolfe et al.，1986），而且通常明

165

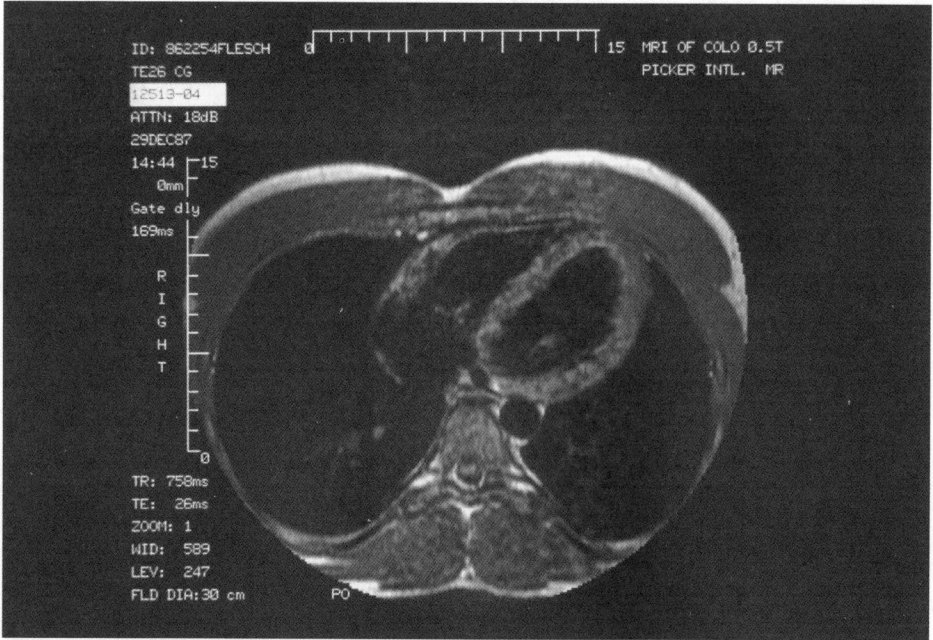

**图 3.29** 磁共振成像下的左心室（环形）和右心室（三角形）

图片由史蒂文·弗莱克（Steven Fleck）博士的实验室提供。

显小于主动脉狭窄、梗阻性心肌病和严重高血压等疾病患者的心壁厚度（Wolfe et al.，1986）。在许多其他类型的运动员中，心壁厚度的增加也很明显（Naylor et al.，2008）。在包括 27 种体育运动引发的左心壁增厚排名中，举重排在第 8 位（Spataro et al.，1994）。

如果相对于体表面积或去脂体重衡量受过高级抗阻训练的人的心壁厚度（PWTd 和 IVSd），其数值与普通人没有区别（Fleck，1988，2002；Fleck et al.，1989；Naylor et al.，2008；Perrault and Turcotte，1994；Urhausen and Kindermann，1992）。这一结果是很重要的，因为这表明它是生理适应而不是病理适应的结果。运动员的级别可能与心壁厚度有一定的相关性。一

项元分析表明，IVSd（而不是 PWTd）与到运动员的级别有关。国家、国际和地区级别的运动员的 IVSd 大于业余抗阻训练者（Fleck，1988）。然而，这并没有得到所有关于举重运动员心壁厚度的研究的证实（Naylor et al.，2008）。

短期纵向训练研究也表明，抗阻训练可能会增加 PWTd 和 IVSd，然而，这不是所有抗阻训练方案的必然结果（Fleck，1988，2002；Naylor et al.，2008；Perrault and Turcotte，1994）。最后得到的结论是，横向研究并不支持所有抗阻训练方案都会导致心壁厚度的增加这一结论，因为根据这些研究，参与力量和爆发力训练的对照组女大学生的心壁厚度与国家级别的青年和老年组力量举运动员没有明显的差

异（George，1995），而且初级和国家精英级力量举运动员与对照组的数据也没有明显差异（Haykowsky et al.，2000）。

左心壁厚度是否增加可能取决于所执行的训练的差异。在执行至向心力竭的一组练习中，该组的最后几次重复中血压达到最高值（Fleck and Dean，1987；MacDougall et al.，1985；Sale et al.，1994）。涉及主要肌群的练习，如腿蹬举，会比涉及小肌群的练习使血压升得更高（MacDougall et al.，1985）。因此，不管是否执行组数至向心力竭，所执行的练习都可能会影响心壁厚度的增加。其他可能影响心壁厚度变化的变量包括训练强度、训练量、训练持续时间和组间休息时长。

抗阻训练对其他心壁厚度的影响所受到的关注远远少于其对左心壁厚度的影响。然而，根据磁共振成像研究，优秀的男性青年奥林匹克举重运动员的收缩和舒张右心壁厚度，在与其年龄和体重匹配的对照组进行比较时没有差异（Fleck et al.，1989），这表明还没有足够高的血压来使右心壁增厚。然而，也有研究报告说在6个月的抗阻训练之后，其右心室的质量有了少量但有意义的增长（Spence，2013），这表明右心室的大小会随着抗阻训练而增长。

抗阻训练可以使左心壁的厚度增加，但是这并不是所有抗阻训练方案的必然结果。如果左心壁厚度增加明显，就是力量训练过程中血压间歇性升高导致的。不过，如果相对于体表面积或去脂体重进行衡量，左心壁的厚度通常没有增加。此外，增加后左心室壁的厚度很少超过正常值的上限，而且明显低于病理原因导致的厚度。

## 心室大小

心室大小或容积的增加是心脏血流量超负荷的标志（即需要泵出更多的血液）。大多数关于进行过高强度抗阻训练的运动员的横截面数据和纵向短期研究数据显示，抗阻训练对左心室的绝对内部尺寸（心室大小的标志）没有影响或者影响甚微（Adler et al.，2008；Fleck，1988，2002；Fleck et al.，1989；George et al.，1995；Naylor et al.，2008；Perrault and Turcotte，1994；Urhausen and Kindermann，1992）。无论研究的是收缩期的还是舒张期的心室大小都是如此。然而，一项元分析表明，接受过抗阻训练的运动员的左心室舒张末期的内径（LVIDd）明显大于正常水平（分别为52.1毫米和49.6毫米）（Pluim et al.，1999）。还有报告表明，在6个月的抗阻训练之后，右心室的舒张末期容积略有增加，不过已经达到统计学意义上显著的水平（Spence et al.，2013）。与左心壁的厚度变化相似，在受过高级抗阻训练的人中，左心室的内径通常不会超过正常值的上限（Fleck，1988，2002；Perrault and Turcotte，1994；Urhausen and Kindermann，1992；Wolfe，Cunningham and Boughner，1986），而且在大多数情况下，相对于体表面积或去脂体重进行衡量时，其与正常值的差异并不明显（Fleck，1988，2002；Urhausen and Kindermann，1992；Wolfe et al.，1986）。

参与耐力训练和其他许多运动确实会

使心室变大（Cocchia et al.，2010；Naylor，George et al.，2008；Pluim et al.，1999）。在包括27种体育运动的国家级运动员的左心室内径排名中，举重运动员排在第22位（Spataro et al.，1994）。左心室内径略微增加或无变化且左心壁厚度不变或增加是抗阻训练运动员与病理患者的心肌肥大的重要区别。病理患者的左心壁厚显著增加，但是其左心室内径没有增大（Urhausen and Kindermann，1992）。有关PWTd + IVSd/LVIDd或平均相对壁厚度的元分析表明，抗阻训练运动员的绝对心壁厚度比大于常人（Pluim et al.，1999）。这表明，在抗阻训练运动员中，心壁厚度的增幅大于左心室大小的增幅。

元分析表明，运动员的级别与其左心室内径无关（Fleck，1988）。根据报告，国家级青年级和成年级力量举运动员的左心室内径处于正常水平（Haykowsky et al.，2000），而受过抗阻训练的国家级运动员的左心室内径与普通人没有显著差别（Adler et al.，2008；Dickhuth et al.，1979；Fleck，Bennett et al.，1989），这同样表明，运动员的级别与左心室大小关系不大。因为心室大小的变化通常与容量增荷有关，所以可以假设抗阻训练方案的类型会对左心室大小产生影响。

健美运动员和举重运动员的比较表明，尽管健美运动员的内径稍大，但他们的左心室和右心室内径没有显著差异。健美运动员（而不是举重运动员）静息时的绝对左心室和右心室的内径大于普通人（Deligiannis et al.，1988）。如果相对于体表面积或去脂体重进行计算，健美运动员和举重运动员的左心室内径与正常水平无显著差异。然而，相对于体表面积或去脂体重进行计算，健美运动员的右心室内径与正常值有明显差异。同时，该研究也表明，健美运动员和举重运动员的左心房内径的绝对值或者相对于体表面积和去脂体重计算得出的值都大于正常值，健美运动员的左心房内径明显大于举重运动员（Deligiannis et al.，1988）。左心房大小相对于体表面积的增加与耐力训练有关，但是与抗阻训练无关，而且耐力训练与左心室大小的增加有关，这通常不会发生在抗阻训练中。这得到了前面的研究的证实（D'Andrea et al.，2010）。这一信息表明，抗阻训练方案的类型可能会影响心室大小，但是影响不明显。

抗阻训练似乎会使心室略微增大，如元分析所示，与普通人相比，受过抗阻训练的运动员的心室大小小幅但有意义地增大了（2.5%）（Fagard，1996）。但是，如果相对于体表面积或去脂体重进行计算，其值就和正常值没有区别。高训练量的训练方案对心室大小的影响可能最大。

## 左心室质量

左心室质量（LVM）的增加可能由心壁增厚或心室增大引起，可以使用超声心动图和磁共振成像来估算左心室质量。大多数关于受过高级抗阻训练的运动员的横向研究（Fleck，1988，2002；George et al.，1995；Haykowsky et al.，2000；Naylor et al.，2008）和关于纵向短期训练的研究（Fleck，1988，2002；Naylor et al.，2008；Wolfe et al.，1986）表明，抗阻训练运动员的绝对左心室质量大于正常值或会因为抗阻训练而增加。这个结论得到了一项元分析的支持，根据该分析，抗阻训练运动员的左心室质量大于正常值（普通人为 174 克，抗阻训练运动员为 267 克）（Pluim et al., 1999）。然而，并非所有的抗阻训练方案都必然使左心室质量增加，而且如果相对于体表面积或去脂体重进行计算，差别就会极大地减小或完全消失。一些数据表明，国家和国际级别的接受过抗阻训练的运动员的左心室质量大于级别更低的运动员（Effron, 1989；Fleck, 1988）。

抗阻训练方案的类型可能影响左心室质量的增加。健美运动员和举重运动员的绝对左心室质量都明显大于正常值。但是，这两种类型的运动员的绝对左心室质量没有明显的区别（Deligiannis et al., 1988）。健美运动员和举重运动员的左心壁厚度均明显高于正常水平。然而，只有健美运动员的左心室舒张末期尺寸明显大于正常值（Deligiannis et al., 1988）。因此，在健美运动员中，左心室质量的增加是左心壁增厚和心室增大造成的，而在举重运动员中，左心室质量的增加主要是心壁厚度大于正常值造成的。可以假设，同时增加左心壁厚度和左心室大小的抗阻训练方案会导致左心室质量的增幅达到最大。然而，还有结论表明，抗阻训练的训练量不影响左心室质量的增加（Naylor et al., 2008）。

抗阻训练可以增加绝对左心室质量。然而，并非所有抗阻训练方案都会使左心室质量增加。心壁厚度或心室大小增加或者两者兼而有之都有可能导致左心室质量增加。

## 心脏功能

收缩和舒张功能异常与高血压和心脏瓣膜病变等疾病引起的心肌肥大有关。这引起了人们的注意，抗阻训练引起的心肌肥大可能损害心脏功能。然而，大多数横向研究数据表明，左心室收缩功能的常用衡量指标，如短轴缩短率、射血分数和环状心肌收缩速度，都不受抗阻训练的影响（Adler et al., 2008；Ellias et al., 1991；Fleck, 1988, 2002；George et al., 1995；Haykowsky et al., 2000；Urhausen and Kindermann, 1992）。然而，也有报告说，抗阻训练运动员的短轴缩短率百分比明显大于普通的实验对象（Colan et al., 1987），这表明其收缩功能得到了增强。短期纵向训练研究也显示，短轴缩短率百分比没有变化（Lusiani et al., 1986）或者有显著增长（Kanakis and Hickson, 1980）。大多数的研究表明，抗阻训练对收缩功能没有影响；而少量数据表明，抗阻训练使收缩功能增强了。

与收缩功能相比，左心室的舒张功能受到的关注少很多。关于受过高级抗阻训练的运动员的横向研究数据表明，左心室舒张功能与正常值无显著差异（Urhausen and Kindermann, 1992）或得到了增强（Adler et al., 2008）。已有报告表明，国家级力量举运动员的绝对和相对于体表面积的左心室质量大于正常值，而且其舒张功能也增强了（心室扩张的峰值率和心房的峰值充盈率）（Colan et al., 1985；Pearson, 1986）。

一项元分析表明，抗阻训练运动员的心室收缩和舒张功能和普通人没有显著差异（Pluim et al.，1999）。总体来说，横向和纵向研究都表明，抗阻训练对心室的收缩或舒张功能均无显著影响。

## 急性心血管反应

抗阻训练的急性反应是指身体在一组练习、几组练习或一次训练中发生的生理反应。准确地把握急性反应可能非常困难。需要使用动脉导管才能确定血压，因为在运动进行过程中的离心和向心阶段不可能通过听诊血压测量法来确定血压。手指体积描记法也常被用来在抗阻训练中连续测定血压。心阻抗图和超声心动图技术被用来确定心输出量、每搏输出量和左心室大小，但这些技术的使用在身体活动期间都受到限制。因此，在某些情况下，必须谨慎地看待关于抗阻训练的急性反应的结论（见表3.9）。

### 心率和血压

在进行动态高强度抗阻训练期间，心率以及收缩压和舒张压均显著上升（Fleck，1988；Hill and Butler，1991），无论是器械训练、自由重量训练还是等速训练，都

是如此（Fleck and Dean，1987；Gomides et al.，2010；Iellamo et al.，1997；Kleiner et al.，1996；MacDougall et al.，1985；Sale et al.，1993，1994；Scharf et al.，1994）。以1RM的95%的阻力进行双腿腿蹬举至力竭，允许进行瓦氏动作，期间收缩和舒张压的平均峰值高达320/250毫米汞柱，心率峰值高达170次/分（MacDougall et al.，1985）。然而，即使试图限制瓦氏动作，心率和血压的反应也很显著。例如，在1RM的80%下执行单腿膝伸至向心力竭的过程中（不鼓励瓦氏动作），血压的平均峰值为198/160毫米汞柱，心率峰值为135次/分（Fleck and Dean，1987）。

血压（见图3.30）和心率随着练习组数的增加而上升，因此最大值发生在最后几次导致主动疲劳的重复中，不论是否允许进行瓦氏动作（Fleck and Dean，1987；Gomides et al.，2010；MacDougall et al.，1985；Sale et al.，1994）。如果允许进行瓦氏动作，使用次最大阻力（1RM的50%~95%）执行练习组数至主动疲劳要比使用1RM的100%带来的血压和心率反应大得多（MacDougall

**表3.9** 抗阻训练期间和间隔休息期间的急性反应比较

| 反应 | 重复部分 | |
|---|---|---|
| | 向心 | 离心 |
| 心率（向心与离心之间无差异） | 增加 | 增加 |
| 每搏输出量（？）（离心值高于向心值） | 无差异或减少 | 无差异或增加 |
| 心输出量（？）（离心值高于向心值） | 无差异或增加 | 增加 |
| 血压（动作粘滞点达到最高值）<br>收缩压增加<br>舒张压增加 | 增加 | 增加 |
| 胸腔压力（进行瓦氏动作时达到最高值） | 增加 | 增加 |

?表示最小值。

et al.，1985；Sale et al.，1994）。如果不允许使用瓦氏动作，分别以1RM的90%、80%和70%执行动作至主动疲劳要比以1RM的100%和50%执行动作带来的血压反应更大，但是没有那么显著（Fleck and Dean，1987）。虽然目前尚不清楚是否应阻止高血压人群使用瓦氏动作，但是与以1RM的100%执行一组动作至力竭相比，分别以1RM的80%和40%进行膝伸练习至力竭时血压的反应更大（Gomides et al.，2010）。

在动态抗阻训练期间，血压和心率的反应似乎和等长肌肉动作期间的反应类似，因为随着活动的增加，心率和血压的反应也加剧（Kahn et al.，1985；Ludbrook et al.，1978）。因此，与以低于1RM的

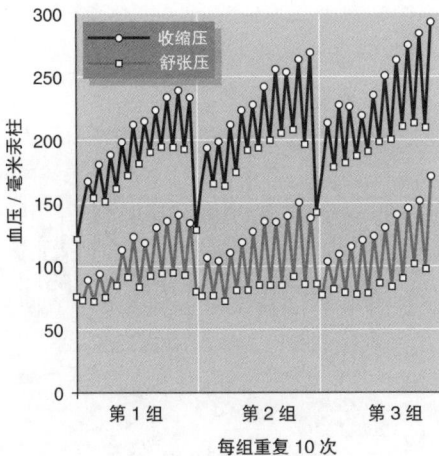

**图3.30** 在执行至主动疲劳的双腿腿蹬举中或者在以10RM阻力连续执行的3组练习中，血压反应加剧。

（经许可，源自：R.W. Gotshall et al., 1999, "Noninvasive characterization of the blood pressure response to the double-leg press exercise" *Journal of Exercise Physiology* 2(4): 1–6.）

100%（40%~90%）执行多组练习至力竭相比，以1RM的100%执行一组动作至力竭引发的心率和血压的反应更小（Fleck and Dean，1987；Gomides et al.，2010）。 在以1RM的40%~90%执行多组练习的过程中，峰值血压和心率反应的模式不一致。随着1RM的百分比增加（50%、70%、80%、85%和87.5%），在执行动作至力竭的次最大重量组中，峰值心率和血压反应都随之加剧（Sale，1994）。相反，在分别以1RM的50%、70%、80%、90%进行单腿膝伸和单臂过顶推举练习至力竭的过程中，峰值血压和心率反应没有显著差异（Fleck and Dean，1987）。同样，在以1RM的40%和80%执行膝伸练习至力竭的过程中，高血压人群的峰值血压和心率反应并没有显著差异（Gomides et al.，2010）。

连续执行多组动作至力竭引发的心率和血压反应也是不一致的。在连续执行3组（见图3.30）腿蹬举至力竭的过程中，组间休息时间为3分钟，每组的血压递增（Gotshall et al.，1999）。然而，以1RM的80%（每组8~10次重复）或者40%（每组14~20次重复），组间休息90秒连续进行3组膝伸练习时，高血压人群的峰值血压在连续3组练习中并没有明显递增（Gomides et al.，2010）。在连续的3~5组练习（卧推、膝伸、肘关节屈曲）中，组间的休息时间为3~5分钟，心率并没有依次递增（Alcaraz et al.，2008；Wickwire et al.，2009），在连续的3组膝伸练习中，如前所述，高血压人群的心率也没有递增（Gomides et al.，2010）。

可以通过在不同肌群（交替练习顺

序）的练习组间设置较短的休息时间（35秒）来使训练者在连续各组中的峰值心率不出现递增（Alcaraz et al., 2008）。在练习组间血压和心率向静息值回落，但是在组间休息期间（1.5~3分钟）、下一组练习开始之前，它们仍然高于静息值。此外，随着活跃肌肉质量的增加，心率和血压反应也增加，但该反应不是线性的（Falkel et al., 1992；Fleck, 1988；MacDougall, 1985）。

根据相关报告，在动态抗阻训练期间，与重复的离心阶段相比，向心阶段的收缩压和舒张压而不是心率较高（Falkel et al., 1992；MacDougall et al., 1985；Miles et al., 1987）。因此，在重复的离心或向心阶段，需要确定在活动范围内影响血压值的点。在双腿腿蹬举练习中，向心阶段的起点的收缩压和舒张压（手指体积描记法）最高（见图 3.31）；血压随着向心阶段的进行而下降，当腿完全伸展时血压达到最低值（Gotshall et al., 1999）。在重复的离心阶段，血压随着腿的屈曲而升高，同样，当腿屈曲到最大限度时血压达到最大值。这表明当肌肉收缩接近最大力时，在练习动作的粘滞点时血压反而达到最大值。

关于等速练习的研究让我们得以深入了解急性血压和心率反应。等速收缩速度（30~200度/秒）对血压和心率反应的影响不大（Haennel et al., 1989；Kleiner et al., 1999），而包含向心和离心阶段的等速练习会比仅包含向心阶段的练习的血压峰值更高（Sale et al., 1993）。因此，许多因素，包括活跃肌肉质量、组数是否执行至主动疲劳、所执行的组数、组间休息时间、所使用的阻力、测量所在的活动范围以及是否同时包含向心和离心动作的都会影响动态抗阻训练过程中的血压和心率反应。

### 每搏输出量和心输出量

在抗阻训练过程中估算每搏输出量和心输出量可能会受到血压变化的影响。如前所述，在重复的向心和离心阶段血压会变化，而且在训练逐渐接近向心力竭时血压会上升。因此，每搏输出量和心输出量可能会改变，具体取决于在重复的什么位置进行估算以及该组是否趋向向心力竭。在膝伸练习的过程中，使用电阻抗技术所确定的反应会稍有不同，具体取决于是否进行瓦氏动作。在试图限制瓦氏动作时，膝伸练习（以 12RM 的阻力进行 12 次重复）的向心阶段的每搏输出量和心输出

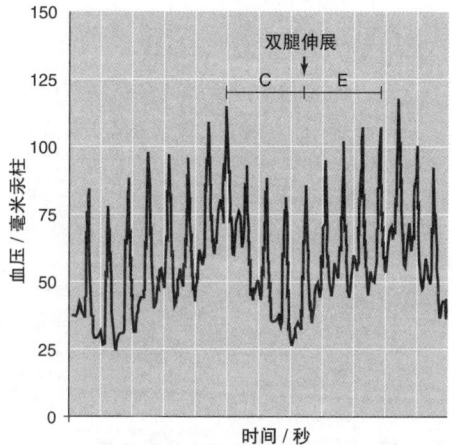

图 3.31 双腿腿蹬举练习的一个完整重复中的血压

（经许可，源自：R.W. Gotshall et al., 1999, "Noninvasive characterization of the blood pressure response to the double-leg press exercise" *Journal of Exercise Physiology* 2(4): 1-6. ）

量并不会明显高于静息值（Miles et al., 1987）。如果允许进行瓦氏动作，那么在膝伸练习的向心阶段（以 1RM 的 50%、80% 和 100% 执行练习至疲劳），峰值每搏输出量要么明显低于静息值，要么接近静息值，而且峰值心输出量高于静息值，但是并不总是如此明显（Falkel et al., 1992）。如果不进行瓦氏动作，那么在离心重复阶段，峰值每搏输出量和心输出量将明显高于静息值。如果使用瓦氏动作，离心阶段的峰值每搏输出量要么明显高于静息值，要么接近静息值，而峰值心输出量明显大于静息值。因此，一般来说，不管是否有瓦氏动作，膝伸练习的离心阶段的峰值每搏输出量和心输出量一般都高于向心阶段。

在分别以 1RM 的 50%、80% 和 100% 执行至力竭的深蹲练习中，离心和向心重复阶段的峰值每搏输出量和心输出量反应也不相同（Falkel et al., 1992）。在离心阶段，峰值每搏输出量高于静息值（以 1RM 的 50% 和 100% 执行练习），但差异并不总是如此显著，或者明显低于静息值（以 1RM 的 80% 执行练习）。所有组数的向心阶段的峰值每搏输出量都明显低于静息值。所有组数的离心阶段的峰值心输出量都明显高于静息值，并且在所有组数的向心阶段，该值都高于静息值，但差异并不总是如此显著。因此，和膝伸练习一样，在深蹲练习中，离心阶段的峰值每搏输出量和心输出量都高于向心阶段。

心率在重复的向心和离心阶段中没有显著差异（Falkel et al., 1992；MacDougall et al., 1985；Miles et al., 1987）。如前所述，重复的离心阶段的每搏输出量明显高

于向心阶段。因此，离心阶段的心输出量更高主要是由于该阶段的每搏输出量更高。

无论是主要肌群练习（如深蹲）还是次要肌群练习（如膝伸），普遍的模式都是离心阶段的峰值每搏输出量和心输出量高于向心阶段。向心阶段的每搏输出量通常低于静息值，而离心阶段的每搏输出量通常高于静息值。无论是主要肌群练习还是次要肌群练习，离心阶段的心输出量都高于静息值。不过，主要肌群的向心阶段的输出量也可能高于静息值，但是在次要肌群练习中可能高于也可能低于静息值。

## 升压反应的机制

在抗阻训练中，有几个因素可能影响血压的升高或升压反应。在抗阻训练的离心和向心阶段，心输出量都可能高于静息值（Falkel et al., 1992），从而使抗阻训练期间血压升高。

在抗阻训练期间，胸腔或腹腔压力的增加可能会影响升压反应（Fleck, 1988）。在抗阻训练期间，胸腔压力会增加（Falkel et al., 1992；MacDougall et al., 1985；Sale et al., 1994），特别是在执行瓦氏动作时。胸腔压力的增加可能会最终导致通过静脉回流到心脏的血液量减少，从而让心输出量下降。在抗阻训练期间，间接测量瓦氏动作（口腔压力）和胸腔压力表明，与胸腔压力小的人相比，胸腔压力越大的人的心输出量和每搏输出量越少（Falkel et al., 1992）。胸腔压力的增加可能会限制静脉血回流和心输出量，但同时也可能导致全身的循环血液聚积，从而导致血压升高。在抗阻训练中，心输出量和每搏输出量可能高于静息值。对于抗阻训练期间发

生的心输出量和每搏输出量升高，据推测可能是由于胸腔压力的增大导致血压升高和肌肉泵作用增强，从而解决了静脉血回流减少的问题。

胸腔压力增加可能对脑血管有保护作用，这类似于咳嗽或紧张时胸腔压力会增大（Hamilton et al., 1943）。胸腔的任何压力增加都会传递到脑脊液，因为它位于椎间孔中。这减少了脑血管壁的压力，保护它们免受血压升高带来的伤害（MacDougall et al., 1985）。

在抗阻训练期间，肌内压力的增加会让总外周阻力增加且让血流闭塞。在静态的人类肌肉活动中，曾经测量出相当高的肌内压力（92 帕）（Edwards et al., 1972）。虽然肌肉内的变化相当多，但是以 1RM 的 40%~60% 进行的静态动作会让血流闭塞（Bonde-Peterson et al., 1975；Sadamoto, Bonde-Peterson and Suzuki, 1983）。根据有关报告，向心阶段的血压高于离心阶段，最可能的原因是在肌肉动作期间肌内压力增加（Miles et al., 1987），而且这可能是执行重复至接近力竭时血压达到最高值的原因（Gotshall et al., 1999）。

在抗阻训练期间血压的升高可能有助于保持灌注压，从而有助于维持血液的流动，即使在肌内压力增大的情况下也是如此（MacDougall et al., 1985），至少对人类的小肌群而言是这样的（Wright et al., 2000）。通过执行有节奏的等长肌肉动作让拇指肌肉（拇内收肌）疲劳，收缩膝伸肌会让血压上升。血压每升高 10%，就有 18% 因小肌群疲劳而损失的等长力量得到恢复。收缩力量的恢复可能与肌灌注压的

上升有关。然而，尚不清楚这种机制对较大肌群的适用性或影响程度。

在等长训练期间，随着等长肌肉动作持续时间的增加和逐渐接近力竭，血压将不断升高。虽然等长训练没有向心和离心阶段，但研究心血管对等长训练的反应确实为传统的抗阻训练的反应提供了一些深入的见解。在膝伸等长训练（1RM 的 30%）中，平均心率明显升高，而且平均每搏输出量明显减少（Rowland and Fernhall, 2007）。即使平均动脉阻力增加了，也会使心输出量小幅增加。这表明心输出量增加不是血压升高的主要原因，血压升高的原因是血管阻力增加，而这又很可能是肌内压力增加阻碍活跃肌肉组织的血液流动造成的。由此引发的血压升高所引起的每搏输出量下降可能比显示的幅度还大。由于血压升高而减少的每搏输出量小于预期可能与心肌收缩力的增加有关，这会使射血分数保持稳定或上升。

在上半身执行等长肌肉动作期间，心率、收缩压、射血分数和每搏输出量均增加（Adler et al., 2008）。尽管收缩压升高，每搏输出量仍然增加，这表明心肌收缩力增加了，射血分数的增加也证明了这一点。每搏输出量的增加也是由于舒张末期容积的增加和收缩末期容积的减少（Adler et al., 2008）。尽管等长训练没有向心和离心阶段，但这些结果表明，在传统的抗阻训练中，心肌收缩力增加有助于维持甚至增加每搏输出量和心输出量。

在等长训练期间，不活跃肌肉的血流没有增加（Rowland and Fernhall, 2007）。这表明血管收缩发生在不活跃的肌肉组织

中，将限制血液流向不活跃组织，而且可能进一步使血压升高而不是使血管舒张，从而将使血压降低。因此，即使在不活跃的肌肉组织中，血管舒张也倾向于降低血压，但是它似乎没有发生在等长运动中。这表明，在传统的抗阻训练中，即使它会降低血压，不活跃组织也不会发生血管舒张。在主要肌群练习（如深蹲和硬拉）中，不活跃组织的舒张作用对降低血压的适用性尤其值得商榷，因为在训练中大部分肌肉都是不活跃的。

总之，在传统的抗阻训练中，升压反应主要是由于血管阻力增加，而血管阻力增加又是因为肌内压力增加导致血管受压。如果在抗阻训练期间每搏输出量和心输出量增加，那么升压反应也会加剧。在抗阻训练期间，每搏输出量不变或增加是心肌收缩力增加所致。

### 低血压反应

在身体活动了一会儿之后，可能发生收缩压或舒张压（或两者）与静息值相比显著降低的现象，这被称为运动后低血压。对于是否将降低长期静息血压作为训练目标，这种急性反应可能是重要的考虑事项。抗阻训练可能使低血压反应在运动后持续60分钟（de Salles et al., 2010；Ruiz, Simão et al., 2011；Scher et al., 2011；Simão et al., 2005）至24小时（Queiroz et al., 2009）。抗阻训练也可使训练刚结束时的血压没有明显的变化或血压略微上升（De Van et al., 2005；Focht and Koltyn, 1999；O'Connor et al., 1993；Roltsch et al., 2001）。同样重要的是，要注意低血压反应也可能发生在高

血压人群中，而且可能更剧烈（Hardy and Tucker, 1998；Melo et al., 2006）。如果反应明显，训练后低血压反应与心输出量、血管阻力和副交感神经活动之间的相互作用有关。

目前已经对影响训练后低血压反应的各种抗阻训练变量进行了研究，但这方面仍然需要进一步研究。以循环或组数重复的方式执行抗阻训练确实会引发训练后低血压反应（Simão et al., 2005）。提高抗阻训练的强度可能延长训练后低血压反应的持续时间，但不会提高反应的剧烈程度（Simão et al., 2005）。以1RM的不同百分比执行练习时，没有发现训练后出现低血压反应和差异（Focht and Koltyn, 1998）。提高训练量（增加练习的组数）对训练后低血压反应没有影响或影响甚微（Simão et al., 2005），尽管训练量差异很小（每个练习做5组对比做6组）。产生训练后低血压反应的急性训练变量的临界值，仍有待进一步研究。

产生抗阻训练后低血压反应的机制还不明确。和有氧运动一样，训练后的低血压反应与血管阻力的减小有关，但这种阻力减小的原因尚不清楚。有氧训练后出现低血压反应的原因不太可能是体温调节或血量变化。在有氧训练之后，交感神经活动会减少或没有变化（MacDonald, 2002）。抗阻训练后低血压反应的原因仍需要进一步研究。

## 训练期间的慢性心血管适应

传统的心血管训练会引发适应（如活动期间心率和血压下降），从而可以以更

低的心血管压力进行身体活动。抗阻训练可以引发类似的反应（见表3.10）。

## 心率和血压

横向研究数据表明，在抗阻训练和其他训练中，抗阻训练可以降低心血管压力。与久坐不动的实验对象和男性抗阻训练新手（接受6~9个月的训练）相比，在分别以1RM的50%、70%、80%、90%和100%执行组数至随意向心力竭时，男性健美运动员的最大动脉内收缩压和舒张压以及最大心率都更低（Fleck and Dean，1987）。健美运动员比其他实验对象更强壮，因此他们不仅在相同的相对训练负荷下升压反应较小，而且在更大的绝对重量训练负荷下也是如此。在相同的绝对训练强度下进行手臂肌力测试时，健美运动员的心率（非血压）低于医学院学生（Colliander and Tesch，1988）。此外，在抗阻训练期间，使用相同的相对训练负荷（1RM的百分比）时，健美运动员的心率低于力量举运动员（Falkel et al.，1992）。这表明在抗阻训练和其他训练中，高训练量的训练方案可能对升压反应有最大的影响。健美运动员表现出较小的升压反应，

部分原因可能是他们在执行抗阻训练时做瓦氏动作的强度小于力量举运动员（Falkel et al.，1992）。在上半身等长活动期间（最大力量的50%），与久坐不动的人相比，国家队举重运动员的心率明显更低，但是其收缩压和舒张压与前者相似（Adler et al.，2008）。

短期（12~16周）训练也会在训练过程中引发心血管适应。在自行车肌力测试、跑步机跑步和手持重物在跑步机上快走时，心率和血压确实会下降（Blessing et al.，1987；Goldberg et al.，1994）。短期训练研究还表明，在等长肌肉动作期间，血压和心率反应会显著减弱（Goldberg et al.，1994），而且在以相同的绝对阻力进行动态抗阻训练期间，年轻成年人（Sale et al.，1994）和66岁的成年人的血压和心率反应也会显著减弱。然而，经过19周的训练后，以相同的相对阻力进行训练时，收缩压和舒张压反应可能不变甚至增强（Sale et al.，1994）。重要的是，在训练之后相同的相对阻力（1RM的百分比）将是更大的绝对阻力。在19周训练之后，在相同的相对阻力下所有组数中的最大心率趋向于

**表3.10** 训练期间的慢性心血管适应

| 适应项目 | 绝对训练负荷[*] | 相对训练负荷[*] |
| --- | --- | --- |
| 心率 | 下降 | 无变化 |
| 血压<br>收缩压<br>舒张压 | <br>下降<br>下降 | <br>无变化或下降或上升<br>无变化或下降或上升 |
| 每搏输出量 | 增加 | ? |
| 心输出量 | 增加 | ? |
| 峰值耗氧量 | 增加 | ? |

[*] 表示最小值和相互矛盾的值；? 表示未知。

升高，在相同的绝对阻力下则趋向于降低，但是没有那么明显。纵向信息表明，抗阻训练可以抑制各种身体活动中的升压反应。横向和纵向信息都表明，抗阻训练可以抑制各种身体活动期间的心率和血压反应。

## 每搏输出量和心输出量

根据观察，在抗阻训练刚结束时，举重运动员的心输出量增加至30升/分，每搏输出量增加至200毫升，而未受过训练的人没有明显的变化（Vorobyev，1988）。在上半身的等长肌肉动作（最大力量的50%）中，国家队举重运动员的每搏输出量明显高于久坐不动者（Adler et al.，2008）。举重运动员的每搏输出量增加是由于舒张末期心室容积明显增大，而收缩末期心室容积减小，因而与久坐不动的实验对象相比，他们的射血分数明显更高。

采用不同类型的抗阻方案的运动员的反应可能不同。以不同的1RM百分比（50%、80%和100%）进行膝伸和深蹲练习时，健美运动员的峰值每搏输出量和心输出量明显高于举重运动员（Falkel et al.，1992）。在这两项练习的向心和离心阶段，健美运动员的心输出量和每搏输出量增长都很明显，这可能是瓦氏动作受限的结果，从而导致引起胸腔压力变小。在大多数深蹲和膝伸练习的组数中，健美运动员的最大心率高于力量举运动员。这表明每搏输出量和心率的增加使健美运动员的心输出量增加了。因此，抗阻训练方案的类型可能会影响各种适应的程度，而适应能够增强活动期间保持心输出量的能力。

短期训练可能会影响瓦氏动作的强度（Sale et al.，1994）。在19周抗阻训练之后，实验对象以相同的相对阻力（1RM的百分比）进行训练时食道压力不变。然而，在相同的绝对阻力下（在训练之后降至更低的1RM百分比），在每组的前几次重复中食道压力降低了。这表明，在抗阻训练之后，以相同的绝对阻力执行一组练习的前几次重复时，进行瓦氏动作的强度下降了。与训练前相比，进行瓦氏动作的力量的减少可能允许每搏输出量和心输出量增加。在每组练习的最后几次重复中，食道压力不受训练的影响，因此与训练前相比，每搏输出量或心输出量没有改变。这表明在一组练习的不同重复次数中，瓦氏动作的强度是不一样的，因此其对胸腔压力、静脉回流和心输出量有不同的影响。

横向和纵向研究数据表明，与未受过训练的人相比，受过抗阻训练的人在抗阻训练期间的每搏输出量和心输出量可能增加。长期抗阻训练引起的所有每搏输出量和心输出量变化都可能与训练后瓦氏动作强度的降低以及训练类型有关。

## 峰值耗氧量

跑步机或自行车肌力测试的峰值耗氧量被认为是评价心血管健康状况的标志。

竞技奥林匹克举重运动员、力量举运动员和健美运动员的相对峰值耗氧量［毫升/（千克·分）］为41~55毫升/（千克·分）（Fleck，2003；George et al.，1995；Kraemer et al.，1988；Saltin Astrand，1967）。这一数值与平均相对峰值耗氧量持平或略高于后者。这个宽广的范围表明，抗阻训练可能提高相对峰值耗氧量，但是并非所有训练方案都能带来这样的结果。

可以通过分析短期训练研究来深入了解使峰值耗氧量增加最多的训练方案。使用大阻力、每组重复次数很少、休息时间很长的传统高强度抗阻训练对峰值耗氧量没有影响或只能使其少量增加（Fahey and Brown，1973；Gettman and Pollock，1981；Keeler et al.，2001；Lee et al.，1990）。为期 7 周的奥林匹克举重训练方案可以使绝对峰值耗氧量（升 / 分）（9%）和相对于体重的峰值耗氧量（8%）得到中等程度的增长（Stone et al.，1983）。训练的前 5 周每个练习执行 3~5 组、每组 10 次重复，组间和练习间的休息时间为 3.5~4 分钟，每天训练 2 次，每周训练 3 天。垂直纵跳练习每周执行 2 天，每天执行 5 组、每组 10 次重复。峰值耗氧量的增加大部分发生在训练方案的前 5 周。除非每个练习执行 3 组、每组 5 次重复，否则接下来 2 周的训练与前 5 周相同。前 2 周的训练没有使峰值耗氧量进一步增加。结果表明，在抗阻训练中更高的训练量是使峰值耗氧量增加的必要条件。然而，必须谨慎看待这个结论，因为如果在总训练方案中加入垂直纵跳练习，而且高训练量训练方案之后是低训练量训练方案，此时更容易发生适应。

循环抗阻训练的每组练习一般包含 12~15 次重复，阻力大小为 1RM 的 40%~60%，练习间和组间休息 15~30 秒。这种类型的训练会使峰值耗氧量增加 10%~18%（见第 6 章的"循环训练体系"）。

要想通过健身训练引发峰值耗氧量的变化，心率水平必须保持在最大值的 60% 并持续至少 20 分钟。在循环抗阻训练中，运动心率和总新陈代谢明显高于更加传统的训练方案。这可能在一定程度上解释了为什么循环抗阻训练能够使峰值耗氧量明显增加，而更加传统的高强度抗阻训练不能带来或者只能带来少量的峰值耗氧量增长。此外，在传统的高强度抗阻训练方案中，相对较长的休息时间会让心率下降到能够带来较大峰值耗氧量增长的最高值的 60% 以下。旨在提升峰值耗氧量的举重训练方案的训练量应该更高，而且练习间和组间应设置更短的休息时间。

抗阻训练引起的峰值耗氧量的增加，可能明显低于传统的耐力训练带来的峰值耗氧量增加的 15%~20%，包括跑步、骑车和游泳。如果训练的主要目标是让峰值耗氧量明显增加，则需要加入某种形式的有氧训练。在进行抗阻训练时，使峰值耗氧量明显增加的有氧训练量是最小的（Nakao et al.，1995）。只要每周进行一次 3.2 千米的有氧跑步训练，接受过适度训练的实验对象的相对峰值耗氧量就会出现很少但有统计学意义的提升［3~4 毫升 /（千克·分）］。在同一训练期间内只进行抗阻训练的实验对象的相对峰值耗氧量会出现小幅但有统计学意义的下降。对抗阻训练者而言，无论他们是否跑步，其最大力量增长并无差异。

最后，抗阻训练会引发影响心血管系统的升压反应。长期进行抗阻训练可使心血管系统在静息和身体活动期间产生积极适应。

# 小结

  抗阻训练会引发许多特定于训练方案设计的生理适应。被募集的肌肉质量是确定需要多少生理系统参与以维持体内平衡和支持肌肉活动的局部和总体标志。反过来，参与抗阻训练的生理系统会产生适应，从而减少生理压力并提升运动能力。关键变量，如训练量和训练强度，将影响适应的程度。第4章将研究如何将各个组成部分纳入全面体能训练方案中。

## 选读材料

Carroll, T.J., Selvanayagam, V.S., Riek, S., and Semmler, J.G.2011.Neural adaptations to strength training:Moving beyond transcranial magnetic stimulation and reflex studies. *Acta Physiologica*（Oxford）202:119-140.

Fleck, S.J.1988.Cardiovascular adaptations to resistance training. *Medicine & Science in Sports & Exercise* 20:S146- S151.

Fleck, S.J.2002.Cardiovascular responses to strength training. *Strength & power in sport*, edited by P.V.Komi.Oxford:Blackwell Science.

Hodson-Tole, E.F., and Wakeling, J.M.2009. Motor unit recruitment for dynamic tasks:Current understanding and future directions.*Journal of Comparative Physiol- ogy B:Biochemical, Systemic, and Environmental Physiology* 179:57-66.

Kraemer, W.J., Nindl, B.C., Volek, J.S., Marx, J.O., Gotshalk, L.A, Bush, J.A., Welsch, J.R., Vingren, J.L., Spiering, B.A., Fragala, M.S., Hatfield, D.L., Ho, J.Y., Maresh, C.M., Mastro, A.M., and Hymer, W.C.2008. Influence of oral contraceptive use on growth hormone in vivo bioactivity following resistance exercise:Responses of molecular mass variants.*Growth Hormone and IGF Research* 18:238-244.

Kraemer, W.J., and Ratamess, N.A.2005. Hormonal responses and adaptations to resistance exercise and training.*Sports Medicine* 35:339-361.

Kraemer, W.J., and Rogol, A.D.（eds.）.2005. *The endocrine system in sports and exercise.* Blackwell Publishing Ltd, Malden, MA.

Pette, D., and Staron, R.S.2001.Transitions of muscle fiber phenotypic profiles.*Histochemistry and Cell Biology* 115:359-372.

Rennie, M.J.2001.How muscles know how to adapt. *Journal of Physiology* 535:1.

Russel, B., Motlagh, D., and Ashley, W.W. 2000.Form fol lows function:How muscle shape is regulated by work.*Journal of Applied Physiology* 88:1127-1132.

Schoenfeld, B.J.2010.The mechanisms of muscle hypertro phy and their application to resistance training. *Journal of Strength and Conditioning Research* 24:2857-2872.

Spence, A.L., Carter, H.H., Murray, C.P., Oxborough, D., Naylor, L.H., George, K.P., and Green, D.J.2013.Magnetic resonance imaging–derived right ventricular adaptations to endurance versus resistance training.*Medicine & Science in Sports & Exercise* 45:534-541.

Staron, R.S., and Hikida, R.S.2001.Muscular responses to exercise and training.In *Exercise and sport science*, edited by W. E. Garrett Jr. and D.T. Kirkendall.Philadelphia:Lippincott Williams & Wilkins.

Sueck, G.C., and Regnier, M. 2001.Plasticity in skeletal, cardiac, and smooth muscle.Invited review:Plasticity and energetic demands of contraction in skeletal and cardiac muscle.*Journal of Applied Physiology* 90:1158-1164.

Timmons, J.A.2011.Variability in training-induced skeletal muscle adaptation.*Journal of*

*Applied Physiology* 110:846-853.

Toigo, M., and Boutellier, U. 2006.New fundamental resistance exercise determinants of molecular and cellular muscle adaptations. *European Journal of Applied Physiology* 97:643-663.

**4**

# 整合其他健康元素

---

**学习完本章后，你应该能够完成以下内容。**

1. 讨论同步训练的好处和坏处及其对特定人群的不同影响。
2. 解释同步训练背后的生理机制。
3. 解释不同种类的心血管耐力训练。
4. 讨论关于确定心血管耐力训练以及将它们与计划制定相关联的方法。
5. 演示不同种类的拉伸。
6. 理解柔韧性和拉伸是如何影响运动能力的。

---

在将不同的元素整合到一个全面体能训练方案中之前，需要仔细审查训练优先级，还需要考虑不同练习模式对健康或者运动能力目标的关系的兼容性。时间选择、顺序以及方案的侧重点也将影响对计划目标的适应和达成。因此，一个个性化的练习模式对创建一个成功的全面体能训练方案很关键。此外，在当今的健康和运动体能界，参与者的安全也是至关重要的。

抗阻训练只是体能训练的一种形式，并且它必须被整合到一个全面体能训练方案中。可以定制一系列的训练方案来满足个人的训练需求。此外，专项训练需要被纳入整体方案中，成为全面体能训练方案的一个部分。一个全面体能训练方案应包含以下所有或任一元素。

- 柔韧性训练。
- 心肺耐力训练。
- 快速伸缩复合训练。
- 力量和爆发力训练。
- 无氧耐力和速度训练。
- 局部肌耐力训练。

可以对一个抗阻训练计划进行周期化以将其分成不同方式，并将不同方面整合成一个以年为训练周期的总计划。

本章将阐述与被整合到全面体能训练方案中的抗阻训练方案有关的重要概念。对整合过程至关重要的是练习的兼容性，即两种类型的练习对彼此的适应产生正面还是负面影响。训练目标可以根据训练周期而改变，原因可能是训练者有不同的身体需求（如赛季中、休赛期），或者该训练者处于运动生涯的不同位置。训练目标的改变要求改变当年或在运动生涯的特定时间使用的周期模型。

# 训练方案兼容性

很少有抗阻训练不需要与其他类型的体能训练结合进行。我们目前所指的多种训练方案类型主要包括同步运用抗阻训练和心肺耐力训练的方案。从生理学上讲，此二者似乎是最不可思议的对抗组合，因为这两种训练的结果的性质截然不同，分别是高力量与高耐力。尽管如此，本节要讲述的主要内容是，训练方案的兼容性取决于诸多因素。

多种训练方案相结合的兼容性与生理机制相关，生理机制影响人对各项练习的适应，同时也决定着它们能否促进适应向相同的方向发展。例如，提高肌纤维氧化耐力的生理机制与改善氧气输送和消耗有关。在这个过程中，肌纤维可能不会变粗，反而会变细，以延长输送氧气的距离。相反，在进行高强度抗阻训练的情况下，合成代谢信号会导致肌纤维变粗，与耐力训练恰恰相反。以上就是两种生理刺激因素在不同原因下试图向相反方向改变肌纤维大小的一个例子。这种不兼容发生在被要求执行两种训练模式的运动单位中。

训练方案不兼容可能涉及多项问题。例如，当全面训练方案中包含多个方案时，

这会对力、爆发力或心肺耐力有什么影响？或者，学员应如何在适应不受限的情况下同步进行抗阻和耐力练习？如何在特定的周期内进行不同强度的训练，以及如何确定不同训练模式的优先级？在训练周期内可以去除某种类型的训练吗？因此，了解训练方案兼容性对实现提升力量和爆发力以及心肺耐力的训练目标并制定实施方案是至关重要的。

训练适应性是特定于所施加的训练刺激而言的，这似乎是检验多种训练方案兼容性的重要因素。兼容性研究通常将实验对象分3个训练小组。例如，为了研究抗阻训练和耐力训练的兼容性，研究人员将受试者分为3组：一组做抗阻训练，一组做耐力训练，另一组两项都进行。我们所指的训练方案兼容性主要指有氧耐力和抗阻训练方案的同步运用，下面这一小节将探讨这一问题。

## 同步进行抗阻和耐力训练

考察同步进行抗阻和耐力训练的研究得出了以下一般性结论（Aagaard and Andersen，2010；Chromiak and Mulvaney，1990；Dudley and Fleck，1987；García-Pallarés and Izquierdo，2011；Kraemer et al.，1995；Nader，2006；Wilson et al.，2012）。

- 高强度的耐力训练可能会对抗阻训练产生影响，特别是在肌肉高速收缩时。
- 爆发力受到的抗阻和耐力训练的影响可能最大。

- 高强度耐力训练可能会对短期无氧运动能力产生不良影响。
- 峰值耗氧量的变化不受高强度抗阻训练的影响。
- 抗阻训练不会对耐力提升产生不良影响。
- 力和爆发力训练项目可以通过预防损伤、提高乳酸阈值和缩短跑步时的触地时间来提高耐力。

但是，是否发生不兼容可能取决于训练的状态，两种训练的强度、训练量及频率，以及两种类型的训练是不是在同一天进行的。下面的内容将对这些因素进行探讨。

1980年，针对提升心肺耐力和最大力量的同步训练方案的兼容性成为一个重要的研究课题。在10周的同步训练中，在第9周和第10周的训练过程中可观察到最大力量的增幅有所下降（Hickson，1980）。因此，研究结论是高强度的有氧训练可能会对最大力量的提升产生不良影响。关于训练方案兼容性的研究从当时便开始了，一直延续至今。

由于要经过几周的同步训练才能看出爆发力或力的损失，因此许多科学家认为这种情况可能是过度训练导致的。虽然最大力的增长减缓，但隔天进行抗阻和耐力训练时，有氧能力没有受到同步训练的影响（Hickson，1980）。因此，可以再次观察到，在进行高强度的间歇训练和高强度的等速训练时，同步训练对耗氧量的影响不明显。但是，运动速度更快（160~278度/秒）的等速力矩训练者无法获得与仅进行抗阻训练的训练者相同的收益（Dudley and Djamil，1985）。注意，等速力矩在运动速度较慢时受到的同步训练的影响较小。

有人认为，减少每周的训练天数、降低强度就可以缓解兼容性问题（Hunter et al.，1987）。然而，对刚开始训练的人来说，无论是采用为期12周、每周练4天、每天只练3组10RM的训练方案，还是在75%心率储备下，每周练4天，每天增加40分钟的耐力跑步方案，卧推和深蹲1RM都会受到影响。同样，同步训练方案不会给最大耗氧量带来不良影响。有趣的是，以往受过耐力训练的训练者并没有像初学者一样在进行同步训练时力量受到负面影响。这表明，有氧运动能力可以影响最大力量损失程度（Hunter et al.，1987），如果继续降低训练频率，则可能有助于降低训练方案的不兼容性。年轻女性每周只训练2天，持续11周，未出现抗阻或耐力训练方案不兼容的情况（Silva et al.，2012）。无论在持续的耐力训练还是间歇训练方案当中，都没有观察到最大力量受到影响。因此，较低的训练频率可以提供更多的缓冲，从而降低初学者遇到的训练方案不兼容性。

与短期训练方案不同，较长时间（每周4天，持续20周）的同步训练方案显示，与仅对训练有关的人进行耐力训练相比，最大耗氧量的增加速度在训练方案执行的后期明显降低（Nelson et al.，1990）。这表明，耐力的提升过程中可能多少也有些不兼容性问题。21周的同步训练显示，较低的训练频率（每种模式每周两次）可以使未受过训练的男性的最大等长肌力和最大耗氧量得到改善（Mikkola et al.，2012）。然而，同步训练会使得力的产生速率或爆发力受到影响。

每种训练模式交替进行，每种训练模式每周训练 3 天（一周花费 6 天时间训练）的初学者，可能会面临训练量过大或者恢复时间太少的情况。因此，在一天中同时用两种模式训练可以使整个星期的休息时间变长。但有人认为，一天同时进行两种训练模式也可能会对最大力量增长造成负面影响（Sale et al., 1990 年）。然而，在同一天进行两种训练项目时，将强度较低的训练方案和一种训练频率较低的训练方案相结合可能会更有效。该结论是通过将同步训练组（每周训练 3 天，5~7RM，8 次抗阻训练，以及持续 10 周的在 70% 心率储备下的 50 分钟有氧自行车训练）和进行与同步训练组相同项目的仅进行抗阻训练的训练组以及仅进行有氧训练的训练组相比较得出的（McCarthy et al., 1995）。与单一训练组相比，同步训练组的训练者的 1RM 爆发力和有氧能力也有所提高。

训练背景和训练频率仍然是决定同步训练方案兼容性的潜在变量。由此可以看出，在未受过训练的男性和女性中，高强度的间歇训练会减小最大力量增幅，但不会影响最高耗氧量。具有耐力训练经验的人则有所不同：他们的最大力量增长可能不会受到影响，但其耐力增长可能会遭遇瓶颈。初学者最适合每周训练 3 天，并设置合理的训练强度，因为初学者可能需要更多的休息时间。但在同步训练中，实现爆发力的增长可能需要花费更长的时间。

## 针对专业运动员的同步训练

与未经训练或只经过基础训练的人相比，专业运动员进行同步训练所受的影响仍需要进一步探究。大多数专业运动员都会选择包含爆发力和抗阻以及心肺耐力的训练方案来满足其运动需求（见图 4.1）。在进行同步训练的初期，运动员确实能够呈现出心肺状态方面的优势，因为具备有氧训练背景的人能够从训练中获得更大的力量收益（Hunter et al., 1987）。但在 Wingate 测试中，受过高级有氧训练的士兵在每周训练 4 天且每天同时运用 2 种训练方式的情况下，其抗阻训练的效果却受到了影响（Kraemer et al., 1995）。

图 4.1　在需要高水平的爆发力、力量和心肺耐力的运动员中，同步训练的效果是一种较少被研究的现象，因此需要特别注意其训练和测试结果，以确定运动员的运动能力下降是否与练习兼容性有关

图片由 UConn Athletics 提供。

盖尔式运动协会和英式橄榄球队的精英级运动员针对同步训练存在的问题展开了为期 8 周的训练（Hennessy and Watson，1994）。同步训练组每周锻炼 5 天，耐力有所提高，但其下肢爆发力、力量或速度没有变化。耐力训练组的爆发力、力量和速度没有变化，耐力有所增强。最终，爆发力训练组如预期的那样在保持耐力水平的同时，爆发力和力量均有所增强。因此，在运动员的短期训练周期中，必须注意优先考虑训练目标，因为影响爆发力和力量增长的因素是存在的，并且存在一定的特定性。运动体能训练及专项训练会影响运动员在各项运动中的同步训练（见信息栏 4.1）。

针对不熟悉抗阻训练的优秀足球运动员，在 8 周内每周进行 2 次最大心率为 90%~95% 的间歇有氧训练和具有最大阻力的半蹲抗阻训练（每次 4 组、每组重复 4 次）（Helgerud et al.，2011）。在训练周期内，他们的力量、爆发力和 10 米冲刺用时以及最大耗氧量都有所改善。采用较低的训练频率（每周 2 天）配合常规的训练可以消除训练周期内任何类型的不兼容性。

采用较小的阻力和较低强度的有氧训练不会使运动员面临很大的兼容性问题。训练有素的大学女子足球运动员和排球运

---

**? 信息栏 4.1　实际问题**

## 兼容性问题是否存在于正常的专项训练和体能训练中

它是存在的，特别是当训练量急剧增加以致影响休赛期训练方案带来的运动能力提升的时候。这种情况发生在休赛期和春季练习赛时的美国大学生体育协会一级联赛的美式橄榄球运动员中（Moore and Fry，2007）。

对于美式橄榄球运动员来说，全年的训练分为若干阶段（如秋季赛季中、冬季休赛期、春季练习赛和夏季赛季前）。从冬季休赛期的训练方案开始，球员在冬季第 1 个月的训练中只进行一个线性周期化的高强度抗阻训练。在第 2 个月里，抗阻训练方案中会增加一项高训练量的体能训练项目（如短跑、敏捷训练等）。第 3 个月将进行 15 场春季美式橄榄球练习赛。第 1 个月后，所有的 1RM 力量测试结果均有改善。然后，在进行高强度抗阻训练和体能训练的第 2 个月之后，最大深蹲和高翻 1RM 水平降低，恢复到一个月前的水平。到 15 场练习赛结束时，连卧推 1RM 都回到了一个月前的水平。在第 1 个月之后，他们的速度、敏捷性及垂直纵跳能力都有所改善，并在接下来的训练中保持不变。

据推测，在大幅度减小抗阻训练量的同时，专注于保持强度，可能是在体能训练和专项训练同时进行时，消除力量与爆发力损失的合理方法。此外，正如研究中指出的，抗阻和体能与运动专项教练之间需要进行更多的沟通。当训练周期内的总训练量显著增加时，则需要进行方案修改及严密监测。

参考文献：
Moore, C.A., and Fry, A.C. 2007. Nonfunctional overreaching during off-season training for skill position players in collegiate American football. *Journal of Strength and Conditioning Research* 21: 793–800.

动员在为期 11 周的训练方案中每周训练 3 天，结果显示其在爆发力和耐力增长上没有不兼容的现象（Davis et al., 2008）。这项研究采用了两种适应方法，分别是连续法和整合法。每种方法都设置相同的训练强度。连续法为依次进行热身、抗阻训练，然后按照 60%~84%（平均 65%）的心率储备进行 30 分钟的耐力训练。整合法是先进行热身，然后使训练者以 50% 的 1RM 进行相同的 9 次抗阻练习，一共 3 组，每组 8~12 次。但在每次抗阻练习之前，每名训练者都要再次进行 30~60 秒的剧烈有氧运动，心率储备为 60%~84%（平均为 65%）。这两种训练法都能增强力量和耐力，但与连续法相比，整合法带来的力量和耐力的提高更显著且使脂肪出现了更大幅度的减少。因此，使用强度较为温和的训练方案可以最大限度地降低不兼容性。这项研究表明，同步训练的不兼容性可能取决于诸多因素，如训练状况、爆发力和训练量（见表 4.1）。

在针对兼容性的问题进行研究时，研究者们采用了多种训练方案。根据抗阻与耐力训练方案的设计，爆发力和力量的训练适应可能会受到影响（Hennessy and Watson, 1994；Kraemer et al., 1995；Nelson et al., 1990），也可能不受影响（Bell et al., 1991；Hortobagyi et al., 1991；McCarthy et al., 1995；Sale et al., 1990），但对于未受过训练的人，其耐力通常不会受到影响。对于运动员来说，是否产生兼容性问题这一点较为模糊，并且运动员（如精英级英式橄榄球运动员）的体能、爆发力、速度及有氧能力的增强可能会使体能有所改善（Hennessy and Watson, 1994）。尽管女性采用低强度训练方案的结果没有显示出不兼容性，但在整个训练周期内，可能需要增加的强度来强化特定的训练结果（Davis et al., 2008）。

此外，元分析已被纳入训练方案兼容性的研究当中（Wilson et al., 2012）。该

**表 4.1　同步训练针对不同群体的作用的典型案例分析**

| 研究人员 | 研究对象 | 训练方案 | 研究结果 |
|---|---|---|---|
| Hickson, 1980 | 17 M，6 W<br>RT：22 岁（7 M，1 W）<br>ET：25 岁（5 M，3 W）<br>ER：26 岁（5 M，2 W）<br>部分训练者状况良好，但未定期进行训练（在训练方案实施前大约 3 个月） | 训练周期：10 周<br>RT：3 天 / 周，以 1RM 的 80% 执行；休息 3 分钟（深蹲 5×5，膝屈 3×5，膝伸 3×5）；2 天 / 周（腿蹬举 3×5，提踵 3×20）<br>ET：6 天 / 周<br>间隔：3 天 / 周；在自行车测功计上设定 6 个 5 分钟的间隔，采用最大耗氧量强度；休息 2 分钟<br>连续：跑步机，隔日进行（第 1 周为 30 分 / 天，第 2 周为 35 分 / 天，第 3 周及以后为 40 分 / 天）<br>ER：与 RT 和 ET 相同（训练中休息 2 小时，先 RT，后 ET） | STR<br>RT（+44%）；ET（不变）；ER.（+25%）<br>最大耗氧量：骑车——RT（+4%）；ET（+23%）；ER（+18%）<br>跑步机——RT（不变）；ET（+17%）；ER（+17%）<br>BF%<br>RT（-0.8%）；ET（-3.6%）；ER（-2.3%） |

| 研究人员 | 研究对象 | 训练方案 | 研究结果 |
|---|---|---|---|
| Kraemer, Patton et al., 1995 | 35 M 士兵<br>RT: 24.3 ± 5.1 岁（$n=9$）<br>ET: 21.4 ± 4.1 岁（$n=8$）<br>ER: 共 18<br>U/L: 23.3 ± 3.6 岁（$n=9$）<br>仅 U: 22.9 ± 5.0 岁（$n=9$）<br>控制训练: 22.4 ± 4.2 岁（$n=5$）<br>标准的军事训练<br>方案: 3×/wk，约 2 岁 | 训练周期: 12 周<br>RT: 肌肥大（2 天 / 周；休息 1 分钟）<br>U: BP 和飞鸟动作（3×10），肩推和直立划船（2×10），高位下拉和坐式划船（3×10），弯举（3×10），仰卧起坐（2×25）<br>L: 箭步蹲（3×10），单腿膝伸（3×10），腿弯举（3×10），提踵（3×15），抗阻训练（2 天 / 周；休息 2~3 分钟）<br>U: BP（5×5），硬推（5×5），弯举（5×5）高位下拉（5×5），腹斜肌训练（5×5），仰卧起坐（5×5）<br>L: 硬拉（4×6），腿蹬举（5×5），双膝伸展（5×5），提踵（3×10）<br>ET<br>连续: 2 天 / 周；以最大耗氧量的 80%~85% 强度执行 40 分钟最远距离<br>间歇: 2 天 / 周，以大于最大耗氧量的 95% 的强度执行 200~800 米跑（1:4~1:0.5 的运动与休息比例）<br>ER: 先 ET 后 RT（休息 5~6 小时）<br>U/L: 与 RT 和 ET 相同<br>仅 U: ET 和 U 与 RT 相同 | STR<br>峰值功率 L: RT（+17.2%）；ET（-1.2%）；U/L（+2.7%）；仅 U（+7.2%）<br>平均功率 L: RT（+20.3%）；ET（-3.2%）；U/L（+4.6%）；仅 U（+3.4%）<br>峰值功率 U: RT（+10.3%）；ET（-0.5%）；U/L（+5.1%）；仅 U（+6.5%）<br>平均功率 U: RT（+12.5%）；ET（+4.55%）；<br>U/L（+8.4%）；仅 U（+7.9%）<br>硬推 1RM: RT（+30.0%）；ET（+1.7%）；<br>U/L（+19.6%）；仅 U（+9.6%）<br>双膝伸展 1RM: RT（+34.4%）；ET（+3.1%）；<br>U/I（+34.4%）；仅 U（+10.9%）<br>最大耗氧量: RT（-0.99%）；ET（+11.8%）；仅 U（+7.7%）；<br>U/L（+9.62 ± 3.2%） |
| McCarthy et al., 1995 | 30 M<br>RT: 27.9 ± 1.2 岁（$n=10$）<br>ET: 26.6 ± 1.6（$n=10$）<br>ER: 27.3 ± 1.7 岁（$n=10$）<br>未定期进行训练（在训练方案实施前大约 3 个月） | 训练周期: 10 周<br>RT: 3 天 / 周；练到极限次数（6 次 / 组）；第 1 周: 2 组，休息 75 秒；第 2~10 周: 3 组，休息 75 秒；<br>杠铃深蹲，BP，弯举，膝伸，腿弯举，高位下拉，过顶推举，提踵<br>ET: 3 天 / 周<br>第 1 周: 30 分钟，70% HRR；第 2~10 周: 45 分钟，70% HRR<br>ER: 与 ET 和 RT 的练习相同（RT 和 ET 之间休息 10~20 分钟）。<br>每次交替进行（即先 ET 后 RT，然后先 RT 后 ET） | CMVJ: RT（+6%）；ET（+2%）；ER（+9%）<br>STR<br>深蹲 1RM: RT（+23%）；ET（-1%）；ER（+22%）<br>BP 1RM: RT（+18%）；ET（+1%）；ER（+18%）<br>VO$_2$max: RT（+9%）；ET（+18%）；ER（+10%）<br>BF%: RT（-12%）；ET（-9%）；ER（-11%）<br>BM%: RT（+3.4%）；ET（+0.4%）；ER（+5.3%） |
| Bell et al., 2000 | 45 名受训者（27 M, 18 W）；22.3 ± 3.3 岁<br>RT: 7 M, 4 W<br>ET: 7 M, 4 W<br>ER: 8 M, 5 W<br>控制训练: 5 M, 5 W<br>训练者的身体状况良好，具备抗阻训练经验，但在训练方案开始之前没有经过定期训练（抗阻或耐力训练） | 训练周期: 12 周<br>RT: 3 天 / 周，2~6 组，每组 4~12 次，72%~84%（平均强度，每 3 周增加 4%）<br>I: 腿蹬举，单腿膝屈和膝伸，提踵<br>U: BP，高位下拉，肩推，弯举<br>ET: Monark 自行车测功计<br>连续: 2 天 / 周（30 分钟逐渐增加至 42 分钟；每 4 周增加 4 分钟）<br>间隔: 1 次 / 周，4 组 1:1 的运动与休息比例（运动 3 分钟，休息 3 分钟）<br>在第 6 周增加抗阻练习；每 4 周增加 1 组，最多增加到 7 组<br>ER: 与 RT 和 ET 的练习相同；每天交替进行 | STR<br>腿蹬举 1RM 增加情况如下<br>RT: W（64.5%）；M（51.1%）<br>ET: W（41.8%）；M（24.5%）<br>ER: W（83.8%）；M（37.1%）<br>控制训练: W（8.5%）；M（11.3%）<br>最大耗氧量:<br>RT: W（-6.0%）；M（-1.4%）<br>ET: W（+12.6%）；M（+4.9%）<br>ER: W（+7.5%）；M（+6.2%）<br>控制训练: W（-3.4%）；M（-2.3%） |

| 研究人员 | 研究对象 | 训练方案 | 研究结果 |
|---|---|---|---|
| Gravelle and Gravelle, 2000 | 19 W，大学生<br>RT：$n=6$<br>ER：共 13 人<br>IR：先做推举运动（$n=6$）<br>RI：先做划船运动（$n=7$）<br>每项锻炼每周做 2~3 次。<br>在训练方案实施前 3 个月内没有进行超过 1 次 / 周的定期训练（抗阻或耐力训练） | 训练周期：11 周<br>RT：3 天 / 周；休息 1 分钟<br>第 1 周和第 2 周：2×10；第 3 周和第 4 周：3×10；第 5 周和第 6 周上半周：4×10；第 6 周下半周~第 9 周：4×10；第 10 和 11 周：4×（6~8）<br>腿蹬举，深蹲，膝屈和膝伸，直腿硬拉，提踵<br>ER：3 天 / 周；以 70% 的最大耗氧量进行持续划船运动（持续时间从 25 分钟开始，在 5.5 周增加至 45 分 / 周，第 6~9 周以 70% 的 $VO_2$max 持续 1 周，然后每周每分钟增加 1 次划船动作） | STR<br>腿蹬举 1RM 增加情况如下<br>RT（25.9%）；ET-RT（划船举重）（14.6%）；<br>RT-ET（举重 – 划船）（11.3%）<br>最大摄氧是：<br>RT（+9.2%）；ET-RT（划船 – 举重）（+5.3%）；RT-ET（举重 – 划船）（+8.0%） |
| Häkkinen et al., 2003 | 27 名健康男性<br>RT：38 ± 5 岁（$n=16$）<br>ER：37 ± 5 岁（$n=11$）<br>训练者的身体状况良好，并且没有接受过任何抗阻训练，也没有任何参与体育比赛的经验 | 训练周期：21 周<br>RT：2 天 / 周<br>前 7 周使用 50% ~70% 的强度，3 或 4×（10~15）<br>中间 7 周，L：（3~5）×（8-12）；U：（3~5）×（10~12）；<br>后 7 周，L：（4~6）×（3~6）（使用 70% ~80% 的强度）或（8-12）（使用 50%~60%的强度）<br>U：（3~5）×（8-12）<br>L：每天 2 次腿部运动（腿蹬举和单腿或双腿膝伸）<br>其他：每天 4~5 个练习，着重训练主要肌肉群（即 BP，肱三头肌臂屈伸，高位下拉，仰卧起坐，躯干伸展，单侧或双侧肘伸和膝伸，腿内收 / 外展）<br>ER：2 天 / 周 RT（与 RT 组相同）和 2 天 / 周 ET<br>前 7 周：骑自行车或步行 30 分钟；中间 7 周：第 1 天——45 分钟（15 分钟低于有氧阈值，10 分钟在有氧阈值和无氧阈值之间，5 分钟高于无氧阈值，15 分钟低于有氧阈值），第 2 天——60 分钟低于有氧阈值；后 7 周：第 1 天——60 分钟（15 分钟低于有氧阈值 1，2×10 分钟在有氧阈值和无氧阈值之间，2×5 分钟高于无氧阈值，15 分钟低于有氧阈值），第 2 天——60~90 分钟低于有氧阈值 | STR<br>1RM 双腿膝伸增加情况如下<br>RT（21%）；ER（22%）<br>最大耗氧量：ER（+18.5%）；<br>BF%：RT（+1.5%）；ER（﹣10.22%）<br>BM%：RT（+2.38%）；ER（﹣1.47%） |
| Izquierdo et al., 2004 | 31 名健康男性<br>RT：64.8 ± 2.6 岁（$n=11$）<br>ET：68.2 ± 1.7 岁（$n=10$）<br>ER：66.4 ± 4.5 岁（$n=10$）<br>每项锻炼每周做 2~3 次。<br>在训练方案实施前 5 年内没有定期训练（抗阻或耐力训练） | 训练周期：16 周<br>RT：2 次 / 周；仪器械；结合高强度爆发力训练 RT<br>前 8 周使用 50% ~70% 的强度，3 或 4×（10~15）；后 8 周使用 70% ~80%的强度，每天（3~5）×5 或 6，包括 2 次下半身锻炼（腿蹬举和双侧膝伸），1 次手臂伸展运动（BP）和 4~5 次主要肌肉群锻炼（即高位下拉，肩推，卷腹，腿弯举）<br>ET：2 次 / 周；自测型自行车；30~40 分 / 次（60 转 / 分的速率；HRmax 为 70% ~90%或 55% ~85%最大耗氧量）<br>ER：1 次 / 周 RT；11 次 / 周 ET；与 RT 和 ET 相同；每日交替进行 | STR<br>半蹲 1RM 增加（第 8 周；第 16 周）情况如下<br>RT：27%；41%<br>ET：8%；11%<br>ER：22%；38%<br>1RM BP 增加（第 16 周）情况如下<br>RT（36%）；ET（0%）；ER（22%）<br>在自行车测试中，直至峰值功率耗尽（第 16 周）<br>RT（+10%）；ET（+16%）；ER（+18%）<br>BF%（预训练和第 16 周）<br>RT（﹣7.5%）；ET（0%）；ER（﹣1.9%） |

| 研究人员 | 研究对象 | 训练方案 | 研究结果 |
|---|---|---|---|
| Izquierdo, Hakkinen et al., 2005 | 31 名健康男性<br>RT: 43.5 ± 2.8 岁（$n=$ 11）<br>ET: 42.3 ± 2.6 岁（$n=$ 10）<br>ER: 41.8 ± 3.7 岁（$n=$ 10）<br>训练经验未标注 | 训练周期: 16 周<br>RT、ET 和 ER 同上 (Izquierdo et al., 2004) | STR<br>半蹲 1RM 增加（第8周; 第16周）情况如下<br>RT: 22%; 45%<br>ER: 24%; 37%<br>1RM BP 增加（第16周）情况如下<br>RT (37%); ET (0%); ER (15%)<br>BF%（预训练和第16周）情况如下<br>RT（-7.7%）; ET（0%）; ER（-4.5%） |
| Gergley, 2009 | 30 名久坐的健康青年男性和女性<br>RT: 20.7 ± 1.5 岁（8 M, 2 F）<br>ER（2组）:<br>C: 20.3 ± 1.6 岁（7 M, 3 F）<br>T: 19.7 ± 1.6 岁（7 M, 3 F）<br>无任何阻力或耐力训练经验 | 训练周期: 9 周<br>RT: 2 天 / 周<br>第1~3 周: 3×12（休息 90 秒）; 第4~6 周: 3×10（休息 120 秒）; 第7~9 周: 3×8（休息150秒以上）; 腿伸, 腿弯举, 腿蹬举<br>ER: C（自行车测功计, 与 RT 相同的阻力训练方案）; T（倾斜跑步机, 与 RT 相同的阻力训练方案）<br>综合（第1~3周: 20 分钟, 65 % 的 HRmax; 第4~6周: 30 分钟, 65%的 HRmax; 第7~9周: 40 分钟, 65%的 HRmax）; 与 RT 相同的阻力训练方案 | STR<br>腿蹬举 1RM:<br>RT (+38.5 ± 3.5%); ER-C (+27.5 ± 4.0%); ER-T (+23.5 ± 2.8%)<br>BF%: 训练后的 RT 大于 ER-C 和 ER-T<br>BM%: 训练后的 ER-C 和 ER-T 大于 RT |
| Levin et al., 2009 | 14 名经过训练的自行车手 / 铁人三项男运动员<br>ET: 37 ± 7 岁（$n=7$）<br>ER: 25 ± 4 岁（$n=7$）<br>在训练方案开始前至少12 个月未参加过比赛 | 训练周期: 6 周<br>ET: 自测型自行车训练; 距离（平均 / 周）: 278±34 千米（173±21 英里）; 持续时间（平均 / 周）: 613±78 分钟<br>ER: 自测型自行车训练; 距离（平均 / 周）: 274±56 千米（170±35 英里）; 持续时间（平均 / 周）: 526±85 分钟<br>3 次 / 周 RT: 约180 分 / 周, 非线性周期化力量: 4×5（休息 2 分钟）; 弓步, 深蹲, 直腿硬拉, 提踵, 卷腹<br>爆发力: 3×6（休息 2 分钟）; 预蹲跳, 单腿预蹲跳, 硬拉, 单腿小腿练习, 背伸: 3×12（休息 2 分钟）; 单腿腿蹬举, 膝伸, 膝屈, 小腿练习, 卷腹<br>在 21 周训练期间 ER 预设 279±84 千米（173±52 英里） | STR<br>1RM 深蹲:<br>E.T（6.6%）; ER（25.7%）<br>最大耗氧量<br>分级运动试验: ET（-0.95%）; ER（-0.16%） |

| 研究人员 | 研究对象 | 训练方案 | 研究结果 |
|---|---|---|---|
| Sillanpaa et al., 2009 | 62 名健康的中年女性<br>RT：50.8 ± 7.9（$n=17$）<br>ET：51.7 ± 6.9（$n=15$）<br>ER 48.9 ± 6.8（$n=18$）<br>控制训练：51.4 ± 7.8（$n=12$）<br>除了有1年训练经验的，其他人的训练经验未标注 | 训练周期：21 周<br>RT：2 天 / 周；第 1~7 周 3 或 4×（15~20）RM；第 8~14 周 3 或 4×（10~12）RM；第 15~21 周 3 或 4×（6~8）RM<br>2 次腿伸，1 次膝屈，4~5 次主要肌锻炼<br>ET：2 天 / 周的自行车训练；第 1~7 周（第 1 天为连续 30 分钟；第 2 天为若干次，每 2 次之间间隔 10 分钟）第 8~14 周（第 1 天为 45 分钟间歇训练；第 2 天为连续 60 分钟）；第 15~21 周（第 1 天为连续 90 分钟；第 2 天为连续 60 分钟）<br>ER：RT 2 天 / 周（与 RT 的方案相同）；ET 2 天 / 周（与 ET 的方案相同） | STR<br>腿伸展：RT（9 ± 8%）；ET（3 ± .4%）；ER（12 ± 8%）；控制训练（0%）<br>最大耗氧量：ET（23 ± 18%）；ER（16 ± 12%）；RT 和控制训练（0%）<br>BF%：RT（-0.9 ± 1.8%）；ET（-2.1 ± 2.2%）；ER（-1.9 ± 1.7%）；控制训练（-0.6 ± 1.5%） |
| Aagaard et al., 2011 | 14 名优秀的男性自行车运动员；19.5 ± 0.8 岁<br>ET：$n=7$<br>ER：$n=7$<br>U23 国家队的非专业人员 | 训练周期：16 周<br>ET：10~18 小时 / 周，强度与 ER 相匹配<br>ER：与 ET 的周期相同，也是 2~3 次 / 周 RT；第 1 周为 4×（10~12）；第 2 周和第 3 周为 4×（8~10）；第 4 周和第 5 周为 4×（6~8）；第 6~16 周为 4×5 或 6，休息时间为组间 1~2 分钟，练习间 2~3 分钟；4 个练习（膝伸，腿蹬举，腿弯举，提踵） | STR<br>ER（+12%）；ET（-1.53%）<br>最大耗氧量：ER（+2.95%）；ET（+0.97%）<br>BF%：ER（-14.75%）；ET（-9.02%）<br>去脂体重：ER（+3.29%）；ET（0%） |
| Cadore et al., 2011 | 23 名健康的老年人<br>RT：64 ± 3.5 岁（$n=8$）<br>ET：64 ± 3.5 岁（$n=7$）<br>ER：66.8 ± 4.8 岁（$n=8$）<br>在训练方案开始前 12 个月未经过规范训练 | 训练周期：12 周<br>RT：3 天 / 周，休息时间均为 90~120 秒；第 1~7 周 2×（18~20）RM 逐渐变为 2×（12~14）RM；第 8~12 周 3×（12~14）RM 逐渐变为 3×（6~8）RM；腿蹬举，膝伸，腿弯举，BP，下拉，坐姿划船，肱三头肌臂屈伸，弯举和腹肌练习<br>ET：3 天 / 周自行车测功计；第 1 周和第 2 周为 20 分钟 80% 的 HRVT；第 5 周和第 6 周为 25 分钟的 85%~90% HRVT；第 7~10 周为 30 分钟的 95% HRVT；第 11 周和第 12 周为 6×4 分钟的 100% HRVT；休息 1 分钟<br>ER：与 ET 和 RT 相同；先 RT 后 ET | 最大耗氧量：RT（+5.7 ± 7%）；ET（+20.4 ± 10.6%）；ER（+22 ± 10%）<br>BF%：RT（-2.20%）；ET（-6.23%）；ER（-9.92%）<br>BM%：RT（不变）；ET（-1.39%）；ER（+5.16%） |

续表

| 研究人员 | 研究对象 | 训练方案 | 研究结果 |
|---|---|---|---|
| Ronnestad et al., 2012b | 18 名健康男性<br>RT：26 ± 2 y（n = 7）；<br>休闲活动<br>ER：27 ± 2 y（n = 11）；<br>自行车运动员，均未经过抗阻训练 | 12 周的训练<br>RT：2 次 / 周<br>第 1~3 周 第 1 轮 3 × 10RM，第 2 轮 3 × 6RM；第 4~6 周 第 1 轮 3 × 8RM，第二轮 3 × 5RM；第 7~12 周 第 1 轮 3 × 6RM，第 2 轮 3 × 4RM；4 项练习（半蹲，单腿蹬举，单侧髋伸，踝关节屈曲）<br>ER：自行车运动 9.9 ± 1.1（时 / 周）；与 RT 相同的抗阻训练；先 RT 后 ET | 预蹲跳（厘米）：RT（+13%）；ER（+6.2%）<br>STR<br>1RM 半蹲和腿蹬举：RT（+35%）；ER（+25%）<br>BM%：RT（+1.6%）；ER（不变） |

另请参考：Bell et al., 1997；Dudley and Djamil, 1985；Glowacki et al., 2004；Mikkola et al., 2007；Nelson et al., 1990；Ronnestad et al., 2011；Sale et al., 1990；Shaw et al., 2009.

M 表示男性，W 表示女性，RT 表示抗阻训练，ET 表示耐力训练，ER 表示同步训练（耐力和抗阻），1RM 表示一次最大重复次数，RM 表示最大重复次数，STR 表示力量，BF% 表示体脂率，BM% 表示身体质量百分比，BP 表示卧推，U 表示上半身，L 表示下半身，HR 表示心率，HRR 表示心率储备，HRmax 表示最大心率，CMVJ 表示预蹲垂直跳，HRVT 表示心率呼吸阈值。

分析结果显示，跑步似乎比骑自行车对力量和肌肉增长的负面影响更大。分析结果还表明，耐力训练对爆发力和力量增长的影响与耐力训练的类型、频率及持续时间有关。因此，为了限制耐力训练的负面影响，在进行同步训练时须尤其注意这些影响因素（见信息栏 4.2）。

## 抗阻训练会对有氧运动产生影响吗

同步训练研究的结论之一是，即使是高强度抗阻训练，通常也不会影响耐力。部分研究表明，抗阻训练实际上可能会增强耐力（Bastiaans et al., 2001；Hickson et al., 1980；Hickson et al., 1988；Marcinik et al., 1991）。例如，训练者每周训练 3 天，进行为期 12 周的抗阻训练后，其自行车运动的峰值耗氧量不变，但是其乳酸阈值提高了 12%，运动至力竭的时长延长了 33%（Marcinik et al., 1991）。若一批精英级运动员将其总训练量的 32% 分配到爆发力型的抗阻训练中，与另外一组在 9 周训练周期中只分配 3% 的时间进行爆发力型的抗阻训练的精英级运动员相比，前者的 5000 米赛跑时长减少了，而后者却没有（Paavolainen et al., 1999）。这可能是在最大耗氧量未发生变化的情况下，爆发力、力、腿部刚度及跑步效率改善的结果，如在全面体能训练方案中增加抗阻训练并执行 14 周的结果所示（Millet et al., 2002）。

训练方案中增加的抗阻训练似乎增强了短期（15 分钟）与长期（7 小时）的耐力。抗阻训练也加强了 IIx 型肌纤维向 IIa 型肌纤维的转化，并且能够在增强神经肌肉功能的同时获得最大力量以及快速的力量输出。丹麦的国家级自行车运动员参与两个训练方案（耐力训练或抗阻与耐力训练）中的一个，目的是对 16 周内增加抗阻训练的效果进行检测（Aagaard et al., 2011）。抗阻训练包括一项周期化抗阻训练方案，前 8 周按照 10~12RM、8~10RM、5~6RM 的顺序进行，后 8 周做

**? 信息栏 4.2　实际问题**

## 在进行多种形式的练习时，如何消除兼容性问题

虽然针对每种情况都有其独特的处理方式，但综合来讲，以下方法可以用来降低训练的不兼容性。

- 制定测试方案，确定每个运动员是否存在实际问题。
- 降低训练强度、减少训练量。
- 采取非跑步形式的有氧运动方式。
- 可在每周安排更多的休息日，尤其是对初学者和非训练期的运动员而言。
- 当必须进行其他形式的训练或部分专项训练时，可减少抗阻训练量。
- 在不进行下半身心肺训练时，进行下半身抗阻训练。
- 当对下半身肌肉进行适应性训练或耐力训练时，进行上半身训练。
- 每星期至少要有完整的一天的休息时间用于恢复。

正常的下半身练习（孤立的膝伸、上斜腿蹬举、屈曲腘绳肌、提踵），休息时间为 1~2 分钟，频率为每周 2~3 次。耐力训练包括每周进行 10~18 小时耐力训练，使用进阶式周期化训练方案。 同步训练组的 45 分钟耐力显著提高（8%），但耐力训练组没有显著提高。在同步训练组中，从 IIx 型肌纤维向 IIa 型肌纤维的转化也较为明显。然而，肌纤维尺寸或毛细血管密度没有发生变化，这可能表明，精英级自行车运动员的有氧能力已经偏高，并且氧化应激可能会使肌纤维的尺寸减小。

挪威精英级男女越野滑雪运动员在训练中增加了 3 个月、每周 2 天的抗阻训练，训练后他们上半身和下半身的力量均有所提高（Losnegard et al., 2011）。而大腿肌肉组织的横截面积没有明显的变化，这可能是因为低强度的训练频率的抗阻训练与高强度的耐力滑雪训练对肌肥大都有潜在的干扰作用。有趣的是，滑冰专项训练和

双杖推撑滑行表现的最大耗氧量仅在同步训练组中有明显提高。但是，两组运动员在跑步机上的最大耗氧量都没有表现出任何变化，这表明上、下半身力量的改善对专项耐力的提升具有很强的特定性。

年轻的跑步者如果想要改善心肺功能，可能需要用更多时间来进行抗阻训练。针对年轻运动员（16~18 岁）的为期 8 周的爆发型抗阻训练使运动员下半身的力量显著增强（Mikkola et al., 2007）。这种短期训练的效果显示，仅在抗阻训练组中，运动员的无氧跑步测试及 30 米冲刺的速度有所提高，而未执行爆发抗阻训练方案的运动员则没有发生明显变化。不过，两组运动员的最大耗氧量或跑步效率均未得到显著改善。

以上研究表明，低训练频率的神经肌肉机制（如加强拉长－缩短周期能力以及减少与地面的接触时间）可以增强耐力。多种因素的不同程度的综合作用可能与耐

力训练的类型有关，包括提高肌腱刚度、加强 IIx 型肌纤维向 IIa 型肌纤维的转化、不影响毛细血管密度或线粒体功能、力的产生速率更高，以及在不发生肌肥大的情况下加强上半身和下半身的力量（Aagaard and Andersen，2010）。

## 同步训练与年龄

心肺耐力与抗阻训练可用于促进健康和预防疾病（Garber et al.，2011）。目前仍未发现这两种训练模式会对对方的健身成果的发展产生影响。在维持低训练频率（每周 2 次）的同时减少训练量，对 60~84 周岁年龄段的男性和女性来说，在 12 周的训练期内并不存在实际的兼容性问题（Wood et al.，2001）。有研究表明，如果中年男性（约 40 岁）进行抗阻和有氧耐力的同步训练超过 21 周，则他们的爆发力、力和肌纤维尺寸都会有所增长（Häkkinen et al.，2003）。这些研究结果表明，当训练周期较长时，使用低训练频率（2 天的抗阻和爆发力训练及 2 天的自行车测功计耐力训练）的训练，肌肥大（肌纤维大小和大腿横截面积）、力量（1RM 和最大等长力量）以及最大耗氧量不受影响。但也存在一些例外情况：为期 16 周的低频率同步训练（2 天抗阻训练和 2 天有氧耐力训练）结果显示训练者的腿部力量增幅较小，并且其心肺适能也没有获得改善（Izquierdo et al.，2005）。以上研究表明，年龄与训练的持续时间都可能影响适应训练刺激因素的能力的提升。

强度更高的训练方案可能会增加干扰。例如，一项在 65 岁以上老年男性中

进行的线性周期化模型研究的结果显示出了一定的干扰情况。在这项研究中，抗阻训练（第 1 周 25RM，接下来的 2 周 18~20RM、15~17RM、12~14RM、8~10RM 和 6~8RM）和超过 11 周的耐力训练（80% 的换气阈值，持续 20~30 分钟，9 周后变为 100% 的呼吸阈值，进行 6 次 4 分钟的间歇训练，休息时间为 1 分钟）的训练强度均有上升（Cadore et al.，2010）。同步训练组的训练者的下半身力量的增幅较小。仅在抗阻训练组的训练者中观察到最大肌肉激活度上升的情况，这表明耐力训练可能会损害老年男子力量发展所需的神经适应。有趣的是，耐力训练组的训练者虽然没有表现出任何力量的提升，但其有氧运动能力增强且静息游离睾酮浓度降低。与年轻人一样，高强度有氧应激的影响可能在观察到的干扰状况中发挥了重要作用。

## 不兼容性的潜在机制

潜在的生理机制或许能够解释两种训练方式相互干扰的问题，这一机制也是多年来人们争论的焦点。显然，如前文所述，在设计各项适应训练方案时，首先需要找出不兼容的原因，重点是要了解可能解释抑制最大力量产生或产生耐力适应的因素，如同步训练时的最大或峰值耗氧量。在不同的训练模式下，肌肉蛋白质合成的变化似乎是具备高度特定性的。然而，由于信号通路过于复杂，很难基于单因子或蛋白质合成信号通路解释不兼容性的出现（Baar，2006；Wilkinson et al.，2008）。

任何兼容性问题都涉及多个因素。首先，任何体能参数都有遗传上限。换句话

说，任何运动能力或生理适应的增益只能增加到受此人基因状况限制的最大值。其次，对于骨骼肌而言，不兼容性通常只存在于被募集执行这两种训练的运动单位中。再次，并不是所有的训练都是针对骨骼肌的，虽然大多数训练方案的重点都是骨骼肌，但其他系统，如心血管、内分泌和免疫系统以及支持骨骼肌功能的结缔组织也将在训练的过程中产生适应。最后，募集的运动单位的范围和类型决定了需要各个系统投入多少来支持运动能力和恢复过程的改善。举例来说，一次举起较轻的物体不像多次举起较重的物体需要那么多的生理支持。在训练和恢复的过程中，维持体内平衡所需的生理支持的类型和程度取决于具体的运动需求。

被募集的肌纤维会受到运动需求的影响。在高强度抗阻训练中，Ⅱ型肌纤维最终转化为Ⅱa型肌纤维（见第3章）。而经过高强度抗阻训练后，未检测到Ⅱx型肌纤维，与典型的Ⅱx型肌纤维相比，极少数肌纤维有高浓度的有氧酶，因此它们开始向Ⅱa型肌纤维转化（Ploutz et al.，1994）。当肌纤维被募集用于进行重复性氧化活动，如高强度的有氧训练时，氧气会从循环系统进入肌肉的代谢机制，帮助实现许多生理功能，如提供肌肉收缩所需的ATP能量。在此过程中，酶和信号转导会增加，以对此功能进行优化。以下变化可使肌肉具备增氧适应性：线粒体的数量增加、肌红蛋白以增加肌纤维内的氧输送能力提升、毛细血管密度提高、增加储能物质，以及最低限度地增大肌纤维尺寸。上述变化可增强运输氧气的能力，增加氧气的使用以

提供ATP，并使氧气的弥散距离最小化。反之，当肌纤维被募集用于产生大量的力时，运动单位会受到高频率电荷去极化的刺激，产生许多与收缩性和非收缩性蛋白质合成相关的合成代谢信号。其他变化包括合成代谢受体的增加以及神经结构和功能的变化。其结果是增强了力，并且随着多次抗阻训练的进行，肌纤维尺寸增大。因此，在细胞适应中发生的冲突为同步训练时的细胞不兼容提供了基础，理论上可导致力或耐力的降低。

被募集执行这两种运动的运动单位所支配的肌纤维则面临着两个方向的转化：尽量适应氧化刺激以改善其有氧功能，同时适应来自高强度抗阻训练的刺激，以改善产生力的能力（Nelson，1990；Sale et al.，1990）。那么，肌纤维会发生怎样的变化呢？

在包含高强度抗阻与耐力训练的同步训练研究中，受过高级耐力训练的来自美国陆军的同步训练组成员的下肢爆发力的提升受到抑制，但其最大耗氧量和力并没有受为期3个多月，每周4天（周一、周二、周四和周五）的周期化方案的影响（Kraemer，Patton et al.，1995）。但是，肌纤维层面的变化使我们对细胞层面的变化有了一定的了解。训练包括在早上进行耐力训练和在同一天下午相隔6小时进行抗阻训练。高强度耐力训练方案包括高强度的连续和间歇田径场冲刺训练。抗阻训练包括每周2天的高强度抗阻训练和2天的短间歇代谢训练。研究人员从训练者大腿肌肉的股外侧肌中提取了肌肉活组织标本来研究肌纤维的变化。在仅接受耐力训

练的小组中，训练前后训练者的Ⅰ型肌纤维在横截面积方面呈减小趋势，Ⅱ型肌纤维的横截面积没有变化。该结果显示出了一种运动诱发的萎缩。在仅进行上半身抗阻训练和耐力训练的小组中，训练者的Ⅰ型或Ⅱ型肌纤维横截面积未发生变化。该研究结果进一步论证了训练特定性的概念，同时还表明，即使在抗阻训练中用于维持上半身稳定的下半身等长力量，也足以消除Ⅰ型肌纤维萎缩。而在仅接受抗阻训练的小组中，训练者的Ⅰ型和Ⅱ型肌纤维的横截面积均有所增大。在针对兼容性问题的专项研究中，同步训练组的训练者进行了耐力与抗阻的同步训练，结果显示，其Ⅰ型肌纤维的横截面积没有变化，而Ⅱ型肌纤维的面积横截增大了（见表4.2）。

上述结果反映了肌纤维尺寸适应的最佳化以满足抗阻或耐力训练的需求时细胞层面上的冲突。高强度的耐力训练刺激Ⅰ型肌纤维尺寸减小，很可能是由于有氧信号增加会帮助改善氧的弥散距离和线粒体生物合成。肌纤维尺寸的减小还可能导致相关运动单位的力量、爆发力和力的产生速度下降。在抗阻训练组中缺乏重要的有

**表 4.2　训练前期与后期的肌纤维特性**

| 分组 | C 前期 | C 后期 | S 前期 | S 后期 | E 前期 | E 后期 | UBC 前期 | UBC 后期 | 控制 前期 | 控制 后期 |
|---|---|---|---|---|---|---|---|---|---|---|
| **不同肌纤维类型的百分比 / %** | | | | | | | | | | |
| Ⅰ | 55.6 (±11.1) | 57.7 (±11.1) | 55.21 (±11.7) | 55.44 (±1.5) | 54.1 (±5.9) | 54.6 (±5.3) | 50.6 (±8.0) | 51.1 (±7.9) | 52.0 (±11.5) | 52.8 (±10.8) |
| Ⅱc | 1.9 (±2.2) | 1.8 (±2.7) | 2.4 (±1.6) | 2.0 (±1.3) | 0.9 (±0.6) | 2.5* (±2.0) | 1.3 (±1.0) | 3.0* (±2.2) | 1.6 (±0.9) | 1.3 (±1.3) |
| Ⅱa | 28.4 (±15.4) | 39.3* (±11.1) | 23.3 (±11.5) | 40.5* (±10.6) | 25.75 (±4.8) | 34.1 (±3.9) | 25.5 (±4.2) | 34.2* (±6.9) | 25.6 (±1.6) | 26.6 (±4.6) |
| Ⅱx | 14.11 (±7.2) | 1.6* (±0.8) | 19.1 (±7.9) | 1.9* (±0.8) | 19.2 (±3.6) | 8.8* (±4.4) | 22.6 (±4.9) | 11.6* (±5.3) | 20.8 (±7.6) | 19.2 (±6.4) |
| **肌纤维横截面积 / 平方微米** | | | | | | | | | | |
| Ⅰ | 5,008 (±874) | 4,756 (±692) | 4,883 (±1286) | 5,460* (±1214) | 5,437 (±970) | 4,853* (±966) | 5,680 (±535) | 5,376 (±702) | 4,946 (±1,309) | 5,177 (±1,344) |
| Ⅱc | 4,157 (±983) | 4,658 (±771) | 3,981.2 (±1,535) | 5,301* (±1,956) | 2,741 (±482) | 2,402* (±351) | 3,050 (±930) | 2,918 (±1,086) | 3,733 (±1,285) | 4,062 (±1,094) |
| Ⅱa | 5,862 (±997) | 7,039* (±1,151) | 6,084 (±1,339) | 7,527* (±1,981) | 6,782 (±1,267) | 6,287 (±385) | 6,393 (±1,109) | 6,357 (±1,140) | 6,310 (±593) | 6,407 (±423) |
| Ⅱx | 5,190 (±712) | 4,886 (±1,171) | 5,795 (±1,495) | 6,078 (±2,604) | 6,325 (±1,860) | 4,953 (±1,405) | 6,052 (±1,890) | 5,855 (±867) | 5,917 (±896) | 6,120 (±1,089) |

C 表示同步训练；S 表示抗阻训练；E 表示耐力训练；UBC 表示上半身同步训练。

* 在相应的预训练值中 $p < 0.05$。

（经许可，源自：W.J. Kraemer et al., 1995, "Compatibility of high intensity strength and endurance training on hormonal and skeletal muscle adaptations," *Journal of Applied Physiology* 78(3): 976–989.）

氧信号，使得所有肌纤维类型中的蛋白质合成与聚积的合成代谢信号得以传导，从而引起肌纤维尺寸增大。增加代谢抗阻训练（如短间歇训练、超级组训练）可以维持有氧功能。仅接受上半身训练的小组没有表现出耐力训练组中出现的肌纤维的缩小，这很可能是在进行上半身的抗阻训练时，保持下半身稳定所需的等长力量造成的，特别是在 5RM 训练日时。同步训练组显示出每种训练模式所带来的刺激的综合效应，这导致 I 型肌纤维尺寸没有显著变化，而使 II 型肌纤维尺寸增大。该结果反映了运动单位募集的特定性，以及每个运动单位的相关适应性。

其他研究也验证了氧化应激与高强度耐力训练对肌纤维增大的显著影响。该类型的训练通常不会带来任何类型肌纤维横截面积的变化。抗阻训练导致肌纤维从 IIx 型转化为 IIa 型，这说明高阈值运动单位被募集（Aagaard et al., 2010；Aagaard and Andersen, 2011）。

20 世纪 70 年代的研究表明，由于线粒体密度下降，许多跑步者都会避免进行抗阻训练（MacDougal et al., 1979）。因为线粒体是有氧能量产生的场所，任何线粒体体积的减小或密度的下降在理论上都可能降低肌肉的有氧能力。因此，基于这些结论，许多长跑运动员都不进行抗阻训练，他们担心抗阻训练会影响耐力。在进行抗阻训练之后，线粒体密度会有所下降似乎也支持这一观念。但长跑运动员当时并不知道的是，抗阻训练能够在其他方面带来益处，如结缔组织力量的增强、跑步效率的提高，并且能预防和减轻过劳损伤。

如前所述，后期的研究均没有证实抗阻训练会削弱有氧能力这一观点。此外，与非训练组相比，进行为期 12 周的抗阻与耐力同步训练的小组的训练结果显示，训练者的线粒体数量有所增加，但这一增长在肌肉的不同结构区域有所差异（Chilibeck et al., 2002）。肌原纤维区间在训练时呈线性增长，而在训练后期，肌膜下区则呈优先增长。因此，需要在肌纤维的所有区域内对线粒体数量和密度进行检测，以了解进行同步训练中的细胞层级效应。

总之，可以调节对同步训练的适应反应的生理机制仍然是推测性的，但它似乎与神经募集模式、肌肥大的减弱或以上两者都有关（Chromiak and Mulvaney, 1990；Dudley and Djamil, 1985；Dudley and Fleck, 1987；Wilson et al., 2012）。此外，随着训练周期延长或训练强度的增加，一些运动效果的减弱可能是非功能性的过度伸展或训练过度造成的（Hennessy and Watson, 1994；Nelson et al., 1990）。相反，如果同步训练规划得当，则可能只需要花稍长一点的时间来进行生理适应的调节，便可解决兼容性问题。

毫无疑问，当身体恢复受到采用的高频率及高强度的训练方式的限制时，许多人都无法良好地适应同时进行两种模式的训练。因此，正如本章前面所提到的，训练方案的设计所产生的刺激是优化两种训练模式同时进行时重要的考虑因素（Wilson et al., 2012）。当必须同时训练数个体能元素时，训练的优先顺序（将重心放在某一种训练类型上，并且在训练周期内不关注其他训练类型）以及训练量和训练强度的周期化是非常重要的。

## 训练方案的信号

信号系统在肌纤维的适应中发挥着重要作用（Baar，2006；Gundersen，2011）。由于信号传递机制是复杂且高度冗余的，其难以将单一的合成代谢和分解代谢作用用某一种诱发因素解释。正如第3章所讨论的，内分泌信号在帮助确定细胞状态方面起着重要作用。激素信号包括合成代谢激素（如睾酮）、胰岛素样生长因子、胰岛素以及多种类型的生长激素和分解代谢激素，如皮质醇。皮质醇在浓度较高时，可能显著影响组织分解和抑制免疫功能（Spiering et al.，2008a，2008b）。用一个因素来解释肌纤维大小增加或减少的数据是有限的，因为一系列的信号传输会同时发生以维持运动期间的细胞和全身的稳态，以在运动中断或损伤后使组织恢复正常或进行适应（见图4.2）。

信号系统由各类刺激物促进运作，如激素结合物。IGF-I与骨骼肌纤维中的受体结合和mTOR的刺激证实了这一点。mTOR是一种蛋白质，属于调节细胞生长、增生转录、存活以及蛋白质合成的信号系统的一部分。mTOR系统也可以受到肌肉收缩和支链氨基酸——亮氨酸的摄入的刺激（Matsakas and Patel，2009；Spiering et al.，2008b；Walker et al.，2011）。蛋白激酶B（Akt）mTOR信号系统也能够刺激蛋白质的合成，同时减少蛋白质的分解，从而促进肌纤维增大（Baar，2006）。

mTOR系统的主要拮抗剂是腺苷一磷酸（AMP）、5'腺苷酸活化蛋白激酶

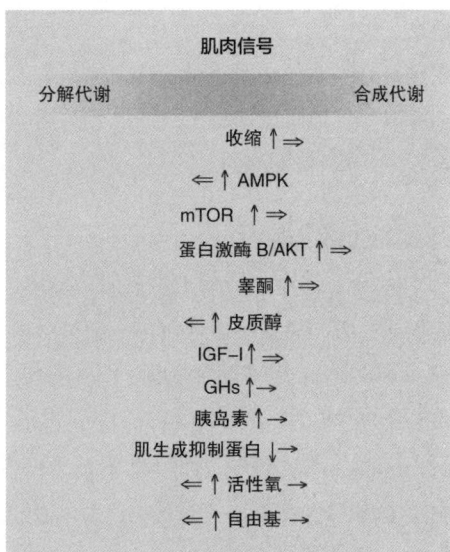

**肌肉信号**

分解代谢 — 合成代谢

收缩 ↑ ⇒
⇐ ↑ AMPK
mTOR ↑ ⇒
蛋白激酶 B/AKT ↑ ⇒
睾酮 ↑ ⇒
⇐ ↑ 皮质醇
IGF-I ↑ ⇒
GHs ↑ →
胰岛素 ↑ →
肌生成抑制蛋白 ↓ ↓ →
⇐ ↑ 活性氧 →
⇐ ↑ 自由基 →

**图 4.2** 肌肉信号来源于多种细胞、腺体和代谢途径。上图展示了肌肉反应的一些主要信号。垂直箭头表示浓度上升或下降，水平箭头表示其方向效果的强弱（单箭头或双箭头），双箭头表示更强的效果。这些信号刺激肌肉中的合成代谢或分解代谢

（AMPK）或AMP / AMPK系统（Kimball，2006；Gordon et al.，2008）。该系统可阻断由mTOR系统激发的正合成代谢作用。mTOR系统能刺激代谢途径，该途径为肌肉细胞发挥功能提供能量（如脂肪酸氧化或通过增加细胞葡萄糖转运蛋白改善葡萄糖转运）。最近的研究结果表明，在抗阻训练方案中增加有氧运动会对一些合成代谢信号系统产生消极影响（Lundberg et al.，2012）。同时进行高强度的抗阻训练和高强度的有氧训练会降低传递到合成代谢所需基因机制的信号质量。因此，当同时进行两种形式的运动时，需要考虑到两个因素，一是保证充足的恢复时间（即休息时间），二是补充能量底物（即摄取蛋

白质、碳水化合物和脂肪）。这或许就是在进行高强度、高训练量、高训练频率的训练时（包括同步训练），训练者的运动能力会有所下降的原因。

## 方案设计的难点

在设计训练方案时，必须要考虑到全面训练方案的要求，并且要确保训练的频率、强度和训练量不会对最佳生理适应及运动能力产生不利影响（García-Pallares and Izquierdo, 2011）。训练方案的设计者应注意以下几点。

- 训练方案的顺序应根据它们与训练方案目标的关系来制定。训练者不应同时进行高强度的和大量的抗阻与耐力训练。每种训练模式的相对训练量都需要考虑到各个训练周期的顺序。
- 应选用有计划休息阶段的周期化训练方案，以便进行运动后恢复。
- 应当限制力量或爆发力类运动员进行高强度有氧训练的量，因为高强度或大量耐力训练所带来的高氧化应激会对爆发力的增加产生负面影响。

## 心肺训练的基础

如前所述，一定程度的心肺训练项目在几乎所有全面体能训练方案中都可找到。心肺训练的主要方案设计包括持续训练和间歇训练的设计（Bishop et al., 2011）。每种方案都可以从低强度到高强度进行设计。在许多项目中，持续的有氧训练被用于低强度训练和运动后恢复训练。

应仔细地检查有氧训练的方案设计，以避免对抗阻训练方案的预期训练适应产生干扰。然而，如果训练的主要目标为提升最大有氧能力，则需要在更高的强度下进行训练。在这种情况下，训练顺序和有氧训练与抗阻训练的周期化对训练的效果至关重要。此外，还需要考虑到有氧训练的模式，比如跑步可能比骑自行车更容易导致不兼容。在相同的训练强度下，由于地面的冲击力，跑步会造成更大的压力，踏步还包括完整的拉长-缩短周期，这个循环包括离心负荷（Wilson et al., 2012）。

有氧训练方案的制定应当因人而异。压力测试可能对那些需要更具体的训练方案的训练者们有帮助，以方便他们更准确地记录功能能力，并找出合适的心率区间。跑步机或自行车测功计的评估结果对制定个性化耐力训练方案有很大的帮助（Garber et al., 2011）。它对老年人或功能能力有问题的训练者尤为有用（如心血管疾病患者）。此外，专项评估可以为精英级运动员提供极具针对性的训练数据。即使在进行交叉训练的情况下，评估方法也应当适用于训练或比赛。例如，运动专项评估的重要性已经通过越野滑雪运动员得到证实，对于滑雪运动员来说，抗阻训练可以提升滑雪时的最大耗氧量，并改善双杖推撑滑行能力，但该结果无法在常规的跑步机最大耗氧量测试中得出（Losnegard et al., 2011）。

## 连续的有氧训练方案

许多训练方案都会采用连续的训练方法来提高有氧能力。常规有氧训练的目标是改善最大或峰值耗氧量及与耐力表现相关的心肺功能（Garber et al.，2011）。然而，除了与热量消耗、血压控制相关的训练及针对特定患者的训练之外，提高相对训练状态下的最大耗氧量需要更高的训练强度（不低于最大耗氧量的85%）。因此，许多运动员都会采用间歇训练来获得更高的训练强度。高强度的有氧训练和抗阻训练有助于通过提高跑步经济性和运动效率来增强耐力（Guglielmo et al.，2009；Millet et al.，2002）。

传统观念认为，人们需要持久而缓慢的长距离跑步来打造"有氧基础"，然后再进行其他相对剧烈的运动，这可能是因为在"一般体能训练阶段"需要使用更低强度的训练，对于初学者而言更是如此。然而，有氧与无氧运动能力之间的关联是有限的，在无氧测试中表现良好的人在有氧测试中不一定表现良好（Koziris et al.，1996）。原因包括体重差异、用于执行特定任务的主要能量源、肌纤维类型、训练背景或以上多种因素的综合。然而，不论是采用连续的还是间歇的有氧训练方式，都需要合理地在训练频率、训练强度及训练时间上实现进阶。

将有氧训练与其他类型的训练（特别是抗阻与爆发力训练）结合时，训练强度是优化兼容性的关键变量。监测训练强度最简单的方法之一是心率监测。通常，心率训练区间会被用于控制有氧训练的强度。然后，训练者将在训练区间内进行稳定的训练。一般来说，较低强度的心率训练区间为最大心率的55%~65%。这类低强度的训练通常适合未经训练的训练者或有氧训练适应不佳的人以及正处于恢复期的训练有素的运动员。

制定的训练方案固然重要，但大多数人都不具备在实验室内进行压力测试的资源（特别是要针对数百人制定训练方案的教练）。教练与训练者需要意识到，对于基础的有氧训练，压力过大的耐力训练不一定是有必要的。然而，对于需要参加比赛的耐力型运动员来说它却是必要的，他们必须采用更高的训练强度来为比赛做准备。此外，一部分运动员并不适合采用高强度有氧运动进行训练，因为这类训练可能会对许多项目的运动能力中重要的力量和爆发力适应性产生抑制（García-Pallarés and Izquierdo，2011）。

有氧训练的持续时间和训练频率也需要随着训练者能够承受的压力的增大而逐渐增加。对于基础的心肺适能提升，应进行每周3~5天、每天20~60分钟的练习（Garber et al.，2011）。跑步、骑自行车、越野滑雪、爬楼梯、椭圆机训练、有氧运动（如台阶有氧运动）以及游泳是比较流行且有效的心肺耐力训练方式（Kraemer et al.，2001）。如果说训练方式对运动技术是至关重要的，那么一定程度的专项性也是非常有必要的（如足球与跑步之间的关系）。

耐力训练包括热身期、训练期和放松期。同时要对心率进行监测并调整训练节奏，以使训练者在其心率训练区间内进行练习。心率表通常被用于监测心率。但在一段时间内的运动达到恒定持续状态之后（通常为 3~5 分钟），可检测 10 秒内的脉搏。此外，可在多次训练课中进行步速测试，以帮助确定并监测在一定距离下训练时的心率。跑步或骑自行车的步速测试应在平地上进行。此外，随着体能水平的提高，检查步速与心率反应的关系变得越来越重要。体能较差的人通常需要以更短的步幅来评估训练步速。要注意确保训练者在指定距离（热身后的运动持续 3~5 分钟）内实现恒定状态的运动。

心率可通过最大心率的百分比或卡沃南公式（也被称为心率储备法）来确定。用卡沃南公式确定一个 20 岁的人的 70% 和 90% 心率，需要进行以下计算（其中 HRmax 表示最大心率，HRrest 表示静息心率，HRR 表示心率储备，THR 表示目标心率），可使用几个方程式对 HNmax 进行估算，但得到的结果是相对精确的（Gellish et al., 2007）。

$$HRmax = 207 - (0.7 \times 年龄)$$
$$HRmax = 207 - (0.7 \times 20 岁)$$
$$HRmax = 193 次 / 分$$

HRR 是 HRrest 和 HRmax 的差值，假设 HRrest 为 73 次 / 分，计算公式如下。

$$HRR = (HRmax - HRrest)$$
$$HRR = (193 次 / 分 - 73 次 / 分)$$
$$HRR = 120 次 / 分$$

70% 和 90% 心率的 THR 的计算公式如下。

$$THR = HRrest + (HRR \times 所需强度)$$

$$THR 70\% = 73 次 / 分 + (120 次 / 分 \times 0.70)$$
$$THR 70\% = 157 次 / 分$$
$$THR 90\% = 73 次 / 分 + (120 次 / 分 \times 0.90)$$
$$THR 90\% = 181 次 / 分$$

因此，采用卡沃南公式计算出的 70%~90% 的训练强度为心率 157~181 次 / 分。

在得出 HRmax 后，则可计算出所需的心率训练区间。

$$70\%HRmax = 0.7 \times 193 \approx 135 次 / 分$$
$$90\%HRmax = 0.9 \times 193 \approx 174 次 / 分$$
70%~90%HRmax 心率训练区间为 135~174 次 / 分

如前所述，如果对训练强度和训练时间进行严格控制，那么就能将训练不兼容性对力量和爆发力增长的影响降到最小（McCarthy et al., 1995；Wilson et al., 2012）。因此，在前面的例子中，假设在训练日以 70% 的目标心率训练区间进行训练，则要采用 135 次 / 分的心率。其他目标心率训练区间比较容易确定。采用此区间是一种定量的方法，因为它考虑了诸多因素，包括环境、心理压力，身体激活以及先前的训练。

## 间歇训练

若要提升速度或无氧耐力，就需要在训练过程中进行适当调节。间歇训练是一种典型的心肺训练方法。几秒的短跑冲刺运动比 1~2 分钟的较长冲刺需要更强的爆发力（Kraemer et al., 2012）。训练需要与专项运动中的运动距离及其持续时间相关联。举例来说，一名美式橄榄球线卫适合进行 5~20 码的冲刺练习（1~3 秒），而外接手则可能需要以 10~60 码冲刺距离进行训练。一名 800 米跑运动员需要根据比赛所需的距离与节奏来进行相应的距离与节奏训练。时间更长的高强度运动（如 1500 米跑）也需要进行间歇训练。

在进行训练时，重点是要区别用于提升速度的短跑训练的"质"和用于提升速度耐力的短跑训练的"量"，提升缓冲能力并提升重复冲刺能力。常规的间歇训练包括调整运动与休息比例（Ben Sira et al.，2010）。该比例是指跑步时长与休息时长之间的比例。例如，如果每一段为 10 秒的冲刺训练，其间有 30 秒的休息时间，则运动与休息比例为 1∶3。在冲刺速度训练中，一般会设置较长的休息时间，以确保训练者在下一次冲刺前充分恢复，从而使每次冲刺时的速度都接近最大速度。冲刺间歇训练旨在提高缓冲能力、无氧能力、有氧供能，而重复冲刺能力需要的休息时间较短。间歇训练的强度越高，就越要完善其先后顺序和周期化，因为此类训练会影响力量和爆发力的增长，并会引起肌肉尺寸的增大，特别是对于未受过训练的训练者而言（Aagaard and Andersen，2010；García-Pallarés and Izquierdo，2011）。

间歇训练的质与量之间的差异如下所示。如果每周进行 3 天冲刺训练，其中每天包括 1 组 3 次 100 码冲刺（每次结束休息 3 分钟），以及 1 组 3 次 50 码冲刺（每次结束休息 90 秒），每组冲刺完成后休息 5 分钟，这种训练方式可以提升冲刺速度，

但在为期 8 周的训练方案中观察到训练者的峰值耗氧量没有提升（Callister et al.，1988）。相反，如果进行 2 组冲刺训练，每组 4 次，持续 20 秒，其间仅安排 1 分钟的休息时间，那么在 10 周的训练方案中，在第 8 周可以观察到训练者的峰值耗氧量有显著提升（Kraemer et al.，1989）。因此，运动与休息比例和冲刺距离是影响冲刺间隔对峰值耗氧量或冲刺速度是否提升的关键因素。

上述结果的部分原因为冲刺型短跑训练包含最大或接近最大的运动强度，因此需要使用无氧能量源和练习提升冲刺技巧。随着运动持续时间的延长和休息时间的缩短，有氧能量源的使用增加，从而使有氧能力提升。间歇训练方案使用不同的运动与休息比例，以满足各类运动及项目的无氧及有氧代谢需求。

设计间歇训练方案的另一个重要考虑因素是在某些体育活动（如长跑、拳击、混合武术和摔跤）中需要耐受高酸度，这就需要进行一些增加乳酸产出和增强乳酸分解的训练（Brooks and Fahey，1984）。训练短距离冲刺能力时，通常会采用 5~10 秒的间歇，运动与休息比例为 1∶6~1∶3；而训练无氧糖酵解系统时，则要采用 1∶3 的运动与休息比例，间歇为 30 秒 ~2 分钟（Karp，2000）。每次训练的重复次数因训练者的训练目标、间隔持续时间和健康水平而异，但每次训练时通常会有 3~12 次间歇。

在做一些增强爆发力的运动以及与短跑相关肌肉的运动时，还可以选择在斜坡上进行。在倾斜表面上进行短跑训练时，

摆动阶段的伸髋和屈髋所产生的平均爆发力和能量大于在非倾斜表面上进行短跑时的平均爆发力和能量。因此，斜坡冲刺训练可以在摆动与支撑阶段加大髋部肌肉组织的肌肉负荷（Swanson and Caldwell，2000），这对提升冲刺能力有一定的帮助。此外，运用抗阻设备（如牵引设备）也能够提高冲刺能力（West et al.，2013）。

需要注意的是，冲刺的速度与在有两次或多次方向变化的灵敏性跑动时的速度是不同的（Young et al.，2001）。单向跑的速度发展并不能很有效地转化到许多运动中典型的多变向跑中。因此，训练方案需要具有针对性。典型的间歇训练可包括以下内容。

- 热身，包括低强度训练和动态拉伸。
- 技巧训练。
- 启动练习。
- 体能训练阶段或间歇。
- 运动后放松期，包括动态或静态拉伸（见"拉伸和柔韧性"）。

综上所述，通常提高冲刺速度的间歇训练会设置较长的休息时间和以最大或接近最大的短时间间歇进行，而增强最大有氧能力的间歇训练则会设置较短的休息时间和更长的训练间歇。此外，某些活动的间歇训练可训练一些特定运动能力，如足球、篮球或水球。此类训练能够加强运动技能和专项运动中所需要的体能条件。

# 拉伸和柔韧性

与大多数体能领域一样，拉伸和柔韧性的需求必须根据训练者的运动项目、运动目标，以及当前的关节活动范围（ROM）和姿势柔韧性能够安全地进行运动的能力来确定。柔韧性受许多内部和外部的因素影响，如关节类型、关节内的阻力、关节温度及肌肉组织的弹性。拉伸运动在帮助提升单关节或多关节的柔韧性或改善绝对活动范围方面的作用已经得到证实（见图4.3）。仍不清楚的是，这种类型的拉伸是否应作为热身的一部分，因为它可能会对能力的提升产生负面影响。此外，拉伸和柔韧性对预防伤病的影响一直受到较多关注。

柔韧性训练的几种方法的技巧已有详细记录（Anderson，2010）。与所有的训练方案一样，拉伸计划在设计时也应符合训练者的条件及其活动或运动需求。

基本的拉伸方法有以下4种（Moore and Hutton，1980）。虽然这4种方法的拉伸技巧有所不同，但从一项元分析可知，它们带来的腘绳肌肌肉组织的柔韧性增幅没有显著差异（Decoster et al.，2005）。

- 慢速拉伸。
- 静态拉伸。
- 动态拉伸和弹震式拉伸。
- 本体感觉神经肌肉促进法（PNF）。

## 慢速拉伸

在进行其他各种类型的拉伸之前，通常要先进行慢速拉伸。动态拉伸也包括颈

**图 4.3** 拉伸可作为全面体能训练方案的重要组成部分，但拉伸的类型、训练时的拉伸时长及拉伸恢复练习都是必要的考虑因素

图片由康涅狄格大学提供。

部旋转、手臂旋转和躯干旋转等持续的慢速拉伸动作。相较于增强身体的柔韧性，慢速拉伸更有利于热身。在进行较快速的弹震式拉伸之前，慢速拉伸是一种极好的热身方式。

## 静态拉伸

静态拉伸是最为常见的一种拉伸方式。在静态拉伸过程中，训练者会自然地放松肌肉，然后使肌肉保持在伸展状态。举一个简单的手触脚尖的例子：训练者弯腰并尽量用手指触摸脚趾，同时膝盖保持笔直。拉伸运动通常需要在训练者能够承受的适度范围内进行。拉伸运动通常是循序渐进的，也就是说，当关节活动范围逐渐扩大时，训练者的拉伸幅度会随之增大。后续

的拉伸运动将持续增大关节活动范围。

将适应度和有限的训练时间作为主要考虑因素时，静态拉伸是最有效和最理想的拉伸技术之一（Moore and Hutton，1980）。进行拉伸运动之后，关节活动范围会有所增大，被拉伸的肌肉的肌电活动减少，静息肌肉紧张度降低。这表明肌肉中较低的静息张力与训练者容忍较高伸展拉力的能力有关，并与拉伸之后关节活动范围的增大有关（Wiemann and Hahn，1997）。此外，在静态拉伸的过程中，部分肌肉拉伸时其肌电活动度较低，这表明部分神经调节与拉伸运动有关（Mohr et al.，1998）。有趣的是，静态拉伸在增强腘绳肌柔韧性方面的效果可能是动态活动范围柔韧性练习的 2 倍多（分别增大 11 度

和 4 度）（Brandy et al., 1998）。在这项研究中，动态活动度训练包括在 5 秒内达到拉伸的姿势，保持拉伸 5 秒，然后在 5 秒内返回拉伸前的姿势。静态拉伸则包括 30 秒的静态拉伸。运用拉伸来提高身体柔韧性是一种较为普遍的做法，但各种方案的有效性可能与拉伸耐受性的变化有关，而与肌肉的被动特性无关（Magnusson, 1998）。90 秒的静态拉伸不会改变肌肉的粘弹特性，这在一定程度上证实了上述理论（Magnusson et al., 2000）。

静态拉伸已经发展出了多种变式，且伸展时间可长达 60 秒。但在进行日常拉伸时，超过 30 秒的静态拉伸并不会加强拉伸效果（Brandy et al., 1997）。保持 15 秒的拉伸比只用 5 秒来增大主动关节活动范围效果更佳，但不适用于增大被动关节活动范围（Robes and Wilson, 1999）。因此，进行 3~5 次持续时间为 15~30 秒的拉伸应当能取得最佳的效果。已经证实在踝关节进行持续静态伸展的前 20 秒内，肌肉紧张度会得到最大限度的降低（McNair et al., 2001）。

## 动态拉伸和弹震式拉伸

近期，针对在训练或竞赛前的热身中采用静态拉伸的疑问（见本章关于训练或竞赛之前的常规热身的讨论）有益于动态拉伸的普及。这种拉伸包括在拉伸过程中的动态运动，训练的是相应关节的全活动范围。弹震式拉伸包括全活动范围内快速动作，以拉伸结束。动态拉伸的一个例子是以可控的速度步行，弹震式拉伸的一个例子就是模仿美式橄榄球的踢球动作。

## 本体感觉神经肌肉促进法（PNF）

本体感觉神经肌肉促进法（PNF）是一种较为复杂的拉伸技术，采用拉伸–收缩–放松模式。该拉伸方法有多种不同的变式，其中 3 种主要类型如下（Shellock and Prentice, 1985）。

- 慢推–反向发力–保持。
- 收缩–放松 / 主动肌。
- 保持–放松。

以腘绳肌拉伸为例，缓慢推举并保持的技巧如下。一名训练者仰卧，单膝伸展，脚踝屈曲 90 度。另一名同伴推动其腿部，使其被动地屈髋，直至训练者感到腘绳肌有轻微的不适感。接着，训练者保持伸髋动作 10 秒，激活腘绳肌和同伴施加的阻力进行对抗。然后放松腘绳肌，并激活股四头肌的拮抗肌，同时同伴继续推举训练者的腿部以进一步拉伸其腘绳肌，并保持 10 秒。训练者的腿部应逐渐移动，以强化髋关节屈曲。然后放松全身肌肉 10 秒，之后再从增加的髋关节屈曲关节角度开始重复拉伸。这种推后放松的顺序通常至少要重复 3 次。

另外两种常见的 PNF 方法与慢推 – 反向发力 – 保持的方法类似。收缩 – 放松 / 主动肌的方法在松弛 / 拉伸阶段前包含一个动态向心动作。在前面的例子中，腘绳肌收缩时，腿部会向地板移动。保持 – 放松的方法在松弛 / 伸展阶段之前则会采用等长肌肉动作。采用以上类型的方法通常比其他拉伸方法需要更长的时间，并且通常需要训练伙伴的协助。

一些人认为，由于本体感觉神经肌肉促进法会引起较强的不适感，因此静态拉伸更为合适（Moore and Hutton, 1980）。此外，在一些运动中，姿势可能比使用静态拉伸或本体感觉神经肌肉促进法更重要（Sullivan et al., 1992）。已有研究证实，在活动范围的改善方面，在腘绳肌柔韧性计划中骨盆倾斜的姿势比具体的方法本身更有效（Dejulia et al., 1992）。该结论证明，虽然大多数的柔韧性训练方法都是有效的，但其他因素可能会影响它们在特定方案设计中的适用性。

## 增强柔韧性

柔韧性训练可以在训练的热身期或恢复期进行，也可以作为单独的训练进行。许多方案建议每次保持静态拉伸 6~12 秒，保持 10~30 秒也是广受推荐的。保持静态拉伸超过 30 秒则会导致拉伸时间比训练时间更长（Alter, 1998）。所有的拉伸方法都可以改善关节或关节组的绝对活动范围。然而，过去 10 年来，将静态拉伸和本体感觉神经肌肉促进法囊括进训练或比赛前的热身的做法遭到了质疑。在热身后的最初几分钟需要较高水平的力量、速度或爆发力时，则应当进行动态拉伸（Behm and Chaouachi, 2011）。柔韧性的需求可能因人而异，因此评估动作幅度有助于设计关节活动范围改善方案。许多人需要提升柔韧性的部位不同并且柔韧性很差，这可以通过适当的筛查和拉伸动作来解决（Cook et al., 2006a, 2006b）。

## 训练或比赛前的常规热身

热身可以通过影响结缔组织和关节的黏弹性及神经肌肉等因素来提升运动表现。不过，必须使用合适的方法，如轻微的心肺运动和动态伸展。必须在训练或比赛之前的特定时间进行其他热身活动，或根本不进行其他热身活动（如长时间静态拉伸）（Fradkin et al., 2010）。

热身活动一般应包含次最大有氧运动、慢速运动和大肌群动态拉伸运动，同时应结合一些运动项目特有的动态活动（Behm and Chaouachi, 2011）。即使和骑固定式自行车 5 分钟后的静态拉伸热身相比，包含动态拉伸和跑步的动态热身也可有效改善腘绳肌柔韧性、垂直纵跳能力和股四头肌力量（Aguilar et al., 2012）。尽管关于静态拉伸对拉长的肌肉的力或爆发力的不利影响的研究结果众多，但受过训练的人与未受过拉伸训练的人相比，大多数针对腘绳肌的（股四头肌的拮抗肌）静态拉伸能够明显改善其股四头肌的力量和蹲跳能力（Sandberg et al., 2012）。在热身时采用动态拉伸还可以提高应对环境挑战（如冷暴露）的身体能力（见信息栏 4.3）。

在拉伸之后，静态拉伸对关节活动范围的影响可能会随时间的流逝而减小。如果进行 3 次持续 45 秒的腘绳肌肌肉拉伸，其间间歇 30 秒，则会产生 20% 的黏弹性应力松弛。研究人员认为，他们在研究中使用的静态拉伸方案对人体腘绳肌肌肉组织的黏弹性没有短期影响（Magnusson et al., 2000）。有人认为，拉伸之后的力量减弱似乎与受拉伸的肌肉失活有关，而不是通

## ❓ 信息栏 4.3　实际问题

### 当在寒冷天气下训练或参加比赛时，
### 采用动态拉伸的热身运动能够增强运动能力吗

研究人员针对该问题进行了专项研究，旨在了解训练者在暴露于寒冷环境 45 分钟后，动态拉伸和训练的热身运动的重要性（Dixon et al., 2010）。在许多体育运动（如足球、英式橄榄球）中，储备球员需要等候参与比赛，而环境条件可能会对他们的体能产生影响。在这项调查中，9 名大学运动员在两种环境温度，即 22 摄氏度和较冷的 12 摄氏度下，分别进行热身运动和无热身运动测试，用预蹲跳运动的功率（W）来确定热身的效果。先进行垂直纵跳测试，然后在两种不同环境下（进行热身和不进行热身）和两种较冷的气候条件下（进行和不进行热身运动）进行评估。控制条件仅为站着等待的时间与热身运动的时间相同。热身运动包括以下练习。

**热身**

每项练习的距离为 20 码

- 手臂向前旋转：脚尖朝前，同时手臂向前转动，使双臂平行于地面。
- 向后用脚后跟走路，双臂向后旋转：用脚后跟向后迈步，同时手臂向后旋转，使手臂平行于地面。
- 高抬腿行走：向前迈步，并用双臂将膝盖拉至胸部，双腿交替进行。
- 高抬腿垫步跳：向前跳跃并抬起膝盖，使股四头肌平行于地面。
- 高抬腿跑：跑步的同时膝盖上抬，使股四头肌平行于地面。
- 踢臀练习：跑步时使脚后跟接触臀部。
- 正步练习：向前走，同时一条腿向前踢，并保持膝盖伸直（双腿交替进行）。
- 单腿前滑：向前直腿迈步，然后身体向在前的一条腿倾斜，用另一侧的手触碰脚部。
- 单腿后滑：向前直腿迈步并伸直腿部，然后向一条腿前倾，用另一侧的手触碰前侧脚。
- 后垫步跳：向后垫步跳。
- 后跑：向后跑并将后侧脚向后伸展。
- 后踏板：贴近地面向后滑步，脚掌着地向后移动。
- 过头弓步：向前迈出弓步，并将双手举过头顶。
- 手足步：俯卧撑姿势，将脚向手部移动，然后将手部向前移动至俯卧撑位置。

该项研究的主要结果表明，在寒冷天气条件下进行热身后能够在测力台上检测到更大的功率输出。没有进行热身运动的受试者在寒冷天气下给出了 4,517 瓦的功率输出，而进行热身运动的受试者在寒冷天气条件下则给出了 5,190 瓦的功率输出，有明显提升。因此，在寒冷天气下进行训练或比赛之前，运动员应进行动态热身以使运动能力最优化。

参考文献：

Dixon, P.G., Kraemer, W.J., Volek, J.S., Howard, R.L., Gomez, A.L., Comstock, B.A., Dunn-Lewis, C., Fragala, M.S., Hooper, D.R., Hkinen, K., and Maresh, C.M. 2010. The impact of cold-water immersion on power production in the vertical jump and the benefits of a dynamic exercise warm-up. *Journal of Strength and Conditioning Research* 24: 3313–3317.

常认为的拉伸肌肉结缔组织成分导致弹性变化（Behm et al., 2001）。对腘绳肌进行30秒的静态拉伸后的结果显示，由静态拉伸引起的活动范围的增大是较为短暂的效果，在拉伸之后持续时间很短，之后逐渐消失（Depino et al., 2000）。因此，尽管一定程度的静态拉伸的确会使关节活动范围暂时增加，但它可能并不能在较长时间内提高结缔组织的延展性。

同样，静态拉伸对力和爆发力的影响也会随时间的流逝而减小。例如，对于经过规范训练的田赛项目投掷者而言，在上半身进行静态拉伸后10分钟，其上半身的力量表现并没有变化（Torres et al., 2008）。若将静态拉伸作为热身运动的一部分，那么静态拉伸之后的休息时长可能是重要的考虑因素。然而，在对拉伸后休息时长产生的影响开展更多的研究之前，在进行一些要运用到高水平的力、爆发力或速度的运动及比赛项目之前，使用动态拉伸是更加明智的选择（见信息栏4.4）（Behm and Chaouachi, 2011）。

除了信息栏4.4中提供的研究之外，已发现拉伸会对速度在150度/秒以下的等速膝伸的扭矩产生影响，但在更快的运动速度下则不会产生影响（Nelson et al., 2001）。静态拉伸对离心扭矩产生的影响也可能小于对向心等速扭矩产生的影响（Cramer et al., 2006）。训练有素的运动员，如美国大学体育协会一级联赛的女子

## 🔍 信息栏 4.4　研究成果

### 静态拉伸和冲刺能力

在冲刺运动之前进行静态拉伸可能是不恰当的。一项关于美国全国排名靠前的田径运动员的研究表明，使用静态拉伸会减弱40米短跑的运动能力，其次受影响最大的是在20米冲刺前将静态拉伸作为热身运动的一部分（Winchester et al., 2008）。随后，一项关于静态拉伸对高校田径运动员（短跑运动员和跳跃运动员）冲刺速度影响的研究表明，静态拉伸使100米冲刺时间增加，但并不显著（Kistler et al., 2010）。在20~40米的比赛中，静态拉伸使冲刺时间显著增加（0.03秒）。0~20米、40~60米以及60~100米的冲刺时间没有明显地受到静态拉伸的影响。100米冲刺的总时间并没有明显受到静态拉伸的影响，但延长了0.06秒。

这两项研究都采用了相似的静态拉伸方法，即进行4组被动静态拉伸交替拉伸腿部，以依次拉伸小腿肌肉组织、腘绳肌和大腿。从运动员产生轻度不适时开始，保持拉伸30秒。每次拉伸后，运动员休息20秒，每组拉伸结束后休息30秒。在这两项研究中，静态拉伸都是在动态热身之后进行的。该研究提供了强有力的证据，说明即使是在动态热身之后，静态拉伸也会对短跑冲刺速度造成不利影响。因此，在短跑赛前或预赛前的热身期间不应进行静态拉伸。

参考文献：
Kistler, B.M., Walsh, M.S., Horn, T.S., and Cox, R.H. 2010. The acute effects of static stretching on the sprint performance of collegiate men in the 60– and 100–m dash after a dynamic warm–up. *Journal of Strength and Conditioning Research* 24: 2280–2284.
Winchester, J.B., Nelson, A.G., Landin, D., Young, M.A., and Schexnayder, I.C. 2008. Static stretching impairs sprint performance in collegiate track and field athletes. *Journal of Strength and Conditioning Research* 22: 13–19.

篮球运动员，在独立的单关节等速峰值扭矩中可能不易受到静态拉伸的影响（Egan et al.，2006）。因此，在开链和闭链的动作中，静态拉伸对业余运动员和经过规范训练的运动员的影响可能存在差异。此外，静态拉伸对最大等长扭矩产生的限制可能是特定于所用拉伸方案的关节角度的（Nelson et al.，2001）。除静态拉伸外的其他拉伸类型也可能会对运动能力产生负面影响。例如，本体感觉神经肌肉促进法会对女性的垂直纵跳能力产生负面影响（Church et al.，2001）。

如前所述，若在冲刺前进行静态拉伸，那么冲刺能力会受到较小但重要的不良影响（Kistler et al.，2010；Winchester et al.，2008）。此外，静态拉伸会明显降低跳跃能力和爆发力型的向心肌肉动作性能，但本体感觉神经肌肉促进法对拉长-缩短周期中的向心肌肉动作表现没有显著影响（Young and Elliott，2001）。如果主要采用动态热身来达到热身效果，则可以消除静态拉伸可能对体能产生的负面影响（Behm and Chaouachi，2011）。

## 长时间拉伸

训练前长时间拉伸是否会影响运动员的表现还需要进一步的研究。长时间拉伸是否影响及如何影响运动能力可能取决于受众、拉伸类型及是否与其他类型的训练同步进行。本体感觉神经肌肉促进法作为单独的训练，并不会影响运动项目相关的力、爆发力或速度表现（Higgs and Winter，2009）。经过规范训练的女田径运动员进行为期6周、每周4天的静态拉

伸，其爆发力或速度并没有得到改善，但也没有受到负面影响（Bazett-Jones et al.，2008）。但研究人员仍然建议，静态拉伸应在训练之后进行，以避免其对运动能力产生任何可能的负面影响。

在10周内未进行其他同步训练的情况下，检查静态拉伸对力和爆发力的提升发现，柔韧性（18.1%）、立定跳远能力（2.3%）、垂直纵跳能力（6.7%）、20米冲刺能力（1.3%）、膝屈1RM（15.3%）、膝伸1RM（32.4%）、膝屈耐力（30.4%）和膝伸耐力（28.5%）均有所提升（Kokkonen et al.，2007）。一项针对不同年龄段（18~60岁）进行的为期4周的静态拉伸与弹震式拉伸的研究没有发现两者对力、爆发力或长度张力关系有影响，且静态拉伸训练组和弹震式拉伸训练组之间没有差异（LaRoche et al.，2008）。总体来说，上述结果表明，拉伸训练方案的时长、同步训练状态以及拉伸时间都是会对力的增长产生影响的重要组成部分（如有）。每种拉伸运动几乎都能提高身体柔韧性，除非在力、爆发力或速度练习测试之前进行，否则这些拉伸运动则不会对力的增长产生不利影响（Behm and Chaouachi，2011）。

逐步改善柔性是提升身体素质的重要组成部分，需要在抗阻训练方案当中实现，尤其是要考虑到活动范围限制可能会妨碍正常功能或运动能力的发挥。重要的是，拉伸训练是需要持续进行的，因为有研究结果表明，如果持续进行6周的拉伸练习，在停止4周之后，之前的拉伸练习提升身体柔韧性的效果就会消失，即身体柔韧性恢复到训练前水平（Willy et al.，

2001）。此外，在停止训练之后进行相同时间的训练，效果并不会优于第 1 次为期 6 周的拉伸计划的效果。这意味着训练者要重新开始训练身体的柔韧性。在这一点上，柔韧性训练的适应时长和保持时间仍未确定，但是如果中止柔韧性训练，就可能出现活动范围的逐渐损失，因此还应当考虑到柔韧性的维持方案。

## 柔韧性和损伤

物理治疗师和运动防护师通常会花费大量的时间来提高容易受伤的目标部位的柔韧性。然而，科学文献往往不支持在训练或比赛前后进行柔韧性训练来预防损伤（Thacker et al., 2004）。在一项针对柔韧性训练是否可以预防损伤的问题的研究中，1538 名男性被随机分为 2 组，其中对照组不进行拉伸，而另一组在监测下对下肢的 6 个主要肌群进行 20 秒的静态拉伸（Pope et al., 2000）。最终的结果是，静态拉伸并不影响运动相关的损伤的发生率。作者发现，在预防损伤方面，体能水平可能比柔韧性更为重要。由于缺乏临床和科学的明确证据，制定以实际证据为基础的训练方案变得很困难，但也有研究者提出了许多热身的步骤（Herman et al., 2012; Stojanovic and Ostojic, 2011）。此外，在运动前后立即做拉伸运动似乎并不能减轻运动后发生的延迟性肌肉酸痛（Herbert et al., 2011）。一般来说，在热身时进行拉伸并不会影响过劳损伤导致的损伤发生率。然而，一些证据表明，在比赛前或热身时进行拉伸可以降低肌肉拉伤的发生率，但仍需要更多的对照研究来证明这一结论

（McHugh and Cosgrave, 2010）。

## 抗阻训练与柔韧性变化

人们已经知道，高强度抗阻训练能够提升或不改变身体的柔韧性（Massey and Chaudet, 1956）。最近的研究也证实了这一观点。一项为期 11 周的抗阻训练方案（每周 3 次，每次 3 组 8RM 的练习，强化所有主要肌群）的结果证明，在没有进行任何柔韧性训练的情况下，踝关节背屈和肩关节伸展有明显的改善（Thrash and Kelly, 1987）。

在进行抗阻训练 8 周（3 组 10RM）的较年轻（24~26 岁）的爱久坐的女性（Santos et al., 2010）和进行抗阻训练 10 周（3 组 8~12RM）的中年（37 岁左右）爱久坐的女性中，可观察到她们的柔韧性均有所改善（Monteiro et al., 2008）。但在某些运动（如肘关节和膝关节的伸展和屈曲）中，柔韧性没有增强，这可能与这些关节的结构有关（由于喙突与肱骨接触，肘关节伸展受限）。抗阻训练方案可以增强全活动范围运动时的身体柔韧性（Morton et al., 2011）。即使不进行其他柔韧性训练，抗阻训练也可以提高柔韧性，但仍推荐采用拉伸训练方案（Garber et al., 2011）。

在未经过训练的老年人中，抗阻训练仅使身体的柔韧性小幅增强（Barbosa et al., 2002; Fatouros et al., 2002）。因此，如果将改善柔韧性作为训练目标，那么除了抗阻训练方案外，仍需进行柔韧性训练，尤其是对老年人而言（Hurley et al., 1995）。老年人（> 50 岁）可能需要进行额外的拉伸运动以进一步增大关节活动范围（Girouard and

Hurley，1995；Vandervoort，2009）。

虽然进行抗阻训练的运动员之间存在差异（Beedle et al.，1991），但竞技型举重运动员大多数关节的柔韧性都达到了平均水平或高于平均水平（Beedle et al.，1991；Leighton，1955，1957）。这些差异与其所执行的训练方案类型有关（如奥林匹克举重和普通举重）。在 5 项柔韧性测试中，奥林匹克举重运动员和对照组受试者表现出更强的柔韧性，这表明力量举可能需要增加肌肉大小，因此会在一定程度上限制关节活动范围，并且，一些成功的力量举运动员可能在遗传上或其他方面更偏向于较差的柔韧性。在针对几组运动员的描述性研究中，奥林匹克举重运动员的复合柔韧性评分仅次于体操运动员（Jensen and Fisher，1979）。此外，由于竞技运动员（如健美运动员和举重运动员）的肌肉尺寸相当大，他们需要增强特定关节活动范围的柔韧性训练并监测所需的活动范围。因此，单靠抗阻训练并不能提高某些经过特定训练的运动员的柔韧性。在某些情况下，有限的关节活动范围可能会为某些比赛的运动员提供竞争优势（Kraemer and Koziris，1994）。竞技型力量举运动员的柔韧性有限，这可能是竞技型训练造成的，尤其是上半身训练（即卧推）（Beedle et al.，1991；Chang et al.，1988）。

综上所述，抗阻训练本身可以增强关节的柔韧性。但如果仅靠抗阻训练，那么所采用的抗阻训练方案和训练者的初始柔韧性水平则会影响柔韧性的提升幅度。要保持或增强柔韧性，应当包括强化主动肌和拮抗肌的全活动范围运动，同时加强关节的主动肌和拮抗肌（见信息栏 4.5）。

## 肌肉 - 肌腱复合体

训练不仅会影响肌肉，还会对肌腱产生影响（Finni，2006；Fukashiro et al.，2006；Nicol et al.，2006）。这在一定程度上是因为当产生力时，肌肉的收缩力会通过肌腱传递到骨骼，从而引起关节运动（不包括等长肌肉动作）。这种肌肉与肌腱的相互作用被称为肌肉 - 肌腱复合体（MTC）。超声波技术的发展推动了 MTC 研究的进步（Fath et al.，2010；Magnusson et al.，2008）。

许多运动医学文献都侧重于研究 MTC 刚度，但 MTC 刚度与我们通常所认知的刚度这个名词不同。MTC 刚度这一术语被定义为施加于 MTC 的力与单位长度变化之间的关系。因此，如果需要更大的力才能产生相同的拉伸量或长度变化，则它被称为刚度更高的 MTC。如果只需要较小的力来产生相同的拉伸长度，则 MTC 更柔软。短而粗的肌腱需要更大的力才能被拉伸，长而细的肌腱则可以很容易地被拉伸并吸收更多的能量，但当肌腱恢复至起始长度时，只能够恢复少量的机械能。有趣的是，被动拉伸及关节活动范围的增大并不总是能反映 MTC 刚度的降低（Hoge et al.，2010）。测试 MTC 刚度的新方法是监测各类体能训练方案引发的适应性变化的重要标志（Joseph et al.，2012）。

MTC 的另一个特性是滞后，也就是MTC 在拉伸后的回弹过程中损失的热量。拉伸回弹损失的热量越小，动作就越有效。随着体温的升高，肌腱的黏度降低，肌腱

信息栏 4.5　**实际问题**

## 运动过度是否会导致肌肉过度发达

　　肌肉过度发达的概念往往与抗阻训练相关。包括运动教练在内的一部分人认为抗阻训练会导致身体柔韧性下降，但几乎没有科学或经验证据支持这一论点（将拉伸作为全面体能训练方案的一部分）（Todd，1985）。

　　肌肉过度发达这一术语源自 20 世纪初期查尔斯·阿特拉斯与约克杠铃公司之间的营销战。查尔斯·阿特拉斯在当时以邮购形式出售身体锻炼服务，而同时约克杠铃公司的鲍勃·霍夫曼在出售杠铃。为了减少对方的杠铃销售量，查尔斯·阿特拉斯花钱聘请了一位约克杠铃举重者，让他四处宣称使用杠铃使自己变得"肌肉过度发达"。

　　早在 20 世纪 50 年代，就有证据表明进行全活动范围的抗阻训练，并且关节两侧的肌群得到训练时（Massey and Chaudet，1956），高强度抗阻训练不会导致关节活动范围减小。然而，如果没有训练关节周围的肌肉（肱二头肌而不是肱三头肌），那么就会出现由于关节一侧肌肉群过度发达，一定程度的活动范围减小的现象（Massey and Chaudet，1956）。肌肉过度发达可能导致运动受限，如举重运动员的手臂短但胸肌非常发达，因而他们两侧的手肘无法在胸前相触。通常，在每次训练时进行全活动范围的活动，并增加拉伸运动就可以增强柔韧性，从而可以避免肌肉过度发达的情况。

参考文献：

Massey, B.H., and Chaudet, N.L. 1956. Effects of heavy resistance exercise on range of joint movement in young male adults. *Research Quarterly* 27: 41–51.

　Todd, T. 1985. The myth of the muscle–bound lifter. *NSCA Journal* 7: 37–41.

对拉伸和回弹的反应会得到改善。在某种程度上，有效的热身运动能通过降低肌腱的黏度来减少热量损失，从而减轻滞后现象，帮助提升各方面的运动能力（见信息栏 4.3）。

　　用橡胶带来打比方有助于理解刚度和滞后。施加的力越大，橡胶带（肌肉）就会被拉得越长；而当橡胶带被释放时，回弹产生的主要是机械能，尽管有些能量将以热量的形式损失掉。机械能有助于增强肌肉的弹性成分，这是肌肉拉长–缩短周期运动（如预蹲跳）的一个公认作用。

　　根据运动类型的不同，MTC 刚度大对于某些力、爆发力和速度类运动是有利

的（Kubo et al.，2002；Mahieu et al.，2007）。例如，在跑步或短跑运动中，MTC 刚度较高对踝关节和膝关节有益，这些关节的活动范围非常小，并且肌腱较厚。相反，肩部和髋部的关节通常具有更大的活动范围和更薄的肌腱。例如网球的发球动作就可以通过更柔韧或刚度较低的 MTC 来优化。因此，MTC 刚度的高低是有利有弊的，在某些运动中，刚度较高的肌腱可能较为有利，而在其他运动中，较柔韧的肌腱则更有利。对 MTC 状态的实际评估正处于发展中，并且这对更好地规划专项体育训练方案来说是必需的。

训练方案可能对 MTC 产生影响，如抗阻训练可以提高 MTC 的刚度，而停止训练可以使其恢复到训练前的水平（Kubo et al., 2012）。同时，已有研究证实，拉伸运动可以降低 MTC 的刚度和滞后。虽然滞后的降低对训练者有益，但在某些情况下，MTC 刚度的降低则会起到相反作用，特别是在爆发力、力或速度类的训练之前（Ryan et al., 2008）。因此，在进行抗阻或爆发力类的运动或训练之前，应避免进行静态拉伸。

# 小结

在设计全面体能训练方案的各个部分时，需要进行充分考虑，并且必须使之符合训练者的生理需求或体能目标。本章概述了关于增强力、爆发力、局部肌肉力量、心肺功能及柔韧性的一些主要因素。由于涉及诸多因素，训练方案必须进行严密整合，以避免出现不兼容的情况。方案设计人员必须规划好每个部分的针对性训练，以及与每个训练周期的不同目标相关的训练时间、顺序及优先级。

训练方案的兼容性与对神经肌肉单元的具体要求有关。以持续时间长的间歇训练或高强度连续训练的形式进行的高强度有氧训练，会对增强肌肉的力和爆发力所需的肌纤维增大产生一定的抑制作用。通常，运动训练方案不兼容的情况往往发生在以增大肌纤维尺寸、增强爆发力和逐渐增长力量等为目标的训练方案之间。特别是在未受过训练的人开始采用抗阻和有氧同步训练方案时，这种现象最为突出。而

对于运动员来说，不兼容可能是短期内的过量训练引起的。因此，在一周内安排更多的休息日或者采用更低的运动强度是减少不兼容的一种方式。

柔韧性训练可以增大运动时的关节活动范围。抗阻训练可以提高 MTC 刚度，而拉伸训练通常会降低 MTC 刚度。因此，在进行训练方案设计时，应以训练者的体能水平和活动或运动的具体要求为基础，以最大限度地减少兼容性问题。

## 选读材料

Aagaard, P., and Andersen, J.L. 2010. Effects of strength training on endurance capacity in top-level endurance athletes. *Scandinavian Journal of Medicine and Science in Sports* 20 (Suppl. 2): 39-47.

Anderson, B. 2010. *Stretching*. Bolinas, CA: Shelter Publications.

Baar, K. 2006. Training for endurance and strength: Lessons from cell signaling. *Medicine & Science in Sports & Exercise* 38: 1939-1944.

Behm, D.G., and Chaouachi, A. 2011. A review of the acute effects of static and dynamic stretching on performance. *European Journal of Applied Physiology* 111: 2633-2651.

Bishop, D., Girard, O., and Mendez-Villanueva, A. 2011. Repeated-sprint ability—part Ⅱ: Recommendations for training. *Sports Medicine* 41: 741-756.

Casa, D.J., Guskiewicz, K.M., Anderson,. S.A., Courson, R.W., Heck, J.F., Jimenez, C.C., McDermott, B.P., Miller, M.G., Stearns, R.L., Swartz, E.E., and Walsh, K.M. 2012. National Athletic Trainers' Association position statement: Preventing sudden death in sports. *Journal of Athletic Training* 47: 96-118.

Cook, G., Burton, L., and Hoogenboom, B.

2006a. The use of fundamental movements as an assessment of function— part 1. *North American Journal of Physical Therapy* 1: 62-72.

Cook, G., Burton, L., and Hoogenboom, B. 2006b. The use of fundamental movements as an assessment of function—part 2. *North American Journal of Physical Therapy* 1: 132-139.

García-Pallarés, J., and Izquierdo, M. 2011. Strategies to optimize concurrent training of strength and aerobic fitness for rowing and canoeing. *Sports Medicine* 41: 329-343.

Hennessy, L.C., and Watson, A.W.S. 1994. The interference effects of training for strength and endurance simultaneously. *Journal of Strength and Conditioning Research* 8: 12-19.

Laursen, P.B., and Jenkins, D.G. 2002. The scientific basis for high-intensity interval training: Optimizing training programs and maximizing performance in highly trained endurance athletes. *Sports Medicine* 32: 53-73.

Nader, G.A. 2006. Concurrent strength and endurance training: From molecules to man. *Medicine & Science in Sports & Exercise* 38: 1965-1970.

Wilson, J.M., Marin, P.J., Rhea, M.R., Wilson, S.M., Loenneke, J.P., and Anderson, J.C. 2012. Concurrent training: A meta-analysis examining interference of aerobic and resistance exercise. *Journal of Strength and Conditioning Research* 26: 2293-2307.

# 5

# 开发个性化抗阻训练方案

---

**学习完本章后，你应该能够完成以下内容。**

1. 运用合理的方案设计原理来制定有效的、个性化的训练方案。
2. 提出合理问题，包括运动生物力学分析、能量来源和伤害预防相关的需求分析。
3. 识别并了解改变关键变量以影响应激训练刺激和运动以及方案设计的重要性。
4. 了解关键变量的具体生理反应及其对训练和方案设计的影响。
5. 了解训练潜力的概念以及针对不同体能水平和方法的不同适应窗口。
6. 制定有效的个性化训练目标，并且这些目标是可测试、可维持、可实现和具有先后顺序的。

---

针对某一个人的抗阻训练方案可能并不适用于其他人。评估训练目标并进行个性化训练是优化抗阻训练方案的必要条件。只有满足特定的目标的个性化方案才称得上是最佳方案，然后将其纳入适当的周期化训练模式中，以对适应和运动恢复进行优化。方案设计是一个系统化的过程，利用对抗阻训练基本原理的充分理解，满足每位训练者的需求。应当调整变量以提供有效的个性化训练刺激。因此，要建立起一套较为复杂的方案设计体系，这样便于制定、规范并修改训练期间的抗阻训练方案。本章概述了设计单一抗阻训练方案所需考虑的主要变量，这种方案的设计目的是为训练的生理及表现适应提供运动刺激。

## 方案选择

多年来，力一直是较为抽象的话题。现如今，激烈的市场竞争包含许多商业型的训练方案、训练方式及设备的销售，其目的是促进身体健康并改善身材。在这个商业化连锁健身房、包装过的在线项目及信息推广设备盛行的时代，训练者必须学会系统地分析这些方案所涉及的变量及其对训练适应的潜在影响。

如果不制定个性化的训练方案，那么不切实际的训练目标将导致训练结果不符合训练者的期望，从而导致他们无法坚持下来。在训练的早期阶段，通常能看到较为明显的效果，但这种现象并不会持续下去。此外，更严重的后果可能是，当训练方案的要求过高而超出训练者的承受范围时，训练者可能会因过度训练综合征而受伤。因此，我们所面临的挑战是设计出有效、安全且实际的抗阻训练方案。

最佳抗阻训练方案的制定是一个较为复杂的问题，它需要考虑到诸多因素，特别是训练者的目标。这些目标与所需的适应类型以及训练者的遗传潜能有关。另外，诸如年龄和性别等因素也对训练结果有一定影响。因此，可以说，一个训练内容、训练组合、重复次数以及负荷都最佳的方案并不存在，它是因人而异的。

接下来的问题是，现有的训练方案是否适用于另一个时间段。训练目标可能会发生变化，训练者的体能状况也可能变得更好，因此现有的训练方案随着时间的推移是否能产生与当前程度相同的适应性是值得怀疑的。因此，进阶（提升训练方案的强度）是抗阻训练设计的重要原则。方案设计人员必须遵循抗阻训练的主要原则来进行设计，如渐进式超负荷，以及特定性和变化性等因素，同时还要特别注意根据每个训练者不断变化的训练目标和体能水平对抗阻训练方案进行调整。直至今天，包括商业方案以及运动在内的许多项目仍然缺少个性化的课程和进阶。

抗阻训练包含的多个变量能够组合出各种各样不同的方案。严格地按照科学原则设计出的方案会对方案设计产生积极影响。例如，如果一名训练者采用轻负荷配合大量重复的运动方式，那么他的局部肌肉耐力会提高，但肌肉力量不会改变（Anderson and Kearney，1982）。这种变化还反映在肌纤维水平上，因为轻负荷在提升肌纤维大小的训练中带来的增益有限（Campos et al.，2002）。这些都是特定于训练适应性的例子。根据我们对与轻负荷训练相关的生理适应性的理解，我们可以预测力、爆发力和潜在的肌纤维的适应性（见第3章）。

此外，方案设计人员还必须考虑到个人对训练适应程度的差异。例如，由于在肌纤维数量、类型和大小等因素上存在着较大的生理和遗传差异，一名大学男子越野长跑运动员和一名大学男子美式橄榄球运动员相比，在经过相同的训练之后，他们在体能或肌肉尺寸等方面的改善情况是不同的。最初的训练方案应当基于对训练目标和关键变量的科学理解进行设计，例如组合、重复、休息时间以及刺激生理变化所需的运动选择。但是，不同个体的训练反应有所不同，如果没有达到目标训练效果，则需要对训练方案进行修改。神经适应的发生过程较快，而肌肉蛋白质的聚积使肌肥大需要更长的时间，因此对于变化的期望必须是在每个方案变量的适应时间线的生理范围内的（见第3章）。此外，遗传因素也可能决定了训练者的某种生理特征（如肌肉尺寸或肌肉力量）的反应程度是低、中还是高（Marshall et al.，2011）。在有氧训练的最大耗氧量改善中也可以看到这种变化（Skinner et al.，2001）。

有些人由于遗传因素，无法获得高度的适应能力（如肌肥大）。这意味着有一部分人能够比其他人更快地发挥遗传潜能，并且能够执行维持特定能力（如卧推的力量）的计划。但是整体的方案设计可以随时间进行调整，以最大限度地发掘每个人的生理潜力，从而使其达到特定训练目标。虽然可以根据特定的方案变量预测某种类型的适应，但是随着时间推移，个人的变化幅度也会有所不同。例如，一项包含 3 组高强度的 3~5RM 的周期化训练方案能够使每个训练者的肌肉力量增加，但增加的程度却因人而异。

此外还有几个问题：训练者要改进哪些方面？这些变化与测试结果有什么关系？测试是针对当前正在训练的项目，还是针对一般体能？测试方案应针对需要改进的能力，并且要与方案设计相结合。此外，方案的目标训练效果必须单独评估（Kraemer and Spiering，2006）。一些教练和私人教练拒绝进行测试，理由是他们不希望自己的学员为了通过测试而进行训练，他们因此错过了能够反映学员试图改善的体能类型的提高情况的测试。实际上，一部分人并不想评估自己的训练方案，这使他们不知道自己的方案需要进行哪些修改。

在相同的训练方案中，训练适应的绝对程度因训练者而异。因此，体能、运动或其他活动的一般方案仅应被视为训练者的起点，然后在此基础上调整方案设计，以适应个人的训练需求。抗阻训练方案的目标各不相同：一部分是为了保持状态，

另一部分则是为了获得长期且持续的体能改善和能力的提高。维持和提升项目可以在同一个训练方案中进行，因为每个方案都有其特殊的训练目标。

设计出一套优秀方案的关键是要有合格的教练进行有效监督。事实上，一些研究表明，训练有素的抗阻训练专业人员的监督以及训练强度和训练量的逐渐增加，都是促使健身效果最大化的因素。对于成年男性和女性，甚至是年轻运动员（大约 16 岁），有效的监督可以帮助他们增加力量收益（Coutts et al.，2004；Mazzetti et al.，2000；Ratamess et al.，2008）。监督多名学员的教练应当尽量控制学员的数量。1∶5 的教练和运动员的比例会比 1∶25 的比例带来更好的训练效果（Gentil and Bottaro，2010）。因此，良好的监督是训练方案成功实施的关键因素之一。

监督的内容包括观察训练者以确保其运动技术无误，观察训练者对由关键变量组合产生的压力的耐受度，以及确定训练者进行训练的能力。检查训练日志和每次训练的效果以确定总体方案中的下一次训练内容，是个性化方案的另一个重要组成部分。

针对特定训练阶段或训练周期的个人训练目标的制定也是设计长期训练方案的一个重要内容。因此，方案设计人员需要根据不同的时间段对抗阻训练方案做出相应的改变，以满足训练者不断变化的需求和目标。这需要根据有效的初始方案设计、监测和测试训练者的进展，并根据训练者的需求和训练反应来做出合理的实验或执教决策。因此，方案设计人员需要对抗阻

训练原理和方案设计过程的基础理论有一定的了解。此外，方案设计人员还需要了解体育运动或活动的需求，以及如何使用测试数据来监测每个训练者的训练效果。对任何抗阻训练方案最终的成功来说，制定训练方案和改变训练的过程都是至关重要的（见图5.1）。

了解产生运动刺激的因素对方案设计的成功至关重要。要产生有效的运动刺激，首先要针对特定的可训练特性开发单个训练课，如针对力量产生、爆发力或肌肥大（见第7章的表7.2）。渐渐地，关键变量的变化将带来一些进步、变化和超负荷，从而达到生理适应和改善运动能力的目标。设计合理的个性化训练顺序组成的一项周期化训练方案能带来期望和预期的训练效果。因此，训练方案的设计过程始于个人训练课（锻炼）和选择的用于实现整个训练周期和方案目标的关键变量。

下面将介绍方案设计的相关内容，即需求分析和关键变量，如训练强度、训练量、组间和练习间的休息时间、练习选择和顺序、重复速度以及训练频率等。

# 需求分析

需求分析是有助于解决一系列有关抗阻训练方案设计的问题的过程（见图5.2）（Kraemer，1983b）。方案设计人员应认真分析每一个问题，以构建起处理每种关键变量的基本框架。

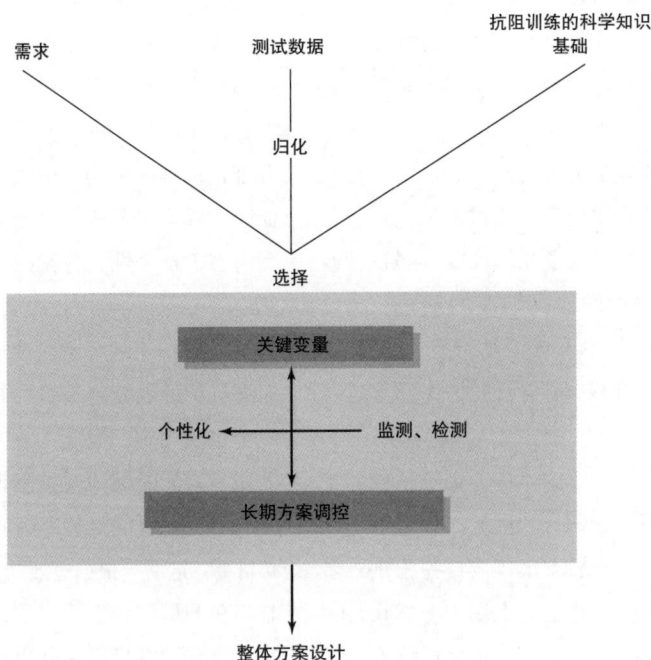

**图5.1** 一个适用于抗阻训练的训练方案示例

需求分析

动作（生物力学）
- 运用特定的肌肉
- 关节角度
- 肌肉动作

新陈代谢
- 三磷酸腺苷 – 磷酸肌酸能量系统
- 无氧糖酸解能量系统
- 有氧能量系统

伤害预防
- 常见损伤
- 曾经受伤的部位

关键变量

练习选择
- 结构性、全身、多关节
- 身体部位、单关节

运动顺序
- 先运动大肌群
- 先进行复杂的技巧练习
- 上肢到下肢或上半身到下半身
- 手臂到手臂或腿部到腿部，或上半身到上半身、下半身到下半身的循环模式

组数

动态恒定外部阻力强度

休息时间
- 较短：<1 分钟
- 中等：1~3 分钟
- 较长：>3 分钟

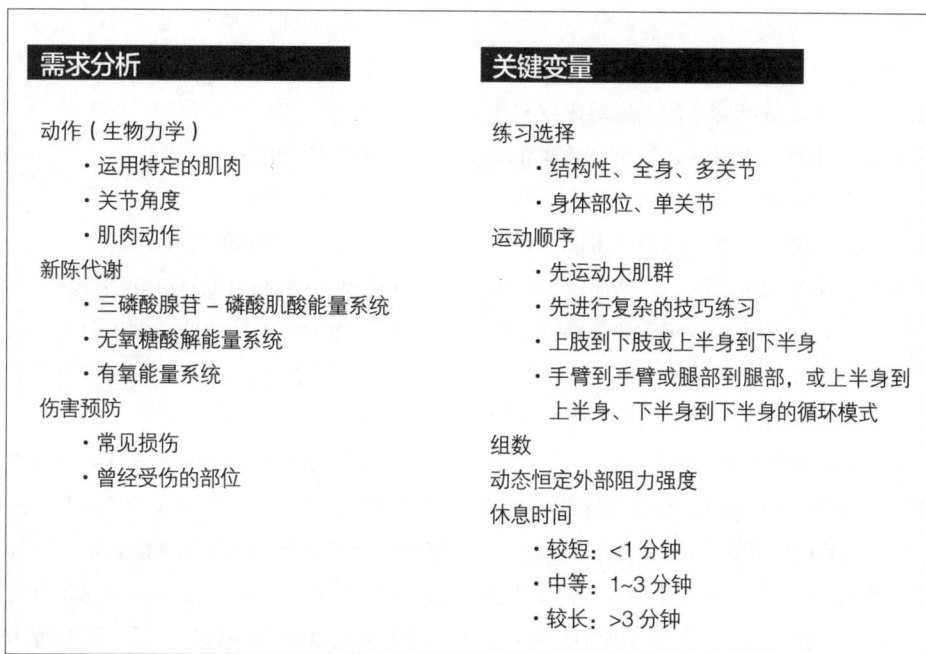

**图 5.2** 需求分析和关键变量的详细构成

需求分析需要解决的主要问题如下。

- 需要训练哪些肌群？
- 需要训练哪些基础能量系统（如无氧、有氧）？
- 需要训练哪些肌肉动作（如向心、离心）？
- 对于特定的运动或活动，哪些部位更容易受伤？受训者有无受伤史？
- 对肌肉力量、肌肥大、耐力、力量、速度、柔韧性、身体成分、平衡与协调的具体需求是什么？

## 确定训练需求的生物力学分析

需要训练哪些肌群？回答这个问题需要检查需要训练的肌肉和关节角度。对于任何活动，包括某一项运动，都需要对所进行的动作进行基本分析。最简单的肉眼观察可以用来确定在运动或训练活动中的动作和激活的肌肉。掌握生物力学的基础知识有助于进一步理解这种分析。

我们可以运用当今的技术手段进行各种各样的视频分析，从最简单的（如手机摄像头、免费视频电话应用）到较复杂的（商业图像采集与分析方案）手段都可运用。视频可以使教练仔细观察各项运动和运动中涉及的具体运动模式。教练可以利用视频采集设备来评估肌肉、关节角度、运动速度和力量。随着手机上各类免费视

频应用程序的普及，现在人们已经可以轻松地对运动和运动技术进行分析。视频应用程序还包含适当运动及训练动作技术的视频库。此外，还可以以合理的成本获取用于运动和运动技术分析的双摄像头和三摄像头生物力学软件。这些技术能为教练提供监测关键变量的机会，从而确保训练者正在进行的动作是特定于其正在训练的任务或运动的。

特定性原则是抗阻训练的一个重要原则，它规定训练方案必须能够在一定程度上反映活动或运动的特性，以使训练者能将在方案中取得的训练效果转化到实际运动中。生物力学分析允许选择使用专项练习，这些专门练习使用特定于正在进行训练的运动的肌肉和肌肉动作（见信息栏 5.1）。根据特定性，对在运动时使用到的肌肉必须在考虑以下几点的情况下进行训练。

- 发生移动的关节。
- 关节活动范围。
- 全活动范围内的抗阻模式。
- 全活动范围内的肢体速度模式。
- 发生的肌肉活动的类型（向心、离心、等长）。

所有运动的抗阻训练都应从身体各主要关节的全活动范围练习开始。但是，还应包括针对特定运动或活动的训练，如训练垂直纵跳的 1/4 蹲，以最大限度地提高抗阻训练对专项体能的提升。选择这种练习的最好方法是根据前文中提到的关键变量

---

**? 信息栏 5.1　实际问题**

### 是否需要同时做平板卧推和上斜卧推

平板卧推和上斜卧推锻炼的是相同的肌群，所以，是否有必要同时做这两种练习呢？改变运动的生物力学机制的确会改变参与运动的肌肉募集模式。例如，在卧推练习中，锻炼的主要肌肉是胸大肌和三角肌前束。虽然平板卧推和上斜卧推都由这些肌肉提供主要推力，但若对它们的肌电募集模式进行比较（Trebs et al.，2010），则会发现其间的细微差异。两种卧推运动的关节角度和运动存在着明显差异，但这是否意味着不同的募集模式呢？

在平板卧推和上斜卧推的比较中，在不同关节角度下，胸大肌两端（锁骨部和胸骨部）和三角肌前束的肌电募集程度有差异。因此，在抗阻训练方案中，同时进行这两种练习能够确保所有相关的肌肉组织都被募集并得到训练。改变运动的角度还会产生不同的募集模式。在这种情况下，进行这两种练习对完整的神经肌肉募集和充分训练相关肌肉组织是很重要的。随着抗阻训练方案开展的逐渐深入，应选择额外的补充练习来刺激相应肌肉组织内的所有运动单位，并全方位地训练目标肌肉。

参考文献：

Trebs, A.A., Brandenburg, J.P., and Pitney, W.A. 2010. An electromyography analysis of 3 muscles surrounding the shoulder joint during the performance of a chest press exercise at several angles. *Journal of Strength and Conditioning Research* 24: 1925–1930.

来分析运动或身体活动的生物力学机制，并将其与训练动作相匹配。理想的情况是根据对特定肌肉、肌肉动作类型和关节角度的分析来选择练习。对于一般的体能提升和肌肉增长，常锻炼到的是肩膀、胸部、背部、躯干、大腿和腿部的大型主要肌群。

在设计抗阻训练方案的过程中，转化特定性原则是最根本的原则。方案中包含的每项运动和抗阻练习的训练效果都会不同程度地转化到某项活动或体育运动中。转化的程度与通过整体方案设计和可用设备所实现的特定程度有关。当训练改善了身体健康和体能状态时，训练的特定性将与能影响特定生理变量或预期适应的练习选择有关。其他关键变量，如组间及练习间休息时间，还将影响各种生理系统的急慢性反应，包括支持训练的运动单位所需的代谢系统和激素系统。因此，一个关键变量要与其他变量相互作用，才能对训练产生综合刺激。本章后面的部分内容将对关键变量展开详细讨论。

转化特定性的概念是指每种训练活动促使完成其他活动的能力提升的程度。除了执行指定的任务或运动本身以外，没有任何训练活动能达到100%转化。然而，一些运动项目向某项具体活动或运动的转化程度要比其他运动项目高得多，因为它们在生物力学特征、神经肌肉募集模式和能量来源方面具有更高的特定性或相似性。虽然特定性对将训练效果转化为具体的运动能力来说是至关重要的，但是一些运动的动作（如深蹲、高翻、坐姿划船、卧推）和抗阻负荷（从轻到重）适用于一般的力

量和爆发力练习。这为更高级的训练技巧奠定了基础。因此，每个训练周期对于每项练习和选择的抗阻负荷都要设定明确的目标。

有时需要若干种练习和负荷方案来完成训练。从本质上讲，训练者通常要训练从低速、高力到高速、低力运动的整个向心力-速度曲线，以充分锻炼转化的目标活动或运动技术的神经肌肉系统。例如，要增强垂直纵跳能力，爆发力（定义为力量 × 距离/时间或动作/速度）的提升是至关重要的。改善爆发力公式中的力分量需要很大的阻力，这会产生最大的向心和离心力量。但是，要优化爆发力公式中的速度因素，还需要通过在1RM的各种次最大百分比（如30%~50%）下进行最大垂直纵跳（加速度测量）或预蹲跳来进行高速运动。这种训练强度的组合能提升最大力量、力的产生速率和爆发力（见图3.26）。以上都是增强垂直纵跳能力所必需的因素（Kraemer and Newton，2000）。

大多数运动技能都无法在增加负荷后不改变运动模式或运动技术。举例来说，如果在棒球棒上增加负荷（如增加重量环），那么挥动球棒的运动模式也将改变，挥动速度会变慢，并且需要更大的力来进行挥动。最优训练方案会为所有主要肌群提供坚实的力和爆发力训练基础，并能最大限度地提高特定性，从而最大限度地实现运动或活动目标改善。许多因素都有助于改善运动能力，其中包括技术、协调性、力的产生、力的产生速率和拉长-缩短周期（Newton and Kraemer，1994）。抗阻训练能够解决上述因素的一部分，并帮助改善生理机能。

## 肌肉动作训练

在设计一套运动、健身或康复训练方案的初始阶段，关于使用等长、动态向心、动态离心或等速运动练习的决定是很重要的。前文所描述的基本生物力学分析用于确定要训练哪些肌肉并确定活动中相应的肌肉动作类型。大多数活动和抗阻训练方案都会使用几种类型的肌肉动作，通常包括向心、离心及等长肌肉动作。

在针对某些运动能力进行训练时，可能会着重训练某一种类型的肌肉动作以提高运动能力。例如，区别精英级力量举运动员和普通力量举运动员的一项关键指标是在蹲举和卧推中降低负荷的速度（Madsen and McLaughlin, 1984; McLaughlin, Dillman and Lardner, 1977）。精英级力量举运动员降低负荷的速度比普通力量举运动员更慢，哪怕前者使用了更重的负荷。在这种情况下，一些高强度的离心训练可能对普通力量举运动员较为有利。另一方面，在摔跤比赛中，许多运动员都会使用不同的肌群执行等长肌肉动作。因此，一些等长训练将对摔跤运动员的训练有帮助。有证据表明，在摔跤比赛过程中，等长握力和"熊抱式"的等长力量都有明显减小（Kraemer et al., 2001）。这是一个能够说明如何在需求分析中评估体育运动中的具体肌肉动作并将其纳入方案以实现转化特定性的案例。

## 能量来源训练

执行各项运动与活动都需要从 3 种能量来源中分别获得一定比例的能量（Fox, 1979）。然而，许多活动都是从其中一种能量来源获得大部分所需能量的（如 50 米冲刺的能量主要来源于肌内 ATP–PC 能量系统）。因此，训练能量来源是方案设计的一个重要考虑因素（见信息栏 5.2）。抗阻训练通常侧重于从无氧能量来源（ATP–PC 和无氧糖酵解能量系统）获得能量。虽然常规抗阻训练的传统目标并不是改善全身的有氧代谢，但抗阻训练可以促进有氧训练的改善，因为它具备协同作用，例如减少心血管的压力、更有效地募集肌肉、增加去脂体重，以及在运动压力下改善血液流动。这对一些特定人群（如老年人）来说尤其如此。

## 容易受伤的部位

确定在某一项体育活动、娱乐活动或竞技运动中最易受伤的部位是至关重要的。可以通过查阅文献或咨询运动防护师、物理治疗师或团队医师来确定。确定易受伤部位的最好办法是参照以往伤病，因此研究一个人的伤病史是尤为重要的。抗阻训练的恢复方案可以侧重于增强组织的力和功能，使其能够更不易受伤或再次受伤，加快损伤恢复，并使其受伤时的组织受损面积减小。"预康复训练"这一传统术语指的是通过训练关节和肌肉在活动中较易受伤的部位来防止受伤。了解运动或活动中常见的损伤（如足球和摔跤中的膝关节损伤）以及训练者的伤病史，有助于更有效地设计抗阻训练方案。

针对预防损伤的抗阻训练方案的基础在于强化组织，使其能够更好地承受物理压力并提高其修复和重塑组织的生理能力。抗阻训练的压力的确可能造成部分肌肉组织损

**❓ 信息栏5.2　实际问题**

**对于某些运动项目，运动员可以始终进行休息时间短的关于高乳酸耐受能力的抗阻训练吗**

对提升肌肉和血乳酸浓度的运动（如摔跤、拳击和800米跑）所进行的需求分析表明，运动员应始终进行休息时间短的高乳酸耐受能力训练。但是，各种抗阻训练方案都应该是个性化和周期化的。然而许多流行的高强度商业训练方案并没有关注这个问题，它们只套用一种训练方案进行练习，就类似于只使用一种工具来建造房屋一样。所以，需要创建多种方案，以最大限度地开发最大力量和爆发力，从而为体能提升和损伤预防做好准备。毫无疑问，在此类运动当中，整个训练方案都应包含休息时间短的训练，这样会提高运动员的缓冲能力，从而提高其身体能力和对酸性条件的耐受能力。这些训练项目通常需要在赛季开始前的几周内进行，因为在赛季中训练会使运动员完全暴露在酸性条件下。同时，还需要防止其他力量和爆发力训练不足的情况发生。

人体在休息一分钟或更短时间后，即极度疲劳的情况下，是无法被激发出最佳的力和爆发力的。此外，如某些商业训练方案所说，当采用高训练频率时（如每周6天），仅使用极短休息时间的训练方案可能导致疲劳积累和恢复效果减弱。这种情况也与高生理压力有关（如肾上腺素大幅增长、皮质醇大幅增长）。虽然它对于压力适应来说很重要，但如果训练方案没有包含休息和恢复期（即周期化训练），则可能导致过量训练或过度训练综合征。更令人担忧的是，如果不循序渐进并进行合理安排而贸然使用此类方案，还可能引发横纹肌溶解综合征。

很多教练并不理解高质量训练的必要性，只认同某种错误的费力训练的观念。现如今，部分健身教练较趋向于采用高强度的商业训练方案，受营销因素以及错误观念的影响，他们认为真正的训练应当使人汗流浃背、筋疲力尽，甚至出现身体不适。不适当的训练的一些标志性特征包括头晕、恶心和精神疲劳，这是不恰当的进度或不适宜的训练时间所造成的，如在假期休息后即刻开始训练。虽然适当的短休息时间的训练方案可以帮助运动员逐渐耐受这种生理条件，但只执行这类短休息时间的高强度训练方案，最大力量和爆发力的发展会受限。这是因为在训练或比赛期间休息时间较短的情况下，训练者只能表现出其最大力量和爆发力的一小部分。

---

伤。抗阻训练对于正常损伤和修复需求的反应，在一定程度上是由参与修复受损组织的发炎、免疫和内分泌过程来进行调节的。抗阻训练可以帮助调节并使这些系统为进行更广泛的损伤后修复活动做好准备，并可以加速损伤恢复，同时有助于强化韧带、肌腱和肌肉组织，以帮助预防损伤。

## 其他训练结果

确定诸如肌肉力量、爆发力、肌肥大、局部肌肉耐力、速度、平衡、协调、柔韧性和身体成分等变量所需的改善程度，是设计整个抗阻训练方案过程中的重要步骤。因此可以认为抗阻训练方案会优化所有变量。为了达到这个目的，在一年中的某个时间点，不同训练阶段应当针对特定的体能组成部分。此外，这些变量不一定需要相似程度的提升。例如，体操、摔跤和奥林匹克举重等多项运动都需要高力量重量比或高爆发力重量比。在这种情况下，抗阻训练的目的是使力和爆发力最大化，同时尽量减少体重的增加。这在包含举重、力量举和摔跤等区分重量级的体育运动项目中体现得比较明显。在需要最大短跑速度或跳跃能力（如跳高、跳远）的运动中也体现得较为明显。在这些项目中，增加体重可能会对冲刺速度和最大跳跃高度或距离产生不利影响。另外一些体育运动则受益于体重的增加，如美式橄榄球。在这项运动中，假设爆发力相应增加，那么对于给定的体重，其冲击力更大。因此，必须对肌肉适能的这些因素进行评估，以制定恰当的抗阻训练方案。

# 方案设计

需求分析完成后，就要着手开始设计一个整体的方案。在设计方案时，须制定训练阶段或周期以提供锻炼刺激的变化。第 7 章将对长期方案调控及各种关键变量的周期化方法进行讨论。训练的顺序应根据个人的具体目标和需求做安排。关键变量将作为特定抗阻训练课的框架。了解关键变量的影响至关重要，因为整体的训练方案是由单个训练课构成的。

# 关键变量

早在 1983 年，克雷默（Kraemer，1983b）就研究出了一种方法，对每种训练变量进行评估。他通过统计分析，确定了存在的 5 个关键变量集群，每个集群都有其独特之处，能够在训练中发挥不同的作用。关键变量能够提供关于任一训练方案的综合描述。通过控制每个集群中的变量，如图 5.3 所示，训练者可以设计出合理的训练方案。所有的训练过程都会引发特定的生理反应，最终通过这些刺激使训练者产生适应性变化。因此，关键变量的选择对方案设计和有效性有着重要影响。

## 练习选择

如需求分析中所述，练习选择与运动的生物力学特征有关。关节角度的数量和练习动作几乎是无穷无尽的。关节角度的变化会影响被募集肌肉中的运动单位（如直立提起小腿时，脚趾指向为向外、向内或向前直指）（Tesch and Dudley，1994）。含有未被募集的肌纤维的运动单位不会从抗阻训练中受益。应根据需求分析，着重训练指定的肌肉和关节角度。

练习可分为主要练习和辅助练习。主要练习是以指定动作训练主动肌的练习，主要是针对主要肌群的练习，如深蹲、卧推和高翻。辅助练习则主要训练与主要练习相关的肌肉或肌群。练习还可分为结构性练习或身体部位练习。结构性练习主要是需要多个关节和多个肌群协同工作的全身性练习。高翻、高抓、硬拉和深蹲等运动就是结构性练习的最佳例子。

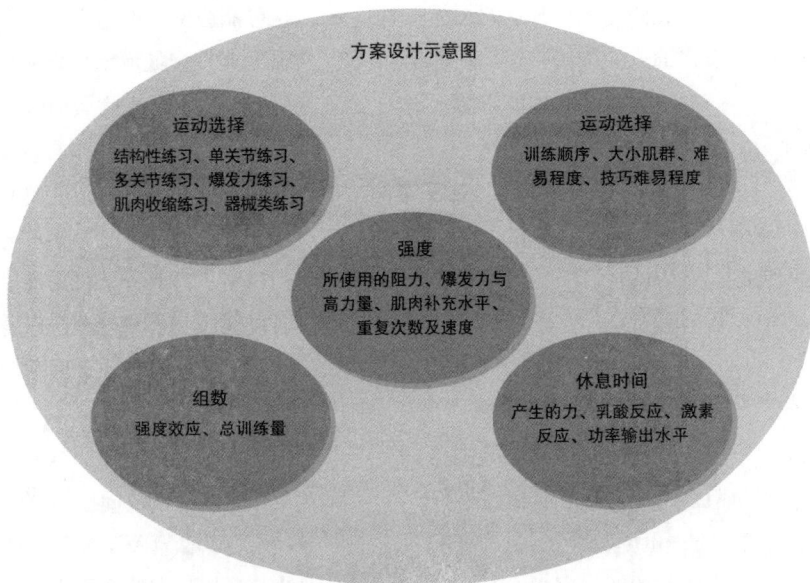

**图 5.3** 在抗阻训练方案中可控的关键变量集群，包含各个集群中要优化的组成因素示例

练习也可以分为多关节或多肌群练习，这意味着需要运动多个关节，或使用多个肌群。试图练习单肌群所进行的训练称为身体部位、单关节或单肌群练习。肱二头肌弯举、膝伸和膝屈等就是单关节练习、单肌群练习或身体部位练习的例子。许多辅助练习可分为身体部位练习、单肌群练习或单关节练习。

结构性（多关节）练习需要肌肉和关节之间的神经协调。从执行的角度来看，我们知道多关节训练比单关节训练需要更长的入门时间或神经适应时间（Chilibeck et al., 1998）。因此，在这种训练的早期，学习正确的技术是至关重要的。然而，尽管可能需要更多的时间来进行技巧性指导，结构性练习和多关节练习对训练指定活动的全身性的力的运动仍是至关重要的。大

多数运动、军事活动和日常生活中的功能性运动（如爬楼梯、从椅子上站起来、铲雪、拎杂货袋等）都有赖于结构性练习，这也是大多数抗阻训练项目都包含这一练习的原因。

在运动中，全身性的力和爆发力运动是成功的基础。例如，跑步和跳跃类活动、美式橄榄球和英式橄榄球比赛、摔跤以及棒球运动都需要运用全身的力和爆发力。很多时候，结构性练习需要高超的举重技术，如高翻和抓举，这就比常规练习需要更多的技术指导。老师和教练应当了解如何针对此类训练进行指导，或者在将其纳入训练方案之前，要先确定有一定资质的教练能够对训练进行指导和监督（如经过认证的美国举重教练）。如果由于缺乏合格的教练而将该练习从训练方案中删除，

则可能降低训练方案的有效性，这就是为什么通常需要合格的专业人员来辅助训练方案的实施。而对于那些对基础健身感兴趣的人来说，在训练时间有限的情况下，结构性练习也是相当有效的，因为这些练习可以训练多个肌群。对于个人或团队而言，在训练时间有限的情况下，可采用结构性练习和多关节练习以节约时间。

## 肌肉收缩模式

向心、离心和等长的肌肉收缩模式会影响身体对抗阻训练的适应。肌肉在进行离心肌肉动作时会产生更大的力，其优点是每单位肌肉发力所需的能量更少（Bonde-Peterson et al., 1972；Eloranta and Komi, 1980；Komi et al., 1987）。研究表明，增肌需要重复进行离心肌肉动作（Dudley et al., 1991；Hather et al., 1991）。当在重复中加入离心肌肉动作时，动态力量的改善和肌肥大效果是最好的（Dudley et al., 1991）。因此，每次重复应包含负重的向心和离心肌肉动作以取得最佳效果。但部分设备（如液压和一些等速设备）不支持进行负重的离心阶段动作。

离心力大于向心力（见图 3.26），其范围为向心 1RM 的 105%~120%，具体视特定的训练动作而定。健美运动员、举重运动员、跳远运动员、花样滑冰运动员和其他类型的运动员都使用了这些技术，如强化离心训练、高强度离心训练和"慢离心训练"，以最大限度地发挥力、爆发力或实现肌肥大，或帮助控制落地时的减速力（见第 2 章）。然而，在所有运动中使用超过向心 1RM 的阻力时都必须非常小心，因为这可能会使肌肉组织产生很大的损伤。高强度离心抗阻训练，特别是对于未经训练的人而言，延迟性肌肉酸痛可能比仅采用高强度向心肌肉动作、等长训练和常规型抗阻训练（包括高强度向心和离心肌肉动作）更为严重（见第 2 章关于运动后疼痛的讨论）。此外，在进行高强度的训练或者以新的关节角度进行新的练习时，如若涉及离心肌肉动作，则更容易出现肌肉酸痛。

等长力的增加与特定于训练的关节角度（即关节角度特定性），但也会转化到其他关节角度（见第 2 章关于等长训练的讨论）。因此，等长肌肉动作可为训练或活动的关节活动范围内的某一关节角度带来力量增益（见第 6 章对功能性等长训练的讨论）。如前所述，等长训练对一些运动来说是很重要的，如摔跤或攀岩之类的娱乐活动，因为其在提升运动技能（如在摔跤中的抓扣和保持）或满足运动体能需求（如在岩中抓住一块石头）中很重要。

## 训练顺序

近期，在训练方案的设计中，训练顺序受到了越来越多的关注。有些人认为，优先训练较大的肌群会为相应肌肉提供更好的训练刺激。其原理是通过刺激更多的神经、代谢、内分泌和循环反应以使身体进行调节，这可能对强化随后的肌肉训练或锻炼有帮助。

在结构性（多关节）练习和单关节练习的排序中，训练顺序是很重要的。通常，先进行多关节练习，如深蹲和高翻，再进行一些单关节练习，如肱二头肌弯举和膝伸。采用该顺序的基本原理是，在锻炼开始时进行的练习需要最大的肌肉质量和能量才能达到最佳效果。训练者可以采用更大的负荷来产生更强的神经刺激，因为他们在当前阶段的疲劳程度较低。

在训练的早期阶段进行结构性练习时，可采用更大的阻力，因为疲劳程度不高。为了验证这一观点，作者研究了 50 名美式橄榄球运动员在训练开始时和训练结束时进行深蹲的训练日志。在训练强度较大（3~5RM）的训练日，运动员们在首次进行深蹲时，明显使用了更大的阻力 [195±35 千克和 189±31 千克（430±77 磅和 417±68 磅）]。此外，还有研究表明，如果在训练开始时而非训练结束时进行大肌群训练（如深蹲），可以完成更多的重复次数（Sforzo and Touey, 1996; Spreuwenberg et al., 2006）。另外，就上半身的训练力顺序而言，运动开始时比运动结束时，大肌群和小肌群能够完成更多次数的重复。与 3 分钟的休息时间相比，仅设置 1 分钟的休息时间会造成运动能力更大程度地下降（Miranda et al., 2010; Simão et al., 2007）。有趣的是，尚未发现自感用力度（RPE）的差异与训练顺序有关，这很可能是由于高 RPE 都是伴有高负荷抗阻训练（Simão et al., 2007; Spreuwenberg et al., 2006）。因此，运动能力的质量似乎受到疲劳程度的影响，包括可用的阻力和可完成的重复次数，这影响着整体训练量。

训练顺序也可能有助于解释激活后增强（PAP）效应的概念。受先前活动的影响，运动单位可能会以更大的力或爆发力做出反应（Ebben, 2006; Robbins, 2005,

2010b）。因此，训练顺序可用于提高后续的力量和爆发力的产出质量。复合训练或对比负重，涉及进行抗阻训练，如蹲起后做短暂的休息，然后进行爆发力训练，如垂直纵跳。在进行爆发力训练之前进行大阻力的训练已被研究过（Weber et al., 2008）。因为它涉及许多因素，包括练习选择、练习间的休息时间以及复合训练方案中使用的负荷（见信息栏 5.3）。尽管复合训练似乎可以增强爆发力，但仍然不存在一套适用于所有人的通用方案。因此，在使用这种训练方法时，个性化方案对于确定是否存在最佳 PAP 负荷顺序是至关重要的。在进行第 2 次训练时，这种类型的训练顺序并非对每个人的爆发力都有强化效果。

美国的健美运动员和苏联的举重运动员采用了各种类型的力竭前训练方法，包括在进行大肌群练习之前先进行小肌群练习。例如，在做卧推之类的多关节练习之前先进行单关节练习，如肱三头肌臂屈伸或哑铃仰卧飞鸟。该方法的原理是，疲劳的小肌群对动作的贡献很小，因此会将更大的压力施加于其他的肌群。例如，卧推练习期间的肌肉疲劳通常是肱三头肌的疲劳。许多健美运动员做卧推的目的是最大限度地增大胸部肌肉。因此，进行哑铃仰卧飞鸟这类单关节练习的基本原理是对胸部肌肉进行力竭前训练，使卧推时产生的疲劳由胸部肌肉带来，而非肱三头肌。采用哑铃仰卧飞鸟练习对胸部肌肉进行力竭前训练并没有显著改变胸大肌或三角肌前束中的肌电活动，但肱三头肌的肌电活动有所增加（Brennecke et al., 2009）。可

## 信息栏5.3　研究成果

### 复合训练的练习选择和休息时间

垂直纵跳这类运动对许多运动员，尤其是排球运动员来说非常重要。其训练的方法之一是采用复合训练或对比负重。它包含了抗阻训练，如深蹲后进行短暂的休息，然后再进行如垂直纵跳的爆发型练习（见第6章关于复合训练或对比负重的讨论）。有一种机制似乎可以通过运动前的压力来改善爆发力的产生，即激活后增强（PAP）效应。虽然这个概念已存在多年，但实施方案设计的具体因素仍然较为模糊。

一项研究为此概念提供了清晰的思路。该项研究针对美国大学体育协会一级联赛的男女排球运动员进行了研究，以确定特定方案特征的有效性，从而验证PAP对垂直纵跳能力的改善效果（McCann and Flanagan，2010）。确定最优顺序对增强垂直纵跳能力的训练的质量的提升非常重要。运动员进行后深蹲或从大腿中部开始悬垂翻，阻力为5RM，然后进行下蹲跳，最后休息4~5分钟。使垂直纵跳能力产生最大增长的训练方案可带来5.7%的增长。但没有一项训练方案能使所有的运动员都产生最大的垂直纵跳能力增长。这表明，由各种复合训练方案引起的爆发力增长是非常个性化的。研究者发现存在很多个体间差异，这表明不同的训练方案会对不同的个体产生不同的影响。因此，结论是复合训练的确能够增加爆发力的产出，但确切的最佳方案是未知且因人而异的。因此，教练和训练师在采用复合训练方法时需要进行个性化方案设计，并直接评估其对每个个体的影响。此外，复合训练似乎确实能够极大地增加爆发力产出，但目前尚不存在能最大限度地增加所有人的爆发力产出的通用方案（Robbins，2005）。

参考文献:

McCann, M.R., and Flanagan, S.P. 2010. The effects of exercise selection and rest interval on postactivation potentiation of vertical jump performance. Journal of Strength and Conditioning Research 25: 1285–1291. Robbins, D.W. 2005. Postactivation potentiation and its practical applicability: A brief review. Journal of *Strength and Conditioning Research* 19: 453‐458.

见，经过力竭前训练的肌肉没有表现出肌电活动的增加，而没有进行力竭前训练的肌肉恰恰相反。实际上，力竭前训练通常会导致大肌群在运动中使用的阻力减少，这就使人们对它在纯力量训练中的应用产生怀疑。

力竭前训练的另一种方法是在进行主要练习之前，使协同肌或稳定肌疲劳，例如在卧推之前做高位下拉或者硬推。然而，在另一项研究中，这则广为流行的理念却遭到质疑，研究的内容是对比在做一组腿蹬举运动之前，进行和不进行包含一组膝伸力竭前训练的肌肉激活情况。通过肌电图测试的肌肉激活情况的结果显示，在拮抗肌经过力竭前训练的情况下，四头肌完成的重复次数更少（Augustsson et al.，2003）。因此，经过力竭前训练的肌肉可能不会增加刺激。

优先训练法体系，包含在训练初期或早期进行的训练，也被广泛用于抗阻训练（见第6章的"优先训练法"）。该体系允许训练者在训练早期的运动中使用较大的阻力，从而消除过度疲劳的问题。优先训练法体系的原理是对爆发力训练（如高翻、快速伸缩复合训练）进行排序，因此它们会在训练初期进行。这使举重运动员能在感到疲劳之前强化和训练最大爆发力，因为疲劳会对训练效果产生阻碍。然而，在某些情况下，可以在训练后期进行爆发力训练来改善无氧耐力。例如，篮球运动员不仅必须进行充分的垂直纵跳练习，还要在疲劳时做长时间的跳跃练习。在这种情况下，可以在后续的训练中进行爆发力训练，如超等长训练，以训练下肢在疲劳状态下的最大爆发力。但是在奥林匹克举重这类运动中，运动员的举重技术可能会在极度疲劳的状况下大大降低，从而增加骨骼损伤的可能性。这样的训练顺序应仅用作优化增强爆发力的辅助手段，并且必须仔细选择练习。此外，还需仔细地考虑运动员的体能状态并跟进方案进度。

在训练顺序中需要考虑的另一项因素是，在排列训练顺序时，应将那些正在学习的、动作复杂的练习放在前面。例如，如果运动员正在学习高翻，那么就将这项练习将放在训练开始时，这样，学习效果就不会因疲劳而变差。在所有举重技术的学习阶段，掌握适当的技巧很重要，因为疲劳会对学习效果产生负面影响。

训练顺序也适用于各种循环抗阻训练方案中所使用的训练动作。是否要在腿部练习后进行另一项腿部练习或进行另一组肌肉练习的问题需要得到解决（见第6章关于交替肌群顺序的讨论）。前文中所讨论的力竭前训练的概念可以在此处发挥作用。交替训练肌群，如从手臂训练到腿部，可以在锻炼部分肌群的同时让其他部分的肌群得到恢复。这是循环抗阻训练方案中最常见的顺序。新手运动员对手臂到手臂、腿部到腿部的训练顺序或叠加练习的耐受能力较差，特别是在两次运动之间的休息时间较短（60秒或更短）时，这是代表着高酸性条件、较低缓冲能力、高ATP周转率的高血乳酸浓度（10~14毫摩尔/升）造成的（Kraemer et al., 1990, 1991; Robergs et al., 2004）。然而，叠加练习是精英级健美运动员的常用方法，其目的是在备赛时期的"减脂"训练阶段强化肌肉线条并减少身体脂肪。通常，最初采用的是手臂到腿或上半身到下半身的交替顺序。后期如果需要，则要将叠加练习逐步纳入训练方案。

在侧重训练功能性能力时（即高转化特定性），应在训练的早期阶段做基础抗阻和爆发力训练，如深蹲、高翻和卧推等。而对于提升速度和爆发力的训练，通常需要在训练的早期阶段进行全身性的爆发力的训练，例如高翻和预蹲跳。不恰当的训练顺序会影响举重运动员的能力，使其无法以预期的阻力完成预期的重复次数。更重要的是，如果过度疲劳，运动技术发生改变，则可能导致过度训练综合征或造成身体损伤。因此，训练顺序需要与特定的训练目标相匹配。对于多肌群和单肌群练习的排序，有以下几种通用方法。

- 大肌群练习优先于小肌群练习。
- 多关节练习优先于单关节练习。
- 在做结构性练习时，推拉练习交替进行。

- 在做结构性练习时，上身和下身的练习交替进行。
- 针对个人情况，先做弱项练习（优先），再做强项练习。
- 奥林匹克举重训练优先于基础力量和单关节练习。
- 在进行其他类型的练习之前，先做爆发力类型的练习。

与训练顺序相关的最后一项考虑因素是要了解训练者的体能状况及训练状态。疲劳对运动技术的不良影响可导致过度训练综合征或急性损伤。如前所述，训练始终不应对训练者造成太大压力，特别是对于刚入门的训练者、结束长时间休息的训练者和受伤的训练者。

## 训练组数

在训练中，不必为所有的练习设置相同的组数，这个概念在第 2 章中讨论过。训练组数是影响训练量的变量之一（如组数乘以重复次数再乘以重量），换

句话说，它会影响所进行的总训练量（焦耳）。一般来说，做 3~6 组训练通常能够获得最佳的力量增益，并且在结构性练习中，做 3 组练习和做 1 组练习所产生的生理反应是不同的（American College of Sports Medicine，2009；Gotshalk et al.，1997；Mulligan et al.，1996）。有研究表明，多组训练体系对提升力量和局部肌肉耐力最为有效（American College of Sports Medicine，2009；Atha，1981；Kraemer，1997），并且训练者将比以单组训练体系更快的速度获得收益（McDonagh and Davies，1984）。

在多项训练研究中，研究人员对按照 8~12RM 以慢速进行的单组训练与周期化和非周期化的多组训练进行了比较。图 5.4 和表 5.1 展示的是对未经训练的男性和女性所进行的代表性研究的结果，这些研究证明了多组训练方案在短期和长期的力的改善方面的优越性。

研究人员对受过抗阻训练的人进行了测试，结果表明，其在多项训练方案中，力、爆发力、肌肉大小和高强度耐力均有

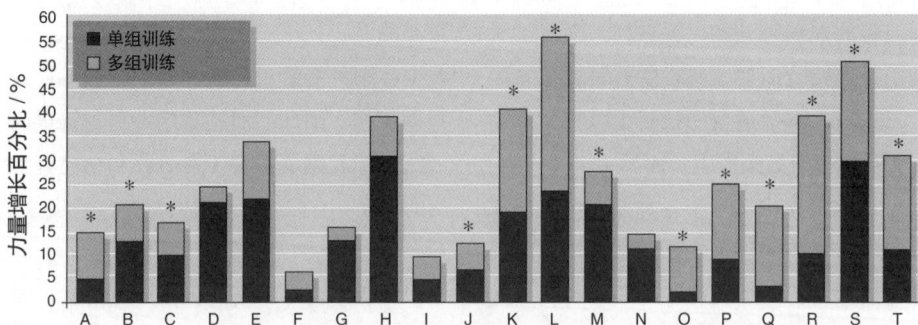

**图 5.4** 对采用单组和多组抗阻训练方案后肌肉力量的增长幅度进行比较。研究时长从短期（6 周）到长期（9 个月）不等。所提供的数据是每项研究中使用的所有练习的平均增长百分比

* 表示单组和多组训练方案之间的差别。

**表5.1** 单组和多组训练方案对力量增长影响的对比研究

| 编号 | 训练方案 | 研究人员 | 增长百分比（MS；SS） |
|---|---|---|---|
| A | 在 MT 女性中：1×（6~9）RM 对比 3×（6~9）RM | Schlumberger et al., 2001 | 15%；6% |
| B | 在 UT 男性中：1×7RM 对比 3×7RM 的腿部练习 | Paulsen et al., 2003 | 21%；14% |
| C | 在 UT 男性中：1×（10~12）RM 对比 3×（10~12）RM 和周期化训练 | Stowers et al., 1983 | 17.5%；12.5% |
| D | 在 UT 男性中：1×（10~12）RM 对比 3×6RM | Silvester et al., 1984 | 25%；24% |
| E | 在 UT 女性中：1×（8~12）RM 对比周期化训练 | Sanborn et al., 2000 | 34.7%；24.2% |
| F | 在 MT 男性中：1×（7~12）RM 对比 2×（7~12）RM 和 4×（7~12）RM | Ostrowski et al., 1997 | 7%；4% |
| G | 在 UT 男性中：1×（10~12）RM 对比 2×（8~10）RM | Coleman, 1977 | 15%；16% |
| H | 在 UT 男性中：1× 至力竭（尽可能多），按照 1RM 的 60%~65%，对比 3×6（1RM 的 80%~85%） | Jacobson, 1986 | 40%；32% |
| I | 在 UT 男性中：1×（8~20）RM 对比 3×6（1RM 的 75%） | Messier and Dill, 1985 | 10%；6% |
| J | 在 RT 男性中：1×（8~12）RM 对比 3×（8~12）RM | Kraemer, 1997 | 13%；9% |
| K | 在 UT 男性中：1×（7~10）RM 对比 3×（7~10）RM 的腿部练习 | Ronnestad et al., 2007 | 41%；21% |
| I | 在 MT 男性中：1×（8~10）RM，1×（6~8）RM，1×（4~6）RM 对比 3×（8~10）RM，3×（6~8）RM，3×（4~6）RM | Rhea et al., 2002 | 56%；26% |
| M | 在 UT 男性中：（1, 2, 3）×（2, 6,10）RM | Berger, 1963d | 28%；23% |
| N | 在 MT 男性和女性中：1×（8~12）RM 对比 3×（8~12）RM | Hass et al., 2000 | 13%；14% |
| O | 在 RT 男性中：1×（8~12）RM 对比周期化训练 | Kraemer, 1997 | 12%；4% |
| P | 在 RT 男性中：1×（8~12）RM 对比 3×10RM 和周期化训练 | J.B. Kramer et al., 1997 | 25%；12% |
| Q | 在 RT 男性中：1×（8~12）RM 对比周期化训练 | Kraemer, 1997 | 21%；6% |
| R | 在 UT 女性中：1×（8~12）RM 对比周期化训练 | Marx et al., 2001 | 40%；13% |
| S | 在 UT 男性和女性中：1×（8~12）RM 对比 3×（8~12）RM | Borst et al., 2001 | 51%；31% |
| T | 在 RT 女性中：1×（8~12）RM 对比周期化训练 | Kraemer et al., 2000 | 31%；14% |

MS 表示多组；SS 表示单组；RT 表示受过抗阻训练；UT 表示未受过训练；MT 表示经受过适当训练。

所提升（Kraemer, 1997；Kraemer et al., 2000；JB Kramer et al., 1997；rieger, 2010；Marx et al., 2001；McGee et al., 1992）。这些研究结果促使美国运动医学会（ACSM, 2009）推荐了以长期进步（不仅是保持）为目标的周期化多组训练方案。

但有一个例外，即到目前为止，在针对未受过训练和受过训练的人的短期和长期训练研究中，多组训练方案带来的力量增长百分比高于单组训练方案。

短期和所有长期研究都支持这样的观点，即在体能强化和运动能力方面，特别是在从受过训练的状态开始到最初训练阶段之后，需要通过多于一组的训练量来实现改善和进阶。如第2章所述，元分析表明，不论是受过训练的人还是未受过训练的人，分多组来训练各个肌群都能获得最大的力量增益。需要注意的是，这些元分析检查的是每个肌群的训练组数，而不是每项运动的训练组数。有趣的是，其中一项元分析显示，未受过训练的人的力量会随训练量的增加而增加（即4组对比1组）（Rhea et al.，2003）。另外两项元分析显示，在受过训练和未受过训练的人当中，多组训练带来的肌肉增大和力量增加分别比单组训练高出40%和46%（Krieger，2009，2010）。然而，由于变化（包括在一些训练阶段期间训练量的变化）对持续改进至关重要，在整个宏观周期的某些练习或训练周期中，单组或少量训练可能有用。关键在于训练量的周期化，而不只是增加训练组数，训练组数在所有周期化训练方案中都仅仅是训练量和训练强度等众多关键变量中的一个。

考虑到抗阻训练方案设计中涉及多个变量，仅比较单组和多组可能过于简单。例如，上述几项研究仅比较了采用不同组数的训练方案，而没有分析其训练强度、练习选择和重复速度的差异。此外，在短期训练中加入未受过训练的人进行测试也

有些不妥（Stone et al.，1998）。据观察，未受过训练的人对大多数方案的反应都较好（Häkkinen，1985）。

目前，对高级别的举重运动员来说，进一步增加训练量可能会适得其反，但是适当的训练量与训练强度能够达到最佳效果，并避免过度训练（Häkkinen et al.，1987；Häkkinen et al.，1988a）。然而，一项研究表明，受过训练的人每次运动可能需要完成4组以上深蹲力量才能有最大的改善（Marshall et al.，2011）。

每项训练分多组进行会为肌肉提供训练刺激。形成初始耐力之后，设置一定的组间休息时间的多组训练刺激（3组或4组，可使用适当的阻力），效果要优于单组训练刺激。一些主张单组训练方案的人认为，肌肉或肌群只能在单组训练中得到最大程度的锻炼，不过这一理论尚未得到证实。事实上，受过长期训练的健美运动员（Kraemer et al.，1987）和受过训练的、可以承受短时间歇训练的运动员（Kraemer，1997）可以按照10RM采用相同的阻力完成多组重复，组间只需休息1分钟。

训练量是进阶训练的重要变量，对于已经达到基本训练水平或力量水平的人来说尤其如此。训练组数与训练变化相结合，或者更具体地说，周期化训练的相互作用，也可以增强训练适应。训练量逐步变化的过程对于实现周期化训练方案中运动刺激的变化很重要。长期定量训练容易导致增长停滞，并使训练者难以持之以恒。总之，通过高训练量和低训练量相结合的方式在长期训练的过程中提供不同的运动刺激是非常重要的，该方法可以提供

足够的休息和恢复时间，这将在第7章进一步讨论。

对于多组训练方案，每次训练所执行的组数有很大的可变性，并且在文献中没有得到太多关注。一般来说，训练的组数会受到以下因素影响：（1）训练的肌群，以及所训练的肌群是大肌群还是小肌群；（2）训练强度；（3）训练阶段（即训练目标是力、爆发力、肌肉尺寸或耐力）；（4）训练频率和训练结构（如全身和上半身或下半身分开训练，或肌群分开训练，或一天内做两次训练）；（5）体能水平；（6）参与动作的肌群数量；（7）训练后的饮食等恢复策略；（8）使用合成代谢药物（使举重运动员能够承受高于正常水平的训练量）。根据运动员的个人情况，训练组数也会有所不同，它取决于需求分析、训练的阶段、管理因素和前面提到其他的因素。

## 组间和练习间休息时间

第3章详细讨论了休息时间长短对生物能量机制、急性激素反应和其他生理因素的影响。组间和练习间休息时长是训练方案设计中一个关键变量，如果其对运动技术产生不良影响，则会影响到训练强度和运动员的安全（Salles et al., 2009; Willardson, 2006）。

组间和练习间的休息时间决定了ATP-PC能量系统重新合成的速率以及肌肉和血液中乳酸的浓度。组间和练习间短暂的休息能显著增强急性抗阻训练的代谢、激素和心血管反应，并提升之后几组训练的运动能力（Kraemer, 1997; Kraemer et al.,

1993; Kraemer et al., 1987; Kraemer et al., 1990, 1991; Rahimi et al., 2010）。根据训练背景的不同，组间和练习间进行3分钟和1分钟休息的运动员会表现出一定的运动能力差异（Kraemer, 1997）。运动员可以按照10RM的负荷做腿蹬举和卧推，每个运动做3组，每组包含10次重复，组间休息3分钟。而将组间休息时间减少到1分钟时，第1~3组每组分别重复10次、8次和7次。将1分钟休息时间与3分钟休息时间对比，受过训练的男性在上半身训练中完成的重复次数相对较少（Miranda et al., 2007）。图5.5展示的是在训练方案中使用不同长度的休息时间所引起的不同血乳酸反应。因此，在训练期间，休息时间长短会影响多个生理变量和身体疲劳程度。

对于侧重绝对力量或爆发力的高级训练，采用最大或接近最大负荷的结构性练习（如深蹲、高翻和硬拉）应至少保证2分钟的组间休息时间，小肌群练习或单关节练习需要的休息时间可能更少（ACSM, 2009; de Salles et al., 2009）。训练有素的举重运动员可能需要更长的休息时间来承受所需的重负荷以增加训练强度。这很大程度上是因为这些负荷接近于举重运动员的遗传潜力，并且要获得这种力量水平，最大化地恢复能量储备是至关重要的（de Salles et al., 2009）。

进行非专业抗阻训练的男性分别以2分钟和5分钟的休息时长进行训练，在6个月的训练中，没有观察到激素对负荷的反应、肌肉尺寸和力量增加或休息时激素浓度的变化（Ahtiainen et al., 2005）。经

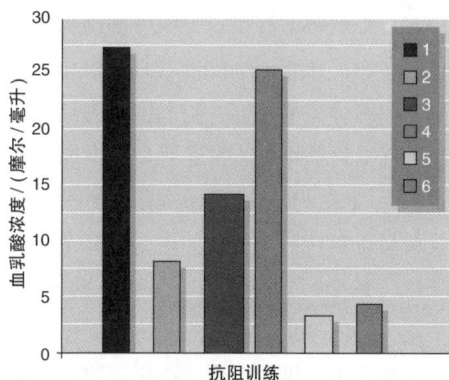

**图5.5** 各项抗阻训练完成后的实时平均血乳酸浓度,前4次训练使用较短的休息时间,后2次使用较长的休息时间:(1)健美训练;(2)低强度循环抗阻训练;(3)高强度循环抗阻训练;(4)休息时间短的高强度训练;(5)举重;(6)奥林匹克举重

(源自:Kraemer et al., 1987; Gettman and Pollock, 1981; Keul et al., 1978.)

过5周的训练,3分钟的休息时间使得他们的深蹲能力提升了7%,而30秒的休息时间则使其深蹲能力提升了2%(Robinson et al., 1995)。

休息时间的作用也已通过等速训练得到检验。结果显示,休息时间为160秒时,股四头肌的峰值扭矩为170~198牛·米,有显著增加(14.1%),而休息时间为40秒时则为160~175牛·米,无显著增加(8.6%)。休息时间长的训练比休息时间短的训练的总训练量更大,并且两种休息时间带来的爆发力增长幅度相近(Pincivero et al., 1997)。本有研究还发现,60度/秒的速度下,股四头肌的峰值扭矩和平均爆发力在休息时间短(40秒)时均增加了0.7%,但在组间休息时间长(160秒)时则分别增加了5.9%和8.1%(Pincivero et al., 2004)。因此,60秒或更短的休息时

间可能对训练强度产生显著影响,从而影响最大强度和力量的提升。此外,过短的休息时间可能会对举重运动员的运动技术产生影响。进行非专业训练的入门级举重运动员至少需要2分钟的休息时间来进行力量恢复,以优化力量的提升。

力量和爆发力的产生高度依赖无氧能量系统,尤其是ATP-PC能量系统。大多数磷酸肌酸都在3分钟以内耗尽(Dawson et al., 1997; Fleck, 1983; Volek and Kraemer, 1996)。此外,去除乳酸和$H^+$可能需要至少4分钟(Robinson et al., 1995)。以最大力量举重需要以最大能量底物作为基础,这需要相对较长的休息时间。而依赖无氧糖酵解和ATP-PC能量系统可以强化对肌肉耐力的训练,因此,缩短组间休息时间会有一定的效果(Kraemer, 1997; Kraemer et al., 1987)。同样,要谨慎选择练习,还要注意设置合适的强度,从而防止技术问题的出现。

几项研究(Kraemer et al., 1990, 1991; Kraemer et al., 1993)在训练中采用了多种阻力和休息时间的组合,用于研究急性血乳酸反应。对这些研究结果的比较表明,较大的训练量会导致较高的血乳酸浓度,尤其是组间和练习间休息时间较短时。这些研究还表明,较大的阻力不一定会造成更高的血乳酸浓度。不同的休息时间和训练对血乳酸的影响在男性和女性中没有差别。结果表明,每组所完成的训练量和所需力的持续时间会影响急性血乳酸浓度。因此,当采用3组不同的训练方式时,每组10RM的阻力可使每组完成的重复次数更多,但仍然保持使用相对较高

1RM 的百分比（1RM 的 75%~85%），这导致血乳酸浓度升高，特别是在休息时间短时。因此，当两种训练使用相同的练习，休息时间均为 2 分钟，并且总训练量相等时，如果使用较大的阻力，与使用较小的阻力相比，则急性血乳酸反应更强，即使较小的抗阻导致更大的爆发力产生也是如此。这表明力的产生比力对训练的糖酵解需求的影响更大（Bush et al.，1999）。

从实践的角度来看，已经证明组间和练习间休息时间短的训练方案会导致更高程度的心理焦虑和疲劳（Tharion et al.，1991）。这可能与在使用过短的组间和练习间休息时间（即 1 分钟和更短时间）时身体不适、肌肉疲劳和代谢需求高有关。因此，在设计训练方案时，还必须仔细考虑使用短组间和练习间休息时间可能造成的心理影响。焦虑的增加可能是使用 1 分钟或更短休息时间进行训练时较高的代谢需求造成的。虽然心理压力较大，但情绪状态的变化并不属于异常的心理变化，而且它可能是高强度训练前的唤醒过程的一部分。

剧烈运动会导致 $H^+$ 浓度升高、pH 降低，应激激素肾上腺素和皮质醇急剧增加，以及血乳酸浓度升高（Gordon et al.，1991；Kraemer et al.，1987）。这些变化说明代谢应激反应强，而运动能力则取决于身体的缓冲系统，如血液中的碳酸氢盐缓冲和肌肉中用于承受这种压力的磷酸盐和肌肽。尽管存在此类生理机制，在这种情况下仍会发生疲劳和身体体能下降。如前所述，若组间和练习间休息时间少于 1 分钟，并伴随中高训练量，则容易出现代谢

应激和心理应激，严重的还可能出现健康问题，特别是在训练刚开始时或训练结束后立即做运动时（见第 6 章信息栏 6.5）。休息时间短的训练方案在许多商业健身方案中已经流行起来，并且通常用于田径和军事训练中所谓的强度训练。但出现恶心、眩晕和呕吐等症状是生病的表现，它超出了一个人应对压力的生理能力范围，因此这种训练方式并不合理。所以这类训练需要适当地进阶，否则可能导致过度使用综合征和受伤情况的发生。

从较长休息时间到较短休息时间需要有过渡。在训练过程中和训练后需要随时监测不适症状，如头晕、眩晕、恶心、呕吐和昏厥等（de Salles et al.，2009；Willardson，2006）。将短组间和练习间休息时间纳入整体训练方案时必须要小心谨慎，只有在上文中提到的症状不存在时，才可逐步减少休息时间。在需要运动员全年进行训练和比赛的体育项目中，教练不应增加相同的训练刺激。例如，摔跤练习和比赛会对乳酸系统产生很高的糖酵解要求。几乎全年都在参加比赛的摔跤运动员在健身房内就不再采用执行短组间和练习间休息时间训练方案。在健身房内重新接受同样的运动刺激并不会带来好处，也不会提升运动效果，它反而可能造成过量或者过度训练。因此，可以更合理地将时间花在提升基础力量和爆发力这些基本要素上，这些训练方式需要更长的组间和练习间休息时间。如果短休息时间是重点，它应该设定在该项运动的力或爆发力训练方案的大框架内，或者应当作为 8~12 周的赛季前训练方案的构成部分。这对需要发展

酸度耐受能力项目的运动员来说非常有益，但是他们的运动专项训练并未在比赛或练习中强调这点。

短休息时间训练方案至上，这是循环抗阻训练的特点（见第 6 章的"循环训练体系"），但通常会选用较轻的阻力（即 1RM 的 40% ~60%）进行，并且不会执行训练组数至向心力竭（Gettman and Pollock，1981）。这种训练方式不会像短休息时间、执行多组 10RM 至力竭的训练方式那样导致血液乳酸浓度过高。这类循环抗阻训练也不会造成前文所述的组间和练习间休息时间过短、训练强度过高引起的疲劳症状。

较短的组间和练习间休息时间会影响动作重复的质量和力的产生。在不同的休息时间下，动作重复的质量的对比见图 5.6。重复次数的质量很重要，对于提升最大力量来说尤其如此。因为在重复的过程中，使用次最大爆发力和速度并不会对最大爆发力的提升有帮助。疲劳会影响重复的质量。因此，要使力和爆发力的提升最大化，训练者需要通过训练刺激来实现最佳的运动单位募集或全面募集，这就需要更长的组间休息时间（de Salles et al.，2009；Willardson，2006）。

组间和练习间休息时间的长短会影响训练的许多生理和生物力学因素。人们使用短暂的组间和练习间休息时间主要是为了提高缓冲能力，以更好地进行对无氧能量系统具有高要求的活动和运动。目前，许多人采用这种方案设计以加强对剧烈运动或新陈代谢消耗热量的感知。然而，过短的休息时间会使训练者无法充分募集力

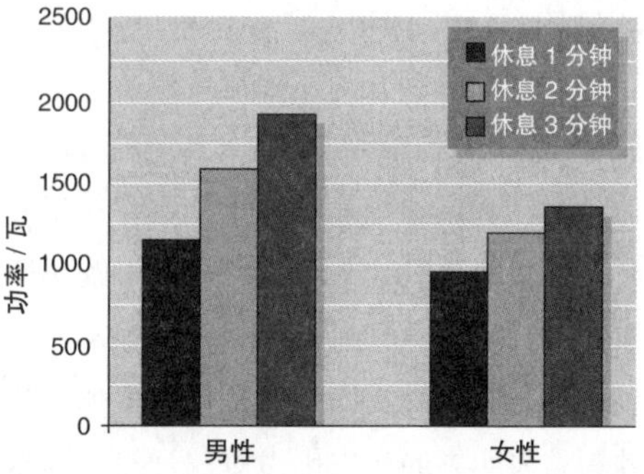

**图 5.6** 针对受过训练的男子（$n = 10$）和女子（$n = 10$）青年足球运动员，以不同的组间休息时间测试 3 组（以 1RM 的 60%）深蹲。在不同的休息时间区间内可观察到明显的差异（$p \leq 0.05$），并且男性在不同的休息时间长度上都显示出比女性更高的功率输出

（源自：Dr. William J. Kraemer, Department of Kinesiology, University of Connecticut, Storrs, CT.）

量提升所需的各个运动单位。此外，如果随意使用短组间和练习间休息时间的运动方案，或者不了解如何从较长的组间休息时间过渡到较短的组间休息时间，这会增加出现过度训练综合征或身体损伤的可能性。

## 使用的阻力（强度）

在所有类型的运动当中，所使用的阻力大小是抗阻训练方案中最为重要的变量之一。它决定了运动单位的募集数量，只有这些运动单位才能从所进行的运动中受益（见第 3 章有关运动单位的讨论）。总体来看，阻力大小是最受关注的关键变量之一（Atha，1981；McDonagh and Davies，1984）。

设计抗阻训练方案包括为各项不同的训练选择相应的阻力。如第 2 章所述，可以使用最大重复次数或最大重复目标区间

（RM目标区间），如3~5RM。使用最大重复目标区间的目的是确保处在重复范围之内，而并非每组都做到力竭，同时还要确保所使用的阻力不会在实际训练中导致执行的重复次数比规定的少或多。如果执行的重复次数比规定的多或少，则必须在后续训练或下次进行训练时改变阻力。也可以根据1RM的百分比选择阻力，然后每组执行一定次数的重复。以上方法中的任意一种都允许在训练期间或训练期内进行个性化的进阶，注意要将训练日志作为阻力变化的重要评估工具。

一般来说，研究都建立在每组重复范围的基础之上（见图5.7）（Anderson and Kearney，1982；Atha，1981；Clarke，1973；McDonagh and Davies，1984；Weiss et al.，1999）。当使用较大的阻力时，肌肉中更多的运动单位被募集，从而使更多的肌纤维产生训练适应。大多数研究都是通过在整体训练方案中使用相同的阻力来研究未经改变的训练方案的。先进的周

期化训练模式就采用了贯穿整个力–速度曲线的各种训练强度。有研究结果显示，使用多种阻力的重复范围会带来明显的力量增强，但增强的幅度取决于个人的训练水平（American College of Sports Medicine，2002；Delorme and Watkins，1948；Kraemer，1997；Kraemer et al.，1996；Staron et al.，1994）。较小的阻力（12RM及以下）对未受过训练的人的最大力量影响较小（Anderson and Kearney，1982；Weiss et al.，1999），但有研究表明，它是一种非常有效的提升局部肌肉耐力的办法（Campos et al.，2002；Stone and Coulter 1994）。使用变化的阻力似乎比使用具有相同阻力或相等阻力的练习更有利于增强肌肉能力。毫无疑问，为了提升力和增强肌肉发展，需要阻力更大的训练组。包含可变抗阻的周期化训练似乎对肌肉能力的长期改善最为有效（见第7章）。不建议进行长期无变化或恒定的抗阻训练（ACSM，2009；Garber et al.，2011）。

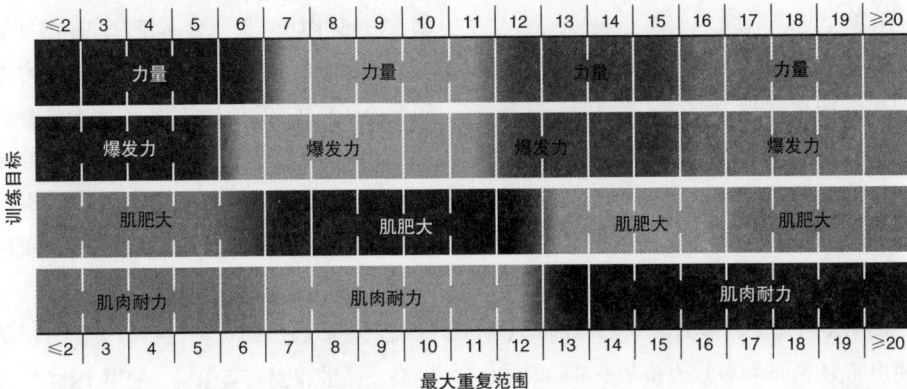

图5.7 理论的每组重复范围。每组重复的次数越少，爆发力的增长幅度越大，而爆发力的提升针对的是力–速度曲线上的抗阻负荷。有关训练目标的进一步说明见第3章

（经许可，源自：NSCA, 2008, Resistance training, T.R. Baechle, R.W. Earle, and D. Wathen. In *Essentials of strength training and conditioning*, 3rd ed., edited by T.R. Baechle and R.W. Earle (Champaign, IL: Human Kinetics), 401）

当每组 6 次转变为更多次的重复、阻力变小时，举重运动员力量的增幅就会逐渐变小，直至可以忽略不计。在未受过训练的人群中，每组重复超过 25 次所获得的力量增益通常很小甚至不存在（Atha，1981；Anderson and Kearney，1982；Campos et al.，2002）。当有力量增长时，可能与运动能力增强或神经学习有关。由于遗传因素和训练前的状态等不同，不同个体的反应也会影响所观察到的训练增益。在神经或学习效应的作用下获得初始增益后（主要是由于重复的离心阶段），就需要更大的阻力来优化肌肉力量和肌肉增长。有一部分人认为，如果使用较轻的阻力（如 1RM 的 30%~50%）训练至力竭，则将导致为了克服较重阻力而募集更高阈值的运动单位。而如前所述，有关训练的研究数据与此类说法并不一致，肌电图数据进一步证实了这一观点。即使在进行 1RM 的 50% 之前已经产生了疲劳，肌电图也没有显示更多运动单位被募集。在以轻抗阻负荷训练至力竭时也出现了同样的情况（见图 5.8）。

使用 1RM 的百分比是另一种常用的确定训练动作阻力的方法（如 1RM 的 70% 或 85%）。如果训练者的 1RM 是 100 磅（约 45.4 千克），那么 80% 的阻力就是 80 磅（约 36.3 千克）。该方法要求定期评估训练方案中执行训练动作的 1RM。如果没有定期（每周）测试 1RM，那么训练中所使用的 1RM 的百分比也将是不准确的。由此，训练强度将会降低，训练者也将面临负荷低于最佳负荷的风险。这是在方案开始时极为重要的考虑因素。从实际的角度

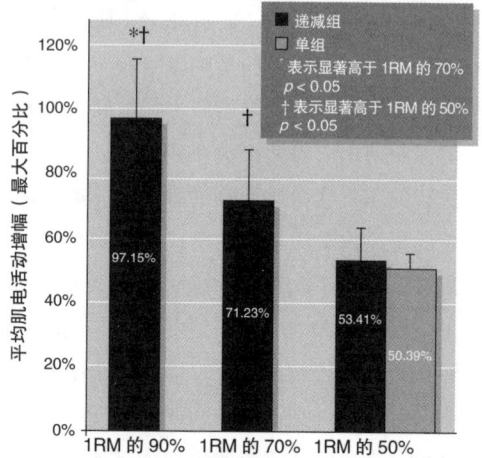

**图 5.8** 使用 1RM 的 90% 在史密斯机上进行深蹲时的股外侧肌肌电图数据，然后按照递减顺序以 1RM 的 70% 和 1RM 的 50% 依次进行，每个条形图中都显示增加，同时图中还标注了其重要性。1RM 的 90% 的肌电活动增幅最大，即使在力竭前状态下，而 1RM 的 50% 并未募集更多的运动单位。条形图中的百分比表示每种强度下的最大运动单位募集百分比。在本实验中，每一项训练的运动自感用力度在力竭时都是相近的，这就说明在任何负荷下的力竭都会产生最大募集的感知是错误的

（源自：Dr. William J. Kraemer, Department of Kinesiology, University of Connecticut, Storrs, CT.）

来看，使用 1RM 的百分比作为许多常见练习（如膝伸、站姿杠铃划船等）的阻力可能会由于所需测试时间的限制而无法有效执行。使用最大重复目标或最大重复目标区间允许训练者在最大重复目标或最大重复目标区间内改变阻力，从而发展与所在的每组重复范围相对应的能力。

对于竞技型的奥林匹克举重项目（即挺举、抓举和变式动作），使用 1RM 的百分比确定阻力是合理的，因为此类练习需要多块肌肉的协调动作和最佳功率输出，以形成正确的举重技术。不能以最大重复

次数进行这些动作，也就是说不能在完成动作的瞬间力竭。在 RM 组的最后一次重复中，速度和力量的急剧下降可能不利于以正确的技术完成竞技型奥林匹克举重动作的变式（如高翻、悬垂翻、高抓举、悬挂抓举）。因此，1RM 的百分比是正确计算这类练习的阻力的保证。

在两项经典研究中（见表 5.2），赫格尔等人（Hoeger at al., 1987, 1990）针对受过训练和未受过训练的男性和女性，对在 RM 负荷方法中使用合适的练习时，1RM 的百分比与重复次数之间的关系进行了研究。研究结果表明，这种关系会随着训练所需的肌肉量的改变而发生变化（如腿蹬举比膝伸需要更多的肌肉量）。当使用 1RM 的 80％ 的阻力时，之前认为这属于力量范畴的计划，但是训练者可以执行的重复次数通常大于 10 次，特别是对于腿蹬举这样的大肌群练习。进行大肌群练习时，似乎需要更高百分比的 1RM 才能将每组的重复次数保持在力量训练要求的区间之内，或任何其他训练要求的区间之内。

已有研究表明，力量举运动员可以在进行腿蹬举时做 1RM 的 80％ 的推举，重复 22 次（22RM）。相比之下，未受过训练的人只能在 80％ 的 1RM 或 12RM 下（Kraemer et al., 1999）完成 12 次重复。这些研究数据和之前两项研究所提供的数据（Hoeger et al., 1987, 1990）清楚地表明，如果使用 1RM 的百分比的方法测试特定重复次数的阻力，则必须慎重考虑每个肌群和每种类型的练习以及所采用的模式（如自由重量深蹲和腿部推蹬机）。此外，同样重要的是，要注意在特定的 1RM 百分比下，重复次数可能会有很大的变化，如表 5.2 中的大标准偏差所示。这些结果就导致了一个问题产生，即在使用了高百分比 1RM 的情况下，每组进行 22 次重复是否会使力量增幅达到最大呢？虽然一些理论认为，高重复训练（如 30RM）对力的提升有所帮助，但训练数据不支持这一论点（Anderson and Kearney, 1982; Campos et al., 2002）。

在这种重复次数范围的基础之上，每组 22 次的重复主要与局部肌肉耐力的提升有关，但它不是最大力量提升和强化力量的最佳方法。一般来说，以特定百分比的 1RM 执行自由重量动作比在器械上以相同 1RM 百分比执行类似动作完成的重复更少（见表 1.1）。这很可能是由于做自由重量动作需要在 3 个运动平面上具有更强的平衡力和控制力。而在器械上训练时，通常仅需要在 1 个空间平面内进行运动控制。如第 1 章所述（Shimano et al., 2006），当使用自由重量时，在不同百分比的 1RM 下完成的重复次数是不同的。

美国职业橄榄球大联盟的 225 磅（约 102 千克）测试是基于用该重量执行的最大重复次数来预测美式橄榄球运动员的 1RM 卧推成绩的（Hetzler et al., 2010）。此外，通常也会采用图表或预测方程式，根据以次最大负荷所执行的最大重复次数来预测 1RM 力量（Mayhew et al., 1992; Shimano, Kraemer et al., 2006; Morales and Sobonya, 1996; Ware et al., 1995）。Epley 方程式是在众多运动中极受欢迎的测试方程式之一。它可以根据在给定重量下执行的最大重复次数，提供 1RM 力量的估计值（Epley, 1985），该方程式如下。

**表5.2** 以1RM的特定百分比，可执行至力竭的重复次数

| | 40%<br>平均数 ± 标准差 | 60%<br>平均数 ± 标准差 | 80%<br>平均数 ± 标准差 | 1RM[b]<br>平均数 ± 标准差 |
|---|---|---|---|---|
| **未经训练的男性，*n* = 38** | | | | |
| LP | 80.1 ± 7.9A[a] | 33.9 ± 14.2A | 15.2 ± 6.5A | 137.9 ± 27.2 |
| LD | 41.5 ± 16.1B | 19.7 ± 6.1B | 9.8 ± 3.9B | 59.9 ± 11.6 |
| BP | 34.9 ± 8.8B | 19.7 ± 4.9B | 9.8 ± 3.6B | 63.9 ± 15.4 |
| KE | 23.4 ± 5.1C | 15.4 ± 4.4C | 9.3 ± 3.4BC | 54.9 ± 13.3 |
| SU | 21.1 ± 7.5C | 15.0 ± 5.6C | 8.3 ± 4.1BCD | 40.9 ± 12.6 |
| AC | 24.3 ± 7.0C | 15.3 ± 4.9C | 7.6 ± 3.5CD | 33.2 ± 5.9 |
| LC | 18.6 ± 5.7C | 11.2 ± 2.9D | 6.3 ± 2.7D | 33.0 ± 8.5 |
| **经过训练的男性，*n* = 25** | | | | |
| LP | 77.6 ± 34.2A | 45.5 ± 23.5A | 19.4 ± 9.0A | 167.2 ± 43.2 |
| LD | 42.9 ± 16.0B | 23.5 ± 5.5B | 12.2 ± 3.72B | 77.8 ± 15.7 |
| BP | 38.8 ± 8.2B | 22.6 ± 4.4B | 12.2 ± 2.87B | 95.5 ± 24.8 |
| KE | 32.9 ± 8.8BCD | 18.3 ± 5.6BC | 11.6 ± 4.47B | 72.5 ± 19.8 |
| SU | 27.1 ± 8.76CD | 18.9 ± 6.8BC | 12.2 ± 6.42B | 59.9 ± 15.0 |
| AC | 35.3 ± 11.6BC | 21.3 ± 6.2BC | 11.4 ± 4.15B | 41.2 ± 9.6 |
| LC | 24.3 ± 7.9D | 15.4 ± 5.9C | 7.2 ± 3.08C | 38.8 ± 7.1 |
| **未经训练的女性，*n* = 40** | | | | |
| LP | 83.6 ± 38.6A | 38.0 ± 19.2A | 11.9 ± 7.0A | 85.3 ± 16.6 |
| LD | 45.9 ± 19.9B | 23.7 ± 10.0B | 10.0 ± 5.6AB | 29.2 ± 5.6 |
| BP | [c] | 20.3 ± 8.2B | 10.3 ± 4.2AB | 27.7 ± 23.7 |
| KE | 19.2 ± 5.3C | 13.4 ± 3.9C | 7.9 ± 2.9BC | 26.7 ± 7.8 |
| SU | 20.2 ± 11.6C | 13.3 ± 8.2C | 7.1 ± 5.2C | 19.3 ± 8.3 |
| AC | 24.8 ± 11.0C | 13.8 ± 5.3C | 5.9 ± 3.6C | 13.8 ± 2.7 |
| LC | 16.4 ± 4.4C | 10.5 ± 3.4C | 5.9 ± 2.6C | 15.8 ± 3.7 |
| **经过训练的女性，*n* = 26** | | | | |
| LP | 146 ± 66.9A | 57.3 ± 27.9A | 22.4 ± 10.7A | 107.5 ± 16.0 |
| LD | 81.3 ± 41.8B | 25.2 ± 7.9CB | 10.2 ± 3.9C | 34.8 ± 6.0 |
| BP | [c] | 27.9 ± 7.9B | 14.3 ± 4.4B | 35.6 ± 4.9 |
| KE | 28.5 ± 10.9C | 16.5 ± 5.3ED | 9.4 ± 4.3CD | 40.3 ± 10.2 |
| SU | 34.5 ± 16.8C | 20.3 ± 8.1CD | 12.0 ± 6.5CB | 23.8 ± 6.4 |
| AC | 33.4 ± 10.4C | 16.3 ± 5.0ED | 6.9 ± 3.1ED | 17.3 ± 3.8 |
| LC | 23.2 ± 7.7C | 12.4 ± 5.1E | 5.3 ± 2.6E | 21.7 ± 5.0 |

LP 表示腿蹬举（双膝分开且屈曲100度，以此为起始姿势）；LD 表示高位下拉（从头部后方将阻力拉至下颈部）；BP 表示卧推；KE 表示坐姿膝伸；SU 表示仰卧起坐（在平板上进行，双脚固定，双膝屈曲100度，胸部有阻力）；AC 表示臂弯举（从低位向上拉）；LC 表示腿弯举（屈曲90度）。

[a] 字母标注组间差异是否显著：α 水平为0.05，字母相同表示差异不显著。

[b] 1RM 以千克计。

[c] 由于 Universal Gym 设备的阻力限制，数据无法获得。

（经许可，源自：W.W.K. Hoeger, et al., 1990, "Relationship between repetitions and selected percentages of one repetition maximum: A comparison between untrained and trained males and females," *Journal of Applied Sport Science Research* 4: 47–54.）

$$1RM = 0.033 \times 重复次数 \times 重量 + 重量$$

图表和方程式仅提供 1RM 的估计值，一些练习的估计值比其他练习的估计值更准确（相关论述见 Shimano et al., 2006）。重复次数越少，1RM 的估计值就越准确，这就说明要举起质量更大的物体直至力竭。当重复 3~5 次，并使用 80%~85% 的 1RM 时，1RM 的估计值似乎是最准确的（Brechue and Mayhew, 2009, 2012）。

显然，在一组训练中举起物体的质量取决于其他关键变量，如练习顺序、肌肉动作、重复速度和休息时间（Kraemer and Ratamess, 2000）。因此，每组重复次数区间或在特定 1RM 百分比下的可能重复次数将受到训练阶段的影响。

提升最大力量所需的阻力取决于训练者的训练状态。没有抗阻训练经验的初级训练者需要 1RM 的 40%~50% 这一最小阻力来增强动态肌肉力量（American College of Sports Medicine, 2009; Baechle et al., 2000; Garber et al., 2011）。而有经验的训练者则需要更大的阻力来实现最大力量增益（American College of Sports Medicine, 2009）。哈基尔等人（Häkkinen et al., 1985）曾做过一项研究，对于经验丰富的抗阻训练者而言，他们至少需要 80% 的 1RM 才能产生进一步的神经适应。元分析的结果表明，随着训练的进行，需要增加训练强度（1RM 的百分比）（Rhea et al., 2003）。在没有训练经验的人当中，1RM 的 60% 平均训练阻力即可产生最大力量；而对于受过训练的人来说，则需要 1RM 的 80% 平均训练阻力才可产生最大力量。神经适应对抗阻训练至关重要，因为在高强度的训练下，神经适应比肌肥大先发生。因此，多种不同的阻力以及不同的 1RM 的百分比对于优化神经功能（即增加运动单位募集提升激发率和同步性）及其尺寸是十分必要的。无论选择何种阻力，都需要采用合理的训练进阶方式以获得安全而长期的健身收益。

## 重复速度

用于执行动态肌肉动作的速度，或者说重复速度，会影响对抗阻训练的适应。重复速度取决于训练阻力、疲劳程度和训练目标，并且重复速度显著影响神经（Eloranta and Komi, 1980; Häkkinen et al., 1985; Häkkinen et al., 1985）、肌肥大（Coyle et al., 1981; Housh et al., 1992）和代谢对抗阻训练的适应。在运动能力中，力量的产生和重复速度直接相互作用。通常，在低速时产生的向心力较大，而在高速时较小。这种关系在图形上可通过力 – 速度曲线来表示（见图 3.26）。通过观察力 – 速度曲线可知，以最大的力进行慢速训练对抗阻训练是有效的，并且以较快的速度进行训练可以提升爆发力和速度。通常情况都是如此，但以其他各种速度进行训练对强化力和爆发力也是有效的。

需要对有意识和无意识的慢速重复进行区分。无意识的慢速是由在大量重复中所使用的阻力决定的，如 1~6RM。在这种情况下，阻力、疲劳程度或以上二者都是重复持续时间较长（即慢速）的原因。例如，1RM 卧推的向心阶段和 5RM 训练组的最后一次重复可能持续 3~5 秒（Mookerjee and Ratamess，1999）。这种速度看起来较为缓慢，但在这种高力量需求的条件下，更快的重物提升速度是无法实现的。在重复的向心阶段，此类无意识的慢速提升是力 - 速度曲线和进行大量重复直至力竭的疲劳模式共同的作用结果。换句话说，提升 5RM 所需的力较大，因此它的运动速度也较慢。在每次连续重复至力竭的过程中，速度也在持续下降（Sanchez–Medina and Gonzalez–Badillo，2011）。所有最终目的为力竭（即 RM）的训练组都有一个特点：重复速度逐渐减慢。

重复速度能够改变重复的特征，如爆发力的产生和最大力量。在使用史密斯机进行重复卧推的对比研究中，一组以 55% 的 1RM 进行卧推，其中离心和向心阶段各持续 5 秒（较慢的训练速度）；另一组以 30% 的 1RM 进行卧推，其中向心阶段以弹震式向空中抛掷的方式进行，然后在进行每一次重复的离心阶段之前接杠（爆发力训练），并以 6RM 的阻力重复 6 次（传统的抗阻训练）。研究结果显示重复质量有差异（Keogh et al.，1999）。慢速训练和爆发力训练都会使重复的离心和向心阶段的力明显减小，而且其肌电活动水平比传统的高强度抗阻训练更低。与传统的高强度抗阻训练相比，慢速训练期间受压时间更长，而爆发力训练期间受压时间更短。因此，在指导和实施训练方案时，一定要了解不同的重复方式将导致力和爆发力的产出出现差异，并且可能会影响对训练方案的特定训练适应。

有意识地减慢重复速度会导致所使用的阻力明显减小。已有研究表明，有意减慢运动中的常规速度会导致重复次数明显减少（Hatfield et al.，2006）。在一项研究中，训练者在重复的向心和离心阶段，有意识地按照持续 10 秒的缓慢速度进行 1RM 的 60% 和 80% 的深蹲和肩推，结果显示，有意识地减慢重复速度使重复次数明显减少（1RM 的 60% 深蹲；超慢速 5RM；自主速度，24RM，1RM 的 80%；超慢速 2RM；常规自主速度，12RM）。此外，每组训练所产生的爆发力都大幅度减少，并且有意识的慢速训练还导致总训练量减少。仅有一项研究能够证明，在力量增长方面，慢速训练优于传统训练（Westcott et al.，2001）。而大多数的研究结果则表明，传统训练提升力量的效果要比慢速训练的效果更好（Keeler et al.，2001；Rana et al.，2008）。

有意识的慢速重复必须在次最大负荷下进行，以便训练者更好地控制重复速度。这种重复方式会使受压时间更长，但在承受压力的同时，主要是低阈值的运动单位能得到募集和训练。因此，当使用较小的阻力时，有意缓慢地做推举动作可能更适合增强局部肌肉耐力。

较快的推举速度和中等推举速度均可以增强局部肌肉耐力，这取决于所执行的重复次数以及组间和练习间的休息时长。有趣的是，已有研究证明慢速训练（6~10 RM，10 秒向心，4 秒离心）可以改善局部肌肉耐力，但其效果没有超越传统抗阻（6~10RM，1 秒向心，2 秒离心）或传统局部肌肉耐力（20~30RM）训练方案（Rana et al.，2008）。以较快的主动速度进行训练是增强肌肉力量和速度的最有效方法，并且它还能有效地提升力量（Morrissey et al., 1998; Thomas et al., 2007）。然而，这种训练在增加肌肉尺寸方面并不比慢速或中等速度的训练更有效（Häkkinen et al., 1985），这很可能是由于力量需求较低，所募集的高阈值运动单位较少。与以慢速和中等速度重复相比，快速重复如腿部伸展、深蹲、划船和臂弯举等动作的代谢需求较低（Ballor et al., 1987）。此外，当不使用周期化的短期训练方案时，最好通过以最快速度推举较轻重物（1RM 的30%）的方式来完成抗阻训练（Wilson et al., 1993）。

相较于在向心阶段使用 2 秒的速度（2/2 节奏）和在离心阶段使用 4 秒的速度（2/4 节奏），自主定速的引体向上和俯卧撑会使总训练量加大、重复次数增多、功率输出更大（LaChance and Hortobagyi, 1994）。自主定速的重复速度要比其他两种节奏更快。2/2 节奏的重复次数、总训练量和功率输出的水平介于自主定速和 2/4 节奏之间。不论采用哪种方式，自主定速（如使用节拍器计数）始终会为训练者提供更大的挑战。通过抗阻训练，它会对所进行的训练组特性产生影响。

在运动史上，还有一种方法可用于力量和爆发力训练，即补偿性加速训练（Hatfield 1989; Wilson 1994）。这种训练需要训练者在向心重复阶段在全活动范围内（不论动量如何）最大限度地加速负荷，尽量将速度提升到最高水平。但是，必须注意避免损伤和关节应力。当使用这种训练方法时，需要更大的阻力，在训练结束前，肢体持续负重且关节完全伸直（如

卧推、腿蹬举、腿伸展），所以要避免对关节施加过大的压力。这种训练方法的一个主要优点是，它可以用于重负荷练习，并且对多关节练习非常有效（Jones et al., 1999）。因此，享特等人（Hunter et al., 1995）及琼斯等人（Jones et al., 1999）所进行的研究表明，当举重运动员使用补偿性加速训练时，其全活动范围内的力和爆发力都会显著增强，增幅明显大于采用慢速训练所获得的增加量（Jones et al., 1999）。即使是最大抗阻负荷，有目的地对其进行最大限度的加速可能也会提供额外的神经刺激。

重复速度会影响训练结果。一般而言，在提高爆发力的训练中，应使用更快的向心重复速度。所使用的阻力将对速度产生影响（表现为力-速度曲线）。对于一般体能的训练，可以使用正常的或自定的重复速度。慢速重复可能对局部肌肉耐力训练有一定的效果，但在提升力量或肌肉尺寸时没有任何优势（见第 6 章的"超慢训练法"）。

## 训练的休息周期（训练频率）

在某一段时间内（如一周）进行训练的次数可能会影响后期的训练调整情况（见第 2 章关于动态恒定外部阻力训练的讨论）。对于训练频率的最佳解释是每周训练特定动作或特定肌群的次数。训练频率取决于多种因素，包括训练量、训练强度、练习选择、训练状态、恢复能力、营养和训练目标等。常规的训练频率为每周 2 天（Peterson, 2004）。如果训练的目标是维持适应（如维持训练），那么适度降低频率即可达成目标。每周训练 1~2 天就能

够维持肌肉量、力和爆发力（Zatsiorsky，1995）。然而，这似乎仅在短期内有效，如果长期只进行维持训练（即降低训练频率和训练量），则会导致训练停滞。

在训练的初期，每周2~3次的训练频率已被证明非常有效，美国运动医学会也推荐初学者按照这种训练频率进行训练（American College of Sports Medicine，2009；Garber et al.，2011）。许多针对抗阻训练的研究都为这一理论提供了支持，受试者是没有训练经验的人，训练频率为每周2~3天。（Dudley et al.，1991；Hickson et al.，1994）。部分研究表明，每周训练3天的效果优于每周训练2天的效果（Graves et al.，1989）；但还有一些研究表明，每周训练3~5天的效果更佳（Gillam，1981；Hunter，1985）。元分析表明，对于未经训练的受试者，每周3次的肌群训练能产生最大的力量增益（Rhea et al.，2003）。从训练的初期到中期阶段，并不需要改变训练频率，但可能需要改变一些其他的关键变量，如练习选择、训练量和训练强度。对于中级训练者而言，通常需要每周训练3~4天。提高训练频率有助于增加训练量并加强专项化，或者让每个肌群有更多的练习选择。训练量的增加要符合具体的训练目标。

许多中级举重运动员会采用分开训练上半身和下半身或肌群的方式进行训练。在没有训练经验的女性中，分开训练上半身与下半身，与进行全身训练获得的体能改善相似（Calder et al.，1994）。此外，在常规的局部训练中，不建议连续多天训练相同的肌群或执行特定的练习，而要让

训练部位有充分的恢复，并且要尽量减小非功能性过量训练或过度训练的风险。此外，在进行休息时间短的剧烈新陈代谢运动时，就更加需要留有充足的休息时间。例如，周一做力量和爆发力训练，周二做休息时间短的代谢训练，周三休息，周四做力量和爆发力训练，周五短休息时间做的代谢训练，周六和周日休息（Kraemer et al.，1995）。

高级运动员或精英级运动员的训练频率可能与初级、中级运动员有很大的差异（取决于训练强度、训练量和训练目标），他们的训练频率通常较高。据调查，保加利亚举重运动员的训练频率高达每周18次（Zatsiorsky，1995），但这是一个极端的例子。

有关训练频率的一个重要因素是每周训练肌群的次数。在很多情况下，高级举重运动员的较高训练频率是通过专门训练特定肌群实现的（即身体部位练习）。一项元分析显示，受过训练的人与未受过训练的人一样，针对各个肌群的最佳训练频率为每周2天，而不是每周3天（Rhea et al.，2003）。受过训练的人以这种频率进行训练的部分原因是，他们每次的训练量较大。一项研究表明，美式橄榄球运动员每周训练4~5天，比每周训练3天或6天的自定频率的效果更好（Hoffman et al.，1990）。但每个肌群每周仅训练2~3天。举重运动员和健美运动员则通常会采用高频训练（即每周训练4~6次）。在预备训练阶段，他们每天会进行2次训练（Häkkinen et al.，1988a；Zatsiorsky，1995），也就是每周总共进行8~12次训练

（见第 7 章的"一天两次训练"）。

高频训练的基本原理是先做短期的、频繁的训练，随后进入恢复、补充和食物摄入期，以获得最大的能量恢复并减少运动中的疲劳（Baechle et al.，2000），从而提升高强度训练的质量。对于女性运动员来说，比起每天一次的训练，将训练量分为一天两组时，其肌肉的尺寸和力量都会获得更大的增长（Häkkinen and Kallinen，1994）。此外，奥林匹克举重运动员所做的训练（即全身性提举练习）需要一定的技术，这也有助于提高总训练量和训练频率。精英级力量举运动员通常每周进行 4~6 次训练（Kraemer and Koziris，1992）。需要注意的是，如果没有以循序渐进的方式进行大量训练，那么在如此高的频率下进行训练将导致非功能性过度训练，或者最终造成过度训练综合征。而对于优秀的运动员来说，他们多年来的训练积累和遗传潜力将有助于其使用高频训练方式。

以往的经验表明，服用合成代谢药物也有助于训练恢复，并能增强对极大量和高频训练的耐受能力。如果不使用合成代谢药物，那么在执行此类训练方案时就必须制定适当的营养策略。目前，高级的周期化训练都包含更大的训练量和更高的频率变化以增加运动刺激，并会在训练间歇提供充足的自然恢复时间。在进行高负荷训练后，要延长训练的恢复时间，特别是涉及多关节练习的运动项目。这可能与重复的离心阶段的阻力更大有关。研究表明，离心训练比向心训练更容易引发延迟性肌肉酸痛（Ebbling and Clarkson，1989；Fleck and Schutt，1985；Talag，1973）。

离心训练会破坏更多的肌纤维和结缔组织，导致更大的酶释放、延迟性的肉酸痛和神经肌肉功能受损，从而限制力的产生和活动范围（Saxton et al.，1995）。因此，在开始另一项高强度的离心训练之前，至少需要 72 小时的恢复时间（Zatsiorsky，1995）。

一项针对未受过训练的受试者的研究比较了每周 1 天和每周 2~3 天这两种训练频率（Sorichter et al.，1997）。每项训练分为 7 组，每组执行 10 个 1~2 秒的股四头肌离心肌肉动作。两个训练组在训练后均表现出了力量的提升。然而，研究结果表明，每周 1 次的离心训练对于训练维持是有效的，而每周 2 次的离心训练对于力量提升更为有效。因此，与常规的向心 – 离心抗阻训练相比，包含高强度离心重复的训练可能需要更改频率（或每次训练的肌群），或者使用不募集肌纤维的周期化轻负荷训练，虽然该肌纤维是高阈值运动单位的一部分，涉及较高的力量产出，但同时它也更容易造成组织损伤。

可能需要根据训练方案的类型调整训练频率。元分析表明，高强度抗阻训练者的最佳训练频率是每个肌群每周训练两天，这主要是因为其每次的训练量较大（Peterson et al.，2003；Rhea et al.，2003）。此外，训练频率还可能需要根据训练经验进行调整。有一定经验的高强度抗阻训练者可能需要每周训练 4~6 次才能获得进一步的收益（American College of Sports Medicine，2009）。此外，每天上 2 次训练课也是一种高级训练策略（见第 7 章的"一天两次训练"）。

训练频率应与训练者的训练目标及其期望的效果匹配。在使用周期化训练方法时，要根据训练者的需求和目标（如对于特定生理或能力变量的需求和目标）决定其训练量。训练频率的进阶是抗阻训练方案的关键组成部分。训练频率将随训练周期、个人体能水平、方案目标以及训练者的训练历史的不同而变化。需要对训练日之间的休息日进行谨慎安排，以避免过量训练或过度训练。要根据训练进度以及训练者对当前训练的耐受度进行安排。在训练之后，如果早上明显感到肌肉酸痛，可能说明运动压力过大。如果出现这种情况，则需要评估和调整训练负荷、训练组数、组间休息时间和训练频率。此外，教练还应注意，许多年轻人都具备很大的潜力来忍耐训练中的错误，但从生理上讲，他们并没有积极地适应训练方案。因此，监测进度并了解与每种训练方案设计相关的压力类型也是至关重要的。

## 关键变量总结

在设计抗阻训练方案时，需考虑的关键变量如下。

- 所训练的项目及肌群。
- 练习顺序。
- 训练组数和训练结构。
- 休息时间。
- 使用的负荷或阻力。
- 重复速度。

以上变量的搭配决定了特定训练项目的训练刺激。由于训练项目应当定期调整以适应不断变化的训练目标并加快训练进度，以上变量也可用于描述、修改和控制抗阻训练方案。最后，训练之间的休息和恢复是很重要的，有规律的休息和恢复可以使周期化训练更为有效，从而提高训练适应能力。

通过控制前文所述的变量，可以进行多种训练。了解每种变量的影响和重要性，对优化特定训练目标和调整训练方案是至关重要的，这对实现训练周期化非常重要。

根据关键变量来进行可以强化某些身体特征的训练对达成训练效果至关重要。此外，还可以按照不同的方式训练不同的肌群，从而有针对性地达成训练目标。例如，一名训练者可以在训练胸部最大力量的同时，训练腿部的爆发力和腹部肌肉的局部肌耐力。在制定单一的训练方案并随时间改变训练方案时（即周期化训练），控制相应的关键变量是成功设计训练方案的基础。任何人都不应长期使用相同的抗阻训练方案。在一些杂志和互联网平台上，时常会看到针对某一种训练方案的广告，这仅仅是一种营销策略，因此要谨慎对待。

设计抗阻训练方案既是一门科学，又是一门艺术，关键是要把抗阻训练的理论转化为在健身房中的实际应用，从而缩小科学理论与实践之间的差距。总之，要达到最佳训练效果，需要设计出个性化的训练方案。本章提供了训练方案的范例和抗阻训练方案的最优设计框架。

该范例是一般到特殊的抗阻训练方案模型（American College of Sports Medicine, 2009）。在方案开始时，训练内容一般比较简单，在建立起足够的体能和力量基础之后，再慢慢提高难度。一套简单的训练方案也有助于全方位地提升身体素质，对于没有训练经验的训练者来说尤其如此。高级训练方案则不同，它需要更复杂的方案设计来满足训练目标或体能目标或同时满足两者。随着训练的进阶，方案中应加入更多的变量。训练水平越高，变量就越多，因为特定性原则是进一步提升健身收益的重要决定因素。也就是说，几乎不可能同时强化多个体能变量（如力量、肌肉尺寸、爆发力、耐力、速度、身体成分）。因此，方案中需要包含特定的训练周期，以分别针对不同的体能变量进行训练，并确保训练的有效开展。

尽管有许多方案可以作为参考，但是设计出有效的抗阻训练方案的关键是合理的训练安排，然后是评估、测试以及与训练者进行互动。抗阻训练方案的设计是一个动态的过程，需要训练者和专业的力量及体能教练根据训练者不断变化的适应水平和体能做出相应调整，以满足不断变化的训练目标和表现目标。

# 训练潜力

与训练数月或数年相比，在抗阻训练的初期阶段，训练者所获得的训练成效是最为明显的。随着训练的进行，当训练者越发接近其遗传上限，其所获得的提升幅度也就越小（见图5.9）。因此也能够说明，随着时间的变化，训练者会产生相应的适应性变化。此外还可以看出，在训练的早期阶段，几乎所有抗阻训练方案都对

没有训练经验的人有效果，因为此时任何适应变量都有很大的增长空间。然而，随着适应水平的提高，对关键变量和训练周期进行调整就变得非常重要，因为需要做出调整以进一步提高适应水平。原因是随着训练的进阶，适应窗口会变得越来越小（见第7章的"高级训练策略"）。

## 适应窗口

适应窗口指的是特定变量的改进机会（Newton and Kraemer，1994）。也就是说，训练经验越少，改进潜力就越大，相对收益也就越大。此外，这也意味着遗传潜力越大（如拥有的肌纤维数量），所获得的绝对收益就越大。针对特定变量进行训练并且越来越接近遗传潜力时，适应窗口会逐渐缩小。因此，如果在训练刚开始时，训练者已经具备了高水平的适应或体能，那么其起始的适应窗口则较小。所以，训练期望必须符合特定训练变量的相对收益，以及从特定的遗传潜力开始的绝对收益。此外，所有的训练适应都是特定于所

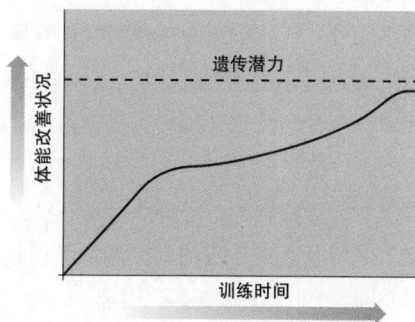

图5.9　在从训练的初期阶段，到后期接近遗传潜力的过程中，训练者的提升速度逐渐变慢，在曲线的较低位置的提升幅度最大

使用的训练方案的，并非所有的训练增长都能在同一阶段完成（如神经和肌肥大，见第 3 章）。

适应窗口概念的一个例证就是，有训练经验的运动员有时在很长一段时间内，他们的生理变量所获得的改进微乎其微。事实上，在北美大学的精英级美式橄榄球运动员中，他们大多数的收益都来自训练的第 1 年，这是由于他们在高中接受过大量训练，因此他们的力量和爆发力更接近遗传潜力（Miller et al.，2002）。

不同训练方案的适应窗口也是不同的。美国大学的美式橄榄球运动员在为期 10 周的休赛期训练方案中可以选择每周的训练频率（Hoffman et al.，1990）。选择每周训练 3 天和训练 6 天的小组在 1RM 的卧推中没有任何提升（见表 5.3）。作者认为，每周训练 3 天的训练方案并不能够提供足够的训练刺激，无法使有训练经验的训练者取得明显的力量提升，因为他们在赛季中已经参加过高强度的抗阻训练项目。而对于每周训练 6 天的训练者而言，1RM 卧推没有明显提升可能是短期过度训练或过度训练综合征导致的。然而，除了每周训练 3 天的小组外，所有小组的深蹲力量都有所提高，这表明并非所有肌群都会以相同的方式对训练（即卧推和深蹲）进行适应。有趣的是，这些小组在 40 码冲刺中都没有明显进步，这就证明了对那些已经在特定变量上获得了高度适应的训练者来说，要在短期训练中取得进步是多么困难。不过，虽然 40 码冲刺成绩的提升在统计学上并不显著（如 0.1 秒），但相关人员仍不应忽视这种影响的实践重要性。

因此，训练方案的周期、训练者在特定的练习或运动能力中的体能水平、遗传潜力和训练方案的设计等，都会影响训练者训练的适应。因此，对于运动员或健身爱好者来说，想要同时提高身体各方面的力量或素质是不实际的。

有几项研究表明，在短期训练中，体能的改善程度是存在一定差异的。某些短期训练方案能比其他方案带来更显著的改善（Keeler et al.，2001；Rana et al.，2008；Schlumberger et al.，2001；Staron et al.，1994）。例如，在为期 10 周的训练中，对于未经训练的女性而言，单组训练方案的效果优于慢速训练方案（Keeler et al.，2001）。而在为期 6 周的训练中，对于有训练经验的女性而言，3 组训练方案则优于单组训练方案。（Schlumberger et al.，2001）。该结论表明，在训练的早期阶段，改善程度似乎受到肌肉动作的类型、重复速度以及训练量的影响。

无论如何，训练时间的累积都是相当重要的，较长的训练时间可以使我们更加充分地了解每种方案之间的差异。这种长期的训练适应也更能够减小训练不足造成的影响。此理念已在为期 6 个月和 9 个月的训练中得到证实。在一项针对大学女子网球运动员的为期 9 个月的研究中，在实施了周期化训练方案后，她们发球时的球速有所提高，正手击球和反手击球的动作也都有所改善。此外运动员们的肌肉力量和爆发力的提升幅度均大于采用低强度单组训练方案的提升幅度（Kraemer et al.，2000）。在一项针对未受过训练的女性进行的为期 6 个月的训练中，训练者的 40 码

**表5.3** 美国大学的美式橄榄球运动员使用指定训练频率的表现和相关人体测量测试结果

| 变量 | 测试 | 3天 | 4天 | 5天 | 6天 |
|------|------|-----|-----|-----|-----|
| BW / 千克 | 前 | 80.3 ± 5.1 | 94.2 ± 12.7 | 99.2 ± 14.4 | 112.3 ± 12.4 |
|  | 后 | 79.6 ± 6.4 | 93.1 ± 12.0[*] | 98.7 ± 13.7 | 111.0 ± 12.1 |
| BP / 千克 | 前 | 107.2 ± 11.6 | 127.7 ± 13.9 | 131.1 ± 20.1 | 143.9 ± 12.0 |
|  | 后 | 109.1 ± 28.7 | 132.2 ± 14.5 | 135.3 ± 9.0[*] | 149.7 ± 17.3 |
| SQ / 千克 | 前 | 140.1 ± 18.6 | 173.6 ± 36.2 | 170.6 ± 19.4 | 191.6 ± 34.9 |
|  | 后 | 147.7 ± 38.9 | 186.3 ± 31.9[*] | 183.4 ± 22.1[*] | 204.1 ± 39.5[*] |
| 40 / 秒 | 前 | 4.83 ± 0.14 | 5.01 ± 0.22 | 4.97 ± 0.23 | 5.23 ± 0.20 |
|  | 后 | 4.82 ± 0.19 | 4.97 ± 0.18 | 4.93 ± 0.24 | 5.18 ± 0.20 |
| VJ / 厘米 | 前 | 70.2 ± 7.7 | 65.9 ± 8.4 | 64.5 ± 8.6 | 59.9 ± 6.7 |
|  | 后 | 71.7 ± 7.6 | 66.0 ± 8.8 | 66.0 ± 7.9 | 62.5 ± 7.1 |
| 2 MI / 秒 | 前 | 933.1 ± 49.7 | 945.0 ± 61.3 | 960.8 ± 99.3 | 982.2 ± 65.0 |
|  | 后 | 811.1 ± 77.1[*] | 830.7 ± 55.5[*] | 834.2 ± 84.8[*] | 879.8 ± 68.7[*] |
| SF / 毫米 | 前 | 54.7 ± 12.2 | 79.7 ± 15.3 | 83.6 ± 20.0 | 100.3 ± 13.0 |
|  | 后 | 50.9 ± 10.5[*] | 72.9 ± 12.7[*] | 79.0 ± 19.7[*] | 92.4 ± 15.2[*] |
| TH / 厘米 | 前 | 56.0 ± 2.5 | 59.5 ± 4.6 | 59.8 ± 4.6 | 63.9 ± 3.4 |
|  | 后 | 56.7 ± 1.6 | 61.4 ± 3.5[*] | 61.5 ± 4.2[*] | 65.0 ± 3.2 |
| CH / 厘米 | 前 | 92.8 ± 3.9 | 103.3 ± 7.2 | 105.9 ± 8.4 | 111.9 ± 7.1 |
|  | 后 | 94.8 ± 3.1[*] | 105.5 ± 6.9[*] | 107.1 ± 8.2[*] | 112.3 ± 6.1 |

[*] 表示 $p \leqslant 0.05$

BW 表示体重；BP 表示卧推；SQ 表示深蹲；40 表示 40 码冲刺；VJ 表示垂直纵跳；2 MI 表示 2 英里（1 英里 ≈ 1.61 千米，余同）跑步；SF 表示皮褶厚度；TH 表示大腿围；CH 表示胸围。

（经许可，源自：J.R. Hoffman, et al. 1990, "The effects of self-selection for frequency of training in a winter conditioning program for football," *Journal of Applied Sport Science Research* 4: 76-82.）

冲刺成绩、身体成分测试结果、力量和爆发力测试结果均有所提升，这进一步证明了周期化多组训练方案优于低训练量的循环训练类型的单组训练方案（Marx et al., 2001）。因此，一些训练原理（如特定性、周期、训练量）似乎会影响在指定训练期间内所获得健身增益的速度和幅度。但这两项研究也表明，至少需要 2~3 个月的时间，周期化的优势才能在一些训练方案中得到体现。因此，在周期化地实施训练方案之前，可能需要较长时间的训练以区分不同训练方案之间的差异及其体能增长效果差异。这主要是因为在训练的早期阶段，几乎所有方案都会快速带来收益，而这会掩盖不同方案之间的效果差异。

# 设立训练目标

一个有效的抗阻训练方案需要特定的目标。在所有的目标设立过程和个性化方案设计中，都需要考虑到年龄、身体发育程度、训练经验以及心理和身体耐受能力等因素。此外，方案设计人员必须将训练目标作为首要考虑因素，以确定训练方案不会因适应优先级而不兼容（如在训练耐力时减少爆发力训练）。抗阻训练的许多常见的有关功能改善的目标包括增强肌肉力量、增强爆发力、增强局部肌肉耐力，以及改善生理训练效果，如降低体脂率。其他的功能性增益，如协调性、敏捷性、平衡性以及速度的提升，也是训练方案的共同目标，对于运动员来说尤其如此。此外，平衡性一类的体能素质对伤病预防也具有重要意义，如防止老年人跌倒或防止运动员的膝关节受伤。其他与通过增肌、降低体脂率或改善其他生理功能（如降低血压、减少体脂、提升静息代谢率以帮助长期控制体重）相关的生理变化也可作为抗阻训练方案的目标。抗阻训练几乎会影响每一种生理功能，并能改善所有年龄段人群的身体发育状况和运动能力（Kraemer et al., 1996; Kraemer and Ratamess, 2004）。

在大多数情况下，训练目标应该是可测试的变量，如1RM力量、爆发力、垂直纵跳高度和身体成分等，以使教练客观地判断训练是否带来了改善。分析训练日志是评估抗阻训练方案效果的非常有效的手段。检测力量方面的功能性变化的常规测试可以在多种设备上进行，包括等速测功计、自由重量和器械设备等（Kraemer et al., 2006）。分析特定的测试结果可以在未获得进步时帮助教练和训练者对训练方案做出修改，或者决定是否要重复使用该训练方案。

有时，针对高水平的专业运动能力所进行的训练不同于改善健康状况的训练。许多精英级运动员的训练程度（如每周进行7天抗阻训练，或一周跑100英里，或每天训练4~6小时），远远超过了促进身体健康所需的训练。事实上，在没有适当准备和恢复的情况下，进行短期、高强度（又称为极端体能）的训练容易导致急性

过量训练。抗阻训练的目标必须符合训练者的目标。例如，如果一名美式橄榄球线卫的训练目标是体重（包括脂肪和肌肉）大幅度增加，那么这可能并不太健康，但在许多大学和专业领域，大体格的运动员仍然十分受追捧（Kraemer and Gotshalk, 2000）。因此在这种情况下，促进健康和增强运动体能的目标可能不兼容。竞技运动员必须认真思考在职业生涯结束后，其为职业活动而进行的训练是否损害其健康。目前对有关体格过于健壮的运动员的减训并未开展太多的研究。但是可以确定的是，大体格运动员应适量减轻体重以消除心血管疾病和糖尿病的一些主要致病因素，这些因素可能会导致早亡，特别是对于专业的美式橄榄球运动员来说（Helzberg et al., 2010; Kraemer, 1983a; Mazzetti et al., 2000）。在结束职业生涯后改变训练目标对于维持长期的身体健康非常重要。

## 维持训练目标

"限制"一词用于描述当小的增长需要大量的时间和极高的训练量才能实现时，停止尝试训练某些特性的决定。这可能与运动能力（如卧推1RM强度）或者某种形式的身体发展（如小腿围）有关。限制是一个艰难的决定，只有在经过适当的训练并观察出训练者的进步潜力后才能确定。在某些时候，教练和训练者必须对如何最充分地利用训练时间做出价值判断。当决定不再花更多的训练时间来练习某一种特定的肌肉特性（如力量、大小、爆发力）时，训练者就应当开始执行维持训练方案。在维持训练方案中，训练者不需要采用常

规的标准训练方案，按相同的组数、重复次数和强度进行所有的训练，节省出来的时间可用于实现其他训练目标。这样的方案设计决策可以使训练者在既定的训练期内优先考虑改善体能的其他方面。

在体育运动中有很多滥用训练的例子。例如，虽然全身力量的持续改善对美式橄榄运动员较为有利，但是像卧推之类的练习可能不是衡量比赛能力的合理方式（Fry and Kraemer，1991）。卧推所需要的身体素质是大尺寸的、肌肉发达的躯干，包括大的胸部肌肉和背部肌肉，以及较短的手臂。较大的上半身肌肉对美式橄榄球运动员来说是一个优势，因为这项运动极大地依赖身体质量。但由于在目前的比赛中，个子较高的球员相对更具优势，特别是线卫，所以大多数顶尖的美式橄榄球运动员都不具备卧推需要的短臂（Kraemer and Gotshalk，2000）。

卧推是否应该纳入美式橄榄球运动员的训练方案当中？答案是应该，但是必须正确看待每名运动员的卧推成绩。此外，卧推练习可能会对肩膀造成伤害。因此，在制定短期目标（如在 10 周的夏季训练后，提升运动员的卧推力量）和长期目标（如在大学期间提升卧推力量）时，必须考虑每个运动员的体格。此外，应评估特定练习对运动能力的重要性。花过多的时间做一些卧推运动以获得 10 磅（约 4.5 千克）或 20 磅（约 9.1 千克）的增长，而不进行对美式橄榄球表现至关重要的结构性练习，如悬垂翻，是很不明智的选择（Barker et al.，1993；Fry and Kraemer，1991）。例如，一名已经接受过一年训练

并且卧推成绩已经达到 355 磅（约 161 千克）1RM 的运动员，与其花时间继续训练以取得 400 磅（约 181.4 千克）的卧推成绩，不如将训练时间更多地用于另一项练习（如悬垂翻），以提高冲刺速度或敏捷性，或参与更多专项练习。此外，精英级运动员也可能不具备 400 磅（约 181.4 千克）卧推所需的身体条件（如短臂）（Kraemer and Gotshalk，2000）。在这种情况下，则应该维持或限制卧推练习。

这些训练决策是在监测抗阻训练进度时必须做出的许多临床和指导决策之一。训练目标是否符合运动或健康改善目标？达到特定的训练目标对个人取得成功或维持健康是否至关重要？随着训练的进行，这些都是需要不断解决的问题。

## 不切实际的目标

必须详尽地了解实现设定的训练目标的难易程度以及实现目标所需的训练时间。很多训练目标都太过理想化和不切实际。对于许多男性来说，23 英寸（约 58.4 厘米）的上臂围，36 英寸（约 91.4 厘米）的大腿围，20 英寸（50.8 厘米）的颈围，400 磅（约 181.4 千克）的卧推或 50 英寸（127 厘米）的胸围都是不切实际的目标，因为存在遗传限制。同样地，尽管与男性的目标不同，女性也有一些不切实际的目标。女性的目标可能包括使肢体或体形迅速变得苗条，以符合媒体时代的大众审美。但从遗传学的角度来看，这种改变在很多女性身上都是不可能的。许多女性错误地认为使用低强度抗阻训练方案（如 0.9~2.3 千克的手持重物）可以很大程度地增强力量、

改善肌肉线条并减脂，从而达到局部瘦身的目的。虽然身体局部肌肉的尺寸的确可以改变，但是仅依靠低强度抗阻训练是无法实现的。综上所述，对于男性和女性而言，关键问题在于抗阻训练方案是否能够刺激所需的身体变化发生，必须细致而客观地检查这些变化。

如果不按照合理的科学原则评估器械和方案，人们就会对它们产生不切实际的期望。当下，高科技发展迅速，营销文化盛行，产品、训练方案和器械的广告营销很容易误导大众，使他们产生不切实际的训练期望。此外，演员、模特和精英级运动员都具有良好的身材和运动能力，但对大多数人来说，这种水平的身材、体形和能力是很难获得的。休息时间短且强度过高的极限训练基本不注重个性化和周期化。如前所述，过量的短期训练会导致劳损、过度训练或对身体造成损伤。

正确地设立目标需要从设立小的目标开始，循序渐进。设立目标之前要评估训练者的当前体能水平。大多数人都会犯一个错误，就是总想在极短的时间内得到太多，希望花少量的精力快速达到目标，而那些营销性的训练方案正是利用了这种心理。虽然所有的训练方案都能在初期带来一定的效果，但如果没有经过个性化设计，那么在一段时间之后，训练者就很可能出现过劳损伤。在抗阻训练方面取得进步需要长期坚持全面体能训练方案。这意味着要针对不止一个体能目标进行训练，这也是商业训练方案中普遍缺乏的（如仅着重于提升局部肌肉耐力或减少身体脂肪）。此外，合理的营养摄入和生活方式有助于实现目标并促进身体发育。认真评估训练目标和所需的训练器械，可以避免浪费时间、金钱和精力。此外，训练者必须记住，随着在训练过程中不断取得进步，训练目标也需要做出相应的调整，同时训练方案也要不断改变。

## 训练目标的优先化

虽然所有的抗阻训练方案都会使身体产生一系列的适应性变化，但优先考虑训练目标有助于设计者设计出能提供最佳刺激的方案。例如，在特定练习中执行4组3RM可以通过影响爆发力方程式中的力分量来增强爆发力，但它并没有影响爆发力方程式中的速度分量。因此，就需要设计出一套周期化训练方案来帮助实现这一目标，并优化爆发力的产生（按照30%的1RM进行6组，每组3次重复）。随着训练的进行和适应窗口逐步缩小，这一点变得越来越重要。特定目标的优先化包括训练、特定的训练阶段或周期，或者某一段时间。许多周期化训练方案都是通过控制在训练周期（线性周期化）或每周（日常非线性周期化）中使用的练习刺激来实现这一点的。

尽管不同的抗阻训练方案会对身体产生不同的影响，这些影响与力量的产生和肌肉的增长有关，但是当包含其他形式的运动时，必须仔细地对训练方案进行检查。方案设计者必须认真考虑与特定目标相关的训练类型的兼容性（见第4章）。例如，在体操或摔跤等运动中，过分注重长跑以保持较低的体重可能不利于这些运动所需的爆发力的提升。相反，如果主要目标是控制体重和保持心血管健康，那么一般的健身爱好者则可能不会那么在意训练对爆发力提升的负面影响。因为在这种情况下，提升爆发力在训练方案中是次要的目标。然而，业余篮球联赛和非常注重运动能力的运动员，则可能希望通过使用间歇训练方案来增强垂直纵跳能力和促进心肺健康。在抗阻训练方案的背景和前提下，还需要检查其他类型的训练因素，包括快速伸缩复合训练、短跑训练、柔韧性训练、增重和减重计划，以及体育锻炼和比赛。

训练目标和相关方案设计的优先化必须考虑到个人整体训练的综合背景，关键是要检测出各种可能影响恢复或影响实现特定高优先级训练目标的、不兼容的运动刺激。同时，设立训练目标通常需要在一周内或在训练周期内对方案设计进行仔细划分。

## 个性化

目前的商业、视频和网络健身项目几乎都不存在个性化设计。网络上的训练方案不具有满足进步和安全需求所需的个性化设计。每项训练方案的设计必须符合个人的需求和训练目标。培训师、私人教练、教练和训练者都必须评估和了解训练者的体能水平。但是，请记住，在确定训练者能够承受测试要求（如 1RM 强度测试）并且测试结果具有可靠性和参考价值之前，不应对训练者的健康水平进行评估（Kraemer et al., 2006）。设计训练方案时，最严重的错误之一是给训练者带来无法承受的压力（即"太突然、太过量"）。在组间和练习间休息不足、训练量过大、强度过大、超出训练者的极限的进展、没有休息日而连续进行太多训练，以及不具备正式的方案变量，以上这些因素在抗阻训练方案中都是阻碍训练的潜在障碍。

抗阻训练的进展应遵循"阶梯式"原则（见图 5.10）。训练者在特定的力量水平开始训练。训练期间，由于疲劳，力量下降，在训练课程结束时，其力量处于最低点。从第 1 次训练中恢复后，该训练者应以比第 1 次稍高的力量水平开始第 2 次训练。这种阶梯效应可在数周、数月和数年的训练期内，以及训练者将越来越接近其遗传潜力的过程中观察到（该原则可能会在功能性过量训练期间故意被打乱，因为训练后期训练量会减少，使训练者进行超量恢复。在此期间，训练目标会有明显变化）。设计出能体现这种阶梯效应的训练方案才是抗阻训练的最大挑战。

智能化的训练设备以及移动设备和手持设备极大地提高了我们的监测反馈能力，真正为大众获取个性化的抗阻训练方案提供了条件。运动队或大型体能训练场馆的设计者通常会给出一套笼统的方案供所有人使用。笼统的训练方案带给每个人的效果是不同的，在体育运动中，不同的阶段需要不同的训练方案。因此，为特定人群或体育运动而设计的一般方案只应作为训练者的起点，之后应根据个人进度和需求对方案进行添加、删除和更改。这适用于运动员以及一般的健身训练。

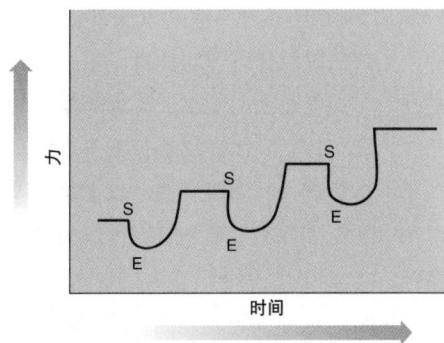

**图 5.10** 抗阻训练方案应产生阶梯效应。S 和 E 分别表示训练的开始和结束

# 小结

在抗阻训练方案中，关键变量的组合构成了训练刺激结构。方案设计的目的是设计出最有效的关键变量组合，以产生所需的刺激，从而使训练者按照预期的方式产生适应。在很多领域，抗阻训练方案长期以来一直是一门艺术而非科学，这导致许多传言、风潮和商业系统更多地与哲学相关而不切合实际。不过，现在有越来越多关于抗阻训练的科学研究在不断扩展我们的理解，并在训练方案的设计中发挥重要作用。

不论有多少科学知识可加以运用，对每项训练方案做出合理决策的责任主要在于教练、私人教练或训练者。对相关知识的更深入理解将有助于指导训练，并为方案设计问题提供初步的答案。对方案做出的决定应当合理，并有一定的科学依据。

本章论述了方案设计的过程。第 6 章将介绍随时间推移而逐步形成的多项抗阻

训练体系，第 7 章的内容包含长期的抗阻训练方案设计，其中特别强调了训练周期化的重要性，而本章介绍的基础内容是为了帮助您对这两个概念进行初步理解。

## 选读材料

American College of Sports Medicine. 2002. Position stand. Progression models in resistance training for healthy adults. *Medicine & Science in Sports & Exercise* 34: 364-380.

Calder, A.W., Chilibeck, P.D., Webber, C.E., and Sale, D.G. 1994. Comparison of whole and split weight training routines in young women. *Canadian Journal of Applied Physiology* 19: 185-199..

Cormie, P., McGuigan, M.R., and Newton, R.U. 2011. Developing maximal neuromuscular power: Part 1. Biological basis for maximal power. *Sports Medicine* 41: 17-38.

Cormie, P., McGuigan, M.R., and Newton, R.U. 2011. Developing maximal neuromuscular power: Part 2. Training considerations for improving maximal power production. *Sports Medicine* 41: 125-146.

Garber, C.E., Blissmer, B., Deschenes, M.R., Franklin, B.A., Lamonte, M.J., Lee, I.M., Nieman, D.C., and Swain, D.P. 2011. Quantity and quality of exercise for developing and maintaining cardiorespiratory, musculoskeletal, and neuromotor fitness in apparently healthy adults: Guidance for prescribing exercise. *Medicine & Science in Sports & Exercise* 43: 1334-1359.

Hoffman, J.R., Kraemer, W.J., Fry, A.C., Deschenes, M., and Kemp, M. 1990. The effects of self-selection for frequency of training in a winter conditioning program for football. *Journal of Applied Sport Science Research* 4: 76-82.

Jones, K., Hunter, G., Fleisig, G., Escamilla, R., and Lemak, L. 1999. The effects of compensatory acceleration on upper-body strength and power in collegiate football players. *Journal of Strength and Conditioning Research* 13: 99-105.

Keogh, J.W.L., Wilson, G.J., and Weatherby, R.P. 1999. A cross-sectional comparison of different resistance training techniques in the bench press. *Journal of Strength and Conditioning Research* 13: 247-258.

Kraemer, W.J. 1997. A series of studies: The physiological basis for strength training in American football: Fact over philosophy. *Journal of Strength and Conditioning Research* 11: 131-142.

Kraemer, W.J., Duncan, N.D., and Harman, F.S. 1998. Physiologic basis for strength training in the prevention of and rehabilitation from injury. In *Rehabilitation in sports medicine*, edited by P.K. Canavan, 49-59. Stamford, CT: Appleton and Lange.

Kraemer, W.J., and Fry, A.C. 1995. Strength testing: Development and evaluation of methodology. In *Physiological assessment of human fitness*, edited by P. Maud and C. Foster. Champaign, IL: Human Kinetics.

Kraemer, W.J., and Gómez, A.L. 2001. Establishing a solid fitness base. *In High-performance sports conditioning*, edited by B. Foran, 3-16. Champaign, IL: Human Kinetics.

Kraemer, W.J., and Gotshalk, L.A. 2000. Physiology of American football. In *Exercise and sport science*, edited by W.E. Garrett and D.T. Kirkendall, 798-813. Philadelphia: Lippincott, Williams & Wilkins.

Kraemer, W.J., Mazzetti, S.A., Ratamess, N.A., and Fleck, S.J. 2000. Specificity of training modes. In *Isokinetics in human performance*, edited by L.E. Brown, 25-41. Champaign, IL: Human Kinetics.

Kraemer, W.J., and Newton, R.U. 2000. Training for muscular power. In *Clinics in sports medicine*, edited by J. Young, 341-368. Philadelphia: W.B. Saunders.

Kraemer, W.J., and Nindl, B.A. 1998. Factors involved with overtraining for strength and power. In *Overtraining in athletic conditioning*, edited by R.F. Kreider and A.M. O'Toole, 69-86. Champaign, IL: Human Kinetics.

Kraemer, W.J., and Ratamess, N.A. 2000. Physiology of resistance training: Current issues. In *Orthopaedic physical therapy clinics of North America*, edited by C. Hughes, 467- 513. Philadelphia: W.B. Saunders.

Kraemer, W.J., and Ratamess, N.A. 2004. Fundamentals of resistance training: Progression and exercise prescription. *Medicine & Science in Sports & Exercise* 36: 674-678.

Kraemer, W.J., Ratamess, N.A., and Rubin, M.R. 2000. Basic principles of resistance training. In *Nutrition and the strength athlete*, 1-29. Boca Raton, FL: CRC Press.

Mazzetti, S.A., Kraemer, W.J., Volek, J.S., Duncan, N.D., Ratamess, N.A., Gómez, A.L., Newton, R.U., Häkkinen, K., and Fleck, S.J. 2000. The influence of direct supervision of resistance training on strength performance. *Medicine & Science in Sports & Exercise* 32: 1043-1050.

Mazzetti, S.A., Ratamess, N.A., and Kraemer, W.J. 2000. Pumping down: After years of bulking up, when they graduate, strength-trained athletes must be shown how to safely detrain. *Training and Conditioning* 10: 10-13.

Pearson, D., Faigenbaum, A., Conley, M., and Kraemer, W.J. 2000. The National Strength and Conditioning Association's basic guidelines for the resistance training of athletes. *Strength and Conditioning Journal* 22 (4): 14-30.

Robbins, D.W., Young, W.B., Behm, D.G., and Payne, W.R. 2010. Agonist–antagonist paired set resistance training: A brief review. *Journal of Strength and Conditioning Research* 24: 2873–2882.

Sforzo, G.A., and Touey, P.R. 1996. Manipulating exercise order affects muscular performance during a resistance exercise training session. *Journal of Strength and Conditioning Research* 10: 20-24.

# 6

# 抗阻训练体系和技术

**学习完本章后，你应该能够完成以下内容。**

1. 对执行训练或训练技术时必须了解的关键变量进行描述。
2. 论述单组和多组训练方案的优点。
3. 描述练习顺序不同的训练体系。
4. 描述训练技术，如借力训练法、力竭训练法、强迫次数训练法、部分重复训练法和血流限制训练法等。
5. 描述针对性训练方法，如功能性等长训练法、工具训练法、振动训练法、离心训练法、不稳定平面训练法、极限训练法和铁链训练法等。
6. 讨论有关训练技术和专业训练体系的学习所得。

大多数抗阻训练的体系和技术都是由力量教练、力量举运动员、奥林匹克举重运动员、健美运动员或私人教练设计的。一般来说，训练体系最初是为了满足特定群体的需要和目标而设计的，大多数是针对年轻、健康的成年人或运动员。训练群体的需求和目标不仅包括训练成果，如力量的增长或身体成分的变化，还包括诸多管理方面的问题，如可用的总训练时间、常规训练类型和设备可用性等。

一套训练体系或技术被众多的人所使用，并具有一定的知名度，这就表明它在为特定群体带来预期的训练适应方面有很高的成功率。但实际上，几乎所有的抗阻训练体系或技术都能使训练者在短时间内产生训练适应，尤其是在未经训练的人中。

通常，特定的体系和技术受欢迎的原因不是科学已经证明它们在力量提升、爆发力提升或身体成分变化方面优于其他体系或技术。实际上，它们之所以受欢迎，是因为它们已经被个人、团体或公司使用和营销。由于一些管理方面的因素，某些体系或技术也可能受特定群体的欢迎，如它比其他体系或技术耗费的时间更少。

关于为什么各种体系和技术都有效果，

以及它们在生理上如何引起训练适应等问题，存在许多的猜测。一般来说，需要对所有训练体系和技术的有效性进行更多的研究，特别是在受过抗阻训练的人中。特别地，需要进行长期（即6个月或更长时间）的研究来证明某一套特定的体系或技术是否能在几个月后的训练平台期内持续带来健身收益。在设计训练方案以满足特定的个人或群体的目标和需求并解决其管理问题时，对各种体系和技术的了解是相当有必要的。在遭遇训练平台期时，这些知识也很有帮助，因为改变训练方式是突破训练平台期的方法之一。

训练体系和技术纷繁多样，说明多种关键变量可以产生大量组合，并有着无限的可能性（见信息栏6.1）。许多从业者仅使用一种训练体系或技术，然后长期将该体系应用于所有的训练者。在几个月的时间内仅使用同一种训练方案，将导致力量、爆发力和身体成分等的改变进入平台期（Kraemer et al., 2000；Kraemer et al., 2003；Marx et al., 2001；

Willoughby，1993）。此外，在经过数月的训练后，继续使用相同的训练体系或技术可能导致某些运动的平台期无限延长（Willoughby，1993）。因此，长期使用单一的训练体系或技术会导致训练效果不佳。使用不同的训练体系或技术是为训练方案带来训练变化，从而避免平台期的方法。

初学者常犯的一个错误是，认为健美运动员、举重运动员、奥林匹克举重运动员或其他类型的运动员所使用的体系或技术对于自己来说也是最好的。实际上，这些精英级运动员使用的训练方案通常强度都很大，或者训练量对于初学者或业余运动员来说太大。精英级运动员可能需要多年的训练才能达到承受如此高强度运动所需的体能水平，并利用这些训练引起生理上的适应。力量和爆发力类型的精英级运动员还具有遗传潜力，这可以帮助他们承受大量高强度的训练压力，并在力量、爆发力和增肌方面取得进步。

训练日志可用来帮助确定哪一种训练

**❓ 信息栏6.1　实际问题**

## 正确使用训练体系或技术需要了解什么

对于任何类型的抗阻训练方案、技术或体系，都需要知道其中的常规关键变量，这些变量包括每组的重复次数、所使用的阻力、练习、练习顺序、组间和练习间的休息时间、每个练习的组数和重复速度。除此之外还可能包括每周的训练频率、受压的总时间、重复间的休息量（如有）、重复时肌肉收缩类型（向心、离心、等长）的时间分配、练习时的关节活动范围、训练组数是否达到力竭，以及训练课间的恢复。一些体系或技术还包含附加变量，例如在休息暂停技术中，每次重复后的休息时间。许多体系和技术不仅需要记录常规的关键变量，还需要记录这些附加变量。在使用特定的抗阻训练技术或体系之前，必须全面了解所有的关键变量。但许多人没有对其进行监测和记录，因此他们很难充分利用训练体系。

体系或技术及其变化对个人、群体或团队来说最有效。如果没有详细的训练日志，训练者将无法记住足够的细节来重复训练过程。此外，还需要记录方案中所使用的训练组数、重复次数、练习和阻力，以计划下节训练课或下一个训练阶段。训练日志回答了许多关于人们对特定训练的适应的问题，包括哪些体系或技术最有效，以及在进入平台期之前他们可以继续使用特定的训练技术多长时间。训练日志也可以成为一种激励，因为训练者可以在数周或数月的训练过程中看到自己的训练进展。

# 单组训练体系

单组训练体系是最经典的抗阻训练体系之一，它表示在训练方案中每项练习各进行一组。第 2 章详细讨论了进行各种类型的抗阻训练时执行单组和多组练习的效果。一个在 1925 年记录的单组训练体系（Liederman，1925）包括较大阻力和每组包含若干次重复，练习间休息 5 分钟。单组训练体系如今仍然很受欢迎，并且适合用于发展和保持新老抗阻训练者的肌肉能力（American College of Sports Medicine，2011）

单组训练体系可以强化力量，并使身体成分发生显著改变（American College of Sports Medicine，2009）。部分研究结果显示，在未经训练的人中，非周期化单组和多组训练带来的力量增益没有显著的差异，而另一些相关研究则显示多组训练更有效（American College of Sports Medicine，2009）。这种差异可能是研究的时间长短

不同造成的。在训练的前 16 周，对非周期化的多组训练和不变的单组训练进行比较时，发现二者带来的力量提升没有明显的差异。然而，持续 17~40 周的研究表明，多组训练能比单组训练带来更大的力量提升（American College of Sports Medicine，2009；Wolfe et al.，2004）。元分析的结果也证明，较长时间的多组训练确实能带来更大的力量增益，并且多组训练体系比单组训练体系更能提高未受过训练的人和受过训练的人的力量增益（Rhea et al.，2003；Rhea et al.，2002；Wolfe et al.，2004）。有趣的是，单组训练和多组训练带来的力量增长差异在未受过训练的人中比受过训练的人中更为明显（Rhea et al.，2002）。将不同的多组周期化训练体系与相同的单组训练体系进行比较，结果显示，周期化体系训练带来的力量和运动能力的提升以及身体成分的变化更大（在许多情况下明显增加）（Fleck，1999；Kraemer et al.，1997，2000；Marx et al.，2001）。

单组训练体系可显著提高力量，特别是在训练的最初几周（6~16 周）。然而，训练时间越长，多组训练所产生的力量增益越大，并且可能需要增加足够多的训练量以实现持续的力量增加（American College of Sports Medicine，2009）。对于没有充足的时间进行抗阻训练的人，以及处于赛季中训练或其他训练阶段的运动员来说，当可用于抗阻训练的时间较少时，单组训练体系是一个合理的选择。

## 快速循环

私人教练为训练者制定了快速循环训练方案，使训练者可以在极短的时间内进行抗阻训练或任何其他类型的健身训练。快速循环通常是单组训练体系的变式。通常，训练者对每次运动进行一组包含6~12次重复的训练，间歇时间为30~60秒。快速循环训练包含多关节和单关节练习，并且通常会使每个主要肌群至少得到一次锻炼。根据练习选择，每次训练大约需要进行8~10种不同的练习。快速循环训练具有单组训练体系的所有优点和局限性。

# 多组训练体系

多组训练体系包括以相同的阻力进行多组训练，或以不同的阻力（即从重到轻，从轻到重）进行多组训练，每组训练的重复次数可以相同，也可以不同，并且可以达到不同的疲劳程度。实际上，任何由多组练习组成的训练体系都可以归为多组训练体系。经典的多组训练体系包含2~3组增加阻力的热身组，然后是几组相同阻力的训练。这种训练体系在20世纪40年代开始流行（Darden，1973），现在的许多多组训练体系都是根据它设计的。

元分析表明，多组训练体系可以带来更大的力量增益（Peterson et al.，2004；Rhea et al.，2003；Rhea et al.，2002；Wolfe et al.，2004），并且与单组训练体系相比，其能更大幅度地增加肌肉尺寸（Krieger，2010）。在设置组数时，教练需要区分每次练习的组数和每个肌群的训练组数。例

如，如果进行2组2种类型的臂弯举，那么肱二头肌的训练组数则为4组。元分析表明，对受过训练和未受过训练的人来说，每个肌群都进行4组锻炼（Rhea et al.，2002），而对受过训练的人来说，每个肌群锻炼8组会产生接近最高水平的力量增益（Peterson et al.，2004）。正如"单组训练体系"一节所述，元分析还表明，多组训练所带来的力量增益可能更加明显，并且随着训练时间的延长（17~40周），比起较短的训练持续时间（6~16周），多组训练体系带来的力量增益还会有明显增加。然而，在关键变量长时间不变的情况下，多组训练体系会导致力量增长进入平台期（Willoughby，1993）。

虽然多组训练通常能比单组训练产生更好的健身效果，但情况也并非总是如此。例如，每周训练3天，每天以相似的训练强度分别进行3组训练和1组训练（1RM的百分比），结果显示，进行3组训练时下半身力量和肌肉尺寸都获得更大的增长，但上半身力量和肌肉尺寸没有显示出更大增长（Ronnestad et al.，2007）。此外，将周期化多组训练体系和非周期化多组训练体系进行比较（见第7章），通常周期化多组训练体系带来的体能增益更大。

### 循环训练体系

循环训练体系包含一系列连续的抗阻练习，练习间的休息时间较短（15~30秒）。通常，在循环训练期间，每项练习重复10~15次，阻力为1RM的40%~60%，可以进行一次至几次循环练习。然而，当每项练习只进行一组时，训练方案

常被称为快速循环。可以选择不同的练习来训练各个肌群。在训练者数量较多的情况下，这个方法更为高效，因为每件设备几乎都在不断地被使用。对训练时间有限的人来说，这种方法也能够有效地节省时间（见信息栏6.2）。

在某些练习中，使用40%~60%的1RM，每次重复10~15次，可能导致无法达到主动疲劳，从而限制最大力量的提升。在未受过训练和受过训练的男性和女性中，当使用40%的1RM时，一组中完成的重复次数为78~146次；而当使用60%的1RM时，重复次数则为34~57次（Hoeger et al.，1990）。每组高位下拉也可以在特定的1RM的百分比下完成15次以上的重复。因此，如果循环训练的目标之一是提升最大力量，则建议提高在各项练习中所使用的1RM百分比，或者使用10~15RM的阻力或接近RM的阻力来进行练习。

正如预期，使用约67%的1RM循环训练（3组×10次重复，每组12RM）确实会提高心率、血压和氧气消耗量（Ortego et al.，2009）。但是，男性和性之间存在一些差异。在循环训练期间，男性的耗氧量、总能量消耗和收缩压都明显高于女性，但不包括舒张压和血压。在3次循环训练期间，男性和女性的平均心率都有所增加，在第3次循环训练时，男性和女性的平均心率都达到了最大心率水平的86%（说明两性之间没有显著差异）。

前文所述的循环训练的关键作用进一步说明了循环训练体系对心肺健康的益处。这种益处在一定程度上与练习间的休息时间较短有关，与传统的较长休息时间相比（35秒对比3分钟），前者在整个循环训练期间的心率都保持在较高水平（Alcaraz et al.，2008）。循环训练确实能够增加最大耗氧量，但增加的幅度可能有很大差异。通常，短期循环训练（8~20周）会使健康的男性和女性的最大耗氧量分别提升4%和8%（Gettman and Pollock，1981）。循环训练使女大学生的最大耗氧量增加了约10%，但并未使男大学生的最大耗氧量发生变化（Wilmore et al.，1978），而久坐的人的最大耗氧量则增长了12%（Camargo et al.，2008）。训练前最大耗氧量较低〔24

**？ 信息栏6.2　实际问题**

### 典型的循环抗阻训练包含哪些练习

循环抗阻训练方案包含的练习因训练目标而异。然而，循环抗阻训练通常被设计为使用交替练习顺序的全身性运动（见第6章的"练习顺序体系"），并在循环训练开始时使用多关节练习。许多循环训练也会使用抗阻训练器械，因为当几名训练者（或更多）同时做相同的循环练习时，可以快速变化阻力。当训练者适应训练后，可以增加循环的数量。下面是全身性循环抗阻训练方案的一个例子：腿蹬举、胸推、腿弯举、高位下拉、腿伸展、过顶推举、提踵、臂弯举、背伸展、肱三头肌臂屈伸和卷腹。

毫升／（千克·分）］的绝经妇女在 24 周的训练期间，以周期化的方式进行循环训练（从 45%~50% 的 1RM，每组进行 15~20 次重复，到 55%~60% 的 1RM，每组进行 10~12 次重复），结果显示其最大耗氧量增长了 18.6%（Brentano et al.，2008）。在一次的重复训练中，其上半身和下半身的最大力量也有明显增长，分别为 26.4% 和 42.2%。因此，最大耗氧量的增长程度会因进行循环训练的人不同而出现很大差异，并且，当初始最大耗氧量较低时，增长的幅度更大。

如果抗阻训练的目标之一是增强心肺耐力，那么循环训练的变式是个很好的选择。然而，要实现这一目标，就需要在整个训练方案中加入传统的耐力训练项目，如跑步、骑自行车、椭圆机训练或游泳等。

循环训练有很多种变式，其中之一就是外周心脏活动训练法。按照这种训练方法，训练课程会被分为几个阶段（Gaja，1965），一个阶段包含 4~6 个练习，每个练习对应不同的身体部位。各阶段中每个练习的每组重复次数随当前的训练目标变化，通常每组重复 8~12 次。每次训练包括以循环的方式在第 1 阶段中进行所有练习 3 次。然后以与第 1 阶段相同的方式，依次完成剩余阶段的练习。表 6.1 给出了外周心脏活动训练的一个例子。

三合组训练法与外周心脏活动训练法类似，它包含一组或一系列练习。顾名思义，它是由 3 组练习组成的。在三合组训练法中进行的练习主要针对相同的主要身体部位，如手臂或腿部，但它也可以用来训练不同的肌群。练习间的休息时间极短，或者不休息，通常每个练习进行 3 组。三合组训练法的练习包括臂弯举、肱三头肌臂屈伸和硬推等。它是一种动态的抗阻训练方式，表 6.2 给出了等速力量增益的比较。事实证明，三合组训练法对增强等长力量非常有效。这两种循环训练方法的变式（即外周心脏活动训练法和三合组训练法）都很消耗体力，并可使训练者在训练期间维持相对较高的心率。因此，当训练目标是增强心肺耐力以及局部肌肉耐力时，二者都是合理的选择。

## 递减式训练

递减式训练是指，在做一组训练达到一定的疲劳程度时，适当减轻阻力，然后重复相同的练习直至力竭。通常，组间可以休息极短的时间，或者不休息，每组的

**表 6.1　包含 4 个阶段的外周心脏活动训练示例**

| 身体部位 | 阶段 | | | |
|---|---|---|---|---|
| | 1 | 2 | 3 | 4 |
| 胸部 | 卧推 | 上斜卧推 | 下斜卧推 | 胸部飞鸟 |
| 背部 | 高位下拉 | 坐式划船 | 俯身划船 | T 杠划船 |
| 肩部 | 硬推 | 直立划船 | 侧平举 | 前平举 |
| 腿部 | 深蹲 | 膝伸 | 后深蹲 | 分腿深蹲 |
| 腹部 | 仰卧起坐 | 卷腹 | 罗马椅仰卧起坐 | 两头起 |

**表6.2　8种抗阻训练法的等速力量增益比较**

| | 借力训练法 | Delorme训练法 | 倒金字塔训练法 | 双向渐进训练法 | 等长训练法[a] | Oxford训练法 | 超级组训练法 | 三合组训练法 |
|---|---|---|---|---|---|---|---|---|
| 屈肘 | 23%[*] | 9%[*] | 11%[*] | 7% | 0 | 7%[*] | 12%[*] | 25%[*] |
| 伸肘 | 66%[**] | 16% | 9%[**] | 25%[*] | 35[*] | 28%[**] | 9% | 30%[**] |
| 背部和腿部 | 27%[*] | 0 | 24[*] | 13% | −5% | 11% | 21%[*] | 17%[*] |

表中的数据是从训练前到训练后的力量变化百分比；[**]表示训练前到训练后增加的显著性水平为0.01；[*]表示训练前到训练后增加的显著性水平为0.05；等长训练包括持续时间为6秒的最大动作；Oxford训练法是由重到轻的训练方法；Delorme训练法则是由轻到重。

（经许可，源自：J.R. Leighton et al., 1967, "A study of the effectiveness of ten different methods of progressive resistance exercise on the development of strength, flexibility, girth and body weight," *Journal of the Association for Physical and Mental Rehabilitation* 21: 79. ）

重复次数不限（通常为8~12次重复）。健美运动员和一些健身爱好者通常会使用这种类型的训练来增大肌肉尺寸，但它也可以用于提高肌肉耐力。递减式训练的减少阻力并增加训练组数的方法可以随意重复，每个练习通常包含2~3组递减式训练。

在9周的训练中，使用递减式训练进行3组、每组6~10次重复的练习，与常规进行1组、每组6~10次重复的练习相比较，其引起的双臂屈伸和卧推的1RM的增长幅度更大。前者训练前后分别为13.2%与8.2%，后者训练前后分别为16.5%与10.6%（Humburg et al.，2007）。虽然3组递减式训练使单腿蹬举有更大的1RM增益（右腿和左腿训练前后分别为13.3%与9.7%，以及15.5%与9.4%），但3组递减式训练和单组训练带来的增幅没有明显差异。这两种训练都使用了力竭训练的方式（见本章的"力竭训练法"）。结果表明，递减组训练者的力量确实得到了提升，但目前还没有有关如何将该方法与其他方法进行比较的信息。结果还表明，多组递减式训练比单组训练带来的力量

增益更大，而这种比较也受到训练量差异的影响。

递减式训练的目的是通过保持每组的重复次数不变来维持总训练量，但是必须注意，减小阻力将导致总训练量降低。使用相同的阻力和相对较短的休息时间（如1分钟）进行连续多组训练会导致连续多组中的重复次数减少。例如，在8RM的阻力下进行4组后深蹲，在第2~4组中，各组的重复次数分别是5.93、4.47和4.20（Willardson and Burkett，2005）。同样，在连续5组的15RM后深蹲练习中，第2~5组的重复次数分别是10.67、8.40、6.27和6.33（Willardson and Burkett，2006）。

使用10RM的阻力时，在连续3组、每组都包含后深蹲、膝屈和膝伸的练习中，要将每组的重复次数保持在10次左右，组间休息1分钟，练习间休息2分钟，每组则需要减少约15%的阻力（Willardson et al.，2010）。在前2次练习中，阻力减少5%和10%会使每组后深蹲和膝屈的重复次数减少。例如，当阻力减少5%时，3组深蹲的平均重复次数为8次。令人惊讶的是，

即使膝伸是最后进行的练习，但是每组保持 10 次左右的重复并不需要减少阻力。这表明减少阻力对每组重复次数的影响可能会因不同的练习而不同，或者会受到其在练习中的顺序的影响。上述抗阻训练方法的目标是增强局部肌肉耐力（中度阻力和短休息时间），但这种训练方法也可能在不改变阻力的前提下影响每组的重复次数，或是在保持相同重复次数的情况下使阻力小幅减少。

递减式训练还有一些其他名称，如多重量训练法和分解训练法。这些名称可以表示与递减式训练相同的含义，也可以体现出这种训练方式的某些变化。多重量训练法在第 1 组中以 4~5RM 的阻力进行 4~5 重复，在之后的练习中逐渐减轻阻力，同样每组重复 4~5 次。按照此方法重复若干组（Poole，1964）。

在分解训练法中，训练者先自主进行力竭训练，然后减轻阻力，接着再进行 2~4 次重复。分解训练法与传统的训练方法相比，可带来更大的力量增益（Westcott，1994）。同时使用这两种训练方法以 10~12RM 的阻力进行 1 组 10~12 次的重复，持续 1 个月。在接下来 1 个月的训练中，一半的训练者按照上述计划进行训练，而另一半则进行分解训练。在达到主动疲劳后，将进行分解训练的训练者使用的阻力减少 10 磅（约 4.5 千克），让他们再进行 2~4 次重复。经过 2 个月的训练，训练者在训练时使用的阻力平均增加了 7 磅（约 3.2 千克）。该研究没有分析两组之间的差异是否显著。因为其中一组进行了 2 个月相同的训练，而另一组分别以一种训练法

进行了 1 个月的训练、以另一种训练法（分解训练）进行了 1 个月训练，这些结果可以解释为训练方式变化而不是分解训练本身导致力量进一步增长。不过，该研究确实表明，分解训练可以增强未受过训练的人的力量。

在进行自由重量的递减式训练时，需要 1~2 名保护者以保证训练安全进行，或者使用机器代替保护者。此外，这种类型的训练非常消耗体力，最初可能会造成大面积肌肉酸痛。因此，要循序渐进地将递减式训练纳入训练方案。

## 金字塔训练法

许多力量举运动员和想要提高 1RM 推举能力的人通常会使用金字塔训练法（又称三角形训练法）。一套完整的金字塔训练法会在开始时选用较轻的阻力，进行一组 10~12 次重复的训练。在之后的几组训练中增大阻力，进行越来越少的重复，直至达到 1RM。然后以相反的顺序按之前的阻力和重复次数训练，最后一组为 10~12 次重复（见图 6.1）。通常，使用的阻力和执行的重复次数都接近最大重复。每组重复次数的任意组合都可以称作金字塔训练法，只要每组的重复次数是先减少后增加的。

## 由轻到重训练法

顾名思义，由轻到重训练法指的是阻力由轻到重的训练方式。其中一种方法是正金字塔训练法（见图 6.1）。使用这种训练方法，训练者将以较轻的阻力和每组较高的重复次数逐渐过渡到以较重的阻力和

每组较少的重复次数来完成金字塔体系的左半部分。

在 20 世纪 30 年代—40 年代，由轻到重训练法的变式在奥林匹克举重运动员当中流行起来（Hatfield and Krotee，1978）。该训练方法是先使用较轻的阻力进行一组 3~5 次重复的练习，然后增加 5 磅（约 2.3 千克）的阻力，并进行另外一组 3~5 次重复的练习。如此递增，直至只能完成一次重复。Delorme 训练法是最早经过科学验证的由轻到重的训练法之一，它包括 3 组、每组 10 次重复的练习，在连续的几组中，阻力从 10RM 的 50％增加到 66％，再增加到 100％。该训练方法可以使力量在短期内增长（Delorme et al.，1952；Delorme and Watkins，1948）。表 6.2 所示的研究对 Delorme 训练法进行了评估，证明该训练法可以强化等长肘屈肌，但不会使等长肘伸肌或背部和腿部的力量显著提升。

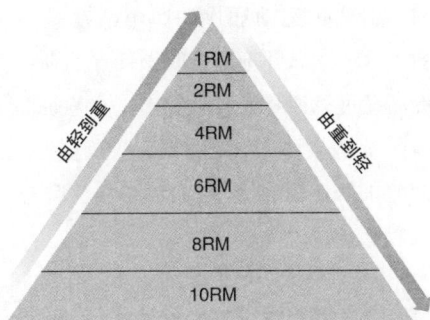

**图 6.1** 阻力由轻到重的训练方式被称为由轻到重训练法（正金字塔训练法）。阻力由重到轻的训练方式被称为由重到轻训练法（倒金字塔训练法）。一套完整的金字塔训练法由阻力的递增和递减阶段组成

## 由重到轻训练法

由重到轻训练法是指在几组热身练习之后，先进行最大阻力抗阻练习，然后再逐渐减轻阻力。由重到轻训练法也可以称作倒金字塔训练法（见图 6.1）。在倒金字塔训练中，第 1 组的阻力最大，重复次数最少；然后逐渐减小阻力、增加重复次数。

Oxford 训练法是一种传统的训练方法，它采用由重到轻的方式，包含 3 组练习，每组重复 10 次，阻力由 10RM 的 100％ 降到 66％，再降到 50％。使用该训练方法可以显著增强力量（McMorris and Elkins，1954；Zinovieff，1951）。表 6.2 的研究对 Oxford 训练法进行了评估，结果显示，等长肘关节屈曲肌群和肘关节伸展肌群得到明显强化，但背部和腿部力量没有明显变化。将由重到轻的 Oxford 训练法和由轻到重的 Delorme 训练法进行比较，两者在力量增益方面没有太大差别。一项研究发现，由重到轻训练法在力量增益方面优于由轻到重训练法，但仍需要进一步研究才能确定该结果的正确性（McMorris and Elkins，1954）。从表 6.2 所示的研究结果可以看出，Delorme 训练法和 Oxford 训练法在提高等长肘关节屈曲强度方面的差别不大，但在增强等长肘关节伸展和背部及腿部力量方面，由重到轻的 Oxford 训练法明显优于由轻到重的 Delorme 训练法。

## 双向渐进训练法

双向渐进训练法是指先执行倒金字塔训练法，然后执行正金字塔训练法，但在前几组练习中，即金字塔训练法的递减阶

段，阻力是保持不变的。在双向渐进训练法中，每组的重复次数和使用的阻力是在不断变化的。在第 1 组中，阻力保持不变，而每组的重复次数增加，直至达到一个特定的数目。然后增加阻力并且减少每组的重复次数，直到重复次数与第 1 组一致。每项练习都重复这个过程。表 6.3 是双向渐进训练法的一个示例。如表 6.2 所示，在各种训练方法中，双向渐进训练法似乎在增加等速力量方面的效果较差。双向渐进训练法非常耗费时间。此外，第 1 组练习可作为热身，因为它不会被执行至接近主动疲劳，并且有助于训练者在接下来的一组中使用相同的阻力进行次数更多的重复。虽然目前的相关研究有限，但已有的研究表明，双向渐进训练法是没有充分的科学依据的。

**表6.3** 双向渐进训练法示例

| 组数 | 重复次数 | 阻力 |
|------|----------|------|
| 1 | 4 | 120 磅 /54.4 千克 |
| 2 | 6 | 120 磅 /54.4 千克 |
| 3 | 8 | 120 磅 /54.4 千克 |
| 4 | 10 | 120 磅 /54.4 千克 |
| 5 | 12 | 120 磅 /54.4 千克 |
| 6 | 10 | 140 磅 /63.5 千克 |
| 7 | 8 | 160 磅 /72.6 千克 |
| 8 | 6 | 175 磅 /79.4 千克 |
| 9 | 4 | 185 磅 /83.9 千克 |

# 练习顺序体系

练习顺序体系决定了训练顺序。练习顺序主要有两种类型。第 1 种是不连续锻炼特定肌群，即交替肌群顺序。第 2 种是连续锻炼特定肌群，这通常称为叠加练习顺序。所有的练习顺序体系都是这两类概念的衍生。

将按照交替肌群顺序以 4RM 做 3 组两种类型的练习（卧推和卧拉）与按照常规训练顺序连续做 3 组各种练习相比较，有助于加深对交替肌群顺序的了解（Robbins et al., 2010c；Robbins et al., 2010）。使用交替肌群顺序的训练（即先进行一组练习，然后使用第 1 组练习中的肌群的拮抗肌进行另一组练习）被称为双组训练，也叫作主动肌 – 拮抗肌超级组训练法（见本章的"超级组训练法"）。交替肌群练习的间歇时间为 2 分钟，因此一项练习的连续组间休息时间共 4 分钟。传统训练顺序的组间休息时间为 4 分钟。虽然在这两种运动顺序中，相同练习的总休息时间都是 4 分钟，但交替肌群顺序的训练时间是以传统训练顺序训练的时间的一半（10 分钟对比 20 分钟）。

交替肌群顺序的一个优点是，它可以为在其他运动中使用的肌群提供恢复时间。但两种运动顺序的肌电活动是一致的，这一结果并不能证明该优点的存在。然而通过总训练量可以看出，交替肌群顺序的训练量从第 1 组到第 3 组有较小幅度的下降（卧推为 36% 和 51%，卧拉为 17% 和 35%）。

## 局部集中训练法

局部集中训练法是由健美运动员发明的，其目的是促进肌肥大、肌肉线条形成和血管密度提升。在该训练法中，每组的练习、组数、重复次数和休息时间都没有明确的定义。局部集中训练法指的是对相同的肌群进行两次或多次锻炼，或训练两块相近的肌肉群，这是一种叠加练习顺序。局部集中训练法的原理是使特定的肌肉或肌群的血流量在较长时间内保持在较高水平。该训练法的倡导者认为，这种机制有助于增大肌肉尺寸。许多健美运动员在相同的训练过程中会连续进行多项练习来训练同一个肌群，实践经验表明，这种练习也许能够增大肌肉尺寸。由于目前对于血液如何调节肌肉尺寸尚不明确，因此这种机制仍处在理论阶段。不过我们可以推断，较高的血流量可以使血液产生更多的天然合成代谢因子（如生长激素或睾酮），进而与肌肉和结缔组织中的受体结合，或血流量增加可以增加蛋白质合成所需营养素的供应。

局部集中训练法确实能够暂时增大肌肉尺寸，或者说通过抗阻训练引起肌肉充血。含水量增加引起的细胞体积增加是一种调节蛋白质合成的因素（Waldegger et al., 1997）。在经过一段时间的训练之后，训练者的肌肉尺寸会增大。然而，局部集中训练法增大肌肉尺寸的有效性尚不明确，它仍缺乏科学依据的支持。

## 优先训练法

优先训练法几乎适用于所有的抗阻训练体系。它指的是在训练的早期阶段执行特定于训练方案主要目标的练习，使训练者能够在最大强度下完成预期的重复次数。例如，如果在使用优先训练法之前先进行涉及深蹲或卧推所使用的肌肉的单关节练习，那么进行卧推和深蹲时的总力量

（重复 3 次推举）将减少且疲劳程度更高（Sforzo and Touey，1996；Simão et al.，2005，2007）。如果训练顺序颠倒，单关节练习也是如此。如果在训练的后期执行与训练方案主要目标相关的练习，那么疲劳则可能会影响训练者以最大阻力完成所需的重复次数，这可能会限制对训练的适应。

假设一名健美运动员在肌肉线条和肌肉尺寸方面最弱的肌群是股四头肌群。那么该运动员在使用优先训练法时，就要在训练开始时首先进行股四头肌群的练习。又如，篮球教练可能认为，前锋的最大弱点是上半身力量不足，这会导致其在篮下容易被挤开。因此，该运动员在训练开始时要着重进行上半身练习。同样，美式橄榄球运动员可能需要增强髋部和腰部的力量与爆发力，因此在训练开始时，他们需要执行一些强化相应特性的练习，如悬垂翻和深蹲。

## 超级组训练法

超级组训练法已经演变成了两种不同的训练体系。第 1 种是对同一身体部位的主动肌和拮抗肌进行两项运动的交替练习，如臂弯举与肱三头肌臂屈伸，或膝伸与小腿屈伸。有研究表明，这种类型的超级组训练能够有效地增强身体力量（见表 6.2）。在表 6.2 所比较的 8 种训练方法中，超级组训练法是增强背部和腿部等速力量的有效方法之一。使用 4RM 超级组训练的早期研究表明，其高于常规训练方法中使用的 8~12RM 的正常强度，说明超级组训练与传统的训练相比，的确可以产

生更大的训练量。

一些证据表明，卧推的爆发力可以通过一组训练上背部肌肉组织和卧推所用肌肉的拮抗肌（8次重复）的练习得到大幅增加（4.7%）（Baker and Newton，2005）。然而，以交替的方式依次进行3组等速膝屈（拮抗肌）和膝伸（主动肌）会导致主动肌的肌力减弱，特别是在慢速时（60度/秒），同时它会增加主动肌发出最大力量的时间，并减小爆发力（Maynard and Ebben，2003）。这表明，主动肌－拮抗肌超级组训练法对力量和爆发力有一定的限制。虽然在3组主动肌－拮抗肌练习顺序以及传统练习顺序中，爆发力的变化没有差异（卧拉和仰卧平板推掷），但是进行主动肌－拮抗肌练习的时间相对较少（Robbins et al.，2010b）。重要的是要注意，该练习包括力量练习（卧拉）和爆发力练习（仰卧平板推掷）。因此，需要进一步研究主动肌－拮抗肌超级组训练法对爆发力产生的影响，同时也要考虑到方案包含的练习类型。

与所有的交替顺序练习方法一样，主动肌－拮抗肌超级组训练法的一个优点是节省时间。将主动肌－拮抗肌超级组训练法与传统的训练方法比较，主动肌－拮抗肌超级组训练法共包含6项练习，分为4组，每组的阻力为10RM，练习间休息1分钟，而传统训练方法则是在进行下一项练习之前做完所有组数的训练。比较结果显示，超级组训练法能够更快速地消耗能量（Kelleher et al.，2010）。虽然这两种训练方法的总能量消耗没有差异，但使用超级组训练法在每分钟训练时间内的能量消耗

比传统训练法高32%。另外，超级组中训练者的血乳酸浓度也显著升高。对于训练时间有限且训练目标是减少全身脂肪的人来说，每分钟更多的总能量消耗可能是一个优势。

第2种超级组训练法与三合组训练法类似。它指的是针对同一肌群或身体部位快速连续地进行一组包含2~3项练习的锻炼，如高位下拉、坐姿划船和俯身划船。当作为周期化抗阻训练方案的一部分时，这种超级组训练能够显著改善力量、促进身体成分变化以及提升垂直纵跳的能力（Kraemer，1997）。

这两种超级组训练法通常包含8~12次（或者更多）重复，组间和练习间的休息时间很短，或者没有休息时间。超级组训练法在健美运动员和健身爱好者中很流行，这说明其增肌效果良好。组间和练习间的休息时间短，会使血乳酸浓度明显升高，这表明，当训练目标是增强局部肌肉耐力时，适合使用这种训练方法。

## 分体式训练法

使用分体式训练法的人包括健美运动员、运动员和健身爱好者。在使用这种训练方法时，身体通常被划分为两个主要部分，如上半部分和下半部分。这种训练方法与在单独的训练中锻炼所有肌群的方式相比，能使各个身体部位或肌群得到更充分的锻炼。分体式训练法有很多种变式。例如在周一、周三和周五训练手臂、腿部和腹部，在周二、周四和周六训练胸部、肩部和背部。在相同的训练时间内，使用这种训练方法可以使身体部位获得多种形式的锻炼，但这也意

味着每周需要训练6天。

因此，可以对分体式训练法做一些改变，把训练时间控制为每周4~5天。虽然训练较为频繁，但在训练期间，由于并非连续多天只训练同一个身体部位，肌群仍然能够得到充分的恢复。分体式训练法可以使特定身体部位或某组练习的训练强度高于在不缩减训练量的情况下，将4~6节训练课合并成2~3节训练课的训练强度。分体式训练可以使单个身体部位的总训练量高于常规的全身训练的总训练量，因为在分体式训练当中，每次训练都只针对较少的身体部位或肌群。

分体式训练法的优点之一是允许进行辅助练习。在受过训练的运动员中，如美国大学的美式橄榄球运动员，他们在做卧推和深蹲时获得的短期（10周）力量增长在一定程度上取决于所使用的辅助练习（Hoffman et al.，1990）。因为分体式训练法允许进行更多的辅助练习，这些辅助练习有助于增强力量。

在针对青年（18~22岁）和中年（35~50岁）男性的调查研究中发现，使用线性周期化分体式训练可以显著增强力量和减轻体重，并可降低身体脂肪含量和体脂率（Kerksick et al.，2009）。在分体式训练中，所有的上半身练习和下半身练习在2个不同的训练阶段进行，每阶段每周训练2天，每周总共训练4次。在针对没有接受过抗阻训练的年轻女性进行的全身性训练和分体式训练的比较中，1RM能力、瘦身效果或体脂率变化没有显著差异（Calder et al.，1994）。全身性训练组进行4个上半身练习（5组，6~10RM）和3个下半身练习（5组，10~12RM），每周训练2次，持续20周。分体式训练组的练习、组数和重复次数与全身性训练组相同，但每周2天进行上半身和下半身练习，每周4天分别进行一共4次的训练。结果表明，在前20周的训练中，总训练量相同的全身性训练和分体式训练在健康的年轻女性中产生了相似的效果。

实际上，使用分体式训练确实能获得一些益处，如肌群或身体部位的尺寸增大。因此，如果要增加训练量，则可以选择使用分体式训练法。但如果分体式训练和全身性训练的总训练量相等，那么其训练效果将不会有太大差异。

## 身体部位训练法

身体部位训练法与分体式训练法类似，都是在特定的日期内训练特定的身体部位或肌群，但身体部位训练法通常每次只训练一个或两个身体部位或主要肌群。以下是在一周内的特定日期训练肌群的身体部位训练法示例：第1天训练背部，第2天训练股四头肌、小腿和腹部，第3天训练胸部和肱三头肌，第4天休息，第5天训练背部和肱二头肌，第6天训练腿后肌、臀肌和肱二头肌，第7天训练斜方肌、三角肌和腹肌。

身体部位训练法在健美运动员和健身爱好者中很流行。该训练法通常会对各个身体部位进行多次练习，每个练习进行多组。使用这种方式可以在一次练习中对特定肌群进行大量训练，然后让该肌群休息数天。身体部位训练法的支持者认为，对特定的肌群进行高强度的训练，然后休息几天，对于获得最佳肌肥大效果是十分必要的。

## 集中训练法

集中训练法（或孤立训练法）是身体部位训练法的变式。两者的区别在于，集中训练法在每次训练中只训练一个身体部位，而非多个身体部位，训练的持续时间没有减少。因此，可以对单个身体部位进行更多的练习。例如，周一至周六分别训练手臂、胸部、腿部、躯干、背部和肩部。一些健美运动员会在赛前使用集中训练法。如果运动员的特定肌肉或肌群的力量较弱，从而影响运动能力，那么就适合使用集中训练法对这些肌肉进行强化。跳远运动员可能会在赛季开始前对腿部进行重点训练，可能每周有两天只训练腿部。

# 适用于其他训练体系的技术

许多训练技术都适用于各种训练体系。例如，训练者可以在任何训练体系（单组、多组或合并训练）中完成部分重复。以下训练技术适用于大部分训练体系。

## 借力训练法

借力训练法在健美运动员中很受欢迎，顾名思义，它是一种打破常规动作要求的借力训练法（Weider，1954）。例如，在做站姿臂弯举时，训练者不是挺直上半身，而是略微晃动上半身，以使杠铃从肘部伸直时所处的位置开始移动。这种略微晃动上半身的方式，足以帮助训练者多举起10~20磅（4.5~9.1千克）的阻力，比常规的标准运动方式所能承受的阻力更大。在做臂弯举时，手臂呈钟形的力量曲线，在完全伸展时的力量是最弱的。而当肘关节屈约90度时，力量达到最强。当按照标准的姿势进行臂弯举时，可以举起的最大阻力取决于从力量最弱的、肘部完全伸展的位置可移动的阻力。由于阻力恒定，在力量较大点时，相应的肌肉不能够实现最大范围内的活动。而借力训练法的目的是帮助增加运动时的阻力，使肌肉能够在大部分活动范围内产生最强的力量，从而增强力量和促进肌肥大。在练习结束前接近主动疲劳时，也可以使用借力训练法。

在使用借力训练法做推举运动时，训练者应保持谨慎。在较大的阻力下，使用借力训练法会增加受伤的概率。例如，在进行臂弯举时，躯干晃动的动作会给下背部施加额外的压力。

通过对比借力训练法和其他训练体系或技术带来的力量增益，可以看出借力训练法是非常有效的（见表6.2）。借力训练法是提高肘部屈曲、肘部伸展以及增加背部和腿部等速力量的有效方法之一。

## 力竭训练法

力竭训练指的是所执行的训练组数使训练者达到无法继续完成完整的一次重复，并且无法继续以正确的训练技术执行动作。与力竭组数含义相近的术语包括达到主动疲劳的组数和向心力竭组数。几乎所有训练体系都包含力竭的概念。该训练技术的倡导者认为，比起非力竭的训练方式，力竭训练可以促使更多的运动单位被募集以及更多的促生长激素被分泌，从而产生更强的训练刺激，并因此带来更大的力量和肌肥大收益。许多运动研究和训练方案都包含表示训练至力竭的术语。训练方案中使用的最大重复（RM）或最大重复训练区间（如4~6RM）都表示训练方案中包含力竭训练。

当将训练方案中所有的组数都执行至力竭时，即可获得训练效果。而仅将部分组数执行至力竭时，也可以带来显著的力量提升、运动能力提升和身体成分变化（Marx et al.，2001；Stone et al.，2000；Willardson et al.，2008）。与单组训练方案相比，多组训练方案即使不包含力竭训练（Kramer et al.，1997），也会带来更大的力量增益。值得注意的是，在这些研究中，即使某些练习组没有达到力竭状态，但各组练习的重复次数和所使用的阻力都是接近力竭程度的。

很明显，在接近力竭状态时，随着训练的进行和训练技术的变化，杠铃移动的速度也会逐渐降低（Duffy and Challis，2007；Izquierdo et al.，2006）。在一些练习中，如高翻和高抓，即使未达到力竭状态（即训练者无法完成推举动作），一些运动单位也会产生疲劳。即使可以通过使用良好的运动技术再次进行重复，但杠铃的最大移动速度仍会降低，这说明运动单位已经出现疲劳。抓握时的膝关节角度越大，速度就越慢。因此，从可实现的最大抓握速度来看，在进行该运动时，部分运动单位已经达到暂时性力竭。

已有研究针对力竭训练和非力竭训练的应用效果进行了对比。其中一项早期研究结果表明（Rooney et al.，1994），在

未受过训练的训练者中，与非力竭训练相比，力竭训练会使肘屈肌的等长和动态力量获得更大的增长。经过6周的深蹲、膝屈和膝伸练习（以15RM的100%、90%和80%进行深蹲、膝屈和膝伸），结果显示，力竭训练与非力竭训练在下半身肌肉耐力的增长上效果相当（Willardson et al.，2008）。在该项研究中，力竭训练和非力竭训练的总训练量相同，分别是以15RM的60%~115%进行3组练习，每组13~15次重复以及以15RM的60%~115%进行4组练习，每组10~12次重复。因此研究结果表明，当总训练量相等时，力竭训练在局部肌肉耐力的增长上没有优势。

一项为期16周的研究表明，在进行力竭训练时，局部肌肉耐力会增强，而非力竭训练会使爆发力获得更大的提升。该研究包含周期化训练方案和减量阶段。在前11周中，非力竭训练组的重复次数为力竭训练组的一半，训练强度相同（见信息栏6.3）。在11周的训练之后是5周的减量阶段，该阶段包括力竭训练组和非力竭训练组85%~90%的1RM训练，每组重复2~4次，共3组。在减量阶段，两个训练组还进行了弹震式训练，包括垂直纵跳和药球训练。在11周的训练之后，力竭训练组和非力竭训练组均显示出1RM卧推（分别为20%和20%）和深蹲（分别为19%和20%）能力的明显提升。卧推1RM能力在减量阶段之后没有明显的变化，而深蹲1RM能力在两个训练组中均有明显提升（均为3%）。经过11周的训练，两个训练组在手臂爆发力、腿部爆发力和最大重复次数（1RM的75%）方面没有明显区

别。在 11 周的训练和减量阶段后，力竭训练组的卧推（46% 和 28%）重复次数有明显提升（85% 和 69%）。在减量阶段后，非力竭训练能够明显地提升腿部爆发力。因此结论是，力竭训练在增强局部肌肉耐力方面效果更佳（特别是上半身），在减量阶段后，非力竭训练在增强下半身的爆发力方面效果更佳。

但在一项针对受过训练的赛艇运动员进行的研究中，运动员进行了为期 8 周的非力竭周期化训练和耐力训练，结果显示，其 1RM 卧推的能力有很大的提升，这与上述结论相矛盾。但这项研究与之前的研究有一个共同之处，即与力竭训练组相比，

## 信息栏6.3  研究成果

### 力竭训练的效果

如何界定非力竭训练是一个比较困难的问题。在之前讨论的一项研究中（Izquierdo et al., 2006），有抗阻训练经验的运动员进行了为期 16 周的常规周期化训练。在训练的前 6 周，"非力竭训练"被定义为在卧推中以 10RM 的阻力进行 6 组、每组 5 次重复的训练，并且使用 80% 的 10RM 在深蹲练习中完成相同的组数和重复次数。在第 7~11 周，它被定义为在卧推中以 6RM 进行 6 组、每组 3 次重复的训练，并在深蹲练习中以 80% 的 6RM 完成相同的组数和重复次数。在第 12~16 周期间，"力竭训练"和"非力竭训练"均进入减量阶段，减量阶段包括使用 85% ~90% 的 1RM 或 5RM，进行每组 2~4 次重复的 3 组训练。

在另一项研究中（Izquierdo-Gabarren et al., 2010），赛艇运动员进行了为期 8 周的训练，"力竭训练"包含 4 组练习，先以 75% 的 1RM 完成 10 次重复，然后以 92% 的 1RM 完成 4 次重复。"非力竭训练"则分为两种训练方式：开始时每组进行 5 次重复，共 4 组，然后按照与"力竭训练"相同的强度每组进行 2 次重复，或只进行 2 组练习，其中重复次数和训练强度与"力竭训练"相同。

在第 1 项研究中，"力竭训练"和"非力竭训练"带来了相似的力量增益，但"力竭训练"对于增强局部肌肉耐力的效果更好，"非力竭训练"对于增强爆发力的效果更好。而在第 2 项研究中，与 2 组"非力竭训练"相比，4 组"非力竭训练"能带来更大的力量和爆发力增益。有趣的是，在 10 次最高划桨频率或超过 20 分钟的赛艇运动中，4 组和 2 组的"非力竭训练"均能带来比"力竭训练"更大的爆发力增益。

在这两项研究中，"非力竭训练"的重复次数通常是"力竭训练"重复次数的一半。但"非力竭训练"能在一定程度上带来更大的爆发力增益和相似或更大的力量增益。这表明，运动员在进行其他类型的训练时，可能并不需要进行力竭训练来提高运动能力。

参考文献：

Izquierdo, M., Ibanez, J., Gonzalez-Badillo, J.J., Häkkinen, K., Ratamess, N.A., Kraemer, W.J., French, D.N., Eslava, J., Altadill, A., Asiain, X., and Gorostiaga, E.M. 2006. Different effects of strength training leading to failure versus not to failure of hormonal responses, strength, and muscle power games. *Journal of Applied Physiology* 100: 1647–1656.

Izquierdo-Gabarren, M., Gonzalez De Txabarri Exposito, R., Gracia-Pallares, J., Sanchez-Medina, L., De Villarreal, G., and Izquierdo, M. 2010. Concurrent endurance and strength training not to failure optimizes performance gains. *Medicine & Science in Sports & Exercise* 42: 1191–1199.

非力竭训练组在卧推的爆发力和赛艇运动能力均有明显提升（Izquierdo-Gabarren et al., 2010）。这两项研究都表明，非力竭训练能够提升爆发力或运动能力。

力竭训练对激素反应的影响尚无定论。力竭训练能引发更显著的急性激素反应（生长激素），这是与非力竭训练的情况相比而言的（Linnamo et al., 2005）。然而，与力竭训练相比，16周的非力竭训练会使静息血液皮质醇浓度降低、睾酮浓度升高。这表明在执行非力竭训练时有更积极的合成代谢环境（Izquierdo et al., 2006）。

目前仍需要对力竭训练的影响做进一步的研究。但已有研究证明，要增加最大力量、局部肌肉耐力或肌肉尺寸，并不需要进行力竭训练。此外，是否要进行力竭训练，在一定程度上取决于主要的训练目标是增强局部肌肉耐力还是改善某些其他方面，如爆发力。在上述对比研究中，一个比较困难的问题是如何界定"非力竭训练"。它可以被定义为能够再进行一次或两次重复的状态，或能够再进行任意重复次数的状态。短期的力竭训练对想要突破训练平台期的高级举重运动员有一定帮助（Willardson, 2007a）。但力竭训练会使发生过度训练及过劳损伤的风险增加，因此不建议长期反复地进行力竭训练。

## 燃烧训练法

燃烧训练法是力竭训练法的进阶。在一组训练达到暂时性向心力竭后，训练者继续完成一半重复次数或部分重复次数。通常，部分重复次数为5~6次，该阶段的重复训练会使人产生疼痛或灼烧的感觉，燃烧训练法因此得名（Richford, 1966）。引起灼烧感的一部分原因是肌内酸度升高。燃烧训练法的倡导者认为，在疲劳状态下完成部分重复次数会使更多的运动单位产生疲劳，从而可以促进力量的提升和肌肉尺寸增大。据说，该训练法在训练小腿和手臂时十分有效。

## 强迫次数训练（或助力重复）法

强迫次数训练法也是力竭训练法的一种变式。在完成一组力竭训练后，训练搭档可通过以刚好能完成训练的方式进行辅助，帮助训练者继续完成2~4次重复，搭档的辅助力度要刚好能使训练者完成重复次数。搭档仅在训练的向心阶段或推举阶段提供辅助，在离心阶段或下降阶段无须进行辅助。可以在器械训练的向心阶段进行双手辅助，在离心阶段进行单手辅助。强迫次数训练法对一些抗阻训练者来说也是一种高强度的离心训练方式。按照强迫次数训练法，训练中应以约1RM的阻力进行2~3次重复。这与所述的第1种强迫次数训练法类似，都是在重复的向心而非离心阶段提供辅助。

提倡强迫次数训练法的人认为，肌肉在向心力竭训练后被迫继续产生力量，或其所受阻力大于在向心阶段可推举的阻力，因此可造成更多的运动单位疲劳，从而进一步增加力量、肌肉尺寸和局部的肌肉耐力。从受过训练的运动员（力量举运动员和奥林匹克举重运动员）的肌电图数据可以看出，强迫次数训练会增加其疲劳程度，但没有抗阻训练经验的人则没有表现出这种结果（Ahtiainen and Häkkinen, 2009）。

在 4 次强迫次数训练中，有抗阻训练经验的运动员的股四头肌肌电活动减弱，而经过抗阻训练的训练者则不然。这表明，在强迫次数训练中，有抗阻训练经验的运动员的疲劳程度会较高，并且其运动单位的募集程度较高。此外，该结果还表明，受过训练的人和未受过训练的人对强迫次数训练的反应可能不同。

可以在卧推和深蹲中举起更重物体的训练者会比那些举起较轻物体的训练者在离心阶段更慢地移动物体。由于在强迫次数训练的过程中，重复的离心阶段是在没有辅助的情况下进行的，因此可以推断，该训练方法有助于提高神经适应能力，以满足降低较重物体的需求。因此，当试图增加练习的 1RM 时（如卧推），在重复的离心阶段，动作速度变慢是相对有利的，因为阻力会产生一定惯性；而在向心阶段，需要克服这个惯性。

在为期 9 周的训练中，进行 3 组双手弯举（13.2% 和 8.2%）和卧推（16.5% 和 10.6%）训练，每组重复 6~10 次，训练至力竭后进行 2 次助力重复训练，与只进行 6~10 次重复的单组训练相比，1RM 有了明显的提升。然而，虽然单腿蹬举带来了更大的 1RM 增长（右腿和左腿分别是 13.3% 和 9.7%，以及 15.5% 和 9.4%），但 3 组训练和单组训练之间没有明显差异。在该研究的 3 组训练中，还使用了递减式训练，这可能会影响对助力重复训练研究的结果。但结论证明，与单组训练相比，包含助力重复训练的多组训练有助于获得更大的力量增长。

一项对比单组强迫次数训练循环练习（8~12RM）和 3 组非强迫次数循环练习的研究表明，3 组循环练习可以更大程度地提升卧推和腿蹬举的 1RM，并增加以 80% 和 85% 的 1RM 执行卧推和腿蹬举时的最大重复次数（Kraemer，1997）。虽然该研究使用的练习组数不同，但结果确实表明，3 组循环练习在力量和局部肌肉耐力的增长上会比单组强迫次数循环练习更有效。包含多组卧推练习的强迫次数训练的结果表明，3 次或 4 次强迫次数练习与单次强迫次数练习在 3RM 能力、仰卧平板推掷、最大爆发力或平均爆发力提升方面没有明显的区别（Drinkwater et al.，2007）。因此，要获得该训练方法应有的效果，可以在每次练习时做单次强迫次数练习。

在使用强迫次数训练（助力重复训练）法时必须小心谨慎，因为该训练方法可能会引起肌肉酸痛，对不适应该种方法的举重运动员来说尤其如此。另外，由于强迫次数训练是在疲劳状态下进行的（在训练至力竭后，过大的阻力导致训练者无法完成重复的向心阶段），抗阻训练者会突然感到不适，但依然要完成强迫次数训练。当抗阻训练者无法以正确的运动技术执行动作，或者疲劳到无法完成一次重复时，搭档需要格外留意，同时要能够承担全部的阻力。

## 部分重复训练法

部分重复是指在限定的活动范围内进行的重复。通常，部分重复训练在重复的向心阶段和离心阶段进行，每组重复 1~5 次，阻力约为 1RM 的 100%。部分重复训练使用的阻力取决于训练的力量曲线（即上升、下降或钟形）以及部分重复训练的活动范围。例如，在使用更大的阻力进行深蹲练习时，深蹲的上半部分的动作表现比完全重复时更好，这是由于深蹲有一个上升的力量曲线。部分重复训练法的倡导者认为，通过在限定的活动范围内使用较大的阻力，能够提升训练者的最大力量。

部分重复训练法可以有效地在部分重复活动范围和限定的活动范围内增强等速力量（Graves et al.，1989，1992）。对进行抗阻训练的健康男性来说，在全活动范围和部分重复活动范围内进行的卧推训练会使部分重复 1RM（4.8%）和 5RM（4.1%）的力量显著增加，但 1RM 和 5RM 全活动范围的力量没有明显变化（Mookerjee and Ratamess，1999）。用于卧推的部分重复活动范围是从 90 度的肘部角度开始，直到完成重复。

部分重复训练法能增强力量或爆发力可能源于神经适应，例如在部分重复活动范围内更多的肌纤维被募集。功能等长训练已被证实只有在粘滞点进行训练时才能增加全活动范围内的 1RM 力量（见本章的"功能性等长训练法"）。这与等长训练的关节活动范围特定性相关。在前文所述的研究中，仅有一节训练课不能够提升卧推的全活动范围内的重复最大力量，其中部分活动范围的训练不涉及卧推中的粘滞点，这可能与部分重复训练法中的神经关节角度特定性有关。

两项关于相同训练方案的研究表明，在未受过训练的女性中（而非未受过训练的男性），卧推的全活动范围内重复增加的力量显著高于部分活动范围内重复

（Massey et al.，2004，2005）。研究人员对持续 5 周的常规全活动范围训练、100% 1RM 下的部分活动范围训练、包含两组部分活动范围训练和一组常规活动范围训练的混合训练方案以及随后的一组部分活动范围训练，与之前 5 周所进行的两组全活动范围训练进行了比较。当相应肌肉处于相对较短的长度时，在卧推活动范围的顶部阶段（即肘部伸展）进行部分活动范围重复，各训练组均显示出了卧推 1RM 的明显改善。女性的 1RM 增长情况为全活动范围训练（35%），远超部分活动范围训练（22%）和混合训练方案（23%）。而男性的各训练组的卧推 1RM 改善情况没有显著差异。

在膝关节角度为 80~115 度和 170~135 度的情况下，对膝关节伸肌和屈肌进行动态恒定外部阻力训练可显著增强爆发力（Ullrich et al.，2010）。在这两种关节活动范围内，肌肉的长度都相对较长，这表明在肌肉长度较长时进行部分重复训练确实能够显著增强肌肉的爆发力。而前文所述的卧推研究表明，当肌肉以相对较短的长度进行部分重复训练时，力量则可能会增强。因此，可以根据肌肉的长短状态，通过部分重复来增强力量或爆发力。然而，关于缩短或增加肌肉长度是否更为有利目前尚不明确。

与全活动范围的深蹲（大腿平行于地面）相比，部分活动范围的深蹲（膝关节角度为 120 度）可以产生更大的力量和爆发力（Drinkwater et al.，2012）。这两种类型的深蹲分别以 1RM 的 67% 和 83% 执行 10 次或 5 次。运动速度不受限，所使用的

速度由训练者自行决定。在 1RM 的 87% 的部分活动范围深蹲中，爆发力和最大力量大于其他 3 组深蹲的爆发力和最大力量。1RM 的 63% 的全活动范围深蹲的最大速度比其他几组深蹲大。结果表明，在训练者选择运动速度时，部分活动范围的深蹲可以产生比全活动范围深蹲更大的力量和爆发力，但这仅限于阻力较大的情况。

部分活动范围重复可以有效地增强活动范围内的最大力量，并且在某些情况下可以作为全活动范围训练的辅助手段。此外，在健康的训练者中，部分重复训练似乎能在其活动范围内迅速增强最大力量（一个训练周期）。因此，部分重复训练可能适用于想要在训练的特定活动范围内快速增强最大力量的人。

## 超慢训练法

超慢训练法是指以慢速完成重复次数。虽然可以使用任意一种较慢速度，但通常超慢训练法仅有 1~2 组训练包含 10 秒的向心重复阶段和 4~5 秒的离心重复阶段。提倡超慢训练法的人认为，相较于传统重复速度的训练方式，延长肌肉处于紧张状态的时间能够有效提升力量、促进肌肥大和提升有氧能力。

使用超慢训练法进行卧推，以 55% 的 1RM，向心和离心重复阶段持续 5 秒。与传统的抗阻训练进行比较（以 6RM 重复 6 次），结果显示，在离心和向心阶段，胸大肌和肱三头肌的肌电活动在传统的抗阻训练中更明显（Keogh et al., 1999）。不论是在第一次、中间还是最后一次都是如此。这表明使用超慢训练法时，被募集的

肌纤维较少。

早期研究表明，超慢训练可以增强最大力量。使用超慢训练法，一组进行 4~6 次重复，包含 10 秒向心和 4 秒离心重复阶段，可获得与包含 2 秒向心和 4 秒离心重复阶段、使用 8~12 次重复的常规训练相同的力量增益（Westcott, 1994）。在一项类似的研究中，训练者进行了离心为主训练（10 秒离心和 4 秒向心重复阶段）和向心为主训练（4 秒离心和 10 秒向心重复阶段），一组包含 4~6 次重复（Westcott, 1995）。向心为主和离心为主训练带来了相似的力量增长。这两项研究都没有对结果进行统计学分析，但都表明超慢训练可以增强力量。离心为主训练（6 秒离心，2 秒向心）或向心为主训练（6 秒向心，2 秒离心）都能够显著增强力量（Gillies et al., 2006）。虽然这两种训练方法使向心（21%）、离心（44%）和常规（25%）1RM 重复都有显著提升，但在力量增益方面没有明显变化。

部分研究将超慢训练法和传统的抗阻训练方法进行了比较。在一项研究中，未受过训练的女性分别进行超慢训练（50% 的 1RM，10 秒向心和 5 秒离心阶段）和传统抗阻训练（2 秒向心和 4 秒离心阶段），结果表明，在 8 项练习中，有 5 项均显示使用传统的抗阻训练对力量有更大改善（Keeler et al., 2001）。例如，卧推（34% 和 11%）、腿蹬举（33% 和 7%）和腿屈曲（40% 和 15%）的 1RM 在传统抗阻训练中的增幅明显更大。此外，两个训练组的训练者的身体成分或最大耗氧量都没有明显变化。

对一组超慢训练（10 秒向心和离心重

复阶段，50%的1RM）和3组、每组8次重复的传统训练（2秒向心和离心重复阶段，80%的1RM）进行为期4周的比较研究，结果显示，两种训练带来的力量增益没有显著差异，但只有传统训练组的力量增益显著高于对照组（Kim et al., 2011）。对超慢训练（50% 1RM，10秒向心和5秒离心阶段）和传统训练（80% 1RM，2秒向心和4秒离心阶段）的比较表明，在未受过训练的人当中，两者带来的力量增益没有显著差异（Neils et al., 2005）。两组都进行了7个练习，每组重复6~8次。两组训练者的1RM深蹲（传统训练6.8%，超慢训练3.6%）与卧推（传统训练8.6%，超慢训练9.1%）能力都有显著提升，但两组之间没有明显差异。此外，在两组训练当中，训练者的身体成分（双能X线吸收法）没有明显变化。传统训练组的峰值爆发力和垂直纵跳能力有显著提升，而超慢训练组则没有。因此结果表明，传统的训练速度可以增强力量和爆发力，但这两种训练方式下的身体成分变化相似。

针对中年男性和女性分别使用超慢训练（10秒向心和4秒离心阶段）和传统训练进行的研究表明，二者都显示出力量的显著增加（Wescott et al., 2001）。训练包括一组13种不同的练习。采用超慢训练法的人比采用传统训练法的人获得的力量增益更大。然而，该研究的局限性在于，超慢训练组和传统训练组分别采用5RM和10RM强度进行测试。

传统训练（80%~85%的1RM，1~2秒的向心和离心阶段）和超慢训练（40%~60%的1RM，10秒的向心和4秒的离心阶段）引发的肌纤维适应不同（Herman，2009）。两种训练都采用3组、每组3个练习训练腿部（腿弯举、深蹲和膝伸），并观察了股外侧肌肌纤维类型的变化。在传统训练中，所有主要肌纤维类型（Ⅰ型、Ⅱa型和Ⅱx型）的横截面积都有明显增加；而在超慢训练中，只有两种主要肌纤维类型的横截面积有明显增加（Ⅱa型和Ⅱx型）。此外，只有传统训练使Ⅱa型肌纤维比例增加，并且传统训练与超慢训练相比，前者使更多类型的肌纤维（前者为Ⅰ型、Ⅱa型、Ⅱax型、Ⅱx型，后者为Ⅱax型和Ⅱx型）中的肌卫星细胞含量增加。因此，上述结果表明，传统训练比超慢训练引发了更大的整体肌纤维反应。

研究表明，超慢训练可以增强最大力量，但它在1RM强度提升、爆发力增强，或整体肌纤维反应方面的效果并不比传统训练更好。值得注意的是，使用传统训练法做10个练习所产生的总能量消耗可能比超慢训练高出48%［172千卡（约719.97千焦）对比116千卡（约485.56千焦）］（Hunter et al., 2003）。两种训练均持续29分钟，但在传统训练中，每种练习进行两组，而超慢训练中每种练习只进行一组。虽然传统训练组的训练者每个练习的组数更多，但由于总训练时间是相同的，因此进行传统训练的人在每单位时间内消耗的热量更多，这表明传统训练可能更有助于减少体脂。

## 血流限制训练法

血流限制训练法是一种相对较新的抗阻训练方法。这种方法采用较窄的袖带，压迫向所训练的肌肉或肌群供应血液的主动脉，以减少流向肌肉的血流量。袖带通常被充气至压力接近舒张压（Manni and Clark，2009）。通常，血流限制训练法会配合低强度抗阻训练（20%~50%的1RM）使用。早在20世纪80年代，日本就开始使用这种训练方式，它也称为加压训练法。加压步行训练可增加肌肉横截面积（4%~7%）和等速力量（8%~10%），而常规步行训练对个体的这些方面没有显著影响（Abe et al.，2005）。

在2000年，对血流限制训练法的研究取得了重大进展。有研究表明，老年女性在16周的低强度（1RM的30%~50%）血流限制训练中，取得了与高强度（50%~80%的1RM）非血流限制训练相似的力量增益和肌肉横截面积增加（Takarada et al.，2000）。其他训练研究已经得出结论，与不压迫血管的训练相比，相同强度的1RM的50%的血流限制训练会使未受过训练（Moore et al.，2004）和受过训练的运动员（Takarada et al.，2002）的肌肉横截面积和力量显著增加。

尽管在使用大约20%的1RM时，血流限制训练在力量增益方面效果更佳（等速峰值扭矩在60度/秒时力量有更大的增加，180度/秒时则不然），但其在肌肉横截面积增长上的效果与不压迫血管的训练的效果没有明显差异（Sumide et al.，2009）。其他研究表明，1RM的50%（Baurgomaster et al.，2003）或1RM的60%（约12RM）和1RM的80%（约6RM）的血流限制训练则没有带来比非血流限制训练更大的力量或肌肉尺寸增益

（Laurentino et al.，2008）。同样，1RM的20%（40%）的血流限制训练与1RM的20%（21%）或80%（36%）的非血流限制训练在使1RM增加上没有显著差异（Laurentino et al.，2012）。然而，只有在1RM的20%的血流限制训练和1RM的80%的非血流限制训练中，肌肉横截面积才有所增加（6%），肌肉生成抑制素基因的水平也有所下降，这可能与两种增大肌肉横截面积的运动有关。因此，并非所有研究都表明血流限制训练能够明显增加力量或肌肉尺寸。

血流限制训练法可以增加力量和肌肉尺寸的原因尚不明确。但很明显，在进行抗阻训练时，与非血流限制训练法相比，使用血流限制训练法会使训练者更多地依赖无氧代谢，同时使训练者体内的部分激素（生长激素去甲肾上腺素）浓度提高，被训练肌肉的酸度提高，自由基或活性氧分子增加（Abe et al.，2006；Manni and Clark，2009；Takarada et al.，2000；Takarada et al.，2000）。这些因素是否直接或间接影响最大力量增加或通过增加肌肉蛋白质合成使肌肉增大仍有待研究。因此，血流限制训练法与低强度抗阻训练结合的有效性尚不明确。

## 小增量训练法

通常，当每组练习能完成一定重复次数时，训练的阻力就需要逐渐增加。对于一般的自由重量和挂片式训练器械而言，最小的阻力增加为2.5磅（约1.1千克）。在使用所选的抗阻训练器械时，如果缺乏附加到配重片上的较轻的重量，那么最小

的阻力增加也可能会相当大（4.5 千克或更大）。小增量训练法所使用的阻力增量会比通常使用的更小。

一项短期（8 周）的训练研究表明，小增量训练法能使卧推和肱三头肌压力的 1RM 增加，并且比传统的抗阻训练方法带来的增加幅度要大（Hostler et al.，2001）。在使用小增量训练法时，当每组可以完成 7 次或 8 次重复时，阻力增加 0.5 磅（约 0.23 千克）；当每组可以完成 9 次或更多次重复时，阻力增加 1 磅（约 0.45 千克）。与传统训练方法相比，在小增量训练期间，卧推的阻力增加大约 4 倍，肱三头肌推举的阻力增加大约 2 倍。使用小增量训练法可以提升入门抗阻训练者的体验，并能提升他们继续执行某项运动方案的积极性。该训练方法也适用于处于训练平台期的有经验的训练者（Hostler et al.，2001）。

## 针对性的训练方法和技术

针对性的训练方法和技术旨在实现高级抗阻训练者制定的特殊的训练目标。通常，高级抗阻训练者的目标包括增加 1RM、提升运动能力或促进肌肥大。针对性的训练方法和技术通常仅适用于已经掌握了运动技术并已对抗阻训练有实质性生理适应的高级抗阻训练者。

### 功能性等长训练法

功能性等长训练法主要利用了由等长训练的特定关节角度产生的力量增益（见第 2 章的"等长训练"）。功能性等长训

练需要在部分重复的向心阶段完成动态向心肌肉动作，直至所提升物体接触到力量训练架的安全杠（见图 6.2）。然后，训练者继续尝试尽力提升物体，完成 5~7 秒的等长训练动作。请注意，在图 6.2 中，力量训练架中的安全杠也要设置在活动范围的最低点，以确保抗阻训练者的安全。

使用该训练方法的目的是利用关节角度特定性，在特定关节角度进行等长肌肉动作时增强力量。选择用于执行等长肌肉动作的关节活动范围通常是粘滞点（即向心活动范围内力最弱的点）。在任何练习中，可以在向心阶段提起的物体的重量上限取决于可以在粘滞点移动的物体重量。理论上，在粘滞点处增加力量会使 1RM 增加。

已有研究证实在运动的粘滞点处执行等长肌肉动作的可行性。一项短期训练研究将训练方案中使用功能性等长训练与常规的动态恒定外部阻力训练方案进行了比较，结果发现，在运动的粘滞点处进行功能性等长训练会使卧推（19％对 11％，Jackson et al.，1985）和深蹲（26％对 10％，O'Shea and O'Shea，1989）的 1RM 有明显提升。然而，在卧推和深蹲这两种运动当中，当肘关节或膝关节角度为 170 度时进行功能性等长训练（并不接近这些运动中的任何一个粘滞点），1RM 的增加幅度与常规的动态恒定外部阻力训练方案并没有明显差异（Giorgi et al.，1998）。

与单一的低强度热身运动相比，在 5 分钟的低强度循环热身之后再进行 3 秒的功能性等长深蹲可以显著增强垂直纵跳能力（Berning et al.，2010）。与单一的热身运动相比，有抗阻训练经验的人在进行功

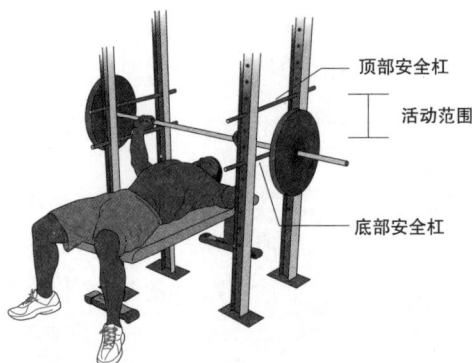

**图6.2** 卧推时在粘滞点进行功能性等长训练。顶部安全杠调节至所需训练活动范围内的精确位置，底部安全杠应位于活动范围的最低点

能性等长深蹲4~5分钟后运动能力提升了5%，而没有抗阻训练经验的人则没有获得这种增益。这表明，功能性等长训练可以增强有训练经验的训练者热身后的体能。

许多力量举运动员在大重量组最后一次（如1~6RM）重复中会进行不使用力量训练架的功能性等长训练。他们试图在最后一次重复的向心阶段尽可能地进行最大活动范围的动作，并且当其无法再进一步提起重物时，他们将继续以一个固定的角度在此粘滞点发力。在进行这种类型的训练时，需要一名非常细心的保护者。因此，要充分地利用这种训练方法，训练者必须清楚地了解其活动范围内的粘滞点，以优化训练效果。当训练方案的主要目标是增强特定练习的1RM能力时，则适合采用这种训练方法。

## 工具训练法

工具训练法是指将各种训练工具作为推举或移动的阻力的方法（见图6.3）。它包括举起充水哑铃、充水圆桶、壶铃或轮

胎等（Bennett，2008；Hedrick，2003）。某些形式的工具训练被称为铁人训练，因为它们与铁人竞赛中的任务类似。工具训练法的倡导者认为，举起不稳定的物体，如一个装满水的桶时，水在桶中晃动，模拟了在日常活动或运动中遇到的推举或移动不稳定物体的情况。使用某些类型的工具（如壶铃）可以完成旋转和其他一些难以用传统的哑铃或杠铃完成的动作，这些动作也与各种体育赛事中的运动类似。这些类型的练习被纳入某些抗阻训练方案中。关于大多数工具训练类型的研究仍然甚少。

能否成功地翻转轮胎，在很大程度上取决于轮胎经过膝盖，再到手离开轮胎，变换手部姿势这一过程的持续时间，变换手部姿势后使轮胎处于接近垂直于地面的状态（见图6.4）。翻转轮胎还可使心率和血乳酸浓度显著升高，这也证明了其作为无氧运动带来的益处（Keogh et al.，2010）。然而，与大多数工具训练法相似的是，翻转轮胎也缺乏能提高运动表现的证据。

**图 6.3** 将多种工具作为推举或移动中的阻力：a. 用于侧弓步运动的充水圆桶；b. 在旋转躯干时用于提拉的壶铃

图片由科罗拉多州立大学的艾伦·亨德里克（Allen Hedrick）提供。

为期 6 周的壶铃训练和常规抗阻训练都能显著增强垂直纵跳、1RM 深蹲和高翻的能力（Otto et al.，2012）。在这项研究中，常规的抗阻训练包括深蹲、高翻和其他练习，壶铃训练包含多种练习。垂直纵跳（约 2%）和 1RM 高翻的能力在两种类型的训练中均有明显提高，但在常规训练中，高翻能力的增长百分比更高（9% 对比 4%）。在这两种训练方式中，深蹲的 1RM 均有所增加，但常规抗阻训练带来的增幅更大（13.5% 对比 4.5%）。进行 10 次 35 秒的壶铃训练，间歇时间为 25 秒，可以显著提高心率，并增强有氧能力（Hulsey et al.，2012）。由此可知，壶铃训练可用于增强力量、爆发力和有氧能力。

最常被研究的器械训练使用超轻和超重的球和棒，以分别提高棒球和垒球运动员的投掷和击球速度。通过训练投掷超轻和超重的球确实能够提升最大投掷速度，并且使用略轻或略重（5 盎司 /142 克的常规球 +20%）的球不会显著影响投掷运动模式（Szymanski et al.，2009）。同样，使用超轻和超重的棒（常规棒的 –12%~+100%）的训练可以显著提高挥棒速度（Szymanski et al.，2009）。然而，由于在训练中使用超轻和超重的棒，挥棒速度有从无明显变化到高达 10% 的提升（Szymanski et al.，2009）。值得注意的是，使用标准球棒进行挥杆训练也可以提高挥棒速度。超轻和超重的棒也可在击球之前作为预热辅助，以提高挥棒的速度。但在热身中使用超轻或超重的棒以增加挥棒速度获得的即时效果是相互矛盾的：分别为增加约 6%（Reyes and Doly，2009）和没有明显变化（Szymamski et al.，2011）。

因此，超轻和超重的球和棒可以提高棒球和垒球运动员相应的运动能力。同样，

**图 6.4** 翻转轮胎：a. 起始姿势；b. 开始向上推起轮胎；c. 将轮胎推起后，准备使轮胎进入垂直位置；d. 变换手部姿势以将轮胎推到垂直位置；e. 使轮胎从垂直位置翻转

图片由康涅狄格大学运动系的威廉·J. 克雷默（William J. Kraemer）博士提供。

踢更重的足球也可能有助于提高踢球速度（Young et al.，2011）。但是，大多数工具训练法仍缺乏相关研究的支持。

## 振动训练法

振动训练法是一种较为流行的训练方法。这种训练方法可以灵活使用，例如在热身运动中增强即将进行的运动的能力，或者在长期的训练中增强力和爆发力。最受欢迎的振动训练法是全身振动，即训练者站在振动平台上。其他类型的振动训练法还包括使用振动哑铃和将振动直接施加于肌腱或其他身体部位的器材。

目前已有多种生理机制可以解释振动训练是如何提高体能的（Rehn et al.，2007）。它可能是牵张反射增加或肌梭的敏感度提升的结果，这会引起肌肉收缩或使更多肌纤维被募集。这两种神经机制都可以增强肌肉的力量或爆发力。特定的激素反应，如睾酮或生长激素的增加，以及肌肥大均可以提升体能。然而，关于振动训练是如何增强神经肌肉能力的，目前仍无确切的研究结果。

关于力和爆发力是否会因振动而发生明显变化，存在多种决定性变量。每秒振动的次数、振幅（位移）、振动平台或振动工具在每次振动期间移动的距离，是最常见的变量。

全身振动工具的两种主要类型（训练中最常用的振动类型）是垂直振动和水平振动。顾名思义，垂直振动工具主要是垂直地进行振动；水平振动工具则是绕水平轴旋转而振动。表 6.4 列出了可能影响振动训练中的力、爆发力或体能变化的其他变量。任何变量都有可能决定振动在短期和长期训练中对体能的影响。

全身振动在训练和研究中最常用到，这在一定程度上是因为全身振动的工具相对容易获得。通常，在做振动训练时，会做一个练习，如深蹲或保持半蹲姿势（1/4 蹲或半蹲），在使用全身振动工具时，这些动作会使腿部肌肉组织进行等长运动。在振动训练之后，要立即进行力量和爆发力测试，以确定其急性效果。在女性曲棍球运动员（Cochrane and Stannard，2005）和男性运动爱好者中（Turner et al.，2011），可观察到全身振动训练使二者的急性下蹲跳能力均有所提升。同样，在垂

**表 6.4　影响振动训练的变量**

| 变量 | 说明 |
| --- | --- |
| 振动频率 | 每秒振动次数（赫兹） |
| 振动幅度 | 振动的位移 |
| 缓冲 | 鞋类或带衬垫的手柄可能会影响振动的频率或幅度 |
| 振动方向 | 振动发生的方向；最常见的有垂直振动和水平振动的全身振动平台 |
| 持续时间 | 每次训练期间的振动时长、振动训练次数和使用振动训练的练习次数 |
| 体能测试时间 | 在短期训练中，振动和体能测试之间的间隔；在长期训练中，最后一次振动训练和体能测试的时间间隔 |
| 姿势 | 振动时的身体姿势 |
| 休息时间 | 振动训练期间或振动练习期间的休息时间长度 |

直全身振动的同时进行深蹲动作后，训练者的最大等速力量即时或 8 分钟后也有所增加，分别为 9.4% 和 10.4%（McBride et al.，2010）。因此，全身振动训练可大幅增强力和爆发力。

然而，对全身振动的急性效果所进行的辩证分析显示，没有明确的证据证明振动会明显影响肌肉表现（Rehn et al.，2007）。一项元分析结果表明，使用垂直或水平的全身振动工具对力量没有显著的提升效果（Marin and Rhea，2010）。

临时性振动所引起的力、爆发力或跳跃能力的不一致变化是显而易见的。而同样重要的或者更重要的是，振动对其他体能指标的影响，如冲刺能力。全身振动（30 赫兹、40 赫兹和 50 赫兹）后冲刺能力（5 米、10 米、40 米）没有明显变化，但频率为 30 赫兹的冲刺时间有减少的趋势（Guggenheimer et al.，2009）。当在两次垂直纵跳和短冲刺之间进行垂直全身振动时，与两次运动之间不进行振动训练相比，时间的缩短明显较小（Bullock et al.，2008）。这表明临时性振动训练可能只能对冲刺能力产生很小的积极影响。

全身振动训练可在常规训练方案以外进行（如在常规训练课开始前），或在抗阻训练的组间进行，也可以将全身振动训练纳入长期训练方案。在任何情况下，如检验振动的急性效果时，长期振动训练通常都包含完成一个动作，如深蹲或等长肌肉动作，比如在全身振动时保持 1/4 蹲姿势。先前讨论的所有变量都可以用于测定振动训练是否会对力、爆发力或其他体能指标产生积极影响。

将垂直全身振动训练纳入芭蕾舞演员的训练方案中可大幅提升其垂直纵跳能力（6.3%）和在推举动作中对抗各种阻力（50 千克、70 千克和 100 千克）的平均爆发力（Annino et al.，2007）。值得注意的是，垂直全身振动训练没有与芭蕾舞演员的总体训练方案中的其他类型的训练进行比较。在一项为期 9 周的研究中，常规深蹲训练和在全身振动工具上进行负重深蹲的比较结果显示，两种训练均使单腿蹬举时的最大等长力量明显提升，两种训练方案的提升效果没有显著差异（Kvorning et al.，2006），但只有常规深蹲训练才使垂直纵跳的高度和力量有明显提升。对于该结果的一个可能的解释是，激素对训练的反应产生了变化。虽然振动和非振动训练方案在训练期间都可使睾酮和生长激素的浓度显著提升，但振动训练更能促进生长激素的产生。

在女子篮球运动员的训练方案中加入垂直全身振动训练（其中包括抗阻训练），结果显示，与常规训练方案相比，其在力和爆发力的增长方面的效果并不突出（Fernandez-Rio et al.，2010）。所增加的垂直全身振动训练包括站在振动工具上时，让腿部肌肉组织进行等长肌肉动作（半蹲时重心放在脚尖上）。在一系列包含垂直全身振动训练的研究中，执行为期 6 周的周期化深蹲训练方案时，在组间增加了垂直全身振动训练（等长 1/4 蹲），与不包含振动训练的方案相比，研究结果显示，包含振动训练的方案在提升垂直纵跳和负重蹲跳的初始力的产生速率（高达 150 毫秒/次）方面效果更佳（Lamont et al.，2008，

2009，2010）。

先前的研究清楚地表明，训练者对全身振动训练的反应可能是多种多样的，可能由振动频率、持续时间和其他相关变量决定。文献综述显示，长期进行全身振动训练可以对未受过训练的人和老年妇女的腿部肌肉组织产生积极影响（Rehn et al.，2007）。另一项元分析结果还表明，长期进行全身振动训练会对体能产生积极影响（Marin and Rhea，2010）。但是，这些影响在一定程度上取决于训练的特征。与水平振动训练相比，垂直全身振动训练对力的产生有更明显的长期影响。低振动频率（＜35 赫兹）和高振动频率（＞40 赫兹）的效果都略逊于中等频率（35~40 赫兹），因此，全身振动训练最适合以中等频率进行。

中等振动频率能最有效地增强力量的结论与一项短期研究结果一致。频率为 40 赫兹时，垂直纵跳能力会得到明显的增强（6％），但以其他频率进行训练时效果并不明显（Turner et al.，2011）。小于 6 毫米的振动幅度是有效的，而要增强爆发力，最有效的振动幅度则为 8~10 毫米。每次训练的总训练时间应为 360~720 秒，但目前还不清楚较短时间的训练（15~30 秒）和较长时间的训练（几分钟）哪一种对于增强爆发力更为有效。

虽然全身振动是最常见的振动训练类型，但也可以使用有针对性的或定制的器械使振动直接作用于肌腱或特定的肌群。几项短期研究的结果表明，这种振动训练的效果各异。在 35％ 或 70％ 的 1RM 下进行膝伸运动时，对膝部伸肌施加一次振动

确实能够增强运动时的力和爆发力以及运动后的 1RM（Mileva et al.，2006）。在几组连续的卧推练习之间使用振动杠铃施加振动确实能够增强平均爆发力，并且在以 70％ 的 1RM 进行卧推时，其有朝着峰值爆发力增强的趋势（$p$=0.06）（Poston et al.，2007）。然而，使用振动哑铃进行的上半身振动训练对资深攀岩者的上半身力量（药球投掷）、握力或攀爬特定能力没有明显影响（Cochrane and Hawke，2007）。

与全身振动类似，肌腱或特定肌群的振动是否会引起力或爆发力的大幅度变化，可能取决于所用振动的特性。例如，以 6 赫兹、12 赫兹和 24 赫兹的频率施加于肱二头肌肌肉组织的振动都会使最大等长力量增强，而 48 赫兹或更高频率则会减弱最大等速力量（Kin-Isler et al.，2006）。然而，在以 70％ 的 1RM 执行连续组数的肱二头肌弯举期间，或在最后一组肱二头肌弯举的 1.5 分钟和 8 分钟之后，直接向肱二头肌肌腱施加 65 赫兹的振动并不影响爆发力的产生（Moran et al.，2007）。这些结果表明，低频率振动可能会增强力和爆发力，而高频率振动则不会产生这种效果。

关于使用振动哑铃或其他直接将振动施加于肌腱或肌肉的设备进行训练的长期影响尚无定论。有少数人研究过使用这种设备的长期效果，结论是效果相当微弱（效应量为 0.02），但是相关研究仍然较少，不足以得出关于这类设备的影响的确切结论（Marin and Rhea，2010）。不过，一项为期 4 周的等长训练研究表明，在进行手臂弯举时，施加振动的训练方案比不施加

振动的训练方案带来的等速力量提升更明显（26%和10%）（Silva et al.，2008）。

显然，振动频率、振动幅度和其他变量决定了振动训练是否会产生临时效果和长期效果。在训练过程中，振动间的休息时间确实也会对效果产生影响。当在一次训练中使用垂直全身振动进行多次刺激时（6次，每次1分钟，30赫兹，振幅为4毫米），每次2分钟和1分钟的间歇时间均可使蹲跳能力、垂直纵跳能力和腿部肌肉爆发力明显增强。使用3分钟的间歇时间时则对这些体能指标没有显著影响（DaSilva-Grigoletto et al.，2009）。然而，与使用其他两种休息时间的训练相比，休息时间为2分钟的运动能够明显改善上述体能指标。当在类似的训练方案中使用1/2分钟的休息时间，共持续4周时，两种情况都会使力和爆发力的测量值显著增加（DaSilva-Grigoletto et al.，2009）。然而，使用1分钟的休息时间时，训练者的蹲跳（9%对比4%）、垂直纵跳（7%对比4%）和4RM深蹲（13%对比11%）能力有明显提升。因此，最佳的休息时间可能取决于是需要急性效果还是长期效果。

振动训练影响体能的一种可能的原因是神经变化或适应。然而，有关振动对肌电图数据的急性影响的研究得出的结论是不一致的。在垂直全身振动期间进行运动时，腿部肌肉组织的肌电活动有所增加（Roelants et al.，2006），并且水平全身振动会增强肌梭敏感性（Hopkins et al.，2008）。类似地，在运动的过程中，施加于膝伸肌的振动可增加显示运动单位兴奋性的肌电图数据（激发频率、传导速度）

（Mileva et al.，2006）。然而，肌电图对运动神经元兴奋性的测量结果也显示其不受垂直全身振动的影响（McBride et al.，2010），并且肱二头肌肌电活动不受直接施加于肱二头肌肌腱的振动的影响（Moran et al.，2007）。

振动时的缓冲也可能会对力、爆发力或体能的变化产生影响。是否穿鞋或者鞋的类型都可能影响肌肉对全身振动的肌电图反应。例如，在进行垂直全身振动训练时，无论是否穿鞋，与2毫米振幅相比，4毫米振幅下的股四头肌和内侧腓肠肌的肌电活动都更强。振幅为4毫米时，不穿鞋时的股外侧肌肌电活动强度最大，而穿鞋时的内侧腓肠肌肌电活动强度最大（Narin et al.，2009）。因此，穿鞋对全身振动的缓冲作用可能会对不同肌肉产生不同的影响。

振动频率、振动幅度、持续时间和体能测试时间都会对力和爆发力的变化产生影响。在进行振动频率、振动幅度和持续时间各不相同的全身振动训练后1分钟，垂直纵跳的能力就有所提升，因此结果表明，在仅30秒的全身振动后的5分钟（而非10分钟），垂直纵跳能力就能提升（Adams et al.，2009）。但也有研究表明，在进行垂直全身振动后，即时垂直纵跳能力显著提升，但在垂直全身振动的5分钟、15分钟和30分钟后，垂直纵跳能力没有显著提升（Cormie et al.，2006）。因此，全身振动带来的所有即时能力提升效果可能都是相对短暂的。此外，高频率（40~50赫兹）配合大振幅（4~6毫米）以及低频率（30~35赫兹）配合小振幅（2~4毫米）可以为即时提升垂直纵跳能力提供最佳刺激（Adams et al.，2009）。

另一个可能引起体能指标变化的因素是在测量力或爆发力时的肌肉长度。当在振动过程中对力进行测试时，肘部屈肌在多个长度（各种关节角度）下的最大等速力量均显著增长，但不同的肌肉长度的最大等速力量增幅无差异（Kinisler et al.，2006）。然而，在全身振动训练后，较长的肌肉长度会产生跖屈等长峰值扭矩，而背屈峰值扭矩则受全身振动训练的影响不明显，因此全身振动训练后的肌肉长度并不影响峰值扭矩（Kemertzis et al.，2008）。所以，肌肉长度对力或爆发力增长的影响尚不明确。

也许关于振动训练的一致发现是它可以提高身体的柔韧性。在一项针对女子曲棍球运动员及年轻男性和女性体操运动员的研究中，在进行全身振动训练、特定肌群振动训练，以及拉伸被施加振动的特定肌群之后，运动员的身体柔韧性均有所提高（Cochrane and Stannard，2005；Kinser et al.，2008；Sands et al.，2006，2008）。振动训练对柔韧性的长期影响仍缺乏相关的研究支持，但一项为期4周的训练结果表明，振动训练的确能够增强柔韧性，并且似乎能够在长期训练中增强柔韧性（Sands et al.，2006）。在离心运动（下坡步行）之后，振动训练可能有助于减少延迟性肌肉酸痛，它可能是训练期间进行恢复的有效办法（Bakhitary et al.，2006）。因此，振动训练除了能够增强力和爆发力以外，还具备其他益处。

上述研究清晰地表明，短期振动训练和长期振动训练的影响取决于振动频率和振幅以及影响所使用振动的其他变量。与许多其他类型的训练相同，不同个体对特定振动刺激的反应也存在较大差异。另一个影响振动训练效果的变量是振动工具所产生振动的一致性，如振动工具的位移随着训练者体重增加所发生的变化。短期和长期的振动训练似乎都有积极的作用，但仍需要进一步研究。

## 离心训练法

在大多数抗阻训练中，离心阶段的训练方式都是降低提供阻力的重物。在这一阶段，肌肉会主动拉长，以受控的方式让重物下降。相反，在大多数练习中，推举重物则被称为向心阶段的训练。第2章讨论了等长离心、动态恒定外部阻力离心、强化离心训练以及离心和向心训练的差异。本小节内容仅讨论使用离心训练法作为传统抗阻训练的辅助手段的相关信息。

在离心阶段所降低的重物可以比在向心阶段所提升的重物更重。因此，在进行离心训练时，可以使用大于1RM的重复次数进行。离心训练包括以大于1RM的重复次数降低重物或执行每一次重复的离心阶段的动作。强化离心训练是指在进行完整的重复训练时，在离心阶段使用的阻力比向心阶段更大的训练。第2章讨论了这种类型的训练，此处不再赘述。

离心训练可以通过搭档帮助训练者提升重物来完成，然后过渡到由训练者独立完成。这种训练也可以在一些抗阻训练器械上进行，使用双臂或双腿蹬举重物，然后仅用单手或单腿来降低重物。一些器械是专门为在每次重复的离心阶段使用更大的阻力而制造的。对于以离心的方式进行的所有训练，必须采用适当的运动技术和保护技巧。

在进行离心训练时，建议使用向心训练阶段 1RM 的 105%~140 %。老年人（平均年龄为 68 岁）在进行离心训练时则建议在 6 种器械上以向心训练 1RM 的 115%~140 % 安全地进行训练（Nichols et al., 1995）。在仅离心膝伸训练中，可以使用常规 1RM 的 120 %（向心 – 离心重复）进行 11.7 次重复（Carpinelli and Gutin, 1991）。因此，在离心训练期间进行大于向心 1RM 的重复似乎是安全的。在离心训练期间可使用的阻力大小可能因练习及性别的不同而有所差异（见表 6.5）。

男性在训练器械上进行仅离心训练的 1RM 比仅向心训练高 27%~49%（见表 6.5），而女性在器械上进行仅离心重复的 1RM 比向心重复高 29%~161%。注意，在进行仅离心训练时，男性的 1RM 通常都在建议的向心 1RM 百分比范围之内。但在某些训练中，女性离心训练的 1RM 远远超出建议使用的向心 1RM 百分比范围。此外，

离心训练所使用的阻力可能取决于是在器械上进行训练还是使用自由重量进行训练。器械训练可能需要更大的阻力，因为这种训练方式不存在在 3 个运动平面上平衡阻力的需要。

离心训练法的倡导者认为，在训练的离心阶段使用更大的阻力可以获得更大的力量增益。神经适应会对强度较高的离心训练有一定的帮助。在最大离心训练和最大向心训练的比较中，肌电动态显示，在进行最大离心训练后，最大离心动作的肌电活动增加了 86 %，而最大向心训练之后最大离心动作的肌电活动仅增加了 11 %（Hortobagyi et al., 1996）。在最大向心动作期间，离心训练和向心训练分别使其肌电活动增加了 8 % 和 12 %。在最大离心训练期间，肌电活动的增加可能对增加 1RM 力量是有利的［见本章的"强迫次数训练（或助力重复）法"］。在做向心训练之前，先做高强度的离心训练（向心 1RM 的 105 %）可以使向心 1RM 显著增加（Doan et al., 2002）。这表明，在向心肌肉动作期间，离心肌肉动作可以增强神经适应。因此，高强度的离心训练可以增加神经适

**表 6.5** 器械训练中离心训练超出向心训练的 1RM 百分比

| 训练项目 | 男性 / % | 女性 / % |
| --- | --- | --- |
| 高位下拉 | 32 | 29 |
| 腿蹬举 | 44 | 66 |
| 卧推 | 40 | 146 |
| 腿伸展 | 35 | 55 |
| 硬推 | 49 | 161 |
| 腿弯举 | 27 | 82 |

（源自：Hollander et al., 2007.）

应，从而增强力量。

前文所述的关于强化离心训练的研究（见第2章）表明，在强化离心训练中，必须使用比向心训练更大的1RM，以获得比常规抗阻训练更大的力量增益。这些研究还表明，在离心重复阶段，可按照常规1RM的125%安全地进行强化离心训练。这些研究都考察了有适当抗阻训练经验的人群和未受过训练的人群受仅离心或强化离心训练的影响。

在竞技型的奥林匹克举重选手中，在12周的训练中，强化离心训练有利于实现最大力量的增长（Häkkinen and Komi，1981）。如果举重运动员在训练中以向心1RM的100%~130%完成了25%的离心肌肉动作，那么他抓举和挺举的成绩则分别提高了10%和13%。在同一时间段内进行常规训练的举重运动员的抓举成绩提高了7%，挺举成绩提高了6%。举重运动员在进行强化离心训练时取得的挺举成绩提升明显优于常规训练时取得的挺举成绩提升。在做腿蹬举和膝伸动作时，两个训练组在等长、向心和离心力的各种测量指标上也都有明显的改善，但是组间差别不明显。对这些竞技运动员来说，他们的运动能力是以抓举和挺举的1RM来衡量的。因此，强化离心训练确实能为奥林匹克举重运动员带来竞争优势。

## 超负荷训练法

超负荷训练法是离心训练的变式，这种训练法使用125%的1RM阻力进行部分重复。例如，训练者做卧推时的1RM为200磅（约90.7千克），那么就要使用250磅（约113.4千克）的阻力进行部分重复。例如，在做卧推时，搭档可帮助训练者将重物举到肘部伸直的位置。训练者需要在没有帮助的情况下，将重物下降到尽可能低的位置然后将其推回。训练者每组做7~10次这样的部分重复。在部分重复之后，训练者将重物缓慢地降低到胸部的位置，然后让搭档辅助将重物抬升至肘部伸直的位置。通常情况下，每次练习要进行3组这样的训练。

每周训练3天、为期8周、训练间至少休息一天的研究结果表明，与传统抗阻训练相比，超负荷训练法可以使卧推和腿蹬举的1RM均有所提升（Powers et al.，1978）。这表明超负荷训练法在提升1RM强度方面与常规的抗阻训练一样有效。由于在此类训练中需要使用大于1RM的阻力，因此在使用自由重量时，必须有搭档在旁辅助。超负荷训练法也可以在训练器械上进行。与其他离心训练法一样，在某些器械上，可以使用双臂或双腿抬起重物，而仅用单臂或单腿进行部分重复。

## 不稳定平面训练法

不稳定平面训练法指在瑞士球、平衡盘、平衡板或其他不稳定平面上进行练习的训练（见图6.5）。在做不稳定平面训练时，可以进行自重训练，也可以添加额外的阻力。这类训练法的倡导者认为，它可以通过提高训练者的平衡能力、运动感觉、本体感受和核心稳定性来提升训练者的运动能力。这种训练方法的理论基础是，所有运动都需要稳定性和活动性，因此如果同时训练这两种能力并增强核心稳定性，

图6.5 在进行不稳定平面训练时，可使用多种训练设备：a. 在瑞士球上做哑铃卧推；b. 坐在瑞士球上做过顶哑铃推举；c. 单脚放在瑞士球上做弓步蹲；d. 双脚踩在平衡盘上进行卧推

图片由康涅狄格大学运动系的威廉·J. 克雷默（William J. Kraemer）博士提供。

训练者就可以在日常生活和特定的运动中使上肢和下肢的肌肉组织产生更大的力量转化。

核心肌群可被定义为主轴的骨骼和所有肌肉、韧带以及其他起于主轴骨骼的软组织，而无论这些软组织止于主轴骨骼还是四肢（手臂或腿）骨骼。增强核心稳定性有助于控制躯干在骨盆上方的位置和运动，以优化力的产生、传递和控制，以及控制在运动期间肢体的运动。不稳定平面训练法最初被用于康复运动。这种类型的训练可以增强身体平衡能力，尤其是对平衡能力较弱的人（如老年人），并且可以预防某些类型的伤害，如腰背部损伤（DiStefano et al.，2009；Hibbs et al.，2008；Schilling et al.，2009；Willardson，2007b）。然而，不稳定平面训练是否会增加核心稳定性或提升日常生活或运动活动中的表现，也取决于诸多因素。

至于不稳定平面训练是否能够增强运动能力，多种设备和训练方案已被用来进行验证（DiStefano et al.，2009；Hibbs et al.，2008；Willardson，2007b）。此外，平衡性测试的类别，决定了平衡能力的改善情况。在稳定平面或不稳定平面上的静态平衡能力（静止不动）和动态平衡能力，或者在运动后或运动时使身体稳定的能力，都可以用来评估训练是否能够改善平衡能力。

通常来讲，平衡训练，包括不稳定平面训练，是可以提升训练者在稳定和不稳定平面上的静态平衡能力及动态平衡能力的。因此，精英级运动员们可以在不稳定平面上更大幅度地提升其静态平衡和动态平衡能力，但仅在稳定平面上进行训练有一定的局限性（DiStefano et al.，2009）。这表明，如果在稳定平面上的平衡能力已经很好，那么继续在稳定平面上做平衡性训练，平衡能力将不会再有更大的提升。这是一个重要的考虑因素，因为大多数运动都是在稳定平面（如健身房地板、坚固的比赛场地等）上进行的。在不稳定平面上运动的运动员，如冲浪、风帆冲浪、游泳和单板滑雪等项目的运动员他们可能比其他类型的运动员从不稳定平面训练中受益更大。

通常，在不稳定平面上训练时，最大力量会降低，同时肌电活动会有所增加（Behm et al.，2010；Norwood et al.，2007；Willardson，2007b）。然而，肌电活动增加与否可能取决于是否承受了相同的绝对阻力，或取决于在稳定或不稳定状态下不同的 1RM 的百分比（McBride et al.，2010）。通常，深蹲时，在稳定的条件下，举起稳定的 1RM 的 70%、80% 或90% 时，要比在不稳定的条件下举起不稳定的 1RM 时的肌电活动更明显。然而，当举起绝对阻力（59 千克、67 千克或 75 千克）时，尽管在稳定状态下肌电活动较强，但通常并不是很显著。活动的增加表示肌肉募集度和运动单位频率编码增加。

肌电活动还可能取决于所使用的不稳定平面以及不同的肌肉。比如，分别坐在瑞士球或普通训练凳上使用杠铃或哑铃进行坐姿过顶推举，当坐在瑞士球上时，10RM 明显更低（10%~23%）（Kohler et al.，2010）。然而，在稳定表面执行卧推时肱三头肌的肌电活动更明显，可能是由于使用的阻力增加，并且当训练者在瑞士球上进行锻炼时，上竖脊肌的肌电活动最明显。在瑞士球上使用 60% 的 1RM 进行卧推时，各肌肉（包括腹部肌肉）的肌电活动均大于在相同阻力下的常规稳定卧推（Marshall and Murphy，2006）。但在瑞士球上进行不稳定的卧推时，所使用的阻力可能是更大的 1RM 的百分比，这也就会引发更明显的肌电活动。另一项研究的结果与上述两项研究相反，即在瑞士球上做卧推与在稳定平面上做卧推相比，1RM 和各种肌肉的活动均没有明显差异（Goodman et al.，2008）。因此，在不稳定的环境下做练习时，影响肌电活动的因素包括在稳定和非稳定练习中所使用的阻力是绝对阻力（一定重量）还是相同百分比的1RM，以及所涉及的肌肉等。

同样，所使用的不稳定设备类型也会影响肌电活动。对有经验的训练者而言，在瑞士球或平衡板上做深蹲的肌肉程度比在稳定环境下做深蹲更高（Wahl and Behm，2008）。然而，双脚站在同一平衡盘上做深蹲和两脚分别站在两个平衡盘上做深蹲，这两种方式下的肌肉程度无明显差异。这就表明，不稳定性适中的设备（如平衡盘）对训练强度较高的人来说，不具备足以增强肌肉活动的不稳定性。

许多不稳定平面训练的目标是通过增强核心肌群的活动来增强核心稳定性，包括腹部和腰部肌肉。已有研究证明，一些高级的瑞士球练习并不能够充分激活大多数肌肉以达到增强力量的目的（Marshall and Desai，2010）。在平板支撑和螳螂式、单腿深蹲、卷腹保持、臀桥、髋部伸展以及翻滚这6种练习中，只有一项练习中的肌电活动明显，肌电活动明显说明腹直肌、腹外斜肌或腰部竖脊肌被充分激活，足以使最大力量提升。臀桥练习能够充分地激活腹直肌，增强其最大力量。因此，运用不稳定平面训练法来增强最大力量的效果有限；但若反复训练，则有助于增强肌肉耐力。

不稳定平面训练法是否能够增强某一特定活动的运动能力，取决于该活动是否在不稳定的环境下进行。例如冰球，对于高级冰球运动员来说，使用平衡板的能力和滑冰速度之间没有明显的相关性（Behm

et al.，2005）。这就说明不稳定平面训练法可能无法改善此类运动员的运动能力。

在针对一级女性运动员进行的研究中，包含平衡板训练的训练方案确实提升了她们在1分钟仰卧起坐测试的成绩，这说明其腹部肌肉的力量和耐力以及单腿深蹲的能力均有所提升（Oliver and Di Brezzo，2009）。但执行常规训练方案的运动员的1分钟仰卧起坐能力也相应提升。

在一项为期10周的研究中，部分一级男性运动员使用平衡盘进行练习，并与其余不使用平衡盘进行练习的训练者进行比较，结果显示使用平衡盘进行练习并未获得更好的效果。常规训练使跳深和下蹲跳的能力明显增强（分别为3.2%和2.4%），而不稳定平面训练法则没有使这两种能力增强。此外，不稳定平面训练法和常规训练均导致40码短跑和10码短跑能力显著下降（40码为 -1.8% 对比 -3.9%，10码为 -4.0% 对比 -7.6%）。相比之下，常规训练对40码短跑能力的影响明显大于不稳定平面训练法。两组的敏捷性测试（T测试）成绩均有显著提高，但两种训练模式之间没有显著差异。

此外，在有氧健身运动员［最大耗氧量为55毫升／（千克·分）］的训练方案中增加6周的瑞士球训练，结果显示，其核心稳定性显著提高，但最大耗氧量和跑步效率均没有明显提升（Stanton et al.，2004）。在使用各种不稳定平面设备（悬吊设备、圆盘）（Saeterbakken et al.，2011）进行为期6周的核心稳定性训练后，团体手球运动员的手球投掷速度明显提高（4.9%）。总体来说，这些研究均表明，并非所有类型的不稳定平面训练或项目都能显著提高运动员的运动能力。

使用不稳定平面训练法每周训练3次，每次至少训练10分钟，持续4周，可改善健康人群的平衡能力（DiStefano et al.，2009）。虽然缺乏充分的证据证明不稳定平面训练法能够改善运动表现，但这种类型的训练确实可以降低发生某些类型损伤的风险。不稳定平面训练法已被纳入运动员年度训练方案中（见信息栏6.4）。

## 悬吊训练法

悬吊训练包括抓住悬吊设备或将某一身体部位（如脚）放在悬吊设备中进行练习（见图6.6）。由于悬吊设备可以自由移动，这种类型的训练也可以视为不稳定平面训练。悬吊训练分为很多种，包含俯卧撑、划船练习的变式以及腹部或核心稳定性练习。由于悬吊设备具有不稳定性，因此这种类型的训练具有其他许多不稳定训练所具备的特点，如可增强平衡能力和核心稳定性。

悬吊训练是增强力量的有效方法。例如，女大学生在进行悬吊训练或常规抗阻训练后，其在各种运动中均表现出等速扭矩的显著增加以及1RM卧推及腿蹬举能力的提高，两种训练方式的提升程度没有明显差异（Dannelly et al.，2011）。但与常规抗阻训练方案相比，悬吊训练可以使悬吊俯卧撑能力明显增强。两种训练方式对于平衡能力

---

**? 信息栏6.4　实际问题**

### 不稳定平面训练法的运用原则

同其他所有类型的抗阻训练一样，训练方案中不应只包含某一项训练技术。与常规的抗阻训练相比，不稳定平面训练法确实存在一些优点和缺点。为运动员或健身爱好者制定一年或更长时间的训练方案的目标之一，就是采用多种训练方法使训练者产生所需的适应。因此，对健身爱好者和各类运动员来说，在地面上进行的自由负重练习，如深蹲、硬拉、奥林匹克举重和包含躯干旋转的练习，都应纳入基础核心肌群训练方案中。但是对于那些为了健康而进行锻炼的、不想经受基于地面的自由重量训练带来的身体压力，或者没有条件完成上述训练的人群来说，则可以采用不稳定平面设备和练习，以产生抗阻训练适应并增强身体功能。

不稳定平面训练法的指导原则如下：在赛季前和赛季中训练期间，建议在稳定的平面上做常规训练，以增强核心力量和爆发力（DiStefano et al.，2009）。在赛季后和休赛期训练时，则推荐采用不稳定平面训练（瑞士球），包括等长训练、小阻力和较长时间的训练，以增强核心耐力（DiStefano et al.，2009）。此外，不稳定平面训练设备（平衡盘和平衡板）应与超等长练习结合使用，以强化本体感受，降低下肢损伤的可能性（DiStefano et al.，2009）。综上所述，训练方案中应同时包含常规训练和不稳定平面训练。

参考文献：

DiStefano, L.J., Clark, M.A., and Padua, D.A. 2009. Evidence supporting balance training in healthy individuals: A systematic review. *Journal of Strength and Conditioning Research* 23: 2718–2731.

**图6.6** 悬吊训练有许多种方式，包括上图中的仰卧划船

图片由康涅狄格大学运动系的威廉·J. 克雷默（William J. Kraemer）博士提供。

的改善没有明显区别。结果表明，对于从前未受过训练的人来说，在初始训练阶段，悬吊训练和常规抗阻训练效果一样。

悬吊训练还可以提升运动能力。将悬吊训练与其他不稳定平面（圆盘）训练结合，6周后，高中女子手球运动员的投掷速度有了明显提高（4.9%）（Saeterbakken et al., 2011）。这种类型的训练也可提高大学女子垒球运动员的投掷速度（Prokopy et al., 2008）。悬吊训练也可以作为热身练习。将悬吊训练作为热身练习，能够提升大学棒球运动员的投掷速度和准确度，并获得与传统热身相同的效果（Huang et al., 2011）。由此可见，悬吊训练是增强力量和运动能力的有效方法，但悬吊训练比较受限于训练者的体重。然而，这种限制可以通过使用额外的阻力来克服，如负重背心。

## 功能性训练法

与不稳定平面训练和核心稳定性相关的一个术语是功能性训练，它对不同群体有不同的含义。功能性训练的一般定义是提高在某些功能性任务（如日常活动与运动表现相关的测试）中的表现的训练。因此，功能性训练实际上可以指任何旨在提高运动能力的训练。对一些人来说，功能性训练是指各种形式的不稳定平面训练，其目的是增强平衡能力和核心力量。不稳定平面训练最初是为了提高康复人群的平衡能力（特别是那些平衡能力受损的人，如老年人）和预防某些类型的伤病而开发的。功能性训练还可以改善日常活动能力，如从椅子上站起来或爬楼梯。这类训练常被纳入改善老年人日常活动能力的训练方案中。

而对其他人来说，功能性训练指的是各种类型的训练，包括不稳定平面训练，它的作用不仅是提高日常活动的能力，还包括提高运动能力。这类功能性训练通常包括各种形式的快速伸缩复合训练、核心肌群的旋转训练以及其他类型的训练，如壶铃训练，其中包括弹震式训练和旋转运动。

因此，功能性训练对不同的受众群体来说，其定义是不同的。本节和其他章节所提供的信息表明，无论怎样定义功能性训练，它都是增强力量和改善运动能力的好方法。

## 极限训练法

极限训练法是指高强度、短休息时间、多练习的训练方案，这种方法目前已经逐渐流行开来（如 CrossFit、Insanity 和 Gymdones）。这类训练方法通常具有很高的训练频率，有些方法每周训练5~6天，其中一些训练包含大量的多关节练习、多种奥林匹克举重的变式，以及间歇训练和超等长训练。由于极限训练法的种类繁多，目前还没有代表性的训练方案。其中一种典型的训练方法是，重复10次深蹲、卧推和硬拉，然后每组减少一次重复，直到最后每组仅能完成一次重复，所使用的阻力为1RM的80%。虽然训练者可以进行组间休息，但要尽可能地缩短休息时间。

这种训练方法的优点是它可以减少体脂并大幅增强局部肌肉耐力（Bergeron et al.，2011）。但由于其训练量过大，因此它也会使运动技术变形，从而引发疲劳、过劳损伤以及急性损伤。运动性横纹肌溶解综合征以及过量训练和过度训练也有可能随之出现（见信息栏6.5）（Bergeron et al.，2011）。为了避免这些潜在的问题出现，训练者应根据个性化的抗阻训练方案逐渐提升训练量、训练强度和训练频率，以产生生理适应。训练方案也应满足周期化的条件，以使训练者在训练期间得到充分休息和恢复。

## 停息或次间休息训练法

停息训练法是指以相对较大的阻力进行一次或多次重复，然后在进行下一次或多次重复之前休息一小段时间的训练方案。这种类型的训练也被称为群集训练法，每组训练被休息时间分隔为若干组重复。在重复或训练组之间，训练者放下重物并进行短暂休息。举例来说，训练者以250磅（约113.4千克）的重量重复一次练习，重量接近1RM。然后训练者放下重物，休息10~15秒，以相同的阻力进行又一次（或几次）重复。这样反复4~5次。如果训练者不能实现完整重复，则可在保护者的辅助下完成4~5个重复动作。可以进行一组或几组练习。停息训练法的倡导者认为，使用较大的阻力进行多次重复，然后短暂地休息，有助于训练者在进行下一次重复时举起更重的物体或维持爆发力（或两者皆

## 信息栏 6.5　研究成果

### 运动性横纹肌溶解综合征

研究表明，任何练习都会引起肌肉组织损伤和分解，而这些也是肌肉生长的必经阶段。然而，无论是在一次练习还是连续的练习中，极限训练都会导致严重的并发症，最值得关注的是运动性横纹肌溶解综合征（简称为横纹肌溶解综合征）。这种情况一旦发生将非常危险，肌肉组织会过度分解产生大量的肌肉组成物，如肌红蛋白、钾离子、磷酸盐离子、肌酸激酶、尿酸和其他分解产物，并将它们释放到组织间液和血液中。白细胞侵入受损组织区域时会引发炎症，使该过程进一步复杂化。血液中高浓度的肌红蛋白和尿酸聚集在肾小管中，有可能导致肾功能衰竭。此外，钾离子的释放可导致血液中钾离子含量过高，破坏正常的离子平衡，从而导致致命的心脏节律紊乱。

横纹肌溶解综合征是一种急症，如果不及时治疗，很可能导致死亡。即使是在专业的美式橄榄球运动员中也会出现这种问题，过去几年的新闻曾报道过若干美式橄榄球运动员在进行高强度、短休息时间的训练或高强度、高离心负荷的训练后出现横纹肌溶解综合征。平时训练较少，但为了保持体形而采用极端健身法的人也会出现这种情况，如训练强度大、休息时间少，并且运动做得太多、太急。在休息阶段或训练结束后进行极限训练，没有个性化的训练方案，在训练期间和组间休息太少，以及没有循序渐进的训练方案，都是导致横纹肌溶解综合征发生的主要因素。

在一个研究案例中，一位 18 岁的美国大学体育协会一级联赛的美式橄榄球运动员在参加了为期 4 周的夏末体能集训营（Moeckel–Cole and Clarkson，2009）之后，患上了横纹肌溶解综合征。据报道，该例横纹肌溶解综合征是在没有脱水的情况下发生的，许多人都误以为只有在脱水的情况下才会出现这种症状。事件的具体报道如下。

　　该运动员在力量和体能教练的指导下，用弹力带做了 10 组、每组 30 次的深蹲练习（共 300 次），弹力带套在运动员脚下的平台和其肩膀上。组间有 1 分钟的休息时间。该运动员回忆说，这是他做过的最痛苦的训练。10 组深蹲完成后，运动员们被要求用 40 磅（约 18.1 千克）重的哑铃进行 30 次罗马尼亚硬拉练习。最后，再使用 80 磅（约 6.3 千克）重的哑铃做 30 次耸肩和肱二头肌弯举。训练时间在下午的晚些时候，训练室内没有空调。据该运动员描述，训练期间，房间内的温度较高但不热，在 78~84 华氏度（25.5~28.9 摄氏度）的范围内，并且每组训练后要喝 6~8 盎司（1 盎司 ≈ 29.57 毫升，余同）的水。在运动过程中，该运动员感到头晕且股四头肌疼痛。该运动员还称其他几名运动员在训练过程中都很紧张，并出现呕吐症状。

该运动员在回到宿舍后，大腿剧烈疼痛且出现运动受阻问题，这种情况一直持续到第 2 天。在接受了运动防护师的检查后，情况仍然没有好转，于是该运动员被送入急诊室，他的身体并未脱水，但经过检查，他的肌酸激酶浓度为 84,629 国际单位／升（正常静息值范围为 25~100 国际单位／升，在常规的抗阻训练后一般上升至 250~350 国际单位／升）。住院 8 天后，该运动员花了 1 个月的时间才恢复正常活动。上述案例说明，即使是未脱水的身体健康的运动员，在极端的训练方案之下也会发生横纹肌溶解综合征。因此要时刻监测训练者是否具有肌肉疼痛和尿液呈深褐色等症状，以便及时送其就医。在制定训练方案时，循序渐进地安排训练强度、训练量和休息时间长度等至关重要。常见的情形是训练被误用为惩罚方式或提升训练态度的方法。但是很明显的是，无论一个人多么健康，如果采用极端的过量训练，仍然可能引发横纹肌溶解综合征及其他危险并发症。

参考文献：

Moeckel-Cole, S.A., and Clarkson, P.M. 2009. Rhabdomyolysis in a collegiate football player. *Journal of Strength and Conditioning Research* 23: 1055-1059.

有）。这种训练方式有助于力量和爆发力的增长。

停息训练比非停息训练更能有效增强爆发力（Lawton et al.，2006）。例如，一名运动员以6RM尽可能快地进行单组6次向心重复，与使用相同阻力进行6组、每组包含1次重复，组间休息20秒；3组、每组包含2次重复，组间休息50秒；2组、每组包含3次重复，组间休息100秒对比。结果显示，在4~6次重复（25%~49%）且允许休息时，爆发力可达到最大值。与常规的6RM训练相比，包含组间休息的训练的总爆发力更大（21.6%~25.1%）。以上3种训练方案所产生的爆发力没有明显差异。

训练者进行3组、每组包含6次重复的高翻练习，在重复过程中不休息或休息20~40秒，与在重复过程中休息的爆发力维持情况相似（Hardee et al.，2012）。在这3组训练中，重复期间休息20秒（分别为6%和2.7%）与重复期间休息40秒（分别为3%和0.4%）、重复之间不休息（16%和7%）相比，其最大爆发力和力量的下降幅度明显较小。同样，训练者进行4组、每组包含6次重复的蹲跳，每次重复后休息12秒，组间休息30秒，结果显示，

训练者的爆发力水平能够得到更好的维持（Hansen et al.，2011）。由于在每次重复之后短暂地休息可以获得更强的爆发力和力量，当训练目标是增强力量或爆发力时，这种类型的训练方式是有价值的。

虽然在每次重复或每组之后进行短暂的休息可以增强当前力量或爆发力，但将这种训练方法运用到为期6周的训练中时，它却没有带来更明显的总体爆发力增长（Lawton et al.，2004）。训练者按照每组重复6次，共4组，组间休息4分钟，或按照每组重复3次，共8组，组间休息大约1.7分钟的方式，尽可能快地完成卧推重复次数的向心阶段。这两组的总训练量和6RM百分比相同。结果显示，这两组训练都使仰卧平板推掷（20千克、30千克和40千克阻力）的爆发力有所提高，增幅为5.8%~10.9%；但两组训练带来的增幅并无显著差异。4组、每组6次的重复训练使卧推6RM的力量有更大提升（9.7%对比4.0%）。这项研究的局限性在于，在这两项训练当中，尽管训练者都是以最快的速度进行向心阶段重复，但8组、每组3次重复的训练是使用6RM的百分比而不是3RM的百分比进行的。

因此，每组 3 次重复的训练组没有在阻力接近 3RM 的情况下进行，这可能会限制其最大力量增益。

另一项为期 8 周的研究以具有训练经验的英式橄榄球运动员为研究对象。研究人员将运动员分为两组，一组按照常规训练法进行训练，另一组则按照停息训练法进行训练。这两种训练方案都遵循周期化训练原则。停息训练法仅用于多关节力量和爆发力训练，如深蹲、高翻、窄拉和预蹲跳。两种训练方案都使训练者的 1RM 深蹲能力显著增长，但常规训练带来的增长幅度更大（18% 对比 15%）。二者都没有明显提升爆发力。然而，与常规训练相比，停息训练法可能会对爆发力产生更大的影响。例如，训练者以 40 千克的负重进行蹲跳，停息训练法带来的最大爆发力增长比常规训练更大（4.7% 对比 0%），自重蹲跳时的最大速度增长也是如此（3.8% 对比 0.5%）。因此，长期使用停息训练法的效果如何尚不明确，但可以确定的是，这种训练方法在促进爆发力增长上有一定效果。

灵活地运用停息训练法可以带来明显的力量增益，但其效果仍不及传统的训练方法（Rooney et al., 1994）。使用停息训练法以 6RM 的阻力进行一组 6~10 次重复，每次重复后休息 30 秒。将其产生的力量增益与使用 6RM 阻力进行的一组 6 次重复的相比较。与对照组相比，两组的 1RM 增长幅度都明显更大，但常规训练组的 1RM 增长幅度（56%）明显大于停息训练组（41%）。两组的最大等长力量增长明显大于对照组，但停息训练组与非停息训练组之间的差异并不明显。结果表明，与非停

息训练法相比，停息训练法在提升动态力量上的效果较差，在等速力量的提升上也是这样。

上述两项研究都没有使用 RM 阻力来表明停息训练的重复次数。但正如"力竭训练"一节所述，非力竭训练可比力竭训练带来更大的爆发力增长。因此可以解释为，如果停息训练将产生比常规训练更大的力量增益，那么训练者将需要使用接近 RM 的阻力来执行重复次数。综上所述，停息训练提升最大力量的效果并不比其他训练更好，但它是一种增强爆发力的有效方法。

## 铁链或弹力带增加阻力训练法

铁链训练法是指使用挂钩在杠铃的两端悬挂链条，借助链条进行训练。当杠铃处于最低位置（如在卧推时靠近胸部的位置）时，铁链只有一小部分附着在杠铃之上，剩余的铁链在地板上。在训练的向心阶段，杠铃被托起，越来越多的铁链逐环离开地面，这也就增加了阻力。将弹力带固定在杠铃两端的原理也与之类似，随着弹力带在向心重复阶段被拉扯开来，阻力逐步增加。结果就是在杠铃从靠近胸部的位置被推举到肘部伸直的位置的过程中，阻力会一直增加。相反，在杠铃从肘部伸直的位置下降到靠近胸部的位置的过程中，阻力逐渐减小。

铁链和弹力带是资深举重运动员的常规训练的常用辅助工具。分别有 57% 和 39% 的力量举运动员（Swinton et al., 2011）以及 56% 和 38% 的大力士选手（Winwood et al., 2011）将铁链和弹力带增加阻力训练

纳入其总体训练方案中。一般来说，这种训练方法在多关节练习中运用得最为普遍，如卧推、深蹲和硬拉，它们的力量曲线是上升的，对于奥林匹克举重运动员来说，这种训练方法可以提升训练时的杠铃加速度和爆发力。

铁链的悬挂方式有若干种。采用线性训练法时，杠铃的每一端都会悬挂一条或多条铁链（见图6.7）。而采用双环训练法时，铁链较轻的一端会挂在杠铃上，铁链较重的一端则被悬吊起来。当铁链较重的一端逐渐离地时，阻力会大幅度地增加。在使用这两种方法进行训练时，可以交替使用铁链以增加阻力，并且可以使用不同重量的铁链来改变阻力。双环训练的阻力可能远远大于线性训练（Neely et al.，2010）。例如，在做深蹲时采用双环训练，其增加的阻力几乎是线性训练法的2倍。

1RM铁链卧推（McCurdy et al.，2008）的重测信度在男性（$r = 0.99$）和女性（$r = 0.93$）中都很高。从训练的角度来看，男性和女性的1RM铁链卧推能力与常规的卧推能力有很大关联（分别为$r = 0.95$和$r = 0.80$）。这表明，如果1RM铁链卧推能力提升，那么1RM常规卧推能力也将提升（McCurdy et al.，2008）。在使用铁链进行常规深蹲和铁链深蹲时，股四头肌和腘绳肌的肌电活动以及垂直地面反作用力与用5RM阻力进行的5次重复的最后重复之间没有明显差异，这表明铁链训练在这方面不具备优势（Ebben and Jensen，2002）。在进行铁链深蹲时，杠铃上大约10%的重

图6.7 使用铁链进行线性训练，杠铃的两端各悬挂一条铁链

量被移除并由铁链代替。

与预期情况相同，使用铁链辅助训练确实能够改变运动速度。例如，在对按照75%的1RM做卧推和按照60%的1RM做铁链卧推（使用链条将阻力增大至75%的1RM）进行比较时，后者使向心移动速度增加了约10%（Baker and Newton，2009）。同样，使用铁链也会使离心举重速度提高。

在30%、50%和70%的1RM硬拉中，铁链增加1RM的20%或40%，运动速度及其他数据也都受到影响（Swinton et al.，2011）。硬拉以尽可能快的速度进行。使用铁链时，最大速度（–17%~30%），最大爆发力（–5%~25%）和力的产生速率（–3%~11%）显著降低；最大力量（+2%~10%）显著增加；在向心重复阶段结束时，力量维持在更高水平。

在前述两项研究中，产生的速度差异可能是使用铁链增加阻力这一方式造成的。在进行卧推时，铁链用于使阻力增加至与不使用铁链时相同的1RM的百分比，但在硬拉中，铁链用于将阻力增加至一定的1RM百分比。在这两种情况下，速度的变化可能与在向心和离心重复阶段阻力的变化有关。在训练过程中，如何使用铁链来改变阻力可能会影响使用铁链后重复速度、力和爆发力的增益效果。此外，如果离心速度因使用铁链而提高，那么在离心重复阶段由于使用铁链而发生的去负荷则可能会导致更快的拉长–缩短周期。

训练研究通常偏向使用铁链和弹力带。对使用弹力带进行为期7周的训练的研究结果表明，与常规训练相比，深蹲（16%对比6%）和卧推（8%对比4%）的1RM有明显提升（Anderson et al.，2008）。常规训练和弹力带训练的阻力相等：在弹力带训练期间，80%的阻力为自由重量，20%的阻力由弹力带提供。针对未受过训练的男性进行为期3周的卧推训练，训练期间弹力带提供15%的阻力，与正常自由重量训练相比，使用弹力带训练带来的1RM增长显著高于常规训练（10%对比7%）（Bellar et al.，2011）。在为期7周的训练期间，在1RM卧推增益方面，铁链和弹力带训练和常规训练之间差异不显著（Ghigiarelli et al.，2009），尽管与正常训练（1%）相比，在5RM最大爆发力增益方面，弹力带训练（4%）和铁链训练（2.5%）的效果更佳（$p = 0.11$）。

对于奥林匹克举重而言，使用铁链可提供的优势微乎其微（Berning et al.，2008；Coker et al.，2006）。在进行高翻和抓举时使用链条，垂直地面反作用力、垂直位移、杆移动速度和力的产生速率没有变化。资深奥林匹克举重运动员使用1RM的80%和85%，然后将其中5%的阻力从杠铃上移除，并使用铁链替代（即1RM的75%+铁链1RM的5%，以及1RM的80%+铁链1RM的5%），此时观察上述变量。该举重运动员称，在整个举重过程中使用铁链更加费力，并且由于铁链的摆动，特别是在托举阶段，需要更大的力才能稳住杠铃杆。这显示了在用铁链训练时的潜在的心理和生理优势。

在训练时使用铁链和弹力带在一些运动员群体中非常流行。改变阻力的方法有很多。但是，仍需要进一步的研究来确定这种训练方法的有效性。

## 复合训练法或对比负重训练法

复合训练法或对比负重训练法是指先进行一个力量练习，如深蹲，接着进行短暂的休息，再进行一个爆发力练习，如垂直纵跳（Fleck and Kontor，1986）。整个练习可以由一组或多组力量和爆发力类练习组成。训练可以包含多种类型的力量和爆发力练习。例如，复合训练可以包括交替进行抗阻大于 1RM 的 80% 的卧推或深蹲，然后以 1RM 的 30% ~45% 或其他类型的快速伸缩复合训练进行仰卧平板推掷或垂直纵跳，或者拉长-缩短周期训练。这种训练的目标是在短期或长期的训练中，优化如跳跃、短跑和投球等运动项目的爆发力的产生。

"激活后增强"这一术语用于描述在完成力量练习后所增强的体能或爆发力。激活后增强效应可能是由于某种类型的短期神经调节导致募集肌纤维的能力增强或神经保护机制（高尔基腱器）受到抑制，尽管这种解释仍缺乏具体的生理机制加以证明。对激活后增强效应的另一种解释是，肌肉中的肌球蛋白轻链分子磷酸化增强，导致肌肉收缩蛋白质的钙敏感性增强（Babault et al.，2008；J.C.Smith and Fry，2007；Tillin and Bishop，2009）。

已有研究表明，复合训练能够显著提高爆发力产生速率和运动速度（Babault et al.，2008；Baker，2001a，2001b；Paasuke et al.，2007；Rixon et al.，2007；Robbins 2005；Stone et al.，2008）。然而，许多因素都影响着复合训练提升力量或爆发力的效果。是否能够增强爆发力取决于力量

练习所引起的疲劳程度、运动恢复以及激活后增强效应的时间范围这 3 者的平衡（Tillin and Bishop，2009）。因此，力量练习的表现以及爆发力产生的时间会影响爆发力的提升效果。

激活后增强效应在力量练习完成后的 4~12 分钟（Batista et al.，2007）及 8~12 分钟最为明显（Kilduff et al.，2007）。激活后增强效应可以持续长达 6 小时（Saez Saez de Villarreal，2007）。但上述时间段并非得到所有研究的认同。在完成最大等长肌肉动作后的 1~3 分钟，激活后增强效应最为明显，其将在等长肌肉动作的 4~5 分钟后减弱，10 分钟后将变得不再明显（Miyamoto et al.，2011）。

在 II 型肌纤维比例较高的肌肉中，激活后增强效应也十分明显（Hamada et al.，2000）。同时，肌肉收缩类型也会对激活后增强效应产生影响。等长肌肉动作比动态动作引发的力量和爆发力增益更大；快速向心运动比慢速向心运动引发的力量和爆发力增益更大（30 度 / 秒和 150 度 / 秒）；而且，等长运动比离心运动与向心-离心运动所引发的力量和爆发力增益更大（Esformes et al.，2011）；而向心运动比离心动作所引发的力量和爆发力增益更大（Babault et al.，2008；Rixon et al.，2007）。训练状态可能会对激活后增强效应产生影响：受过训练的运动员和受过抗阻训练的运动员会比未受过训练的运动员产生更强的反应（Rixon et al.，2007；Robbins，2005），并且受过爆发力训练的运动员会比接受耐力训练的运动员产生更强的反应（Paasuke et al.，2007）。同样，最大力量也会对激

活后增强效应产生影响：力量较强的人会比力量较弱的人产生更强的反应（Tillin and Bishop，2009）。

以上诸多因素都会对激活后增强效应造成影响，因此激活后增强效应是具有多样性的（Comyns et al.，2006；Mangus et al.，2006）。到目前为止，复合训练能否引发激活后增强效应尚不明确（Tillin and Bishop，2009）。

虽然前文中也提到过，等长肌肉动作可以更有效地引发激活后增强效应，但通常，要引发激活后增强效应需要使用3~5RM的阻力。以下研究案例阐述了确定激活后增强效应是否产生的一些难点。训练者在进行3组3RM卧推练习之后，其在投掷质量为4千克的药球时，投掷速度（坐姿药球投掷）有了明显改善（8.3%），但在投掷质量为0.55千克的药球时，投掷速度则没有提高（Markovic et al.，2008）。在以1RM的100%、75%或50%进行卧推后，再使用1RM的45%阻力进行仰卧平板推掷，结果显示，其爆发力没有明显提高（Brandenburg，2005）。这两项研究的结果表明，在确定是否发生激活后增强效应时，所使用的阻力可能会对结果产生影响。

田径运动员以1RM的85%进行5次深蹲重复后，其最大垂直纵跳高度（4.7%）和蹲跳的最大地面反作用力（4.6%）有了明显提升（Weber et al.，2008）。业余运动爱好者在做后深蹲时以1RM的40%进行一组8次重复，或以1RM的80%进行一组4次重复。结果显示，其下蹲跳的最大地面反作用力或与地面的接触时间均没

有明显变化（Hanson et al.，2007）。虽然在这两项研究中，训练者的训练经验有所不同，但在后深蹲中使用相同阻力（1RM的80%或85%）的激活后增强效应却出现了两种不同变化（有明显增长和没有变化）。

虽然在一般情况下，激活后增强效应都是由一组力量练习引发的，但多组练习以及其他类型的练习也可用于引发激活后增强效应（Saez Saez Villarreal et al.，2007）。进行3组、每组5次重复的抗阻跳跃运动可以产生跳跃时的最大爆发力。2组、每组4次重复的80%1RM深蹲，2组、每组2次重复的85%1RM深蹲，2组、每组4次重复的80%1RM深蹲，2组、每组2次重复的90%1RM深蹲，以及2组、每组1次重复的95%1RM深蹲，均可明显提升跳深高度（3%~5.5%）和下蹲跳高度（2.5%~11.4%），因为最大爆发力得到了提升。在一组6次重复的抗阻垂直纵跳中（阻力为40千克），进行一组3次重复的垂直纵跳可以明显提升爆发力（Baker，2001a）。这两项研究的结果表明，多组训练和爆发力型练习也可以引发激活后增强效应。

关于复合训练的长期效果的信息十分匮乏。在为期6周的研究中，纯快速伸缩复合训练、纯抗阻训练，以及复合训练均可提升1RM深蹲、提踵和罗马尼亚硬拉的能力，但这3种训练的效果没有明显差异（MacDonald et al.，2012）。在为期4周的研究中，复合训练、纯快速伸缩复合训练和纯抗阻训练均可改善部分运动表现。但是，复合训练带来的整体改善和运动能

力改善最大（Dodd and Alvar，2007）。复合训练显著提升了冲刺能力（20码，0.55%；40码，0.26%；60码，0.27%）、垂直纵跳能力（0.98%）、立定跳远能力（1.8%）和T敏捷测试成绩（2.33%）。抗阻训练明显提升了纯冲刺能力（60码，0.15%）、垂直纵跳能力（0.36%）、立定跳远能力（0.67%）和T敏捷测试成绩（1.24%）。而快速伸缩复合训练仅提升了垂直纵跳能力（1.91%）和立定跳远能力（1.1%）。

在为期10周的运动研究中，复合训练（抗阻训练加一系列快速伸缩复合训练）显著提高了年轻篮球运动员（14~15岁）的蹲跳和下蹲跳能力（Santos and Janeira，2008）。虽然该研究未包含与其他类型训练的比较，但它的确能够证明复合训练的有效性。3周的复合训练或混合训练也可使垂直纵跳高度出现类似提升（5%对比9%）（Mihalik et al.，2008）。混合训练与复合训练的训练内容相同，其区别在于，在混合训练中，不同的练习将在不同的训练日进行（抗阻训练和快速伸缩复合训练分开进行）。在某些情况下，复合训练会引发激活后增强效应，然而其长期训练效果仍需要进一步研究。

# 小结

抗阻训练方案的设计具有多样性。本章介绍的所有训练体系和技术都是为了实现特定的训练目标而开发的。它们由来自多个领域的体系和技术演化而来，包括健美、力量举、奥林匹克举重等领域和私教领域。大众一般会选择使用能够引发其所需的适应的训练方法。许多健身设备公司都会推广匹配其设备特性或适合其营销策略的抗阻训练方法。因此，除了良好的科学基础之外，还有诸多因素会对训练方案的普及与流行产生影响。

对各项训练体系和技术可用其中包含的关键变量进行描述。然而，大多数训练体系和技术的关键变量还没有完备的定义。训练体系和技术的选择取决于训练方案的目标、时间限制、设备可用性，以及抗阻训练方案的目标与全面体能训练方案之间的关系。高级训练策略可包含不同的训练体系和技术（见第7章）。

## 选读材料

Ahtiainen, J.P., and Häkkinen, k. 2009. Strength athletes are capable to produce greater muscle activation and neural fatigue during high-intensity resistance exercise than nonathletes. *Journal of Strength and Conditioning Research* 23: 1129-1134.

Behm, D.G., Drinkwater, E.J., Willardson, J.M., and Cowley, P.M. 2010. Canadian Society for Exercise Physiology positions stand: The use of instability to train the core in athletic and nonathletic conditioning. *Applied Physiology, Nutrition and Metabolism* 35: 109-112.

Giorgi, A., Wilson, G.J., Weatherby, R.P., and Murphy, A. 1998. Functional isometric weight training: Its effects on the development of muscular function and the endocrine system over an 8-week training period. *Journal of Strength and Conditioning Research* 12: 18-25.

Izquierdo, M., Ibanez, J., Gonzalez-Badillo, J.J., Häkkinen, K., Ratamess, N.A., Kraemer, W.J., French, D.N., Eslava, J., Altadill, A., Asiain, X., and Gorostiaga, E.M. 2006. Different effects of strength training leading to failure versus not to failure of hormonal responses, strength, and muscle power games. *Journal of Applied Physiology* 100: 1647-1656.

Keogh, J.W.L., Wilson, G.J., and Weatherby, R.P. 1999. A cross-sectional comparison of different resistance training techniques in the bench press. *Journal of Strength and Conditioning Research* 13: 247-258.

Krieger, J.W. 2010. Single vs. multiple sets of resistance exercise for muscle hypertrophy: A meta-analysis. *Journal of Strength Conditioning Research* 24: 1150-1159.

Lawton, T.W., Cronin, J.B., Drinkwater, E., Lindsell, R., and Pyne, D. 2004. The effect of continuous repetition training and intra-set rest training on bench press strength and power. *Journal of Sports Medicine and Physical Fitness* 44: 361-367.

Marin, P.J., and Rhea, M.R. 2010. Effects of vibration training on muscle strength: A meta-analysis. *Journal of Strength and Conditioning Research* 24: 548-556.

Mookerjee, S., and Ratamess, N. 1999. Comparison of strength differences and joint action durations between full and partial range-of-motion bench press exercise. *Journal of Strength and Conditioning Research* 13: 76-81.

Tillin, N.A., and Bishop, D. 2009. Factors modulating post-activation potentiation and its effect on performance of subsequent explosive activities. *Sports Medicine* 39: 147-166.

Waller, M., Miller, J., and Hannon, J. 2011. Resistance circuit training: Its application for the adult population. *Strength and Conditioning Journal* 33: 16-22.

Willardson, J.M. 2007. Application of training to failure in periodized multiple-set resistance exercise programs. *Journal of Strength and Conditioning Research* 21: 628-631.

# 高级训练策略

---

**学习完本章后，你应该能够完成以下内容。**

1. 描述线性周期化训练和非线性周期化训练的一般训练强度和训练量。
2. 根据已有研究结果，描述由线性周期化训练和非线性周期化训练引起的力、运动能力和身体成分的变化。
3. 定义爆发力训练，并讨论力的产生速率、所使用的阻力、动作速度以及减速阶段等因素是如何影响训练中的功率输出的。
4. 对设计最佳快速伸缩复合训练方案进行科学描述。
5. 讨论为什么每天进行两次抗阻训练对运动员有利。

---

人们可能在最初的抗阻训练方案成型之后就开始探索高级训练策略。在按照抗阻训练方案进行了一段短期的练习，并且在力与肌肉增长方面均取得成效之后，一些人会思考：我需要做什么才能优化当前的抗阻训练方案？因此，对高级训练策略的研究从那时就已开始并持续至今。调查表明，95％的美国高中教练、69％的美国职业橄榄球大联盟教练、80％的大力士竞赛选手、85％的美国职业篮球协会教练、86％的美国职业棒球大联盟体能教练，以及96％的英国精英级举重运动员均采用了不同类型的周期化训练，上述调查结果体现了高级训练策略的普及性（Duehring et al., 2009; Ebben and Blackard, 2001; Ebben et al., 2005; Simenz et al., 2005; Swinton et al., 2009; Winwood et al., 2011）。同样，在美国，所有高中及国家篮球协会，以及95％的美国职业棒球大联盟和94％的美国职业橄榄球大联盟的力量与体能教练都将快速伸缩复合训练纳入了他们的总体训练方案（Duehring et al., 2009; Ebben and Blackard, 2001; Ebben et al., 2005; Simenz et al., 2005）。

训练者们的身体素质会在训练过程中不断地提高，其体能增长趋于缓慢，逐渐进入平台期，因此使用高级训练策略是十分有必要的。除此之外，高级训练策略在一些训练变量优化上也是不可或缺的，如爆发力和力的产生速率的提升。虽然教练、私人教练和抗阻训练专家会不时开发一些新的训练策略，但其中很多都没有经过科学研究的论证。本章将讨论的高级训练策略包括抗阻训练周期化、爆发力训练、快速伸缩复合训练和牵张 – 收缩循环训练，以及在同一天内进行多项训练的周期化方法。这些策略受到了运动科学界的极大关注。本章将根据各种研究成果，给出科学结论和训练指导方针。

## 抗阻训练周期化

训练周期化指的是变化各种关键变量，如练习顺序、练习选择、组数、每组重复次数、组间与练习间的休息时间、训练强度和每天的训练课数，其目的是持续产生最佳训练收益。

周期化训练的主要目标是优化短期（如数周和数月）或长期（如数年或整个运动生涯）的训练适应。部分周期化训练还包含一个目标，即在特定的时间点使体能达到峰值状态，如参加重要比赛时。此外，周期化训练的目的还包括突破训练的平台期。在长期的训练过程中，所有训练方案都可能导致平台期产生，一部分原因是训练者正在接近其最大的遗传潜力（如力量）。对包含连续测试的非周期化方案和周期化方案的系列比较研究表明，非周期化方案更易导致训练平台期发生（见表7.1），而周期化方案则会产生较稳定的适应性增益。

一项元分析表明，与非周期化训练相比，周期化抗阻训练可使男性和女性、有训练经验和无训练经验的人群获得更大的力量增益（Rhea and Alderman，2004）。虽然男性和女性在执行相同的周期化训练方案时均可获得力量增益，但女性获得的力量增益比男性更多（Kell，2011）。不可思议的是，没有训练经验的人（效果量 = 1.59）与有训练经验的人（效果量 = 0.78）、运动员相比（效果量 = 0.84），其所获得的力量增益更大。

不论训练方案的周期是 1~8 周、9~20 周，还是 20~40 周，周期化训练方案都能比非周期化方案带来更大的力量增益。然而，周期化训练方案与非周期化训练方案之间的效果差别在 9~20 周最为明显。周期化训练方案可能不会使特定人群的力量发生更大的变化，如平均年龄为 71 岁的老年人群体（DeBeliso et al.，2005）。上述结论得到前述元分析的证实，该元分析表明，55 岁及以下的人群（效果量 =1.34）与 55 岁及以上的人群（效果量 = 0.85）相比，前者使用周期化训练方案能够比使用非周期化训练方案获得更大的力量增益。

周期化训练方案可通过使用不同的关键变量组合来强化不同的训练效果，如肌肉尺寸、最大力量、局部肌肉耐力和最大爆发力等。这并不是说在针对性地训练某一种能力时，其他能力无法得到强化，而是说，训练将在强化其他能力的同时，更大程度地提高某一种能力。例如，针对最大力量的训练也会使肌肉逐渐增大；但该训练的主要目的是强化最大力量，而肌肥大则是其附带效果。下文中给出了入门级训练者、中级训练者和高级训练者的不同

**表 7.1** 显示非周期化训练平台期状况的不同训练周期百分比变化

| 1RM 卧推 | | | |
|---|---|---|---|
| | 前 12 周 | 前 24 周 | 12~24 周 |
| 非线性周期化训练 | 23[a, c] | 47[a, c] | 19[b] |
| 1 组 ×（8~12）次 | 12[a] | 12[a] | 0 |
| **1RM 腿蹬举** | | | |
| 非线性周期化训练 | 21[a, c] | 32[a, c] | 9[c] |
| 1 组 ×（8~12）次 | 8[a] | 11[a] | 3 |
| **80%1RM 的卧推重复** | | | |
| 非线性周期化训练 | 14[a, c] | 24[a, c] | 9[b] |
| 1 组 ×（8~12）次 | 2 | 10[a] | 8 |
| **80%1RM 的腿蹬举重复** | | | |
| 非线性周期化训练 | 35[a, c] | 65[a, c] | 22[b] |
| 1 组 ×（8~12）次 | 16[a] | 19[a] | 2 |
| **最大无氧爆发力** | | | |
| 非线性周期化训练 | 14[a, c] | 27[a, c] | 12[b] |
| 1 组 ×（8~12）次 | 1 | 4 | 4 |
| **1 分钟仰卧起坐** | | | |
| 非线性周期化训练 | 26[a, c] | 42[a, c] | 13[b] |
| 1 组 ×（8~12）次 | 8[a] | 13[a] | 2 |
| **垂直纵跳爆发力** | | | |
| 非线性周期化训练 | 24[a, c] | 40[a, c] | 13[b] |
| 1 组 ×（8~12）次 | 9[a] | 10[a] | 1 |
| **40 码冲刺** | | | |
| 非线性周期化训练 | - 3[a, c] | - 6[a, c] | - 3[b] |
| 1 组 ×（8~12）次 | +1 | - 1 | - 1 |

[a] 表示与预测有明显差异；[b] 表示与 12 周训练有明显差异；[c] 表示与单组训练组有明显差异。

（源自：Marx et al., 2001.）

| 卧推 1RM | | | | | |
|---|---|---|---|---|---|
| | 前 4 周 | 前 16 周 | 4~8 周 | 8~12 周 | 12~16 周 |
| 线性周期化训练 | 7[a] | 24[a, b] | 4 | 8 | 5 |
| 5 组 ×10RM | 5[a] | 8[a] | 0 | 1 | 2 |
| 6 组 ×8RM | 7[a] | 10[a] | - 2 | 2 | 3 |
| **深蹲 1RM** | | | | | |
| 线性周期化训练 | 9[a, c] | 33[a, b] | 3 | 9 | 12 |
| 5 组 ×10RM | 4[a] | 15[a] | 3 | 3 | 5 |
| 6 组 ×8RM | 10[a, c] | 22[a, c] | 2 | 7 | 3 |

[a] 表示与对照组相比明显增加；[b] 表示与另外两组有明显差异；[c] 表示与 5 组 ×10RM 训练组有明显差异。

（源自：Willoughby, 1993.）

| 卧推 1RM | | | | |
|---|---|---|---|---|
| | 前 16 周 | 前 36 周 | 16~24 周 | 24~36 周 |
| 非线性周期化训练 | 22[a] | 25[a] | 0[a] | 4[a, c] |
| 1 组 × （8~12）次 | 10[a] | 10[a] | 0[a] | 0[a] |
| 腿蹬举 1RM | | | | |
| 非线性周期化训练 | 11[a] | 18[a] | 5[a, b] | 3[a, c] |
| 1 组 × （8~12）次 | 6[a] | 7[a] | 0[a] | 0[a] |
| 肩推 1RM | | | | |
| 非线性周期化训练 | 19[a] | 28[a] | 7[a, b] | 2[a, c] |
| 1 组 × （8~12）次 | 14[a] | 14[a] | 3[a] | - 3[a] |
| 垂直纵跳 | | | | |
| 非线性周期化训练 | 26[a] | 48[a] | 6[a] | 17[a, c] |
| 1 组 × （8~12）次 | 5 | 5 | 0 | 0 |
| 无氧爆发力 | | | | |
| 非线性周期化训练 | 8 | 14[a] | 4 | 3 |
| 1 组 × （8~12）次 | 0 | 0 | 0 | 0 |
| 发球速度 | | | | |
| 非线性周期化训练 | 21[a] | 23[a] | 2[a, b] | 0[a] |
| 1 组 × （8~12）次 | 4 | 4 | 3 | - 3 |

[a] 表示与预测有明显差异；[b] 表示与 16 周训练有明显差异；[c] 表示与 24 周训练有明显差异。

（源自：Kraemer et al., 2000.）

| 卧推 1RM | | | | |
|---|---|---|---|---|
| | 前 4 周 | 前 12 周 | 4~8 周 | 8~12 周 |
| 非线性周期化训练 | 15[a] | 28[a, c] | 6[b] | 5[b] |
| 线性周期化训练 | 4 | 9 | 1 | 5 |
| 3×（8~10）RM | 3 | 9 | 2 | 3 |
| 腿蹬举 1 RM | | | | |
| 非线性周期化训练 | 15[a, c] | 39[a, c] | 11[b] | 8[b] |
| 线性周期化训练 | 5 | 16[a] | 5 | 5 |
| 3×（8~10）RM | 4 | 8 | 1 | 3 |

[a] 表示与预测有明显差异；[b] 表示与上一时间点有明显差异；[c] 表示与线性周期化训练和对照组有明显差异。

（源自：Monteior et al., 2009.）

训练效果的参考指南（见表 7.2）（ACSM，2009）。该参考指南有助于制定周期化抗阻训练方案。

不同的关键变量组合可产生无限的可能性，因此，目前已存在大量的短期和长期训练策略。迄今为止，运动科学界已研究出了两类主要的周期化训练模式，即线性周期化训练和非线性周期化训练。

表 7.2　美国运动医学会针对强化不同训练效果的参考指南

| 训练者类型 | 每周训练频率 | 每项练习的组数 | 每组练习的重复次数 | 强度（1RM的%） | 组间休息时间（分钟） |
|---|---|---|---|---|---|
| **强化力量** | | | | | |
| 入门级 | 2~3 次全身训练 | 1~3 | 8~12 | 60~70 | 主要训练：2~3；辅助训练：1~2 |
| 中级 | 3 次全身训练，4 次局部训练 | 多组 | 8~12 | 60~70 | 主要训练：2~3；辅助训练：1~2 |
| 高级 | 4~6 次局部训练 | 多组 | 1~12 | 以周期化的方式达到 100 | 主要训练：2~3；辅助训练：1~2 |
| **强化肌肥大** | | | | | |
| 入门级 | 2~3 次全身训练 | 1~3 | 8~12 | 70~85 | 1~2 |
| 中级 | 3 次全身训练，4 次局部训练 | 1~3 | 8~12 | 70~85 | 1~2 |
| 高级 | 4~6 次局部训练 | 3~6 | 1~12（6~12 次最佳） | 以周期化的方式达到 70~100 | 主要训练：2~3；辅助训练：1~2 |
| **强化局部肌肉耐力** | | | | | |
| 入门级 | 2~3 次全身训练 | 多组 | 10~15 | 低 | ≤ 1 |
| 中级 | 3 次全身训练，4 次局部训练 | 多组 | 10~15 | 低 | ≤ 1 |
| 高级 | 4~6 次局部训练 | 多组 | 10~25 | 不定 | 10~15 次重复 ≤ 1；15~25 次重复 1~2 |
| **强化爆发力** | | | | | |
| 入门级 | 2~3 次全身训练 | 多组最大力量练习加 1~3 组爆发力练习 | 3~6 非力竭 | 上肢：30~60 下肢：0~60 | 高强度的主要训练：2~3；低强度的辅助训练：1~2 |
| 中级 | 3~4 次全身训练或局部训练 | 入门级训练加 3~6 组爆发力练习 | 入门级加 1~6 次 | 入门级加 85~100 | 高强度的主要训练：2~3；低强度的辅助训练：1~2 |
| 高级 | 4~5 次全身训练或局部训练 | 入门级训练加 3~6 组爆发力练习 | 入门级加 1~6 次 | 入门级加 85~100 | 高强度的主要训练：2~3；低强度的辅助或主要训练：1~2 |

（源自：American College of Sports Medicine，2009.）

## 线性周期化训练

线性周期化训练是两种抗阻训练周期化模式中出现得较早的一种。它也被称为经典力量和爆发力周期化及逐步周期化，该训练方式在训练进行时，遵循训练量减少和训练强度增加的总体趋势（见图7.1）。以抗阻训练为例，使用线性周期化训练法时，在训练的早期将以较低的强度执行较多的重复次数，在达到一定的训练阶段时，则要减少重复次数并增加训练强度。

在线性周期化训练的最初应用阶段，每年仅举办1~2场大型体育比赛（国家级和世界级锦标赛）。因此，训练方案都按照一年或半年的周期设计，以求运动员在大型比赛时体能达到峰值状态。这种设计方法的作用是在一年或半年训练周期的最终阶段使训练量最小、训练强度最高，恰好与比赛相对应。为了在比赛前进行一些身体和心理上的恢复，最高强度训练将在赛前一段较短的时间内进行。针对特定运动或活动的技术训练也运用了这种训练强度曲线，只是它的训练强度在达到最高的时间点离比赛更近。

在线性周期化训练中，不同的训练阶段用于强化不同的训练结果。当它被为每年一次或半年一次的比赛做准备的运动员运用时，每个主要训练阶段的持续时间为3~4月。有民间资料和研究表明，在较短的训练阶段内也可获得显著的力量和体能增益。因此，训练方案的周期也发生了变化，目前训练阶段通常为2~6周。综上所述，一个完整的训练周期，或者达到各训练阶段的体能提升目标所需的时间为8~24周。对线性周期化训练进行研究时，所使用的也是这种短训练周期。

随着周期化训练概念的发展，衍生出了一些用于描述不同训练时间段的术语。大周期通常是指一整年的训练阶段，中周期则指大周期中的3~4个月，而小周期通常指中周期中的1~4周。此外，还有几个术语被用于描述特定的训练阶段（见图

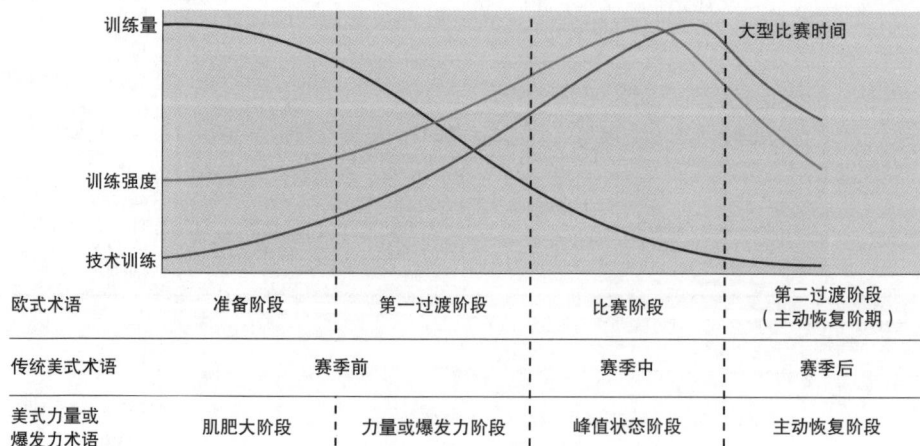

**图7.1** 在线性周期化训练阶段内，力量与爆发力训练模式的训练量和训练强度

7.1）。例如，在欧式术语中，中周期被称作准备阶段。但在针对线性周期化训练的体育科学研究中，最常用的训练术语是美式力量和爆发力术语。通常，不论使用哪种术语，在不同的训练阶段都会有特定的训练目标，而这些目标在很大程度上都是根据训练名称进行描述的。例如，在美式力量和爆发力术语中，峰值状态阶段的主要目标就是使力量或爆发力的表现达到最高水平。

线性周期化训练模式还包含主动恢复阶段。主动恢复并不是完全停止身体活动或训练，并且通常不会持续很长时间。在这个阶段，训练适应将显著降低，训练者必须花时间重新回到他们之前的身体状态，而非改善其身体状况。主动恢复阶段通常指总训练量和强度下降，但不是停止训练。因此，在主动恢复阶段，不仅要降低抗阻训练的训练量和训练强度，还要减少其他形式的训练，如间歇训练、有氧训练和技术训练。在主动恢复阶段，也可能完全停止某种类型的训练，同时以低训练量和低训练强度进行其他类型的训练。此外，还可根据运动员的要求，在一些训练方案中加入持续时间较长的主动恢复阶段，时间长短与运动员的训练水平和经验有关。例如，在大型比赛或赛季结束后，资深运动员可能比经验较少的运动员需要更长的恢复时间。

由于美式力量和爆发力术语及模式最常用于线性周期化的研究，有必要对该模式中的各个训练阶段进行详细描述（见表7.3）。注意，从肌肥大阶段到峰值状态阶段，训练量逐渐减少且强度逐渐增加。另外要注意的是，在特定的训练阶段，每项练习都以特定的组数和重复次数进行。虽然随着训练的进行，训练量和训练强度确实分别呈现出减少和增加的总体趋势，但是在大多数训练方案中，训练量和训练强度每天或每周都在发生变化。

组数和重复次数的变化也会导致特定练习中训练量和训练强度变化。例如，训练者可根据自身的需求和目标，按照不同的训练强度和训练量，对特定肌群或训练项目进行训练。总训练量和训练强度也受到每一次训练时训练量的影响。在许多训练方案中，随着训练的进行，特别是到了爆发力阶段和峰值状态阶段，每次训练的练习数量都将减少。这就会使总训练量减少，训练强度增加，由于每次训练所产生的疲劳更轻，就可以相应地增加1RM的百分比。此外，随着训练的进行，所选用的

**表7.3　线性周期化训练模式**

| 训练变量 | 训练阶段 | | | | |
|---|---|---|---|---|---|
| | 肌肥大阶段 | 力量阶段 | 爆发力阶段 | 峰值状态阶段 | 主动恢复阶段 |
| 每次训练的组数 | 3~5 | 3~5 | 3~5 | 1~3 | 轻体力活动 |
| 每组的重复次数 | 8~12 | 2~6 | 2~3 | 1~3 | |
| 训练强度 | 低 | 中 | 高 | 极高 | |
| 训练量 | 极高 | 高 | 中 | 低 | |

（源自：Stone et al.，1981.）

训练项目也可根据训练者的目标和需求而改变。通常，对多数运动员来说，单关节练习的训练次数会随着训练的进行而减少，取而代之的是更多的多关节练习。此外，在训练的中后期将更加突出爆发力练习，特别是在爆发力阶段和峰值状态阶段，如奥林匹克举重、下肢快速伸缩复合训练，以及快速伸缩复合上肢药球训练等。在许多训练方案中，只有多关节练习是周期化的。虽然美式力量和爆发力周期化训练方案的一般模式被运动科学研究所采用，但是在训练研究中，训练阶段的长度、组数和每组重复次数均存在很大差异（见表7.4）。

## 非线性周期化训练

非线性周期化训练晚于线性周期化训练出现。众多线性周期化训练方案的主要目标都是在峰值状态阶段结束时力量和爆发力达到最高水平。然而，对于赛季较长的体育运动或活动，整个赛季的表现都影响着比赛结果，因此在整个赛季中发展和保持良好的体能是至关重要的。对通常在赛季末进行的比赛来说，峰值力量和爆发力固然重要，但若在赛季中期失利，就无法获得参加主赛事和锦标赛的资格。因此，对于排球、篮球、棒球、足球等赛季较长的体育运动，所选用的训练模式的目标应该是巩固体能，以确保比赛成绩，同时在整个赛季中不断提高体能。

非线性周期化训练模式在赛季较长的体育运动中流行开来有多个原因。典型的力量和爆发力训练方案有时会使力量和爆发力在赛季前期达到顶峰，但决定性的比赛往往在赛季后期才开始进行。从另一方面讲，在赛季前期进行大量训练，使赛季末期的力量和爆发力达到峰值，可能会产生残留疲劳，导致在赛季刚开始时表现不佳。这可能导致运动员或球队在赛季后期无法晋级、参加主赛事和锦标赛。

非线性周期化训练会改变训练量和强度，其目标是在长训练周期（如长赛季）内获得更大的体能增益，而在某一时间点达到体能的峰值则是一个次要的目标。使用非线性周期化训练模式时，要通过使用不同的RM或接近RM的训练区间来改变训练强度和训练量。通常会使用3种训练区间，如4~6RM、8~10RM和12~15RM区间或相近的RM训练区间。也可以采用其他的训练区间，如高强度训练区间（如1~3RM）或低强度区间（如20~25RM）。训练区间通常因日常训练内容的不同而不同，这被称为日常非线性周期化训练模式。此外，训练区间还可以每周或每两周变化一次（见信息栏7.1）。由于训练区间不会随着某种特定的规律而发生变化，训练强度或训练量也不遵循随时间递增或递减的规律。

非线性周期化训练方案中可以包含多种训练强度和训练量的组合，下面给出的是典型的例子。在每周3次的训练中，所有同时包含多关节和单关节的练习都将使用3种训练区间。如果按照每周训练3次的频率，那么多关节练习就需要使用3个训练区间，而单关节练习则只需使用8~10RM的训练区间。因此，主要由多关节练习组成的训练要使用不同的训练区间，而主要由单关节练习组成的训练则只需使用8~10RM的训练区间。例如，使用3个训练区间和2种训练类型的非线性训练方

表7.4　线性周期化训练与线性非周期化训练的典型对比研究

| 参考文献 | 平均年龄和性别 | 训练时长/周 | 每周训练次数 | 组数 × 重复次数 | 训练强度 | 训练项目 | 测试 | 增长百分比/% |
|---|---|---|---|---|---|---|---|---|
| Stone et al.，1981 | 高中学生男性 | 6 | 4 | 多组3×6 | 视训练进度而定 | SQ和其他5项训练 | SQ<br>VJ | ?*<br>?* |
| | | | | 线性周期化训练<br>第1~3周：5×10<br>第4周：5×5<br>第5周：3×3<br>第6周：3×2 | 视训练进度而定 | SQ和其他5项训练 | SQ<br>VJ | ?*a<br>?*a |
| Stowers et al.，1983 | 大学生男性 | 7 | 3 | 1×10 | 10RM | 共8项训练 | BP<br>SQ<br>VJ | 7*<br>14*<br>0 |
| | | | | 3×10 | 10RM | 共8项训练 | BP<br>SQ<br>VJ | 9*<br>20*<br>1 |
| | | | | 线性周期化训练<br>第1~2周：5×10<br>第3~5周：3×5<br>第6~7周：2×3 | RM | 共8项训练 | BP<br>SQ<br>VJ | 9*<br>27*b<br>10* |
| O'bryant et al.，1988 | 19岁男性 | 11 | 3 | 3×6 | 81%~97%的预训练1RM | SQ和其他8项训练 | SQ<br>WP | 32*<br>6* |
| | | | | 线性周期化训练<br>第1~4周：5×10<br>第5~8周：3×5，1×10<br>第9~11周：3×2，1×10 | 70%~117%的预训练1RM | SQ和其他8项训练 | SQ<br>WP | 38*a<br>17*a |
| McGee et al.，1992 | 19~20岁男性 | 7 | 3 | 1×（8~12） | 8~12RM | 共7项训练 | 自行车力竭训练<br>深蹲力竭训练 | 12<br>46 |
| | | | | 3×10 | 接近10RM | 共7项训练 | 自行车力竭训练<br>深蹲力竭训练 | 15*<br>71* |
| | | | | 线性周期化训练<br>第1~2周：3×10<br>第3~5周：3×5<br>第6~7周：3×3 | 接近RM | 共7项训练 | 自行车力竭训练<br>深蹲力竭训练 | 29*<br>74* |
| Willoughby，1992 | 20岁男性 | 12 | 2 | 3×10 | 10RM | BP和SQ | BP<br>SQ | 8*<br>13* |
| | | | | 3×6~8 | 6~8RM | BP和SQ | BP<br>SQ | 17*c<br>26*c |
| | | | | 线性周期化训练<br>第1~4周：5×（8~10）<br>第5~8周：4×（5~7）<br>第9~12周：3×（3~5） | RM | BP和SQ | BP<br>SQ | 28*d<br>48*d |

续表

| 参考文献 | 平均年龄和性别 | 训练时长/周 | 每周训练次数 | 组数 × 重复次数 | 训练强度 | 训练项目 | 测试 | 增长百分比 / % |
|---|---|---|---|---|---|---|---|---|
| Willoughby, 1993 | 20 岁男性 | 16 | 3 | 5×10 | 79% 的 1RM | BP 和 SQ | BP<br>SQ | 8*<br>14* |
| | | | | 6×8 | 83% 的 1RM | BP 和 SQ | BP<br>SQ | 10*<br>22*e |
| | | | | 线性周期化训练<br>第 1~4 周：5×10<br>第 5~8 周：4×8<br>第 9~12 周：3×6<br>第 13~16 周：3×4 | 79% 的 1RM<br>83% 的 1RM<br>88% 的 1RM<br>92% 的 1RM | BP 和 SQ | BP<br>SQ | 23*f<br>34*f |
| BaKer et al., 1994a | 19~21 岁男性 | 12 | 3 | 5×6，核心训练<br>5×8，其他训练 | RM | 共 17 项训练 | BP<br>SQ<br>VJ | 12*<br>26*<br>9* |
| | | | | 线性周期化训练<br>第 1~4 周：5×10，核心训练；3×10，其他训练<br>第 5~8 周：5×5，核心训练；3×8，其他训练<br>第 9~11 周：3×3，1×10，核心训练；3×6，其他训练<br>第 12 周：3×3，核心训练；3×6，其他训练 | RM | 共 17 项训练 | BP<br>SQ<br>VJ | 12*<br>27*<br>4* |
| Herrick and Stone, 1996 | 20~24 岁女性 | 14 | 2 | 3×6 | 6RM | 6 项 | BP<br>SQ | 25*<br>46* |
| | | | | 线性周期化训练<br>第 1~8 周：3×10<br>第 9 周：无<br>第 10~11 周：3×4<br>第 12 周：无<br>第 13~14 周：3×2 | RM | 6 项 | BP<br>SQ | 31*<br>54* |
| Kraemer, 1997 | 20 岁男性 | 14 | 3 | 1×10，强迫次数训练 | 8~10RM | 9 项 | BP<br>HC<br>VJ<br>WP | 3*<br>4*<br>3*<br>0 |
| | | | | 线性周期化训练<br>第 1~3 周：2×（8~10）或 3×（8~10）<br>第 4~5 周：3×6 或 4×6<br>第 6~7 周：5×1~4<br>重复以上周期 | 50% 的 1RM<br>70%~85% 的 1RM<br>85%~95% 的 1RM | 12 项 | BP<br>HC<br>VJ<br>WP | 11*g<br>19*g<br>17*g<br>14*g |
| Schiotz et al., 1998 | 24 岁男性 | 10 | 4 | 4×6，核心训练<br>3×8，其他训练 | 开始为80% 的 1RM，然后根据训练进度增加 | 2 项核心训练和5项辅助训练 | BP<br>SQ | 5<br>11* |

| 参考文献 | 平均年龄和性别 | 训练时长/周 | 每周训练次数 | 组数 × 重复次数 | 训练强度 | 训练项目 | 测试 | 增长百分比/% |
|---|---|---|---|---|---|---|---|---|
| Schiotz et al., 1998 | 24 岁男性 | 10 | 4 | 线性周期化训练<br>第 1~2 周：5×10，核心训练；3×10，辅助训练<br>第 3 周：3×10，1×8，1×6，核心训练；3×10，辅助训练<br>第 4 周：2×8，3×5，核心训练；3×8，辅助训练<br>第 5 周：1×8，1×6，3×5，核心训练；3×8，辅助训练<br>第 6 周：1×8，4×5，核心训练；3×8，辅助训练<br>第 7 周：1×8，2×5，1×3，1×1，核心训练；3×6，辅助训练<br>第 8 周：2×5，1×3，1×2，1×1，核心训练；3×6，辅助训练<br>第 9~10 周：2×3，4×1，核心训练；3×4，辅助训练 | 开始为 50% 的预训练 1RM，然后根据训练进度增加 | 2 项核心训练和 5 项辅助训练 | BP<br>SQ | 8[*]<br>10[*] |
| Stone et al., 2000 | 大学生男性 | 12 | 3 | 5×6 | 6RM，平均 67% 的预训练 1RM | 6 项 | SQ | 10 |
| | | | | 线性周期化训练<br>第 1~4 周：5×10，主要训练；3×10，辅助训练<br>第 5~8 周：5×5 主要训练；3×8，辅助训练<br>第 9~11 周：3×3，1×10，主要训练；3×6，辅助训练<br>第 12 周：3×3，主要训练；3×6，辅助训练 | RM，平均 61% 的预训练 1RM | 6 项 | SQ | 15[*] |
| | | | | 线性周期化训练<br>第 1~2 周：5×10，主要训练；3×10，辅助训练<br>第 3-4 周：3×5，1×10，主要训练；3×10，辅助训练<br>第 5 周：3×3，1×5，主要训练；3×10，辅助训练<br>第 6-8 周：3×5，1×5，主要训练；3×5，辅助训练<br>第 9 周：5×5，1×5，主要训练；3×5，辅助训练<br>第 10 周：3×5，1×5，主要训练；3×5，辅助训练<br>第 11 周：3×3，1×5，主要训练；3×5，辅助训练<br>第 12 周：3×3，主要训练；3×5，辅助训练 | 分为强度较大训练日和强度较小训练日，在强度较大的训练日，使用 RM，平均 72% 的预训练 1RM | 67 项 | SQ | 15[*] |

续表

| 参考文献 | 平均年龄和性别 | 训练时长/周 | 每周训练次数 | 组数 × 重复次数 | 训练强度 | 训练项目 | 测试 | 增长百分比/% |
|---|---|---|---|---|---|---|---|---|
| Hoffman et al., 2009 | 20岁男性 | 15 | 4（局部训练） | 非爆发力训练:3×(6~8)或4×(6~8)<br>爆发力训练:4×(3~4)或5×(3~4) | RM | 每次包含多个训练项目 | SQ<br>BP<br>VJ<br>药球投掷 | 20*<br>9*<br>4<br>2 |
| | | | | 线性周期化训练<br>第1~4周:3×(9~12)或4×(9~12)<br>第5~10周:3×(3~8)或4×(3~8)<br>第11~15周:(3~5)×(1~5) | RM | 每次包含多个训练项目 | SQ<br>BP<br>VJ<br>药球投掷 | 21*<br>8*<br>0<br>6* |
| Monteiro et al., 2009 | 27岁男性 | 12 | 4（局部训练） | 3×(8~10) | RM | 15项 | BP<br>SQ | 9<br>8 |
| | | | | 线性周期化训练<br>第1~4周:3×(12~15)<br>第5~8周:3×(8~10)<br>第9~12周:3×4或3×5 | RM | 15项 | BP<br>SQ | 9<br>16* |

* 表示训练前后有明显变化。

a 表示与 3×6 训练组相比有明显差异。

b 表示与 1×10 和 3×10 的训练组相比有明显差异。

c 表示与 3×10 训练组相比有明显差异。

d 表示与 3×10 和 3×(6~8) 的训练组相比有明显差异。

e 表示与 5×10 训练组相比有明显差异。

f 表示与 5×10 和 6×8 的训练组相比有明显差异。

g 表示与 1×10 训练组相比有明显差异。

BP 表示卧推 1RM；SQ 表示深蹲 1RM；HC 表示悬垂翻 1RM；VJ 表示垂直纵跳；WP 表示温盖特功率自行车。

案可以如下所示：周一和周四主要进行多关节练习，其中包括爆发力练习，如高翻，这将使用所有 3 个训练区间；周二和周五主要进行单关节练习，所使用的训练区间为 8~10RM。由于非线性周期会发生变化，因此如果在 1 周进行 2 次训练，那么将使用 2 个训练区间。在接下来的一周，将使用第 1 周所使用的训练区间之一以及另一个不同的训练区间。当然除此之外，非线性周期化训练方案还可以包含其他许多不同的训练强度和训练量。

可以运用周期化的概念开发多种训练量和训练强度的组合，其中还包括结合线性和非线性训练模式的各个方面。例如，在一项运动的休赛期和赛季前的早期，可以使用线性训练模式，以保证力量和爆发力在赛季中开始前达到峰值。而在赛季前的后期和赛季中则可以使用非线性训练模式，以帮助运动员保持状态，并帮助他们在赛季中提高体能，使其在整个赛季间最大限度地发挥力量和爆发力。非线性训练模式的其他变化可能包括随着训练的进行逐渐增加训练强度、减少训练量并随着训练的进步而改变练习选择，以重点强化爆发力。

**信息栏 7.1 实际问题**

### 如何将训练区间运用到频率为每周一次或每两周一次的非线性周期化训练方案中

频率为每周一次和每两周一次的非线性周期化训练方案与所有的周期化训练模式相似，但它们在训练强度和训练量方面可能存在较大差异。这两种训练模式都是使用重复次数训练区间来改变其训练强度和训练量。表 7.5 展示了如何在为期 6 周的训练中，将非线性周期化训练方案的重复次数训练区间运用到频率为每周一次和每两周一次的非线性周期化训练方案中。需要注意的是，假设两种方案的训练组数、练习数和训练频率相同，那么单周方案和双周方案的总训练强度和总训练量也是相同的。唯一的区别在于，训练强度和训练量的变化是在每周训练后或两周训练后产生的。如果根据强度的增加来设定训练区间，那么频率为每周一次或每两周一次的非线性周期化训练可以作为线性周期化训练的变式。

**表 7.5** 单周和双周非线性周期化训练方案示例

| | 第1周 | 第2周 | 第3周 | 第4周 | 第5周 | 第6周 |
|---|---|---|---|---|---|---|
| 单周 | 12~15次/组 | 4~6次/组 | 8~10次/组 | 12~15次/组 | 4~6次/组 | 8~10次/组 |
| 双周 | 12~15次/组 | 12~15次/组 | 4~6次/组 | 4~6次/组 | 8~10次/组 | 8~10次/组 |

## 对比研究

在考察任意抗阻训练方案的比较研究时，需要同时考虑到研究的时间长度和训练者的训练状态（见第 2 章）。无论是非周期化训练方案之间的比较，还是周期化训练方案之间的比较，抑或是非周期化方案与周期化方案之间的比较，都是如此。在执行抗阻训练方案的前 4~6 周内，由于神经适应，力量会获得很大的提升。而其他的生理适应变化，如肌肉蛋白质类型等，在训练的前几周的变化也是相当大的。在执行所有的训练方案时，都会产生类似的非常快速的身体适应，并且力量也会大幅地提升。因此，在短期研究中，不同的训练方案在力量和爆发力或短时、高强度的

无氧耐力（如通过温盖特自行车测试测得）增益方面不存在显著差异，因为这些初期的力量增益可能会掩盖不同训练方案之间存在的实质性差异。当没有训练经验的人接受训练时，情况尤其如此。相反，如果一项短期研究证明了某一种训练方案优于另一种训练方案，那么它可能仅仅意味着相对较好的训练方案能更快地使神经产生适应或能更快地改变蛋白质类型，如果将其放在长期训练中进行研究，则两种方案很可能并不存在任何差异。如果在训练初期，肌纤维的横截面积或者去脂体重没有增加，就更能够验证这种结论。

在进行比较研究时，需要考虑到的另一个因素是大多数研究都选择的是没有训练经验的受试者或具有一般训练经验的受

试者。这就限制了研究结果对专业训练者或运动员的适用性，因为该类人群的力量和爆发力的增长速度十分缓慢（Häkkinen et al., 1989）。因此，未经训练的受试者所使用的变量（如训练强度）的变化幅度和变化速度对于专业训练者来说是微乎其微。同样需要注意的是，在执行特定的抗阻训练方案（包括周期化训练方案）之后，并非所有肌群都会以相同的速率或相同的幅度做出反应（见表7.1、表7.4和表7.6）。例如，在超过16周的力量和爆发力周期化训练中，卧推的力量增长明显低于4周、8周、12周和16周的训练中深蹲的力量增长（Willoughby, 1993）。因此，教练应谨慎看待该假设：特定的训练方案会使不同肌群或不同练习以相同的速度产生相同幅度的适应变化。虽然，对周期化训练方案与非周期化训练方案进行比较的研究已经足够多，我们可以得出关于周期化训练方案的有效结论，但仍然需要对周期化训练方案进行进一步研究。

## 线性周期化训练和与非周期化训练的对比

关于线性周期化训练与单组和多组非周期化训练的对比研究表明，周期化训练可以显著提高力量增益（见表7.4）。大多数的对比研究中，受试者都为健康的年轻男性。然而，有一项研究显示，接受周期化训练的女性获得了更大的力量增益，但周期化训练与多组非周期化训练之间的效果差异不显著（Herrick and Stone, 1996）。在几项研究中，受试者为受过适当训练或受较多训练的人，这就表明线性周期化训练确实能比非周期化训练产生更大的力量增益。如果受过训练的人的定义是，其能够以阻力为自身体重的120%或更高百分比进行卧推，并能以阻力为自身体重的150%或更高百分比进行深蹲，那么在经过线性周期化训练之后，其所获得的力量增益要比经过多组非周期化训练后所获得的力量增益更大（Willoughby, 1992，1993）。研究还表明，美国高中（Stone et al., 1981）和大学（Kraemer, 1997）的美式橄榄球运动员通过周期化训练可获得比单组非周期化训练更大的力量增益。然而，在美国大学的美式橄榄球运动员（Hoffman et al., 2009）和接受过抗阻训练的男性（有两年训练经验）中（Monteiro et al., 2009），线性周期化训练和非周期化训练带来的力量增益没有显著差异。最后一项研究表明，虽然周期化训练和非周期化训练带来的卧推1RM增益没有差异，但周期化训练确实可以使1RM腿蹬举能力有更大增长。

比起力量增益，针对运动能力和局部肌肉耐力增益的对比研究相对较少。与单组或多组非周期化训练相比，周期化训练方案使人的垂直纵跳能力、短时间自行车骑行能力和温盖特自行车功率有更大的增长。然而，并非所有的研究都显示周期化训练的效果更好，而且几乎没有研究解释了这些方法对训练所产生的影响。因此，还需谨慎看待关于其提高运动能力的结论。但到目前为止，的确有较多结论显示周期化训练方案对提升运动能力比非周期化训练更有效。

在体重与身体成分变化方面，也几乎

没有研究对周期化训练方案和非周期化训练方案的效果进行比较。在线性周期化训练方案与单组非周期化训练方案（McGee et al.，1992），以及线性周期化方案与多组非周期化训练方案（Hoffman et al.，2009；McGee et al.，1992；Monteiro et al.，2009；O'Bryant et al.，1988；Schiotz et al.，1998；Stone et al.，1981）的比较中，发现这些训练都没有使体重发生明显变化。其他的对比研究表明，周期化训练和多组非周期化训练都可以增加体重且增幅相同（Baker et al.，1994a），与单组非周期化训练相比，线性周期化训练增加体重的效果则更为显著（Kraemer，1997）。

在身体成分变化方面，线性周期化训练和多组非周期化训练方案的效果较为显著，但这两种训练方法在造成总体脂变化的同时，也使去脂体重有了显著且程度相同的增加（Baker et al.，1994a），两种训练方法所引发的总体脂变化差别不大（Hoffman et al.，2009；Monteiro et al.，2009）。对比研究还表明，这两种训练方法均没有使去脂体重明显地增加，多组非周期化训练可以较不明显地小幅降低体脂率，周期化训练可以较明显地小幅降低体脂率（Schiotz et al.，1998），与多组非周期化训练相比，周期化训练对去脂体重和体脂率的影响明显更大（Stone et al.，1981）。将单组非周期化训练方案与线性周期化训练方案进行对比后发现，在进行周期化训练的情况下，体脂率明显有更大幅度的降低（Kraemer，1997）。由于周期化训练也明显增加了总体重，该研究没有记录去脂体重的变化情况，但可以得出结论，即周期化训练比单组非周期化训练更有利于增加去脂体重。

总体重、去脂体重、脂肪的变化以及皮脂厚度等指标对身体成分测量起着关键作用，但大多数研究都缺乏对这些指标的测定。因此，在涉及以上相关指标的情况下，必须辩证地看待某种训练方法更有效的结论。但是，就力量增长和运动能力的变化而言，不论各项训练方案的应用结果之间差异如何，线性周期化训练方案都是一种较好的方案。

一些研究针对为什么在力量和爆发力方面，周期化训练可导致比非周期化训练更大的力量增益提供了一些见解。例如，Willoughby 在 1993 年所进行的研究的一个独特之处是，在 16 周训练的前 8 周，周期化训练模式和两个多组非周期化训练模式之间的总训练量没有显著差异。经过 8 周的训练，所有训练组的 1RM 力量均有较大且相同程度的增加。从第 9 周开始，周期化训练与多组非周期化训练相比训练量明显减少，并且在第 9 周之后，周期化训练带来的力量增长开始变得更明显。因此，随着训练的进阶，线性周期化训练模式中训练量的减少解释了为什么 1RM 力量会提升。该研究的另一特点是其受试者都曾有过训练经验（至少能够以总体重的 150% 进行深蹲和以总体重的 120% 进行卧推）。因此，研究结果也表明，有过训练经验的受试者可能需要至少 8 周的训练，才能够证明周期化训练相比非周期化训练更有效。这一结论得到了元分析的证实，该分析表明，与 8 周或更短时间的训练相比，当训练时间为 9~20 周时，周期化训练在力量提升方面比非周期化训练更有效。

无论是 9~20 周, 还是 8 周或更短, 周期化训练都有利于增强力量。但当训练时间长度为 8 周或更短时, 周期化训练提升力量的效果就不太明显 (Rhea and Alderman, 2004)。

训练量的变化可以在一定程度上解释训练方案应用效果之间的差异, 这一结论得到了其他研究的证实。这些研究表明, 在训练量相等的情况下, 线性周期化训练方案与非周期化训练方案之间在引起力量增益上没有明显差异 (Baker et al., 1994a; Hoffman et al., 2009)。在其中一项研究中, 线性周期化训练和非周期化训练除了训练量相等, 两者的训练强度也相同。也就是说, 在 12 周的训练期间, 他们的训练量 (举起的总重量) 和相应的训练强度都相同 (Baker et al., 1994a), 结果表明, 两者带来的力量增益没有明显差异。这就说明周期化训练方案所产生的力量增益可能是训练量增加、训练强度变化, 或两者共同作用的结果。

而导致线性周期化训练比非周期化训练产生更大体能增益的准确原因仍有待研究。但是相较于非周期化训练, 大多数研究的结论都倾向于线性周期化训练方案更有效。

## 非线性周期化训练和非周期化训练的对比

与线性周期化训练一样, 将非线性周期化训练与单组和多组非周期化训练方案进行比较的研究表明, 周期化训练可以显著提高力量增益 (见表 7.6)。该研究比较了单组非周期化训练方案和典型的日常非线性周期化训练方案 (连续运用了 3 种训练区间), 结果显示, 非线性周期化训练可以使大学女子网球运动员的力量增长更高的百分比 (Kraemer et al., 2000), 并且能够更显著增强未经训练的女大学生的力量 (Marx et al., 2001)。

让大学女子网球运动员 (Kraemer et al., 2003) 和全美最佳的大学美式橄榄球运动员 (Hoffman et al., 2009) 分别进行非线性周期化训练和多组非周期化训练, 对比显示, 两种类型的训练带来的力量增长幅度没有显著差异。在女子网球运动员中, 非线性周期化训练引起的增长百分比更高, 而在美式橄榄球运动员中, 多组非周期化训练引起的增长百分比更高。在身体部位训练方案中, 非线性周期化训练每周使用 3 种训练区间中的两种, 并且在连续的训练周内使用不同的训练区间组合, 结果显示, 非线性周期化训练可以使力量获得更显著的增长 (Monteiro et al., 2009)。有几项研究在为期 12~36 周的训练期间, 于不同的时间点进行了力量测试, 结果表明, 与单组非周期化训练 (Kraemer et al., 2003; Marx et al., 2001) 和多组非周期化训练 (Monteiro et al., 2009) 相比, 日常非线性周期化训练的力量增幅更加稳定。

针对 66~77 岁年龄段的人所进行的研究表明, 采用 3 种训练区间的非线性周期化训练模式与多组非周期化训练模式的效果相同 (Hunter et al., 2001)。多组非周期化训练模式使用的阻力为 1RM 的 80%, 而非线性周期化模式使用的阻力为 1RM 的 80%、65% 和 50%。在这两种训练模式中, 受试者都接受了两组、每组 10 次重复或向

**表 7.6** 日常非线性周期化训练与非周期化训练的典型对比研究

| 参考文献 | 平均年龄和性别 | 训练时长/周 | 每周训练次数 | 组数×重复次数 | 强度 | 训练项目 | 测试 | 增长百分比/% |
|---|---|---|---|---|---|---|---|---|
| Kraemer et al., 2000 | 19 岁女性 | 36 | 2 或 3 | 1×（8~10） | 接近 8~10RM | 14 | BP<br>SP<br>LP<br>WP<br>VJ | 10[*]<br>14[*]<br>7[*]<br>1<br>5 |
| | | | 2 或 3 | 日常非线性周期化训练<br>3 个训练区间：<br>（2~4）×（4~6），<br>（2~4）×（8~10），<br>（2~4）×（12~15） | 接近 RM | 14 | BP<br>SP<br>LP<br>WP<br>VJ | 25[*]<br>28[*]<br>18[*]<br>14[*]<br>48[*] |
| Marx et al., 2001 | 22~23 岁女性 | 24 | 3 | 1×（8~12） | 8~12RM | 2 组 10 种训练交替进行 | BP、LP 均以 80%1RM 强度进行<br>WP<br>1 分钟俯卧撑<br>VJ<br>40 码冲刺 | 12[*]<br>11[*]<br>10[*]<br>19[*]<br>4<br>13[*]<br>10[*]<br>+1 |
| | | | 4 | 日常非线性周期化训练<br>每周训练 2 次，使用 3 个训练区间：<br>（2~4）×（3~5），<br>（2~4）×（8~10），<br>（2~4）×（12~15）<br>每周训练 2 次，始终使用：（2~4）×（8~10） | RM | 非周期化训练 1×（8~12）RM | BP、LP 均以 80%1RM 强度进行<br>WP<br>1 分钟俯卧撑<br>VJ<br>40 码冲刺 | 47[*a]<br>32[*a]<br>24[*a]<br>64[*a]<br>27[*a]<br>42[*a]<br>40[*a]<br>−6[*a] |
| Hunter et al., 2001 | 66~67 岁男性和女性 | 25 | 3 | 2×10 | 80% 的 1RM | 10 | BP<br>LP<br>SP<br>AC | 34[*]<br>43[*]<br>42[*]<br>69[*] |
| | | | 3 | 日常非线性周期化训练<br>3 个训练区间：<br>50%、65% 和 80% 的 1RM | 1RM 的 50%、65% 和 80% | 10 | BP<br>LP<br>SP<br>AC | 23[*]<br>31[*]<br>30[*]<br>59[*] |
| Kraemer et al., 2003 | 19 岁女性 | 36 | 2 或 3 | 3×（8~10） | RM | 14 | BP<br>LP<br>SP<br>WP<br>VJ<br>10 米冲刺 | 17[*]<br>17[*]<br>23[*]<br>14[*]<br>37[*]<br>−1 |
| | | | | 日常非线性周期化训练<br>3 个训练区间：<br>3×(4~6)，3×(8~10)，<br>3×（12~15） | RM | 14 | BP<br>LP<br>SP<br>WP<br>VJ<br>10 米冲刺 | 23[*]<br>19[*]<br>24[*]<br>12[*]<br>50[*b]<br>−2 |

| 参考文献 | 平均年龄和性别 | 训练时长/周 | 每周训练次数 | 组数 × 重复次数 | 强度 | 训练项目 | 测试 | 增长百分比/% |
|---|---|---|---|---|---|---|---|---|
| Hoffman et al.，2009 | 20 M | 15 | 4（局部训练） | 非爆发力训练：3×（6~8）或 4×（6~8）爆发力训练：4 或 5×3 或 4 | RM | 每次包含多个训练项目 | SQ<br>BP<br>VJ<br>药球投掷 | 20*<br>9*<br>4<br>2 |
| | | | | 日常非线性周期化训练，3 个训练区间：3 或 4×（9~12），3 或 4×（3~8），（3~5）×（1~5） | RM | 每次包含多个训练项目 | SQ<br>BP<br>VJ<br>药球投掷 | 11*<br>8*<br>1<br>3 |
| Monteiro et al.，2009 | 27 M | 12 | 4（局部训练） | 3×（8~10） | RM | 15 | BP<br>LP | 9<br>8 |
| | | | | 日常非线性周期化训练，3 个训练区间：3×（12~15），3×（8~10），3×4 或 5 | RM | 15 | BP<br>LP | 28*b<br>39*b |

\* 表示训练前后有明显变化。

a 表示与 1×（8~12）的训练组相比有明显差异；b 表示与 3×（8~10）的训练组相比有明显差异。

BP 表示卧推 1RM，SQ 表示深蹲 1RM，SP 表示肩推 1RM，LP 表示腿蹬举 1RM，AC 表示臂弯举 1RM，VJ 表示垂直纵跳，WP 表示温盖特功率自行车。

心力竭重复的训练（以先进行的为准）。因此，在所有的训练中，非线性周期化训练模式没有使用 RM 或接近 RM 的训练区间。两种训练模式带来的力量增长幅度差异不明显（见表 7.6），虽然非周期化训练模式引起的力量增长百分比稍高。因此结果表明，该年龄段的人群在训练时不必达到力竭状态（见第 6 章），且无须以 80%1RM 的阻力进行训练。相较于非周期化训练模式，非线性周期化训练模式确实表现出了一些优势：它大大降低了训练难度。

非线性周期化训练可增强运动能力，但其增强程度并不总是明显大于非周期化训练（见表 7.6）。已有研究证明，与单组非周期化训练相比，非线性周期化训练更能提高未经训练的大学女性的运动能力（Marx et al.，2001）和大学女子网球运动员的运动能力（Kraemer et al.，2000）。较为明显的

是，经过非线性周期化训练之后，运动员的发球速度提高了 30%，而经过单组非周期化训练后，其发球速度仅提高了 4%。同时，与多组非周期化训练相比，非线性周期化训练可使运动员的发球速度（29%对比 16%）、正手击球速度（22% 对比 17%）和反手击球速度（36% 对比 14%）有更大的提升（Kraemer et al.，2003）。

已有研究证明了非线性周期化训练模式在改变身体成分方面的有效性，虽然这些变化与使用非周期化训练所产生的变化不一定有明显差别。针对美国的大学美式橄榄球运动员（Kraemer，1997）、大学女子网球运动员（Kraemer et al.，2000；Kraemer et al.，2003），以及未经训练的大学女性（Marx et al.，2001）所进行的研究表明，非线性周期化训练可明显地减少身体脂肪，并增加去脂体重。然而，仅在未

经训练的大学女性中，非线性周期化训练才显示出在降低体脂率和增加去脂体重上的优势（Marx et al., 2001）。在这项研究中，身体成分变化的差异可能是由于非线性周期化训练模式比单组非周期化训练模式的训练量更大。总体来说，在总体重和身体成分方面，非线性周期化训练并没有引起显著的变化（Hoffman et al., 2009；Monteiro et al., 2009）。这些研究的不足之处在于，它们都没有使用皮褶钳来确定身体成分的变化。前文所述针对老年人所进行的非线性周期化训练的研究表明，多组高强度非周期化训练和非线性周期化训练均可引起明显且程度相近的去脂体重增加及体脂率下降（体积描记法）（Hunter et al., 2001），但总体重并没有发生明显变化。因此，关于非线性周期化训练和非周期化训练对身体成分变化影响的对比，仍然没有明确的结论。

对有训练经验和没有训练经验的人来说，非线性周期化训练方案都是一种有效提升力量和运动能力，以及优化身体成分的方案。它可以比非周期化训练产生更稳定的力量增长。因此，非线性周期化训练方案是适合健身爱好者和运动员的可行训练方案。

## 周期化类型的对比

大多数的研究都侧重于对日常非线性周期化训练与线性周期化训练进行比较（见表7.7）。这些训练研究使用了多种训练量（包括训练项目、训练组数和重复次数）和训练强度的组合。例如，在表7.7所示的对比研究中，每组的重复次数为4~25次。训练方案中的训练量和训练强度会对训练结果产生影响（如最大力量的增加），进而会影响不同训练模式的对比结果。在不同训练模式的训练量和训练强度不相同的情况下尤其如此。在表7.7所示的对比研究中，两种训练模式都具有相似的训练量和训练强度。其主要区别在于，日常非线性周期化模式的训练量和训练强度在一周内发生的变化较大，而线性周期化模式的训练量和训练强度在几周后发生的变化较大。

其中一些比较结果表明，大学年龄段的男性使用日常非线性周期化训练可显著增强力量（Monteiro et al., 2009；Rhea et al., 2002；Simão et al., 2012）。其他研究结果则表明，两种训练模式没有明显差异，但总体仍更倾向于非线性周期化训练（Kok et al., 2009；Prestes et al., 2009）或线性周期化训练（Bufford et al., 2007；Hartman et al., 2009；Hoffman et al., 2009）对于最大力量增益的提升。其中一项研究对线性周期化训练模式与混合训练模式进行了比较（Simão et al., 2012），混合训练模式（见表7.7）包含6周的线性周期化训练和6周的日常非线性周期化训练。结果显示，混合训练模式更有利于力量的增长。这些对比研究结果显示，线性周期化训练、日常非线性周期化训练及每周非线性周期化训练模式的应用效果（Bufford et al., 2007），线性周期化训练、双周线性周期化训练及非周期化训练方案的应用效果没有显著差异。但这些训练方案带来的最大力量增益百分比存在差异（见表7.4、表7.6和表7.7）。

这些对比研究的受试者大多为抗阻训练经验较少或未受过抗阻训练的健康年轻

**表 7.7** 非线性周期化训练与线性周期化训练的典型对比研究

| 参考文献 | 平均年龄和性别 | 训练时长/周 | 每周训练次数 | 组数 × 重复次数 | 强度 | 训练项目 | 测试 | 增长百分比/% |
|---|---|---|---|---|---|---|---|---|
| BaKEr et al., 1994b | 19~21 岁男性 | 12 | 3 | 线性周期化训练<br>第 1~4 周: 5×10, 核心训练; 3×10, 其他训练<br>第 5~8 周: 5×5, 核心训练; 3×8, 其他训练<br>第 9~11 周: 3×3, 1×10, 核心训练; 3×6, 其他训练<br>第 12 周: 3×3, 核心训练; 3×6, 其他训练 | RM | 共 17 项训练 | BP<br>SQ<br>VJ | 12[*]<br>47[*]<br>4[*] |
| | | | | 双周非线性周期化训练<br>第 1~2 周: 5×10, 核心训练; 3×10, 其他训练<br>第 3~4 周: 5×6, 核心训练; 3×8, 其他训练<br>第 5~6 周: 5×8, 核心训练; 3×10, 其他训练<br>第 7~8 周: 5×4, 核心训练; 3×6, 其他训练<br>第 9~10 周: 5×6, 核心训练; 3×8, 其他训练<br>第 11~12 周: 4×3, 核心训练; 3×6, 其他训练 | RM | 共 17 项训练 | BP<br>SQ<br>VJ | 16[*]<br>28[*]<br>10[*] |
| Rhea et al., 2002 | 21 岁男性 | 12 | 3 | 线性周期化训练<br>第 1~4 周: 3×8<br>第 5~8 周: 3×6<br>第 9~12 周: 3×4 | RM | 5 项 | LP<br>BP | 14[*]<br>26[*] |
| | | | | 日常非线性周期化训练<br>第 1 天: 3×8<br>第 2 天: 3×6<br>第 3 天: 3×4 | RM | 5 项 | LP<br>BP | 29[*a]<br>56[*a] |
| Rhea et al., 2003 | 21~22 岁男性和女性 | 15 | 2 | 线性周期化训练<br>第 1~5 周: 3×25<br>第 6~10 周: 3×20<br>第 11~15 周: 3×15 | RM | KE | KE<br>KE 局部肌肉耐力 | 9[*]<br>56[*] |
| | | | | 整个训练期间的日常非线性周期化训练课程<br>课程 1: 3×25<br>课程 2: 3×20<br>课程 3: 3×15 | | | KE<br>KE 局部肌肉耐力 | 10[*]<br>55[*] |
| | | | | 反向线性周期化训练<br>第 1~5 周: 3×15<br>第 6~10 周: 3×20<br>第 11~15 周: 3×25 | | | KE<br>KE 局部肌肉耐力 | 6[*]<br>73[*] |

续表

| 参考文献 | 平均年龄和性别 | 训练时长/周 | 每周训练次数 | 组数 × 重复次数 | 强度 | 训练项目 | 测试 | 增长百分比/% |
|---|---|---|---|---|---|---|---|---|
| Buford et al., 2007 | 22 岁男性和女性 | 9 | 3 | 线性周期化训练<br>第1~3周：3×8<br>第4~6周：3×6<br>第7~9周：3×4 | RM | 每次包含6个训练项目 | LP<br>BP | 24*<br>85* |
| | | | | 日常非线性周期化训练<br>第1天：3×8<br>第2天：3×6<br>第3天：3×4 | RM | 每次包含6个训练项目 | LP<br>BP | 17*<br>79* |
| | | | | 单周非线性周期化训练<br>第1、4、7周：3×8<br>第2、5、8周：3×6<br>第3、6、9周：3×4 | RM | 每次包含6个训练项目 | LP<br>BP | 24*<br>100* |
| Monteiro et al., 2009 | 27 岁男性 | 12 | 4（局部训练） | 线性周期化训练<br>第1~4周：3×（12~15）<br>第5~8周：3×（8~10）<br>第9~12周：3×4或5 | RM | 15 项 | BP<br>LP | 9<br>16* |
| | | | | 日常非线性周期化训练，包含3个重复训练区间：3×（12~15），3×（8~10），3×4或5 | RM | 15 项 | BP<br>LP | 28*a<br>39*a |
| Hoffman et al., 2009 | 20 岁男性 | 15 | 4（局部训练） | 线性周期化训练<br>第1~4周：3或4×（9~12）<br>第5~10周：3或4×（3~8）<br>第11~15周：（3~5）×（1~5） | RM | 每次包含多个训练项目 | SQ<br>BP<br>VJ<br>药球投掷 | 21*<br>8*<br>0<br>6* |
| | | | | 日常非线性周期化训练，包含3个重复训练区间：3或4×（9~12），3或4×（3~8），（3~5）×（1~5） | RM | 每次包含多个训练项目 | SQ<br>BP<br>VJ<br>药球投掷 | 11*<br>8*<br>8<br>13 |
| Hartman et al., 2009 | 24 岁男性 | 14 | 3 | 线性周期化训练<br>第1~10周：5×（8~12）<br>第11~14周：5×（3~5） | RM | BP | BP<br>Vmax<br>MVC<br>MRFD | 15*<br>8*<br>4<br>7 |
| | | | | 日常非线性周期化训练<br>第1天：5×（3~5）<br>第2天：5×（8~12）<br>第3天：5×（20~25） | RM | BP | BP<br>Vmax<br>MVC<br>MRFD | 10*<br>6*<br>1<br>2 |

续表

| 参考文献 | 平均年龄和性别 | 训练时长/周 | 每周训练次数 | 组数 × 重复次数 | 强度 | 训练项目 | 测试 | 增长百分比/% |
|---|---|---|---|---|---|---|---|---|
| Prestes, J., Frollini et al., 2009 | 18~25 岁男性 | 12 | 4 | 线性周期化训练<br>第 1、5 和 9 周：3×12<br>第 2、6 和 11 周：3×10<br>第 3、7 和 11 周：3×8<br>第 4、8 和 12 周：3×6 | RM | 每次包含 9 个训练项目 | BP<br>LP<br>AC | 18[*]<br>25[*]<br>14[*] |
| | | | | 日常非线性周期化训练<br>第 1、3、5、7、9 和 11 周：<br>第 1 天和第 2 天：3×12<br>第 3 天和第 4 天：3×10<br>第 2、4、6、8、10<br>和 12 周：<br>第 1 天和第 2 天：3×8<br>第 3 天和第 4 天：3×6 | RM | 每次包含 9 个训练项目 | BP<br>LP<br>AC | 25[*]<br>41[*]<br>24[*] |
| Kok et al., 2009 | 20 岁女性 | 9 | 3 | 线性周期化训练<br>第 1~3 周：BP 和 SQ，3×10；其他训练，3×10<br>第 4~6 周：BP 和 SQ，3 或 4×6；其他训练，3×6<br>第 7~9 周：BP 和 SP，3 或 4×8；其他训练，3×8 | 第 1~3 周：<br>BP 和 SQ 以 75%~80% 的 1RM；其他训练以 RM<br>第 4~6 周：<br>BP 和 SQ 以 85%~90% 的 1RM；其他训练以 RM<br>第 7~9 周：<br>BP 和 SQ 以 30%~40% 的 1RM；其他训练以 30%~40% 的 1RM[b] | 10 项 | BP<br>SQ<br>卧推爆发力<br>蹲跳爆发力 | 22[*]<br>35[*]<br>11[*]<br>10[*] |
| | | | | 非线性周期化训练<br>第 1~9 周：BP、SQ 和其他训练<br>第 1~3 周、第 4~6 周和第 7~9 周：每周一次 | 第 1~9 周：<br>BP、SQ 和其他训练<br>第 1~3 周、第 4~6 周和第 7~9 周：每周一次 | 10 项 | BP<br>SQ<br>卧推爆发力<br>蹲跳爆发力 | 28[*]<br>41[*]<br>14[*]<br>9[*] |

续表

| 参考文献 | 平均年龄和性别 | 训练时长/周 | 每周训练次数 | 组数×重复次数 | 强度 | 训练项目 | 测试 | 增长百分比/% |
|---|---|---|---|---|---|---|---|---|
| Simão et al.，2012 | 29岁男性 | 12 | 2 | 线性周期化训练<br>第1~4周：<br>2×（12~15）<br>第5~8周：<br>3×（8~10）<br>第9~12周：<br>4×（3~6） | RM | BP、高位下拉、双手弯举、头后臂屈伸 | BP、高位下拉、双手弯举、头后臂屈伸 | 12[a]<br>12[*]<br>16[*a]<br>25[*] |
| | | | | 非线性周期化训练<br>第1~2周：<br>2×（12~15）<br>第3~4周：<br>3×（8~10）<br>第5~6周：<br>4×（3~5）<br>第7~12周：<br>第1天：2×（12~15）<br>第2天：3×（8~10）<br>第3天：4×（3~5） | RM | BP、高位下拉、双手弯举、头后臂屈伸 | BP、高位下拉、双手弯举、头后臂屈伸 | 21[*]<br>9[*]<br>18[*]<br>27[*] |

[*] 表示训练前后有明显变化。

[a] 表示非线性同期化训练和线性同期化训练之间有明显差异。

Vmax 表示仰卧平板推掷的最大速度。

MVC 表示等长卧推的最大肌肉收缩力量。

MRFD 表示等长卧推的最大力的产生速率。

BP 表示卧推 1RM，SQ 表示深蹲 1RM，LP 表示腿蹬举 1RM，AC 表示臂弯举 1RM，KE 表示膝伸 1RM，VJ 表示垂直纵跳。

男性和女性，其中一项研究的受试者还包括美国的大学美式橄榄球运动员（Hoffman et al.，2009）。对比研究的持续时间为9~15周。总体研究结果表明，在最大力量增长方面，日常非线性周期化训练模式与线性周期化训练模式具有相同的有效性，甚至可能比线性周期化训练模式更为有效。

有限的研究结果表明，在相同的训练周期内，日常非线性周期化训练模式与线性周期化训练模式在运动能力和爆发力增长方面没有显著差别（Hartman et al.，2009；Hoffman et al.，2009）。此外，这两种训练模式引起的体重和身体成分变化几乎相同，并且在研究的训练期间都没有显示出较大的变化（Bufford et al.，2007；

Hoffman et al.，2009；Kok et al.，2009；Monteiro et al.，2009；Prestes et al.，2009；Rhea et al.，2002）。除一项研究之外，其余研究都通过测量皮褶厚度确定了身体成分的变化，但皮褶厚度变化并不能够精确反映出身体成分的变化（雷亚及其同事使用了体积描记法）。包含线性周期化训练模式和日常非线性周期化训练模式的混合训练模式带来的肌层厚度变化，与线性周期化训练模式带来的肌层厚度的变化相比没有明显差别，但混合训练模式相对更有优势（Simão et al.，2012）。

在每周一次和两周一次的非线性周期化训练方案中，训练区间分别每周和每两周变化一次。表7.7给出了非线性周期化训练和线性周期化训练的应用结果对比。对比结果表明，两种训练模式在最大力量、垂直纵跳能力、体重或身体成分变化的改善上没有明显差异。其中一项比较结果还表明（Baker et al.，1994b），每两周一次的非线性周期化训练、线性周期化训练和非周期化训练模式（3组、每组6次重复）都可使最大力量、垂直纵跳能力和去脂体重显著增加，且增幅没有显著差异。

根据日常非线性周期化训练和线性周期化训练的对比结果，可知这两种训练模式都能够显著地提升最大力量。然而，一些比较研究表明，日常非线性周期化训练可以更大程度地提升最大力量。而在身体成分和运动能力方面，这两种训练模式都可以引起较为显著的变化，但引起的变化程度区别不大。鉴于目前对周期化训练模式的研究仍然有限，特别是比较缺乏针对专业训练者和运动员的研究，因此，上述各种研究结论仅供参考。

## 灵活的日常非线性周期化训练

灵活的日常非线性周期化是指，非线性周期化训练所使用的训练区间随训练者在特定区间的准备状态的变化而改变。是否需要在特定的训练课中更改训练区间，可以通过几种方式进行验证。例如，可以在训练课开始之前进行一些测试，如垂直纵跳、立定跳远或药球投掷，以确定训练者的身体准备状态。还可通过观察训练者在做首组练习时的情况，来确定其是否准备就绪。

比如一名训练者在训练课开始之前进行垂直纵跳，如果其不能达到以往最大垂直纵跳高度的90%，那么她就可能处于疲劳状态。同样，如果一名训练者之前可以在训练开始前做6次特定阻力的练习，但现在训练开始前他只能做3次，那么该训练者也处于疲劳状态。疲劳或其他生理因素，如延迟性肌肉酸痛，可能是之前进行的抗阻训练或其他类型的训练所造成的。而学业或工作压力所导致的心理压力也可能会使训练者的运动能力变弱。因此，如果当前的训练课已规定使用高强度、低训练量的方式，如做4组、每组4~6次重复，那么在这种情况下，则可以稍微降低训练强度，用3组、每组12~15次重复来代替。

此外，还可以将低强度、高训练量的训练区间变为高强度、低训练量的训练区间。如果一名训练者在进行垂直纵跳测试时发挥出了最佳水平，或者其在第1节训练课中本应每组重复8~10次，却能够每组重复12次，此时就可以对训练区间做出上述改变。训练者可以以更高的强度进行4~6次重复，而无须持续使用8~10次重复的训练区间。灵活的日常非线性周期化训练曾受到广泛研究（Kraemer and Fleck，2007）。许多教练会对训练课程做出改变以使其更匹配运动员的准备状态。例如，原计划进行高强度的间歇训练，但由于运动员的状态不佳，教练因此对训练强度做出调整。

在16周的赛季中，灵活的日常非线性周期化训练已被用于维持和增强大学足球一级联赛运动员的体能（Silvester et al.，2006）。在足球训练和比赛中，抗阻训练课程可依据力量与体能教练的主观评价以及运动员的心率数据进行更改，以使运动

员的体能水平达到进行特定类型训练的条
件。灵活的日常非线性周期化训练有助于
在整个赛季维持运动员的垂直纵跳能力、
短跑冲刺能力及最大耗氧量。这样，在赛
季后，运动员的去脂体重、腿部肌肉组织、
躯干肌肉组织、全身爆发力（借力推举的
爆发力增加了 17%）和下肢爆发力（短跑
冲刺后重复蹲跳能力增加了 11%）均有明
显提升。虽然没有涉及与别的训练模式的
对比研究，但结果表明，灵活的日常非线
性周期化训练的确在整个足球赛季维持且
增强了运动员的体能。

对比研究结果表明，灵活的日常非线性
周期化训练比一般的非线性周期化训练更具
优势（McNamara and Stearne，2010）。在
一所大学的抗阻训练课中，男生和女生在
12 周的时间里，每周进行两次灵活的或计
划好的非线性周期化训练。在训练之前，
选择灵活的非线性周期化训练的学生可根
据其疲劳程度选择 3 个训练区间（分别为
每组重复 10 次、15 次或 20 次）。12 周的
训练结束时，参与灵活的非线性周期化训
练的学生在各个训练区间内执行的训练次
数必须与计划好的非线性周期化训练组学
生的相同。

结果显示，两种训练方案均可显著提
高最大胸部推举能力（1RM）和最大立定
跳远能力，并且二者带来的提升幅度没有
显著差异，但灵活的非线性周期化训练可
以更大程度地增强最大腿蹬举能力（见图
7.2）。这就表示，相较而言灵活的非线性
周期在上肢力量提升方面没有优势，但其
更有助于增强下肢力量。

一些教练会根据运动员的当前体能状

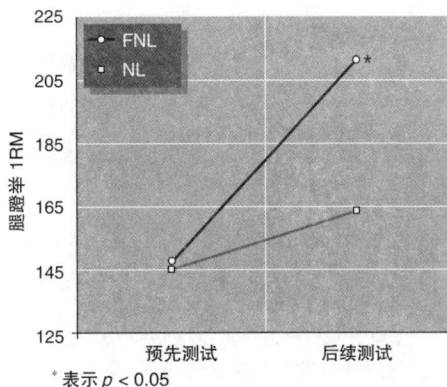

* 表示 $p < 0.05$

**图 7.2** 灵活的非线性周期化训练比一般的非线
性周期化训练能带来更大程度的腿蹬举 1RM 提
升。FNL 表示灵活的非线性周期化训练；NL 表示
一般的非线性周期化训练

（经许可，源自：J.M. McNamara and D.J. Stearne, 2010,
"Flexible nonlinear periodization in a beginner college
weight training class," *Journal of Strength and Conditioning
Research* 24:17–22. ）

况对训练课做出相应的更改，而灵活的日
常非线性周期化训练正是这种方法的延伸。
此类训练对整个赛季而言应用效果突出，
它可以维持并改善运动员的表现，并提升
运动员的最大力量。

## 反向线性周期化训练

反向线性周期化训练是抗阻训练方式
的一种，它是指随着训练的进行，逐渐由
低训练量、高训练强度向高训练量、低训
练强度转变。因此，其训练量和训练强度
的变化模式与线性周期化训练相反。与线
性周期化训练方案相比，该方案在增强局
部肌肉耐力等方面效果更好。

对比研究的结果表明，线性周期化训
练能比反向线性周期化训练产生更大的力
量和肌肥大增益（Prestes et al.，2009）。

两种训练方案的每组重复次数如表7.8所示。注意，这两种训练方案的训练量和训练强度的变化方向相反。在一项研究中，20~35岁的女性分别按照这两种训练方式每周训练3天，结果显示，她们在卧推、高位下拉、臂弯举和膝伸中的最大力量（1RM）均有明显提升。但线性周期化训练更大程度地增加了其臂弯举和高位下拉的最大力量。受试者在臂弯举和膝伸中使用自身体重的50%进行力竭重复，结果显示两种训练方案均没有明显增强受试者的局部肌肉耐力。此外，仅线性周期化训练改善了受试者的身体成分（利用皮褶钳测定）且增加了去脂体重，同时降低了体脂率。此结论表明，经典的周期化训练方案可产生更大的力量增益且更有助于改善身体成分。

关于线性周期化训练、日常非线性周期化训练和反向线性周期化训练的对比见表7.7（Rhea et al., 2003）。在该对比中，每组的重复次数都偏高（超过25次重复）。因此，考虑到重复范围（见第5章），所有的训练方案都对提升局部肌肉耐力更有效，而非最大力量增长。由于受试者均为没有训练经验的人，并且只进行

了膝伸练习，该结论不一定适用于其他练习或有训练经验的人。这些训练方案都没有带来最大力量或局部肌肉耐力的显著增加。然而，线性周期化训练和日常非线性周期化训练方案均使最大力量有更大的增长，而反向线性周期化训练方案则使局部肌肉耐力有更大的增长。

运动员的训练经验和训练水平决定了最适合其的周期化训练类型。针对大学赛艇运动员进行的传统线性周期化训练和反向线性周期化训练的研究表明，运动员的训练水平会对不同训练模式的有效性造成影响（Ebben et al., 2004）。在8周的训练时间内，线性周期化训练方案由每组12次重复过渡到每组5次重复，反向线性周期化训练方案则在同一时间段内由每组15次重复过渡到每组32次重复。这两种类型的周期化训练均能以相同程度优化生理指标（如划船时的最大耗氧量和爆发力产生）。然而，对更有训练经验的赛艇运动员来说（大学校队），线性周期化训练能比反向线性周期化训练更有效地缩短2000米赛艇比赛的时间（−7秒对比−4秒）。而对训练经验较少的赛艇运动员来说，反向线性周期化训练则能更有效地缩短2000米赛艇比

**表 7.8** 在 12 周线性周期化训练和反向线性周期化训练中的每组重复次数

| 训练类型 | 训练周 | | | | | | | | | | | |
|---|---|---|---|---|---|---|---|---|---|---|---|---|
| | 1 | 2 | 3 | 4 | 5 | 6 | 7 | 8 | 9 | 10 | 11 | 12 |
| 线性周期化训练 | 12~14 | 10~12 | 8~10 | 12 | 5~12 | 8~10 | 6~8 | 12 | 8~10 | 6~8 | 4~6 | 12 |
| 反向线性周期化训练 | 4~6 | 6~8 | 8~10 | 12 | 6~8 | 8~10 | 10~12 | 12 | 8~10 | 10~12 | 12~14 | 12 |

（源自：Prestes et al., 2009.）

赛的时间（-15秒对比 -10秒）。此结果表明，训练经验较多的赛艇运动员可通过线性周期化训练获得更大的改善，而训练经验较少的赛艇运动员则可通过反向线性周期化训练获得更大的改善。需要注意的是，与反向线性周期化训练方案相比，线性周期化训练方案的训练强度更高，训练量更低（每组 12~5 次重复对比每组 15~32 次重复）。因此，结果还表明，更有经验的赛艇运动员从更低训练量、更高强度的抗阻训练方案中获益更多，而经验较少的赛艇运动员则从更高训练量、更低强度的训练方案中获益更多。

反向线性周期化训练在增强局部肌肉耐力方面的优势并不明显。同样，与反向线性周期化训练相比，线性周期化训练和日常非线性周期化训练在增强最大力量方面的优势不明显。由于很少有研究对反向线性周期化训练与其他训练模式进行比较，以上结论仅供参考。

# 发展爆发力

爆发力的发展与大多数日常活动（如爬楼梯）和一些体育运动（如扔球或扣篮）的表现密切相关。有数据显示，爆发力和运动表现之间存在很高的相关性。然而这种相关性，通常也使很大一部分（未解释方差）的测试结果无法解释。例如，通过爬楼梯测试（Margaria-Kalamen 台阶测试）测得的最大爆发力（相对于体重来表示）与冲刺能力和敏捷性密切相关，但这种相关性使冲刺和敏捷性表现的很大一部分（50%~81% 的未解释方差）无法解释

（Mayhew et al., 1994）。因此，虽然爆发力可能是与运动表现训练相关的一种特性，但诸如力的产生速率和所需发力时间等与爆发力相关的其他因素，对提高特定运动的运动表现与最大爆发力同样重要。此外，爆发力及其相关因素与压力表现的相关性在不同的任务中有所不同。例如，在仰卧平板推掷等上肢运动、垂直纵跳或蹲跳等下肢运动及扔铅球等全身运动中，力量与各种爆发力测试结果的相关性不同（Cronin and Sleivert, 2005）。一些其他因素，如爆发力测试中是否包含拉长–缩短周期（下蹲跳和蹲跳），以及在测试爆发力时使用的阻力都会影响爆发力测试结果与特定运动之间的力的相关性。尽管存在这些影响因素，但从理论上讲，当爆发力及其相关的某些因素有所改善时，相应的运动也会提高。力、移动物体的距离和完成动作的时间与爆发力之间的关系如以下等式所示。

$$爆发力 = 力 \times 距离 / 时间$$

以上等式体现了增强爆发力的多种方式。等式的分子为"功"，它表示可以通过增加力或物体的移动距离来提升爆发力。而等式的分母则显示出了在计算爆发力时，完成任务所需时间的重要性：用时越短，爆发力就越强。因此，增强爆发力既需要高强度的训练，又需要快速的动作，二者将影响动作的完成时间，所以要最大限度地增强爆发力，就需要从上述因素入手。

在大多数活动中，爆发力都是由向心的力和动作速度决定的。经典的力–速度曲

线显示，肌肉随着动作速度的提高，所产生的力将会减少。而当动作速度为零至最大值的中间值时，爆发力可达到峰值。从另一个角度来看，当动作速度过快时，力的减弱会导致爆发力降低，但如果动作速度过慢，那么太大的力也会使爆发力降低。实际上，当力为最大值且速度为零时（等长肌肉动作），爆发力也为零。由此可知，需要中等速度和中等的力才能达到高爆发力水平。力、动作速度和爆发力的关系如图 7.3 所示。

在各种运动及训练项目中，进行爆发力训练时都需要考虑到上述因素。爆发力训练方案是否有效取决于训练活动的特定性，以及以在特定运动或速度范围内提升所必需的速度、优化高爆发力运动所需生理功能的能力。许多团队运动都要求在达到一定运动速度的同时增强爆发力，加速冲刺、垂直纵跳、踢球或扔铅球等的能力对这些运动的成功至关重要。

弹震式抗阻训练指的是以非常高的力的产生速率，将重物（如身体或其他物体）加速弹射到空中的练习（Newton and Wilson，1993b）。此类练习包括蹲跳（从深蹲或半蹲位置起跳）、拉长-缩短周期练习，如药球投掷快速伸缩复合训练，以及负重和非负重型快速伸缩复合跳跃练习。其他的爆发力型练习，如抓举和挺举以及各类奥林匹克举重变式等，都涉及使重物加速和弹震发力，虽然这些练习实际上并没有将提供阻力的物体弹射到空中。弹震式抗阻训练可在一定程度上提升肌肉激活程度及力的产生速率（Häkkinen and Komi，1985c）。此类训练在活动范围末端不存在减速阶段（见本章的"减速阶段和传统的抗阻训练"）（Newton et al.，1996）。当使用较轻的阻力（如 1RM 的 30%）以爆发的方式（如快速重复）进行常规卧推时，爆发力将在活动范围的后 50% 阶段下降，因为举重者必须控制住杠铃杆，且在手臂

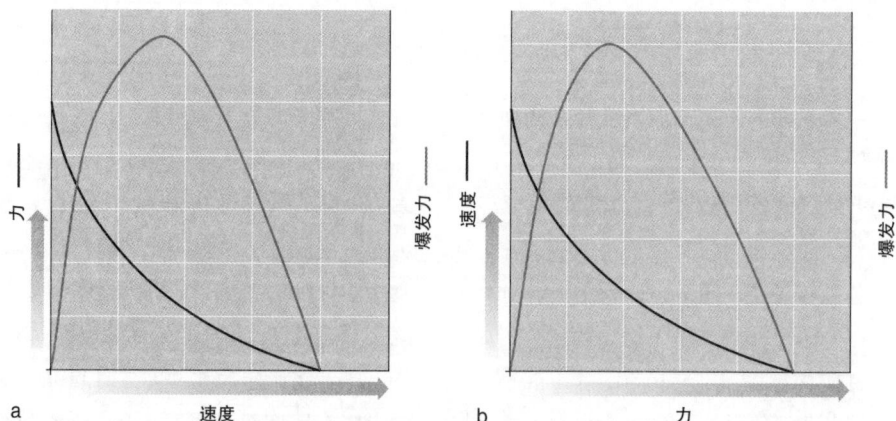

**图 7.3** a. 最大向心动作中，力和爆发力相对于速度的关系；b. 最大向心动作中，速度和爆发力相对于力的关系。除了零速等长肌肉动作外，所有的肌肉动作都是向心肌肉动作

（经许可，源自：H.G. Knuttgen and W.J. Kraemer, 1987, "Terminology and measurement in exercise performance," *Journal of Applied Sport Science Research* 1: 1–10.）

完全伸直时使速度为零（Newton et al.，1996）。在使用专用的测试设备（即弹震式训练设备）时，在活动范围末端可将重物释放，从而使爆发力和加速度在全活动范围内都呈上升状态。而当举重者控制杠铃杆时，爆发力和加速度降低是因为主动肌的激活程度下降且上背部的拮抗肌激活程度上升，以使杠铃杆减速，因为它必须在手臂伸直时速度为零（见图7.4）。理论上讲，当重物未被释放时，需要利用这种效应在处于活动范围末端突然减速时对关节进行保护。在卧推的活动范围末端释放重物时，则不需要减速。该研究说明了为什么在一些运动中，快速重复可能会对爆发力的增长起到反作用（如卧推、肩推和

膝伸），也体现了在爆发力训练中，正确使用抗阻训练设备释放重物的重要性，如药球投掷，以及一些不需要减速阶段的运动，如快速伸缩复合跳跃或各类奥林匹克举重运动。

在许多运动中，当训练者尽可能地举起最大重量时（如接近1RM的阻力），运动速度接近于零。因此，最大力量产生，但由于运动速度慢，所以爆发力也很弱。力量举运动通常需要使用纯粹的1RM力量，在此过程中，运动员必须缓慢地移动重物，因此不需要产生最大爆发力。

许多力量和体能专家认为，增强慢速力量有助于促进爆发力的产生和提升动态表现。该理论具有一定的合理性，因为即

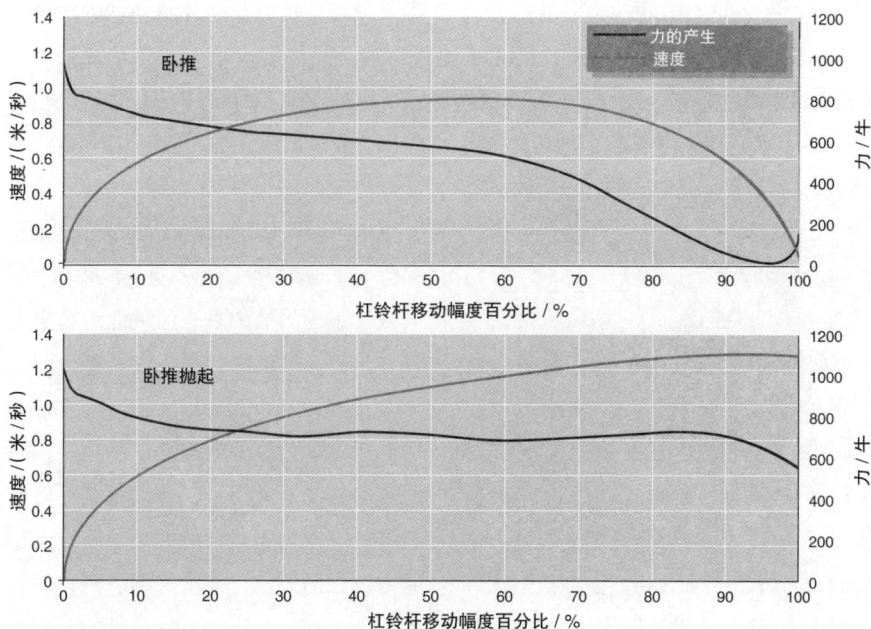

图7.4　上图展示了在1RM的45%下的常规卧推期间速度和力的产生的关系；下图展示了在1RM的45%下的仰卧平板推掷期间速度和力的产生的关系

（经许可，源自：R.U. Newton et al., 1996, "Kinematics, kinetics, and muscle activation during explosive upper body movements: Implications for power development," *Journal of Applied Biomechanics* 13: 31–43.）

使在慢速的情况下，最大力量也是爆发力的一个影响因素，它与爆发力等式中的力有关。所有的爆发力型运动都是从零速或慢速开始的，而在此阶段，慢速力量可以促进爆发力的产生。然而，随着肌肉开始快速收缩，慢速力量对肌肉在快速收缩情况下产生的力能力的影响降低（Duchateau and Hainaut，1984；Kanehisa and Miyashita，1983a；Kaneko et al.，1983；Moss et al.，1997）。鉴于此，力量基础良好的人群开始注重爆发力的发展。运动能力（垂直纵跳和短距离冲刺能力）的提升与常规 1RM 抗阻训练带来的 1RM 增长之间成负相关（Wilson et al.，1997），该结论可验证上述理论。这些负相关关系表明，对运动基础良好的人来说，常规抗阻训练所带来的运动能力提升较小。因此，为了提升其运动能力，除了提高最大力量之外，还需采用其他训练策略。

爆发力训练可以改善爆发力型运动的能力，如垂直纵跳（Adams et al.，1992；bauer et al.，1990；Clutch et al.，1983；Wilson et al.，1993）和冲刺能力（Harris et al.，2008）。哈基宁和科米（Häkkinen and Komi，1985a）的一项研究表明，经过 24 周的高强度抗阻训练后，训练者的垂直纵跳能力提高了 7%。高强度抗阻训练和弹震式训练的对比研究表明，弹震式训练可更大幅度地提升爆发力运动的表现（Cronin and Sleivert，2005）。例如，将高强度抗阻训练（以 6~10RM 进行深蹲）与弹震式训练（以最大等长力量的 30% 进行蹲跳）相比，二者都增强了蹲跳的能力，但弹震式训练带来的增幅更大（18% 对比 5%）（Wilson et al.，1993）。然而，在该比较中，弹震式训练使爆发力有更大增长可能是在传统抗阻训练方案中增加了爆发力训练，从而使总训练量发生变化导致的（Cronin and Sleivert，2005）。因此有相关研究表明，用弹震式训练代替部分高强度抗阻训练，要比进行纯抗阻训练更有助于增强爆发力，如蹲跳（+5% 对比 −3%）（Mangine et al.，2008）。这种替代方式有助于在整个训练期间保持相同的训练量，并且也说明了爆发力的增强是由弹震式训练而非总训练量的增加引起的。

训练者的初始力量水平也可能影响高强度抗阻训练和弹震式训练的结果。能够按照自身体重的 1.3 倍进行深蹲的男性在经过抗阻训练和弹震式训练后，其在爆发力型运动方面的能力（冲刺和垂直纵跳能力）得到了提升，并且两种训练结果的差异不明显（Cormie et al.）。但高强度抗阻训练可使训练者的深蹲 1RM 力量有更大的提升（31% 对比 5%）。在一项研究中，运动能力较强的男性和运动能力较弱的男性（分别可按照体重的 1.97 倍和 1.32 倍进行深蹲）进行负重深蹲和非负重深蹲训练后，力量较强的男性的垂直纵跳能力有更大的提升，但其短期冲刺能力没有更大的提升（Cormie et al.，2010a）。这些结果表明，对于运动能力较弱的男性，高强度抗阻训练可增强其最大力量，并以相同程度增强其进行爆发力型运动的能力。而对于运动能力较强的男性，弹震式训练则在爆发力型运动能力提升方面有更好的效果。因此，在训练的初始阶段，不需要特别使用弹震式训练来优化爆发力的增长。但有一些研究表明，当力量增长到达平台期时，专门的爆发力训练对发展爆发力是极为重要的（Baker，2001a；Newton et al.，1999）。

训练中还出现了特定于抗阻训练和速度训练的训练适应（Kaneko et al.，1983；Moss et al.，1997）。当各训练组分别以1RM 的 90%、35% 和 15% 进行肘屈肌训练（通过在每次重复期间尽可能快地移动重物来训练爆发力）时，研究人员得到了关于爆发力的有趣结果（Moss et al.，1997）。在测试爆发力时，各训练组分别使用了 2.5千克和预训练 1RM 的 15%、25%、35%、50%、70% 和 90%。结果显示，当阻力小于或等于 1RM 的 50% 时，1RM 的 15% 训练组的爆发力有明显增长，而当阻力大于1RM 的 50% 时，其爆发力没有明显增长。同时，当阻力小于等于 1RM 的 50% 时，各组之间的爆发力增长情况没有明显差异。1RM 的 35% 和 90% 训练组在所有阻力范围下带来的爆发力增长都没有明显差异，但当阻力为 1RM 的 70% 和 90% 时，这两组所产生的爆发力增长远远大于 1RM 的 15% 训练组。然而，1RM 的 90% 训练组在使用最大的两种阻力时所产生的爆发力增长最大，且 1RM 的 35% 训练组在使用各种阻力时所产生的爆发力增长几乎一致。

速度训练（尽可能快地推举重物）也可体现出训练的特定性（Kaneko et al.，1983）。以最大等长力量的 0%、30%、60% 或 100% 进行抗阻训练的训练者表现出了典型的抗阻训练特定性。使用较大阻力的训练组的等长力量的增长最大，使用 0%阻力的训练组的无负重运动速度的增长最大。有趣的是，使用 30% 阻力的训练组在整个向心速度范围内的最大力量和爆发力的增长都最大，并且其最大力学爆发力的增长也最大。以上研究结果说明了爆发力方面的某些训练特定性。

但在 1RM 的 80% 和 1RM 的 30% 的蹲跳训练中没有显示出训练特定性（McBride et al.，2002）。两种训练的强度和总训练量相等且这两种训练都显著提高了 1RM 力量、短程冲刺能力（5 米、10 米和 20 米）和敏捷性（T 敏捷性测试）。其区别在于，1RM 的 30% 训练在更大程度上增强了 10米冲刺能力。而 1RM 的 80% 训练更能有效提升 1RM 深蹲能力，并且 1RM 的 30% 训练更能有效提升负重蹲跳的能力（1RM 的30%、55% 和 80% 深蹲）。

因此，运动能力的变化并不总是符合训练特定性的原则。这种冲突源于肌肉爆发力型动作的复杂性，以及在特定运动中对慢速和快速力量产生要求的整合。另一个复杂的因素是，上述大多数研究的受试者均为没有训练经验的人，因此各种相关训练都有可能使其力量和爆发力增长，并且在其形成稳定的力量基础之前，爆发力等式中的力会成为爆发力的主要影响因素（Baker，2001c）。此外，如前所述，由于受试者的训练状况不同，其训练效果可能也不符合训练特定性的原则（Komi and Häkkinen，1988）。但如果受试者已有一定的力量基础，那么传统的抗阻训练对提升其爆发力的影响就会比较小，因此需要特定的训练方案来提升爆发力（Baker，2001c；Häkkinen，1989；Newton et al.，1999）。所以，要提升专业运动员在爆发力方面的能力，可能需要利用力与爆发力的复合训练来实现（Baker，2001a；Newton et al.，1999；Wilson et al.，1993）。

## 力的产生速率

在一些运动中，发出力和爆发力的时间有限（如短跑时脚部触地的时间），因此肌肉需要在短时间内尽可能快地发力（Häkkinen and Komi，1985b）。因此，力的产生速率（RFD），即力发出或提升的速度，是一些运动的重要考量因素。训练引起的力的产生速率变化可以在一定程度上解释为什么高强度抗阻训练并不总是能够提升爆发力，尤其是当动作时间较短（如 100~200 毫秒）时。已有研究证明，使用大阻力（1RM 的 70%~120%）的深蹲训练可以提高最大等长力量，但它不能够改善最大的力的产生速率（Häkkinen et al.，1981），甚至有可能降低肌肉快速发力的能力（Häkkinen，1989）。但一些专门提升力的产生速率的运动，如爆发式小阻力跳跃训练，则可以有效地提高快速发力的能力（Behm and Sale，1993；Häkkinen et al.，1981）。

爆发力型抗阻训练提高了力–时间曲线起始部分的斜率（见图 7.5）。尽管高强度抗阻训练使最大力量提升，但它并没有明显提升力的产生速率，对于有抗阻训练基础（即训练超过 6 个月）的运动员来说尤其如此。这是因为爆发式运动的时间通常低于 300 毫秒。因此，如果不提高力的产生速率，那么高强度抗阻训练就无法使最大力量增长，爆发力也得不到提升。

在前文关于力的产生速率的讨论中，高强度抗阻训练指的是负重进行练习，而不是尽可能快地或以爆发的方式提升重物。通过快速地提升重物，训练者可以在高强

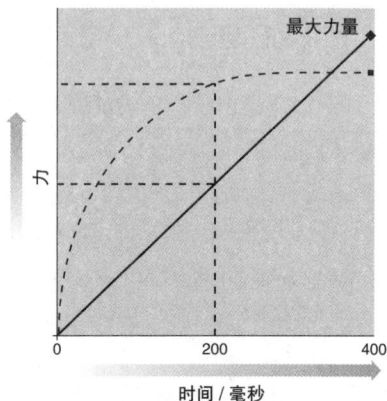

**图 7.5** 爆发力训练与抗阻训练相比，在 200 毫秒或更短的时间内力的产生的增加情况

虚线为爆发力训练；实线为抗阻训练。

度抗阻训练期间提升力的产生速率（Behm and Sale，1993；Crewther et al.，2005；Cronin and Sleivert，2005）。即使是使用较大的阻力，快速动作也可使力的产生速率提高。因此，如果训练目标是提升力的产生速率和发展爆发力，无论使用哪种阻力，训练者都应尽可能快地提升重物。

## 减速阶段和传统的抗阻训练

当重物的移动速度在重复的向心阶段的最后部分降低时，即使尽力提升或保持移动速度，减速阶段也会出现。减速阶段在许多运动中都是必要的，因为重物的移动必须在向心重复阶段结束时完全停止。在向心重复的最后部分，重物的减速将导致最佳爆发力的产出下降（见信息栏 7.2），在相关研究中经常出现这种情况（Berger，1963c；Wilson et al.，1993；Young and Bilby，1993）。例如，当训练者在进行 1RM 的卧推时，杠铃杆将在向心运动的最后 24% 处开始减速（Elliott et al.，

## 减速阶段对力和爆发力的影响

控速训练和快速训练在提升力和爆发力方面是否存在差异是一个重要的实际问题。在二者的对比研究中，一部分受试者使用控速训练进行向心和离心重复，另一部分则使用控速训练进行离心重复，使用快速训练进行向心重复。

未经训练的男性按照上述方式进行了7.5周的半蹲训练（膝关节屈约90度），每周3次，每次包含4组，每组8~12次重复，结果显示其确实产生了各种训练适应（Young and Bilby，1993）。快速向心训练使力的产生率增加了69%，而控速训练仅使之增加了24%。但控速训练使绝对等长力增加了31%，远高于快速向心训练的12%。在股四头肌的几个部位测量深蹲1RM（分别为21%和22%）、垂直纵跳（分别为5%和9%）或肌肉厚度（超声波）的结果显示，快速向心训练和控速训练之间没有显著差异。因此，不同向心速度的训练确实会对某些训练结果产生不同的影响。

参考文献：

Young, W.B., and Bilby, G.E. 1993. The effect of voluntary effort to influence speed of contraction on strength, muscular power, and hypertrophy development. *Journal of Strength and Conditioning Research* 7: 172–178.

---

1989）。而当训练者以更小的阻力进行卧推时（如81%的1RM），减速阶段则将从52%处开始（Elliott et al.，1989）。此外，如果试图更快速地提升重物，那么减速阶段的持续时间还会延长（Newton and Wilson，1993a）。

在跳跃式快速伸缩复合训练和药球训练中，运动员在脱力前一直保持加速，因此不存在减速阶段（如起跳、抛球或击打）。可以说是传统的抗阻训练促进了减速动作的发展。减速是在负重动作的后期，特别是在使用较小的阻力进行快速运动时，主动肌的激活程度下降，同时拮抗肌激活程度上升导致的（Kraemer and Newton，2000）。这种包含减速阶段的运动不适合用来发展爆发力。因此在爆发力训练中，减速阶段的问题可以通过弹震式抗阻训练来避免，如药球投掷，或者在负重或非负重的状态下起跳，如快速伸缩复合跳跃训练。

使用传统的后深蹲训练和两类弹震式训练（负重蹲跳和快速伸缩复合训练，或拉长–缩短周期训练和跳深训练）提升垂直纵跳能力的结果表明，负重蹲跳训练更能有效提升爆发力（Wilson et al.，1993）。负重蹲跳使用1RM的30%的阻力来完成，这可以使训练者产生更大的爆发力。所有训练组均表现出了垂直纵跳能力的增长，但负重蹲跳组比其他两组的增长程度更大（18%）（传统的后深蹲为5%，拉长–缩短周期训练为10%）。这些研究结果与贝格尔（Berger，1963c）所获得的结果相似。贝格尔还发现，与传统的抗阻训练、快速伸缩复合训练或等长训练相比，按照最大阻力的 30% 进行蹲跳可以使垂直纵跳的能力有更大幅度的增长。

虽然弹震式训练可以提升爆发力，但在一些运动中，跳跃后落地或接住重物时将产生过大的离心力，如在史密斯机上进行仰卧平板推掷时，在向心重复阶段将杠铃杆抛起（Newton and Wilson，1993a）。但可以使用抗阻训练设备来减小离心阻力（Newton and Wilson，1993a）。

负重蹲跳训练（按照 1RM 的 30% 进行半蹲练习）的对比研究说明了使用和不使用离心制动方法的结果差异（Hori et al.，2008）。在跳跃后落地的阶段，离心制动方法几乎可以抵消蹲跳练习中使用的所有阻力。两种类型的训练均使得下蹲跳和蹲跳能力的显著提升，并且不同训练组之间没有明显差异。制动组比非制动组（11.5% 对比 7.4%）相对于体重的蹲跳能力（瓦 / 千克）有更明显的提升。然而，在 300 度 / 秒时，非制动组的向心等速腘绳肌力矩有更明显的增长（8.1% 对比 -4.5%）。两组其他的力与爆发力测量值均有明显提升，但各训练组之间无显著差异。因此，使用和不使用离心制动方法进行训练引起的表现变化一致。为了尽量降低负重蹲跳和其他弹震式训练造成损伤的概率，训练者应使用非负重或由较小阻力到较大阻力的循序渐进的方法进行训练。

## 弹震式训练和神经保护机制

神经保护机制会对力的产生产生影响。快速伸缩复合训练或拉长 - 缩短周期训练（Schmidtbleicher et al.，1988）以及弹震式负重蹲跳训练（McBride et al.，2002）均会使肌肉的整体神经刺激增加，从而影响力的产生。有研究表明，在这种类型的训练中，神经保护机制始终保持活跃。不习惯高强度跳跃型快速伸缩复合训练的训练者，其肌电活动从与地面接触前 50~100 毫秒开始减弱，并持续 100~200 毫秒（Schmidtbleicher et al.，1988）。这种保护机制归因于高尔基腱器对突然的强烈拉伸所产生的反射，该反射将在拉长 - 缩短周期的峰值发力期间降低肌肉单位的张力（Gollhofer，1987）。经过一段时间的快速伸缩复合训练后，抑制效果会逐渐减弱（去抑制），并且超等长训练带来的增益提升。

## 训练重复次数的质量

爆发力训练方案的有效性可能与训练重复次数的质量有关。也就是说，如果重复时不能达到最大爆发力或最大速度的一定百分比（如 90% 或更高），那么它对训练适应的影响可能微乎其微。因此，训练者在疲劳或未准备充分的状态下进行任何爆发力训练，都无法达到预期的效果。一节有效的纯爆发力训练课并不存在。但在某些需要在疲劳状态下使用爆发力的运动中也存在例外，如摔跤运动员在比赛后期，当身体处于疲劳状态且血乳酸浓度极高（20 毫摩尔 / 升）时做出抛的动作，以及在排球比赛后期，运动员进行垂直纵跳等。在疲劳状态下训练爆发力可以提升实际疲劳时的运动能力。

爆发力是衡量重复次数质量的一个标准。图 7.6 展示了在正常练习之前和正常练习之后进行蹲跳训练的情况，阻力为 1RM 的 30%。在练习之前进行几组 1 次重复的

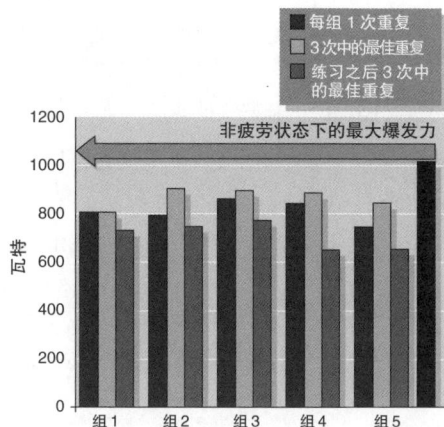

**图7.6** 蹲跳的研究数据表明，在每组3次的重复中，至少有1次可达到高质量重复（至少达到最大爆发力的90%），而在每组1次的重复中，达到最大爆发力的90%的概率减小，并且在疲劳状态下（练习之后），3次重复中的最大爆发力降低，其中阻力为1RM的30%。详细说明见正文

（源自：Dr. William J. Kraemer, Department of Kinesiology, University of Connecticut, Storrs, CT.）

训练者可能无法达到最大爆发力的90%或更高。然而，若每组重复3次，其至少在其中1次的重复中有更大概率达到最大爆发力的90%。在练习之后，每组3次重复中的最高爆发力有所降低。该研究结果仅可作为参考，目前仍需要更多关于重复次数的质量以及重复次数的质量与组间休息时间之间的关系的研究。

爆发力训练的参考指南见信息栏7.3，第2章也有相关内容的简要描述。关于爆发力训练的原则，需要注意的是，上肢运动和下肢运动所使用的阻力是不同的。原因是在大多数的下肢抗阻训练中，除了使用阻力以外还必须移动身体重量，而上肢运动通常只需移动一小部分身体重量。另外在爆发力训练中通常不会进行力竭训练，

其部分原因是随着训练量的增加，爆发力的增长可能会越来越少（见第6章的"力竭训练法"）。

如前所述，由于爆发力训练的抗阻特定性，在训练时应采用多种抗阻训练方式或混合训练方式（Newton and Kraemer，1994）。在训练时使用多种阻力有助于最大爆发力的增长（Toji and Kaneko，2004）。使用30%、60%和100%的最大力量，30%和60%的最大力量，或30%和100%的最大力量组合，可分别使爆发力增加53%、41%和24%，尽管其中最大力量的增长幅度没有明显差异。

另一个考虑因素是，经过力量和爆发力训练的专业运动员在更高百分比（47%~63%）的1RM力量下，产生的最大爆发力比在常规（30%~45%）的1RM力量下产生的最大爆发力更大（Baker et al.，2001a，2001b）。因此在进行爆发力训练时，有训练经验的人可能需要在周期化训练方案中使用更高百分比的1RM。当使用相同的阻力测试爆发力时，通常会得到训练导致的爆发力增加的结果（Crewther et al.，2005；Cronin and Sleivert，2005）。然而，如果在测试爆发力时使用任意百分比的1RM，则可能由于1RM力量增加，同时1RM百分比的阻力增加，导致爆发力的增长不明显。因此，在通常情况下，当测试爆发力是否因训练而发生变化时，应使用相同的训练前后阻力，而非训练前后1RM的百分比。

# 快速伸缩复合训练

快速伸缩复合训练是最早且最常用的

## ❓ 信息栏7.3　实际问题

### 爆发力训练的参考指南

爆发力训练可提升爆发力、最大力量和运动能力。以下是根据研究将爆发力训练纳入抗阻训练方案的参考指南（American College of Sports Medicine，2009）。

- 如果训练目标包含增强爆发力，那么爆发力训练或弹震式训练则应被纳入常规抗阻训练方案中。

- 训练应以爆发力型的方式进行。

- 上肢训练，每次使用 1RM 的 30%~60% 进行 1~3 组训练，每组 3~6 次重复，不达到力竭状态。

- 下肢训练，每次使用 1RM 的 0~60% 进行 1~3 组训练，每组 3~6 次重复，不达到力竭状态。

- 高级训练，使用较大的阻力（1RM 的 85%~100%）进行周期化训练，每次训练 3~6 组，每组 1~6 次重复。

参考文献：

American College of Sports Medicine. 2009. Progression models in resistance training for healthy adults. *Medicine & Science in Sports & Exercise* 41: 687–708.

爆发力训练方式之一。这种训练通常包括自重跳跃练习和药球投掷练习。快速伸缩复合训练的另一个名称是拉长–缩短周期训练，这一名称能够更加准确地描述自重跳跃和健身实心球投掷训练。

拉长–缩短周期是大多数运动的自然组成部分。例如在行走过程中，当脚触地时，股四头肌会先做离心运动，然后做短暂的等长运动，最后做向心运动。如果将离心运动变为等长运动，然后快速地进行向心运动，肌肉就会产生轻微的牵张。在肌肉收缩之前，导致肌肉轻微牵张的整个离心、等长和向心运动的顺序被称作拉长–缩短周期。

在牵张阶段所储存的弹性能量将在收缩阶段被释放，从而产生更有爆发力的向心肌肉动作。该过程相较于正常的向心作用力来说，会产生额外的弹性能量，这也是拉长–缩短周期之后会产生更有爆发力的向心肌肉动作的原因之一。更大向心动作的另一种常见解释是，神经反射使肌纤维更快被募集或更多肌纤维被募集。

实现拉长–缩短周期后可产生更大向心动作这一理论很容易被证明。在常规的垂直纵跳（下蹲跳）过程中，训练者屈曲膝关节和髋关节（伸肌进行离心运动），迅速改变方向，然后起跳（分别为等长运动和向心运动）。因此，下蹲跳的过程包含了拉长–缩短周期。而蹲跳指的是，通过屈曲膝关节和髋关节进行跳跃，在屈曲膝关节和髋关节的姿势下停留 3~5 秒，然后起跳。蹲跳不包含拉长–缩短周期，并且跳跃高度低于下蹲跳（即包含拉长–缩短周期的跳跃）的高度。此外，还可通过远距离抛球来证明拉长-缩短周期的效果。采用常规的反手抛的方式（包含拉长-缩短周期）比以不摆动手臂的方式（不包含拉长-缩短周期）抛出的距离更远。

拉长-缩短周期训练可用于上半身和下半身运动。许多上半身的药球投掷练习都包含拉长-缩短周期。跳深（从凳子上落到地面后即刻起跳）也是最常见的拉长-缩短周期练习之一，实际上几乎所有中间不停顿的跳跃运动和抛球练习都包含拉长-缩短周期。

## 拉长-缩短周期增加力的产出的机制

弹性能量与神经反射是拉长-缩短周期训练增加力的产出的最常见解释（Markovic 2007；Saez-Saez de Villarreal et al.，2009）。已有研究证实了在拉长-缩短周期中会使用储存的弹性能量这一理论（Biewener and Roberts，2000；Bosco et al.，1987；Bosco et al.，1982；Farley et al.，1991）。据博斯克等人（Bosco et al.，1987）估算，下蹲跳高度与蹲跳高度之间的差异有20%~30%都是由弹性能量造成的。弹性能量可储存在肌腱、其他结缔组织和肌球蛋白横桥中（Biewener and Roberts，2000）。如果在肌球蛋白横桥的预拉伸过程中储存了弹性能量，那么一旦横桥脱离活动部位，弹性能量就会丢失。因此，以这种方式储存的弹性能量必须迅速得到释放。横桥与活动部位的平均结合时间为30毫秒。预拉伸力的增强持续时间比这一时间要长，因此其他机制必须发挥作用。所以，尽管可以在肌球蛋白横桥中储存弹性能量，但大部分的弹性能量可能储存于结缔组织中。训练可使结缔组织或肌肉组织发生适应，以加强储存能力，从而提供更多可用的弹性能量。证明快速伸缩复合训练使肌肉刚度发生变化的研究也印证了这一理论（Cornu et al.，1997；Hunter and Marshall，2002）。

另一种与拉长-缩短周期可产生更大的力有关的机制是肌肉或肌束长度。在人体的快速伸缩复合训练中，当进行预拉伸时，股外侧肌可产生更大的力，尽管预拉伸和非预拉伸状态下股外侧肌的肌电活动没有差异（Finni et al.，2001）。在预拉伸状态下，力量的增强可能与向心运动之前的肌束长度较长有关。这将使肌肉在长度-张力曲线中处于更有利的位置，从而产生更大的力量。

拉长-缩短周期可导致更多运动单位被反射募集，或使已被募集的运动单位的激发率提升，从而使力的产出增加。然而，肌肉进行等长运动并被拉伸后，其肌电活动并没有明显变化（Thompson and Chapman，1988）。有研究表明，预拉伸和非预拉伸肌肉动作之间的肌电活动没有显著差异（Finni et al.，2001）。这表明反射活动并不能解释拉长-缩短周期为什么会使所产生的力增加。显然，某种类型的力的增长是由拉长-缩短周期引起的，但这些机制尚未被完全证实，并且可能涉及不止一种机制。

## 长、短拉长-缩短周期练习

根据地面接触时间，拉长-缩短周期运动被分为长、短两种类型（Schmidtbleicher，1994）。长拉长-缩短周期动作的地面接触时间大于250毫秒（如排球运动中的下蹲跳和拦网跳）。长拉长-缩短周期动作的特征还包括髋关节、膝关节和踝关节处的大角度位移。短拉长-缩短周期动作的地面接触时间小于 250 毫秒（如尽量减少与地面接触时间的跳深、冲刺以及跳高和跳远的起跳）。短拉长-缩短周期动作的特征还包括髋关节、膝关节和踝关节处的小角度位移。下蹲跳高度和跳深高度与地面接触时间的相关性较低，说明这些测试测量了不同的动作特征（Hennessy and Kilty，2001；Schmidtbleicher，1994）。因此，应将这两种拉长-缩短周期动作视为两种不同的训练方式，在针对不同运动设计拉长-缩短周期训练方案时应考虑到这种差异。

元分析也证明了这两种类型的拉长-缩短周期跳跃之间存在差异，并且，相较于短拉长-缩短周期跳跃，用较长的拉长-缩短周期跳跃进行快速伸缩复合训练更能有效提高运动能力。然而，这些差异在统计学意义上并不显著（Markovic，2007；Saez-Saez de Villarreal et al.，2009）。在使用长拉长-缩短周期进行快速伸缩复合训练时，挥臂与不挥臂（手放在髋部）时的下蹲跳能力分别提升了 8.7% 和 7.5%（Markovic，2007）。而在使用短拉长-缩短周期跳跃进行快速伸缩复合训练时，跳深能力提升了 4.7%。上述研究中的百分比差异仅可作为参考，因为大多数训练研究都没有区分训练中使用的拉长-缩短周期跳跃的类型，并且许多训练研究在训练方案中使用了不止一种类型的跳跃方式。

长、短拉长-缩短周期练习具有不同作用的理论得到了相关数据的支持。例如，在美国国家级女子短跑运动员和跨栏运动员中，长、短拉长-缩短周期的测试结果和不同距离的冲刺能力之间确实存在不同的相关性（Hennessy and Kilty，2001）。30 米（−0.79 对比 −0.60）、100 米（−0.75 对比 −0.64）和 300 米（−0.49 对比 −0.55）冲刺的能力，与地面接触时间最短的跳深能力以及下蹲跳能力之间存在着不同的相关性。除了 300 米冲刺成绩和地面接触时间最短的跳深成绩外，以上所有其他运动之间都具有明显的相关性。地面接触时间最短的跳深成绩是影响 30 米冲刺能力的主要变量，30 米冲刺成绩差异的 70% 源自该变量与地面接触时间。在 100 米冲刺项目中，61% 的差异源于下蹲跳的高度以及地面接触时间最短的跳深高度。这表明长、短拉长-缩短周期与 100 米冲刺的能力有关。而 300 米冲刺成绩差异的 30% 源自下蹲跳的能力，地面接触时间最短的跳深能力则与 300 米冲刺成绩没有明显的相关性。有研究表明，与其他快速伸缩复合跳跃相比，冲刺能力（最大速度）与跳深能力的相关性最高（$r = 0.69$）（Kale et al.，2009）。这些结果表明，教练在为运动员的特定活动或项目制定拉长-缩短周期训练方案时，应考虑到长短拉长-缩短周期练习之间的差异。

## 拉长-缩短周期训练的效果

已有研究证明，仅进行拉长-缩短周期训练可以提高运动能力，如垂直纵跳、运动专项跳跃、短跑、短距离自行车骑行、跳远、长跑和跑步效率（Berryman et al.，2009；Lockie et al.，2012；Markovic，2007）以及踢球速度（Young and Rath，2011）。一项为期 6~12 周的研究显示，仅使用一种或两种类型的快速伸缩复合训练的受试者的运动能力得到了改善（Bartholomeu, 1985; Blackey and Southard, 1987; Gehri et al., 1998; Matavulj et al., 2001; Miller 1982; Scoles, 1978; Steben and Steben, 1981）。单一的快速伸缩复合训练对上半身的运动能力提升也产生了积极的促进效果。药球投掷测试能力结果显示，仅进行增强式俯卧撑（每周3次，持续6周）也显著增强了上半身的爆发力（Vossen et al., 2000）。增强式俯卧撑是在常规俯卧撑的基础之上，向上推动身体，双手离开地面，然后在进行下一次增强式俯卧撑之前，训练者必须在向地面下降时进行身体控制。这些研究结果表明，仅使用一种或两种类型的拉长-缩短周期训练即可改善上半身和下半身的运动能力。

使用多种快速伸缩复合训练的为期6~12周的研究也观察到了运动能力的提升（Adams et al., 1992; Bartholomeu, 1985; Bosco and Pittera, 1982; Diallo et al., 2001; Fatouros et al., 2000; Ford et al., 1983; Hawkins et al., 2009; Lockie et al., 2012; Potteiger et al., 1999; Rimmer and Sleivert, 2000; Wagner and Kocak 1997; Young and Rath, 2011）。这些研究使用了跳深、下蹲跳、双腿交替弹跳、垫步跳及其他快速伸缩复合练习的组合。在大多数包含一种或两种类型的快速伸缩复合练习或组合快速伸缩复合练习的研究中，受试者均为未受过训练的人。而在一些受试者为专业运动员（篮球运动员、越野运动员和足球运动员）的研究中，也观察到其运动能力的提升（Diallo et al., 2001; Lockie et al., 2012; Matavulj et al., 2001; Wagner and Kocak, 1997）。

快速伸缩复合训练不仅可以提高跳跃能力，还可提高运动专项能力，如缩短10米冲刺的时间（-2%），缩短敏捷性测试的时间（9.6%），并能够提高足球运动员的惯用脚（11%）和非惯用脚（13%）的踢球速度（Meylan and Malatesta, 2009; Sedano Campo et al., 2009）。一项元分析结果显示，运动员和非运动员的跳跃能力都有相同程度的提高（Markovic, 2007）。但另一项元分析表明，与区级运动员相比，国际水平的运动员进行快速伸缩复合训练能获得更大的垂直纵跳能力的提升，而且训练经验较丰富的运动员通过快速伸缩复合训练可获得更大的垂直纵跳能力的提升（Saez Saez de Villarreal et al., 2009）。可见，快速伸缩复合训练确实可以提高运动员的运动能力；并且训练效果与训练经验成正比。

上述研究表明，快速伸缩复合训练可包含多种训练频率和持续时间。快速伸缩复合训练的训练量是根据训练的重复次数来衡量的，如每次训练的跳跃次数或投掷次数。在快速伸缩复合跳跃训练中，脚部与地面的接触的次数则可作为训练量的衡量标准。脚部与地面的接触包括单脚或双脚接触地面。因此，如果训练者进行了2组×10次的跳深，脚部将会与地面接触20次。元分析及相关研究为跳跃式快速伸缩复合训练方案的设计优化提供了一些参考（见信息栏7.4）。

## 跳深和落地跳的高度

跳深和落地跳是目前比较流行的快速伸缩复合训练类型，并且弹跳能力的增长程度与训练的高度有关。跳深是指从一个跳箱跳到地面，再从地面弹跳到另一个跳箱上。落地跳是指从跳箱上跳下落地后，只进行垂直纵跳。训练者跳深的高度是一个重要的考虑因素，因为在跳深运动中，地面反作用力会随着高度的增加而增加（Wallace et al.，2010）。从很高的地方跳跃可能会增加受伤的风险，并可能影响最高跳跃次数，从而影响跳跃能力的最佳收益。

早在1967年，就有研究人员发现跳深高度可能对跳跃能力产生影响。韦罗汉斯基（Verhoshanski, 1967）指出，如果跳深高度超过110厘米，则可能会适得其反，因为在此高度上，从离心肌肉动作到向心肌肉动作的转变过于缓慢。施密特布雷彻和戈尔霍夫（Schmidtbleicher and Gollhofer,

1982）后来提出，训练者的脚跟无法与地面接触的跳深高度是不适宜的，这在一定程度上是因为脚跟接触地面时受到的高冲击力会增加受伤的概率。

单独进行不同高度（40~110厘米）的跳深训练或进行将其与抗阻训练结合进行的训练，均可提升垂直纵跳能力、腿部力量和运动能力，提升幅度在不同跳深高度之间没有明显差异（Bartholomeu, 1985; Blackey and Southard, 1987; Clutch et al., 1983; Matavulj et al., 2001）。有研究人员认为，跳深高度超过40厘米的训练的效果并不会更好，因为与较低的高度相比其机械效率没有提高，并且不建议以超过60厘米的高度进行跳深练习，因为以此高度训练时不仅不能提高机械效率，反而会增加受伤的风险

## 信息栏7.4　研究成果

### 设计跳跃式快速伸缩复合训练方案

元分析（Saez Saez de Villarreal et al., 2009）及相关研究（Saez Saez de Villarreal et al., 2008）为设计跳跃式快速伸缩复合训练方案提供了一些参考。

训练频率。为达到最佳训练效果，需要每周训练2次，持续至少10周。

训练效率。每项快速伸缩复合跳跃训练所产生的跳跃能力增长百分比是衡量训练效率的指标。每周训练2天可能比更高频率的训练更有效。每周训练2天和4天都会使跳跃能力显著提高（分别为12%和18%），但提升幅度不存在明显差异。但每周训练2天比每周训练4天的效率更高（分别为0.014%和0.011%），两种训练频率都可同等程度地缩短20米冲刺的时间。因此，每周训练2天可以更高效地提升运动能力。

脚部与地面接触的次数。每次训练脚部至少需要与地面接触50次，方可达到良好的训练效果。

多种快速伸缩复合练习。要最大限度地增强跳跃能力，就需要使用多种快速伸缩复合练习，并且更高强度的快速伸缩复合练习将使垂直纵跳能力的提升幅度更大。

参考文献：

Saez Saez deVillarreal, E., Gonzalez-Badillo, J.J., and Izquierdo, M. 2008. Low and moderate plyometric training frequency produces greater jumping and spending gains compared with high frequency. *Journal of Strength and Conditioning Research* 22: 715-725.

Saez Saez de Villarreal, E., Kellis, E., Kraemer, W.J., and Izquierdo, M. 2009. Determining variables of plyometric training for improving vertical jump height performance: A meta-analysis. *Journal of Strength and Conditioning Research* 23: 495-506.

（Peng，2011）。一项元分析结论表明，跳深高度对垂直纵跳能力的增长没有显著影响（Saez Saez de Villarreal et al.，2009）。因此就目前来看，此类训练中不存在最佳跳深高度。

## 下肢负重快速伸缩复合训练

在进行拉长−缩短周期练习时，使用负重背心、加重带或杠铃，与不使用附加阻力的训练相比，其可产生稍高但不明显的增长（Saez Saez de Villarreal et al.，2009）。这种类型的练习类似于上一节中描述的爆发力训练。一项元分析的结果表明，使用额外阻力的快速伸缩复合训练并不能增加垂直纵跳高度（Saez Saez de Villarreal et al.，2009），但额外的阻力（如身体护垫或其他设备）有助于在运动期间提高运动能力。因此，在某些情况下或在针对特定运动进行训练时，可能需要在快速伸缩复合训练期间使用额外的阻力。

## 抗阻和拉长−缩短周期的同步训练

每周进行 2~3 次抗阻和拉长−缩短周期相结合的训练，持续 4~10 周，可提升垂直纵跳能力、下蹲跳能力和腿部力量（Adams et al.，1992；Bauer et al.，1990；Blackey and Southard，1987；Clutch et al.，1983；Fatouros et al.，2000；Hunter and Marshall，2002）。这种同步训练会使得垂直纵跳能力从 3.0 厘米大幅提升至 10.7 厘米。该训练方法也已被证实可以显著提高男性的立定跳远能力，显著缩短 40 码冲刺的时间（Polhemus et al.，1981），并大幅提升踢球

的速度（Young and Rath，2011），还能明显提高短距离楼梯冲刺跑的能力（Blackey and Southard，1987）。

运动表现测试结果表明，抗阻和拉长−缩短周期相结合的训练比单一的训练更有效（Adams et al.，1992；Bauer et al.，1990；Fatouros et al.，2000；Polhemus et al.，1981）。例如，在进行纯深蹲训练、纯快速伸缩复合训练和同步训练后，垂直纵跳的高度分别增加了 3.3 厘米、3.8 厘米和 10.7 厘米（Adams et al.，1992），增长百分比分别为 11%、9% 和 15%（Fatouros et al.，2000）。在这些研究中，与分别接受两种单一训练的人相比，接受同步训练的人进步更明显。

在特定的训练情况下，进行抗阻和拉长−缩短周期相结合的训练也可产生良好的效果。青少年棒球运动员分别进行了周期化抗阻训练，以及在相同的抗阻训练方案的基础上增加了药球投掷的快速伸缩复合训练，其中包括躯干旋转的投掷，结果显示，躯干以及髋−躯干−手臂旋转力量和爆发力均有明显增长（Szymanski et al.，2007）。但是，同步训练使两者的增长幅度更大。旋转力量和爆发力的增长对挥杆和投球来说十分重要，因此，当需要提高运动能力时，这两种类型的训练都应被纳入抗阻训练方案。

## 拉长−缩短周期训练对力的增长的影响

拉长−缩短周期训练有助于提升最大力量。仅进行拉长−缩短周期训练时，膝伸肌（而非膝屈肌）的等长力量可获得明显的增加（Bauer et al.，1990）。使用加重的绳进行跳绳训练可使 1RM 腿蹬举能力和

卧推能力显著提高（Masterson and Brown，1993）。此外，落地跳也可以增加髋关节伸肌力量（Matavulj et al.，2001）、深蹲 1RM 力量（Hawkins et al.，2009；MacDonald et al.，2012），以及腿蹬举 1RM 力量（Saez Saez de Villarreal et al.，2008）。例如，包含各种拉长-缩短周期训练的跳跃式快速伸缩复合训练方案可使 1RM 深蹲能力增加 28%（Hawkins et al.，2009）和 3RM 深蹲能力增加 7%（Lockie et al.，2012）。

增强式俯卧撑训练显著提高了 1RM 卧推能力，但其提升幅度并没有高于常规俯卧撑训练（Vossen et al.，2000）。按照预期，抗阻和快速伸缩复合训练的同步训练也会使力量增长（Blackey and Southard 1987；Fatouros et al.，2000）。有趣的是，其中一项研究表明，与单一的快速伸缩复合训练或抗阻训练相比，同步训练可以更大幅度地提升深蹲能力（分别为 29%、12% 和 22%）（Fatouros et al.，2000）。纯抗阻训练组的增长明显大于纯快速伸缩复合训练组，而同步训练组的增长明显大于另外两个单一训练组。此外，这两项研究的受试者都没有接受过抗阻训练，但他们可以以自身体重的 1.5 倍进行深蹲。

因此，对经验丰富的训练者而言，快速伸缩复合训练是否能够增加其 1RM 力量仍有待研究。在青少年棒球运动员中，比起单一的抗阻训练方案，在周期化抗阻训练方案中增加投球练习并不会更大幅地提升其 3RM 卧推能力（分别为 17% 和 17%）或 3RM 深蹲能力（分别为 27% 和 30%）。但如前所述，使用同步训练可使躯干和髋-躯干-手臂旋转力量和爆发力的提升更大。

因此，抗阻和拉长-缩短周期相结合的训练能够比单独进行抗阻训练产生更大的力量增长，具体增长幅度取决于纳入整个训练方案中的具体拉长-缩短周期练习和测试力量的动作。但是，拉长-缩短周期训练本身的确可以增强力量。

## 拉长-缩短周期训练对身体成分的影响

单一的拉长-缩短周期训练对身体成分和肌纤维尺寸的影响尚无定论。仅针对女性进行的跳跃式拉长-缩短周期训练结果显示，其体脂率或去脂体重的百分比没有发生明显变化（Bauer et al.，1990）。在 12~13 岁的男孩中，拉长-缩短周期训练与常规足球训练相结合，可使体脂率明显下降（Diallo et al.，2001）。常规的足球训练结合快速伸缩复合训练对成年女性的身体成分没有显著影响（Sedano Campo et al.，2009）。跳跃式拉长-缩短周期训练结合常规的抗阻训练也没有显著改善 I 型或 II 型肌纤维的尺寸、体脂率以及去脂体重（Häkkinen et al.，1990）。然而，波泰格等人（Potteiger et al.，1999）发现，拉长-缩短周期训练可使 I 型和 II 型肌纤维的尺寸明显增大。与其他类型的训练一样，拉长-缩短周期训练对身体成分和肌纤维尺寸的影响可能取决于初始训练状态、训练时间、训练量以及是否同时进行其他类型的训练等诸多因素。

## 拉长-缩短周期训练与其他类型的训练的兼容性

拉长-缩短周期训练似乎与其他类型

的训练有着良好的兼容性。如前所述，与各类单一的训练相比，将拉长-缩短周期训练与抗阻训练结合使用，可能获得更好的运动能力和更大的力量增益。拉长-缩短周期训练与20分钟的有氧训练（最大心率的70%）综合以及单一的拉长-缩短周期训练均会使垂直纵跳能力显著增强，但增幅没有明显差异（Potteiger et al., 1999）。有趣的是，两项训练方案都使Ⅰ型和Ⅱ型肌纤维横截面积显著增大，但是增幅也没有明显差异。此外，腿部的拉长-缩短周期训练能提高长跑运动员的跑步效率且其给跑步效率带来的提高优于传统的抗阻训练（Berryman et al., 2010; Spurrs et al., 2003）。

每周两天的下肢抗阻训练和拉长-缩短周期训练与每周4天的下肢柔韧性训练之间不存在兼容性问题（Hunter and Marshall, 2002）。两种训练均显著改善了下蹲跳的能力以及30厘米、60厘米和90厘米的跳跃能力，但提升幅度没有明显差异。虽然研究数据有限，但现有结果仍表明拉长-缩短周期训练与抗阻训练、有氧训练或柔韧性训练之间不存在兼容性问题。

## 拉长-缩短周期训练的潜在损伤风险

与所有的体能训练一样，拉长-缩短周期训练确实存在着一些固有的损伤风险，也有相关资料记录了拉长-缩短周期训练导致损伤的事实。然而，这些损伤通常都与运动方式不当有关，如跳深高度不当或地面选择不当等。拉长-缩短周期训练的几位研究作者明确表明，正确地使用该训练方式不会导致身体损伤（Berryman et

al., 2010; Polhemus et al., 1981），即使是未经训练的人也是如此（Bartholomeu, 1985; Blattner and Nobel, 1979）。作为一种损伤害预防措施，一些人建议训练者在进行下肢拉长-缩短周期训练时，应确保具有能够以自身体重的1.5~2倍的阻力进行后深蹲的能力。许多人可能不符合上述条件，其中也包括抗阻训练经验丰富的人，并且元分析表明，初始体能水平对拉长-缩短周期训练提升跳跃能力的效果并没有影响（Saez Saez de Villarreal et al., 2009）。

拉长-缩短周期训练容易导致肌纤维损伤和神经肌肉疲劳（Chatzinkolaou et al., 2010; Nicol et al., 2006）。通常，在拉长-缩短周期训练后，由于肌肉酸痛和损伤等原因（延迟性肌肉酸痛），运动能力在运动后1~2小时内处于下降状态，在大约24小时后出现二次下降。根据拉长-缩短周期训练的训练量和训练强度，从一次训练中完全恢复需长达8天的时间。在拉长-缩短周期训练之前，进行其他类型的训练所导致的疲劳可能会增加在拉长-缩短周期训练期间受伤的概率。跑步机跑步等运动所导致的疲劳将改变从15厘米和30厘米高处跳深时落地的生物力学机制（最大冲击加速度和膝屈最大角速度提高）（Moran et al., 2009）。

如前所述，随着跳深高度的增加，落地时产生的冲击也会增加（Peng, 2011; Wallace et al., 2010）。因此，在疲劳状态下进行快速伸缩复合训练或进行过高的跳深运动都可能增加受伤的风险。鉴于此，拉长-缩短周期训练应循序渐进地进行，并且应从较低的训练量开始逐步提升。

## 与其他抗阻训练的对比

与拉长-缩短周期训练相比，为期 6 周的常规抗阻训练可使 1RM 深蹲能力有更大增长，但总体差别不大（MacDonald et al.，2012）。另一项对比研究显示，纯快速伸缩复合训练、纯抗阻训练和复合训练均显著提高了 1RM 深蹲、小腿上提和罗马尼亚硬拉的能力，但这些训练方案的效果没有明显差异（MacDonald et al.，2012）。

很少有研究将拉长-缩短周期训练与其他类型的抗阻训练进行比较，因此必须谨慎看待上述结论。拉长-缩短周期训练和常规的动态恒定外部阻力训练在提升垂直纵跳能力的效果上没有显著差异（Adams et al.，1992）。常规抗阻训练包括使用线性周期化训练方案的深蹲，而拉长-缩短周期训练则包括跳深、双腿跳和分腿跳的周期化训练。深蹲和拉长-缩短周期训练可使垂直纵跳高度分别增加 3.3 厘米和 3.8 厘米。进行拉长-缩短周期训练和常规的动态恒定外部阻力训练后，两组的垂直纵跳高度均有显著且程度相近的增加（Fatouros et al.，2000），但后者可更大幅度地提高腿蹬举（9% 对比 15%）和深蹲（12% 对比 22%）1RM 力量。

在一项抗阻训练、奥林匹克举重和拉长-缩短周期训练的对比研究中，各训练组的下蹲跳、蹲跳和 1RM 深蹲能力都出现了增长（Hawkins et al.，2009）。抗阻训练方案包括全身的抗阻练习且训练时不加速提升重物。抗阻训练主要包含了各类奥林匹克举重的变式练习。拉长-缩短周期训练包括各种下肢拉长-缩短周期练习。虽然这几种训练方案都使得测量数据值有所增加，

但相较于其他两种训练，抗阻训练对增强 1RM 深蹲、下蹲跳和蹲跳能力有更好的效果。但在垂直纵跳能力方面，抗阻训练方案的效果差于另外两种训练方案。

另一项对比研究表明，纯拉长-缩短周期训练、纯抗阻训练和复合训练均可明显提升 1RM 深蹲、提踵和罗马尼亚硬拉的能力，并且这几种训练方案的效果没有明显差异（MacDonald et al.，2012）。然而，在 3 次力量测试中，纯抗阻训练和复合训练产生的增加量都大于纯拉长-缩短周期训练的增加量。

拉长-缩短周期训练和等速训练的对比结果表明，这两种训练方法在提升垂直纵跳能力的效果上没有显著差异（Blattner and Noble，1979）。两种方法分别使垂直纵跳的高度增加了 4.8 厘米和 5.1 厘米。与其他训练方案一样，训练效果在一定程度上取决于方案的有效性。

## 其他考虑因素

拉长-缩短周期训练可有效提升女性的体能（垂直纵跳能力增强 25%）（Ebben et al.，2010），并且一项元分析表明，男性和女性的垂直纵跳能力可获得相同程度的提高（Saez Saez de Villarreal et al.，2009）。虽然拉长-缩短周期训练通常与冲刺及跳跃等无氧训练有关，但它也可能在长时间的体育运动中发挥作用。快速伸缩复合跳跃测试（从一只脚跳到另一只脚，连续跳 3 次后双脚着地）的结果（跳跃距离）能够解释为什么 10 千米比赛成绩会产生 74% 的变化（Sinnett et al.，2001）。该研究中的受试者是业余长跑运动员。此外，如

前所述（Berryman et al., 2010；Spurrs et al., 2003），拉长-缩短周期训练减少了跑步的耗能，或者说提高了跑步效率。这表明应将拉长-缩短周期训练纳入长跑运动员的全面体能训练方案当中。

通常情况下，拉长-缩短周期训练的目标是增强最大爆发力。一般来说，此类训练的恢复时间相对较长，以便在每次重复时都能发挥出接近最大的爆发力。这就表示在某些训练方案中，每次拉长-缩短周期训练重复后都有一定的休息时间。一项研究对 10 次跳深训练间分别辅以 15 秒、30 秒和 60 秒休息的训练方案进行了对比，结果表明，使用这 3 种训练方案得到的跳跃高度或地面反作用力没有明显差异（Read and Cisar, 2001）。虽然从理论上讲，进行拉长-缩短周期训练时必须要有充足的休息时间，但实际上并不需要在每次重复后进行过长时间的休息。

在设计拉长-缩短周期训练方案时，还需要考虑体重和身体成分等因素。大部分此类运动，尤其是下肢运动，通常都会以身体的重量作为需对抗的训练阻力。体脂率较高的人需要以较大的阻力（体重）和较小的相对去脂体重进行训练。因此，为了避免受伤并尽可能地优化训练，体重较大的训练者的训练量（即脚跟接触地面的次数）需要低于体脂率较低的训练者。

# 一天两次训练

在一天内进行两次抗阻训练的方式已经得到了普遍运用。部分训练者由于时间和日程安排的限制开始使用这种方法，还有一部分训练者则希望提高总训练量。但对于入门

级训练者，不建议采用每天两次的训练量较高的训练方式。与所有的体能训练一样，训练强度或训练量的增加需要循序渐进。

专业的奥林匹克举重运动员在同一天上午和下午进行训练，第 1 次训练后其力量指标会有所下降，但将在第 2 次训练之前恢复（Häkkinen, 1992；Häkkinen et al., 1988c）。当奥林匹克举重运动员在一天内进行两次训练，每周训练 4 天时，在两次训练的间隔期间，其力量指标也将恢复（Häkkinen et al., 1988b）。这些有丰富抗阻训练经验的运动员似乎都对每天两次的训练产生了耐受性，至少在短时间内如此。

当专业的奥林匹克举重运动员连续两天、每天进行两次训练时，其最大抓举能力没有发生显著变化（Kauhanen and Häkkinen, 1989）。但在下蹲接杠时，其膝关节角速度减慢，杠铃被拉至略低的高度。休息一天后，其膝关节角速度加快，最大提拉高度恢复正常。在一天两次训练持续一周后，这些专业举重运动员的最大腿部等长力量产生没有发生变化（Kauhanen and Häkkinen, 1989）。然而，其达到最大等长力量所需的时间或力的产生速率确实有所提升。经过两周的每天 2~3 次训练，初级运动员的垂直纵跳能力有所下降（Warren et al., 1992）。以上研究和资料表明，专业运动员至少可以在短时间内耐受一天两次的训练，但仍然会发生运动技术的改变和爆发力的下降。也有资料表明，运动员无法适应一天两次训练的表现是，练习或运动技术发生微小变化以及完成爆发力型练习（如垂直纵跳）能力的下降。

一天训练两次的一个原因是这样可以增加总训练量，另一个原因是将一节训

练课分为两节课，运动员可在两节课之间得到完全恢复。这使得运动员可以在每天的第 1 节训练课中保持高训练强度，并在第 2 节课中达到更高的训练强度。研究结果表明，当总训练量相等时，每天的训练分两次进行是较为有利的（Häkkinen and Pakarinen，1991）。

在一次为期两周的训练中，健美运动员和举重运动员每天进行一次训练。而在另外两周的训练中，他们以相同的训练量进行训练，但一天的训练分两次进行。因此，两种训练方式的总训练量相同，唯一的区别则是一天中的训练次数。在完成这两项双周训练之后都进行一周降低训练量的训练。深蹲型运动中的等长力量在双周训练后保持不变。在每天一次训练课的训练量减少一周之后，等长力量也没有变化。然而，在每天两次训练课的训练量减少一周之后，等长力量有明显增强。

在一项类似的研究中，女子竞技运动员进行了为期两周的训练。在此期间，她们将常规训练量平均分配于同一天的两次训练中，并在之后的一周内减少训练量进行训练（Häkkinen and Kallinen，1994）。与在 3 周内正常进行一天一次训练的受试者相比，一天进行两次训练的受试者的最大等长力量和股四头肌横截面积显著增加。这些结果表明，将训练分为一天两次进行，可以在短时间的恢复之后获得更大的力量增长。

# 小结

要强化高水平运动员的训练适应，就需要使用高级训练策略，其中包括周期化训练、抗阻训练、拉长-缩短周期训练，以及一天两次训练，等等。高级训练策略，特别是针对高级精英级举重运动员的高级训练策略还需要更多的研究。然而，现有的研究结果已经证明了高级训练策略的有效性，并且高级训练策略可能比一般训练策略更有效。因此，在为有训练基础的训练者及运动员设计抗阻训练方案时，要将高级训练策略纳入训练方案中。

## 选读材料

Cronin, J., and Sleivert, G. 2005. Challenges in understanding the influence of maximal power training on improving athletic performance. *Sports Medicine* 35: 213-234.

Fleck, S.J. 2002. Periodization of training. In *Strength training for sport*, edited by W.J. Kraemer and K. Häkkinen, 55-68. Oxford, UK: Blackwell Science.

Häkkinen, K. 2002. Training-specific characteristics of neural muscular performance. In *Strength training for sport*, edited by W.J. Kraemer and K. Häkkinen, 20-36. Oxford, UK: Blackwell Science.

Kraemer, W.J., and Fleck, S.J. 2007. *Optimizing strength training: Designing nonlinear periodization workouts.* Champaign, IL: Human Kinetics.

Kraemer, W.J., and Newton, R.U. 2000. Training for muscular power. *Physical and Medical Rehabilitation Clinics of North America* 11: 341-368.

Nicol, C., Avela, J., and Komi, P.V. 2006. The stretch-shortening cycle: A model for studying naturally occurring neuromuscular fatigue. *Sports Medicine* 36: 977-999.

Saez Saez de Villarreal, E., Kellis, E., Kraemer, W.J., and Izquierdo, M. 2009. Determining variables of plyometric training for improving vertical jump height performance: A meta-analysis. *Journal of Strength and Conditioning Research* 23: 495-506.

# 停训

**学习完本章后，你应该能够完成以下内容。**

1. 描述在什么情况下会出现停训。
2. 描述停训期间典型的体能下降时间线。
3. 讨论导致停训的生理机制。
4. 讨论赛季中停训对不同运动项目的影响及赛季中停训的影响因素。
5. 讨论为什么对大幅增重的运动员来说在其职业生涯结束时的停训非常重要。
6. 为大幅增重的运动员提供职业生涯结束后的训练建议。

停训的传统定义为"停止运动训练"。停训也可能指有计划地中止训练（如周期化训练计划中的停训），或伤病导致的计划外停训、训练量的减小或强度的降低。停训是一种体能退化的过程，该过程在训练量减小或训练完全终止时便会出现，它会使生理机能下降，从而影响运动能力。若出现力或爆发力的下降，或者肌肉的损失，那么此时可能已经发生了某种类型的停训。由于年龄增加或运动生涯结束而不进行运动训练，停训可能发生于几周之后或者未来数年之内。短期（几周至几个月）的停训通常与抗阻训练方案的设计相关。维持抗阻训练或赛季中训练方案的目标是防止停训的发生，同时允许有更多的时间来训练其他适能或运动能力。

运动员的停训可能会在若干种情况下发生，包括完全停止抗阻训练（如由于受伤）、减小抗阻训练量或完全停止抗阻训练（如作为训练方案的一部分，如赛季中或休赛期抗阻训练方案）以及长期不进行抗阻训练或减小抗阻训练的训练量和强度（如运动生涯结束之后）。图8.1描述了停训的一般影响。要重点注意的是，除非训练导致生理性适应发生和运动能力的改变，否则不会出现停训。了解停训有助于设计出最佳抗阻训练方案，从而提高运动能力，并在抗阻训练减少期间保持力和爆发力水平。

穆吉卡和帕迪利亚（Mujika and Padilla,

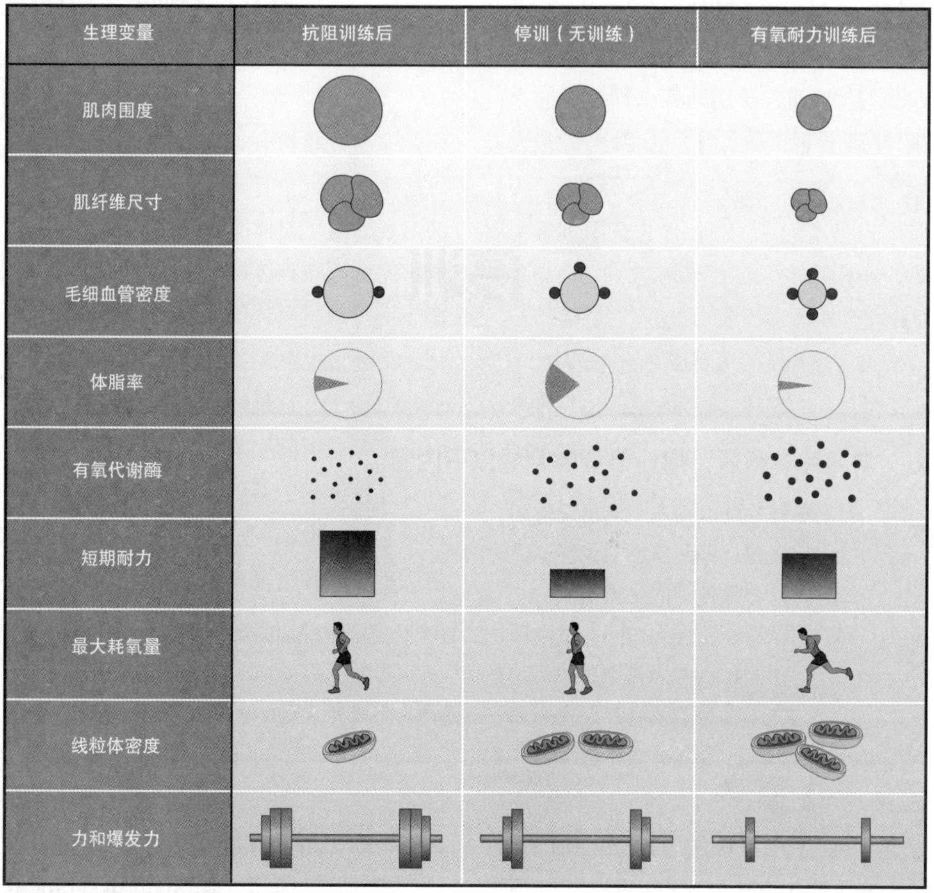

| 生理变量 | 抗阻训练后 | 停训（无训练） | 有氧耐力训练后 |
|---|---|---|---|
| 肌肉围度 | | | |
| 肌纤维尺寸 | | | |
| 毛细血管密度 | | | |
| 体脂率 | | | |
| 有氧代谢酶 | | | |
| 短期耐力 | | | |
| 最大耗氧量 | | | |
| 线粒体密度 | | | |
| 力和爆发力 | | | |

**图 8.1** 停训的一般影响是回到未经训练的状态

2001）描述了停训反应的时间过程。从心血管的角度来看，停训的影响包括毛细血管密度降低（这可能会在停训 2~3 周后发生），如果停止训练 3~8 周，则动静脉血氧差会减小。一些氧化酶含量的快速下降会导致线粒体 ATP 生成量减少。这些情况与峰值耗氧量的降低有关，并且对心肺适能很重要。某些生理变量与输送氧气及利用氧气来产生能量有关，而具有较高心肺适能水平的运动员在这些生理变量上的降低幅度更大。然而，即使在短期停训之后，

运动员的这类变量值仍然高于未经训练、久坐不动的受试者，并且他们的生理功能在经过短期的停训后可以通过重新训练得以快速地恢复。然而，相较于高输出力和爆发力的生成，心肺适能水平的下降速度更快。

停训后爆发力型运动员的力量水平最长可以维持 2 周（Hortobagyi et al.，1993），而一般运动员则最长可维持 4 周（Mujika and Padilla，2001）。对进行娱乐性训练的人来说，由于其初始力量水平较低，与

经过严格训练的人相比，他们的力量水平最长能够维持超过 6 周（Kraemer et al., 2002）。然而，即使是从未训练过的人，进行短期停训（如 2 周）也可能导致最大力量降低。例如，经过 4 周的抗阻训练，等长肌肉力量增加了 31%，停止抗阻训练 2 周后，等长肌肉力量下降到了比训练前高 24% 的水平（Herrero et al., 2010a）。

对经过训练的运动员来说，短时间（几周）的停训会使其离心力量和运动特定爆发力下降（Mujika and Padilla, 2001）。训练 3 个月之后，未经训练的人能够在接下来的 3 个月停训期间维持离心力量水平，但不能维持向心力量水平（Anderson et al., 2005）。停训期间肌电活动的减少反映了最大肌力的缓慢降低（Anderson et al., 2005；Mujika and Padilla, 2001）。停训期间，爆发力似乎会比最大肌力损失得更快（Izquierdo et al., 2010；Kraemer et al., 2002）。停训期间向无训练状态过渡的生理适应变化为肌纤维尺寸（Blazevich, 2006）、肌纤维羽状角（Blazevich, 2006）、卫星细胞数量（Kadi et al., 2004）、左心室厚度（Kawano et al., 2006）和肌腱刚度（Kubo et al., 2010）都随着停训而降低。然而，抗阻训练后，动脉顺应性通常会随着停训而提高。此外，静息血液激素浓度的改变（如生长激素浓度的降低和皮质醇浓度的升高）（Kraemer and Ratamess, 2005）表明停训过程中合成代谢减少。总体上，上述研究表明，停训期间几乎所有的训练适应都会向未经过训练时的状态退化，但退化的时间线不尽相同。

# 停训类型

停训通常发生在以下几种情况下。首先是完全停止所有类型的训练。这类停训可能出现在一个赛季结束或运动生涯结束的时候。鉴于对体能以及对健康的负面影响，完全停止训练很少发生。在若干种情况下会出现抗阻训练的训练量或强度的降低。一种情况是只进行抗阻训练，而其他训练减少了。这种情况可能作为研究项目的一部分或紧随受伤状态出现。另一种情况是在持续进行其他类型的体能训练的同时，有计划地减少抗阻训练的训练量或训练强度。这种情况多出现在赛季中的抗阻训练中。

## 停止抗阻训练

早期研究表明，当训练完全停止或训练量急剧减少时，力量增益下降的速度慢于训练引发的力量增加的速度（McMorris and Elkins, 1954；Morehouse, 1967；Rasch, 1971；Rasch and Morehouse, 1957；Waldman and Stull, 1969）。停止抗阻训练后力量下降的幅度可能会相当大（见表 8.1）。例如，奥林匹克举重运动员的深蹲能力（见图 8.2）在停止抗阻训练后的 4 周内大约下降了 10%。然而，停训 2 周之后，进行体力活动的男性的等长肌力略有增加（见图 8.3）。

虽然短期停训可能导致最大力量下降，但其水平仍高于训练之前（Herrero et al., 2010a, 2010b；Izquierdo et al., 2010）。短期停训后，肌肉力量也可能出现不太显著的变化（Presters et al., 2009；Terzis et

表 8.1　停训期间具有代表性的力和爆发力的变化

| 参考文献 | 实验对象 | 训练时间/周 | 训练类型 | 每周天数 | 组数 × 重复次数 | 停训时间/周 | 力量测试类型 | 高于训练前的百分比/% 训练 | 高于训练前的百分比/% 停训 |
|---|---|---|---|---|---|---|---|---|---|
| Häkkinen et al., 1989 | 男性力量运动员<br>男性<br>女性 | 10.5<br>10.5<br>10.5 | 举重<br>举重<br>举重 | 3.5<br>3.5<br>3.5 | 1RM 的 70%~100%<br>1RM 的 70%~100%<br>1RM 的 70%~100% | 2<br>2<br>2 | 最大等长膝伸 | 8*<br>13*<br>19* | 5<br>15*<br>18* |
| Kraemer et al., 2002 | 经过抗阻训练的男性 | 2 年以上 | 全身周期化练习 | 3 或 4 | (3~5)×(1~12) RM | 6 | 1RM 深蹲<br>1RM 卧推<br>1RM 肩推 | ?<br>?<br>? | - 3.2<br>- 4.7<br>- 0 |
| Hortobagyiet al., 1993 | 力量举运动员和足球运动员 | 8.1 年 | 举重 | 3.4 | (2~5)×(1~12) | 2 | 1RM 深蹲<br>1RM 卧推<br>温格特功率 | ?<br>?<br>? | - 1.7<br>- 0.9<br>- 8.7 |
| Terzis et al., 2008 | 男性 | 14 | 全身 | 2 或 3 | 2 周: 2×(8-10) RM<br>12 周: 3×6RM | 4 | 1RM 深蹲<br>1RM 腿蹬举<br>1RM 卧推 | 28*<br>34*<br>22* | 22*<br>25*<br>17* |
| Izquierdo et al.,2010 | 男性 | 16 | 全身周期化训练 + 弹震式训练 | 2 | 从 3×10，强度为 10RM 的 80% 进阶至 3×(2~4)，强度为 1RM 的 90% | 4 | 1RM 卧推<br>1RM 深蹲 | 17*<br>22* | 4<br>16* |
| Dudley et al., 1991 | 男性 | 19 | 腿蹬举膝伸 | 2 | (4~5)×(6~12) | 4 | 3RM 腿蹬举<br>3RM 膝伸 | 26*<br>29* | 20*<br>20* |
| Herrero et al., 2010a | 男性 | 4 | 膝伸 | 4 | 8×8，强度为 1RM 的 70% | 2 | 等长膝屈伸 | 31* | 26* |
| Narici et al., 1989 | 男性 | 8.6 | 等速，120 度/秒 | 4 | 6×10 | 5.7 | 等长 | 21* | 3 周 = 10<br>5.7 周 = 4 |
| Häkkinen and Komi, 1983 | 男性 | 16 | 深蹲 | 3 | 15 次重复，强度为 1RM 的 80%~100%<br>5 次离心重复，强度为 1RM 的 100%~120% | 8 | 等长深蹲 | 30* | 19* |
| Ishida et al., 1990 | 男性 | 8 | 提踵 | 3 | 3×15，强度为 1RM 的 70% | 8 | 等长 | 32* | 4 周 = 20*<br>8 周 = 16* |
| Häkkinen et al., 1985a | 男性 | 24 | 深蹲 | 3 | 18~30 次重复，强度为 1RM 的 70%~100%<br>3~5 次离心重复，强度为 1RM 的 100%~120% | 12 | 等长蹲 | 27* | 12* |
| Häkkinen et al., 1985b | 男性 | 24 | 深蹲 | 3 | 18~30 次重复强度为 1RM 的 70%~100%，3~5 次离心重复，强度为 1RM 的 100%~120% | 12 | 深蹲 1RM | 30* | 15* |

| 参考文献 | 实验对象 | 训练时间/周 | 训练类型 | 每周天数 | 组数 × 重复次数 | 停训时间/周 | 力量测试类型 | 高于训练前的百分比/% 训练 | 高于训练前的百分比/% 停训 |
|---|---|---|---|---|---|---|---|---|---|
| Houston et al., 1983 | 男性 | 10 | 腿蹬举膝伸 | 4 | 3 × 10 RM | 12 | 膝伸, 0~270度/秒 | 39~60* | 4 周 = 29~52* 12 周 = 15~29* |
| Andersen et al., 2005 | 男性 | 12 | 腿蹬举后深蹲膝伸和膝屈 | 3 | 线性周期化训练, 10~12RM 进阶至 4RM | 12 | 膝伸 离心30度/秒 离心240度/秒 向心30度/秒 向心240度/秒 | 50* 25* 19* 11* | 20* 24* 5 1 |
| Häkkinen et al., 1985c | 男性 | 24 | 跳跃训练,伴随强度为 1RM 的 10%~60% 的深蹲 | 3 | 每个环节 100~200 次跳跃 | 12 | 等长深蹲 | 6.9* | 2.6* |
| Lo et al., 2011 | 男性 | 24 | 全身 | 3 | 线性周期化训练 | 48 | 1RM胸推 1RM膝伸 | 32* 71* | 2* 30* |
| Taaffe and Marcus, 1997 | 老年男性 | 24 | 上半身和下半身练习 | 3 | 3 × 8, 强度为 1RM 的 75% (+GH) | 12 | 1RM 膝伸 | 40.4* | 10.5* |
| Häkkinen et al., 2000 | 中年男性和女性 | 24 | 腿蹬举/伸展 | 2 | 3 或 4×(8~15), 强度为 1RM 的 50%~80% | 3 | 1RM 膝伸 | 27* | 27* |
| | 老年男性和女性 | 24 | 腿蹬举/伸展 | 2 | 3 或 4×(8~15), 强度为 1RM 的 50%~80% | 3 | 1RM 膝伸 | 29* | 29* |
| | 中年男性和女性 | 24 | 腿蹬举/伸展 | 2 | 3 或 4×(8~15), 强度为 1RM 的 50%~80% | 24 | 1RM 膝伸 | 29* | 23* |
| | 老年男性和女性 | 24 | 腿蹬举/伸展 | 2 | 3 或 4×(8~15), 强度为 1RM 的 50%~80% | 24 | 1RM 膝伸 | 23* | 19* |
| Prestes et al., 2009 | 女性 | 12 | 线性周期化训练 反向线性训练 | 3 | 由 12~14RM 渐减至 4~6RM 由 4~6RM 渐增至 12~14RM | 1 | 1RM卧推 1RM膝伸 1RM卧推 1RM膝伸 | 15* 37* 16* 30* | 17* 37* 17* 32* |
| Lemmer et al., 2000 | 年轻男性和女性 老年男性和女性 | 99 | 膝伸 膝伸 | 3 3 | 5 × (5~10) 5 × (5~10) | 31 31 | 1RM 膝伸 1RM 膝伸 | 34* 28* | 26* 14* |
| LeMura et al., 2000 | 女性 | 16 | 全身性举重 | 3 | 2 周: 2×(8~10), 强度为 1RM 的 60%~70% 14 周: 3×(8~10), 强度为 1RM 的 60%~70% | 6 | 几项平均强度为 1RM 的上半身练习 几项平均强度为 1RM 的下半身练习 | 29* 38* | 19* 24* |

| 参考文献 | 实验对象 | 训练时间/周 | 训练类型 | 每周天数 | 组数 × 重复次数 | 停训时间/周 | 力量测试类型 | 高于训练前的百分比 /% | |
|---|---|---|---|---|---|---|---|---|---|
| | | | | | | | | 训练 | 停训 |
| Staron et al., 1991 | 女性 | 20 | 腿蹬举深蹲腿部伸展 | 2 | 每个环节3 × (6~8) RM,3 × (10~12) RM | 30~32 | 1RM 深蹲1RM 膝伸1RM 腿蹬举 | 67[*]70[*]70[*] | 45[*]105[*]61[*] |
| Tsolakis et al., 2004 | 男性儿童 | 8 | 全身训练 | 3 | 3 × 10RM | 8 | 等长肘屈 | 17[*] | 6[*] |
| Faigenbaum et al., 1996 | 男性和女性儿童 | 8 | 举重 | 2 | 4周: 2 × (6~8) RM4周: 3 × (6~8) RM | 8 | 6RM 膝伸6RM 胸部飞鸟 | 53[*]41[*] | 1719 |
| Blimkie et al., 1989 | 男性儿童 | 20 | 全身训练 | 3 | 3 × 15, 强度为 1RM 的 70% | 8 | 卧推腿蹬举等长膝伸等长肘屈1RM 膝伸 | 35[*]22[*]21[*]31[*]70[*] | 34[*]17[*]14[*]30[*]61 |

[*] 表示与训练前相比有显著的差异, +GH 表示生长激素补充。

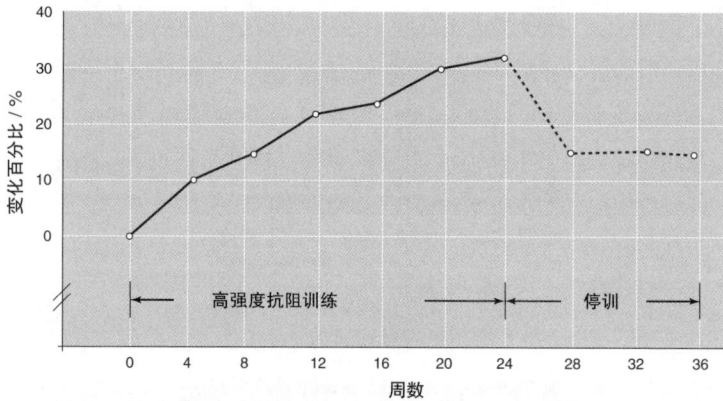

**图 8.2** 奥林匹克举重运动员训练时与停训后深蹲 1RM 的变化百分比

（经许可, 源自: K. Häkkinen and P.V. Komi, 1985, "Changes in electrical and mechanical behavior of leg extensor muscles during heavy resistance strength training," *Scandinavian Journal of Sports Science* 7: 55–64. )

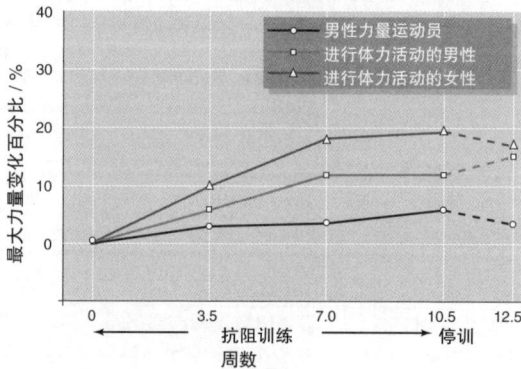

**图 8.3** 训练时和停训后最大等长力量的变化百分比

（源自: *Journal of Biomechanics*, Vol. 8, K. Häkkinen et al.., "Neuromuscular adaptations and hormone balance in strength athletes, physically active males, and females, during intensive strength training," pp. 889–894, Copyright 1989, with permission from elsevier. )

al.，2008）。例如，线性周期化或反向线性周期化训练之后的一周停训期内，若干种练习的 1RM 未显示出显著变化，有些练习显示出了小幅的增加（Presters et al.，2009）。

因此，短期停训期间力或爆发力的变化方向和幅度会因起始的体能水平或用于确定最大力量或爆发力的测试类型而有所不同。然而，随着停训持续时间的增加，力和爆发力最终会出现显著的降低。

尽管停训后的力量仍高于抗阻训练前，但长期停训（长至 24 周）会导致力量显著下降（见表 8.1）。无论力量是否在停训后的前几周出现下降，随着停训持续时间的增加，力量会缓慢降至训练前的水平（Häkkinen et al.，2002；Ishida et al.，1990；Ivey et al.，2000；Lo et al.，2012）。

一些研究显示，停训后的前几周内力量的降幅小于后几周。然而，力量的损失程度与停训期长短的关系可能受到年龄的影响。随着停训期的延长，老年实验对象比年轻实验对象损失的力量更多（见信息栏 8.1）。

一般来说，老年人和年轻人会随着停训表现出类似的力量下降模式（Ivey et al.，2000）：尽管力量会随着停训下降，但仍高于训练前的水平。例如，卡拉普萨拉克斯等人（Kalapotharakos et al.，2007）的研究表明，停训 6 周后，老年男性（68 岁）在一些练习中的 1RM 大约会下降 15%，不过该水平仍高于训练之前。老年女性似乎更易受到停训的影响（Ivey et al.，2000）。老年人和年轻人之间的一个区别是随着停训时间的增加，老年人的肌肉力

## 信息栏 8.1  研究成果

### 年龄对停训期肌肉力量损失的影响

年龄似乎会影响停训期的力量流失。在训练膝伸肌 9 周后，无论是年轻（20~30 岁）还是年老（65~75 岁）的男性和女性，他们的 1RM 力量都有显著增加，分别提升了 34% 和 28%（Lemmer et al.，2000）。青年实验对象获得的增量明显高于老年实验对象。在 31 周的停训期间，老年实验对象和年轻实验对象的力量均显著下降，分别降低了 14% 和 8%。老年人的力量损失明显大于年轻人。有趣的是，老年人（13%）和年轻人（6%）大多数的力量损失都出现在第 12~31 周内。青年男性、老年男性和老年女性在停训期的第 1~12 周和第 12~31 周都表现出了明显的力量损失。年轻的女性表现出了类似的力量损失模式，只是其第 12~31 周的力量损失不明显。结果表明，无论年轻人还是老年人，相较于停训的后几周，他们都能在停训的前 12 周更好地维持力量水平，但是停训 12 周之后，老年人的力量损失尤其迅速。老年人的力量损失更大在一定程度上是由于力量随年龄增长而发生的自然损失。

参考文献：
Lemmer, J.T., Hurlbut, D.E., Martel, G.F., Tracy, B.L., Ivey, F.M., Metter, E.J., Fozard, J.L., Fleg, J.L., and Hurley, B.F. 2000. Age and gender responses to strength training and detraining. *Medicine & Science in Sports & Exercise* 32: 1505–1512.

量损失更大（见信息栏 8.1）。对于儿童或青少年，其在停训后其力量会下降（6~12 周），但最终其力量仍高于训练前的水平（Ingle et al., 2006; Tsolakis et al., 2004）。儿童的自然生长和力量的增加可以部分抵消由长时间停训导致的力量下降。

总体来说，目前已掌握的关于短期（2~4 周）和长期停训的信息表明，力量确实会因停训下降，但下降幅度有很大差别。力量下降的速度在一定程度上可能取决于停训前训练期的长度、所用的力量测试类型（如卧推、离心阶段、向心阶段）以及所测的具体肌群。另外，年龄也会影响力量的下降幅度，特别是对于比较长的停训期。

绝大多数的停训研究在停训之前都采用了正常的抗阻训练，每次重复都包括向心和离心肌肉动作。有些研究表明，在停训之前进行这类训练可能会使得停训 4 周内的力量损失慢于仅向心训练（Dudley et al., 1991）。在这项研究中，正常的抗阻训练和仅向心训练（只举不放重物）包括 3 组训练，每组的重复次数为 10~12 次，阻力为 10~12RM。训练量翻倍的向心训练包括 6 组训练，每组的重复次数为 10~12 次，阻力为正常的抗阻训练中的 10~12RM。因此，在训练量翻倍的向心训练中，仅向心肌肉动作数量等于正常的抗阻训练期间向心和离心肌肉动作的总数量。每周 3 天进行由腿蹬举和膝伸练习组成的训练，持续 19 周，用仅向心和正常的抗阻训练测试力量增量（3RM），所有训练组都只在向心阶段的腿蹬举能力上有明显进步（见图 8.4）。

停训期过后，正常的抗阻训练和训练量翻倍的向心训练所保留的力量大于仅向心训练（见图 8.4）。此外，正常的抗阻训练导致的力量损失少于训练量翻倍的向心训练。膝伸力量的损失遵循类似的模式。该信息表明，在停训期间，正常的抗阻训练对力量的维持效果要好于仅向心训练，即便仅向心训练量翻倍，也是如此。

研究中绝大多数停训的受试者在停训之前仅进行了一种强度的训练。然而，有些信息确实表明，以更高的强度训练能减缓停训期间的力量损失（见信息栏 8.2）。因此，可以在停训期之前进行一些高强度抗阻训练，以减缓停训期间的力量损失。

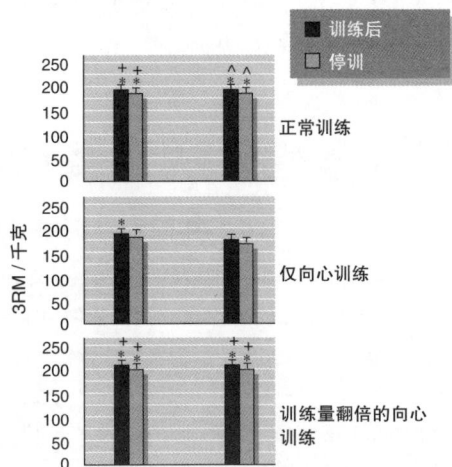

**图 8.4 腿蹬举 3RM 在正常的抗阻训练、仅向心训练和训练量翻倍的向心训练中的变化**

\* 表示高出训练前的增量；＋ 表示增量大于仅向心的训练组；^ 表示增量大于仅向心和训练量翻倍的向心训练组

（经许可，源自：G.a. Dudley et al., 1991, "Importance of eccentric actions in performance adaptations to resistance training," *Aviation, Space, and Environmental Medicine* 62: 543–550.）

## 训练量的减少

长期以来一直有信息表明，借助由更低的训练频率和训练量组成的方案，力量水平能够更好地维持，甚至会有所改善。例如，在 6 周的停训期内，仅采用一个 1RM 训练组，并且每周只训练一天，力量就会增加（Berger，1962a）。

降低训练频率已被证明不会使力量产生显著降低，并且甚至可能提升力量。采用不同的跳跃和拉长–缩短周期训练每周训练 3 次并持续 16 周会使等长腿部力量提升 28%（Häkkinen et al.，1990）。以更低的频率（每周 1 次）进行相同类型的训练，持续 8 周之后，等长力量降低至高于训练前 6% 的水平。然而，这并不算是显著的降低，并且就对停训期的反应而言存在许多个体差异。

用一组 7~10RM 的可变抗阻膝伸训练每周训练 2~3 次，接着将频率降低至每周 1~2 次并持续 12 周，结果表明，停训期间等长力量并无显著的降低（Graves et al.，1988）。而如果停训期间不进行任何训练，等长力量将显著降低（见表 8.2）。背伸肌的可变抗阻或者等长训练表现出了相同的结果（Tucci et al.，1992）。在每周 1 节或 3 节训练课之后，以更低的频率（每 2 周或 4 周一节训练课）持续训练 12 周并未使等长后背伸展力量在 7 个角度出现显著变化，从 –13% 到 1%。停训期内不训练会导致等长后背伸展力量显著降低（6%~14%）。持续以每周 3 次的频率训练 12 周之后，再以每周 1~2 次的频率进行 12 周的肩袖肌群等速训练，结果表明，向心和离心等速峰值扭矩均无明显降低（McCarrick and Kemp，2000）。停训期内不进行训练会导致向心

**? 信息栏 8.2　实际问题**

### 抗阻训练的强度对停训期间的力量损失有影响吗

以 1RM 的 40%、60% 或 80% 训练 6 个月之后，年长男性（平均年龄约 70 岁）的卧推 1RM 能力分别增加了 34%、48% 和 75%，而腿蹬举的 1RM 能力分别增加了 38%、53% 和 63%（Fatouros et al.，2006）。停训 6 个月之后，这些相同的训练组表明，胸推的力量损失量分别为训练值的 98%、60% 和 29%，腿蹬举的力量损失量分别为 70%、44% 和 27%。力量增益不仅依赖于强度，并且在更高强度的训练之后，力量增益能够更好地保持。有趣的是，更高强度的训练还会明显增大柔韧性增益，并且停训期间对柔韧性增益的保持效果也明显更好。遗憾的是，尽管很具吸引力，但是这种对比在年轻人或年轻运动员身上的应用前景却很渺茫。然而，对于年长的客户和运动员，这项研究结果表明，如果实施得当，那么更高的训练强度将有助于在停训期间保持力量增益。

参考文献：

Fatouros, I.G., Kambas, A., Katrabasas, I., Leontsini, D., Chatzinikolaou, A., Jamurta, A.Z., Douroudos, I., Aggelousis, N., and Taxildaris, K. 2006. Resistance training and detraining effects on flexibility performance in the elderly are intensity– dependent. *Journal of Strength and Conditioning Research* 20: 634–642.

**表 8.2** 训练 10~18 周，接着停训 12 周之后，膝伸力量的变化

| 训练 / 停训频率 | 高出训练前的等长力量 / % | | 高出训练前的训练阻力 / % | |
|---|---|---|---|---|
| | 训练 | 停训 | 训练 | 停训 |
| 3/2 | 27[*] | 23[*] | 64[*] | 65[*] |
| 3/1 | 20[*] | 20[*] | 59[*] | 59[*] |
| 2/1 | 17[*] | 15[*] | 47[*] | 40[*+] |
| 2~3/0 | 18[*] | 6[*]+ | 40[*] | — |

[*] 表示明显高于训练前；[+] 表示明显小于训练后。

（源自：Graves et al., 1988.）

和离心峰值扭矩降低，并且离心力量的降幅更大。

59 岁的男性先每周训练 2 次，持续 21 周，接着再每 2 周训练 3 次，持续 21 周，完成这项全身抗阻训练计划后，其腿蹬举力量维持在了训练开始后 21 周内达到的水平上（Sallinen et al., 2007）。在训练的前 21 周内，腿蹬举力量与训练前相比显著增加了 20%，在以更低的频率训练的前 10 周内，腿蹬举力量与训练前相比进一步增加至 25%，接着在以更低的频率训练的后 10 周，腿蹬举力量又降回到比训练前高 20% 的水平。因此，降低频率训练 10 周会使力量增长，但在此之后，力量便会减少，但是仍然处在以较高频率训练后 21 周所达到的水平。

总体上，这些研究表明，如果训练强度维持在高水平，那么将频率降低至每周 1~2 次就可以维持各种肌群的力量水平，但是完全不训练确实会导致停训期间力量降低。以下连续 3 年以更低频率训练的结果证明，停训期间需维持训练强度以维持力量增益（Smith et al., 2003）。平均年龄为 73 岁的男性和女性持续 2 年执行每周训练 2 次的全身训练方案，该方案的强度高

达 1RM 的 80%，接着以相同的频率训练了 3 年，但是强度是 1RM 的 60%~70%，或完全不进行训练。以更低的强度训练 3 年导致力量大幅降低，但是力量仍然高于训练前的水平（见表 8.3）。完全不进行训练导致力量水平降低，降低后的力量并没有明显高于训练前的水平。因此，尽管力量损失小于完全不进行训练，但是以更低的强度训练并不能将力量维持在先前 2 年内以更高强度训练时所达到的水平。然而，在该老年实验组中，衰老造成的力量损失可能也会对结果造成影响，对照组的力量损失量印证了这一点。

## 赛季中停训

赛季中停训指的是，运动员在进行其他类型的训练时，完全停止抗阻训练或降低抗阻训练量，从而导致运动表现、爆发力或力量下降。这类停训要重点考虑，因为在整个赛季或部分赛季中，许多运动都会出现这类停训。赛季内力或运动能力的损失量取决于若干个因素，如某个运动员在赛季内得到了多少上场时间、所进行的其他类型的体能练习以及运动或活动对力或爆发力的要求。

**表8.3** 训练2年，接着停训3年期间力量的变化

| | 训练2年后高出训练前水平的1RM% | 停训3年后高出训练前水平的1RM% |
|---|---|---|
| **腿蹬举** | | |
| 降低频率的实验组 | 27[*] | 16[*] |
| 停训的实验组 | 32[*] | 14 |
| 对照组 | - 4 | - 12 |
| **卧推** | | |
| 降低频率的实验组 | 53[*] | 26[*] |
| 停训的实验组 | 50[*] | 4 |
| 对照组 | 6 | - 9 |

[*] 表示与训练前明显不同。

（源自：Smith et al.，2003.）

前几节阐明了停止抗阻训练会导致力量下降。同样明确的是，停止抗阻训练最终会导致运动能力降低。不过，短暂的停训可能不会影响运动能力。例如，利用快速伸缩复合训练显著增强下蹲跳能力（25%）和下蹲跳峰值爆发力后停止训练，在10天的停训期内相关数值并无明显的变化（Ebben et al.，2010）。为期24周的以深蹲式动作为主，采用1RM的70%~100%，每周进行3次的训练使垂直纵跳能力显著增强了13%（Häkkinen and Komi，1985c）。停训12周后，垂直纵跳能力显著降低，但是仍然比训练前高出2%。类似地，24周的快速伸缩复合训练使垂直纵跳能力增强了17%，而停训12周之后，垂直纵跳能力有所降低，但是仍然比训练前高出10%（Häkkinen and Komi，1985a）。在以上两项研究中，停训期间的蹲跳（没有反向动作的跳跃）能力也有所降低。

受过抗阻训练的运动员（力量举运动员和美式橄榄球运动员）停训2周后，其垂直纵跳（2.3%）和蹲跳（3.6%）能力

会出现小幅、不明显的增强（Hortobagyi et al.，1993）。然而，尽管力量的变化和运动能力可能具有相关性（Terzis et al.，2008），但是它们是截然不同的两个因素。短暂的停训期（4周）内可能会出现力量损失，但是运动能力却没有明显的降低，如投球能力（Terzis et al.，2008），这恰好印证了上述观点。这一结论在老年人中似乎也成立。在24周的停训期内，尽管中年和老年长人会出现肌肉萎缩和力量损失，但是其运动能力、爆发力型的跳跃和行走动作的表现始终高于训练前的水平（Häkkinen et al.，2002）。

赛季中训练期间，即使抗阻训练停止了，运动员们仍然会进行其他类型的训练。赛季内，精英级高山速降、自由泳和速度滑雪运动员在力量上也会表现出一些变化，尽管这些运动要求有高水平的力和爆发力（Koutedakis et al.，1992）。进入赛季3个月后，60度/秒的等速膝伸力量明显降低了6%，膝屈力量小幅降低了7%。7个月后，60度/秒的等速膝伸力量明显降低了

14%，而膝屈力量降低了 16%。停训 3 个月和 7 个月后，180 度 / 秒的等速膝屈力量和膝伸力量出现了较小的、不太明显的降低，并且 30 秒最大循环测试（温盖特自行车测试）期间的功率输出也未表现出明显的变化。因此，滑雪运动员在赛季内的低速动作的力量可能会降低，而不是中间速度。不过，由于功率输出未降低，运动能力所受影响可能会极小。

对一些球类运动的运动员来说，赛季内缺少抗阻训练似乎对力量或运动能力的影响很小。篮球赛季内的停训对力量或运动能力几乎没有影响。大学一级联赛的男性运动员在赛季前执行一套为期 5 周的抗阻训练方案后，其深蹲 1RM 能力显著增加了 18%，而卧推的 1RM 能力、27 米的冲刺时间和垂直纵跳能力无显著变化，增幅分别为 4%、2% 和 0（Hoffman et al., 1991）。在 20 周的赛季内不进行抗阻训练不会导致卧推的 1RM、深蹲的 1RM 和垂直纵跳能力发生明显变化（-1%~5%），但会导致 27 米的冲刺能力显著下降（3%）。青少年篮球运动员（14.5 岁）每周进行 2 次快速伸缩复合（跳跃和药球投掷）训练，持续 10 周，同时进行正常篮球训练。结果显示，其蹲跳、下蹲跳、跳深和坐姿药球投掷的能力增加了 9%~16%（Santos and Janeira et al., 2011）。接下来的 16 周内，其不进行快速伸缩复合训练，但是继续进行正常的篮球训练，这些指标没有显著的变化（+2%~7%）。在一个类似的研究项目中（Santos and Janeira, 2009），青少年男性（14~15 岁）篮球运动员持续 10 周，每周进行 2 次复合训练，接下来 16 周进行正

常的篮球训练，但不进行复合训练，在此期间其蹲跳、下蹲跳、预蹲跳和坐姿药球投掷的能力没有明显的变化（见信息栏 8.3）。

对网球运动员和团体手球运动员的研究出现了类似的结果。在 9 个月的赛季期间，不进行抗阻训练的女子一级联赛网球运动员的情况表明，打网球和参加网球训练确实可以维持体能水平（Kraemer et al., 2000；Kraemer et al., 2003）。尽管体能得以维持，但是体能的指标或运动专项表现的指标，包括发球、正手球和反手球速度都没有改善。进行为期 12 周的全身抗阻训练之后，精英级男子团体手球运动员的下蹲跳能力显著增强了 13%，而抛球速度提升了 6%（Marques and Gonzalez-Badillo, 2006）。在 7 周未进行抗阻训练的停训期内，其下蹲跳能力未出现明显的降低（-2%），抛球速度明显降低（-3%）。

总体上，以上论述表明，在整个赛季或部分赛季内，可以通过参加体育运动和进行相关的练习来维持力量和运动能力水平，尤其当这类训练要求输出较大力或爆发力的时候。然而，力和运动能力的指标可能会出现一定的降低。

## 赛季中抗阻训练方案

赛季中抗阻训练方案的目标是在竞争激烈的赛季中进一步增强或者至少维持力量、爆发力和运动能力水平。然而，赛季中抗阻训练方案的执行结果有很高的不确定性。

赛艇运动本身对力量和有氧能力的要求很高。持续 10 周、每周进行 3 次抗阻训练之后，赛艇运动员的力量有所提升（见

**? 信息栏 8.3　实际问题**

### 正常的体育训练能维持赛季中的运动能力水平吗

通过正常的训练能否维持某些体育运动中的运动能力增益是一个重要的问题。对于十四五岁的男性篮球运动员，正常的篮球训练确实可以维持其赛季中的运动能力水平，而每周进行一次抗阻训练几乎对其运动能力没有影响（Santos and Janeira，2009）。在赛季前完成一套为期10周的抗阻训练后，在赛季中停止抗阻训练或持续16周、每周进行一次抗阻训练大体上能够维持运动能力水平。然而，随着16周停训期的持续，运动能力会缓慢地下降。例如，停训4周之后，蹲跳、下蹲跳、预蹲跳和坐姿药球投掷的能力都未出现明显增强，抗阻训练停止时的增加值分别为7%、3%和8%，训练量降低时的增加值分别为7%、4%和3%。停训16周后，蹲跳、下蹲跳和药球投掷能力通常不会明显地下降，当抗阻训练停止时，下降值分别为8%、0和3%，训练量减少时的变化分别为 -4%、+6% 和 -6%。尽管运动能力的变化不太明显，但是随着赛季的进行，无论完全停止抗阻训练还是每周进行一次，运动能力水平通常都会降低。

参考文献：

Santos, E.J.A.M., and Janeira, M.A.A.S. 2009. Effects of reduced training and detraining on upper and lower body explosive strength in adolescent male basketball players. Journal of *Strength and Conditioning Research* 23: 1737–1744.

图 8.5）（Bell et al.，1993）。以每周1次或2次的低频率进行6周抗阻训练不会使力量明显降低或增强。每次的训练都包括约3组如图8.5所示的每项练习，强度约为最大强度的75%。这些结果表明，不进行抗阻训练，但继续进行划船训练的赛艇运动员们能够在6周内维持或提高力量水平。

上一小节中描述的两项针对男性青少年篮球运动员的研究证明了采用赛季中抗阻训练方案保持运动能力时其有不确定性。每周进行2次快速伸缩复合训练，为期10周，同时进行正常篮球训练的青少年男性篮球运动员的蹲跳、下蹲跳、跳深和坐姿药球投掷能力都有显著增强（Santos and Janeira，2011）。在接下来的16周内，不

进行快速伸缩复合训练，但继续进行正常的篮球训练，以上指标也未发生显著变化。然而，在16周的停训期内，每周进行一次快速伸缩复合训练，结果以上4个指标中有3个显著提高（8%~15%）。因此，不进行快速伸缩复合训练会维持这一运动能力水平；然而，以更低的训练量进行快速伸缩复合训练通常会使这一运动能力水平显著提高。

在一个类似的研究项目中，男性青少年篮球运动员持续10周、每周进行2次复合训练，接下来16周不进行复合训练或者每周进行1次复合训练，在此之后，其蹲跳、下蹲跳、预蹲跳和坐姿药球投掷的能力并没有明显的变化（Sntos et al.，2009）。不进行与每周进行1次复合训练

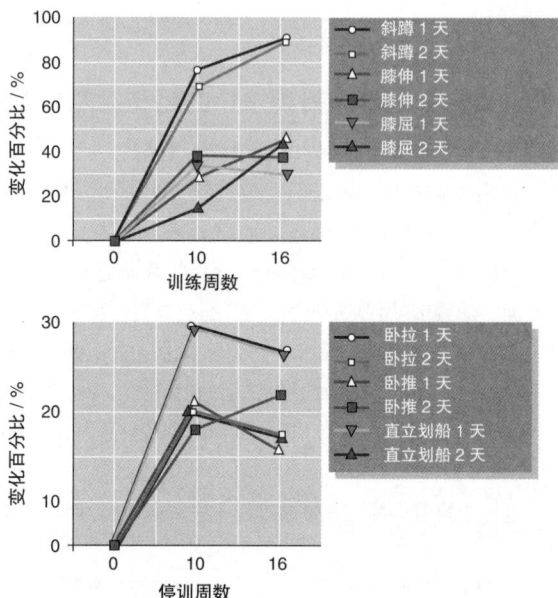

**图 8.5** 先完成每周训练 3 天、持续 10 周的抗阻训练，紧接着完成每周训练 1~2 天、持续 6 周的抗阻训练，在此期间女桨手力量的变化

（源自：Bell et al., 1993.）

的效果并没有差异。然而，应当注意的是，停训期前的 10 周复合训练方案对所有需测试的运动能力都没有显著的增强。

女性篮球运动员在 22 周的篮球赛季中每周进行 1~2 次抗阻训练，在此期间其垂直纵跳能力显著增强了 6%（Häkkinen，1993），最大等长腿部伸展力量保持不变。赛季中训练每次包含 1~2 个下肢练习，每组包含 3~8 次重复，强度为最大强度的 30%~80%。实验对象每次训练重复 20~30 次，并且她们每两周进行一次由 100~150 个水平和垂直纵跳组成的跳跃训练。这套赛季中抗阻训练方案有效地维持了她们的力量水平，并且增强了她们的垂直纵跳能力。

针对专业足球运动员的赛季中抗阻训练方案表明，每周一次训练有助于其在赛季内维持体能水平，而每两周一次训练则不能（Ronnestad et al., 2011）。在完成一套为期 24 周的赛季前抗阻训练之后，其半蹲能力、40 米冲刺速度和蹲跳能力都显著提高（分别为 19%、2% 和 3%），下蹲跳能力则无显著提升。由每周一次训练构成的为期 14 周的赛季中抗阻训练没有使其半蹲能力和 40 米冲刺时间出现显著变化。每两周训练一次使其半蹲能力下降（10%）、40 米冲刺时间增加（1%）。采用两种训练频率训练，赛季中的蹲跳和下蹲跳能力均未发生变化，这表明每周一次训练比每两周一次训练能够更好地维持运动能力。然而，对于两种训练频率，运动能力的维持有很大的个体差异。

美式橄榄球运动员的赛季中抗阻训练也导致出现了多种结果。大学线卫和非线卫（Schneider et al., 1998）在 16 周的赛季期间，每周进行两次赛季中抗阻训练，在典型的运动能力指标以及柔韧性和力量上，他们要么表现出了明显的降低，要么表现出了小幅、不明显的降低（见图8.6）。共 68 名大学美式橄榄球运动员进行了一套减少训练量（即降低训练频率）的计划，他们在赛季内的力量水平得以维持（Kraemer，未公布的数据）。实验对象在 14 周的赛季期间执行每周训练两次的一套赛季中抗阻训练方案（见表8.4），并在赛季前、赛季中和赛季后接受 1RM 力量评估。赛季前，在冬季和夏季抗阻训练方案期间，运动员们每周进行 4~5 天的抗阻训练，相较于赛季中训练，训练量更高，每次训练的练习更多。整个训练组在所有赛季中测试的练习中都未表现出

1RM 的明显降低（见图8.7）。后卫和线卫的单独评估显示出了类似的结果。

女性网球运动员持续进行了 9 个月的多组非线性训练方案和单组训练方案（见第 7 章），其中包含网球赛季，该对比研究有一些有趣的结果（Kraemer et al., 2000）。根据赛程安排，在两项计划中，都是每周训练 2~3 次，持续整整 9 个月。大体上，多组非线性方案在整个时期内使运动能力持续、明显地提高，包括发球速度。单组方案在前 3 个月内大体上没使运动能力发生变化或显著的变化，接着在剩余的 6 个月内，运动能力的提升进入了平台期。整整 9 个月内，单组方案始终都没能使发球速度出现显著变化。总体而言，线性方案带来的运动能力提升要比单组更大。一项类似的研究（见第 7 章）对比了一套 2~3 组的非线性方案和一套 2~3 组的非周期化方案（Kraemer et al., 2003）。该

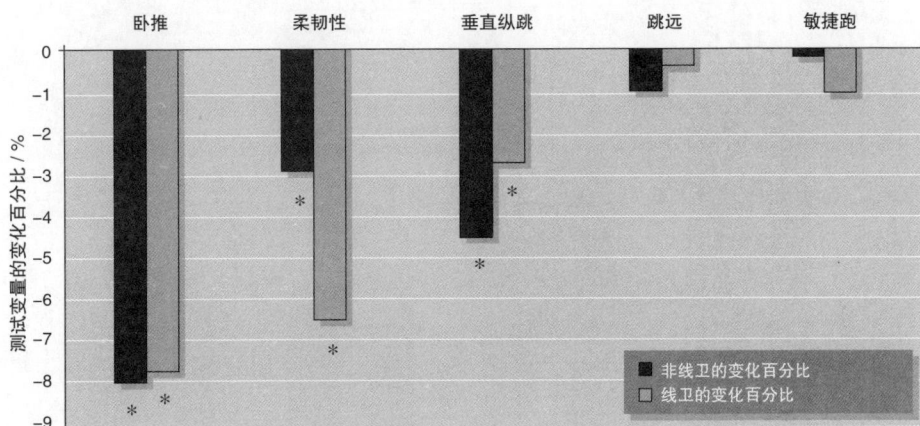

**图 8.6** 美国大学美式橄榄球赛季期间，适能测试变量的变化百分比

* 表示从为期 16 周的赛季开始到结束有显著降低。

（源自：Schneider et al., 1998.）

**表 8.4** 美国大学美式橄榄球运动员的 14 周赛季中训练方案

| 练习 | 每组的重复数 |
|---|---|
| 卧推 | 8, 5, 5, 8 |
| 深蹲 | 5, 5, 5, 5 |
| 单腿膝伸 | 10, 10 |
| 单腿膝屈 | 10, 10 |
| 硬推 | 8, 8, 8 |
| 高翻 | 8, 8, 8 |

注：组间和练习间要休息两分钟；训练频率是每周两次。

对比的结果类似于前一个针对女性网球运动员研究的结果，只是在非线性和多组方案之间，力量和运动能力水平的增益差异要小得多。然而，整个赛季期间，总体来说，相较于多组方案，非线性方案能够使力、爆发力和运动能力得到更大幅度地增

强。该对比也表明，非线性方案使正手和反手发球速度的显著提高。这两项研究的结果表明，体能增益可以在赛季中实现，但是增益的幅度及到底是否会取得增益取决于总训练量和训练方案类型。

总体上，本节描述的研究表明，赛季中抗阻训练方案可以在赛季内维持或提高力、爆发力和运动能力水平。似乎每周 1~2 次抗阻训练就可以维持赛季中的力量和爆发力水平，然而，训练量、训练强度及训练方案类型都会影响体能增益是维持还是增加。还需要重点注意的是，如果赛季中抗阻训练方案的目标是维持运动能力，那么运动能力任务应当包含在训练计划内。然而这通常不是太大的问题，因为体育运动的运动能力任务（网球发球、跳跃和冲

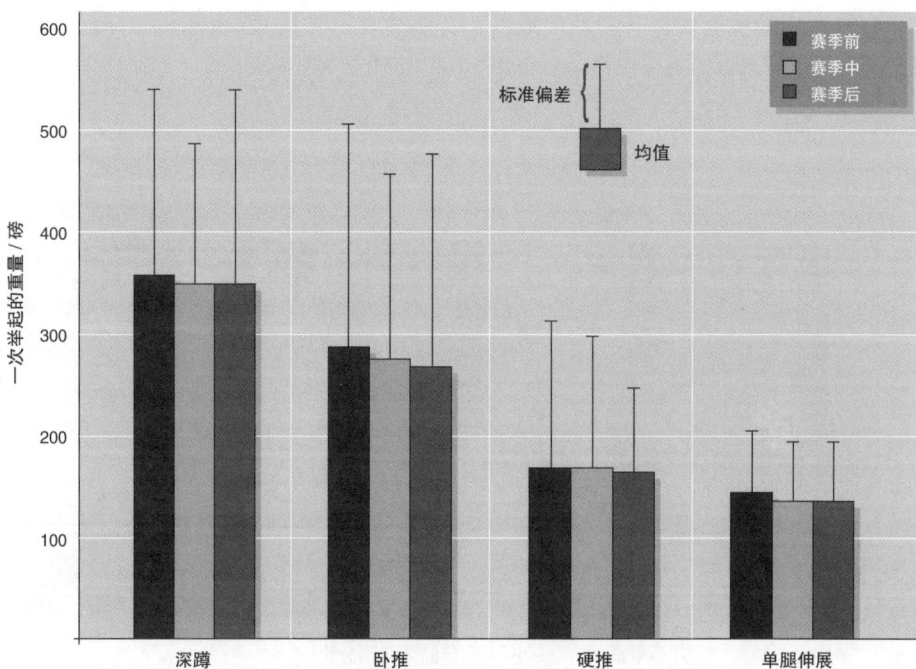

**图 8.7** 赛季中抗阻训练方案对美国大学美式橄榄球运动员的 1RM 力量的影响

刺）往往都会作为比赛的一部分进行，并且在赛季内开展的各种体能和运动技术训练中都会进行。

## 长期停训

对长期停训（可能持续数月或数年的停训）开展的研究要比短期停训的少。这种情况下的停训指的是完全不进行抗阻训练。对于老年人（平均年龄分别为 58 岁和 70 岁），2 个月和 6 个月的停训会导致其力量下降，但是力量水平仍然高于训练前（Elliott et al., 2002；Fatouros et al., 2006）。如前所述（见信息栏 8.2），对于这一群体，停训期间的力量损失会受到停训前训练强度的影响，停训前训练强度越低，力量损失会越大（1RM 的 40%>60%>80%）（Fatouros et al., 2006）。

若干项案例研究就进行长期抗阻训练后，长期停训对年轻群体的影响给出了一些结论。表 8.5 描述了 7 个月的停训对精英级力量举运动员的影响。结果表明，停训会引发从力量型体形向有氧型体形的生理转变（Staron et al., 1981）。3 项观察结果印证了这一转变：峰值耗氧量的改善、线粒体密度增加以及肌纤维氧化酶的改善。这些变化在 7 个月的停训期间、没有任何有氧训练激励的情况下出现。在这一期间，体重大幅度下降（27.5 千克）和体脂大幅度减少可能是其中某些变化出现的原因，肌纤维尺寸缩小会导致大腿围减小。这些观察结果与通常由肌肉萎缩导致的变化一致。

先前经过严格抗阻训练的运动员，随后长时间停训会引起其肌纤维尺寸的缩小，

**表 8.5　停训 7 个月之后的生理变化**

| 变量 | 经过训练 | 停训 |
|---|---|---|
| 身高 / 厘米 | 170.0 | 170.0 |
| 体重 / 千克 | 121.5 | 94.0 |
| 体脂率 / % | 25.2 | 14.8 |
| 大腿围 / 厘米 | 82.5 | 66.5 |
| 血压（收缩 / 舒张）/ 毫米汞柱 | 146/96 | 137/76 |
| 峰值耗氧量 /［毫升 /（千克·分）］ | 32.6 | 49.1 |
| 最大心率 | 200 | 198 |
| I 型线粒体（慢肌）体积率 / % | 3.04 | 4.41 |
| II 型线粒体（快肌）体积率 / % | 1.76 | 2.46 |
| 纤维类型 | | |
| SO / % | 31.2 | 38.1 |
| FG / % | 53.2 | 43.7 |
| FOG / % | 15.6 | 27.2 |
| 横截面积 / 平方微米 | | |
| SO | 5625 | 3855 |
| FG | 8539 | 5075 |
| FOG | 9618 | 5835 |

SO 表示氧化型慢肌纤维；FG 表示糖醇解型快肌纤维；FOG 表示氧化糖醇解型快肌纤维；SO 的尺寸小于快缩肌纤维和 FOG。

（源自：Journal of Neurological Sciences, Vol. 51, R.S. Staron, F.C. Hagerman, and R.S. Hikida, "The effects of detraining on an elite power lifter," pgs. 247–257, Copyright 1981, with permission from elsevier.）

在一项针对一位世界级男性铅球运动员的研究中，也观察到了这种缩小（Billeter et al., 2003）。在其职业生涯的末期，这位铅球运动员的 II 型肌纤维的平均面积远远大于其未经过训练的人。停训 3 年之后，这位铅球运动员的 II 型肌纤维的平均面积值已经减少至非常接近那个未经训练的人的水平。I 型肌纤维的平均面积在 3 年停训期间略微增加，并且接近那个未经训练的人。

第 3 项案例研究考察的是先进行了 8 周的抗阻训练，随后停训 5 个月的两名男子（Thorstensson, 1977）。最初的抗阻训练由各种针对腿部伸肌的练习和负重及不

负重的跳跃练习组成。最初的训练期过后，一名男子降低训练量，每周训练2~3天，并且不进行任何跳跃练习。另一名男子在5个月的停训期内完全不进行训练。在停训期内，降低训练量进行训练的男子相较于8周训练期刚结束的时候，其深蹲1RM能力和60度/秒及以上（而不是更慢的速度）的等速扭矩都出现了增长。然而，其等长膝伸力量、垂直纵跳能力和水平跳跃能力降低。停训之后，其所有的指标仍然高于训练前的水平。没有训练的男子在所有的指标上都表现出降低，停训期之后，其只有深蹲的1RM水平仍然高于训练前。降低训练量进行训练的男子的去脂体重持续增加，而完全没有训练的男子的去脂体重则降低至略低于训练前的水平。停训期间，两名男子Ⅱ型肌纤维的所占面积都有所降低，但是仍然都高于训练前的水平，这表明Ⅱ型肌纤维所占面积的减少大于Ⅰ型肌纤维。因此，如果不进行抗阻训练，那么停训5个月之后，8周训练期内增加的力量和肌肉量基本就会全部损失。然而，在8周的训练后立即以更低的训练量持续训练5个月可以维持，甚至提高力量和肌肉增益。

## 力量损失的生理机制

与训练期间的力量增益一样，若干机制都可能引起停训期间力量和爆发力的变化，了解这些机制有助于方案设计者设计出更好的赛季中训练方案。在停训期间确实会出现肌肉萎缩机制。例如，3个月的训练会使股四头肌的横截面积显著增加10%，停训3个月之后，肌肉横截面积会回到训练前的水平（Andersen et al., 2005）。

训练和停训之后，肌肉动作期间的肌电信号的变化表明运动单位激发率和运动单位同步性发生变化。在2~12周不等的停训期间，研究人员对训练者肌电活动进行了跟踪观察。在短期停训中，伴随着肌电活动的不明显变化，力和爆发力降低或不变（Häkkinen et al., 1990；Häkkinen and Komi 1985c；Hortobagyi et al., 1993）。然而，短期停训也可能导致肌电活动减弱（Häkkinen and Komi, 1986；Häkkinen et al., 1985；Narici et al., 1989），并且肌电活动的减弱与力量降低有明显的相关性（Andersen et al., 2005; Häkkinen et al., 1985；Häkkinen and Komi, 1985a, 1986）。当向心肌肉动作的力量降低，就会出现肌电活动的减弱，而在未显示出力量降低的向心肌肉动作期间，肌电活动没有明显的变化（Andersen et al., 2005）。停训时，在某些肌肉（股外侧肌）中，肌电活动可能会减弱，但是其他肌肉（股内侧肌、股直肌）中并不会出现这一现象（Häkkinen et al., 1985）。因此，最初的力量损失（如果确实会在停训的前几周内出现）应归因于神经机制。随着停训持续时间的增长，更进一步的力量损失在一定程度上是肌肉萎缩的结果（Häkkinen and Komi, 1983）。

在停训期内，由训练引起的肌纤维尺寸的正适应会朝着未训练或训练前的状态退化（见表8.6）。当男性短期停训（2~8周）时，Ⅰ型和Ⅱ型肌纤维肌尺寸（Häkkinen et al., 1985；Häkkinen et al., 1981；Hather et al., 1991；Hortobagyi et al., 1993）小于刚结束训练时的尺寸，但仍大于未经

表 8.6　肌纤维随停训出现的变化

| 参考文献 | 训练时间/周 | 停训时间/周 | 训练类型 | 停训类型 | 肌肉萎缩/平方微米 | Ⅰ型肌纤维与Ⅱ型肌纤维之比 | 肌纤维转化 |
|---|---|---|---|---|---|---|---|
| Häkkinen et al., 1981 | 16 | 8 | 深蹲, 向心肌肉动作, 每组 1~6 次重复, 强度为 1RM 的 100%~120% | 不训练 | Ⅰ 型 * Ⅱ 型 * | 减小 * | 肌纤维转化率减小 * |
| Houston et al., 1983 | 10 | 12 | 膝伸, 腿蹬举, 8RM, 每周 4 次, 共 3 组 | 不训练 | Ⅱx 型 * | — | 无 |
| Staron et al., 1981 | 36 | 28 | 力量举运动员, 案例研究 | 不训练 | FOG*, FG*, SO* | — | FG 到 FOG |
| Thorstensson, 1977 | 8 | 20 | 每周 2 次到每周 32 次, 再到每周 2 次, 抗阻训练和跳跃训练 | 不训练 | Ⅱ 型 * Ⅰ 型 * | 减小 * | 仅有肌纤维转化 |
| Hather et al., 1991 | 19 | 4 | 腿蹬举, 膝伸 4 组或 5 组, 每周 2 次 6~12 次重复, 向心/离心 向心/向心 向心 | 不训练 | Ⅱ型 | 减小 * | 无 |
| Staron et al., 1991 | 20 | 30~32 | 深蹲, 膝伸, 腿蹬举 | 不训练 | Ⅱa 型 + Ⅱx 型 * | 减小 * | — |
| Andersen and aagaard, 2000 | 12 | 12 | 大阻力, 下半身 | 不训练 | Ⅰ 型和Ⅱ型 * | 减小 * | Ⅱa 型到Ⅱx 型 |
| Billeter et al., 2003 | 15 年 | 36 | 竞技铅球运动员 | 尚不清楚 | Ⅱ型 | 减小 | 肌纤维转化率减小 |

1RM 表示一次能举起的最大重量; RM 表示最大重复次数; * 表示 $p<0.05$; FG 表示糖醇解型快肌纤维; SO 表示氧化型慢肌纤维; FOG 表示氧化糖醇解型快肌纤维。

训练时的尺寸。然而也有报道称不会出现变化(Hather et al., 1992; Hortobagyi et al., 1993)。对于老年人(65~77 岁), 其Ⅰ型和Ⅱ型肌纤维尺寸回到训练前的水平的速度可能快于年轻人, 即便辅以基因重组人生长激素疗法也是如此(Taaffe and Marcus, 1997)。这一定程度可能要归因于年轻人和老年人在自发性活动和生活方式上的不同。有趣的是, 训练使力量增长了 40%, 尽管停训期间肌纤维横截面积回到了训练前的水平, 但是力量的减少幅度

仅为增加量的 30%, 这表明神经机制在一定程度上有助于力量维持(Taaffe and Marcus, 1997)。

男性停训期内显示出了Ⅰ型和Ⅱ型肌纤维横截面积之比的减小(Häkkinen et al., 1981; Hather et al., 1992), 这表明Ⅱ型肌纤维出现选择性的萎缩。然而, 相较于受过训练的状态, 有研究发现二者之比不变(Hather et al., 1992)。在女性中, Ⅰ型肌纤维横截面积表现出了轻微、不太明显的降低, 并伴随着Ⅱax 型和Ⅱx 型肌纤

维结合区域的减小（Staron et al.，1991）。在 8 周的停训期间，同样有报道称Ⅰ型和Ⅱ型肌纤维横截面积均没有变化。然而，该研究显示，肌纤维横截面积不增长的原因是停训期之前进行了拉长–缩短周期（快速伸缩复合）训练（Häkkinen et al.，1990）。

总体上，以上信息表明，对于男性和女性，在短期停训中，Ⅱ型肌纤维萎缩的程度可能比Ⅰ型肌纤维更大。当然，只有在训练引发了肌纤维面积尺寸的前提下才会出现这种结果。

对一位前世界男子铅球冠军所做的一项研究证实了停训会导致Ⅱ型肌纤维选择性萎缩的论断（Billeter et al.，2003）。该运动员结束 15 年的生涯，停训 3 年后，其Ⅱ型肌纤维横截面积减少了 25%，Ⅰ型肌纤维横截面积小幅增长（5%）。然而，与预期相反，在他运动生涯刚结束时，他的全部肌纤维的 40% 是Ⅱ型，60% 是Ⅰ型。停训 3 年之后，他的全部肌纤维只有 27% 是Ⅱ型，而 73% 是Ⅰ型。然而，在他运动生涯刚结束时，由于Ⅱ型肌纤维的过度肥大，67% 的肌肉横截面积是Ⅱ型肌纤维。停训后，其Ⅱ型肌纤维萎缩导致肌肉横截面积的 43% 是Ⅱ型肌纤维。停训后Ⅱ型和Ⅰ型肌纤维的尺寸以及Ⅱ型肌纤维占肌肉横截面积的百分比类似于实验对象的未经过训练的同伴，这表明停训期间肌纤维会朝着未训练的状态退化。

除了萎缩和肌纤维类型的变化，停训还会影响肌球蛋白重链和轻链。停训 3 个月会导致肌球蛋白重链Ⅱx 的含量增加以及重链Ⅱa 的含量减少（Andersen and Aagaard，2000）。停训会导致肌球蛋白重链的Ⅱx 含量高于抗阻训练前，或者说会导致重链的Ⅱx 值相比于训练前"超量增长"。然而，停训 3 个月之后，在肥胖的糖尿病患者中并没有出现这种结果（Gjøvaag and Dahl，2009）。一位前世界男子铅球冠军停训 3 年后，其肌球蛋白轻链表现出了由较快亚型向较慢亚型的转化（Kadi et al.，2004）。因此，肌球蛋白重链和轻链的转化表明了会随着停训向较慢亚型转化的模式的存在。

激素系统对停训的反应可能会大为不同，并且个体差异很大（Kraemer et al.，2001；Kraemer and Ratamess，2005）。通常，男性（Häkkinen et al.，1989,1985……；Kraemer et al.，2002）和女性（Häkkinen et al.，1990,1989）如果停训短短几周，许多激素都不会出现明显的变化，包括静息生长激素、睾酮、皮质醇、促肾上腺皮质激素、黄体生成素、黄体酮、雌二醇，卵泡刺激素和性激素结合球蛋白。经过 8 周或者更长的停训期，与力量降低相关的睾酮／皮质醇之比就会降低（Alen et al.，1988；Häkkinen et al.，1985）。然而，经过训练的力量举运动员和美式橄榄球运动员停训 2 周后，其静息生长激素、睾酮及睾酮／皮质醇之比明显升高（Hortobagyi et al.，1993）。文章作者们表示，这可能是一个初始的补偿性反应，目的是对抗肌肉萎缩。因此，以往的停训史，或者停训之前抗阻训练的持续时间以及停训的持续时间可能都会影响激素对停训的反应。

哈基宁和帕卡里宁（Häkkinen and Pakarinen，1991）进行的一项研究显示，关键变量可能会影响激素对停训的反应。连续两周每天训练，紧接着降低训练量训练 1 周，在此之后，睾酮、游离睾酮、皮质醇以及睾酮 / 皮质醇之比均未出现明显的变化。然而，当保持相同的训练量，但是改为每天训练 2 次，持续 1 周，紧接着降低训练量训练 1 周后，睾酮和睾酮 / 皮质醇之比会显著降低，而皮质醇在降低训练量训练 1 周后显著升高。

可见，激素对短期停训的反应通常很弱，这取决于停训之前的训练的训练量、强度和持续时间，以及过往的训练史，并且会表现出一定的个体差异。另一方面，激素对长期停训的反应可能与停训时力量和肌肉尺寸的损失有关（Kraemer and Ratamess，2005）。

短期停训中，去脂体重和体脂率都会表现出轻微、不太明显的变化（Häkkinen et al.，1990；Häkkinen et al.，1985；Häkkinen et al.，1981；Hortobagyi et al.，1993；Izquierdo et al.，2007；Prestes et al.，2009；Staron et al.，1991），58 岁的女性（Elliot et al.，2002）和 12 岁的孩子都是如此（Ingle et al.，2006）。尽管其肌肉横截面积出现了不显著（Häkkinen et al.，1989）或显著（Andersen et al.，2005；Narici et al.，1989）的减小，但是由于这一指标的总体性质和停训持续时间短，去脂体重没有发生显著的变化。不过，停训时，去脂体重和体脂率确实会朝着对运动能力有负面影响的方向变化。例如，年轻女性在 16 周的抗阻训练之后，去脂体重增加了 1.3 千克，而体脂率降低了 2.6%（24.8%~22.2%）。在 6 周的停训期间，去脂体重降低至 48.5 千克，

并且体脂率（23%）回升至训练前的水平（LeMura et al.，2000）。在训练或停训期的任何时刻，身体成分的变化都不显著，但是这些变化确实会朝着对停训的运动能力有负面影响的方向发展。

## 肌肉动作类型的影响

前文所述的研究（Dudley et al.，1991；Hather et al.，1992）表明，与仅向心训练相比，在短期停训（4 周）中，包含离心重复阶段的正常抗阻训练和训练量翻倍的仅向心训练会使训练适应变化更大程度地得以保持（见图 8.4）。此外，采用仅向心重复时，停训可能会使最大等长力量的损失大于停训 8 周时动态 1RM 力量的损失（Weir et al.，1997）。

在其中一项研究（Dudley et al.，1991）中，正常的抗阻训练（向心和离心阶段）、仅向心训练和训练量翻倍的向心训练使 Ⅱa 型肌纤维比例增加，Ⅱx 型肌纤维比例相应降低。这些变化在停训期内得以维持。正常的抗阻训练和训练量翻倍的向心训练均使平均肌纤维横截面积增加，但是只有正常的抗阻训练在停训期之后使该增量维持。仅向心训练没有使平均肌纤维横截面积增加。只有正常的抗阻训练使平均肌纤维横截面积增加，并且在停训期间维持了 Ⅰ 型和 Ⅱ 型肌纤维的这一增量。训练量翻倍的向心训练仅使 Ⅱ 型肌纤维尺寸增加，并且在停训之后维持了该增量。仅向心训练既没有使 Ⅰ 型肌纤维尺寸显著增加，也没有使 Ⅱ 型肌纤维尺寸显著增加。这表明，在短期停训中，正常的抗阻训练和训练量较

大的训练会使得肌纤维尺寸得以最大限度地维持。

3 种类型的训练之后，每根肌纤维的毛细血管数会增加，并且在停训之后仍然高于训练前的水平。然而，由于训练以及停训期间对单位横截面积毛细血管数量的维持，只有训练量翻倍的向心训练和仅向心训练会使单位横截面积毛细血管数量增加。这在一定程度上是由于进行正常抗阻训练之后肌纤维尺寸小幅增大，以及进行训练量翻倍的向心训练和仅向心训练之后每根肌纤维中毛细血管的数量小幅增加。该变化可以理解为仅向心训练可能更适合需要维持有氧能力的运动员。

## 停训对骨骼的影响

尽管停训具有潜在的重要意义，尤其是在许多人日常的久坐不动的生活方式被看作是停训的前提下，但是停训对骨骼的影响人们却不甚清楚。骨骼代谢、结构和状态对抗阻训练的训练量增大和停训的训练量减小都很敏感。神经肌肉系统似乎负责调控骨骼的大部分变化，而这可能是由于抗阻训练引发的激素变化。骨骼变化的时间历程以及各种类型的抗阻训练方案对骨骼的影响尚不清楚。此外，停训期的时间长短可能非常重要，因为某些骨骼参数变化的速率远远慢于肌肉力量输出的变化。

显而易见的是，增加体育锻炼会提高骨密度，并且停训会造成男性和女性运动员骨密度下降（Nordstrom et al.，2005；Snow et al.，2001）。例如，女性（18 岁）进行两年体操训练的结果表明，骨骼对训练和停训很敏感（Snow et al.，2001）。在两年中，骨密度在为期 8 个月的赛季期提高，而在为期 4 个月的休赛期降低，休赛期可以看作一种停训形式。在第 1 个和第 2 个赛季内，其全身的骨密度分别提高了 1.2% 和 1.6%，而在休赛期分别降低了 0.3% 和 0.4%。最终结果是其全身的骨密度在两年内总共提高了 2.1%。然而，并不是所有骨骼的骨密度都会出现相同类型的提高和降低。例如，脊椎骨密度在 2 个赛季期分别提高了 3.5% 和 3.7%，在休赛期分别降低了 1.5% 和 1.3%。这导致脊椎骨密度在两年内提高了 4.4%。股骨颈骨密度在第 1 个和第 2 个赛季期分别增加了 2.0% 和 2.3%，而在第 1 个和第 2 个休赛期分别降低了 1.5% 和 2.1%。这导致股颈骨骨密度在两年时间内仅提高了 0.7%。可见，不同骨骼的骨密度会以相同的方式做出反应，即在赛季期提高，在休赛期降低。然而，反应的幅度差异很大，并且在有些部位，骨密度在休赛期的损失刚好与赛季期的提高抵消，从而使得其在两年时间内没有净增益。在其他部位，骨密度在赛季期的提高大于休赛期的损失，使得骨密度有净增益。

30~45 岁的女性（Winters and Snow，2000）完成一项为期 12 个月的下半身抗阻训练方案和最大无负重和负重（体重的 10%~13%）跳跃后，力和爆发力大幅增长（比对照组高 13%~15%），骨密度也提高（比对照组高 1%~3%）。停训 6 个月之后，骨密度、肌肉力量和爆发力全都显著降低至基线值，然而对照组的这些参数没有发生变化。结果说明了坚持训练对维持肌肉力量的增加以及骨密度水平的重要性。相反，较年轻的女性（23.8±5岁）进行双臂抗阻训练后手臂屈伸力量增强，但是其骨密度或者骨骼的几何结构并未发生显著变化（Heinonen et al., 1996）。停训8个月之后，其力量降低，但是骨骼方面并未出现变化。

总体上，上述研究表明，骨骼会受到停训的影响，但是影响在一定程度上可能取决于年龄、固有的正常活动和骨骼部位。此外，在许多情形下都可能发生训练量减小或停训，如出海航行或卧床休息，此时抗阻训练可以作为一个重要的介入方法来改善或者防止骨矿物质的流失。

## 大幅增重运动员的停训

大幅增重运动员指的是通过抗阻训练和饮食手段，体重大幅度增加的运动员。体重的增加与成功参与如美式橄榄球、田径投掷项目和力量举等体育运动所需的肌肉质量和总体重的增加相关。众所周知，肥胖和久坐不动的生活方式会导致患心血管疾病的风险增加，而长期的停训，尤其在此类运动员中，会导致其在运动生涯结束之后迅速出现健康问题。

许多为了增加肌肉质量和力量而训练的运动员并不知道如何使用其他以促进健康和娱乐为目的的练习（如有氧训练或循环抗阻训练）进行训练。退役的运动员需要以新的目标重新开始训练，并且要注意饮食习惯，以避免体重大幅度增加。力量或者爆发力型运动员尤其如此，因为在退役之后，在这类比赛项目（包括举重）

上展现出来的天赋并没有防止患心血管疾病的作用。然而，在耐力型运动项目上展现出来的天赋和退役之后持续进行剧烈体力活动确实可以降低患心血管疾病的风险（Kujala et al., 2000）。

对非运动员与前运动员的对比研究显示，运动员的心肺适能更强（Fardy et al., 1976）。非运动员与参加剧烈体力运动的前运动员的心肺适能无差异。然而，一项对比（Paffenbarger et al., 1984）的结论是，在预防冠状动脉疾病方面，大学毕业后进行体育锻炼比参加大学体育运动更为重要。耐力型运动员的寿命更长（见信息栏8.4）（Ruiz et al., 2011）。一项对芬兰前世界级运动员的调查表明，他们的寿命长于普通人。调查推测，退役后的娱乐性有氧活动以及不常吸烟这一习惯在一定程度上可能有助于延长寿命（Fogelholm et al., 1994）。需要大幅增重以在职业生涯中取得成功的运动员们患心血管疾病的风险可能会更高。为了降低该风险，退役的运动员需要采用适当的运动计划，同时改变饮食并控制体重。

退役的进行过抗阻训练的运动员们应当会感觉到自己依然可以享受抗阻训练的乐趣。训练的周期化和树立新的训练目标对获得这种感觉有重要作用。持续训练至关重要，因为许多运动员在退役期间打破了自己的训练周期。对于受过抗阻训练的运动员们，健康的停训使建立新的训练目标成为必然，如通过参与有氧运动来改善心血管功能、减重以及进行抗阻训练来维持肌肉适能水平等方式来改善健康和体能。此外，一些运动员在运动生涯中为了增加

## 运动员身份对预期寿命的影响

除了参加运动，许多因素都会影响预期寿命。运动生涯期间和结束之后，与生活方式相关的诸多因素都会影响预期寿命。例如，结束运动生涯之后，吸烟、不良的饮食习惯和缺乏体育活动都可能缩短预期寿命。遗传因素也会发挥一定的作用。下面是芬兰前世界级男性运动员们的预期寿命（Sarna et al.，1993）。

- 非运动员：69.9 岁。
- 耐力型运动员（长跑、越野滑雪）：75.6 岁。
- 团队型运动员（足球、冰球、篮球、田径短跑）：73.9 岁。
- 爆发型运动员（拳击、摔跤、举重、田径投掷）：69.9 岁。

参考文献：

Sarna, S., Sahi, T., Koskenvuo, M., and Kaprio, J. 1993. Increase life expectancy of world-class male athletes. *Medicine & Science in Sports & Exercise* 25: 237-244。

体重会有反常的热量摄入行为（如美式橄榄球运动员每天要摄入 5000~10000 千卡的热量），进行营养咨询对处理这种反常的热量摄入行为很有必要。作为前竞技运动员，训练目标应当与普通人群的目标一致：改善健康和适能，并降低患慢性疾病（如心血管疾病、癌症和糖尿病）的风险。

那些具有多种心血管疾病风险因素的人患上这些疾病的风险会增加（见表8.7）。控制这些风险因素有助于降低患心血管疾病的风险。风险因素分析很容易进行，相关步骤已被广泛地加以描述（ACSM，2008）。

老师和教练的作用是向所有人，包括运动员，传授有关终身健康和体能的知识，并向人们展示除了高强度抗阻训练之外的其他练习（Kraemer，1983a）。这会引导人们对总训练方案加以调整，并且有助于在高中、大学或者参与专业比赛之后结束职业生涯的运动员们实现健康过渡。体能专家应该帮助运动员们实现从竞技运动向以促进健康为目标的终身运动和练习的过渡。

**表 8.7　心血管疾病风险因素**

| 可控的风险因素 | 不可控的风险因素 |
| --- | --- |
| 抽烟 | 遗传（家族病史） |
| 血脂水平 | 男性 |
| 高低密度脂蛋白胆固醇水平 | 年事渐高 |
| 低高密度脂蛋白胆固醇水平 | |
| 高血脂 | |
| 高血压 | |
| 缺乏体育活动 | |
| 肥胖和超重 | |
| 糖尿病 | |

# 小结

停训有若干种情况，包括完全停止抗阻训练，减少抗阻训练的训练量（如在一个赛季中抗阻训练期间）及长期不做抗阻训练或降低抗阻训练的训练量（如运动生涯结束后）。在抗阻训练减少的情况下，维持训练增益所需的抗阻训练的确切阻力、训练量和频率或训练方案的类型尚不明确。然而，为了在停训期内维持力量增益或者减缓力量损失，人们应当保持训练强度不变，但是要降低训练量和训练频率。在许多运动项目，尤其是那些需要高力量或爆发力水平的运动项目中，运动能力和针对运动的正常训练有助于在赛季内维持力量水平。类似地，赛季中抗阻训练方案同样有助于维持力量增益。

## 选读材料

Andersen, L.L., Andersen, J.L., Magnusson, S.P., and Aagaard, P. 2005. Neuromuscular adaptations to detraining following resistance training in previously untrained subjects. *European Journal of Applied Physiology* 93: 511-518.

Billeter, R., Jostarndt-Fogen, K., Gunthor, W., and Hoppeler, H. 2003. Fiber type characteristics and myosin light chain expression in a world champion shot putter. *International Journal of Sports Medicine* 4: 203-207.

Blazevich, A.J. 2006. Effects of physical training and the training, mobilization, growth and aging on human fascicle geometry. *Sports Medicine* 36: 1003-1017.

Fatouros, I.G., Kambas, A., Katrabasas, I., Leontsini, D., Chatzinikolaou, A., Jamurta, A.Z., Douroudos, I., Aggelousis, N., and Taxildaris, K. 2006. Resistance training and detraining effects on flexibility performance in the elderly are intensity-dependent. *Journal of Strength and Conditioning Research* 20: 34-642.

Izquierdo, M., Ibanez, J., Gonzalez-Badillo, J.J., Ratamess, N.A., Kraemer, W.J., Häkkinen, K., Granados, C., French, D.N., and Gorostilaga, E.M. 2007. Detraining and tapering effects of hormonal responses and strength performance. *Journal of Strength and Conditioning Research* 1: 768-775.

Lemmer, J.T., Ivey, F.M., Ryan, A.S., Martel, G.F., Hurlbut, ., Metter, J.E., Fozard, J.L., Fleg, J.L., and Hurley, B.F. 2001. Effect of strength training on resting metabolic rate and physical activity: Age and gender comparisons. *Medicine & Science in Sports & Exercise* 33: 532-541.

LeMura, L.M., Von Duvillard, S.P., Andreacci, J.A., Klebez, J.M., Chelland, S.A., and Russo, J. 2000. Lipid and lipoprotein profiles, cardiovascular fitness, body composition, and diet during and after resistance, aerobic and combination training in young women. *European Journal of Applied Physiology* 82: 451-458.

Mujika, I., and Padilla, S. 2000a. Detraining loss of training-induced physiological and performance adaptations. Part I. Short term insufficient training stimulus. *Sports Medicine* 30: 79-87.

Mujika, I., and Padilla, S. 2000b. Detraining loss of training-induced physiological and performance adaptations. Part II. Long term insufficient training stimulus. *Sports Medicine* 30: 79-87.

Mujika, I., and Padilla, S. 2001. Muscular characteristics of detraining in humans. *Medicine & Science in Sports & Exercise* 33: 1297-1303.

Ruiz, J.R., Moran, M., Arenas, J., and Lucia A. 2011. Strenuous endurance exercise improves life expectancy: It's in our genes. *British Journal of Sports Medicine* 45: 159-161.

# 女性与抗阻训练

**学习完本章后，你应该能够完成以下内容。**

1. 了解男性与女性运动表现的差异。
2. 从相对和绝对的角度，认识男性与女性在上下肢力量上的差异。
3. 了解男性与女性在激素功能和对抗阻训练的反应方面的差异。
4. 辨识男性与女性在肌纤维形态方面的主要不同。
5. 了解不同的抗阻训练方案对女性的影响。
6. 了解月经周期的不同阶段，以及与月经失调相关的因素。
7. 确认女性损伤预防的相关因素，以及抗阻训练的作用。
8. 为女性设计一个抗阻训练方案。

所有年龄阶段的女性都已经认识到抗阻训练的好处，以及整体的积极的生活方式带来的益处。抗阻训练在女性的锻炼方案中很常见，尤其是在健身爱好者、士兵和其他战术型专业人员（如警察和消防员）中。无论是为了健康和健身益处还是提升力量、爆发力及运动表现（或二者），抗阻训练都是全面体能训练方案必不可少的一个组成部分（见图9.1）。

本章讨论了一系列关于女性训练的问题。除了少数例外，女性基本可以执行与男性相同的训练方案。虽然男性与女性之间确实存在极少的影响抗阻训练方案设计的主要差异，但女性与男性的急性生理和慢性生理反应相同。事实上，从健康的角度来讲，因为抗阻训练对促进骨骼健康和预防骨质疏松症有积极的效果，女性可能可以从抗阻训练中获益更多。

## 两性间生理和运动表现的差异

男性与女性之间的性别差异通常是很明显的，强调这些差异是生物学方面的一个根本事实。男孩和女孩发育时体内雄性激素的变化，以及成长阶段睾酮对肌肉细

**图 9.1** 女性运动员、健身爱好者、士兵及其他战术型专业人员都使用高级抗阻训练方案来提升力量和爆发力，加强运动表现和预防损伤

（源自：Courtesy of Dr. William J. Kraemer, Department of Kinesiology, University of Connecticut, Storrs, CT. ）

胞的影响，导致两性在与力量、爆发力以及肌肥大相关的生理反应和运动表现上出现差异。即使在举重和力量举的最高级别的竞技比赛中，在体重级别相同的情况下，男性的举重表现也强于女性。然而，抗阻训练对生理和运动表现各方面的激发作用在两性之间是极其相似的，只是两者的反应程度有所不同。理解这些差异在设计针对女性的抗阻训练方案时十分重要。

## 体育活动参与度

由于人们对女性参与体育锻炼的社会观念、性别刻板印象以及误解，许多女性会犹豫是否要将抗阻训练纳入自己的活动中，而且并没有人鼓励她们这样做。对体形变得"硕大"的担忧使得多数女性选择避免进行举重练习，并认为这是"男人的事"。即使现在我们已经知道不使用重负荷无法取得训练益处，但因为这层担忧，许多女性使用的抗阻训练方案在强度上仍低于男性所使用的抗阻训练方案。此外，不同年龄阶段的女性在身体活跃度上往往低于男性，尽管大量的实证研究都证实了女性进行抗阻训练的好处（见本章的"女性训练"）。从以往来看，参加体育运动的男性多于女性，而且男性参加的锻炼的强度更高（Barnekow-Bergkvist et al.，1996）。在小学生中，42% 的男生达到 1 天至少进行 1 个小时中等强度的体育活动，但只有 11% 的女生达到这个要求（Metcalf et al.，2008）。

目前尚不明确我们是否在促进男性和女性参与体育活动中取得了进步，尤其是在促进抗阻训练方面。来自美国疾病控制与预防中心（CDC）的数据显示，只有 17.5% 的美国女性和 20% 的女大学生达到了 CDC 建议的有氧运动和抗阻训练指标。男性并没有表现得更出色：只有 23% 的男性和 37% 的男大学生达到 CDC 建议的健身水平和参与体育活动指标。一项研究发现，21% 的美国成年人每周至少进行两次抗阻训练，但基于性别、婚姻状况、教育水平以及区域的不同存在差异。在女性当中，她们随着年龄的增长，体育活动的参与度降低，但具体也因教育水平有所不同（Chevan，2008）。因此，虽然从如今所有的商业化健身项目和商业广告中可见抗阻训练越来越多地出现在公众的视线中，但人们的参与度本应更高。虽然已经取得一定进步，但是力量和体能训练方面的专业人士仍然有大量的工作要做，从而促进所有年龄阶段的女性参与抗阻训练。

儿童时期的体育活动对今后生活的健康状况、神经系统的发展以及运动表现有着长远影响。常参与体育活动的男孩与女孩有更高的新陈代谢综合分数（基于胰岛素抵抗、甘油三酯、血压和其他指标），表明在年轻时期若不积极参加体育活动则不利于男女性的代谢健康（Metcalf et al.，2008）。在年轻的参与体育运动的人群（9~10 岁）中，男孩的等速肌力比女孩更强（Buchanan and Vardaxis，2009）。此外，不同于男孩，女孩的力量没有呈现出随着年龄的增长而增强的趋势，12~13 岁的女孩的力量有时比 9~10 岁的女孩更小。与男性相比，这种身体活动方面的差异可能是骨密度降低以及力量和运动表现水平减退的原因，这清楚地表明抗阻训练对女性的重要性。女性的体育活动参与度比男性低，这会给女性的终身健康带来严重的影响。

本章接下来的内容将从不同方面综述男性和女性之间的差异，包括肌纤维构成、力量和爆发力。重点是从儿童时期开始的活动参与度的不同，以及对抗阻训练和设备的接触（如健康俱乐部、健身俱乐部），它们可能在所讨论的两性之间的许多差异中都起到了不同作用。所有年龄阶段的女性增加体育锻炼都可能会减少两性之间的运动表现差异。

## 肌纤维的尺寸、类型和构成差异

在描述两性在体能指标（力量和爆发力）上的差异之前，了解肌纤维的潜在的不同很重要。首先，虽然女性和男性都拥有相同类型的肌纤维，但在某些方面，个体之间可能有差别。依据总肌肉量、肌纤维横截面积、肌纤维数量、类型以及募集模式的不同，每个人的肌纤维特征各不相同。肌纤维数量与 II 型和 I 型肌纤维所占比例似乎不会因性别而有所差异。几乎没有研究证实这个事实，它与人们的观察、胚胎细胞周期发育以及青春期的变化是背道而驰的。肌纤维形态确实因性别存在着许多差异，可能是因为女性没有积极参与体育活动，或者没有持续地参与任何的渐进式抗阻训练方案。

正如人们所预料的，女性训练过的肌肉的特征水平，如总肌肉横截面积、肌纤维尺寸，以及 II 型与 I 型肌纤维的相对比例，要更低一些。一项最新研究显示，女性的 II 型与 I 型肌纤维的横截面积分别比男性的小 10.4% 和 18.7%（Claflin et al.，2011）。此外，女性的 II 型肌纤维产生的力量和爆发力分别比男性少 17.8% 和 19.2%，表明肌肉类型和功能存在潜在差异。从整体来讲，女性的肌纤维横截面积比男性小（见图 9.2）。鉴于肌肉的绝对大小决定产生的力量和爆发力，当讨论运动表现的时候，应考虑肌肉大小方面的差异（Patton et al.，1990）。

在不同部位的肌肉的肌纤维数量上，男性与女性是否存在差异仍然不清楚，差异可能取决于肌肉类型和比较的类型。然而，有数据显示女性的肌纤维数量更

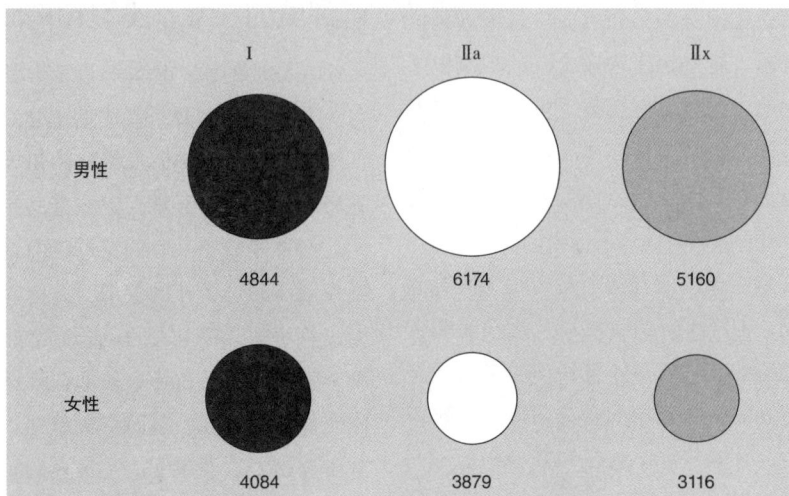

**图9.2** 健康女性与男性（未受过抗阻训练）的各种肌纤维尺寸（单位为平方微米）的对比。注意，男性的肌纤维横截面积比女性的更大。还需注意不同肌纤维的尺寸关系

（源自：Staron et al.，2000.）

少，尤其是上半身的肌肉。 根据报道，在肱二头肌部位，普通女性比普通男性的肌纤维数量少（Sale et al.，1978）或相同（Miller et al.，1992）。有报道称女性健美运动员肱二头肌部位的肌纤维数量与男性健美运动员相同（Alway et al.，1989）。在胫骨前肌部位，女性比男性的肌纤维少（Henriksson-Larsen，1985）。而在肱三头肌和股外侧肌部位，女性和男性的肌纤维数量相等（Schantz et al.，1983，1981）。因此，根据锻炼水平和比较的肌肉，两性在特定的肌肉中的肌纤维数量上确实存在差异，即女性少于男性。基于青少年时期发展成熟的特征，女性上半身的肌纤维数量确实比男性上半身少，男性和女性的上半身力量表现证实了这一点。

没有证据显示Ⅰ型肌纤维与Ⅱ型肌纤维的比例因性别不同而有所不同，因

为男性与女性的肌纤维类型有类似的排列（Drinkwater，1984；Staron et al.，2000）。一项调查记录了未受过训练的年轻男性和女性（大约21岁）的不同肌纤维类型的起始特征（Staron et al.，2000）。利用55名年轻女性和95名年轻男性的股外侧肌活组织切片进行分析（见第3章），研究人员进行组织化学分析，对Ⅰ型、Ⅰc型、Ⅱc型、Ⅱa型、Ⅱax型和Ⅱx型肌纤维以及Ⅰ型、Ⅱa型和Ⅱx型肌纤维的横截面积进行测量，同时分析了肌球蛋白重链的含量。男性和女性的Ⅰ型肌纤维大约占41%，Ⅰc型和Ⅱc型为1%，Ⅱa为31%，Ⅱax型为6%，Ⅱx型为20%。没有检测出两性在不同类型的肌纤维所占比例上的差别。

在使用活组织切片测量的研究中，女性的Ⅱ型肌纤维面积小于男性的Ⅱ型肌纤维。在前面提到的调查中，在所有的主要肌

纤维类型的横截面积上，男性都大于女性。在男性中，Ⅱa型肌纤维是最大的。然而，在女性中，Ⅰ型肌纤维往往是最大的，比Ⅱa或Ⅱx型肌纤维都大，这表明女性缺乏对Ⅱ型肌纤维构成的运动单位的运用。肌球蛋白重链纤维类型特征也遵循同样的模式。尽管两性之间存在这些差异，但是男性和女性的Ⅱx型肌纤维比例都较高，并且在一项高强度的抗阻训练之后，Ⅱx型肌纤维会完全转化成Ⅱa型肌纤维（见第3章）。女性的Ⅰ型和Ⅱ型肌纤维的横截面积都比男性的更小（Alway et al., 1992；Alway et al., 1989；Miller et al., 1992；Ryushi et al., 1988；Staronet al., 2000），女性的Ⅱ型肌纤维的横截面积与男性的差距相对于Ⅰ型肌纤维的横截面积的差距更小（Alway et al., 1992；Alway et al., 1989）。例如，女性健美运动员的Ⅰ型肌纤维平均横截面积相当于男性健美运动员的Ⅰ型肌纤维平均横截面积的64%。然而，女性的Ⅱ型肌纤维平均横截面积相当于男性的46%（Alway et al., 1992）。

由女性的Ⅱ型肌纤维横截面积比男性的小可以断定，女性的Ⅱ型肌纤维在一块肌肉中所占据的总横截面积小得多。按照肌纤维在一块肌肉中所占的横截面积从最大到最小的顺序，男性的不同肌纤维的排列顺序是Ⅱa型、Ⅱx型和Ⅰ型，而女性是Ⅰ型、Ⅱa型、Ⅱx型。结果是女性的Ⅱ型肌纤维与Ⅰ型肌纤维的面积之比更小，这或许解释了为什么女性在一些高强度的运动中疲劳的速度更慢（Kanehisa et al., 1996；Pincivero et al., 2000）。譬如，在连续的50次等距膝伸运动期间，女性的恢复速度明显慢于（48%对比52%）男性（Kanehisa et al., 1996）。在Ⅱ型肌纤维与Ⅰ型肌纤维的面积之比例上，女性比男性更小，这可能导致女性在力量和爆发力方面的运动表现逊色于男性。

总体来说，女性的肌纤维数量可能比男性更少，然而在相似的群组比较中（未受过训练的男性和受过训练的女性），Ⅱ型肌纤维与Ⅰ型肌纤维的面积比例几乎相同。可是，女性的总肌肉横截面积更小，Ⅱ型与Ⅰ型肌纤维的大小比例也更小。这些肌肉特性可能使直接比较两性的运动表现变得困难，在一个绝对的基础上，肯定会产生表现差异。最终，比较两性的差异需要处于一个合适的背景之下，以所选择的对照组以及两性的相似处或不相似处为基础（如未受过训练的女性对比未受过训练的男性，或者受过训练的女性对比未受过训练的男性）。

## 两性间绝对力量的差异

绝对力量是指在不调整身高、体重或身体成分的情况下，一次动作或练习中产生的最大力量（即1RM）。一般情况下，女性的绝对力量低于男性，虽然存在一些变化会使得两性之间的差距缩小，但在适当的比较下，这个差异仍然存在。女性的全身力量的平均最高值是男性的60.0%~63.5%（Laubach, 1976；Shephard, 2000a）。女性的上半身的平均力量是男性的55%，下半身平均力量是男性的72%（Bishop et al., 1987；Knapik et al., 1980；Laubach, 1976；Sharp, 1994；Wilmore et al., 1978）。对男性和女性在正常活动范围下的力量的研究结果显示，男性的绝对力量仍然高于女性（见图9.3）。例如，在上半身和下半身的单关节运动（如肘屈曲、肩伸展和髋伸展）和多关节运动（如卧推、深蹲和肩推）中，男性的力量百分比存在差异。使用不同类型的最大力量测试也有助于找到这些差异。比如，报告显示，女性膝伸的力量（由器械上的1RM决定）（Cureton et al.，1988）、最大等长力量（Maughan et al.，1986）以及在150度/秒下的向心等距最大力矩（Colliander and Tesch，1989）分别为男性的50%、68%和60%。无论测量什么，女性的绝对力量往往都低于男性。

虽然训练可以缩小绝对力量方面的差异，但并非总是如此。譬如，女性的全身力量、下半身力量和上半身力量分别为男性的57.4%、58.6%和54.1%（Lemmer et al.，2007）。男性和女性共同参加一项为期24周的抗阻训练，女性的全身力量增加至男性的63.4%，下半身力量增加至男性的

67.3%。然而，令人吃惊的是，女性上半身的力量略微下降，相当于男性的53.1%，这引起了对训练方案的进展和有效性的质疑。

如上所述，两性在上半身力量方面有潜在的差异，这可能是因为女性的肌纤维数量更少。在另外一项研究中，年轻的男性和女性在进行24周，每周3天的抗阻训练后，两性的最大力量差异和这些差异上的变动仍然非常明显（Lemmer et al.，2001）（见表9.1）。然而，当女性定期进行全身抗阻训练，每周训练3天，持续6个月后，其上半身卧推、深蹲力量（1RM）及爆发力（瓦特）均有显著提升，这说明了周期化训练的重要性（Kraemer et al.，2001）。因此，训练可以缩小男性与女性之间绝对力量的差距。但是绝对力量没有考虑体形大小，因此绝对力量在比较两性力量时可能不是最好的测量方式。

## 两性间相对力量的差异

测量绝对力量可能会使女性在与男性的比较中，在体形大小、肌肉质量和起始健身水平方面处于不利地位。一般来说，20岁以上的成年女性的身高低于男性（162.2 ± 0.16厘米对比176.3 ± 0.17厘米），且体重更轻（74.7 ± 0.53千克对比88.3 ± 0.46千克）（McDowell，2008）。总体重和去脂体重也许可以在一定程度上解释两性在绝对力量上的差异。考虑到体形大小的差异，研究人员可能会使用相对力量这一指标。相对力量是指绝对力量除以总体重或去脂体重，或相对于总体重或去脂体重而言的力量。

当力量以相对于总体重或去脂体重来表示，我们会发现女性的力量"变大

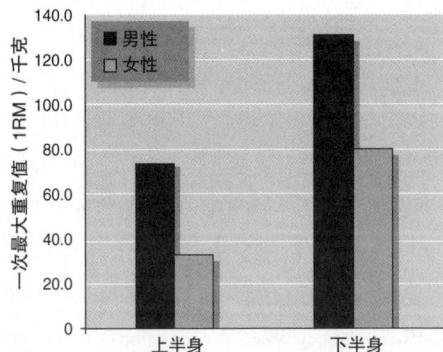

**图9.3** 对保持娱乐性训练的美国男女大学生的上半身（卧推）和下半身（深蹲）平均1RM力量表现研究的汇总

（源自：Courtesy of Dr. William J. Kraemer, Department of Kinesiology, University of Connecticut, Storrs, CT. ）

表 9.1　训练前后两性 1RM 的变化

| | 男性（n=21） | | 女性（n=18） | |
|---|---|---|---|---|
| | 训练前 | 训练后 | 训练前 | 训练后 |
| 肱二头肌弯举 | 31.2 | 40.5[†] | 15.0 | 22.2[†] |
| 胸推 * | 58.3 | 70.9[†] | 30.7 | 37.5[†] |
| 高位下拉 * | 62.0 | 76.7[†] | 31.7 | 39.5[†] |
| 肩推 * | 47.4 | 57.3[†] | 29.0 | 31.6[†] |
| 肱三头肌臂屈伸 * | 65.9 | 88.0[†] | 37.1 | 46.5[†] |
| 膝伸 * | 97.4 | 123.4[†] | 58.0 | 73.2[†] |
| 腿蹬举 | 613.4 | 747.4[†] | 385.6 | 513.5[†] |

* 表示力量的增加明显受到性别影响。

[†] 表示 24 周的抗阻训练后力量出现明显的增强。

（源自：lemmer et al.，2007.）

了"。在一项典型的研究中，女性的 1RM 卧推力量相当于男性的 37%（Wilmore，1974）。如果相对于总体重和去脂体重，则女性的 1RM 卧推分别相当于男性的 46% 和 55%。同样地，在腿蹬举练习中，女性的最大等距力量相当于男性的 73%。然而，如果相对于总体重和去脂体重而言，女性的等长腿蹬举力量分别是男性的 92% 和 106%。同样，女性卧推和腿蹬举的最大绝对等长力量分别相当于男性的 50% 和 74%（Hoffman et al.，1979）。当相对于身高和去脂体重进行表示后，女性的卧推力量相当于男性的 74%，但是女性的腿蹬举力量是男性的 104%。因此，相对力量这一测量方式显示出女性的下半身力量与男性相当，但上半身力量并不相当。

离心和向心力量的相对测量也显示出两性之间的差异。男性与女性，有关去脂体重的离心等长最大力矩比其向心等长最大力矩可能有更多的相似之处（Colliander and Tesch，1989；Shephard，2000a）。女性的股四头肌和腘绳肌在 60 度 / 秒、90 度 / 秒以及 150 度 / 秒下的向心等长最大力矩的平均值约为男性的 81%（见表 9.2）。在相同的速率下，女性的去脂体重的离心等长最大力矩的平均值约为男性的 93%。有趣的是，其他研究已经表明，女性的离心力量与向心力量之间的相关性高于男性的（Hollander et al.，2007）。在使用动态外部阻力训练，而不是之前研究中使用的等速运动时，向心力量和离心力量之间的比值会更大，而且，这个比值在上半身训练中甚至大于下半身训练中的比值。

这可能是因为女性存储的弹性能量多于男性（Aura and Komi，1986），或者是与进行同样动作的男性相比，在向心肌肉动作期间，女性无法像在离心肌肉动作期间那样募集更多的运动单位。最新的研究与之前的解释相一致，而且科学文献中没有提出新的理论，也没有提供任何关于这个问题的大量数据。

总体来讲，相对于去脂体重而言，女

**表 9.2** 女性与男性的股四头肌和腘绳肌的离心和向心等距最大力矩

| | 相对于体重的女性力量占男性力量的比例 / % | |
|---|---|---|
| | 离心 | 向心 |
| **股四头肌** | | |
| 60 度／秒 | 90 | 83 |
| 90 度／秒 | 102 | 81 |
| 150 度／秒 | 99 | 77 |
| **腘绳肌** | | |
| 60 度／秒 | 84 | 84 |
| 90 度／秒 | 90 | 80 |
| 150 度／秒 | 92 | 81 |

（源自：Colliander and Tesch，1989.）

性的下半身离心力量几乎与男性的下半身离心力量相当，但向心力量却不是如此。然而，女性的离心力量与向心力量的比值可能大于男性，随着训练方式变化，测量结果可能会有所不同。

训练可能有助于减少或消除两性之间的相对力量的差异。例如，最新的一项研究对受过训练的男性和女性的相对力量进行了比较，测量他们在基线时和经过 12 周非线性周期化抗阻训练后的相对力量。与早期的研究结果一致，男性在上半身训练（卧推、肩推、高位下拉）中的相对力量大于女性，但深蹲练习例外（Kell，2011）。有趣的是，尽管男性和女性都受过训练，但女性在上半身训练中的相对力量仍然较小。然而，经过 12 周的非线性周期化训练，两性在卧推训练中的相对力量没有差异。但是，在肩推和高位下拉的训练中仍然可以观察到两性在相对力量上的差异。这表明最佳的抗阻训练可能能够减少男性与女性在某些上半身训练中的相对力量的差异。

比较男性与女性的力量差异存在一个困难，就是训练状态上的潜在差异，即使在未受过训练的人或进行娱乐性训练的人身上，也不可避免地存在这一差异（见图 9.4）。在训练有素的两性之间进行比较可能会降低这种复杂性。譬如，2011 年国际力量举联合会（The International Powerlifting Federation）的女子体重 114 磅（约 51.7 千克）级的世界纪录为深蹲 518.1 磅（约 235.0 千克），卧推 319.7 磅（约 145.0 千克），硬拉 446.4 磅（约 202.5 千克）；男子体重 114 磅（约 51.7 千克）级的世界纪录为深蹲 662.5 磅（约 300.5 千克），卧推 402.3 磅（约 182.5 千克），硬拉 573.2 磅（约 260 千克）。因此，女子深蹲、卧推和硬拉的世界纪录分别约相当于男性的 78.2%、79.5% 和 77.9%。女性天生比男性拥有更多的脂肪，因此使用去脂体重是相对更好的测量方式。即便如此，当根据体重进行调整后，即使是训练有素的女性，也无法像进行过高强度抗阻训练的男性一样强壮。

数据显示，一般从绝对的角度以及相对于总体重或去脂体重来看，女性的上半身力量小于男性。女性下半身绝对力量小于男性，但是相对于去脂体重来讲可能相等。前面引用的研究中两性之间相对于去脂体重的力量的差异，可能与两性的去脂体重的分布不同有关。一般来讲，男性的去脂体重确实更重一些，两性的去脂体重差异最大的部位是上半身（Janssen et al.，2000）。当力量是相对于去脂体重来表示的时候，对女性的下半身力量是过度矫正，对上半身力量却是矫正不足。所以，相对

**图 9.4** 即使是精英级女子力量举运动员，在与男性同行相比时，在相对力量和最大力量方面也会显示出与性别有关的差异

图片由罗德岛大学的迪萨·L. 哈特菲尔德（Disa L. Hatfield）博士提供。

去脂体重而言，两性的上半身力量存在差异，但是女性的下半身力量大于男性。因此，使用相对力量的衡量方式时，两性的下半身力量相当，但女性的上半身力量小于男性。看起来相对力量得益于某个重要特殊部位的肌肉质量的一些指标，例如，身体局部的去脂体重或肌肉横截面积。

## 力量与肌肉横截面积

一般来讲，男性的骨骼肌质量大于女性。两性就局部骨骼肌质量而言，差异最大的部位是上半身（Janssen et al., 2000；Nindl et al., 2000）。总肌肉量的较大差异，以及肌肉在全身的分布或许可以解释两性在力量上的诸多差异。前文对相对力量衡量的讨论，包括相对于体重或去脂体重，是基于一个体形较大的人（更具体地来讲，是拥有更多肌肉的人）会更强壮这一想法。换句话说，这些测量方式试图在力量取决于肌肉质量这样的假设下，调整肌肉尺寸或肌肉横截面积。事实上，相对于肌肉横截面积的力量值与最大爆发力有着极高的相关性（Castro et al., 1995；Miller et al., 1992；Neder et al., 1999）（见图 9.5）。因此，从相对于肌肉横截面积的角度，可以更好地表示两性的相对力量。

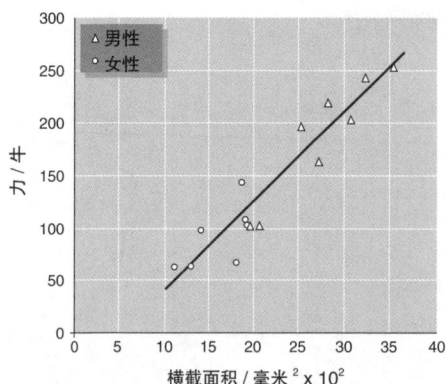

**图 9.5** 在两性参与的研究中，肘屈肌力量与肘屈肌的横截面积有着极高的相关性（ $r = 0.95$ ）

（经许可，源自：a.e.J. Miller et al., 1992, "Gender differences in strength and muscle fiber characteristics," *European Journal of Applied Physiology* 66: 254–264. © Springer–Verlag. ）

多年来，研究明确且反复地证明，标准化最大力量（相对于总体重、去脂体重或肌肉尺寸）缩小了男性与女性之间的差异，尤其是下半身的力量差异（Kanehisa et al., 1994, 1996）。当从绝对角度（54%的不同）、相对于总体重（30%的不同）、相对于去脂体重（13%的不同）以及相对于腿部去骨瘦体重而言（7%的不同），男性与女性在向心等距膝伸力矩（60度/秒）上的差异逐渐减小。两性的差异在统计学上很明显，峰值力矩用腿部去骨瘦体重表示时例外（Neder et al., 1999）。无论是绝对数据，相对于体重、去脂体重和肌肉横截面积的数据，受过训练的人和未受过训练的人的上臂（肘屈肌横截面积加肘伸肌横截面积除以总肌肉横截面积）以及大腿（膝屈肌横截面积加膝伸肌横截面积除以总肌肉横截面积）的最大等长力矩表现出相似的模式（见表9.3）。当相对于去脂体

重而言，女性膝伸和肘屈的 1RM 分别是男性的 80% 和 70%（Miller et al., 1992）。然而，当相对于肌肉横截面积而言，两性之间没有明显的差距（Miller et al., 1992）。因此，肌肉横截面积可能可以解释两性之间大多数的差异。

有些调查已经证明，尽管相对于肌肉横截面积而言，两性在力量方面仍然存在着差异。这些调查研究显示出肌肉横截面积存在巨大的差异，无论在青壮年人群（男性多 6%）中，还是在健美比赛选手（男性多 10%）中（Alway et al., 1989；Kent–Braun et al., 2000）。这两方面的研究显示，最大力量和肌肉尺寸显著相关，但仅肌肉横截面积不能完全解释两性之间的力量差异。这些差异可能与女性在最大随意肌肉动作期间整体的肌电活动减弱有关，或与电机械延迟时间过长有关系，或者是与两者都有关（Kanehisa et al., 1994）。可能是测量肌肉横截面积的方式影响了结果，因为这些研究使用了超声波来测量肌肉横截面积。无论如何，相对于肌肉大小而言，最大力量方面的任何差异不太可能与一块肌肉中的非收缩性组织有关系，因为没有发现两性的非收缩性组织有任何显著的差异。因此，在某些调查研究中，相对于肌肉横截面积而言，女性的力量小于男性。另外，该领域的研究急需更多人参与。

## 两性间功率输出的差异

男性与女性之间在功率输出方面也有差异，而爆发力在许多体育比赛和活动中对成功有着决定性影响。在奥林匹克举重项目中，输出爆发力的能力在运动表现中

起到了至关重要的作用。未受过训练的女性窄高拉的重量均值为男性的 54%，然而，经过 24 周的抗阻训练后，这一数据增加至 66%（Kraemer et al.，2002）。截至 2012 年，奥林匹克举重的世界纪录中，女子 63 千克级比赛的世界纪录是挺举 143 千克，抓举 117 千克，然而男子 62 千克级比赛世界纪录是挺举 182 千克，抓举 153 千克。在挺举和抓举中，女子世界纪录的成绩分别相当于男子的 79% 和 76%。因此，在世界级举重比赛中，女子占男子成绩的百分比更高。然而，虽然女子在奥林匹克举重比赛中的最好表现令人钦佩，但从绝对的角度以及相对于总体重而言，她们仍逊色于同行的男性。

在进行跳跃练习期间，测量功率输出的方式如果没有相对于去脂体重进行修改，两性在功率输出上会表现出不同。据报告，在垂直纵跳方面，普通女性最大值相当于普通男性最大值的 54%~79%，在立定跳远方面，普通女性最大值相当于普通男性最大值的 75%（Colliander and Tesch，1990b；Davies et al.，1988；Maud and Shultz，1986；

Mayhew and Salm，1990）。即使是美国大学体育协会一级联赛的排球运动员，在垂直跳方面，男性也比女性高 48%（McCann and Flanagan，2010）。这表明即使在训练有素的运动员身上，两性在最大爆发力方面仍然存在显著的差异。女性立定跳远中，每单位去脂腿部重量产生的爆发力远远小于男子所产生的爆发力（Davies et al.，1988）。如果考虑到去脂体重，女子冲刺和最大上台阶能力（Margaria–Kalamen 测试）分别相当于男子的 77% 和 84%~87%（Maud and Shultz，1986；Mayhew and Salm，1990）。然而，相对于去脂体重而言时，两性在垂直纵跳方面的差距很小（0~5.5%）（Maud and Shultz，1986；Mayhew and Salm，1990）。因此，在跳跃活动中，如同先前所讨论的，通过将绝对值改为相对值，女性和男性在功率输出方面的差异会极大地缩小。

使用温盖特自行车测试对下半身功率输出进行测试，在男性是否比女性更具有爆发力方面得到了复杂的结果。如果相对于去脂体重表示，两性在自行车冲刺方面的能力（30 秒温盖特自行车测试）没有

**表 9.3** 30 度 / 秒下的最大等速力矩的绝对数据及相对于体重、去脂体重和肌肉横截面积的数据

| | 绝对力矩 | | 力矩 /BW | | 力矩 /FFM | | 力矩 /CSA | |
|---|---|---|---|---|---|---|---|---|
| | 肘屈肌 | 膝屈肌 | 肘屈肌 | 膝屈肌 | 肘屈肌 | 膝屈肌 | 肘屈肌 | 膝屈肌 |
| 未受过训练的女性（% 男性） | 52 | 73 | 68 | 97 | 74 | 105 | 95 | 101 |
| 受过训练的女性（% 男性） | 66 | 79 | 84 | 102 | 92 | 112 | 98 | 98 |

BW 表示体重；FFM 表示去脂体重；CSA 表示肌肉横截面积。

（源自：Castro et al.，1995.）

太大的不同（2.5% 的差距）（Maud and Shultz, 1986）。通过温盖特自行车测试和相对于总去脂体重进行表示，在精英级男子和女子摔跤选手中测得的平均爆发力之间存在着巨大关联（r=0.73）（Vardar et al., 2007）。正如预期，这些数据说明，去脂体重大与增强的爆发力表现有关系。男性的去脂体重大于女性的去脂体重，所以男性会有更强的爆发力。然而，因为研究人数较少，所以该项研究无法利用去脂体重使爆发力测量标准化。在受试者人数更多的研究中，对 1585 名一级大学运动员进行测量，男性相对最高爆发力的平均值是 11.65 瓦/千克，而女性的平均值是 9.59 瓦/千克（Zupan et al., 2009），两性之间的差距较大，而且与之前的研究结果相矛盾（Maud and Shultz, 1986）。因此，虽然温盖特自行车测试的结果有所不同，但根据一项更大范围的调查研究，男性下半身的功率输出能力比女性更强。

当从相对爆发力的角度来讲时，女性的等速爆发力比男性更小。当从绝对爆发力的角度来看，以相对于体重、去脂体重和腿部去骨瘦体重表示时，女性的向心等速膝伸的爆发力（300 度/秒）分别比男性低 62%、34%、18% 和 13%（Neder et al., 1999）。除了以相对于腿部去骨瘦体重表示时，二者间的差异在统计学上均为显著的。通过肌肉尺寸进行校正可能可以消除两性在等速爆发力方面的差距。影响等速爆发力的一个可能因素是达到最高速率的时间长短。布朗等人（Brown et al., 1998）报道，在等速膝伸运动中，女性比男性需要更大的活动范围以实现最大速率。

当对男性和女性足球运动员的 1RM 百分比进行测试后，其绝对最大功率输出值也显示出一些细微的性别差异（Thomas et al., 2007）。在卧推中，男性的最大功率输出值为 1RM 的 30%，而女性的最大功率输出值为 1RM 的 30%~50%。在蹲跳训练中，产生最大爆发力时，女性（深蹲 1RM 的 30%~50%）使用的 1RM 百分比比男性的（深蹲 1RM 的 30%~40%）大。然而在悬垂提拉练习中，没有发现两性间的不同之处。这个差异源于多种因素，包括训练状态或绝对力量。无论如何，女性在 1RM 高百分比的条件下会产生最大爆发力，因此在使用 1RM 低百分比时，女性的功率输出会显得比男性的功率输出相对低一些。

虽然这些数据不一致，但关于女性每单位体积量的肌肉产生的爆发力小于男性的原理经常被提到。不过，关于这个问题的定向研究是很有限的。如果女性的力-速度曲线不同于男性，那么在更快的速度下运动就会影响功率输出。然而，似乎力的减小会伴随向心运动的速度提高，这种情况在两性中是相同的（Alway et al., 1990; Griffin et al., 1993），男性与女性在膝伸运动期间的最高速度也没有不同（Houston et al., 1988）。在骨骼肌的力量发展速度方面，普通女性慢于普通男性（Komi and Karlsson, 1978; Ryushi et al., 1988），但这本身就是一种爆发力的衡量指标，而不是对基本问题的回答。如同前文所述，II 型和 I 型肌纤维的不同比值很可能导致了两性之间的爆发力差距。这个差距可能也与两性的神经系统不同有关，神经系统影响肌纤维的募集能力，其中一些不同可能应归因于儿童时期体育活动的不足。

在一个相对基础的奥林匹克举重项目和温盖特自行车测试中，女性的爆发力小于男性，但不是所有的跳跃运动或等速运动都如此。如前文所述，力量的差异通过去脂体重得以标准化，这也有过度矫正下半身测量值的倾向。这就意味着，相对于总去脂体重，女性的下半身爆发力标准化测量值高于男性。尽管如此，在有些测量中，仍然可以看到差异。不管怎样，很明显的是一定要做出适当的矫正，与肌纤维横截面积相关度越接近（以这种方式不会过度矫正），两性越可能出现显著的差异。除此之外，其他因素，如测量爆发力所使用的 1RM 百分比或所允许的活动范围，会对观察到的差异有巨大影响。因此，和最大力量一样，肌肉尺寸的不同是男性与女性在最大功率输出上出现差异的原因。

## 羽状角

肌纤维的羽状角、长度与肌纤维的力量、收缩速度有关。羽状角是指肌纤维与整块肌肉的拉动方向或使关节产生运动的拉动方向之间的夹角（见第 3 章和图 3.13）。较大的羽状角会带来更大程度的肌纤维聚积，从而导致相同肌肉体积对肌腱施加更大的力。超声波检查显示男性的羽状角比女性更大，但也因肌群而有所不同。譬如，男性与女性的羽状角分别如下：胫骨前肌，9.4 度和 8.7 度；腓肠肌外侧头，14.1 度和 11.8 度；内侧腓肠肌，18.6 度和 15.8 度；比目鱼肌，20.0 度和 15.2 度（Manal et al.，2008）。遗憾的是，这并没有显示出统计学上的意义。随着研究的肌肉达到最大随意收缩，这些差异似乎也会增大。

在排球运动员中，在垂直跳的成绩上也观察到了两性的差异，之前对此的解释是肌肉形态不同。研究者在静止状态下对股外侧肌、腓肠肌内侧和腓肠肌外侧的肌肉结构进行超声波扫描分析。根据研究者的报道，股外侧肌的大小与跳跃表现之间有密切的关系（$r$ 为 0.49~0.50），且肌肉尺寸参数与羽状角之间存在非线性的关系（$R^2$ 为 0.67~0.77）（Alegre et al.，2009）。需要进行更多的研究以对肌纤维的羽状角在两性运动表现差异上的作用进行更加明确的了解。

在肌纤维长度上，较长的肌纤维有更多连续排列的肌节，因此可以产生更大的肌肉移动和收缩速度。只有少量研究调查过性别对这种肌纤维特征的影响。据报道，女性的腓肠肌（内侧和外侧）和比目鱼肌的平均肌纤维长度更长，而且肌纤维长度的变化也更大（Chow et al.，2000），然而在相同的肌肉中，男性的羽状角更大。相反，两性在肱三头肌（长头）、股外侧肌和腓肠肌（内侧）中的肌纤维长度并没有明显差异（Abe et al.，1998）。但另外一项研究显示，女性的股外侧肌的肌纤维长度更长（Kubo et al.，2003）。不过，在股外侧肌中，男性的羽状角还是更大。在肌肉厚度方面，男性似乎明显大于女性（Kubo et al.，2003）。

羽状角与肌肉厚度之间存在明显的正相关关系（随着肌肉厚度增加，羽状角增大）（Abe et al., 1998；Ichinose et al., 1998）。男性的肌肉厚度较大（Abe et al., 1998；Chow et al., 2000）可能说明了为什么他们羽状角更大。因为调查这些特征的研究相对较少，所以就两性的肌纤维长度和羽状角的差异没有得出明确的结论。然而，无论男性还是女性，进行抗阻训练会使肌肉尺寸增大，这很可能导致羽状角增大。

# 女性训练

关于女性是否可以从抗阻训练中获益的争论在运动科学界似乎已经消失，更多的注意力被放在了如何设计更加有效的训练方案方面（Kraemer, 1993, 2005；Marx et al., 2001；Nichols, 2007；Schuenke et al., 2012；Staron, 1989）。目前，和男性的情况一样，研究只证明了合理设计和执行的训练方案会为女性带来许多益处。通过执行合理设计的抗阻训练方案，女性的力量能得到显著提高，肌纤维类型得以转化（Kraemer, 1993, 2005；Staron, 1989），骨密度也能提高（Nichols, 2007）。迄今为止的研究数据表明，在一般情况下，抗阻训练给女性带来的益处，即使不高于，至少也与男性的一样，因为潜在的适应窗口越大，取得的相对收益就越多。

## 力量增长

当女性和男性执行同样的抗阻训练时，通常女性和男性会以相同的速度增长力量，或者女性更快（Cureton et al., 1988；Lemmer et al., 2000, 2007；Wilmore, 1974；Wilmore et al., 1978）。在一项为期24周（见图9.6）和一项为期16周的抗阻训练中（见图9.7），女性增长力量的速度与男性相同，甚至更快。男性可能在绝对力量上比女性增长得更快，但通常女性的相对力量的增长速度与男性相同或更快。在24周的抗阻训练后，根据1RM的测量，青年女性（20~30岁）和老年女性（65~75岁）上半身和下半身的力量都得到了提高。当结合腿伸展、腿弯举和腿蹬举的测试时，在获得的整体力量方面，女性与男性相比没有什么差别。但在胸推、高位下拉、肩推和肱三头肌下拉（Lemmer et al., 2007）的练习后，女性上半身力量的增长显著低于男性。尽管通过训练女性的最大力量得到显著提升，但是普通女性在经过6个月的抗阻训练之后，最大力量（1RM后深蹲、卧推、窄高拉）仍然比未受过训练的普通男性小很多（Kraemer et al., 2001）。

有人提出，女性的力量提升会在3~5个月的训练后到达平台期，并且突破这个点之后增速就没有男性那么快了（Häkkinen, 1993；Häkkinen et al., 1989）。很明显，这样的平台期可能与执行的训练方案有关。定期执行多组周期化训练方案，在6~9周的训练后，女性在力量、爆发力提升以及身体成分方面并没有显示进入平台期（Kraemer et al., 2000；Kraemer et al., 2001；Marx et al., 2001），但进行单组非同期化训练计划3~4周以后，女性在力量、爆发力提升和身体成分方面全进入了平台期

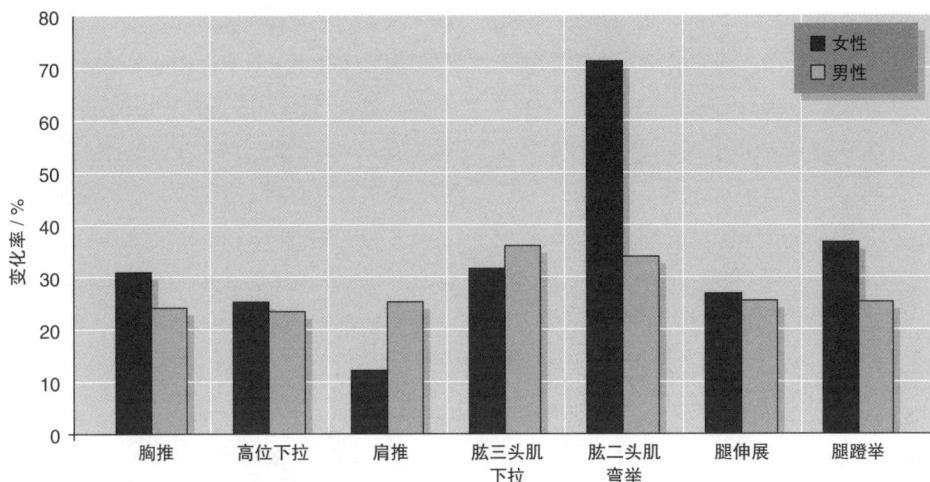

**图 9.6** 执行一项为期 24 周的抗阻训练方案后，男性和女性的力量变化

（源自：Lemmer et al.，2001.）

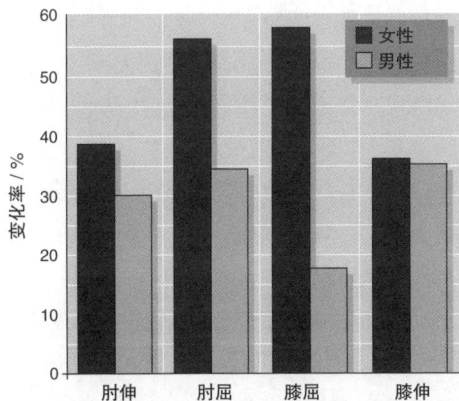

**图 9.7** 执行一项为期 16 周的抗阻训练方案后，男性和女性的力量变化

（源自：Cureton et al.，1988.）

（Kraemer et al.，2000；Marx et al.，2001）。这表明，与男性一样，女性可以通过周期化训练或高强度训练方案来避免进入训练平台期。因此，对女性及男性的一个重要的、长期的训练要求是在长期的训练方案中运用周期化训练，以优化训练强度、训练量和恢复速度。

## 肌肥大

有些女性不进行高强度抗阻训练的原因是她们认为肌肉会过度增大，从而使她们看起来不再有"女人味"。这类担心会促使女性避免选择重负荷，从而限制其能获得的健康益处，如骨骼和肌腱的发展、其他结缔组织的适应、身体功能和运动表现。重负荷一定要被纳入一项训练计划中，从而调动全部的运动单位。虽然执行抗阻训练的女性的 I 型肌纤维和两种主要的 II 型肌纤维（II a 型和 II x 型）会增大（Staron et al.，1989，1991），但是普通女性的肌肉大多数时候因为肌纤维数量较少，所以不会产生过度增大的问题。

女性使用从中等负荷到重负荷的设计合理的抗阻训练，肌肉确实会增大（如 10RM 和较低的最大重复训练区间）。然而，使用轻负荷时肌纤维增大的程度有限。这一点在一项研究中得到了证明，未受过训练的女性在她们20岁时进行不同负荷的下半身抗阻训练，其中有腿蹬举、深蹲和膝伸练习（Schuenke et al., 2012）。

在6~10RM训练区间和20~30RM训练区间进行抗阻训练，第1周训练2天，在接下来的5周训练中每周训练3天，只有6~10RM训练区间的训练会使Ⅰ型和Ⅱ型肌纤维增大。这表明，即使在训练的早期，较高强度的阻力也会使肌纤维快速增大，低强度的抗阻训练并不会使肌纤维增大。在如今的健身行业中，过度强调轻负荷和高重复次数的训练，会再一次让女性担心肌肉变得过度发达，这妨碍了她们从抗阻训练方案中获得更多益处。

在循序渐进地进行12周的动态恒定外部阻力训练的前后，通过磁共振成像技术对男性和女性的等长和动态肘屈曲的力量以及肱二头肌的横截面积（CSA）进行测量。抗阻训练后，男性肱二头肌的绝对横截面积更大（男性$4.2 \pm 0.1$平方厘米对比女性$2.4 \pm 0.1$平方厘米），他们的肱二头肌横截面积增长明显大于女性（男性$20.4\% \pm 0.6\%$对比女性$17.9\% \pm 0.5\%$）。虽然男性在1RM肘屈曲力量上的绝对收益较大（$4.3 \pm 0.1$千克对比女性$3.6 \pm 0.1$千克），但女性在1RM力量上取得了更多的相对收益（$64.1\% \pm 2.0\%$对比$39.8\% \pm 1.4\%$）。同样，在等长力量上，男性的绝对收益较大（男性$9.5 \pm 0.6$千克对比女性$6.1 \pm 0.3$千克），但在等长力量上，相对收益低于女性（男性$22.0\% \pm 1.1\%$对比女性$15.8\% \pm 1.1\%$）。

在6个月的抗阻训练后，通常女性的上臂和大腿围度会小幅但显著地增大，（Kraemer et al., 2002；Nindl et al.,

2000）。从未受过训练的状态开始，当使用磁共振成像技术分析肌肉横截面积时，与大腿肌肉相比，女性的手臂肌肉的增大最明显（Kraemer et al., 2004）。虽然许多女性担心四肢围度过大，但在10周（Wilmore, 1974）、12周（Boyer, 1990）、20周（Staron et al., 1991）训练后，其肢体围度增加的最大值分别是0.6厘米、0.4厘米和0.6厘米。在一项6个月的抗阻训练后，一群女性运动员的肩部、上臂和大腿围度分别增加了3.5厘米、1.1厘米和0.9厘米（5%、4%和2%）（Brown and Wilmore, 1974）。

在有些女性中，去脂体重和肢体围度的增加量要比平均值大得多，这很可能与其他因素有关，如遗传特性、肌纤维数量，或循环中的肾上腺雄激素浓度较高。多数情况下，在10周的训练后，臀部、大腿和腹部的围度其实实际上减少了0.2~0.7厘米。在经过3项不同的12周抗阻训练后，腹部围度减少了0.2~1.1厘米（Boyer, 1990）。研究发现，女性执行抗阻训练没有使身体围度变化或是只发生很小的变化，这个发现得到了其他研究的证实（Capen et al., 1961；Häkkinen et al., 1989；Staron et al., 1994；Wells et al., 1973）。考虑到肌肉比脂肪占据的空间小，许多研究证明，女性其实是变得更加精瘦而不是更加硕大（即拥有更多的肌肉）。因此，运用设计合理的、循序渐进的高强度抗阻训练方案，从肢体围度变化来看，女性不用担心过度肌肥大。

过度肌肥大的一个结果是身体围度增大。然而，身体围度也可能没有变化，因为肢体或身体部位的脂肪组织减少抵消了肌肉质量增加引起的增大（Mayhew and Gross，1974）。肌纤维比脂肪组织密度更高，若脂肪组织的减少量与肌肉质量的增加量相当，那么身体围度也会略微减小。前文所讨论的关于10周、12周和16周抗阻训练的研究中，所有研究都证明，皮褶厚度降低表明皮下脂肪减少。然而，身体各部位在减去脂肪组织和增加肌肉质量的能力上也许有差异（Fleck et al.，2006；Nindel et al.，2000）。例如，在一项为期6个月的抗阻训练和耐力训练之后，女性减去大量的脂肪，但其手臂和躯干的瘦体重并没有什么变化。这会使手臂和躯干的围度减小。

在6个月的训练期间，使用线性周期化训练的女性的手臂肌肉横截面积的增加量明显大于大腿肌肉横截面积的增加，这项研究（Kraemer et al.，2004）中使用了磁共振成像技术（见图9.8）。另外，在依次使用3~8RM阻力后，大腿部位的更多肌肉的横截面积增加。显然，因为许多进行抗阻训练的女性缺少对前臂的锻炼，所以手臂肌肉会因为其适应窗口较大而急剧增大。身体围度没有增大，甚至略微减小，这鼓励了想要增强力量以及通过训练练出有结实肌肉的健康外形的女性，不用再担心身体围度增大。

在抗阻训练中，在肌肥大的问题上，男性和女性显示出类似的相对变化。男性和女性在等长训练（Davies et al.，1988）和动态恒定外部阻力训练后（Cureton et al.，1988；O'Hagan et al.，1995b）的肌肉横截面积（根据断层扫描结果判断）的相对增加量相同。在8周的抗阻训练后，男性和女性所有类型的肌纤维的横截面积都逐步增加，虽然这些并不是具有统计学意义的数据（Staron et al.，1994）。这一信息表明，在初期的短期训练期间（6~8周），整块肌肉和肌纤维横截面积方面的变化在两性之间是类似的。未受过训练的女性和男性执行一项集中的、短期的（6~8周）、中等到高强度（3~11RM）抗阻训练方案后，可以看到所有肌纤维横截面积大幅度增加，但在使用很小的阻力时（>20RM）不会出现这种情况（Campos et al.，2002；Schuenke et al.，2012）。男性与女性的一个差异在于肌球蛋白重链从Ⅱx型到Ⅱab型到Ⅱa型的转化，女性的转化速度比男性更快（Staron et al.，1994）。如上一节所述，未受过训练的女性的Ⅱ型肌纤维横截面积与未受过训练的男性相比更小（Alway et al.，1992；Alway et al.，1989）。未受过训练的男性和女性在肌纤维横截面积上的这一差异，使女性Ⅱ型肌纤维肥大的可能性更大。这种倾向在女性执行下半身抗阻训练中有所显现（Staron et al.，1994）；她们的Ⅱa型、Ⅱx型和Ⅰ型肌纤维（股外侧肌）分别增大25%、23%和11%。在进行相同的抗阻训练后（Staron et al.，1994），男性的Ⅱa型、Ⅱx型和Ⅰ型肌纤维横截面积的增幅较小，肌纤维分别增大了19%、20%和17%。两性上半身（肱二头肌）Ⅱ型肌纤维横截面积的增幅相似（O'Hagan，1995b）。因此，两性间的一些差异可能可以归因于肌纤维对不同抗阻训练的增大反应。

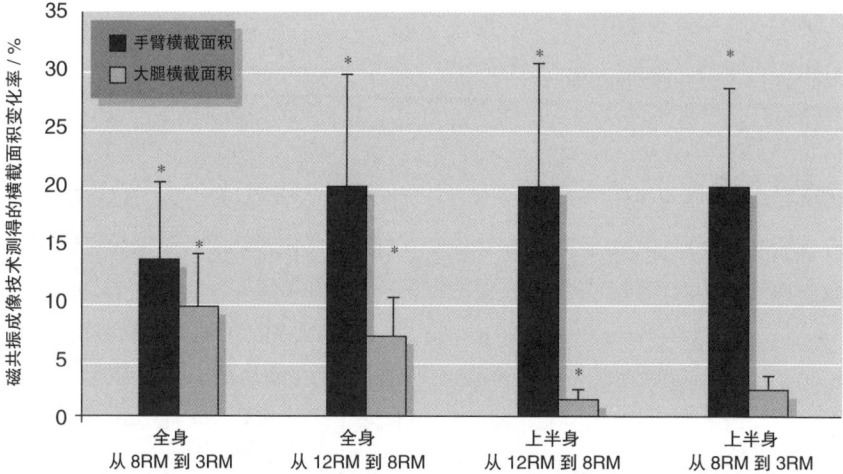

图 9.8　参加针对全身或上半身的周期化抗阻训练后，用磁共振成像技术测得的女性的上臂和大腿横截面积的增长百分比。使用不同的周期阶段，在每个阶段范围内，一个组从 8RM 到 3RM，另一个组从 12RM 到 8RM，以线性周期化模式进行 6 个月训练。很显然存在练习特定性：不训练下半身的女性的大腿横截面积并没有变化；而且，这些女性的手臂横截面积对训练可能有更大的反应，因为在她们通常的活动项目中明显缺乏对手臂的锻炼

*表示 $P \leqslant 0.05$ 训练前的值。在经过全身周期化抗阻训练后，手臂横截面积变化明显大于大腿。

（源自：Kraemer et al.，2004.）

## 峰值耗氧量

进行 8~20 周循环抗阻训练后，女性的相对峰值耗氧量［毫升 /（千克·分）］平均增加了 8%，同时，男性平均增加了 5%（Gettman and Pollock，1981）。因此，在循环抗阻训练后，普通女性心肺耐力增强的幅度比普通男性更大。女性峰值耗氧量比男性增加得多的原因尚不明确，但可能是普通男性在开始循环抗阻训练之前已有较高的心肺耐力水平。令人吃惊的是，尽管之前的一些研究显示女性对循环抗阻训练的反应更大，但最近的发现表明，与女性相比，男性在绝对和相对峰值耗氧量、收缩压和呼吸比率上有更大的急性反应

（Ortego et al.，2009）。然而，出现较大的急性反应的原因目前尚不清楚，两性间的这一差异未必会影响长期适应。

女性如果执行一项有氧循环抗阻训练，其相对峰值耗氧量的增长会更大，这项训练应包括抗阻练习，其中穿插一些短期的有氧训练。进行 5 组包含 5 种抗阻和健美操的练习，其中穿插 5 次 3 分钟的有氧训练，这种类型的训练使之前未受过训练的女性参加 12 周训练后的峰值耗氧量增加了 22%（Mosher et al.，1994）。一定要注意不要把这类训练作为一项训练方案中唯一的练习，由于只使用了较小的阻力，所以循环训练在实现其他神经肌肉训练目标方

面有局限性。另外，如果"极端的新陈代谢"训练进行得太过频繁，而且没有休息日，可能会出现过度训练的症状（Bergeron et al.，2011）。

## 身体成分

让身体成分发生变化是许多进行抗阻训练的男性和女性的共同目标，通过短期的抗阻训练实现去脂体重的增加和身体脂肪比例的减少对男性和女性有着同样重要的意义。男性和女性执行相同的短期抗阻量训练方案后，体脂率都明显降低，而且两性间没有巨大的差异（Staron et al.，2000）。还有报告称，在两性进行相同的为期24周的抗阻训练后，男性和女性都在去脂体重上有明显的增加，而且体脂率都没有变化（Lemmer et al.，2001）。在这项研究中，只有男性在脂肪量上有明显的降低，这表明女性在抗阻训练期间减脂更难。

在抗阻训练后，身体成分在不同部位的变化可能也是女性要考虑的一个重要因素（Nindl et al.，2000）。经过6个月的周期化抗阻训练和耐力训练后，女性的脂肪量降低31%，双臂的瘦体重没有变化。她们腿部的瘦体重增加5.5%，但是脂肪量没有变化。这些结果表明，女性增加上半身的瘦体重比下半身更困难。然而，其他数据明显与这一结果矛盾。在6个月中执行几项抗阻训练方案后，未受过训练的女性的上臂肌肉横截面积大约增加了15%~19%，大腿肌肉横截面积大约增加了5%~9%（Kraemer et al.，2004）。这表明上臂肌肉组织的增幅比大腿肌肉大得多（见图9.8）。

这一结论得到另外一项报告的证实，报告显示，女性在进行14周的抗阻训练后，上半身肌肉组织增加，但下半身没有（Fleck et al.，2006）。这意味着，在每日娱乐性的活动中，女性的上半身肌肉组织没有达到与下半身肌肉组织一样的募集水平。因此，更加需要通过抗阻训练降低女性上半身肌肉随年龄增加而发生的急剧减少。

# 女性对抗阻训练的激素反应

对抗阻训练的急性激素反应和慢性激素反应影响着肌肉组织所在的合成代谢/分解代谢的环境。男性和女性都是如此，这可能也在一定程度上解释了为什么抗阻训练后肌肉尺寸和力量会增加。在理解女性对训练的激素反应时，必须考虑月经周期这一潜在影响，因为激素水平随月经周期阶段而发生波动。另外，必须记住的一点是，低激素水平并不意味着激素在控制身体机能或运作过程中没有起到积极的作用，如组织生长。由于与受体的互动增加，使用率提高，或者两者兼有，激素浓度低但可能仍然影响身体机能。低激素水平可能带来的影响见信息栏9.1。

## 睾酮

在静息时，通常男性循环中的睾酮比女性多10~40倍（Kraemer et al.，1991；Vingren et al.，2010；Wright，1980）。这可能在一定程度上解释了为什么男性肌肉质量比女性大，因为睾酮影响细胞周期的发展。睾酮是制造蛋白质的敏锐信号，它与不同的细胞信号传导过程互动，其中包括对卫星细胞和神经元的激活。然而，如第 3 章所指出的，睾酮对抗阻训练的反应取决于几个因素，包括被激活的肌肉量，对关键变量的控制——明确一点说，是训练强度和训练量（Fragala et al., 2011；Kraemer et al., 1991）。

尽管在静息时，女性的睾酮浓度比男性低，但睾酮浓度的任何细微变化都可能影响肌肉组织的生长。据报道，在一次抗阻训练后，女性的血清睾酮浓度明显上升（Cumming et al., 1987；Nindl et al., 2001）。然而，在一次训练后，与男性相比，女性睾酮浓度的急剧上升是变化且低水平的（见图 9.9）（Fragala et al., 2011a；Kraemer et al., 1991；Kraemer et al., 1993；Nindl et al., 2001）。图 9.9 所示的研究显示，女性睾酮浓度不受所进行的 3 组 10RM 练习（中间休息 1 分钟）的影响。相比较而言，在进行同样的抗阻训练后，男性的血清睾酮浓度不断升高。虽然大多数研究已证明，女性在抗阻训练后没有表现出明显的血清睾酮浓度升高，但有趣的是，有研究表明，女性在抗阻训练后，血清睾酮浓度有短暂和显著的提升（Nindl et al., 2001）。需要进一步的研究来确定引起两性这一激素反应差异的可能因素，以及刺激睾酮反应变化的关键变

## 信息栏9.1　研究成果

### 女性肌肥大的合成代谢环境

男性和女性对抗阻训练的激素反应是不同的。两性之间的一个最明显的差异是同化激素睾酮。男性体内的睾酮浓度比女性高 20~40 倍。在男性身上，睾酮是一种重要的激素，调控一系列靶细胞和组织，包括骨骼肌肉的合成代谢过程（Vingren et al., 2010）。男性中，抗阻训练或一般运动练习带来的压力使循环睾酮浓度显著上升。这里要强调的一点是，只有在被激活的肌纤维中，才会出现雄激素受体上，以及随后的睾酮信号传递，睾酮最终与肌纤维 DNA 相互作用。因此，睾酮应对压力的信号在一个受体与激素结合，创建信号传导的开始时才发出。有趣的是，虽然有氧运动可以使男性和女性的睾酮浓度上升，但用于执行这类次最大有氧练习的 I 型肌纤维构成的运动单位没有引起相关纤维抑制雄激素受体与受体的结合以及随后的信号发出。在两性生长刺激方面，有氧运动和抗阻训练有差异。

女性对急性的抗阻训练显示出睾酮反应急剧减弱，然而有趣的是，应对急性的抗阻训练而产生的微小激素变化会导致女性雄激素受体上调。尽管女性睾酮浓度更低，但女性确实因为抗阻训练而在肌肉横截面积上有所增加。有意思的是，研究已经显示，在女性中，生长激素和胰岛素样生长因子 –I 似乎能够弥补减弱的睾酮反应，促进肌肉组织的生长，因此在肌肥大方面，它们在女性中的作用比在男性中更显著。

参考文献：

Vingren, J.L., Kraemer, W.J., Ratamess, N.A., Anderson, J.M., Volek, J.S., and Maresh, C.M. 2010. Testosterone physiology in resistance exercise and training: The up–stream regulatory elements. *Sports Medicine* 40: 1037–1053.

量组合。然而，虽然女性对剧烈的抗阻训练的反应较弱，但女性雄激素受体表现出与男性相似的反应模式和与睾酮的相互作用，这证明女性雄激素受体与睾酮信号能够进行积极的相互作用（Vingren et al., 2009）。

另外一个影响抗阻训练的因素是导致睾酮浓度提升的训练时间点。在每天的晚些时候进行抗阻训练，男性的睾酮浓度提升似乎更大。这可能是由于在当天的其他时间里，静息睾酮浓度较高，无法使循环或唾液浓度急剧升高。已经在举重比赛中观察到睾酮对唾液的影响（Crewther and Christian, 2010）。女性睾酮浓度对训练的反应似乎并未表现出相同程度的时间依赖性，

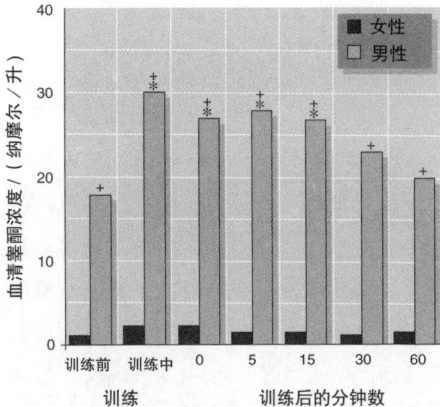

图 9.9 男性和女性以 10RM 进行由 8 个练习组成的 3 组相同的抗阻训练，练习间及组间休息 1 分钟，由此得到血清睾酮浓度的对比结果

* 表示与训练前的值有显著差异。

+ 表示与同一时间点的女性的值有显著差异。

（经许可，源自：W.J. Kraemer et al., 1991, "endogenous anabolic hormonal and growth factor responses to heavy resistance exercise in males and females," *International Journal of Sports Medicine* 12: 231.）

这很可能是由于在女性所有的身体部位，包括血液和唾液中，静息睾酮浓度较低。

有趣的是，未受过训练的女性和非常有竞争力的女性奥林匹克举重运动员的静息血清睾酮浓度没有显著的差别（Stoessel et al., 1991）。这再一次证明了一个事实，睾酮是传导信号的激素，而不是一个不断累积的、用于追踪力量或组织质量的增加的物质。8 周的抗阻训练（Staron et al., 1994）和 16 周的爆发力训练（Häkkinen et al., 1990）都无法改变女性的静息血清睾酮浓度。然而其他研究表明，与未受过训练的状态相比，女性进行 8 周的抗阻训练后静息血清睾酮浓度以及运动后的急性反应并没有显著提升。这最有可能是因为身体试图建立新的、更高的、稳定的血清睾酮浓度，以优化对训练的急性反应（Kraemer et al., 1998）。无论如何，一个可能的干扰因素是，前面提及的研究中没有任何一个对月经周期进行控制。当对月经周期进行控制时（在早期的卵泡期获得血清），6 个月的抗阻训练会使静息睾酮浓度上升。如上述研究所示，这最可能是因为身体在训练状态下试图建立一条更高水平的静息基线（Enea et al., 2009; Marx et al., 2001）。另外，训练量也会影响静息睾酮浓度的变化。女性执行一项多组周期化抗阻训练，在进行 3 个月和 6 个月的训练后其静息睾酮浓度的略微上升，但要比执行单组周期化抗阻训练的女性的增幅更大（Kraemer et al., 1998; Marx et al., 2001）。女性的睾酮反应也与身体脂肪的分布有关。女性上半身的脂肪更多，所以该部位表现出的反应更强烈，这种反应的

潜在机制仍处于推测阶段（Nindl et al., 2001）。

## 皮质醇

皮质醇在新陈代谢方面起着调控作用，对蛋白质的代谢作用有分解代谢的影响（见第3章）。当对月经周期进行控制时，女性对一项抗阻训练的反应是血清皮质醇浓度上升（Cumming et al., 1987; Kraemer et al., 1993; Mulligan et al., 1996）。但如果没有控制月经周期，也能得到相同的结果（Kraemer et al., 1998）。另外，较高的训练量（1组练习对比3组练习）会使女性皮质醇的反应增强（Kraemer et al., 1993; Mulligan et al., 1996）。同样，男性的皮质醇反应也受训练量影响。

似乎运动员的训练水平会对可能因练习的压力而出现的激素反应产生影响（Nunes et al., 2011），如高强度的抗阻练习。此外，无论是男性还是女性，运动员的情绪状态也会影响皮质醇的反应程度。在比赛之前以及比赛后的一个小时，可以观察到男性和女性运动员的皮质醇浓度显著上升（Crewther et al., 2011; McLellan et al., 2011）。根据假设，通过增强兴奋感和形成足够"积极的"压力以提高运动员表现水平，预期的皮质醇浓度攀升会起到提高运动表现水平的效果。

在未对月经周期进行控制时，8周的抗阻训练（Staron et al., 1994）或16周的爆发力型抗阻训练后，没有观察到女性的静息血清皮质醇浓度发生变化（Häkkinen et al., 1990）。甚至，在没有对月经周期进行控制时，8周的抗阻训练后，静息血清皮质醇浓度还有所降低，并且与未受过训练的状态相比，8周的抗阻训练后的一次抗阻训练课结束后，皮质醇的反应迅速减弱。这表明从整体来看总压力减少了（Kraemer et al., 1998）。

在抗阻训练后的反应方面，训练量可能是决定静息皮质醇浓度是否降低的一个重要因素。女性（约30岁）执行6个月的多组周期化抗阻训练方案（对月经周期进行了控制）后，静息皮质醇浓度大幅下降。然而，在6个月的单组周期化训练后，并没有发现静息皮质醇浓度有明显的变化（Marx et al., 2001）。静息皮质醇浓度降低是因为生理方面所承受的总压力减少了。然而，经过抗阻训练的男性和女性，进行6组10RM深蹲剧烈抗阻练习（其间有2分钟的休息时间）后，肌肉中的糖皮质激素受体含量并没有改变（Vingren et al., 2009）。但在所有的时间点上，与男性相比，女性的糖皮质激素受体浓度都更高，这说明抗阻训练后，为了把合成代谢信号传递给肌细胞，就进行抗阻训练后皮质醇产生的影响而言，女性大于抗阻训练后的男性。需要进行更多的研究来阐明观察到的这种差异。对剧烈运动的压力反应或从休息到恢复的70分钟时间里，肌肉中糖皮质激素受体没有上调或下调，这表明受体饱和，因皮质醇剧烈增加，传递至肌肉的所有合成代谢信号对其他靶细胞都更具有潜在的影响，如免疫细胞（Fragala et al., 2011a; Fragala et al., 2011c）。

这样的数据再一次证明，需要考虑抗阻训练压力引发的激素信号的多个靶点。而且，在剧烈运动和恢复阶段，其他细胞中可能出现糖皮质激素受体的不同调控。进行 6 组 5RM 的深蹲练习，其间有 3 分钟休息，在训练之前，男性的 B 淋巴细胞糖皮质激素受体含量比女性的高很多。然而，经过高强度的抗阻训练后，两性的 B 淋巴细胞糖皮质激素受体含量都显著下降，在 1 小时和 6 小时候的休息至恢复后，又明显上升（Fragala et al.，2011c）。因此，当测量受体的时候，可用于结合的受体目标会因性别、细胞的种类和时间范围而不同。

## 生长激素

如第 3 章中详细讲述的，不同形式的生长激素广泛存在，从原始的 22kD 191 氨基酸多肽（源自垂体前时生长激素的 DNA）到高分子量和低分子量研究已经证明，在女性中，抗阻训练引发的生长激素浓度急剧升高取决于所检测到的分子量成分以及所使用的化验种类（Hymer et al.，2001；Kraemer et al.，2006；Kraemer et al.，1993；Kraemer and Spiering，2006；Kraemer et al.，1998；Mulligan et al.，1996）。但在本部分内容中，我们将生长激素定义为 22kD 的形式，因为这是研究的主要形式。

同男性相似，女性对抗阻训练的反应（见图 9.10）为血清 22kD 生长激素浓度上升。另外，生长激素对抗阻训练的反应同其他激素（睾酮和皮质醇）非常相似，也依赖于对关键变量的控制（Kraemer et al.，2010；Kraemer and Spiering，2006）。与男性一样，女性生长激素的急剧上升与总训练量有关；与低训练量的训练相比，更高训练量的训练（1 组练习对比 3 组练习）

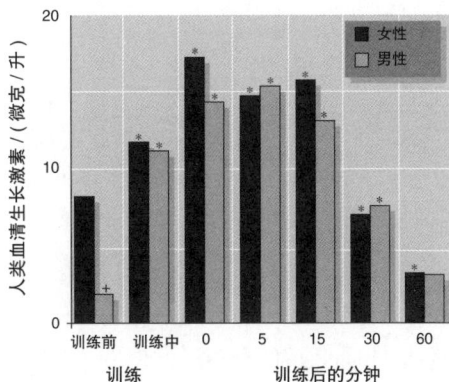

**图 9.10** 以 10RM 执行间相同的抗阻训练，完成 3 组、每组 8 个练习，练习间和组间休息 1 分钟，然后通过放射免疫分析测量男性和女性的血清生长激素（22kD）浓度

* 表示与训练前的值有显著差异。

+ 表示与同一时间点的女性的值有显著差异。

（经许可，源自：W.J. Kraemer et al., 1991, "endogenous anabolic hormonal and growth factor responses to heavy resistance exercise in males and females," *International Journal of Sports Medicine* 12: 232.）

后观察到的反应明显更大（Kraemer et al.，1991；Kraemer et al.，1993；Mulligan et al.，1996）。训练量更大的训练对增强两性的人体生长激素反应尤其有效，特别是在组间和练习间进行短暂的休息（约 1 分钟）时，因为根据血乳酸浓度的反应，22kD 生长激素的释放与低 pH 和高 $H^+$ 浓度相关（Kraemer et al.，2010）。如信息栏 9.1 所述，可能在传导肌肉组织增大的信号方面，生长激素在女性身上的作用比在男性身上更显著（Kraemer et al.，2010）。

训练状态也可能影响女性的生长激素反应。进行至少一年的抗阻训练的女性与没有定期进行抗阻训练的女性相比，其生长激素浓度高于静息值的时间更长（导致生长激素反应更大）（Kraemer et al.，2009；

Kraemer et al., 2006; Kraemer and Spiering, 2006; Taylor et al., 2000）。女性的静息血清生长激素浓度未受到8周抗阻训练（Kraemer et al., 1998）和6个月抗阻训练（Marx et al., 2001）的影响。然而，据报道，至少进行一年抗阻训练的女性在执行一项抗阻训练方案之前，与没有定期进行抗阻训练的女性相比，其静息血清生长激素浓度更低（Taylor et al., 2000）。但是，这可能是由于高分子量生长激素在体内平衡机制中发生变化（Kraemer et al., 2010）。换句话说，生长激素存在几种亚型，浓度降低可能与22kD形式的转化有关，其聚集成的形式没有被典型的生长激素含量测试检测到。但迄今为止，急性生长激素反应和静息慢性生长激素反应没有变化，这在两性之间的生物活性生长激素集合方面表现得十分相似。

抗阻训练引发的不同激素的急性反应和慢性反应创造了骨骼肌、骨骼和其他组织的合成代谢环境。激素对抗阻训练的反应部分解释了两性在抗阻训练后力量和肌肥大的原因。虽然，女性进行抗阻训练后的睾酮反应强度似乎低于男性，但生长激素对抗阻训练的反应强度在两性间是相似的。尽管这里并没有进行讨论，但其他激素，如IGF-I、黄体生成素、卵泡刺激素和雌二醇（见信息栏9.2）可能也影响着女性对抗阻训练的长期适应。每一种激素都有具体的靶细胞，这些靶细胞是不同的。它们一起发挥作用，优化免疫系统、结缔组织（如骨骼和肌腱）和骨骼肌中的细胞所处的生理环境。因此，信号激素浓度在压力源作用下升高，在血液中循环，并与靶细胞受体相结合，发送信号，然后，信号

激素浓度降低，信号作用结束（Fragala et al., 2011a; Kraemer et al., 2010）。

# 月经周期

月经周期在女性健康领域是一个重要的话题，了解相关基本知识对从事加强女性身体素质的专业人士来讲至关重要，因为它与从营养状况到运动表现在内的大量问题有生理上的相关性。

## 月经过少与继发性闭经

不同女性在月经周期上存在很多的不同，因此对某一女性来说，很难确定什么样才算是规律的月经周期，以及什么样是不规律的。无论如何，一些女性从事体育锻炼，包括抗阻训练后，月经周期发生了各种变化。不规律的表现包括黄体期缩短到少于10天、无排卵、月经稀发即月经周期不正常（两次月经周期之间的间隔超过36天），而出现这一情况的女性之前有着正常的月经周期。继发性闭经指闭经超过180天，而出现这一情况的女性之前是定期来月经的。

虽然这类异常在运动型女性中也可以看到，但通常与可用能量低这样的问题（即食物或热量摄入不足）相比，锻炼导致的问题是次要的（Ducher et al., 2011; Loucks et al., 2011）。运动型女性的月经不调通常与女运动员三联征（膳食紊乱、闭经和骨质疏松症）有关，多见于强调低体重或靠主观评分的体育运动，如体操和花样滑冰。事实上，运动型女性缺乏能量，可以通过心理测试准确地预测女性追求较

信息栏 9.2    研究成果

## 雌醇在运动引起的内分泌反应中的角色

与男性相比，在面对急性运动压力的时候，女性对肌肉损伤的炎症反应更弱，而且疲劳的速度也更慢（Fragala et al., 2011a）。这些差异在一般程度上归因于性别特定的循环激素水平，主要指女性雌醇和男性睾酮。在运动期间，尤其是诱发高水平的氧化应激的练习，如高强度的有氧抗阻训练，女性的雌醇的作用好比抗氧化剂和膜稳定剂。雌醇的保护作用成为减轻由训练压力造成的肌肉损伤的主要因素，女性的炎症反应较弱体现了这一点。即使在休息的时候，女性血液循环中的肌酸激酶水平也比男性更低，而肌酸激酶是衡量肌肉损伤的最常用指标之一。虽然雌醇对抗阻训练的反应需要进一步研究，但雌醇的保护作用表明，在训练压力导致的肌肉组织疲劳以及运动恢复方面，其对女性有着重要的意义。

参考文献：

Fragala, M.S., Kraemer, W.J., Denegar, C.R., Maresh, C.M., Mastro, A.M., and Volek, J.S. 2011. Neuroendocrine-immune interactions and responses to exercise. *Sports Medicine* 41: 621–639.

瘦体形的动机（DeSouza et al., 2007）。在要求较瘦体形的体育运动中，31% 的女性有饮食失调的问题，而正常人群中只有 5.5%（Byrne and McLean, 2002）。原发性闭经在正常人群仅占 1%，而在参加啦啦队、潜水和体操等靠主观判分的运动的女性中占 22%。继发性闭经在正常女性中的发病率为 2%~5%，但在致力于芭蕾舞训练的女性中的发病率高达 69%（Abraham et al., 1982）。

在 199 名平均年龄为 16 岁的奥林匹克举重运动员中，25% 的女性报告有月经不调。这些运动员中，只有 3 个年龄为 13 岁~15 岁的女性还没有月经来潮（Liu et al., 1987）。没有口服避孕药而发生月经过少和继发性闭经的女性，在参加娱乐性抗阻训练的人群中分别占 20% 和 2%，在至少参加过一次健美比赛（追求非常轻的体重和主观判分）的女性中分别占 71% 和 14%，在久坐的女性中分别占 9% 和 4%（Walberg

and Johnston, 1991）。有 33% 的参加健美比赛且没有口服避孕药的女性出现了月经过少或继发性闭经（Elliot and Goldberg, 1983）。因此，有些体育项目或活动与月经不调风险增加有关。

在长跑运动员中，较高的训练量、强度、频率和训练持续时间都被认为会加剧月经不调问题（Cameron et al., 1992; Gray and Dale, 1984; Loucks and Horvath, 1985）。每天或常年进行长时间和高强度训练的运动员发生月经过少和继发性闭经的风险更大。在参加娱乐性抗阻训练且没有口服避孕药的女性中，月经过少或继发性闭经的发生率是 22%，然而在参加健美比赛的女性中，其发生率是 85%（Walberg and Johnston, 1991）。因此，似乎强度越大或训练量越大的抗阻训练，导致发生月经不调的风险也越大，这很可能是因为所需要的能量增加。即使在月经正常的运动员中，也在 78% 的女性跑步者中发现了无排卵或黄体期过短的问题（DeSouza et al.，1998）。也就是说，并不是所有进行高训练量、高强度训练的人都会发生月经不调。另外，要注意一点，闭经和其他月经不调的问题通常是由于热量摄入不够，以致无法满足运动员的身体需求，而不仅是因为体育活动水平。

闭经在青年女性中的发生率高于老年女性。在跑步者中，85% 出现继发性闭经的女性的年龄在 30 岁以下（Speroff and Redwine，1980）。几个研究者也提出，在幼年进行体育训练会推迟初潮时间，初潮的推迟与闭经的高发生率有关（Gray and Dale，1984；Loucks and Horvath，1985；Nattiv et al.，1994）。既往妊娠与闭经概率降低有关（Loucks and Horvath，1985）。摄入的热量不够、生理压力、身体成分的突然变化，以及有月经不调史都与月经失调的风险增加有关（Lebenstedt et al.，1999；Loucks and Horvath，1985；Nattiv et al.，1994；Shepard，2000b）。所有这些因素都可引发内分泌紊乱，从而导致月经不调。例如，摄入的热量不充足，同时进行体育训练，可能是女性容易产生与内分泌紊乱（黄体生成素分泌）有关的月经周期紊乱的原因（Williams et al.，1995），也就是说，摄入足够的热量可能有助于预防这些问题。

从健康方面来看，闭经是一个严重的问题（Roupas and Georgopoulos，2011）。治疗运动引发的闭经，第一要务是恢复能量（Kopp-Woodroffe et al.，1999）。在今天的社会环境中，寻求帮助治疗这些问题已经没有过去那么多的社会阻碍和困难。应该进行饮食失调筛查，在适当情况下，应该安排心理治疗（Nattiv et al.，2007）。通常，增加体重有助于恢复正常的月经功能，并能在一定程度上缓解在这类人群中经常出现的骨质疏松的问题（Mendelsohn and Warren，2010）。

## 经前期综合征与痛经

对一个训练方案的初适应之一是常见的各种经前期综合征会减轻（Prior et al.，1992），如胸部增大、食欲增加、腹胀和情绪不稳定。与久坐的女性相比，活跃的运动型女性的各种经前期综合征症状会轻很多（Prior et al.，1992）。如果训练减少，经前期综合征症状可能会加重，尤其是如果体重增加与训练量减少同时发生（Prior et al.，1992）。因此，如果经前期综合征症状过重的运动员正减少训练，则不应该突然地减少训练量，而且应该避免体重增加过多。

痛经可能伴随着经前期综合征出现（Prior et al.，1992）。前列腺素分泌的增加与子宫痉挛有关，并被视为是痛经的原因（Dawood，1983）。据报道，60%~70%的成年女性有痛经症状，而且随着实际年龄的增加而加重（Brooks-Gunn and Rubb，1983；Widholm，1979）。同经前期综合征一样，与一般人群相比，痛经很少发生在运动员身上，即使发生也不太严重（Dale et al.，1979；Timonen and Procope，1971）。在运动员身上，经前期综合征和痛经发生频率较低和症状较轻可能是因为其与非运动员在激素浓度或耐痛性上存在差异。无论是哪种情况，身体锻炼都有助于降低经前期综合征和痛经的发生率。有些研究正在检查患有痛经和经前期综合征的运动员的治疗对策（Prior et al.，1992）。口服避孕药也被当作治疗痛经的一个办法（Lebrun，1994）。

## 月经周期影响力量和抗阻训练

令人吃惊的是，现有的有关月经周期对最大力量的影响的信息很少，因为存在训练周期、体育比赛、生育控制不同以及在女性反应上存在的个体差异，所以很难得出最终结论。莱布伦（Lebrun，1994）的研究报告称，在卵泡期（从上次月经停止到下次月经来潮前约 14 天）和黄体期（排卵后到下次月经来潮的前一天），没有检测到力量上的不同。但女性月经周期的不同阶段对最大力量的影响有很大的不同。

在不同月经周期阶段，力量或运动表现出现变化通常认为是由于激素的变化。例如，黄体酮被认为对肌肉有分解代谢的作用，而在黄体期，黄体酮在血液中的浓度达到最高。皮质醇也有分解代谢的作用，皮质醇在黄体期的浓度比在排卵期时更高。睾酮在整个月经周期中保持相对不变的浓度，除了在排卵期间会略微上升。合成代谢激素的增加会抵消受体对分解代谢激素的去抑制作用，因此，即使受体的浓度上升它们也不会与合成代谢激素相互作用。

因为在月经周期间会发生这些激素变化，一些研究者建议，抗阻训练应该根据月经周期阶段而变化。卵泡期不同的激素浓度使之与黄体期相比，具有更适合肌肉生长和恢复的条件（Reis et al.，1995）。

因此，抗阻训练的强度或训练量需要在黄体期降低、在卵泡期提高（Reis et al.，1995）。在连续的 2 个月经周期内（大约 8 周），把这样的一个训练方案与传统的抗阻训练方案相比较（Reis et al.，1995）。传统的抗阻训练包括在整个月经周期内每隔两天进行一次抗阻训练。"月经周期引发的训练"包括在卵泡期每隔一天训练一次，在黄体期大概每周一次。腿部最大等长力量在月经周期引发的训练后，增长了 33%，而传统的抗阻训练后，增长了 13%。股四头肌的肌肉横截面积在进行两种训练后的增量相同（约 4%）。然而，在经过月经周期引发的训练后，每块肌肉的横截面积的最大力量的增幅明显更大（27%对比 10%）。激素、力量和肌肉横截面积的增加之间存在显著的相关性。例如，在训练期间，雌二醇与肌肉横截面积的增加有对应关系（$r=0.85$），而且在第 1 个黄体期与第 2 个黄体期之间，黄体酮浓度的变化与最大力量提升相关（$r=0.77$）。

并不是所有的信息都支持月经周期引发的训练依据的原理，即卵泡期的激素条件比黄体期更有利于肌肉生长和修复。未受过训练的女性在黄体期对抗阻训练的急性生长激素的反应比在卵泡期更明显（Kraemer et al.，1993）。因此，虽然在不同的月经周期阶段进行不同的训练是一个很吸引人的假设，但是关于这个主题需要进行更多的研究。

## 月经周期内的运动能力以及月经问题

莱布伦（Lebrun，1994）指出在月经

403

周期的不同时段，有氧运动能力或无氧运动能力的差异很小甚至没有差异。在黄体中期和卵泡中期，在自行车冲刺方面，无氧运动能力也没有任何差异（Shaharudin et al.，2011）。然而，已发现经前或经期运动能力会下降，最佳运动能力出现在经期过后到月经后第15天的这段时间里（Allsen et al.，1997；Doolittle and Engebretsen，1972；Lebrun，1994）。同样，与黄体期相比，卵泡期的峰值爆发力、无氧运动能力和疲惫率（温盖特自行车测试）都显示受到了负面影响（Masterson，1999）。月经周期阶段对运动能力的影响可能存在很大的个体差异，有些运动员甚至发现她们经期的运动能力有所提高（Lebrun，1994）。

经前或经期运动能力下降可能与许多因素有关，包括自我期待、对月经的负面态度以及体重增加。虽然用口服避孕药的方式控制经前期综合征和痛经的效果尚不清楚，但有些回顾性研究报告称，因使用口服避孕药，运动能力有所提升（Lebrun，1994）。因为经前期综合征或痛经可能对运动能力有不利影响，所以一些研究者建议口服避孕药或注射黄体酮来确保月经不会在重大比赛期间来临（Liu et al.，1987）。但获得奥运会奖牌的运动能力发生在月经周期的所有阶段。因此，月经周期对运动能力的影响尚不清楚，而且可能因人而异。虽然月经过少和闭经对长期健康有潜在影响，如骨质流失，但其应该对运动能力没有影响。可是，月经不调伴随着低雌二醇和血清黄体酮浓度，这表明生长激素对抗阻训练的反应减弱（Nakamura

et al.，2011）。这可能会影响对抗阻训练的长期适应。总体来讲，在经期或月经周期的其他阶段参与体育训练和体育赛事对健康没有危害，不应当禁止。

# 骨密度

骨量或骨密度的变化与两种类型的骨质有关系，即松质骨和密质骨。松质骨或骨小梁有较高的骨流失率，对激素浓度变化的反应比对训练的反应更大。与松质骨相比，密质骨的流失率较低，更多受到机械应力的影响（Rico et al.，1994；Young et al.，1994）。在女性运动员三联征中，伴随久坐生活方式带来的衰弱，以及考虑到现在的医疗条件，骨密度和骨量的减退会出现在主要由松质骨组成的腰椎（Cameron et al.，1992）以及主要由密质骨构成的中轴骨或脊柱中（Prior et al.，1992；Tomten et al.，1998）。因此，闭经女性的整个骨架，包括闭经运动员（Nyburgh et al.，1993）时骨密度会下降。一年里黄体期平均超过11天的健康跑步者的腰椎松质骨的骨密度没有明显的变化，然而黄体期平均小于10天的跑步者的腰椎松质骨的骨密度下降了3.6%（Petit et al.，1999）。这表明月经周期的变化可能会影响骨密度。

如果有适量的可用能量，体育活动（Chilibeck et al.，1995；Dalsky et al.，1988；DeCree et al.，1991；Jacobson et al.，1984），包括抗阻训练（Chilibeck et al.，1995）能提升女性的骨密度。因为训练，20~23岁（Hawkins et al.，1990）和40~50岁（Dornemann et al.，1997）的女性的骨密

度有所提高。去脂体重、局部瘦组织和力量与骨密度之间的明显相关性是这样的观点的佐证，抗阻训练可以提高骨密度（Aloia et al.，1995；Hughes et al.，1995；Nichols et al.，1995）。然而，进行抗阻训练的 28 岁（Nindl et al.，2000）和 54 岁（Pruit et al.，1992）女性的骨密度没有明显变化。许多因素，包括抗阻训练方案设计、训练时长以及测量骨密度所选取的身体部位，都可能会影响在抗阻训练后测得的骨密度变化。在对精英级女子力量举运动员的一系列研究中，进行抗阻训练的女性的骨密度比与她们同龄（48~54 岁）的其他女性要高得多，这表明长期使用高负重进行抗阻训练对女性的骨质老化过程有巨大的影响（Walters et al.，2012）。精心设计的抗阻训练方案有助于提高女性骨密度，或者至少随着年龄的增加，使她们的骨密度降低得更慢，甚至在绝经后也是如此（见信息栏 9.3）。

## 月经不调与骨密度

月经不调与骨密度降低和患骨质疏松症的风险增加有关（Cameron et al.，1992；Constantini，1994；DeCree et al.，1991；Nyburgh et al.，1993；Shepard，2000b；Tomten et al.，1998）。据报道，闭经的运动员与闭经的非运动员相比，前者的骨密度更高（Cameron et al.，1992）。月经不调对骨密度的影响可能很大。月经周期从来没有规律过的女性与同龄的月经周期正常的女性相比，前者的骨密度平均低 17%（Shephard，2000b）。骨量的流失主要发生在闭经的前 3~4 年里（Cann et al.，

1984）。与正常的骨密度相比，月经初潮年龄、初潮后的闭经、月经过少的持续时间，以及月经不调的持续时间都与骨密度降低有关（Cameron et al.，1992；Drinkwater et al.，1990；Lloyd et al.，1987；Nyburgh et al.，1993）。因此，年轻的闭经女性在骨量应该增长的年龄却经历着骨量流失。闭经后，月经恢复达 15 个月的女性运动员的骨密度上升，但没有恢复月经的运动员的骨密度没有变化或继续损失（Cameron et al.，1992）。关于闭经女性在恢复正常月经周期后，骨密度怎样才能恢复到正常水平还没有确切的答案（Drinkwater et al.，1990）。

在任何一项活动中，没有摄入足够的热量以达到高强度训练所需的充足能量水平的女性出现月经问题（之前讨论过）的概率高于一般人，也有患骨质疏松症的风险。女性进行娱乐性活动超过 2 年，包括抗阻训练，对维持全身的骨矿物质含量水平有积极影响。然而，口服避孕药对维持全身骨矿物质含量水平有负面影响，即使同时进行训练也是如此（Weaver et al.，2001）。

## 月经周期紊乱的激素机制以及骨密度降低

通常健康女性的骨量或骨密度会因为进行体育活动而提高。月经周期紊乱与刺激骨吸收（骨质疏松）的因素有关。压力源，如来自训练的压力、心理压力、摄入热量不足，以及其他膳食性缺乏会导致月经周期紊乱（Chilibeck et al.，1995；Prior et al.，1992）。这些压力源会引起下丘脑释放的肾上腺皮质激素增加（见图 9.11），

## ? 信息栏9.3　实际问题

### 抗阻训练对绝经女性有益处吗

绝经引发了许多生理变化，增加了女性患上多种疾病的风险，如糖尿病、肥胖和高血压以及身体成分改变。应对这些变化有推荐的饮食和训练手段。绝经与肌少症和骨量减少有关（Leite et al., 2010）。因为抗阻训练已被证明有增加骨量、肌肉量以及力量的作用，所以用它来应对绝经期所发生的一些变化似乎是合适的。虽然存在潜在的益处，但关于抗阻训练对绝经女性的作用的研究仍然较少，需要进行研究以阐明在绝经期间导致身体发生消极反应的具体的分子和细胞内机制，以便为绝经女性设计更合适的抗阻训练方案。

参考文献：

Leite, R.D., Prestes, J., Pereira, G.B., Shiguemoto, G.E., and Perez, S.E.A. 2010. Menopause: Highlighting the effects. *International Journal of Sports Medicine* 31: 761–767.

造成促性腺激素释放激素分泌减少，这反过来会导致垂体激素、黄体生成素及卵泡刺激素浓度降低。脑垂体激素浓度下降可能导致月经周期紊乱。这些紊乱现象降低了卵巢激素，即黄体酮和雌激素的浓度，这最终将影响破骨细胞和成骨细胞，它们分别作用于骨吸收和骨形成。最终结果是骨量或骨密度降低。

黄体酮和雌激素浓度的降低最常与骨质疏松症和骨质流失相关联。一些研究表明，雌激素可能会减少骨吸收，但对骨形成的影响很小，所以最终会导致骨量流失（Cameron et al., 1992；DeCree et al., 1991）。在骨骼中发现了雌激素、雄激素、黄体酮以及皮质类固醇的受体（Bland, 2000；Quaedackers et al., 2001）。也有一种可能，即像雌激素这类激素会通过另外一种激素对骨骼施加间接影响（DeCree et al., 1991）。

垂体前叶释放的促肾上腺皮质激素会刺激肾上腺皮质释放皮质醇，这可能导致骨质流失和月经周期紊乱（DeSouza and Metzger, 1991；Prior et al., 1992）。β-内啡肽浓度的上升也可能与月经周期紊乱有关（Cameron et al., 1992；DeCree et al., 1991；Prior et al., 1992）。已经证明女性对抗阻训练的反应包括β-内啡肽浓度的上升，尤其是在当伴随热量负平衡的时候，这可能是这些女性出现月经周期紊乱的部分原因（Walberg-Rankin et al., 1992）。许多其他激素，如生长激素、睾酮、雌二醇、黄体酮、皮质类固醇、胰岛素和降钙素也很可能与运动型女性的月经周期紊乱和骨质流失有不同程度的联系（Bland, 2000；Cameron et al., 1992；Prior et al., 1992）。

一些局部因素也与骨吸收和骨形成有关。前列腺素刺激成骨细胞，其从骨骼自身中释放，并参与应对机械负荷时骨形成的早期反应（Chilibeck et al., 1995；Chow, 2000）。刺激骨形成的IGF-I，是由许多细胞在生长激素的作用下产生，并可能在训练中的机械负荷及前列腺素的

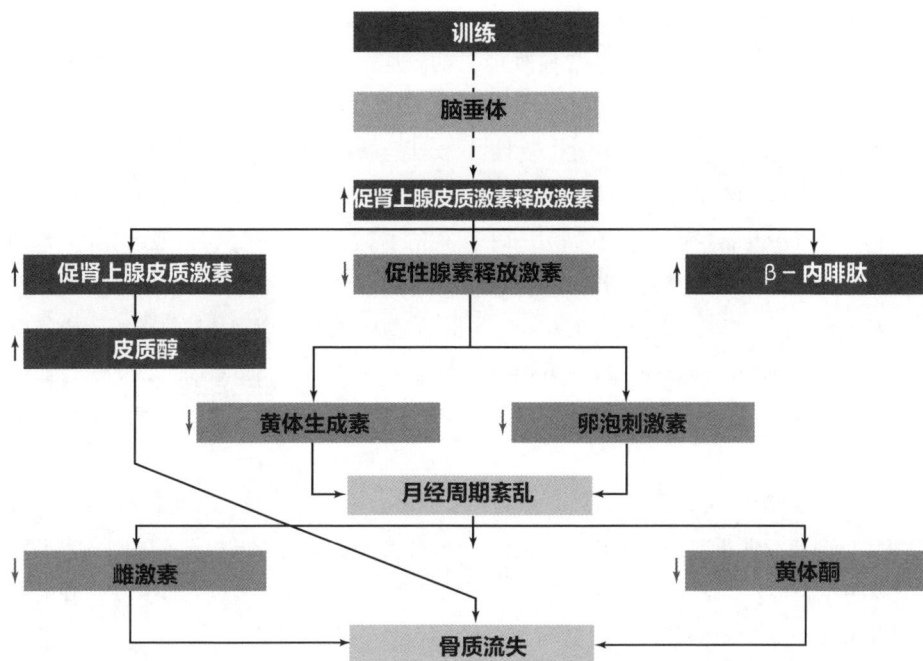

**图 9.11** 导致月经周期紊乱和骨质流失的激素机制

刺激下由骨骼自身释放（Chow, 2000; Snow et al., 2000）。总体来讲，激素反应会引起月经周期紊乱的女性的骨量或骨密度下降。

# 膝关节损伤

在需要跳跃和变向的体育运动中，女性遭受严重的膝关节损伤的概率比男性高 4~6 倍（Hewett, 2000）。与男性相比，女性发生膝关节损伤的概率更高的原因可能是多方面的。身体成分、神经肌肉以及激素分泌方面的差异都被认为会导致女性膝关节损伤。

男性与女性的一个解剖学差异与 Q 角相关。髂前上棘与髌骨中点的连线（股四头肌牵拉力线）和髌骨中点与胫骨结节的连线的夹角即为 Q 角。女性的骨盆更宽，加上受下肢的排列方式影响，所以女性的 Q 角比男性更大。一些研究显示 Q 角与膝关节损伤发生率有关联；另一些研究则显示无关联（Hewett, 2000; Lathinghouse and Trimble, 2000）。女性的相对于前交叉韧带的股骨切迹宽度也比男性小，但是没有确切的证据证明这是女性损伤率增加的原因（Hewett, 2000）。如果关于股骨切迹的说法是正确的，那么目前还没有一个训练方案可以降低女性膝关节损伤的发生率。

两性在神经肌肉方面的差异也被用来解释两性在膝关节损伤发生率上的差异。这个说法假设女性与男性在肌肉募集方面的差异，以及女性在变向或落地时需要更长的反应时间或更长的时间以产生最大力量这些因素使女性容易发生膝关节损伤。有证据显示，男性与女性在肌肉募集模式方面存在一些差异，如与男性相比，女性运动员更依赖她们的股四头肌来应对胫前肌的移动（Huston and Wojtys，1996）。同样，与男性相比，女性需要更长的反应时间以及更长的时间产生最大力量（Hewett，2000；Huston and Wojtys，1996）。其他研究报告则显示在这些指标上两性没有不同。

理论上，在整个月经周期内，激素的变化也会使女性更容易发生膝关节损伤（Hewett，2000）。据报告，雌性激素、黄体酮和松弛素导致关节松弛度上升，减缓肌肉放松，影响肌腱和韧带的力量，降低运动技术（Hewett，2000）。月经周期中关节松弛度确实会升高或降低（Shultz et al.，2012）。膝关节松弛与膝外翻和内旋的增加有关，这增加了损伤的风险。这些因素可能会使女性在月经周期的不同阶段更易发生膝关节损伤。一项有关年轻女性在月经周期的3个不同阶段的相关研究认为，雌激素对肌腱有慢性影响，而非急性影响。科学家建议，在肌腱性质方面，没有必要考虑月经周期的阶段，因为在月经周期的3个阶段没有观察到肌腱性质有明显的差异（Burgess et al.，2010）。

体育训练方案，包括快速伸缩复合训练和抗阻训练，可以大大降低女性膝关节损伤率（Hewett，2000）。美国高中女性运动员参加为期6周的体能训练，对照组是高中男子运动员，结果显示女性运动员的膝关节损伤率比男性运动员高出1.3倍（Hewett et al.，1999），而没有参加训练的女性运动员的膝关节损伤率比男性运动员的膝盖受伤率高出4.8倍，比参加训练的女性运动员的膝关节损伤率高出3.6倍。落地误差评分系统（LESS）是一种临床运动评估工具，用于在跳跃-落地运动中识别不正确的运动模式。那些在LESS中获得的起始分数最差的人似乎从这样的干预措施中获益最多（DiStefano et al.，2009）。通过LESS评估发现，在长期维持增益方面，干预措施进行9个月比进行3个月更加有效（Padua et al.，2012）。虽然这些研究没有解决哪一机制能降低损伤率的问题，但它们证明，体育训练可以降低女性的膝关节损伤率（见信息栏9.4）。

# 一般需求分析

使用第5章列出的大纲对一项特定的体育运动或活动中的女性，或对一般力量和体能进行需求分析。在一项特定的体育运动或活动中取得成功的所需通常取决于该项运动或活动，而不是参与者的性别。一项特定体育运动的训练方案的设计基于需要在该运动中取得胜利的要求以及运动员的个人弱点、训练历史和过去的损伤。所以，为一项体育运动设计一个抗阻训练方案的过程在本质上来讲，男女是基本相同的。两性之间在绝对力量上的差异很明显地说明为男性和女性制定的训练方案的主要不同在于在特定练习中所使用的总阻力。

在方案设计中，应该考虑到女性的膝关节损伤率更高。赛季前体能训练方案包括下半身的快速伸缩复合训练和抗阻训练可以用来降低在高危运动中膝关节的损伤率。而且，建议持续进行一项赛季中体能训练方案，以使形成的生理适应在整个赛季得以保持，这些生理适应对降低膝关节损伤率有潜在的积极作用。

一般而言，与男性相比，女性上半身的肌肉量更少，而且上半身的运动能力更弱，这可能会限制她们在需要上半身力量和爆发力的体育运动中的表现。因此，针对这类体育活动的训练方案需要加强对女性上半身的训练，增强整体上半身的力量和爆发力。可以通过以下两种方式实现这一点：如果训练方案的整体训练量相对偏低，那么需要增加 1~2 个上半身的练习；或者延长赛季前抗阻训练，为发生生理适应提供更多的训练时间。

女性上半身的肌肉较弱也会给进行结构性练习造成困难，如高翻和深蹲练习。在这些练习中，女性可能发现在用上半身支撑下半身可以承受的阻力时会非常困难或根本无法完成。教练不应该为了让训练者能够举起略微大一些的阻力，而使她们在任何练习中使用不正确的技术，包括在结构性练习中，这样做会导致严重的损伤。方案应该强调能够长期加强上半身肌肉的练习。

所有女性，包括那些对促进健康和改善体形感兴趣的女性，都会从较高强度的抗阻训练中获益，这可以增加骨密度。对所有年龄阶段的女性（包括将在第 11 章中讨论到的老年女性）来讲，加入的负重超

**？ 信息栏 9.4　实际问题**

### 抗阻训练可以降低膝关节损伤率吗

当股四头肌的力量远远大于腘绳肌的力量时，腘绳肌和前交叉韧带（ACL）都更易发生损伤，因为它们负责防止股骨上的胫骨前移。如果股四头肌产生的前移超过腘绳肌和 ACL 可以忍受的范围，那么很可能发生损伤。因此，改善腘绳肌与股四头肌之间的力量关系从理论上来讲是可以减少女性 ACL 损伤风险的。

12 名美国大学体育协会的一级足球女运动员在一项抗阻训练方案中进行 6 周加强腘绳肌力量的练习，结果显示其膝关节损伤风险降低了。除了其他力量和体能练习以外，练习每周进行 2 次。直腿硬拉、早安式、躯干过伸、器械单腿屈曲练习、抗阻雪橇行走、健身球腿弯举，所有这些练习都能训练腘绳肌群。6 周训练之后，其功能比值从 0.96 上升到 1.08（Holcomb et al.，2007）。功能比值是用腘绳肌离心等速力矩除以股四头肌向心等速力矩计算得出的。当这个比值大于 1.0 时，表明前交叉韧带的损伤风险降低（Li et al.，1996）。因此，抗阻训练可能有利于降低在女性群体中尤其常见的 ACL 损伤率。

参考文献：

Holcomb, W.R., Rubley, M.D., Lee, H.J., and Guadagnoli, M.A. 2007. Effect of hamstring-emphasized resistance training on hamstrings: Quadriceps strength ratios. *Journal of Strength and Conditioning Research* 21: 41-47.
Li, R.C., Maffulli, N., Hsu, T.C., and Chan, K.M. 1996. Isokinetic strength of the quadriceps and hamstrings and functional ability of anterior cruciate deficient knees in recreation athletes. *British Journal of Sports Medicine* 30: 161-164.

过个人 1RM 的 80%，每周练习 1 次或 2 次较合适。除非有什么禁忌，练习应该强调在脊柱、髋部和手腕上施加阻力，并加上结构性练习，如深蹲。重负荷加上较少的重复次数能刺激骨骼生长，提升运动能力和功能健康。由于地面对身体的反作用力，跳跃练习也可能可以提高骨密度，因为快速伸缩复合训练对预防膝关节损伤有帮助，这是鼓励女性进行的。

# 小结

虽然女性的绝对力量小于男性，但如果相对于去脂体重或肌肉横截面积而言，两性之间的差异会极大地减小或消失。相对于去脂体重而言，女性的下半身力量与男性的下半身力量相当，这是因为女性的去脂体重在下半身分布得相对多一些。通常，女性对抗阻训练方案的适应在某些方面与男性的程度相同，甚至在强度上更大一些。一般而言，强调为女性制定的抗阻训练方案不需要不同于男性。关注更多使用上半身的练习以刺激和最大化调用所有可用的运动单位，这可能是优化上半身发展的一个重要方面。除此之外，使用周期化训练是最重要的，以确保长期坚持进行抗阻训练和维持训练适应的效果。

在大多数情况下，体育活动对女性月经周期和经前期综合征有积极的影响。进行重体力活动的女性出现闭经的情况与普通女性相比更为普遍，尤其是在强调去脂体重和依靠主观评分的体育活动中。月经不调通常表明能量失衡，可能与闭经、饮食失调和骨质疏松症这一女性运动员三联征有关。在饮食失调的情况下，如果必要，应对饮食问题进行筛查，并对心理状态进行跟踪。虽然需要对一个人的健康问题进行长期监测，但在能量水平恢复之后，一般月经不调问题就会消失，而且骨密度也会升高。

抗阻训练会带来许多女性所期待的健康益处，包括健康的外表，在日常活动、职业要求和体育活动中所需要的力量和爆发力的增加。通常，只有通过心肺训练，然后配上抗阻训练才能够让女性拥有苗条和健康的体形。然而，过度的心肺运动会导致肌肉发展和运动能力出现兼容性问题（见第 4 章）。在训练中，女性不应回避选择较大阻力进行锻炼和快速伸缩复合训练，还要注意避免成为营销策略的受害者，更不应进行没有根据的害怕和担心，因为这对所有期待获得最佳训练效果的女性来讲都是不利的。

## 选读材料

Burgess, K.E., Pearson, S.J., and Onambélé, G.L. 2010. Patellar tendon properties with fluctuating menstrual cycle hormones. *Journal of Strength and Conditioning Research* 24: 2088-2095.

De Souza, M.J., Hontscharuk, R., Olmsted, M., Kerr, G., and Williams, N.I. 2007. Drive for thinness score is a proxy indicator of energy deficiency in exercising women. *Appetite* 48: 359-367.

DiStefano, L.J., Padua, D.A., DiStefano, M.J., and Marshall, S.W. 2009. Influence of age, sex, technique, and exercise program on movement patterns after an anterior cruciate ligament injury prevention program in youth soccer players. *American Journal of Sports Medicine*

37: 495-505.

Drinkwater, B.L. 1984. Women and exercise: Physiological aspects. *In Exercise and sport science reviews*, edited by R.L. Terjung, 21-52. Lexington, KY: MAL Callamore Press.

Harbo,T., Brincks, J., and Andersen, H. 2012. Maximal isokinetic and isometric muscle strength of major muscle groups related to age, body mass, height, and sex in 178 healthy subjects. *European Journal of Applied Physiology* 112: 267-275.

Kraemer, W.J., Mazzetti, S.A., Nindl, B.C., Gotshalk, L.A., Volek, J.S., Bush, J.A., Marx, J.O., Dohi, K., Gómez, A.L., Miles, M., Fleck, S.J., Newton, R.U., and Häkkinen, K. 2001. Effect of resistance training on women's strength/ power and occupational performances. *Medicine & Science in Sports & Exercise* 33: 1011-1025.

Kraemer, W.J., Nindl, B.C., Ratamess, N.A., Gotshalk, L.A., Volek, J.S., Fleck, S.J., Newton, R.U., and Häkkinen, K. 2004. Changes in muscle hypertrophy in women with periodized resistance training. *Medicine & Science in Sports & Exercise* 36: 697-708.

Kraemer, W.J., Nindl, B.C., Volek, J.S., Marx, J.O., Gotshalk, L.A., Bush, J.A., Welsch, J.R., Vingren, J.L., Spiering, B.A., Fragala, M.S., Hatfield, D.L., Ho, J.Y., Maresh, C.M., Mastro, A.M., and Hymer, W.C. 2008. Influence of oral contraceptive use on growth hormone in vivo bioactivity following resistance exercise: Responses of molecular mass variants. *Growth Hormone and IGF Research* 18: 238-244.

Laubach, L.L. 1976. Comparative muscular strength of men and women: A review of the literature. *Aviation, Space and Environmental Medicine* 47: 534-542.

Lester, M.E., Urso, M.L., Evans, R.K., Pierce, J.R., Spiering, B.A., Maresh, C.M., Hatfield, D.L., Kraemer, W.J., and Nindl, B.C. 2009. Influence of exercise mode and osteogenic index on bone biomarker responses during short-term physical training. *Bone* 45: 768-776.

Loucks, A.B., Kiens, B., and Wright, H.H. 2011. Energy availability in athletes. *Journal of Sports Science* 29: S7-15.

Nattiv, A., Loucks, A.B., Manore, M.M., Sanborn, C.F., Sundgot-Borgen, J., and Warren, M.P. 2007. American College of Sports Medicine position stand. The female athlete triad. *Medicine & Science in Sports & Exercise* 39: 1867-1882.

Puthucheary, Z., Skipworth, J.R., Rawal, J., Loosemore, M., Van Someren, K., and Montgomery, H.E. 2011. Genetic influences in sport and physical performance. *Sports Medicine* 41(10): 845-859.

Ratamess, N.A., Chiarello, C.M., Sacco, A.J., Hoffman, J.R., Faigenbaum, A.D., Ross, R.E., and Kang, J. 2012. The effects of rest interval length manipulation of the first upper-body resistance exercise in sequence on acute performance of subsequent exercises in men and women. *Journal of Strength and Conditioning Research* 26: 2929-2938.

Singh, J.A., Schmitz, K.H., and Petit, M.A. 2009. Effect of resistance exercise on bone mineral density in premeno pausal women. *Joint Bone Spine* 76: 273-280.

Staron, R.S., Hagerman, F.C., Hikida, R.S., Murray, T.F., Hostler. D.P., Crill, M.T., Ragg, K.E., and Toma, K. 2000. Fiber type composition of the vastus lateralis muscle of young men and women. *Journal of Histochemistry and Cytochemistry* 48: 623-629.

Staron, R.S., Karapondo, D.L., Kraemer, W.J., Fry, A.C., Gordon, S.E., Falkel, J.E., Hagerman, F.C., and Hikida, R.S. 1994. Skeletal muscle adaptations during the early phase of heavy-resistance training in men and women. *Journal of Applied Physiology* 76: 1247-1255.

Volek, J.S., Forsythe, C.E., and Kraemer, W.J.

2006. Nutritional aspects of women strength athletes. *British Journal of Sports Medicine* 40: 742-748.

von Stengel, S., Kemmler, W., Kalender, W.A., Engelke, K., and Lauber, D. 2007. Differential effects of strength versus power training on bone mineral density in postmenopausal women: A 2-year longitudinal study. *British Journal of Sports Medicine* 41: 649-655.

Walberg, J.L., and Johnston, C.S. 1991. Menstrual function and eating behavior in female recreational weight lifters and competitive body builders. *Medicine & Science in Sports & Exercise* 23: 30-36.

Walters, P.H., Jezequel, J.J., and Grove, M.B. 2012. Case study: Bone mineral density of two elite senior female powerlifters. *Journal of Strength and Conditioning Research* 26 (3): 867-872.

Warren, M., Petit, M.A., Hannan, P.J., and Schmitz, K.H. 2008. Strength training effects on bone mineral content and density in premenopausal women. *Medicine & Science in Sports & Exercise* 40: 1282-1288.

# 10

# 儿童和青少年与抗阻训练

---

**学习完本章后，你应该能够完成以下内容。**

1. 概述儿童和青少年的训练适应。
2. 讨论发生在儿童和青少年中的训练导致的急性和慢性损伤。
3. 描述为儿童和青少年设计安全、有效的抗阻训练方案的步骤。
4. 描述为不同年龄阶段的儿童和青少年设计抗阻训练方案的不同之处。
5. 为儿童和青少年制定周期化抗阻训练方案。
6. 描述儿童和青少年在进行抗阻训练时可能需要的设备的改造，包括在训练期间适当地增加阻力。

---

在儿童和青少年中，抗阻训练的流行度大幅上涨。合格的专业机构普遍认同让青少年进行抗阻训练。以下组织机构已发出声明，表示在适当的监督下，青少年进行抗阻训练是有效且安全的。这些机构包括：美国儿科学会（American Academy of Pediatrics, 2008）、美国运动医学会（American College of Sports Medicine, 2008）、美国运动医学矫形外科学会（American Orthopedic Society for Sports Medicine, 1988）、澳大利亚体能协会（Australian Strength and Conditioning Association, 2007）、英国运动和体育科学协会（British Association of Exercise and Sport Sciences, 2004）、加拿大运动生理协会（Canadian Society for Exercise Physiology, 2008）、国际运动医学联合会（International Federation of Sports Medicine, 1988）、国际奥林匹克委员会（International Olympic Committee, 2008）、美国国家运动和体育教育协会（National Association for Sport and Physical Education, 2008）、美国国家体能协会（National Strength and Conditioning Association, 2009）和南非运动医学会（South African Sports Medicine Association, 2011）。

尽管这些机构发出了声明，但人们对青少年进行抗阻训练仍然有一些问题和担忧。例如,抗阻训练会不会伤害儿童的骨骼系统?什么类型的抗阻训练方案合适青春期前的男孩和女孩(生长发育突增之前)?什么类型的抗阻训练方案适合处于青春期的青少年,以及这个方案应该和青春期前的方案有何不同?青少年如何安全地适应抗阻训练?所有这些问题都有基于研究的答案,但一些错误的想法和误解仍然存在。

当评估有关损伤的信息时,如骨骼肌损伤,需要考虑抗阻训练与奥林匹克举重、力量举和健美之间的不同。抗阻训练不涉及使用最大阻力(1RM)或接近最大阻力。另外,从本质上来讲,竞技型的奥林匹克举重和力量举涉及使用最大阻力,而且健美强调发达的肌肉,通常,儿童和青少年的肌肉量比成年人的要少。

与所有体育活动一样,抗阻训练可能引发损伤,但儿童和青少年因抗阻训练发生损伤的风险不像所认为的那样大(Caine et al.,2006;Hamil,1994;Meyer et al.,2009;Meyer et al.,2010)。矛盾的是,儿童参加的许多竞技型体育活动比抗阻训练引发损伤的风险更大。很显然,对儿童和青少年来讲,其能从设计合理和监督得当的抗阻训练中获得的益处超过其可能产生的风险(Miller et al.,2010)。

# 训练适应

前文所列出的机构发出的声明或立场表明,儿童可以从参加设计合理且监督得当的抗阻训练方案中获益,主要的益处包括以下几方面。

- 增强肌肉力量、爆发力和局部肌肉耐力(即在既定阻力下,一块肌肉或肌群进行多次重复的能力)。
- 降低患心血管疾病的风险。
- 提高在体育运动和娱乐活动中的表现水平。
- 增强抵抗力,以更好地应对与运动相关的损伤。

除此之外,青少年进行抗阻训练还可以改善心理健康,有利于促进和养成终身运动的习惯。然而,为了获得这些益处,为青少年设计的抗阻训练方案必须合理,逐步推进,强调正确的运动技术,并对方案的推行进行适当的监督。所有这些措施对安全和有效地进行训练都是至关重要的。虽然较深入的研究已经减弱了人们对青少年进行抗阻训练的不切实际的担忧,但仍需要对青少年进行抗阻训练的所有方面进行深入研究。

# 力量增长

相关研究清楚地证明,抗阻训练会使儿童的力量显著增强(见表10.1)(NSCA,2009)。元分析表明,小于13岁和大于16岁的男孩、小于11岁和大于14岁的女孩(Payne et al.,1997),以及小于13岁的男孩和女孩(Falk and Tenenbaum,1996),在经过抗阻训练后,力量都有明显提升。此外,在青春期前和青春期后的儿童中,抗阻训练带来的力量增加的幅度还随着发育而增加(见信息栏10.1)。虽然在短期的抗阻训练后,通常力量会提升大约30%,但在8周的渐进式抗阻训练

**表 10.1　青春期前的儿童进行抗阻训练的代表性研究**

| 参考文献 | 年龄或年级 | 性别 | 训练模式 | 测试模式 | 持续周数 | 训练描述 | 频率/（天/周） | 对照组 | 力量提升 |
|---|---|---|---|---|---|---|---|---|---|
| Nielson et al., 1980 | 7~19 | 女性 | 等长 | 等长 | 5 | 24 最大肌肉动作 | 3 | 是 | 是 |
| Blanksbyand Gregory, 1981 | 10~14 | 女性和男性 | 负重 | 等长 | 3 | 2×（8~12）RM | 3 | 是 | 是 |
| Baumgartnerand Wood, 1984 | 3~6 年级 | 女性和男性 | 自重 | 自重 | 12 | 1× 至力竭 | 3 | 是 | 是 |
| Pfeiffer and Francis, 1986 | 8~11 | 男性 | 负重 | 等速 | 8 | 3×10, 10RM 的 50%、75% 和 100% | 3 | 是 | 是 |
| Sewall and Micheli, 1986 | 10~11 | 女性和男性 | 负重器械 | 等长 | 9 | 3×（10~12），10~12RM 的 50%、80% 和 100% | 3 | 是 | 是 |
| Weltman et al., 1986 | 6~11 | 男性 | 等速 | 等速 | 14 | 3×30 秒 | 3 | 是 | 是 |
| Docherty et al., 1987 | 12.6 | 男性 | 等速 |  | 4~6 | 2×20 秒 | 3 | 否 | 否 |
| Rains et al., 1987 | 8.3 | 男性 | 液压向心 | 液压向心 | 14 | 30 秒内最大重复次数 |  | 是 | 是 |
| Sailors and Berg, 1987 | 12.6 | 男性 | 自由重量 | 自由重量 | 8 | 3×5, 5RM 的 65%、80% 和 100% | 3 | 是 | 是 |
| Siegal et al., 1988 | 8.4 | 女性和男性 | 负重，自重 | 等长,自重 | 12 | 运动 30~45 秒，休息 15 秒 | 3 | 是 | 是 |
| Ramsay et al., 1990 | 9~11 | 男性 | 自由重量和器械 | 负重，等速，等长 | 20 | 3×（10~12 RM, 1× 到力竭 | 3 | 是 | 是 |
| Fukunaga et al., 1992 | 1, 3, 5 年级 | 女性和男性 | 等长 | 等长，等速 | 12 | 3×10 秒最大等长运动，2 次 / 天 | 3 | 是 | 是 |
| Faigenbaum et al., 1993 | 10.8 | 女性和男性 | 负重 | 负重 | 8 | 3×（10~15） | 2 | 是 | 是 |
| Ozmun et al., 1994 | 9.8~11.6 | 女性和男性 | 自由重量 | 负重和等速 | 8 | 3×（7~10）RM | 3 | 是 | 是 |
| Falk and Mor, 1996 | 6~8 | 男性 | 自重和举重练习 | 无器械健身 | 12 | 3×（1~15） | 2 | 是 | 是 |
| Faigenbaum et al., 1996 | 7~12 | 女性和男性 | DCER 器械 | DCER 器械 | 8 | 4 周: 1×10 和 2×6 4 周: 3×6 | 2 | 是 | 是 |
| Faigenbaum et al., 2001 | 8.1 | 女性和男性 | DCER 器械 | DCER 器械 | 8 | 1×（6~8）RM | 2 | 是 | 否 |

续表

| 参考文献 | 年龄或年级 | 性别 | 训练模式 | 测试模式 | 持续周数 | 训练描述 | 频率/（天/周） | 对照组 | 力量提升 |
|---|---|---|---|---|---|---|---|---|---|
| Faigenbaum et al.，2001 | 8.1 | 女性和男性 | DCER 器械 | DCER 器械 | 8 | 1×（13~15）RM | 2 | 是 | 是 |
| Faigenbaum et al.，2002 | 12.3 | 女性和男性 | 器械 | 器械 | 8 | 1×15 | 2 | 是 | 是 |
| Pikosky et al.，2002 | 8.6 | 女性和男性 | DCER | DCER 器械 | 6 | 1 或 2×（10~15）RM | 2 | 否 | 是 |
| Faigenbaum et al.，2007 | 13.9 | 男性 | | | 9 | | 2 | 否 | 是 |
| Naylor et al.，2008 | 12 | 女性和男性 | 器械 | 器械 | 8 | 2×8 以 1RM 的 75%~90% | 5 | 是 | 是 |
| McGuigan et al.，2009 | 9.7 | 女性和男性 | 器械和自由重量 | 器械 | 8 | 3×（3~12）RM | 3 | 否 | 是 |

DCER 表示动态恒定外部阻力。

（经许可，源自：a. Faigenbaum, 1993, "Strength training: aguide for teachers and coaches," *National Strength and Conditioning Association Journal* 15(5): 20–29. ）

## 信息栏 10.1　研究成果

### 青春期与最大力量增长

人们一般认为在青春期，最大力量会获得显著的提升，而且有些研究也支持这种观点。然而，这并不意味着青春期后的儿童进行抗阻训练所获得的力量增长大于青春期前的儿童。元分析表明，青春期前和青春期后的儿童的发育成熟度会极大地影响抗阻训练所带来的力量增幅（Behringer et al.，2010）。然而，与青春期前期或青春期后期相比，在青春期阶段，力量没有明显的增加。这一元分析还认为，持续时间较长的研究和提高训练频率极大地影响了力量增长。持续时间较长的研究会带来更大的力量增长，这个结论间接地证实了肌肥大促进青少年的力量增长这一说法。虽然结论认为提高训练频率（即每周 2~3 次）对促进力量增长是最佳的，但元分析结果也表明，力量增长与训练增加的组数有关。

参考文献：
Behringer, M., Heede, A., Yue, Z., and Mester, J. 2010. Effects of resistance training in children and adolescents: A meta-analysis. *Pediatrics*125: 999–1000.

后，力量增幅高达 74%（Faigenbaum et al.，1993）（NSCA，2009）。青春期前的儿童所提升的相对力量与青少年所获得的力量增长是相等的或后者更大（NSCA，2009）。青少年的绝对力量提升高于青春期前的儿童，但一般情况下，都低于成年人的绝对力量增量。没有明确的证据显示，青春期前的男孩和女孩在力量增长方面有差异（NSCA，2009）。值得注意的是，许多报告表明，并没有青春期前的儿童和青少年因为进行抗阻训练而发生损伤（NSCA，2009；Sgro et al.，2009）。

一些早期的抗阻训练的研究报告称儿童的力量没有增长，这使人们认为由于儿童的激素系统没有发育成熟，儿童进行抗阻训练不会使力量或肌肉大小的增长超过正常范围（Legwold，1982；Vrijens，1978）。未受训的受试者中，男孩的静息睾酮和生长激素浓度在 11~18 岁期间呈上升趋势，但是女孩并不如此（Ramos et al.，1998）。尽管两性之间存在这一差异，但在两性身上发现睾酮浓度和绝对肌肉力量之间有着显著的正相关关系（$r$ =0.64，男孩；$r$ = 0.46，女孩）。这表明，激素的变化可以解释在年龄为 11~18 岁的男孩和女孩身上出现的力量增长现象。静息时激素（睾酮、生长激素）在血液中的浓度上升说明青春期前的男孩（11~13 岁）和处于青春期的男孩（14~16 岁）进行抗阻训练后体内会形成一个更加有利于合成代谢的环境（Tsolakis et al.，2000）。此外，经过短期的抗阻训练（12~20 周）后，青春期的男孩和女孩（15 岁）对胰岛素的敏感度提升（Shaibi et al.，2006；Van Der Heijden et al.，2010）。因此，虽然确实需要进行更多的研究，但静息激素浓度的变化可能在一定程度上说明了为什么青春期前和处于青春期的男孩和女孩进行抗阻训练后，力量会增长。

训练历史也对激素的变化有一定的影响，因此随着时间推移，青少年的力量和肌肉会增大。年龄为 14~17 岁的男子奥林匹克举重运动员的训练时间少于 2 年，在一次训练后并没有发现其血清睾酮浓度急性上升，但训练超过 2 年的举重运动员与之相反（Kraemer et al.，1992）。这表明训练经验会影响对抗阻训练的反应。

与成年女性相似，青春期前的儿童在一次练习后血清睾酮浓度并没有上升（见图 10.1）。然而，成年女性和青春期前的儿童都明显地通过抗阻训练提升了力量。神经系统方面的因素和其他激素的变化部分解释了女性力量的增长和肌肥大（见第 9 章），而且其对青春期前的男孩和女孩的力量增长有影响（NSCA，2009）。虽然使青春期前和青春期的女孩和男孩的力量增长的具体机制并没有得到完全的阐明，但是抗阻训练确实可以提升两者的力量。

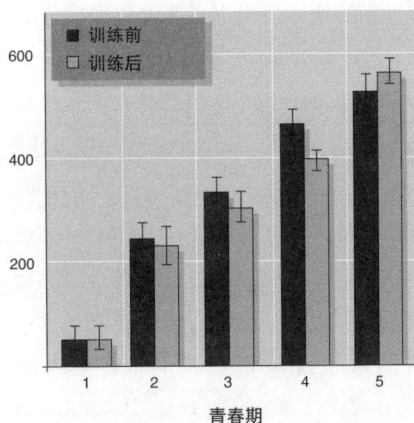

图 10.1　青少年在一次练习之前和之后的血清睾酮浓度。青春期 1~5 是指实验对象的成熟度，1 表示未发育成熟，5 表示完全发育成熟

（经许可，源自：T.D. Fahey et al.，1989，"Pubertal stage difference in hormonal and hematological responses to maximal exercise in males," *Journal of Applied Physiology* 46: 825.）

## 肌肥大

在某种程度上，因为抗阻训练形成的神经适应和肌肥大，确实可以提升成年人的力量。然而，大部分的证据表明，青春期前儿童的力量增长与神经机制的相关性高于与肌肥大的相关性（Blimkie，1993；NSCA，2009）。

有些早期研究表明，抗阻训练会引起肌肉尺寸增加（Fukunaga et al.，1992），但是持续时间为8~20周的大部分研究并没有表明因为抗阻训练，青春期前的儿童的肌肉尺寸有所增加（Blimkie，1993；NSCA，2009；Ramsay et al.，1990）。其中许多研究使用皮褶厚度来确定身体成分，这可能在监测去脂体重发生的小且显著的变化时不够敏感。最近的研究主要使用双能X线吸收法，发现青春期的儿童和青少年的瘦体重出现了小幅但很明显的增长。对年龄为8~10岁的男孩和女孩进行为期8~24周的训练后，其瘦体重增长范围为5%~11%（Sgro et al.，2009）。平均年龄为9.7岁（McGuigan et al.，2009）的男孩和女孩及平均年龄为12岁（Nalor et al.，2008）的男孩和女孩进行8周的训练后，其瘦体重均显著增加，增幅分别为5%和2%。经过12周和16周的训练后，青少年（15岁）的瘦体重上升（Shaibi et al.，2006；Van Der Heijden et al.，2010）。虽然所有这些研究都是以超重或肥胖的青春期前的儿童和青少年为训练对象，但有充分理由相信，如果这些实验对象的瘦体重增加，那么未超重的青少年也会如此。同样值得注意是，在参与锻炼的儿童中

（Naylor et al.，2008），其瘦体重的增长大于正常生长引起的增长（见信息栏10.2）。

虽然在青少年身上确实会出现肌肥大的现象，但因训练产生的神经适应对力量的增长也是很重要的，尤其当肌肥大很少或不明显时。儿童的肌肉、神经和结缔组织也会出现许多其他的适应，如肌蛋白（即肌球蛋白亚型）、肌肉募集模式和结缔组织发生变化，所有这些变化都能促进力量和运动能力的提升，也有利于预防损伤。

在男性中，从青春期开始，在没有训练的情况下，睾酮对肌肉尺寸和力量的影响就是巨大的。图10.2展示了一组最终促进力量发展的生理变量。在青春期观察到每个变量都有大幅提升，表明由于自然生长，力量会随着生理年龄增长而增长。年幼的男孩有时羡慕年龄大一些的男孩（10~17岁）所拥有的线条清晰的、大块的肌肉，并可能认为通过举重就可以在几个月内让肌肉和体格增大。虽然儿童在正常生长范围之外可能可以让肌肉有少量增长，但肌肥大不应该成为他们的训练方案的主要目标。儿童只有在进入青春期后，期待肌肉尺寸的增长与成年人相似才是现实的。然而，因为儿童在发育成熟度方面存在个体差异，所以必须谨慎地根据个体情况进行评估，尤其是年轻男孩和女孩。

## 运动能力

与力量相似，运动能力会随着儿童年龄的增长而提高（见信息栏10.3）。然而，抗阻训练也可以改善青春期前的儿童和青少年的运动能力。报告显示，配有自

**? 信息栏 10.2　实际问题**

## 为了促进肌肥大，需要特殊的抗阻训练方案吗

　　为了促进肌肥大，不需要特殊的抗阻训练方案。例如，超重的儿童（预训练 BMI32.5）进行 8 周的循环抗阻训练，这个训练中有 10 个使用器械的练习，每个练习做 2 组，每组重复 8 次，从开始 1RM 的 70%，逐渐提升至 1RM 的 90%，练习间休息 1 分钟。结果显示，其全身瘦体重明显增加了 2%（Naylor et al., 2008）。这个增加量明显大于未进行训练的儿童身上发生的变化。进行抗阻训练的儿童在脂肪量上无显著下降。全身瘦体重的增加以及脂肪量的小幅降低导致体脂率明显下降了 1.1%（从 49.6% 到 48.5%）。从训练方案的设计角度来讲，其他显示出去脂体重明显上升的研究中所使用的抗阻训练方案也并不特殊。

参考文献：

Naylor, N.H., Watts, K., Sharpe, J.A., Jones, T.W., Davis, E.A., Thompson, A., George, K., Ramsay, J.M., O'Driscoll, G., and Green, D.J. 2008. Resistance training and diastolic myocardial tissue velocities in obese children. *Medicine & Science in Sports & Exercise* 40: 2027–2032.

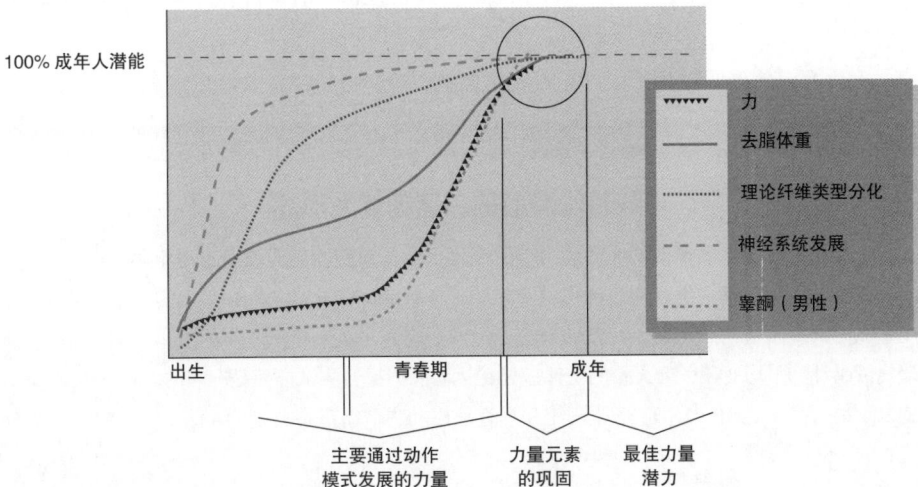

**图 10.2**　男性力量发展因素的理论模型

（经许可，源自：W.J. Kraemer et al., 1993, "Resistance training and youth," *Pediatric Exercise Science* 1(4): 336–350.）

　　由重量训练或抗阻训练器械的抗阻训练以及快速伸缩复合训练都可以提高运动能力（NSCA, 2009）。除此之外，青春期前的儿童和青少年仅进行抗阻训练后，在短跑冲刺、垂直跳、药球投掷和敏捷性方面的能力都有提高（Channell and Barfield, 2008；Christou et al., 2006；Distefano et al., 2010；Gabbett et al., 2008；McGuigan et al., 2009；Santos et al., 2012；Sgro et al., 2009；Wong et al., 2010）。比如，48

个男孩和女孩（平均年龄为 9.7 岁）经过 8 周的非线性周期化抗阻训练后（McGuigan et al., 2009），下蹲跳的高度增加了 8%。使用线性周期化训练方案进行了 12 周抗阻训练的 14 岁男性足球运动员在下蹲跳、30 米冲刺跑和踢球速率方面分别提高了 6%、2% 和 5%（Wong et al., 2010）。在所有这些情况中，训练者所取得的进步都比只进行专项足球训练的足球运动员要大得多。

快速伸缩复合训练也被证明有利于提高儿童和青少年的运动能力（Bishop et al., 2009；Kotzamanidis, 2006；Meylan and Malatesta, 2009）。11 岁的男孩在进行 10 周的快速伸缩复合训练之后，30 米冲刺跑和下蹲跳的能力显著提高，分别增加了 3% 和 34%（Kotzamanidis et al., 2006）。在完成一个赛季中 8 周快速伸缩复合训练后，13 岁的男孩和女孩足球运动员的下蹲跳、10 米短跑和敏捷性测试的成绩分别提高了 8%、2% 和 10%（Meylan and Malatesta, 2009）。在这些案例中，训练者所取得的进步明显大于那些没有进行快速伸缩复合训练的儿童。快速伸缩复合训练也提高了 13 岁游泳者的启动能力（Bishop et al., 2009）。

传统的抗阻训练结合快速伸缩复合训练同样能提升运动能力。15 岁的儿童进行包括抗阻训练、快速伸缩复合跳跃练

## 信息栏 10.3　研究成果

### 随着年龄增加，运动能力提高

青少年足球运动员在平均运动能力上的变化显示，短跑冲刺成绩在青少年早期得到提高，而在整个青少年时期，纵跳速度的提高更加稳定（Williams et al., 2010）。需要注意的是，这个是纵向研究所得信息，而不是横向研究，纵向研究在考量一年又一年的进步方面更加可靠。即使可以计算平均变化，但大量的个体差异在运动能力提升测试方面是存在的。12 岁以下至 16 岁以下的青少年在 10 米、30 米冲刺跑和垂直跳运动中取得进步分别为 11%、15% 和 28%（见表 10.2）。

表 10.2　处于不同年龄段的青少年运动能力的变化

| | 10 米冲刺跑平均成绩 / 秒 | 10 米冲刺跑与前一年相比提高 / % | 30 米冲刺跑平均成绩 / 秒 | 30 米冲刺跑与前一年相比提高（%） | 垂直跳 / 厘米 | 垂直跳与前一年相比提高 / % |
|---|---|---|---|---|---|---|
| 12 岁以下 | 1.98 | — | 5.04 | | 44.9 | — |
| 13 岁以下 | 1.97 | 0 | 4.97 | 1 | 47.9 | 4 |
| 14 岁以下 | 1.89 | 4 | 4.71 | 5 | 50.5 | 5 |
| 15 岁以下 | 1.79 | 5 | 4.46 | 5 | 53.1 | 6 |
| 16 岁以下 | 1.77 | 1 | 4.29 | 4 | 57.3 | 8 |

（源自：Williams et al., 2010.）

习和药球投掷的复合训练后，其垂直跳能力、蹲跳和药球投掷的能力都有显著提高（Santos and Janeira, 2008）。虽然不是所有的报告都显示进行抗阻训练或快速伸缩复合训练后运动能力会提高，但明显的是，这两种训练都可以显著地提高一般运动能力和专项运动能力。

## 骨骼发育

抗阻训练对儿童和青少年的骨密度变化有积极的作用（National Strength and Conditioning Association, 2009; Naughton et al., 2000）。而且，抗阻训练对儿童和青少年的线性生长没有不利影响（NSCA, 2009; Malina, 2006）。但是，不是所有的研究报告都表明抗阻训练对儿童的骨密度有积极影响。根据假设，骨骼的机械负荷必须达到一定的极限值，才会对骨骼健康产生积极作用，如骨密度（Twisk, 2001）。因此，报告显示抗阻训练对骨密度没有作用的研究可能是机械负荷没有达到对骨密度有影响的极限值。抗阻训练产生的机械负荷是所选择的练习、组数、每组的重复次数、所使用的阻力以及训练时长的综合作用结果。遗憾的是，引起骨骼变化的最小机械负荷尚不清楚。

从经验来看，抗阻训练提高骨密度可能是抗阻训练防止年轻运动员发生损伤的主要中介因素之一（Hejna et al., 1982）。通过体育活动，青春期前和青春期可能是提高骨密度和使密质骨（皮质骨）骨膜增大的最佳时期（Bass, 2000; Khan et al., 2000; NSCA, 2009）。这对骨骼的长期健康来讲是一个重要的考虑因素，因为当体育活动减少时，训练为骨骼健康带来的增益会随着时间的流逝而消失（NSCA, 2009）。在青春期提升骨密度的运动员在之后的时间里即使体育活动减少，骨量流失也较小（Khan et al., 2000; Nordstrom et al., 2005）。因此，在青春期前和青春期，骨密度增长超过正常生长的增长有利于预防晚年患骨质疏松症。

## 停训

即使在没有进行抗阻训练的情况下，青春期前的儿童和青少年也会因为自然生长获得力量提高和肌肥大，这使观察停训对青春期的儿童和青少年的影响变得十分复杂。而且，几乎没有研究是关于停训对儿童的影响的。然而，像成年人一样，在儿童时期停训会导致力量下降，使得力量朝着训练前的水平倒退（NSCA, 2009）。例如，让之前完成了20周抗阻训练的儿童完全停止训练（没有进行抗阻训练）8周会导致其力量退化：在停训期过后，之前进行过抗阻训练的儿童与未受过训练的儿童之间在力量上不存在巨大的差距（Blimkie, 1993）。停训导致的力量下降的速度可能因肌群而不同（Faigenbaum, 1996）。在停训的8周时间里，儿童（平均年龄为10.8岁）的腿伸和卧推力量有28%和19%的下降。在停训期过后，其腿伸力量与没有进行抗阻训练的对照组儿童的腿伸力量没有明显的差距，然而卧推的力量依然明显大于对照组。

在短停训期内，运动能力的下降可能会很小（Santos et al., 2012）。进行8周抗阻训练后的男孩（平均年龄为13.3岁）

在 1 千克和 3 千克药球投掷（约 10%）、下蹲跳和立定跳远（约 4%），以及 20 米跑（11.5%）等方面的能力都有提升。在停训 12 周后，当没有进行系统的训练时，所有这些运动能力都显示出一定的但不明显的下降。

虽然存在着不同意见，但每周进行 1~2 次练习似乎可以让儿童和青少年在短停训期内保持力量和爆发力水平（DeRenne et al., 1996；NSCA, 2009）。因此，尽管信息有限，但是儿童对完全停训和降低训练量的反应与成年人相似（见第 8 章）。青春期前的儿童（Diallo et al., 2001）和青少年（Santos and Janeira, 2009）因快速伸缩复合训练获得的力量和爆发力的增益，以及青少年在进行复合训练后增长的力量通过正常的足球和篮球训练得以保持（8~16周），无须进行额外的抗阻训练。所以，与成年人一样，儿童参与体育训练可以使力量和爆发力增益保持一段时间。

因为自然生长，儿童从抗阻训练中获取的力量增长只能用持续的锻炼来保持。3 个月的停训会使训练组的儿童的力量减退至与没有进行过任何抗阻训练的儿童的力量相同的水平（Blimkie, 1992, 1993）。

# 损伤困扰

儿童进行抗阻训练发生损伤的概率低于 1%，比进行许多其他运动如美式橄榄球、篮球和足球产生损伤的概率都要低（NSCA, 2009）。抗阻训练和快速伸缩复合训练，或者两者的组合训练有助于预防青少年运动员发生与运动相关的损伤，

对青春期前的儿童也是如此（Hejna et al., 1982；NSCA, 2009）。例如，执行抗阻训练的高中男性和女性运动员的损伤率为 26%，没有进行抗阻训练的运动员损伤率为 72%（Hejna et al., 1982）。除此之外，损伤所需的恢复时间对那些进行抗阻训练的人来讲为 2 天，而对没有进行抗阻训练的人来说为 4.8 天。在赛季前进行抗阻训练和快速伸缩复合训练也有助于降低年轻女性运动员发生膝损伤的风险，而女性发生膝关节损伤的概率比男性高得多（NSCA, 2009）。执行抗阻训练的女性青少年运动员的损伤率为 14%，没有进行抗阻训练的女性青少年运动员为 33%，前者的膝关节和脚踝损伤率也低一些（Heidt et al., 2000）。总的来讲，更强壮的运动员可能较不容易发生某些类型的损伤（Moskwa and Nicholas, 1989）。因此，儿童运动员进行抗阻训练的一个目的应该是为他们的体育运动或活动做好身体上的准备。

尽管抗阻训练对损伤预防可能有积极的效果，但儿童发生急性和慢性损伤的可能性也是存在的（Dalton, 1992；Markiewitz and Andrish, 1992；NSCA, 2009；Naughton et al., 2000）。为儿童设计的抗阻训练不应该太注重举起的最大或接近最大阻力，因为许多损伤正是发生在这个时候。儿童的抗阻训练应该注重正确的运动技术，因为许多抗阻训练中发生的损伤是因为运动技术不正确。事实上，儿童在抗阻训练中发生的许多损伤与训练设备设计不当、设备不适合儿童、使用过大的阻力、在无人监管时使用设备，或者无合格的成年人进行监管等因素有关。

与成年人一样，儿童需要时间以适应抗阻训练带来的压力，因此，训练应该是循序渐进的。如果某一特定年龄的儿童发现抗阻训练很困难或没有任何乐趣，则不应该强制他们参加。兴趣、生长发育、生理成熟、心理成熟和理解能力都影响着儿童对抗阻训练的看法和采取的安全保护措施。所有这些因素都需要在个体的基础上进行考虑，以确保抗阻训练安全和有效。

## 急性损伤

急性损伤是指单个创伤导致的损伤。急性损伤确实会发生在进行抗阻训练的儿童身上。然而，骨骼系统损伤很少是由抗阻训练引起的，如生长软骨损伤和骨折。

### 意外损伤

8~13 岁的儿童，在抗阻训练期间受到的损伤中，意外损伤占 77%（见图 10.3），约 2/3 的损伤发生在手部和脚部。对损伤原因的常见描述包括"跌落"和"夹伤"（Meyer et al.，2009）。8~13 岁儿童发生这样的意外损伤的频率会随着年龄增长而下降（14~18 岁时低于 8~13 岁时，19~22 岁时与 23~30 岁时相同，均低于 14~18 岁时）。因此，当对儿童进行训练时，保证健身房的安全是训练方案的一个重要方面。

头 7.4%
手 14%
手臂 21.8%
躯干 42.1%
腿 3.3%
脚 13.8%

头 13.8%
手 33.5%
躯干 12.4%
手臂 7.9%
腿 1.8%
脚 30.3%

8~13 岁
意外损伤率为 77.2%

23~30 岁
意外损伤率为 27.5%

**图 10.3** 儿童和成年人不同身体部位的损伤比例

（经许可，源自：G.D. Meyer et al.，2009，"Use versus adult 'weightlifting' injuries presenting to United States emergency rooms: accidental versus non-accidental injury mechanisms," *Journal of Strength and Conditioning Research* 23: 2054–2060.）

## 肌肉拉伤与扭伤

肌肉拉伤与扭伤是所有年龄阶段人群的常见损伤问题（Meyer et al., 2009）。在8~13岁、14~18岁、19~22岁和23~30岁的人群中，肌肉拉伤与扭伤占所有损伤的比例分别为18%、44%、60%和66%（Meyer et al., 2009）。随着年龄增长，拉伤与扭伤的风险显著增加。产生拉伤与扭伤是因为在开始训练之前没有进行适当的热身运动。训练者应该在开始一项练习的实际训练组数之前，进行几组热身练习。发生肌肉拉伤与扭伤的另一个原因是试图在既定的重复次数中举起过大的重量，以及运动技术不正确。应该让儿童明白，建议完成的重复次数只是一个参考，他们进行的次数可以少于训练项目所规定的次数。和所有损伤类型一样，可以通过采取恰当的安全措施降低这类损伤的发生概率。

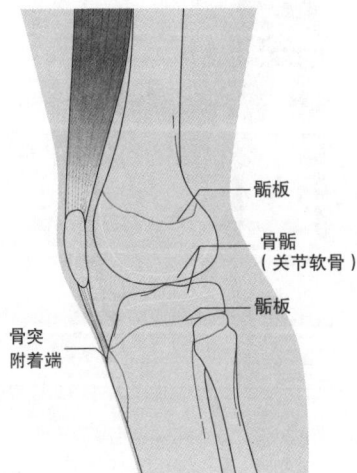

**图10.4** 生长软骨类型

## 生长软骨损伤

从以往的经验来看，生长软骨损伤是儿童进行抗阻训练时一个常见的令人担心的问题。生长软骨位于3个部位（见图10.4）：长骨末端的骺板（生长板），关节表面的骨骺（软骨），骨突附着端（肌腱附着端）。身体的长骨从骺板处生长。骺板的损伤，而不是其他类型的生长软骨损伤，会阻碍骨骼的线性生长。一般情况下，因为激素的变化，在青春期后骺板会发生骨化。一旦这种情况发生，长骨可能不会再生长，也就无法再长高。

青春期快速生长的阶段是骺板最脆弱的时候（Cane et al., 2006）。另外，骨矿化可能落后于线性增长，使得骨骼更容易发生损伤（Cane et al., 2006）。骨骺软骨相当于一个关节的骨骼之间的减震器。这种软骨损伤可能导致关节面粗糙，随后在进行关节运动时感到疼痛。主要肌腱的骨突附着端的生长软骨确保了肌腱和骨骼之间的紧密连接。骨突附着端的损伤可能引起疼痛，而且会增加骨骼与肌腱分离的风险，从而导致撕脱骨折。也有人认为，在生长高峰期，关节周围肌腱的紧绷导致柔韧性下降。如果在生长发育突增期因为生长软骨脆弱而发生肌肉受压过度，可能会导致生长软骨受损（Cane et al., 2005）。然而，学界对这种损伤机制仍有争议。

## 骺板断裂

在儿童时期骺板容易发生断裂，因为其尚未骨化。因此，青春期前的儿童和青少年进行抗阻训练时发生骺板断裂并不令人吃惊（Cane et al., 2006；NSCA, 2009）。

然而，这类损伤很少见。大多数骺板断裂的原因是举起接近最大的阻力、运用不正确的运动技术，或缺乏有资质人士的监督（NSCA，2009）。应为青春期前的儿童以及青少年的抗阻训练提供两个合适的防范措施：禁止举起最大或接近最大的阻力（1RM），尤其是在无人监督的情况下；不正确的运动技术是引起许多损伤的因素，要告知所有进行抗阻训练的青少年在所有的练习中都要注重合理增加阻力以及使用正确的运动技术。

## 骨折

因为儿童和青少年的长骨的干骺端或骨干比成年人更具弹性，所以骨干弯曲处的青枝骨折更容易在儿童和青少年身上发生（Naughton et al.，2000）。男孩发生骨折的高峰期是 12~14 岁，在身高增长高峰期的年龄或生长高峰期之前（Blimkie，1993）。骨折率升高是由密质骨厚度和骨化滞后于纬性增长引起的（Blimkie，1993）。因此，控制 12~14 岁的男孩在抗阻训练中所使用的阻力非常重要。按照同样的思路推理，10~13 岁的女孩也应如此。

## 腰椎问题

急性损伤引发的腰椎问题不仅发生在成年人身上，也发生在青春期前的儿童和青少年身上。据报告，下背部的问题，无论是急性还是慢性损伤，都是进行抗阻训练的高中运动员最常见的损伤类型（NSCA，2009）。举起最大或接近最大阻力或试图在既定的阻力下重复过多的次数可能会引发这些问题（见图10.5）。在许多情况下，背部疼痛与不恰当的运动技术有关，尤其是在深蹲和硬拉这类练习中。在进行这些练习及其他练习时，训练者应该使用正确的运动技术，包括尽可能地保持直立姿势以尽量减少下背部受到的压力。

## 慢性损伤

慢性损伤和过劳损伤这些术语是指由反复发生的微创伤引起的损伤。外胫夹和应力性骨折是这些损伤的代表例子。长时间使用不正确的运动技术会引发过劳损伤（如不恰当的卧推技术会引起一些肩关节问题和疼痛）。

## 生长软骨损伤

反复身体受压会引起 3 个部位的生长软骨都发生损伤。举个例子，棒球投掷的动作，以及在排球和网球这类体育运动中投掷或击打的动作，对肩部和肘部反复施

**图10.5** 不正确的运动技术，如在硬拉中拱起下背部，会对下背部施加过度的压力，容易引起损伤

加的应力会使肘部和肱骨的骺板发生炎症以及骨化中心发炎。这会导致肩部和肘部在活动时感到疼痛，这可能是青春期前的儿童和青少年棒球投手出现肩部和肘部疼痛的原因（Barnett, 1985; Cane et al., 2006; Lyman et al., 2001）。

青春期前儿童关节的关节面上的生长软骨，尤其是踝关节、膝关节和肘关节处的生长软骨，可能比成年人的更容易发生损伤。因为反复投掷引起的微创伤在某种程度上解释了为什么年轻（9~12 岁）投手（Lyman et al., 2001）会出现肘部和肩部疼痛，以及年轻跑步者（Conale and Belding, 1980）会出现脚踝疼痛。在许多情况下，青少年和青春期前的儿童出现关节疼痛是由于骨软骨炎（生长软骨发炎）或剥脱性骨软骨炎［关节中的骨或软骨（或二者）失去血液供应并坏死，这通常会导致部分关节面与骨骼分离］引起的。髌腱附着端部位的生长软骨的轻微撕裂可能引起与胫骨粗隆骨软骨病相关的疼痛（Cane et al., 2006; Micheli, 1983）。虽然生长软骨损伤问题确实存在，但这类损伤很少因抗阻训练发生（Blimkie, 1993; Cane et al.,2006; NSCA, 2009）。

### 腰椎问题

和成年人一样，腰椎问题可能是进行抗阻训练的青少年和青春期前的儿童中最常见的损伤类型之一。据报告，在处于青春期的力量举运动员中，假设他们用最大或接近最大阻力进行训练，其腰椎问题会占所有损伤的 50%（Brady et al., 1982）。虽然这个报告是关于青少年的，但需要注意青春期前的儿童也有发生类似损伤的可能性。青少年可能比成年人患脊椎炎（一个或更多个椎骨发炎）和承受与应力相关的疼痛的风险更大。畸形的发生率在青少年中是 47%，然而在成年人中只有 5%（Micheli and Wood, 1995）。

脊柱前凸是指脊柱向前弯曲，通常伴有骨盆前倾。许多在生长发育突增期的儿童有患脊柱前凸的倾向。以下几个因素可能导致脊柱前凸，包括椎体前侧部分生长增强，以及紧绷的腘绳肌导致髋部处于屈曲状态（Micheli, 1983）。脊柱前凸可能会引起下背部疼痛。下背部软组织损伤也常常与青少年的下背部疼痛有关（Blimkie, 1993）。

虽然引起下背部疼痛的因素有很多，但力量和肌肉耐力不足以及不稳定性是引起青少年的下背部疼痛的主要因素（NSCA, 2009）。可以通过进行增强腹部和腰背肌肉组织的练习使抗阻训练中出现的背部疼痛最小化。强化这些肌肉将有助于保持恰当的运动技术，以减少腰椎区域的压力。

# 训练方案注意事项

设计开发青春期前的儿童或青少年的抗阻训练方案应该遵循与设计成年人训练方案相同的步骤。虽然在开始一项抗阻训练方案之前对看起来健康的儿童进行儿童检查并不是强制性的，但建议对患有某种疾病或有疾病迹象或症状的青少年进行儿童检查（Miller et al., 2010; NSCA, 2009）。儿童在开始一项抗阻训练方案之前，需要考虑以下问题。

- 儿童在生理和心理上是否准备好参与抗阻训练？
- 儿童应该采用哪类抗阻训练方案？
- 儿童是否了解方案中每个练习的正确运动技术？
- 保护人是否了解方案中每个练习的安全保护方式？
- 儿童是否知道方案中所使用的每个设备的安全隐患？
- 抗阻训练设备是否适合儿童？
- 儿童的训练方案是否包括有氧和柔韧性训练以满足整体的健身需求？
- 除了抗阻训练之外，儿童还参加其他体育运动或活动吗？

最后两个问题需要考虑到儿童将承受的整体训练压力。举个例子，年轻的棒球投手在赛季进行抗阻训练与肘部疼痛有关，而与肩部疼痛无关（Lyman et al.，2001）。但投掷的总次数和投掷手的疲惫也与肘部和肩部疼痛有关。这并不一定意味着年轻投手不应该在赛季进行抗阻训练，但是这说明施加在儿童身上的总训练压力可能与某些类型的损伤有关。正如其他所有的抗阻训练计划，在设计青春期前的儿童或青少年的抗阻训练方案时，应该考虑到个体差异。

## 发育差异

在设计抗阻训练方案的时候，需要考虑到相同年龄的儿童存在着发育差异。同龄的青春期前的儿童和青少年，彼此在生理和心理方面存在着不同。有些儿童的身高高于他们的实际年龄水平，而有些低于他们的实际年龄水平；有些是爆发力型短跑者，有些是耐力型慢跑者；有些人因为在比赛中表现欠佳而沮丧，而有些人看起来似乎并不在意。生理和心理方面的差异是遗传和生长速度不同的结果。成年人必须认识到儿童并不是迷你型的成年人。了解生长和发育的基本原则将有助于成年人对儿童有更现实的期待。这样的了解也有利于制定抗阻训练的目标和进度。

除了身高，儿童的生长和发育还包括其他许多方面，包括体重增加、体能提升、遗传潜力、营养和睡眠模式。成熟也涵盖在儿童的发育的讨论中。儿童成熟涉及以下 4 个方面。

- 身体尺寸。
- 骨骼成熟。
- 生殖成熟。
- 心理成熟。

以上 4 个方面的每一个部分都可以在临床上进行评估，通常是由家庭医师进行。医师确认每个人在以上这些方面的实际年龄和生理年龄，因为生理年龄决定了人的身体功能和运动能力，这是设计抗阻训练方案时需要考虑的一个重要因素。

尚不完全清楚生长发育突增期与力量增长的时间关系。在生长发育突增期或身高快速增加阶段后一年的自然生长中，青春期前的男孩和女孩的力量增长都达到峰值（De Ste Croix et al.，2003）。在青春期前的男孩中，力量增长的速率在生长发育突增期后达到峰值（Naughton et al.，2000），然而，许多女孩在生长发育突增期之前或期间的力量提升达到最大值。一般情况下，女孩早于男孩经历生长发育突增期以及峰值力量增长。无论峰值力量增长发生在哪个阶段，男孩的峰值力量普遍大于女孩的。在为男孩和女孩设立训练目标及进行需求分析时，应该考虑力量增长的程度。

## 需求分析和个性化

如同成年人一样，每个儿童的需求是不一样的。青春期前的儿童和青少年需要建立完整的健康和健身方案，其中包括对心肺健康、柔韧性、身体成分和运动技术以及力量和爆发力的训练。一项抗阻训练不应耗费太多时间以至于忽视健身的其他方面，或者影响儿童的玩耍时间。不应期望青春期前的儿童以及青少年执行成年人的训练方案或成功的成年运动员的训练方案。为了确保遵循训练方案，成年人应该让儿童设置他们自己的目标，然后观察他们的生理和心理对方案的耐受性。儿童的一些语言表述，如"我不想做这个""这个项目太难""有些练习使我有疼痛感""运动后我太累了""我还能学习哪些其他的练习？"可能表明需要对方案进行评估以做出合适的调整。

大多数抗阻训练的风险与施加在儿童或青少年身上的不合理的练习要求有关。尽管提供了一些应该遵守的通用指南，但必须注意每个儿童对特殊需求的敏感性。必须根据每个儿童的需要设计方案，必须运用恰当的运动技术和安全防护措施。一个设计合理和监督得当的抗阻训练方案能带来许多积极的身体和心理益处。也许，

最重要的结果是发展儿童或青少年的行为，让他们形成积极的生活方式。正确的练习行为有利于终身健康和幸福。

体育活动越来越受到青少年的喜爱，从美式橄榄球和体操到足球和网球，儿童需要更加完备的身体准备来预防与运动相关的损伤。美国运动医学会（ACSM，1993）估计，青少年中超过50%的过劳损伤是可以预防的。一项完整的训练方案包含抗阻训练，以使儿童能应对体育比赛的压力，以及进行运动前的筛查和定期拜访与运动医学健康相关的专业人士，这些能极大地降低运动性和过劳损伤的发生率。

对所有儿童来说，另外一个需要注意的是上半身力量。处于青春期前和青少年时期的男孩和女孩上半身力量的减弱（Hass et al., 2001）说明训练方案中存在明显的薄弱环节。上半身力量限制了许多与专项运动有关的能力，即使是在娱乐性运动的层次上。一般青春期前的儿童和青少年缺乏上半身的力量，表明这些群体需要进行锻炼上半身的抗阻训练。

所有青少年的抗阻训练方案的总目标应该包括以下内容。

- 涉及所有的体能要素（有氧能力、柔韧性、力量）。
- 总的来讲，选择的练习应该平衡上半身和下半身的发展（随着儿童年龄增长，可以加入一些运动专项练习）。
- 针对所有主要关节运动涉及的主动肌和拮抗肌，均衡地选择练习，促进肌肉平衡发展。

- 提高特定肌群的力量和爆发力。
- 提高特定肌群的局部肌肉耐力。
- 提高运动能力（提高跳跃、跑步或投掷能力）。
- 总体重增加（年龄相关）。
- 肌肥大（年龄相关）。
- 降低体脂。

抗阻训练方案的某些目标，如肌肥大，是随着儿童的年龄的增长变化的。训练方案可能也要根据儿童所参与的体育项目或其他活动而改变。应该根据儿童的训练进度、对练习的兴趣、其他体育运动或活动、目前或之前的损伤、已经进行抗阻训练的时长及一些其他因素，来决定个性化方案的内容。个性化的、恰当的计划对形成持续的锻炼益处所需要的生理适应是必要的。

# 训练方案进阶

无论青少年使用哪一种抗阻训练方案进阶方式（即阻力增加、训练量增加、练习选择），都应该缓慢地进行。缓慢的进阶有助于确保安全，提供时间适应训练压力，提升练习耐受度，并有利于掌握正确的运动技术。一个儿童所选择的练习、阻力、训练量或其他关键变量可能对另外一个同龄的或有相同训练经历的儿童来说太难。因此，应该根据个人情况确定方案的进阶方式。

## 年龄组进阶

虽然年幼的儿童可以安全地进行抗阻训练（NSCA，2009），但这并不意味着所有儿童应该或一定要在幼年时进行抗阻训练。同龄儿童之间的生理和心理的成熟度差异很大，因此，应调整表 10.3 中列出的进阶基本指南，以适应个体需求和训练情况。无论儿童的年龄多大，训练方案都应在有利于健康和令儿童享受的氛围中执行。训练环境中应该以海报、目标图表以及能反映抗阻训练方案目标和预期效果的图片为他们提供实用信息。

## 阻力或强度进阶

在进行一个练习的时候，训练强度或阻力应该以 5%~10% 的小增量向前推进（NSCA，2009）。自由重量训练不是很困难，因为可以随时使用小型配重片。但有些抗阻训练器械上阻力的增量太大，在儿童逐渐变得强壮的过程中，无法平稳地逐渐增加阻力。许多器械都是以 10~20 磅（4.5~9.1 千克）的配重片为增加量。如果一个儿童可以完成 30 磅（约 13.6 千克）的卧推，增加 10 磅（约 4.5 千克）的配重片意味着阻力增加 30%，这对安全和平稳地增加阻力来讲太大了。有些器械上安装的内置小型阻力增加可以解决这个问题。在某些哑铃上，这个问题通过使用配重片得到解决，配重片通常重 2.5 磅（约 1.1 千克）和 5 磅（约 2.3 千克），这些哑铃是特别设计的，可以轻松加入配重片，移除也方便。在专门为儿童设计的器械上，初始阻力和阻力的增量都是恰当的。小幅增加阻力不会阻碍力量的增加（见第 6 章的"小增量训练法"）。

某些成年人使用的器械的起始阻力对青春期前的儿童来讲过大，以至于他们无

表 10.3　儿童抗阻训练进阶的基本指南

| 年龄/岁 | 事项 |
| --- | --- |
| 5~7 | 让儿童进行阻力小的练习；建立对一个训练项目的基本认识；教授运动技术；从自重、搭档练习和强度小的抗阻训练逐渐推进；保持低训练量 |
| 8~10 | 逐渐增加练习次数；练习所有力量练习运动技术；开始逐渐增加练习的阻力；保持练习简单；逐渐增加训练量；仔细地监测对训练压力的耐受度 |
| 11~13 | 教授所有基本的运动技术；继续逐渐增加每个练习的阻力；强调正确的运动技术；介绍无阻力或阻力较小的更高级的练习 |
| 14~15 | 逐渐向更高级的抗阻训练方案进阶；增加与专项体育活动相关的训练内容；强调运动技术；逐渐增加训练量 |
| 16 及以上 | 在经过这些训练之后，获得入门级水平和执行成年人训练方案的能力 |

如果某个特殊年龄阶段的儿童和青少年之前并没有抗阻训练的经历，那么必须从前一个层级开始，在训练耐受度、运动技术和理解力跟上之后，再进行更高级的练习。

[ 经许可，源自：W.J. Kraemer and S.J. Fleck, 2005, *Strength training for young athletes*(Champaign, Il: Human Kinetics), 13. ]

法完成一次重复。在这种情况下，应针对儿童同样的肌群执行交替练习，采用自由重量、自重或搭档对抗练习，直到儿童足够强壮，可以使用器械完成规定的重复次数。比如，如果儿童因为起始阻力太大而无法在器械上完成腿蹬举，那么他可以深蹲，然后每只手握住一个轻型哑铃进行深蹲，直到强壮到可以以器械上的起始阻力完成腿蹬举。

## 快速伸缩复合训练

注重肌肉拉长-缩短周期的快速伸缩复合训练或练习（见第 7 章）可以纳入青春期前的儿童和青少年的训练方案中。这类训练是安全且有效的，有助于提升身体机能，减少与运动相关的损伤（NSCA，2009）。儿童经常在玩耍的时候做出快速伸缩复合动作，如跳房子游戏、蹦跳、跳跃和跳绳等（见图 10.6）。因此，如果控制训练量，快速伸缩复合训练对儿童来说是一个安全的训练办法。据报告，过度的快速伸缩复合练习易引起损伤，举个例子，

有位 12 岁的男孩在体育课上进行超过 250 个蹲跳后患上了运动性横纹肌溶解综合征（Clarkson，2006）。

一项文献综述得出了这样的结论，即快速伸缩复合训练作为提升短跑、跳跃、踢球距离、平衡和敏捷性方面能力的一种方式，对 5~14 岁的孩子是有效的（Johnson et al.，2012）。一个有效的训练方案每周训练 2 次，每次与地面接触 50~60 次，持续至少 8 周时间（Johnson et al.，2012）。与儿童进行的所有类型的抗阻训练一样，一定要对快速伸缩复合训练的训练量和强度进行控制，缓慢进阶，从而使训练成为一个安全且有效的锻炼方式。

## 力量和爆发力进阶

在一项方案中，通过增加训练量和训练强度，或者使练习多样化，可以提升力量和爆发力。起初，低训练量和低训练强度的方案确实可以带来一些健身益处。一个为儿童设计的结构清晰和监督合理的基础训练方案，可以每次只训练 20 分钟。在

**图 10.6** 许多儿童活动包括快速伸缩复合训练类的动作

（源自：Zuma Press/Icon SMI）

初始训练阶段，儿童（8~11 岁）每周进行 2 次训练的频率会带来显著的力量提升和身体成分的变化（Faigenbaum et al.，1993，1999）。另外，在初始训练阶段，与每组练习重复次数较少（6~8 次）相比，每组练习重复次数越多（13~15 次），在力量和局部肌肉耐力方面的收获越大（Faigenbaum et al.，1999，2001）。与成年人一样，儿童可以通过低训练量和单组训练方案中实现力量和身体成分方面的显著变化。因此，为儿童设计的方案在初始阶段可能为：一组中的每个练习大约重复 10~15 次，至少有一项针对身体所有主要肌群的练习（见信息栏 10.4）。与成年人一样，不需要把组数设置为力竭，这样可以减少总的训练

压力，同时有助于儿童掌握正确的运动技术。随着儿童发育，可以逐渐引入与成年人类似的更高级的训练方案。

表 10.4 列出了目的在于提升最大力量的青少年项目的建议进阶指南。建议中包括标准的抗阻练习（向心和离心重复阶段），以及关键变量的进阶。初级、中级和高级的划分分别指抗阻训练经验少于 3 个月、3~12 个月以及超过 12 个月。

奥林匹克举重动作和快速伸缩复合练习的变式对儿童来说是安全的（Faigenbaum et al.，2010，2007；NSCA，2009）。进行这些训练是逐渐提升爆发力的部分进阶内容（见表 10.5）。不同于提高力量部分所给出的建议，爆发力训练主要涉及多关节练习，通常以 1RM 的较低百分比进行，使用速度快的动作，每组的重复次数更少，这样疲劳就不会影响运动技术，或导致运动速度明显变慢。爆发力训练的练习组数不应该做到力竭，因为这可能会增加损伤的风险，并导致运动速度明显变慢。和所有类型的方案进阶一样，在执行爆发力训练的时候，一定要用足够长的时间学习正确的运动技术，并且应该逐渐增加训练量或训练强度。

## 周期化训练

周期化训练在第 7 章曾详细地讨论过，它是成年运动员和健身爱好者变化训练量和训练强度的一种常用方式。关于周期化训练对儿童和青少年的影响的研究不像对成年人影响的研究那么多。然而，和成年人一样，对儿童来讲，周期化训练能

**？ 信息栏 10.4　实际问题**

## 对设计青少年的初期抗阻训练方案有哪些建议

针对刚开始抗阻训练的青少年执行的抗阻训练方案提供以下建议（Miller et al.，2010）。

- 主要的训练目标：提升力量。
- 组数：1~3 组。
- 每组重复次数：10~15 次，具体根据之前的抗阻训练经历决定。
- 阻力：允许完成每组规定的重复次数。
- 训练频率：以非连续的方式，每周训练 2~3 次。
- 练习：涉及所有主要肌群，包括引体向上、卧推、高位下拉、腿蹬举、膝屈、膝伸、卷腹、肱二头肌弯举、肱三头肌臂屈伸、提踵、划船、平衡球练习。

参考文献：

Miller, M.G., Cheathman, C.C., and Patel, N.D. 2010. Resistance training for adolescents.*Pediatric Clinics of North America* 57:671–682.

**表 10.4　力量发展指南**

| | 初级 | 中级 | 高级 |
|---|---|---|---|
| 肌肉动作 | 离心和向心 | 离心和向心 | 离心和向心 |
| 练习选择 | 单关节和多关节 | 单关节和多关节 | 单关节和多关节 |
| 训练强度 | 1RM 的 50%~70% | 1RM 的 60%~80% | 1RM 的 70%~85% |
| 训练量 | 1 或 2 组 ×（10~15）次 | 2 或 3 组 ×（8~12）次 | >3 组 ×（6~10）次 |
| 休息时间 | 1 分钟 | 1~2 分钟 | 2~3 分钟 |
| 速度 | 中等 | 中等 | 中等 |
| 每周次数 | 2 或 3 | 2 或 3 | 3 或 4 |

（经许可，源自：National Strength and Conditioning association, 2009, "Youth resistance training: Updated position statement paper from the National Strength and Conditioning association," *Journal of Strength and Conditioning Research* 23: S60–S79.）

优化长期的训练效果，帮助减少无聊感和降低发生过劳损伤的风险（Miller et al.，2010；NSCA，2009）。 线性周期化和非线性化周期训练都可用于训练儿童和青少年（Faigenbaumet al.，2009；Foschini，2010；McGuigan et al.，2009；Sgro et al.，2009；Stone et al.，1981；Szymanski et al.，2004）。 这些周期化训练可以通过以下方式实现多样化。

- 通过提高 1RM 的百分比或一次最大重复或最大重复训练区间所使用的阻力。
- 改变所使用的最大重复训练区间或 1RM 百分比。
- 改变每个练习的组数。
- 针对同一肌群的练习多样化。
- 加入爆发力类型的练习。

表 10.5　爆发力发展指南

| | 初级 | 中级 | 高级 |
|---|---|---|---|
| 肌肉动作 | 离心和向心 | 离心和向心 | 离心和向心 |
| 练习选择 | 多关节 | 多关节 | 多关节 |
| 强度 | 1RM 的 30%~60% | 速度：1RM 的 30%~60%<br>力量：1RM 的 60%~70% | 速度：1RM 的 30%~60%<br>力量：1RM 的 70%~80% |
| 训练量 | 1 或 2 组 ×（3~6）次 | 2 或 3 组 ×（3~6）次 | >3 组 ×（1~6）次 |
| 休息间歇 | 1 分钟 | 1~2 分钟 | 2~3 分钟 |
| 速度 | 中等 / 快速 | 快速 | 快速 |
| 每周次数 | 2 | 2 或 3 | 3 或 4 |

（经许可，源自：National Strength and Conditioning association, 2009, "Youth resistance training: Updated position statement paper from the National Strength and Conditioning association," *Journal of Strength and Conditioning Research* 23: S60–S79.）

根据儿童的抗阻训练经历，可以调整训练方案（见表 10.3、表 10.4 和表 10.5）。与其他所有类型的训练进阶一样，需要对其训练耐受度进行仔细监测。

## 复制精英级运动员的训练方案

儿童和青少年不应该使用为大学或专业运动员设计的训练方案，无论这些方案是否是周期化的。成年运动员可以使用高级的训练方案来提高力量和爆发力，部分原因是因为他们具有多年的抗阻训练经验。精英级运动员的训练方案所使用的训练强度和训练量通常不适合儿童，因为可能会导致他们发生损伤。强迫青少年执行为成年人设计的方案，即使是极具天赋的运动员也会发生过劳损伤或急性损伤。

## 练习耐受度

无论是哪类抗阻训练方案，儿童对练习压力的耐受度是不能忽视的。为了使一项方案带来最佳效果，家长、老师和教练需要留意青春期前的儿童和青少年在进行训练时的耐受情况。成年人应该鼓励儿童就他们担心和害怕的问题进行讨论并给予反馈。更重要的是，成年人必须采取方法解决他们表达出来的顾虑。儿童教练需要运用常识为他们提供多样化的练习、积极的恢复期、从训练中完全恢复的时间，以及个性化的训练方案。而且，要注意避免使他们落入相信训练得越多就越好这样的陷阱中。

本章为方案设计所提供的一般指南只是建议，没有一个最佳的训练方案。青春期前的儿童和青少年应该从一个自己能够接受的方案开始，然后随着年龄的增长而逐渐提升训练等级。对抗阻训练方案的耐受度的巨大改变反映了训练者成熟度的变化。教练应该注意不要高估他们对正在进行的体育活动的总训练量的耐受度，这些活动可能包括抗阻训练，有氧训练和参加运动。保守的方式胜过高估儿童和青少年的耐受度，而且后者会降低了他们参加训练的享受度。使用恰当的抗阻训练原则，方案设计者可以创造出符合儿童发展规律和特殊需求的训练方案。参与设计一项方案的所有成年人一定要记住，训练方案并不是为自己而设计的；你们的工作在于为儿童提供积极的氛围，保护和服务那些参与训练的儿童。儿童应该自由选择参与或不参与任何一个练习或训练方案。

# 训练课示例

本部分内容展示了两个训练课示例，一个不涉及使用抗阻训练设备，另外一个需要抗阻训练设备，通常是以自由重量或标准的抗阻训练器械的形式进行。两种训练课都为全身提供锻炼，可以对其进行改动以提供多样化的练习、提高或降低练习的难度，以及运用可用的设备。另外，这些训练课都可以根据过去的抗阻训练经历进行调整。应该在所有抗阻训练之前进行热身，之后进行放松（Miller et al., 2010；NSCA, 2009）。

## 几乎不使用设备的训练课

这种训练课使用的阻力包括儿童的体重、一个肌群对抗另一个肌群产生的自阻力、由另外一个儿童提供的阻力，以及另外一个儿童的体重（见表10.6）。可以按照循环的方式进行，从一个练习进入下一个练习，或者以组内重复的方式进行，在进入下一个练习之前完成某个练习规定的所有组数，组间有短暂的休息时间。所有练习中使用的阻力可以以某种方式增加或减小。比如，俯卧撑动作中，膝盖着地可以降低难度，把双脚放在椅子上可以增加难度。自阻力和搭档提供阻力的练习必须

以动态的方式进行，每次向心和离心运动的重复阶段应该用约5秒完成，一次练习共10秒。可以对练习进行修改，举个例子，可将自阻力臂弯举替换为让搭档使用一条毛巾提供阻力的臂弯举。目的在于在几乎不使用设备的情况下为所有主要肌群提供一些抗阻训练。

## 使用设备的训练课

这个训练课的内容是关于使用自由重量或标准的抗阻训练器械进行的练习，可以采取循环的方式或组内重复的方式。所列出的练习注重提升力量，而且是为举重的新手儿童设计的（见表10.7）。如果使用成年人的器械，教练应该确保每个儿童适应器械，保证运动技术正确。在起初阶段，每个练习所使用的阻力应该是能够让练习以正确的运动技术至少完成所建议的最少重复次数。在可以完成建议的最多次数时，增加阻力使训练者只能完成每组练习的最少重复次数。儿童应该以一种可控的方式进行所有的练习，防止发生运动损伤，学习正确的运动技术，并了解该如何预防设备的损坏。教练应该不断强调正确的运动技术的重要性，以及增强对练习的保护技巧。

# 设备改造和组装难题

儿童比成年人更需要个性化的帮助。而且，教练通常在面对儿童时出现设备组装问题，而在面对成年人的时候不会出现（即成年人使用的器械可能需要增加坐垫或砖块才能适应体形小的儿童）。如果使

**表10.6** 儿童使用自重和自阻力进行的抗阻训练

| 练习 | 组数 × 重复次数 |
| --- | --- |
| 俯卧撑 | （1~3）×（10~20） |
| 屈腿仰卧起坐 | （1~3）×（15~20） |
| 半蹲 | （1~3）×（10~20） |
| 自阻力臂弯举，使用对侧手臂提供阻力 | （1~3）×10（持续6秒） |
| 提踵 | （1~3）×（20~30） |
| 搭档提供阻力，手臂侧平举 | 1×（1~10）（持续10秒） |
| 俯卧背伸展 | （1~3）×（10~15） |

用哑铃或杠铃，当器械不合适或不能为一个组里的有些儿童提供合理的阻力的时候，可能需要使用轻型重物以提供一个替代练习。教练也一定要注意这样的事实，即设备需要随着儿童的成长而进行调整。 一般来说，儿童在使用为成年人设计的训练器械进行练习时，比在进行自由重量练习时所需的变动更多。如果有专门为儿童设计的器械，那么儿童对设备的适应就不成问题（见表10.7）。需要每个月对设备进行检查，尤其是在儿童生长发育突增期间。

为了让设备更适合儿童而产生的设备组装问题不会太难解决。两个解决办法分别是在每个儿童的训练卡上标记需要的调整或器械改动以追踪发展动向，或者教他们自己进行所需的设备变动或调整，但成年人需要仔细地检查设备的改动和器械的调整是否合适。虽然这些方法都有效，但对很多儿童来说是不切实际的。有些训练需要计时（专门练习的时间和休息的时间），在这些训练中一定要考虑到设备改动和调整所需的时间，尤其是当许多儿童同时进行训练时，需要依个人情况对器械进行变动和调整。

训练方案设计者可能需要尝试开展训

**表10.7** 儿童使用设备进行的抗阻训练

| 练习 | 组数 × 重复次数 |
| --- | --- |
| 深蹲或腿蹬举 | （1~3）×（10~15）RM |
| 卧推 | （1~3）×（10~15）RM |
| 膝屈 | （1~3）×（10~15）RM |
| 臂弯举 | （1~3）×（10~15）RM |
| 膝伸 | （1~3）×（10~15）RM |
| 肩推 | （1~3）×（10~15）RM |
| 仰卧卷腹 | （1~3）×（15~20）RM |
| 背部伸展 | （1~3）×（10~15）RM |

练课以了解对某个特定设备的变动或调整需要花费多长时间。如果需要，可以更改休息时间，把休息时间用来对设备进行调整。虽然1分钟的休息时间对某一个特定的训练课可能是更好的选择，但组装问题，如设备变动或调整可能使它变得不太可能。在这种情况下，儿童的安全和正确的运动技术是最主要的，而不是保证所需的休息时间。设备组装问题一定要在不影响安全、正确运动技术和训练的有效性的基础上解决。

训练儿童的时候最重要的就是要考虑抗阻训练设备是否适合每个儿童。在自由重量训练、自重训练和由搭档提供阻力的训练中，通常不存在这一问题。 然而，在使用抗阻训练器械进行训练时，是否合适会是一个关键。虽然现在有几家公司在生产为儿童设计的器械，但大多数器械都是为成年人设计的（见图 10.7）。大部分儿童的身高、臂长和腿长都不够，无法适应众多为成年人设计的抗阻训练器械。如果器械不适合儿童，就无法实现正确的运动技术和全活动范围。不合适的器械所带来的一个危险就是某个身体部位，如一只脚或一侧手臂可能会从接触点滑落，从而引发损伤。

在训练期间，另外一个常见的问题就是器械或自由重量练习的坐凳过宽，以至于肩部无法自由活动。当设备不合适，儿童无法以正确的运动技术练习时，关节和肌肉组织会遭受过大的压力，从而引起损伤。

儿童不应该使用他们无法安全适应的器械。对一些器械进行简单的改装，例如，增加座椅垫可以使训练者安全地使用器械。然而，仅仅调整座椅通常是不够的。虽然调整座椅可能是正确的，但也需要让手臂或腿与设备在恰当位置接触。另外，调高座椅会使儿童的脚无法够到地面，从而丢失平衡感。在这种情况下，在脚的下方放置一个木块可能有所帮助。

改动设备的某个部件以适应一个儿童并不能保证设备适应另外一个儿童。在每个儿童使用设备之前，一定要检查设备是否合适。一定要确保在练习期间增加的坐垫或木块不会滑动，因为这可能导致受伤。可做出一些改变防止坐垫或木块滑动，例如把防滑材料加在木块的顶部和底部，或

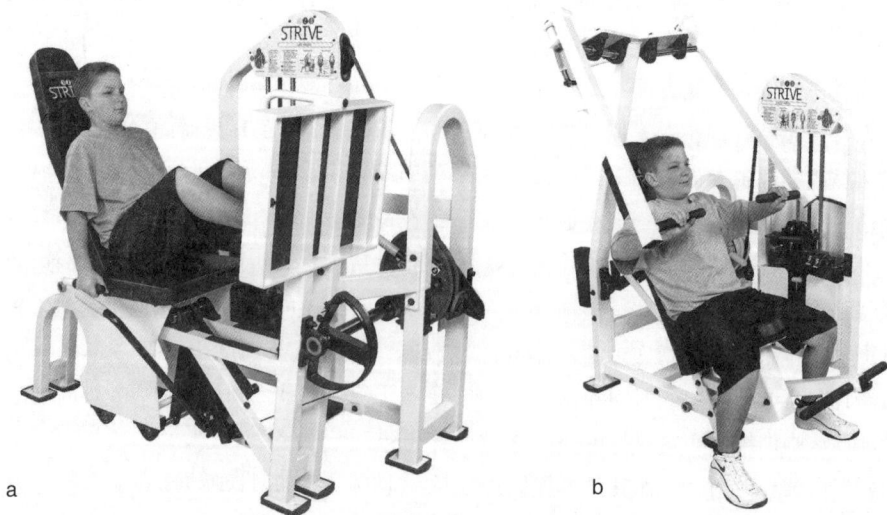

**图 10.7** 有些公司设计了适合儿童的抗阻训练器械，这些器械可逐渐增加阻力，使训练进阶更合理：a. 腿蹬举；b. 胸推

（源自：Courtesy of Strive Inc., McMurray, PA.）

坐垫的上面。在做出任何设备调整时，保证训练者的安全始终是首要任务。

## 训练方案理念

学校和健身俱乐部等使用的正式方案应该公开地、清楚地说明其运用的理念。标志、挂图和课程讲义可以反映出相关人员对儿童和青少年进行抗阻训练的积极态度。当成年人和儿童在同一设备上训练的时候，展示理念尤其重要。可以以下列方式帮助儿童认识训练方案理念。

- 为儿童考虑，在给成年人训练提供的指导说明的旁边张贴与年龄相关的指示说明，如方案和训练说明。
- 使用海报和图片，在上面描画处于青春期前和青春期的男孩和女孩正确进行抗阻训练使用的运动技术。
- 运用图表、竞赛和奖励让青春期前的儿童和青少年集中精力于所需要掌握的原理［如训练的连贯性、运动技术、整体的体能和健康、整体体能的其他方面（即柔韧性和耐力）以及在赛季前和赛季期间的准备目标］。

环境、训练方案和奖励应该都反映出训练方案的原理。因为青春期前的儿童和青少年学习和吸收信息的方式与成年人不同，应该以口头、书面、音频、视频和图画等方式表达出抗阻训练方案的目标和理念。对青春期前的儿童和青少年来讲，所有的交流都需要是清楚且恰当的，以防他们在方案的某一阶段感到害怕、困惑或出现失误。

## 小结

青春期前的儿童和青少年进行抗阻训练已被普遍接受并受到欢迎，因为通过合理的抗阻训练，可以提升力量和爆发力以及增肌，促进骨骼生长，并预防其他体育活动中的损伤。训练方案设计者应该考虑到不同儿童在发育和身体方面的差异以及他们对练习的耐受度和安全问题，使急性和慢性损伤最小化，使参与的益处最大化。

### 选读材料

Bass, S.L. 2000. The prepubertal years: A uniquely opporcune stage of growth when the skeleton is most responsive to exercise? *Sports Medicine* 30: 73-70.

Canadian Society for Exercise Physiology. 2008. Position paper: Resistance training in children and adolescents. *Journal of Applied Physiology, Nutrition and Metabolism* 33: 547-561.

De Ste Croix, M.B.A., Deighan, M.A., and Armstrong, N. 2003. Assessment and interpretation of isokinetic muscle during growth and maturation. *Sports Medicine* 33: 727-743.

Falk, B, and Tenenbaum, G. 1996. The effectiveness of resistance training in children: A meta-analysis. *Sports Medicine* 22: 176-186.

Hass, C.J., Feigenbaum, M.S., and Franklin, B.A. 2001. Prescription of resistance training for healthy populations. *Sports Medicine* 31: 9539-9564.

Kraemer, W.J., and Fleck, S.J. 2005. *Strength training for young athletes*, 4th ed. Champaign,

IL: Human Kinetics.

Malina, R. 2006. Weight training in youth—growth, maturation and safety: An evidence-based review. *Clinical Journal of Sports Medicine* 16: 478-487.

McGuigan, M.R., Tatasciore, M., Newton, R.U., and Pettigrew, S. 2009. Eight weeks of resistance training can significantly alter body composition in children who are overweight or obese. *Journal of Strength and Conditioning Research* 23: 80-85.

Miller, M.G., Cheathman, C.C., and Patel, N.D. 2010. Resistance training for adolescents. *Pediatric Clinics of North America* 57: 671-682.

National Strength and Conditioning Association. 2009. Youth resistance training: Updated position statement paper from the National Strength and Conditioning Association. *Journal of Strength and Conditioning Research* 23: S60-S79.

Naughton, G., Farpour-Lambert, N.J., Carlson, J., Bradney, M., and Van Praagh, E. 2000. Physiological issues surrounding the performance of adolescent athletes. *Sports Medicine* 30: 309-325.

Naylor, N.H., Watts, K., Sharpe, J.A., Jones, T.W., Davis, E.A., Thompson, A., George, K., Ramsay, J.M., O'Driscoll, G., and Green, D.J. 2008. Resistance training and diastolic myocardial tissue velocities in obese children. *Medicine & Science in Sports & Exercise* 40: 2027-2032.

Payne, V.G., Morrow, J.R., Jr., Johnson, L., and Dalton, S.N.1997. Resistance training in children and youth: A meta-analysis. *Research Quarterly for Exercise and Sport* 68: 80-88.

Twisk, J.W.R. 2001. Physical activity guidelines for children and adolescents: A critical review. *Sports Medicine* 31: 617-627.

# 老年人与抗阻训练

**学习完本章后，你应该能够完成以下内容。**

1. 区分老年人训练时的可变动与不可变动因素。
2. 在经历性腺机能丧失和更年期的情况下，描述老年男性和女性的激素变化及其对老年人的影响。
3. 列出与年龄和个体相关的身体成分变化以及累积影响。
4. 解释在老年人中观察到的肌肉力量和爆发力损失的现象及其原因。
5. 列出老年人对抗阻训练的主要适应。
6. 了解为老年人设计抗阻训练方案的几个重要考虑因素。

随着年龄增长，老年人的身体会发生许多变化，包括激素分泌减少、肌肉萎缩和骨密度降低。随着年龄增长而发生的变化会对人体产生巨大的影响，有可能导致功能丧失和失去自主性。一个设计得当的抗阻训练方案可以减缓生理衰退，改善身体机能和增强体能。对任何年龄阶段的人，身体系统、组织和细胞的健康只有在使用的时候才可以得到改善。对于骨骼肌来讲，这意味着与训练相关的变化和适应只发生于运动中用到的运动单位。有趣的是，其他系统也会得益于运动单位的募集（如外围力量增长心血管系统的应变降低）。所有年龄的老年人都可以进行设计合理的抗阻训练，而且从中获益，包括高龄的男性和女性（见图 11.1）。

年龄只是众多变量中的一个，其他变量还包括营养摄入和体育活动水平等，可以通过改进这些变量以增强体能。虽然年龄、基因和性别是不可变动因素，但运动是改进生理功能的一个关键的、可变动的决定因素（Kraemer and Spiering, 2006）。抗阻训练会影响生理功能，从细胞到整个身体的运动能力，为老年人带来大量的益处，即使对患有慢性疾病的老人也是如此。从根本上讲，适当的训练可以健身，改善功能性能力（执行日常生活任务的能力），并为训练者带来质量更好的生活。正常生

**图11.1** 即使是高龄老人，也可以从抗阻训练中获益

活水平或自发性体育活动能力的改善可能是抗阻训练带来的最重要的益处之一。在人口稀少的地区，抗阻训练是老年人保持独立生活的最有效的和花费最少的一个方式（Rogers and Evans，1993）。

为老年人设计抗阻训练方案的人员需要了解老年人随着年龄增长而发生的生理变化。睾酮、生长激素和雌激素等激素的分泌会随着年龄增长而减少。本章内容将从描述抗阻训练中的这些激素变化开始。接着描述随着年龄增长发生的身体成分变化，包括脂肪量的增加以及肌肉和结缔组织性能的降低，所有这些随着年龄增长产生的变化都会影响身体活动能力。然后，我们讨论与年龄有关的运动能力的变化，以及抗阻训练带来的适应如何提升能力和改变身体成分，最后阐述为老年人设计抗阻训练方案的一些基本原则。

## 激素变化与年龄和抗阻训练

大量研究已证明，随着年龄增长，内分泌腺分泌激素的能力会下降。与其他所有身体组织一样，内分泌腺也会经历细胞老化的过程。抗阻练习与训练可以减小内分泌系统的结构和功能的下降程度，这是由于抗阻训练会刺激内分泌腺而起到调节作用，引起内分泌腺合成和分泌代谢平衡（练习期间）和合成代谢（恢复期间）所需的激素。

即使有运动训练，随着年龄增长，在对训练的反应方面，内分泌系统也会逐渐失去分泌激素的能力。然而，如果不刺激该系统，这个退化过程会更快。腺体功能减弱导致静息激素浓度下降，包括合成代谢激素。内分泌系统功能减弱这一认识得到了早期关于睾酮和生长激素的研究的证实，在这些研究中，研究人员观察到老年人对抗阻训练刺激的反应减弱（Chakravati and Collins，1976；Häkkinen and Pakarinen，1993；Hammond et al.，1974；Vermeulen et al.，1972）。图11.2展示了激素变化的概况。此外，随着年龄增长，分解代谢激素和炎症性细胞因子增长，从而加剧蛋白质的分解和体内炎症程度（Roubenoff，2003）。综合来看，这些

变化对老年人来讲是不利的，因为他们积极发出蛋白质合成信号和对抗炎症的能力被削弱。抗阻训练可以帮助他们减缓衰老过程中发生的这些变化。

合成代谢激素的分泌，如生长激素，可以因刺激得到增长。在抗阻训练之前和之后，生长激素有助于发出调节各种生理机制的信号，调节肌肉组织的重塑和生长。本节的重点在于阐述不同激素随着年龄的增长而发生的变化，它们与抗阻训练之间的相互作用，以及它们是如何通过抗阻训练得到调整的。

## 睾酮

睾酮对男性和女性都是一个关键的激素信号，它显示不同的生理功能，细胞生长和体内稳态（见第3章）。睾酮浓度的急性增长刺激将信号发送至不同的靶组织，如肌肉和骨骼。睾酮或任何激素在血液中的浓度与所释放、分解或从流动的血液中被提取与靶受体结合的摩尔量有关。结合蛋白质可延长血液循环中的激素的半衰期。循环变化对这些现象的每一种情况都很敏感。血液中睾酮浓度上升意味着分泌量超过分解量以及与靶组织结合的量，后两者会使血液中的激素浓度降低。静息激素浓度在正常范围内的上升通常表示正常的体内平衡功能发生了微弱的调控性变化。和其他激素一样，睾酮是发送给细胞核的一个信号以产生特定的基因反应。因此，静息激素浓度的变化，代表了反馈系统为某一特定激素进行的部分调整。大多数对激素（如睾酮）的检测在禁食状态下进行，因此激素与营养物质在细胞层面的相互作

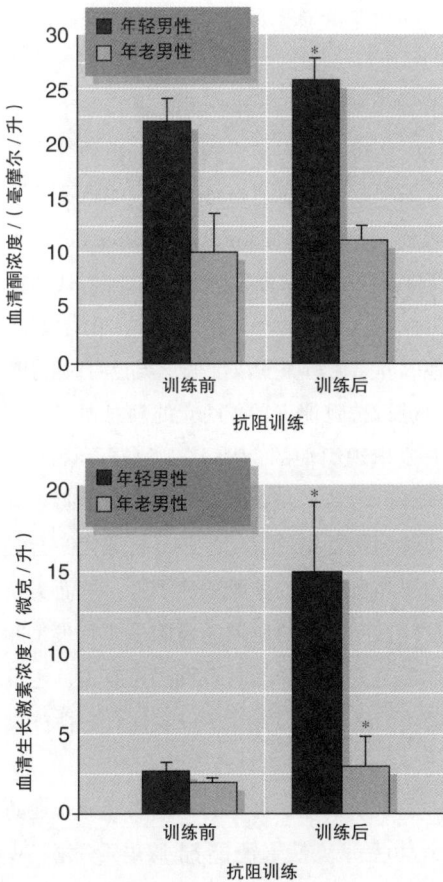

**图11.2　随着年龄增长，激素的变化**

\* 表示与训练前的水平有显著差异。

（源自：Data courtesy of Dr. William J. Kraemer, Department of Kinesiology, Unversity of Connecticut, Storrs, CT. ）

用是缺失的。所以，大多数研究对睾酮的反应和适应的解释一定是放在禁食的背景条件下进行的，这样才不会有营养方面的因素（如氨基酸）来改变激素反应模式和受体结合量（Vingren et al., 2010）。

静息睾酮浓度和睾酮浓度对一次剧烈的抗阻训练的反应强度随着年龄减弱，尤其是男性。实验已经证明，从对抗阻训练压力的反应来讲，未受过训练的老年男性（62~70 岁）血液中游离睾酮浓度和总睾酮浓度以及增加的程度低于年轻男性（≤ 32 岁）。例如，以 10RM 阻力进行 5~6 组深蹲或腿蹬举，组间和练习间休息 2~3 分钟，抑或以 10RM 进行 4 组深蹲，组间和练习间休息 2 分钟（Häkkinen and Pakarinen, 1995; Häkkinen and Pakarinen et al., 2000; Kraemer, Häkkinen et al., 1998, 1999）。然而，进行抗阻训练后，老年男性对训练的反应程度加大，但低于年轻男性的水平。另外，短期的训练后，静息激素浓度并未受到影响（Izquierdo et al., 2001; Kraemer, Häkkinen et al., 1999）。静息睾酮浓度确实没有发生变化，无论是否在进行心肺训练的同时结合抗阻训练（Ahtiainen et al., 2001; Bell et al., 2000）。

有一种激素不与结合蛋白结合，叫作游离激素，但会与受体结合。游离激素的量由循环中的总激素量决定。在只有 10 周的周期化训练中，30 岁男性的静息游离睾酮浓度上升，但正如前文所述，62 岁的老年男性中没有出现这种情况（Kraemer, Häkkinen et al., 1999）。在经过 6 个月的训练后，中年男性（42 岁）和老年男性（70 岁）的力量增长，未发现训练引发的

睾酮浓度变化，静息睾酮浓度也并没有变化（Häkkinen, Pakarinen et al., 2000）。因此，训练是否会增加老年男性睾酮的急性反应尚不清楚，但静息浓度并没有因为训练而发生变化。

虽然未受过训练的年轻男性（约 30 岁）在运动和训练后反复表现出总睾酮浓度上升（Häkkinen, Pakarinen et al., 1995），但随着年龄增长，这种能力何时消失尚不清楚。中年（约 40 岁）至 50 岁的男性对一项练习的反应为总睾酮浓度上升（Häkkinen, Pakarinen et al., 1995）。在其他研究中，尽管中年男性（约 40 岁）进行 6 个月的抗阻训练后，力量得到提升，但研究人员并未观察到静息或由练习引发的睾酮浓度的任何变化（Häkkinen, Pakarinen et al., 2000）。在一项个案研究中，一位 51 岁的男性竞技举重运动员有 35 年的训练经历，他的静息血清睾酮浓度低于年轻的对照组，但进行抗阻训练后，两者的静息血清睾酮浓度出现类似的急性上升（Fry, Kraemer et al., 1995）。因此，大量证据表明睾丸功能会随着年龄退化，使得新陈代谢合成作用和血液中的睾酮浓度下降。然而男性在什么年龄开始所谓的性腺机能丧失（即睾酮的分泌减少）与多种因素有关，包括遗传、之前的训练经历以及饮食。性腺机能丧失何时开始需要进一步的研究。

众所周知，男性的睾酮浓度为女性的 20~40 倍。女性睾酮由肾上腺皮质分泌，少量来自卵巢。年龄在 30 岁及以上的女性的睾酮分泌没有因为急性抗阻训练而提高。然而，在以 10RM 进行 6 组深蹲，组间休息 2 分钟的训练后，在年轻女性（约 22 岁）身

上观察到总睾酮和游离睾酮浓度显著上升，但与前文所述的男性的状况相比，这是非常低的绝对浓度水平（Nindl et al.，2001）。因此，与老年女性相比，年轻女性对抗阻训练表现出更大的急性睾酮反应，而且年轻女性因为抗阻训练时刺激，结合蛋白的产生增加（Vingren et al.，2010）。

最近的证据表明，受过训练女性的雄激素受体结合周期非常短，因此可以快速使用所产生的睾酮（Vingren et al.，2009）。与男性一样，女性的年龄是确定她们进行运动训练后，静息睾酮浓度是否上升的一个主要因素。在 6 个月的抗阻训练后，并没有观察到中年（42 岁）和老年女性（70 岁）的静息睾酮浓度上升，但两者的力量均得到提升（Häkkinen，Pakarinen et al.，2000）。和男性一样，不管心肺训练是否结合抗阻训练，女性的静息睾酮浓度没有变化（Ahtiainen et al.，2001；Bell et al.，2000）。

合成代谢激素睾酮的这种缺乏极大地影响了与各种生理指标（如骨骼肌、卫星细胞和运动神经元）相关的身体反应。所以，在对抗阻训练的反应方面，老化使静息睾酮浓度和由训练引发的睾酮浓度增长幅度降低。然而，生理信号上面的略微改善有助于身体组织的适应变化，这对减缓随着细胞结构和功能衰老而出现的老化和衰退是必要的。

## 皮质醇

在衰老过程中，炎症过程、免疫系统和肾上腺皮质醇之间发生着复杂的相互作用。训练压力可引起与组织的修复和重建相关的炎症过程，这主要发生在骨骼肌组织中。从某种程度上来看，这些炎症过程部分是由其他细胞老化和免疫功能变化导致的，给生理健康带来了巨大的挑战。皮质醇作为一种应激激素有着多重角色（见第 3 章），包括作为抗炎因子、保护体内糖原存储。皮质醇浓度的上升会带来其他的变化，这些变化使皮质醇成为分解代谢激素，或一种与蛋白质降解或分解有关的激素。皮质醇可产生多种分解代谢影响，包括在细胞核的基因层面抑制睾酮发出合成代谢的信号，钝化修复损伤组织所需的免疫细胞，阻止向下游发出蛋白质合成的信号（如 mTOR），以及促进蛋白质分解减少糖原分解。抗阻训练已被用来降低静息皮质醇浓度，而且在有些情况下可减小人体对压力源的反应，如训练压力以及环境和心理压力。

显然，任何剧烈的训练后，如有氧训练超过最大耗氧量的 70% 或涉及主要肌群和重复多组的重物提升，血液中的皮质醇会增加。有几项研究显示，抗阻训练引起血液皮质醇反应变化，从而导致男性的睾酮与皮质醇比值上升，但女性没有（Häkkinen，Pakarinen et al.，1994；Izquierdo et al.，2001）。研究证明，在短期的抗阻训练后，老年男性（62 岁）的静息血液皮质醇浓度下降。另外，虽然对抗阻训练压力的反应有所增加，但即使在训练之后，反应的程度也降低，这意味着应激反应的降低（Kraemer et al.，1999）。然而，还需要进行大量的研究以更好地理解睾酮和皮质醇与体内发生的合成代谢和分解代谢的信号通路反应之间的相互关系，尤其是随年龄增长的情况

（Crewther et al.，2011）。

## 生长激素

生长激素吸引了许多老年人的注意，因为关于其在抗衰老治疗中的作用有许多特别的断言。据估计，2005 年在美国选择用重组人生长激素进行抗衰老治疗的成年人数量大约为 25000 人，如今的数据可能会更高（Perls et al.，2005）。服用生长激素所产生的所谓的好处是猜测性的，几乎没有相关文献支持这些做法。在一些情况下，瘦组织的增加可能仅仅是因为保水性提高（Kraemer et al.，2010）。事实上，在肌肉量方面，服用外源性生长激素的人并没有高于没有服用生长激素但进行抗阻训练的老年人（Thorner，2009）。考虑到使用外源性生长激素的风险和其潜在的作用有限，优化抗阻训练方案，使内分泌腺更高效地分泌和释放激素，可能才是延缓衰老的最佳方式（Thorner，2009）。

正如前文所讨论的，自然生长的内源性生长激素，除了由垂体前叶 DNA 机制合成的 191 个氨基酸残基组成的 22kD 单体，还有 100 多个变体。据说，许多变体，尤其是高分子量聚合体有重要的合成代谢功能，因为它们的浓度比 22kD 形式的生长激素浓度高出 10~100 倍。到目前为止，并没有关于老年人的有生物活性的生长激素的反应的研究，但有人认为，即使是这些高分子量的、有生物活性的生长激素变体，也会随着年龄的增长而减少（来自克雷默博士实验室未发布的数据）。生长激素的作用是复杂的。此外，关于老年人激素的所有数据只是研究了使用免疫分析法（使用抗体进行的测验）测量的 22kD 亚型，而没有研究用其他生物分析的方法测得的任何有生物活性的亚型（Kraemer et al.，2010）。本章讨论的所有生长激素反应和适应都是基于这样的研究，这些研究只能检测这一个主要的激素反应，其是由垂体前叶分泌的生长激素（即典型的 191 氨基酸序列）22kD 亚型的 DNA 机制产生的。

生长激素对抗阻训练的急性反应随年龄增长。年轻男性的生长激素浓度因剧烈的 10RM 抗阻训练而上升，但老年男性或女性没有（Häkkinen et al.，1994）。以 10RM 进行 4 组训练，当老年男性与年轻男性的活动水平相匹配的时候，两组对象在训练后的生长激素浓度都上升，但年轻组（30 岁）上升的幅度明显大于老年组（62 岁）（Kraemer et al.，1998）。然而，8~10 周的训练后，老年男性的生长激素浓度急性变化有限，这表明产生变化需要长期的训练（如超过 6 个月）。此外，其他生长激素的变体会更快地发生变化，但没有在 22kD 亚型上观察到的适应。需要更多研究来更好地了解垂体前叶的反应。然而，如果总功提升了，或者在某个训练方案中的糖酵解反应增加了，那么急性 22kD 生长激素反应的确会更大。因此，当年轻人与老年人相比较时，在年轻人身上观察到更高的生长激素浓度，这通常是由于年轻人的身体运作或代谢能力更强。即使在等长练习中，当比较年轻男性（26.5 岁）与老年男性（70 岁）时，年轻男性的生长激素也反应更大，因为年轻男性可以产生更多的力和输出更大的总功（Häkkinen et al.，1998）。

和男性一样，女性进行训练后的静息生长激素浓度发生的变化最小，在那些发生变化的人身上，老年女性不如年轻女性发生的变化大（Häkkinen et al.，2000）。然而，在一次抗阻训练之后，老年人生长激素浓度上升的幅度提升，但通常无法达到年轻人的水平（Häkkinen et al.，2001）。由此看来，下丘脑 - 垂体轴经历的衰老过程限制了其产生生长激素的能力。

## 胰岛素与胰岛素样生长因子 -I

年轻人和老年人身体脂肪的增加都会削减胰岛素的敏感度（Dela and Kjaer，2006）。抗阻训练可提升患有糖尿病的老年人或胰岛素敏感度受损的人的胰岛素敏感度（Strasser et al.，2011）。在禁食状态下进行抗阻训练，胰岛素浓度急剧下降（Kraemer et al.，1998）。6 个月的训练已被证明可提升因为身体缺乏活动及肥胖而出现胰岛素抵抗的老年人（65~74 岁）的胰岛素敏感度（Ryan et al.，2004）。39~70 岁的患有糖尿病的男性和女性以 7~9RM 进行超过 26 周的抗阻训练后，其糖化血红蛋白（HbA1c）水平降低（Sigal et al.，2007）。这些益处对控制胰岛素抵抗和血糖尤其重要，大多数人患有生理疾病的人，如糖尿病患者，是可以进行抗阻训练的。

随着年龄的增长，胰岛素样生长因子 -I（IGF-I）的静息浓度下降。在 10 周的训练中，年轻人的 IGF-I 水平在所有时间点（训练前、训练后、剧烈活动和休息时）都较高。此外，只有年轻人在经过训练后，其 IGF-I 结合蛋白 -3 上升（Kraemer et al.，1999）。与年轻人一样，在经过长

期的增大 II 型肌纤维的抗阻训练后，虚弱的老年人肌肉中的 IGF-I 染色增加（Singh et al.，1999）。老年男性（67~80 岁）以 12RM 进行 2 组练习和以 5RM 进行 4 组练习，在训练结束之后和结束 6 个小时之后，血液中的 IGF-I 和游离 IFG-I 都增加，然而并没有观察到结合蛋白的变化（Bermon et al.，1999）。因为训练，静息 IGF-I 和结合蛋白浓度没有显著的变化，这表明 IGF-I 的急性反应在关于 IGF-I 的适应方面更加重要，也表明向细胞核 DNA 发出急性信号是实现内分泌功能的关键。

骨密度降低的老年女性（约 68 岁）在进行抗阻训练之前，她们的 IGF-I 浓度以及结合蛋白浓度都比同龄对照组的健康女性明显低很多。抗阻训练提高了她们的静息 IGF-I 浓度，但结合蛋白浓度没有发生变化。作者认为，骨密度较低的女性进行抗阻训练对 IGF-I 的刺激可能有助于改善生理机能（Parkhouse et al.，2000）。这也表明，64 岁的女性在经过 21 周的训练后，其静息 IGF-I 浓度没有发生变化，尽管力量、爆发力和肌肉都有所增长（Häkkinen et al.，2001）。

## 雌激素

正如男性随着年龄的增长，睾酮浓度会下降，女性随着年龄的增长也会出现雌激素的减少。通常所称的绝经的特征之一是雌激素减少，这个时期的开始与月经周期的停止时间相吻合。雌激素减少导致老年女性的力量、肌肉量和骨密度下降（Bemben et al.，2009；Leite et al.，2010）。抗阻训练，尤其是高强度的抗

阻训练（约 1RM 的 80%）已经被证明有助于维持绝经后女性的骨密度（Bemben et al.，2000；Bocalini et al.，2009；Leite，2010）。此外，抗阻训练可提升绝经后女性的力量（Prestes et al.，2009）和肌肉量（Leite et al.，2010；Orsatti et al.，2008）。使用较大阻力的周期化抗阻训练方案对优化女性雌激素靶组织末端意义重大。

### 内分泌变化的影响与年龄增长

长期进行抗阻训练无法完全维持内分泌功能，尤其是静息内分泌激素浓度。老年男性和女性对抗阻训练的急性反应可能更小。然而，通常男性和女性在训练后这一反应都会得到提升。对年轻人和老年人来讲，身体激素对机械损伤后的肌肉再生是很重要的（Bamman et al.，2001）。对抗阻训练的急性反应变化有助于在最需要激素释放的时候（对肌肉、组织和骨骼形成机械刺激之后）促进激素释放，从而促进老年人的力量和肌纤维发生变化。

此外，重点是记住抗阻训练不仅有利于骨骼肌，而且也有利于其他系统、组织，特别是内分泌腺。这些腺体的功能和结构只有通过挑战它们的功能性能力，才能在对抗衰老和避免失用性中得以维持，与骨骼肌一样。一项抗阻训练的实施和最优设计（即个性化、周期化和适当地进阶）对形成有效的练习刺激，同时限制发生损伤及过度伸展和过度训练这类综合征来讲是至关重要的。

了解练习引起的急性激素反应有助于了解肌肉、骨骼和其他组织的适应。了解老年人对训练的激素反应也有助于了解其

身体成分的变化，这正是下一节要讨论的内容。

# 老年人身体成分变化

身体成分是指体内脂肪和各种不含脂肪的组织（包括肌肉、骨骼、组织和器官）所占比例。随着年龄的增长，所有身体成分都会发生变化。本节内容概述了身体成分的变化对静息代谢率的影响，并讨论了身体骨骼、组织和肌肉随着年龄的增长产生的变化。抗阻训练在代谢率、肌肉、骨骼和肌腱方面的作用有助于人们在衰老过程中保持身体机能。肌肉和身体成分发生的与年龄相关的变化对整体运动效果的影响将在本章的后面进行阐述。

## 代谢率下降与年龄增长以及抗阻训练

可能会影响老年人身体成分的一个因素是静息代谢率（RMR），即在完全休息的状态下重要的生理功能（如心率和呼吸）消耗的能量。即使在考虑了去脂体重、脂肪量和吸烟史的情况下，老年人（>60岁）的静息代谢率仍低于年轻人（20~35岁）（Frisard et al.，2007；Krems et al.，2005；Woolf et al.，2008）。有趣的是，一项调查显示，与中年女性相比，活到至少 95 岁的女性的静息代谢率低得出乎意料（Rizzo et al.，2005）。这可能表明年龄对静息代谢率的影响很小，静息代谢率更多是由高龄女性的整体健康状态所决定的。在纵向调查中，每 10 年男性静息代谢率下降 5%，女性下降 4%（Luhrmann et al.，

2009）。纵向研究数据还显示，年龄超过 73 岁的人的静息代谢率在 5 年内随着年龄的增长而下降（Rothenberg et al., 2003），年龄为 70~80 岁的人比年龄为 40~50 岁的人下降得更快（Ruggiero et al., 2008）。

与静息代谢率下降相吻合的一个因素是脂肪沉积增多。在 8 年的时间里，对同一群人进行追踪，发现其身高、腰围与臀部的比例、去脂体重和能量消耗下降，同时体重指数和脂肪量上升（Luhrmann et al., 2009）。因为静息代谢率降低，消耗的热量很少，身体衰老可能导致脂肪增加（见信息栏 11.1）。例如在后面会讨论的，静息代谢率与去脂体重有关（Sparti et al., 1997），抗阻训练可以加快或减缓去脂体重的下降。因此，抗阻训练是对生活方式的一个重要干预措施，它抵消了一部分衰老导致的静息代谢率的下降。

可以通过抗阻训练改善的一个与静息代谢率相关的因素就是瘦组织量。静息代

## 信息栏 11.1　研究成果

### 抗阻训练以及与年龄相关的肥胖

有人可能会问一个问题，肥胖只与年龄有关吗？抗阻训练对此有何帮助？随着年龄的增长，肥胖的人增多，从 18% 的年轻成年人增长到 31% 的中年人。在 45~65 岁的年龄范围里，肥胖问题影响了 9% 的亚裔美国人、30% 的美国白人、35% 的西班牙裔美国人以及 41% 的非裔美国人。虽然 65 岁之前，肥胖人数与年龄呈正相关，说明年龄与肥胖有关，但其实在 65 岁以后，肥胖的人数占比降至 24.7%（Mendez, 2010）。其原因还不完全清楚，但可能与肥胖的人的平均寿命缩短有关，调查显示 65 岁以后活得更长的人更多的是较瘦的人。在不吸烟的病态肥胖人群中，白人男性的平均寿命从 81 岁降到 68~75 岁，非裔美国人的平均寿命从 75 岁降到 59~74 岁（Finkelstein et al., 2010）。65 岁以上的超重的老年人人数下降也可能是营养不良导致的。

急需采取行动应对不同年龄阶段的人出现的肥胖问题。结合营养措施干预和心肺训练，抗阻训练有助于解决体脂增加的问题。26 周的抗阻训练使老年人（61~77 岁）的总能量消耗上升，促进更多的脂肪被氧化分解（Hunter et al., 2000）。总能量消耗的增加与自发性活动的增多可能与抗阻训练引起的有氧运动能力增强有关（Jubrias et al., 2001）。6 个月的抗阻训练后，肌肉氧化能力提升 57%，肌肉大小增加了 10%，线粒体密度提高了 31%。因此，结合其他治疗，抗阻训练可以帮助老年人控制全身的脂肪量。

参考文献：

Finkelstein, E.A., Brown, D.S., Wrage, L.A., Allaire, B.T., and Thomas, J.H. 2010. Individual and aggregate years-of-life-lost associated with overweight and obesity. Obesity18: 333–339.

Hunter, G.R., Wetzstein, C.J., Fields, D.A., Brown, A., and Bamman, M.M. 2000. Resistance training increases total energy expenditure and free-living physical activity in older adults. *Journal of Applied Physiology* 89: 977–984.

Jubrias, S.A., Esselman, P.C., Price, L.B., Cress, M.E., and Conley, K.E. 2001. Large energetic adaptations of elderly muscle to resistance and endurance training. *Journal of Applied Physiology* 90: 1663–1670.

Mendez, E. 2010. In U.S., obesity peaks in middle age. Gallup, Inc.

谢率受许多因素的影响，包括肌肉量和瘦组织。静息代谢率下降通常与肌肉量的下降同时发生，这也将影响其他组织和器官的质量以及它们特定的代谢率（St-Onge and Gallagher，2010）。据估计（Gallagher et al.，1998），骨骼肌占 18%~25% 的静息能量消耗。虽然肌肉质量可能不能解释能量消耗带来的所有变化，但抗阻训练有助于提高老年人的代谢率。

有趣的是，24 周的抗阻训练使年轻男性和老年男性的静息代谢率都提高了 9%，但这一情况并未出现在年轻女性和老年女性群体中（Lemmer et al.，2001）。女性对抗阻训练没有出现代谢反应，最可能的原因是研究中所使用的训练方案没能有效地增加瘦组织量，所使用的训练的训练量较低（上半身进行 1 组练习，下半身进行 1~2 组练习），训练者使用自己选择的抗阻训练和气动抗阻训练设备。虽然该训练提升了力量，但显然是通过神经机制实现的，它并没有刺激足够的肌肉蛋白质生成以明显增加女性的瘦组织（见第 9 章）。

## 骨密度变化与年龄以及抗阻训练

正如前面所讨论的，虽然骨质疏松症对男性和女性来讲都是一个严重的问题，但女性的绝经与骨密度下降有关。除了髋部骨折，手腕和肋骨骨折是老年人面临的最主要的一个问题。只有大约一半的老年人在髋部骨折后能够重新获得独立生活的能力（Morrison et al.，1998）。老年人在髋部骨折之后，一年内的死亡率为 15%~24%（LaVelle，2003；Wolinsky et al.，1997）。虽然髋部骨折通常与摔倒有关，但令人吃惊的是，摔倒通常是骨折带来的。在老年人中，大约 90% 的髋部骨折是由一个简单的站立姿势摔倒引起（Baumgaertner and Higgins，2002）。因此，在发生骨折之前，必须采取积极措施维持健康的骨密度水平，骨折通常是骨质疏松症的一个明显迹象。然而，骨折并不是老年人关节的唯一的问题（见信息栏 11.2）。

抗阻训练以每年 1%~3% 的速度提高老年人的骨密度，但那些不进行抗阻训练的人在同一时间段里骨密度会降低 1%~3%（Frost，1997；Kohrt et al.，1997；Layne and Nelson，1999；Lohman，2004；Marcus，2002；Nelson，1994；Ryan et al.，2004；Smith et al.，1984；Vincent and Braith，2002；Warburton and Bredin，2006）。抗阻训练能增加骨形成标记物（Vincent and Brath，2002），减少骨吸收标记物（Whipple et al.，2004），从而使骨形成增加。虽然抗阻训练给骨骼带来了益处，但使用合适的抗阻训练方案很重要。骨骼对施加在其上的压力做出适应和反应，包括在抗阻训练期间，肌肉施加在骨骼上的压力。这强调了使用足以产生适应的阻力的重要性。一个练习必须对特定的骨骼施加压力以促进适应产生（Frost，1997；Winters-Stone and Snow，2006）。

值得注意的是，肌肉力量和去脂体重是骨密度的最佳标记物（Blain et al.，2001；Cussler et al.，2003；Egan et al.，2006；Witzke and Snow，1999）。虽然跑步者参加的是一项对下半身骨骼施加压力的活动，但他们的骨密度比那些久坐的人更低（Bilanin et al.，1989；Hetland et al.，1993；Hind et

## 信息栏 11.2　研究成果

### 抗阻训练对减轻关节疼痛有哪些好处

骨质疏松症是老年人中最常见的疾病之一，是与老年人打交道的医师经常遇到的一个问题。骨质疏松症的特点是关节处的软骨流失，以及随后出现的骨骼生长对修复损伤的超量补偿反应。这种生长加剧了软骨流失，引起疼痛和关节问题（Fransen et al.，2009）。骨质疏松症是一种非常特殊的关节疾病，对受到影响的关节（如髋关节、膝关节和肩关节）和该关节内的结构位置（内侧、外侧、前侧、后侧和整体）有特殊的影响，而且病情分为不同等级（1 级为最轻，4 级最为严重）。抗阻训练对患有骨质疏松症的老年人有益，因为进行抗阻训练有助于增强力量、改善功能和减轻疼痛（Latham and Liu，2010）。

许多人在出现关节疼痛后会停止运动，但运动可以改善临床疗效。最新的元分析研究了在平均年龄超过 50 岁的人群中抗阻训练对骨质疏松症、类风湿性关节炎和纤维肌痛的干预作用（Kelley et al.，2011）。元分析发现，这些人的疼痛减轻、身体功能得到改善，各研究的不良事件发生率很低。这些益处也具有临床意义，类似于从利用乙酰氨基酚和非甾体抗炎药这类止痛药所得到的效果。因此，抗阻训练干预可以作为缓解老龄人关节疼痛问题的一个重要的辅助治疗措施。

参考文献：

Fransen, M., McConnell, S., Hernandez–Molina, G., and Reichenbach, S. 2009. Exercise for osteoarthritis of the hip. *Cochrane Database of Systematic Reviews*:CD007912.

Latham, N., and Liu, C. J. 2010. Strength training in older adults: The benefits for osteoarthritis. *Clinics in Geriatric Medicine* 26: 445–459.

Kelley, G.A., Kelley, K.S., Hootman, J.M., and Jones, D.L. 2011. Effects of community deliverable exercise on pain and physical function in adults with arthritis and other rheumatic diseases: A meta–analysis. *Arthritis Care & Research* 63: 79–93.

---

al.，2006；MacDougall，1992；MacKelvie et al.，2000），这可以通过抗阻训练得到改善（Smith et al.，1984；Hind et al.，2006）。

老年女性在进行一个为期 24 周的线性周期化抗阻训练后，虽然肌肉力量得到提升，但其骨密度并未显示出变化（双能 X 线吸收法）。这表明，更长时间的训练才能对骨密度产生影响（Humphries et al.，2000）。虽然中等强度到高等强度的 24 周线性周期化训练使老年男性和老年女性产生了相似的变化，但是男性似乎更能够适应较高的绝对训练强度，从而刺激脊柱骨密度提高。然而，老年女性的骨密度并未发生变化。这表明，训练强度在骨适应中扮演了重要的角色（Conroy and Earle，2000）。在使用高强度抗阻训练方案时（如以 1RM 的 80% 进行 8~10 组），老年女性的股骨和腰椎骨密度明显上升，但需要一年或更长时间的训练才能使整体骨密度提高（Guadalupe–Grau et al.，2009）。除此之外，抗阻训练也提升了平衡能力、身体活动的总水平以及肌肉量。

研究还发现，绝经不到 5 年的 50~57 岁的女性每周进行两次跳跃和弹跳运动，持续一年，其股骨近端和胫骨干的骨密度有所提高（Cheng et al.，2002）。因此，长时间持续进行合理的抗阻训练，确实对骨密度和骨质疏松性骨折的主要风险因素有着积极影响。

## 肌腱变化与年龄增长以及抗阻训练

肌腱是使肌肉附着在骨骼上的结缔组织，负责把肌肉力量传递至骨骼系统。肌肉－肌腱复合体（MTC）（见第4章）描述了肌肉与肌腱的关系。肌肉－肌腱复合体刚度是指把肌腱延长到特定长度所需要的力量。如果把某个肌腱拉至特定的长度所需要的力更大，那么肌肉－肌腱复合体刚度就更高。肌肉结构与肌腱的力学性能之间的相互作用随着年龄增长而发生变化。几个月的抗阻训练能改善肌肉力量产生和肌腱力学性能。有文献显示，通过仅14周的抗阻训练，肌纤维长度和肌腱刚度分别提升了10%和64%（Narici et al.，2008）。然而，抗阻训练对肌肉的相对长度－张力特性并没有影响，这表明肌腱刚度的提高和肌纤维长度的增加的影响相互抵消。

因为肌腱在肌肉内平行排列，所以它们的力学性能，如刚度，影响着力量传递的效率以及功能单位的力－长度－速度关系。与久坐的对照组（67.1±2岁）相比，老年人（74.3±3.5岁）膝盖骨对14周的抗阻训练的反应是刚度提高。训练由腿蹬举和腿伸展练习组成，以5RM的80%进行2组练习，每组重复10次，每周训练3次（Reeves et al.，2003）。结论是，肌腱刚度的提高可能减少肌腱损伤，缩短功能性任务完成的时间。虽然关于肌腱力量和刚度的提升最佳训练方案还没有定论，但抗阻训练可以减少肌腱损伤，提升肌腱刚度，从而提高老年人传递的总力量。

肌腱病通常是指无症状的肌腱退化，最好通过离心训练进行治疗（Alfredson et al.，1998）。例如，针对跟腱（Ohberg et al.，2004）、髌骨（Jonsson et al.，2006）和肩袖肌群（Young et al.，2005）进行3组离心训练，每组重复10次的年轻人的临床成功率更高（如无痛活动和肌腱结构更加正常）。虽然抗阻训练对治疗肌腱病有帮助，但老年人进行离心训练的效果并未得到研究，而且对改善肌腱功能最佳的离心训练方案也还没有定论。

## 肌肉流失与年龄增长

肌肉的性质会随着年龄的增长而发生变化，这已经得到了证明。大量的调查表明，肌肉量会随着年龄的增长而减少（Berger and Doherty，2010；Boirie，2009；Evans and Campbell，1993；Frontera et al.，1991；Häkkinen and Häkkinen，1991；Häkkinen et al.，1994；Janssen et al.，2000；Pillard et al.，2011）。与年龄相关的肌肉量减少在过去一直被称为肌少症（Berger and Doherty，2010；Evans and Campbell，1993），但其至今也没有明确的通用定义。通常认为肌少症与肌肉量减少和肌肉力量或功能降低有关。除此之外，组织质量的降低也被认为是肌少症的一部分（如脂肪替代肌纤维，像肥厚混合的红色肉类），如纤维化、炎症反应和肥胖增加、合成代谢的信号减少和神经肌肉接头的退化。因此，许多因素综合影响着逐渐衰退的肌肉的合成代谢作用。肌肉量的下降是综合因素中的一个，是衰老和肌细胞凋亡的自然结果（即程序性细胞死亡）。

多尔蒂等人（Doherty et al., 1993）使用程序化的肌电数据对单一运动单位进行分析，估算老龄人（60~81岁）的运动单位的数量降低了47%。70多岁女性的股四头肌横截面积相当于20多岁女性的股四头肌横截面积的77%（Young et al., 1984）。肌肉量减少是由于个别肌纤维横截面积的减小，个别肌纤维的消失，或两者兼有（Frontera et al., 1988；Larsson, 1982；Lexell et al., 1983；Lexell et al., 1988）。关于肌少症的研究还在继续，上述的肌少症特点通常只是假设。

在30岁的时候，肌肉量减少开始变得明显，但是从50岁开始最明显（Faulkner et al., 2008；Janssen et al., 2000）。这种肌肉量的变化不受肌肉位置（上半身对比下半身）和功能的影响（伸展对比屈曲）（Frontera et al., 1991）。然而，研究人员也注意到，与上半身肌肉量下降相比，下半身肌肉量下降的程度更大（Janssen et al., 2000）。重点是肌纤维流失之后，是脂肪或纤维结缔组织进行替补（Taaffe et al., 2009）。不仅肌肉横截面积减小，肌内脂肪也增加了，这在女性中表现得尤其明显（Imamura et al., 1983）。与年轻人相比，老年人的肌肉中的非收缩性组织双倍增加（Kent-Braun et al., 2000）。因此，除了肌肉量下降，其他因素也会导致肌肉发生变化。

一般来讲，运动单位的损失对失用性纤维有影响。Ⅱ型肌纤维会随着年龄增长而首先流失，这给爆发力带来了负面影响（Goodpaster et al., 2006；Korhonen et al., 2006）。从尸检标本来看，与年轻人（19~37岁）相比，老年人（70~73岁）的股外侧肌的中间段的肌纤维数量下降了大约23%（Lexell et al., 1983）。Ⅱ型肌纤维数量下降得更明显，从久坐的年轻男性到80岁以上的男性，Ⅱ型肌纤维总数量从平均值的60%降至低于30%（Larsson, 1983）。Ⅱ型肌纤维首先流失导致可以募集使用的运动单位和肌纤维减少。运动单位的减少会对力量和爆发力带来负面作用。无论是因为不被使用还是衰老，Ⅱ型运动单位和肌纤维的优先流失都可能削弱力量、爆发力，降低速度和功能性力量。

大量的可能导致肌纤维流失的潜在机制目前尚不明确，有些人开始采用更加全面的方式看待肌明确少症。随着年龄的增长而发生的肌纤维流失可能是肌细胞死亡（细胞凋亡），或失去与神经系统的连接（去神经支配）的结果（Häkkinen et al., 1994）。在某些情况下，因为保持或增加活动量，肌纤维可能重新与神经系统连接，这称为神经再支配。随着年龄的增长，会发生运动单位的去神经支配。由于α运动单位及其相关的肌纤维死亡，老年人的肌纤维数量可能会减少一半（Doherty et al., 1993）。肌纤维的流失降低了个别运动单位产生力的能力，影响了整个肌肉的基本代谢功能，如肌肉量下降导致静息能量代谢率降低。图11.3所示为随着年龄的增长肌纤维发生的基本变化的概述。虽然通过抗阻训练使现有肌纤维增大是可能的，但运动单位的流失是不可逆转的。

# 体能变化与年龄增长

身体成分随着年龄的增长而发生变化，骨骼肌流失，尤其是 II 型运动单位的减少会对力量和爆发力表现产生广泛的影响。本节我们将描述随着年龄的增长，体能发生的变化。

## 力量损失模式与年龄增长

最近一项针对老年男性和女性的体能进行人体测量的研究发现，相对力量是男性体能的最重要的一个指标，然而身体质量指数对女性来讲是一个更重要的指标（Fragala et al., 2012）。虽然肌肉力量的流失不会总是导致体能下降的最主要的因素，但力量仍然是维持功能性能力的重要因素（Brill et al., 2000; Berger and Doherty et al., 2010）。肌肉无力可能发展至老年人无法完成日常活动的阶段，如从椅子上起身、扫地、提购物袋、使用马桶或倒垃圾等。功能性能力的减弱会增加老人需要看护的概率。相反，随着肌肉力量增长，健康的、自由生活的老人以及高龄、虚弱的男性和女性的自发性活动水平也提高了。抗阻训练可以提升老年人的肌肉力量（见图11.4）。

在正常情况下，人的力量在 20~30 岁时达到峰值，在此之后的 20 年里保持在一个相对稳定或略微下降的状态（Häkkinen et al., 1994; Faulkner et al., 2008）。60 岁时，男性和女性的力量急剧下滑，70 岁后

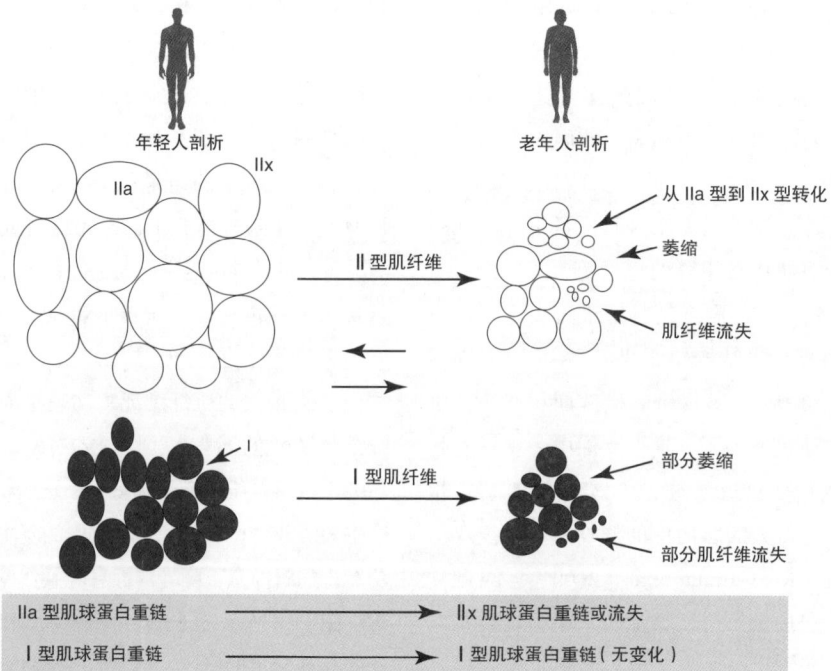

**图11.3** 从理论的角度来看，随着年龄的增长，肌纤维和肌球蛋白重链发生的变化

力量下滑得更加明显，而且这种下降在女性身上可能更加显著。更具体地说，70~80岁的老年人平均流失的力量为 20%~40%，根据报告，90 岁及以上的老人的力量流失多更（50% 或更多）（Berger and Doherty et al.，2010）。

哥本哈根城市心脏研究（Danneskoild-Samsoe et al.，1984）对一组健康的 80 岁男性和女性的膝伸肌力量进行测量后发现，与之前对 70 岁的男性和女性的测量结果（Aniansson and Gustavsson，1981）对比，前者的力量比后者低 30%。与中年男性（42岁）相比，老年男性（65 岁）的 1RM 深蹲力量下降 14%，最大等长力量下降 24%，股四头肌肌肉减少 13%，并且游离睾酮浓度较低（Izquierdo et al.，2001）。横向和纵向

研究数据表明，60~70 岁期间肌肉力量每 10年大约下滑 15%，在此之后下滑大约 30%（Danneskoild-Samsoe et al.，1984；Harries and Bassey，1990；Larsson，1978；Murray et al.，1985）。运动单位的流失对超过 60岁的女性来讲是一个最大的问题，因为她们的肌肉量本来就比男性低（Carmeli et al.，2002；Roubenoff，2001；Vandervoot and Symons，2001）。

关于力量流失的程度存在着相互矛盾的报告。从某种程度上来讲，这可能是由于使用了横向和纵向数据产生了差异。横向研究可能严重低估了力量随着年龄增长的流失程度（Bassey and Harries，1993）。例如，横向研究数据表明，老年人的握力每年下降 2%（Bassey and Harries，1993）。然

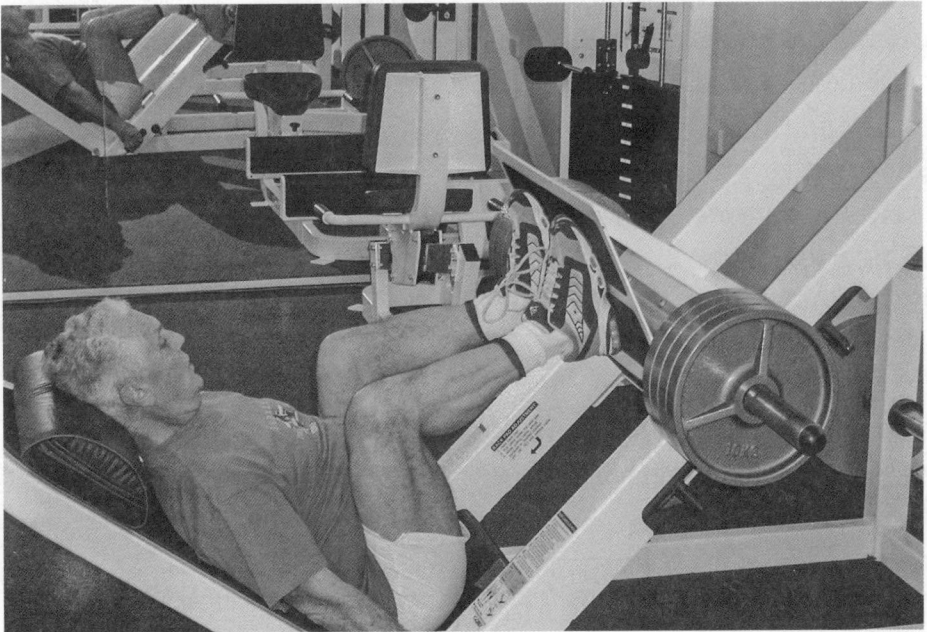

**图 11.4** 抗阻训练对减缓老年人随着年龄的增长而产生的肌肉力量衰减很重要

图片由来自埃迪斯科文大学的罗伯特·牛顿（Robert Neuton）博士提供。

而，从纵向研究数据来看，在 4 年的时间里，男性每年手部握力下降 3%，女性下降接近 5%（Bassey and Harries，1993）。除此之外，从纵向研究数据来看，每 10 年腿部力量的流失大约占横向研究估计的力量流失的 60%（Hughes et al.，2001）。

长期的抗阻训练减小了力量流失的程度，增强了个体实际的绝对力量，但即使是竞技型举重运动员，也会发生力量下降（Faulkner et al.，2008；Kraemer，1992a；Meltzer，1994；Faulkner et al.，2008）。有趣的是，运动健将的体能参数的衰老曲线表明，随着年龄的增长，其峰值耗氧量的下降速度与久坐人群的下降速度没有太大区别，但其力量流失是非线性的，而且在不同年龄阶段都有稳定期（Wiswell et al.，2001）。数十年参与举重运动和举重比赛的运动健将在进入 60~70 岁后，他们在力量和爆发力方面的表现比年轻他们10~20 岁的未受过训练的男性更强（Ojanen et al.，2007）。因此，当终身都进行训练时，生理年龄和实际年龄可能并不相同。然而，要重点注意的是，较强的生理和功能性能力只能通过训练维持，因为力量和有氧能力在未受过训练的个体身上或是停训的人身上下降得更快。

图 11.5 所示为受过训练的人与未受过训练的人的肌肉力量随着年龄变化的理论曲线图。然而力量下降的程度因性别、具体的肌群而有所不同。例如，在两性中，其膝伸肌和膝屈肌等速力量分别平均下降 14% 和16%（Hughes et al.，2001）。然而，女性的肘伸肌和肘屈肌力量（每 10 年大约 2%）比男性（每 10 年大约 12%）下降得更缓慢。

研究还发现男性和女性的下肢力量流失都比上肢大（Häkkinen et al.，1994；Lynch et al.，1999）。手臂和腿部肌肉组织的向心和离心峰值扭矩都随着年龄的增长而下降，但不同肌群和肌肉动作类型之间确实存在差异（Lynch et al.，1999）。因此，力量会随着年龄的增长而下降，但持续的训练会减缓下降速度，而且不同肌群和性别之间的力量降幅存在差异。

## 力量下降的原因与年龄增长

即使在健康和活跃的人中，运动单位的流失似乎也是随年龄增长力量下降的一个主要原因（Doherty et al.，1993）。另外，由于收缩蛋白中一些未知的内在因素，每单位横截面积的力量可能会随着年龄的增长而流失（Frontera et al.，2000）。随着年龄的增长，力量下降可能也与肌群类型不同有关。例如，已经证明，在进行腿部运动时，与力量流失有关的各种因素不包括瘦组织，然而，在手臂屈肌上，瘦组织的流失是力量下降的原因（Landers et al.，2001）。

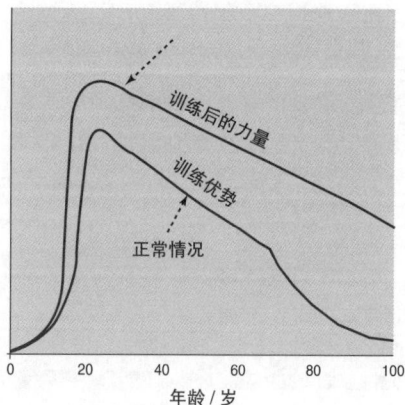

**图 11.5** 肌肉力量随着年龄增长的理论曲线图，变化程度因肌群和性别而异

实际上，许多因素都可能导致肌肉力量和爆发力流失。这些因素如何相互作用，以及在特定条件或特定年龄下，具体是哪个机制占据主导作用仍然只是推测（见信息栏11.3）。以下是导致肌肉随着年龄的增长而出现力量流失的一些主要因素（Berger and Doherty，2010；Fiatarone and Evans，1993；Kraemer，1992b；Berger and Doherty，2010）。

- 随着衰老，骨骼肌自然发生变化。
- 慢性疾病积累。
- 治疗疾病的药物。
- 失用性萎缩。
- 营养不良。
- 激素分泌减少。
- 神经系统变化。
- 骨密度变化。
- 肌纤维流失。

虽然关于老年人是否可以最大限度地激活他们的肌肉（即最大限度地募集所有肌纤维）尚无定论，但随意收缩叠加数据显示，老年人和年轻人均应该可以做到这一点（Korhonen et al.，2006；Phillips et al.，1992；Korhonen et al.，2006）。根据数据得出的结论还表明，老年人可以充分激活他们的肌肉，但动态活动引起的激活可能不同于等长肌肉活动引起的激活（Brown et al.，1990）。中枢自主神经驱动随着年龄的增长而减弱的程度仍然是不确定的。如果衰老导致无法激活肌肉，那么主要的因素可能是外围神经肌肉机制（如神经肌肉接头）（Häkkinen et al.，1994），而不是募集

运动单位的神经功能下降。

## 肌肉爆发力流失模式与年龄增长

肌肉快速产生力和快速舒张的能力减弱，或产生爆发力的能力下降，可能是老年人功能性能力流失和发生摔倒损伤的主要原因之一。关于老年人的肌肉爆发力和肌肉的可训练性并没有大量的研究，但是许多日常活动，如步行、爬楼梯和提重物等，都需要快速产生力或一定程度的爆发力。老年男性（88.5 ± 6 岁）和老年女性（86.5 ± 6 岁）的腿部伸肌爆发力与从椅子上站起来的速度、爬楼梯的速度和爆发力，以及步行速度密切相关（Bassey et al.，1992）。爆发力与功能性能力之间的密切关系在女性中比在男性中更明显，但是对男性和女性来讲，爆发力在日常生活中都很重要。肌肉快速产生力的能力也可作为摔倒时的一个保护机制，摔倒是老年人发生损伤的主要原因之一，而且与死亡风险上升有关（Wolinsky and Fizgerald，1994）。

研究还表明，肌肉爆发力是老年人功能性能力和失能的一个主要指标（Keysor and Jette，2001；Latham et al.，2004）。另外，在大约 1RM 的 40% 的情况下，肌肉爆发力与功能性表现的关系强于其与最大力量的关系（Doherty，1993）。图 11.6 和图 11.7 展示了老年人与年轻人的双边肢体（四肢）和单边肢体（单侧肢体）在力的产生速率方面的差异。

爆发力的产生，尤其是在爆发力型运动中，会随着年龄的增长而急剧减少，在较大程度上超过最大力量的减少（Häkkinen et al.，1997；Paasuke et al.，2000）。根据

## 信息栏 11.3　研究成果

## 老年人营养不良

肥胖问题已得到人们广泛的关注，但其实营养不良也是一个重要的问题，尤其是在没有社交的、孤独的、没有社会经济能力的或残疾的老人中（Lee and Berthelot, 2010）。与营养不良通常出现在婴儿中（de Onis et al., 2004）的发展中国家不同，在美国每年大约有 2000~3000 的老年人死于营养不良（Heron, 2009）。食品安全问题影响着大约 11.4% 的年龄超过 60 岁的美国老年人，或者约 500 万的成年人（Ziliak et al., 2008），而且 10%~60% 的住院老年人患有营养不良（Chen et al., 2007）。美国疾病控制与预防中心估计，在美国，每 10 万人当中就有 1 个人营养不良。而每 10 万 65 岁的人有约 1.4 个人营养不良。在遗传因素的影响下，每 10 万 75 岁的人有约 20.9 个人营养不良。营养不良的原因尚不完全清楚，但是生理（疾病，新陈代谢下降）、心理（抑郁和其他认知障碍）、社会（无人做饭和共餐）、经济和行为（久坐的生活方式）方面的因素是潜在的影响因素。一系列因素，内分泌变化、身体活动水平变化、神经系统变化以及肌肉萎缩导致随着年龄增长产生的力和爆发力下降（Porter et al., 1995）。营养不良似乎在与年龄相关的力和爆发力流失方面扮演着重要的角色，因为营养不良会导致保持身体组织处于最佳状态所需的蛋白质和总热量的摄入减少。

医师应该与管理饮食的员工进行合作以评估客户的营养状况。另外，接触孤独的（社区居住或居家）、没有社会经济能力的老年人可能很有帮助。医师可以通过以下方式提供服务：主动参与老年人关爱项目、膳食供应项目及其他服务项目；开启老年人健康与健身项目，同时记住，问题不总是在于教育，而是所使用的方式；向他们的邻居、退休同事、亲戚和同一社区里的人询问。总体来说，虽然恰当的营养似乎是最大的问题，但其他社会干预对解决老年人营养不良也非常有帮助。

参考文献：

Chen, C.C-H., Bai, Y.Y., Hang, G.H., Tang, S.T. 2007. Revisiting the concept of malnutrition in older people. *Journal of Clinical Nursing* 16: 2015–2026.

de Onis, M., Blössner, M., Borghi, E., Morris, R., Frongillo, E.A. 2004. Methodology for estimating regional and global trends of child malnutrition. *International Journal of Epidemiology* 33: 1260–70.

Heron, M., Hoyert, D., Murphy, S., Xu, J., Kochanek, K., and Tejada-Vera, B. 2009. Deaths: Final data for 2006. *National Vital Statistics Reports* 57: 33–37.

Porter, M.M., Vandervoort, A.A., Lexell, J. 1995. Aging of human muscle: Structure, function and adaptability. *Scandinavian Journal of Medicine and Science in Sports* 5: 129–142.

Ziliak, J.P., Gundersen, C., and Haist, M.P. 2008. The causes, consequences, and future of senior hunger in America. Meals on Wheels Association of America Foundation Technical Report.

横向研究估计，从 65 岁到 84 岁，下肢产生爆发力的能力每年以 3.5% 的速度下降（Young and Skelton, 1994）。横向研究数据显示，女性到了 40 岁，肌肉最大随意收缩及其速度下降，在 50 岁时肌肉舒张的速度减慢（Pääsuke et al., 2000）。老年女性（70 岁）在力 – 时间曲线早期（0~200 毫秒）产生最大等长力量所需的时间明显长

于中年女性（50 岁）和年轻女性（30 岁）
（Häkkinen and Häkkinen，1991）。研究还
表明，当以瓦／千克体重的形式表达时，
有经验的耐力和爆发力运动员的峰值无氧
爆发力随着年龄增长以每年 1% 的速度线性
下降（Grassi et al.，1991）。这意味着 75
岁的老年人的无氧爆发力只相当于 20 岁
年轻人的无氧爆发力的 50%。出于这个原
因以及爆发力对维持健康的重要性，提升
肌肉爆发力应该成为老年人训练的一个主
要目标。

## 爆发力下降的原因与年龄增长

与力量流失的情况类似，爆发力的下
降可能也与肌肉萎缩、肌肉量下降、Ⅱ 型
肌纤维流失有关，这会导致肌肉主动激活
率下降。其他与肌肉质量相关的因素可能
会首先影响爆发力。老年人的肌动蛋白和
肌球蛋白的收缩速度降低了高达 25%（Hook

et al.，2001）。肌球蛋白重链的移动随着
年龄的增长而变得缓慢，在肌肉活动期间
影响肌球蛋白和肌动蛋白横桥周期的速度
（Sugiura et al.，1992）。这可以通过抗阻
训练得到改善，因为老年人（约 65 岁）在
肌球蛋白重链转化（从肌球蛋白重链 Ⅱb 到
肌球蛋白重链 Ⅱa）上与进行训练的年轻人
有着类似的变化（Sharman et al.，2001）。
随着年龄的增长，Ⅱ 型肌纤维的流失也意
味着快收缩型肌球蛋白重链蛋白流失（Fry
et al.，1994）。肌球蛋白 ATP 酶活性也会
随着衰老而下降（Syrovy and Gutmann，
1970）。因此，伴随衰老，肌肉收缩单位
中蛋白质数量和质量的下降为力量和爆发
力的流失提供了一个结构性的生化基础。

爆发力流失可能也与结缔组织的弹性
性质有关。比较衰老对 18 岁和 73 岁的人
的影响后发现，下蹲跳高度会随着衰老而
降低（Bosco and Komi，1980）。运用肌肉

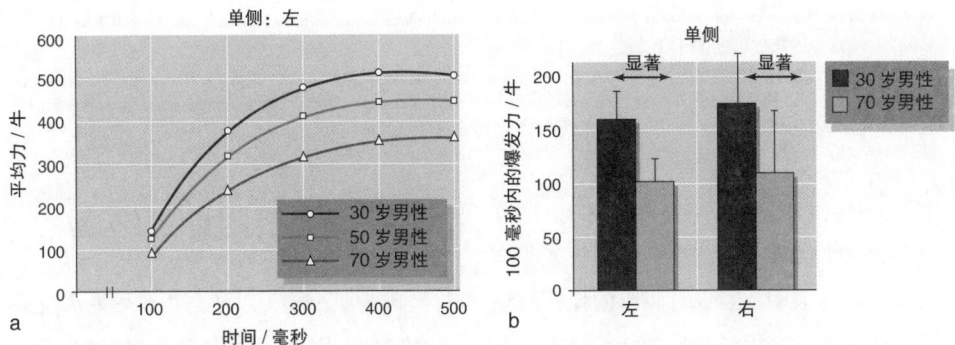

图 11.6　30 岁和 70 岁的男性在 100 毫秒内单侧肢体的力的发展：a. 平均力；b. 爆发力

（图 11.6a 经许可，源自：*European Journal of Applied Physiology*，"Neuromuscular performance in voluntary bilateral and unilateral contraction and during electrical stimulation in men at different ages，" 1995; 518–527, K. Häkkinen et al., figure 3b.）

（图 11.6b 经许可，源自：*Electromyography Clinical Neurophysiology* Vol. 37: K. Häkkinen, W.J. Kraemer, and R. Newton, 1991，"Muscled activation and force production during bilateral and unilateral concentric and isometric contractions of the knee extensors in men and women at different ages，" pgs. 131–142, copyright 1991.）

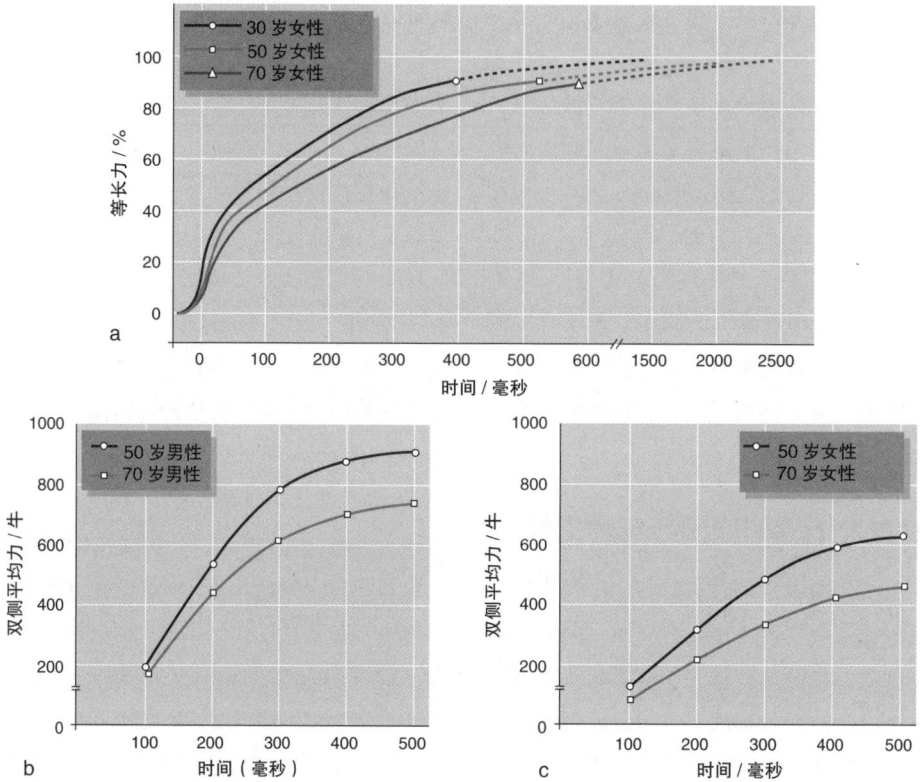

**图 11.7** 50 岁和 70 岁的男性与女性的双侧力量发展曲线图

（图 11.7a 经许可，源自：Springer Science+business Media: *European Journal of Applied Physiology*, "Muscle cross-sectional area, force production and relaxation characteristics in women at different ages," 1991, 62: 410–414, K. Häkkinen and A. Häkkinen, figure 6.）

（图 11.7b、图 11.7c 经许可，源自：K. Häkkinen, W.J. Kraemer, and M. Kallinen et al., 1996, "bilateral and unilateral neuromuscular function and muscle cross-sectional area in middle-aged and elderly men and women," *Journal of Gerontology and Biological Science* 51A: b21–b29. Copyright © The Gerontological Society of America.）

拉长-缩短周期进行不同高度的跳跃，随着年龄的增长，垂直跳能力会发生较大程度的下降。这表明，衰老对肌肉的弹性收缩成分（如非收缩性蛋白质和结缔组织）有影响，从而会导致内在的爆发力下降。

## 老年人抗阻训练适应

因为肌少症（以及与力和爆发力流失有关的所有因素）通常是随着年龄的增长而出现的一个普遍问题，老年人应该采取措施来预防肌肉减少或增加肌肉量。以下内容将讨论老年人在抗阻训练中的注意事项。

## 力的增长与肌肥大

老年人通常采用温和的方式进行抗阻训练，因为大家普遍认为老年人很虚弱。虽然合理的预防措施和正确的医疗筛查很重要，但是不应该以家长式的态度对待老年人。超过65岁、181磅体重级（约82.1千克）的熟练的男性举重者，可以在没有服药和没有设备辅助（如特制套装）的情况下参与深蹲重量超过330磅（约150千克）的比赛，超过70岁的人的卧推重量超过250磅（约113.4千克）。同样，超过50岁的、198磅（约89.8千克）体重级有经验的女性举重者卧推重量超过200磅（约90.7千克）和深蹲重量超过319磅（约144.1千克）。这些老年举重者证明老年人可以通过训练保持高水平的力，这个结论也得到了研究的证实。

即使是极高龄的老年人，男性（87~96岁）和女性（平均年龄92岁）在进行8周的抗阻训练后也表现出训练适应（Fiatarone et al., 1990；Serra-Rexach et al., 2011）。这些研究证明，即使是年龄非常大的老年人，其提升肌肉力量和肌肉尺寸（由计算机轴向断层扫描测量）的能力也是可以保持的。例如，年老的女性以6~7RM进行腿蹬举的能力提升了17%，而且摔倒的次数大幅度减少（Serra-Rexach et al., 2011）。一群有久坐生活方式的老年人（60~72岁）进行高强度的抗阻训练（以1RM的80%进行3组练习，每组重复8次，持续12周，每周3次）后，力量（在1RM的情况下，力量增长200%）和肌肉尺寸（计算机轴向断层扫描和肌肉活检）明显增加（Frontera et al., 1988）。在经过

21周的抗阻训练（每2周1次的训练课上进行6~8个练习）之后，49~74岁的女性的力的增长和肌肥大（Sallinen, 2006）。

年轻男性（30岁）和老年男性（62岁）使用非线性周期化训练方案，每周训练3次，持续10周，他们在开始训练之前的活动水平相近，训练之后，他们的肌肉尺寸和力量得到了显著提高（Kraemer et al., 1999）。在这个研究中，观察到大腿的力量和磁共振成像横截面积增加，但是年轻男性在训练前和训练后的绝对值都明显更高。这显示，年轻男性对抗阻训练有着更加强烈的反应，很可能是因为其具有更有活力的生理系统（如内分泌系统，见前文）。

超过70岁的人进行6个月的抗阻训练（每周3次）的结果是腿蹬举的力量提高了15%，卧推力量上升了25%，卧拉力量上升了30%和最大负荷量上升了6%（Strasser et al., 2009）。在这个研究中，研究对象重复训练组至力竭。然而，并不建议老年人这样做，因为在每组重复之后进行瓦氏动作会使关节压力和负荷增大以及心肺压力负荷越来越高。虽然如此，老年人还是可以进行高强度抗阻训练来增加力量和肌肉尺寸。

从肌肉活检中得到证明，进行抗阻训练可以增加老年人的Ⅰ型和Ⅱ型肌纤维横截面积和肌肉尺寸。因抗阻训练而发生的肌纤维增大（活体组织检查和个体肌肉磁共振成像分析）在对老年男性和女性进行的时长为12~36周的各类研究中得到了证实（Campbell et al., 1999；Charette et al., 1999；Häkkinen, Pakarinen et al.,

2001；Hunter et al.，2001；Lemmer et al.，2001）。把相同训练背景的年轻人和老年人进行比较，在所有抗阻训练开始的时候，年轻人的肌纤维和完好的肌肉都大于老年人（Aagaard et al.，2010）。虽然随着衰老，肌纤维数量增加的程度与年轻人有明显的差异，但老年男性和女性都因为进行高强度抗阻训练而使Ⅱ型肌纤维数量增加。随着训练发生的变化取决于设计的训练方案。有利于使老年人的整个肌肉增大的关键变量是训练强度和训练量（如以1RM的70%~80%进行多组重复练习，或使用3~5RM作为周期化训练方案的部分内容）。

肌纤维类型分析表明，如果训练强度引起的运动单位募集包括由Ⅱ型肌纤维构成的运动单位，那么老年人可以保持此Ⅱ型肌纤维增大的能力。研究表明，保持体育活动水平的年龄为76~80岁的男性出现Ⅰ型肌纤维代偿性增大是对随着衰老而不可避免的运动单位流失适应（Aniansson et al.，1992）。Ⅰ型和Ⅱ型肌纤维的比例在76~80岁并未发生变化，但Ⅱx型肌纤维比例显著下降。这可能是肌纤维流失的结果，但更可能是体育活动使Ⅱx型肌纤维转化成Ⅱa型肌纤维的结果（Hikida et al.，2000）。进行抗阻训练后，老年人的Ⅰ型、Ⅱa型、Ⅱx型肌纤维都增大（Hikida et al.，2000）。然而Ⅱx型肌纤维比例下降，因为在高强度抗阻训练的反复募集作用下，它们被转化成了Ⅱa型肌纤维。因为训练，老年人的肌球蛋白重链会发生与年轻人一样的过渡性转变（见第3章）。这些观察结果得到了其他研究的证实（Häkkinen et

al.，2001；Sharman et al.，2001）。老年人的细胞质与肌核的比例随着抗阻训练而上升（$p = 0.07$）（Hikida et al.，2000）。如同第3章所指出的，细胞核数量必须随着肌肥大增加，以维持肌核域，因为这是肌纤维增大的一个限制因素，并且人们担心老年人的细胞核数量较少。

虽然许多抗阻训练研究检查了在老年人身上观察到短期的适应，但只有少数研究对52周或更长时间的训练后老年人的力和身体成分进行了检测。一项研究对39名健康女性进行了检测，她们被随机分配到对照组或持续12个月、每周2次的渐进式抗阻训练组（3组练习，每组重复8次，1RM的80%，上半身和下半身练习），其结果表明，训练组的力量不断提升，而且在12个月的训练期间没有发现进入平台期的迹象（Morganti et al.，1995）。高位下拉、膝伸和腿蹬举力量在研究的前3个月发生的变化最大。然而，在研究的第2个6个月期间，观察到数据发生了微小但具有统计意义的上升。这表明，老年人与年轻人一样，在长期的训练后会出现力量增长速度的下滑。

在一组老年人（65~77岁）中，初始的24周抗阻训练使力量增长、肌纤维增大，12周的停训后接着进行8周的再训练，最大力量恢复到24周训练后的水平，但肌纤维大小没有发生显著变化（Taaffe and Marcus，1997）。力量的恢复应归因于神经机制。对肌纤维来讲，可能需要更长时间的再训练，才能从长时间的停训状态中恢复。在这种情况下，重要的是3个月的停训对保持在训练的初始阶段发生的肌核增大来说太长了（Bruusgaard et al., 2010）。在肌纤维萎缩的同时保持肌核的数量不变被认为是快速采取再训练法的一个重要原因（见第3章）。

## 爆发力与训练

抗阻训练可以帮助老年人提升肌肉的爆发力，而且是推荐的可降低老年人摔倒风险的低成本干预措施（Caserotti et al., 2008）。爆发力训练不仅有利于老年男性和女性，而且是安全和可承受的（Caserotti et al., 2008）。高速的抗阻训练能显著提高老年人（平均年龄为77岁）的肌肉爆发力，尤其是使用相对高比例（60%~70%）的体重进行腿蹬举练习时。爆发力的提升伴随着行走能力的显著改善，但在从椅子上站起来所需时间和平衡力方面只有小幅且不显著的变化（Earles et al., 2001）。因此，一个训练方案在功能性能力方面取得的效果取决于不同的动作。

以1RM的80%进行12周的训练，其中2组训练每组重复8次，第3组重复至力竭，爆发力确实能得到提升，但这些练习不是针对以1RM的80%进行的训练（Campbell et al., 1999）。膝伸爆发力在1RM的20%、40%和60%方面显著上升，但1RM的80%并没有。虽然老年女性（约64岁）的手臂拉动爆发力只在1RM的20%上明显提升，但21周的抗阻训练后其最大力量和力的产生速率明显提高，这表明，训练有可能提高老年女性的爆发力（Häkkinen et al., 2001）。老年人经过16周的训练后身体状况得到改善是因为其力量增长和向心运动速度提高，然而年轻男性和女性仅因为力量增长就出现了爆发力增强（Patrella et al., 2007）。因此，老年人身上可能出现增长的爆发力可能因肌群而异，而且并没有对训练负荷或运动速度表现出特定性。

老年人爆发力的提升可能取决于所使用的抗阻训练的持续时长和类型。10周的非线性周期化训练使年轻人（29±5岁）和老年人（61±4岁）的1RM力量都显著提高，但老年人的爆发力并未得到改善（Häkkinen et al., 1998），尽管其大腿肌肉横截面积的比例变化和力量变化与年轻人相似。爆发力训练结合每2周1次的抗阻训练，持续训练24周后，老年人（63~78岁）和中年人（37~44岁）的力量（1RM）、跳跃能力和行走速度都得到了提高（Häkkinen and Alen, 2003）。

在2周1次、为期12周的气动抗阻训练中，使用1RM的80%作为阻力，5个练习进行3组，老年人和年轻人分别在1RM的40%和1RM的60%爆发力方面取得了相似的提升，但男性在绝对力量上有着更显著的提升（Jozsi et al., 1999）。在1RM的80%情况下，所有组的腿部伸肌爆发力的提升相似。男性在所有练习上提升的幅度明显大于女性，除了双腿蹬举。然而，在这项研究中使用的是气动抗阻训练，而且在所有的练习中，允许每次重复结束后高速重复，没有任何减速阶段，以此促进爆发力的发展（Jozsi et al., 1999）。

爆发力训练（即训练爆发力等式中的速度）比力量训练（即训练爆发力等式中的力）在增强爆发力方面更加有效，因为这是专项训练，所以它可能对加强老年人的身体功能更加有帮助（Caserotti et al., 2008；Porter, 2006；Caserotti et al., 2008）。在一段合理的时间里开展高速度、低强度的运动有可能提升爆发力，从而增强神经肌肉系统的能力并优化功能性能力。另外，这可能对其他生理系统（如结缔组织）产生次级效应。表 11.1 所示为老年人对基础抗阻训练的一些适应。

## 神经适应

即使是老年人，募集运动单位的大小原则也是不变的（Fling et al., 2009）。多年以来，人们一直认为进行抗阻训练产生的神经适应是使训练前几周力量增强的主要机制之一。老年男性和女性进行高强度抗阻训练（80%1RM，10 周）的结果已经证明了这一点，他们的力量显著提升，而且肌肉没有任何明显增大。除此之外，力的增强与步速、上台阶爆发力、平衡力和整体自发活动有关（Fiatarone et al., 1994）。在对 72 岁的老年人进行的一项经典研究中所使用的训练方案包括 2 组训练，每组以 1RM 的 66% 重复 10 次，每周训练 3 次，持续 8 周，肘屈肌进行最大随意收缩动作，观察到其力量得到提升，但肌肉尺寸并没有改变（Moritani and DeVries, 1980）。因此，为了让老年人出现肌肥大，可能需要更长时间的训练。训练强度、训练量和训练时长对不同年龄段的老年人的作用，还需要进一步的调查研究。然而，给予充足恢复时间的更高强度和更加多样化的练习，以及在更长的训练期进行针对大肌群的练习，很可能是使肌肉增大的最佳方式。

高强度的短期训练很可能使力量增长和肌肉增大，然而试图达到年轻人在训练中获得的适应水平似乎是不可能的。为了匹配活动水平，使用同样的相对强度和不同的抗阻训练方案训练 10 周（Häkkinen et al., 1998），年轻男性（约 30 岁）和老年男性（约 62 岁）的股外侧肌的平均最大积分肌电值（IEMG）增加，肌肉增大（磁共振成像分析）。然而，老年男性的等长力的产生速率没有发生变化，这表明短期训练提高爆发力有难度。中老年男性和女性（40 岁和 70 岁）在进行 6 个月的高强度抗阻训练后其股外侧肌的积分肌电值也显著上升，这说明其力量增强（Häkkinen et al., 2000）。因此，和年轻人一样，神经因素非常有助于中年人和老年人在训练早期增强力量。

## 蛋白质合成

训练和摄入蛋白质对老年人蛋白质合成和新陈代谢的影响的研究还在进行中（见信息栏 11.4）。对老年男性和老年女性在 12 周的高强度抗阻训练（以 1RM 的 80% 进行 3 组上半身和下半身练习，每组重复 8 次）之前和之后的氮平衡进行测量，结果表明抗阻训练提高了氮存留率（Campbell et al., 1995）。除此之外，不断注入 13C-亮氨酸说明训练使全身的蛋白质合成速度显著加快。另外一项研究表明，与年轻人（24 岁）相比，老年人（63~66 岁）的肌肉蛋白质合成速度更慢，这通过对比为期 2 周的短期抗阻训练（以 60%~90%1RM 进行 2~4 组练习，每组重复 4~10 次，每周训练 5 天）之前和之后的体内渗入率（从静脉注射 $^{13}$C- 亮氨酸到合成肌肉蛋白质）得到。

**表 11.1** 老年人（60 岁及以上）对基础抗阻训练的适应

| 实验变量 | 反应 |
|---|---|
| 肌肉力量（1RM） | 增强 |
| 肌肉爆发力 / 瓦 | 增强 |
| 肌纤维尺寸 | 增加（两大类） |
| 等距峰值扭矩 60 度 / 秒<br>240 度 / 秒 | 增加<br>增加但小于 60 度 |
| 等距峰值扭矩 / 牛·米 | 增加 |
| 局部肌肉耐力 | 增加 |
| 大腿肌肉横截面积 | 增加 |
| 局部骨密度 | 增加 |
| 整体骨密度（男） | 没有变化 |
| 疼痛程度 | 下降 |
| 腹腔内和皮下脂肪 | 下降 |
| 脂肪量 | 下降 |
| 日常活动 | 提高 |
| 胃肠蠕动 | 改善 |
| 柔韧性 | 提升 |
| 静息代谢率 | 上升 |
| 平衡力 | 提升 |
| 行走能力 | 提升 |
| 从椅子上站起来、爬楼的功能性能力 | 提升 |
| 摔倒的风险因素 | 减少 |
| 背部力量 | 增加 |
| 峰值耗氧量 | 增加 |
| 血液 / CV 需求量 | 下降 |
| 毛细血管密度 | 可以提高 |
| 血脂谱 | 可以改善 |
| 胰岛素抵抗 | 降低 |
| 次最大有氧能力 | 增加 |
| 心理因素 | 积极作用 |
| 神经因素<br>积分肌电值<br>收缩半舒张时间<br>力的产出速度 | 增强<br>增加<br>增加<br>无变化或增加 |

但抗阻训练使年轻人和老年人的肌肉蛋白质的合成速度都有显著提高（Yarasheski et al., 1993）。所以，训练确实可以增加老年人的蛋白质合成。

## 肌肉损伤与抗阻训练

肌肉组织损伤和分解之后的修复和重塑是骨骼肌重建的过程。为了检查肌纤维的超微结构损伤，研究者让年轻男性（20~30

**? 信息栏 11.4    实际问题**

## 老年人最少需要多少蛋白质

摄入的能量不足会降低身体组织重组的能力，而且它是随着年龄的增长，肌肉量下降的主要原因之一。除此之外，缺少足够的蛋白质摄入还会抑制蛋白质合成以及在抗阻训练中的肌肥大。虽然许多人担心摄入更多的蛋白质会对肾脏产生负面影响，但研究已经证明，除了在特殊的医疗情况下，老年人摄入高蛋白质不会发生禁忌证（Wolfe et al.，2008）。事实上，考虑到老年人对免疫功能和身体疗愈的需求增大，不论训练状态如何，正常活动的老年人所需的蛋白质量是 1 克／（千克·天）。如果进行全身抗阻训练，所需的量甚至更多，才能够有足够的可用氮提供给因为全身训练而增大的肌纤维（Chernoff et al.，2001）。因此，当考虑训练和肌肥大的因素，足够的蛋白质摄入可能超过推荐的每日摄入量，即 0.8 克／（千克·天）（Evans and Campbell，1996；Campbell et al.，2001）。

在 12 周抗阻训练研究期间，服用含有蛋白质、碳水化合物、维生素、矿物质和脂肪［比每天每千克理想体重的所需量多 8 千卡（约 33.49 千焦）热量和 0.33 克蛋白质］的营养补充剂的实验者的肌肉组织增大程度大于那些没有服用营养补充剂的人（Meredith et al.，1992）。研究还表明，在一项训练之前和之后（营养时间）补充蛋白质，可以优化年轻人和老年人的蛋白质合成（Esmarck et al.，2001）。无论是通过服用补充剂还是改善饮食，在老年人进行抗阻训练的时候，摄入足够的蛋白质对促进健康和实现神经肌肉系统的最佳适应都有重要的影响。

参考文献：

Campbell, W.W., and Evans, W.J. 1996. Protein requirements of elderly people. *European Journal of Clinical Nutrition* 50 (Suppl.): S180–S183.

Campbell, W.W., Trappe, T.A., Wolfe, R.R., and Evans, W.J. 2001. The recommended dietary allowance for protein may not be adequate for older people to maintain skeletal muscle. *Journal of Gerontology: Biological Medical Sciences* 56: M373–M380.

Campbell, W.W., and Evans, W.J. 1996. Protein requirements of elderly people. *European Journal of Clinical Nutrition* 50 (Suppl): S180–S183.

Chernoff, R. 2004. Protein and older adults. *Journal of the American College of Nutrition* 23: 627S–630S.

Evans, W.J. 2004. Protein nutrition, exercise and aging. *Journal of the American College of Nutrition* 23: 601S–609S.

Esmarck, B., Andersen, J.L., Olsen, S., Richter, E.A., Mizuno, M., and Kjaer M. 2001. Timing of postexercise protein intake is important for muscle hypertrophy with resistance training in elderly humans *Journal of Physiology* 535 (Pt. 1): 301–311.

Meredith, C.N., Frontera, W.R., O'Reilly, K.P., and Evans, W.J. 1992. Body composition in elderly men: Effect of dietary modification during strength training. *Journal of the American Geriatric Society* 40: 155–162.

Wolfe, R.R., Miller, S.L., and Miller, K.B. 2008. Optimal protein intake in the elderly. *Clinical Nutrition* 27: 675–684.

岁）和老年男性（65~75 岁）进行膝伸肌气动抗阻训练，持续 9 周，每周 3 天（Roth et al.，1999）。只对一侧肢体进行训练，另外一侧作为对照组。膝伸肌进行 5 组训练，每组重复 5~20 次，一共重复 55 次，而且每次重复需要使用最大的力。对双侧大腿肌肉进行活检，并且使用电子显微镜来确定结构损伤，从而量化肌肉损伤。两组受试者进行训练的一侧肢体的力增加了 27%。在训练之前对双侧大腿肌肉进行的分析表明，年轻人和老年人的肌纤维损伤不超过 3%。在训练之后，年轻男性和老年男性的受训大腿的损伤分别增加到 6%~7%。所以使用气动抗阻训练方案，受训大腿的肌纤维损伤程度比未受训的大腿更高，但在年轻男性和老年男性之间没有发现差异。为了与男性的研究结果进行比较，在随后进行女性的研究中使用了类似的方式，其结果表明，老年女性肌肉损伤的程度比年轻女性更高（Roth et al., 2000）。

年轻人和老年人的 DNA 氧化损伤标记物显示，老年人进行一个回合的离心训练后，氧化损伤程度明显变得更高。另外，老年男性的氧化损伤程度比老年女性的更高（Fano et al., 2001）。在老年女性中发现，抗阻训练确实提供了一些保护机制，降低了离心运动后的肌肉损伤量。在训练后，老年女性的肌肉组织损伤与年轻未受训的女性没有显著差异，这表明，抗阻训练可以抵消随着衰老而增加的损伤（Ploutz–Snyder et al., 2001）。而且，在过去 6 个月的训练中，以 1RM 的 50%~80% 进行的抗阻训练降低了超重的老年人的由训练引起的氧化应激和同型半胱氨酸浓度（Vincent, 2006）。抗阻训练确实会导致老年人肌肉损伤，但损伤程度与在年轻人身上所观察到的相似，而且与年轻人一样，其需要一段时间适应。然而，极端的损伤和酸痛很显然会适得其反，使肌肉无法实现自然恢复和修复。所以，为老年人设计的训练方案和其他任何训练方案一样，其执行应该受到严密的监控。此外，方案设计者应该记住一点，老年人的肌肉组织仍然具有针对运动损伤的保护机制，包括针对高强度抗阻训练的保护机制。

# 为老年人设计抗阻训练方案

无论训练者的年龄多大，抗阻训练方案设计的基础和原理都是相同的（见第 5 章）。因为许多老年人在功能能力方面存在差异，最好的方案是能满足每个人需求的个性化设计。目前，在有些情况下训练老年人时，使用的是周期化训练（Hunter et al., 2001；Newton et al., 1995）。和所有未受过训练的人一样，老年人不需要高级的方案设计就可在训练初期获得积极的效果。如果老年人的长期抗阻训练目标是逐渐进阶至更高水平的肌肉力量和肌肥大，那么他更适合使用多样化的抗阻训练方案。需要重点强调的是，应该以渐进式推进训练，以避免急性损伤并给予身体充足的时间适应。方案设计需要考虑老年人医疗方面的情况，如心血管问题和关节炎。有些老年人可能在开始更加剧烈的训练之前，需要一段时间进行基础的体能训练。

## 表现评估

在执行训练方案之前，为了确定训练进度并使老年人的训练满足个性化需求，教练应该对老年人的力量（如果可能，在训练使用的设备上进行测量）、身体成分、功能性能力（如从椅子上站起来、抬起椅子的能力等）、肌肉尺寸、营养状态和既往病史进行评估。美国运动医学会建议，当在执行一项抗阻训练方案时，教练应该在开始抗阻训练之前咨询医师，以确定是否需要对第三类的受训者进行其他测试（见后文）。在左心室功能良好的心脏病患者中，与在跑步机上进行分等级的测试相比，以 1RM 的 75% 进行力量测试和抗阻练习引起的心肺症状更少（Faigenbaum et al., 1990）。除此之外，只要老年人非常熟悉这个方案，1RM 测试就是一个安全和有效的评估老年人表现的方式（Shaw et al., 1995）。重点要注意的是，抗阻训练使老年人发生损伤的概率很低；但在测试期间，概率是最高的（尤其是以大于 1RM 的 80% 进行）（Porter, 2006）。在有些情况下，次最大测试可以用于预测老年人的 1RM。

关于力量测试和研究的一个重要说明是，对力量测试的充分熟悉是获得准确的信息的必要条件。老年人（66 ± 5 岁）和年轻人（23 ± 4 岁）分别进行 1RM 膝伸（相对简单的单关节运动）力量测试，与只需要 3~4 次练习的年轻女性相比，老年女性需要 8~9 次练习才能获得一个稳定和可靠的基准力量测量值，尽管两组女性有相同的举重经验（Ploutz-Snyder and Giamis, 2001）。因此，对老年人的力量评估确实存在与年龄有关的需求，进行最大力量测试需要更多次的熟悉练习。如果不够熟悉，老年人在力量上取得的提升可能是在重负荷下进行练习产生的学习效果。

正确的运动技术对安全地执行一项抗阻训练方案是至关重要的。许多人错误地认为，使用器械训练比使用自由重量更安全。然而在使用器械的时候，即使是在运动技术不当的情况下，人们通常在一次重复中用于推动的时间也更长，并且更用力，因此更易导致肌肉扭伤或拉伤。但这个问题可以通过使用自由重量训练最小化，因为自由重量训练要求在多个运动平面内保持平衡和控制，如果使用的运动技术不正确，会妨碍继续该练习。因此，在选择器械和自由重量的方式进行抗阻训练时，正确的运动技术和监督都是非常重要的，然而这些要素有时在老年人执行训练方案的过程中是缺失的。

## 需求分析

人们对特定的抗阻训练方案有不同的反应，具体由他们目前的训练状态、过去的训练经历和对训练压力的反应决定。为老年人设计抗阻训练方案的过程包括预先测试、设定个性化目标、设计方案和建立评估方法。有资质的监督人员［如美国国家体能协会认证体能训练师（CSCS）］对优化力量和体能训练也是十分重要的（见图 11.8）。现在也有针对特殊人群的美国国家体能协会认证，这对和老年人一起工作的人来说是非常有用的，因为他们需要有一定的能力。对老年人而言，抗阻训练应该成为他们长期健身生活方式中的一部分，所以对方案的目标和设计内容需要不间断地重新评估，这对取得最佳的训练效果和使训练者长期坚持是必要的。

美国运动医学会建议人们把开始执行训练方案的人分为以下 3 种风险种类。

- 看起来很健康，冠心病风险因素（高血压、吸烟）、心肺或代谢疾病不超过一种。
- 高风险，冠心病风险因素、心肺或代谢疾病超过两种。
- 以前被诊断患有如心血管、肺部或代谢方面的疾病。

正如美国运动医学会关于冠状动脉血管疾病（CVD）和冠心病（CHD）以及其他疾病风险所述："医学专业咨询和诊断性训练测试，应按照医学指示、根据疾病的症状和体征及临床实践指南进行"（ACSM，2011）。减少练习引起的肌肉骨骼和CVD风险的有效策略，包括对训练新手和经常锻炼的人进行检查并传授如何识别心血管疾病的前期信号和症状，咨询医疗保健专业人士并根据医学指示进行诊断性训练测试，以及注意训练方案的几个变量，包括热身、恢复、逐渐提高训练量和强度，以及正确的运动技术。在经验丰富的健身专业人士的监督下可以促进坚持练习，而且很可能降低面临高CHD风险的人的运动风险。成年人，尤其是抗阻训练新手、患疾病和残疾的人，可以从咨询训练有素的健身专业人士中获益（ACSM，2011）。

## 训练频率

对老年人来讲，最主要的一个考虑就是训练要合理地进阶，避免损伤或严重的过度使用。我们推测，每组练习间老年人的肌肉需要更长的恢复时间。因此，为老年人设计的训练方案应该在训练强度和训练量上有不同，以确保其恢复体力，尤其应避免在大阻力或高训练量的训练后发生明显的肌肉损伤。需要注意不要使训练超过训练后组织自动修复的生理能力范围。所有年龄群体的人都一样，合理的营养摄入和休息对身体恢复是必要的。

建议每周进行2~3天抗阻训练，每周3天的训练为方案设计提供了更广泛的选

图 11.8 合理的监督有助于提高老年人抗阻训练的安全性并优化训练效果。具备一定的资格是为老年人选择有帮助用私人教练的最低标准

择。如果训练组数相同，对老年人来讲每周2天的训练和每周3天的训练可能效果一样（Wieser and Haber，2007）。有些研究表明，周期化抗阻训练方案对老年人有益（Hunter et al.，2001；Newton et al.，1995）。每个方案的训练频率也是很重要的。在既定的一周里，应该至少有一次训练是高强度抗阻训练（1RM的80%）（见本章的"阻力或负荷"）。考虑到爆发力的产生对功能性能力的重要性，高速爆发力训练应该每周至少进行一次，尽管许多研究调查使用的频率是每周两次。促使肌肥大的10~12RM训练每周应进行一次，以刺激促进肌肥大的内分泌激素分泌。

除了这些主要的训练模式，研究得出的系统性综述建议，最好频繁地进行平衡训练，或者每周训练3天，每次进行10分钟，虽然这个训练模式尚未在老年人群体中进行检测（DiStefano et al.，2009）。这表明将平衡训练纳入每次的训练中是很重要的。

## 练习选择

在使用任何设备的时候，都需要注意帮助训练者达到正确的活动范围，在全活动范围内安全地控制阻力。老年人可能需要用平衡性训练来补充抗阻训练，以实现全活动范围。如果没有体力的限制，除了训练量减少外，每个人选择的练习可能都一样。

以合理地保持低训练量为目标，在既定的一周里侧重训练所有主要肌群。根据熟悉度和技术水平，可以使用2~4个组合、涉及大肌群的练习：双腿推（下蹲）或拉（硬举）；水平推（卧推）或拉（坐姿划船）；单腿功能性动作（爬楼梯、手提购物袋阶梯运动）；爆发力练习（快速伸缩复合训练）辅以2~4个补充性的小肌群（腹部、肩袖肌群、肩胛骨或平衡）练习。深蹲、坐姿划船和类似的多关节或组合动作，可成功地提高久坐的、绝经的、年龄为45~65岁的女性的骨密度（Houtkooper，2007）。因此，把这些练习纳入老年女性的训练方案中是合理的。

如前文所述，上半身运动和练习能刺激附着在重要骨骼的主要位置上的肌肉，这可能对提升脊柱骨密度来讲很重要，所以应该将其纳入训练中。随着训练的推进，练习应该进阶以激活更多的骨骼肌并尽可能地促进身体适应。虽然高负荷可能并不适合旋转和转体动作，但加入了这些动作的练习可能比单独的直线运动更有助于提升功能性能力。

所使用的训练设备必须符合个体需求及其功能能力。有些器械对老年人来讲太大，初始阻力太大，或负荷增量不合理。自由重量、等速器械、气动抗阻式设备和加片器械是常用器械。等速、气动抗阻式或液压式设备可能比一般设备更容易启动训练动作，并能更加顺畅地逐渐增加阻力。训练可使用所有种类的物体提供阻力：大小不同的食品罐头、橡胶管、装满水的牛奶盒，以及最近出现的功能性设备，如药球和稳定球。虽然使用这些设备进行练习充满新意和乐趣，但它们只是器械训练中的部分内容，可以使用它们对训练者进行合理的测试，确保提供足够的阻力以产生适应，并且可以安全地进行训练。

功能性抗阻训练是经常使用的一个

术语，但它会使人困惑，因为它来自职业和物理治疗领域。功能性抗阻训练是指借助日常活动，如爬楼梯和从地面上提起杂物等，帮助老年人改善执行日常活动的能力，同时不使用健身房里传统的抗阻训练方法。然而，通过抗阻训练也可以提升这类日常活动能力，而且抗阻训练可以比日常生活中的任务更加小心地逐渐增加阻力。研究表明，以不同速度爬楼梯的能力，能通过抗阻训练（Holsgqaard-Larsen et al., 2011）得到改善，稳定性也是如此（因为拮抗肌的共激活作用增加和运动单位放电率的变化性升高，稳定性随着年龄的增长而下降）。对手部肌肉（手部第一背侧骨间肌）进行为期 4 周的抗阻训练能使向心和离心肌肉动作的稳定性提高，尤其是离心肌肉动作的稳定性（Laidlaw et al., 1999）。功能性训练应该尽可能地模仿功能性能力，如进行爬楼练习提高爬楼能力，负重行走以模仿携带物品走路，或者进行下蹲运动以强化从座椅或坐便器上独立站起来的能力。

在抗阻训练中加入平衡训练，是减少老年人摔倒的一个有效方式（Granacher et al., 2011）。然而，要重点注意的是，在老年社区中，30%~50% 的摔倒是滑倒及绊倒（Gabell et al., 1985; Lord et al., 1993; Gabell et al., 1985）。在不稳定的平面上保持静止站姿以维持平衡，对老年人遇到的大多数挑战来讲并没有太大的功能性作用。研究表明，比起传统的方式，在动态平衡（干扰训练）中训练老年人的平衡能力可能更加有益处，例如教练从背后轻轻推一下（Granacher et al., 2011），尤其可以在老年人同时参与认知挑战的时候进行。

在许多情况下，平衡对比研究使用的抗阻训练中的练习并不恰当。动态平衡任务（爬楼、反向或弓步走、负重或不负重、有支撑或无支撑）从安全性和功能性方面来讲都更适合老年人。在没有禁忌的情况下，老年人可以合理地选择使用自由重量和爆发力训练，这非常有利于提升其稳定性和平衡能力，但这类动作的训练还需要更多的研究支撑。另外需要强调的一点是，功能性抗阻训练是范围更大的抗阻训练中的一个辅助和重要工具，但是不能取代抗阻训练。

## 练习顺序

一般来讲，老年人的练习顺序与其他年龄阶段的人是一样的。先是热身，然后是大肌群训练，它们通常放在正式训练的开始部分。这能使疲劳最小化，使人们在练习中可以使用更高的强度或更大的阻力。对下肢（如腿蹬举）和上肢（如腿蹬举或坐姿划船）大肌群实施最佳刺激应该是老年人的训练方案中最优先考虑的。大肌群练习之后是小肌群练习，然后是放松活动。对于全身训练，可以对上半身、下半身以及拮抗肌群进行交替练习。

## 阻力或负荷

最常使用的阻力是 1RM 的 50%~80% 或 6~12RM 区间（12RM 或更高被用在更高效的调查研究中）。建议在高速度的爆发力运动中使用小阻力（30% 及更高）。较衰弱的老年人的起始力量可能位于最低水平，只能使用约 1.3 千克的负重。在很多情况下，教练和方案设计者应该谨慎地选择合适的设备，以允许每次增加的阻力小于1磅（约0.5千克）。另外，即使是较衰弱的老年男性和女性，也可以进行和适应1RM的80%的抗阻练习（Fiatarone et al.，1994；Fiatarone and Evans，1993）。要重点注意的是，虽然发生损伤的风险很低，但相较于较低强度的练习（1RM的20%或50%），大于1RM的80%的练习对健康的老年人来讲发生损伤的概率会升高（Porter，2006）。

负荷接近80%对优化训练适应很重要，包括骨骼适应。在肌肉力量以及与训练相关的肌纤维适应方面，利用轻型弹力绳进行训练，已经被证明无法有效地实现与自由重量训练同等程度的适应，即使是对年轻男性和女性而言（Hostler et al.，2001）。测量使用小阻力进行训练的老年人（68岁）的训练效果发现，使用小阻力对训练结果没有产生有益的影响，这证实了上述观点（Engelles et al.，1998）。除此之外，与使用小阻力相比，在训练中使用大阻力后，在停训期间老年人能更好地保持肌肥大效果（Bichel et al.，2011）。因此，大阻力对肌肉组织实现最充足的激活很重要，并能引发对抗阻训练的适应。然而，这并不意味着中等阻力就不能给中年人或老年人带来显著的健身效果，只是适应程度低一些。在以大约1RM的50%进行3组练习之后，45岁的女性的力量和肌肉横截面积明显增加（Takarada and Ishii，2002）。

必须注意不要过度强调任何一个训练区间（即RM%或RM目标区间）而忽略其他区间。在大多数调查中，训练者在骨密度、力量、爆发力、内分泌反应和肌肥大方面没有取得成功是因为其使用的阻力大于1RM的70%或小于11RM（除了训练爆发力）。正如接下来所要讨论的，值得记住的一个重点是对预防损伤来说，控制训练量与控制阻力大小一样重要。

有数据表明，必须谨慎控制训练强度，以免老年人出现过度训练综合征。大阻力不需要在每次练习中都使用，因为在每周3天以1RM的80%训练或每周3天分别以1RM的80%、65%和59%进行的训练中，老年男性和女性（61~77岁）在力量和去脂体重方面都取了得明显的、相似的提高（Hunter et al.，2001）。与只使用1RM的80%的训练组相比，使用不同阻力的训练组的结果表明，老年人携带物品的能力明显提升。这些结果表明，大阻力可能只需要在每周3天训练的1天中使用，以带来力量的最大提高，所以使用不同的阻力对老年人来讲是最有效的。一项调查发现，老年女性使用小阻力进行训练（1RM的50%~60%）可能使1RM的提升更大（Hunter and Treuth，1995）。从这些结果以及亨特和他同事的研究结果中可以得出一个结论，使用大阻力和小阻力的非线性周期化抗阻训练对老年人是最有效的。

## 重复次数

在使用大阻力的情况下，可以减少重复次数。局部肌肉耐力的提升（年轻人通过循环抗阻训练，以及高重复次数、短休息时间、中等阻力的训练方案增强）可能使执行次最大练习和娱乐性活动的能力提高。使用这种方案的时候一定要谨慎。虽然许多人担心高强度对老年人不利，但使用小阻力进行过多重复的练习也有问题，这与组间以及练习间没有充足的休息时间的效果是一样的。无论在一组中完成了多少重复次数，当运动技术不正确时练习都必须停止。

考虑到心血管疾病的风险和在老年人中的高发病率，为了安全一定要谨慎设置练习的重复次数。与进行一组向心练习未至力竭相比，进行一组向心练习至力竭会使血压和心率升得更高（见第3章）。此外，使用1RM的70%~90%重复向心运动至力竭会使血压高于以低于这个百分比范围的1RM进行重复练习至力竭的血压。因此，不建议老年人重复向心运动至力竭，尤其是那些患有心血管疾病的老年人，不要以1RM的70%~90%重复至力竭。采纳这个建议可能是在开始一项训练的时候最重要的事情。使用瓦氏动作（即抑制呼吸）在重复至力竭组中十分常见，它会使血压升高，所以也不建议老年人进行这类练习。

## 举重速度

建议在提升力量和促进肌肥大的训练中使用中等的举重速度。如果提升爆发力是训练的目标，轻阻力需要配合较快的举重速度。选用合适的设备进行爆发力训练（如气动抗阻）和练习（奥林匹克式的动作，如悬垂拉，快速伸缩复合药球练习）也对提升爆发力至关重要。

## 组数

所推荐的最少的起始组数为每个练习至少重复1组。随着训练的进阶，逐渐增加组数，从1组到3组（根据练习的数量）。值得注意的是，即使是虚弱的老年人，也可以承受3组练习。练习组数与训练量有关。起初，一些老年人只能承受较低的训练量，单组训练是最简单的。在抗阻训练中使用渐进式抗阻训练原则，逐渐增加练习组数或每组中的重复次数来增加训练量，有助于训练者耐受更高的训练量。在老年人的训练方案中，通常每个练习的重复组数不超过3组。如果某肌群需要更多的刺激，可以针对该肌群增加另外一项练习（如坐姿划船或高位下拉）。此外，在为老年人设计的方案中，热身活动使用的阻力应该比正式训练所使用的最大重复训练区间或阻力更小。热身可以让训练者在开始更高强度的抗阻训练之前，获得运动的感觉，并且会注意到某些异常感觉（如关节疼痛或肌肉疼痛）。

## 组间与练习间的休息

练习间的休息时间会影响一项抗阻练习的代谢强度。老年人对无氧酸性条件（即低pH）的耐受不如年轻人（如温盖特自行车测试）（见图11.9）。通常情况下，每组练习之后应休息2~3分钟。应该细心监测训练者出现的相关症状（如恶心、眩晕），如果出现相关症状，应该立刻停止训练。练习耐受度是实现最佳训练的最重要的考虑因素之一。如果在下一组或下一个练习开始之前没有得到充分休息或休息时间过短，也会导致在连续的练习组中使用的阻力严重下降。短暂的休息间歇有助于增强局部肌肉耐力，改善肌肉酸碱状态，而这种能力已被证明会随着衰老而减弱。

因为肌肉激活与所使用的阻力和进行的总训练量有关，所以休息时间应该与方案目标相符。在循环训练中可以使用较短的休息间歇。如果使用大阻力，休息时间应该稍长，随着练习耐受度的提高，可以逐渐减少休息时间。休息时间的长短也可能由个体的医疗或身体状况决定。对有些老年人（如患有 I 型糖尿病的老人）来说，增强力量是主要的训练目标，所以一定要适当地控制练习间和组间的休息时间，避免产生严重的或无法承受的代谢压力。在进阶原则下，朝着具体目标提高运动耐受度是优化训练质量的关键，而且休息时间是方案设计中的关键变量。

# 小结

老年人可以安全且有效地进行抗阻训练，即使是衰弱和患病的老年人也可以从训练中获得益处，使生活质量得到积极的改善。肌肉力量和爆发力的增强会在日常活动的改善中得到体现，积极作用于大量的生理特征，尤其是肌肉、骨骼和结缔组织。本章介绍的一些发现不同于人们通常的想法，即认为爆发力训练和传统的抗阻训练不适合老年人。只要训练方案设计合理，监督得当，而且与个体特征相符合，如临床情况和社会、心理和经济考虑，传

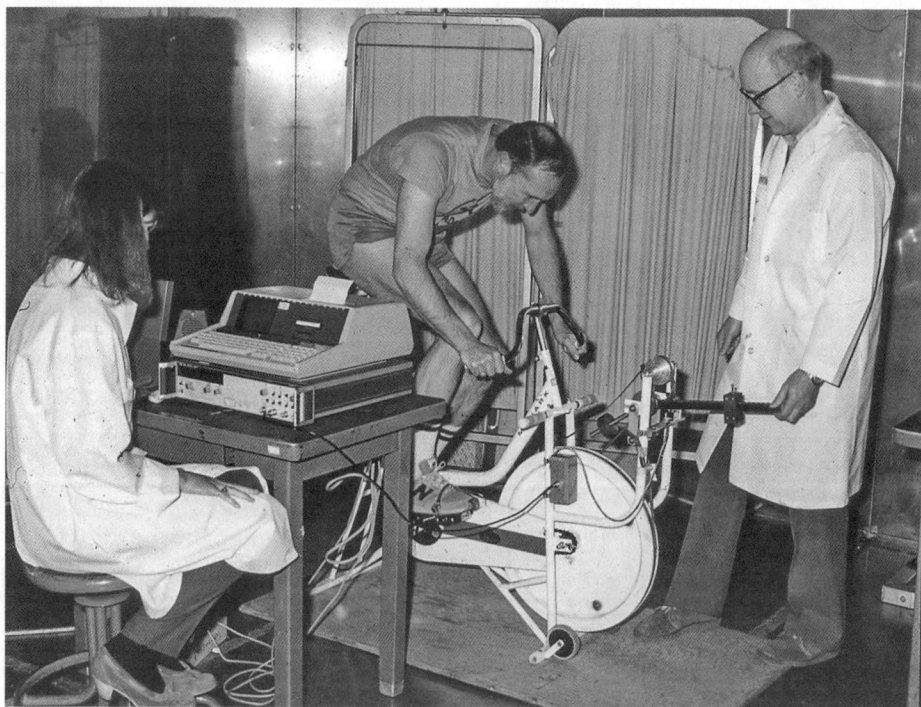

**图 11.9** 在温盖特自行车测试这类测试中测得的无氧能力在老年人群中呈减弱趋势，因为他们血液中的 pH 下降和 $H^+$ 浓度上升会导致其耐受度下降。休息时间较短的抗阻训练必须恰当地推进练习，应该注意监测身体状况，以免超过生理缓冲能力范围

图片由运动生理学和代谢研究领域的先锋学者之一霍华德·克努特根（Howard Knuttgen）博士提供。

统的抗阻训练和爆发力训练对老年人是有效的。老年人进行抗阻训练逐渐地被人们接受，成为抵抗衰老和提高生理功能和运动能力的一种形式。

## 选读材料

Carmeli, E., Coleman, R., and Reznick, A.Z. 2002. The biochemistry of aging muscle. *Experimental Gerontology* 37: 477-489.

Doherty, T.J., Vandervoot, A.A., Taylor, A.W., and Brown, W.F. 1993. Effects of motor unit losses on strength in older men and women. *Journal of Applied Physiology* 74: 868-874.

Fiatarone, M.A., O'Neill, E.F., Ryan, N.D., Clements, K.M., Solares, G.R., Nelson, M.E., Roberts, S.B., Kehayias, J.J., Lipsitz, L.A., and Evans, W.J. 1994. Exercise training and nutritional supplementation for physical frailty in very elderly people. *The New England Journal of Medicine* 330: 1769-1775.

Gavrilov, L.A., and Gavrilova, N.S. 2001. The reliability theory of aging and longevity. *Journal of Theoretical Biology* 213: 527-545.

Hurley, B.F., Hanson, E.D., and Sheaff, A.K. 2011. Strength training as a countermeasure to aging muscle and chronic disease. *Sports Medicine* 41: 289-306.

Liu, C.K., and Fielding, R.A. 2011. Exercise as an intervention for frailty. *Clinical Geriatric Medicine* 27 (1): 101-110.

Meredith, C.N., Frontera, W.R., O'Reilly, K.P., and Evans, W.J. 1992. Body composition in elderly men: Effect of dietary modification during strength training. *Journal of the American Geriatric Society* 40: 155-162.

Nelson, M.E., Fiatarone, M.A., Morganti, C.M., Trice, I., Greenberg, R.A., and Evans, W.J. 1994. Effects of high-intensity strength training on multiple risk factors for osteoporotic fractures. *Journal of the American Medical Association* 272: 1909-1914.

Peterson, M.D., Rhea, M.R., Sen, A., and Gordon, P.M. 2010. Resistance exercise for muscular strength in older adults: A meta-analysis. *Ageing Research Review* 9: 226-237.

Peterson, M.D., Sen, A., and Gordon, P.M. 2011. Influence of resistance exercise on lean body mass in aging adults: A meta-analysis. *Medicine & Science in Sports & Exercise* 43: 249-258.

Roth, S.M., Martel G.F., Ivey, F.M., Lemmer, J.T., Tracy, B.L., Metter, E.J., Hurley, B.F., and Rogers, M.A. 2001. Skeletal muscle satellite cell characteristics in young and older men and women after heavy resistance strength training. *Journal of Gerontology: A Biological Sciences Medical Sciences* 56: B240-B247.

Strasser, B., Siebert, U., and Schobersberger, W. 2010. Resistance training in the treatment of the metabolic syndrome: A systematic review and meta-analysis of the effect of resistance training on metabolic clustering in patients with abnormal glucose metabolism. *Sports Medicine* 40: 397-415.

Sundell, J. 2011. Resistance training is an effective tool against metabolic and frailty syndromes. *Advances in Preventive Medicine* 2011:984683.

Tschopp, M., Sattelmayer, M.K., and Hilfiker, R. 2011. Is power training or conventional resistance training better for function in elderly persons? A meta-analysis. *Age Ageing* 40: 549-556.

# 术语表

绝对力量（absolute strength）——在不调整身高、体重或身体成分的前提下，一次动作或练习中产生的最大力量（即 1RM）。

强化离心训练（accentuated eccentric training）——这种训练执行一次完整的重复，但是离心阶段比向心阶段使用的阻力更大，也称为负向强化训练（negative accentuated training）。

日常活动（activities of daily living）——人们会在日常生活中进行的活动，如从椅子上起身、扫地、提购物袋、使用马桶或倒垃圾等。

急性损伤（acute injury）——单个创伤导致的损伤。

关键变量（acute variables）——一组可用于描述抗阻训练方案的变量，包括组数、每组重复次数、练习、组间的休息时间、练习间的休息时间以及重复速度。

有氧（aerobic）——用于表示需要氧气参与来产生 ATP 的术语。

有氧训练（aerobic conditioning）——用于改善最大或峰值耗氧量和与耐力表现相关的心肺功能。

全或无定律（all or none law）——一个运动单位被神经系统募集，则所有相关的肌纤维都会被募集。

交替肌群顺序（alternating muscle group order）——不连续锻炼特定肌群，其反义术语是叠加练习顺序。

无氧（anaerobic）——用于表示不需要氧气参与来产生 ATP 的术语。

骨突附着端（apophyseal insertion）——肌腱附着在骨头上的部位。

细胞凋亡（apoptosis）——每个细胞的固有程序，涉及一组导致细胞死亡的信号通路，有些人称之为人体生物钟。

自分泌系统（autocrine system）——激素被细胞释放出来并与该细胞发生相互作用的系统。

撕脱骨折（avulsion fracture）——肌腱与骨骼分离，在很多情况下，仍有一小块骨连在肌腱上。

弹震式抗阻训练（ballistic resistance training）——以非常高的力的产生速率，将重物（如身体或外部负荷）加速弹射到空中的练习。

弹震式拉伸（ballistic stretching）——全活动范围内的一次快速动作，以拉伸结束。

两侧性缺失（bilateral deficit）——两侧臂或腿分别产生的力之和与两肢同时产生的力之间的差。

生物能量学（bioenergetics）——生物化学研究，关注生命系统中的能量。

身体成分（body composition）——体内脂肪和各种不含脂肪的组织（包括肌肉、骨骼、组织和器官）所占的比例。

身体部位练习（body-part exercise）——主要涉及一个关节或肌群的练习，其同义术语是单关节练习、单肌群练习。

大幅增重运动员（bulked-up athlete）——通过抗阻训练和饮食手段，在运动职业生涯中体重大幅度增加的运动员。

心肺适能（cardiorespiratory endurance fitness）——心脏、肺部和血管向正在进行训练的肌肉和组织供氧的能力，以及这些肌肉和组织使用氧气的能力。

练习选择（choice of exercise）——关键变量之一，涉及执行练习的选择。

慢性损伤（chronic injury）——由反复发生的微创伤引起的损伤。

经典力量和爆发力周期化（classic strength and power periodization）——这种训练方式在训练进阶时，遵循训练量减少和训练强度增加的总体趋势，同义术语为线性周期化和逐步周期化。

练习的兼容性（compatibility of exercise）——两种类型的练习对彼此的适应产生正面还是负面的影响。

补偿性加速（compensatory acceleration）——在练习中，尽可能快地在全活动范围内举起重物，以产生最大的力和爆发力。

复合训练法（complex training）——先进行一个力量练习，如深蹲，经过短暂的休息之后，再进行一个爆发力练习，如垂直纵跳。训练的目标是提升最大功率输出，同义术语是对比负重训练法。

肌肉向心动作（concentric muscle action）——在产生力时肌肉缩短。

同步训练（concurrent training）——在一个训练周期中采用两个或多个训练类型，如力量训练习和耐力训练。

结缔组织鞘（connective tissue sheath）——一种包裹着肌纤维的组织。

肌肉收缩特定性（contraction specificity）——当肌肉在训练中以特定状态收缩时，训练带来的该收缩状态下的最大力量和爆发力增长效果最好。

对比负重训练法（contrast loading）——先进行一个力量练习，如深蹲，经过短暂的休息之后，再进行一个爆发力练习，如垂直纵跳。训练目标是提升最大功率输出，其同义术语是复合训练法。

核心肌群（core musculature）——主轴的骨骼和所有肌肉、韧带以及起于主轴骨骼的其他软组织，而无论该软组织止于主轴骨骼还是四肢骨骼）。

皮质醇（cortisol）——由肾上腺皮质分泌的一种类固醇激素。

日常非线性周期化（daily nonlinear periodization）——在连续的训练课中使用几种 RM 或接近 RM 的训练区间，以此来改变训练强度和训练量。

减速阶段（deceleration phase）——即使试图提升或保持移动速度，在重复的向心阶段的最后部分速度也会减慢。

延迟性肌肉酸痛（delayed-onset muscle soreness，DOMS）——在训练结束之后出现的疼痛和不适，这种疼痛和不适一般在训练结束后的 1~2 天最严重。

停训（detraining）——训练量减小或训练完全终止时出现的过程，它会使生理机能下降，从而影响运动能力。

动态恒定外部阻力（dynamic constant external resistance，DCER）——在练习中使用的重物或阻力是恒定的，其同义术语是等惯（isoinertial）。

动态拉伸（dynamic stretching）——包括在拉伸过程中的动态运动的柔韧性练习，从而在相应关节的全活动范围内运动。

痛经（dysmenorrhea）——痛性月经。

离心肌肉动作（eccentric muscle action）——在产生力时肌肉可控地伸长。

离心训练（eccentric training）——仅执行重复的离心或肌肉伸长阶段的动作或以大于正常的 1RM 和力量执行离心阶段动作的训练。

能量来源特定性（energy source specificity）——身体训练导致为肌肉进行某一特定身体活动提供所需能量的新陈代谢系统发生适应性改变。

骺板（epiphyseal plates）——位于长骨末端的生长板。

骨骺（epiphysis）——位于关节表面的软骨。

练习特定性（exercise specificity）——发生的适应与练习方案的特定要求相关。

柔韧性训练（flexibility training）——旨在改善一个关节或一系列关节的绝对活动范围的训练。

灵活的日常非线性周期化（flexible daily non-linear periodization）——日常非线性周期化的一种形式，涉及根据训练者在特定训练区间的准备状态来更改训练区间。

力－时间曲线（force-time curve）——描绘在给定时间段内产生的力随时间变化的曲线。

力－速度曲线（force-velocity curve）——描绘能产生的最大力随速度变化的曲线。

游离激素（free hormone）——在循环中没有与结合蛋白结合的激素。

全活动范围（full range of motion）——由练习姿势和涉及关节决定的可能实现的最大活动范围。

功能性能力（functional abilities）——有意复制或逼真地模拟在日常生活、竞技比赛或职业活动中使用的实际身体动作的能力。

功能能力（functional capacity）——没有出现异常症状或反应的最大运动强度。

功能性训练（functional training）——为了提高某些类型的运动能力，如日常活动或与运动能力相关的测试中的成绩的训练。

高尔基腱器（Golgi tendon organ）——存在于肌腱中的用于监测力的发展的本体感受器。

性腺机能丧失（gonadopause）——随着年龄的增长，男性睾酮的分泌量减少。

生长软骨（growth cartilage）——位于骨骼上的骺板、骨骺或骨突附着端等位置的结缔组织。

生长激素（growth hormone）——垂体前叶分泌的一种多肽激素。

心率训练区间（heart rate training zone）——用于确定训练强度的量化心率范围。

激素（hormone）——分泌腺分泌到血液中的分子，血液将该分子运输到靶细胞，该分子与向细胞传送信号的受体结合。

增生（hyperplasia）——细胞数量增加。

肥大（hypertrophy）——细胞尺寸增大。

滞后（hysteresis）——肌肉 – 肌腱复合体在拉伸后的回弹过程中损失的热量。

工具训练法（implement training）——使用各种工具进行训练的方法，如使用加重棒球棒、充水哑铃、充水圆桶、壶铃或轮胎等。

等惯（isoinertial）——在练习中使用的重物或阻力是恒定的，其同义术语是动态恒定外部阻力（dynamic constant external resistance）。

等速（isokinetic）——动作速度保持不变的练习。

等长肌肉动作（isometric muscle action）——产生力时肌肉长度不变的肌肉动作。

等长训练（isometric training）——涉及肌肉长度不发生变化的肌肉动作的训练。

等张（isotonic）——肌肉施加恒定张力的动作；通常不会发生，因为肌肉产生的力在整个运动过程中会发生变化。

赛季中停训（in-season detraining）——运动员在进行其他类型的训练时，完全停止抗阻训练或降低抗阻训练量，从而导致运动表现、爆发力或力量下降。

赛季中抗阻训练方案（in-season program）——在一年中的比赛期间进行的抗阻训练，以在赛季内进一步提高或至少保持力量、爆发力和运动能力水平。

胰岛素（insulin）——由胰腺分泌的一种肽激素。

胰岛素样生长因子（insulin-like growth factors）——各种细胞和组织（如肌肉、肝脏）释放的肽激素。

胰岛素抵抗（insulin resistance）——在将葡萄糖从血液转运到细胞中时，细胞（如骨骼肌）对胰岛素作用的响应能力降低。

（训练）强度[intensity（of training）]——衡量训练难度的一个指标，对于抗阻训练，使用 1RM 的百分比来确定强度。

间歇训练（interval training）——不同时长的运动和休息交替的训练方法，运动时长与休息时长的比例称为运动（工作）与休息比例。

关节角度特定性（joint-angle specificity）——以特定关节角度进行训练，该关节角度下的力量增强效果最好，远离该关节角度下的力量增强效果变差。

长度 – 张力（力）曲线 [length-tension（force）curve ]——描绘肌肉或肌节长度与产生力的能力之间关系的曲线。

线性周期化（linear periodization）——遵循训练量减少和训练强度增加的总体趋势的训练，其同义术语是经典力量和爆发力周期化（classic strength and power periodization）及逐步周期化（stepwise periodization）。

长期停训（long detraining period）——可能持续数月或数年的停训。

长拉长 – 缩短周期（long stretch-shortening cycle）——快速伸缩复合动作的地面接触时间大于 250 毫秒，如排球运动中的下蹲跳和拦网跳。

脊柱前凸（lordosis）——脊柱向前弯曲，通常伴有骨盆前倾。

最大力量（maximal strength）——在一个练习中，肌肉或肌群以特定速度在特定运动模式中可产生的最大力，通常以 1RM 为衡量指标。

最大随意肌肉动作（maximal voluntary muscle action）——自发地产生肌肉在当前疲劳水平所允许的最大力，因此，尽管肌肉在不疲劳时可以产生更大的力，在一次重复中举起最大阻力和一组中力竭前的最后一次重复也是最大随意肌肉动作。

绝经（menopause）——中年女性将经历的一个阶段，标志其生殖能力的丧失，特征是雌激素减少和月经周期停止。

运动单位（motor unit）——α 运动神经元和与其相关联的肌纤维。

多关节练习（multijoint exercise）——涉及多于一个关节的练习，其同义术语是结构性练习（structural exercise）和多肌群练习（multi-muscle-group exercise）。

多肌群练习（multi-muscle-group exercise）——涉及多于一个肌群的练习，其同义术语是结构性练习（structural exercise）和多关节练习（multijoint exercise）。

多组训练体系（multiple-set system）——在

一节训练课中，同一个练习的执行组数多于一组的训练体系。

**肌肉动作特定性（muscle action specificity）**——当使用训练中执行的肌肉动作类型进行测试时，由训练引起的肌肉力量的增长幅度是最大的。

**肌肉活检（muscle biopsy）**——使用钢针取出骨骼肌样本的医疗程序。

**肌群特定性（muscle group specificity）**——力量、肌肥大、局部肌肉耐力的增加，或任何其他训练成果，只发生在接受训练的肌肉中。

**肌梭（muscle spindle）**——位于肌腹的感受器，监测肌肉的伸展和长度。

**肌肉 - 肌腱复合体（muscle-tendon complex）**——进行活动时肌肉与肌腱的相互作用。

**肌核域（myonuclear domain）**——由一个细胞核控制的肌纤维区域。

**肌球蛋白 ATP 酶染色法（myosin ATP ase staining method）**——用于鉴别肌纤维类型的组织化学分析。

**需求分析（needs analysis）**——对训练方案的代谢需求进行评估的过程，具体包括对确保方案成功的必要动作的生物力学分析以及训练者损伤史、特定运动或活动的损伤概况。

**负向强化训练（negative accentuated training）**——见强化离心训练（accentuated eccentric training）。

**离心训练（negative training）**——涉及使用大于能完成一次完整重复的 1RM 执行离心阶段动作的训练。

**神经肌肉接头（neuromuscular junction）**——作为 α 运动神经元和肌纤维之间接口的组织结构。

**非线性周期化（nonlinear periodization）**——通过以一定频率（如连续的训练课或每周训练）改变的若干个 RM 或接近 RM 的训练区间来改变训练强度和训练量。

**月经稀发（oligomenorrhea）**——曾经月经周期正常的女性出现不正常的月经周期（两次月经之间的间隔超过 36 天）。

**骨软骨炎（osteochondritis）**——生长软骨的炎症。

**剥脱性骨软骨炎（osteochondritis dissecans）**——关节中的骨或软骨（或二者）失去血液供应并坏死。

**双组训练（paired set training）**——进行若干组针对主动肌的练习后，拮抗肌的练习，按这种方式交替进行训练。

**旁分泌系统（paracrine system）**——激素被细胞释放出来并与另一个细胞的受体结合的系统。

**羽状角（pennation angle）**——肌纤维相对于肌腱拉伸的方向，附着在该肌腱上的角度。

**周期化（periodization）**——训练中发生的有计划的变化，以优化训练结果和避免训练平台期出现为目标。

**干扰训练（perturbation-based training）**——平衡训练的一种形式，强调对训练者质心的干扰，训练者必须对干扰进行反应并努力保持平衡。

**快速伸缩复合训练（plyometrics）**——爆发力训练方式之一，涉及拉长-缩短周期，通常包含自重跳跃练习和药球投掷练习。

**激活后增强（postactivation potentiation，PAP）**——在进行抗阻训练后不久，运动表现或功率输出提高，通常归因于神经调节，导致募集肌纤维的能力增强或神经保护机制被抑制。

**运动后低血压（postexercise hypotension）**——收缩压或舒张压在训练结束后立即降低。

**功率或爆发力（power）**——做功的速率，计算方法为力乘以距离除以时间。

**力竭前（pre-exhaustion）**——执行小肌群练习，然后执行涉及在小肌群练习中使用的肌群的大肌群练习，以使在两次练习中使用的肌群都产生疲劳。

**预康复训练（prehabilitation）**——旨在防止受伤的训练。

**主要练习（primary exercises）**——以特定动作训练主动肌的练习，主要是针对主要肌群的练习。

**方案设计（program design）**——一个系统化的过程，利用对抗阻训练基本原则的充分理解，满足每位训练者的需求。

**进阶（progression）**——为了产生期望的训练结果，随着时间的推移改变训练方案的过程。

**渐进式超负荷（progressive overload）**——在训练中，为使力量、爆发力或耐力增加，不断增加对身体施加的压力。

**渐进式抗阻（progressive resistance）**——类似于渐进式超负荷，但它特别适用于抗阻训练，

478

增加训练压力的最常见方法是增加要举起的重物质量（阻力），并重复特定的次数。

**本体感觉神经肌肉促进法**（proprioceptive neuromuscular facilitation，PNF）——采用拉伸－收缩－放松模式的拉伸技术。

**本体感受器**（proprioceptors）——感受肌腱和骨骼肌的长度、力和动作的特殊感受器。

**金字塔训练法**（pyramid system）——执行若干组相同练习，以较小的阻力和较多的每组重复次数开始，逐渐加大阻力并减少每组重复次数，随后逐渐增加重复次数并减小阻力，其同义术语是三角形训练法（triangle system）。

**Q 角**（Q-angle）——髂前上棘与髌骨中点的连线和髌骨中点与胫骨结节的连线之间的夹角。

**力的产生速率**（rate of force development）——单位时间内力的变化量。

**相对力量**（relative strength）——绝对力量除以总体重或去脂体重，或相对于总体重或去脂体重而言的力量。

**重复**（repetition）——一个练习的完整动作，通常包括向心和离心肌肉动作。

**最大重复**（repetition maximum，RM）——在一个练习中，使用特定阻力时，训练者可以完成特定的重复次数，但无法超过该重复次数。

**最大重复目标区间**（RM 目标区间）（repetition maximum target zone，RM target zone）——使用特定阻力，允许执行的重复次数差值小于 3 次（3~5RM，8~10RM）。

**最大重复训练区间**（RM 训练区间）（repetition maximum training zone，RM training zone）——在该训练区间中，执行一组练习的最大重复次数时会出现瞬时的失败，如在 4~6RM 训练区间中，每组执行 6 次重复。

**重复速度**（repetition speed）——在练习中执行动作的速度。

**静息代谢率**（resting metabolic rate，RMR）——完全休息的状态下消耗的能量。

**休息时间**（rest periods）——一节训练课的组间、练习间及训练课之间允许的恢复时间。

**反向线性周期化**（reverse linear periodization）——从低训练量、高训练强度过渡到高训练量、低训练强度的训练模式，或与线性周期化相反的训练模式。

**肌节**（sarcomere）——骨骼肌最小的收缩部分。

**肌少症**（sarcopenia）——与年龄相关的肌肉量减少。

**卫星细胞**（satellite cells）——在骨骼肌中没有细胞质的小细胞，位于基底膜与肌纤维膜之间。

**继发性闭经**（secondary amenorrhea）——之前月经规律的女性闭经超过 180 天。

**组**（set）——对于一项练习，连续执行的特定重复次数，通常在重复之间没有休息。

**短拉长－缩短周期**（short stretch-shortening cycle）——快速伸缩复合动作的地面接触时间小于 250 毫秒（如尽量减少与地面接触时间的跳深、冲刺）。

**单关节练习**（single-joint exercise）——主要涉及一个关节的练习，其同义术语是身体部位练习（body-part exercise）和单肌群练习（single-muscle-group exercise）。

**单肌群练习**（single-muscle-group exercise）——主要涉及一个肌群的练习，其同义术语是单关节练习（single-joint exercise）和身体部位练习（body-part exercise）。

**单组训练体系**（single-set system）——在一节训练课中，每项练习只执行一组的训练体系。

**大小原则**（size principle）——该原则指出，募集运动单位基于外力需求和大小（如肌纤维的数量、大小），运动单位的募集顺序是从低募集电阈值的运动单位到高募集电阈值的运动单位。

**骨骼肌纤维**（skeletal muscle fiber）——构成完整骨骼肌的单个细胞。

**肌丝滑动学说**（sliding filament theory）——肌肉收缩的原因是肌动蛋白丝相互作用并滑过静止的肌球蛋白丝，从而产生力。

**慢速拉伸**（slow stretching）——身体部位以缓慢和受控的方式进行动态的动作（如颈部旋转）。

**特定性**（specificity）——与训练相关的收益将特定于在训练方案中使用的确切条件。

**保护**（spotting）——由训练者以外的人实施的安全措施，以确保训练者的安全。

**叠加练习顺序**（stacking exercise order）——连续锻炼特定肌群，其反义术语是交替肌群顺序（alternating muscle group order）。

静态拉伸（static stretching）——柔韧性练习，要求训练者在伸展肌肉的同时自发地放松肌肉，然后将肌肉保持在稍感不适的伸展状态。

逐步周期化（stepwise periodization）——遵循训练量减少和训练强度增加的总体趋势的训练，其同义术语是经典力量和爆发力周期化（classic strength and power periodization）及线性周期化（linear periodization）。

拉长－缩短周期（stretch-shortening cycle）——一连串的肌肉动作，包括快速连续执行的一个离心肌肉动作、一个短暂的等长肌肉动作和一个向心肌肉动作。

结构性练习（structural exercise）——主要是涉及多个关节运动和多个肌群的练习，其同义术语是多关节练习（multijoint exercise）和多肌群练习（multi-muscle-group exercise）。

肌腱滞后（tendon hysteresis）——见滞后（hysteresis）。

肌肉－肌腱复合体刚度（MTC stiffness）——对肌肉－肌腱复合体施加的力与单位长度变化之间的关系。

测试特定性（testing specificity）——当使用在训练期间所用的练习或肌肉动作进行测试时，训练带来的肌肉力量或爆发力增长是最大的。

睾酮（testosterone）——一种类固醇激素，从男性睾丸中释放，也以远低于男性体内的浓度、从女性的卵巢和肾上腺皮质中释放。

全面体能训练方案（total conditioning program）——综合各种训练计划以提高一般和专项身体素质或改善健康（或两者）的训练方案；通常针对力量、爆发力、局部肌肉耐力、心肺耐力和柔韧性。

训练量（training volume）——衡量训练过程中所做的总功的指标。

转化特定性（transfer specificity）——训练方案导致某项活动或运动的表现发生变化的程度。

三角形训练法（triangle system）——执行若干组相同练习，以较小的阻力和较多的每组高重复次数开始，逐渐加大阻力并减少每组重复次数，随后逐渐增加每组重复次数并减小阻力，其同义术语是金字塔训练法（pyramid system）。

Ⅰ型（慢缩）肌纤维［type Ⅰ（slow-twitch）muscle fibers］——这种肌纤维的特点是氧化特性或耐力的水平较高，并且产生力的能力较差；通常比Ⅱ型肌纤维小。

Ⅱ型（快缩）肌纤维［type Ⅱ（fast-twitch）muscle fibers］——这种肌纤维的特点是氧化特性或耐力的水平较低，产生力的能力较强；通常比Ⅰ型肌纤维大。

不稳定平面训练法（unstable surface training）——在不稳定平面（如瑞士球、平衡盘或平衡板）上执行练习的训练。

瓦氏动作（Valsalva maneuver）——在屏住呼吸的同时试图通过闭合的声门呼气。

可变抗阻设备（variable resistance）——带有杠杆臂、凸轮或滑轮装置的设备，可在练习的全活动范围内改变阻力。

双可变抗阻设备（variable variable resistance）——一种可变抗阻设备，可以调整或改变练习的阻力曲线。

速度特定性（velocity specificity）——当以训练过程中使用的动作速度或与之接近的动作速度进行测试时，力量或爆发力的增长最大。

速度范围训练（velocity spectrum training）——包括以多种速度执行多组同一练习的训练，通常指等速训练。

振动训练法（vibration training）——在执行抗阻训练时使身体部位或全身振动；当站在振动平台上时会发生最常见的全身振动。

适应窗口（window of adaptation）——特定运动表现或生理变量提升或有积极变化的潜力，训练者越接近其遗传潜力上限，进一步提高的可能性就越小。

# 参考文献

Aagaard, P., and Andersen, J.L. 2010. Effects of strength training on endurance capacity in top-level endurance athletes. *Scandinavian Journal of Medicine & Science in Sports* 20 (Suppl.) 2: 39-47.

Aagaard, P., Andersen, J.L., Bennekou, M., Larsson, B., Olsen, J.L., Crameri, R., Magnusson, S.P., and Kjaer, M. 2011. Effects of resistance training on endurance capacity and muscle fiber composition in young top-level cyclists. *Scandinavian Journal of Medicine & Science in Sports* 21: 298-307.

Aagaard, P., Andersen, J.L., Poulsen, P.D., Leffers, A.M., Wagner, A., Magnusson, S.P., Kristensen, J.H., and Simonsen, J. 2001. A mechanism for increased contractile strength of human pennate muscles in response to strength training: Changes in muscle architecture. *Journal of Physiology* 534: 613-623.

Abe, T., Bechue, W.F., Fujita, S., and Brown, J.R. 1998. Gender differences in FFM accumulation and architectural characteristics of muscle. *Medicine & Science in Sports & Exercise* 30: 1066-1070.

Abe, T., Brown, J.B., and Brechue, W.F. 1999. Architectural characteristics of skeletal muscle in black and white college football players. *Medicine & Science in Sports & Exercise* 31: 1448-1452.

Abe, T., Kearns, C., and Sato, Y. 2006. Muscle size and strength are increased following walk training with restricted venous blood flow from the leg muscle, kaatsu-walk training. *Journal of Applied Physiology* 100: 1460-1466.

Abernathy, P.J., Thayer, R., and Taylor, A.W. 1990. Acute and chronic responses of skeletal muscle to endurance and sprint exercise: A review. *Sports Medicine* 10: 365-389.

Abraham, S.F., Beumont, P.J., Fraser, I.S., and Llewel-lyn-Jones, D. 1982. Body weight, exercise and men-strual status among ballet dancers in training. *British Journal of Obstetrics and Gynecology* 89: 507-510.

Adams, G. 1998. Role of insulin-like growth factor-I in the regulation of skeletal muscle adaptation to increased loading. *Exercise and Sports Science Reviews* 26: 31-60.

Adams, G., Hather, B.M., Baldwin, K.M., and Dudley, G.A. 1993. Skeletal muscle myosin heavy chain composition and resistance training. *Journal of Applied Physiology* 74: 911-915.

Adams, G., and McCue, S. 1998. Localized infusion of IGF-I results in skeletal muscle hypertrophy in rats. *Journal of Applied Physiology* 84: 1716-1722.

Adams, J.B., Edwards, D., Servirettee, D., Bedient, A.M., Huntsman, E., Jacobs, K.A., Del Rossi, G., Roos, B.A., and Signorile, J.F. 2009. Optimal fre-quency, displacement, duration, and recovery patterns to maximize power output following acute whole-body vibration. *Journal of Strength and Conditioning Research* 3: 237-245.

Adams, K., O'Shea, J.P., O'Shea, K.L., and Climstein, M. 1992. The effect of six weeks of squat, plyometric and squat-plyometric training on power production. *Journal of Applied Sport Science Research* 6: 36-41.

Ades, P.A., Savage, P.D., Brochu, M., Tischler, M.D., Lee, N.M., and Poehlman, E.T. 2005. Resistance training increases total daily energy expenditure in disabled older women with coronary heart disease. *Journal of Applied Physiology* 98: 1280-1285.

Adler, Y., Fisman, E.Z., Koren-Morag, N., Tanne, D., Shemesh, J., Lasry, E. and Tenenbaum, A. 2008. Left ventricular diastolic function in trained male weight lifters at rest and during isometric exercise. *American Journal of Cardiology* 102: 97-101.

Aguilar, A.J., DiStefano, L.J., Brown, C.N., Herman, D.C., Guskiewicz, K.M., and Padua, D.A. 2012. A dynamic warm-up model increases quadriceps strength and hamstring flexibility. *Journal of Strength and Conditioning Research* 26: 1130-1141.

Ahtiainen, J.P., and Häkkinen, K. 2009. Strength athletes are capable to produce greater muscle activation and general fatigue during high-intensity resistance exercise than nonathletes. *Journal of Strength and Conditioning Research* 23: 1129-1134.

Ahtiainen, J.P., Hulmi, J.J., Kraemer, W.J., Lehti, M., Nyman, K., Sel.nne, H., Alen, M., Pakarinen, A., Komulainen, J., Kovanen, V., Mero, A.A., and H.k-kinen, K. 2011. Heavy resistance exercise training and skeletal muscle androgen receptor expression in younger and older men. *Steroids* 76: 183-192.

Ahtiainen, J.P., Hulmi, J.J., Kraemer, W.J., Lehti, M., Pakarinen, A., Mero, A.A., Karavirta, L., Sillanp.., E., Sel.nne, H., Alen, M., Komulainen, J., Kovanen, V., Nyman, K., and Häkkinen, K. 2009. Strength, endurance or combined training elicit diverse skeletal muscle myosin heavy chain isoform proportion but unaltered androgen receptor concentration in older men. *International Journal of Sports Medicine* 30: 879-887.

Ahtiainen, J.P., Pakarinen, A., Alen, M., Kraemer, W.J., and Häkkinen, K. 2005. Short vs. long rest period between the sets in hypertrophic resistance training: Influence on muscle strength, size, and hormonal adaptations in trained men. *Journal of Strength and Conditioning Research* 19: 572-582.

Akima, H., Takahashi, H., Kuno, S., Masuda, K., Masuda, T., Shimojo, H., Anno, I., Ital, Y., and Katsuta, S. 1999. Early phase adaptations of muscle use and strength to isokinetic training. *Medicine & Science in Sports & Exercise* 31: 588-594.

Alcaraz, P.E., Sanchez-Lorente, J., and Blazevich, A.J. 2008. Physical performance and cardiovascular responses to an acute bout of heavy resistance circuit training versus traditional strength training. *Journal of Strength and Conditioning Research* 22: 667-671.

Alegre, L.M., Lara, A.J., Elvira J.L., and Aguado, X. 2009. Muscle morphology and jump performance: Gender and intermuscular variability. *Journal of Sports Medicine and Physical Fitness* 49: 320-360.

Alen, M., Pakarinen, A., Häkkinen, K., and Komi, P.B. 1988. Responses of serum androgenic-anabolic and catabolic hormones to prolonged strength training. *International Journal of Sports Medicine* 9: 229-233.

Alfredson, H., Pietila, T., Jonsson, P., and Lorentzon, R. 1998. Heavy-load eccentric calf muscle training for the treatment of chronic Achilles *tendinosis*. *American Journal of Sports Medicine* 26: 360-366.

Allen, T.E., Byrd, R.J., and Smith, D.P. 1976. Hemo-dynamic consequences of circuit weight training. *Research*

481

*Quarterly* 47: 299-307.

Allsen, P.E., Parsons, P., and Bryce, G.R. 1977. Effect of menstrual cycle on maximum oxygen uptake. *The Physician and Sportsmedicine* 5: 52-55.

Aloia, J.F., Vaswani, A., Ma, R., and Flaster, E. 1995. To what extent is bone mass determined by fat-free for fat mass? *American Journal of Clinical Nutrition* 61: 1110-1114.

Alter, M.J. 1998. Sports stretch. Champaign, IL: Human Kinetics. Alway, S.E. 1994. Characteristics of the elbow flexors in women bodybuilders using androgenic-anabolic steroids. *Journal of Strength and Conditioning Research* 8: 161-169.

Alway, S.E., Grumbt, W.H., Gonyea, W.J, and Stary-Gundersen, J. 1989. Contrast in muscle and myofibers of elite male and female bodybuilders. *Journal of Applied Physiology* 67: 24-31.

Alway, S.E., Grumbt, W.H., Stary-Gundersen, J., and Gonyea, W.J. 1992. Effects of resistance training on elbow flexors of highly competitive bodybuilders. *Journal of Applied Physiology* 72: 1512-1521.

Alway, S.E., MacDougall, J.D., and Sale, D.G. 1989. Contractile adaptations in the human triceps surae after isometric exercise. *Journal of Applied Physiology* 66: 2725-2732.

Alway, S.E., MacDougall, J.D., Sale, D.G., Sutton, J.R., and McComas, A.J. 1988. Functional and structural adaptations in skeletal muscle of trained athletes. *Journal of Applied Physiology* 64: 1114-1120.

Alway, S.E., Sale, D.G., and MacDougall, J.D. 1990. Twitch contractile adaptations are not dependent on the intensity of isometric exercise in the human triceps surae. *European Journal of Applied Physiology* 60: 346-352.

Alway, S.E., Winchester, P.K., Davies, M.E., and Gonyea, W.J. 1989. Regionalized adaptations and muscle fiber proliferation in stretch-induced enlargement. *Journal of Applied Physiology* 66: 771-781.

American Academy of Pediatrics. 2008. Strength training by children and adolescents. *Pediatrics* 121: 835-840.

American College of Sports Medicine. 1993. The prevention of sport injuries of children and adolescents. *Medicine & Science in Sports & Exercise* 25 (8 Suppl.): 1-7.

American College of Sports Medicine. 2001. Resource manual. *ACSM guidelines for exercise testing and prescription*, 4th ed. Baltimore: Lippincott Williams & Wilkins.

American College of Sports Medicine. 2002. Position stand. Progression models in resistance training for healthy adults. *Medicine & Science in Sports & Exercise* 34: 364-380.

American College of Sports Medicine. 2008. Selected issues for the adolescent athlete and team physician: Consensus statement. *Medicine & Science in Sports & Exercise* 40: 1997-2012.

American College of Sports Medicine. 2009. Progression models in resistance training for healthy adults. *Medicine & Science in Sports & Exercise* 41: 687-708.

American College of Sports Medicine. 2011. Quantity and quality of exercise for developing and maintaining cardiorespiratory, musculoskeletal, and neuromotor fitness in apparently healthy adults: Guidance for prescribing exercise. *Medicine & Science in Sports & Exercise* 43: 1334-1359.

American Orthopedic Society for Sports Medicine. 1988. *Proceedings of the conference on strength training and the prepubescent.* Chicago: American Orthopedic Society for Sports Medicine.

Amusa, L.O., and Obajuluwa, V.A. 1986. Static versus dynamic training programs for muscular strength using the knee-extensors in healthy young men. *Journal of Orthopaedic and Sports Physical Therapy* 8: 243-247.

Andersen, J.L., and Aagaard, P. 2000. Myosin heavy chain IIx overshoot in human skeletal muscle. *Muscle and Nerve* 23: 1095-1104.

Andersen, L.L., Andersen, J.L., Magnusson, S.P., and Aagaard, P. 2005. Neuromuscular adaptations to detraining following resistance training in previously untrained subjects. *European Journal of Applied Physiology* 93: 511-518.

Anderson, B. 2010. *Stretching*. Bolinas, CA: Shelter Publications.

Anderson, C.E., Sforzo, G.A., and Sigg, J.A. 2008. The effects of combining elastic and free weight resistance on strength and power in athletes. *Journal of Strength and Conditioning Research* 22: 567-574.

Anderson, T., and Kearney, J.T. 1982. Muscular strength and absolute and relative endurance. *Research Quarterly for Exercise and Sport* 53: 1-7.

Aniansson, A., Grimby, G., and Hedberg, M. 1992. Compensatory muscle fiber hypertrophy in elderly men. *Journal of Applied Physiology* 73: 812-816.

Aniansson, A., and Gustavsson, E. 1981. Physical training in elderly men with specific reference to quadriceps muscle strength and morphology. *Clin-ical Physiology* 1: 87-98.

Annino, G., Padua, E., Castagna, C., Di Salvo, V., Minichella, S., Tsarpela, O., Manzi, V., and D'Otta-vio, S. 2007. Effect of whole body vibration training on lower limb performance in selected high-level ballet students. *Journal of Strength and Conditioning Research* 24: 1072-1076.

Antonio, J., and Gonyea, W.J. 1994. Muscle fiber splitting in stretch-enlarged avian muscle. *Medicine and Science in Sports and Exercise* 26: 973-977.

Ariel, G. 1977. Barbell vs. dynamic variable resistance. *U.S. Sports Association News* 1: 7.

Atha, J. 1981. Strengthening muscle. *Exercise and Sport Sciences Reviews* 9: 1-73.

Augustsson, J., Esko, A., Thomee, R., and Svantes-son, U. 1998. Weight training of the thigh muscles using closed vs. open kinetic chain exercises: A comparison of performance enhancement. *Journal of Orthopedic and Sports Physical Therapy* 27: 3-8.

Augustsson, J., Thomeé, R., H.rnstedt, P., Lindblom, J., Karlsson J., and Grimby G. 2003. Effect of pre-exhaustion exercise on lower-extremity muscle activation during a leg press exercise. *Journal of Strength and Conditioning Research* 17: 411-416.

Aura, O., and Komi, P.V. 1986. The mechanical efficiency of locomotion in men and women with special emphasis on stretch-shortening exercises. *European Journal of Applied Physiology* 55: 37-43.

Australian Strength and Conditioning Association. 2007. Resistance training for children and youth: A position stand from the Australian Strength and Conditioning Association.Baar, K. 2006. Training for endurance and strength: Lessons from cell signaling. *Medicine & Science in Sports & Exercise* 38: 1939-1944.

Baar, K., and Esser K. 1999. Phosphorylation of p70S6k correlates with increased skeletal muscle mass following resistance exercise. *American Journal of Physiology (Cell Physiology)* 276: C120-C127.

Babault, N., Maffiuletti, N.A., and Pousson, M. 2008.

Postactivation potentiation in human knee extensors during dynamic passive movements. *Medicine & Science in Sports & Exercise* 40: 735-743.

Baechle, T.R., Earle, R.W., and Wathen, D. 2000. Resistance training. In *Essentials of strength training and conditioning*, edited by T.R. Baechle and R.W. Earle, 2nd ed., 395-425. Champaign, IL: Human Kinetics.

Baker, D. 2001a. A series of studies on the training of high-intensity muscle power and rugby league football players. *Journal of Strength and Conditioning Research* 15: 198-209.

Baker, D. 2001b. Acute and long-term power responses to power training: Observations on the training of an elite power athlete. *Strength and Conditioning Journal* 23: 47-56.

Baker, D. 2001c. Comparison of upper-body strength and power between professional and college-aged rugby league players. *Journal of Strength and Conditioning Research* 15: 30-35.

Baker, D., Nance, S., and Moore M. 2001a. The load that maximizes the average mechanical power output during explosive bench press throws in highly trained athletes. *Journal of Strength and Conditioning Research* 15: 20-24.

Baker, D., Nance, S., and Moore M. 2001b. The load that maximizes the average mechanical power output during jump squats in power-trained athletes. *Journal of Strength and Conditioning Research* 15: 92-97.

Baker, D.G., and Newton, R.U. 2005. Methods to increase the effectiveness of maximal power training for the upper body. *Strength and Conditioning Journal* 27: 24-32.

Baker, D.G., and Newton, R.U. 2009. Effect of kinetically altering a repetition via the use of chain resistance on velocity during the bench press. *Journal of Strength and Conditioning Research* 23: 1941-1946.

Baker, D., Wilson, G., and Carlyon, R. 1994a. Generality versus specificity: A comparison of dynamic and isometric measures of strength and speed-strength. *European Journal of Applied Physiology* 68: 350-355.

Baker, D., Wilson, G., and Carlyon, R. 1994b. Periodization: The effect on strength of manipulating volume and intensity. *Journal of Strength and Conditioning Research* 8: 235-242.

Bakhitary, A., Safavi-Farokhi, Z., and Aminian-Fra, A. 2006. Influence of vibration on delayed onset muscle soreness following eccentric exercise. *British Journal of Sports Medicine* 41: 145-148.

Ballor, D.L., Becque, M.D., and Katch, V.L. 1987. Metabolic responses during hydraulic resistance exercise. *Medicine & Science in Sports & Exercise* 19: 363-367.

Bamman, M.M., Hunger, G.R., Newton, L.E., Roney, R.K., and Khaled, M.A. 1993. Changes in body composition, diet, and strength of body builders during the 12 weeks prior to competition. *Journal of Sports Medicine and Physical Fitness* 33: 383-391.

Bamman, M.M., Shipp, J.R., Jiang, J., Gower, B.A., Hunter, G.R., Goodman, A., McLafferty, C.L., Jr., and Urban, R.J. 2001. Mechanical load increases muscle IGF-I and androgen receptor mRNA concentrations in humans. *American Journal of Physiology: Endocrinology and Metabolism* 280: E383-E390.

Barbosa, A.R., Santarem, J.M., Filho, W.J., Marucci, M.D.N. 2002. Effects of resistance training on the sit-and-reach test in elderly women. *Journal of Strength and Conditioning Research* 16: 14-18.

Barker, M., Wyatt, T.J., Johnson, R.L., Stone, M.H., O'Bryant, H.S., Poe, C., and Kent, M. 1993. Performance factors, psychological assessment, physical characteristics, and football playing ability. *Journal of Strength and Conditioning Research* 7: 224-233.

Barnekow-Bergkvist, M., Hedberg, G., Janlert, U., and Jansson, E. 1996. Physical activity pattern in men and women at the ages of 16 and 34 and development of physical activity from adolescence to adulthood. *Scandinavian Journal of Medicine & Science in Sports* 6: 359-370.

Barnett, L.S. 1985. Little league shoulder syndrome: Proximal humeral epiphyseolysis in adolescent baseball pitchers. *Journal of Bone and Joint Surgery* 7A: 495-496.

Bartholomeu, S.A. 1985. Plyometrics and vertical jump training. Master's thesis, University of North Carolina, Chapel Hill.

Bass, A., Mackova, E., and Vitek, V. 1973. Activity of some enzymes of energy supplying metabolism in rat soleus after tenotomy of synergistic muscles and in contralateral control muscle. *Physiologica Bohemoslovaca* 22: 613-621.

Bass, S.L. 2000. The prepubertal years: A unique opportune stage of growth when the skeleton is most responsive to exercise? *Sports Medicine* 30: 73-70.

Bassey, E.J., Fiatarone, M.A., O'Neil, E.F., Kelly, M., Evans, W.J., and Lipsitz, L.A. 1992. Leg extensor power and functional performance in very old men and women. *Clinical Science* 82: 321-327.

Bassey, E.J., and Harries, U.J. 1993. Normal values for handgrip strength in 920 men and women aged over 65 years, and longitudinal changes over 4 years in 620 survivors. *Clinical Science* 84: 331-337.

Bastiaans, J.J., van Diemen, A.B., Veneberg, T., and Jeukendrup, A.E. 2001. The effects of replacing a portion of endurance training by explosive strength training on performance in trained cyclists. *European Journal of Applied Physiology* 86: 79-84.

Batista, M.A.B., Ugrinowitsch, C., Roschell, H., Lotufo, R., Ricard, M.D., and Tricoli, V.A.A. 2007. Intermittent exercise as a conditioning activity to induce postactivation potentiation. *Journal of Strength and Conditioning Research* 21: 837-840.

Baty, J.J., Hwang, H., Ding, Z., Bernard, J.R., Wang, B., Kwon, B., and Ivy, J.L. 2007. The effect of a carbohydrate and protein supplement on resistance exercise performance, hormonal response, and muscle damage. *Journal of Strength and Conditioning Research.* 21: 321-329.

Bauer, J.A., Fry, A., and Carter, C. 1999. The use of lumbar-supporting weight belts while performing squats: Erector spinae electromyographic activity. *Journal of Strength Conditioning Research* 13: 384-388.

Bauer, T., Thayer, R.E., and Baras, G. 1990. Comparison of training modalities for power development in the lower extremity. *Journal of Applied Sport Science Research* 4: 115-121.

Baumann, G. 1991a. Growth hormone heterogeneity: Genes, isohormones, variants, and binding proteins. *Endocrine Reviews* 12: 424-443.

Baumann, G. 1991b. Metabolism of growth hormone (GH) and different molecular forms of GH in biological fluids. *Hormone Research Supplement* 36: 5-10.

Baumgaertner, M.R., and Higgins, T.F. 2002. Femoral neck fractures. In Rockwood and Green's Fractures in Adults, edited by R.W. Buchholz and J.D. Heck-man, 5th ed.

Philadelphia, PA: Lippincott Williams and Wilkins; 2001.

Baumgartner, T., and Wood, S. 1984. Development of shoulder-girdle strength-endurance in elementary children. *Research Quarterly for Exercise and Sport* 55: 169-171.

Bazett-Jones, D.M., Gibson, M.H., and McBride, J.M. 2008. Sprint and vertical jump performances are not affected by six weeks of static hamstring stretching. *Journal of Strength and Conditioning Research* 22: 25-31.

Beck, T.W., Housh, T.J., Johnson, G.O., Weir, J.P., Cramer, J.T., Coburn, J.W., Malek, M.H., and Mielke, M. 2007. Effects of two days of isokinetic training on strength electromyographic amplitude in the agonist and antagonist muscles. *Journal of Strength and Conditioning Research* 21: 757-762.

Beedle, B., Jesse, C., and Stone, M.H. 1991. Flexibility characteristics among athletes who weight train. *Journal of Applied Sport Science Research* 5: 150-154.

Behm, D.G., Button, D.C., and Butt, J.C. 2001. Factors affecting force loss with prolonged stretch ing. *Canadian Journal of Applied Physiology* 26: 261-272.

Behm, D.G., and Chaouachi, A. 2011. A review of the acute effects of static and dynamic stretching on performance. *European Journal of Applied Physiology* 111: 2633-2651.

Behm, D.G., Drinkwater, E.J., Willardson, J.M., and Cowley, P.M. 2010. Canadian Society for Exercise Physiology positions stand: The use of instability to train the core in athletic and nonathletic conditioning. *Applied Physiology, Nutrition and Metabolism* 35: 109-112.

Behm, D.G., and Sale, D.G. 1993. Velocity specificity of resistance training. Sports Medicine 15: 374-388.

Behm, D.G., Wahl, M.J., Button, D.C., Power, K.E., and Anderson, K.G. 2005. Relationship between hockey skating speed and select performance mea-sures. *Journal of Strength and Conditioning Research* 19: 326-331.

Behringer, M., Heede, A., Yue, Z., and Mester, J. 2010. Effects of resistance training in children and adolescents: A meta-analysis. Pediatrics 125: 999-1000.

Belanger, A., and McComas, A.J. 1981. Extent of motor unit activation during effort. *Journal of Applied Physiology* 51: 1131-1135.

Bell, G.J., Petersen, S.R., Maclean I., Reid, D.C., and Quinney, H.A. 1992. Effect of high velocity resis-tance training on peak torque, cross sectional area and myofibrillar ATPase activity. *Journal of Sports Medicine and Physical Fitness* 32: 10-17.

Bell, G.J., Petersen, S.R., Wessel, J., Bagnall, K., and Quinney, H.A. 1991a. Adaptations to endurance and low velocity resistance training performed in a sequence. *Canadian Journal of Sport Science* 16: 186-192.

Bell, G.J., Petersen, S.R., Wessel, J., Bagnall, K., and Quinney, H.A. 1991b. Physiological adaptations to concurrent endurance training and low velocity resistance training. *International Journal of Sports Medicine* 12: 384-390.

Bell, G.J., Snydmiller, G.D., Neary, J.P., and Quinney, H.A. 1989. The effect of high and low velocity resistance training on anaerobic power output in cyclists. *Journal of Human Movement Studies* 16: 173-181.

Bell, G.J., Syrotuik, D.G., Attwood, K., and Quinney, H.A. 1993. Maintenance of strength gains while performing endurance training in oarswomen. *Journal of Applied Physiology* 18: 104-115.

Bell, G.J., Syrotuik, D., Martin, T.P., Burnham, R., and Quinney, H.A. 2000. Effect of concurrent strength and endurance training on skeletal muscle properties and hormone concentrations in humans. *Euro-pean Journal of Applied Physiology* 81: 418-427.

Bell, G., Syrotuik, D., Socha, T., MacLean, I., and Quinney, H.A. 1997. Effects of strength training and concurrent strength and endurance training on strength, testosterone, and cortisol. *Journal of Strength and Conditioning Research* 11: 57-64.

Bellar, D.M., Muller, M.D., Barkley, J.E., Kim, C-H., Ida, K., Ryan, E.J., Bliss, M.V., and Glickman, E.L. 2011. The effects of combined elastic-and free-weight tension vs. free weight tension on one-repetition maximum strength in the bench press. *Journal of Strength and Conditioning Research* 25: 459-463.

Bemben, D.A., Fetters, N.L., Bemben, M.G., Nabavi, N., and Koh, E.T. 2000. Musculoskeletal responses to high-and low-intensity resistance training in early postmenopausal women. *Medicine & Science in Sports & Exercise* 32: 1949-1957.

Bender, J., and Kaplan, H. 1963. The multiple angle testing method for the evaluation of muscle strength. *Journal of Bone and Joint Surgery* 45A: 135-140.

Bennett, S. 2008. Using strongman exercises and train-ing. *Strength and Conditioning Journal* 30 (3): 42-43.

Ben Sira, D., Amir, R., Amir, O., Yamin, C., Eynon, N., Meckel, Y., Sagiv, M., and Sagiv, M. 2010. Effect of different sprint training regimes on the oxygen delivery-extraction in elite sprinters. *Journal of Sports Medicine and Physical Fitness* 50: 121-125.

Benson, A.C., Torode, M.E., and Fiatarone-Singh, M.A. 2008. The effect of high-intensity progressive resistance training on adiposity in children: A randomized controlled trial. *International Journal of Obesity* 32: 1016-1027.

Benton, M.J., Kasper, M.J., Raab, S.A., Waggener, G.T., Swan, P.D. 2011. Short-term effects of resistance training frequency on body composition and strength in middle-aged women. *Journal of Strength and Conditioning Research* 25: 3142-3149.

Bera, S.G., Brown, L.E., Zinder, S.M., Noffal, G.J., Murray, D.P., and Garrett, N.M. 2007. The effects of velocity-spectrum training on the ability to rapidly step. *Journal of Strength and Conditioning Research* 21: 1101-1107.

Berger, M.J., and Doherty, T.J. 2010. Sarcopenia: Prev-alence, mechanisms, and functional consequences. *Interdisciplinary Topics in Gerontology* 37: 94-114.

Berger, R.A. 1962a. Effect of varied weight training programs on strength. Research Quarterly 33: 168-181.

Berger, R.A. 1962b. Optimum repetitions for the development of strength. *Research Quarterly* 33: 334-338.

Berger, R.A. 1962c. Comparison of static and dynamic strength increases. *Research Quarterly* 33: 329-333.

Berger, R.A. 1963a. Comparative effects of three weight training programs. *Research Quarterly* 34: 396-398.

Berger, R.A. 1963b. Comparison between static train-ing and various dynamic training programs. *Research Quarterly* 34: 131-135.

Berger, R.A. 1963c. Effects of dynamic and static training on vertical jump ability. *Research Quarterly* 34: 419-424.

Berger, R.A. 1963d. Comparison of the effect of various weight training loads on strength. *Research Quarterly* 36: 141-146.

Berger, R.A., and Hardage, B. 1967. Effect of maximum loads for each of ten repetitions on strength improvement.

*Research Quarterly* 38: 715-718.

Bergeron, M.F., Nindl, B.C., Deuster, P.A., Baumgartner, N., Kane, S., Kraemer, W.J., Sexauer, L.R., Thompson, W.R., and O'Connor, F.G. 2011. Consortium for Health and Military Performance and American College of Sports Medicine consensus paper on extreme conditioning programs. *Current Sports Medicine Reports* 10: 383-389.

Bermon, S., Ferrari, P., Bernard, P., Altare, S., and Dolisi, C. 1999. Responses of total and free insulin-like growth factor-1 and insulin-like growth factor binding protein-3 after resistance exercise and training in elderly subjects. *Acta Physiologica Scandinavica* 165: 51-56.

Berning, J.M., Adams, K.J., DeBeliso, M., Sevene-Ad-ams, P.G., Harris, C., and Stamford, B.A. 2010. Effect of functional isometric squats on vertical jump in trained and untrained men. *Journal of Strength and Conditioning Research* 24: 2285-2289.

Berning, J.M., Coker, C.A., and Briggs, D. 2008. The biomechanical and perceptual influence of chain resistance on the performance of the Olympic clean. *Journal of Strength and Conditioning Research* 22: 390-395.

Berryman, N., Maurel, D., and Bosquet, L. 2010. Effect of plyometric vs. dynamic weight training on the energy cost of running. *Journal of Strength and Conditioning Research* 24: 1818-1825.

Bickel, C.S., Cross, J.M., and Bamman, M.M. 2011. Exercise dosing to retain resistance training adaptations in young and older adults. *Medicine & Science in Sports & Exercise* 43: 1177-1187.

Biewener, A.A., and Roberts, T.J. 2000. Muscle and tendon contributions to force, work, and elastic energy savings: A comparative perspective. *Exercise and Sport Sciences Reviews* 28: 99-107.

Bilanin, J.E., Blanchard, M.S., and Russek-Cohen, E. 1989. Lower vertebral bone density in male long distance runners. *Medicine & Science in Sports & Exercise* 21: 66-70.

Billeter, R., Jostarndt-Fogen, K., Gunthor, W., and Hoppeler, H. 2003. Fiber type characteristics and myosin light chain expression in a world champion shot putter. *International Journal of Sports Medicine* 4: 203-207.

Biolo, G., Fleming, R.Y., Maggi, S.P., and Wolfe, R.R. 1995. Transmembrane transport and intracellular kinetics of amino acids in human skeletal muscle. *American Journal of Physiology* 268: E75-E84.

Biolo, G., Tipton, K.D., Klein, S., and Wolfe, R.R. 1997. An abundant supply of amino acids enhances the metabolic effect of exercise on muscle protein. *American Journal of Physiology* 36: E122-E129.

Biolo, G., Williams, B.D., Fleming, R.Y., and Wolfe, R.R. 1999. Insulin action on muscle protein kinetics and amino acid transport during recovery after resistance exercise. *Diabetes* 48: 949-957.

Bishop, D., Girard, O., and Mendez-Villanueva, A. 2011. Repeated-sprint ability-part II: Recommendations for training. *Sports Medicine* 41: 741-756.

Bishop, D.C., Smith, R.J., Smith, M.F., and Rigby, H.E. 2009. Effect of plyometric training on swimming block start performance in adolescents. *Journal of Strength and Conditioning Research* 23: 2137-2143.

Bishop, P., Cureton, K., and Collins, M. 1987. Sex difference in muscular strength in equally trained men and women. *Ergonomics* 30: 675-687.

Black, C.D., and McCully, K.K. 2008. Muscle injury after repeated bouts of voluntary and electrically stimulated exercise. *Medicine & Science in Sports & Exercise* 40: 1605-1615.

Blackey, J.B., and Southard, D. 1987. The combined effects of weight training and plyometrics on dynamic leg strength and leg power. *Journal of Applied Sport Science Research* 1: 14-16.

Blain, H., Vuillemin, A., Teissier, A., Hanesse, B., Guillemin, F., and Jeandel, C. 2001. Influence of muscle strength and body weight and composition on regional bone mineral density in healthy women aged 60 years and over. *Gerontology* 47: 207-212.

Bland, R. 2000. Steroid hormone receptor expression and action in bone. *Clinical Science* 98: 217-240.

Blattner, S.E., and Noble, L. 1979. Relative effects of isokinetic and plyometric training on vertical jumping performance. *Research Quarterly* 50: 583-588.

Blazevich, A.J. 2006. Effects of physical training and the training, mobilization, growth and aging on human fascicle geometry. *Sports Medicine* 36: 1003-1017.

Blazevich, A.J., Cannavan, D., Coleman, D.R., and Horne, S. 2007. Influence of concentric and eccentric resistance training on architectural adaptation in human quadriceps muscles. *Journal of Applied Physiology* 103: 1565-1575.

Blessing, D., Stone, M., Byrd, R., Wilson, D., Rozenek, R., Pushparani, D., and Lipner, H. 1987. Blood lipid and hormonal changes from jogging and weight training in middleaged men. *Journal of Applied Sport Science Research* 1: 25-29.

Blimkie, C.J.R. 1992. Resistance training during pre-and early puberty: Efficacy, trainability, mechanisms, and persistence. *Canadian Journal of Sport Sciences* 17: 264-279.

Blimkie, C.J.R. 1993. Resistance training during pre-adolescence issues and controversies. *Sports Medicine* 15: 389-407.

Blimkie, C.J.R., Ramsay, J., Sale, D., MacDougall, D., Smith, K., and Garner, S. 1989. Effects of 10 weeks resistance training on strength development in prepubertal boys. In *Children and exercise XIII*, edited by S. Oseid and K.H. Carlsen, 183-197. Champaign, IL: Human Kinetics.

Blanksby, B., and Gregory, J. 1981. Anthropometric, strength, and physiological changes in male and female swimmers with progressive resistance training. *Australian Journal of Sport Science* 1: 3-6.

Blossner, M., and de Onis, M. 2005. Malnutrition: Quantifying the health impact at national and local levels. World Health Organization, *WHO Environmental Burdens of Disease Series*, No. 12. Geneva.

Bocalini, D.S., Serra, A.J., dos Santos, L., Murad, N., and Levy, R.F. 2009. Strength training preserves the bone mineral density of postmenopausal women without hormone replacement therapy. *Journal of Aging and Health* 21: 519-527.

Boirie, Y. 2009. Physiopathological mechanism of sarcopenia. The Journal of Nutrition, *Health & Aging* 13: 717-723.

Bond, V., Jr., Wang, P., Adams, R.G., Johnson, A.T., Vaccaro, P., Tearney, R.J., Millis, R.M., Franks, B.D., and Bassett, D.R. Jr. 1996. Lower leg high-intensity resistance training and peripheral hemodynamic adaptations. *Canadian Journal of Physiology* 21: 209-217.

Bonde-Peterson, F. 1960. Muscle training by static, concentric and eccentric contractions. *Acta Physiologica Scandinavica* 48: 406-416.

Bonde-Peterson, F., and Knuttgen, H.G. 1971. Effect

of training with eccentric muscle contractions on human skeletal muscle metabolites. *Acta Physiologica Scandinavica* 80: 16A-17A.

Bonde-Peterson, F., Knuttgen, H.G., and Henriksson, J. 1972. Muscle metabolism during exercise with concentric and eccentric contractions. *Journal of Applied Physiology* 33: 792-795.

Bonde-Peterson, F., Mork, A.L., and Nielsen, E. 1975. Local muscle blood flow and sustained contractions of human arms and back muscles. *European Journal of Applied Physiology and Occupational Physiology* 34: 43-50.

Borst, S.E., De Hoyos, D.V., Garzarella, L., Vincent, K., Pollock, B.H., Lowenthal, D.T., and Pollock, M.L. 2001. Effects of resistance training on insulin-like growth factor-I and IGF binding proteins. *Medicine and Science in Sports and Exercise* 33: 648-653.

Bosco, C., Colli, R., Bonomi, R., von Duvillard, S.P., and Viru, A. 2000. Monitoring strength training: Neuromuscular and hormonal profile. *Medicine & Science in Sports & Exercise* 32: 202-208.

Bosco, C., and Komi, P.V. 1980. Influence of aging on the mechanical behavior of leg extensor muscles. *European Journal of Applied Physiology* 45: 209-219.

Bosco, C., Montanari, G., Ribacchi, R., Giovenali, P., Latteri, F., Iachelli, G., Faina, M., Coli, R., Dal Monte, A., La Rosa, M., Cortili, G., and Saibene, F. 1987. Relationship between the efficiency of muscular work during jumping and the energetics of running. *European Journal of Applied Physiology* 56: 138-143.

Bosco, C., and Pittera, C. 1982. Zur trainings Wirkung neuentwicker Sprungubungen auf die Explosivkraft. *Leistungssport* 12: 36-39.

Bosco, C., Tarkka, I., and Komi, P.V. 1982. Effects of elastic energy and myoelectrical potentiation of triceps surae during stretch-shortening cycle exercises. *Sports Medicine* 3: 137-140.

Boyer, B.T. 1990. A comparison of the effects of three strength training programs on women. *Journal of Applied Sport Science Research* 4: 88-94.

Brady, T., Cahill, B., and Bodnar, L. 1982. Weight training related injuries in the high school athlete. *American Journal of Sports Medicine* 10: 1-5.

Braith, R.W., Graves, J.E., Leggett, S.H., and Pollock, M.L. 1993. Effect of training on the relationship between maximal and submaximal strength. *Medicine & Science in Sports & Exercise* 25: 132-138.

Braith, R.W., and Stewart, K.J. 2006. Resistance exercise training: Its role in the prevention of cardiovascular disease. *Circulation* 113: 2642-2650.

Brandenburg, J.P. 2005. Acute effects of prior dynamic resistance exercise using different loads on subsequent upper-body explosive performance in resistance-trained men. *Journal of Strength and Conditioning Research* 19: 427-432.

Brandenburg, J.P., and Docherty, D. 2002. The effects of accentuated eccentric loading on strength, muscle hypertrophy, and neural adaptations in trained individuals. *Journal of Strength and Conditioning Research* 16: 25-32.

Brandy, W.D., Irion, J.M., and Briggler, M. 1997. The effect of time and frequency of static stretching on flexibility of the hamstring muscles. *Physical Therapy* 77: 1090-1096.

Brandy, W.D., Irion, J.M., and Briggler, M. 1998. The effect of static stretch and dynamic range of motion training on the flexibility of the hamstring muscles. *Journal of Orthopedic Sports Physical Therapy* 27: 295-300.

Brazell-Roberts, J.V., and Thomas, L.E. 1989. Effects of weight training frequency on the self-concept of college females. *Journal of Applied Sports Science Research* 3: 40-43.

Brechue, W.F., and Abe, T. 2002. The role of FFM accumulation and skeletal muscle architecture in powerlifting performance. *European Journal of Applied Physiology* 84 (4): 327-336.

Brechue, W.F., and Mayhew, J.L. 2009. Upper-body work capacity and 1RM prediction are unaltered by increasing muscular strength in college football players. *Journal of Strength and Conditioning Research* 23: 2477-2486.

Brechue, W.F., and Mayhew, J.L. 2012. Lower-body work capacity and one-repetition maximum squat prediction in college football players. *Journal of Strength and Conditioning Research* 26: 364-372.

Brennecke, A., Gumar.es, T.M., Leone, R., Cadarci, M., Mochizuki, L., Simão, R., Amadio, A.C., and Serrato, J.C. 2009. Neuromuscular activity during bench press exercise performed with and without the preexhaustion method. *Journal of Strength and Conditioning Research* 23: 1933-1940.

Brentano, M.A., Cadore, E.L., Da Silva, E.M., Ambrosini, A.B., Coertjens, M., Petkowicz, R., Viero, I., and Kruel, L.F. 2008. Physiological adaptations to strength and circuit training in postmenopausal women with bone loss. *Journal of Strength and Conditioning Research* 22: 1816-1825.

Bricourt, V.A., Germain, P.S., Serrurier, B.D., and Guezeennec, C.Y. 1994. Changes in testosterone muscle receptors: Effects of an androgen treatment on physically trained rats. *Cellular and Molecular Biology* 40: 291-294.

Brill, P.A., Macera, C.A., Davis, D.R., Blair, S.N., and Gordon, N. 2000. Muscular strength and physical function. *Medicine & Science in Sports & Exercise* 32: 412-416.

British Association of Exercise and Sport Sciences. 2004. BASES position statement on guidelines for resistance training and young people. *Journal of Sport Sciences* 22: 283-390.

Brockett, C.L., Morgan, D.L., and Proske, U. 2001. Human hamstring muscles adapt to eccentric exercise by changing optimal length. *Medicine & Science in Sports & Exercise* 33: 783-790.

Brooks, G.A. 2010. What does glycolysis make and why is it important? *Journal of Applied Physiology* 108: 1450-1451.

Brooks, G.A., Butterfield, G.E., Wolfe, R.R., Groves, B.M., Mazzeo, R.S., Sutton, J.R., Wolfel, E.E., and Reeves, J.T. 1991. Decreased reliance on lactate during exercise after acclimatization to 4,300 m. *Journal of Applied Physiology* 71: 333-341.

Brooks, G.A., and Fahey, T.D. 1984. *Exercise physiology: Human bioenergetics and its applications*. New York: Wiley & Son.

Brooks, N., Layne, J.E., Gordon, P.L., Roubenoff, R., Nelson, M.E., and Castaneda-Sceppa, C. 2007. Strength training improves muscle quality and insulin sensitivity in Hispanic older adults with type 2 diabetes. *International Journal of Medical Sciences*, 4: 19-27.

Brooks-Gunn, J., and Rubb, D.N. 1983. The experience of menarche from a developmental perspective. *In Girls at puberty: Biological and psychosocial perspectives*, edited by J. Brooks-Gunn and A.C. Peterson, 155-177. New

York: Plenum Press.

Brown, A.B., McCartney, N., and Sale, D.G. 1990. Positive adaptations to weightlifting training in the elderly. *Journal of Applied Physiology* 69: 1725-1733.

Brown, B.S., Gorman, D.R., DiBrezzom, R., and Fort, I. 1988. Anaerobic power changes following short term, task specific, dynamic and static overload training. *Journal of Applied Sport Science Research* 2: 35-38.

Brown, C.H., and Wilmore, J.H. 1974. The effects of maximal resistance training on the strength and body composition of women athletes. *Medicine and Science in Sports & Exercise* 6: 174-177.

Brown, L.E., Whitehurst, M., Findley, B.W., Gilbert, R., Groo, D.R., and Jimenez, J.A. 1998. Effect of repetitions and gender on acceleration range of motion during knee extension on an isokinetic device. *Journal of Strength and Conditioning Research* 12: 222-225.

Brown, S., Byrd, R., Jayasinghe, M.D., and Jones, D. 1983. Echocardiographic characteristics of competitive and recreational weight lifters. *Journal of Cardiovascular Ultrasonography* 2: 163-165.

Brughelli, M., and Cronin, J. 2007. Altering the length-tension relationship with eccentric exercise implications for performance and injury. *Sports Medicine* 37: 807-826.

Bruusgaard, J.C., Johansen, I.B., Egner, I.M., Rana, Z.A., and Gundersen, K. 2010. Myonuclei acquired by overload exercise precede hypertrophy and are not lost on detraining. *Proceedings of the National Academy of Sciences* 107: 15111-15116.

Buchanan, P.A., and Vardaxis, V.G. 2009. Lower-extremity strength profiles and gender-based classification of basketball players ages 9-22 years. *Journal of Strength and Conditioning Research* 23: 406-419.

Buford, T.W., Rossi, S.J., Smith, D.B., and Warren, A.J. 2007. A comparison of periodization models during nine weeks of equated volume and intensity for strength. *Journal of Strength and Conditioning Research* 21: 1245-1250.

Bullock, N., Martin, D.T., Ross, A., Rosemond, C.D., Jordan, M.J., and Marino, F.E. 2008. Acute effect of whole-body vibration on sprint and jumping performance in elite skeleton athletes. *Journal of Strength and Conditioning Research* 22: 1371-1374.

Burgess, K.E., Connick, M.J., Graham-Smith, P., and Pearson, S.J. 2007. Plyometric vs. isometric training influences on tendon properties and muscle output. *Journal of Strength and Conditioning Research* 21: 986-989.

Burgess, K.E., Pearson, S.J., and Onambélé, G.L. 2010. Patellar tendon properties with fluctuating menstrual cycle hormones. *Journal of Strength and Conditioning Research* 24: 2088-2095.

Burgomaster, K.A., Moore, D.R., Schofield, L.M., Phillips, S.M., Sale, D.G., and Gibala, M.J. 2003. Resistance training with vascular occlusion: Metabolic adaptations in human muscle. *Medicine and Science and Sports and Exercise* 35: 1203-1208.

Burke, R.E., Levine, D.N., Salcman, M., and Tsairis, P. 1974. Motor units in cat soleus muscle: Physiological, histochemical and morphological characteristics. *Journal of Applied Physiology* 238: 503-514.

Bush, J.A., Kraemer, W.J., Mastro, A.M., Triplett-Mc-Bride, N.T., Volek, J.S., Putukian, M., Sebastianelli, W.J., and Knuttgen, H.G. 1999. Exercise and recovery responses of adrenal medullary neurohormones to heavy resistance exercise. *Medicine & Science in Sports & Exercise* 31: 554-559.

Butts, N.K., and Price, S. 1994. Effects of a 12-week weight training program on the body composition of women over 30 years of age. *Journal of Strength and Conditioning Research* 8: 265-269.

Byrd, S.K. 1992. Alterations in the sarcoplasmic reticulum: A possible link to exercise-induced muscle damage. *Medicine & Science in Sports & Exercise* 24: 531-536.

Byrne, C., Twist, C., and Eston, R. 2004. Neuromuscular function after exercise-induced muscle damage: Theoretical and practical implications. *Sports Medicine* 34: 149-169.

Byrne, H.K., and Wilmore, J.H. 2000. The effects of resistance training on resting blood pressure in women. *Journal of Strength and Conditioning Research* 14: 411-418.

Byrne, S., and McLean, N. 2002. Elite athletes: Effects of the pressure to be thin. *Journal of Science and Medicine in Sport* 5: 80-94.

Cabell, L., and Zebras, C.J. 1999. Resistive torque validation of the Nautilus multibiceps machine. *Journal of Strength and Conditioning Research* 13: 20-23.

Cacchio, A., Don, R., Ranavolo, A., Guerra, E., McCaw, S.T., Procaccianti, R., Camerota, F., Frascarell, M., and Santilli, V. 2008. Effects of 8-week strength training with two models of chest press machines on muscular activity pattern and strength. *Electromyography and Kinesiology* 18: 618-627.

Cadore, E.L., Pinto, R.S., Lhullier, F.L., Correa, C.S., Alberton, C.L., Pinto, S.S., Almeida, A.P., Tartaruga, M.P., Silva, E.M., and Kruel, L.F. 2010. Physiological effects of concurrent training in elderly men. *International Journal of Sports Medicine* 31: 689-697.

Cadore, E.L., Pinto, R.S., Pinto, S.S., Alberton, C.L., Correa, C.S., Tartaruga, M.P., Silva, E.M., Almeida, A.P., Trindade, G.T., and Kruel, L.F. 2011. Effects of strength, endurance, and concurrent training on aerobic power and dynamic neuromuscular economy in elderly men. *Journal of Strength and Conditioning Research* 25: 758-766.

Caine, D., DiFiori, J., and Maffulli, N. 2006. Physeal injuries and children's and youth sports: *Reasons for concern? British Journal of Sports Medicine* 40: 749-760.

Caiozzo, V.J., Laird, T., Chow, K., Prietto, C.A., and McMaster, W.C. 1983. The use of precontractions to enhance the in-vivo force velocity relationship. *Medicine & Science in Sports & Exercise* 14: 162.

Caiozzo, V.J., Perrine, J.J., and Edgerton, V.R. 1981. Training-induced alterations of the in vivo force-velocity relationship of human muscle. Journal of Applied Physiology: Respiratory, *Environmental and Exercise Physiology* 51: 750-754.

Calder, A.W., Chilibeck, P.D., Webber, C.E., and Sale, D.G. 1994. Comparison of whole and split weight training routines in young women. *Canadian Journal of Applied Physiology* 19: 185-199.

Callister, R., Shealy, M.J., Fleck, S.J., and Dudley, G.A. 1988. Performance adaptations to sprint, endurance and both modes of training. *Journal of Applied Physiology* 2: 46-51.

Camargo, M.D., Stein, R., Ribeiro, J.P., Schvartzman, P.R., Rizzatti, M.O., and Schaan, B.D. 2008. Circuit weight training and cardiac morphology: A trial with magnetic resonance imaging. *British Journal of Sports Medicine* 42: 141-145.

Cameron, K.R., Wark, J.D., and Telford, R.D. 1992. Stress fractures and bone loss: *The skeletal cost of intense athleticism. Excel* 8: 39-55.

Campbell, R.C. 1962. Effects of supplemental weight training on the physical fitness of athletic squads. *Research Quarterly* 33: 343-348.

Campbell, W.W., Crim, M.C., Young, V.R., Joseph, L.J., and Evans, W.J. 1995. Effects of resistance training and dietary protein intake on protein metabolism in older adults. *American Journal of Applied Physiology* 268: E1143-E1153.

Campbell, W.W., and Evans, W.J. 1996. Protein requirements of elderly people. *European Journal of Clinical Nutrition* 50 (Suppl.): S180-S183.

Campbell, W.W., Joseph, L.J.O., Davey, S.L., Cyr-Campbell, D., Anderson, R.A., and Evans, W.J. 1999. Effects of resistance training and chromium picolinate on body composition and skeletal muscle in older men. *Journal of Applied Physiology* 86: 29-39.

Campbell, W.W., Trappe, T.A., Wolfe, R.R., and Evans, W.J. 2001. The recommended dietary allowance for protein may not be adequate for older people to maintain skeletal muscle. Journal of Gerontology: *Biological Medical Sciences* 56: M373-M380.

Campos, G.E.R., Luecke, T.J., Wendeln, H.K., Toma, K., Hagerman, F.C., Murray, T.F., Ragg, K.E., Rata-mess, N.A., Kraemer, W.J., and Staron, R.S. 2002. Muscular adaptations in response to three different resistance-training regimens: Specificity of repetition maximum training zones. *European Journal of Applied Physiology* 88: 50-60.

Canadian Society for Exercise Physiology. 2008. Position paper: Resistance training in children and adolescents. Journal of Applied Physiology, *Nutrition and Metabolism* 33: 547-561.

Candow, D.G., and Burke, D.G. 2007. Effect of short-term equal-volume resistance training with different workout frequency on muscle mass and strength in untrained men and women. *Journal of Strength and Conditioning Research* 21: 204-207.

Cann, C.E., Martin, M.C., Genant, H.K., and Jaffe, R. 1984. Decreased spinal mineral content in amenorrheic females. *Journal of the American Medical Association* 251: 626-629.

Cannon, R., and Cafarelli, E. 1987. Neuromuscular adaptations to training. *Journal of Applied Physiology* 63: 2396-2402.

Capen, E.K. 1950. The effect of systematic weight training on power, strength and endurance. *Research Quarterly* 21: 83-93.

Capen, E.K., Bright, J.A., and Line, P.Q. 1961. The effects of weight training on strength, power, muscular endurance and anthropometric measurements on a select group of college women. *Journal of the Association for Physical and Mental Rehabilitation* 15: 169-173.

Carmeli, E., Coleman, R., and Reznick, A.Z. 2002. The biochemistry of aging muscle. *Experimental Gerontology* 37: 477-489.

Carolyn, B., and Cafarelli, E.1992. Adaptations in coactivation after isometric resistance training. *Journal of Applied Physiology* 73: 911-917.

Carpinelli, R.N., and Gutin, B. 1991. Effects of miometric and pliometric muscle actions on delayed muscle soreness. *Journal of Applied Sport Science Research* 5: 66-70.

Carroll, T.J., Riek, S., and Carson, R.G. 2001. Neural adaptations to resistance training implications for movement control. *Sports Medicine* 31: 829-840.

Carroll, T.J., Selvanayagam, V.S., Riek, S., and Semmler, J.G. 2011. Neural adaptations to strength training: Moving beyond transcranial magnetic stimulation and reflex studies. *Acta Physiologica (Oxford)* 202: 119-140.

Caruso, J.F., Coday, M.A., Ramsey, C.A., Griswold, S.H., Polanski, D.W., Drumond, J.L., and Walker,

R.H. 2008. Leg and calf press training modes and their impact on jump performance adaptations. Journal of Strength and Conditioning Research 22: 766-772.

Caruso, J.F., Signorile, J.F., Perry, A.C., Clark, M., and Bamman, M.M. 1997. Time course changes in contractile strength resulting from isokinetic exercise and b2 agonist administration. *Journal of Strength and Conditioning Research* 11: 8-13.

Casa, D.J., Guskiewicz, K.M., Anderson, S.A., Courson, R.W., Heck, J.F., Jimenez, C.C., McDermott, B.P., Miller, M.G., Stearns, R.L., Swartz, E., and Walsh, K.M. 2012. National Athletic Trainers' Association position statement: Preventing sudden death in sports. *Journal of Athletic Training* 47: 96-118.

Caserotti, P., Aagaard, P., Larsen, J.B., and Puggaard, L. 2008. Explosive heavy-resistance training in old and very old adults: Changes in rapid muscle force, strength and power. Scandinavian *Journal of Medicine & Science in Sports* 18: 773-782.

Caserotti, P., Aagaard, P., and Puggaard, L. 2008. Changes in power and force generation during coupled eccentric-concentric versus concentric muscle contraction with training and aging. *European Journal of Applied Physiology* 103: 151-161.

Castro, M.J., McCann, D.J., Shaffrath, J.D., and Adams, W.C. 1995. Peak torque per unit cross-sectional area differs between strength-trained and untrained young adults. *Medicine & Science in Sports & Exercise* 27: 397-403.

Chakravati, S., and Collins, W. 1976. Hormonal profiles after menopause. *British Medical Journal* 2: 782-787.

Chapman, D.W., Newton, M.J., McGuigan, M.R., and Nosaka, K. 2011. Effect of slow-velocity lengthening contractions on muscle damage induced by fast-velocity lengthening contractions. *Journal of Strength and Conditioning Research* 25: 211-219.

Chalmers, G.R. 2008. Can fast-twitch muscle fibres be selectively recruited during lengthening contractions? Review and applications to sport movements. *Sports Biomechanics*. 7: 137-157.

Chandler, R.M., Byrne, H.K., Patterson, J.G., and Ivy, J.L. 1994. Dietary supplements affect the anabolic hormones after weight-training exercise. *Journal of Applied Physiology* 76: 839-845.

Chang, D.E., Buschbacker, L.P., and Edlich, R.F. 1988. Limited mobility in power lifters. *The American Journal of Sports Medicine* 16: 280-284.

Channell, B.T., and Barfield, J.P. 2008. Effect of Olympic and traditional resistance training on vertical jump improvement in high school boys. *Journal of Strength and Conditioning Research* 22: 1522-1527.

Charette, S.L., McEvoy, L., Pyka, G., Snow-Harter, C., Guido, D., Wiswell, R.A., and Marcus, R. 1991. Muscle hypertrophy response to resistance training in older women. *Journal of Applied Physiology* 70: 1912-1916.

Chatzinikolaou, A., Fatouros, I.G., Gourgoulis, V., Avloniti, A., Jamurtas, A.Z., Nikolaidis, M.G., Douroudos, I., Michailidis, Y., Beneka, A., Mal-liou, P., Tofas, T., Georgiadis, I., Mandalidis, D., and Taxildaris, K. 2010. Time course of changes in performance and inflammatory responses after acute plyometric exercise. *Journal of Strength and Conditioning Research* 24: 1389-1398.

Chen, C.C.-H., Bai, Y.-Y., Huang, G.-H., and Tang, S.T. 2007. Revisiting the concept of malnutrition in older people. *Journal of Clinical Nursing* 16: 2015-2026.

Chen, H.L., Nosaka, K., and Chen, T.C. 2012. Muscle damage protection by low-intensity eccentric contractions remains for 2 weeks but not 3 weeks. *European Journal of Applied Physiology* 112: 555-565.

Chen, T.C., Chen, H.-L., Lin, C.-J., Wu, C.-J., and Nosaka, K. 2010. Potent protective effect conferred by four bouts of low-intensity eccentric exercise. *Medicine & Science in Sports & Exercise* 42: 1004-1012.

Chen, T.C., and Nosaka, K. 2006. Response of elbow flexors to two strenuously eccentric exercise bouts separated by three days. *Journal of Strength and Conditioning Research* 20: 108-116.

Cheng, S., Sipil., S., Taaffe, D.R., Puolakka, J., and Suominen, H. 2002. Change in bone mass distribution induced by hormone replacement therapy and high-impact physical exercise in post-menopausal women. *Bone* 31: 126-135.

Chernoff, R. 2004. Protein and older adults. *Journal of the American College of Nutrition* 23: 627S-630S.

Chesley, A., MacDougall, J.D., Tarnopolsky, M.A., Atkinson, S.A., and Smith, K. 1992. Changes in human muscle protein synthesis after resistance exercise. Journal of *Applied Physiology* 73: 1383-1388.

Cheung, K., Hume, P.A., and Maxwell, L. 2003. Delayed onset muscle soreness treatment strategies and performance factors. *Sports Medicine* 33: 145-164.

Chevan, J. 2008. Demographic determinants of participation in strength training activities among U.S. adults. *Journal of Strength and Conditioning Research* 22: 553-558.

Chilibeck, P.D., Calder, A.W., Sale, D.G., and Webber, C.E. 1998. A comparison of strength and muscle mass increases during resistance training in young women. *European Journal of Applied Physiology* 77: 170-175.

Chilibeck, P.D., Sale, D.G., and Webber, C.E. 1995. Exercise and bone mineral density. *Sports Medicine* 19: 103-122.

Chilibeck, P.D., Syrotuik, D.G., and Bell, G.J. 1999. The effect of strength training on estimates of mitochondrial density and distribution throughout muscle fibers. *European Journal of Applied Physiology* 80: 604-609.

Chilibeck, P.D., Syrotuik, D.G., and Bell, G.J. 2002. The effect of concurrent endurance and strength training on quantitative estimates of subsarcolemmal and intermyofibrillar mitochondria. *International Journal of Sports Medicine* 23: 33-39.

Chow, J.W.M. 2000. Role of nitrate oxide and prostaglandins in the bone formation response to mechanical loading. *Exercise and Sport Sciences Reviews* 28: 185-188.

Chow, R.S., Medri, M.K., Martin, D.C., Leekam, R.N., Agur, A.M., and McKee, N.H. 2000. Sonographic studies of human soleus and gastrocnemius muscle architecture: Gender variability. *European Journal of Applied Physiology* 82: 236-244.

Christou, M., Smilios, I., Sotiropoulos, K., Volakis, K., Pilianidis, T., and Tokmakidis, S.P. 2006. Effects of resistance training on the physical capacities of adolescent soccer players. *Journal of Strength and Conditioning Research* 20: 783-791.

Chromiak, J.A., and Mulvaney, D.R. 1990. A review: The effects of combined strength and endurance training on strength development. *Journal of Applied Sport Science*

Research 4: 55-60.

Chu, E. 1950. The effect of systematic weight training on athletic power. *Research Quarterly* 21: 188-194.

Church, J.B., Wiggins, M.S., Moode, F.M., and Crist, R. 2001. Effect of warm-up and flexibility treatments on vertical jump performance. *Journal of Strength and Conditioning Research* 15: 332-336.

Cirello, V.M., Holden, W.C., and Evans, W.J. 1983. The effects of two isokinetic training regimens on muscle strength and fiber composition. In *Biochemistry of exercise*, edited by H.G. Knuttgen, J.A. Vogel, and S. Poortmans, 787-793. Champaign, IL: Human Kinetics.

Claassen, H., Gerber, C., Hoppeler, H., Luthi, J.M., and Vock, P. 1989. Muscle filament spacing and short-term heavy-resistance exercise in humans. *Journal of Physiology* 409: 491-495.

Claflin, D.R., Larkin, L.M., Cederna, P.S., Horowitz, J.F., Alexander, N.B., Cole, N.M., Galecki, A.T., Chen, S., Nyquist, L.V., Carlson, B.M., Faulkner, J.A., and Ashton-Miller, J.A. 2011. Effects of high- and low-velocity resistance training on the contractile properties of skeletal muscle fibers from young and older humans. *Journal of Applied Physiology* 111: 1021-1030.

Clarke, D.H. 1973. Adaptations in strength and muscular endurance resulting from exercise. *Exercise and Sport Sciences Reviews* 1: 73-102.

Clarkson, P. 2006. Case report of exertional rhabdo-myolysis in a 12-year-old boy. *Medicine & Science in Sports & Exercise* 38: 197-200.

Clarkson, P.M., Devaney, J.M., Gordish-Dressman, H., Thompson, P.D., Hubal, M.J., Urso, M., Price, T.B., Angelopoulos, T.J., Gordon, P.M., Moyna, N.M., Pescatello, L.S., Visich, P.S., Zoeller, R.F., Seip, R.L., and Hoffman, E.P. 2005. ACTN3 genotype is asso-ciated with increases in muscle strength in response to resistance training in women. Journal of Applied Physiology 99: 154-163.

Clarkson, P.M., Nosaka, K., and Braun, B. 1992. Muscle function after exercise-induced muscle damage and rapid adaptation. Medicine & Science in Sports & Exercise 24: 512-520.

Clarkson, P.M., and Tremblay, I. 1988. Exercise-induced muscle damage, repair and adaptation in humans. *Journal of Applied Physiology* 65: 1-6.

Clutch, D., Wilson, C., McGown, C., and Bryce, G.R. 1983. The effect of depth jumps and weight training on leg strength and vertical jump. Research Quarterly 54: 5-10.

Coburn, J.W., Housh, T.J., Malek, M.H., Weir, J.P., Cramer, J.T., Beck, T.W., and Johnson, G.O. 2006. Neuromuscular responses to three days of velocity-specific isokinetic training. *Journal of Strength and Conditioning Research* 20: 892-890.

Cochrane, D.J., and Hawke, E.J. 2007. Effects of acute upper-body vibration on strength and power variables in climbers. *Journal of Strength and Conditioning Research* 21: 527-531.

Cochrane, D.J., and Stannard, S.R. 2005. Acute whole body vibration training increases vertical jump and flexibility performance in elite field hockey players. *British Journal Sports Medicine* 39: 860-865.

Coker, C.A., Berning, J.M., and Briggs, D.L. 2006. A preliminary investigation of the biomechanical and perceptual influence of chain resistance on the performance of the snatch. *Journal of Strength and Conditioning Research* 20: 887-891.

Colan, S., Sanders, S.P., and Borrow, K.M. 1987. Physiologic hypertrophy: Effects on left ventricular systolic mechanisms in athletes. *Journal of the American College of Cardiology* 9: 776-783.

Colan, S., Sanders, S.P., McPherson, D., and Borrow, K.M. 1985. Left ventricular diastolic function in elite athletes with physiologic cardiac hypertrophy. *Jour-nal of the American College of Cardiology* 6: 545-549.

Colduck, C.T., and Abernathy, P.J. 1997. Changes and surface EMG of biceps brachii with increasing velocity of eccentric contraction in women. *Journal of Strength and Conditioning Research* 11: 50-56.

Coleman, A.E. 1977. Nautilus vs. Universal gym strength training in adult males. *American Corrective Therapy Journal* 31: 103-107.

Collett-Solberg, P.F., and Cohen, P. 1996. The role of the insulin-like growth factor binding proteins and the IGFBP proteases in modulating IGF action. *Endocrinology and Metabolism Clinics of North America* 25: 591-614.

Colliander, E.B., and Tesch, P. 1988. Blood pressure in resistance-trained athletes. Canadian Journal of Sports Science 13: 31-34.

Colliander, E.B., and Tesch, P.A. 1989. Bilateral eccentric and concentric torque of quadriceps and hamstring in females and males. *European Journal of Applied Physiology* 59: 227-232.

Colliander, E.B., and Tesch, P.A. 1990a. Effects of eccentric and concentric muscle actions in resistance training. *Acta Physiologica Scandinavica* 140: 31-39.

Colliander, E.B., and Tesch, P.A. 1990b. Responses to eccentric and concentric resistance training in females and males. *Acta Physiologica Scandinavica* 141: 149-156.

Comfort, P., Haigh, A., and Matthews, M.J. 2012. Are changes in maximal squat strength during preseason training reflected in changes in sprint performance in rugby athletes? *Journal of Strength and Conditioning* 26: 772-776.

Comyns, T.M., Harrison, A.J., Hennessy, L.K., and Jensen, R.L. 2006. The optimal complex training rest interval for athletes from anaerobic sports. *Journal of Strength and Conditioning Research* 20: 471-476.

Conale, S.T., and Belding, R.H. 1980. Osteochondral lesions of the talus. *Journal of Bone and Joint Surgery* 62A: 97-102.

Conley, M.S., Stone, M.H., Nimmons, M., and Dudley, G.A. 1997. Resistance training and human cervical muscle recruitment plasticity. *Journal of Applied Physiology* 83: 2105-2111.

Conroy, B., and Earle, R.W. 2000. Bone, muscle, and connective tissue adaptations to physical activity. In *Essentials of strength training and conditioning*, edited by T. Baechle and R.W. Earle, 2nd ed. Champaign, IL: Human Kinetics.

Conroy, B.P., Kraemer, W.J., Maresh, C.M., and Dalsky, G.P. 1992. Adaptive responses of bone to physical activity. *Medicine, Exercise, Nutrition, and Health* 1: 64-74.

Conroy, B.P., Kraemer, W.J., Maresh, C.M., Dalsky, G.P., Fleck, S.J., Stone, M.H., Miller, P., and Fry, A.C. 1993. Bone mineral density in elite junior weightlifters. *Medicine & Science in Sports & Exercise* 25: 1103-1109.

Consitt, L.A., Copeland, J.L., and Tremblay, M.S. 2001. Hormone responses to resistance vs. endurance exercise in premenopausal females. *Canadian Journal of Applied Physiology* 26: 574-587.

Constantini, N.W. 1994. Clinical consequences of athletic amenorrheic. Sports Medicine 17: 213-223.

Cook, G., Burton, L., and Hoogenboom, B. 2006. The use of fundamental movements as an assessment of function—part 1. *North American Journal of Physical Therapy* 1: 62-72.

Cook, G., Burton, L., and Hoogenboom, B. 2006. The use of fundamental movements as an assessment of function—part 2. *North American Journal of Physical Therapy* 1: 132-139.

Corder, K.P., Potteiger, J.A., Nau, K.L., Feigoni, S.E., and Hershberger, S.L. 2000. Effects of active and passive recovery conditions on blood lactate, rating of perceived exertion, and performance during resistance exercise. *Journal of Strength and Conditioning Research* 14: 151-156.

Cordova, M.L., Ingersoll, C.D., Kovaleski, J.E., and Knight, K.L. 1995. A comparison of isokinetic and isotonic predictions of a functional task. *Journal of Athletic Training* 30: 319-322.

Cormie, P., Deane, R.S., Triplett, N.T., and McBride, J.M. 2006. Acute effects of whole-body vibration on muscle activity, strength, and power. *Journal of Strength and Conditioning Research* 20: 257-261.

Cormie, P., McGuigan, M.R., and Newton, R.U. 2010a. Influence of strength and magnitude and mechanisms of adaptation to power training. *Medicine & Science in Sports & Exercise* 42: 1566-1581.

Cormie, P., McGuigan, M.R., and Newton, R.U. 2010b. Adaptations in athletic performance after ballistic power versus strength training. *Medicine & Science in Sports & Exercise* 42: 1582-1598.

Cornelissen, V.A., and Fagard, R.H. 2005. Effect of resistance training on resting blood pressure: A meta-analysis of randomized controlled trials. *Journal of Hypertension* 23: 251-259.

Cornu, C., Almeida Silveira, M.I., and Goubel, F. 1997. Influence of plyometric training on the mechanical impedance of the human ankle joint. *European Journal of Applied Physiology* 76: 282-288.

Costill, D.L., Coyle, E.F., Fink, W.F., Lesmes, G.R., and Witzmann, F.A. 1979. Adaptations in skeletal muscle following strength training. Journal of Applied Physiology: Respiratory, *Environmental and Exercise Physiology* 46: 96-99.

Cote, C., Simoneau, J.A., Lagasse, P., Boulay, M., Thi-bault, M.C., Marcotte, M., and Bouchard, C. 1988. Isokinetic strength training protocols: Do they induce skeletal muscle fiber hypertrophy? *Archives of Physical Medicine and Rehabilitation* 69: 281-285.

Coutts, A.J., Murphy, A.J., and Dascombe, B.J. 2004. Effect of direct supervision of a strength coach on measures of muscular strength and power in young rugby league players. *Journal of Strength and Conditioning Research* 18: 316-323.

Coviello, A.D., Zhuang, W.V., Lunetta, K.L., Bhasin, S., Ulloor, J., Zhang, A., Karasik, D., Kiel, D.P., Vasan, R.S., and Murabito, J.M. 2011. Circulating testosterone and SHBG concentrations are heritable in women: The Framingham Heart Study. *Journal of Clinical Endocrinology and Metabolism* 96: E1491-1495.

Coyle, E.F., Feiring, D.C., Rotkis, T.C., Cote, R.W., Roby, F.B., Lee, W., and Wilmore, J.H. 1981. Specificity of power improvements through slow and fast isokinetic training. *Journal of Applied Physiology* 51: 1437-1442.

Craig, B.W., and Kang, H. 1994. Growth hormone release

following single versus multiple sets of back squats: Total work versus power. *Journal of Strength and Conditioning Research* 8: 270-275.

Cramer, J.T., Housh, T.J., Coburn, J.W., Beck, T.W., and Johnson, G.O. 2006. Acute effects of static stretching on maximal eccentric torque production in women. *Journal of Strength and Conditioning Research* 20: 354-358

Cramer, J.T., Stout, J.R., Culbertson, J.Y., and Egan, A.D. 2007. Effects of creatine supplementation and three days of resistance training on muscle strength, power output, and neuromuscular function. *Journal of Strength and Conditioning Research* 21: 668-677.

Cressey, E.M., West, C.A., Tiberio, D.P., Kraemer, W.J., and Maresh, C.M. 2007. The effects of ten weeks of lower-body unstable surface training on markers of athletic performance. *Journal of Strength and Conditioning Research* 21: 561-567.

Crewther, B.T., and Christian, C. 2010. Relationships between salivary testosterone and cortisol concentrations and training performance in Olympic weightlifters. *Journal of Sports Medicine and Physical Fitness* 50: 371-375.

Crewther, B.T., Cook, C., Cardinale, M., Weatherby, R.P, and Lowe, T. 2011 Two emerging concepts for elite athletes: The short-term effects of testosterone and cortisol on the neuromuscular system and the dose-response training role of these endogenous hormones *Sports Medicine* 41: 103-123.

Crewther, B., Cronin, J., and Keogh, J. 2005. Possible stimuli for strength and power adaptation acute mechanical responses. *Sports Medicine* 35: 967-989.

Crist, D.M., Peake, G.T., Egan, P.A., and Waters, D.L. 1988. Body composition responses to exogenous GH during training in highly conditioned adults. *Journal of Applied Physiology* 65: 579-584.

Cronin, J., and Sleivert, G. 2005. Challenges in understanding the influence of maximal power training on improving athletic performance. *Sports Medicine* 35: 213-234.

Crowley, M.A., and Matt, K.S. 1996. Hormonal regulation of skeletal muscle hypertrophy in rats: The testosterone to cortisol ratio. *European Journal of Applied Physiology* 73: 66-72.

Cumming, D.C., Wall, S.R., Galbraith, M.A., and Belcastro, A.N. 1987 Reproductive hormone responses to resistance exercise. *Medicine and Science in Sports and Exercise* 19:234-238.

Cuneo, R.C., Salomon, F., Wiles, C.M., Hesp, R., and Sonksen, P.H. 1991. Growth hormone treatment in growth hormone-deficient adults. I. Effects on muscle mass and strength. *Journal of Applied Physiology* 70: 688-694.

Cureton, K.J., Collins, M.A., Hill, D.W., and McEl-hannon, F.M. 1988. Muscle hypertrophy in men and women. *Medicine & Science in Sports & Exercise* 20: 338-344.

Cussler, E.C., Lohman, T.G., Going, S.B., Houtkooper, L.B., Metcalfe, L.L., Flint-Wagner, H.G., Harris, R.B., and Teixeira, P.J. 2003. Weight lifted in strength training predicts bone change in postmenopausal women. *Medicine & Science in Sports & Exercise* 35: 10-17.

Dale, E., Gerlach, D., and Wilhite, A. 1979. Menstrual dysfunction in distance runners. *Obstetrics and Gynecology* 54: 47-53.

Dalsky, G.P., Stocke, K.S., Ehasani, A.A., Slatpolsky, E., Lee, W.C., and Birge, S. 1988. Weight-bearing exercise training

and lumbar bone mineral content in post menopausal female. *Annuals of Internal Medicine* 108: 824-828.

Dalton, S.E. 1992. Overuse injuries and adolescent athletes. *Sports Medicine* 13: 58-70.

D'Andrea, A., Cocchia, R., Riegler, L., Scarafile, R., Salerno, G., Gravino, R., Golia, E., Pezzullo, E., Citro, R., Limongelli, G., Pacilco, G., Cuomo, S., Caso, P., Giovana, M., Bossone, E., and Calabrò, R. 2010. Left ventricular myocardial velocities and deformation indexes in top-level athletes. *Journal of the American Society of Echocardiography* 23: 1281-1288.

D'Andrea, A., Riegler, L., Cocchia, R., Scarafile, R., Salerno, G., Gravino, R., Golia, E., Vriz, O., Citro, R., Limongelli, G., Calabro, P., Di Salvo, G., Caso, P., Russo, M.G., Bossone, E., and Calabro, R.. 2010. Left atrial volume index in highly trained athletes. *American Heart Journal* 159: 1155-1161.

Dannelly, B.D., Othey, S.C., Croy, T., Harrison, B., Rynders, C.A., Hertel, J.N., and Weltman, A. 2011. The effectiveness of traditional and sling exercise strength training in women. *Journal of Strength and Conditioning Research* 25: 464-471.

Danneskoild-Samsoe, B., Kofod, V., Munter, J., Grimby, G., and Schnohr, P. 1984. Muscle strength and functional capacity in 77-81-year-old men and women. *European Journal of Applied Physiology* 52: 123-135.

Darden, E. 1973. Weight training systems in the U.S.A. *Journal of Physical Education* 44: 72-80.

DaSilva-Grigoletto, M.E., Vaamonde, D.M., Castillo, E., Poblador, M.S., Gracia-Manso, J.M., and Lancho, J.L. 2009. Acute and cumulative effects of different times of recovery from whole body vibration exposure on muscle performance. *Journal of Strength and Conditioning Research* 23: 2073-2082.

Davies, A.H. 1977. Chronic effects of isokinetic and allokinetic training on muscle force, endurance, and muscular hypertrophy. *Dissertation Abstracts International* 38: 153A.

Davies, B.N., Greenwood, E.J., and Jones, S.R. 1988. Gender differences in the relationship of performance in the handgrip and standing long jump tests to lean limb volume in young adults. *European Journal of Applied Physiology* 58: 315-320.

Davies, C.T.M., and Young, K. 1983. Effects of training at 30 and 100% maximal isometric force on the contractile properties of the triceps surae of man. *Journal of Physiology* 36: 22-23.

Davies, J., Parker, D.F., Rutherford, O.M., and Jones, D.A. 1988. Changes in strength and cross sectional area of the elbow flexors as a result of isometric strength training. *European Journal of Applied Physiology* 57: 667-670.

Davis, W.J., Wood, D.T., Andrews, RG., Elkind, L.M., and Davis, W.B. 2008. Concurrent training enhances athletes' strength, muscle endurance, and other measures. *Journal of Strength and Conditioning Research* 22: 1487-1502.

Dawood, M.Y. 1983. Dysmenorrhea. *Clinical Obstetrics and Gynecology* 26: 719-727.

Dawson, B., Goodman, C., Lawrence, S., Preen, D., Polglaze, T., Fitzsimons, M., and Fourier, P. 1997. Muscle phosphocreatine repletion following single and repeated short sprint efforts. *Scandinavian Journal of Medicine & Science in Sports* 7: 206-213.

Deane, R.S., Chow, J.W., Tillman, M.D., and Fournier, K.A. 2005. Effects of hip flexor training on sprint, shuttle run, and vertical jump performance. *Journal of Strength and Conditioning Research* 19: 615-621.

DeBeliso, M., Harris, C., Spitzer-Gibson, T., and Adams, K.J. 2005. A comparison of periodized and fixed repetition training protocol on strength in older adults. *Journal of Science and Medicine in Sport* 8: 190-199.

Decoster, L.C., Cleland, J., Altieri, C., and Russell, P. 2005. The effects of hamstring stretching on range of motion: A systematic review of the literature. *Journal of Orthopedic and Sports Physical Therapy* 35: 377-387.

DeCree, C., Vermeulen, A., and Ostyn, M. 1991. Are high-performance young women athletes doomed to become low-performance old wives? A reconsideration of the increased risk of osteoporosis in amenorrheic women. *Journal of Sports Medicine and Physical Fitness* 31: 108-114.

DeKoning, F.L., Binkhorst, R.A., Vissers, A.C.A., and Vos, J.A. 1982. Influence of static strength training on the force-velocity relationship of the arm flexors. *International Journal of Sports Medicine* 3: 25-28.

Dela, F., and Kjaer, M. 2006. Resistance training, insulin sensitivity and muscle function in the elderly. *Essays in Biochemistry* 42: 75-88.

Deligiannis, A., Zahopoulou, E., and Mandroukas, K. 1988. Echocardiographic study of cardiac dimen-sions and function in weight lifters and body builders. *International Journal of Sports Cardiology* 5: 24-32.

Delecluse, C., Coppenolle, H.V., Willems, E., Van Leemputte, M., Diles, R., and Goris, M. 1995. Influence of high-resistance and high velocity training on sprint performance. *Medicine & Science in Sports & Exercise* 27: 1203-1209.

Delorme, T.L., Ferris, B.G., and Gallagher, J.R. 1952. Effect of progressive exercise on muscular contraction time. *Archives of Physical Medicine* 33: 86-97.

Delorme, T.L., and Watkins, A.L. 1948. Techniques of progressive resistance exercise. *Archives of Physical Medicine* 29: 263-273.

DeLuca, C.J., Lefever, R.S., McCue, M.P., and Xenakis, A.P. 1982. Behavior of human motor units in different muscles during linearly varying contractions. *Journal of Physiology* 329: 113-128.

DeMeyts, P., Wallach, B., Christoffersen, C.T., Urs., B., Gr.nskov, K., Latus, L.J., Yakushiji, F., Ilondo, M.M., and Shym-ko, R.M. 1994. The insulin-like growth factor-I receptor. *Hormone Research* 42: 152-169.

DeMichele, P.D., Pollock, M.L., Graves, J.E., Foster, D.N., Carpenter, D., Garzarella, L., Brehue, W., and Fulton, M. 1997. Isometric dorsal rotations strength: Effective training frequency on its development. *Archives of Physiology and Medical Rehabilitation* 78: 64-69.

Deminice, R., Sicchieri, T., Mialich, M., Milani, F., Ovidio, P., and Jordao, A.A. 2011. Acute session of hypertrophy-resistance traditional interval training and circuit training. *Journal of Strength and Conditioning Research* 25: 798-804.

de Onis, M., Bl.ssner, M., Borghi, E., Morris, R., and Frongillo, E.A. 2004. Methodology for estimating regional and global trends of child malnutrition. *International Journal of Epidemiology* 33: 1260-1270.

Depino, G.M., Webright, W.G., and Arnold, B.L. 2000. Duration of maintained hamstring flexibility after cessation of an acute static stretching protocol. *Journal of Athletic Training* 35: 56-59.

DeRenne, C., Hetzler, R.K., Buxton, B.P., and Ho, K.W. 1996. Effects of training frequency on strength maintenance in pubescent baseball players. *Journal of*

*Strength and Conditioning Research* 10: 8-14.

de Salles, B.F., Maior, A.S., Polito, M., Alexander, J., Rhea, M., and Simão, R. 2010. Influence of rest interval lengths on hypotensive response after strength training sessions performed by older men. *Journal of Strength and Conditioning Research* 24: 3049-3054.

de Salles, B.F., Simão, R., Miranda, F., Novaes Jda, S., Lemos, A., and Willardson, J.M. 2009. Rest interval between sets in strength training. *Sports Medicine* 39: 765-777.

Deschenes, M.R., Judelson, D.A., Kraemer, W.J., Meskaitis, V.J., Volek, J.S., Nindl, B.C., Harman, F.S., and Deaver, D.R. 2000. Effects of resistance training on neuromuscular junction morphology. *Muscle Nerve* 10: 1576-1581.

Deschenes, M.R., Maresh, C.M., Armstrong, L.E., Covault, J., Kraemer, W.J., and Crivello J.F. 1994. Endurance and resistance exercise induce muscle fiber type specific responses in androgen binding capacity. *Journal of Steroid Biochemistry and Molecular Biology* 50: 175-179.

Deschenes, M.R., Maresh, C.M., Crivello, J.F., Armstrong, L.E., Kraemer, W.J., and Covault, J. 1993. The effects of exercise training of different intensities on neuromuscular junction morphology. *Journal of Neurocytology* 22: 603-615.

Deschenes, M.R., Roby, M.A., and Glass, E.K. 2011. Aging influences adaptations of the neuromuscular junction to endurance training. *Neuroscience* 190: 56-66.

Deschenes, M.R., Tenny, K., Eason, M.K., and Gordon, S.E. 2007. Moderate aging does not modulate morphological responsiveness of the neuromuscular system to chronic overload in Fischer 344 rats. *Neuroscience* 148: 970-977.

Desmedt, J.E. 1981. The size principle of motorneuron recruitment in ballistic or ramp-voluntary contractions in man. In Progress in clinical neurophysiology, vol. 9, *Motor unit types, recruitment and plasticity in health and disease*, edited by J.E. Desmedt, 250-304. Basel: Karger.

Desmedt, J.E., and Godaux, E. 1977. Ballistic contractions in man: Characteristic recruitment pattern of single motor units of the tibialis muscle. *Journal of Physiology* 264: 673-694.

DeSouza, M.J., Hontscharuk, R., Olmsted, M., Kerr, G., and Williams, N.I. 2007. Drive for thinness score is a proxy indicator of energy deficiency in exercising women. *Appetite* 48: 359-367.

DeSouza, M.J., and Metzger, D.A. 1991. Reproductive dysfunction in amenorrheic athletes and anorexia patients: A review. *Medicine & Science in Sports & Exercise* 23: 995-1007.

DeSouza, M.J., Miller, B.E., Loucks, A.B., Luciano, A.A., Pescatello, L.S., Campbell, C.G., and Lasley, B.L. 1998. High frequency of luteal phase deficiency and anovulation in recreational women runners: Blunted elevation in follicle-stimulating hormone observed during luteal-follicular transition. *Journal of Clinical Endocrinology and Metabolism* 83: 4220-4232.

De Ste Croix, M.B.A., Deighan, M.A., and Armstrong, N. 2003. Assessment and interpretation of isokinetic muscle during growth and maturation. *Sports Medicine* 33: 727-743.

De Van, A.E., Anton, M.M., Cook, J.N., Neidre, D.B., Cortez-Cooper, M.Y., and Tanaka, H. 2005. Acute effects of resistance exercise on arterial compliance. *Journal of Applied Physiology* 98: 2287-2291.

Diallo, O., Dore, E., Duche, P., and Van Praagh, E. 2001. Effects of plyometric training followed by a reduced training programme on physical performance in prepubescent soccer players. *Journal of Sports Medicine and Physical Fitness* 41: 342-348.

Dickerman, R.D., Pertusi, R., and Smith, G.H. 2000. The upper range of lumbar spine bench bone mineral density? An examination of the current world record holder in the squat lift. *International Journal of Sports Medicine* 21: 469-470.

Dickhuth, H.H., Simon, G., Kindermann, W., Wildberg, A., and Keul, J. 1979. Echocardiographic studies on athletes of various sport-types and non-athletic persons. *Zeitschrift für Kardiologie* 68: 449-453.

DiPrampero, P.E., and Margaria, R. 1978. Relationship between O2 consumption, high energy phosphates and the kinetics of the O2 debt in exercise. *Pflugers Archives* 304: 11-19.

DiStefano, L.J., Clark, M.A., and Padua, D.A. 2009. Evidence supporting balance training in healthy individuals: A systematic review. *Journal of Strength and Conditioning Research* 23: 2718-2731.

DiStefano, L.J., Padua, D.A., Blackburn, J.T., Garrett, W.E., Guskiewicz, K.M., and Marshall, S.W. 2010. Integrated injury prevention program improves balance and vertical jump height and children. *Journal of Strength and Conditioning Research* 24: 332-342.

DiStefano, L.J., Padua, D.A., DiStefano, M.J., and Marshall, S.W. 2009. Influence of age, sex, technique, and exercise program on movement patterns after an anterior cruciate ligament injury prevention program in youth soccer players. *American Journal of Sports Medicine* 37: 495-505.

Dixon, P.G., Kraemer, W.J., Volek, J.S., Howard, R.L., Gomez, A.L., Comstock, B.A., Dunn-Lewis, C., Fragala, M.S., Hooper, D.R., Häkkinen, K., and Maresh, C.M. 2010. The impact of cold-water immersion on power production in the vertical jump and the benefits of a dynamic exercise warm-up. *Journal of Strength and Conditioning Research* 24: 3313-3317.

Doan, B.K., Newton, R.U., Marsit, J.L., Triplett-McBride, N.T., Kozaris, L.P., Fry, A.C., and Kraemer, W.J. 2002. The effects of increased eccentric loading on bench press. *Journal of Strength and Conditioning Research* 16: 9-13.

Docherty, D., Wenger, H.A., Collis, M.L., and Quinney, H.A. 1987. The effects of variable speed resistance training on strength development in pre-pubertal boys. *Journal of Human Movement Studies* 13: 377-382.

Dodd, D.J., and Alvar, B.A. 2007. Analysis of acute explosive training modalities to improve lower-body power in baseball players. *Journal of Strength and Conditioning Research* 21: 1177-1182.

Doherty, T.J., Vandervoort, A.A., Taylor, A.W., and Brown, W.F. 1993. Effects of motor unit losses on strength in older men and women. *Journal of Applied Physiology* 74: 868-874.

Dohm, G.L., Williams, R.T., Kasperek, G.J., and Van, R.J. 1982. Increased excretion of urea and N tan-methylhistidine by rats and humans after a bout of exercise. *Journal of Applied Physiology* 64: 350-353.

Donnelly, A.E., Clarkson, P.M., and Maughan, R.J. 1992. Exercise-induced muscle damage: Effects of light exercise on damaged muscle. *European Journal of Applied Physiology* 64: 350-353.

Doolittle, R.L., and Engebretsen, J. 1972. Performance variations during the menstrual cycle. *Journal of Sports Medicine and Physical Fitness* 12: 54-58.

Dornemann, T.M., McMurray, R.G., Renner, J.B., and Anderson, J.J.B. 1997. Effects of high-intensity resistance exercise on bone mineral density and muscle strength of 40 to 50-year-old women. *Journal of Sports Medicine and Physical Fitness* 37: 246-251.

Drinkwater, B.L. 1984. Women and exercise: Physiological aspects. In *Exercise and sport science reviews*, edited by R.L. Terjung, 21-52. Lexington, KY: MAL Callamore Press.

Drinkwater, B.L., Bruemmer, B., and Chestnut, C.H. III. 1990. Menstrual history as determinant of current bone density in young athletes. *Journal of the American Medical Association* 263: 545-548.

Drinkwater, E.J., Lawton, T.W., McKenna, M.J., Lindsell, R.P., Hunt, P.H., and Pyne, D.B. 2007. Increased number of forced repetitions does not enhance strength development with resistance training. *Journal of Strength and Conditioning Research* 21: 841-847.

Duchateau J., and Enoka, R.M. 2011. Human motor unit recordings: Origins and insight into the integrated motor system. *Brain Research* 1409: 42-61.

Duchateau, J., and Hainaut, K. 1984. Isometric and dynamic training: Differential effects on mechanical properties of a human muscle. *Journal of Applied Physiology* 56: 296-301.

Duchateau, J., Semmler, J.G., and Enoka, R.M. 2006. Training adaptations in the behavior of human motor units. *Journal of Applied Physiology* 101: 1766-1775.

Ducher, G., Turner, A.I., Kukuljan, S., Pantano, K.J., Carlson, J.L., Williams, N.I., and De Souza, M.J. 2011. Obstacles in the optimization of bone health outcomes in the female athlete triad. *Sports Medicine* 41: 587-607.

Dudley, G.A., and Djamil, R. 1985. Incompatibility of endurance and strength training modes of exercise. *Journal of Applied Physiology* 59: 1446-1451.

Dudley, G.A., and Fleck, S.J. 1987. Strength and endurance training: Are they mutually exclusive? *Sports Medicine* 4: 79-85.

Dudley, G.A., Harris, R.T., Duvoisin, M.R., Hather, B.M., and Buchanan, P. 1990. Effect of voluntary vs. artificial activation on the relationship of muscle torque to speed. *Journal of Applied Physiology* 69: 2215-2221.

Dudley, G.A., Tesch, P.A., Miller, B.J., and Buchannan, P. 1991. Importance of eccentric actions in performance adaptations to resistance training. *Aviation, Space, and Environmental Medicine* 62: 543-550.

Duehring, M.D., Feldmann, C.R., and Ebben, W.P. 2009. Strength and conditioning practices of United States high school strength and conditioning coaches. *Journal of Strength and Conditioning Research* 23: 2188-2203.

Duffey, M.J., and Challis, J.H. 2007. The key effects on bar kinematics during the benchpress. *Journal of Strength and Conditioning Research* 21: 556-560.

Earles, D.R., Judge, J.O., and Gunnarsson, O.T. 2001. Velocity training induces power-specific adaptations in highly functioning older adults. *Archives of Physical Medicine and Rehabilitation* 82: 872-878.

Ebbeling, C.B., and Clarkson, P.M. 1989. Exercise-induced muscle damage and adaptation. *Sports Medicine* 7: 207-234.

Ebbeling, C.B., and Clarkson, P.M. 1990. Muscle adaptation prior to recovery following eccentric exercise. *European Journal of Applied Physiology* 60: 26-31.

Ebben, W.P. 2006. A brief review of concurrent activation potentiation: Theoretical and practical constructs. *Journal of Strength and Conditioning Research* 20: 985-991.

Ebben, W.P., and Blackard, D.O. 2001. Strength and conditioning practices of national football league strength and conditioning coaches. *Journal of Strength and Conditioning Research* 15: 48-58.

Ebben, W.P., Feldman, C.R., VanderZanden, T.L., Fauth, M.L., and Petushek, E.J. 2010. Periodized plyometric training is effective for women, and performance is not influenced by the length of post-training recovery. *Journal of Strength and Con-ditioning Research* 24: 1-7.

Ebben, W.P., Hintz, M.J., and Simenz, C.J. 2005. Strength and conditioning practices of major league baseball strength and conditioning coaches. *Journal of Strength and Conditioning Research* 19: 538-546.

Ebben, W.P., and Jensen, R.L. 2002. Electromyographic and kinetic analysis of traditional, chain, and elastic band squats. *Journal of Strength and Conditioning Research* 16: 547-550.

Ebben, W.P., Kindler, A.G., Chirdon, K.A., Jenkins, N.C., Polichnowski, A.J., and Ng, A.V. 2004. The effect of high-low vs high-repetition training on endurance performance. *Journal of Strength and Conditioning Research* 18: 513-517.

Edgerton, V.R. 1978. Mammalian muscle fiber types and their adaptability. *American Physiology* 60: 26-31.

Edwards, R.H.T., Hill, D.K., and McDonnell, M.N. 1972. Monothermal and intramuscular pressure measurements during isometric contractions of the human quadriceps muscle. *Journal of Physiology* 224: 58-59.

Effron, M.B. 1989. Effects of resistance training on left ventricular function. *Medicine & Science in Sports & Exercise* 21: 694-697.

Egan, A.D., Cramer, J.T., Massey, L.L., and Marek, S.M. 2006. Acute effects of static stretching on peak torque and mean power output in National Collegiate Athletic Association Division I women's basketball players. *Journal of Strength and Conditioning Research*. 20: 778-782.

Egan, E., Reilly, T., Giacomoni, M., Redmond, L., and Turner, C. 2006. Bone mineral density among female sports participants. *Bone* 38: 227-233.

Ellenbecker, T.S., Davies, G.J., and Rowinski, M.J. 1988. Concentric versus eccentric isokinetic strengthening of the rotator cuff. *The American Journal of Sports Medicine* 16: 64-69.

Ellias, B.A., Berg, K.E., Latin, R.W., Mellion, M.B., and Hofschire, P.J. 1991. Cardiac structure and function in weight trainers, runners, and runner/weight trainers. *Research Quarterly for Exercise and Sport* 62: 326-332.

Elliot, B.C., Wilson, G.J., and Kerr, G.K. 1989. A bio-mechanical analysis of the sticking region in the bench press. *Medicine & Science in Sports & Exercise* 21: 450-462.

Elliot, D.L., and Goldberg, L. 1983. Weight lifting and amenorrhea. *Journal of the American Medical Association* 249: 354.

Elliott, K.J., Sale, C., and Cable, N.T. 2002. Effects of resistance training and detraining on muscle strength and blood lipid profiles in postmenopausal women. *British Journal of Sport Medicine* 36: 340-345.

Eloranta, V., and Komi, P.V. 1980. Function of the quadriceps femoris muscle under maximal concentric and eccentric contraction. *EMG and Clinical Neurophysiology* 20: 159-174.

Emeterio, C.A., Antu.ano, N.P., López-Sobaler, A.M., and González-Badillo, J.J. 2011. Effect of strength training

and the practice of alpine skiing on bone mass density, growth, body composition, and the strength and power of the legs of adolescent skiers. *Journal of Strength and Conditioning Research* 25: 2879-2890.

Enea, C., Boisseau, N., Ottavy, M., Mulliez, J., Millet, C., Ingrand, I., Diaz, V., and Dugué, B. 2009. Effects of menstrual cycle, oral contraception, and training on exercise-induced changes in circulating DHEA-sulphate and testosterone in young women. *European Journal of Applied Physiology* 106: 365-373.

Engels, H.J., Drouin, J., Zhu, W., and Kazmierski, J.F. 1998. Effects of low-impact, moderate-intensity exercise training with and without wrist weights on functional capacities and mood states in older adults. *Gerontology* 44: 239-244.

Epley, B. 1985. *Dynamic strength training for athletes*. Lincoln, NE: William C. Brown.

Erskine, R.M., Jones, D.A., Maffulli, N., Williams, A.G., Stewart, C.E., and Degens, H. 2011. What causes in vivo muscle specific tension to increase following resistance training? *Experimental Physiology* 96: 145-155.

Erskine, R.M., Jones, D.A., Williams, A.G., Stewart, C.E., and Degens, H. 2010. Resistance training increases in vivo quadriceps femoris muscle specific tension in young men. *Acta Physiologica* (Oxford) 199: 83-89.

Escamilla, R.F., Fleisig, G.S., Zheng, N., Lander, J.E., Barrentine, S.W., Andrews, J.R., Bergemann, B.W., and Moorman, C.T. III. 2001. Effects of technique variations on knee biomechanics during the squat and leg press. *Medicine & Science in Sports & Exercise* 33: 1552-1566.

Esformes, J.I., Keenan, M., Moody, J., and Bampouras, T.M. 2011. Effect of different types of conditioning contraction on upper body post-activation potentiation. *Journal of Strength and Conditioning Research* 25: 143-148.

Esmarck, B., Andersen, J.L., Olsen, S., Richter, E.A., Mizuno, M., and Kjaer, M. 2001. Timing of postexercise protein intake is important for muscle hypertrophy with resistance exercise in elderly humans. *Journal of Physiology* 535: 301-311.

Essen, B., Jansson, E., Henriksson, J., Taylor, A.W., and Saltin, B. 1975. Metabolic characteristics of fiber types in human skeletal muscle. *Acta Physiologica Scandinavica* 95: 153-165.

Evans, W.J. 2004. Protein nutrition, exercise and aging. *Journal of the American College of Nutrition* 23: 601S-609S.

Evans, W.J., and Campbell, W.W. 1993. Sarcopenia and age-related changes in body composition and functional capacity. In: Symposium: Aging and body composition: Technological advances and physiological interrelationships. *Journal of Nutrition* 123: 465-468.

Ewing, J.L., Wolfe, D.R., Rogers, M.A., Amundson, M.L., and Stull, G.A. 1990. Effects of velocity of isokinetic training on strength, power, and quadriceps muscle fibre characteristics. *European Journal of Applied Physiology* 61: 159-162.

Exner, G.U., Staudte, H.W., and Pette, D. 1973. Isometric training of rats: Effects upon fats and slow muscle and modification by an anabolic hormone in female rats. *Pflugers Archives* 345: 1-4.

Fagard, R. 2006. Exercise is good for your blood pressure: Effects of endurance training in resistance training. *Clinical and Experimental Pharmacology and Physiology* 33: 853-856.

Fagard, R.H. 1996. Athlete's heart: A meta-analysis of the

echocardiographic experience. *International Journal of Sports Medicine* 17 Suppl 3:S140-S144.

Fahey, T.D., Akka, L., and Rolph, R. 1975. Body com. position and V O2max of exceptional weight trained athletes. *Journal of Applied Physiology* 39: 559-561.

Fahey, T.D., and Brown, H. 1973. The effects of an anabolic steroid on the strength, body composition, and endurance of college males when accompanied by a weight training program. Medicine and Science in Sports 5: 272-276.

Fahey, T.D., Rolph, R., Moungmee, P., Nagel, J., and Mortara, S. 1976. Serum testosterone, body composition and strength of young adults. *Medicine and Science in Sports* 8: 31-34.

Faigenbaum, A.D., Larosa Loud, R., O'Connell, J., Glover, S., O'Connell, J., and Westscott, W.L. 2001. Effects of different resistance training protocols on upper-body strength and endurance development in children. *Journal of Strength and Conditioning Research* 15: 459-465.

Faigenbaum, A.D., McFarland, J.E., Buchanan, E., Ratamess, N.A., Kang, J., and Hoffman, J.R. 2010. After-school fitness performance is not altered after physical education lessons in adolescent athletes. *Journal of Strength and Conditioning Research* 24: 765-770.

Faigenbaum, A.D., McFarland, J.E., Johnson, L., Kang, J., Bloom, J., Ratamess, N.A., and Hoffman, J.R. 2007. Preliminary evaluation of an after school resistance training program for improving physical fitness in middle school age boys. *Perceptual Motor Skills* 104: 407-415.

Faigenbaum, A.D., Milliken, L.A., Loud, R.L., Burak, B.T., Doherty, C.L., and Westcott, W.L. 2002. Comparison of 1 and 2 days per week of strength training in children. *Research Quarterly for Exercise and Sport* 73: 416-424.

Faigenbaum, A.D., Skrinar, G.S., Cesare, W.F., Krae-mer, W.J., and Thomas, H.E. 1990. Physiologic and symptomatic responses of cardiac patients to resistance exercise. *Archives of Physical Medicine and Rehabilitation* 71: 395-398.

Faigenbaum, A.D., Westcott, W.L., La-Rosa Loud, R., and Long, C. 1999. The effects of different resistance training protocols on muscular strength and endurance development in children. *Pediatrics* 104: 1-7.

Faigenbaum, A.D., Westcott, W.L., Micheli, L.J., Out-erbridge, A.R., Long, C.J., La-Rosa Loud, R., and Zaichkowsky, L.D. 1996. The effects of strength training and detraining on children. *Journal of Strength and Conditioning Research* 10: 109-114.

Faigenbaum, A.D., Zaichkowsky, L., Westcott, W., Micheli, L., and Fehandt, A. 1993. The effects of a twice per week strength training program on children. *Pediatrics Exercise Science* 5: 339-346.

Faigenbaum, M.S., and Pollock, M.L. 1997. Strength training: Rationale for current guidelines for adult fitness programs. *Physician and Sportsmedicine* 25: 44-64.

Falk, B., and Mor, G. 1996. The effects of resistance and martial arts training in total 6-to-8-year-old-boys. Pediatrics Exercise Science 8: 48-56. Falk, B., and Tenenbaum, G. 1996. The effectiveness of resistance training in children: *A meta-analysis. Sports Medicine* 22: 176-186.

Falkel, J.E., Fleck, S.J., and Murray, T.F. 1992. Comparison of central hemodynamics between powerlifters and body builders during exercise. *Journal of Applied Sport Science Research* 6: 24-35.

Fano, G., Mecocci, P., Vecchiet, J., Belia, S., Fulle, S., Polidori, M.C., Felzani, G., Senin, U., Vecchiet, L., and

Beal, M.F. 2001. Age and sex influence on oxidative damage and functional status in human skeletal muscle. *Journal of Muscle Research Cell Motility* 22: 345-351.

Fardy, P.S., Maresh, C.M., Abbott, R., and Kristiansen, T. 1976. An assessment of the influence of habitual physical activity, prior sport participation, smoking habits and aging upon indices of cardiovascular fitness: Preliminary report of a cross-section and retrospective study. *Journal of Sports Medicine and Physical Fitness* 16: 77-90.

Farley, C.T., Blickhan, R., Saito, J., and Taylor, C.R. 1991. Hopping frequency in humans: A test of how springs set stride frequency in bouncing gaits. *Journal of Applied Physiology* 71: 2127-2132.

Farrell, P.A., Hernandez, J.M., Fedele, M.J., Vary, T.C., Kimball, S.R., and Jefferson, L.S. 2000. Eukaryotic initiation factors and protein synthesis after resistance exercise in rats. *Journal of Applied Physiology* 88: 1036-1042.

Farthing, J.P., and Chilibeck, P.D. 2003. The effects of eccentric and concentric training at different velocities on muscle hypertrophy. *European Journal of Applied Physiology* 89: 578-586.

Fath, F., Blazevich, A.J., Waugh, C.M., Miller, S.C., and Korff, T. 2010. Direct comparison of in vivo Achilles tendon moment arms obtained from ultrasound and MR scans. *Journal of Applied Physiology* 109: 1644-1652.

Fatouros, I.G., Jamurtas, A.Z., Leontsini, D., Tax-ildaris, K., Kostopoulos, N., and Buckenmeyer, P. 2000. Evaluation of plyometric exercise training, weight training, and their combination on vertical jump in performance and leg strength. *Journal of Strength and Conditioning Research* 14: 470-476.

Fatouros, I.G., Kambas, A., Katrabasas, I., Leontsini, D., Chatzinikolaou, A., Jamurta, A.Z., Douroudos, I., Aggelousis, N., and Taxildaris, K. 2006. Resistance training and detraining effects on flexibility perfor-mance in the elderly are intensity-dependent. *Journal of Strength and Conditioning Research* 20: 634-642.

Fatouros, I.G., Taxildaris, K., Tokmakidis, S.P., Kalapo-tharakos, V., Aggelousis, N., Athanasopoulos, S., Zeeris, I., and Katrabasas, I. 2002. The effects of strength training, cardiovascular training and their combination on flexibility of inactive older adults. *International Journal of Sports Medicine* 23: 112-119.

Faulkner, J.A., Davis, C.S., Mendias, C.L., and Brooks, S.V. 2008. The aging of elite male athletes: Age-related changes in performance and skeletal muscle structure and function. *Clinical Journal of Sport Medicine* 18: 501-507.

Felici, F., Rosponi, A., Sbriccoli, P., Filligoi, G.C., Fattorini, L., and Marchetti, M. 2001. Linear and non-linear analysis of surface electromyograms in weightlifters. *European Journal of Applied Physiology* 84: 337-342.

Fernandez-Rio, J., Terrados, N., Fernandez-Garcia, B., and Suman, O.E. 2010. Effects of vibration training on force production in female basketball players. *Journal of Strength and Conditioning Research* 24: 1373-1380.

Fiatarone, M.A., and Evans, W.J. 1993. The etiology and reversibility of muscle function in the aged. *Journal of Gerontology* 48: 77-83.

Fiatarone, M.A., Marks, E.C., Ryan, N.D., Meredith, C.N., Lipsitz, L.A., and Evans, W.J. 1990. High-intensity strength training in nonagenarians. Effects on skeletal muscle. *Journal of the American Medical Association* 263: 3029-3034.

Fiatarone, M.A., O'Neill, E.F., Ryan, N.D., Clements, K.M.,

Solares, G.R., Nelson, M.E., Roberts, S.B., Kehayias, J.J., Lipsitz, L.A., and Evans, W.J. 1994. Exercise training and nutritional supplementation for physical frailty in very elderly people. *The New England Journal of Medicine* 330: 1769-1775.

Finkelstein, E.A., Brown, D.S., Wrage, L.A., Allaire, B.T., and Thomas, J.H. 2010. Individual and aggregate years-of-life-lost associated with overweight and obesity. *Obesity* 18: 333-339.

Finni, T. 2006. Structural and functional features of human muscle-tendon unit. *Scandinavian Journal of Medicine & Science in Sports* 16: 147-158.

Finni, T., Ikegawa, S., and Komi, P.V. 2001. Concentric force enhancement during human movement. *Acta Physiologica Scandinavica* 173: 369-377.

Finnie, S.B., Wheeldon, T.J., Hensrud, D.D., Dahm, D.L., and Smith, J. 2003. Weight lifting belt use patterns among a population of health club members. *Journal of Strength and Conditioning Research* 17: 498-502.

Fitts, R. 1996. Cellular, molecular, and metabolic basis of muscle fatigue. In Handbook of physiology exercise: *Regulation and integration of multiple systems*, 1151-1183. Besthesda, MD: American Physiological Society.

Fleck, S.J. 1983. Bridging the gap: Interval training physiological basis. *NSCA Journal* 5: 40, 57-62.

Fleck, S.J. 1988. Cardiovascular adaptations to resistance training. *Medicine & Science in Sports & Exercise* 20: S146-S151.

Fleck, S.J. 1998. *Successful long-term weight training*. Chicago: NTP/Contemporary Publishing Group.

Fleck, S.J. 1999. Periodized strength training: A critical review. *Journal of Strength and Conditioning* Research 13: 82-89.

Fleck, S.J. 2002. Cardiovascular responses to strength training. In *Strength and power in sport*, edited by P.V. Komi, 387-406. Oxford: Blackwell Science.

Fleck, S.J., Bartels, R., Fox, E.L., and Kraemer, W. 1982. Isokinetic total work increases and peak force training cut-off points. *National Strength and Conditioning Association Journal* 4 (2): 20-21.

Fleck, S.J., Bennett, J.B. III, Kraemer, W.J., and Baechle, T.R. 1989. Left ventricular hypertrophy in highly strength trained males. *Sports Cardiology 2nd International Conference Volume Two*, pp. 303-311.

Fleck, S.J., and Dean, L.S. 1987. Previous resistance-training experience and the pressor response during resistance exercise. *Journal of Applied Physi-ology* 63: 116-120.

Fleck, S.J., Henke, C., and Wilson, W. 1989. Cardiac MRI of elite junior Olympic weight lifters. *International Journal of Sports Medicine* 10: 329-333.

Fleck, S.J., and Kontor, K. 1986. Complex training. *National Strength and Conditioning Association Journal* 8: 66-69.

Fleck, S.J., Mattie, C., and Martensen H.C. III. 2006. Effect of resistance and aerobic training on regional body composition in previously recreationally trained middle-aged women. *Applied Physiology, Nutrition and Metabolism* 31: 261-270.

Fleck, S.J., and Schutt, R.C. 1985. Types of strength training. *Clinics in Sports Medicine* 4: 159-169.

Fling, B.W., Knight, C.A., and Kamen, G. 2009. Rela-tionships between motor unit size and recruitment threshold in older adults: Implications for size principle. *Experimental Brain Research*, 197: 125-133.

Florini, J.R. 1987. Hormonal control of muscle growth. *Muscle and Nerve* 10: 577-598.

Florini, J.R., Ewton, D.Z., and Coolican, S.A. 1996. Growth hormone and the insulin-like growth factor system in myogenesis. *Endocrine Reviews* 17: 481-517.

Florini, J.R., Samuel, D.S., Ewton, D.Z., Kirk, C., and Sklar, R.M. 1996. Stimulation of myogenic differentiation by a neuregulin, glial growth factor 2. Are neuregulins the long-sought muscle trophic factors secreted by nerves? Journal of Biological Chemistry 27: 12699-12702.

Focht, B.C., and Koltyn, K.F. 1998. Influence of resistance exercise of different intensities on state anxiety and blood pressure. *Medicine & Science in Sports & Exercise* 31: 456-463.

Fogelholm, M., Kaprio, J., and Sarna, S. 1994. Healthy lifestyles of former Finnish world class athletes. *Medicine & Science in Sports & Exercise* 26: 224-229.

Folland, J.P., Hawker, K., Leach, B., Little, T., and Jones, D.A. 2005. Strength training: Isometric training at a range of joint angles versus dynamic training. *Journal Sports Science* 23: 817-824.

Folland, J., and Morris, B. 2008. Variable-cam resistance training machines: Do they match the angle-torque relationship in humans? *Journal of Sports Science* 26: 163-169.

Folland, J.P., and Williams, A.G. 2007. The adaptations to strength training: Morphological and neurological contributions to increased strength *Sports Medicine* 37: 145-168.

Ford, H.T., Puckett, J.R., Drummond, J.P., Sawyer, K., Gantt, K., and Fussell, C. 1983. Effects of three combinations of plyometric and weight training programs on selected physical fitness test items. *Perceptual and Motor Skills* 56: 919-922.

Foschini, D., Araujo, R.C., Bacurau, R.F.B., De Piano, A., De Almeida, S.S., Carnier, J., Rosa, T.D.S., Tufik, S., and Damaso, A.R. 2010. Treatment of obese adolescents: The influence of periodization models and ace genotype. *Obesity* 18: 766-772.

Fowles, J.R., MacDougall, J.D., Tarnopolsky, M.A., Sale, D.G., Roy, B.D., and Yarasheski, K.E. 2000. The effects of acute passive stretch on muscle protein synthesis in humans. *Canadian Journal of Applied Physiology* 25: 165-180.

Fox, E.L. 1979. *Sports physiology*. Philadelphia: Saunders.

Fradkin, A.J., Zazryn, T.R., and Smoliga, J.M. 2010. Effects of warming-up on physical performance: A systematic review with meta-analysis. *Journal of Strength and Conditioning* Research 24: 140-148.

Fragala, M.S., Clark, M.H., Walsh, S.J., Kleppinger, A., Judge, J.O., Kuchel, G.A., and Kenny, A.M. 2012. Gender differences in anthropometric predictors of physical performance in older adults. *Gender Medicine* 9: 445-56.

Fragala, M.S., Kraemer, W.J., Denegar, C.R., Maresh, C.M., Mastro, A.M., and Volek, J.S. 2011a. Neuro-endocrine-immune interactions and responses to exercise. *Sports Medicine* 41: 621-639.

Fragala, M.S., Kraemer, W.J., Mastro, A.M., Denegar, C.R., Volek, J.S., Häkkinen, K., Anderson, J.M., Lee, E.C., and Maresh, C.M. 2011b. Leukocyte β2-adrenergic receptor expression in response to resistance exercise. *Medicine & Science in Sports & Exercise* 43: 1422-1432.

Fragala, M.S., Kraemer, W.J., Mastro, A.M., Denegar, C.R., Volek, J.S., Kupchak, B.R., Häkkinen, K., Anderson, J.M., and Maresh, C.M. 2011c. Glucocorticoid receptor expression on human B cells in response to acute heavy resistance exercise. *Neuroimmuno-modulation* 18: 156-

164.

Freedson, P.S., Micheuic, P.M., Loucks, A.B., and Birandola, R.M. 1983. Physique, body composition, and psychological characteristics of competitive female body builders. *Physician and Sportsmedicine* 11: 85-93.

Frisard, M.I., Broussard, A., Davies, S.S., Roberts, L.J., Rood, J., de Jonge, L., Fang, X., Jazwinski, S.M., Deutsch, W.A., and Ravussin, E. 2007. Aging, resting metabolic rate, and oxidative damage: Results from the Louisiana Healthy Aging Study. Journals of Gerontology Series *A: Biological Sciences and Medical Sciences* 62: 752-759.

Frisch, R.E., and McArthur, J.W. 1974. Menstrual cycles: Fatness as a determinant of minimum weight and height necessary for their onset. *Science* 185: 949-951.

Frontera, W.R., Hughes, V.A., Fielding, R.A., Fiatarone, M.A., Evans, W.J., and Roubenoff, R. 2000. Aging of skeletal muscle: A 12-yr longitudinal study. *Journal of Applied Physiology* 88: 1321-1326.

Frontera, W.R., Hughes, V.A., Lutz, K.J., and Evans, W.J. 1991. A cross-sectional study of muscle strength and mass in 45- to 78-year-old men and women. Journal of *Applied Physiology* 71: 644-650.

Frontera, W.R., Meredith, C.N., O'Reilly, K.P., Knutt-gen, H.G., and Evans, W.J. 1988. Strength conditioning in older men: Skeletal muscle hypertrophy and improved function. *Journal of Applied Physiology* 64: 1038-1044.

Frontera, W.R., Suh, D., Krivickas, L.S., Hughes, V.A., Goldstein, R., and Roubenoff, R. 2000. Skeletal muscle fiber quality in older men and women. *American Journal Physiology Cell Physiology* 279: C611-C618.

Frost, H.M. 1997.Why do marathon runners have less bone than weight lifters? A vital-biomechanical view and explanation. *Bone* 20: 183-189.

Frost, R.A., and Lang, C.H. 1999. Differential effects of insulin-like growth factor I (IGF-I) and IGF-bind-ing protein-1 on protein metabolism in human skeletal muscle cells. *Endocrinology* 140: 3962-3970.

Fry, A.C. 2004. The role of resistance exercise intensity on muscle fibre adaptations. *Sports Medicine* 34: 663-679.

Fry, A.C., Allemeier, C.A., and Staron, R.S. 1994. Correlation between percentage of fiber type area and myosin heavy chain content in human skeletal muscle. *European Journal of Applied Physiology and Occupational Physiology* 68: 246-251.

Fry, A.C., Ciroslan, D., Fry, M.D., LeRoux, C.D., Schil-ling, B.K., and Chiu, L.Z. 2006. Anthropometric and performance variables discriminating elite Ameri-can junior men weightlifters. *Journal of Strength and Conditioning Research* 20: 861-866.

Fry, A.C., and Kraemer, W.J. 1991. Physical performance characteristics of American collegiate football players. *Journal of Applied Sport Science Research* 5: 126-138.

Fry, A.C., and Kraemer, W.J. 1997. Resistance exercise overtraining and overreaching. *Neuroendocrine responses. Sports Medicine* 23: 106-129.

Fry, A.C., Kraemer, W.J., Stone, M.H., Warren, B.J., Fleck, S.J., Kearney, J.T., and Gordon, S.E. 1994. Endocrine responses to overtraining before and after 1 year of weightlifting. *Canadian Journal of Applied Physiology* 19: 400-410.

Fry, A.C., Kraemer, W.J., Stone, M.J., Fleck, S.J., Kearney, J.T., Triplett, N.T., and Gordon, S.E. 1995. Acute endocrine responses with long-term weightlifting in a 51-year old male weightlifter. *Journal of Strength and Conditioning Research* 9: 193 (abstract).

Fry, A.C., Kraemer, W.J., van Borselen, F., Lynch, J.M., Marsit, J.L, Roy, E.P., Triplett, N.T., and Knuttgen, H.G. 1994. Performance decrements with high-intensity resistance exercise overtraining. *Medicine & Science in Sports & Exercise* 26: 1165-1173.

Fry, A.C., Stone, M.H., Thrush, J.T., and Fleck, S.J. 1995. Precompetition training sessions enhance competitive performance of high anxiety junior weightlifters. *Journal of Strength and Conditioning Researc*h 9: 37-42.

Fryburg, D.A. 1994. Insulin-like growth factor I exerts growth hormone- and insulin-like actions on human muscle protein metabolism. *American Journal of Physiology* 267: E331-E336.

Fryburg, D.A. 1996. NG-monomethyl-L-arginine inhibits the blood flow but not the insulin-like response of forearm muscle to IGF-I: Possible role of nitric oxide in muscle protein synthesis. *Journal of Clinical Investigation* 97: 1319-1328.

Fryburg, D.A., and Barrett, E.J. 1995. Insulin, growth hormone and IGF-I regulation of protein metabolism. *Diabetes Reviews* 3: 93-112.

Fryburg, D.A., Jahn, L.A., Hill, S.A., Oliveras, D.M., and Barrett, E.J. 1995. Insulin and insulin-like growth factor-I enhance human skeletal muscle protein anabolism during hyperaminoacidemia by different mechanisms. *Journal of Clinical Investigation* 96: 722-729.

Fukashiro, S., Hay, D.C., and Nagano, A. 2006. Bio-mechanical behavior of muscle-tendon complex during dynamic human movements. *Journal of Applied Biomechanics* 22: 131-147.

Fukunaga, T., Funato, K., and Ikegawa, S. 1992. The effects of resistance training on muscle area and strength in prepubescent age. *Annals of Physiology and Anthropology* 11: 357-364.

Fulco, C.S., Rock, P.B., Muza, S.R., Lammi, E., Cymerman, A., Butterfield, G., Moore, L.G., Braun, B., and Lewis, S.F. 1999. Slower fatigue and faster recovery of the adductor pollicis muscle in women matched for strength with men. Acta Physiologica Scandinavica 167: 233-239.

Gabbett, T.J., Johns, J., and Riemann, M. 2008. Performance changes following training in junior rugby league players. *Journal of Strength and Conditioning Research* 22: 910-917.

Gabell, A., Simons, M.A., and Nayak, U.S. 1985. Falls in the healthy elderly: Predisposing causes. Ergonomics 28: 965-975. Gaja, B. 1965. The new revolutionary phase or sequence system of training. *Iron Man* 26: 14-17.

Gallagher, D., Belmonte, D., Deurenberg, P., Wang, Z., Krasnow, N., Pi-Sunyer, F.X., and Heymsfield, S.B. 1998. Organ-tissue mass measurement allows modeling of REE and metabolically active tissue mass. *American Journal of Physiology—Endocrinology and Metabolism* 275: E249-258.

Galvao, D.A., and Taaffe, D.R. 2005. Resistance exercise dosage in older adults: Single- versus multiset effects on physical performance and body composition. *Journal of American Geriatrics Society* 53: 2090-2097.

Garber, C.E., Blissmer, B., Deschenes, M.R., Franklin, B.A., Lamonte, M.J., Lee, I.M., Nieman, D.C., and Swain, D.P. 2011. Quantity and quality of exercise for developing and maintaining cardiorespiratory, musculoskeletal, and neuromotor fitness in apparently healthy adults: Guidance for prescribing exercise. *Medicine & Science in Sports & Exercise* 43: 1334-1359.

García-Pallarés, J., and Izquierdo, M. 2011. Strategies to

optimize concurrent training of strength and aerobic fitness for rowing and canoeing. *Sports Medicine* 41: 329-343.

Gardner, G. 1963. Specificity of strength changes of the exercised and nonexercised limb following isometric training. *Research Quarterly* 34: 98-101.

Garfinkel, S., and Cafarelli, E. 1992. Relative changes in maximal force, EMG, and muscle cross-sectional area after isometric training. *Medicine & Science in Sports & Exercise* 24: 1220-1227.

Garhammer, J., and Takano, B. 1992. Training for weightlifting. *Strength and Power in Sports* 5: 357-381.

Gasier, H.G., Fluckey, J.D., Preivs, S.F., Wiggs, M.P., and Riechman, S.E. 2012. Acute resistance exercise augments integrative myofibrillar protein synthesis. *Metabolism* 61: 153-156.

Gehri, D.J., Ricard, M.D., Kleiner, D.M., and Kirkendall, D.T. 1998. A comparison of plyometric training techniques for improving vertical jump ability and energy production. *Journal of Strength and Conditioning Research* 12: 85-89.

Gellish, R.I., Goslin, B.R., Olson, R.E., McDonald, A., Russi, G.D., and Moudgil, V.K. 2007. Longitudinal modeling of the relationship between age and maximal heart rate. *Medicine & Science in Sports & Exercise* 39: 822-829.

Gentil, P., and Bottaro, M. 2010. Influence of supervision ratio on muscle adaptations to resistance training in nontrained subjects. *Journal of Strength and Conditioning Research* 24: 639-643.

George, K.P., Wolfe, L.A., Burggraf, G.W., and Norman, R. 1995. Electrocardiographic and echocardiographic characteristics of female athletes. *Medicine & Science in Sports & Exercise* 27: 1362-1370.

Gergley, J.C. 2009. Comparison of two lower-body modes of endurance training on lower-body strength development while concurrently training. *Journal of Strength and Conditioning Research* 23: 979-987.

Gettman, L.R., and Ayers, J.J. 1978. Aerobic changes through 10 weeks of slow and fast speed isokinetic training. *Medicine and Science in Sports* 10: 47.

Gettman, L.R., Ayres, J.J., Pollock, M.L., Durstine, J.C., and Grantham, W. 1979. Physiological effects on adult men of circuit strength training and jogging. *Archives of Physical Medicine and Rehabilitation* 60: 115-120.

Gettman, L.R., Ayres, J.J., Pollock, M.L., and Jackson, A. 1978. The effect of circuit weight training on strength, cardiorespiratory function and body composition of adult men. *Medicine and Science in Sports* 10: 171-176.

Gettman, L.R., Culter, L.A., and Strathman, T. 1980. Physiological changes after 20 weeks of isotonic vs. isokinetic circuit training. *Journal of Sports Medicine and Physical Fitness* 20: 265-274.

Gettman, L.R., and Pollock, M.L. 1981. Circuit weight training: A critical review of its physiological benefits. *The Physician and Sportsmedicine* 9: 44-60.

Ghigiarelli, J.J., Nagle, E.F., Gross, F.L., Robertson, R.J., Irrgang, J.J., and Myslinski, T. 2009. The effects of a 7-week heavy elastic band and weight chain program on upper-body strength and upper-body power and a sample of division 1-AA football play-ers. *Journal of Strength and Conditioning Research* 23: 756-764.

Gibala, M.J., Interisano, S.A., Tarnopolsky, M.A., Roy, B.D., MacDonald, J.R., Yarasheski, K.E., and MacDougall, J.D. 2000. Myofibrillar disruption following acute concentric and eccentric resistance exercise in strength-trained men.

*Canadian Journal of Physiology and Pharmacology* 78: 656-661.

Gillam, G.M. 1981. Effects of frequency of weight training on muscle strength enhancement. *Journal of Sports Medicine* 21: 432-436.

Gillies, E.M., Putman, C.T., and Bell, G.J. 2006. The effect of varying the time of concentric and eccentric muscle actions during resistance training on skeletal muscle adaptations in women. *European Journal of Applied Physiology* 97: 443-453.

Giorgi, A., Wilson, G.J., Weatherby, R.P., and Murphy, A. 1998. Functional isometric weight training: Its effects on the development of muscular function and the endocrine system over an 8-week training period. *Journal of Strength and Conditioning Research* 12: 18-25.

Girouard, C.K., and Hurley, B.F. 1995. Does strength training inhibit gains in range of motion from flexibility training in older adults? *Medicine & Science in Sports & Exercise* 27: 1444-1449.

Gj.vaag, T.P., and Dahl, H.A. 2009. Effect of training and detraining with different mechanical loadings on MyHC and GLUT4 changes. *Medicine & Science in Sports & Exercise* 41: 129-136.

Gladden, L.B., and Colacino, D. 1978. Characteristics of volleyball players and success in a national tournament. *Journal of Sports Medicine and Physical Fitness* 18: 57-64.

Glowacki, S.P., Martin, S.E., Maurer, A., Baek, W., Green, J.S., and Crouse, S.F. 2004. Effects of resistance, endurance, and concurrent exercise on training outcomes in men. *Medicine & Science in Sports & Exercise* 36: 2119-2127.

Godard, M.P., Wygand, J.W., Carpinelli, R.N., Catalano, S., and Otto, R.M. 1998. Effects of accentuated eccentric resistance training on concentric knee extensor strength. *Journal of Strength and Conditioning Research* 12: 26-29.

Goldberg, L., Elliot, D.L., and Kuehl, K.S. 1994. A comparison of the cardiovascular effects of running and weight training. *Journal of Strength and Conditioning Research* 8: 219-224.

Goldberg, L., Elliot, D.L., and Kuehl, K.S. 1988. Assessment of exercise intensity formulas by use of ventilatory threshold. *Chest* 94: 95-98.

Golden, C.L., and Dudley, G.A. 1992. Strength after bouts of eccentric or concentric actions. *Medicine & Science in Sports & Exercise* 24: 926-933.

Goldspink, G. 1992. Cellular and molecular aspects of adaptation in skeletal muscle. In *Strength and power in sport*, edited by P.V. Komi, 211-229. Oxford: Blackwell Scientific.

Goldspink, G. 1998. Cellular and molecular aspects of muscle growth, adaptation and aging. *Gerontology* 15: 35-43.

Goldspink, G. 1999. Changes in muscle mass and phenotype and the expression of autocrine and systemic growth factors by muscle in response to stretch and overload. *Journal of Anatomy* 194: 323-334.

Goldspink, G., Wessner, B., and Bachl, N. 2008. Growth factors, muscle function, and doping. *Current Opinions in Pharmacology* 8: 352-357.

Goldspink, G., and Yang, S.Y. 2001. Effects of activity on growth factor expression. *International Journal of Sport Nutrition and Exercise Metabolism* 11: S21-S27.

Gollhofer, A. 1987. Innervation characteristics of m. gastrocnemius during landing on different surfaces. *In*

*Biomechanics X-B, edited by B. Johnson*, 701-706.

Champaign, IL: Human Kinetics. Gollnick, P.D., Timson, B.F., Moore, R.L., and Riedy, M. 1981. Muscular enlargement and number of fibers in skeletal muscles of rats. *Journal of Applied Physiology: Respiratory, Environmental and Exercise Physiology* 50: 936-943.

Gomides, R.S., Costa, L.A.R., Souza, D.R., Queiroz, A.C.C., Fernandes, J.R.C., Ortega, K.C., Junior, D.M., Tinucci, T., and Forjaz, C.L.M. 2010. Atenolol blunts blood pressure increase during dynamic resistance exercise in hypertensives. *British Journal of Clinical Pharmacology* 70:664-673.

Gomides, R.S., Dias, R.M., Souza, D.R., Costa, L.A., Ortega, K.C., Mion, D., Jr., Tinucci, T., de Moraes, and Forjaz, C.L. 2010. Finger blood pressure during leg resistance exercise. *International Journal of Sports Medicine* 31: 590-595.

Gonyea, W.J. 1980. Role of exercise in inducing increases in skeletal muscle fiber number. Journal of Applied Physiology: *Respiratory, Environmental and Exercise Physiology* 48: 421-426.

Gonyea, W.J., and Sale, D. 1982. Physiology of weightlifting exercise. *Archives of Physical Medicine and Rehabilitation* 63: 235-237.

Gonyea, W.J., Sale, D., Gonyea, F., and Mikesky, A. 1986. Exercise induced increases in muscle fiber number. *European Journal of Applied Physiology* 55: 137-141.

Gonzalez-Camarena, R., Carrasco-Sosa, S., Roman-Ramos, R., Gaitan-Gonzalez, M.J., Medina-Banuelos, V., and Azpiroz-Leehan, J. 2000. Effect of static and dynamic exercise on heart rate and blood pressure variabilities. *Medicine & Science in Sports & Exercise* 32: 1719-1728.

Goodman, C.A., Pearce, A.J., Nicholes, C.J., Gatt, B.M., and Fairweather, I.H. 2008. No difference in 1 RM strength and muscle activation during the barbell chest press on a stable and unstable surface. *Journal of Strength and Conditioning Research* 22: 288-294.

Goodpaster, B.H., Park, S.W., Harris, T.B., Kritchevsky, S.B., Nevitt, M., Schwartz, A.V., Simonsick, E.M., Tylavsky, F.A., Visser, M., and Newman, A.B. 2006. The loss of skeletal muscle strength, mass, and quality in older adults: The health, aging and body composition study. *Journal of Gerontology A Biological Science Medical Science* 61: 1059-64.

Gordon, S.E., Kraemer, W.J., and Pedro, J.G. 1991. Increased acid-base buffering capacity via dietary supplementation: Anaerobic exercise implications. *Journal of Applied Nutrition* 43: 40-48.

Gordon, S.E., Kraemer, W.J., Vos, N.H., Lynch, J.M., and Knuttgen, H.G. 1994. Effect of acid base balance on the growth hormone response to acute, high-intensity cycle exercise. *Journal of Applied Physiology* 76: 821-829.

Gordon, S.E., Lake, J.A., Westerkamp, C.M., and Thomson, D.M. 2008. Does AMP-activated protein kinase negatively mediate aged fast-twitch skeletal muscle mass? *Exercise and Sport Science Reviews* 36: 179-186.

Gotshalk, L.A., Loebel, C.C., Nindl, B.C., Putukian, M., Sebastianelli, W.J., Newton, R.U., Häkkinen, K., and Kraemer, W.J. 1997. Hormonal responses to multiset versus single-set heavy-resistance exercise protocols. *Canadian Journal of Applied Physiology* 22: 244-255.

Gotshall, R.W., Gootman, J., Byrnes, W.C., Fleck, S.J., and Volovich, T.C. 1999. Noninvasive characteri-zation of the blood pressure response to the double-leg press exercise. Journal of Exercise Physiology online.

Granacher, U., Muehlbauer T., Zahner, L., Gollhofer, A., and Kressig, R. 2011. Comparison of traditional and recent approaches in the promotion of balance and strength in older adults. *Sports Medicine* 41: 377-400.

Grassi, B., Cerretelli, P., Narici, M.V., and Marconi, C. 1991. Peak anaerobic power in master athletes. *European Journal of Applied Physiology* 62: 394-399.

Gravelle, B.L. and Blessing, D.L. 2000. Physiological adaptation in women concurrently training for strength and endurance. *Journal of Strength and Conditioning Research* 14: 5-13.

Graves, J.E., and James, R.J. 1990. Concurrent augmented feedback and isometric force generation during familiar and unfamiliar muscle movements. *Research Quarterly for Exercise and Sport* 61: 75-79.

Graves, J.E., Pollock, M.L., Foster, D.N., Leggett, S.H., Carpenter, D.M., Vuoso, R., and Jones, A. 1990. Effects of training frequency and specificity on isometric lumbar extension strength. *Spine* 15: 504-509.

Graves, J.E., Pollock, M.L., Jones, A.E., Colvin, A.B., and Leggett, S.H. 1989. Specificity of limited range of motion variable resistance training. *Medicine & Science in Sports & Exercise* 21: 84-89.

Graves, J.E., Pollock, M.L., Leggett, S.H., Braith, R.W., Carpenter, D.M., and Bishop, L.E. 1988. Effect of reduced frequency on muscular strength. *International Journal of Sports Medicine* 9: 316-319.

Graves, J.E., Pollock, M.I., Leggett, S.H., Carpenter, D.M., Fix, C.R., and Fulton, M.N. 1992. Limited range-of-motion lumbar extension strength training. *Medicine & Science in Sports & Exercise* 24: 128-133.

Gray, D.P., and Dale, E. 1984. Variables associated with secondary amenorrhea in women runners. *Journal of Sports Sciences* 1: 55-67.

Green, H., Dahly, A., Shoemaker, K., Goreham, C., Bombardier, E., and Ball-Burnett, M. 1999. Serial effects of high-resistance and prolonged endurance training on $Na^+$-$K^+$ pump concentration and enzymatic activities in human vastus lateralis. *Acta Physiologica Scandinavica* 165: 177-184.

Green, H., Goreham, C., Ouyang, J., Ball-Burnett, M., and Ranney, D. 1998. Regulation of fiber size, oxidative potential, and capillarization in human muscle by resistance exercise. *American Journal of Physiology* 276: R591-R596.

Green, H., Grange, F., Chin, C., Goreham, C., and Ranney, D. 1998. Exercise-induced decreases in sarcoplasmic reticulum $Ca^{2+}$-ATPase activity atten-uated by high-resistance training. *Acta Physiologica Scandinavica* 164: 141-146.

Greenspan, F.S. 1994. The thyroid gland. In *Basic and clinical endocrinology*, edited by F.S. Greenspan, and J.D. Baxter, 4th ed., 160-226. Norwalk, CT: Appleton and Lange.

Griffin, J., Tooms, R., Vander Zwaag, R., Bertorini, T., and O'Toole, M. 1993. Eccentric muscle performance of elbow and knee muscle groups and untrained men and women. *Medicine & Science in Sports & Exercise* 25: 936-944.

Grimby, G., Bjorntorp, P., Fahlen, M., Hoskins, T.A., Hook, O., Oxhof, H., and Saltin, B. 1973. Metabolic effects of isometric training. *Scandinavian Journal of Chemical Laboratory Investigation* 31: 301-305.

Grimby, G., and Hannerz, J. 1977. Firing rate and recruitment order of toe extensor motor units in different modes of voluntary contraction. *Journal of Physiology (London)* 264: 867-879.

Grimby, G., Hannerz, J., and Hedman, B. 1981. The fatigue and voluntary discharge properties of single motor units in man. *Journal of Physiology* 36: 545-554.

Guezennec, Y., Leger., L., Lhoste, F., Aymonod, M., and Pesquies, P.C. 1986. Hormone and metabolite response to weight-training sessions. *International Journal of Sports Medicine* 7: 100-105.

Guggenheimer, J.D., Dickin, D.C., Reyes, G.F., and Dolny, D.G. 2009. The effects of specific preconditioning activities on acute sprint performance. *Journal of Strength and Conditioning Research* 23: 1135-1139.

Guglielmo, L.G., Greco, C.C., and Denadai, B.S. 2009. Effects of strength training on running economy. *International Journal of Sports Medicine* 30: 27-32.

Gundersen, K. 2011. Excitation-transcription cou-pling in skeletal muscle: The molecular pathways of exercise. *Biological Reviews of the Cambridge Philosophical Society (London)* 86: 564-600.

Gur, H., Cakfin, N., Akova, B., Okay, E., and Kuchkoglu, S. 2002. Concentric versus combined concentric-eccentric isokinetic training: Effects on functional capacity and syndromes in patients with osteoarthritis of the knee. *Archives of Physical Medicine and Rehabilitation* 83: 308-316.

Guyton, A.C. 1991. *Textbook of medical physiology*, 8th ed. Philadelphia: W.B. Saunders.

Haennel, R., Teo, K.K., Quinney, A., and Kappagoda, T. 1989. Effects of hydraulic circuit training on car-diovascular function. *Medicine & Science in Sports & Exercise* 21: 605-612.

Haggmark, T., Jansson, E., and Eriksson, E. 1982. Fiber type area and metabolic potential of the thigh muscle in man after knee surgery and immobilization. *International Journal of Sports Medicine* 2: 12-17.

Haggmark, T., Jansson, E., and Svane, B. 1978. Cross-sectional area of the thigh muscle in man measured by computed tomography. *Scandinavian Journal of Clinical and Laboratory Investigation* 38: 354-360.

Häkkinen, K. 1985. Factors influencing trainability of muscular strength during short term and prolonged training. *National Strength and Conditioning Association Journal* 7: 32-37.

Häkkinen, K. 1987. Force production characteristics of leg extensor, trunk flexor and extensor muscles in male and female basketball players. *Journal of Sports Medicine and Physical Fitness* 31: 325-331.

Häkkinen, K. 1989. Neuromuscular and hormonal adaptations during strength and power training. *Journal of Sports Medicine* 29: 9-26.

Häkkinen, K. 1992. Neuromuscular responses in male and female athletes to two successive strength training sessions in one day. *Journal of Sports Medicine and Physical Fitness* 32: 234-242.

Häkkinen, K. 1993. Changes in physical fitness profile in female basketball players during the competitive season including explosive strength training. *Journal of Sports Medicine and Physical Fitness* 33: 19-26.

Häkkinen, K., Alen, M., Kallinen, M., Newton, R.U., and Kraemer, W.J. 2002. Neuromuscular adaptation during prolonged strength training, detraining and restrength training in middle aged and elderly people. *European Journal of Applied Physiology* 83: 51-62.

Häkkinen, K., Alen, M., Kraemer, W.J., Gorostiaga, E.,

Izquierdo, M., Rusko, H., Mikkola, J., Häkkinen, A., Valkeinen, H., Kaarakainen, E., Romu, S., Erola, V., Ahtiainen, J., and Paavolainen, L. 2003. Neuro-muscular adaptations during concurrent strength and endurance training versus strength training. *European Journal of Applied Physiology* 89: 42-52.

Häkkinen, K., Alen, M., and Komi, P.V. 1985. Changes in isometric force- and relaxation-time, electromyographic and muscle fibre characteristics of human skeletal muscle during strength training and detraining. *Acta Physiologica Scandinavica* 125: 573-585.

Häkkinen, K., and Häkkinen, A. 1991. Muscle cross-sectional area, force production and relaxation characteristics in women at different ages. *European Journal of Applied Physiology* 62: 410-414.

Häkkinen, K., and Kallinen, M. 1994. Distribution of strength training volume into one or two daily sessions on muscular adaptations in female athletes. *Electromyography and Clinical Neurophysiology* 34: 117-124.

Häkkinen, K., Kallinen, M., and Komi, P.V. 1994. Neuromuscular adaptations in strength athletes during strength training distributed into one or two daily sessions. *European Journal of Applied Physiology* 68: 269-270.

Häkkinen, K., and Komi, P. 1981. Effect of different combined concentric and eccentric muscle work on maximal strength development. *Journal of Human Movement Studies* 7: 33-44.

Häkkinen, K., and Komi, P.V. 1983. Changes in neuromuscular performance in voluntary and reflex contraction during strength training in man. *International Journal of Sports Medicine* 4: 282-288.

Häkkinen, K., and Komi, P.V. 1985a. Changes in electrical and mechanical behavior of leg extensor muscles during heavy resistance strength training. *Scandinavian Journal of Sports Science* 7: 55-64.

Häkkinen, K., and Komi, P.V. 1985b. Effect of explosive type strength training on electromyographic and force production characteristics of leg extensor muscles during concentric and various stretch-short-ening cycle exercises. *Scandinavian Journal of Sports Science* 7: 65-76.

Häkkinen, K., and Komi, P.V. 1985c. Changes in electrical and mechanical behavior of leg extensor muscles during heavy resistance strength training. *Scandinavian Journal of Sports Science* 7: 55-64.

Häkkinen, K., and Komi, P.V. 1986. Effects of fatigue and recovery on electromyographic and isometric force-and relaxation-time characteristics of human skeletal muscle. *European Journal of Applied Physiology* 55: 588-596.

Häkkinen, K., Komi, P.V., and Alen, M. 1985. Effect of explosive type strength training on isometric force-and relaxation-time, electromyographic and muscle fibre characteristics of leg extensor muscles. *Acta Physiologica Scandinavica* 125: 587-600.

Häkkinen, K., Komi, P.V., Alen, M., and Kauhanen, H. 1987. EMG, muscle fibre and force production characteristics during a 1 year training period in elite weightlifters. *European Journal of Applied Physiology* 56: 419-427.

Häkkinen, K., Komi, P.V., and Tesch, P.A. 1981. Effect of combined concentric and eccentric strength training and detraining on force-time, muscle fiber and metabolic characteristics of leg extensor muscles. *Scandinavian Journal of Sports Science* 3: 50-58.

Häkkinen, K., Kraemer, W.J., and Newton, R. 1997. Muscle

activation and force production during bilateral and unilateral concentric and isometric contractions of the knee extensors in men and women at different ages. *Electromyography Clinical Neurophysiology* 37: 131-142.

Häkkinen, K., Kraemer, W.J., Newton, R.U., and Alen, M. 2001. Changes in electromyographic activity, muscle fibre and force production characteristics during heavy resistance/power strength training in middle-aged and older men and women. *Acta Physiologica Scandinavica* 141: 51-62.

Häkkinen, K., Newton, R.U., Gordon, S.E., McCormick, M., Volek, J.S., Nindl, B.C., Gotshalk, L.A., Campbell, W.W., Evans, W.J., Häkkinen, A., Humphries, B., and Kraemer, W.J. 1998. Changes in muscle morphology, electromyographic activity, and force production characteristics during progressive strength training in young and older men. *Journal of Gerontology: Biological Medical Sciences* 53: 415-423.

Häkkinen, K., and Pakarinen, A. 1991. Serum hormones in male strength athletes during intensive short term strength training. *European Journal of Applied Physiology* 63: 194-199.

Häkkinen, K., and Pakarinen, A. 1993. Muscle strength and serum testosterone, cortisol and SHBG concentrations in middle-aged and elderly men and women. *Acta Physiologica Scandinavica* 148:199-207.

Häkkinen, K., and Pakarinen, A. 1994 Serum hormones and strength development during strength training in middle-aged and elderly males and females. *Acta Physiologica Scandinavia* 150: 211-219.

Häkkinen, K., and Pakarinen, A. 1995. Acute hormonal responses to heavy resistance exercise in men and women at different ages. *International Journal of Sports Medicine* 16: 507-513.

Häkkinen, K., Pakarinen, A., Alen, M., Kauhanen, H., and Komi, P.V. 1987. Relationships between training volume, physical performance capacity, and serum hormone concentration during prolonged training in elite weight lifters. *International Journal of Sports Medicine* 8: 61-65.

Häkkinen, K., Pakarinen, A., Alen, M., Kauhanen, H., and Komi, P.V. 1988a. Neuromuscular and hormonal responses in elite athletes to two successive strength training sessions in one day. *European Journal of Applied Physiology* 57: 133-139.

Häkkinen, K., Pakarinen, A., Alen, M., Kauhanen, H., and Komi, P.V. 1988b. Daily hormonal and neuromuscular responses to intensive strength training in 1 week. *International Journal of Sports Medicine* 9: 422-428.

Häkkinen, K., Pakarinen, A., Alen, M., Kauhanen, H., and Komi, P.V. 1988c. Neuromuscular and hormonal adaptations in athletes to strength training in two years. *Journal of Applied Physiology* 65: 2406-2412.

Häkkinen, K., Pakarinen, A., Alen, M., and Komi, P.V. 1985. Serum hormones during prolonged training of neuromuscular performance. *European Journal of Applied Physiology* 53: 287-293.

Häkkinen, K., Pakarinen, A., and Kallinen, M. 1992. Neuromuscular adaptations and serum hormones in women during short-term intensive strength training. *European Journal of Applied Physiology* 64: 106-111.

Häkkinen, K., Pakarinen, A., Komi, P.V., Ryushi, T., and Kauhanen, H. 1989. Neuromuscular adaptations and hormone balance in strength athletes, physically active males, and females during intensive strength training.

In *Proceedings of the XII International Congress of Biomechanics*, no. 8, edited by R.J. Gregor, R.F. Zernicke, and W.C. Whiting, 889-894. Champaign, IL: Human Kinetics.

Häkkinen, K., Pakarinen, A., Kraemer, W.J., Häkkinen, A., Valkeinen, H., and Alen, M. 2001. Selective muscle hypertrophy, changes in EMG and force, and serum hormones during strength training in older women. *Journal of Applied Physiology* 91: 569-580.

Häkkinen, K., Pakarinen, A., Kraemer, W.J., Newton, R.U., and Alen, M. 2000. Basal concentrations and acute responses of serum hormones and strength development during heavy resistance training in middle-aged and elderly men and women. Journal of Gerontology: Biological Sciences, *Medical Sciences* 55: B95-B105.

Häkkinen, K., Pakarinen, A., Kyrolainen, H., Cheng, S., Kim, D.H., and Komi, P.V. 1990. Neuromuscular adaptations and serum hormones in females during prolonged power training. *International Journal of Sports Medicine* 11: 91-98.

Häkkinen, K., Pakarinen, A., Newton, R.U., and Kraemer, W.J. 1998. Acute hormone responses to heavy resistance lower and upper extremity exercise in young versus old men. *European Journal of Applied Physiology* 77: 312-319.

Hall, Z.W., and Ralston, E. 1989. Nuclear domains in muscle cells. *Cell* 59: 771-772.

Hamada, T., Sale, D.G., MacDougall, J.D., and Tarnopolsky, M.A. 2000. Postactivation potentiation, fiber type, and twitch contraction time in human knee extensor muscles. *Journal of Applied Physiology* 88: 2131-2137.

Hamil, B.P. 1994. Relative safety of weightlifting and weight training. *Journal of Strength and Conditioning Research* 8: 53-57.

Hamilton, W.F., Woodbury, R.A., and Harper, H.T. 1943. Arterial, cerebrospinal, and venous pressures in man during cough and strain. *American Journal of Physiology* 141: 42-50.

Hamlin, M.J., and Quigley, B.M. 2001. Quadriceps concentric and eccentric exercise 2: Differences in muscle strength, fatigue and EMG activity in eccentrically-exercised sore and nonsore muscles. *Journal of Science and Medicine in Sport* 4: 104-115.

Hammond, G.L., Kontturi, M., Vihko, P., and Vihko, R. 1974. Serum steroids in normal males and patients with prostatic diseases. *Clinical Endocrinology* 9: 113-121.

Hansen, K.T., Cronin, J.B., and Newton, M.J. 2011. The effect of cluster loading of force, velocity, and power during ballistic jump squat training. *International Journal of Sports Physiology and Performance* 6: 455-468.

Hansen, K.T., Cronin, J.B., Pickering, S.L., and Newton, M.J. 2011. Does cluster loading enhance lower body power development in preseason preparation of elite rugby union players? *Journal of Strength and Conditioning Research* 25: 2118-2126.

Hanson, E.D., Leigh, S., and Mynark, R.G. 2007. Acute effects of heavy-and light-load squat exercise on the kinetic measures of vertical jumping. *Journal of Strength and Conditioning Research* 21: 1012-1017.

Hardee, J.P., Triplett, N.T., Utter, A.C., Zwetsloot, K.A., and McBride, J.M. 2012. Effect of interpretation rest on power output in the power clean. *Journal of Strength and Conditioning Research* 26: 883-889.

Hardy, D.O., and Tucker, L.A. 1998. The effects of a single bout of strength training on ambulatory blood pressure levels in 24 mildly hypertensive men. *American Journal of Health Promotion* 13: 69-72.

Harman, E. 1983. Resistive torque analysis of 5 Nautilus exercise machines. *Medicine & Science in Sports & Exercise* 15: 113.

Harman, E.A., Rosenstein, R., Frykman, P., and Nigro, G. 1989. Effects of a belt on intra-abdominal pressure during weight lifting. *Medicine & Science in Sports & Exercise* 21: 186-190.

Harries, U.J., and Bassey, E.J. 1990. Torque-velocity relationships for the knee extensors in women in their 3rd and 7th decades. *European Journal of Applied Physiology* 60: 87-190.

Harris, N.K., Cronn, J.B., Hopkins, W.G., and Hansen, K.T. 2008. Squat jump training at maximal power low versus heavy loads: Effect on sprint ability. *Journal of Strength and Conditioning Research* 22: 1742-1749.

Harr Romey, B.M., Denier Van Der Gon, J.J., and Gielen, C.C. 1982. Changes in recruitment order of motor units in the human biceps muscle. *Experimental Neurology* 78: 360-368.

Hartmann, H., Bob, A., Wirth, K., and Schmidtbleicher, D. 2009. Effects of different periodization models on rate of force development and power ability of the upper extremity. *Journal of Strength and Conditioning Research* 23: 1921-1932.

Hass, C.J., Feigenbaum, M.S., and Franklin, B.A. 2001. Prescription of resistance training for healthy populations. *Sports Medicine* 31: 953-964.

Hass, C.J., Garzarella, L., de Hoyos, D., and Pollock, M.L. 2000. Single versus multiple sets in long-term recreational weightlifters. *Medicine & Science in Sports & Exercise* 32: 235-242.

Hatfield, D.L., Kraemer, W.J., Spiering, B.A. Häkkinen, K., Volek, J.S., Shimano, T., Spreuwenberg, L.P.B., Silvestre, R., Vingren, J.L., Fragala, M.S., Gómez, A.L., Fleck, S.J., Newton, R.U., and Maresh, C.M. 2006. The impact of velocity of movement on performance factors in resistance exercise. *Journal of Strength and Conditioning Research* 20: 760-766.

Hatfield, F.C. 1989. *Power: A scientific approach*. Chicago: Contemporary Books.

Hatfield, F.C., and Krotee, M.L. 1978. *Personalized weight training for fitness and athletics from theory and practice*. Dubuque, IA: Kendall/Hunt.

Hather, B.M., Mason, C.E., and Dudley, G.A. 1991. Histochemical demonstration of skeletal muscle fiber types and capillaries on the same transverse section. *Clinical Physiology (Oxford)* 11: 127-134.

Hather, B.M., Tesch, P.A., Buchanan, P., and Dudley, G.A. 1991. Influence of eccentric actions on skeletal muscle adaptations to resistance training. *Acta Physiologica Scandinavica* 143: 177-185.

Hatta, H., Atomi, Y., Yamamoto, Y., Shinohara, S., and Yamada, S. 1989. Incorporation of blood lactate and glucose into tissues in rats after short-duration strenuous exercise. *International Journal of Sports Medicine* 10: 272-278.

Hawke, T.J., and Garry, D.J. 2001. Myogenic satellite cells: Physiology to molecular biology. *Journal of Applied Physiology* 91: 534-551.

Hawkins, S.A., Schroeder, E.T., Wiswell, R.A., Jaque, S.V., Marcell, T.J., and Costa, K. 1999. Eccentric muscle action increases site-specific osteogenic response. *Medicine & Science in Sports & Exercise* 31: 1287-1292.

Hawkins, S.B., Doyle, T.L.A., and McGuigan, M.R. 2009. The effect of different training programs on eccentric energy utilization and college-aged males. *Journal of Strength and Conditioning Research* 23: 1996-2002.

Haykowsky, M.J., Quinney, H.A., Gillis, R., and Thompson, C.R. 2000. Left ventricular morphology in junior and master resistance trained athletes. *Medicine & Science in Sports & Exercise* 32: 349-352.

Hedrick, A. 2003. Using uncommon implements in the training of athletes. *Strength and Conditioning Journal* 25 (4): 18-24.

Heidt, R.S. Jr., Sweeterman, L.M., Carlonas, R.L., Traub, J.A., and Tekulve, F.X. 2000. Avoidance of soccer injuries with preseason conditioning. *American Journal of Sports Medicine* 28: 659-662.

Heinonen, A., Sievanen, H., Kannus, P., Oja, P., and Vuori, I. 1996. Effects of unilateral strength training and detraining on bone mineral mass and estimated mechanical characteristics of upper limb bones in young women. *Journal of Bone Mineral Research* 11: 490-501.

Hejna, W.F., Rosenberg, A., Buturusis, D.J., and Krieger, A. 1982. The prevention of sports injuries in high school students through strength training. *National Strength and Conditioning Association Journal* 4: 28-31.

Helgerud, J., Rodas, G., Kemi, O.J., and Hoff, J. 2011. Strength and endurance in elite football players. *International Journal of Sports Medicine* 32: 677-682.

Helzberg, J.H., Camilo, J., Waeckerle, J.F., and O'Keefe, J.H. 2010. Review of cardiometabolic risk factors among current professional football and professional baseball players. *Physician and Sports-medicine*. 38: 77-83.

Henneman, E., Somjen, G., and Carpenter, D.O. 1985. Functional significance of cell size in spinal motorneurons. *Journal of Neurophysiology* 28: 560-580.

Hennessy, L., and Kilty, J. 2001. Relationship of the stretch-shortening cycle to sprint performance and trained female athletes. *Journal of Strength and Conditioning Research* 15: 326-331.

Hennessy, L.C., and Watson, A.W.S. 1994. The interference effects of training for strength and endurance simultaneously. *Journal of Strength and Conditioning Research* 8: 12-19.

Henriksson-Larsen, K. 1985. Distribution, number, and size of different types of fibers in whole cross-sections of female m. tibialis anterior. An enzyme histochemical study. *Acta Physiologica Scandinavica* 123: 229-235.

Henwood, T.R., Riek, S., and Taaffe, D.R. 2008. Strength versus muscle power-specific resistance training in community-dwelling older adults. *Journal of Gerontology: Medical Sciences* 63A: 83-91.

Herbert, R.D., de Noronha, M., and Kamper, S.J. 2011. Stretching to prevent or reduce muscle soreness after exercise. *Cochrane Database Systematic Reviews* 6: CD004577.

Herman, J.R. 2009. Muscular adaptations to slow-speed versus traditional resistance training protocols. PhD dissertation, Ohio University.

Herman, K., Barton, C., Malliaras, P., and Morrissey, D. 2012. The effectiveness of neuromuscular warm-up strategies that require no additional equipment, for preventing lower limb injuries during sports participation: A systematic review. *BMC Medicine* 1075.

Hermansen, L., Machlum, S., Pruett, E.R., Vaage, O., Waldrum, H., and Wessel-Aas, T. 1976. Lactate removal at rest and during exercise. In *Metabolic adaptation to prolonged physical exercise*, edited by H. Howard and J.R. Pootsmans, 101-105. Basel: Birhauser Verlag.

Heron, M., Hoyert, D., Murphy, S., Xu, J., Kochanek, K., and Tejada-Vera, B. 2009. Deaths: Final data for 2006. *National Vital Statistics Reports* 57: 33-37.

Herrero, A.J., Martin, J., Abadla, O., Fernandez, B., and Garcia-Lopez, D. 2010a. Short-term effect of strength training with and without superimposed electrical stimulation on muscle strength and anaerobic performance. A randomized controlled trial. Part I. *Journal of Strength and Conditioning Research* 24: 1609-1615.

Herrero, A.J., Martin, J., Abadla, O., Fernandez, B., and Garcia-Lopez, D. 2010b. Short-term effect of plyometrics and strength training with and without superimposed electrical stimulation on muscle strength and anaerobic performance: A randomized controlled trial. Part II. *Journal of Strength and Conditioning Research* 24: 1616-1622.

Herrick, A.B., and Stone, W.J. 1996. The effects of periodization versus progressive resistance exercise on upper and lower body strength in women. *Journal of Strength and Conditioning Research* 10: 72-76.

Hetland, M.L., Haarbo, J., and Christiansen, C.1993. Low bone mass and high bone turnover in male long distance runners. *Journal of Clinical Endocrinology and Metabolism* 77: 770-775.

Hettinger, R. 1961. *Physiology of strength*. Springfield, IL: Charles C. Thomas.

Hettinger, R., and Muller, E. 1953. Muskelleistung und muskeltraining. Arbeits Physiology 15: 111-126.

Hetzler, R.K., Schroeder, B.L., Wages, J.J, Stickley, C.D., and Kimura, I.F. 2010. Anthropometry increases 1 repetition maximum predictive ability of NFL-225 test for Division IA college football players. *Journal of Strength and Conditioning Research* 24: 1429-39.

Hewett, T.E. 2000. Neuromuscular and hormonal factors associated with knee injuries in female athletes' strategies for intervention. *Sports Medicine* 29: 313-327.

Hewett, T.E., Lindenfeld, T.N., Riccobene, J.V., and Noyes, F.R. 1999. The effect of neuromuscular training on the incidence of knee injury in female athletes: A prospective study. *American Journal of Sports Medicine* 27: 699-706.

Heyward, V.H., and Wagner, D.R. 2004. *Applied body composition assessment*, 2nd ed. Champaign, IL: Human Kinetics.

Hibbs, A.E., Thompson, K.G., French, D., Wrigley, A., and Spears, I. 2008. Optimizing performance by improving core stability and core strength. *Sports Medicine* 38: 1995-2008.

Hickson, R.C. 1980. Interference of strength development by simultaneously training for strength and endurance. *European Journal of Applied Physiology* 45: 255-269.

Hickson, R.C., Dvorak, B.A., Gorostiaga, E.M., Kurowski, T.T., and Foster, C. 1988. Potential for strength and endurance training to amplify endurance performance. *Journal of Applied Physiology* 65: 2285-2290.

Hickson, R.C., Hidaka, K., and Foster, C. 1994. Skeletal muscle fiber type, resistance training, and strength-related performance. *Medicine & Science in Sports & Exercise* 26: 593-598.

Hickson, R.C., Hidaka, K., Foster, C., Falduto, M.T., and Chatterton, R.T. 1994. Successive time courses of strength development and steroid hormone responses to heavy-resistance training. *Journal of Applied Physiology* 76: 663-670.

Hickson, R.C., and Marone, J.R. 1993. Exercise and inhibition of glucocorticoid-induced muscle atrophy. *Exercise and Sports Sciences Reviews* 21: 135-167.

Hickson, R.C., Rosenkoetter, M.A., and Brown, M.M. 1980. Strength training effects on aerobic power and short-term endurance. *Medicine & Science in Sports & Exercise* 12: 336-339.

Higbie, E.J., Cureton, K.J., Warren, G.I., and Prior, B.M. 1996. Effects of concentric and eccentric training on muscle strength, cross-sectional area, and neural activation. *Journal of Applied Physiology* 81: 2173-2181.

Higgs, F., and Winter, S.L. 2009. The effect of a four-week proprioceptive neuromuscular facilitation stretching program on isokinetic torque production. *Journal of Strength and Conditioning Research* 23: 1442-1447.

Hikida, R.S., Staron, R.S., Hagerman, F.C., Walsh, S., Kaiser, E., Shell, S., and Hervey, S. 2000. Effects of high-intensity resistance training on untrained older men. II. Muscle fiber characteristics and nucleocytoplasmic relationships. Journal of Gerontology: *A Biological Sciences Medical Sciences* 55: B347-B354.

Hikida, R.S., Van Nostran, S., Murray, J.D., Staron, R.S., ordon, S.E., and Kraemer, W.J. 1997. Myonuclear loss in atrophied soleus muscle fibers. *Anatomical Record* 247: 350-354.

Hildebrandt, W., Schutze, H., and Stegemann, J. 1992. Cardiovascular limitations of active recovery from strenuous exercise. *European Journal of Applied Physiology and Occupational Physiology* 64: 250-257.

Hill-Hass, S., Bishop, D., Dawson, B., Goodman, C., and Edge, J. 2007. Effects of rest interval during high-repetition resistance training on strength, aerobic fitness, and repeated sprint ability. *Journal of Sports Sciences* 25: 619-628.

Hill, D.W., and Butler, S.D. 1991. Hemodynamic responses to weightlifting exercise. *Sports Medicine* 12: 1-7.

Hind, K., Truscott, J.G., and Evans, J.A. 2006. Low lumbar spine bone mineral density in both male and female endurance runners. *Bone* 39: 880-885.

Ho, K.W., Roy, R.R., Tweedle, C.D., Heusner, W.W., Van Huss, W.D., and Carrow, R. 1980. Skeletal muscle fiber splitting with weightlifting exercise in rats. *American Journal of Anatomy* 157: 433-440.

Ho, R.C., Alcazar, O., and Goodyear, L.J. 2005. Exercise regulation of insulin action in skeletal muscle. In: *The endocrine system in sports and exercise*, edited by W.J. Kraemer and A.D. Rogol, 388-407. Oxford, UK: Blackwell.

Hodson-Tole, E.F., and Wakeling, J.M. 2009. Motor unit recruitment for dynamic tasks: Current understanding and future directions. *Journal of Comparative Physiology B: Biochemical, Systemic, and Environmental Physiology* 179: 57-66.

Hoeger, W.W.K., Barette, S.L., Hale, D.F., and Hopkins, D.R. 1987. Relationship between repetitions and selected percentages of one repetition maximum. *Journal of Applied Sport Science Research* 1: 11-13.

Hoeger, W.W.K., Hopkins, D.R., Barette, S.L. and Hale, D.F. 1990. Relationship between repetitions and selected percentages of one repetition maximum: A comparison between untrained and trained males and females. *Journal of Applied Sport Science Research* 4: 47-54.

Hoffman, J.R., Fry, A.C., Howard, R., Maresh, C.M., and Kraemer, W.J. 1991. Strength, speed and endurance changes during the course of a division I basketball season.

*Journal of Applied Sport Science Research* 3: 144-149.

Hoffman, J.R., and Kalfeld, S. 1998. The effect of resistance training on injury rate and performance in a self-defense instructors course for women. *Journal of Strength and Conditioning Research* 12: 52-56.

Hoffman, J.R., Kraemer, W.J., Fry, A.C., Deschenes, M., Kemp, M. 1990. The effects of self-selection for frequency of training in a winter conditioning program for football. *Journal of Applied Sport Science Research* 4: 76-82.

Hoffman, J.R., Ratamess, N.A., Klatt, M., Faigenbaum, A.D., Ross, R.E., Tranchina, N.M., McCurry, R.C., Kang, J., and Kraemer, W.J. 2009. Comparison between different off-season resistance training programs in division III American college football players. *Journal of Strength and Conditioning Research* 23: 11-19.

Hoffman, T., Stauffer, R.W., and Jackson, A.S. 1979. Sex difference in strength. *American Journal of Sports Medicine* 7: 265-267.

Hogan, M.C., Gladden, L.B., Kurdak, S.S., and Poole, D.C. 1995. Increased (lactate) in working dog muscle reduces tension development independent of pH. *Medicine & Science in Sports & Exercise* 27: 371-377.

Hoge, K.M., Ryan, E.D., Costa, P.B., Herda, T.J., Walter, A.A., Stout, J.R., and Cramer, J.T. 2010. Gender differences in musculotendinous stiffness and range of motion after an acute bout of stretching. *Journal of Strength and Conditioning Research* 24: 2618-2626.

Holcomb, W.R., Rubley, M.D., Lee, H.J., and Guadagnoli, M.A. 2007. Effect of hamstring-emphasized resistance training on hamstrings: Quadriceps strength ratios. *Journal of Strength and Conditioning Research* 21: 41-47.

Hollander, D.B., Kraemer, R.R., Kilpatrick, M.W., Ramadan, Z.G., Reeves, G.V., Francois, M.F., Hebert, E.P., and Tryniecki, J.L. 2007. Maximal eccentric and concentric strength discrepancies between young men and women for dynamic resistance exercise. *Journal of Strength and Conditioning Research* 21: 34-40.

Holmdahl, D.C., and Ingelmark, R.E. 1948. Der Bau des Gelenknorpels unter verschiedenen funktionellen Verh. *Itnissen. Acta Anatomica* 6: 113-116.

Holsgaard-Larsen, A., Caserotti, P., Puggaard, L., and Aagaard, P. 2011. Stair-ascent performance in elderly women: Effect of explosive strength training. *Journal of Aging and Physical Activity* 19: 117-136.

Hook, P., Sriramoju, V., and Larsson, L. 2001. Effects of aging on actin sliding speed on myosin from single skeletal muscle cells of mice, rats, and humans. *American Journal of Cell Physiology* 280: C782-C788.

Hopkins, T., Pak, J.O., Robertshaw, A.E., Feland, J.B., Hunter, I., and Gage, M. 2008. Whole body vibration and dynamic restraint. *International Journal of Sports Medicine* 29: 424-428.

Hori, N., Newton, R.U., Kawamori, N., McGuigan, M.R., Andrews, W.A., Chapman, D.W., and Nosaka, K. 2008. Comparison of weighted jump squat training with and without eccentric braking. *Journal of Strength and Conditioning Research* 22: 54-65.

Hortobagyi, T., Devita, P., Money, J., and Barrier, J. 2001. Effects of standard and eccentric overload strength training in young women. Medicine & Science in Sports & Exercise 33: 1206-1212.

Hortobagyi, T., Hill, J.P., Houmard, J.A., Fraser, D.D., Lambert, N.J., and Israel, R.G. 1996. Adaptive responses to muscle lengthening and shortening in humans. *Journal of Applied Physiology* 80: 765-772.

Hortobagyi, T., Houmard, J.A., Stevenson, J.R., Fraser, D.D., Johns, R.A., and Israel, R.G. 1993. The effects of detraining on power athletes. *Medicine & Science in Sports & Exercise* 25: 929-935.

Hortobagyi, T., Katch, F.I., and LaChance, P.F. 1991. Effects of simultaneous training for strength and endurance on upper and lower body strength and running performance. *Journal of Sports Medicine and Physical Fitness* 31: 20-30.

Hostler, D., Crill, M.T., Hagerman, F.C., and Staron, R.S. 2001. The effectiveness of 0.5-lb. increments in progressive resistance exercise. *Journal of Strength and Conditioning Research* 15: 86-91.

Hostler, D., Schwirian, C.I., Campos, G., Toma, K., Crill, M.T., Hagerman, G.R., Hagerman, F.C., and Staron, R.S. 2001. Skeletal muscle adaptations in elastic resistance-trained young men and women. *European Journal of Applied Physiology* 86: 112-118.

Housh, D.J., Housh, T.J., Johnson, G.O., and Chu, W.K. 1992. Hypertrophic response to unilateral concentric isokinetic training. *Journal of Applied Physiology* 73: 65-70.

Housh, D.J., Housh, T.J., Weir, J.P., Weir, L.L., Evetovich, T.K., and Dolin, P.E. 1998. Effects of unilateral eccentric-only dynamic constant external resistance training on quadriceps femoris cross-sectional area. *Journal of Strength and Conditioning Research* 12: 192-198.

Houston, M.E., Froese, E.A., Valeriote, S.P., Green, H.J., and Ramey, D.A. 1983. Muscle performance, morphology and metabolic capacity during strength training and detraining: A one leg model. *European Journal of Applied Physiology and Occupational Physiology* 51: 25-35.

Houston, M.E., Norman, R.W., and Froese, E.A. 1988. Mechanical measures during maximal velocity knee extension exercise and their relation to fiber composition of the human vastus lateralis muscle. *European Journal of Applied Physiology* 58: 1-7.

Houtkooper, L.B., Stanford, V.A., Metcalfe, L.L., Lohman, T.G., and Going, S.B. 2007. Preventing osteoporosis the Bone Estrogen Strength Training way. *ACSM's Health & Fitness Journal* 11: 21-27.

Howatson, G., and van Someren, K.A. 2008. The prevention and treatment of exercise-induced muscle damage. *Sports Medicine* 38: 483-503.

Howe, T.E., Shea, B., Dawson, L.J., Downie, F., Murray, A., Ross, C., Harbour, R.T., Caldwell, L.M., and Creed, G. 2011. Exercise for preventing and treating osteoporosis in postmenopausal women. *Cochrane Database of Systematic Reviews* 6: CD000333.

Howald, H. 1982. Training induced morphological and functional changes in skeletal muscle. *International Journal of Sports Medicine* 3: 1-12.

Hrysomallis, C. 2011. Balance ability and athletic performance. *Sports Medicine* 41: 221-232.

Huang, J.S., Pietrosimone, B.G., Ingersoll, C.D., Weltman, A.L., and Saliba, S.A. 2011. Sling exercise in traditional warm-up have similar effects on the velocity and accuracy of throwing. *Journal of Strength and Conditioning Research* 25: 1673-1679.

Hubal, M.J., Rubinstein, S.R., and Clarkson, P.M. 2007. Mechanisms of variability in strength loss after muscle-lengthening actions. *Medicine & Science in Sports & Exercise* 39: 461-468.

Hubal, M.J., Rubinstein, S.R., and Clarkson, P.M. 2008.

Muscle function in men and women during maximal eccentric exercise. *Journal of Strength and Conditioning Research* 22: 1332-1338.

Hughes, V.A., Frontera, W.R., Dallal, G.E., Lutz, K.J., Fisher, E.C., and Evans, W.J. 1995. Muscle strength and body composition: Associations with bone density in older subjects. *Medicine & Science in Sports & Exercise* 27: 967-974.

Hughes, V.A., Frontera, W.R., Weed, M., Evans, W.J., Dallal, G.E., Roubenoff, R., and Fiatarone, M.A. 2001. Longitudinal muscle strength changes in older adults: Influence of muscle mass, physical activity, and health. Journal of Gerontology: *Biological Sciences, Medical Sciences* 56: B209-B217.

Hulmi, J.J., Lockwood, C.M., and Stout, J.R. 2010. Effect of protein/essential amino acids and resistance training on skeletal muscle hypertrophy: A case for whey protein. *Nutrition and Metabolism (London)* 17: 7-15.

Hulsey, C.R., Soto, D.T., Koch, A.J., and Mayhew, J.L. 2012. Comparison of kettlebell swings and treadmill running equivalent rating of perceived exertion values. *Journal of Strength and Conditioning Research* 26: 1203-1207.

Hultman, E., Bergstrom, J., and Anderson, N.M. 1967. Breakdown and resynthesis of phosphorylcreatine and adenosine triphosphate in connection with muscular work in man. *Scandinavian Journal of Clinical Investigation* 19: 56-66.

Humburg, H., Baas, H., Schroder, J., Reer, R., and Braumann, K-M. 2007. 1-set vs. 3-set resistance training: A crossover study. *Journal of Strength and Conditioning Research* 21: 578-582.

Humphries, B., Newton, R.U., Bronks, R., Marshall, S., McBride, J., Triplett-McBride, T., Häkkinen, K., Kraemer, W.J., and Humphries, N. 2000. Effect of exercise intensity on bone density, strength, and calcium turnover in older women. *Medicine & Science in Sports & Exercise* 32: 1043-1050.

Hunter, G.R. 1985. Changes in body composition, body build and performance associated with different weight training frequencies in males and females. *National Strength and Conditioning Association Journal* 7: 26-28.

Hunter, G.R., and Culpepper, M.I. 1995. Joint angle specificity of fixed mass versus hydraulic resistance knee flexion training. *Journal of Strength and Conditioning Research* 9: 13-16.

Hunter, G.R., Demment, R., and Miller, D. 1987. Development of strength and maximum oxygen uptake during simultaneous training for strength and endurance. *Journal of Sports Medicine and Physical Fitness* 27: 269-275.

Hunter, G.R., McGuirk, J., Mitrano, N., Pearman, P., Thomas, B., and Arrington, R. 1989. The effects of a weight training belt on blood pressure during exercise. *Journal of Applied Strength and Conditioning Research* 3: 13-18.

Hunter, G.R., Seelhorst, D., and Snyder, S. 2003. Comparison of metabolic and heart rate responses to super slow versus traditional resistance training. *Journal of Strength and Conditioning Research* 17: 76-81.

Hunter, G.R., and Treuth, M.S. 1995. Relative training intensity and increases in strength in older women. *Journal of Strength and Conditioning Research* 9: 188-191.

Hunter, G.R., Wetzstein, C.J., Fields, D.A., Brown, A., and Bamman, M.M. 2000. Resistance training increases total

energy expenditure and free-living physical activity in older adults. *Journal of Applied Physiology* 89: 977-984.

Hunter, G.R., Wetzstein, C.J., McLafferty, C.L., Jr., Zuckerman, P.A., Landers, K.A., and Bamman, M.M. 2001. High-resistance versus variable-resistance training in older adults. *Medicine & Science in Sports & Exercise* 33: 1759-1764.

Hunter, J.P., and Marshall, R.N. 2002. Effects of power and flexibility training on vertical jump technique. *Medicine & Science in Sports & Exercise* 34: 470-486.

Hunter, S.K., Thompson, M.W., Ruell, P.A., Harmer, A.R., Thom, J.M., Gwinn, T.H., and Adams, R.D. 1999. Human skeletal sarcoplasmic reticulum $Ca^{2+}$ uptake and muscle function with aging and strength training. *Journal of Applied Physiology* 86: 1858-1865.

Hurley, B.F. 1989. Effects of resistance training on lipoprotein-lipid profiles: A comparison to aerobic exercise training. *Medicine & Science in Sports & Exercise* 21: 689-693.

Hurley, B.F., Hagberg, J.M., Seals, D.R., Ehsani, A.A., Goldberg, A.P., and Holloszy, J.O. 1987. Glucose tolerance and lipid-lipoprotein levels in middle-age powerlifters. *Clinical Physiology* 7: 11-19.

Hurley, B.F., Seals, D.R., Ehsani, A.A., Cartier, L.J., Dalsky, G.P., Hagberg, J.M., and Holloszy, J.O. 1984. Effects of high-intensity strength training on cardiovascular function. *Medicine & Science in Sports & Exercise* 16: 483-488.

Hurley, B.F., Seals, D.R., Hagberg, J.M., Goldberg, A.C., Ostrove, S.M., Holloszy, J.O., Wiest, W.G., and Goldberg, A.P. 1984. High-density-lipoprotein cholesterol in bodybuilders vs. powerlifters. *Journal of the American Medical Association* 252: 507-513.

Huston, L.J., and Wojtys, E.M. 1996. Neuromuscular performance characteristics in elite female athletes. *American Journal of Sports Medicine* 24: 427-436.

Hutton, R.S., and Atwater, S.W. 1992. Acute and chronic adaptations of muscle proprioceptors in response to increased use. *Sports Medicine* 14: 406-421.

Huxley A.F. 2000. Cross-bridge action: Present views, prospects, and unknowns. *Journal of Biomechanics* 33: 1189-1195.

Huxley, A.F., and Niedergerke, R. 1954. Structural changes in muscle during contraction. *Nature* 173: 971-972.

Huxley, H.E., and Hanson, E.J. 1954. Changes in cross-striations of muscle during contraction and stretch and their structural interpretation. *Nature* 173: 973-976.

Hyatt, J.-P.K., and Clarkson, P.M. 1998. Creatine kinase release and clearance using mm variants following repeated bouts of eccentric exercise. *Medicine & Science in Sports & Exercise* 30: 1059-1065.

Hymer, W.C., Kirshnan, K., Kraemer, W.J., Welsch, J., and Lanham, W. 2000. Mammalian pituitary growth hormone: Applications of free flow electrophoresis. *Electrophoresis* 21: 311-317.

Hymer, W.C., Kraemer, W.J., Nindl, B.C., Marx, J.O., Benson, D.E., Welsch, J.R., Mazzetti, S.A., Volek, J.S., and Deaver, D.R. 2001. Characteristics of circulating growth hormone in women following acute heavy resistance exercise. *American Journal of Physiology: Endocrinology and Metabolism* 281: E878-E887.

Iba.ez, J., Izquierdo, M., Argüelles, I., Forga, L., Larrión, J.L., García-Unciti, M., Idoate, F., and Gorostiaga, E.M. 2005. Twice-weekly progressive resistance training decreases abdominal fat and improves insulin sensitivity in older men with type 2 diabetes. *Diabetes Care* 28: 662-667.

Ichinose, Y., Kanehisa, H., Ito, M., Kawakami, Y., and Fukunaga, T. 1998. Relationship between muscle fiber pennation and force capability in Olympic athletes. *International Journal of Sports Medicine* 19: 541-546.

Iellamo, F., Legramante, J.M., Raimondi, G., Castrucci, F., Damiani, C., Foti, C., Peruzzi, G., and Caruso, I. 1997. Effects of isokinetic, isotonic and isometric submaximal exercise on heart rate and blood pressure. *European Journal of Applied Physiology* 75: 89-96.

Ikai, M., and Fukunaga, T. 1970. A study on training effect on strength per unit cross-sectional area of muscle by means of ultrasonic measurement. *European Journal of Applied Physiology* 28: 173-180.

Ikai, M., and Steinhaus, A.H. 1961. Some factors modifying the expression of human strength. *Journal of Applied Physiology* 16: 157-163.

Ikegawa, S., Funato, K., Tsunoda, N., Kanehisa, H., Fukunaga, T., and Kawakami, Y. 2008. Muscle force per cross-sectional area is inversely related with pennation angle in strength trained athletes. *Journal of Strength and Conditioning Research* 22: 128-131.

Imamura, K., Ashida, H., Ishikawa, T., and Fujii, M. 1983. Human major psoas muscle and sacrospinalis muscle in relation to age: A study by computed tomography. *Journal of Gerontology* 38: 678-681.

Ingelmark, B.E., and Elsholm, R. 1948. A study on variations in the thickness of the articular cartilage in association with rest and periodical load. *Uppsala Lakaretorenings Foxhandlinger* 53: 61-64.

Ingjer, F. 1969. Effects of endurance training on muscle fiber ATPase activity, capillary supply and mitochondrial content in man. *Journal of Physiology* 294: 419-432.

Ingle, L., Sleap, M., and Tolfrey, K. 2006. The effects of a complex training and detraining programme on selected strength and power variables in early pubertal boys. *Journal of Sports Sciences* 24: 987-997.

International Federation of Sports Medicine (FIMIS). 1998. Resistance training for children and adolescents. In *Sports and Children*, edited by K. Chan and L. Micheli, 265-270. Hong Kong: Lippincott Williams & Wilkins.

International Olympic Committee. 2008. Consensus statement. Training the elite young athlete. *Clinical Journal of Sport Medicine* 18: 122-123.

Ishida, K., Moritani, T., and Itoh, K. 1990. Changes in voluntary and electrically induced contractions during strength training and detraining. *European Journal of Applied Physiology* 60: 244-248.

Ivey, F.M., Tracy, B.L., Lemmer, J.T., NessAiver, M., Metter, E.J., Fozard, J.L., and Hurley, B.F. 2000. Effects of strength training and detraining on muscle quality: Age and gender comparisons. *Journal of Gerontology. Series A Biological Science Medicine Science* 55: B152-B157.

Izquierdo, M., Häkkinen, K., Ibanez, J., Garrues, M., Anton, A., Zuniga, A., Larrión, J.L., and Gorostiaga, E.M. 2001. Effects of strength training on muscle power and serum hormones in middle aged and older men. *Journal of Applied Physiology* 90: 1497-1507.

Izquierdo, M., Häkkinen, K., Ibanez, J., Kraemer, W.J., and Gorostiage, E.M. 2005. Effects of combined resistance and cardiovascular training on strength, power, muscle cross-sectional area, and endurance markers in middle-aged men. *European Journal of Applied Physiology* 94: 70-75.

Izquierdo, M., Ibanez, J., Gonzalez-Badillo, J.J., Häkkinen,

K., Ratamess, N.A., Kraemer, W.J., French, D.N., Eslava, J., Altadill, A., Asiain, X., and Gorostiaga, E.M. 2006. Different effects of strength training leading to failure versus not to failure of hormonal responses, strength, and muscle power games. *Journal of Applied Physiology* 100: 1647-1656.

Izquierdo, M., Ibanez, J., Gonzalez-Badillo, J.J., Ratamess, N.A., Kraemer, W.J., Häkkinen, K., Granados, C., French, D.N., and Gorostilaga, E.M. 2007. Detraining and tapering effects of hormonal responses and strength performance. *Journal of Strength and Conditioning Research* 1: 768-775.

Izquierdo, M., Iba.ez, J., Häkkinen, K., Kraemer, W.J., Larrión, J.L., and Gorostiaga, E.M. 2004. Once weekly combined resistance and cardiovascular training in healthy older men. *Medicine & Science in Sports & Exercise* 36: 435-443.

Izquierdo-Gabarren, M., Gonzalez De Txabarri Exposito, R., Gracia-Pallares, J., Sanchez-Medina, L., De Villarreal, G., and Izquierdo, M. 2010. Concurrent endurance and strength training not to failure optimizes performance gains. *Medicine & Science in Sports & Exercise* 42: 1191-1199.

Jackson, A., Jackson, T., Hnatek, J., and West, J. 1985. Strength development: Using functional isometric in isotonic strength training program. *Research Quarterly for Exercise and Sport* 56: 324-337.

Jacobson, B.H. 1986. A comparison of two progressive weight training techniques on knee extensor strength. *Athletic Training* 21: 315-318, 390.

Jacobson, P.C., Bever, W., Brubb, S.A., Taft, T.N., and Talmage, R.V. 1984. Bone density in female: College athletes and older athletic female. *Journal of Orthopaedic Research* 2: 328-332.

Jakobi, J.M., and Chilibeck, P.D. 2001. Bilateral and unilateral contractions: Possible differences in maximal voluntary force. *Canadian Journal of Applied Physiology* 26: 12-33.

Janssen, I., Heymsfield, S.B., Wang, Z., and Ross, R. 2000. Skeletal muscle mass and distribution in 468 men and women aged 18-80 yr. *Journal of Applied Physiology* 89: 81-88.

Jefferson, L.S., and Kimball, S.R. 2001. Translational control of protein synthesis: Implications for understanding changes in skeletal muscle mass. *International Journal of Sport Nutrition and Exercise Metabolism* 11: S143-S149.

Jenkins, W.L., Thackaberry, M., and Killian, C. 1984. Speed-specific isokinetic training. *Journal of Orthopaedic and Sports Physical Therapy* 6: 181-183.

Jensen, C., and Fisher, G. 1979. *Scientific basis of athletic conditioning*. Philadelphia: Lea and Febiger.

Johnson, B.A., Salzberg, C.L., and Stevenson, D.A. 2012. Effects of a plyometric training program for 3 children with neurofibromatosis type 1. *Pediatric Physical Therapy* 24: 199-208.

Johnson, B.L., Adamczy, K.J.W., Tennoe, K.O., and Stromme, S.B. 1976. A comparison of concentric and eccentric muscle training. Medicine & Science in Sports & Exercise 8: 35-38.

Johnson, C.C., Stone, M.H., Lopez, S.A., Hebert, J.A., Kilgore, L.T., and Byrd, R.J. 1982. Diet and exercise in middle-age men. *Journal of the American Dietetic Association* 81: 695-701.

Johnson, J.H., Colodny, S., and Jackson, D. 1990. Human torque capability versus machine resistive torque for four eagle resistance machines. *Journal of Applied Sport Science Research* 4: 83-87.

Jones, A. 1973. The best kind of exercise. *Ironman* 32: 36-38.

Jones, D.A., and Rutherford, O.M. 1987. Human muscle strength training: The effects of three different regimes and the nature of the resultant changes. *Journal of Physiology* 391: 1-11.

Jones, K., Hunter, G., Fleisig, G., Escamilla, R., and Lemak, L. 1999. The effects of compensatory acceleration on upper-body strength and power in collegiate football players. *Journal of Strength and Conditioning Research* 13: 99-105.

Jonsson, P., Wahlstr.m, P., Ohberg, L., and Alfred-son, H. 2006. Eccentric training in chronic painful impingement syndrome of the shoulder: Results of a pilot study. *Knee Survey Sports Traumatology Arthroscopy* 14: 76-81.

Joseph, M.F., Lillie, K.R., Bergeron, D.J., and Denegar, C.R. 2012. Measuring Achilles tendon mechanical properties: A reliable, noninvasive method. *Journal of Strength and Conditioning* Research 26: 2017-2020.

Jozsi, A.C., Campbell, W.W., Joseph, L., Davey, S.L., and Evans, W.J. 1999. Changes in power with resistance training in older and younger men and women. *Journal of Gerontology: Biological Sciences* 54: M591-M596.

Jubrias, S.A., Esselman, P.C., Price, L.B., Cress, M.E., and Conley, K.E. 2001. Large energetic adaptations of elderly muscle to resistance and endurance training. *Journal of Applied Physiology* 90: 1663-1670.

Kadi F., Bonnerud, P., Eriksson, A., and Thornell, L.E. 2000. The expression of androgen receptors in human neck and limb muscles: Effects of training and self-administration of androgenic-anabolic steroids. *Histochemistry and Cell Biology* 113: 25-29.

Kadi, F., Charifi, N., Denis, C., Lexell, J., Andersen, J.L., Schjerling, P., Olsen, S., and Kjaer, M. 2005. The behaviour of satellite cells in response to exercise: What have we learned from human studies? *Pflugers Archive* 451: 319-327.

Kadi, F., Eriksson, A., Holmner, S., Butler-Browne, G.S., and Thornell, L.E. 1999. Cellular adaptation of the trapezius muscle in strength-trained athletes. *Histochemistry and Cell Biology* 111: 189-195.

Kadi, F., Schjerling, P., Andersen, L.L., Charifi, N., Madsen, J.L., Christensen, L.R., and Andersen, J.L. 2004. The effects of heavy resistance training and detraining on satellite cells in human skeletal muscles. *Journal of Physiology* 558: 1005-1012.

Kadi, F., and Thornell, L.E. 2000. Concomitant increases in myonuclear and satellite cell content in female trapezius muscle following strength training. *Histochemistry and Cell Biology* 113: 99-103.

Kahn, J.F., Kapitaniak, B., and Monod, H. 1985. Com-parisons of two modalities when exerting isometric contractions. *European Journal of Applied Physiology* 54: 331-335.

Kalapotharakos, V., Smilios, I., Parlavatzas, A., and Tokmakidis, S.P. 2007. The effect of moderate resistance strength training and detraining on muscle strength and power in older men. *Journal of Geriatric Physical Therapy* 30: 109-113.

Kale, M., Asci, A., Bayrak, C., and Acikada, C. 2009. Relationships among jumping performance and sprint parameters during maximum speed phase in sprinters. *Journal of Strength and Conditioning Research* 23: 2272-2279.

Kalra, P.S., Sahu, A., and Kalra, S.P. 1990. Interleukin-1 inhibits the ovarian steroid-induced luteinizing hormone surge and release of hypothalamic luteinizing hormone-releasing hormone in rats. *Endocrinology* 126: 2145-2152.

Kamen, G., Kroll, W., and Ziagon, S.T. 1984. Exercise effects upon reflex time components in weight lifters and distance runners. *Medicine & Science in Sports & Exercise* 13: 198-204.

Kamen, G., and Roy A. 2000. Motor unit synchronization in young and elderly adults. *European Journal of Applied Physiology* 81: 403-410.

Kanakis, C., and Hickson, C. 1980. Left ventricular responses to a program of lower-limb strength training. *Chest* 78: 618-621.

Kanehisa, H., Ikegawa, S., and Fukunaga, T. 1998. Body composition and cross-sectional areas of limb lean tissues in Olympic weight lifters. *Scandinavian Journal of Medicine & Science in Sports* 8: 271-278.

Kanehisa, H., Ikegawa, S., Tsunoda, N., and Fukunaga, T. 1994. Strength and cross-sectional area of knee extension muscles in children. *European Journal of Applied Physiology* 68: 402-405.

Kanehisa, H., and Miyashita, M. 1983a. Effect of isometric and isokinetic muscle training on static strength and dynamic power. *European Journal of Applied Physiology* 50: 365-371.

Kanehisa, H., and Miyashita, M. 1983b. Specificity of velocity in strength training. *European Journal of Applied Physiology* 52: 104-106.

Kanehisa, H., Nagareda, H., Kawakami, Y., Akima, H., Masani, K., Kouzaki, M., and Fukanaga, T. 2002. Effects of equivolume isometric training programs comprising medium or high resistance on muscle size and strength. *European Journal of Applied Physiology* 87: 112-119.

Kanehisa, H., Okuyama, H., Ikegawa, S., and Fukunga, T. 1996. Sex difference in force generation capacity during repeated maximal knee extensions. *European Journal of Applied Physiology* 73: 557-562.

Kaneko, M., Fuchimoto, T., Toji, H., and Suei, K. 1983. Training effect of different loads on the force-velocity relationship and mechanical power output in human muscle. *Scandinavian Journal of Sports Science* 5: 50-55.

Kang, J., Hoffman, J.R., Im, J., Spiering, B.A., Rata-mess, N.A., Rundell, K.W., Nioka, S., Cooper, J., and Chance, B. 2005. Evaluation of physiological responses during recovery following three resistance exercise programs. *Journal of Strength and Condition-ing Research* 19: 305-309.

Karavirta, L., Tulppo, M.P., Laaksonen, D.E., Nyman, K., Laukkanen, R.T., Kinnunen, H., Häkkinen, A., and Häkkinen, K. 2009. Heart rate dynamics after combined endurance and strength training in older men. *Medicine & Science in Sports & Exercise* 41: 1436-1443.

Karlsson, J., Bonde-Petersen, F., Henriksson, J., and Knuttgen, H.G. 1975. Effects of previous exercise with arms or legs on metabolism and performance in exhaustive exercise. *Journal of Applied Physiology* 38: 208-211.

Karp, J.R. 2000. Interval training for the fitness professional. *Journal of Strength and Conditioning Research* 22: 64-69.

Katch, U.L., Katch, F.I., Moffatt, R., and Gittleson, M. 1980. Muscular development and lean body weight in body builders and weight lifters. *Medicine & Science in Sports & Exercise* 12: 340-344.

Katz, B. 1939. The relationship between force and speed in muscular contraction. *Journal of Physiology* 96: 45-64.

Kauhanen, H., and Häkkinen, K. 1989. Short term effects of voluminous heavy resistance training and recovery on the snatch technique in weightlifting. In *Proceedings of the XII International Congress of Biomechanics*, edited by R.J. Gregor, R.F. Zernicke, and W.C. Whitting. Abstract, 31.

Kawakami, Y., Abe T., and Fukunaga T. 1993. Muscle-fiber pennation angles are greater in hypertrophied than in normal muscles. *Journal of Applied Physiology* 74: 2740-2744.

Kawakami, Y., Abe, T., Kuno, S., and Fukunaga, T. 1995. Training induced changes in muscle architecture and specific tension. *European Journal of Applied Physiology* 72: 37-43.

Kawamori, N., Rossi, S.J., Justice, B.D., Haff, E.E., Pistili, E.E., O'Bryant, H.S., Stone, M.H., and Haff, G.G. 2006. Peak force and rate of force development during isometric and dynamic mid-thigh clean pulls performed at various intensities. *Journal of Strength and Conditioning Research* 20: 483-491.

Kawano, H., Tanaka, H., and Miyachi, M. 2006. Resistance training and arterial compliance: Keeping the benefits while minimizing the stiffness. *Journal of Hypertension* 24: 1753-1759.

Kearns, C.F., Abe, T., and Brechue, W.F. 2000. Muscle enlargement in sumo wrestlers includes increased muscle fascicle length. *European Journal of Applied Physiology* 83: 289-296.

Keeler, L.K., Finkelstein, L.H., Miller, W., and Fernhall, B. 2001. Early-phase adaptations of traditional speed vs. superslow resistance training on strength and aerobic capacity in sedentary individuals. *Journal of Strength and Conditioning Research* 15: 309-314.

Kell, R.T. 2011. The influence of periodized resistance training on strength changes in men and women. *Journal of Strength and Conditioning Research* 25: 735-744.

Kelleher, A.R., Hackney, K.J., Keslacy, S., and Ploutz-Snyder, L.L. 2010. The metabolic costs of reciprocal supersets vs. traditional resistance exercise in young recreational active adults. *Journal of Strength and Conditioning Research* 24: 1043-1049.

Kelley, G. 1997. Dynamic resistance exercise and resting blood pressure in adults: A meta-analysis. *Journal of Applied Physiology* 82: 1559-1565.

Kelley, G.A., and Kelley, K.S. 2000. Progressive resistance exercise and resting blood pressure: A meta-analysis of randomized controlled trials. *Hypertension* 35: 838-843.

Kelley, G.A. and Kelley, K.S. 2009a. Impact of progressive resistance training on lipids and lipoproteins in adults: A meta-analysis of randomized controlled trials. *Preventative Medicine* 48: 9-19.

Kelley, G.A., and Kelley, K.S. 2009b. Impact of progressive resistance training on lipids and lipoproteins in adults: Another look at a meta-analysis using prediction intervals. *Preventative Medicine* 49: 473-475.

Kelley, G.A., Kelley, K.S., Hootman, J.M., and Jones, D.L. 2011. Effects of community-deliverable exercise on pain and physical function in adults with arthritis and other rheumatic diseases: A meta-analysis. *Arthritis Care & Research* 63: 79-93.

Kelley, G.A., Kelley, K.S., and Tran, Z.V. 2000. Exercise and bone mineral density in men: A meta-analysis. *Journal of Applied Physiology* 88: 1730-1736.

Kelley G.A., Kelley, K.S., and Tran, Z.V. 2001. Resistance training and bone mineral density in women: A meta-analysis of controlled trials. *American Journal of Physical Medicine and Rehabilitation* 80: 65-77.

Kellis, E., and Baltzopoulos, V. 1995. Isokinetic eccentric exercise. *Sports Medicine* 19: 202-222.

Kelly, S.B., Brown, L.E., Coburn, J.W., Zinder, S.M., Gardner, L.M., and Nguyen, D. 2007. The effect of single versus multiple sets on strength. *Journal of Strength and Conditioning Research* 21: 1003-1006.

Kemertzis, M.A., Lythgo, N.D., Morgan, D.L., and Galea, M.P. 2008. Ankle flexors produce peak torque at longer muscle lengths after whole-body vibration. *Medicine & Science in Sports & Exercise* 40: 1977-1983.

Kemmler, W.K., Lauber, D., Engelke, K., and Weineck, J. 2004. Effects of single-vs. multiple-set resistance training on maximum strength and body composition in trained postmenopausal women. *Journal of Strength and Conditioning Research* 18: 689-694.

Kent-Braun, J.A., Ng, A.V., and Young, K. 2000. Skeletal muscle contractile and noncontractile components in young and older women and men. *Journal of Applied Physiology* 88: 662-668.

Keogh, J.W.L., Payne, A.L., Anderson, B.B., and Atkins, P.J. 2010. A brief description of the biomechanics and physiology of a strongman event: The tire flip. *Journal of Strength and Conditioning Research* 24: 1223-1228.

Keogh, J.W.L., Wilson, G.J., and Weatherby, R.P. 1999. A cross-sectional comparison of different resistance training techniques in the bench press. *Journal of Strength and Conditioning Research* 13: 247-258.

Kerksick, C.M., Wilborn, C.D., Campbell, B.I., Roberts, M.D., Rasmussen, C.J., Greenwood, M., and Kreider, R.B. 2009. Early-phase adaptations to a split-body, linear periodization resistance training program in college-aged in middle-aged men. *Journal of Strength and Conditioning Research* 23: 962-1971.

Kerr, D., Ackland, T., Maslen, B., Morton, A., and Prince, R. 2001. Resistance training over 2 years increases bone mass in postmenopausal women. *Journal of Bone and Mineral Research* 16: 175-181.

Kesidis, N., Metaxas, T.I., Vrabas, I.S., Stefanidis, P., Vamvakoudis, E., Christoulas, K., Mandroukas, A., Balasas, D., and Mandroukas, K. 2008. Myosin heavy chain isoform distribution in single fibres of bodybuilders. *European Journal of Applied Physiology* 10: 579-583.

Keul, J., Haralambei, G., Bruder, M., and Gottstein, H.J. 1978. The effect of weight lifting exercise on heart rate and metabolism in experienced lifters. *Medicine & Science in Sports & Exercise* 10: 13-15.

Keysor, J.J., and Jette, A.M. 2001. Have we oversold the benefits of late-life exercise? *Journal of Gerontology* 56: M412-423.

Khamoui, A.V., Brown, L.E., Nguyen, D., Uribe, B.P., Coburn, J.W., Noffal, G.J., and Tran, T. 2011. Relationship between force-time and velocity-time characteristics of dynamic isometric muscle actions. *Journal of Strength and Conditioning Research* 25: 198-204.

Khan, K., McKay, H.A., Haapasalo, H., Bennell, K.L., Forwood, M.R., Kannus, P., and Wark, J.D. 2000. Does childhood and adolescence provide a unique opportunity for exercise to strengthen the skeleton? *Journal of Science and Medicine in Sport* 3: 150-164.

Kilduff, L.P., Bevan, H.R., Kingsley, M.I.C., Owen, N.J., Bennett, M.A., Bunce, P.J., Hore, A.M., Maw, J.R., and Cunningham, D.J. 2007. Postactivation potentiation in professional rugby players: Optimal recovery. *Journal of Strength and Conditioning Research* 21: 1134-1138.

Kilinc, F. 2008. An intensive combined training program modulates physical, physiological, biomotoric, and technical parameters in women basketball players. *Journal of Strength and Conditioning Research* 22: 1769-1778.

Kim, E., Dear, A., Ferguson, S.L., Seo, D., and Bemben, M.G. 2011. Effects of 4 weeks of traditional resistance training vs. superslow strength training on early phase adaptations in strength, flexibility, and aerobic capacity in college-aged women. *Journal of Strength and Conditioning Research* 25: 3006-3013.

Kimball, S.R. 2006. Interaction between the AMP-activated protein kinase and mTOR signaling pathways. *Medicine & Science in Sports & Exercise* 38: 1958-1964.

Kin-Isler, A., Acikada, C., and Artian, S. 2006. Effects of vibration on maximal isometric muscle contraction at different joint angles. *Isokinetics and Exercise Science* 14: 213-220.

Kinser, A.M., Ramsey, M.W., O'Bryant, H.S., Ayres, C.A., Sands, W.A., and Stone, M.H. 2008. Vibration and stretching effects on flexibility and explosive strength in young gymnasts. *Medicine & Science in Sports & Exercise* 40: 133-140.

Kistler B.M., Walsh, M.S., Horn, T.S., and Cox, R.H. 2010. The acute effects of static stretching on the sprint performance of collegiate men in the 60-and 100-m dash after a dynamic warm-up. *Journal of Strength and Conditioning Research* 24: 2280-2284.

Kitai, T.A., and Sale, D.G. 1989. Specificity of joint angle in isometric training. *European Journal of Applied Physiology* 58: 744-748.

Kjaer, M., and Secher, N.H. 1992. Neural influences on cardiovascular and endocrine responses to static exercise in humans. *Sports Medicine* 13: 303-319.

Kleiner, D.M., Blessing, D.L., Davis, W.R., and Mitchell, J.W. 1996. Acute cardiovascular responses to various forms of resistance exercise. *Journal of Strength and Conditioning Research* 10: 56-61.

Kleiner, D.M., Blessing, D.L., Mitchell, J.W., and Davis, W.R. 1999. A description of the acute cardiovascular responses to isokinetic resistance at three different speeds. *Journal of Strength and Conditioning Research* 13: 360-366.

Kleiner, S.M., Bazzarre, T.L., and Ainsworth, B.E. 1994. Nutritional status of nationally ranked elite bodybuilders. *International Journal of Sports Medicine* 4: 54-69.

Klitgaard, H., Ausoni, S., and Damiani, E. 1989. Sarcoplasmic reticulum of human skeletal muscle: Age-related changes and effect of training. *Acta Physiologica Scandinavica* 137: 23-31.

Klitgaard, H., Mantoni, M., Schiaffino, S., Ausoni, S., Gorza, L., Laurent-Winter, C., Schnohr, P., and Saltin, B. 1990. Function, morphology and protein expression of ageing skeletal muscle: A cross-sectional study of elderly men with different training backgrounds. *Acta Physiologica Scandinavica* 140: 41-54.

Knapik, J.J., Mawdsley, R.H., and Ramos, M.U. 1983. Angular specificity and test mode specificity of isometric and isokinetic strength training. *Journal of Orthopedic Sports Physical Therapy* 5: 58-65.

Knapik, J.J., Wright, J.E., Kowal, D.M., and Vogel, J.A. 1980. The influence of U.S. Army basic initial entry training on the muscular strength of men and women. Aviation, *Space and Environmental Medicine* 51: 1086-1090.

Knuttgen, H.G., and Kraemer, W.J. 1987. Terminology and measurement in exercise performance. *Journal of Applied Sport Science Research* 1: 1-10.

Kohler, J.M., Flanagan, S.P., and Whitting, W.C. 2010. Muscle activation patterns while lifting stable and unstable loads on unstable and unstable surfaces. *Journal of Strength and Conditioning Research* 24: 313-321.

Kohrt, W.M., Ehsani, A.A., and Birge, S.J. 1997. Effects of exercise involving predominately either joint-reaction or ground-reaction forces on bone mineral density in older women. *Journal of Bone and Mineral Research* 12: 1253-1261.

Kok, L.-Y., Hamer, P.W., and Bishop, D.J. 2009. Enhancing muscular qualities in untrained women: Linear versus undulating periodization. *Medicine & Science in Sports & Exercise* 41: 1797-1807.

Kokkonen, J., Bangerter, B., Roundy, E., and Nelson, A. 1988. Improved performance through digit strength gains. *Research Quarterly for Exercise and Sport* 59: 57-63.

Kokkonen, J., Nelson, A.G., Eldredge, C., and Winchester, J.B. 2007. Chronic static stretching improves exercise performance. *Medicine & Science in Sports & Exercise* 39: 1825-1831.

Kolber, M.J., Beekhuizen, K.S., Cheng, M.S., and Hellman, M.A. 2010. Shoulder injuries attributed to resistance training: A brief review. *Journal of Strength and Conditioning Research* 24: 1696-1704.

Komi, P.V. 1979. Neuromuscular performance: Factors influencing force and speed production. *Scandinavian Journal of Sports Sciences* 1: 2-15.

Komi, P.V., and Buskirk, E.R. 1972. Effect of eccentric and concentric muscle conditioning on tension and electrical activity of human muscle. *Ergonomics* 15: 417-434.

Komi, P.V., and Häkkinen, K. 1988. Strength and power. In *The Olympic book of sports medicine*, edited by A. Dirix, H.G. Knuttgen, and K. Tittel, 183. Boston: Blackwell Scientific.

Komi, P.V., Kaneko, M., and Aura, O. 1987. EMG activity of the leg extensor muscles with special reference to mechanical efficiency in concentric and eccentric exercise. *International Journal of Sports Medicine* 8: 22-29.

Komi, P.V., and Karlsson, J. 1978. Skeletal muscle fiber types, enzyme activities and physical performance in young males and females. *Acta Physiologica Scandinavica* 103: 210-218.

Komi, P.V., Linnamo, V., Ventoinen, P., and Sillanpaa, M. 2000. Force and EMG power spectrum during eccentric and concentric actions. *Medicine & Science in Sports & Exercise* 32: 1757-1762.

Komi, P.V., Suominen, H., Heikkinen, E., Karlsson, J., and Tesch, P. 1982. Effects of heavy resistance and explosive-type strength training methods on mechanical, functional, and metabolic aspects of performance. In *Exercise and sport biology*, edited by P.V. Komi, 90-102. Champaign, IL: Human Kinetics.

Kongsgaard, M., Reitelseder, S., Pedersen, T.G., Holm, L., Aagaard, P., Kjaer, M., and Magnusson, S.P. 2007. Region specific patellar tendon hypertrophy in humans following resistance training. *Acta Physiologica (Oxford)* 191: 111-1121.

Kopp-Woodroffe, S.A., Manore, M.M., Dueck, C.A., Skinner, J.S., and Matt, K.S. 1999. Energy and nutrient status of amenorrheic athletes participating in a diet and exercise training intervention program. *International Journal of Sport Nutrition* 9: 70-88.

Korhonen, M.T., Cristea, A., Alen, M., Häkkinen, K., Sipila, S., Mero, A., Viitasalo, J.T., Larsson, L., and Suominen, H. 2006. Aging, muscle fiber type, and contractile function in sprint-trained athletes. *Journal of Applied Physiology* 101: 906-917.

Kosek, D.J., and Bamman, M.M. 2008. Modulation of the dystrophin-associated protein complex in response to resistance training in young and older men. *Journal of Applied Physiology* 104: 1476-1484.

Kotzamanidis, C. 2006. Effect of plyometric training on running performance and vertical jumping in prepubertal boys. *Journal of Strength and Conditioning Research* 20: 441-445.

Koutedakis, Y., Boreham, C., Kabitsis, C., and Sharp, N.C.C. 1992. Seasonal deterioration of selected physiological variables in elite male skiers. *International Journal of Sports Medicine* 13: 548-551.

Kovaleski, J.E., and Heitman, R.J. 1993a. Effects of isokinetic velocity spectrum exercise on torque production. Sports Medicine, *Training and Rehabilitation* 4: 67-71.

Kovaleski, J.E., and Heitman, R.J. 1993b. Interaction of velocity and progression order during isokinetic velocity spectrum exercise. *Isokinetics and Exercise Science* 3: 118-122.

Kovaleski, J.E., Heitman, R.J., Scaffidi, F.M., and Fondren, F.B. 1992. Effects of isokinetic velocity spectrum exercise on average power and total work. *Journal of Athletic Training* 27: 54-56.

Kovaleski, J.E., Heitman, R.H., Trundle, T.L., and Gilley, W.F. 1995. Isotonic preload versus isokinetic knee extension resistance training. *Medicine & Science in Sports & Exercise* 27: 895-899.

Kowalchuk, J.M., Heigenhauser, F.J.F., Lininger, M.I., Obminski, G., Sutton, J.R., and Jones, N.L. 1988. Role of lungs and inactive muscle in acid-base control after maximal exercise. *Journal of Applied Physiology* 65: 2090-2096.

Koziris, L.P., Hickson, R.C., Chatterton, R.T., Groseth, R.T., Christie, J.M., Goldflies, D.G., and Unterman, T.G. 1999. Serum levels of total and free IGF-1 and IGFBP-3 are increased and maintained in long-term training. *Journal of Applied Physiology* 86: 1436-1442.

Koziris, L.P., Kraemer, W.J., Patton, J.F., Triplett, N.T., Fry, A.C., Gordon, S.E., and Knuttgen, H.G. 1996. Relationship of aerobic power to anaerobic performance indices. *Journal of Strength and Conditioning Research* 10: 35-39.

Kraemer, W.J. 1983a. Detraining the "bulked-up" athlete: Prospects for lifetime health and fitness. National Strength and Conditioning Association Journal 5: 10-12.

Kraemer, W.J. 1983b. Exercise prescription in weight training: A needs analysis. *National Strength and Conditioning Association Journal* 5: 64-65.

Kraemer, W.J. 1983c. Exercise prescription in weight training: Manipulating program variables. *National Strength and Conditioning Association Journal* 5: 58-59.

Kraemer, W.J. 1988. Endocrine responses to resistance exercise. *Medicine & Science in Sports & Exercise 20 (Suppl.):* S152-S157.

Kraemer, W.J. 1992a. Endocrine responses and adaptations to strength training. In *Strength and power in sports*, edited by P.V. Komi, 291-304. Boston: Blackwell Scientific.

Kraemer, W.J. 1992b. Hormonal mechanisms related to the expression of muscular strength and power. In Strength

and power in sports, edited by P.V. Komi, 64-76. Boston: Blackwell Scientific.

Kraemer, W.J. 1994. Neuroendocrine responses to resistance exercise. In *Essentials of strength and condi-tioning*, edited by T.R. Baechle, 86-107. Champaign, IL: Human Kinetics.

Kraemer, W.J. 1997. A series of studies: The physiological basis for strength training in American football: Fact over philosophy. *Journal of Strength and Conditioning Research* 11: 131-142.

Kraemer, W.J., Aguilera, B.A., Terada, M., Newton, R.U., Lynch, J.M., Rosendaal, G., McBride, J.M., Gordon, S.E., and Häkkinen, K. 1995. Responses of IGF-I to endogenous increases in growth hormone after heavy-resistance exercise. *Journal of Applied Physiology* 77: 206-211.

Kraemer, W.J., Clemson, A., Triplett, N.T., Bush, J.A., Newton, R.U., and Lynch, J.M. 1996. The effects of plasma cortisol evaluation on total and differential leukocyte counts in response to heavy-resistance exercise. *European Journal of Applied Physiology* 73 (1-2): 93-97.

Kraemer, W.J., Deschenes, M.R., and Fleck, S.J. 1988. Physiological adaptations to resistance exercise implications for athletic conditioning. *Sports Medicine* 6: 246-256.

Kraemer, W.J., Dudley, G.A., Tesch, P.A., Gordon, S.E., Hather, B.M., Volek, J.S., and Ratamess, N.A. 2001. The influence of muscle action on the acute growth hormone response to resistance exercise and short-term detraining. *Growth Hormone and IGF Research* 11: 75-83.

Kraemer, W.J., Dunn-Lewis, C., Comstock, B.A., Thomas, G.A., Clark, J.E., and Nindl, B.C. 2010. Growth hormone, exercise, and athletic performance: A continued evolution of complexity. *Cur-rent Sports Medicine Reports* 9: 242-252.

Kraemer, W.J., Dziados, J.E., Marchitelli, L.J., Gordon, S.E., Harman, E.A., Mello, R., Fleck, S.J., Frykman, P.N., and Triplett, N.T. 1993. Effects of different heavy-resistance exercise protocols on plasma Bendorphin concentrations. *Journal of Applied Physiology* 74: 450-459.

Kraemer, W.J., and Fleck, S.J. 2007. *Optimizing strength training designing nonlinear periodization workouts*, Human Kinetics.

Kraemer, W.J., and Fleck S.J. 2005. *Strength training for young athletes*, 2nd ed. Champaign, IL: Human Kinetics.

Kraemer, W.J., Fleck, S.J., and Deschenes, M. 2012. *Exercise physiology integrating theory and application*. Lippincott, Williams and Wilkins, Baltimore, Maryland.

Kraemer, W.J., Fleck, S.J., Dziados, J.E., Harman, E., Marchitelli, L.J., Gordon, S.E., Mello, R., Frykman, P.N., Koziris, L.P., and Triplett, N.T. 1993. Changes in hormonal concentrations following different heavy resistance exercise protocols in women. *Journal of Applied Physiology* 75: 594-604.

Kraemer, W.J., Fleck, S.J., and Evans, W.J. 1996. Strength and power training: Physiological mechanisms of adaptation. In *Exercise and sport sciences reviews*, edited by J.O. Holoszy, 363-398. Baltimore: Williams & Wilkins.

Kraemer, W.J., Fleck, S.J., Maresh, C.M., Ratamess, N.A., Gordon, S.E., Goetz, K.L., Harman, E.A., Frykman, P.N., Volek, J., Mazzetti, S.A., Fry, A.C., Marchitelli, L.J., and Patton, J.F. 1999. Acute hormonal responses to a single bout of heavy resistance exercise in trained power lifters and untrained men. *Canadian Journal of Applied Physiology* 24: 524-537.

Kraemer, W.J., and Fry, A.C. 1995. Strength testing: Development and evaluation of methodology. In *Physiological assessment of human fitness*, edited by P. Maud and C. Foster. Champaign, IL: Human Kinetics.

Kraemer, W.J., Fry, A.C., Rubin, M.R., Triplett-McBride, T., Gordon, S.E., Koziris, L.P., Lynch, J.M., Volek, J.S., Meuffels, D.E., Newton, R.U., and Fleck, S.J. 2001. Physiological and performance responses to tournament wrestling. *Medicine & Science in Sports & Exercise* 33: 1367-1378.

Kraemer, W.J., Fry, A.C., Warren, B.J., Stone, M.H., Fleck, S.J., Kearney, J.T., Conroy, B.P., Maresh, C.M., Weseman, C.A., Triplett, N.T., and Gordon, S.E. 1992. Acute hormonal responses of elite junior weightlifters. *International Journal of Sports Medicine* 12: 228-235.

Kraemer, W.J., Gordon, S.E., Fleck, S.J., Marchitelli, L.J., Mello, R., Dziados, J.E., Friedl, K., Harman, E., Maresh, C., and Fry, A.C. 1991. Endogenous anabolic hormonal and growth factor responses to heavy resistance exercise in males and females. *International Journal of Sports Medicine* 12: 228-235.

Kraemer, W.J., and Gotshalk, L.A. 2000. Physiology of American football. In *Exercise and sport science*, edited by W.E. Garrett and D.T. Kirkendall, 798-813. Philadelphia: Lippincott Williams & Wilkins.

Kraemer, W.J., Häkkinen, K., Newton, R.U., McCormick, M., Nindl, B.C., Volek, J.S., Gotshalk, L.A., Fleck, S.J., Campbell, W.W., Gordon, S.E., Farrell, P.A., and Evans, W.J. 1998. Acute hormonal responses to heavy resistance exercise in younger and older men. *European Journal of Applied Physiology* 77: 206-211.

Kraemer, W.J., Häkkinen, K., Newton, R.U., Nindl, B.C., Volek, J.S., McCormick, M., Gotshalk, L.A., Gordon, S.E., Fleck, S.J., Campbell, W.W., Putukian, M., and Evans, W.J. 1999. Effects of heavy-resistance training on hormonal response patterns in younger vs. older men. *Journal of Applied Physiology* 87: 982-992.

Kraemer, W.J., Häkkinen, K., Triplett-McBride, N.T., Fry, A.C., Koziris, L.P., Ratamess, N.A., Bauer, J.E., Volek, J.S., McConnell, T., Newton, R.U., Gordon, S.E., Cummings, D., Hauth, J., Pullo, F., Lynch, J.M., Fleck, S.J., Mazzetti, S.A., and Knuttgen, H.G. 2003. Physiological changes with periodized resistance training in women tennis players. *Medicine & Science in Sports & Exercise* 35: 157-168.

Kraemer, W.J., Hatfield, D.L., Volek, J.S., Fragala, M.S., Vingren, J.L., Anderson, J.M., Spiering, B.A., Thomas, G.A., Ho, J.Y., Quann, E.E., Izquierdo, M., Häkkinen, K., and Maresh, C.M. 2009. Effects of amino acids supplement on physiological adaptations to resistance training. *Medicine & Science in Sports & Exercise* 41: 1111-1121.

Kraemer, R.R., Heleniak, R.J, Tryniecki, J.L, Kraemer, G.R, Okazaki, N.J., and Castracane, V.D. 1995. Follicular and luteal phase hormonal responses to low-volume resistive exercise. *Medicine & Science in Sports & Exercise* 27: 809-817.

Kraemer, W.J., Keuning, M., Ratamess, N.A., Volek, J.S., McCormick, M., Bush, J.A., Nindl, B.C., Gordon, S.E., Mazzetti, S.A., Newton, R.U., Gomez, A.L., Wickham, R.B., Rubin, M.R., and Häkkinen, K. 2001. Resistance training combined with bench-stepping enhances women's health profile. *Medicine & Science in Sports & Exercise* 33: 259-269.

Kraemer, W.J., and Koziris, L.P. 1992. Muscle strength training: Techniques and considerations. *Physical Therapy Practice* 2: 54-68.

Kraemer, W.J. and Koziris, L.P. 1994. Olympic weight-lifting and power lifting. In *Physiology and Nutrition for Competitive Sport*, edited by D.R. Lamb, H.G. Knuttgen, and R. Murray 1-54. Cooper Publishing Group, Carmel, IN.

Kraemer, W.J., Koziris, L.P., Ratamess, N.A., Häkkinen, K., Triplett-McBride, N.T., Fry, A.C., Gordon, S.E., Volek, J.S., French, D.N., Rubin, M.R., Gomez, A.L., Sharman, M.J., Lynch, J.M., Izquierdo, M., and Fleck, S.J. 2002. Detraining produces minimal changes in physical performance and hormonal variables in recreationally strength-trained men. *Journal of Strength and Conditioning Research* 16: 373-382.

Kraemer, W.J., Loebel, C.C., Volek, J.S., Ratamess, N.A., Newton, R.U., Wickham, R.B., Gotshalk, L.A., Duncan, N.D., Mazzetti, S.A., Gomez, A.L., Rubin, M.R., Nindl, B.C., and Häkkinen, K. 2001. The effect of heavy resistance exercise on the circadian rhythm of salivary testosterone in men. *European Journal of Applied Physiology* 84: 13-18.

Kraemer, W.J., Marchitelli, L., McCurry, D., Mello, R., Dziados, J.E., Harman, E., Frykman, P., Gordon, S.E., and Fleck, S.J. 1990. Hormonal and growth factor responses to heavy resistance exercise. *Journal of Applied Physiology* 69: 1442-1450.

Kraemer, W.J., Mazzetti, S.A., Nindl, B.C., Gotshalk, L.A., Volek, J.S., Bush, J.A., Marx, J.O., Dohi, K., Gomez, A.L., Miles, M., Fleck, S.J., Newton, R.U., and Häkkinen, K. 2001. Effect of resistance training on women's strength/power and occupational performances. *Medicine & Science in Sports & Exercise* 33: 1011-1025.

Kraemer, W.J., and Newton, R.U. 2000. Training for muscular power. *Physical and Medical Rehabilitation Clinics of North America* 11: 341-368.

Kraemer, W.J., Nindl, B.C., Marx, J.O., Gotshalk, L.A., Bush, J.A., Welsch, J.R., Volek, J.S., Spiering, B.A., Maresh, C.M., Mastro, A.M., and Hymer, W.C. 2006. Chronic resistance training in women potentiates growth hormone in vivo bioactivity: Characterization of molecular mass variants. *American Journal of Physiology: Endocrinology and Metabolism* 291: E1177-E1187.

Kraemer, W.J., Nindl, B.C., Ratamess, N.A., Gotshalk, L.A., Volek, J.S., Fleck, S.J., Newton, R.U., and Häkkinen, K. 2004. Changes in muscle hypertrophy in women with periodized resistance training. *Medicine & Science in Sports & Exercise* 36: 697-708.

Kraemer, W.J., Noble, B., Culver, B., and Lewis, R.V. 1985. Changes in plasma proenkephalin peptide F and catecholamine levels during graded exercise in men. *Proceedings of the National Academy of Sciences U S A*. 82: 6349-6351.

Kraemer, W.J., Noble, B.J., Culver, B.W., and Clark, M.J. 1987. Physiologic responses to heavy-resistance exercise with very short rest periods. *International Journal of Sports Medicine* 8: 247-252.

Kraemer, W.J., Patton, J., Gordon, S.E., Harman, E.A., Deschenes, M.R., Reynolds, K., Newton, R.U., Triplett, N.T., and Dziados, J.E. 1995. Compatibility of high intensity strength and endurance training on hormonal and skeletal muscle adaptations. *Journal of Applied Physiology* 78: 976-989.

Kraemer, W.J., and Ratamess, N.A. 2000. Physiology of resistance training: Current issues. In *Orthopaedic physical therapy clinics of North America: Exercise technologies* 9: 467-513. Philadelphia: W.B. Saunders.

Kraemer, W.J., and Ratamess, N.A. 2005. Hormonal responses and adaptations resistance exercise and training. *Sports Medicine* 35: 540-561.

Kraemer, W.J., and Ratamess, N.A. 2004. Fundamentals of resistance training: Progression and exercise prescription. *Medicine & Science in Sports & Exercise* 36: 674-678.

Kraemer, W.J., and Ratamess, N.A. 2005. Hormonal esponses and adaptations to resistance exercise and training. *Sports Medicine* 35: 339-361.

Kraemer, W.J., Ratamess, N.A., Fry, A.C., and French, D.N. 2006. Strength training: Development and evaluation of methodology. In *Physiological assessment of human fitness*, edited by P.J. Maud and C. Foster, 119-150. Champaign, IL: Human Kinetics.

Kraemer, W.J., Ratamess, N., Fry, A.C., Triplett-McBride, T., Koziris, L.P., Bauer, J.A., Lynch, J.M., and Fleck, S.J. 2000. Influence of resistance training volume and periodization on physiological and performance adaptations in collegiate women tennis players. *American Journal of Sports Medicine* 28: 626-633.

Kraemer, W.J., Rubin, M.R., Häkkinen, K., Nindl, B.C., Marx, J.O., Volek, J.S., French, D.N., Gómez, A.L., Sharman, M.J., Scheett, T., Ratamess, N.A., Miles, M.P., Mastro, A., VanHeest, J., Maresh, C.M., Welsch, J.R., and Hymer, W.C. 2003. Influence of muscle strength and total work on exercise-induced plasma growth hormone isoforms in women. *Journal of Science and Medicine in Sport* 6: 295-306.

Kraemer, W.J., and Spiering, B.A. 2006. Skeletal muscle physiology: Plasticity and responses to exercise. *Hormone Research* 66: 2-16.

Kraemer, W.J., Spiering, B.A., Volek, J.S., Ratamess, N.A., Sharman, M.J., Rubin, M.R., French, D.N., Silvestre, R., Hatfield, D.L., Van Heest, J.L., Vingren, J.L., Judelson, D.A., Deschenes, M.R., and Maresh, C.M. 2006. Androgenic responses to resistance exercise: Effects of feeding and Lcarnitine. *Medicine & Science in Sports & Exercise* 38: 1288-1296.

Kraemer, W.J., Staron, R.S., Hagerman, F.C., Hikida, R.S., Fry, A.C., Gordon, S.E., Nindl, B.C., Gotshalk, L.A., Volek, J.S., Marx, J.O., Newton, R.U., and Häkkinen, K. 1998. The effects of short-term resistance training on endocrine function in men and women. *European Journal of Applied Physiology* 78: 69-76.

Kraemer, W.J., Vingren, J.L., Schuenke, M.D., Kop-chick, J.J., Volek, J.S., Fragala, M.S., Häkkinen, K., Jen-Ho, Thomas, G.A., and Staron, R.S. 2009. Effect of circulating growth hormone on muscle IGF-I protein concentration in female mice with growth hormone receptor gene disru)tion. *Growth Hormone and IGF Research* 19: 242-244.

Kraemer, W.J., Vogel, J.A., Patton, J.F., Dziados, J.E., and Reynolds, K.L. 1987. The effects of various physical training programs on short duration high intensity load bearing performance and the Army physical fitness test. *USARIEM Technical Report*, 30/87 August.

Kraemer, W.J., Volek, J.S., Bush, J.A., Putukian, M., and Sebastianelli, W.J. 1998. Hormonal responses to consecutive days of heavy-resistance exercise with or without nutritional supplementation. *Journal of Applied Physiology* 85: 1544-1555.

Kramer, J.B., Stone, M.H., O'Bryant, H.S., Conley, M.S., Johnson, R.L., Nieman, D.C., Honeycutt, D.R., and

Hoke, T.P. 1997. Effects of single vs. multiple sets of weight training: Impact of volume, intensity, and variation. *Journal of Strength and Conditioning Research* 11: 143-147.

Krems, C., Luhrmann, P.M., Strassburg, A., Hartmann, B., and Neuhauser-Berthold, M. 2005. Lower resting metabolic rate in the elderly may not be entirely due to changes in body composition. *European Journal of Clinical Nutrition* 59: 255-262.

Krieger, J.W. 2009. Single versus multiple sets of resistance exercise: A meta-regression. *Journal of Strength and Conditioning Research* 23: 1890-1901.

Krieger, J.W. 2010. Single vs. multiple sets of resistance exercise for muscle hypertrophy: A meta-analysis. *Journal of Strength and Conditioning Research* 24: 1150-1159.

Kubiak, E.N., Klugman, J.A., and Bosco, J.A. 2006. Hand injuries in rock climbers. *Bulletin of the NYU Hospital for Joint Diseases* 64: 172-177.

Kubo, K., Ikebukuro, T., Maki, A., Yata, H., and Tsunoda, N. 2012. Time course of changes in the human Achilles tendon properties and metabolism during training and detraining in vivo. *European Journal of Applied Physiology* 12: 2679-2691.

Kubo, K., Ikebukro, I., Yata, H., Tsnoda, N., and Kanehisa, H. 2010. Time course of changes in muscle properties during strength training and detraining. *Journal of Strength and Conditioning Research* 24: 322-331.

Kubo, K., Kanehisa, H., Azuma, K., Ishizu, M., Kuno, S.Y., Okada, M., and Fukunaga, T. 2003. Muscle architectural characteristics in young and elderly men and women. *International Journal of Sports Medicine* 24: 125-130.

Kubo, K., Kanehisa, H., Ito, M., and Fukunaga, T. 2001. Effects of isometric training on the elasticity of human tendon structures in vivo. *Journal of Applied Physiology* 91: 26-32.

Kubo, K., Kanehisa, H., and Fukunaga, T. 2002. Effects of resistance and stretching training programmes on the viscoelastic properties of human tendon structures in vivo. *Journal of Physiology* 538: 219-226.

Kujala, U.M., Sarna, S., Kaprio, J., Tikkanen, H.O., and Koskenvuo, M. 2000. Natural selection to sports, later physical activity habits, and coronary heart disease. *British Journal of Sports Medicine* 34: 445-449.

Kumagai, K., Abe, T., Brechue, W.F., Ryushi, T., Takano, S., and Mizuno, M. 2000. Sprint performance is related to muscle fascicle length in male 100-m sprinters. *Journal of Applied Physiology* 88: 811-816.

Kusintz, I., and Kenney, C. 1958. Effects of progressive weight training on health and physical fitness of adolescent boys. *Research Quarterly* 29: 295-301.

Kvorning, T., Andersen, M., Brixen, K., and Madsen, K. 2006. Suppression of endogenous testosterone production attenuates the response to strength training: A randomized, placebo-controlled, and blinded intervention study. *American Journal of Physiology: Endocrinology and Metabolism* 291: E1325-E1332.

Kvorning, T., Andersen, M., Brixen, K., Schjerling, P., Suetta, C., and Madsen, K. 2007. Suppression of testosterone does not blunt mRNA expression of myoD, myogenin, IGF, myostatin or androgen receptor post strength training in humans. *Journal of Physiology* 578: 579-593.

Kvorning, T., Bagger, M., Caserotti, P., and Madsen, K. 2006. Effects of vibration and resistance training on neural muscular and hormonal measures. *European Journal of Applied Physiology* 96: 615-625.

Lacerte, M., deLateur, B.J., Alquist, A.D., and Questad, K.A. 1992. Concentric versus combined concentric-eccentric isokinetic training programs: Effect on peak torque of human quadriceps femoris muscle. *Archives of Physical Medicine and Rehabilitation* 73: 1059-1062.

LaChance, P.F., and Hortobagyi, T. 1994. Influence of cadence on muscular performance during push-up and pull-up exercises. *Journal of Strength and Conditioning Research* 8: 76-79.

Laidlaw, D.H., Kornatz, K.W., Keen, D.A., Suzuki, S., and Enoka, R.M. 1999. Strength training improves the steadiness of slow lengthening contractions performed by old adults. *Journal of Applied Physiology* 87: 1786-1795.

Lamont, H.S., Cramer, J.T., Bemben, D.A., Shehab, R.L., Anderson, M.A., and Bemben, M.G. 2008. Effects of 6 weeks of periodized squat training with or without whole-body vibration on short-term adaptations in job performance within recreationally resistance trained men. *Journal of Strength and Conditioning Research* 22: 1882-1893.

Lamont, H.S., Cramer, J.T., Bemben, D.A., Shehab, R.L., Anderson, M.A., and Bemben, M.G. 2009. Effects of a 6-week periodized squat training program with or without whole-body vibration on jump height and power output following acute vibration exposure. *Journal of Strength and Conditioning Research* 23: 2317-2325.

Lamont, H.S., Cramer, J.T., Bemben, D.A., Shehab, R.L., Anderson, M.A., and Bemben, M.G. 2010. Effects of adding whole body vibration to squat training isometric force/time characteristics. *Journal of Strength and Conditioning Research* 24: 171-183.

Lander, J.E., Bates, B.T., Sawhill, J.A., and Hamill, J.A. 1985. Comparison between free-weight and isokinetic bench pressing. *Medicine & Science in Sports & Exercise* 17: 344-353.

Lander, J.E., Hundley, J.R., and Simonton, R.L. 1992. The effectiveness of weight-belts during multiple repetitions of the squat exercise. *Medicine & Science in Sports & Exercise* 24: 603-609.

Lander, J.E., Simonton, R., and Giacobbe, J. 1990. The effectiveness of weight-belts during the squat exercise. *Medicine & Science in Sports & Exercise* 22: 117-126.

Landers, K.A., Hunter, G.R., Wetzstein, C.J., Bamman, M.M., and Weisier, R.L. 2001. The interrelationship among muscle mass, strength, and the ability to perform physical tasks of daily living in younger and older women. *Journal of Gerontology: Biological Sciences, Medical Sciences* 56: B443-B448.

LaRoche, D.P., Lussier, M.V., and Roy, S.J. 2008. Chronic stretching and voluntary muscle force. *Journal of Strength and Conditioning Research* 22: 589-596.

Larsson, L. 1978. Morphological and functional characteristics of the aging skeletal muscle in man. *Acta Physiological Scandinavica* 457 (Suppl.): 1-36.

Larsson, L. 1982. Physical training effects on muscle morphology in sedentary males at different ages. *Medicine & Science in Sports & Exercise* 14: 203-206.

Larsson, L. 1983. Histochemical characteristics of human skeletal muscle during aging. *Acta Physio-logica Scandinavica* 117: 469-471.

Larsson, L., Li, X., Yu, F., and Degens, H. 1997. Age-related changes in contractile properties and expression of myosin isoforms in single skeletal muscle cells. *Muscle Nerve (Suppl.)* 5: S74-S78.

Latham, N., Bennett, D., Stretton, C., and Anderson, C.S. 2004. Systematic review of progressive resistance strength training in older adults. *Journal of Gerontology* 59: M48-61.

Latham, N., and Liu, C.J. 2010. Strength training in older adults: The benefits for osteoarthritis. *Clinics in Geriatric Medicine* 26: 445-459.

Lathinghouse, L.H., and Trimble, M.H. 2000. Effects of isometric quadriceps activation on the q-angle in women before and after quadriceps exercise. *Journal of Orthopaedic and Sports Physical Therapy* 30: 211-216.

Laubach, L.L. 1976. Comparative muscular strength of men and women: A review of the literature. Aviation, *Space and Environmental Medicine* 47: 534-542.

Laurent, D., Reutenauer, H., Payen, J.F., Favre-Javin, A., Eterradossi, J., Lekas, J.F., and Rossi, A. 1992. Muscle bioenergetics in skiers: Studies using NMR. *International Journal of Sports Medicine* 13 (Suppl. 1): S150-S152.

Laurent, G.J., Sparrow, M.P., Bates, P.C., and Millward, D.J. 1978. Collagen content and turnover in cardiac and skeletal muscles of the adult fowl and the changes during stretch induced growth. *Biochemistry Journal* 176: 419-427.

Laurentino, G., Ugrinowitsch, C., Aihara, A.Y., Fernandes, A.R., Parcell, A.C., Ricard, M., and Tricoli, V. 2008. Effects of strength training and vascular occlusion. *International Journal of Sports Medicine* 29: 664-667.

Laurentino, G.C., Ugrinowitsch, C., Roschel, H., Aoki, M.S., Soares, A.G., Neves, M., Aihara, A.Y., Da Rocha Correa Fernandes, A., and Tricoli, V. 2012. Strength training with blood flow restriction diminishes myostatin gene expression. *Medicine & Science in Sports & Exercise* 44: 406-412.

Laursen, P.B., and Jenkins, D.G. 2002. The scientific basis for high-intensity interval training: Optimizing training programs and maximizing performance in highly trained endurance athletes. *Sports Medicine* 32: 53-73.

LaVelle, D.G. 2003. Fractures of hip. In *Campbell's operative orthopaedics*, edited by S.T. Canale, 10th ed., 2873. Philadelphia: Mosby.

Lawton, T.W., Cronin, J.B., Drinkwater, E., Lindsell, R., and Pyne, D. 2004. The effect of continuous repetition training and intra-set rest training on bench press strength and power. *Journal of Sports Medicine and Physical Fitness* 44: 361-367.

Lawton, T.W., Cronin, J.B., and Lindsell, R.P. 2006. Effect of interrepetition rest period on weight training repetition power output. *Journal of Strength and Conditioning Research* 20: 172-176.

Laycoe, R.R., and Marteniuk, R.G. 1971. Leaning and tension as factors in strength gains produced by static and eccentric training. *Research Quarterly* 42: 299-305.

Layne, J.E., and Nelson, M.E. 1999. The effects of progressive resistance training on bone density: A review. *Medicine & Science in Sports & Exercise* 31: 25-30.

Lebenstedt, M., Platte, P., and Pirke, K.M. 1999. Reduced resting metabolic rate in athletes with menstrual disorders. *Medicine & Science in Sports & Exercise* 31: 1250-1256.

LeBrasseur, N.K., Walsh, K., and Arany, Z. 2011. Metabolic benefits of resistance training and fast glycolytic skeletal muscle. American Journal of Physiology, *Endocrinology and Metabolism* 300: E3-E10.

Lebrun, C.M. 1994. The effect of the phase of the menstrual cycle and the birth control pill on athletic performance. *Clinics in Sports Medicine* 13: 419-441.

Lee, A., Craig, B.W., Lucas, J., Pohlman, R., and Stelling, H.

1990. The effect of endurance training, weight training and a combination of endurance and weight training on blood lipid profile of young males subjects. *Journal of Applied Sport Science Research* 4: 68-75.

Lee, M.R., and Berthelot, E.R. 2010. Community covariates of malnutrition based mortality among older adults. *Annals of Epidemiology* 20: 371-379.

Legwold, G. 1982. Does lifting weights harm a pre-pubescent athlete? *Physician and Sportsmedicine* 10: 141-144.

Leiger, A.B., and Milner, T.E. 2001. Muscle function at the wrist after eccentric exercise. *Medicine & Science in Sports & Exercise* 33: 612-620.

Leighton, J. 1955. Instrument and technique for measurement of range of joint motion. *Archives of Physical Medicine and Rehabilitation* 38: 24-28.

Leighton, J. 1957. Flexibility characteristics of three specialized skill groups of champion athletes. *Archives of Physical Medicine and Rehabilitation* 38: 580-583.

Leighton, J.R., Holmes, D., Benson, J., Wooten, B., and Schmerer, R. 1967. A study of the effectiveness of ten different methods of progressive resistance exercise on the development of strength, flexibility, girth and body weight. *Journal of the Association of Physical and Mental Rehabilitation* 21: 78-81.

Leite, R.D., Prestes, J., Pereira, G.B., Shiguemoto, G.E., and Perez, S.E. 2010. Menopause: Highlighting the effects of resistance training. *International Journal of Sports Medicine* 31: 761-767.

Lemmer, J.T., Hurlbut, D.E., Martel, G.F., Tracy, B.L., Ivey, F.M., Metter, E.J., Fozard, J.L., Fleg, J.L., and Hurley, B.F. 2000. Age and gender responses to strength training and detraining. *Medicine & Science in Sports & Exercise* 32: 1505-1512.

Lemmer, J.T., Ivey, F.M., Ryan, A.S., Martel, G.F., Hurlbut, D.E., Metter, J.E., Fozard, J.L., Fleg, J.L., and Hurley, B.F. 2001. Effect of strength training on resting metabolic rate and physical activity: Age and gender comparisons. *Medicine & Science in Sports & Exercise* 33: 532-541.

Lemmer, J.T., Martel, G.F., Hurlbut, D.E., and Hurley, B.F. 2007. Age and sex differentially affect regional changes in one repetition maximum strength. *Journal of Strength and Conditioning Research* 21: 731-737.

Lemon, P.W., and Mullin, J.P. 1980. Effect of initial muscle glycogen levels on protein catabolism during exercise. Journal of Applied Physiology: Respiratory, *Environmental and Exercise Physiology* 48: 624-629.

LeMura, L.M., von Duvillard, S.P., Andreacci, J., Klebez, J.M., Chelland, S.A., and Russo, J. 2000. Lipid and lipoprotein profiles, cardiovascular fitness, body composition, and diet during and after resistance, aerobic and combination training in young women. *European Journal of Applied Physiology* 82: 451-458.

Lepley, A.S., Gribble, P.A., and Pietrosimone, B.G. 2011. Effects of electromyographic biofeedback on quadriceps strength: A systematic review. *Journal of Strength and Conditioning* 26: 873-882.

Lesmes, G.R., Costill, D.L., Coyle, E.F., and Fink, W.J. 1978. Muscle strength and power changes during maximal isokinetic training. *Medicine & Science in Sports & Exercise* 4: 266-269.

Levin, G.T., McGuigan, M.R., and Laursen, P.B. 2009. Effect of concurrent resistance and endurance training on physiologic and performance parameters of well-trained endurance cyclists. *Journal of Strength and Conditioning*

Research 23: 2280-2286.

Lewis, S., Nygaard, E., Sanchez, J., Egelbald, H., and Saltin, B. 1984. Static contraction of the quadriceps muscle in man: Cardiovascular control and responses to one-legged strength training. *Acta Physiologica Scandinavica* 122: 341-353.

Lexell, J., Hendriksson-Larsen, K., Winblad, B., and Sjostrom, M. 1983. Distribution of different fiber types in human skeletal muscles: Effects of aging studied in whole muscle cross section. *Muscle Nerve* 6: 588-595.

Lexell, J., Taylor, C.C., and Sjostrom, M. 1988. What is the cause of the ageing atrophy? Total number, size and proportion of different fiber types studied in whole vastus lateralis muscle from 15-to 83-year-old men. *Journal of Neurological Sciences* 84: 275-294.

Liederman, E. 1925. Secrets *of strength*. New York: Earle Liederman.

Li, R.C., Maffulli, N., Hsu, T.C., and Chan, K.M. 1996. Isokinetic strength of the quadriceps and hamstrings and functional ability of anterior cruciate deficient knees in recreation athletes. *British Journal of Sports Medicine* 30: 161-164.

Lind, A.R., and Petrofsky, J.S. 1978. Isometric tension from rotary stimulation of fast and slow cat muscles. *Muscle and Nerve* 1: 213-218.

Lindh, M. 1979. Increase of muscle strength from isometric quadriceps exercises at different knee angles. *Scandinavian Journal of Rehabilitation Medicine* 11: 33-36.

Linnamo, V., Pakarinen, A., Komi, P.V., Kraemer, W.J., and Häkkinen, K. 2005. Acute hormonal responses to submaximal and maximal heavy resistance and explosive exercises in men and women. *Journal of Strength and Conditioning Research* 19: 566-571.

Linsenbardt, S.T., Thomas, T.R., and Madsen, R.W. 1992. Effect of breathing technique on blood pressure response to resistance exercise. *British Journal of Sports Medicine* 26: 97-100.

Lithinghouse, L.H., and Trimble, M.H. 2000. Effects of isometric quadriceps activation on the q-angle in women before and after quadriceps exercise. *Journal of Orthopedic and Sports Physical Therapy* 20: 211-230.

Liu, H., Liu, P., and Qin, X. 1987. *Investigation of menstrual cycle and female weightlifters*. Beijing: Department of Exercise Physiology, National Institute of Sports Science.

Lo, M.S., Lin, L.L.C., Yao, W-J., and Ma, M-C. 2011 Training and detraining effects of the resistance vs. endurance program on body composition, body size, and physical performance in young men. *Journal of Strength and Conditioning Research* 25: 2246-2254.

Lockie, R.G., Murphy, A.J., Schultz, A.B., Knight, T.J., and Janse de Jonge, X.A.K. 2012. The effects of different speed training protocols on sprint acceleration kinematics and muscle strength and power in feel sport athletes. *Journal of Strength and Conditioning Research* 26: 1539-1550.

Loenneke, J.P., Wilson, J.M., Wilson, G.J., Pujol, T.J., and Bemben, M.G. 2011. Potential safety issues with blood flow restriction training. *Scandinavian Journal of Medicine & Science in Sports* 21: 510-518.

Lohman, T. 2004. The BEST exercise program for osteoporosis prevention. DSW Fitness.

Lloyd, T., Buchanan, J.R., Bitzer, S., Waldman, C.J., Myers, C., and Ford, B.G. 1987. Interrelationship of diet, athletic activity, menstrual status and bone density in collegiate women. *American Journal of Clinical Nutrition* 46: 681-684.

Lombardi, V.P., and Troxel, R.K. 1999. Weight training injuries and deaths in the U.S. *Medicine & Science in Sports & Exercise* 31: S93.

Lord, S.R., Ward, J.A., Williams, P., and Anstey, K.J. 1993. An epidemiological study of falls in older community-dwelling women: The Randwick falls and fractures study. *Australian and New Zealand Journal of Public Health* 17: 240-245.

Losnegard, T., Mikkelsen, K., R.nnestad, B.R., Hallén, J., Rud, B., and Raastad, T. 2011. The effect of heavy strength training on muscle mass and physical performance in elite cross country skiers. *Scandinavian Journal of Medicine & Science in Sports* 21: 389-401.

Loucks, A.B., and Horvath, S.M. 1985. Athletic amenorrhea: A review. *Medicine & Science in Sports & Exercise* 17: 56-72.

Loucks, A.B., Kiens, B., and Wright, H.H. 2011. Energy availability in athletes. *Journal of Sports Science* 29: S7-15.

Ludbrook, J., Faris, I.B., Iannos, J., Jamieson, G.G., and Russel, W.J. 1978. Lack of effect of isometric handgrip exercise on the responses of the carotid sinus baroreceptor reflex in man. *Clinical Science and Molecular Medicine* 55: 189-194.

Luhrmann, P.M., Bender, R., Edelmann-Schafer, B., and Neuhauser-Berthold, M. 2009. Longitudinal changes in energy expenditure in an elderly German population: A 12-year follow-up. *European Journal of Clinical Nutrition* 63: 986-992.

Lund, H., Vestergaard-Poulsen, P., Kanstrup, I.-L., and Sejrsen, P. 1998. The effect of passive stretching on delayed onset muscle soreness, and other detrimental effects following eccentric exercise. *Scandinavian Journal of Medicine & Science in Sports* 8: 216-221.

Lundberg, T.R., Fernandez-Gonzalo, R., Gustafsson, T., and Tesch, P.A. 2012. Aerobic exercise alters skeletal muscle molecular responses to resistance exercise. *Medicine & Science in Sports & Exercise* 44:1680-1688.

Lusiani, L., Ronsisvalle, G., Bonanome, A., Castellani, V., Macchia, C., and Pagan, A. 1986. Echocardiographic evaluation of the dimensions and systolic properties of the left ventricle in freshman athletes during physical training. *European Heart Journa* l 7: 196-203.

Lusk, S.J., Hale, B.D., and Russell, D.M. 2010. Grip width and forearm orientation effects on muscle activity during the lat pull-down. *Journal of Strength and Conditioning Research*. 16: 539-546.

Luthi, J.M., Howald, H., Claassen, H., Rosler, K., Vock, P., and Hoppler, H. 1986. Structural changes in skeletal muscle tissue with heavy-resistance exercise. *International Journal of Sports Medicine* 7: 123-127.

Lyle, N., and Rutherford, O.M. 1998. A comparison of voluntary versus stimulated strength training of the human abductor pollicis muscle. *Journal Sports Sciences* 16: 267-270.

Lyman, S., Fleisig, G.S., Waterbor, J.W., Funkhouser, E.M., Pulley, L., Andrews, J.R., Osiniki, E.D., and Roseman, J.M. 2001. Longitudinal study of elbow and shoulder pain in youth baseball pitchers. *Medicine & Science in Sports & Exercise* 33: 1803-1810.

Lynch, N.A., Metter, E.J., Lindle, R.S., Fozard, J.L., Tobin, J.D., Roy, T.A., Fleg, J.L., and Hurley, B.F. 1999. Muscle quality. I. Age associated differences between arm and leg

muscle groups. *Journal of Applied Physiology* 86: 188-194.

Macaluso, A., De Vitto, G., Felici, F., and Nimmo, M.A. 2000. Electromyogram changes during sustained contraction after resistance training in women in their 3rd and 8th decades. *European Journal of Applied Physiology* 82: 418-424.

MacDonald, C.J., Lamont, H.S., and Garner, J.C. 2012. A comparison of the effects of 6 weeks of traditional resistance training, biometric training, and complex training on measures of strength and anthropometrics. *Journal of Strength and Conditioning Research* 26: 422-431.

MacDonald, J.R. 2002. Potential causes, mechanisms, and implications of post exercise hypotension. *Journal of Human Hypertension* 16: 225-236.

MacDougall, J.D. 1986. Adaptability of muscle to strength training—A cellular approach. In *Biochemistry of exercise 6th ed.* 501-513. Champaign, IL: Human Kinetics.

MacDougall, J.D. 1992. Hypertrophy or hyperplasia. In *Strength and power in sport*, edited by P.V. Komi, 230-238. Oxford: Blackwell Scientific.

MacDougall, J.D., Gibala, M.J., Tarnopolsky, M.A., MacDonald, J.R., Interisano, S.A., and Yarasheski, K.E. 1995. The time course for elevated muscle protein synthesis following heavy resistance exercise. *Canadian Journal of Applied Physiology* 20: 480-486.

MacDougall, J.D., Sale, D.G., Alway, S.E., and Sutton, J.R. 1984. Muscle fiber number in biceps brachii in bodybuilders and control subjects. *Journal of Applied Physiology* 57: 1399-1403.

MacDougall, J.D., Sale, D.G., Elder, G.C.B., and Sutton, J.R. 1982. Muscle ultrastructural characteristics of elite powerlifters and bodybuilders. *European Journal of Applied Physiology* 48: 117-126.

MacDougall, J.D., Sale, D.G., Moroz, J.R., Elder, G.C.B., Sutton, J.R., and Howald, H. 1979. Mitochondrial volume density in human skeletal muscle following heavy resistance training. *Medicine & Science in Sports & Exercise* 11: 164-166.

MacDougall, J.D., Tarnopolsky, M.A., Chesley, A., and Atkinson, S.A. 1992. Changes in muscle protein synthesis following heavy resistance exercise in humans: A pilot study. *Acta Physiologica Scandinavica* 146: 403-404.

MacDougall, J.D., Tuxen, D., Sale, D.G., Moroz, J.R., and Sutton, J.R. 1985. Arterial blood pressure response to heavy resistance exercise. *Journal of Applied Physiology* 58: 785-790.

MacDougall, J.D., Ward, G.R., Sale, D.G., and Sutton, J.R. 1977. Biochemical adaptations of human skeletal muscle to heavy resistance training and immobilization. *Journal of Applied Physiology* 43: 700-703.

MacKelvie, K.J., Taunton, J.E., McKay, H.A., and Khan, K.M. 2000. Bone mineral density and serum testosterone in chronically trained, high mileage 40-55-year-old male runners. *British Journal of Sports Medicine* 34: 273-278.

Madsen, N., and McLaughlin, T. 1984. Kinematic factors influencing performance and injury risk in the bench press exercise. *Medicine & Science in Sports & Exercise* 16: 429-437.

Maestu, J., Eliakim, A., Jurima, J., Valter, I., and Jurima, T. 2010. Anabolic and catabolic hormones and energy balance of the male bodybuilders during the preparation for competition. *Journal of Strength and Conditioning Research* 24: 1074-1081.

Maffiuletti, N.A., and Martin, A. 2001. Progressive versus rapid rate of contraction during 7 wk of isometric resistance training. *Medicine & Science in Sports & Exercise* 33: 1220-1227.

Magnusson, S.P. 1998. Passive properties of human skeletal muscle during stretch maneuvers: A review. *Scandinavian Journal of Medicine & Science in Sports* 8: 65-77.

Magnusson, S.P., Aagaard, P., and Nielson, J.J. 2000. Passive energy return after repeated stretches on the hamstring muscle-tendon unit. *Medicine & Science in Sports & Exercise* 32: 1160-1164.

Magnusson, S.P., Hansen, M., Langberg, H., Miller, B., Haraldsson, B., Westh, E.K., Koskinen, S., Aagaard, P., and Kjaer, M. 2007. The adaptability of tendon to loading differs in men and women. *International Journal of Experimental Pathology* 88: 237-240.

Magnusson, S.P., Narici, M.V., Maganaris, C.N., and Kjaer, M. 2008. Human tendon behaviour and adaptation, in vivo. *Journal of Physiology* 586: 71-81.

Maguire, M.S., Gabaree, C.L., and Hoffman, J.R. 1992. Oxygen consumption following exercise of moderate intensity and duration. *European Journal of Applied Physiology* 65: 421-426.

Mahieu, N.N., McNair, P., De Muynck, M., Stevens, V., Blanckaert, I., Smits, N., and Witvrouw, E. 2007. Effect of static and ballistic stretching on the muscle-tendon tissue properties. *Medicine & Science in Sports & Exercise* 39: 494-501.

Mair, J., Mayr, M., Muller, E., Koller, A., Haid, C., Artner-Dworzak, E., Calzolari, C., Larue, C., and Pushchendorf, B. 1995. Rapid adaptation to eccentric exercise-induced muscle damage. *International Journal of Sports Medicine* 16: 352-356.

Malina, R. 2006. Weight training in youth—growth, maturation and safety: An evidence-based review. *Clinical Journal of Sports Medicine* 16: 478-487.

Manal, K., Roberts, D.P., and Buchanan, T.S. 2008. Can pennation angles be predicted from EMGs for the primary ankle plantar and dorsi flexors during isometric contractions? *Journal of Biomechanics* 41: 2492-2497.

Mangine, G.T., Ratamess, N.A., Hoffman, J.R., Faigenbaum, A.D., Kang, J., and Chilakos, A. 2008. The effects of combined ballistic and heavy resistance training on maximal lower-and upper-body strength in recreationally trained men. *Journal of Strength and Conditioning Research* 22: 132-139.

Mangus, B.C., Takahashi, M., Mercer, J.A., Holcomb, W.R., McWhorter, J.W., and Sanchez, R. 2006. Investigation of vertical jump performance after completing heavy squat exercises. *Journal of Strength and Conditioning Research* 20: 597-600.

Manni, T.M., and Clark, B.C. 2009. Blood flow restricted exercise and skeletal muscle health. *Exercise and Sport Sciences Reviews* 37: 78-85.

Manning, R.J., Graves, J.E., Carpenter, D.M., Leggett, S.H., and Pollock, M.L. 1990. Constant vs. variable resistance knee extension training. *Medicine & Science in Sports & Exercise* 22: 397-401.

Mannion, A.F., Jakeman, P.M., and Willan, P.L.T. 1992. Effect of isokinetic training of the knee extensors on isokinetic strength and peak power output during cycling. *European Journal of Applied Physiology* 65: 370-375.

Manore, M.M., Thompson, J., and Russo, M. 1993. Diet and exercise strategies of a world-class bodybuilder. *International Journal of Sports Medicine* 3: 76-86.

Marcinek, D.J., Kushmerick, M.J., and Conley, K.E. 2010. Lactic acidosis in vivo: Testing the link between lactate generation and $H^+$ accumulation in ischemic mouse muscle. *Journal of Applied Physiology* 108: 1479-1486.

Marcinik, E.J., Potts, J., Schlabach, G., Will, S., Dawson, P., and Hurley, B.F. 1991. Effects of strength training on lactate threshold and endurance performance. *Medicine & Science in Sports & Exercise* 23: 739-743.

Marcus, R. 2002. Mechanisms of exercise effects on bone. In *Principles of bone biology*, edited by J.P. Bilezikian et al., 2nd ed., 1477-1488. San Diego, CA: Academic Press.

Markovic, G. 2007. Does plyometric training improve vertical jump height? A meta-analytical review. *British Journal of Sports Medicine* 41: 349-355.

Maresh, C.M., Abraham, A., DeSouza, M.J., Deschenes, M.R., Kraemer, W.J., Armstrong, L.E., Maresh, C.M., Allison, T.G., Noble, B.J., Drash, A., and Kraemer, W.J. 1989. Substrate and endocrine responses to race-intensity exercise following a marathon run. *International Journal of Sports Medicine* 10: 101-106.

Marin, P.J., and Rhea, M.R. 2010. Effects of vibration training on muscle strength: A meta-analysis. *Journal of Strength and Conditioning Research* 24: 548-556.

Markiewitz, A.D., and Andrish, J.T. 1992. Hand and wrist injuries in the preadolescent athlete. *Clinics in Sports Medicine* 11: 203-225.

Markovic, G., Simek, S., and Bradic, A. 2008. Are acute effects of maximal dynamic contractions on upper-body ballistic performance load specific? *Journal of Strength and Conditioning Research* 22: 1811-1815.

Marques, M.C., and Gonzalez-Badillo, J.J. 2006. In-season resistance training and detraining in professional team handball players. *Journal of Strength and Conditioning Research* 20: 563-571.

Marshall, P.W.M., and Desai, I. 2010. Electromyographic analysis of upper body, lower body, and abdominal muscles during advanced Swiss ball exercises. *Journal of Strength and Conditioning Research* 24: 1537-1545.

Marshall, P.W., McEwen, M., and Robbins, D.W. 2011. Strength and neuromuscular adaptation following one, four, and eight sets of high intensity resistance exercise in trained males. *European Journal of Applied Physiology* 111: 3007-3016.

Marshall, P.W.M., and Murphy, B.A. 2006. Increased deltoid and abdominal muscle activity during Swiss ball bench press. *Journal of Strength and Conditioning Research* 20: 745-750.

Martin, A., Martin, I., and Morlon, B. 1995. Changes induced by eccentric training on force-velocity relationships of the elbow flexor muscles. *European Journal of Applied Physiology* 72: 183-185.

Martyn-St. James, M., and Carroll, S. 2010. Effects of different impact exercise modalities on bone mineral density in premenopausal women: *A meta-analysis. Journal of Bone Mineral Metabolism* 28: 251-267.

Marx, J.O., Ratamess, N.A., Nindl, B.C., Gotshalk, L.A., Volek, J.S., Dohi, K., Bush, J.A., Gomez, A.L., Mazzetti, S.A., Fleck, S.J., Häkkinen, K., Newton, R.U., and Kraemer, W.J. 2001. Low-volume circuit versus high-volume periodized resistance training in women. *Medicine & Science in Sports & Exercise* 33: 635-643.

Massey, B.H., and Chaudet, N.L. 1956. Effects of heavy resistance exercise on range of joint movement in young male adults. *Research Quarterly* 27: 41-51.

Massey, C.D., Vincent, J., Maneval, M., Moore, M., and

Johnson, J.T. 2004. An analysis of full range of motion vs. partial range of motion training into development of strength in untrained men. *Journal of Strength and Conditioning Research* 18: 518-521.

Massey, C.D., Vincent, J., Maneval, M., Moore, M., and Johnson, J.T. 2005. Influence of range of motion in resistance training in women: Early phase adaptations. *Journal of Strength and Conditioning Research* 19: 409-411.

Masterson, G. 1999. The impact of menstrual phases on anaerobic power performance in collegiate women. *Journal of Strength and Conditioning Research* 13: 325-329.

Masterson, G.L., and Brown, S.P. 1993. Effects of weighted rope jump training on power performance tests in collegians. *Journal of Strength and Conditioning Research* 7: 108-114.

Masuda, K., Choi, J.Y., Shimojo, H., and Katsuta, S. 1999. Maintenance of myoglobin concentration in human skeletal muscle after heavy resistance training. *European Journal of Applied Physiology* 79: 347-352.

Matavulj, D., Kukolj, M., Ugarkovic, D., Tihanyi, J., and Jaric, S. 2001. Effects of plyometric training on jumping performance in junior basketball players. *Journal of Sports Medicine and Physical Fitness* 41: 159-164.

Matheny, R.W., Jr., Nindl, B.C., and Adamo, M.L. 2010. Minireview: Mechano-growth factor: A putative product of IGF-I gene expression involved in tissue repair and regeneration. *Endocrinology* 151: 865-875.

Matheson, J.W., Kernozek, T.W., Fater, D.C., and Davies, G.J. 2001. Electromyographic activity and applied load during seated quadriceps exercises. *Medicine & Science in Sports & Exercise* 33: 1713-1725.

Matsakas, A., and Patel, K. 2009. Intracellular signaling pathways regulating the adaptation of skeletal muscle to exercise and nutritional changes. *Histology and Histopathology* 24: 209-222.

Maud, R.J., and Shultz, B.B. 1986. Gender comparisons and anaerobic power and anaerobic capacity tests. *British Journal of Sports Medicine* 20: 51-54.

Maughan, R.J., Harmon, M., Leiper, J.B., Sale, D., and Delman, A. 1986. Endurance capacity of untrained males and females in isometric and dynamic muscular contractions. *European Journal of Applied Physiology* 55: 395-400.

Mayhew, J.L., Ball, T.E., and Bowen, J.C. 1992. Prediction of bench press ability from submaximal repetitions before and after training. *Sports Medicine Training and Rehabilitation* 3: 195-201.

Mayhew, J., Bemben, M., Rohrs, D., et al. 1994. Specificity among anaerobic power tests in college female athletes. *Journal of Strength and Conditioning Research* 8: 43-47.

Mayhew, J.L., and Gross, P.M. 1974. Body composition changes in young women with high intensity weight training. *Research Quarterly* 45: 433-440.

Mayhew, J.L., and Salm, P.C. 1990. Gender differences and anaerobic power tests. *European Journal of Applied Physiology* 60: 133-138.

Maynard, J., and Ebben, W.P. 2003. The effects of antagonist prefatigue on agonist torque and electromyography. *Journal of Strength and Conditioning Research* 17: 469-474.

Mazzetti, S.A., Kraemer, W.J., Volek, J.S., Duncan, N.D., Ratamess, N.A., Gómez, A.L., Newton, R.U., Häkkinen, K., and Fleck, S.J. 2000. The influence of direct supervision of resistance training on strength performance. *Medicine & Science in Sports & Exercise* 32: 1043-1050.

Mazzetti, S.A., Ratamess, N.A., and Kraemer, W.J. 2000. Pumping down: After years of bulking up, when they graduate, strength-trained athletes must be shown how to safely detrain. *Training and Conditioning* 10: 10-13.

McBride, J.M., Larkin, T.R., Dayne, A.M., Haines, T.L., and Kirby, T.J. 2010. Effect of absolute and relative loading on muscle activity during stable and unstable squatting. *International Journal Sports Physiology and Performance* 5: 177-183.

McBride, J.M., Nuzzo, J.L., Dayne, A.M., Israetel, M.A., Nieman, D.C., and Triplett, N.T. 2010. Effect of an acute bout of whole body vibration exercise on muscle force output and motor neuron excitability. *Journal of Strength and Conditioning Research* 24:184-189.

McBride, J.M., Triplett-McBride, T., Davie, A., and Newton, R.U. 1999. A comparison of strength and power characteristics between power lifters, Olympic lifters, and sprinters. *Journal of Strength and Conditioning Research* 13: 58-66.

McBride, J.M., Triplett-McBride, T., Davie, A., and Newton, R.U. 2002. The effect of heavy-vs light-load jump squats on the development of strength, power, and speed. *Journal of Strength and Conditioning Research* 16: 75-82.

McCall, G.E., Byrnes, W.C., Dickinson, A., Pattany, P.M., and Fleck, S.J. 1996. Muscle fiber hypertrophy, hyperplasia, and capillary density in college men after resistance training. *Journal of Applied Physiology* 81: 2004-2012.

McCall, G.E., Byrnes, W.C., Fleck, S.J., Dickinson, A., and Kraemer, W.J. 1999. Acute and chronic hormonal responses to resistance training designed to promote muscle hypertrophy. *Canadian Journal of Applied Physiology* 24: 96-107.

McCall, G.E., Grindeland, R.E., Roy, R.R., and Edgerton, V.R. 2000. Muscle afferent activity modulates bioassayable growth hormone in human plasma. *Journal of Applied Physiology* 89: 1137-1141.

McCann, M.R., and Flanagan, S.P. 2010. The effects of exercise selection and rest interval on postactivation potentiation of vertical jump performance. *Journal of Strength and Conditioning Research* 25: 1285-1291.

McCarrick, M.J., and Kemp, J.G. 2000. The effect of strength training and reduced training on rotator cuff musculature. *Clinical Biomechanics* 15 (Suppl. 1): S42-S45.

McCarthy, J.P., Agre, J.C., Graf, B.K., Pozniak, M.A., and Vailas, A.C. 1995. Compatibility of adaptive responses with combining strength and endurance training. *Medicine & Science in Sports & Exercise* 27: 429-436.

McCartney, N., McKelvie, R.S., Martin, J., Sale, D.G., and MacDougall, J.D. 1993. Weight-training induced attenuation of the circulatory response of older males to weight lifting. *Journal of Applied Physiology* 74: 1056-1060.

McCurdy, K., Langford, G., Jenkerson, D., and Doscher, M. 2008. The validity and reliability of the one RM bench press using chain-loaded resistance. *Journal of Strength and Conditioning Research* 22: 678-683.

McDonagh, M.J.N., and Davies, C.T.M. 1984. Adaptive response of mammalian skeletal muscle to exercise with high loads. *European Journal of Applied Physiology* 52: 139-155.

McDonagh, M.J.N., Hayward, C.M., and Davies, C.T.M.

1983. Isometric training in human elbow flexor muscles. *Journal of Bone and Joint Surgery* 65: 355-358.

McDowell, M.A., Fryar, C.D., Ogden, C.L., and Flegal, K.M. 2008. Anthropometric reference data for children and adults: United States, 2003-2006. *National Health Statistics Reports* 10: 1-44.

McGee, D., Jessee, T.C., Stone, M.H., and Blessing, D. 1992. Leg and hip endurance adaptations to three weight-training programs. *Journal of Applied Sports Science Research* 6: 92-95.

McGuigan, M.R., Tatasciore, M., Newton, R.U., and Pettigrew, S. 2009. Eight weeks of resistance training can significantly alter body composition in children who are overweight or obese. *Journal of Strength and Conditioning Research* 23: 80-85.

McHugh, M.P., and Cosgrave, C.H. 2010. To stretch or not to stretch: The role of stretching in injury prevention and performance. *Scandinavian Journal of Medicine & Science in Sports* 20: 169-181.

McHugh, M.P., Tyler, T.F., Greenberg, S.C., and Gleim, G. 2002. Differences in activation patterns between eccentric and concentric quadriceps contractions. *Journal of Sports Sciences* 20: 83-91.

McKenna, M.J., Harmer, A.R., Fraser, S.F., and Li, J.L. 1996. Effects of training on potassium, calcium and hydrogen ion regulation in skeletal muscle and blood during exercise. *Acta Physiologica Scandinavica* 156: 335-346.

McLellan, C.P., Lovell, D.I., and Gass, G.C., 2011. Markers of postmatch fatigue in professional Rugby League players. *Journal of Strength and Conditioning Research* 25: 1030-1039.

McLoughlin, P., McCaffrey, N., and Moynihan, J.B. 1991. Gentle exercise with previously inactive muscle group hastens the decline of blood lactate concentration after strenuous exercise. *European Journal of Applied Physiology* 62: 274-278.

McLaughlin, T.M., Dillman, C.J., and Lardner, T.J. 1977. A kinematic model of performance of the parallel squat. *Medicine and Science in Sports* 9: 128-133.

McLester, J.R., Bishop, P., and Guilliams, M.E. 2000. Comparison of 1 day and 3 days per week of equal volume resistance training in experienced subjects. *Journal of Strength and Conditioning Research* 14: 273-281.

McMorris, R.O., and Elkins, E.C. 1954. A study of production and evaluation of muscular hypertrophy. *Archives of Physical Medicine and Revocation* 35: 420-426.

McNair, P.J., Dombroski, E.W., Hewson, D.J., and Stanley, S.N. 2001. Stretching at the ankle joint: Viscoelastic response to holds and continuous passive motion. *Medicine & Science in Sports & Exercise* 33: 354-358.

McNamara, J.M., and Stearne, D.J. 2010. Flexible non-linear periodization and beginner college weight training class. *Journal of Strength and Conditioning Research* 24: 17-22.

Melo, C.M., Alencar-Filho, A.C., Tinucci, T., Mion, J.D., and Forjaz, C.L.M. 2006. Postexercise hypotension induced by low-intensity resistance exercise in hypertensive women receiving captopril. *Blood Pressure Monitoring* 11: 183-189.

Meltzer, D.E. 1994. Age dependence of Olympic weightlifting ability. *Medicine & Science in Sports & Exercise* 26: 1053-1067.

Mendelsohn, F.A., and Warren, M.P. 2010. Anorexia, bulimia, and the female athlete triad: Evaluation and management. *Endocrinology & Metabolism Clinics of North America* 39: 155-167.

Mendez, E. 2010, December 6. In U.S., obesity peaks in middle age. Gallup, Inc.

Meredith, C.N., Frontera, W.R., O'Reilly, K.P., and Evans, W.J. 1992. Body composition in elderly men: Effect of dietary modification during strength training. *Journal of the American Geriatric Society* 40: 155-162.

Mero, A. 1988. Blood lactate production and recovery from anaerobic exercise in trained and untrained boys. *European Journal of Applied Physiology* 57: 660-666.

Mero, A., Luthtanen, P., Vitasalo, J.T., and Komi, P.V. 1981. Relationship between maximal running velocity, muscle fiber characteristics, force production and force relaxation of sprinters. *Scandinavian Journal of Sport Science* 3: 16-22.

Messier, S.P., and Dill, M.E. 1985. Alterations in strength and maximal oxygen uptake consequent to Nautilus circuit weight training. *Research Quarterly in Exercise and Sport* 56: 345-351.

Metcalf, B.S., Voss, L.D., Hosking, J., Jeffery, A.N., and Wilkin, T.J. 2008. Physical activity at the government-recommended level and obesity-related health outcomes: A longitudinal study (Early Bird 37). *Archives of Disease in Childhood* 93: 772-777.

Meyer, G.D., Quatman, C.E., Khoury, J., Wall, E.J., and Hewett, T.E. 2009. Youth versus adult "weightlift-ing" injuries presenting to United States emergency rooms: Accidental versus non-accidental injury mechanisms. *Journal of Strength and Conditioning Research* 3: 2054-2060.

Meyer, R.A., and Terjung, R.L. 1979. Differences in ammonia and adenylate metabolism in contracting fast and slow muscle. *American Journal of Physiology* 237: C11-C18.

Meyers, C.R. 1967. Effect of two isometric routines on strength, size and endurance in exercised and non-exercised arms. *Research Quarterly* 38: 430-440.

Meylan, C., and Malatesta, D. 2009. Effects in-season plyometric training within soccer practice on explo-sive actions of young players. *Journal of Strength and Conditioning Research* 23: 2605-2613.

Micheli, L.J. 1983. Overuse injuries and children's sports: The growth factor. *Orthopedic Clinics of North America* 14: 337-360.

Micheli, L.J., and Wood, R. 1995. Back pain in young athletes: Significant differences from adults in causes and patterns. *Archives of Pediatric and Adolescent Medicine* 149: 15-18.

Migiano, M.J., Vingren, J.L., Volek, J.S., Maresh, C.M., Fragala, M.S., Ho, J-Y., Thomas, G.A., Hatfield, D.L., Häkkinen, K., Ahtiainen, J., Earp, J.E., and Kraemer, W.J. 2010. Endocrine responses patterns to acute unilateral and bilateral resistance exercise in men. *Journal of Strength and Conditioning Research* 24: 128-134.

Mihalik, J.P., Libby, J.J., Battaglini, C.L., and McMur-ray, R.G. 2008. Comparing short-term complex and compound training programs on vertical jump height and power output. *Journal of Strength and Conditioning Research* 22: 47-53.

Mikkola, J., Rusko, H., Izquierdo, M., Gorostiaga, E.M., and Häkkinen, K. 2012. Neuromuscular and cardiovascular adaptations during concurrent strength and endurance training in untrained men. *International Journal of Sports Medicine* 33: 702-709.

Mikkola, J., Rusko, H., Nummela, A., Pollari, T., and

Häkkinen, K. 2007. Concurrent endurance and explosive type strength training improves neuromuscular and anaerobic characteristics in young distance runners. *International Journal of Sports Medicine* 28: 602-611.

Miles, D.S., Owens, J.J., Golden, J.C., and Gotshall, R.W. 1987. Central and peripheral hemodynamics during maximal leg extension exercise. *European Journal of Applied Physiology* 56: 12-17.

Mileva, K.N., Naleem, A.A., Biswas, S.K., Marwood, S., and Bowtell, J.L. 2006. Acute effects of a vibration-like stimulus during extension exercise. *Medicine & Science in Sports & Exercise* 38: 1317-1328.

Miller, A.E.J., MacDougall, J.D., Tarnopolsky, M.A., and Sale, D.G. 1992. Gender differences in strength and muscle fiber characteristics. *European Journal of Applied Physiology* 66: 254-262.

Miller, B.P. 1982. The effects of plyometric training on the vertical jump performance of adult female subjects. *British Journal of Sports Medicine* 16: 113-115.

Miller, L.E., Pierson, L.M., Nickols-Richardson, S.M., Wooten, D.F., Selmon, S.S., Ramp, W.K., and Herbert, W.G. 2006. Knee extensor and flexor torque development with concentric and eccentric isokinetic training. *Research Quarterly for Exercise and Sport* 77: 158-163.

Miller, M.G., Cheathman, C.C., and Patel, N.D. 2010. Resistance training for adolescents. *Pediatric Clinics of North America* 57: 671-682.

Miller, T.A., White, E.D., Kinley, K.A., Congleton, J.J., and Clark, M.J. 2002. The effects of training history, player position, and body composition on exercise performance in collegiate football players. *Journal of Strength and Conditioning Association* 16: 44-49.

Miller, W.J., Sherman, W.M., and Ivy, J.L. 1984. Effect of strength training on glucose tolerance and postglucose insulin response. *Medicine & Science in Sports & Exercise* 16: 539-543.

Millet, G.P., Jaouen, B., Borrani, F., and Candau, R. 2002. Effects of concurrent endurance and strength. training on running economy and V $O_2$ kinetics. *Medicine & Science in Sports & Exercise* 34: 1351-1359.

Milner-Brown, H.S., Stein, R.B., and Yemin, R. 1973. The orderly recruitment of human motor units during voluntary contractions. *Journal of Physiology* 230: 359-370.

Miranda, H., Fleck, S.J., Simão, R., Barreto, A.C., Dantas, E.H.M., and Novaes, J. 2007. Effect of two different rest period lengths on the number of repetitions performed during resistance training. *Journal of Strength and Conditioning Research* 21: 1032-1036.

Miranda, H., Simão, R., dos Santos Vigário, P., de Salles, B.F., Pacheco, M.T.T., and Willardson, J.M. 2010. Exercise order interacts with different rest interval length during upper-body resistance exercise. *Journal of Strength and Conditioning Research* 24: 1573-1577.

Misner, S.E., Broileau, R.A., Massey, B.H., and Mayhew, J. 1974. Alterations in the body composition of adult men during selected physical training. *Journal of the American Geriatrics Society* 22: 33-38.

Miyamoto, N., Kanehisa, H., Fukunaga, T., and Yasuo, Y. 2011. Effect of post-activation potentiation on the maximal voluntary isokinetic concentric torque in humans. *Journal of Strength and Conditioning Research* 25: 186-192.

Moeckel-Cole, S.A., and Clarkson, P.M. 2009. Rhabdomyolysis in a collegiate football player. *Journal of*

Strength and Conditioning Research 23: 1055-1059.

Moffroid, M.T., and Whipple, R.H. 1970. Specificity of speed of exercise. *Physical Therapy* 50: 1693-1699.

Moffroid, M.T., Whipple, R.H., Hofkosh, J., Lowman, E., and Thistle, H. 1969. A study of isokinetic exercise. *Physical Therapy* 49: 735-747.

Mohr, K.J., Pink, N.M., Elsner, C., and Kvitne, R.S. 1998. Electromyographic investigation of stretching: The effect of warm-up. *Clinical Journal of Sports Medicine* 8: 215-220.

Moldoveanu, A.I., Shephard, R.J., and Shek, P.N. 2001. The cytokine response to physical activity and training. Sports Medicine 31: 115-144.

Mont, M.A., Cohen, D.B., Campbell, K.R., Gravare, K., and Mathur, S.K. 1994. Isokinetic concentric versus eccentric training of shoulder rotators with functional evaluation of performance enhancement in elite tennis players. *American Journal of Sports Medicine* 22: 513-517.

Monteiro, A.G., Aoki, M.S., Evangelista, A.L., Alveno, D.A., Monteiro, G.A., Picarro, I.D.C., and Ugrinowitsch, C. 2009. Nonlinear periodization maximizes strength gains in split resistance training routines. *Journal of Strength and Conditioning Research* 23: 1321-1326.

Monteiro, W.D., Simão, R., Polito, M.D., Santana, C.A., Chaves, R.B., Bezerra, E. and Fleck, S.J. 2008. Influence of strength training on adult women's flexibility. *Journal of Strength and Conditioning Research* 22: 672-677.

Mookerjee, S., and Ratamess, N.A. 1999. Comparison of strength differences and joint action durations between full and partial range-of-motion bench press exercise. *Journal of Strength Conditioning Research* 13: 76-81.

Moore, C.A., and Fry, A.C. 2007. Nonfunctional over-reaching during off-season training for skill position players in collegiate American football. *Journal of Strength and Conditioning Research* 21: 793-800.

Moore, C.A., Weiss, L.W., Schilling, B.K., Fry, A.C., and Li, Y. 2007. Acute effects of augmented eccentric loading on jump squat performance. *Journal of Strength and Conditioning Research* 21: 372-377.

Moore, D.R., Burgomaster, K.A., Schofield, L.M., Gibala, M.J., Sale, D.G., and Phillips, S.M. 2004. Neuromuscular adaptations in human muscle following low intensity resistance training with vascular occlusion. *European Journal of Applied Phys-iology* 92: 399-406.

Moore, M.A., and Hutton, R.S. 1980. Electromyographic investigation of muscle stretching techniques. *Medicine & Science in Sports & Exercise* 12: 322-329.

Morales, J., and Sobonya, S. 1996. Use of submaximal repetition tests for predicting 1-rm strength in class athletes. *Journal of Strength and Conditioning Research* 10: 186-189.

Moran, K.A., Clarke, M., Reilly, F., Wallace, E.S., Brabazon, D., and Marshall, B. 2009. Does endurance fatigue increase the risk of injury when performing drop jumps? *Journal of Strength and Conditioning Research* 23: 1448-1455.

Moran, K., McNamara, B., and Luo, J. 2007. Effect of vibration training in maximal effort (70% 1 RM) dynamic bicep curls. *Medicine & Science in Sports & Exercise* 39: 526-533.

Morehouse, C. 1967. Development and maintenance of isometric strength of subjects with diverse initial strengths. *Research Quarterly* 38: 449-456.

Morganti, C.M., Nelson, M.E., Fiatarone, M.A., Dallal, G.E., Economos, C.D., Crawford, B.M., and Evans, W.J. 1995.

Strength improvements with 1 yr of progressive resistance training in older women. *Medicine & Science in Sports & Exercise* 27: 906-912.

Moritani, T. 1992. Time course of adaptations during strength and power training. In *Strength and power in sport*, edited by P.V. Komi, 226-278. Oxford: Blackwell.

Moritani, T., and DeVries, H.A. 1979. Neural factors versus hypertrophy in the time course of muscle strength gain. *American Journal of Physical Medicine* 82: 521-524.

Moritani, T., and DeVries, H.A. 1980. Potential for gross hypertrophy in older men. *Journal of Gerontology* 35: 672-682.

Morrey, M.A., and Hensrud, D.D. 1999. Risk of medical events in a supervised health and fitness facility. *Medicine & Science in Sports & Exercise* 31: 1233-1236.

Morris, C.J., Tolfroy, K., and Coppack, R.J. 2001. Effects of short-term isokinetic training on standing long-jump performance in untrained men. *Journal of Strength and Conditioning Research* 15: 498-502.

Morrissey, M.C., Harman, E.A., Frykman, P.N., and Han, K.H. 1998. Early phase differential effects of slow and fast barbell squat training. *American Journal of Sports Medicine* 26: 221-230.

Morrison, R.S., Chassin, M.R., and Siu, A.L. 1998. The medical consultant's role in caring for patients with hip fracture. *Annals of Internal Medicine* 128: 1010.

Morton, S.K., Whitehead, J.R., Brinkert, R.H., and Caine, D.J. 2011. Resistance training vs. static stretching: Effects on flexibility and strength. *Journal of Strength and Conditioning Research* 25: 3391-3398.

Mosher, P.E., Underwood, S.A., Ferguson, M.A., and Arnold, R.O. 1994. Effects of 12 weeks of aerobic circuit weight training on anaerobic capacity, muscular strength, and body composition in college-age women. *Journal of Strength and Conditioning Research* 8: 144-148.

Moskwa, C.A., and Nicholas, J.A. 1989. Musculoskeletal risk factors in the young athlete. *Physician and Sportsmedicine* 17: 45-59.

Moss, B.M., Refsnes, P.E., Abildgaard, A., Nicolaysen, K., and Jensen, J. 1997. Effects of maximal effort strength training with different loads on dynamic strength, cross-sectional area, load-power, and load-velocity relationships. *European Journal of Applied Physiology* 75: 193-199.

Mujika, I., and Padilla, S. 2001. Muscular characteristics of detraining in humans. *Medicine & Science in Sports & Exercise* 33: 1297-1303.

Mulligan, S.E., Fleck, S.J., Gordon, S.E., Koziris, L.P., Triplett-McBride, N.T., and Kraemer, W.J. 1996. Influence of resistance exercise volume on serum growth hormone and cortisol concentrations in women. *Journal of Strength and Conditioning Research* 10: 256-262.

Murphy, A.J., Wilson, G.J., Pryor, J.F., and Newton, R.U. 1995. Isometric assessment of muscular function: The effect of joint angle. *Journal of Applied Biomechanics* 11: 205-215.

Murray, M.P., Duthie, E.H., Gambert, S.T., Sepic, S.B., and Mollinger, L.A. 1985. Age-related differences in knee muscle strength in normal women. *Journal of Gerontology* 40: 275-280.

Nader, G.A. 2006. Concurrent strength and endurance training from molecules to man. *Medicine & Science in Sports & Exercise* 38: 1965-1970.

Nakamura, Y., Aizawa, K., Imai, T., Kono, I., and Mesaki, N. 2011. Hormonal responses to resistance exercise during different menstrual cycle states. *Medicine & Science in Sports & Exercise* 43: 967-973.

Nakamaru, Y., and Schwartz, A. 1972. The influence of hydrogen ion concentration on calcium binding and release by skeletal muscle sarcoplasmic reticulum. *Journal of General Physiology* 59: 22-32.

Nakao, M., Inoue, Y., and Murakami, H. 1995. Longitudinal study of the effect of high-intensity weight training on aerobic capacity. *European Journal of Applied Physiology* 70: 20-25.

Narici, M.V., Maffulli, N., and Maganaris, C.M. 2008. Aging of human muscles and tendons. *Disability and Rehabilitation* 30: 1548-1554.

Narici, M.V., Roi, G.S., Landoni, L., Minetti, A.E., and Cerretelli, P. 1989. Changes in force, cross-sectional area and neural activation during strength training and detraining of the human quadriceps. *European Journal of Applied Physiology* 59: 310-319.

Narin, P.D., Bunker, D., Rhea, M.R., and Ayllon, F.N. 2009. Neuromuscular activity during whole-body vibration of different amplitudes and footwear conditions: Implications for prescription of vibratory stimulation. *Journal of Strength and Conditioning Research* 23: 2311-2316.

National Association for Sport and Physical Education. 2008. *Strength training for children and adolescence*. Reston, VA.

National Strength and Conditioning Association. 2009. Youth resistance training: Updated position statement paper from the National Strength and Conditioning Association. *Journal of Strength and Conditioning Research* 23: S60-S79.

Nattiv, A., Agonstini, R., Drinkwater, B., and Yeager, K.K. 1994. The female athlete triad: The interrelatedness of disorder eating, amenorrhea, and osteoporosis. *Clinics in Sports Medicine* 13: 405-418.

Nattiv, A., Loucks, A.B., Manore, M.M., Sanborn, C.F., Sundgot-Borgen, J., and Warren, M.P. 2007. American College of Sports Medicine position stand. The female athlete triad. *Medicine & Science in Sports & Exercise* 39: 1867-1882.

Naughton, G., Farpour-Lambert, N.J., Carlson, J., Bradney, M., and Van Praagh, E. 2000. Physiological issues surrounding the performance of adolescent athletes. *Sports Medicine* 30: 309-325.

Naylor, L.H., George, K., O'Driscoll, G., and Green, D.J. 2008. The athlete's heart: A contemporary appraisal of the "Morganroth hypothesis." *Sports Medicine* 38: 69-90.

Naylor, N.H., Watts, K., Sharpe, J.A., Jones, T.W., Davis, E.A., Thompson, A., George, K., Ramsay, J.M., O'Driscoll, G., and Green, D.J. 2008. Resistance training and diastolic myocardial tissue velocities in obese children. *Medicine & Science in Sports & Exercise* 40: 2027-2032.

Neder, J.A., Luiz, E.N., Shinzato, G.T., Andrade, M.S., Peres, C., and Silva, A.C. 1999. Reference values for concentric knee isokinetic strength and power in nonathletic men and women from both 20 to 80 years old. *Journal of Orthopedic and Sports Physical Therapy* 29: 116-126.

Neely, K.R., Terry, J.G., and Morris, M.J. 2010. A mechanical comparison of linear and double-looped on a supplemental heavy chain resistance to the back squat: A case study. *Journal of Strength and Conditioning Research* 24: 278-281.

Neils, C.M., Udermann, B.E., Brice, G.A., Winchester, J.B., and McGuigan, M.R. 2005. Influence of contraction velocity in untrained individuals over the initial early phase of resistance training. *Journal of Strength and Conditioning Research* 19: 883-887.

Nelson, A.G., Allen, J.D., Cornwell, C., and Kookonen, J. 2001. Inhibition of maximal voluntary isometric torque production by acute stretching is joint-angle specific. *Research Quarterly for Exercise and Sport* 72: 68-70.

Nelson, A.G., Guillory, I.K., Cornwell, C., and Kookonen, J. 2001. Inhibition of maximal voluntary isokinetic torque production following stretching is velocity specific. *Journal of Strength and Conditioning Research* 15: 241-246.

Nelson, G.A., Arnall, D.A., Loy, S.F., Silvester, L.J., and Conlee, R.K. 1990. Consequences of combining strength and endurance training regimens. *Physical Therapy* 70: 287-294.

Nelson, M.E., Fiatarone, M.A., Morganti, C.M., Trice, I., Greenberg, R.A., and Evans, W.J. 1994. Effects of high-intensity strength training on multiple risk factors for osteoporotic fractures. *Journal of the American Medical Association* 272: 1909-1914.

Nemoto, E.M., Hoff, J.T., and Sereringhaus, W.J. 1974. Lactate uptake and metabolism by brain during hyperlactacidemia and hypoglycemia. *Stroke* 5: 353-359.

Newton, R.U., Häkkinen, K., Kraemer, W.J., McCor mick, M., Volek, J., Gordon, S.E., Campbell, W.W., and Evans, W.J. 1995. Resistance training and the development of muscle strength and power in young versus older men. In *XV Congress of the International Society of Biomechanics*, University of Jyv.skyl., Finland, pp. 672-673.

Newton, R.U., and Kraemer, W.J. 1994. Developing explosive muscular power: Implications for a mixed methods training strategy. *Journal of Strength and Conditioning Research* 16: 20-31.

Newton, R.U., Kraemer, W.J., and Häkkinen, K. 1999. Effects of ballistic training on preseason preparation of elite volleyball players. *Medicine & Science in Sports & Exercise* 31: 323-330.

Newton, R.U., Kraemer, W.J., Häkkinen, K., Humphries, B.J., and Murphy, A.J. 1996. Kinematics, kinetics, and muscle activation during explosive upper body movements: Implications for power development. *Journal of Applied Biomechanics* 12: 31-43.

Newton, R.U., and Wilson, G.J. 1993a. The kinetics and kinematics of powerful upper body movements: The effects of load. Abstracts of the International Society of Biomechanics XIVth Congress, Paris, 4-8 July, p. 1510.

Newton, R.U., and Wilson, G.J. 1993b. Reducing the risk of injury during plyometric training: The effect of dampeners. *Sports Medicine, Training and Rehabilitation* 4: 1-7.

Nichols, D.L., Sanborn, C.F., Bonnick, S.L., Gench, B., and DiMarco, N. 1995. Relationship of regional body composition to bone mineral density in college females. *Medicine & Science in Sports & Exercise* 27: 178-182.

Nichols, D.L., Sanborn, C.F., and Essery, E.V. 2007. Bone density and young athletic women. *An update. Sports Medicine* 37: 1001-1014.

Nichols, D.L., Sanborn, C.F., and Love, A.M. 2001. Resistance training and bone mineral density in adolescent females. *Journal of Pediatrics* 139: 494-499.

Nichols, J.F., Hitzelberger, L.M., Sherman, J.G., and Patterson, P. 1995. Effects of resistance training on muscular strength and functional abilities of com-munity-dwelling older adults. *Journal of Aging and Physical Activity* 3: 238-250.

Nicol, C., Avela, J., and Komi, P.V. 2006. The stretch-shortening cycle a model for studying naturally occurring neuromuscular fatigue. *Sports Medicine* 36: 977-999.

Nindl, B.C., Alemany, J.A., Tuckow, A.P., Rarick, K.R., Staab, J.S., Kraemer, W.J., Maresh, C.M., Spiering, B.A., Hatfield, D.L., Flyvbjerg, A., and Frystyk, J. 2010. Circulating bioactive and immunoreactive IGF-I remain stable in women, despite physical fitness improvements after 8 weeks of resistance, aerobic, and combined exercise training. *Journal of Applied Physiology* 109: 112-120.

Nindl, B.C., Harman, E.A., Marx, J.O., Gotshalk, L.A., Frykman, P.N., Lammi, E., Palmer, C., and Kraemer, W.J. 2000. Regional body composition changes in women after 6 months periodized physical training. *Journal of Applied Physiology* 88: 2251-2259.

Nindl, B.C., Hymer, W.C., Deaver, D.R., and Kraemer, W.J. 2001. Growth hormone pulsability profile characteristics following acute heavy resistance exercise. *Journal of Applied Physiology* 91: 163-172.

Nindl, B.C., Kraemer, W.J., Gotshalk, L.A., Marx, J.O., Volek, J.S., Bush, J.A., Häkkinen, K., Newton, R.U., and Fleck, S.J. 2001. Testosterone responses after acute resistance exercise in women: Effects of regional fat distribution. *International Journal of Sports Nutrition and Metabolism* 11: 451-465.

Nindl, B.C., Kraemer, W.J., Marx, J.O., Arciero, P.J., Dohi, K., Kellogg, M.D., and Loomis, G.A. 2001. Overnight responses of the circulating IGF-1 system after acute heavy-resistance exercise. *Journal of Applied Physiology* 90: 1319-1326.

Nindl, B.C., Kraemer, W.J., Marx, J.O., Tuckow, A.P., and Hymer, W.C. 2003. Growth hormone molecular heterogeneity and exercise. *Exercise and Sport Science Reviews* 31: 161-166.

Nindl, B.C., and Pierce, J.R. 2010. Insulin-like growth factor I as a biomarker of health, fitness, and training status. *Medicine & Science in Sports & Exercise* 42: 39-49.

Nordstrom, A., Olsson, T., and Nordstrom, P. 2005. Bone gained from physical activity and lost through detraining: A longitudinal study in young males. *Osteoporosis International* 16: 835-841.

Norris, D.O. 1980. *Vertebrate endocrinology*. Philadelphia: Lea and Febiger.

Norwood, J.T., Anderson, G.S., Gaetz, M.B., and Twist, P.W. 2007. Electromyographic activity of the trunk stabilizers during stable and unstable bench press. *Journal of Strength and Conditioning Research* 21: 343-347.

Nosaka, K., and Clarkson, P.M. 1995. Muscle damage following repeated bouts of high force eccentric exercise. *Medicine & Science in Sports & Exercise* 27: 1263-1269.

Nosaka, K., Clarkson, P.M., McGuiggin, M.E., and Byrne, J.M. 1991. Time course of muscle damage after high force eccentric exercise. *European Journal of Applied Physiology* 63: 70-76.

Nosaka, K., and Newton, M. 2002. Difference in the magnitude of muscle damage between maximal and submaximal eccentric loading. *Journal of Strength and Conditioning Research* 16: 202-208.

Nozaki, D. 2009. Torque interaction among adjacent joints to the action of biarticular muscles. *Medicine & Science in Sports & Exercise* 41: 205-209.

Nunes, J.A., Crewther, B.T., Ugrinowitsch, C., Tricoli, V., Viveiros, L., de Rose, D. Jr., and Aoki, M.S. 2011. Salivary hormone and immune responses to three resistance exercise schemes in elite female athletes. *Journal of Strength and Conditioning Research* 25: 2322-2327.

Nyburgh, K.H., Bachrach, L.K., Lewis, B., Kent, K., and Marcus, R. 1993. Low bone mineral density at axial and appendicular sites in amenorrheic athletes. *Medicine & Science in Sports & Exercise* 25: 1197-1202.

O'Bryant, H.S., Byrd, R., and Stone, M.H. 1988. Cycle ergometer performance and maximum leg and hip strength adaptations to two different methods of weight training. *Journal of Applied Sport Science Research* 2: 27-30.

O'Connor, P.J., Bryant, C.X., Veltri, J.P., and Gebhardt, S.M. 1993. State anxiety and ambulatory blood pressure following resistance exercise in females. *Medicine & Science in Sports & Exercise* 25: 516-521.

O'Hagan, F.T., Sale, D.G., MacDougall, J.D., and Garner, S.H. 1995a. Comparative effectiveness of accommodating and weight resistance training modes. *Medicine & Science in Sports & Exercise* 27: 1210-1219.

O'Hagan, F.T., Sale, D.G., MacDougal, J.D., and Garner, S.H. 1995b. Response to resistance training in young women and men. *International Journal of Sports Medicine* 16: 314-321.

Ohberg, L., Lorentzen, R., and Alfredson, H. 2004. Eccentric training in patients with chronic Achilles tendinosis: Normalized tendon structure and decreased thickness at follow up. *British Journal of Sports Medicine* 38: 8-11.

Ohtsuki, T. 1981. Decrease in grip strength induced by simultaneous bilateral exertion with reference to finger strength. *Ergonomics* 24: 37-48.

Ojanen, T., Rauhala, T., and Häkkinen, K. 2007. Strength and power profiles of the lower and upper extremities in master throwers at different ages. *Journal of Strength and Conditioning Research* 21: 216-222.

Ojastro, T., and Häkkinen, K. 2009. Effects of different accentuated eccentric load levels in eccentric-concentric actions on acute neural muscular, maximal force and power responses. Journal of Strength and Conditioning Research 23: 996-1004. Oliver, G.D., and Di Brezzo, R.D. 2009. Functional balance training in collegiate women athletes. *Journal of Strength and Conditioning Research* 23: 2124-2129.

Orsatti, F.L., Nahas, E.A., Maesta, N., Nahas-Neto, J., and Burini, R.C. 2008. Plasma hormones, muscle mass and strength in resistance-trained postmenopausal women. *Maturitas* 59: 394-404.

Ortego, A.R., Dantzler, D.K., Zaloudek, A., Tanner, J., Khan, T., Panwar, R., Hollander, D.B., and Kraemer, R.R. 2009. Effects of gender on physiological responses to strenuous circuit resistance exercise and recovery. *Journal of Strength and Conditioning Research* 23: 932-938.

O'Shea, K.L., and O'Shea, J.P. 1989. Functional isometric weight training: Its effects on dynamic and static strength. *Journal of Applied Sport Science Research* 3: 30-33.

O'Shea, P. 1966. Effects of selected weight training programs on the development of strength and muscle hypertrophy. *Research Quarterly* 37: 95-102.

Osternig, L.R., Robertson, R.N., Troxel, R.K., and Hansen, P. 1990. Differential responses to proprioceptive neuromuscular facilitation (PNF) stretch techniques. *Medicine & Science in Sports & Exercise* 22: 106-111.

Ostrowski, K., Wilson, G.J., Weatherby, R., Murphy, P.W., and Lyttle, A.D. 1997. The effect of weight training volume on hormonal output and muscular size and function. *Journal of Strength and Conditioning Research* 11: 148-154.

Oteghen, S.L. 1975. Two speeds of isokinetic exercise as related to the vertical jump performance of women. *Research Quarterly* 46: 78-84.

Otto, W.H., Coburn, J.W., Brown, LE., and Spiering, B.A. 2012. Effects of weightlifting vs. kettlebell training on vertical jump, strength, and body composition. *Journal of Strength and Conditioning Research* 26: 1199-1202.

Ozmun, J.C., Mikesky, A.E., and Surburg, P.R. 1994. Neuromuscular adaptations following prepubes cent strength training. *Medicine & Science in Sports & Exercise* 26: 510-514.

Paasuke, M., Ereline, J., Gapeyeva, H., Sirkel, S., and Sander, P. 2000. Age-related differences in twitch contractile properties of plantarflexor muscles in women. *Acta Physiologica Scandinavica* 170: 51-57.

Paasuke, M., Saapar, L., Ereline, J., Gapeyeva, H., Requena, B., and Oopik, V. 2007. Postactivation potentiation of knee extensor muscles in power-and endurance-trained, and untrained women. *European Journal of Applied Physiology* 101: 577-585.

Paavolainen, L., Häkkinen, K., Hamalainen, I., Nummela, A., and Rusko, H. 1999. Explosive-strength training improves 5-km running time by improving running economy and muscle power. *Journal of Applied Physiology* 86: 1527-1533.

Pacak, K., Palkovits, M., Yadid, G., Kvetnansky, R., Kopin, I.J., and Goldstein, D.S. 1998. Heterogeneous neurochemical responses to different stressors: A test of Selye's doctrine of nonspecificity. *American Journal of Physiology* 275: R1247-R1255.

Paddon-Jones, D., and Abernathy, P.J. 2001. Acute adaptation to low-volume eccentric exercise. *Medicine & Science in Sports & Exercise* 33: 1213-1219.

Padua, D.A., DiStefano, L.J., Marshall, S.W., Beutler, A.I., de la Motte, S.J., and DiStefano, M.J. 2012. Retention of movement pattern changes after a lower extremity injury prevention program is affected by program duration. *American Journal of Sports Medicine* 40: 300-306.

Paffenbarger, R.S., Hyde, R.T., Wing, A.L., and Stein-metz, C.H. 1984. A natural history of athleticism and cardiovascular health. *Journal of the American Medical Association* 252: 491-495.

Parkhouse, W.S., Coupland, D.C., Li, C., and Vander-hoek, K.J. 2000. IGF-1 bioavailability is increased by resistance training in older women with low bone mineral density. *Mechanisms of Aging Development* 113: 75-83.

Path, G., Bornstein, S.R., Ehrhart-Bornstein, M., and Scherbaum, W.A. 1997. Interleukin-6 and the interleukin-6 receptor in the human adrenal gland: Expression and effects on steroidogenesis. *Journal of Clinical Endocrinology and Metabolism* 82: 2343-2349.

Patton, J.F., Kraemer, W.J., Knuttgen, H.G., and Harman, E.A. 1990. Factors in maximal power production and in exercise endurance relative to maximal power. *European Journal of Applied Physiology* 60: 222-227.

Paulsen, G., Myklestad, D., and Raastad, T. 2003. The influence of volume of exercise on early adaptations to strength training. *Journal of Strength and Conditioning Research*. 17: 115-120.

Pavlath, G.K., Rich, K., Webster, S.G., and Blau, H.M. 1989. Localization of muscle gene products in nuclear domains. *Nature* 337: 570-573.

Payne, V.G., Morrow, J.R., Jr., Johnson, L., and Dalton, S.N. 1997. Resistance training in children and youth: A meta-analysis. *Research Quarterly for Exercise and Sport* 68: 80-88.

Pearson, A.C., Schiff, M., Mrosek, D., Labovitz, A.J., and Williams, G.A. 1986. Left ventricular diastolic function in weight lifters. *American Journal of Cardiology* 58: 1254-1259.

Pearson, D.R., and Costill, D.L. 1988. The effects of constant external resistance exercise and isokinetic exercise training on work-induced hypertrophy. *Journal of Applied Sport Science Research* 3: 39-41.

Peng, H-E. 2011. Changes in biomechanical properties during drop drops of incremental height. *Journal of Strength and Conditioning Research* 25: 2510-2518.

Perls, T.H., Reisman, N.R., and Olshansky, S.J. 2005. Provision or distribution of growth hormone for "Antiaging". *Journal of the American Medical Association* 294: 2086-2090.

Perrault, H., and Turcotte, R.A. 1994. Exercise-induced cardiac hypertrophy fact or fallacy? *Sports Medicine* 17: 288-308.

Perrone, C.E., Fenwick-Smith, D., and Vandenburgh, H.H. 1995 Collagen and stretch modulate autocrine secretion of insulin-like growth factor-1 and insulin-like growth factor binding proteins from differentiated skeletal muscle cells. *Biological Chemistry* 270: 2099-106.

Pesta, D.H., Hoppel, F., Macek, C., Messner, H., Faulhaber, M., Kobel, C., Parson, W., Burtscher, M., Schocke, M.F., and Gnaiger, E. 2011. Similar qualitative and quantitative changes of mitochondrial respiration following strength and endurance training in normoxia and hypoxia in sedentary humans. American Journal of Physiology, Regulatory, *Integrative and Comparative Physiology* 301: R1078-R1087.

Petersen, S., Wessel, J., Bagnall, K., Wilkens, H., Quinney, A., and Wenger, H. 1990. Influence of concentric resistance training on concentric and eccentric strength. *Archives of Physical Medicine and Rehabilitation* 71: 101-105.

Petersen, S.R., Miller, G.D., Quinney, H.A., and Wenger, H.A. 1987. The effectiveness of a minicycle on velocity-specific strength acquisition. *Journal of Orthopaedic and Sports Physical Therapy* 9: 156-159.

Peterson, J.A. 1975. Total conditioning: A case study. *Athletic Journal* 56: 40-55.

Peterson, M.D., Rhea, M.R., and Alvar, B.A. 2004. Maximizing strength development and athletes: A meta-analysis to determine the dose-response relationship. *Journal of Strength and Conditioning Research* 18: 377-382.

Petit, M.A., Prior, J.C., and Barr, S.L. 1999. Running and ovulation positively change cancellous bone in premenopausal women. *Medicine & Science in Sports & Exercise* 31: 780-787.

Petrella, J.K., Kim, J.S., Mayhew, D.L., Cross, J.M., and Bamman, M.M. 2008. Potent myofiber hypertrophy during resistance training in humans is associated with satellite cell-mediated myonuclear addition: A cluster analysis. *Journal of Applied Physiology* 104: 1736-1742.

Petrella, J.K., Kim, J.S., Tuggle, S.C., and Bamman, M.M. 2007. Contributions of force and velocity to improved power with progressive resistance training in young and older adults. *European Journal of Applied Physiology* 99: 343-351.

Pette, D., and Staron, R.S. 1990. Cellular and molecular diversities of mammalian skeletal muscle fibers. Review of Physiology, Biochemistry and Pharmacology 116: 2-75.

Pette, D., and Staron, R.S. 1997. Mammalian skeletal muscle fiber type transitions. *International Review of Cytology* 170: 143-223.

Pette, D., and Staron, R.S. 2001. Transitions of muscle fiber phenotypic profiles. *Histochemistry and Cell Biology* 115: 359-372.

Pfeiffer, R., and Francis, R. 1986. Effects of strength training on muscle development in prepubescent, pubescent and postpubescent males. *Physician and Sportsmedicine* 14: 134-143.

Phillips, S.K., Bruce, S.A., Newton, D., and Woledge, R.C. 1992. The weakness of old age is not due to failure of muscle activation. *Journal of Gerontology: Medical Sciences* 47: 45-49.

Phillips, S.M., Tipton, K.D., Aarsland, A., Wolf, S.E., and Wolfe, R.R. 1997. Mixed muscle protein synthesis and breakdown after resistance exercise in humans. *American Journal of Physiology* 273: E99-E107.

Phillips, S.M., Tipton, K.D., Ferrando, A.A., and Wolfe, R.R. 1999. Resistance training reduces the acute exercise-induced increase in muscle protein turnover. *American Journal of Physiology* 276: E118-E124.

Pichon, C.E., Hunter, G.R., Morris, M., Bond, R.L., and Metz, J. 1996. Blood pressure and heart rate response and metabolic cost of circuit versus traditional weight training. *Journal of Strength and Conditioning Research* 10: 153-156.

Pierce, K., Rozenek, R., and Stone, M.H. 1993. Effects of high volume weight training on lactate, heart rate, and perceived exertion. *Journal of Strength and Conditioning Research* 7: 211-215.

Piirainen, J.M., Tanskanen, M., Nissila, J., Kaarela, J., Vaarala, A., Sippola, N., and Linnamo, V. 2011. Effects of a heart rate-based recovery period on hormonal, neuromuscular, and aerobic performance responses during 7 weeks of strength training in men. *Journal of Strength and Conditioning Research* 25: 2265-2273.

Pikosky, M., Faigenbaum, A., Westcott, W., and Rodriguez, N. 2002. Effect of resistance training on protein utilization in healthy children. *Medicine & Science in Sports & Exercise* 34: 820-827.

Pillard, F., Laoudj-Chenivesse, D., Carnac, G., Mercier, J., Rami, J., Riviere, D., and Rolland, Y. 2011. Physical activity and sarcopenia. *Clinics in Geriatric Medicine* 27: 449-470.

Pincivero, D.M., Campy, R.M., and Karunakara, R.G. 2004. The effects of rest interval and resistance training on quadriceps femoris muscle. Part II: EMG and perceived exertion. *Journal of Sports Medicine and Physical Fitness* 44: 224-232.

Pincivero, D.M., Gear, W.S., Sterner, R.L., and Karunakara, R.G. 2000. Gender differences in the relationship between quadriceps work and fatigue during high-intensity exercise. *Journal of Strength and Conditioning Research* 14: 202-206.

Pincivero, D.M., Lephart, S.M., and Karunakara, R.G. 1997. Effects of rest interval on isokinetic strength and functional performance after short term high intensity training. *British Journal of Sports Medicine* 31: 229-234.

Pipes, T.V. 1978. Variable resistance versus constant resistance strength training in adult males. *European Journal of Applied Physiology* 39: 27-35.

Pipes, T.V. 1979. Physiological characteristics of elite body builders. *Physician and Sportsmedicine* 7: 116-126.

Pizzimenti, M.A. 1992. Mechanical analysis of the Nautilus

leg curl machine. *Canadian Journal of Sport Science* 17: 41-48.

Ploutz, L.L., Tesch, P.A., Biro, R.L., and Dudley, G.A. 1994. Effect of resistance training on muscle use during exercise. *Journal of Applied Physiology* 76: 1675-1681.

Ploutz-Snyder, L.L., and Giamis, E.L. 2001. Orientation and familiarization to 1 RM strength testing in old and young women. *Journal of Strength and Conditioning Research* 15: 519-523.

Ploutz-Snyder, L.L., Giamis, E.L., and Rosenbaum, A.E. 2001. Resistance training reduces susceptibility to eccentric exercise-induced muscle dysfunction in older women. Journal of Gerontology: Biological Sciences, *Medical Sciences* 56: B384-B390.

Pluim, B.M., Zwinderman, A.H., van der Laarse, A., and van der Wall, E.E. 1999. The athlete's heart: *A meta-analysis of cardiac structure and function. Circulation* 100: 336-344.

Polhemus, R., Burkhart, E., Osina, M., and Patterson, M. 1981. The effects of plyometric training with ankle and vest weights on conventional weight training programs for men and women. *National Strength Coaches Association Journal* 2: 13-15.

Pollock, M.H., Graves, J.E., Bamman, M.M., Leggett, S.H., Carpenter, D.M., Carr, C., Cirulli, J., Makozich, J., and Fulton, M. 1993. Frequency and volume of resistance training: Effect on cervical extension strength. Archives of Physical Medicine and Rehabili-tation 74: 1080-1086.

Poole, H. 1964. Multi-poundage sets. *Muscle Builder* 14: 20-21.

Pope, R.P., Herbert, R.D., Kirwan, J.D., and Graham, B.J. 2000. A randomized trial of preexercise stretching for prevention of lower-limb injury. *Medicine & Science in Sports & Exercise* 32: 271-277.

Porter, M.M. 2006. Power training for older adults. Applied Physiology, *Nutrition, and Metabolism* 31: 87-94.

Porter, M.M., Vandervoort, A.A., and Lexell, J. 1995. Aging of human muscle: Structure, function and adaptability. *Scandinavian Journal of Medicine & Science in Sports* 5: 129-142.

Poston, B., Holcomb, W.R., Guadagnoli, M.A., and Linn, L.L. 2007. The acute effects of mechanical vibration on power output in the bench press. *Journal of Strength and Conditioning Research* 21: 199-203.

Potteiger, J.A., Lockwood, R.H., Haub, M.D., Dolezal, B.A., Almuzaini, K.S., Schroeder, J.M., and Zebras, C.J. 1999. Muscle power and fiber characteristics following 8 weeks of plyometric training. *Journal of Strength and Conditioning Research* 13: 275-279.

Powers, W.E., Browning, F.M., and Groves, B.R. 1978. The super overload: The new method for improving muscular strength. *Journal of Physical Education (March/April)*: 10-12.

Prestes, J., De Lima, C., Frollini, A.B., Donatto, F.F., and Conte, M. 2009. Comparison of linear and reverse linear periodization effects on maximal strength and body composition. *Journal of Strength and Conditioning Research* 23: 266-274.

Prestes, J., Frollini, A.B., De Lima, C., Donatto, F.F., Foschini, D., DeCassia Marqueti, R., Figueira, A., Jr., and Fleck, S.J. 2009. Comparison between linear and daily undulating periodized resistance training to increase strength. *Journal of Strength and Condi-tioning Research* 23: 2437-2442.

Prestes, J., Shiguemoto, G., Botero, J.P., Frollini, A., Dias,

R., Leite, R., Pereira, G., Magosso, R., Baldissera, V., Cavaglieri, C., and Perez, S. 2009. Effects of resistance training on resistin, leptin, cytokines, and muscle force in elderly post-menopausal women. *Journal of Sports Sciences* 27: 1607-1615.

Prior, J.C., Vigna, Y.M., and McKay, D.W. 1992. Repro-duction for the athletic female: New understandings of physiology and management. *Sports Medicine* 14: 190-199.

Prokopy, M.P., Ingersoll, C.D., Nordenschild, E., Katch, F.I., Gaesser, G.A., and Weltman, A. 2008. Closed-kinetic chain upper-body training improves throwing performance of NCAA division I softball players. *Journal of Strength and Conditioning Research* 22: 1790-1798.

Pruit, L.A., Jackson, R.D., Bartels, R.L., and Lehnard, H.J. 1992. Weight-training effects on bone mineral density in early post-menopausal women. *Journal of Bone Mineral Research* 7: 179-185.

Pyka, G., Wiswell, R.A., and Marcus, R. 1992. Age-de-pendent effect of resistance exercise on growth hormone secretion in people. *Journal of Clinical Endocrinology and Metabolism* 75: 404-407.

Quaedackers, M.E., Van Den Brink, C.E., Wissink, S., Schreurs, R.H., Gustafsson, J.K., Van Der, J.A., Saag, P.T., and Van Der Burg, B.B. 2001. 4-hydroxy-tamoxifen trans-represses nuclear factorkappa B activity in human osteoblastic U2-OS cells through estrogen receptor (ER) alpha, not through ER beta. *Endocrinology* 142: 1156-1166.

Quatman, C.E., Myer, G.D., Khoury. J., Wall, E.J., and Hewett, T.E. 2009. Sex differences in "weightlifting" injuries presenting to United States emergency rooms. *Journal of Strength and Conditioning Research* 23: 2061-2067.

Queiroz, A.C.C., Gagliardi, J.F.L., Forjaz, C.L.M., and Rezk, C.C. 2009. Clinic and ambulatory blood pressure responses after resistance exercise. *Journal of Strength and Conditioning Research* 23: 571-578.

Raastad, T., Bjoro, T., and Hallen, J. 2000. Hormonal responses to high-and moderate-intensity strength exercise. *European Journal of Applied Physiology* 82: 121-128.

Rack, D.M.H., and Westbury, D.R. 1969. The effects of length and stimulus rate on isometric tension in the cat soleus. *Journal of Physiology* 204: 443-460.

Rahimi, R., Qaderi, M., Faraji, H., and Boroujerdi, SS. 2010. Effects of very short rest periods on hormonal responses to resistance exercise in men. *Journal of Strength and Conditioning Research* 24: 1851-1859.

Rains, C.B., Weltman, A.W., Cahil, B.R., Janney, C.A., Tippett, S.R., and Katch, F.I. 1987. Strength training for prepubescent males: Is it safe? *American Journal Sports Medicine* 15: 483-489.

Ramos, E., Frontera, W.R., Llopart, A., and Feliciano, D. 1998. Muscle strength and hormonal levels and adolescents: Gender related differences. *International Journal of Sports Medicine* 19: 526-531.

Ramsay, J.A., Blimkie, C.J.R., Smith, K., Garner, S., MacDougall, J.D., and Sale, D.G. 1990. Strength training effects and prepubescent boys. *Medicine & Science in Sports & Exercise* 22: 605-614.

Rana, S.R., Chleboun, G.S., Gilders, R.M., Hagerman, F.C., Herman, J.R., Hikida, R.S., Kushnick, M.R., Staron, R.S., and Toma, K. 2008. Comparison of early phase adaptations for traditional strength and endurance, and low velocity resistance training programs in college-aged women. *Journal of Strength and Conditioning Research* 22: 119-127.

Rarick, G.L., and Larson, G.L. 1958. Observations on frequency and intensity of isometric muscular effort in developing static muscular strength in post-pubescent males. *Research Quarterly* 29: 333-341.

Rasch, P., and Morehouse, L. 1957. Effect of static and dynamic exercises on muscular strength and hypertrophy. *Journal of Applied Physiology* 11: 29-34.

Rasch, P.J., and Pierson, W.R. 1964. One position versus multiple positions in isometric exercise. *American Journal of Physical Medicine* 43: 10-12.

Rasch, P.J., Preston, W.R., and Logan, G.A. 1961. The effect of isometric exercise upon the strength of antagonistic muscles. *Internationale Zeitschrift für Angewandte Physiologie Einschliesslich Arbeitsphysiologie* 19: 18-22.

Ratamess, N.A., Faigenbaum, A.D., Hoffman, J.R., and Kang, J. 2008. Self-selected resistance training intensity in healthy women: The influence of a personal trainer. *Journal of Strength and Conditioning Research* 22: 103-111.

Ratamess, N.A., Kraemer, W.J., Volek, J.S., Maresh, C.M., Vanheest, J.L., Sharman, M.J., Rubin, M.R., French, D.N., Vescovi, J.D., Silvestre, R., Hatfield, D.L., Fleck, S.J., and Deschenes, M.R. 2005. Androgen receptor content following heavy resistance exercise in men. *Journal of Steroid Biochemistry and Molecular Biology* 93: 35-42.

Rawson, E.S., and Volek, J.S. 2003. Effects of creatine supplementation and resistance training on muscle strength and weightlifting performance. *Journal of Strength and Conditioning Research* 17: 822-831.

Read, M.M., and Cisar, C. 2001. The influence of varied rest interval lengths on depth jump performance. *Journal of Strength and Conditioning Research* 15: 279-283.

Reeves, N.D., Maganaris, C.N., Longo, S., and Narici, M.V. 2009. Differential adaptations to eccentric versus conventional resistance training and older humans. *Experimental Physiology* 94: 825-833.

Reeves, N.D., Maganaris, C.N., and Narici, M.V. 2003. Effect of strength training on human patella tendon mechanical properties of older individuals. *Journal of Physiology* 548: 971-981.

Rehn, B., Lidstrom, J., Skoglund, J., and Lindstrom, B. 2007. Effects on leg muscular performance from whole-body vibration exercise: A systematic review. *Scandinavian Journal of Medicine & Science in Sports* 17: 2-11.

Reis, E., Frick, U., and Schmidbleicher, D. 1995. Frequency variations of strength training sessions triggered by the phases of the menstrual cycle. *International Journal of Sportsmedicine* 16: 545-550.

Reyes, G.F., and Doly, D. 2009. Acute effects of various weighted bat warm-up protocols on bat velocity. *Journal of Strength and Conditioning Research* 23: 2114-2118.

Rhea, M.R., 2004. Synthesizing strength and conditioning research: The meta-analysis. *Journal of Strength and Conditioning Research* 18: 921-923.

Rhea, M.R., and Alderman, B.L. 2004. A meta-analysis of periodized versus nonperiodized strengthen and power training programs. *Research Quarterly for Exercise and Sport* 75: 413-422.

Rhea, M.R., Alvar, B.A., and Burkett, L.N. 2002. Single versus multiple sets for strength: A meta-analysis to address the controversy. *Research Quarterly for Exercise and Sport* 73: 485-488.

Rhea, M.R., Alvar, B.A., Burkett, L.N., and Ball, S.D. 2003. A meta-analysis to determine the dose response for strength development. *Medicine & Science in Sports & Exercise* 35: 456-464.

Rhea, M.R., Ball, S.D., Phillips, W.T., and Burkett, L.N. 2002. A comparison of linear and daily undulating periodized programs with equated volume and intensity for strength. *Journal of Strength and Conditioning Research* 16: 250-255.

Rhea, M.R., Phillips, W.T., Burkett, L.N., Stone, W.J., Ball, S.D., Alvar, B.A., and Thomas, A.B. 2003. A comparison of linear and daily undulating periodized programs with equated volume and intensity for local muscular endurance. *Journal of Strength and Conditioning Research* 17: 82-87.

Richford, C. 1966. Principles of successful body building. Alliance, NE: Iron Man Industries.

Rico, H., Gonzalez-Riola, J., Revilla, L.F., Gomez-Castresana, F., and Escribano, J. 1994. Cortical versus trabecular bone mass: Influence of activity on both bone components. *Calcified Tissue International* 37: 325-330.

Rimmer, E., and Sleivert, G. 2000. Effects of a plyometrics intervention program on sprint performance. *Journal of Strength and Conditioning Research* 14: 295-301.

Rixon, K.P., Lamont, H.S., and Bemben, M.G. 2007. Influence of type of muscle contraction, gender, and lifting experience on postactivation potentiation performance. *Journal of Strength and Conditioning Research* 21: 500-505.

Rizzo, M.R., Mari, D., Barbieri, M., Ragno, E., Grella, R., Provenzano, R., Villa, I., Esposito, K., Giugliano, D., and Paolisso, G. 2005. Resting metabolic rate and respiratory quotient in human longevity. *Journal of Clinical Endocrinology and Metabolism* 90: 409-413.

Robbins, D.W. 2005. Postactivation potentiation and its practical applicability: A brief review. 2005. *Journal of Strength and Conditioning Research* 19: 453-458.

Robbins, D.W., Young, W.B., and Behm, D.G. 2010. The effect of an upper-body agonist-antagonist resistance training protocol on volume load and efficiency. *Journal of Strength and Conditioning Research* 24: 2632-2640.

Robbins, D.W., Young, W.B., Behm, D.G., and Payne, W.R. 2010a. Agonist–antagonist paired set resistance training: A brief review. *Journal of Strength and Conditioning Research*. 24: 2873-2882.

Robbins, D.W., Young, W.B., Behm, D.G., and Payne, W.R. 2010b. The effect of a complex agonist and antagonist training protocol on volume load, power output, electromyographic responses, and efficiency. *Journal of Strength and Conditioning Research* 24: 1782-1789.

Robbins, D.W., Young, W.B., Behm, D.G., Payne, W.R., and Klimstra, M.D. 2010c. Physical performance and electromyographic responses to an acute bout of paired set strength training versus traditional strength training. *Journal of Strength and Conditioning Research* 24: 1237-1245.

Robergs, R.A., Ghiasvand, F., and Parker, D. 2004. Biochemistry of exercise-induced metabolic acidosis. *American Journal of Physiology Regulatory Integrative and Comparative Physiology* 287: R502-R516.

Roberts, J.M., and Wilson, K. 1999. Effect of stretching duration on active and passive range of motion in the lower extremity. *British Journal of Sports Medicine* 33: 259-263.

Robinson, J.M., Stone, M.H., Johnson, R.L., Penland, C.M., Warren, B.J., and Lewis, R.D. 1995. Effects of different weight training exercise/rest intervals on strength, power, and high intensity exercise endurance. *Journal of Strength and Conditioning Research* 9: 216-221.

Roelants, M., Verschuern, S.M.P., Delecluse, C., Levin, O., and Stijnen, V. 2006. Whole-body-vibration-induced increase in leg muscle electricity during different squat exercises. *Journal of Strength and Conditioning Research* 20: 124-129.

Rogers, M.A., and Evans, W.J. 1993. Changes in skeletal muscle with aging: Effects of exercise training. In *Exercise and sport sciences reviews*, vol. 21, edited by J.O. Holloszy. Baltimore: Williams & Wilkins.

Roltsch, M.H., Mendez, T., Wilund, K.R., and Hagberg, J.M. 2001. Acute resistive exercise does not affect ambulatory blood pressure in young men and women. *Medicine & Science in Sports & Exercise* 33: 881-886.

Ronnestad, B.R., Egeland, W., Kvamme, N.H., Refsnes, P.E., Kadi, F., and Raastad, T. 2007. Dissimilar effects of one- and three-set strength training on strength and muscle mass gains in upper and lower body in untrained subjects. *Journal of Strength and Condition-ing Research* 21: 157-163.

Ronnestad, B.R., Hansen, E.A., and Raastad, T. 2012a. Strength training affects tendon cross-sectional area and freely chosen cadence differently in noncyclists and well-trained cyclists. *Journal of Strength and Conditioning Research* 26: 158-166.

R.nnestad, B.R., Hansen, E.A., Raastad, T. 2012b. High volume of endurance training impairs adaptations to 12 weeks of strength training in well-trained endurance athletes. *European Journal of Applied Physiology* 112: 1457-1466.

R.nnestad, B.R., Nygaard, H., and Raastad, T. 2011. Physiological elevation of endogenous hormones results in superior strength training adaptation. *European Journal of Applied Physiology* 111: 2249-2259.

Ronnestad, B.R., Nymark, B.S., and Raastad, T. 2011. Effects of in-season strength maintenance training frequency in professional soccer players. *Journal of Strength and Conditioning Research* 25: 2653-2660.

Rooney, K.J., Herbert, R.D., and Balwave, R.J. 1994. Fatigue contributes to the strength training stimulus. *Medicine & Science in Sports & Exercise* 26: 1160-1164.

Rooyackers, O.E., and Nair, K.S. 1997. Hormonal regulation of human muscle protein metabolism. *Annual Reviews in Nutrition* 17: 457-485.

Roth, D.A., Stanley, W.C., and Brooks, G.A. 1988. Induced lactacidemia does not affect postexercise O2 consumption. *Journal of Applied Physiology* 65: 1045-1049.

Roth, S.M., Martel, G.F., Ivey, F.M., Lemmer, J.T., Tracy, B.L., Hurlbut, D.E., Metter, E.J., Hurley, B.F., and Rogers, M.A. 1999. Ultrastructural muscle damage in young vs. older men after high-volume, heavy resistance strength training. *Journal of Applied Phys-iology* 86: 1833-1840.

Roth, S.M., Martel, G.F., Ivey, F.M., Lemmer, J.T., Tracy, B.L., Hurlbut, D.E., Metter, E.J., Hurley, B.F., and Rogers, M.A. 2000. High-volume, heavy-resistance strength training and muscle damage in young and older women. *Journal of Applied Physiology* 86: 1112-1118.

Rothenberg, E.M., Bosaeus, I.G., and Steen, B.C. 2003. Energy expenditure at age 73 and 78—a five year follow-up. *Acta Diabetologica 40 (Suppl. 1)*: S134-138.

Roubenoff, R. 2001. Origins and clinical relevance of sarcopenia. *Canadian Journal of Applied Physiology* 26: 78-89.

Roubenoff, R. 2003. Sarcopenis: Effects on body composition and function. *Journal of Gerontology* 58A: 1012-1017.

Roupas, N.D., and Georgopoulos, N.A. 2011. Men-strual function in sports. *Hormones (Athens)* 10: 104-116.

Rowell, L.B., Kranning, K.K., Evans, T.O., Kennedy, J.W., Blackman, J.R., and Kusumi, F. 1966. Splanchnic removal of lactate and pyruvate during prolonged exercise in man. *Journal of Applied Physiology* 21: 1773-1783.

Rowland, T., and Fernhall, B. 2007. Cardiovascular responses to static exercise: A re-appraisal. *International Journal of Sports Medicine* 28: 905-908.

Rowlinson, S.W., Waters, M.J., Lewis, U.J., and Bar-nard, R. 1996. Human growth hormone fragments 1-43 and 44-191: In vitro somatogenic activity and receptor binding characteristics in human and non-primate systems. *Endocrinology* 137: 90-95.

Roy, B.D., Tarnopolsky, M.A., MacDougall, J.D., Fowles, J., and Yarasheski, K.E. 1997. Effect of glucose supplement timing on protein metabolism after resistance training. *Journal of Applied Physiology* 82: 1882-1888.

Rubin, M.R., Kraemer, W.J., Maresh, C.M., Volek, J.S., Ratamess, N.A., Vanheest, J.L., Silvestre, R., French, D.N., Sharman, M.J., Judelson, D.A., Gómez, A.L., Vescovi, J.D., and Hymer, W.C. 2005. High-affinity growth hormone binding protein and acute heavy resistance exercise. *Medicine & Science in Sports & Exercise* 37: 395-403.

Ruggiero, C., Metter, E.J., Melenovsky, V., Cherubini, A., Najjer, S.S., Ble, A., Senin, U., Longo, D.L., and Ferrucci, L. 2008. High basal metabolic rate is a risk factor for mortality: The Baltimore Longitudinal Study of Aging. *Journals of Gerontology Series A: Biological Sciences and Medical Sciences* 63: 698-706.

Ruiz, J.R., Moran, M., Arenas, J., and Lucia, A. 2011. Strenuous endurance exercise improves life expectancy: It's in our genes. *British Journal of Sports Medicine* 45: 159-161.

Ruiz, J.R., Sui, X., Lobelo, F., Morrow, J.R., Jackson, A.W., Sjostrom, M. and Blair, S.N. 2008. Association V. muscular strength and mortality in men: Prospective cohort study. *British Medical Journal* 337: 92-95.

Ruiz, R.J., Simão, R., Sacomani, M.G., Casonatto, J., Alexander, J.L., Rhea, M., and Polito, M.D. 2011. Isolated and combined effects of aerobic and strength exercise on post-exercise blood pressure and cardiac vagal reactivation in normotensive men. *Journal of Strength and Conditioning Research* 25: 640-645.

Russell-Jones, D.L., Umpleby, A., Hennessey, T., Bowes, S., Shojaee-Moradies, F., Hopkins, K., Jackson, N., Kelly, J., Jones, R., and Sonksen, P. 1994. Use of leucine clamp to demonstrate that IGF-I actively stimulates protein synthesis in normal humans. *American Journal of Physiology* 267: E591-598.

Ryan, A.S., Ivey, F.M., Hurlbut, D.E., Martel, G.F., Lemmer, J.T., Sorkin, J.D., Metter, E.J., Fleg, J.L., and Hurley, B.F. 2004. Regional bone mineral density after resistive training in young and older men and women. *Scandinavian Journal of Medicine and Science in Sports* 14: 16-23.

Ryan, E.D., Beck, T.W., Herda, T.J., Hull, H.R., Hartman, M.J., Costa, P.B, Defreitas, J.M., Stout, J.R., and Cramer, J.T. 2008. The time course of musculotendinous stiffness responses following different durations of passive stretching. *Journal of Orthopedic and Sports Physical Therapy* 38: 632-639.

Ryushi, T., Häkkinen, K., Kauhanen, H., and Komi, P.V. 1988. Muscle fiber characteristics, muscle cross-sectional area and force production in strength athletes, physically active males and females. *Scandinavian Journal of Sports Science* 10: 7-15.

Sadamoto, T., Bonde-Peterson, F., and Suzuki, Y. 1983. Skeletal muscle tension, flow pressure and EMG during sustained isometric contractions in humans. *European Journal of Applied Physiology* 51: 395-408.

Saeterbakken, A.H., van den Tillaar, R., and Seiler, S. 2011. Effect of core stability training and throwing velocity in female handball players. *Journal of Strength and Conditioning Research* 25: 712-718.

Saez Saez deVillarreal, E., Gonzalez-Badillo, J.J., and Izquierdo, M. 2007. Optimal warm-up stimuli of muscle activation to enhance short and long-term acute jumping performance. *European Journal of Applied Physiology* 100: 393-401.

Saez Saez deVillarreal, E., Gonzalez-Badillo, J.J., and Izquierdo, M. 2008. Low and moderate plyometric training frequency produces greater jumping and spending gains compared with high frequency. *Journal of Strength and Conditioning Research* 22: 715-725.

Saez Saez de Villarreal, E., Kellis, E., Kraemer, W.J., and Izquierdo, M. 2009. Determining variables of plyometric training for improving vertical jump height performance: A meta-analysis. *Journal of Strength and Conditioning Research* 23: 495-506.

Sahlin, K., and Ren, J.M. 1989. Relationship of contraction capacity to metabolic changes during recovery from a fatiguing contraction. *Journal of Applied Physiology* 67: 648-654.

Sailors, M., and Berg, K. 1987. Comparison of responses to weight training in pubescent boys and men. *Journal of Sports Medicine* 27: 30-37.

Sale, D.G. 1992. Neural adaptations to strength training. In *Strength and power in sport*, edited by P.V. Komi, 249-265. Boston: Blackwell Scientific.

Sale, D.G., MacDougall, J.D., Alway, S.E., and Sutton, J.R. 1987. Voluntary strength and muscle characteristics in untrained men and women and male bodybuilders. *Journal of Applied Physiology* 62: 1786-1793.

Sale, D.G., MacDougall, J.D., Jacobs, I., and Garner, S. 1990. Interaction between concurrent strength and endurance training. *Journal of Applied Physiology* 68: 260-270.

Sale, D.G., MacDougall, J.D., Upton, A.R.M., and McComas, A.J. 1983. Effect of strength training upon motoneuron excitability in man. Medicine & Science in Sports & Exercise 15: 57-62.

Sale, D.G., Moroz, D.E., McKelvie, R.S., MacDougall, J.D., and McCartney, N. 1993. Comparison of blood pressure response to isokinetic and weightlifting exercise. *European Journal of Applied Physiology* 67: 115-120.

Sale, D.G., Moroz, D.E., McKelvie, R.S., MacDougall, J.D., and McCartney, N. 1994. Effect of training on the blood pressure response to weight lifting. *Canadian Journal of Applied Physiology* 19: 60-74.

Sallinen, J., Fogelholm, M., Pakarinen, A., Juvonen, T., Volek, J.S., Kraemer, W.J., Alen, M., and Häkkinen, K. 2005. Effects of strength training and nutritional counseling metabolic health indicators and aging women. *Canadian Journal of Applied Physiology* 30: 690-707.

Sallinen, J., Fogelholm, M., Volek, J.S., Kraemer, W.J., Alen, M., and Häkkinen, K. 2007. Effects of strength training and reduced training on functional performance and metabolic health indicators in middle-aged men. *International Journal of Sports Medicine* 28: 815-822.

Sallinen, J., Pakarinen, A., Fogelholm, M., Sillanpaa, E., Alen, M., Volek, J.S., Kraemer, W.J., and Häkkinen, K. 2006. Serum basal hormone concentrations and muscle mass in aging women: Effects of strength training and diet. *International Journal of Sport Nutrition and Exercise Metabolism* 16: 316-331.

Saltin, B., and Astrand, P.O. 1967. Maximal oxygen uptake in athletes. *Journal of Applied Physiology* 23: 353-358.

Sanborn, K., Boros, R., Hruby, J., Schilling, B., O'Bryant, H., Johnson, R., Hoke, T., Stone, M., and Stone, M.H. 2000. Performance effects of weight training with multiple sets not to failure versus a single set to failure in women. *Journal of Strength and Condi-tioning Research* 14: 328-331.

Sanchez-Medina, L., and Gonzalez-Badillo, J.J. 2011. Velocity loss as an indicator of neuromuscular fatigue during resistance training. *Medicine in Science in Sports and Exercise* 43: 1725-1734.

Sandberg, J.B., Wagner, D.R., Willardson, J.M., and Smith, G.A. 2012. Acute effects of antagonist stretching on jump height, torque, and electromyography of agonist musculature *Journal of Strength and Conditioning Research* 26: 1249-1256.

Sands, W.A., McNeal, J.R., Stone, Haff, G.G., and Kinser, A.M. 2008. Effect of vibration on forward split flexibility and pain perception in young male gymnasts. *International Journal of Physiology and Performance* 3: 469-481.

Sands, W.A., McNeal, J.R., Stone, M.H., Russell, E.M., and Jemni, M. 2006. Flexibility enhancement with vibration: Acute and long-term. *Medicine & Science in Sports & Exercise* 38: 720-725.

Santos, A.P., Marinho, D.A., Costa, A.M., Izquierdo, M., and Marques, M.C. 2012. The effects of concurrent resistance and endurance training follow a detraining period in elementary school students. Musculature. *Journal of Strength and Conditioning Research* 26: 1708-1716.

Santos, E., Rhea, M.R., Simão, R., Dias, I., de Salles, B.F., Novaes, J., Leite, T., Blair, J.C., and Bunker, D.J. 2010. Influence of moderately intense strength training on flexibility in sedentary young women. *Journal of Strength and Conditioning Research* 24: 3144-3149.

Santos, E.J.A.M., and Janeira, M.A.A.S. 2008. Effects of complex training on explosive strength in ado-lescent male basketball players. *Journal of Strength and Conditioning Research* 22: 903-909.

Santos, E.J.A.M., and Janeira, M.A.A.S. 2009. Effects of reduced training and detraining on upper and lower body explosive strength in adolescent male basketball players. *Journal of Strength and Conditioning Research* 23: 1737-1744.

Santos, E.J.A.M., and Janeira, M.A.A.S. 2011. The effects of plyometric training the effects of plyometric training followed by detraining and reduced training periods explosive in adolescent male basketball players. *Journal of Strength and Conditioning Research* 25: 441-452.

Sapolsky, R.M., Romero, L.M., and Munck, A.U. 2000. How do glucocorticoids influence stress responses? Integrating permissive, suppressive, stimulatory, and preparative actions. *Endocrine Reviews* 21: 55-89.

Sarna S., Sahi T., Koskenvuo M., and Kaprio, J. 1993. Increased life expectancy of world class male athletes. *Medicine & Science in Sports & Exercise* 25: 237-244.

Saxton, J.M., Clarkson, P.M., James, R., Miles, M., Westerfer, M., Clark, S., and Donnelly, A.E. 1995. Neuromuscular dysfunction following eccentric exercise. *Medicine & Science in Sports & Exercise* 27: 1185-1193.

Saxton, J.M., and Donnelly, A.E. 1995. Light concentric exercise during recovery from exercise-induced muscle damage. *International Journal of Sports Medicine* 16: 347-351.

Sayers, S.P., and Clarkson, P.M. 2001. Force recovery after eccentric exercise in males and females. *European Journal of Applied Physiology* 84: 122-126.

Sayers, S.P., Clarkson, P.M., Rouzier, P.A., and Kamen, G. 1999. Adverse events associated with eccentric exercise protocols: Six case studies. *Medicine & Science in Sports & Exercise* 31: 1697-1702.

Sayers, S.P., Guralnik, J.M., Thombs, L.A., and Fielding, R.A. 2005. Impact of leg muscle contraction velocity on functional performance in older men and women. *Journal of the American Geriatric Society* 53: 467-471.

Schantz, P. 1982. Capillary supply in hypertrophied human skeletal muscle. *Acta Physiologica Scandinavica* 114: 635-637.

Schantz, P., Randall-Fox, E., Hutchinson, W., Tyden, A., and Astrand, P.O. 1983. Muscle fibre type distribution, muscle cross-sectional area and maximal voluntary strength in humans. *Acta Physiologica Scandinavica* 117: 219-226.

Schantz, P., Randall-Fox, E., Norgen, P., and Tyden, A. 1981. The relationship between the mean muscle fibre area and the muscle cross-sectional area of the thigh in subjects with large differences in thigh girth. *Physiologica Scandinavica* 113: 537-539.

Scharf, H.-P., Eckhardt, R., Maurus, M., and Puhl, W. 1994. Metabolic and hemodynamic changes during isokinetic muscle training. *International Journal of Sports Medicine* 15: S56-S59.

Scher, J.M.L., Ferriolli, E., Moriguti, J.C., Scher, R., and Lima, N.K.C. 2011. The effect of different volumes of acute resistance exercise on elderly individuals with treated hypertension. *Journal of Strength and Conditioning Research* 25: 1016-1023.

Schilling, B.K., Falvo, M.J., Karlage, R.E., Weiss, L.W., Lohnes, C.A., and Chiu, L.Z.F. 2009. Effects of unstable surface training on measures of balance in older adults. *Journal of Strength and Conditioning Research* 23: 1211-1216.

Schiotz, M.K., Potteiger, J.A., Huntsinger, P.G., and Denmark, D.C. 1998. The short-term effects of periodized and constant-intensity training on body composition, strength, and performance. *Journal of Strength and Conditioning Research* 12: 173-178.

Schlumberger, A., Stec, J., and Schmidtbleicher, D. 2001. Single- vs. multiple-set strength training in women. *Journal of Strength and Conditioning Research* 15: 284-289.

Schmidtbleicher, D. 1994. Training for power events. In *Strength and power and sport*, edited by P.V. Komi, 381-395. London: Blackwell Scientific.

Schmidtbleicher, D., and Gollhofer, A. 1982. Neuro-muskulare Untersuchungen zur Bestimmung indivi-dueller Belatungsgrossen für ein Tiefsprungtraining. *Leistungssport* 12: 298-307.

Schmidtbleicher, D., Gollhofer, A., and Frick, U. 1988. Effects of stretch-shortening type training on the performance capability and innervation char-acteristics of leg extensor muscles. In *Biomechanics XI-A*, edited by G. deGroot, A. Hollander, P. Huijing, and G. van Ingen

Schenau, vol. 7-A, 185-189. Amsterdam: Free University Press.

Schneider, V., Arnold, B., Martin, K., Bell, D., and Crocker, P. 1998. Detraining effects in college football players during the competitive season. *Journal of Strength and Conditioning Research* 12: 42-45.

Schnoebelen-Combes, S., Louveau, I., Postel-Vinay, M.C., and Bonneau, M. 1996. Ontogeny of GH receptor and GH-binding protein in the pig. *Journal of Endocrinology* 148: 249-255.

Schoenfeld, B.J. 2010. The mechanisms of muscle hypertrophy and their application to resistance training. *Journal of Strength and Conditioning Research* 24: 2857-2872.

Schott, J., McCully, K., and Rutherford, O.M. 1995. The role of metabolites in strength training II. Short versus long isometric contractions. *European Journal of Applied Physiology* 71: 337-341.

Schroeder, E.T., Hawkins, S.A., and Jaque, S.V. 2004. Musculoskeletal adaptations 16 weeks of eccentric progressive resistance training in young women. *Journal of Strength and Conditioning Research* 18: 227-235.

Schuenke, M.D., Herman, J.R., Gliders, R.M., Hager-man, F.C., Hikida, R.S., Rana, S.R., Ragg, K.E., and Staron, R.S. 2012. Early-phase muscular adaptations in response to slow-speed versus traditional resistance-training regimens. *European Journal of Applied Physiology* 112: 3585-3595.

Schuenke, M.D., Herman, J., and Staron, R.S. 2013. Preponderance of evidence proves "big" weights optimize hypertrophic and strength adaptations. *European Journal of Applied Physiology* 113: 269-271.

Schultz, R.W. 1967. Effect of direct practice and repet-itive sprinting and weight training on selected motor performance tasks. *Research Quarterly* 38: 108-118.

Schwab, R., Johnson, G.O., Housh, T.J., Kinder, J.E., and Weir, J.P. 1993. Acute effects of different intensities of weight lifting on serum testosterone. *Medicine & Science in Sports & Exercise* 25: 1381-1385.

Schweizer, A., Schneider, A., and Goehner, K. 2007. Dynamic eccentric-concentric strength training of the finger flexors to improve rock climbing performance. *Isokinetics and Exercise Science* 15: 131-136.

Scofield, D.E., McClung, H.L., McClung, J.P., Kraemer, W.J., Rarick, K.R., Pierce, J.R., Cloutier, G.J., Fielding, R.A., Matheny, R.W., Jr., Young, A.J., and Nindl, B.C. 2011. A novel, noninvasive transdermal fluid sampling methodology: IGF-I measurement following exercise. *American Journal of Physiology Regulatory Integrative and Comparative Physiology* 300: R1326-R1332.

Scoles, G. 1978. Depth jumping! Does it really work? *Athletic Journal* 58: 48-75.

Seaborne, D., and Taylor, A.W. 1984. The effect of speed of isokinetic exercise on training transfer to isometric strength in the quadriceps. *Journal of Sports Medicine* 24: 183-188.

Seals, D.R. 1993. Influence of active muscle size on sympathetic nerve discharge during isometric con-tractions in humans. *Journal of Applied Physiology* 75: 1426-1431.

Secher, N.H. 1975. Isometric rowing strength of experienced and inexperienced oarsmen. *Medicine & Science in Sports & Exercise* 7: 280-283.

Secher, N.H., Rorsgaard, S., and Secher, O. 1978. Contralateral influence on recruitment of curarized muscle fibers during maximal voluntary extension of the legs. *Acta Physiologica Scandinavica* 130: 455-462.

Sedano Campo, S., Vaeyens, R., Philippaerts, R.M., Redondo, J.C., De Benito, A.M., and Cuadrado, G. 2009. Effects of lower-limb plyometric training on body composition, explosive strength, and kicking speed in female soccer players. *Journal of Strength and Conditioning Research* 23: 1714-1722.

Seger, J.Y., Arvidsson, B., and Thorstensson, A. 1998. Specific effects of eccentric and concentric training on muscle strength and morphology in humans. *European Journal of Applied Physiology* 79: 49-57.

Selye, H. 1936. A syndrome produced by diverse nocuous agents. *Nature* 138: 32.

Serra-Rexach, J.A., Bustamante-Ara, N., Villarán, M.H., Gil, P.G., Sanz Ibá.ez, M.J., Blanco Sanz, N., Ortega Santamaría, V., Gutiérrez Sanz, N., Marín Prada, A.B., Gallardo, C., Rodríguez Romo, G., Ruiz, J.R., and Lucia, A. 2011. Short-term, light-moderate intensity exercise training improves leg muscle strength in the oldest old: A randomized controlled trial. *Journal of the American Geriatric Society* 59: 594-602.

Serresse, O., Lortie, G., Bouchard, C., and Boulay, M.R. 1988. Estimation of the contribution of the various energy systems during maximal work of short duration. *International Journal of Sports Medicine* 9: 456-460.

Sewall, L., and Micheli, L. 1986. Strength training for children. *Journal of Pediatric Orthopedics* 6: 143-146.

Sewright, K.A., Hubal, M.J., Kearns, A., Holbrook, M.T., and Clarkson, P.M. 2008. Sex differences in response to maximal eccentric exercise. *Medicine & Science in Sports & Exercise* 40: 242-251.

Sforzo, G.A., and Touey, P.R. 1996. Manipulating exercise order affects muscular performance during a resistance exercise training session. *Journal of Strength and Conditioning Research* 10: 20-24.

Sgro, M., McGuigan, M.R., Pettigrew, S., and Newton, R.U. 2009. The effect of duration of resistance training interventions in children who are overweight or obese. *Medicine & Science in Sports & Exercise* 23: 1263-1270.

Shaharudin, S., Ghosh, A.K., and Ismail, A.A. 2011. Anaerobic capacity of physically active eumenorrheic females at midluteal and mid-follicular phases of ovarian cycle. *Journal of Sports Medicine and Physical Fitness* 51: 576-582.

Shaibi, G.Q., Cruz, M.L., Ball, G.D., Weigensberg, M.J., Salem, G.J., Crespo, N.C., and Goran, M.I. 2006. Effects of resistance training on insulin sensitivity in overweight Latino adolescent males. *Medicine & Science in Sports & Exercise* 38: 1208-1215.

Sharman, M.J., Newton, R.U., Triplett-McBride, T., McGuigan, M.R., McBride, J.M., Häkkinen, A., Häkkinen, K., and Kraemer, W.J. 2001. Changes in myosin heavy chain composition with heavy resistance training in 60-to 70-year-old men and women. *European Journal of Applied Physiology* 84 (1-2): 127-132.

Sharp, M.A. 1994. Physical fitness and occupational performance of women in the U.S. Army. *Work* 2: 80-92.

Shaw, B.S., Shaw, I., and Brown, G.A. 2009. Comparison of resistance and concurrent resistance and endurance training regimes in the development of strength. *Journal of Strength and Conditioning Research* 23: 2507-2514.

Shaw, C.E., McCully, K.K., and Posner, J.D. 1995. Injuries during the one repetition maximum assessment in the elderly. *Journal of Cardiopulmonary Rehabilitation* 15: 283-287.

Shellock, F.G., and Prentice, W.E. 1985. Warming-up and stretching for improved physical performance and prevention of sports related injuries. *Sports Medicine* 2: 267-278.

Shephard, R.J. 2000a. Exercise and training in women, part I: Influence of gender on exercise and training responses. *Canadian Journal of Applied Physiology* 25: 19-34.

Shephard, R.J. 2000b. Exercise and training in women, part II : Influence of menstrual cycle and pregnancy on exercise responses. *Canadian Journal of Applied Physiology* 25: 35-54.

Shepstone, T.N., Tang, J.E., Dallaire, S., Schuenke, M.D., Staron, R.S., and Phillips, S.M. 2005. Short-term high-vs low-velocity isokinetic lengthening training results in greater hypertrophy of the elbow in young men. *Journal of Applied Physiology* 98: 1768-1776.

Shimano, T., Kraemer, W.J., Spiering, B.A., Volek, J.S., Hatfield, D.L., Silvestre, R., Vingren, J.L., Fragala, M.S., Maresh, C.M., Fleck, S.J., Newton, R.U., Spreuwenberg, L.P., and Häkkinen, K. 2006. Relationship between the number of repetitions and selected percentages of one repetition maximum in free weight exercises in trained and untrained men. *Journal of Strength and Conditioning Research* 20: 819-823.

Shinohara, M., Kouzaki, M., Yoshihisa, T., and Fukunaga, T. 1998. Efficacy of tourniquet ischemia for strength training with low resistance. *European Journal of Applied Physiology* 77: 189-191.

Shultz, S.J., Schmitz, R.J., Kong, Y., Dudley, W.N., Beynnon, B.D., Nguyen, A-D., Kim, H., and Montgomery, M.M. 2012. Cyclic variations in multiplanar knee laxity influence landing biomechanics. *Medicine & Science in Sports & Exercise* 44: 900-909.

Siegal, J., Camaione, D., and Manfredi, T. 1989. The effects of upper body resistance training in prepubescent children. *Pediatrics Exercise Science* 1: 145-154.

Siewe, J., Rudat, J., R.llinghoff, M., Schlegel, U.J., Eysel, P., and Michael, J.W. 2011. Injuries and overuse syndromes in powerlifting. *International Journal of Sports Medicine*. 32: 703-711.

Sigal, R.J., Kenny, G.P., Boulé, N.G., Wells, G.A., Prud'homme, D., Fortier, M., Reid, R.D., Tulloch, H., Coyle, D., Phillips, P., Jennings, A., and Jaffey, J. 2007. Effects of aerobic training, resistance training, or both on glycemic control in type 2 diabetes: A randomized trial. *Annals of Internal Medicine* 147: 357-369.

Sillanapaa, E., Laaksonen, D.E., Häkkinen, A., Karavirta, L., Jensen, B., Kraemer, W.J., Nyman, K., and Häkkinen, K. 2009. Body composition, fitness, and metabolic health during strength and endurance training and their combination in middle-aged and older women. *European Journal of Applied Physiology* 106: 286-296.

Silva, H.R., Couto, B.P., and Szmuchrowski, L.A. 2008. Effects of mechanical vibration applied in the opposite direction of muscle shortening on maximal isometric strength. *Journal of Strength and Conditioning Research* 22: 1031-1036.

Silva, R.F., Cadore, E.L., Kothe, G., Guedes, M., Alberton, C.L., Pinto, S.S., Pinto, R.S., Trindade, G., and Kruel, L.F. 2012. Concurrent training with different aerobic exercises. *International Journal of Sports Medicine* 33: 627-634.

Silvester, L.J., Stiggins, C., McGown, C., and Bryce, G. 1984. The effect of variable resistance and free-weight training programs on strength and vertical jump. *National*

*Strength and Conditioning Association Journal* 5: 30-33.

Silvestre, R., Kraemer, W.J., West, C., Judelson, D.A., Spiering, B.A., Vingren, J.L., Hatfield, D.L., Anderson, J.M., and Maresh, C.M. 2006. Body composition and physical performance during a national collegiate athletic association division I men's soccer season. *Journal of Strength and Conditioning Research* 20: 962-970.

Simão, R., Farinatti Pde., T., Polito, M.D., Viveiros, L., and Fleck, S.J. 2007. Influence of exercise order on the number of repetitions performed and perceived exertion during resistance exercise in women. *Journal of Strength and Conditioning Research* 21: 23-28.

Simão, R., Fleck, S.J., Polito, M., Monteiro, W., and Farinatti, P.T.V. 2005. Effects of resistance training intensity, volume, and session format on the post exercise hypotensive response. *Journal of Strength and Conditioning Research* 19: 853-858.

Simão, R., Spineti, J., Freitas de Salles, B., Matta, T., Fernandes, L.,Fleck, S.J., Rhea, M.R., and Strom-Olsen, H.E. 2012. Comparison between inear and nonlinear periodized resistance training: Strength and muscle thickness effects. *Journal of Strength and Conditioning Research* 26: 1389-1395.

Simenz, C.J., Dugan, C.A., and Ebben, W.P. 2005. Strength and conditioning practices of National Basketball Association strength and conditioning coaches. *Journal of Strength and Conditioning Research* 19: 1495-1504.

Singh, M.A., Ding, W., Manfredi, T.J., Solares, G.S., O'Neill, E.F., Clements, K.M., Ryan, N.D., Kehayias, J.J., Fielding, R.A., and Evans, W.J. 1999. Insulin-like growth factor I in skeletal muscle after weight-lifting exercise in frail elders. *American Journal of Physiology* 277: E135-E143.

Sinnett, A.M., Berg, K., Latin, R.W., and Noble, J.M. 2001. The relationship between field tests of anaerobic power and 10km run performance. *Journal of Strength and Conditioning Research* 15: 405-412.

Sinning, W.E. 1974. Body composition assessment of college wrestlers. *Medicine and Science in Sports* 6: 139-145.

Skinner, J.S., Jaskólski, A., Jaskólska, A., Krasnoff, J., Gagnon, J., Leon, A.S., Rao, D.C., Wilmore, J.H., and Bouchard, C. 2001. Age, sex, race, initial fitness, and response to training: The HERITAGE Family Study. *Journal of Applied Physiology* 90: 1770-1776.

Skutek, M., van Griensven, M., Zeichen, J., Brawer, N., and Bosch, U. 2001. Cyclic mechanical stretching modulates secretion pattern of growth factors in human tendon fibroblasts. *European Journal of Applied Physiology* 86: 48-52.

Smith, E.L., Smith, P.E., Ensign, C.J., and Shea, M.M. 1984. Bone involution decrease in exercising middle-aged women. *Calcified Tissue International* 36 (Suppl.): S129-S138.

Smith, J.C., and Fry, A.C. 2007. Effects of a ten-second maximum voluntary contraction on regulatory myosin light-chain phosphorylation and dynamic performance measures. *Journal of Strength and Conditioning Research* 21: 73-76.

Smith, K., Winegard, K., Hicks, A.L., and McCartney, N. 2003. Two years of resistance training in older men and women: The effects of three years of detraining on the retention of dynamic strength. *Canadian Journal of Applied Physiology* 28: 462-474.

Smith, L.L. 2000. Cytokine hypothesis of overtraining: A physiological adaptation to excessive stress? *Medicine & Science in Sports & Exercise* 32: 317-331.

Smith, M.J., and Melton, P. 1981. Isokinetic versus isotonic

variable resistance training. *American Journal of Sports Medicine* 9: 275-279.

Smith, M.L., and Raven, B.P. 1986. Cardiovascular responses to lower body negative pressure in endurance and static exercise trained men. *Medicine & Science in Sports & Exercise* 18: 545-550.

Smith, R.C., and Rutherford, O.M. 1995. The role of metabolites in strength training I. A comparison of eccentric and concentric contractions. *European Journal of Applied Physiology* 71: 332-336.

Snoecky, L.H.E.H., Abeling, H.F.M., Lambrets, J.A.C., Schmitz, J.J.F., Verstappen, F.T.J., and Reneman, R.S. 1982. Echocardiographic dimensions in athletes in relation to their training programs. *Medicine & Science in Sports & Exercise* 14: 42-54.

Snow, C.M., Rosen, C.J., and Robinson, T.L. 2000. Serum IGF-I is higher in gymnasts than runners and predicts bone and lean mass. *Medicine & Science in Sports & Exercise* 32: 1902-1907.

Snow, C.M., Williams, D.P., LaRiviere, J., Fuchs, R.K., and Robinson, T.L. 2001. Bone gains and losses follow seasonal training and detraining in gymnasts. *Calcified Tissue International* 60: 7-12.

Sorichter, S., Mair, J., Koller, A., Secnik, P., Parrak, V., Haid, C., Muller, E., and Puschendorf, B. 1997. Muscular adaptation and strength during the early phase of eccentric training: Influence of the training frequency. *Medicine & Science in Sports & Exercise* 29: 1646-1652.

Sparti, A., DeLany, J.P., de la Bretonne, J.A., Sander, G.E, and Bray, G.A. 1997. Relationship between resting metabolic rate and the composition of the fat-free mass. *Metabolism* 46: 1225-1230.

Spataro, A., Pellicca, A., Proschan, M.A., Granata, M., Spataro, A., Bellone, P., Caselli, G., Biffi, A., Vecchio, C., and Maron, B.J. 1994. Morphology of the "athlete's heart" assessed by echocardiography in 947 elite athletes representing 27 sports. *American Journal of Cardiology* 74: 802-806.

Spence, A.L., Carter, H.H., Murray, C.P., Oxborough, D., Naylor, L.H., George, K.P., and Green, D.J. 2013. Magnetic resonance imaging-derived right ventricular adaptations to endurance versus resistance training. *Medicine and Science in Sports and Exercise* 45: 534-541.

Spencer, M., Bishop, D., Dawson, B., and Goodman, C. 2005. Physiological and metabolic responses of repeated-sprint activities specific to field-based team sports. *Sports Medicine* 35: 1025-1044.

Speroff, L., and Redwine, D.B. 1980. Exercise and menstrual function. *Physician and Sportsmedicine* 8: 42-48.

Spiering, B.A., Kraemer W.J., Anderson, J.M., Armstrong, L.E., Nindl, B.C., Volek, J.S., Judelson, D.A., Joseph, M., Vingren, J.L., Hatfield, D.L., Fragala, M.S., Ho, J.Y., and Maresh, C.M. 2008a. Effects of elevated circulating hormones on resistance exercise-induced Akt signaling. *Medicine & Science in Sports & Exercise* 40: 1039-1048.

Spiering, B.A., Kraemer, W.J., Anderson, J.M., Armstrong, L.E., Nindl, B.C., Volek, J.S., and Maresh, C.M. 2008b. Resistance exercise biology: Manipulation of resistance exercise programme variables determines the responses of cellular and molecular signaling pathways. *Sports Medicine* 38: 527-540.

Spiering, B.A., Kraemer, W.J., Vingren, J.L., Ratamess, N.A., Anderson, J.M., Armstrong, L.E., Nindl, B.C., Volek, J.S., Häkkinen, K., and Maresh, C.M. 2009. Elevated endogenous testosterone concentrations potentiate muscle androgen receptor responses to resistance exercise.

*Journal of Steroid Biochemistry and Molecular Biology* 114: 195-199.

Spitzer, J.J. 1974. Effect of lactate infusion on canine myocardial free fatty acid metabolism in vivo. *American Journal of Physiology* 22: 213-217.

Spreuwenberg, L.P.B., Kraemer, W.J., Spiering, B.A., Volek, J.S., Hatfield, D.L., Silvestre, R., Vingren, J.L., Fragala, M.S., Häkkinen, K., Newton, R.U., Maresh, C.M., and Fleck, S.J. 2006. Influence of exercise order in a resistance-training exercise session. *Journal of Strength and Conditioning Research* 20: 141-144.

Sprynarova, S., and Parizkova, J. 1971. Functional capacity and body composition in top weight lifters, swimmers, runners, and skiers. *Internationale Zeitschrift für Angewandte Physiologie* 29: 184-194.

Spurrs, R.W., Murphy, A.J., and Watsford, M.L. 2003. The effect of plyometric training on distance running performance. *European Journal of Applied Physiology* 89: 1-7.

Staff, P.H. 1982. The effect of physical activity on joints, cartilage, tendons and ligaments. *Scandinavian Journal of Social Medicine* 290 (Suppl.): 59-63.

Stanforth, P.R., Painter, T.L., and Wilmore, J.H. 1992. Alteration in concentric strength consequent to powercise and universal gym circuit training. *Journal of Applied Sport Science Research* 6: 152-157.

Stanley, W.C. 1991. Myocardial lactate metabolism during exercise. *Medicine & Science in Sports & Exercise* 23: 920-924.

Stanton, R., Reaburn, P.R., and Humphries, B. 2004. The effect of short-term Swiss ball training on core stability and running economy. *Journal of Strength and Conditioning Research* 18: 522-528.

Starkey, D.B., Pollock, M.L., Ishida, Y., Welsch, M.A., Brechue, W.F., Graves, J.E., and Feigenbaum, M.S. 1996. Effect of resistance training volume on strength and muscle thickness. *Medicine & Science in Sports & Exercise* 28: 1311-1320.

Staron, R.S., Hagerman, F.C., and Hikida, R.S. 1981. The effects of detraining on an elite power lifter. *Journal of Neurological Sciences* 51: 247-257.

Staron, R.S., Hagerman, F.C., Hikida, R.S., Murray, T.F., Hostler, D.P., Crill, M.T., Ragg, K.E., and Toma, K. 2000. Fiber type composition of the vastus lateralis muscle of young men and women. *Journal of Histochemistry and Cytochemistry* 48: 623-629.

Staron, R.S., and Hikida, R.S. 2001. Muscular responses to exercise and training. In Exercise and Sport Science, edited by W.E. Garrett Jr. and D.T. Kirkendall. Philadelphia: Lippincott Williams & Wilkins.

Staron, R.S., Hikida, R.S., and Hagerman, F.C. 1983. Reevaluation of human muscle fast-twitch subtypes: *Evidence for a continuum. Histochemistry* 78: 33-39.

Staron, R.S., and Johnson, P. 1993. Myosin polymorphism and differential expression in adult human skeletal muscle. *Comparative Biochemical Physiology* 106B: 463-475.

Staron, R.S., Karapondo, D.L., Kraemer, W.J., Fry, A.C., Gordon, S.E., Falkel, J.E., Hagerman, F.C., and Hikida, R.S. 1994. Skeletal muscle adaptations during the early phase of heavy-resistance training in men and women. *Journal of Applied Physiology* 76: 1247-1255.

Staron, R.S., Leonardi, M.J., Karapondo, D.L., Malicky, E.S., Falkel, J.E., Hagerman, F.C., and Hikida, R.S. 1991. Strength and skeletal muscle adaptations in heavy-resistance-trained women after detraining and retraining. *Journal of Applied Physiology* 70: 631-640.

Staron, R.S., Malicky, E.S., Leonardi, M.J., Falkel, J.E., Hagerman, F.C., and Dudley, G.A. 1989. Muscle hypertrophy and fast fiber type conversions in heavy resistance-trained women. *European Journal of Applied Physiology* 60: 71-79.

Stauber, W.T., Clarkson, P.M., Fritz, V.K., and Evans, W.J. 1990. Extracellular matrix disruption and pain after eccentric muscle action. *Journal of Applied Physiology* 69: 868-874.

Steben, R.E., and Steben, A.H. 1981. The validity of the stretch-shortening cycle in selected jumping events. *Journal of Sports Medicine* 21: 28-37.

Steinhaus, A.H. 1954. Some selected facts from physiology and the physiology of exercise applicable to physical rehabilitation. Paper presented to the study group on body mechanics, Washington, DC.

Stoessel, L., Stone, M.H., Keith, R., Marple, D., and Johnson, R. 1991. Selected physiological, psychological and performance characteristics of national-caliber United States women weightlifters. *Journal of Strength and Conditioning Research* 5: 87-95.

Stojanovic, M.D., and Ostojic, S.M. 2011. Stretching and injury prevention in football: Current perspectives. *Research in Sports Medicine* 19: 73-91.

Stone, M.H. 1992. Connective tissue and bone response to strength training. In *Strength and power training in sport*, edited by P.V. Komi, 279-290. Oxford: Blackwell Scientific.

Stone, M.H., Fleck, S.J., Triplett, N.R., and Kraemer, W.J. 1991. *Physiological adaptations to resistance training exercise. Sports Medicine* 11: 210-231.

Stone, M.H., Johnson, R.C., and Carter, D.R. 1979. A short term comparison of two different methods of resistance training on leg strength and power. *Athletic Training* 14: 158-160.

Stone, M.H., Nelson, J.K., Nader, S., and Carter, D. 1983. Short-term weight training effects on resting and recovery heart rates. *Athletic Training, Spring*: 69-71.

Stone, M.H., O'Bryant, H., and Garhammer, J.G. 1981. A hypothetical model for strength training. *Journal of Sports Medicine and Physical Fitness* 21: 342-351.

Stone, M.H., Plisk, S.S., Stone, M.E., Schilling, B.K., O'Bryant, H.S., and Pierce, K.C. 1998. Athletic performance development: Volume load—1 set vs. multiple sets, training velocity and training varia-tion. *Strength and Conditioning* 20: 22-31.

Stone, M.H., Potteiger, J.A., Pierce, K.C., Proulx, C.M., O'Bryant, H.S., Johnson, R.L., and Stone, M.E. 2000. Comparison of the effects of three different weight-training programs on the one repetition maximum squat. *Journal of Strength and Conditioning Research* 14: 332-337.

Stone, M.H., Sands, W.A., Pierce, K.C., Ramsey,. M.W., and Haff, G.G. 2008. Power and power potentiation among strength-power athletes: Preliminary study. *International Journal of Sports Physiology and Performance* 3: 55-67.

Stone, M.H., Wilson, G.D., Blessing, D., and Rozenek, R. 1983. Cardiovascular responses to short-term Olympic style weight-training in young men. *Canadian Journal of Applied Sport Science* 8: 134-139.

Stone, W.J., and Coulter, S.P. 1994. Strength/endurance effects from three resistance training protocols with women. *Journal of Strength and Conditioning Research* 8: 231-234.

St-Onge, M-P., and Gallagher, D. 2010. Body composition changes with aging: The cause or the result of alterations in metabolic rate and macronutrient oxidation? *Nutrition* 26: 152-155.

Stowers, T., McMillian, J., Scala, D., Davis, V., Wilson, D., and Stone, M. 1983. The short-term effects of three different strength-power training methods. *National Strength and Conditioning Association Journal* 5: 24-27.

Strasburger, C.J., Wu, Z., Pfaulm, C., and Dressendorfer, R.A. 1996. Immunofunctional assay of human growth hormone (hGH) in serum: A possible consensus of quantitative hGH measurement. *Journal of Clinical Endocrinology and Metabolism* 81: 2613-2620.

Strasser, B., Keinrad, M., Haber, P., and Schobersberger, W. 2009. Efficacy of systematic endurance and resistance training on muscle strength and endurance performance in elderly adults—a randomized controlled trial. *Wiener Klinische Wochen-schrift* 121: 757-764.

Strasser, B. and Schobersberger, W. 2011. Evidence for resistance training as a treatment therapy in obesity. *Journal of Obesity pii*: 482564.

Sugiura, T., Matoba, H., Miyata, H., Kawai, Y., and Murakami, N. 1992. Myosin heavy chain isoform transition in aging fast and slow muscles of the rat. *Acta Physiological Scandinavica* 144: 419-423.

Sullivan, M.K., Dejulia, J.J., and Worrell, T.W. 1992. Effect of pelvic position and stretching method on hamstring muscle flexibility. *Medicine & Science in Sports & Exercise* 24: 1383-1389.

Sumide, T., Sakuraba, K., Sawaki, K., Ohmura, H., and Tamura, Y. 2009. Effect of resistance exercise training combined with relatively low vascular occlusion. *Journal of Science and Medicine in Sport* 12: 107-112.

Swanson, S.C., and Caldwell, G.E. 2000. An integrated biomechanical analysis of high speed incline and level treadmill running. *Medicine & Science in Sports & Exercise* 32: 1146-1155.

Swinton, P.A., Lloyd, R., Agouris, I., and Stewart, A. 2009. Contemporary training practices in elite British powerlifters: Survey results from an international competition. *Journal of Strength and Conditioning Research* 23: 380-384.

Swinton, P.A., Stewart, A.D., Keogh, J.W.L., and Agouris, I. 2011. Kinematic and kinetic analysis of maximal velocity deadlifts performed with and without the inclusion of chain resistance. *Journal of Strength and Conditioning Research* 25: 3163-3174.

Syrovy, I., and Gutmann, E. 1970. Changes in speed of contraction and ATPase activity in striated muscle during old age. *Experimental Gerontology* 5: 31-35.

Szanberg, E., Jefferson, L.S., Lundholm, K., and Kimball, S.R. 1997. Postprandial stimulation of muscle protein synthesis is independent of changes in insulin. *American Journal of Physiology* 272: E841-847.

Szczypaczewska, M., Nazar, K., and Kaciuba-Uscilko, H. 1989. Glucose tolerance and insulin response to glucose load in body builders. *International Journal of Sports Medicine* 10: 34-37.

Szymanski, D.J., Beiser, E.J., Bassett, K.E., Till, M.E., Medlin, G.L., Beam, J.R., and DeRenne, C. 2011. Effect of warm-up devices on bat velocity of inter-collegiate baseball players. *Journal of Strength and Conditioning Research* 25: 287-292.

Szymanski, D.J., DeRenne, C., and Spaniol, F.J. 2009. Contributing factors for increased bat swing velocity. *Journal of Strength and Conditioning Research* 23: 1338-1352.

Szymanski, D.J., Szymanski, J.M., Bradford, T.J., Schade, R.L., and Pascoe, D.D. 2007. Effect of twelve weeks of medicine ball training on high school baseball players. *Journal of Strength and Conditioning Research* 21: 894-901.

Szymanski, D.J., Szymanski, J.M., Molloy, J.M., and Pascoe, D.D. 2004. Effects of 12-weeks of wrist and forearm training on high school baseball players. *Journal of Strength and Conditioning Research* 18: 432-440.

Taaffe, D.R., Henwood, T.R., Nalls, M.A., Walker, D.G., Lang, T.F., and Harris, T.B. 2009. Alterations in muscle attenuation following detraining and retraining in resistance-trained older adults. *Gerontology* 55: 217-223.

Taaffe, D.R., and Marcus, R. 1997. Dynamic muscle strength alterations to detraining and retraining in elderly men. *Clinical Physiology* 17: 311-324.

Takarada, Y., and Ishii, N. 2002. Effects of low-intensity resistance exercise with short interset rest period on muscular function in middle-aged women. *Journal of Strength and Conditioning Research* 16: 123-128.

Takarada, Y., Nakamura, Y., Aruga, S., Onda, T., Miyazaki, S., and Ishi, N. 2000. Rapid increase in plasma growth hormone after low-intensity resistance exercise with vascular reclusion. *Journal of Applied Physiology* 88: 61-65.

Takarada, Y., Sato, Y., and Ishii, N. 2002. Effects of resistance exercise combined with vascular occlusion on muscle function and athletes. *European Journal of Applied Physiology* 86: 308-314.

Takarada, Y., Takazawa, H., Sato, Y., Takebayashi, S., Tanaka, Y., and Ishii, Y. 2000. Effects of resistance exercise combined with moderate vascular occlusion on muscular function in humans. *Journal of Applied Physiology* 88: 2097-2106.

Talag, T.S. 1973. Residual muscular soreness as influenced concentric, eccentric, and static contractions. *Research Quarterly* 44: 458-461.

Tanasescu, M., Leitzmann, M.F., Rimm, E.B., Willett, M.C., Stampfer, M.J., and Hu, F.B. 2002. Exercise type and intensity in relation to coronary heart disease in men. *Journal of the American Medical Association* 288: 1994-2000.

Tanner, J.M. 1964. The physique of the *Olympic athlete*. London: Allen and Unwin.

Tarnopolsky, M.A., Atkinson, S.A., MacDougall, J.D., Senor, B.B., Lemon, P.W., and Schwarcz, H. 1991. Whole body leucine metabolism during and after resistance exercise in fed humans. *Medicine & Science in Sports & Exercise* 23: 326-333.

Tarnopolsky, M.A., MacDougall, J.D., and Atkinson, S.A. 1988. Influence of protein intake and training status on nitrogen balance and lean body mass. *Journal of Applied Physiology* 64: 187-193.

Tatro, D.L., Dudley, G.A., and Convertino, V.A. 1992. Carotid cardiac baroreflex response and LBNP tolerance following resistance training. *Medicine & Science in Sports & Exercise* 24: 789-796.

Taube, W., Kullmann, N., Leukel, C., Kurz, O., Amtage, F., and Gollhofer, A. 2007. Differential reflex adaptations following sensorimotor and strengths training in young elite athletes. *International Journal of Sports Medicine* 28: 999-1005.

Taylor, A.C., McCartney, N., Kamath, M.V., and Wiley, R.L. 2003. Isometric training lowers resting blood pressure and modulates autonomic control. *Medicine & Science in Sports & Exercise* 35: 251-256.

Taylor, J.M., Thompson, H.S., Clarkson, P.M., Miles, M.P., and DeSouza, M.J. 2000. Growth hormone response to an acute bout of resistance exercise in weight-trained and nonweight-trained women. *Journal of Strength and Conditioning Research* 14: 220-227.

Terzis, G., Stratkos, G., Manta, P., and Georgiadis, G. 2008. Throwing performance after resistance training and detraining. *Journal of Strength and Conditioning Research* 22: 1198-1204.

Tesch, P.A. 1987. Acute and long-term metabolic changes consequent to heavy-resistance exercise. *Medicine & Science in Sports & Exercise* 26: 67-89.

Tesch, P.A. 1992. Short-and long-term histochemical and biochemical adaptations in muscle. In *Strength and power in sport*, edited by P.V. Komi, 239-248. Oxford: Blackwell Scientific.

Tesch, P.A., and Dudley, G.A. 1994. *Muscle meets magnet*. Published by P.A. Tesch, Stockholm, Sweden. Distributed by BookMaster, Inc., Mans-field, OH.

Tesch, P.A., Dudley, G.A., Duvoisin, M.R., Hather, B.M., and Harris, R.T. 1990. Force and EMG signal patterns during repeated bouts of concentric or eccentric muscle actions. *Acta Physiologica Scandinavica* 138: 263-271.

Tesch, P.A., Hjort, H., and Balldin, U.I. 1983. Effects of strength training on G tolerance. Aviation, Space, *and Environmental Medicine* 54: 691-695.

Tesch, P.A., Komi, P.V., and Häkkinen, K. 1987. Enzymatic adaptations consequent to long-term strength training. *International Journal of Sports Medicine 8 (Suppl.)*: 66-69.

Tesch, P.A., and Larsson, L. 1982. Muscle hypertrophy in bodybuilders. *European Journal of Applied Physiology* 49: 301-306.

Tesch, P.A., Thorsson, A., and Colliander, E.B. 1990. Effects of eccentric and concentric resistance training on skeletal muscle substrates, enzyme activities and capillary supply. *Acta Physiologica Scandinavica* 140: 575-580.

Tesch, P.A., Thorsson, A., and Essen-Gustavsson, B. 1989. Enzyme activities of FT and ST muscle fibers in heavy-resistance trained athletes. *Journal of Applied Physiology* 67: 83-87.

Tesch, P.A., Thorsson, A., and Kaiser, P. 1984. Muscle capillary supply and fiber type characteristics in weight and power lifters. *Journal of Applied Physiology* 56: 35-38.

Tesch, P.A., Wright, J.E., Vogel, J.A., Daniels, W.L., Sharp, D.S., and Sjodin, B. 1985. The influence of muscle metabolic characteristics on physical performance. *European Journal of Applied Physiology* 54: 237-243.

Thacker, S.B., Gilchrist, J., Stroup, D.F., and Kimsey, C.D. Jr. 2004. The impact of stretching on sports injury risk: A systematic review of the literature. *Medicine & Science in Sports & Exercise* 36: 371-378.

Tharion, W.J., Rausch, T.M., Harman, E.A., and Kraemer, W.J. 1991. Effects of different resistance exercise protocols on mood states. *Journal of Applied Sport Science Research* 5: 60-65.

Thepaut-Mathieu, C., Van Hoecke, J., and Martin, B. 1988. Myoelectrical and mechanical changes linked to length specificity during isometric training. *Journal of Applied Physiology* 64: 1500-1505.

Thissen, J.P., Ketelslegers, J.M., and Underwood, L.E. 1994. Nutritional regulation of the insulin-like growth factors. *Endocrine Reviews* 15: 80-101.

Thistle, H.G., Hislop, H.J., Moffroid, M., and Lowman, E.W. 1967. Isokinetic contraction: A new concept in resistive exercise. *Archives of Physical Medicine and Rehabilitation* 48: 279-282.

Thomas, G.A., Kraemer, W.J., Kennett, M.J., Comstock, B.A., Maresh, C.M., Denegar, C.R., Volek, J.S., and Hymer, W.C. 2011. Immunoreactive and bioactive growth hormone responses to resistance exercise in men who are lean or obese. *Journal of Applied Physiology* 111: 465-472.

Thomas, G.A., Kraemer, W.J., Spiering, B.A., Volek, J.S., Anderson, J.M., and Maresh, C.M. 2007. Maximal power at different percentages of one repetition maximum: Influence of resistance and gender. *Journal of Strength and Conditioning Research* 21: 336-342.

Thompson, C.W., and Martin, E.T. 1965. Weight training and baseball throwing speed. *Journal of the Association of Physical and Mental Rehabilitation* 19: 194-196.

Thompson, D.B., and Chapman, A.E. 1988. The mechanical response of active human muscle during and after stretch. *European Journal of Applied Physiology* 57: 691-697.

Thorner, M.O. 2009. Statement by the Growth Hormone Research Society on the GH/IGF-I axis in extending health span. Journals of Gerontology Series A: *Biological Sciences and Medical Sciences* 64A: 1039-1044.

Thorstensson, A. 1977. Observations on strength training and detraining. *Acta Physiologica Scandinavica* 100: 491-493.

Thorstensson, A., Hulten, B., von Dolben, W., and Karlsson, J. 1976. Effect of strength training on enzyme activities and fibre characteristics in human skeletal muscles. *Acta Physiologica Scandinavica* 96: 392-398.

Thorstensson, A., Karlsson, J., Viitasalo, J., Luhtanen, P., and Komi, P. 1976. Effect of strength training on EMG of human skeletal muscle. *Acta Physiologica Scandinavica* 98: 232-236.

Thrash, K., and Kelly, B. 1987. Flexibility and strength training. *Journal of Applied Sports Science Research* 1: 74-75.

Tikkanen, H.O., Naveri, H., and Harkonen, M. 1996. Skeletal muscle fiber distribution influences serum high-density lipoprotein cholesterol level. *Atherosclerosis* 120: 1-5.

Tillin, N.A., and Bishop, D. 2009. Factors modulating post-activation potentiation and its effect on performance of subsequent explosive activities. *Sports Medicine* 39: 147-166.

Timiras, P.S., ed. 2003. *Physiological basis of aging and geriatrics*, 3rd ed. Boca Raton, FL: CRC Press.

Timmons, J.A. 2011. Variability in training-induced skeletal muscle adaptation. *Journal of Applied Physiology* 110: 846-853.

Timonen, S., and Procope, B.J. 1971. Premenstrual syndrome and physical exercise. *Acta Obstetrica et Gynaecologica Scandinavica* 50: 331-337.

Timson, B.F., Bowlin, B.K., Dudenhoeffer, G.A., and George, J.B. 1985. Fiber number, area, and composition of mouse soleus muscle following enlargement. Journal of Applied Physiology: Respiratory, *Environmental and Exercise Physiology* 58: 619-624.

Tipton, C.M., Matthes, R.D., Maynard, J.A., and Carey, R.A. 1975. The influence of physical activity on ligaments and tendons. *Medicine and Science in Sports* 7: 34-41.

Tipton, K.D., Rasmussen, B.B., Miller, S.L., Wolf, S.E., Owens-Stovall, S.K., Petrini, B.E., and Wolfe, R.R. 2001. Timing of amino acid-carbohydrate ingestion alters anabolic response of muscle to resistance exer-cise. *American Journal of Physiology* 281: E197-206.

Tipton, K.D., and Wolfe, R.R. 1998. Exercise-induced changes in protein metabolism. *Acta Physiologica*

*Scandinavica* 162: 377-387.

Todd, T. 1985. The myth of the muscle-bound lifter. *National Strength and Conditioning Association Journal* 7: 37-41.

Toji, H., and Kaneko, M. 2004. Effect of the multiple-load training on the force-velocity relationship. *Journal of Strength and Conditioning Research* 18: 792-795.

Tomberline, J.P., Basford, J.R., Schwen, E.E., Orte, P.A., Scott, S.C., Laughman, R.K., and Ilstrud, D.M. 1991. Comparative study of isokinetic eccentric and concentric quadriceps training. *Journal of Orthopaedic and Sports Physical Therapy* 14: 31-36.

Tomlin, D.L., and Wenger, H.A. 2001. The relationship between aerobic fitness and recovery from high intensity intermittent exercise. *Sports Medicine* 31: 1-11.

Tomten, S.E., Falch, J.A., Birkenland, K.I., Hemmersbach, P., and Hostmark, A.T. 1998. Bone mineral density and menstrual irregularities. A comparative study on cortical and trabecular bone structures in runners with alleged normal eating behavior. *International Journal of Sportsmedicine* 19: 92-97.

Too, D., Wakatama, E.J., Locati, L.L., and Landwer, G.E. 1998. Effect of precompetition bodybuilding diet and training regime on body composition and blood chemistry. *Journal of Sports Medicine and Physical Fitness* 238: 45-52.

Torres, E.M., Kraemer, W.J., Vingren, J.L., Volek, J.S., Hatfield, D.L., Spiering, B.A., Ho, J.Y., Fragala, M.S., Thomas, G.A., Anderson, J.M., Häkkinen, K., and Maresh, C.M. 2008. Effects of stretching on upper-body muscular performance. *Journal of Strength and Conditioning Research* 22: 1279-1285.

Trebs, A.A., Brandenburg, J.P., and Pitney, W.A. 2010. An electromyography analysis of 3 muscles surrounding the shoulder joint during the performance of a chest press exercise at several angles. *Journal of Strength and Conditioning Research* 24: 1925-1930.

Trivedi, B., and Dansforth, W.H. 1966. Effect of pH on the kinetics of frog muscle phosphofructokinase. *Journal of Biology Chemistry* 241: 4110-4112.

Tsolakis, C., Messinis, D., Stergiolas, A., and Dessypris, A. 2000. Hormonal responses after strength training and detraining in prepubertal and pubertal boys. *Journal of Strength and Conditioning Research* 14: 399-404.

Tsolakis, C.K., Vagenas, G.K., and Dessypris, A.G. 2004. Strength adaptations and hormonal responses to resistance training and detraining in preadolescent males. *Journal of Strength and Condi-tioning Research* 18: 65-69.

Tsuzuku, S., Ikegami, Y., and Yabe, K. 1998. Effects of high-intensity resistance training on bone mineral density in young male powerlifters. *Calcification Tissue International* 63: 283-286.

Tsuzuku, S., Shimokata, H., Ikegami, Y., Yabe, K., and Wasnich, R.D. 2001. Effects of high versus low-intensity resistance training on bone mineral density in young males. *Calcification Tissue International* 68: 342-347.

Tucci, J.T., Carpenter, D.M., Pollock, M.L., Graves, J.E., and Leggett, S.H. 1992. Effect of reduced frequency of training and detraining on lumbar extension strength. *Spine* 17: 1497-1501.

Turner, A.P., Sanderson, M.F., and Attwood, L.A. 2011. The acute effect of different frequencies of whole-body vibration comfort performance. *Journal of Strength and Conditioning Research* 25: 1592-1597.

Turto, H., Lindy, S., and Halme, J. 1974. Protocollagen proline hydroxylase activity in work-induced hypertrophy of rat muscle. *American Journal of Physiology* 226: 63-65.

Twisk, J.W.R. 2001. Physical activity guidelines for children and adolescents: A critical review. *Sports Medicine* 31: 617-627.

Twisk, J.W.R., Kemper, H.C.G., and van Mechelen, W. 2000. Tracking of activity and fitness and the relationship with cardiovascular disease risk factors. *Medicine & Science in Sports & Exercise* 32: 1455-1461.

Ugarkovic, D., Matavuji, D., Kukoji, M., and Jaric, S. 2002. Standard anthropometric, body composition, and strength variables as predictors of jumping performance in elite junior athletes. *Journal of Strength and Conditioning Ressearch* 16: 227-230.

Ullrich, B., Kleinoder, H., and Bruggemann, P. 2010. Influence of length-restricted strength training on athlete's power-load curves of knee extensors and flexors. *Journal of Strength and Conditioning Research* 24: 668-678.

Urhausen, A., and Kindermann, W. 1992. Echo-cardiographic findings in strength-and endurance-trained athletes. *Sports Medicine* 13: 270-284.

Van Der Heijden, G., Wang, Z.J., Chu, Z., Toffolo, G., Manesso, E., Sauer, P.J.J., and Sunehag, A.L. 2010. Strength exercise improves strength exercise improves muscle mass insulin sensitivity in obese youth. *Medicine & Science in Sports & Exercise* 42: 1973-1980.

Van der Ploeg, G.E., Brooks, A.G., Withers, R.T., Dollman, J., Leaney, F., and Chatterton, B.E. 2001. Body composition changes in female bodybuilders during preparation for competition. *European Jour-nal of Clinical Nutrition* 55: 268-277.

Vandervoort, A.A. 2009. Potential benefits of warm-up for neuromuscular performance of older athletes. *Exercise and Sport Sciences Reviews* 37: 60-65.

Vandervoot, A.A., Sale, D.G., and Moroz, J. 1984. Comparison of motor unit activation during uni-lateral and bilateral leg extensions. Journal of Applied Physiology: Respiratory, *Environmental and Exercise Physiology* 56: 46-51.

Vandervoot, A.A., and Symons, T.B. 2001. Functional and metabolic consequences of sarcopenia. *Canadian Journal of Applied Physiology* 26: 90-101.

Vanhelder, W.P., Radomski, M.W., and Goode, R.C. 1984. Growth hormone responses during intermittent weight lifting exercise in men. *European Journal of Applied Physiology and Occupational Physiology* 53: 31-34.

Vardar, S.A., Tezel, S., Ozturk, L., and Kaya, O. 2007. The relationship between body composition and anaerobic performance of elite young wrestlers. *Journal of Sport Science and Medicine* 6: 34-38.

Verhoshanski, V. 1967. Are depth jumps useful? *Track and Field* 12: 9.

Vermeulen, A., Rubens, R., and Verdonck, L. 1972. Testosterone secretion and metabolism in male senescence. *Journal of Clinical Endocrinology* 34: 730-735.

Vikne, H., Refsnes, P.E., Ekmark, M., Medbo, J.I., Gundersen, V., and Gundersen, K. 2006. Muscular performance after concentric and eccentric exercise in trained men. *Medicine & Science in Sports & Exercise* 38: 1770-1781.

Vincent, H.K., Bourguignon, C., and Vincent, K.R. 2006. Resistance training lowers exercise-induced oxidative stress and homocysteine levels in overweight and obese older adults. *Obesity (Silver Spring)* 14: 1921-1930.

Vincent, K.R., and Braith, R.W. 2002. Resistance exercise

and bone turnover in elderly men and women. *Medicine & Science in Sports & Exercise* 34: 17-23.

Vingren, J.L., Kraemer, W.J., Hatfield, D.L., Volek, J.S., Ratamess, N.A., Anderson, J.M., Häkkinen, K., Ahtiainen, J., Fragala, M.S., Thomas, G.A., Ho, J.Y., and Maresh, C.M. 2009. Effect of resistance exercise on muscle steroid receptor protein content in strength-trained men and women. *Steroids* 74: 1033-1039.

Vingren, J.L., Kraemer, W.J., Ratamess, N.A., Anderson, J.M., Volek, J.S., and Maresh, C.M. 2010. Testosterone physiology in resistance exercise and training: The upstream regulatory elements. *Sports Medicine* 40: 1037-1053.

Vitcenda, M., Hanson, P., Folts, J., and Besozzi, M. 1990. Impairment of left ventricular function during maximal isometric dead lifting. *Journal of Applied Physiology* 691: 2062-2066.

Volek, J.S. 2004. Influence of nutrition on responses to resistance training. *Medicine & Science in Sports & Exercise* 36: 689-696.

Volek, J.S., Duncan, N.D., Mazzetti, S.A., Staron, R.S., Putukian, M.P., Gomez, A.L., Pearson, D.R., Fink, W.J., and Kraemer, W.J. 1999. Performance and muscle fiber adaptations to creatine supplementation and heavy resistance training. *Medicine & Science in Sports & Exercise* 31: 1147-1156.

Volek, J.S., and Kraemer, W.J. 1996. Creatine supplementation: Its effect on human muscular performance and body composition. *Journal of Strength and Conditioning Research* 10: 200-210.

Volek, J.S., Kraemer, W.J., Bush, J.A., Incledon, T., and Boetes, M. 1997. Testosterone and cortisol in relationship to dietary nutrients and resistance exercise. *Journal of Applied Physiology* 82: 49-54.

Vorobyev, A.N. 1988. Part 12: Musculo-skeletal and circulatory effects of weightlifting. *Soviet Sports Review* 23: 144-148.

Vossen, J.E., Kramer, J.E., Burke, D.G., and Vossen, D.P. 2000. Comparison of dynamic push-up training and plyometric push-up training on upper-body power and strength. *Journal of Strength and Conditioning Research* 14: 248-253.

Vrijens, J. 1978. Muscle strength development in the pre-and post-pubescent age. *Medicine and Sports (Basel)* 11: 152-158.

Wagner, D.R., and Kocak, M.S. 1997. A multivariate approach to assessing anaerobic power following a plyometric training program. *Journal of Strength and Conditioning Research* 11: 251-255.

Wahl, M.J., and Behm, D.G. 2008. Not all instability training devices enhance muscle activation in highly resistance-trained individuals. *Journal of Strength and Conditioning Research* 22: 1360-1370.

Walberg, J.L., and Johnston, C.S. 1991. Menstrual function and eating behavior in female recreational weight lifters and competitive body builders. *Medicine & Science in Sports & Exercise* 23: 30-36.

Walberg-Rankin, J., Edmonds, C.E., and Gwazdauskas, F.C. 1993. Diet and weight changes of female bodybuilders before and after competition. *International Journal of Sports Medicine* 3: 87-102.

Walberg-Rankin, J., Franke, W.D., and Gwazdauskas, F.C. 1992. Response of beta-endorphin and estradiol to resistance exercise in females during energy balance and energy restriction. *International Journal of Sports Medicine* 13: 542-547.

Waldman, R., and Stull, G. 1969. Effects of various periods of inactivity on retention of newly acquired levels of muscular endurance. *Research Quarterly* 40: 393-401.

Walker, D.K., Dickinson, J.M., Timmerman, K.L., Drummond, M.J., Reidy, P.T., Fry, C.S., Gundermann, D.M., and Rasmussen, B.B. 2011. Exercise, amino acids, and aging in the control of human muscle protein synthesis. *Medicine & Science in Sports & Exercise* 43: 2249-2258.

Walker, P.M., Brunotte, F., Rouhier-Marcer, I., Cottin, Y., Casillas, J.M., Gras, P., and Didier, J.P. 1998. Nuclear magnetic resonance evidence of different muscular adaptations after resistance training. *Archives of Physical Medicine and Rehabilitation* 79: 1391-1398.

Wall, C., Byrnes, W., Starek, J., and Fleck, S.J. 2004. Prediction of performance in female rock climbers. *Journal of Strength and Conditioning Research* 18: 77-83.

Wallace, B.J., Kernozek, T.W., White, J.M., Kline, D.E., Wright, G.A., Peng, H-T, and Huang, C-F. 2010. Quantification of vertical ground reaction forces of popular bilateral plyometric exercise. *Journal of Strength and Conditioning Research* 24: 207-212.

Wallace, J.D., Cuneo, R.C., Bidlingmaier, M., Lundberg, P.A., Carlsson, L., Luiz, C., Boguszewski, C.L., Hay, J., Healy, M.L., Napoli, R., Dall, R., Rosén, T., and Strasburger, C.J. 2001. The response of molecular isoforms of growth hormone to acute exercise in trained adult males. *Journal of Clinical Endocrinology and Metabolism* 86: 200-206.

Wallace, M.B., Moffatt, R.J., Haymes, E.M., and Green, N.R. 1991. Acute effects of resistance exercise on parameters of lipoprotein metabolism. *Medicine & Science in Sports & Exercise* 23: 199-204.

Walters, P.H., Jezequel, J.J., and Grove, M.B. 2012. Case study: Bone mineral density of two elite senior female powerlifters. *Journal of Strength and Conditioning Research* 26: 867-972.

Wang, N., Hikida, R.S., Staron, R.S., and Simoneau, J.-A. 1993. Muscle fiber types of women after resistance training-quantitative ultrastructure and enzyme activity. *Pflugers Archives* 424: 494-502.

Warburton, D.E.R., and Bredin, S.S.D. 2006. Health benefits of physical activity: The evidence. *Canadian Medical Association Journal* 174: 801-809.

Ward, J., and Fisk, G.H. 1964. The difference in response of the quadriceps and biceps brachii muscles to isometric and isotonic exercise. *Archives of Physical Medicine and Rehabilitation* 45: 612-620.

Ware, J.S., Clemens, C.T., Mayhew, J.L., and Johnston, T.J. 1995. Muscular endurance repetitions to predict bench press and squat strength in college football players. *Journal of Strength and Conditioning Research* 9: 99-103.

Warren, B.J., Stone, M.H., Kearney, J.T., Fleck, S.J., Johnson, R.L., Wilson, G.D., and Kraemer, W.J. 1992. Performance measures, blood lactate and plasma ammonia as indicators of overwork in elite junior weightlifters. *International Journal of Sports Medicine* 13: 372-376.

Warren, G.L., Hermann, K.M., Ingallis, C.P., Masselli, M.A., and Armstrong, R.B. 2000. Decreased EMG median frequency during a second bout of eccentric contractions. *Medicine & Science in Sports & Exercise* 32: 820-829.

Wasserman, D.H., Connely, C.C., and Pagliassotti, M.J. 1991. Regulation of hepatic lactate balance during exercise. *Medicine & Science in Sports & Exercise* 23: 912-919.

Weaver, C.M., Teegarden, D., Lyle, R.M., McCabe, G.P.,

McCabe, L.D., Proullx, W., Kern, M., Sedlock, D., Anderson, D.D., Hillberry, B.M., Peacock, M., and Johnston, C.C. 2001. Impact of exercise on bone health and contraindication of oral contraceptive use in young women. *Medicine & Science in Sports & Exercise* 33: 873-880.

Weber, K.R., Brown, L.E., Coburn, J.W., and Zinder, S.M. 2008. Acute effects of heavy-load squats on consecutive squat jump performance. *Journal of Strength and Conditioning Research* 22: 726-730.

Weider, J. 1954. Cheating exercises build the biggest muscles. *Muscle Builder* 3: 60-61.

Weir, J.P., Housh, D.J., Housh, T.J., and Weir, L.L. 1997. The effect of unilateral concentric weight training and detraining on joint angle specificity, cross-training, and the bilateral deficit. *Journal of Orthopedic Sports Physical Therapy* 25: 264-270.

Weir, J.P., Housh, T.J., and Weir, L.L. 1994. Electromyographic evaluation of joint angle specificity and cross-training after isometric training. *Journal of Applied Physiology* 77: 197-201.

Weir, J.P., Housh, T.J., Weir, L.L., and Johnson, G.O. 1995. Effects of unilateral isometric strength training and joint angle specificity and cross training. *European Journal of Applied Physiology* 70: 337-343.

Weiss, L.W., Coney, H.D., and Clark, F.C. 1999. Differential functional adaptations to short-term low-moderate-and high-repetition weight training. *Journal of Strength and Conditioning Research* 13: 236-241.

Weiss, L.W., Cureton, K.J., and Thompson, F.N. 1983. Comparison of serum testosterone and androstenedione responses to weight lifting in men and women. *European Journal of Applied Physiology* 50: 413-419.

Wells, J.B., Jokl, E., and Bohanen, J. 1973. The effects of intense physical training upon body composition of adolescent girls. *Journal of the Association for Physical and Mental Rehabilitation* 17: 63-72.

Wernbom, M., Augustsson, J., and Thomee, R. 2007. The influence of frequency, intensity, volume and mode of strength training on whole muscle cross-sectional area in humans. *Sports Medicine* 37: 225-264.

West, D.J., Cunningham, D.J., Bracken, R.M., Bevan, H.R., Crewther, B.T., Cook, C.J., and Kilduff, L.P. 2013. Effects of resisted sprint training on acceleration in professional rugby union players. *Journal of Strength and Conditioning Research* 27: 1014-1018.

Westcott, W. 1994. High-intensity training. Nautilus 4: 5-8.

Westcott, W. 1995. High intensity strength training. *IDEA Personal Trainer* 6: 9.

Westcott, W.L., Winett, R.A., Anderson, E.S., Wojcik, J.R., Loud, R.L.R., Cleggett, E., and Glover, S. 2001. Effects of regular and slow speed resistance training on muscle strength. *Journal of Sports Medicine and Physical Fitness* 41: 154-158.

Whipple, T.J., Le, B.H., Demers, L.H., Chinchilli, V.M., Petit, M.A., Sharkey, N., and Williams, N.I. 2004. Acute effects of moderate intensity resistance exercise on bone cell activity. *International Journal of Sports Medicine* 25: 496-501.

Wickiewicz, T.L., Roy, R.R., Powell, P.L., Perrine, J.J., and Edgerton, B.R. 1984. Muscle architecture and force-velocity relationships in humans. Journal of Applied Physiology: Respiratory, *Environmental and Exercise Physiology* 57: 435-443.

Wickwire, P.J., McLester, J.R., Green, J.M., and Crews, T.R. 2009. Acute heart rate, blood pressure, and RPE responses during super slow versus traditional machine resistance training protocols using small muscle group exercises. *Journal of Strength and Conditioning Research* 23: 72-79.

Widholm, O. 1979. Dysmenorrhea during adolescence. *Acta Obstetricia et Gynecologica Scandinavica* 87: 61-66.

Wiemann, K., and Hahn, K. 1997. Influences of strength, stretching, and circulatory exercises on flexibility parameters of the human hamstrings. *International Journal of Sports Medicine* 18: 340-346.

Wieser, M., and Haber, P. 2007. The effects of systematic resistance training in the elderly. *International Journal of Sports Medicine* 28: 59-65.

Wilkinson, S.B., Phillips, S.M., Atherton, P.J., Patel, R., Yarasheski, K.E., Tarnapolsky, M.A., and Rennie, M.J. 2008. Differential effects of resistance and endurance exercise in the fed state on signaling molecule phosphorylation and protein synthesis in human muscle. *Journal of Physiology* 586: 3701-3717.

Willardson, J.M. 2006. A brief review: Factors affecting the length of the rest interval between resistance exercise sets. *Journal of Strength and Conditioning Research* 20: 978-984.

Willardson, J.M. 2007a. The application of training to failure in periodized multi-set resistance exercise programs. *Journal of Strength and Conditioning Research* 21: 628-631.

Willardson, J.M. 2007b. Core stability training: Applications to sports conditioning programs. *Journal of Strength and Conditioning Research* 21: 979-985.

Willardson, J.M., and Burkett, L.N. 2005. A comparison of three different rest intervals on the exercise volume completed during a workout. *Journal of Strength and Conditioning Research* 19: 23-26.

Willardson, J.M., and Burkett, L.N. 2006. The effect of rest interval length on the sustainability of squat and bench press repetitions. *Journal of Strength and Conditioning Research* 20: 396-399.

Willardson, J.M., Emmett, J., Oliver, J.A., and Bressel, E. 2008. Effect of short-term failure versus non-failure training lower body muscular endurance. *International Journal of Sports Physiology and Performance* 3: 279-293.

Willardson, J.M., Kattenbraker, M.S., Khairallah, M., and Fontana, F.E. 2010. Research note: Effect of load reductions over consecutive sets on repetition performance. *Journal of Strength and Conditioning Research* 24: 879-884.

Willett, G.M., Hyde, J.E., Uhrlaub, M.B., Wendl, C.L., and Karst, G.M. 2001. Relative activity of abdominal muscles during commonly prescribed strengthening exercises. *Journal of Strength and Conditioning Research* 15: 480-485.

Williams, A.G., Ismail, A.N., Sharma, A., and Jones, D.A. 2002. Effects of resistance exercise volume and nutritional supplementation on anabolic and catabolic hormones. *European Journal of Applied Physiology* 86 (4): 315-321.

Williams, C.A., Oliver, J.L., and Faulkner, J. 2010. Seasonal monitoring of strength and jump performance in a soccer youth academy. *International Journal of Sports Physiology and Performance* 6: 264-275.

Williams, M.A., Haskell, W.L., Ades, P.A. Amsterdam, E.A., Bittner, V., Franklin, B.A., Gulanick, M., Laing, S.T., and Stewart, K.J. 2007. Resistance exercise in individuals with and without cardiovascular disease: 2007 update: A scientific statement from the American Heart Association Council on Clinical Cardiology and Council on Nutrition, Physical Activity, and Metabolism. *Circulation* 116: 572-584.

Williams, M., and Stutzman, L. 1959. Strength variation throughout the range of joint motion. *Physical Therapy Review* 39: 145-152.

Williams, N.I., Young, J.C., McArthur, J.W., Bullen, B., Skrinar, G.S., and Turnbull, B. 1995. Strenuous exercise with caloric restriction: Effect on luteinizing hormone secretion. *Medicine & Science in Sports & Exercise* 27: 1390-1398.

Williams, P.T., Stefanick, M.L., Vranizan, K.M., and Wood, P.D. 1994. The effects of weight loss of exercise or by dieting on plasma high-density lipoprotein (HDL) levels in man with low, intermediate, and normal-to-high HDL at baseline. *Metabolism* 43: 917-924.

Willoughby, D.S. 1992. A comparison of three selected weight training programs on the upper and lower body strength of trained males. *Annual Journal Applied Research in Coaching Athletics March*: 124-146.

Willoughby, D.S. 1993. The effects of meso-cycle-length weight training programs involving periodization and partially equated volumes on upper and lower body strength. *Journal of Strength and Conditioning Research* 7: 2-8.

Willy, R.M., Kyle, B.A., Moore, S.A., and Chileboun, G.S. 2001. Effect of cessation and resumption of static hamstring muscle stretching on joint range of motion. *Journal of Orthopedic Sports Physical Therapy* 31: 138-144.

Wilmore, J.H. 1974. Alterations in strength, body composition, and anthropometric measurements consequent to a 10-week weight training program. *Medicine and Science in Sports* 6: 133-138.

Wilmore, J.H., Parr, R.B., Girandola, R.N., Ward, P., Vodak, P.A., Barstow, T.J., Pipes, T.V., Romero, G.T., and Leslie, P. 1978. Physiological alterations consequent to circuit weight training. *Medicine and Science in Sports* 10: 79-84.

Wilson, G.J. 1994. Strength and power in sport. In *Applied anatomy and biomechanics in sport*, edited by J. Bloomfield, T.R. Aukland, and B.C. Elliott, 110208. Boston: Blackwell Scientific.

Wilson, G.J., and Murphy, A.J. 1996. The use of isometric tests of muscular function in athletic assessment. *Sports Medicine* 22: 19-37.

Wilson, G.J., Murphy, A.J., and Walshe, A.D. 1997. Performance benefits from weight and plyometric training: Effects of initial strength level. *Coaching and Sport Science Journal* 2 (1): 3-8.

Wilson, G.J., Newton, R.U., Murphy, A.J., and Humphries, B.J. 1993. The optimal training load for the development of dynamic athletic performance. *Medicine & Science in Sports & Exercise* 25: 1279-1286.

Wilson, J.M., Marin, P.J., Rhea, M.R., Wilson, S.M., Loenneke, J.P., and Anderson, J.C. 2012. Concurrent training: A meta-analysis examining interference of aerobic and resistance exercise. *Journal of Strength and Conditioning Research* 26: 2293-2307.

Winchester, J.B., Nelson, A.G., Landin, D., Young, M.A., and Schexnayder, I.C. 2008. Static stretching impairs sprint performance in collegiate track and field athletes. *Journal of Strength and Conditioning Research* 22: 13-19.

Winters, K.M., and Snow, C.M. 2000. Detraining reverses positive effects of exercise on the musculo-skeletal system in premenopausal women. *Journal of Bone and Mineral Research* 15: 2495-2503.

Winters-Stone, K.M., and Snow, C.M. 2006. Site-specific response of bone to exercise in premenopausal women. *Bone* 39: 1203-1209.

Winwood, P.W., Keogh, J.W.L., and Harris, N.K. 2011. The strength and conditioning practices of strongman competitors. *Journal of Strength and Conditioning Research* 25: 3118-3128.

Wiswell, R.A., Hawkins, S.A., Jaque, S.V., Hyslop, D., Constantino, N., Tarpenning, K., Marcell, T., and Schroeder, E.T. 2001. Relationship between physiological loss, performance decrement, and age in master athletes. Journal of Gerontology: Biological Sciences, *Medical Sciences* 56: M618-M626.

Withers, R.T. 1970. Effect of varied weight-training loads on the strength of university freshmen. *Research Quarterly* 41: 110-114.

Withers, R.T., Noell, C.J., Whittingham, N.O., Chatterton, B.E., Schultz, C.G., and Keeves, J.P. 1997. Body composition changes in elite male bodybuilders during preparation for competition. *Australian Journal of Science and Medicine in Sport* 29: 11-16.

Witzke, K.A., and Snow, C.M. 1999. Lean body mass and leg power best predict bone mineral density in adolescent girls. *Medicine & Science in Sports & Exercise* 31: 1558-1563.

Wolfe, L.A., Cunningham, D.A., and Boughner, D.R. 1986. Physical conditioning effects on cardiac dimensions: A review of echocardiographic studies. *Canadian Journal of Applied Sport Science* 11: 66-79.

Wolfe, B.L., LeMura, L.M., and Cole, P.J. 2004. Quantitative analysis of single-vs. multiple-set programs in resistance training. *Journal of Strength and Conditioning Research* 18: 35-47.

Wolfe, R.R. 2000. Effects of insulin on muscle tissue. *Current Opinion in Clinical Nutrition and Metabolic Care* 3: 67-71.

Wolfe, R.R., Miller, S.L., and Miller, K.B. 2008. Optimal protein intake in the elderly. *Clinical Nutrition* 27: 675-684.

Wolinsky, F.D., and Fitzgerald, J.F. 1994. Subsequent hip fracture among older adults. *American Journal of Public Health* 84: 1316-1318.

Wolinsky, F.D., Fitzgerald, J.F., and Stump, T.E. 1997. The effect of hip fracture on mortality, hospitalization, and functional status: A prospective study. *American Journal of Public Health* 87: 398-403.

Wong, P-L., Chamari, K., and Wisloff, U. 2010. Effects of 12 week on-field combined strength and power training on physical performance among U-14 young soccer players. *Journal of Strength and Conditioning Research* 24: 644-652.

Wood, R.H., Reyes, R., Welsch, M.A., Favarolo-Sabatier, J., Sabatier, M., Lee, C.M., Johnson, L.G., and Hooper, P.F. 2001. Concurrent cardiovascular and resistance training in healthy older adults. *Medicine & Science in Sports & Exercise* 33: 1751-1758.

Woolf, K., Reese, C.E., Mason, M.P., Beaird, L.C., Tudor-Locke, C., and Vaughan, L.A. 2008. Physical activity is associated with risk factors for chronic disease across adult women's life cycle. *Journal of the American Dietetic Association* 108: 948-959.

Wright, J.E. 1980. Anabolic steroids and athletics. In *Exercise and sport sciences reviews*, edited by R.S. Hutton and D.I. Miller, 149-202. The Franklin Institute: Philadelphia, PA.

Wright, J.R., McCloskey, D.I., and Fitzpatrick, R.C. 2000. Effects of systemic arterial blood pressure on the contractile force of a human hand muscle. Journal of Applied Physiology 88: 1390-1396.

Yao, W., Fuglevand, R.J., and Enoka, R.M. 2000. Motor-unit synchronization increases EMG amplitude and decreases force steadiness of simulated contractions. *Journal of Neurophysiology* 83: 441-452.

Yarasheski, K.E., Zachwieja, J.J., and Bier, D.M. 1993. Acute effects of resistance exercise on muscle protein synthesis rate in young and elderly men and women. *American Journal of Applied Physiology* 265: 210-214.

Yarrow, J.F., Borsa, P.A., Borst, S.E., Sitren, H.S., Stevens, B.R., and White, L.J. 2008. Early-phase neurendocrine responses and strength adaptations following eccentric-enhanced resistance training. *Journal of Strength and Conditioning Research* 22: 1205-1214.

Yasuda, T., Fujita, S., Ogasawara, R., Sato, Y., and Abe, T. 2010. Effects of low-intensity bench press training with restricted arm muscle blood flow on chest muscle hypertrophy: A pilot study. *Clinical Physiology and Functional Imaging* 30: 338-343.

Yates, J.W., and Kamon, E. 1983. A comparison of peak and constant angle torque-velocity curves in fast and slow twitch populations. *European Journal of Applied Physiology* 51: 67-74.

Yoshioka, S., Nagano, A., Hay, D.C., and Fukashiro, S. 2010. The effect of bilateral asymmetry of muscle strength on jumping height of the countermovement jump: A computer simulation study. *Journal of Sports Sciences* 28: 209-218.

Yoshioka, S., Nagano, A., Hay, D.C., and Fukashiro, S. 2011. The effect of bilateral asymmetry of muscle strength on the height of a squat jump: A computer simulation study. *Journal of Sports Sciences* 29: 867-877.

Young, A., and Skelton, D.A. 1994. Applied physiology of strength and power in old age. *International Journal of Sports Medicine* 15: 149-151.

Young, A., Stokes, M., and Crowe, M. 1984. Size and strength of the quadriceps muscles of old and young women. *European Journal of Clinical Investigation* 14: 282-287.

Young, M.A., Cook, J.L., Purdam, C.R., Kiss, Z.S., and Alfredson, H. 2005. Eccentric decline squat protocol offers superior results at 12 months compared with traditional eccentric protocol for patellar tendinop-athy in volleyball players. *British Journal of Sports Medicine* 39: 102-105.

Young, N., Formica, C., Szmukler, G., and Seeman, E. 1994. Bone density at weight-bearing and non-weight-bearing sites in ballet dancers: The effects of exercise, hypogonadism, and body weight. *Journal of Endocrinology Metabolism* 78: 449-454.

Young W., and Elliott, S. 2001. Acute effects of static stretching, proprioceptive neuromuscular facilitation stretching, and maximum voluntary contractions on explosive force production and jumping performance. *Research Quarterly Exercise and Sport* 72: 273-279.

Young, W.B., and Bilby, G.E. 1993. The effect of voluntary effort to influence speed of contraction on strength, muscular power, and hypertrophy development. *Journal of Strength and Conditioning Research* 7: 172-178.

Young, W.B., McDowell, M.H., and Scarlett, B.J. 2001. Specificity of sprint and agility training methods. *Journal of Strength and Conditioning Research* 15: 315-319.

Young, W.B., and Rath, D.A. 2011. Enhancing foot velocity in soccer kicking: The role of strength training. *Journal of Strength and Conditioning Research* 25: 561-566.

Yudkin, J., and Cohen, R.D. 1974. The contribution of the kidney to the removal of a lactic acid load under normal and acidotic conditions in the conscious rat. *Clinical Science and Molecular Medicine* 46: 9.

Zapf, J. 1997. Total and free IGF serum levels. *European Journal of Endocrinology* 136: 146-147.

Zatsiorsky, V. 1995. *Science and practice of strength training*. Champaign, IL: Human Kinetics.

Zemper, E.D. 1990. Four year study of weight room injuries in national sample of college football teams. *National Strength and Conditioning Association Journal* 12: 32-34.

Zernicke, R.F., and Loitz, B.J. 1992. Exercise related adaptations in connective tissue. In *Strength and power in sport*, edited by P.V. Komi, 77-95. Oxford: Blackwell Scientific.

Ziliak, J.P., Gundersen, C., and Haist, M.P. 2008. The causes, consequences, and future of senior hunger in America. Meals on Wheels Association of America Foundation Technical Report.

Zinovieff, A. 1951. Heavy resistance exercise: The Oxford technique. *British Journal of Physical Medicine* 14: 129-132.

Zrubak, A. 1972. Body composition and muscle strength of bodybuilders. *Acta Facultatis Rerum Naturalium Universitatis Comenianae Anthropologia* 11: 135-144.

Zupan, M.F., Arata, A.W., Dawson, L.H., Wile, A.L., Payn, T.L., and Hannon, M.E. 2009. Wingate anaerobic test peak power and anaerobic capacity classifications for men and women intercollegiate athletes. *Journal of Strength and Conditioning Research* 23: 2598-2604.

# 关于作者

史蒂文·J. 弗莱克（Steven J.Fleck），博士，威斯康星大学帕克赛德分校的健康学、运动科学和体育管理学副教授。他于 1978 年从俄亥俄州立大学毕业并获得运动生理学博士学位。他负责主持美国奥林匹克委员会的体能训练项目；担任德国排球协会的力量教练；执教高中田径队、篮球队和足球队。弗莱克曾担任美国国家体能协会（NSCA）基础和应用研究分会的副主席，现为 NSCA 主席（英文原版图书出版时）。他是美国运动医学会（ACSM）和 NSCA 的特别会员。他于 1991 年荣获 NSCA 年度运动科学家奖，并于 2005 年荣获 NSCA 终身成就奖。

威廉·J. 克雷默（William J.Kraemer），博士，康涅狄格大学教育学院人体运动学系教授。他同时还在生理学和神经生物学系担任教授，并在康涅狄格大学健康学院的老龄化医学中心兼任医学教授。克雷默于 1984 年从怀俄明大学毕业并获得生理学博士学位。他是约翰和珍妮丝·费舍尔讲座运动生理学方向的教授，并于 1998 年至 2001 年 6 月在波尔州立大学担任人体表现实验室主任和教授。他还是印第安纳医学院的教授及宾夕法尼亚州立大学应用生理学教授、运动医学中心研究主任、细胞研究中心副主任、人体运动学系和诺尔生理研究中心的教员。他是 ACSM 的特别会员，也是 NSCA 的前任主席。克雷默曾获得 NSCA 颁发的杰出运动科学家奖和终身成就奖。2006 年，NSCA 的杰出运动科学家奖以他的名字命名。他还是 *Journal of Strength and Conditioning Research* 的主编。

# 关于译者

　　杨东汉，美国贝勒大学运动生理学硕士，美国国家体能协会认证体能训练师（CSCS），众量表现联合创始人；曾在 2022 年北京冬奥会周期和 2020 年东京奥运会周期，担任多个项目的国家队的体能教练；还担任过清华大学男子篮球队体能教练，美国贝勒大学男子和女子篮球队、网球队和足球队等多支校队的助理体能教练，以及密歇根大学男子篮球队体能教练助理；《周期训练理论与方法（第 6 版）》等图书译者。